JN446293

The Core

경영학의 이해

2nd Edition

William G. Nickels · James M. McHugh · Susan M. McHugh 지음

권구혁 · 박광태 · 박주영 · 장정주 · 최우석 · 최진남 · 홍광헌 옮김

The Core 경영학의 이해

초판인쇄 2022년 2월 10일
초판발행 2022년 2월 17일

지은이 William G. Nickels, James M. McHugh, Susan M. McHugh
옮긴이 권구혁, 박광태, 박주영, 장정주, 최우석, 최진남, 홍광헌
펴낸이 김승기, 김민정
펴낸곳 (주)생능 / **주소** 경기도 파주시 광인사길 143
출판사 등록일 2014년 1월 8일 / **신고번호** 제406-2014-000003호
대표전화 (031)955-0761 / **팩스** (031)955-0768
홈페이지 www.booksr.co.kr

책임편집 김민보 / **편집** 신성민, 유제훈 / **디자인** 유준범
마케팅 최복락, 김민수, 심수경, 차종필, 백수정, 송성환, 최태웅, 명하나
인쇄 · 제본 교보P&B

ISBN 979-11-86689-41-7 93320
정가 31,000원

UNDERSTANDING Business

The Core

SECOND EDITION

William G. Nickels
University of Maryland

James M. McHugh
St. Louis Community College at Forest Park

Susan M. McHugh
Applied Learning Systems

Understanding Business: The Core, 2nd Edition

1 2 3 4 5 6 7 8 9 10 LPP 20 22

Original: Understanding Business: The Core, 2nd Edition. © 2021
By William Nickels, James McHugh, Susan McHugh
ISBN 978-1-26- 405959-1

This authorized Korean translation edition is published by Life & Power Press in arrangement with McGraw-Hill Education Korea, Ltd. This edition is authorized for sale in the Republic of Korea.

This book is exclusively distributed by Life & Power Press.

When ordering this title, please use ISBN 979-11-86689-41-7 (93320)

Printed in Korea

저 자 소 개

빌 니켈스(Bill Nickels)는 메릴랜드 대학 칼리지 팍 캠퍼스(University of Maryland, College Park)의 경영학 명예교수이다. 그는 경영학 개론, 마케팅, 판매촉진론을 포함하여 학부 및 대학원 경영학 과목을 30년 넘게 강의한 경험을 갖고 있다. 그는 캠퍼스에서 4번이나 우수강의상을 수상했으며 여러 번 우수강의상 후보에 오르기도 했다. 그는 웨스턴 리저브 대학(Western Reserve University)에서 MBA, 오하이오 주립대학(The Ohio State University)에서 박사학위를 취득하였다. 그는 경영학 저널에 많은 논문을 실었을 뿐만 아니라 마케팅 커뮤니케이션 교재와 두 권의 마케팅 원론을 집필하였다. 그는 파워 커뮤니케이션, 마케팅, 비영리 마케팅, 스트레스 및 삶 관리(stress and life management)와 같은 주제에 대해 비즈니스맨들을 대상으로 많은 세미나를 하였다. 그의 아들인 조엘(Joel)은 플로리다 주에 있는 마이애미 대학(University of Miami)의 영문과 교수이다.

짐 맥휴(Jim McHugh)는 린덴우드 대학(Lindenwood University)에서 MBA를 취득하였고 교육, 비즈니스와 정부에서의 폭넓은 경험을 가지고 있다. 세인트루이스 커뮤니티 칼리지 포리스트 팍 캠퍼스(St. Louis Community College Forest Park)의 경영경제학부장으로서 경영교과과정 개발을 조정하고 주도하였다. 거의 30년 동안 매 학기 경영학 개론의 여러 섹션(section)들을 강의하는 외에도 학부와 대학원에서 마케팅과 경영 분야 강의를 하고 있다. 짐은 비즈니스 세미나를 개최하고 중소기업 및 대기업에 컨설팅하기를 좋아한다. 짐은 공공서비스 분야에서도 활발하게 활동하고 있으며, 세인트루이스 카운티 경영진의 자문의장(chief of staff to the St. Louis county Executive)을 맡고 있다.

수잔 맥휴(Susan McHugh)는 성인 학습(adult learning)과 교과개발에 있어 폭넓은 강의와 경험을 가진 학습 전문가(learning specialist)이다. 그녀는 미주리 대학(University of Missouri)에서 교육학 석사를 받았고 성인학습이론에 특화된 교육행정에서의 박사과정을 수료하였다. 전문적인 교과과정 개발자로서 그녀는 여러 교과과정 프로젝트와 교육자 훈련프로그램을 주도해 왔다. 그녀는 훈련과 종업원 개발에 대한 컨설턴트로서 공공 및 사기업 분야에서 일해 왔다. 짐과 수잔이 책자 발간 프로젝트에 참여한 것을 소중히 여기는 동안에 그들의 가장 큰 업적은 그들의 세 자녀에 대한 상호협력이다. 캐시(Casey)는 워싱턴 대학(Washington University)에서 겸임교수로서 가족의 강의 전통을 이어오고 있다. 말리(Molly)와 마이클(Michael)은 이 교재에 대한 여러 보충 교재 개발에 기여함으로써 가족의 책자 발간 전통을 계속해오고 있다.

역자서문

본 서의 역자들은 《Understanding Business》의 체계적인 구성과 참신한 자료들이 한국의 경영학 입문서로 활용하는데 최적이라는 데 의견을 모아 지난 2008년부터 함께 팀을 이루어 작업을 시작했다. 처음에는 이렇게 오랫동안 같이 작업을 하게 될 것이라고 예상하지 못했으나 독자들의 성원에 힘입어 15년째 한 팀이 되어 작업을 계속해오고 있다. 각 대학에 흩어져 있는 저자들이 이렇게 오랫동안 단합하여 한마음 한뜻으로 여러 차례의 개정판을 거치며 작업을 지속해 올 수 있었던 힘은 각 전공분야의 훌륭한 교수님들과 정기적으로 일을 할 수 있는 기쁨뿐만 아니라 '경영학의 이해'가 독자들에게 유익하다는 믿음이 있었기 때문이다.

'경영학의 이해'는 경영학 입문서이면서도 그 내용이 충실할 뿐만 아니라 깊이도 상당히 깊어 해당 분야의 전공자들인 역자들도 놀란 바 있다. 역자들이 '경영학의 이해'를 높게 평가하는 점은 각 단원별로 그 깊이가 전공 영역의 수준에 이르면서도 입문자가 읽고 쉽게 이해할 수 있게 작성되었다는 점이다.

이번에 출간하게 된 《The Core 경영학의 이해》는 핵심 내용만 간추린 에센스 판이다. 흔히 에센스 판의 경우 내용을 축약하다 보니 기본서의 장점을 많이 훼손하는 경우가 종종 있다. 역자들도 번역을 처음 시작할 때는 이러한 부분에 대해 우려를 많이 했다. 본 서의 역자들은 'The Core'를 번역하면서 《경영학의 이해》에 비해 분량이 단축됨에 따라 내용의 깊이도 많이 조정 받았을 것이라고 생각했으나, 저자들의 탁월한 선별로 중요한 내용에 대해서는 깊이나 충실성에 영향을 주지 않았다는 것을 확인할 수 있었다. 그뿐만 아니라 평소에 '경영학의 이해'를 교재로 강의하면서 한 학기에 다 소화하기는 어렵다고 느끼고는 했는데 그 딜레마까지 해결하였다. 우리 역자들은 'The Core' 저자들의 노력과 저술 프로세스의 우월성에 박수를 보내고자 한다.

역자들은 오랜 세월 동안 함께 번역하면서 어떻게 하면 더 좋은 책을 만들 수 있을 것인가에 대하여 끊임없는 토론을 하고, 원문에 충실하면서도 좀 더 매끄러운 번역을 하기 위해 많은 논의를 하였다. 그럼에도 불구하고 번역 작업이 가지는 한계가 곳곳에 나타날 수 있다. 이러한 부족함은 역서의 태생적 한계 때문이라고 독자들께서 너그러이 이해해 주시기를 두려운 마음으로 희망한다.

역자 별로 번역 작업을 분담을 하면서도 전체의 일관성을 유지하기 위해 홍광헌 교수가 독자의 입장에서 윤독 작업을 하였다. 윤독 작업 이후에도 남아있는 미비한 점들은 추후 계속해서 역자들이 보완해 나갈 것이다. 오랜 기간에 걸친 번역 작업을 인내심으로 지켜보아 준 생능출판사의 김승기 대표님과 직원들께 감사드린다. 또한 역서의 교정과 윤독에 역자들과 함께 고민한 역자들 소속 대학교의 대학원생들에게도 감사드린다.

2021년 12월 역자들 씀

강의계획표

주차	강의 제목	강의 내용
1	강좌및 강의 일정 소개	
2	사업 소유구조 형태의 선택 (4장)	– 사업 소유구조의 종류 – 회사의 장점과 단점 – 프랜차이즈의 장점과 단점 비교 – 사업 소유구조의 선택
3	기업가 정신과 소규모 창업 (5장)	– 창업에 필요한 자질 – 중소기업 창업 – 중소기업 창업 후 경영
4	관리와 리더십 (6장)	– 관리의 네 가지 기능 – 계획과 의사결정 – 리더십 유형
5	오늘날 시장 환경에 대응하는 조직의 구성 (7장)	– 변화하는 조직 – 조직모델들 – 기업간 상호작용 관리
6	직원 동기부여 (9장)	– 직원 동기부여 – 동기부여의 중요성 – 동기부어 이론 – 개인화된 동기부여
7	인적자원 관리 : 최우수 직원 발굴과 유지 (10장)	– 인적자원 기획 – 직원 선발 – 직원 성과 평가 및 보상
8	중간시험	
9	비즈니스와경제에대한탐구(1장)	– 수익과 리스크 – 기업가 정신 – 비즈니스 환경 변화
10	윤리적 행동과 사회적 책임 (3장)	– 기업 윤리규범 세우기 – 기업의 사회적 책임 – 국제윤리와 사회적 책임
11	마케팅 : 구매자의 구매활동 돕기 (11장)	– 마케팅이란 무엇인가? – 마케팅 믹스 – 마케팅 환경의 이해 – 소비자시장과 기업간 시장
12	회계와 재무정보의 이해 (14장)	– 회계정보의 역할 – 회계의 분야 – 주요 재무제표의 이해
13	재무관리 (15장)	– 재무관리자의 역할과 책임 – 재무 계획의 중요성과 과정 – 자본조달의 원천과 방법
14	생산 및 오퍼레이션스 관리 (8장)	– 생산에서 오퍼레이션스 관리로 – 생산공정 – 오퍼레이션스 관리 계획
15	글로벌 시장에서의 비즈니스 (2장)	– 다른 국가와 무역을 하는 이유 – 글로벌 시장으로 가기 위한 전략 – 글로벌 무역에 영향을 미치는 요인
16	기말 시험	

요약목차

차 례

PART 1

비즈니스 트렌드: 다양한 글로벌 환경에서의 비즈니스 육성

CHAPTER 1
비즈니스와 경제에 대한 탐구

CHAPTER 2
글로벌 시장에서의 비즈니스

CHAPTER 3
윤리적 행동과 사회적 책임

PART 2
사업 소유구조: 소규모 창업 시작하기

CHAPTER 4
사업 소유구조 형태의 선택

CHAPTER 5
기업가정신과 소규모 창업

PART 3

비즈니스 관리: 고객만족을 위한 종업원 권한위임

CHAPTER 6
관리와 리더십

CHAPTER 7
오늘날 시장 환경에 대응하는 조직의 구성

CHAPTER 8
생산 및 오퍼레이션스 관리

PART 4

인적자원관리: 품질 좋은 제품과 서비스 생산을 위한 직원 동기부여

CHAPTER 9
직원 동기부여

CHAPTER 10
인적자원 관리: 최우수 직원 발굴과 유지

PART 5

마케팅: 고객 중심 마케팅 계획의 개발과 실행

CHAPTER 11
마케팅: 구매자의 구매활동 돕기

CHAPTER 12
마케팅 믹스관리: 제품, 가격, 유통, 촉진

PART 6
기업 정보 관리

CHAPTER 13
정보관리에 있어서의 기술의 활용

CHAPTER 14
회계와 재무정보의 이해

PART 7
재무자원 관리

CHAPTER 15
재무관리

CHAPTER 16
화폐, 금융기관 그리고 연방준비은행의 이해

PART 1

비즈니스 트렌드: 다양한 글로벌 환경에서의 비즈니스 육성

비즈니스와 경제에 대한 탐구

학 습 목 표  이 장을 학습한 후에 다음 질문에 답할 수 있어야 한다.

1-1 이익과 리스크 간의 관계 및 비즈니스와 비영리단체가 생활수준과 삶의 질을 향상시키는 방법을 설명할 수 있다.

1-2 비즈니스 환경의 5가지 요소가 각각 비즈니스에 어떻게 영향을 미치는지 설명할 수 있다.

1-3 기본적인 경제학에 대해 설명할 수 있다.

1-4 다양한 유형의 경제체제를 비교 및 대조하고 혼합 경제에 대한 트렌드(trends)를 설명할 수 있다.

1-5 주요 경제 지표(특히 GDP), 생산성 및 비즈니스 주기(business cycle)의 중요성을 포함하여 미국의 경제 시스템을 설명할 수 있다.

1-6 재정 정책과 통화 정책을 비교하고 각각이 경제에 미치는 영향을 설명할 수 있다.

1-7 현재에도 반복되고 있는 과거의 트렌드(trends)에 대해 검토할 수 있고, 그러한 트렌드가 미래의 대학 졸업생들에게 어떤 의미가 있는지 설명할 수 있다.

Home Depot의 수석부사장 앤 마리 캠벨(Ann-Marie Campbell)에 대해 알아보자

새로운 직업을 시작하는 것은 쉽지 않다. 배워야 할 것들이 많고, 만날 사람도 많기 때문에 경력자들도 첫 출근은 벅찰 수 있다. 그렇다면 30년 전, 앤 마리 캠벨이 자메이카 억양이 강한 새로운 이민자로서 첫 교대 근무를 위해 홈 디포에 들어갔을 때는 어땠을 지 상상해볼 수 있을 것이다. 하지만 캠벨은 그녀의 노력과 헌신적인 태도 덕분에 홈 디포에서 승진을 거듭하여 현재는 미국 매장의 부사장으로서 2,000개 이상의 매장 운영을 감독하고 있다.

캠벨은 자메이카 수도인 킹스턴에서 네 자녀를 둔 성공적인 부부 사이에서 태어났다. 하지만 캠벨은 아버지가 교통사고로 사망하면서 비극적인 변화를 겪었다.

열심히 일하는 것을 두려워하지 않는 매우 열정적인 할머니가 어린 캠벨과 그녀의 형제들을 청년들로 성장시켰다.

캠벨이 말하길, "할머니는 이혼하신 후에도 홀로 10명의 자식들을 키웠습니다. 그녀는 레이스를 판매하는 작은 노점상으로 시작하여 가구와 가전제품을 판매하는 수백만 달러짜리 가게로 성장시켰습니다. "

엄격한 기숙 학교에서 생활하던 캠벨이 휴가를 받아 집으로 오면 이 가게에 붙어 살 정도로 오랜 시간을 가게에서 보냈다.

그녀가 할머니의 일상 업무를 돕는 것은 그녀에게 사업을 하는 방법에 대한 많은 중요한 교훈을 가르쳐 주었다. 할머니의 조언과 그녀가 학교에서 배운 규율들은 대학 등록금을 벌기 위해 마이애미에 있는 홈 디포에서 시간제 영업사원으로 일할 때 큰 도움이 되었다.

캠벨의 경험과 헌신이 그녀가 그 일에 빠르게 뛰어날 수 있도록 도와주었지만, 그녀는 여전히 이 새로운 환경에서 많은 도전에 직면했다. 캠벨이 말하길, "당시에는 저 혼자만 영업 활동을 했었고, 문제가 생기면 고객은 여자라고 저를 무시하고 다짜고짜로 남자 직원은 없냐고 물었습니다."

하지만 그녀는 화를 내기보다는 이러한 고객의 요구에 현명하게 대처하였습니다. "나는 그 문제에 대해 전혀 문외한인 남자직원을 불러와서 고객과 대화를 하게 만들었죠. 결국 아무것도 모르는 그 남자직원이 다시 나에게 질문을 할 수 밖에 없는 상황을 만든 거지요."

이후 캠벨은 이처럼 대담한 상황처리 능력을 인정받아 홈 디포 고위 경영진의 주목을 받게 되었다.

어느 날, 한 회사 임원이 그 가게를 방문해서 많은 직원들에게 질문을 했다. 그녀의 동료들 중 아무도 대답을 하지 못했지만 캠벨은 임원의 질문에 자신 있게 대답했다. 캠벨이 말하길, "나중에, 그 임원이 가게를 떠나면서 매니저에게 제가 누구인지 물었습니다."

"이것이 제가 임원의 눈에 들게 된 사건입니다."

이 성과는 그녀에게 회사 내에서 승진할 수 있는 자신감과 연줄을 주었다. 그녀의 첫 번째 승진 직책은 페인트 부서장이었고, 그 후 그녀는 전체 가게의 매니저로 임명되었다.

캠벨은 2005년에 경영학 석사 학위를 취득하여 회사 고위직에 오를 수 있게 되었다. 2016년에는 40만 명이 넘는 직원이 근무하는 홈 디포의 부사장이 됐다. 캠벨은 자신이 누렸던 것처럼 직원들에게 동등한 승진 기회를 제공하기 위해 매일 골몰하는데 이는 그녀가 가볍게 여기지 않는 의무 중의 하나로 생각하고 있다. "다른 사람의 성장을 도우면서 우리는 영원히 성장해 나간다." 캠벨이 말하길, 저는 학생이나 심지어 제 아이들과도 대화할 때마다 그러한 가치를 아이들에게 심어줍니다. 너에 관한 것만은 아니야. 세상은 공동체야. 누구나 제 몫을 하고 있으니 모두 성공적으로 해낼 수 있도록 해야만 해." 이러한 캠벨의 노력은 인정 받아 포춘지는 그녀를 4년 연속 가장 영향력 있는 50대 기업 여성으로 선정했다. DoSomething.org은 그녀를 2018 Inspirational 25의 리더 중 한 명으로 선정했는데, 이 리더들의 그룹은 기대를 깨고 더 나은 세상을 추구하기 위해 현상에 도전하고 있다.

비즈니스 환경은 끊임없이 변화하고 있으며 이러한 변화와 함께 기회도 찾아온다. 이 챕터와 교과서의 목표는 역동적인 비즈니스의 세계와 그 안에서 번성하는 사람들을 소개하기 위한 것이다. 앤 마리 캠벨과 같은 사업가들은 그들이 봉사하는 지역 사회에 많은 기여를 하고 있으며 그렇게 함으로써 좋은 삶을 영위한다. 이것이 바로 비즈니스의 전부이다.

출처: Doug Gillett, "Ann-Marie Campbell's American Dream," Georgia State Sources: Doug Gillett, "Ann-Marie Campbell's American Dream," Georgia State University Magazine, accessed March 2019; Ellen McGirt, "How Home Depot's Ann-Marie Campbell Rose from Cashier to the C-Suite," Fortune, September 13, 2016; "Ann-Marie Campbell's American Dream," Funvibes Radio, February 18, 2016; Henry Unger, "'If You Have a Seat at the Table, Speak Up,'" Atlanta Journal 2016; Henry Unger, "'If You Have a Seat at the Table, Speak Up,'" Atlanta Journal Constitution, March 26, 2015; Boardroom Insiders, "Ann-Marie Campbell," accessed Constitution, March 26, 2015; Boardroom Insiders, "Ann-Marie Campbell," accessed com, September 23, 2019; homedepot.com, accessed October 2019. G

이 기업은 일본 기업이지만 오하이오에 있는 공장의 생산 가치는 미국 GDP에 포함된다. 이 회사의 이름은 무엇인가? (이 장에서 답을 찾아보라)

학습목표 1-1 이익과 리스크 간의 관계 및 비즈니스와 비영리단체가 생활수준과 삶의 질을 향상시키는 방법을 설명할 수 있다.

비즈니스
이익을 창출하면서 제품과 서비스를 제공하려고 노력하는 활동

상품
컴퓨터, 음식, 의류, 자동차, 설비 등과 같은 유형의 생산품

서비스
교육, 의료, 보험, 여가, 관광 등 눈에 보이지 않는(당연히 손으로 잡을 수도 없는) 생산품

수익
일정 기간 동안 제품과 서비스를 판매함으로써 비즈니스가 얻게 되는 화폐의 총량

비즈니스와 부의 축적

사업에서의 성공은 시장에 끊임없이 적응하는 것에 기반을 두고 있다는 점이다. **비즈니스**(business)란 이익을 창출하면서 상품과 서비스를 제공하려고 노력하는 활동을 말한다. 이익을 창출하기 위해서는 지역사회가 필요로 하는 상품, 직업, 서비스 등을 제공하게 된다. 여기서 **상품**(goods)이란 컴퓨터, 음식, 의류, 자동차, 설비 등과 같은 유형의 생산품을 말한다. **서비스**(services)는 교육, 의료, 보험, 여가, 여행, 관광 등 눈에 보이지 않는 – 당연히 손으로 잡을 수도 없는 – 생산품을 말한다. 고객들의 요구와 필요에 따라 알맞은 상품과 서비스를 개발했을 때는, 고객들이 선호하는 미디어로 – TV, 소셜 미디어, 온라인 광고 등등 – 접근할 수 있어야 한다.

수익(revenue)은 일정 기간 동안 제품과 서비스를 판매함으로써 비즈니스가 얻게 되는 화폐의 총량을 의미한다. **이익**(profit)은 하나의 비즈니스가 사용한 비용들 이상으로 벌어들인 돈을 의미한다. **손실**(loss)은 비즈니스에서 발생하는 비용이 수익보다 많을 때 발생한다. 만약 시간이 흐를수록 손실이 증가한다면, 곧 비즈니스를 중단하거나 종업원을 해고해야만 할 것이다. 미국에서 매년 175,000개 이상의 기업이 문을 닫고 있다.[1)]

부의 창출에 대한 기업가의 중요성

기업가(entrepreneur)는 비즈니스를 시작하고 이를 지속해 나가기 위해 시간과 돈에 대한 리스크를 감당하는 사람이다. **리스크**(risk)라는 것은 수익성이 확실하지 않은 비즈니스에서 발생하는 시간과 돈의 상실을 기업가가 감당하게 될 가능성을 말한다. 성공한 기업가들은 자신들만 부유해진 것이 아니라, 다른 사람들을 위한 일자리도 만들어낸다. 회사와 종업원들은 정부나 지역사회가 병원, 학교, 도서관, 운동장 및 다른 시설들을 설립하는 데 사용할 수 있는 세금을

1979년, 제랄 파우스는 한 개나 제대로 팔 수 있을지에 대한 확신도 없는 상황에서 크기가 큰 고무 손가락(foam finger) 5천 개를 뉴올리언스에서 열린 슈가볼 경기에서 팔기 위해 가져갔다. 예전 고등학교 가게 선생님이 몇 년 전에 이 유명한 손가락을 만들었고 그것들은 학생들에게 큰 인기를 끌었다. 다행히, 슈가볼 관중들도 이 제품들을 좋아하여 완판을 기록하였고 오늘도 여전히 건재한 회사를 그때 출범시켰다. 파우스는 사업을 시작할 때 어떤 위험과 보상에 직면했는가?

납부한다. 또한 세금은 주변 환경을 깨끗하게 유지시키고 어려운 사람들을 도와주며, 경찰서와 소방서를 유지하는데 사용되기도 한다. 그러므로 비즈니스가 만들어내는 부와 납부하는 세금은 지역사회에 속한 모든 사람들에게 혜택을 주게 되는 것이다. 한 국가 내의 비즈니스들은 그 국가(나아가 세계)에 속한 모두의 생활수준과 삶의 질 향상에 기여하는 경제 시스템의 일부분이 된다.

생활수준(standard of living)이라는 용어는 사람들이 자신이 보유한 돈을 가지고 살 수 있는 제품과 서비스의 양을 의미한다. 예를 들어, 독일이나 일본과 같은 일부 국가들의 종업원들이 시간당 임금을 더 많이 받는다 하더라도, 미국은 전 세계에서 가장 높은 생활수준을 가진 국가 중 하나이다. 어떻게 그럴 수 있을까? 독일과 일본의 물가가 미국에 비해서 더 높기 때문에 같은 돈을 가지고 살 수 있는 제품과 서비스의 양은 미국이 더 많다. 예를 들어, 맥주 한 병의 가격이 일본에는 7달러이지만 미국에서는 4달러인 경우도 있다.

종종 한 국가의 상품 가격이 다른 국가에 비해 비싼 것은 높은 세금과 정부의 엄격한 규제 때문인 경우가 많다. 그러므로 적절한 수준의 세금과 규제를 통해 나라를 부유하게 만들 수 있다 이와 관련된 이슈는 이 장에서 보다 자세히 다루게 될 것이다. 여기에서는 한 국가가 영위하는 삶의 질은 비즈니스가 창출하는 부와 밀접한 관련성이 있다는 것만 이해하면 된다.

이익
하나의 비즈니스가 사용한 비용들 이상으로 벌어들인 돈

손실
비즈니스에서 발생하는 비용이 수익보다 많을 때 발생하는 것

기업가
비즈니스를 시작하고 이를 지속해 나가기 위해 시간과 돈에 대한 리스크를 감당하는 사람

리스크
(1) 기업가가 수익성 없는 사업에서 시간과 돈을 잃는 기회. (2) 손실 가능성, 손실 가능성의 정도 및 가능한 손실 금액.

생활수준
사람들이 자신이 보유한 돈을 가지고 살 수 있는 제품과 서비스의 양

이해관계자
기업의 활동이나 정책에 의해서 이익 또는 손실을 입게 되는 모든 사람들로서 기업이 관심을 가지고 살펴야 할 사람들

다양한 비즈니스 이해관계자들에 대한 대응

이해관계자(stakeholders)는 기업의 활동이나 정책에 의해서 이익 또는 손실을 입게 되

그림 1.1 비즈니스의 이해관계자들

기업의 다양한 이해관계자들의 요구사항들이 때로는 서로 상충된다. 만약 종업원들에게 더 많은 임금을 주면 주주들의 이익은 줄어들 것이다. 이러한 요구 사항들의 균형 상태를 유지하게 하는 것이 경영자의 중요한 역할이다.
출처: John Mackey and Raj Sisodia, Conscious Capitalism (Boston, MA: Harvard Business Review Press, 2013)

이해관계자들을 만족시키고자 하는 노력에도 불구하고 비즈니스는 지역사회가 필요로 하는 모든 것을 제공할 수는 없다. 공립학교, 시민단체, 자선단체(구세군 등) 등과 같은 비영리 단체의 목표는 영리 지향적인 것이 아니라 사회적이고 교육적인 것이다. 예를 들어, 미국 적십자사는 난민부터 자연 재해 피해자에 이르기까지 매년 약 3천만 명의 사람들을 지원한다. 우수한 경영 원칙이 이익 추구 기업과 비영리 단체에 똑같이 적용되는 이유는 무엇일까?

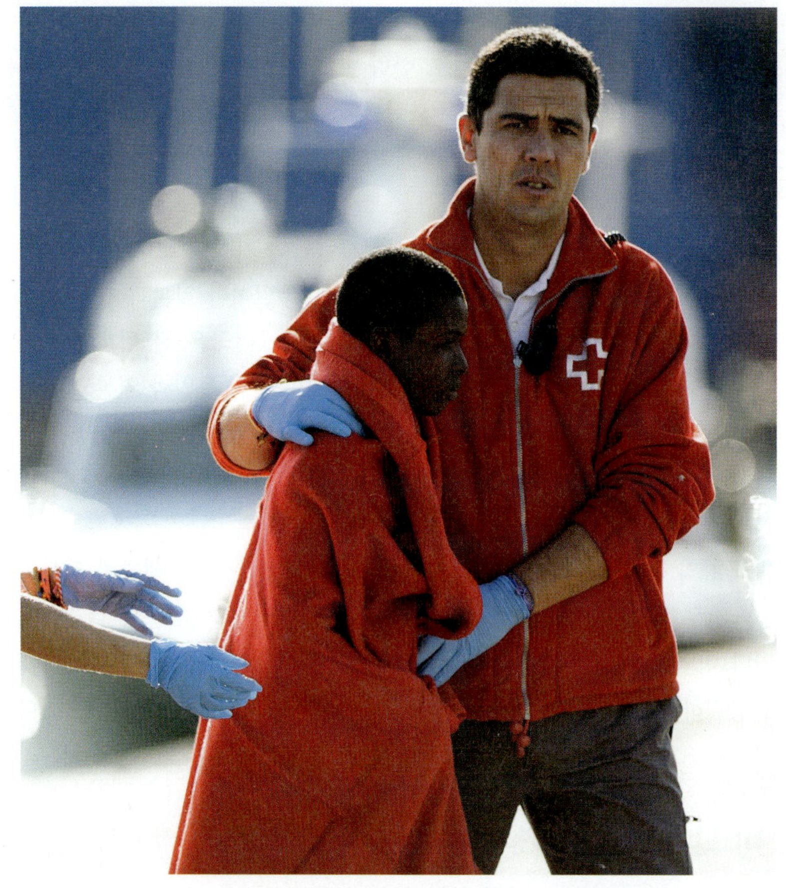

는 모든 사람들로서 기업이 관심을 가지고 살펴야 할 사람들을 의미한다. 고객, 종업원, 주주, 공급자, 거래자(소매업자), 은행, 지역사회, 미디어, 환경주의자, 경쟁자, 연합, 비평가, 정부관계자들이 여기에 포함된다(그림 1.1 참조).

조직들이 직면하게 될 가장 중대한 도전은 모든 이해관계자들의 요구를 인지하고 대응하는 것일 것이다. 이익을 창출해야 하는 기업의 요구는 충분한 임금을 받으려는 종업원들의 요구 또는 환경을 보호하려는 요구와 균형을 이루어야 한다. 한편 미디어를 무시한다면 각종 미디어 매체들은 매출에 영향을 미치는 부정적인 기사를 통해 여러분의 비즈니스를 공격할 것이다. 또한 지역사회의 이익과 일치하지 않는다면 여러분의 비즈니스가 확장되는 데 어려움을 겪게 될 것이다. 이해 관계자를 기쁘게 하는 것은 쉽지 않으며 종종 균형(trade-offs)을 요구한다.

비영리단체에서의 경영원리 적용

비영리단체
소유주나 조직구성원들이 사적인 목적으로 이익을 창출하지 않는 조직

비영리단체 역시 사회적 번영을 위해 많은 기여를 하고 있다. **비영리단체(nonprofit organization)**는 소유주나 조직구성원들이 사적인 목적으로 이익을 창출하지 않는 조직을 말한다. 비영리단체들도 때로는 재무적 이익을 얻기 위해 노력하지만, 그러한 이익은 사적인 목적보다 정해진 사회적 또는 교육적 목적을 위해 사용된다.

여러분이 가지고 있는 다양한 관심사로 인하여 여러분은 앞으로 비영리단체에서 일

하게 될지도 모른다. 비영리단체라 하더라도 경영은 반드시 필요하다. 비영리단체를 시작하거나 경영하기 위해서는 정보시스템관리, 리더십, 마케팅, 재무관리와 같은 경영학 기술을 배워야 할 필요가 있다. 그러므로 이 책에서 배우게 될 지식이나 기술들은 비영리단체를 포함한 어떤 조직에도 매우 유용할 것이다.

시험 준비

- 수익(revenue)과 이익(profit)의 차이는 무엇인가?
- 리스크는 무엇이며, 이익과 어떻게 연결되는가?
- 생활수준이란 무엇인가?
- 이해관계자라는 용어는 무엇을 의미하는가?

학습목표 1-2 비즈니스 환경의 5가지 요소가 각각 비즈니스에 어떻게 영향을 미치는지 설명할 수 있다.

비즈니스 환경

비즈니스 환경(business environment)은 비즈니스의 발전을 도와주거나 방해하는 환경적 요소들로 구성된다. 그림 1.2는 비즈니스 환경의 5가지 요소들을 보여주고 있다.

비즈니스 환경
비즈니스의 발전을 도와주거나 방해하는 환경적 요소

1. 경제적 · 법적 환경
2. 기술적 환경
3. 경쟁적 환경
4. 사회적 환경
5. 글로벌 비즈니스 환경

기업은 일반적으로 비즈니스 환경을 제어할 수 없지만 주의 깊게 모니터링하고 변화에 적응할 수 있는 조치를 취해야만 한다.

경제적 · 법적 환경

사람들은 자신이 잃게 되는 리스크가 지나치게 크지 않다면, 기꺼이 비즈니스를 시작하려고 할 것이다. 경제시스템과 비즈니스에 대해 정부가 얼마가 긍정적이고 부정적인 역할을 하는가는 이러한 리스크 수준에 큰 영향을 미친다. 예를 들어, 정부가 기업가정신을 조성할 수 있는 하나의 능동적인 방법은 기업의 사적 소유를 허락하는 것이다. 일부 국가들에서는 정부가 대부분의 기업들을 소유하고 있어 개인들이 열심히 일하고 이익창출에 기여하게 하는 인센티브가 거의 없다. 법률 시스템은 기업이 할 수 있는 것과 할 수 없는 것을 규제한다. 여기에는 마케팅 및 제품 안전에서 계약 및 수용 가능한 비즈니스 행위에 이르기까지 모든 것이 포함된다(보너스 장 A에서 비즈니스 법률에 대해 자세히 알아볼 수 있다).

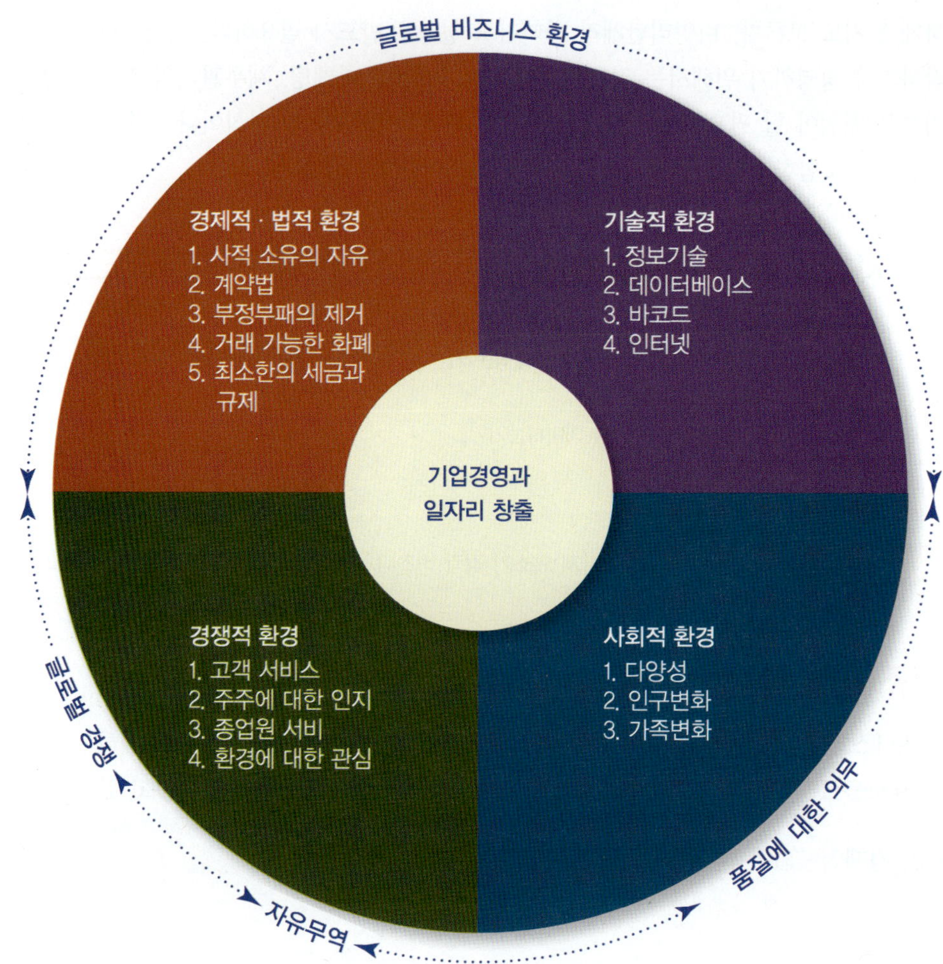

그림 1.2 **오늘날 빠르게 변화하는 비즈니스 환경**

기술적 환경

기술
전화기나 복사기에서부터 컴퓨터, 모바일 기기, 영상의학 장비뿐만 아니라 비즈니스 과정을 보다 효과적이고 효율적이며 생산적으로 만들어주는 다양한 소프트웨어와 앱까지의 모든 것

생산성
주어진 생산요소를 투입하여 생산해낸 결과물의 양

기술(technology)은 전화기나 복사기에서부터 컴퓨터, 모바일 기기, 영상의학 장비뿐만 아니라 비즈니스 과정을 보다 효과적이고 효율적이며 생산적으로 만들어주는 다양한 소프트웨어와 앱까지 모든 것을 의미한다.[2] 효과(effectiveness)란 바라던 결과를 생산해내는 것을 의미하고, 효율(efficiency)은 최소한의 자원을 투입하여 재화나 서비스를 생산해내는 것을 의미한다. **생산성**(productivity)이란 주어진 생산요소를 투입하여 생산해낸 결과물의 양을 의미한다(예를 들어, 시간당 작업량).[3] '변화에 적응하기' 글상자에서는 한 가지 형태의 기술인 드론이 어떻게 비즈니스를 보다 효과적이고 효율적이며 생산적으로 만들 수 있는지 설명한다. 13장에서 기업이 기술을 사용하는 방법에 대해 읽을 수 있다.

경쟁적 환경

성공적인 기업은 경쟁력 있는 가격으로 고품질 제품과 뛰어난 서비스를 제공하기 위해 노력한다. 오늘날의 비즈니스는 과거의 관리 중심이 아닌 고객 중심이 되었다. 고객의 요구(needs)를 충족하기 위해 기업은 소비자들의 요구(needs)와 욕구(wants)를 이해할

일부 국가에서는 사업을 시작하는 것이 매우 어렵다. 예를 들어, 인도에서 사업을 시작하기 위해 정부의 허가를 받으려면 비효율적인 관료주의적 과정을 거치면서 엄청난 시간을 낭비하게 된다. 그럼에도 불구하고 이러한 어려움을 견디고 시작한 기업들은 부와 일자리 창출이란 중요한 역할을 할 수 있다. 이 사리(sari) 가게가 작은 예 중 하나이다. 당신은 10억 명이 넘게 살고 있는 이 나라가 조금 더 자유로워진다면 생 길 수 있는 부와 기회들을 생각할 수 있는가?

뿐만 아니라 공급 업체와 강력한 관계를 구축하고 경쟁사와 차별화해야 한다. 이러한 아이디어는 11장에서 더 자세히 살펴볼 것이다.

사회적 환경

인구통계학(demography)은 인구의 수, 밀도, 연령, 인종, 성별, 소득 등의 특징 등에 관한 통계적 연구 분야를 말한다. 미국 인구의 변화는 향후 사람들의 생활, 주거, 소비, 여가 등에 큰 영향을 미칠 것이다. 게다가 엄청난 인구 이동은 몇몇 기업에는 새로운 기회가 되겠지만, 어떤 기업에는 매우 불리한 환경이 될 것이다. 예를 들어, 과거보다 훨씬 더 많은 은퇴한 근로자들이 있으며, 이는 가정 건강 관리, 교통, 여가 등과 같은 모든 종류의 상품과 서비스에 대한 새로운 시장을 창출하고 있다. 반면에, 은퇴한 사람들은 경제에서 부를 고갈시킬 수 있다. 퇴직 연금을 지출하면서 동시에 재원 확보를 위한 대책을 함께 검토하는 원칙으로 운영되는 사회 보장 제도(pay-as-you-go Social Security system: 오늘날 근로자들이 현 퇴직자에게 퇴직 급여를 지급하는 방식)는 1940년에 42명의 근로자당 1명의 퇴직자를 지원했을 때 잘 운영되었다. 하지만 오늘날에는 퇴직자당 부양 근로자는 3명 미만이며 2030년에는 2명으로 감소할 것으로 예상된다.[4] 간단히 말해, 미래에는 노인들에게 퇴직연금을 지불하기 위해 젊은 노동 인구로부터 엄청난 돈을 끌어와야만 할 것이다.

인구통계학
인구의 수, 밀도, 연령, 인종, 성별, 소득 등의 특징 등에 관한 통계적 연구분석

글로벌 환경

지구 환경에는 무역 협정, 국제 경제 상황, 전쟁과 테러리즘, 기후 변화 등과 같이 비즈니스에 영향을 미치는 모든 국제 요인들이 포함되어 있다. 글로벌 비즈니스 환경은 매우 중요하기 때문에 다른 모든 환경 영향을 둘러싼 것으로 볼 수 있다(그림 1.2 참조). 효율

변화에 적응하기 위로, 위로, 그리고 멀리

물론, 드론은 아마존에서 주문한 것에서부터 정밀하게 겨냥된 폭탄에 이르기까지 다양한 것들을 제공할 수 있다. 하지만 기업의 생산성 및 효율성 향상에도 도움이 될 수 있다. 드론은 데이터를 스캔, 매핑 및 수집할 수 있는데, 예전에 이러한 작업은 돈이 많은 기업들만 감당할 수 있는 인공위성, 비행기 및 헬리콥터를 필요로 하는 일이었다. 하지만 오늘날에는 중소기업들도 수백 달러만 지불하면 드론을 구할 수 있다. 건설회사들은 드론을 이용하여 유인 항공기 및 인간 측량사보다 훨씬 더 빈번하고 정확하게 데이터를 수집할 수 있다. 농부들은 그들의 농작물 밭을 측량할 수 있다. 통신 회사들은 아주 높이 위치한 기지국을 검사할 수 있다. 부동산 조사관은 건물을 검사할 수 있다. 이 모든 작업은 기존 방법보다 훨씬 저렴한 비용으로 수행할 수 있다. 예를 들어, 건물 검사관은 보통 6시간이 걸릴 수 있는 일반적인 지붕 검사에 $200-$300를 청구한다. 그러나 조사관이 드론을 사용할 경우 비용은 10달러이며 1시간 밖에 걸리지 않는다. 그리고 드론을 조종하는 것은 사다리나 기지국을 오르는 것보다 훨씬 덜 위험하다. 물론 드론 사용에 대한 우려는 많다. 드론은 비행기를 울리게 하고(buzz) 군용기를 위험에 빠뜨리고 작은 비디오 카메라로 이웃의 재산을 감시하는 데 사용되어 왔다. 이러한 위협에 대처하기 위해 의회는 드론 사용을 규제할 수 있는 권한을 연방 항공국(Federal Aviation Administration: FAA)에 더 많이 부여할 것을 제안했다. 드론 업계는 의원들이 드론을 오용하는 사람들을 단속하기 위해 드론의 개발과 사용을 금지할 것을 우려하고 있다. 여러분들은 드론을 규제하기 위해 정부가 무엇을 해야 한다고 생각하는가?

출처: Michael Larkin, "Commercial Drones Unleashed: New Rules May Spark Industrial Revolution," Investor's Business Daily, March 2, 2019; Stephen Rice, "Eyes in the Sky: The Public Has Privacy Concerns about Drones," Forbes, February 4, 2019; Andy Pasztor, "FAA Proposes More Commercial Drone Operations at Night and over People," The Wall Street Journal, January 14, 2019.

적인 유통 시스템의 개발(12장에서 논의)과 인터넷 (13장에서 논의)과 같은 커뮤니케이션의 발전으로 인해 세계 무역 또는 세계화가 성장했다. 세계 무역에는 이점과 비용이 있다. 여러분들은 2장과 교과서의 텍스트 전체에서 나타나는 '우리의 경계를 넘어' 글상자에서 그 중요성에 대해 더 많이 읽을 수 있다.

시험 준비

- 비즈니스 환경의 5가지 요소는 무엇인가?
- 한 국가의 경제 및 법률 시스템이 기업가 정신에 영향을 미치는 방식은 무엇인가?
- 효과성(effectiveness), 효율성(efficiency) 및 생산성(productivity)의 차이는 무엇인가?
- 변화하는 인구 통계는 비즈니스에 어떤 영향을 미치는가?

경제학
경제학은 제품이나 서비스를 생산하기 위해서 자원을 어떻게 투입할 것인지를 선택하는 과정과 개인이나 집단에 그 결과물을 어떻게 배분할지에 대해 연구하는 학문

거시경제학
국가 전체 차원에서 바라보는 경제학의 분야

미시경제학
특정 시장에서 사람이나 조직의 행동을 바라보는 경제학의 분야

학습목표 1-3 기본적인 경제학에 대해 설명할 수 있다.

경제학에 대한 이해

경제학(economics)은 제품이나 서비스를 생산하기 위해서 자원을 어떻게 투입할 것인지를 선택하는 과정과 개인이나 집단에 그 결과물을 어떻게 배분할지에 대해 연구하는 학문이다. 경제학은 크게 거시경제학과 미시경제학으로 나뉜다. **거시경제학**(macroeconomics)은 국가의 경제를 전체적으로 바라보는 것이고, **미시경제학**(microeconomics)은 시장에서 특정 제품 또는 서비스에 대한 사람이나 조직의 행동에

상품과 서비스를 생산하는 새로운 방법은 경제에 자원을 추가하고 더 많은 고용을 창출한다. 예를 들어 양식장은 식량과 일자리 모두를 창출한다. 여러분들은 경제 발전을 증진시킬 수 있는 다른 혁신에 대해 생각해 볼 수 있는가?

대해 살펴보는 것이다. 거시경제학에서 거론되는 주제의 예로는 "미국이 국가 부채를 줄이기 위해서는 무엇을 해야 하는가?"5) 등이 있다. 이 장에서 살펴볼 거시경제학의 주제는 국내총생산(GDP), 실업률, 물가 등이다. 최근 들어, 거시경제적인 정책과 과연 이것이 효과적인지에 대한 질문이 거론되었다. 미시경제학에서 거론되는 주제의 예로는 "기름 가격이 상승할 때 왜 사람들은 소형차를 구입하는가?" 등이 있다. 이 질문들은 비교적 답하기 쉬워 보인다.

몇몇 경제학자들은 경제학을 희소자원(scare resources)의 분배에 관한 학문으로 정의한다. 그들은 대체로 정부에 의해 사람들에게 신중히 분배될 필요가 있다고 이야기한다. 충분히 많은 자원이라는 것은 없기 때문에 단지 자원을 나누어 주는 것만으로 현 세계의 평화와 풍요를 보장할 수 없다. 따라서 자원개발이 필요한데, **자원개발(resource development)**이라는 것은 어떻게 자원을 증가시키고(예를 들어, 오일과 가스 셰일 또는 타르샌드로부터의 석유추출), 그 자원을 더 잘 사용하는 조건을 찾아내는 것이다(예를 들어, 자원재활용 및 보존).

생산 요소는 토지, 노동, 자본, 기업가정신 및 지식 등 부를 창출하는 데 사용되는 자원이다(그림 1.3 참조):

1. 토지(또는 천연자원들) – 집, 자동차, 다른 상품을 생산하기 위해 사용되는 땅이나 천연자원을 말한다.
2. 노동(종업원) – 사람들은 항상 제품과 서비스를 생산하는 데 중요한 자원이다. 그러나 많은 사람들이 현재는 기술에 의해 대체되고 있다.
3. 자본 – 기계, 도구, 건물 등 상품의 생산에 사용되는 모든 것들을 의미한다. 자본에는 돈이 포함되지 않을 수도 있다. 즉, 자본은 돈으로 생각할 수 있지만 돈은 생산요소들을 구입하기 위해 사용되는 것으로 그 자체가 생산요소는 아니다.
4. 기업가정신 – 기업가들이 자원들을 사용하여 비즈니스를 시작하는 도전이 없다면 모든 자원들은 아무런 가치를 지니지 못한다.

그림 1.3 5가지 생산요소

5. 지식 – 정보기술은 기업에 혁신을 가져다 주고, 사람들이 요구하는 것들을 빠르게 결정하게 하고 적합한 제품과 서비스 제공을 가능하게 한다.

다양한 유형의 경제 시스템은 사회의 요구를 충족시키기 위해 생산 요소를 사용하는 방법을 다르게 결정한다. 다음의 '시험준비'란 이후, 경제 시스템의 유형에 대해 논의할 것이다.

시험 준비

- 경제학(economics)이란 무엇인가?
- 거시경제학과 미시경제학의 차이점은 무엇인가?
- 생산요소 5가지는 무엇인가? 어떤 요소가 부의 창출에 핵심적인가?

학습목표1-4 다양한 유형의 경제체제를 비교 및 대조하고 혼합 경제에 대한 트렌드(trends)를 설명할 수 있다.

경제체제의 유형들

오늘날 경제체제의 두 가지 유형은 계획경제와 자유시장경제이다.

1. **계획경제**(command economies)**는** 정부가 주로 무슨 제품이나 서비스를 생산할지, 누가 얼마만큼 생산할지, 어떻게 경제를 성장시킬지를 결정하는 경우이다. 사회주의와 공산주의는 이런 경제시스템을 나타내기 위한 용어이다.
2. **자유시장경제**(free-market economies)는 시장이 무슨 제품이나 서비스를 생산할지, 누가 얼마만큼 생산할지, 어떻게 경제가 성장할지를 결정하는 경우이다. 자본주의는 이런 경제시스템을 기술하기 위한 용어이다.

다음으로 이러한 경제 시스템들을 간략히 살펴보고 그 장점과 한계에 대해 논의해 보자.

사회주의에 대한 이해

사회주의(socialism)는 정부가 모든 기업은 아니라도 철강, 광산, 전력 등 주요 산업에 속하는 기업을 소유하여 이익이 모든 사람에게 똑같이 분배되는 경제시스템을 기본 전제로 한다. 기업가들은 종종 작은 기업을 소유하거나 경영한다. 하지만 개인은 엄청난 세금을 사회보장프로그램을 위해 지불해야 한다. 사회주의가 가진 가장 중요한 장점은 사회적 평등이다. 이상적인 상황일 경우 정부는 부유한 사람들로부터 세금을 걷어 이를 다양한 정부프로그램을 통해 가난한 사람들에게 재분배함으로써 사회적 평등을 달성한다. 무상 교육(대학 수준까지도), 무상 의료보험, 무상 육아 프로그램 등은 사회주의 정부가 세금을 사용해서 주는 혜택이라고 할 수 있다. 사회주의 국가의 노동자들은 자본주의 국가의 노동자들보다 더 많은 휴가 일수를 갖는다. 그들은 또한 주당 노동시간이 더

자원개발
어떻게 자원을 증가시키고 그 자원을 더 잘 사용하는 조건을 찾아내는 것

생산요소
부 창출에 이용되는 자원들(토지, 노동, 자본, 기업가정신, 지식)

계획경제
정부가 주로 무슨 제품이나 서비스를 생산할지, 누가 얼마나 생산할지, 어떻게 경제를 성장시킬지를 결정하는 경제시스템

자유시장경제
시장이 무슨 제품이나 서비스를 생산할지, 누가 얼마나 생산할지, 어떻게 경제가 성장할지를 결정하는 경제시스템

사회주의
정부가 기업을 소유하여 이익이 모든 사람에게 똑같이 분배되는 경제시스템을 기본 전제로 함

적고, 관대한 병가 허용 등 더 많은 직원복지를 누린다.

사회주의는 자본주의보다 더 많은 평등을 보장해주지만, 소득의 상당 부분(세금 형태로)을 정부에 넘겨야 하기 때문에 기업인의 사업의욕을 저하시키게 된다. 이로 인해 많은 혁신가, 창의적인 발명가, 의사, 변호사, 사업주 및 많은 돈을 버는 사람들이 나라를 떠나게 된다. 이처럼 다른 나라로 가장 우수하고 영리한 사람들을 잃는 것을 **두뇌 유출**(brain drain)이라고 한다.

두뇌유출
다른 나라로 가장 우수하고 영리한 사람들을 잃는 것

사회주의는 몇몇 국가에서 크게 성공하였는데, 이 사진은 덴마크의 현대적이고 깨끗한 공공 교통 시스템을 보여주고 있다. 프랑스에서는 젊은이들이 어린 노동자의 해고를 인정한 법률에 저항하는 시위를 벌였고, 결국 그 법은 폐지되었다. 그런데 어떠한 요인들로 인해 사회주의 국가는 낮은 성장을 이루었는가?

사회주의는 종종 적은 수의 발명과 낮은 수준의 혁신을 이루는데, 이것은 새로운 아이디어를 가진 사람이 자본주의 시스템에서처럼 보상을 받지 못하기 때문이다. 지난 10여 년간 많은 사회주의 국가들은 새로운 발명이나 일자리 창출, 부의 창출 등에서 미국을 따라잡지 못했다. 공산주의는 사회주의의 압축된 형태라고 볼 수 있다. 공산주의에 대해 자세히 살펴보도록 하자.

공산주의의 이해

공산주의(communism)는 경제적이면서 정치적인 제도이다. 공산주의에서는 정부가 거의 모든 경제적인 의사결정을 하고, 거의 모든 생산 요소를 소유한다. 공산주의는 사회주의보다 사람들을 더욱 강제하는 특징을 가지고 있다. 예를 들어, 몇몇 공산주의 국가들은 국민들이 특정 종교를 갖거나 직장을 옮기거나 이사하는 것조차 제약을 한다.

공산주의
정부가 거의 모든 경제적인 의사결정을 하고, 거의 모든 생산 요소를 소유하는 경제적이면서 정치적인 제도

공산주의의 문제점 중 하나는 정부가 무엇을 생산할지 알 수 있는 수단이 없다는 점

공산주의 체제가 무너진 이후 러시아는 지속 가능한 시장경제체제를 찾는 데 어려움을 겪어왔다. 가난한 사람이 줄고 중산층이 출현했으나 러시아는 자신들의 방대한 천연자원 개발에 어려움을 겪고 있다. 비즈니스를 지원하기 위한 법률이 미흡하고 지하경제가 성행하고 있지만, 많은 사람들은 러시아가 번영할 것이라는 낙관적인 견해를 가지고 있다. 여러분의 생각은 어떠한가?

인데, 이는 가격이 자유시장 경제에서처럼 수요와 공급을 반영하고 있지 않기 때문이 다. 이 경우 정부는 추측에만 의존하게 된다. 따라서 식료품, 의료를 포함한 많은 종류의 물자부족 현상이 발생한다. 또 다른 문제는 정부가 거의 모든 수익을 가져가기 때문에 기업가들의 의욕을 높일 수 없다는 점이다. 이러한 이유 때문에 경제체제로서의 공산주의는 점차 사라지고 있는 추세이다.

자유시장 자본주의에 대한 이해

자본주의
생산과 분배에 관련된 결정이 이익을 추구하는 개인에 의해 이루어지는 경제시스템

자본주의 하에서는 생산과 분배의 요소들을 개인이 소유하고 있다. 자본의 요소들은 이익을 위해 운용되고, 정부 관료들이 아닌 기업가들이 생산량, 제품가격, 임금 등을 결정한다. 기업가들은 또한 제품을 직접 만들지, 아니면 다른 국가에서 만들지를 결정한다. 그러나 순수한 자본주의 국가는 없다. 종종 정부는 최저임금, 농산물 가격, 부실기업원조 등의 문제에 개입한다. 자본주의는 미국 경제시스템의 토대이고, 영국, 호주, 캐나다 등 여러 선진국들이 가지고 있는 경제시스템이다.

자본주의는 스코틀랜드 경제학자인 애덤 스미스의 사상에 기초를 두고 있다. 1776년 애덤 스미스는 《국부론(The Wealth of Nations)》이라는 책을 출간하였다. 애덤 스미스는 경제의 생존을 위해 자유가 그 무엇보다도 중요하다고 믿었다. 특히, 땅이나 재산

애덤 스미스의 이론에 따르면 시장경제의 기업가들은 자신이 벌어들인 노동의 대가를 소유할 수 있다는 것을 알기 때문에 열심히 일할 동기가 있다. 이 그림에 나온 가게의 소유주와 같이 기업가들이 번창할 때, 그들은 더 많은 고용을 창출하고 성장함으로써 지역경제와 나아가 더 큰 규모의 경제를 성장시키는 데 간접적으로 도움을 줄 수 있다. 여러분이 자신의 사업을 시작한다면 그 동기는 무엇일까?

을 소유할 수 있는 자유와 땅을 경작하거나 사업을 통해 이익을 얻을 수 있는 자유가 필수라고 이야기하였다. 보상이 있는 경우에 사람들은 더 열심히 오랫동안 일하기 때문이다.[6] 이런 노력의 결과로 필요한 음식과 유용한 제품들이 나오고, 이로 인해 경제는 더 풍성해진다고 하였다.

애덤 스미스의 이론에 따르면 기업가가 의도적으로 다른 사람을 도우려고 노력할 필요가 없다. 그들은 자신의 부와 성공을 위해 열심히 노력하기만 하면 된다. 사람들이 자신의 상황을 개선하려고 노력하면 할수록 그 노력은 필요한 상품, 서비스 및 아이디어를 생산하여 경제성장과 번영을 돕는 '**보이지 않는 손**(invisible hand)'으로 작용을 하게 된다는 것이 그의 논리이다. 즉, 보이지 않는 손이란 자기 자신을 위한 이익이 모두를 위한 사회적 및 경제적 이익으로 변화하는 과정을 말한다.

보이지 않는 손
개인들이 자기 자신의 사적 이익을 추구하는 것이 모두에게 사회적 · 경제적 이익을 준다는 것을 설명하기 위해 애덤 스미스가 사용한 용어

자유시장 자본주의 체제에서 사람들은 아래의 4가지 기본적인 권리를 갖는다.

1. 사유재산에 대한 권리 – 자본주의에서 가장 기본이 되는 권리이다. 개인에게 땅이나 빌딩, 기계, 발명품 등의 재산을 매매하고 사용할 수 있는 권리가 있다는 것을 의미한다. 자녀와 후손에 대한 상속도 가능하다. 만약 농부가 땅을 소유할 수 없고, 자신이 번 돈을 소유할 수 없다면 그들이 그렇게 열심히 일하겠는가?
2. 사업체의 소유와 이익에 대한 권리 – 이익이라는 것은 수익에서 비용(임금, 재료

수년간의 계획과 저축 끝에 제시카 더글라스는 성장할 공간이 많은 건물을 구입하고 Flowers and Weeds 라는 사업을 시작했다. 자유시장 자본주의라 부르는 경제체제를 존재할 수 있게 만드는 가장 근본적인 두 가지 권리가 있는데, 생산수단을 포함한 사유재산을 보유할 수 있는 권리와 비즈니스를 소유하고 그로부터 발생한 이익을 보유할 수 있는 권리이다. 두 가지 중 하나의 권리가 없어도 나머지 하나의 권리가 독자적으로 성립 가능할까?

비, 세금)을 뺀 것을 말한다(1장 참조). 이익은 기업 소유주에게 매우 중요한 인센티브가 된다.

3. 경쟁의 자유에 대한 권리 – 정부가 만든 일정한 가이드라인 안에서 개인은 새로운 제품이나 서비스를 촉진하고 판매함으로써 다른 개인이나 기업체와 경쟁할 수 있는 자유를 가지고 있다.
4. 선택의 자유에 대한 권리 – 사람들은 자신이 원하는 일을 할 수 있고, 자신의 진로를 택할 자유가 있다. 선택의 자유에는 거주선택의 자유, 구매와 판매의 자유도 포함된다.

이런 자유와 권리가 주는 장점 중 하나는 사람들로 하여금 이전보다 더 큰 위험을 감수하고 끊임없이 도전하게 만든다는 것이다. 또 다른 장점은 시장에 참여한 기업끼리의 경쟁을 허용한다는 것이다. 기업은 고객들에게 높은 품질의 제품을 저렴한 가격에 좋은 서비스와 함께 제공해야만 한다. 그렇지 않으면 더 좋은 제품, 더 저렴한 가격, 더 좋은 서비스를 제공하는 기업에 사업 기회를 잃게 될 것이다.

모든 경제체제와 마찬가지로 자본주의에는 또한 결함이 있다. 예를 들어, 소득 불평등은 오늘날 많은 사람들이 우려하는 중요한 문제이다.[7] 기업가나 경영자는 노동자에 비해서 더 많은 부를 축적하고 있다. 반면 노인, 장애인, 병자들은 사업을 시작하거나 운영하는 데 어려움이 있고, 어떤 사람은 그러한 재능이나 목표를 갖지 못한 경우도 있다. 이런 불평등을 해소하기 위해 사회는 어떻게 해야 할까?

혼합경제(Mixed Economy)로 가는 추세

비록 세계의 모든 국가들이 어떤 형태로든 두 가지 경제체제를 조합한 경제구조를 가지고 있지만, 자유시장경제도 계획경제도 최적의 경제시스템은 아니다. 자유시장경제는 가난한 사람, 나이든 사람, 장애자들의 필요에 충분히 대응하지 못하고 있다. 또한 사람들은 자유시장에서의 기업이 환경을 보호할 것이라고 믿지 못한다. 따라서 미국과 같은 자유시장의 유권자들은 복지, 실업수당 지급과 같은 사회보장 프로그램이나 공기와 물의 청결과 관련된 환경보호법을 잘 해결할 사람에게 표를 주고 있다.

사회주의와 공산주의는 경제를 발전시키지 못하고 일자리나 부를 충분히 창출해내지 못하고 있다. 그 결과 공산주의 정부는 점차 사라지고 있고, 일부 사회주의 정부는 사회보장 프로그램을 줄이고 기업이나 노동자들의 세금을 줄여주고 있다. 이런 정책들은 기업이 더욱 성장하고 더 많은 이익을 낼 수 있도록 돕는다.

최근에는 미국과 같은 자본주의 국가가 사회주의 쪽으로 가고 사회주의 국가가 자본주의 국가로 가는 경향을 보이고 있다. 사회주의 정책의 예에는 정부 주도 은행합병, 의료보장에서의 정부개입 증가 등이 있고, 자본주의 정책의 예에는 사유기업의 증가 및 감세 등이 있다. 이렇듯 모든 국가는 두 가지 경제체제의 요소들을 일정 부분 동시에 가지고 있다. 따라서 세계의 경제체제는 장기적으로 자본주의와 사회주의의 혼합 형태가 될 전망이다. 이러한 경향은 인터넷의 발달로 더욱 쉬워진 세계시장의 개방 때문에 가속화될 것이다. 즉, 전 세계적으로 혼합경제체제가 도래할 것이라 예상된다.

그림 1.4 - 주요 경제시스템 비교

	자유시장 (미국)	사회주의 (스웨덴)	공산주의 (북한)	혼합경제 (독일)
사회 · 경제적 목표	토지나 기업의 개인 소유 자유와 행복 추구 자유 거래 경제성장을 위해 자유와 경제적 동기의 강조	주요 기업의 공공 소유 몇몇 작은 규모의 기업은 개인 소유 정부가 교육, 건강관리, 공공서비스, 광업, 교통, 미디어 등을 통제 매우 높은 세금 평등 강조	모든 기업의 공공 소유 정부가 교육과 건강관리를 직접 운영 기업 소유, 이직, 주택 거래, 정부에 대한 비판 등에 대한 자유 제한 평등 강조	정부의 규제 아래 토지나 기업의 개인 소유 쇼핑몰과 같은 몇몇 기관에 대한 정부의 감독 국가방위와 복지를 위한 높은 세금 자유와 평등의 조화를 강조
일하는 동기	기업의 소유주가 일을 효율적이고 열심히 하는 것에 대한 높은 인센티브 노동자들은 생산성에 따른 보상	자본가는 소유 기업을 통한 인센티브 정부가 공공기관의 임금과 인센티브를 조절	좋은 품질과 서비스를 생산하기 위해 열심히 일해도 상당히 적은 인센티브	인센티브는 자유시장과 비슷 정부 소유의 기업은 낮은 인센티브
시장에 대한 통제	국가 간 혹은 국내거래에 대한 완전한 자유시장에 대해 정부의 개입이 없음	몇몇 시장은 정부에 의해 관리되고, 몇몇 시장은 자유 국가 간 거래도 국가 간 차이를 보이고, 여러 자유무역 협정이 존재함	불법 거래를 제외한 모든 시장이 정부에 의해 완전 통제	국가 간 혹은 국내 거래에 대해 정부는 약간의 통제(무역보호주의)
시장의 선택	다양한 제품과 서비스가 존재 수요와 공급이 시장을 조절하기 때문에 공급 부족이나 과다 공급이 장기간 발생하지 않음	시장의 다양성은 국가마다 차이를 보임 정부가 시장에 얼마나 관여하느냐에 따라 달라짐	제품에 대한 선택권이 거의 없음	자유시장과 유사하지만, 보조금 지급과 같은 정부의 시장개입에 의해서 공급부족이나 과잉공급이 발생할 수 있음
사회적 자유도	언론, 출판, 집회, 종교, 직업, 이주, 선거의 자유	혼합경제와 유사 정부는 직업의 선택, 해외 이주, 대학진학 등에 대해 제약을 주기도 함	정부에 대한 저항, 종교활동, 이주, 이직 등에 대해 매우 제한적 자유가 존재	집회와 언론에 대한 약간의 제약이 존재 교회와 정치의 분리가 학교의 종교행사를 제약

*미국은 자본주의에 기반을 둔 혼합경제체제임

혼합경제
자원의 배분이 시장에 의해 일어나지만 일정 부분 정부의 개입이 일어나는 경제 시스템

혼합경제(mixed economies)라는 것은 자원의 배분이 시장에 의해 일어나지만 일정 부분 정부의 개입이 이루어지는 경우이다. 대부분의 국가들이 혼합경제라는 용어를 사용하지는 않는다. 만약에 자원의 배분이 주로 시장에 의해 결정된다고 하면 이런 국가들은 여전히 자본주의 국가라고 부른다. 만약에 자원의 주요 배분 방법이 정부에 의한 것이라고 하면 그 국가는 사회주의 국가라고 부른다. 그림 1.4는 이런 다양한 경제시스템

들을 비교하고 있다.

세계 대부분의 다른 나라들과 마찬가지로 미국도 혼합 경제를 가지고 있다. 우리는 아래의 시험 준비 문제가 끝난 후에 미국의 경제 시스템에 대해 자세히 살펴볼 것이다.

시험 준비

- 사회주의의 장점과 단점은 무엇인가?
- 사회주의와 공산주의의 차이점은 무엇인가?
- 자유시장 자본주의 경제체제에서의 4가지 기본권리는 무엇인가?
- 혼합경제의 특징은 무엇인가?

학습목표 1-5 주요 경제 지표(특히 GDP), 생산성 및 비즈니스 주기(business cycle)의 중요성을 포함하여 미국의 경제 시스템을 설명할 수 있다.

미국 경제시스템의 이해

이 절에서는 미국 정부와 비즈니스 리더들이 직면한 경제 이슈를 이해하기 위해 필요한 용어나 개념에 대해 설명하고자 한다.

자유시장은 어떻게 작동하는가?

앞서 언급하였듯, 자유시장(free-market)은 무엇을 생산하고 얼마만큼 생산할지가 시장에서 결정되는 경제체제라고 할 수 있다. 다시 말해서, 소비자와 생산자가 제품과 서비스의 가격을 협상한다는 것을 이야기한다. 만약에 모든 소비자가 특정 야구팀의 로고가 있는 T셔츠를 선호한다고 하면, 생산자와 판매자들은 그 T셔츠의 가격을 인상할 것

수요의 경제학적 개념은 사람들이 기꺼이 구입하고자 하는 제품 또는 서비스의 양이다. 모든 조건이 동일할 때, 가격이 낮다면 수요는 증가하게 된다. 왼쪽 사진과 같이 블랙 프라이데이에 제품을 구입하고자 줄을 서있는 사람들을 볼 때, 이 세품에 대한 수요는 어떻다고 설명될 수 있는가?

이다. 소비자들이 이전보다 더 높은 가격을 지불할 것을 알기 때문이다.

또한 의류산업 종사자들은 T셔츠를 더 많이 만들면 돈을 더 벌게 될 것이라는 것을 알게 된다. 따라서 이들은 셔츠를 더 많이 만들어내기 위해 공장 종업원들에게 연장근로에 대한 인센티브를 주면서까지 생산을 늘린다. 나아가, T셔츠를 만드는 회사의 수가 증가하게 될 것이다. 얼마나 T셔츠를 만들 것인가는 우리가 얼마나 많이 그 제품을 가게에서 구입하거나 요청하느냐에 달려 있다. 가격과 생산량은 우리가 구매하는 T셔츠의 양이 변함에 따라 지속적으로 변할 것이다.

가격이라는 것은 생산자들에게 얼마나 많은 제품을 생산해야 할지를 말해준다. 만약에 누군가가 특정제품이나 서비스를 원하는데 그것을 얻기 어렵다면 가격은 누군가가 그 제품을 생산하거나, 중고품을 팔거나, 대용품을 만들 때까지 계속 올라갈 것이다. 그렇기 때문에 미국에서는 장기간 물건이 부족한 상황은 거의 발생하지 않는다.

자유시장경제에서 가격은 판매자가 결정하지 않는다. 가격은 시장에서 판매자와 소비자의 협상에 의해 결정된다. 판매자는 50달러에 T셔츠를 팔고자 하지만 그 가격에 옷을 사려는 사람은 매우 적을 것이다. 만약에 판매자가 낮은 가격을 제시하면, 수요는 증가할 것이다. 파는 자와 사는 자 모두를 만족시키는 가격이 어떻게 결정될까? 답은 미시경제학에서 이야기하는 수요와 공급의 법칙에 있다.

수요와 공급의 기본법칙(The Basics of Supply and Demand) **공급**(supply)은 생산자가 특정 시점에 특정 가격에 팔려고 하는 제품의 양을 말한다. 일반적으로 제공하려는 양은 가격이 오를수록 증가할 것이다. 높은 가격으로 돈을 더 벌 수 있기 때문이다.

공급
생산자가 특정 시점에 특정 가격에 팔려고 하는 제품의 양

경제학자들은 가격과 공급량 사이의 관계를 그래프로 나타내었다. 그림 2.1은 T셔츠에 대한 간단한 공급곡선이다. 셔츠에 대한 가격은 그래프의 세로축을 통해 알 수 있고, 가격에 따른 셔츠의 공급량은 가로축을 통해 알 수 있다. 제시된 곡선의 개별 점들은 서로 다른 가격에 얼마의 양을 공급할지를 보여준다. 예를 들어서, 셔츠의 가격이 5달러일 때 셔츠 공급자는 5벌의 셔츠만을 공급할 것이다. 그러나 50달러의 가격에서는 50벌의 셔츠를 공급하려고 할 것이다. 공급곡선은 가격과 공급량 사이의 관계를 보여준다. 모든 조건이 똑같으면, 가격이 높을수록 판매자는 더 많이 공급할 것이다.

수요(demand)는 소비자가 특정 시점에 특정 가격에 사려고 하는 제품의 양을 말한다. 일반적으로 수요량이라는 것은 가격이 내릴수록 증가한다. 공급곡선과 마찬가지로, 가격과 수요량을 그래프로 나타낼 수 있다. 그림 1.6는 T셔츠에 대한 간단한 수요곡선을 나타낸 것이다. 그래프의 각 점들은 특정 가격에 발생하는 수요량을 나타낸다. 예를 들어서, 45달러의 가격에서 수요량은 5벌뿐이지만, 5달러의 가격에서는 수요량이 35벌로 증가한다. 모든 조건이 똑같으면, 가격이 낮을수록 수요량은 증가할 것이다

수요
소비자가 특정 시점에 특정 가격에 사려고 하는 제품의 양

그림 1.5과 1.6을 통해 수요량과 공급량을 정하는 기준이 되는 것이 가격이라는 것을 알게 되었다. 두 그래프를 한 면에 표시할 경우, 공급곡선과 수요곡선은 한 점에서 만나게 되는데, 바로 그 점에서 수요량과 공급량은 같아진다. 그림 1.7은 그 균형점을 보여주고 있다. 가격이 15달러일 때, T셔츠의 수요량과 공급량은 25벌로 일치한다. 이 균형점(equilibrium point)을 균형가격(equilibrium price)이라고 할 수 있고, 장기적으로

시장가격
공급과 수요에 의해 결정되는 가격

볼 때 이 가격이 시장가격이 될 것이다. 즉, **시장가격**(market price)은 수요와 공급에 의해 결정된다고 할 수 있다. 바꾸어 말하면, 시장이 움직이는 방향은 가격에 의해 결정된다고 할 수 있다.

결국 시장의 힘을 방해하지 않는다면 공급과 수요는 같아질 것이다. '윤리적 의사결정' 글상자는 언제 가격이 통제를 벗어나게 되는 지와 이에 대해 어떻게 대처해야하는 지에 대한 흥미로운 질문을 제기한다.

자유시장에서의 경쟁 경제학자들은 대부분 자유시장에서 경쟁의 양상을 (1) 완전경쟁, (2) 독점적 경쟁, (3) 과점, (4) 독점 등 4가지로 분류하고 있다.

완전경쟁
시장에 충분히 많은 판매자들이 존재하고, 제품의 가격을 조절할 만큼 충분히 큰 판매자가 없는 시장 상황

완전경쟁(perfect competition)은 시장에 충분히 많은 판매자들이 존재하고, 제품의 가격을 조절할 만큼 충분히 큰 판매자가 없을 때 존재한다. 완전경쟁 상황에서 판매자는 거의 동일한 제품을 생산한다. 예를 들어, 사과, 옥수수, 감자 등 농산품 시장은 일반적으로 완전경쟁시장으로 본다. 그러나 현실에서 진정한 완전경쟁의 예는 존재하지 않는

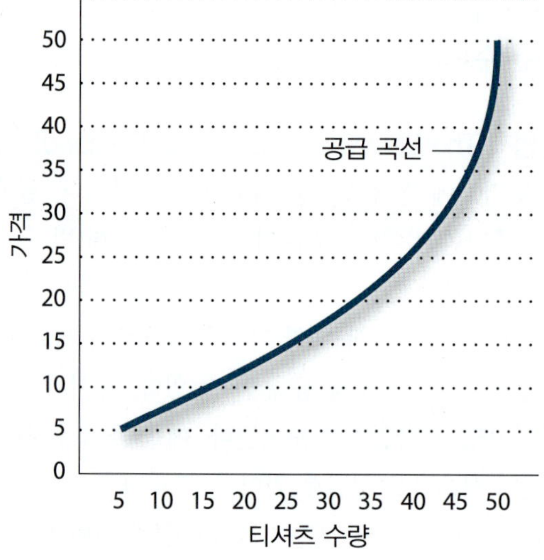

그림 1.5 공급곡선
공급곡선은 우상향 곡선이다. 티셔츠의 가격이 오를수록 판매자들은 공급을 늘릴 것이다.

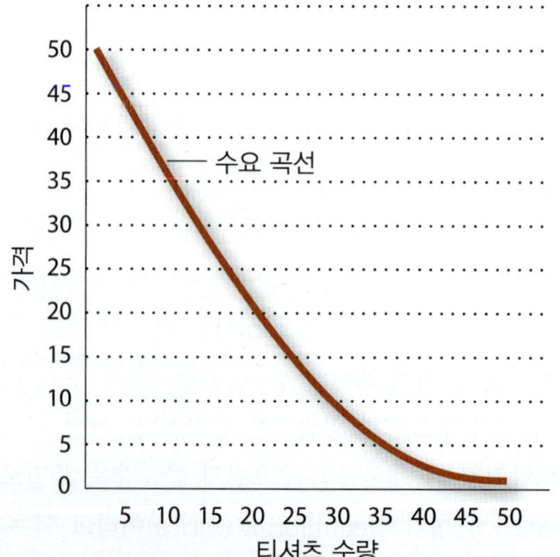

그림 1.6 수요곡선
아래 그림은 다양한 가격에 따라 티셔츠의 수요가 어떻게 되는지 보여주고 있다. 수요곡선은 우하향 곡선이다. 가격이 낮을수록 수요량은 증가할 것이다.

윤리적 의사결정

소비자에게 나쁜 약인가?

대형 제약회사인 당신의 회사는 제약회사를 인수하면서 Relivoform이라는 약품 또한 인수했다. 구입한 회사는 시장의 선도적인 약품 공급 업체였으며, 해당 약품은 단연코 가장 수익성이 높은 제품이었다. Relivoform은 간암 치료에 중요한 화학요법 약물이다. 치료 당 300달러의 비용이 들고, 많은 환자들이 암의 확산을 조절하기 위하여 이 약품에 의존한다. 현재 여러분들의 회사는 수백만 달러의 연구 및 테스트 비용을 들여 많은 신약을 개발하고 있다. 식약청이 새로운 약품을 승인하고 시장에 출시하기까지는 수년이 걸릴지도 모른다. 회사의 재정 위원회는 신약 개발 비용을 줄이기 위해 Relivoform의 가격을 치료제 당 3,000달러로 인상할 것을 권고했다. 여러분의 회사가 해당 약품의 유통을 통제하고 있으므로, 경쟁업체가 회사의 시장에 즉시 영향을 미칠 수 있을지 의심스럽다. Relivoform의 가격이 10배 인상될 것이라는 소문이 알려지자, 대중들은 환자들의 요구보다 이익을 더 많이 챙긴다고 비난하며 격앙된 반응을 보였다. 위원회의 권고에 따라 가격을 인상해야 할까? 여러분들의 대안은 무엇인가? 각각 어떤 결과가 초래될 것인가?

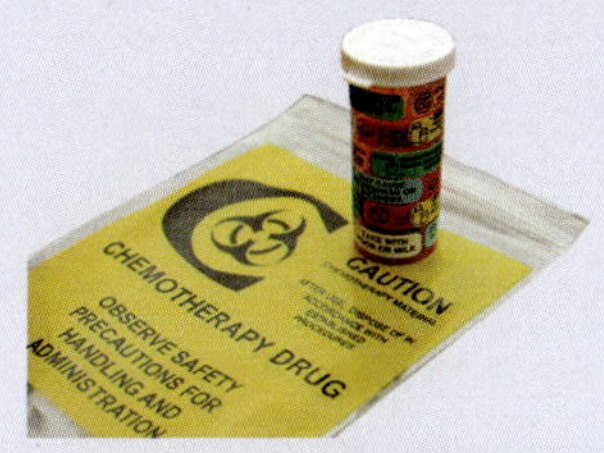

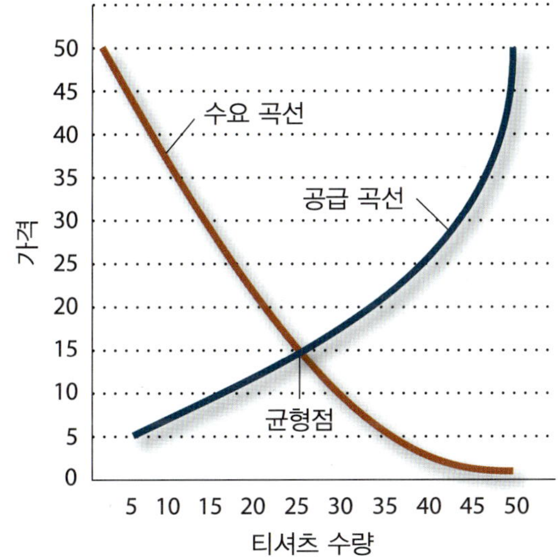

그림 1.7 균형점

수요량과 공급량이 만나는 지점을 균형점이라고 한다. 수요곡선과 공급곡선을 한 좌표에 놓게 되면 두 곡선이 만나는 지점이 생긴다. 장기적으로 시장가격은 이 균형점이 된다.

다는 것을 알아야 한다. 오늘날 정부의 보조금 지급이나 농장 수의 급격한 감소는 농업조차 완전경쟁의 예로 볼 수 없다는 것을 보여준다.

독점적 경쟁(monopolistic competition)은 많은 판매자들이 매우 비슷한 제품을 생산하지만, 소비자에 의해 그 차이가 판단되는 시장이다. 핫도그, 청량음료, 컴퓨터, T셔츠 등이 좋은 예이다. 이런 시장에서 제품 차별화는 성공의 가장 중요한 요소이다.

과점(oligopoly)은 몇몇 판매상들이 시장을 장악하고 있는 경우를 말한다. 과점시장의 예로는 담배, 가솔린, 자동차, 알루미늄, 항공기 산업 등이 있다. 이런 시장에 몇몇 판매자만이 경쟁하는 이유는 초기 투자에 막대한 비용이 들어가기 때문이다. 항공기 제조공장 건설에 얼마나 많은 자금이 필요한지 생각해보라.

독점(monopoly)은 하나의 판매자가 제품 또는 서비스 전체의 공급량이나 가격을 조절하는 경우를 말한다. 미국에서는 법적으로 독점이 금지되어 있다. 미국의 법은 공공재적 성격이 강한 천연가스나 물, 전기 등에 대해서만 독점을 허용한다. 독점이 허용되지만 소비자 이익의 보호를 위해 이런 기업의 가격 정책과 이윤은 일반적으로 공공기관의

독점적 경쟁
많은 판매자들이 매우 비슷한 제품을 생산하지만, 소비자들이 다르게 인식하는 경쟁 형태

과점
몇몇 판매상들이 시장을 장악하고 있는 경쟁 형태

독점
하나의 판매자가 제품 또는 서비스 전체의 공급량이나 가격을 조절하는 경쟁 형태

감독을 받는다.

주요 경제지표

세 가지 중요한 경제지표는 (1) 국내총생산(GDP), (2) 실업률, (3) 물가지수이다. 추가적으로 중요한 지표는 생산성의 증감이다. 만약 경제 관련 책이나 신문을 읽는다면 이상과 같은 지표들이 실제로 자주 사용되고 있다는 것을 알게 될 것이다. 이 지표들에 대해 더 자세히 설명하기로 한다.

국내총생산(GDP)
일 년간 한 국가에서 생산된 제품과 서비스의 최종 가치의 합

국내총생산(GDP: Gross Domestic Product)은 일 년간 한 국가에서 생산된 제품과 서비스의 최종 가치의 합이다. 생산 주체가 국내기업이든 외국기업이든 생산 지역이 같은 국가의 범위 안에 있으면 해당 국가의 국내총생산에 포함된다. 예를 들어, 오하이오에 있는 혼다 자동차 공장의 생산가치는 미국의 국내총생산에 포함된다. 마찬가지로, 포드가 미국 기업이라고 할지라도 멕시코에서 포드가 생산한 자동차는 멕시코의 국내총생산에 포함된다. 주목할 것은, 한 국가의 경제에 대한 대부분의 논의는 국내총생산에 기초해서 이루진다는 것이다. 만약 국내총생산의 성장이 느리거나 국내총생산이 감소한다면 경제에 여러 문제점을 가져다준다. 국내총생산의 성장과 가장 관련이 높은 것은 해당 국가의 노동생산성(투입량 대비 생산량)이다.

실업률
지난 4주 내에 직장을 구하려 했지만 고용이 되지 않은 자로서 최소 16세 이상의 시민의 수

실업률(unemployment rate)이라는 것은 지난 4주 내에 직장을 구하려 했지만 고용이 되지 않은 자로서 최소 16세 이상의 시민 수이다. 실업률은 2013년 7%를 웃돌았으며 2019년에 4% 아래로 감소했다(그림 1.8).[8] 대부분의 경제학자들은 4% 또는 5%의 비율을 기능적인 측면에서 완전 고용으로 간주한다. 하지만, 많은 사람들은 실업 통계가 오랫동안 실직한 사람들이나 단순히 구직활동을 포기한 사람들이 느끼는 고통을 정확하게 측정하지 못한다고 주장한다.[9] 이는 특히 일자리가 없고, 최근에 일자리를 구하지도 않은 25세에서 54세 사이의 소수 연령층 남성에게 해당된다.[10]

인플레이션
제품이나 서비스 가격이 상승하는 현상

물가지수는 **인플레이션**(inflation), 디스인플레이션(disinflation), 디플레이션(deflation), 스태그플레이션(stagflation)의 정도를 측정하여 경제가 얼마나 건강한지를 측정할 수 있게 해준다. 인플레이션(inflation)은 시간에 따른 제품이나 서비스 가격의 전반적 상승을 말한다. 공식적인 인플레이션의 정의는 '상품이나 재화의 비중을 초과하는 가용통화 및 신용의 증가 때문에 초래되는 지속적인 소비자 물가수준의 상승 또는

그림 1.8 **미국의 실업률(1989–2019)**

우리의 경계를 넘어

음속(Speed of sound)의 인플레이션

만약 여러분이 72의 규칙(Rule of 72)을 알고 있다면, 여러분은 이 법칙이 물가상승률로 가격이 두 배가 되는 데 걸리는 시간을 측정하는 간단한 방법이라는 것을 알 것이다. 예를 들어, 만약 인플레이션이 매년 6%씩 증가하고 있다면, 물가는 12년 안에 두 배가 될 것이다. 이것은 연방준비제도이사회가 매년 2퍼센트(또는 그 이하)의 물가 인상을 목표로 하고 있는 미국에서 용인할 수 없는 인플레이션 율일 것이다. 한 달 만에 물가가 221퍼센트나 올랐다면 어떨까? 불가능한 일일지도 모르지만 가장 최근의 초인플레이션 사례인 베네수엘라에서는 그런 일이 발생했다. 초인플레이션은 상품과 서비스의 가격이 한 달에 50퍼센트씩 오르는 것이다. 이것은 종종 한 나라의 정부가 초과 지출을 위해 더 많은 돈을 발행할 때 시작된다. 베네수엘라는 2014년 63%, 2015년 121%, 2016년 481%, 2017년 2616%, 2018년 80,000%, 2019년 1,000,000% 이상 물가가 올랐다! 이러한 상황에서 베네수엘라의 통화인 볼리비아(bolivar)의 가치가 너무 낮은 수준으로 붕괴되었다. 이 나라는 현재 식량과 의약품의 부족에 직면해 있으며, 어린이들도 가혹한 영향을 받고 있다. 베네수엘라가 초인플레이션의 피해를 입은 첫 번째 나라는 아니다. 독일의 초인플레이션은 제1차 세계대전 이후 3일에 한 번씩 물가가 두 배씩 올랐던 전형적인 사례였다. 독일인들이 빵 한 덩어리를 사기 위해 독일 화폐로 가득 찬 손수레를 밀고 가는 사진들은 흔히 볼 수 있었다. 짐바브웨는 2004년부터 2009년까지 초인플레이션을 겪었다. 24시간마다 물가가 두 배로 오르면서 경제는 하루에 98%의 인플레이션에 직면했다. 빅맥이나 스타벅스 커피 한 잔의 가격이 매일 두 배씩 오르는 것은 우리들에게 좋게 들리지 않는다. 연방준비제도이사회가 인플레이션을 경계하고 우리나라의 금리를 2퍼센트 이하로 유지되기를 바라자.

지속적인 화폐의 구매력 하락'이다.[11] 따라서 인플레이션은 '너무 많은 화폐가 너무 적은 상품과 서비스를 좇는 현상'으로 묘사되기도 한다. 급격한 인플레이션은 무서운 현상이다. 상품과 서비스의 가격이 일년에 7퍼센트만 오르면, 약 10년 안에 두 배가 될 것이다. '우리의 경계를 넘어' 글상자는 통제가 불가능한 인플레이션의 몇 가지 예시를 보여준다.

디스인플레이션(disinflation)은 물가의 상승이 느려지는 것을 말한다. 다시 말해, 인플레이션의 비율이 감소하는 것을 말한다. 미국은 1990년대에 디스인플레이션을 경험했다. 반면, **디플레이션**(deflation)은 물가가 감소하는 경우를 말한다. 디플레이션은 사람들이 소비할 수 있는 수준 이상으로 상품이 생산되는 경우에 발생한다. 따라서 인플레이션과는 반대로 '너무 적은 화폐가 너무 많은 상품을 좇는 현상'으로 묘사될 수 있다. 가격 하락은 좋게 들릴지 모르지만 이는 경제 상황이 악화되고 있음을 나타낸다.[12] **스태그플레이션**(stagflation)은 경제가 침체되고 있는데 가격이 오르는 경우를 말한다.[13]

소비자물가지수(CPI; consumer price index)는 인플레이션 또는 디플레이션의 추세를 측정하는 월간지표들로 구성된다. 정부는 소비자물가지수 산정을 위해 주택가격, 식료품, 의류, 의약품 등 상품과 서비스의 가격이 상승 또는 하락하는지를 계산한다.[14] 하

디스인플레이션
제품이나 서비스 가격의 증가가 느려지는 현상(인플레이션 비율의 감소)

디플레이션
물가가 실제로 하락하는 현상

스태그플레이션
경제가 침체되고 있는데 가격이 오르는 상황

소비자물가지수(CPI)
인플레이션이나 디플레이션의 크기를 측정하는 월간 통계치

코어 인플레이션
식료품과 에너지 가격을 차감한 소비자 물가지수

지만 오늘날 정부는 **코어 인플레이션**(core inflation)이라는 것에 더 의존한다. 이는 소비자물가지수에서 식료품과 에너지 가격을 차감하여 계산된다. 최근 식료품과 에너지 가격은 급격히 상승해왔기 때문에 코어 인플레이션지수는 일반적으로 소비자물가지수보다 낮다. 이 지표들은 소비자물가지수는 임금, 임대료, 세금, 정부의 재정지출, 이자율 등을 결정하는 근거가 되기 때문에 매우 중요한 경제지표이다.

생산자물가지수(PPI)
도매가격을 측정하는 지표

생산자물가지수는 도매 수준에서의 가격의 변화를 측정한다. 이는 미국 경제에서 제품 생산을 담당하는 거의 모든 산업에서의 가격 변화를 추적한다. 경제 상황의 다른 지표에는 주택 신규 건설, 소매업 매출액, 개인 소득의 변화 등이 있다. 여러분들은 경제 잡지의 구독, 경제 방송 청취, 온라인 경제 관련 사이트를 통하여 이러한 지표들에 대해서 더 배울 수 있다.

경기순환

경기순환
시간이 흐름에 따라 경제가 주기적으로 상승과 하락을 반복하는 것

경기순환(business cycles)은 시간이 흐름에 따라 경제가 주기적으로 상승과 하락을 반복하는 것을 말한다. 경제학자들은 경기순환이 계절적인 것에서부터 매 48년에서 60년마다 일어나는 순환 등 다양하다고 말한다. 경제학자 조셉 슘페터(Joseph Schumpeter)는 네 가지 경기순환의 양상을 호황(boom), 침체(recession), 불황(depression), 회복(recovery)으로 정의하였다.

침체
국내총생산이 연속적으로 2분기 이상 감소

불황
보통 디플레이션을 동반하는 심각한 침체

1. 호황은 경기가 매우 좋은 상황을 말한다.
2. **침체**(recession)라는 것은 국내총생산이 연속적으로 2분기 이상 감소할 때를 말한다. 이 시기에 물가는 떨어지고, 사람들은 제품 구매를 늦추고, 많은 기업들이 도산한다. 침체는 경제적으로 좋지 않은 결과를 만드는데, 높은 실업률, 높은 사업 실패율, 전체적인 삶의 질 감소를 가져온다.
3. **불황**(depression)은 일반적으로 디플레이션을 동반한 심각한 경기침체를 말한다. 불황은 매우 드물게 나타나는데, 20세기에 단 한 번의 불황기(1930년대)가 있었을 뿐이다.
4. 회복(recovery)은 경제가 안정화되고 성장하기 시작할 때를 말한다. 회복은 결국 경제를 호황으로 이끈다. 경기순환의 새로운 시작을 의미한다.

경제의 급격한 변화는 기업 활동에 심각한 어려움을 가져올 수 있으므로 정부는 늘 이런 변화를 최소화하려고 노력한다. 정부는 재정정책과 통화정책을 사용해서 경제가 너무 느리거나 빠르게 변화하지 않도록 조절한다. 우리는 이러한 양상들을 아래의 '시험 준비'란을 통해 논의해 볼 것이다.

시험 준비

- 자유 시장 경제에서 사업가들은 생산할 제품과 수량을 어떻게 결정하는가?
- 가격은 어떻게 결정되는가?
- 세 가지 경제 지표의 이름을 말해보고 각 지표에 따라 우리나라가 얼마나 잘하고 있는지 설명해보라.
- 경기침체와 불황의 차이는 무엇인가?

학습목표 1-6 재정 정책과 통화 정책을 비교하고 각각이 경제에 미치는 영향을 설명할 수 있다.

재정정책을 통한 경제 안정화

재정정책(fiscal policy)이란 정부가 경제를 안정시키기 위해 세금이나 정부지출을 줄이거나 늘리는 방법을 사용하는 것을 말한다. 정부는 재정정책을 수립할 때, **케인즈 학파의 경제이론**(Keynesian economic theory)을 따른다.[16] 케인즈학파 경제학자들은 정부 투자를 증가시킴으로써 경기를 부양시킬 수 있다고 주장한다.[17]

재정정책
정부가 경제를 안정시키기 위해 세금이나 정부지출을 줄이거나 늘리는 방법을 사용하는 것

케인즈 학파의 경제이론
정부지출을 늘리고 세금을 줄이는 정책은 경기침체기에 경기를 부양시킬 수 있다는 이론

첫 번째 재정정책 수단은 조세(taxation)이다. 이론적으로 높은 세금은 경제성장을 늦추는 역할을 한다. 개인의 돈이 정부로 가기 때문이다. 높은 세금은 기업의 이익과 노력에 대한 보상을 감소시키기 때문에, 특히 중소기업가의 투자를 위축시키는 역할을 한다. 반대로 낮은 세금은 이론적으로 경제를 부양한다.

두 번째 재정정책은 정부의 지출과 관련된 것이다. 정부는 예산을 고속도로 건설, 사회보장제도, 교육, 도로 및 전력 등 사회간접자본, 국방 등 다양한 분야에 사용한다. 그러나 이러한 지출은 국가 적자를 증가시킬 수 있다.[18] 재정적자는 국가가 특정기간에 걷은 세금보다 더 많은 지출을 하는 경우에 발생한다.[19] 2016년 적자는 거의 6천억 달러였다. 2018년에는 8,000억 달러 이상으로 불어나 2020년에는 1조 1천억 달러였다.[20] 경제학자들은 이러한 적자의 증가는 최근 감세로 인해 정부로 들어오는 돈이 줄어들고, 베이비 붐 세대 은퇴와 그들의 건강 관리 비용으로 인해 지출되는 돈이 더 많기 때문이라고 보고 있다.[21] 이러한 적자는 국가 부채를 증가시킨다. **국가부채**(national debt)는 정부 적자의 누적 합이다. 최근에 국가부채는 그림 1.9에서 보는 것처럼 약 23조 달러까지 증가했다.[22] 한편, 세수가 지출보다 많은 경우를 '재정흑자(national surplus)'라고 부르는데, 곧 이 현상이 일어날 것으로 예상된다.

국가부채
정부 적자의 누적 합

통화정책을 통한 경제성장

여러분은 누가 돈을 찍어내는지 생각해본 적이 있는가? 위에서 보았다시피, 미국에서 돈을 찍어내는 곳은 연방준비은행(Federal Reserve Bank)이다. 연방준비은행은 반사설조직(semiprivate organization)이라고 할 수 있다. 정부의 직접적 명령을 받지는 않지만 미국 대통령에 의해 지명된 사람들로 구성된다.

연방준비은행에 대해서는 16장에서 자세히 설명될 것이다. 이 장의 목표는 통화정책에 대해 간단히 소개하고, 연방준비은행의 역할에 대해 알아보는 것이다. **통화정책**(monetary policy)은 연방준비은행이 통화의 공급이나 이자율을 관리하는 것을 말한다. 연방준비은행의 가장 중요한 역할은 이자율을 낮추고 올리는 일이다. 경제가 활황기인 경우 연방준비제도이사회는 이자율을 높여서 돈을 빌리는 비용을 증가시킨다. 이에 따라 기업인들은 돈을 덜 빌리게 되고 고용과 신규투자를 줄임으로써 지출이 줄어들고 경제성장의 속도는 늦춰지게 된다. 반대의 경우에는 이자율을 낮추는데, 이 경우 기업인들은 더 많은 돈을 빌리고 경제는 성장하게 된다. 이처럼, 이자율의 조정은 경제성장의 속도를 조절하는 데 도움을 준다.

통화정책
연방준비은행을 통한 통화의 공급과 이자율 관리

그림 1.9 **국가부채**

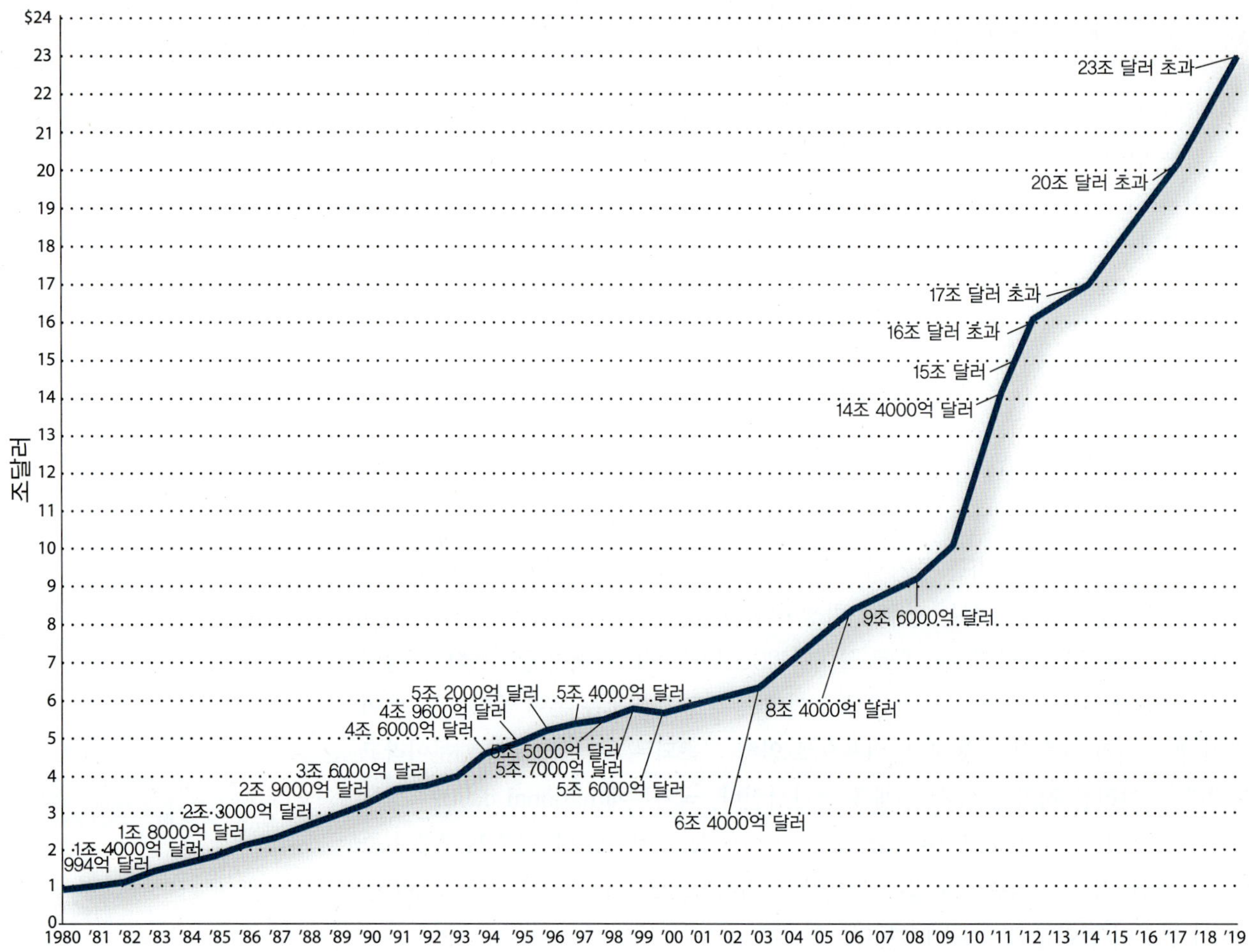

연방준비은행의 또 다른 역할은 통화량을 조절하는 것이다. 통화량을 증가시키면 기업은 더 많은 돈의 사용이 가능해지고 경제는 더 빨리 성장한다. 경제성장을 늦추고 인플레이션을 막기 위해 연방준비은행은 통화량을 줄인다.

요약하자면 미국 경제를 관리하기 위한 두 가지 주요 도구는 재정 정책(정부 세금 및 지출 사용)과 통화 정책(금리 및 통화 공급에 대한 연준의 통제)이다. 목표는 더 많은 사람들이 경제 사다리를 오르고 더 높은 생활 수준과 삶의 질을 누릴 수 있도록 경제 성장을 유지하는 것이다.

시험 준비

- 정부는 재정정책을 통해서 경제를 어떻게 관리했는가?
- 통화정책의 의미는 무엇인가? 또한 어떤 조직이 이런 통화정책을 이끄는가?

학습목표 1-7 현재에도 반복되고 있는 과거의 트렌드(trends)에 대해 검토할 수 있고, 그러한 트렌드가 미래의 대학 졸업생들에게 어떤 의미가 있는지를 설명할 수 있다.

미국 비즈니스의 발전

미국 기업들의 생산성이 과거에 비해서 많이 향상되었기 때문에 제품을 생산할 때 이전에 비해서 적은 인원이 필요하다. 국제적 경쟁과 기술의 발전으로 숙련된 노동자가 설 자리가 줄어든다면, 우리는 높은 실업률과 낮은 소득에 대해 걱정해야 하는가? 여러분이 졸업했을 때 얻을 수 있는 일자리는 어디에 있을 것인가? 이러한 중요한 질문이 우리 모두로 하여금 미국 경제의 현주소와 미래에 대해 고찰하도록 만든다.

농업 및 제조업에서의 진보

미국은 1800년대 이래 큰 경제발전을 이루었다. 농업은 미국은 물론 전 세계에 식량을 공급하면서 그러한 발전을 이끌어 왔다. 사이러스 맥코믹(Cyrus McCormick)이 1834년에 발명한 수확기계나 엘리 휘트니(Eli Whitney)가 개발한 조면기(목화씨를 빼내는 기계)와 같은 현대화된 장비는 농업을 더욱 발전시켰다. 전체 인구의 약 33퍼센트였던 농업인구의 비율이 오늘날에는 1퍼센트일 정도로 현대의 농작물 재배 산업은 기술 발전을 통해 상당히 높은 효율을 보여주고 있다.

농업은 미국에서 가장 크고 중요한 산업 중 하나이다. 기술의 사용은 생산성을 높이고 농부들이 더 효율적으로 일할 수 있도록 하였으며, 이는 거대한 농장의 발전으로 이어졌다. 이는 우리가 더욱 저렴하게 음식을 구입할 수 있다는 것을 의미하지만, 한편으로 소규모 농장의 수가 지속적으로 감소했음을 의미한다. 새로운 기술은 소규모 농장의 경쟁력을 높일 수 있을 것인가?

농업은 여전히 미국의 주요한 산업으로, 변한 것은 단지 수백만 개의 영세한 농장들이 거대한 규모의 농장이나 작지만 전문화된 농장으로 대체되었다는 것이다. 지난 한 세기 동안 농부들이 감소했다는 것은 부정적인 신호가 아니다. 그것은 미국 농업 종사자들이 세계에서 가장 생산적이라는 징표이다.

19세기와 20세기에 농장에서 직업을 잃은 대부분의 농부들은 공장으로 향했다. 농업 분야와 유사하게 제조업 분야에서도 기술의 발전으로 생산성이 향상되었고, 그 결과 많은 일자리가 사라졌다.

하지만 생산성과 효율의 증가를 통해 사회적인 부를 만들고 다른 분야에서의 일자리를 창출해낼 수 있다면 사회 전체적인 의미에서의 손실은 줄어들 것이다. 지난 50년 동안 실제로 이러한 상황이 발생했다. 제조업에 종사하던 많은 사람들이 서비스업에서 일자리를 찾았다. 오늘날 일자리를 찾을 수 없는 대부분의 사람들에게도 현재 존재하거나 미래에 존재할 직업을 위한 재훈련과 교육이 필요하다. 제조업 분야와 생산에 대한 자세한 내용은 8장에서 다룰 것이다.

서비스업에서의 진보

과거에 미국에서 가장 성장이 빠른 산업은 철강, 철도, 기계 등과 같은 상품을 제조해내는 분야였다. 하지만 오늘날 미국에서 가장 성장이 빠른 기업들은 법률, 건강, 통신, 엔터테인먼트, 금융 등과 같은 서비스를 제공하고 있다. 서비스업은 미국 경제의 70퍼센

그림 1.10 서비스 분야들

서비스 분야에 대한 많은 논의가 있었지만 실제로 각 서비스 분야가 무엇을 포함하는지에 대한 토론은 많지 않았다. 여기 정부에 의해 분류되는 대표적인 서비스 분야들이 있다.

	서비스 분야의 비즈니스 예시들						
오락 서비스	놀이공원	아이스스케이트장	볼링장	당구장	식물원	정보오락	축제
	경마장	서커스	골프장	심포니 오케스트라	레스토랑	전시회	비디오대여점
비즈니스 서비스	미수금 처리대행사	관리 서비스	장비 대여	쓰레기 수거	컴퓨터 프로그래밍	해충박멸 서비스	연구개발
	창문 청소	세금 보고	웹디자인	광고사진	회계	광고미술	광고 대행사
	PR	컨설팅	흥신소	인테리어 디자인	속기 서비스	고용대행사	
법률 서비스	변호사	준법률가	공증인				
교육 서비스	학교	도서관	온라인 스쿨	컴퓨터 스쿨			
건강 서비스	지압사	육아서비스	치과의사	내과의사	의료장비	치기공	
영화 산업	제작	배급	영화관	드라이브인 극장			
사회복지 서비스	직업교육	노인의료	가족 서비스	보육			
자동차 수리 서비스와 차고	변속기 수리	타이어 교체	배기장치숍	트럭 대여	자동차 대여	페인트숍	주차장
	세차						
금융 서비스	은행	부동산 매매중개	투자회사	보험			
개인 서비스	사진관	신발 수선	세금 업무	세탁	장례식장	린넨제품 공급	
	뷰티숍	보육	헬스클럽	기저귀 서비스	카펫 청소		
숙박 서비스	호텔, 하숙집, 그 외 숙박시설들	스포츠와 휴양캠프	단기 체류객을 위한 이동주택 주차구역과 야영지				
문화 기관	비영리박물관	미술관	식물원과 동물원				
회원 조직	시민단체	경영단체					
기타 조직	전기통신	건축	토목	복지	잔디 관리	자판기	배달
	측량	정화조 청소	라디오와 텔레비전	샤프닝	소파 천갈이	시계	용접

트 이상을 차지하고 있다. 1980년대 중반 이후 서비스업은 미국 내의 신규 일자리의 대부분을 창출해냈다. 지금 서비스 분야의 성장률은 낮아졌지만, 여전히 성장의 가장 큰

변화에 적응하기

서비스는 순환 경제(circular economy)를 확장한다.

여러분들은 마지막으로 DVD로 된 영화를 구입한 것이 언제인가? 오늘날 우리 대부분은 Netflix나 다른 주문형(on-demand) 서비스를 통해 영화를 시청한다. 음악도 마찬가지이다. Spotify와 같은 서비스를 사용할 수 있는데 굳이 CD에 음악을 저장할 이유가 있을까? 모든 종류의 제품들이 서비스가 되고 있다. 예를 들어 시스템 대신 클라우드에 파일을 저장한다. 차를 소유하는 대신 우버(Ubers)나 리프트(Lyfts)를 사용할 수 있다. 기업은 월 단위로 사무실 카펫이나 조명을 대여할 수 있다. 이처럼 기술을 통해 다양한 제품들을 서비스로 제공할 수 있다. 사물 인터넷(IoT, 13장 참조)은 기업이 사용량을 추적하고, 성능을 측정하며, 새로운 비즈니스 모델을 개발할 수 있도록 모든 종류의 사물에 센서를 장착한다. 예를 들어, GPS를 통해 자동차 회사는 "모빌리티 서비스"를 제공할 수 있다(BMW의 리치나우, General Motors의 메이븐, Zipcar의 차량 공유 서비스 등). 일부 승차 공유 서비스는 운전자의 성능을 추적하기 위해 텔레매틱스(telematics)라고 불리는 기술을 사용하기 시작했다. 휴대전화에 있는 센서들은 그들이 속도를 내거나, 코너를 돌거나, 갑자기 브레이크를 밟거나, 운전 중 문자를 보내는 등과 같은 운전자의 상황을 추적할 수 있다. 서비스형 제품(Product-as-Service) 모델은 원료를 취하고, 제품을 만들고, 제품을 다 만들었을 때 폐기하는 "환원 처리(take-make-dispose)" 경제에서 폐기물을 줄이는 순환 경제로 전환하는 한 가지 방법이다. 제품에 대한 소유권을 보유한 기업은 제품을 유지하고 수명 주기를 연장한다. 노후화를 계획하는 대신, 새로운 버전의 제품을 서비스 형태로 제공하는 회사들은 제품을 최대한 오래 지속되고 쉽고 저렴하게 수리할 수 있는 제품을 만들도록 장려된다. 절약될 수 있는 쓰레기 매립 공간이 좋은 예시가 될 것이다.

영역을 차지하고 있다. 여러분이 경력을 쌓아가면서 서비스업에서 일하게 될 가능성은 매우 높다.[23] 그림 1.10은 서비스산업의 다양한 직업들을 보여준다. 여러분이 미래에 가질 만한 직업이 있는지 찾아보라.

또한 제조업보다 서비스업에 높은 연봉을 제공하는 일자리가 더 많다는 것도 좋은 점이 될 수 있다. 높은 연봉을 제공하는 서비스 부문의 일자리는 의료, 회계, 재무, 엔터테인먼트, 통신, 건축, 법률, 소프트웨어 공학 분야 등에서 찾을 수 있다.[24] 다른 대부분의 산업이 저성장에 머물고 있는 데 반해 몇몇 서비스 분야는 급속히 성장해 나갈 전망이다. 대학졸업자들은 평소에 융통성을 발휘하여 새로운 직업이 어느 분야에서 나타나고 있는지를 찾아내는 노력을 기울이다가 적절한 때가 되면 그러한 분야로 이동하는 전략을 세워야 할 것이다.

비즈니스에서 여러분의 미래

앞에서 언급한 서비스업 분야의 성장에도 불구하고 기존의 서비스 시대는 마감되고 새로운 시대가 시작되고 있는 것으로 보인다. 우리는 지금 농업, 제조업, 서비스업 등 경제의 전 분야를 변화시킬 것으로 예상되는 정보를 기반으로 한 글로벌 기술 혁명의 한가운데에 있다. 여러분이 그러한 혁명 속에서 어떠한 일들을 해 나갈 지에 대해 생각해 보는 것은 무척 흥미로운 일이 될 것이다. 여러분은 리더가 될 수도 있다. 즉, 변화를 이끌고 세계적 품질 표준에 기반을 둔 전 세계적인 경쟁의 도전을 받아들이는 사람이 될 수도 있다. 이 책은 여러분이 비즈니스에서뿐만 아니라 정부기관과 비영리조직에서도 그러한 리더십을 발휘할 수 있도록 만드는 다양한 개념들을 소개할 것이다. 미래의 비즈니스는 전 세계적으로 정부나 사회적 리더들과의 협력 없이 홀로 번영해 나갈 수 없다.

시험 준비

- 사람들이 농업에서 제조업으로, 제조업에서 서비스업으로 이동하게 만드는 주요한 요인은 무엇인가?
- 오늘날의 대학생들이 맞이하게 될 미래는 어떠한 모습일까?

요약하기

학습목표 1-1 이익과 리스크 간의 관계 및 비즈니스와 비영리단체가 생활수준과 삶의 질을 향상시키는 방법을 설명할 수 있다.

- **비즈니스의 이익(profit)과 리스크 사이에 어떠한 관련이 있는가?**
  이익은 급료와 기타 비용의 크기 이상으로 기업이 벌어들이는 돈이다. 경영자는 리스크를 감수하여 이익을 얻는다. 리스크란 경영자가 시간과 돈을 이익이 확실히 보장되지 않은 기업 활동에 투자하는 것이다. 손실은 기업으로부터 발생하는 비용이, 기업이 벌어들이는 수익(revenue)을 초과할 때 발생한다.
- **기업을 구성하는 이해관계자는 누구이며, 어떠한 이해관계자가 기업에 가장 중요한가?**
  기업의 이해관계자는 소비자, 종업원, 주주, 공급자, 중개인, 은행, 미디어, 지역사회, 환경운동가, 정부기관 등을 포함한다. 경영자의 목표는 이해관계자들의 다양한 요구를 절충하여 이익을 창출하는 것이다.

학습목표 1-2 비즈니스 환경의 5가지 요소가 각각 비즈니스에 어떻게 영향을 미치는지 설명할 수 있다.

- **비즈니스 환경의 5가지 요소는 무엇인가?**
  비즈니스 환경의 5가지 요소는 경제 및 법적 환경, 기술 환경, 경쟁 환경, 사회적 환경 및 글로벌 비즈니스 환경이다.
- **법률 및 경제 시스템은 기업가가 사업을 시작하는 위험을 감수하도록 어떻게 장려할 수 있는가?**
  무엇보다도 정부는 기업의 개인 소유를 허용하고 기업인이 법정에서 집행 가능한 계약을 작성할 수 있도록 하는 법률을 통과시킴으로써 기업가 정신을 장려할 수 있다.
- **기술이 근로자, 기업 및 소비자에게 어떤 혜택을 주었는가?**
  기술을 통해 작업자는 보다 효과적이고 효율적이며 생산적 일 수 있다.
- **기업이 경쟁을 이기는 방법은 무엇인가?**
  일부 기업은 품질 제품을 만드는 데 주력함으로써 경쟁 우위를 발견한다 기업은 고객의 욕구와 요구를 이해하고 공급 업체와 강력한 관계를 구축하며 경쟁업체와 차별화해야 한다.
- **사회적 변화가 기업에 어떤 영향을 미쳤는가?**
  변화하는 인구 통계는 오늘날 비즈니스에 많은 기회와 도전을 낳는다. 예를 들어, 증가하는 고령 인구는 여가 및 건강 관리 분야에서 새로운 사업에 많은 기회를 제공한다. 반면에 노인들에게 사회 보장 혜택을 제공하는 것은 노동 인구로부터 막대한 돈을 끌어내게 한다.
- **비즈니스에 영향을 미치는 글로벌 환경의 몇 가지 요인은 무엇인가?**
  비즈니스에 영향을 미치는 국제적 요인에는 무역 협정, 국제 경제 상황, 전쟁과 테러, 기후 변화 등이 포함된다.

학습목표 1-3 기본적인 경제학에 대해 설명할 수 있다.

- **경제학이란 무엇인가?**
경제학은 제품이나 서비스를 생산하기 위해서 자원을 어떻게 투입할 것인지를 선택하는 과정과 개인이나 집단에 그 결과물을 어떻게 배분할지에 대해 연구하는 학문이다.

- **경제학의 두 분야는 무엇인가?**
경제학은 크게 거시경제학과 미시경제학으로 나뉜다. 거시경제학(macroeconomics)은 국가의 경제를 전체적으로 바라보는 것이고, 미시경제학(microeconomics)은 시장에서 특정 제품 또는 서비스에 대한 사람이나 조직의 행동에 대해 살펴보는 것이다. 미시경제학에서 거론되는 주제의 예로는 '유가가 상승할 때 왜 사람들은 소형차를 구입하는가?' 등이 있다.

- **충분한 자원을 어떻게 보장할 수 있는가?**
자원개발을 통해서 가능하다. 자원개발(resource development)은 자원을 증가시키는 방법과 그 자원을 더 잘 사용하는 조건을 찾아내는 것이다.

- **생산의 5가지 요소는 무엇인가?**
생산의 5가지 요소는 토지, 노동, 자본, 기업가정신, 지식이다. 이 중 기업가정신과 지식이 가장 중요한 요소이다. 기업가란 시간과 돈에 대한 위험을 부담하여 사업을 시작하고 운영하는 사람들을 말한다. 오늘날 부유한 나라들을 부유하게 만든 원동력은 기업가정신과 지식의 효율적 사용의 결합이라고 할 수 있다.

학습목표 1-4 다양한 유형의 경제체제를 비교 및 대조하고 혼합 경제에 대한 트렌드(trends)를 설명할 수 있다.

- **사회주의란 무엇인가?**
사회주의는 특정 형태의 기업들이 정부의 소유가 되어야 한다는 것을 기본 전제로 하는 경제체제이다.

- **사회주의의 장단점은 무엇인가?**
사회주의는 사회적 평등을 추구한다. 자본주의 국가의 노동자에 비해 사회주의 국가의 노동자는 무상 교육과 무상 의료보험 등의 혜택뿐만 아니라, 더 많은 휴가와 자유시간을 누린다. 하지만 이런 사회주의의 가장 큰 문제점은 기업가들이 창업을 하거나 더 열심히 일하게 할 보상이 매우 적다는 것이다. 그렇기 때문에 사회주의 국가는 자본주의 국가에 비해 높은 실업률과 낮은 성장률을 보이는 경향이 있다.

- **사회주의는 공산주의와 어떻게 다른가?**
공산주의에서 정부는 거의 모든 경제적인 의사결정을 하고 거의 모든 생산요소를 소유하고 있다. 공산주의는 사회주의에 비해 종교의 자유 등 개인의 자유가 더욱 제한적이다.

- **자본주의는 무엇이며 어떻게 경제성장을 위한 환경을 조성하는가?**
자본주의는 생산이나 분배의 수단이 개인에 의해 소유되고, 이익을 위해 작동하는 경제 시스템이다. 자본주의에서 기업가는 다른 사람을 도우려고 의도적으로 노력하는 경우는 드물다. 그들은 대부분 자신의 부와 성장을 위해 일한다. 사람들이 자신의 상황을 개선하려고 노력하면 할수록 그 노력은 필요한 상품, 서비스 및 아이디어를 생산하여 경세성장과 번영을 돕는 '보이지 않는 손(invisible hand)'으로 작용을 하게 된다.

- **자본주의에서 사람들은 무슨 권리를 가지고 있는가?**
  네 가지 기본적인 권리를 가지고 있다. (1) 사유재산에 대한 권리, (2) 사업체의 소유와 세금 지급 후의 이익에 대한 권리, (3) 경쟁의 자유에 대한 권리, (4) 선택의 자유에 대한 권리이다.
- **혼합경제란 무엇인가?**
  혼합경제는 자본주의와 사회주의 체제를 혼합한 경제체제를 말한다. 예를 들어, 비즈니스의 개인소유가 허용되지만 소득의 평등한 분배를 위해 매우 높은 수준의 세율을 유지한다.
- **혼합경제의 좋은 점은 무엇인가?**
  혼합경제는 자유시장의 부의 창출과 사회주의의 사회적 평등과 환경의 고려 등의 장점을 동시에 가지고 있다.

학습목표 1-5 주요 경제 지표(특히 GDP), 생산성 및 비즈니스 주기(business cycle)의 중요성을 포함하여 미국의 경제 시스템을 설명할 수 있다.

- **자유시장은 어떻게 작동하는가?**
  자유시장은 무엇을 생산하고, 얼마만큼 생산할 지가 시장에서 결정되는 경제체제이다. 다시 말해서, 소비자와 생산자가 제품과 서비스의 가격을 협상하는 것을 말한다. 소비자들은 생산자들에게 무엇을 얼마나 생산해야 할지에 대한 신호를 보낸다. 소비자의 수요가 증가하면 가격은 올라가고, 가격이 올라가면 더 많은 생산자가 제품을 생산한다. 따라서 가격은 자유시장이 작동하는 메커니즘의 역할을 한다.
- **경제시스템을 설명하기 위해 사용되는 주요 경제지표에는 어떤 것들이 있는가?**
  국내총생산(GDP)은 일 년간 한 국가 내에서 생산된 제품과 서비스의 최종 가치의 합이다. 실업률은 지난 4주 내에 직장을 구하려 했지만 고용이 되지 않은 사람으로서 최소 16세 이상의 시민을 이야기한다. 소비자물가지수(CPI)는 소비자들이 사는 대략 400개 정도의 제품이나 서비스 가격의 변화를 측정한다.
- **경기순환의 네 가지 단계는 무엇인가?**
  호황기에 비즈니스들은 매우 좋은 상태이다. 침체는 국내총생산이 연속적으로 2분기 이상 감소할 때를 말한다. 이때에 물가는 하락하고, 사람들은 상품 구매를 늦추고, 많은 기업들이 도산한다. 불황은 침체가 심각한 경우를 말한다. 회복은 경제가 안정화되고 성장하기 시작할 때를 말한다.

학습목표 1-6 재정 정책과 통화 정책을 비교하고 각각이 경제에 미치는 영향을 설명할 수 있다.

- **재정정책이란 무엇인가?**
  재정정책은 경제를 안정화시키기 위해 세금이나 정부지출을 조절하는 방법을 사용하는 것을 말한다.
- **통화정책은 왜 중요한가?**
  통화정책은 통화의 공급이나 이자율을 관리하는 것을 말한다. 실업률이 너무 높으면 연방준비은행은 통화량을 증가시키고 이자율을 낮추게 되는데, 이는 경기를 부양시켜서 소비가 증가하고 고용이 증가할 수 있도록 해준다.

학습목표 1-7 현재에도 반복되고 있는 과거의 트렌드(trends)에 대해 검토할 수 있고, 그러한 트렌드가 미래의 대학 졸업생들에게 어떤 의미가 있는지를 설명할 수 있다.

- **미국의 경제발전의 역사는 어떠하며, 미래에 대해서 어떠한 점을 시사하고 있는가?**
  농업기술의 발전에 따라 농업 부문에서 해고된 근로자들은 제조업으로 이동하였다. 기술의 발전으로 인한 제조업 생산성의 증대와 외국과의 경쟁 심화는 미국의 서비스산업을 발전시켰다. 그리고 이러한 서비스 시대 또한 마감되고 정보기술의 세계적 혁명에 기반을 두고 경제의 전 분야를 변화시킬 것으로 예상되는 새로운 시대가 시작되고 있다. 이러한 새로운 시대에서 장기적으로 성공하기 위해서는 새로운 성장 기회에 대비할 수 있도록 유연성과 지속적인 교육이 필요할 것이다.
- **서비스 분야에서 대학 졸업생들이 가질 수 있는 직업의 기회는 무엇인가?**
  서비스 분야를 보여주고 있는 그림 1.10을 확인해 보자. 미래의 성장속도가 빠른 기업들을 보여주고 있다.

주요 용어

두뇌 유출(brain drain)
자유시장경제(free–market economies)
과점(oligopoly)
비즈니스(business)
상품(goods)
완전경쟁(perfect competition)
경기순환(business cycles)
국내총생산(GDP: Gross Domestic Product)
생산자물가지수(PPI, producer price index)
자본주의(capitalism)
인플레이션(inflation)
생산성(productivity)
계획경제(command economies)
보이지 않는 손(invisible hand)
이익(profit)
공산주의(communism)
케인즈 학파의 경제이론(Keynesian economic theory)
침체(recession)
소비자물가지수(CPI, consumer price index)
손실(loss)수익(revenue)
코어인플레이션(core inflation)
거시경제학(macroeconomics)
리스크(risk)
디플레이션(deflation)
시장가격(market price)
서비스(services)
수요(demand)
미시경제학(microeconomics)
사회주의(socialism)
인구통계학(demography)
혼합경제(mixed economies)
스태그플레이션(stagflation)
불황(depression)
통화정책(monetary policy)
이해관계자(stakeholders)
디스인플레이션(disinflation)
독점적 경쟁(monopolistic competition)
생활수준(standard of living)
경제학(economics)
공급(supply)
기업가(entrepreneur)
독점(monopoly)
기술(technology)
생산요소(factors of production)
국가부채(national debt)
실업률(unemployment rate)
재정정책(fiscal policy)
비영리단체(nonprofit organization)

사고력 문제

1. 여러분이 레스토랑을 시작한다고 생각하고 다음의 질문에 답하라.
   a. 여러분이 운영하는 레스토랑의 이해관계자는 누구인가?
   b. 이 장에서 제기된 환경적인 요인들 중 어떤 요인들이 여러분의 레스토랑에 가장 큰 영향을 미칠 것으로 생각하는가? 그리고 어떻게 영향을 미치는가?
2. 많은 사람들은 기업가들이 친사회적이지 않다고 말한다. 어떤 학생은 누군가를 돕기 원하기 때문에 일반 기업 대신에 공공 분야로 진출하길 원한다고 말한다. 하지만 기업가들은 자신들이 비영리기업보다도 더 많이 다른 사람을 돕는다고 말한다. 왜냐하면 이들은 기부하는 대신 사람들에게 직업을 제공하기 때문이다. 게다가 비영리기업의 분배활동도 모두 기업가들이 창출한 부를 바탕으로 하고 있다.
   a. 좀 더 중립적인 의견, 즉 기업가나 비영리기업에서 일하는 사람 모두가 사회에 기여하고 있고, 사람들을 돕기 위해서는 서로 더 긴밀하게 일할 필요가 있다는 주장에 대해 논하라.
   b. 애덤 스미스(Adam Smith)의 개념들을 참조하여 위의 주장을 설명하라.

원리를 실제로 적용해 보기

목적

비즈니스 의사결정에 중요한 경제 정보의 출처에 익숙해지기

연습

여러분의 직장 상사가 회사의 향후 2년간 매출 예측치를 준비하는 데 여러분의 도움을 요청했다고 가정하자. 그 직장 상사는 GDP, 미국 제조업 및 일리노이 주 제조업 추세가 이러한 예측을 하는 데 크게 도움이 될 것이라 생각하여, 여러분에게 다음과 같은 사항을 요청하였다.

1. 경제분석국(Bureau of Economic Analysis) 홈페이지(www.bea.gov)에서 GDP자료를 찾아 최근 4년 간 수치를 비교하라. 이러한 수치를 기반으로 향후 2년간의 GDP 추세를 예측하라.
2. 노동통계국(Bureau of Labor Statistics) 홈페이지(www.bls.gov)에서 제조업(manufacturing industry) 관련 정보를 검색하라. 최근 4년간 제조업의 고용 경향은 어떠한가? 전년도 대비 증감률은 얼마인가?
3. 노동통계국(Bureau of Labor Statistics) 홈페이지(www.bls.gov)의 검색(Search) 기능을 이용하여 일리노이 주 고용 경향을 검색하라. 다른 유용한 정보가 있는지 홈페이지를 추가로 살펴보라. 지난 4년간 일리노이 주의 제조업 분야 고용 경향을 점선으로 표시하라. 이러한 고용 경향에 영향을 미칠 수 있는 경제적 변화에는 어떠한 것들이 있는지논의하라.
4. 여러분이 지금까지 수집한 정보를 바탕으로 회사의 향후 2년간 매출에 어떠한 변화가 일어날지 기술하라.

직업기술 개발하기

핵심: ● 팀 ★ 분석 ▲ 의사소통 ◘ 기술

●◘▲★ 1. Yelp를 참조하여 근처에 있는 서비스업체 다섯 곳을 열거해 보라. 사회적인 트렌드가 어떠한 방식으로 각 업체에 영향을 미쳤는지에 대해서 부정적인 영향과 긍정적인 영향을 모두 포함하여 서술해보라. 교수의 지도에 따라 팀원 혹은 반 전체에 발표할 수 있도록 준비해보자.

●◘▲ 2. 4~5명의 학생으로 팀을 구성하여 기술과 전자상거래의 진보에 대해서 토의해 보자. 얼마나 많은 학생들이 온라인으로 제품과 서비스를 구매하는가? 그들의 경험은 무엇인가? 다른 하이테크 장비를 사용하고 있다면 어떠한 것들이 있는가? (예를 들어, 스마트폰, 태블릿, 노트북 등)

●▲★ 3. 팀별로 자본주의 사회에서 사는 장점 리스트를 만든다. 그리고 단점도 리스트를 만들고, 그런 단점을 어떻게 줄일 수 있는지 생각해본다. 왜 사회주의에 있는 가난한 사람들은 자본주의를 거부하고 사회주의에 머물러 있기를 원하는지 그 이유에 대해 적어본다.

●▲★ 4. 이 실습은 사회주의에 대한 이해를 높이고자 하는 목적을 가지고 있다. 세 그룹으로 나눈 후, 각각의 그룹은 사회주의에서 서로 다른 역할을 갖는다. 한 그룹은 기업가가 되고, 다른 그룹은 노동자가 되고, 나머지 그룹은 정부 지도자가 된다. 각자의 그룹이 가지고 있는 입장에서 감세정책의 장단점을 이야기한다. 그리고 그룹별로 한 사람씩 앞으로 나가 세금과 관련된 이슈에 대해서 논의한다.

▲★ 5. 선을 하나 긋고, 한쪽 끝에 자유시장 자본주의라고 쓰고, 그 반대쪽에 계획경제라고 쓴다. 그리고 미국은 현재 어디에 위치하고 있는지 적어본다. 왜 그 지점에 표시를 했는지 설명한다. 다른 국가에서 온 학생은 자신의 국가에서의 경험을 이야기할 수 있을 것이다.

직업 탐색

만약 여러분이 경제 분야와 관련된 직업에 관심이 있다면, 고려해볼 만한 몇 가지 직업들이 아래에 나타나 있다. 이러한 직업들의 업무, 필요한 지식과 기술, 급여수준, 미래전망 등에 관해서는 bls.gov 웹사이트의 Occupational Outlook Handbook을 살펴보라.

- **경제학자(Economist)** – 데이터 수집 및 분석, 동향 조사, 경제 문제 평가를 통해 자원, 상품 및 서비스의 생산 및 분배를 연구한다.
- **통계학자(Statistician)** – 유용한 정보를 제공하기 위해 수치 데이터를 수집, 구성, 해석 및 요약하기 위해 수학적 또는 통계적 이론과 방법을 적용한다.
- **마케팅 조사 분석가(Marketing research analyst)** – 시장 상황을 연구하고 사람들이 원하는 제품, 구매 대상 및 가격을 기업이 이해하도록 돕는다.
- **회의 및 행사 기획자(Meeting and event planner)** – 회의 장소, 교통 수단 및 기타 세부 사항 준비를 포함하여 행사 및 회의에 대한 모든 측면을 조정한다.
- **인테리어 디자이너(Interior designer)** – 유용하고 세련된 인테리어를 만들기 위해 색상, 가구 및 기타 재료를 선택하고 구체화한다.
- **네트워크 및 컴퓨터 시스템 관리자(Network and computer systems administrator)** – 컴퓨터 네트워크의 일상적인 운영을 담당한다.

비디오 사례 1

그럽허브와 빠르게 변화하는 비즈니스 환경

매일 밤 미국 전역의 사람들이 "오늘 저녁 메뉴는 뭐지?"와 같은 질문을 한다. 기업가인 맷 멀로니와 마이크 에반스는 이 질문이 얼마나 흔한지 깨닫고 이에 대해 조치를 취하기로 결정했다. 그 결과 두 사람은 온라인 및 모바일 테이크아웃 음식 주문 회사인 그럽허브를 설립했다. 오늘날 배고픈 고객은 회사의 디지털 플랫폼을 사용하여 미국 전역의 1,100개 도시에 있는 50,000개 이상의 테이크아웃 레스토랑에서 직접 식사를 주문할 수 있다. 다른 성공한 기업가들처럼 두 기업가는 미국의 비즈니스 환경 덕분에 그럽허브를 시작하고 빠르게 확장할 수 있었다. 기업이 성공하려면 경제적 · 법적 환경, 기술적 환경, 경쟁적 환경, 사회적 환경, 글로벌 환경이라는 5가지 주요 비즈니스 환경에 영향을 미치는 요소를 탐색해야 한다. 기업은 이러한 환경을 제어할 수 없지만 영향을 미치는 변화에 빠르게 적응해야 한다. 이 비디오는 변화하는 비즈니스 환경이 그럽허브에 어떻게 많은 기회와 도전 과제를 제시했는지 보여준다.

〈다시 생각해 보기〉

1. 다른 사람을 위해 일하는 것과 대조적으로 기업가가 되는 것의 위험과 이점은 무엇인가?
2. 아마존과 우버와 같은 경쟁사가 그럽허브의 비즈니스에 제시하는 주요 과제는 무엇인가?
3. 변화하는 사회와 기술적 환경이 그럽허브에 어떠한 영향을 미쳤는가?

비디오 사례 2

키바: 가난한 기업가들에게 기회 주기

경제는 전 세계의 사람과 비즈니스에 영향을 미친다. 자유롭게 비즈니스를 시작하고 소유할 수 있는지 여부, 비즈니스를 시작하기 위한 자금 조달 방법, 정부가 비즈니스를 지원하거나 간섭하는 방법은 해당 국가에 존재하는 경제 시스템 유형에 따라 다르다. 예를 들어, 미국과 같은 자본주의 국가에서는 개인이 자유롭게 자신의 회사를 시작하고 정부의 제한적인 간섭을 받는다. 반면에, 북한과 같은 공산주의 국가에서는 정부가 기업을 소유하거나 기업 운영에 강력한 영향력을 행사한다.

전 세계적으로 중소기업이 지역경제를 견인하는 경우가 많다. 불행하게도, 세계의 수십억 명의 사람들이 하루에 2달러 또는 그 이하를 번다. 실제로 약 10억 명의 사람들은 하루에 1달러 미만을 번다. 따라서 개발도상국의 야심 찬 기업가들이 사업을 시작하고 성장시키는 데 어려움을 겪는 것은 당연한 일이다. 이러한 환경에서는 100달러나 200달러 대출이 사업을 시작하는 데 큰 차이를 만들 수 있으나 이러한 작은 양의 자본도 예비 기업가가 얻는 것은 종종 불가능하다. 이것이 바로 키바와 같은 기업들의 소액 대출(microloans)이 필요한 이유이다.

키바는 2005년에 설립된 기업으로 개발도상국의 신생 기업가들이 사업에 투자할 수 있도록 대출을 제공한다. 이러한 투자는 종종 지역 사회의 성장과 고용으로 이어지며 소유주들이 스스로 기업을 적당한 규모로 번영할 수 있도록 도와준다. 이러한 형태의 대출은 소액이며 소액대출(microcredit) 또는 소액금융(microfiancing)이라고 불린다. 키바는 크라우드펀딩 방식을 사용하며 웹사이트 방문자들이 전 세계 80개국 사람들의 사진과 프로필을 탐색할 수 있다. 방문자들이 좋아하는 기업과 기업가를 찾으면, 그들은 해당 사업에 25달러 이상을 빌려줄 수 있다. 차용자들(borrowers)은 그 돈을 갚아야 하고, 이것이 상환되면 대출자들

(lenders)은 키바의 시스템에서 돈을 인출하거나 다른 기업가에게 빌려줄 수 있다. 이러한 시스템에서 기업가들은 더 많은 돈을 빌리고 비즈니스를 계속 성장시킬 수 있다.

키바는 매주 수천 건의 대출 요청을 크라우드 펀딩 방식으로 처리한다. 이는 80개국 100만 명 이상의 사람들을 도와 그들의 삶을 더 좋게 바꿀 수 있는 기회를 제공한다 이 비디오는 이러한 사람들 중 일부만을 보여주지만, 주로 자유와 약간의 돈이 결합되어 어떻게 사람들의 삶과 그들 국가의 삶의 질에 큰 차이를 만들 수 있는지를 설명한다.

키바는 특정 국가에서 돈을 빌려주기 전에 몇 가지 요소를 신중하게 고려한다. 먼저 정부가 기업이 돈을 받아 다른 나라의 대출 기관에 상환할 수 있도록 허용하는지 확인한다. 이어서 해당 국가에서 이미 운영 중인 소액 금융 기관의 수를 살펴본다. 시장이 너무 붐비거나 포화된 것 같으면 키바는 관여하지 않는다. 마지막으로 키바는 지역사회를 잘 알고 합법적인 차용인을 식별하여 대출을 분배할 수 있는 강력한 현장 파트너(비영리, 비정부 기업)들의 강력한 네트워크를 찾는다. 키바는 대출이 기부보다 빈곤 극복에 더 나은 접근 방식이라고 굳게 믿고 있다. 기업가들을 지원함으로써 지역 사람들을 고용하고 비즈니스와 경제 성장을 도울 수 있기 때문이다.

이러한 사명을 발전시키는데 있어서, 키바는 부는 자유(기업이 하는 일로부터 이익을 유지할 수 있는 능력)에서 온다는 아담 스미스의 원칙을 따르고 있다. 기업가들이 이익을 극대화하려고 할 때, 일을 하는 데 도움을 줄 수 있는 다른 사람들을 고용해야 한다. 이는 다른 사람들에게 일자리를 제공하고 기업가들에게 부를 제공한다. 그리고 보이지 않는 손처럼 지역사회 전체는 이윤을 얻고자 하는 기업인들의 열망으로부터 이익을 얻는다.

키바는 소액 대출을 통해 기업가와, 자유, 기회 및 약간의 돈이 경제 성장과 번영에 얼마나 중요한지를 보여주었다. 이 비디오를 통해 키바와 같은 기업에 시간과 돈을 기부하는 것처럼 전 세계의 가난한 사람들을 돕는 일에 참여하길 바란다. 이외에도 여러분들은 미국의 평화 봉사단이나 저개발국들을 돕기 위해 만들어진 다른 단체들에 가입할 수 있다. 소액 대출은 단독으로 전 세계 경제 문제를 해결하지는 않겠지만 좋은 출발이라고 볼 수 있다.

〈다시 생각해보기〉

1. 많은 사람들이 자본주의가 기업가가 성공할 수 있는 가장 좋은 기회를 준다고 생각한다. 왜 그런지 논의해보아라.
2. 개발도상국 사람들이 빈곤에서 벗어나는데 어려움을 겪는 이유는 무엇인가?
3. 미국의 기업가들에게 키바의 소액 대출이 필요한 이유는 무엇인가?

참조

1. U.S. Bureau of Labor Statistics, bls.gov, accessed October 2019.
2. Peter High, "Lessons from the Man Who Is Revolutionizing the Grocery Business," Forbes, January 14, 2019; Morris Panner, "How Mobile Medical Services Are Improving Health Care," Forbes, January 16, 2019.
3. Pragya Agarwal, "How Do We Design Workplaces for Maximum Productivity," Forbes, December 23, 2018.
4. Social Security Administration, ssa.gov, accessed October 2019.
5. Lydia DePillis, "U.S. National Debt Rises $2 Trillion under Trump," CNN, January 4, 2019; Shawn Tully, "America's Disastrous New Normal: A Booming Economy and Soaring Deficits," Fortune, January 5, 2019.

6. "What Would Adam Smith Say about Capitalism Today?," The Economist, April 16, 2018; Jesse Norman, "What Adam Smith Knew about Trade Wars," The Wall Street Journal, August 25, 2018; Brianne Wolf, "Adam Smith Makes a Case for Higher Tariffs—But It Doesn't Work for Trump's Trade Policy," The Washington Post, July 12, 2019.
7. Catherine Clifford, "Hedge Fund Billionaire Ray Dalio: 'Capitalism Basically Is Not Working for the Majority of People'," CNBC, January 16, 2019; Lola Fadulu, "Study Shows Income Gap between Rich and Poor Keeps Growing, with Deadly Effects," The New York Times, September 10, 2019.
8. U.S. Bureau of Labor Statistics, bls.gov, accessed October 2019.
9. "How the Government Measures Unemployment," U.S. Bureau of Labor Statistics, bls.gov, accessed October 2019; Louis Uchitelle, "Unemployment Is Low, but That's Only Part of the Story," The New York Times, July 11, 2019.
10. "Women, Minorities Returning to Workforce," The Washington Post, January 12, 2019; Milton Ezrati, "Jobs Report: All Upbeat in Every Way," Forbes, January 8, 2019.
11. Donald Rapp, Bubbles, Booms, and Busts: The Rise and Fall of Financial Assets (New York: Springer, 2014).
12. Adam Hayes, "Why Is Deflation Bad for the Economy?," Investopedia, October 28, 2019.
13. Debbie Carlson, "Should Investors Prepare for Stagflation?," U.S. News and World Report, July 30, 2018; Paul R. LaMonica, "The Fed's Worst Nightmare Could Be around the Corner," CNN Business, cnn.com, September 30, 2019.
14. U.S. Bureau of Labor Statistics, bls.gov, accessed November 2019.
15. "U.S. Producer Prices Post Biggest Drop in over Two Years," CNBC, January 15, 2019; U.S. Bureau of Labor Statistics, bls.gov, accessed November 2019.
16. Madsen Pirie, "The Legacy of John Maynard Keynes," Adam Smith Institute, adamsmith.org, June 5, 2019.
17. Will Kenton, "Keynesian Economics," Investopedia, investopedia.com, accessed October 2019.
18. Shawn Tully, "America's Disastrous New Normal: A Booming Economy and Soaring Deficits," Fortune, January 5, 2019.
19. "Deficit vs. Debt: What's the Difference?," Peter G. Peterson Foundation, pgpf.org, accessed October 2019.
20. Kimberly Amadeo, "Current US Federal Budget Deficit," The Balance, thebalance.com, May 8, 2019.
21. Jim Tankersley and Emily Cochrane, "Budget Deficit on Path to Surpass $1 Trillion Under Trump," The New York Times, nytimes.com, August 21, 2019.
22. Lydia DePillis, "U.S. National Debt Rises $2 Trillion under Trump," CNN, January 4, 2019; Jeffry Bartash, "U.S. on Track to Add $12 Trillion to National Debt by 2029 Unless Washington Changes Course," MarketWatch, January 28,

2019; Troy Adkins, "What the National Debt Means to You," Investopedia, investopedia.com, accessed October 2019; "U.S. Debt Clock," usdebtclock.org, accessed October 2019.

23. Evan Comen and Samuel Stebbins, "25 Industries Experiencing the Fastest Growth in the U.S. Economy," USA Today, January 2, 2019; "Big Cities Are No Longer Lands of Opportunity for Middle-Skilled Workers," Fortune, January 22, 2019.
24. Prachi Bhardwaj, "This Map Shows the Fastest Growing Job in Every State—and Where New Hires Make over $100,000," Money, January 18, 2019.

2

글로벌 시장에서의 비즈니스

학 습 목 표

이 장을 학습한 후에 다음 질문에 답할 수 있어야 한다.

2-1 글로벌 시장이 중요한 이유와 경쟁 우위의 역할 그리고 글로벌 무역에 존재하는 절대적 우위에 대해 설명할 수 있다.

2-2 수입과 수출의 중요성과 글로벌 비즈니스에서 통용되는 핵심 개념들을 설명할 수 있다.

2-3 글로벌 시장에 진출하기 위해 사용되는 전략들과 다국적 기업의 역할을 설명할 수 있다.

2-4 글로벌 시장에서 일어나는 거래 활동에 영향을 미치는 역학 관계에 대해 설명할 수 있다.

2-5 보호무역의 장점과 단점에 대해 설명할 수 있다.

2-6 변화하고 있는 글로벌 시장과 역외 아웃소싱에 대해 설명할 수 있다.

Apple Inc.의 최고경영자(CEO) 팀 쿡 (Tim Cook)에 대해 알아보자

iPhone 및 iPad와 같은 획기적인 제품을 생산한 Apple은 세계 역사상 가장 성공적인 회사 중 하나이다. 하지만 스마트 폰과 태블릿으로 수백억 달러를 벌기 몇 년 전 애플은 점점 더 경쟁이 치열해지는 기술부문의 압력으로 거의 사업을 접는 상황에 이르렀음에도 쿡과 같은 글로벌 마인드 매니저들의 노력 덕분에 애플은 다시 오늘날 우리 모두가 알고 있는 거물로 성장할 수 있었다.

팀 쿡의 성공을 향한 여정은 그의 어머니가 약국에서 일하고 그의 아버지가 조선소의 감독으로 일했던 앨라배마 주 Robertsville의 작은 마을에서 시작되었다. 쿡은 두 형제와 함께 일을 할 수 있는 나이가 되자마자 일자리를 얻었다. 그는 신문을 배달하고 식당에서 일했으며, 약국에서 어머니와 함께 일했다. 쿡은 일처럼 공부 역시 열심히 했다. 뛰어난 학생인 그는 고등학교를 2등으로 졸업했으며, 반 친구들로부터 가장 공부를 잘하는 학생으로 이름을 날렸다. 쿡은 Auburn University에서 공학 학사 학위를 받았으며, 그는 Duke University의 Fuqua School of Business에서 학업을 계속했고, 상위 10%로 졸업했다.

MBA를 취득한 후, 쿡은 IBM에 입사하여 컴퓨터 기술 분야에서 경력을 쌓기 시작했다. 그는 몇 년간 승진을 거쳐, 결국 북미 지역에서의 개인용 컴퓨터의 제조와 유통을 관리하는 북미 지역 책임자가 되었다. 쿡은 12년 만에 IBM을 떠나 컴퓨터 소매업체 최고운영책임자(COO)가 된 뒤, 주요 컴퓨터 제조업체인 Compaq으로 옮겼다. 그러나 이 새로운 직책을 맡은 직후, 애플의 공동 창업자이자 CEO인 스티브 잡스는 쿡에게 연락해 일자리를 제의했다. 오늘날 이것이 이상하게 보일지 모르지만, 두 회사 중 하나를 선택하는 것은 1998년에 어려운 결정이었다. 결국 애플은 수년 동안 이익을 얻지 못했으며 분석가들은 Compaq이 곧 기술 분야의 주요 강자가 될 것이라고 예측했다(HP는 2002년에 Compaq을 250억 달러에 인수했다). 하지만 쿡은 잡스와 직접 이야기를 나눈 후에 결정했다. 쿡은 스티브와의 첫 인터뷰가 시작된 지 5분도 채 지나지 않아 우려와 논리를 무시하고 애플에 합류하고 싶었다고 말했다.

그는 확실히 자기에게 부여된 일을 잘 처리했다. 전 세계 사업부를 책임지는 수석 부사장이 된 직후, 쿡은 전 세계 애플공장과 유통 센터를 폐쇄하기 시작했다. 그는 이러한 값 비싼 시설을 비용이 적게 들고 회사 공급망의 효율성을 높이는 계약 제조업체로 교체했다. 실제로 많은 전문가들은 쿡의 공급망 효율화가 아이팟이나 아이폰의 혁신적인 디자인만큼이나 애플에게 중요했다고 말한다. 2007년에 그는 최고운영경영자(COO)로 승진하여 전 세계 영업과 운영을 담당하였다. 2011년 잡스가 사망한 후 쿡은 최고경영자(CEO)로 취임했다.

애플은 쿡의 리더십 아래에서 크게 성장했다. 2015년 애플워치 출시와 함께, 그는 또한 Beats Electronics를 30억 달러에 인수하는 것을 주관하기도 했다. 2018년 애플은 1조 달러의 가치를 얻는 최초의 미국 상장 기업이 되었다. 그럼에도 불구하고 쿡은 장기적으로 애플을 계속 선두로 유지하기 위해 노력하면서 많은 도전에 직면할 것이다. 아마도 가장 중요한 것은 이 회사가 중국과 인도와 같은 세계 시장에서 소비자들에게 더 큰 영향을 미칠 필요가 있다는 것이다. 하지만 과거가 어떤 징조라면 쿡은 그 일을 감당해야 한다.

팀 쿡은 성공할 의지와 결의가 있다면 자신이 누구인지, 어디 출신인지가 중요하지 않다는 것을 입증한 성공적인 글로벌 비즈니스맨의 예이다. 그는 문화적 경제적 차이를 이해하고 Apple을 글로벌 변화에 성공적으로 적응시키는 방법을 알고 있다. 이 장에서는 팀 쿡과 같은 비즈니스 사람들이 글로벌 비즈니스의 역동적인 환경을 다루면서 매일 직면하는 기회와 도전에 대해 설명한다.

출처: Michael Finch II, "Tim Cook–Apple CEO and Robertsdale's Favorite Son–Still Finds Time to Return to His Baldwin County Roots," Al.com, February 24, 2014; Evan Niu and Dyian Lewis, "inside Apple and Tim Cook's Operational Brillance," The Motley Fool, June 2, 2016; Matt Weinberger, "The Rise of Apple CEO Tim Cook, the Most Powerful Business Leader in the World," Business Insider, August 24, 2016; Jack Nicas, "5 Reasons You Wouldn't Want to Be in Tim Cook's Shoes Right Now," The New York Times, January 4, 2019; Elizabeth Gurdus, "Tim Cook Teases New Apple Services to Come in 2019," CNBC, January 8, 2019.

이 회사는 숙박시설을 제공하고 예약하려는 사람들을 위한 커뮤니티 마켓으로 출발했다. 전 세계 34,000개 도시에서 2백만 개의 숙박 공간이 활용될 만큼 성장했다. 이 회사는 사람들이 단지 잠잘 방을 빌리는 것이 아니라, 그들이 방문하는 곳의 사람들과 문화를 경험하기를 원한다고 믿는다. 이 회사의 이름은 무엇인가? (이 장에서 답을 찾아보라)

학습목표 2-1 글로벌 시장이 중요한 이유와 경쟁 우위의 역할 그리고 글로벌 무역에 존재하는 절대적 우위에 대해 설명할 수 있다.

다이나믹(Dynamic) 글로벌 시장

여러분은 파리, 런던, 리우데자네이루(Rio de Janeiro), 모스크바와 같은 낯선 도시를 여행하는 것을 꿈꿔본 적이 있는가? 오늘날 전 세계를 대상으로 사업을 하는 기업의 90퍼센트 이상이 종업원들이 해외 경험을 가지는 것이 중요하다고 믿고 있다. 그 이유는 분명하다. 미국은 3억 천칠백만 명을 대상으로 하는 시장이지만 194개국으로 이루어진 글로벌 시장은 71억 인구를 대상으로 한다.[1] 이러한 글로벌 시장은 매우 거대하다(대륙별로 인구통계를 보여주는 그림 2.1의 세계지도를 참조하라.)

오늘날 미국의 소비자들은 중국으로부터 수십억 달러치의 상품을 사들인다.[2]

그림 2.1 대륙별 세계 인구
지도에서 보듯이, 세계 인구의 60.2퍼센트가 아시아에 살고 있고, 7.4퍼센트만이 북미에 살고 있다.

미식축구가 전 세계에서 주로 일컫는 '축구'는 아니지만 미국 외에서도 많은 관중들을 끌어 들이고 있다. 런던의 웸블리 경기장(Wembley Stadium)은 2007년부터 NFL(미국 프로 미식축구 연맹)의 인터내셔널 시리즈의 홈구장으로 사용되었다. 미국의 스포츠 프랜차이즈들이 해외에서 인기를 얻기 위해 극복해야 할 문화적 요소에는 어떤 것들이 있을까?

UPS(United Parcel Service)는 세계시장에서 견실한 성장을 해왔고, 월마트와 스타벅스는 남아프리카공화국에 매장을 열었다.[3] 메이저리그 야구는 17개 언어로 수백 개의 국가에서 방송된다.[4] NBA(National Basketball Association)와 NFL(National Football League)는 2019년 런던과 멕시코에서 정규 시즌 경기를 치렀다.[5] NBC는 2022년까지 영국 바클레이스 프리미어 축구 리그의 6개의 전 시즌을 방송하기 위해 10억 달러를 썼다.[6] 미국 영화배우 맷 데이먼(Matt Damon), 톰 크루즈(Tom Cruise), 메릴 스트립(Meryl Streep)은 전 세계의 극장가에서 관객을 모으고 있다.

세계시장은 매우 거대하기 때문에 국제교역에서 각 나라의 언어를 이해하는 것은 매우 중요하다. **수입(importing)**은 다른 국가에서 물건을 사오는 것을 말하고, **수출(exporting)**은 다른 국가에 물건을 파는 것을 말한다. 당신이 예상했듯이, 수출국 사이의 경쟁은 매우 치열하다. 미국은 세계 최대의 수입국이며, 중국 다음으로 세계에서 두 번째로 큰 수출국이다.

수입
다른 국가에서 물건을 사오는 것

수출
다른 국가에 물건을 판매하는 것

이 장의 목적은 글로벌 무역 및 그와 관련된 도전들에 대해 여러분이 더욱더 친숙해지도록 하는 것이다. 글로벌 무역에 대한 교육은 국제시장에서의 경쟁이 치열할수록 중요성을 더해 갈 것이다.[7]

왜 다른 국가와 무역을 할까?

미국처럼 아무리 기술적으로 뛰어난 국가라도 국민이 원하는 것을 스스로 다 생산할 수

그림 2.2 **자유무역에 대한 찬반 의견**

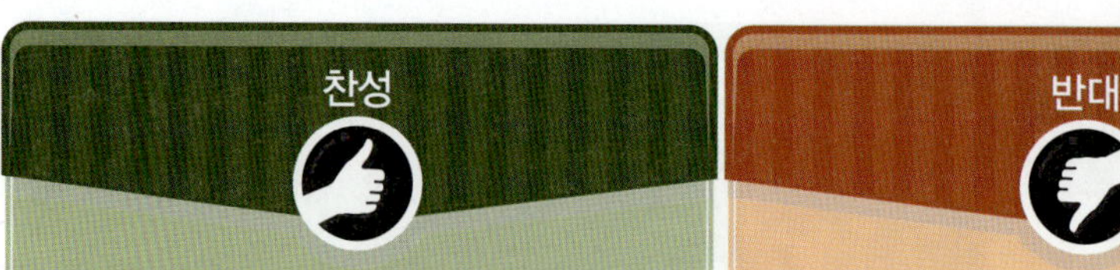

찬성

- 글로벌 시장은 제품과 서비스에 대한 67억 명 이상의 잠재고객을 갖고 있다.
- 국가들이 비교우위가 있는 제품과 서비스를 생산할 때 생산성이 증가한다.
- 글로벌 경쟁과 덜 비싼 수입품은 가격을 감소시켜 인플레이션이 경제성장을 저해하지 않도록 한다.
- 자유무역은 신제품에 대한 혁신을 불러 일으켜 기업이 경쟁적으로 도전하도록 한다.
- 자본의 중단 없는 흐름은 국가들로 하여금 외국의 투자에 접근하게 하여 이자율을 낮추어준다.

반대

- 국내 종업원(특히 생산 기반의 일자리에 있는)이 증가된 수입품이나 저임금 글로벌 시장으로서의 생산 이동으로 인해 실직할 수 있다.
- 종업원들은 자신들의 일자리를 저비용 글로벌 시장으로 이동한다고 위협하는 고용주로부터 임금 삭감을 받아들일 수밖에 없다.
- 심각한 경쟁 압력으로 오퍼레이션스(OPERATIONS)를 해외로 이동하는 것은 서비스 일자리가 없어지고 화이트칼라의 일자리가 늘어나는 것을 의미한다.
- 경쟁자들이 고급 생산 오퍼레이션스를 저비용 국가에 구축할 때 국내 기업들은 경쟁력을 잃게 된다.

는 없다. 비록 자급자족이 가능한 국가가 있다고 해도 다른 국가는 그렇지 않으므로, 자급자족이 가능한 국가와 무역을 시도할 것이다. 어떤 국가들(예를 들면, 베네수엘라나 이라크)은 천연자원이 풍부한 반면 기술적 지식은 다소 부족하고, 또 어떤 국가들(예를 들면, 일본이나 스위스)은 고도로 발달된 기술을 가지고 있으나 천연자원이 부족하다. 글로벌 무역은 각 나라가 가장 잘 생산할 수 있는 것을 생산하고, 다른 나라에서 생산된 필요 물품들을 자신들의 생산품과 교환함으로써 상호 이익을 얻는다. 이러한 프로세스를 '자유무역'이라고 한다.

자유무역
정치적, 경제적 장벽이 없이 제품과 서비스를 다른 나라와 거래하는 것

자유무역(free trade)은 제품과 서비스의 국가 간 이동을 말하며 정치적, 경제적 장벽이 없는 상태를 전제로 한다. 하지만 이러한 정의는 종종 논란의 대상이 되기도 한다. 사실 미국의 많은 사람들은 자유무역이 아니라, 공정무역(fair trade)을 선호한다.[8] 그림 2.2는 이에 대한 찬반 의견을 보여준다.

비교우위론과 절대우위론

비교우위론
어떤 한 국가가 가장 효과적이고 효율적으로 생산할 수 있는 상품을 판매하고 다른 국가가 자국보다 더 효과적이고 효율적으로 생산할 수 있는 상품을 구매해야 한다는 이론

국가 간 교역은 단순히 제품과 서비스가 거래되는 것 이상의 의미를 가지고 있다. 국가 간 교역은 예술, 스포츠, 문화적 이벤트, 진보된 의술, 토지대여, 노동력 등의 교환을 포함한다. 19세기 영국의 경제학자 데이비드 리카르도(David Ricardo)가 제시한 비교우위론은 자유로운 경제적 교환에 대한 이유를 설명한다.[9] **비교우위론(comparative advantage theory)**은 어떤 국가가 가장 효과적이고 효율적으로 생산할 수 있는 상품을 다른 국가에 판다는 것이다. 반대로 물건을 사는 국가는 교환되는 물건을 효과적이고 효율적으로 생산하기 곤란한 상황이다. 미국은 소프트웨어나 엔지니어링 서비스와 관련된 제품과 서비스를 생산하는 데 비교우위가 있다고 할 수 있다. 반대로 미국은 커피 재배나 신발을 생산하는 데는 비교우위가 없어 이러한 상품을 대부분 수입하는 것이다. 이러

한 무역을 통해 미국과 미국의 교역 상대국들은 상호이익을 추구한다.

만약 어떤 특정한 상품을 생산하는 데 모든 다른 국가에 비해 오직 한 국가만이 그 상품을 효율적으로 생산할 수 있다면, 그 국가는 그 상품에 **절대우위(absolute advantage)**를 가졌다고 할 수 있다. 절대우위는 영원히 지속되지 않는다. 전 세계적인 경쟁이 절대우위를 점차 사라지게 만들고 있다. 오늘날 글로벌 시장에서 절대우위의 사례를 찾기란 매우 힘들다.

절대우위
어떤 한 국가가 특정 상품을 생산하는 독점의 위치에 있거나 다른 어떤 국가보다도 더 효율적으로 특정 상품을 생산할 수 있을 때 존재하는 우위

학습목표 2-2 수입과 수출의 중요성과 글로벌 비즈니스에서 통용되는 핵심 개념들을 설명할 수 있다.

글로벌 무역에 동참하기

글로벌 비즈니스와 관련된 직업을 찾으려는 사람들은 종종 보잉(Boeing)과 캐터필러(Caterpillar), IBM과 같이 여러 국가에 진출해 있는 기업들을 떠올린다. 그러나 진정한 직업을 얻을 수 있는 기회는 작은 기업들에서 찾을 수 있을 것이다. 오늘날 미국의 3천만 개의 작은 기업들 중 오직 1퍼센트만이 수출하지만 이들은 미국 전체 수출의 약 30퍼센트를 차지한다.[10] 미국 상무부의 지원으로 지난 10년간 미국의 중소기업 수출은 크게 증가했지만, 많은 사람들이 만족할만한 수준은 아니었다.

글로벌 무역에 동참하는 것은 현지 시장에 대한 관찰, 경영 의사결정, 위험 부담을 수반한다. 고전적인 이야기로, 몇 년 전까지만 해도 아프리카 지역을 여행하는 대부분의 미국인은 아프리카에서 음료수에 얼음을 넣거나, 신선하게 음식을 보존하는 일들을 불가능하다고 생각했다. 한 여행자는 수백 마일 반경 안에 얼음 공장이 없다는 사실을 알고, 그것에 대한 시장의 잠재력이 매우 크다는 사실을 알았다. 그 사람은 미국에 돌아와서 투자자를 모은 후 아프리카로 돌아가 얼음공장을 지었다. 처음에는 일이 순조롭지 않았다. 지역 실세들과 협상하는 고된 과정을 거쳐야 했다(그 지역의 상황을 잘 알고 있는 해당 지역 사람들이 협상에 참여하는 것이 종종 좋은 결과를 낳는다). 어쨌든 공장은 지어졌고 미래를 내다볼 줄 알았던 그 기업가는 자신의 아이디어에 대한 충분한 보상을 받았을 뿐만 아니라 그 지역 사람들도 그 기업가의 노력으로 원하던 것을 얻게 되었다.

제품과 서비스를 수입하기

해외에서 대학교를 다니는 외국 학생들을 보면 모국에서 흔히 사용하였던 상품들을 유학 중인 국가에서 구할 수 없거나, 구할 수 있더라도 가격이 매우 비싸 당황스러워하는 것을 볼 수 있다. 이러한 문제를 해결하기 위해 모국의 생산자와 협력하고 사업 시작 자금을 모아서 오랜 시간 노력한 결과, 많은 학생들이 학교를 다니면서 큰 수입상(importers)이 되는 경우가 많다.

전 스타벅스 회장 겸 CEO인 하워드 슐츠(Howard Schultz)는 이탈리아 밀라노를 여행하면서 기회를 발견했다.[11] 슐츠는 그가 자주 갔던 곳의 커피와 에스프레소를 파는 가게들에 매료되었다. 그 곳의 분위기나 커피향이 좋았고, 무엇보다도 사람들이 함께 모여서 커뮤니티를 형성한다는 그 느낌이 좋았다. 그는 미국에도 이러한 장소가 있다면 매우

좋을 것이라고 생각했다. 1987년 슐츠는 시애틀(Seattle)에 스타벅스라는 커피점을 연 다음 자신의 구상을 실천에 옮겼다.[12] 슐츠가 이탈리아 커피점을 생각했기 때문에 지금에 와서 미국 사람들이 '그란데 라떼(grande latte)'가 무엇인지 알게 된 것이다.

비록 Funko's Pop!의 장난감 라인은 실물과 같지는 않지만, 그것이 이 큰 머리의 인형들이 세계적인 센세이션을 일으키는 것을 막지는 못했다. Funko의 장난감은 보통 유명한 가상 캐릭터 또는 대중문화 아이콘의 모양을 취하여 전 세계 수집가에게 널리 어필하고 있다. 그 결과, 매년 Funko는 Pop! 장난감 판매로 수천만 달러를 번다. 세계 수집품 시장에서 인정받는 것이 매력적으로 보이는가?

제품과 서비스를 수출하기

"독일맥주순수령"법의 본거지이자 수많은 클래식 맥주 제조사가 있는 독일에서 미국 기업이 맥주를 팔 수 있다고 누가 상상이나 해보았겠는가? 뮌헨의 가장 유명한 맥주 골목과 상점 진열대 중 일부는 현재 사무엘 아담스 보스턴 라거와 시에라 네바다 같은 미국 맥주를 팔고 있다.[13] 미국의 양조장 스톤 브루잉은 베를린에 양조장까지 열었다.[14] 더 놀랍게도 중동에서 모래를 파는 것을 상상해볼 수 있는가? 메리단 그룹(Meridan Group)은 실제로 수영장 물을 정화시킬 때 쓰는 특별한 모래를 중동에 판다.

사실상, 미국에 있는 제품과 서비스는 어느 국가에서든 팔 수 있다. 때로는 경쟁도 국내에 비해 그다지 심하지 않다. 예를 들어, 눈을 치울 때 쓰는 삽을 길에 쌓여 있는 모래를 치우려는 사우디아라비아 사람들에게 팔 수 있다. 에어비앤비는 샌프란시스코에서 숙박시설을 제공하고 예약하려는 사람들을 위한 커뮤니티 마켓으로 출발했다. 이 회사는 전 세계 34,000개 도시에서 숙박 공간이 활용될 만큼 성장했다. 이 회사의 설립자인 Brian Chesky는 사람들이 단지 잠잘 수 있는 공간이 아니라, 그들이 머물고 있는 곳의 사람들과 문화와 연결되기를 원한다고 믿었다. 다음 페이지의 'SNS를 통한 연결' 에서는 에어비앤비가 소셜 미디어의 도움을 받아 어떻게 전 세계적으로 호텔 산업을 뒤흔들었는지 잘 나타나 있다.

많은 경제학자들은 수출이 미국 경제에도 큰 힘이 된다고 생각한다. 피터슨 국제경제학연구소(the Peterson Institute for International Economics)의 프레드 버그스텐(C. Fred Bergsten) 소장은 미국의 1.5천억 달러 가치의 수출 상품과 서비스는 약 천만 개의 보수가 좋은 직장을 창출한다고 말했다.[15] 또한 그는 10억 달러의 추가 수출이 미국에서 약 7,000개가 넘는 직업을 만드는 것으로 추정하였다. 그러나 중요한 사실은 글로벌 시장에서 거래를 하는 일이 쉽지 않다는 것이다. 또한 이 장의 후반부에서는 어떠한 요인이 글로벌 무역에 영향을 미치는지를 토론할 것이다.

만약 여러분이 수출에 관심이 있다면 《수출에 대한 기본지침(The Basic Guide to Exporting)》이라는 미국 정부에서 발행한 책자를 요청하는 것이 좋을 것이다. 더 상세한 정보를 얻으려면 미국 상무부(www.doc.gov), 수출관리국(www.bea.gov), 중소기업청(www.sba.gov), 중소수출업자협회(www.sbea.org)의 웹사이트를 참조하면 될 것이다.

글로벌 무역의 측정

무역수지
특정 기간의 수입에 대한 수출의 총량

무역수지 흑자
무역수지의 균형이 바람직하게 되는 것. 무역수지에서 수출이 수입을 초과했을 때를 말한다.

무역수지 적자
무역수지의 균형이 바람직하지 않게 되는 것. 무역수지에서 수입이 수출을 초과했을 때를 말한다.

글로벌 무역의 측정을 위해 크게 무역수지와 국제수지 지표를 사용할 수 있다. **무역수지(balance of trade)**는 특정 기간에 수입한 총량에 대한 수출의 총량이다. **무역수지 흑자(trade surplus)**란 수출이 수입을 초과한 긍정적 상황을 말한다. 반대로 **무역수지 적자(trade deficit)**는 수입이 수출보다 많은 부정적 상황을 일컫는다. 수출이 수입보다 좋게

소셜 미디어를 통한 연결

나의 집이 당신의 집입니다

airbnb.com

"당신의 집도 공유하고 당신의 세상도 공유하세요." 이 짧은 문구는 에어비앤비의 창업자인 브라이언 체스키의 사명 선언문이 되었다. 그는 주인이 낯선 사람에게 집이나 방을 빌려줄 수 있는 공유 경제의 일환으로 숙박업소를 등록하거나 예약하려는 고객을 겨냥해 샌프란시스코에서 에어비앤비를 시작했다. 그는 여행업계의 경쟁자들이 도심지에 '별 특징이 없는' 방만 제공하면서 고객들과 소통이 어려워졌다고 믿었다. 그는 그러한 숙박 시설들이 여행객들이 그들이 방문한 도시를 "체험"할 수 있는 진정한 기회를 허락하지 않는다고 느꼈다. 오늘날, 에어비앤비는 310억 달러의 회사 가치와 함께 전 세계적으로 4백만 개의 숙박공간을 보유하고 있으며, 이는 세계에서 가장 큰 호텔 체인이 되었다.

이 회사는 처음에 "여행은 그냥 그 곳에 가는 게 아니라, 그 곳에서 살아보는 것이다"는 메시지가 잠재적 사용자들에게 반향을 일으킬 수 있는지를 테스트하기 위해 광범위한 조사를 실시했다. '그 곳에서 살자' 캠페인은 여행객들이 현지인처럼 생활하고, 현지인처럼 방문하는 도시를 체험하도록 유도하는 데 초점이 맞춰졌다. 3D 기술을 이용한 소셜 미디어 마케팅 캠페인은 새로운 스타일의 시각적 광고를 전달했다. 이 동영상은 페이스북에서 1,100만 건의 조회수와 56,000건의 '좋아요'와 5,200건의 댓글이 달렸다. 전문 사진작가들과 제휴해 스마트한 디자인과 타겟 고객에게 분명하게 말하는 메시지를 담은 이미지를 만드는 등 인스타그램을 효과적으로 활용하기도 했다. 에어비앤비는 2017년 28억 달러의 매출을 올렸다. 아직 경험해보지 못했다면, 에어비앤비 프로모션 및 서비스를 웹 사이트에서 확인해 보자.

출처: Sources: "105 Amazing Airbnb Statistics and Facts," DMR Business Statistics, expandedramblings.com, accessed November 2019; Katie Richards, "Put Away the Selfie-Stick and Act Like a Local, Urges Airbnb's New Campaign," Adweek, April 19, 2016; Airbnb, airbnb.com, accessed November 2019: "Airbnb Stays Profitable for Two Straight Years Amid IPO Talk," Nasdaq, nasdaq.com, January 19, 2019.

생각되는 이유는 간단하다. 만약 여러분이 200달러 정도의 물건을 팔고 100달러 정도의 물건을 샀다면, 다른 물건을 살 수 있는 100달러의 여유가 있는 것이다. 그러나 반대로 200달러짜리 새 물건을 사고, 가지고 있던 물건을 팔아 100달러만 벌었다면 자금의 여유가 없는 불리한 상황에 처하게 될 것이다.

국제수지(balance of payments)는 수출로 국내로 들어오는 돈과 수입으로 국내에서 빠져나가는 돈의 수량 차이에 관광, 해외원조, 군비지출, 해외투자 등의 돈 흐름을 더한 거나 뺀 것을 말한다. 언제나 빠져나가는 돈보다 들어오는 돈이 많은 것이 국제수지 측면에서 좋을 것이다. 이러한 상태를 국제수지 흑자라 부른다. 반대로 부정적 상황인 국제수지 적자일 경우 들어오는 돈보다 나가는 돈이 더 많다.

국제수지
수출로 인해 국내로 들어오는 돈의 유입량과 수입으로 인해 빠져 나가는 돈의 유출량 사이의 차이에 관광, 해외원조, 군비지출, 해외 투자를 통해 발생되는 돈의 흐름을 가산한 것

과거에 미국은 수입보다는 수출되는 제품과 서비스가 더 많았다. 그러나 1975년 이후 미국은 수출보다 수입을 더 많이 하는 무역적자 상태에 처해 있다. 오늘날 미국은 중국과의 무역에서 가장 큰 무역적자를 겪고 있다. 그럼에도 불구하고 미국이 전 세계에서 가장 수출을 많이 하는 국가가 될 수 있는 것은 중국, 독일이나 일본 등과 같은 국가들에

그림 2.3 세계의 주요 수출국과 미국의 교역 파트너

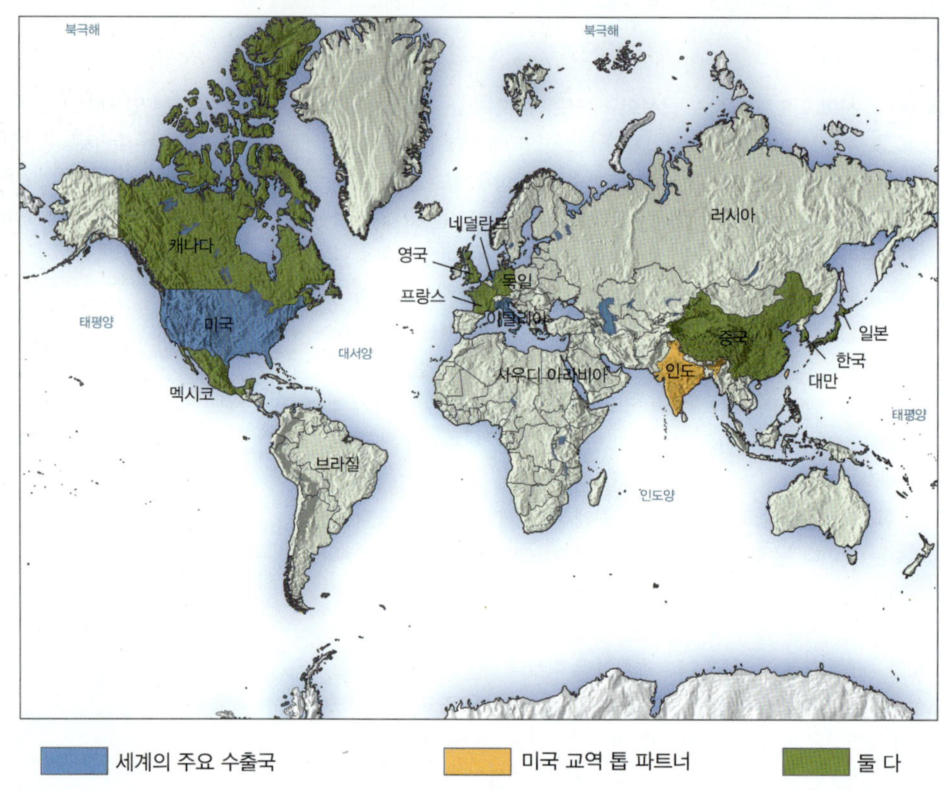

비해 수출이 차지하는 비중은 매우 낮기 때문이다(그림 2.3은 세계의 주요 수출국과 미국의 교역 파트너를 나타내고 있다).

덤핑
상품 가격을 국내보다 수출국 현지에서 더 낮추어 판매하는 행위

미국은 다른 국가들과 마찬가지로 자유무역의 증진을 위해 국제무역이 공정하게 진행되기를 원한다. 이를 위하여 여러 국가들은 덤핑과 같은 불공정 무역 행위를 법으로 규제한다. **덤핑(dumping)**은 수출하는 기업이 자국에서 물건을 팔 때와 비교해 턱없이 낮은 가격으로 수출국에서 물건을 판매하는 행위를 말한다. 이러한 전술은 재고량을 낮추거나 새로운 시장을 개척하기 위한 목적으로 행해진다. 또한 국내시장의 상품 판매량보다 더 많은 양을 국제시장에서 판매하기 위해 정부가 특정 산업에 보조금을 주고 있다는 증거도 있다. 예를 들어, 중국, 브라질, 러시아는 미국에 철강을 덤핑한 것에 대해 제소당한 바 있다.[16] 미국의 반덤핑 법률은 상세하게 기준을 마련하여 수출되는 상품의 가격을 10퍼센트의 간접비(overhead costs)와 8퍼센트의 이익을 포함하여 정하도록 규정하고 있다.

지금까지 글로벌 무역에 사용되는 몇 가지 용어들을 이해했다면, 글로벌 시장에 진입하기 위해 차별화된 전략들을 앞으로 살펴볼 것이다. 먼저, 지금까지의 공부 내용을 확인해보자.

시험 준비

- 미국 기업들이 글로벌 시장으로 사업을 확장하는 것을 지지하는 주요 근거 두 가지는 무엇인가?
- 비교우위는 무엇을 뜻하며, 실제 글로벌 시장에서 찾을 수 있는 예는 무엇이 있는가?
- 어떻게 무역수지와 국제수지가 결정되는가?
- 국제무역에서 덤핑이란 무엇인가?

학습목표 2-3 글로벌 시장에 진출하기 위해 사용되는 전략들과 다국적 기업의 역할을 설명할 수 있다.

글로벌 시장으로 가기 위한 전략들

기업들은 글로벌 시장에서 경쟁하기 위해 다양한 전략을 구사한다. 이 가운데 핵심적인 전략으로 라이선싱(licensing), 수출(exporting), 프랜차이징(franchising), 위탁제조(contract manufacturing), 국제적인 합작투자(joint ventures), 전략적 제휴(strategic alliances), 해외자회사(foreign subsidiaries), 해외직접투자(foreign direct investment)가 있다. 각각의 전략은 글로벌 시장 진출에 있어서 어느 정도의 관여도와 위험을 수반한다. 그림 2.4는 연속선상에서 각각의 전략을 취함에 따라 발생되는 관여도, 통제력, 위험, 잠재수익을 보여준다. 다음으로 넘어가기 전에 그림 2.4를 보고 잠시 생각해보라.

라이선싱

국내 기업(라이선스를 주는 측, 라이선서(Licensor))은 해외 기업(라이선스를 받는 측, 라이선시(Licensee))으로부터 로열티를 받고 자사의 상품을 제조하거나 상표를 사용할 수 있는 권리를 주어 글로벌 시장에서 경쟁력을 높일 수 있다. **라이선싱(licensing)**에 관심 있는 기업은 일반적으로 해외의 기업이 생산시설을 세울 수 있도록 기업의 대리인을 파견한다. 또한 라이선서는 상품 배급이나 판촉, 경영 컨설팅 등에 도움을 주기도 한다.

라이선싱
어떤 기업이 다른 해외 기업에 돈을 받고, 상품을 생산할 수 있도록 허가하는 것

라이선싱 계약은 몇 가지 측면에서 기업에 이익이 된다. 우선, 라이선싱을 통해 일반

그림 2.4 **글로벌 시장에 대한 진출 전략**

적으로 자국 시장에서 얻을 수 없는 추가적인 수익을 확보할 수 있다. 또한 라이선스를 받는 해외 기업은 종종 영업을 시작하기 위한 제반 요소들–원재료 공급, 생산에 필요한 도구, 경영자문 서비스–을 갖추고 있지 못하기 때문에 라이선스를 주는 기업으로부터 이를 구입해야 한다. 코카콜라와 같은 기업은 300개가 넘는 라이선스들을 장기 서비스 계약을 연장하는 방식으로 해외 시장에 진출했다. 예를 들면, 동경에 있는 디즈니랜드는 미국 밖에 건설된 최초의 디즈니 놀이공원으로 월트 디즈니 본사와 라이선싱 계약을 맺고 오리엔탈 랜드 컴퍼니가 운영하고 있다. 디즈니 본사는 500억 달러 이상의 라이선스 소비재 제품들을 판매하는 세계 최대의 라이선스 상표권 회사이다.[17]

라이선싱으로 얻을 수 있는 마지막 이익은 라이선스를 주는 기업이 상품을 생산하고 마케팅하는 과정에서 적은 비용을 지출한다는 점이다. 이러한 비용은 라이선스를 취득한 기업의 주머니에서 나온다. 그러므로 라이선스를 취득한 기업(Licensee)들은 자신들이 라이선스한 상품이 그들의 시장에서 성공하도록 아주 열심히 일하게 된다. 그러나 라이선스를 주는 기업도 문제점이 없는 것은 아니다. 한 가지 큰 문제는 라이선싱 권리들을 취득한 어떤 기업에 대해 20년 또는 더 길게 자사의 상품을 판매할 수 있도록 그냥 둘 수밖에 없다는 점이다. 만약 어떤 상품이 해외 시장에서 엄청난 인기를 누리게 되었을 때 이로 인한 막대한 수익은 결국 라이선스를 취득한 기업에 돌아간다. 아마도 더 심각한 위기는 실제로 라이선스를 주는 기업이 특정 상품 영역에서 축적된 경험을 판매한다는 사실에서 야기될 수 있다. 만약 라이선스를 받은 기업이 기술이나 상품과 관련된 각종 비밀들을 알게 된다면 그 외국 기업은 계약을 파기하고 라이선스를 받아 생산하던 제품과 유사한 제품을 자신의 브랜드로 생산할 수 있다. 이때 법적인 구제를 받지 못하면 라이선스를 주던 기업은 로열티를 더 이상 받지 못하게 될 뿐만 아니라 기업 비밀도 유출한 셈이 된다.

수출

국제 경쟁이 치열해짐에 따라 미국 상무부는 수출지원센터(EAC; Export Assistance Center)를 마련했다. EAC는 해외에 직접 제품과 서비스를 수출하려는 중소기업들에 적극적인 수출 지원과 무역에 따른 재무적 도움을 제공한다.[18]

외국과의 무역 관계를 구축하는 일을 여전히 주저하고 있는 미국 기업들은 수출무역상(또는 수출관리상)이라 불리는 전문가들을 통해 간접 수출을 할 수 있는데, 이 전문가들은 바람직한 수출 관계가 구축되도록 다른 기업과 협상하는 일을 돕는다. 수출무역상은 여러 다른 국가에 퍼져 있는 구매자와 판매자를 연결시켜줄 뿐만 아니라 글로벌 시장에 진입하는 과정에 필요한 서비스(예를 들면, 세관, 무역 서류의 처리, 도량형의 변환 등)를 제공하여 고객 기업의 편의를 도모한다. 또한 수출무역상은 수출업자들의 창고저장, 고지서, 보험 관리 등을 도울 수 있다. 여러분이 글로벌 비즈니스에서 경력을 쌓을 생각이 있다면, 수출무역상은 종종 학생들을 대상으로 인턴십이나 시간제 근무 기회를 제공하므로 이를 고려해보는 것이 좋다.

마블은 가디언즈 오브 갤럭시와 같은 성공한 영화의 소품들을 만들 수 있는 라이선스를 여러 회사들에게 주었다. 여러분은 마블이 라이선스를 준 제품들이 전세계의 새로운 세대의 시청자들에게 인기를 유지하리라 생각하는가?

프랜차이징

프랜차이징(franchising)이란 좋은 비즈니스 아이디어를 가진 사람이 특정 지역에 한정된 고객들을 대상으로 사전에 고안된 방식을 통해 자신의 비즈니스 이름을 사용하여 제품이나 서비스를 사용할 권리를 다른 사람에게 판매하는 것이다. 프랜차이징은 국내에서나 국외에서나 모두 활발하게 사용되고 있다. (4장에서 자세히 논의) Subway, Holiday Inn, KFC와 같은 미국의 주요 프랜차이즈 기업은 전 세계에 많은 프랜차이지(franchisee)가 운영하는 매장을 보유하고 있다. 그러나 글로벌 프랜차이즈가 몇몇 거대 프랜차이즈 기업에 국한된 사업은 아니다. 예를 들어 미네소타 주 챈허슨의 Snap Fitness는 26개국 2,000개 이상의 위치에 체육관 및 피트니스 센터 프랜차이즈 체인을 보유하고 있습니다.[19] 콜로라도 주의 프리미엄 초콜릿 캔디 생산자인 록키 마운틴 초콜릿(Rocky Mountain Chocolate Factory)은 캐나다, 일본, 한국, 필리핀 등지에서 프랜차이즈 계약을 맺고 있다.[20] 이 회사는 또한 초콜릿이 미국의 캐비어와 같이 고급음식으로 취급되는 여겨지는 사우디아라비아(Saudi Arabia)와 아랍에미리트(United Arab Emirates)에 진출했다. 해외 프랜차이저도 미국 시장에 진출해 성공을 거두었다. 캐나다의 H&R 블록과 일본의 구몬 수학 & 독서 센터는 미국 소비자들에게 장기적인 성공을 거두었다.

프랜차이저는 제품이나 서비스가 국가에 맞게 조정하는데 주의해야 한다. Domino's Pizza는 미국 외 지역의 5,000개 매장에서 매일 1백만 개 이상의 피자를 배달하는데, 그 피자의 토핑은 나라마다 다르다. 이 회사가 1,000개 이상의 매장을 운영하는 인도에서는 카레가 필수이다. 일본 고객은 해산물과 생선을 선호하며, 오징어와 달콤한 마요네

공부가 지겹고 빨리 먹을 수 있는 간단한 스낵을 원하는가? 위의 그림처럼 절임 고추와 오이위에 마요네즈가 뿌려진 피자 한 조각은 어떤가? 피자헛과 같은 세계적인 체인은 각국 소비자들의 다양한 입맛을 맞추기 위해 위와 같은 피자를 판매하기도 한다. 프랜차이즈 회사는 어떻게 세계 시장에서 자신의 제품이 잘 팔린다고 보장할 수 있는가?

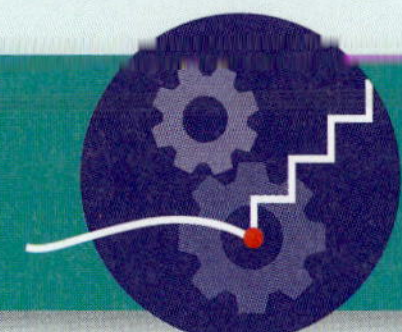

변화에 적응하기

맥도날드: 100개가 넘는 문화를 담다

mcdonalds.com

수십 년 동안 맥도날드는 그 누구도 부인할 수 없는 글로벌 음식 프랜차이즈의 왕이었다. 120개국에 39,000개가 넘는 레스토랑을 가지고 있고, 미키 디(Mickey D)는 매일 6천 8백만 명이 넘는 고객들을 응대한다.

과연 맥도날드는 어떻게 이런 글로벌 기업이 될 수 있었을까? 단지 햄버거만으로 이뤄낸 성과는 아니다. 처음 해외로 진출한 이후부터 맥도날드는 그들 고유의 빅맥과 감자튀김과 더불어 해당 지역의 기호를 파악해 메뉴에 적용한다. 예를 들어, 태국 고객은 마요네즈와 피클, 테리야키 소스가 곁들여진 돼지고기 패티 샌드위치인 사무라이 버거를 주문할 수 있다. 독일의 맥뉴른버거(McNurnburger)는 겨자와 양파를 곁들인 빵에 3개의 소세지를 제공한다. 또한, 일본 고객은 유명한 감자튀김에 호박과 초콜릿 소스를 뿌릴 수 있다.

맥도날드는 그 지역의 관습과 문화를 잘 수용한다. 인도에서는 그들의 종교적 정서를 존중하여 메뉴에 소고기와 돼지고기를 포함되지 않는다. 미키 디(Mickey D)는 두 개의 옥수수와 치즈 패티를 사용하여 인도의 많은 채식주의자들을 위해 고기가 없는 빅맥을 출시했다. 이것은 잘라페노스(jalapenos) 와 하바네로(habanero) 소스를 곁들인 닭고기 패티로 만든 베스트셀러 마하라자 맥(Maharaja Mac)을 보완하는 메뉴가 되었다. 이스라엘에서는 체인점에서 판매되는 모든 고기는 100퍼센트 코셔(유대교 율법에 따라 만든) 소고기를 사용한다. 그리고 안식일(Sabbath)과 종교적 휴일에는 모든 상점의 문을 닫는다. 인도에서는 그들의 종교적 정서를 존중하여 메뉴에 소고기와 돼지고기는 포함하지 않는다. 더 많은 메뉴를 보고 싶다면 www.mcdonalds.com에 들어가 맥도날드의 전 세계적으로 다양한 프랜차이즈 웹사이트를 탐구해 보길 추천한다. 각 프랜차이즈들이 어떻게 그 나라의 문화를 레스토랑 이미지와 잘 결합시켰는지를 눈여겨보길 바란다.

맥도날드는 또한 최고의 글로벌 프랜차이즈 업체로 계속 1위를 유지하기로 결정했다. 1961년부터 McDonald's 햄버거 대학교라는 교육 센터를 개발한 세계 최초의 레스토랑이 되었다.

오늘날 맥도날드는 시카고, 도쿄, 런던, 시드니, 뮌헨, 상파울로 및 상하이에 캠퍼스를 두고 있으며, 전 세계적으로 275,000명 이상의 학생들이 졸업했다. 상하이에 있는 맥도날드의 햄버거 대학에서는 경영진이 되길 원하는 많은 훌륭한 대학 졸업생들을 모집하고 있다. 하버드 대학보다도 경쟁률이 높아 1,000명 중 단 8명만이 프로그램에 들어간다. 오늘날, 맥도날드의 고위 경영자 중 40% 이상이 햄버거 대학교를 졸업했다. McDonald's는 자사의 이미지를 여러 문화와 성공적으로 혼합함으로써, 세계의 구조를 스스로 반영했다. 나아가, 맥도날드는 글로벌 시장으로 확장하고 적응을 계속하면서 품질유지에 전념하고 있다. 맥도날드는 글로벌 시장으로 확장하고 적응을 계속하면서 품질유지에 전념하고 있다.

출처: Erin Smith, "Some McSkills to Share," The Warwick Daily News, February 4, 2014; Kate Taylor, "New Year, New Expansion: McDonald's to Open First Restaurant in Vietnam," Entrepreneur, December 23, 2013; Vivian Giang, "McDonald's Hamburger University: Step inside the Most Exclusive School in the World," Business Insider, April 7, 2012; and McDonald's, www.mcdonalds.com , accessed February 2014.

즈 피자를 가장 좋아한다. Dunkin의 도넛은 전 세계 36개국의 3,200개 프랜차이즈에서 똑같이 보일 수 있지만 현지의 취향은 같지 않다. 예를 들어 중국에 있는 이 회사의 도넛 가게에서 선택한 도넛은 마른 돼지고기와 해초입니다. 또 다른 글로벌 프랜차이즈인 McDonald's의 사례를 '변화에 적응하기' 글상자를 통해 살펴보자.

위탁제조

위탁제조
외국 상품에 자사의 독자적인 브랜드 이름이나 상표를 부착해서 생산하는 것. 넓은 의미로 아웃소싱의 일종

위탁제조(contract manufacturing)는 외국 기업이 생산한 개별 제품에 자신의 브랜드와 상표를 부착하는 개념이다. 예를 들어, 위탁 제조업자는 델, 애플, IBM 같은 회사들에 위탁받은 컴퓨터, 프린터, 스마트폰, 의료기기, 비행기 그리고 다양한 소비자 전자제품의 회로판을 제작한다. 폭스콘(Foxconn)은 세계에서 가장 큰 위탁제조업체이며, 아

이폰과 마이크로소프트의 엑스박스 원(xbox One)과 같은 유명한 제품을 만든다. 나이키는 전 세계적으로 자사의 브랜드가 찍히는 신발과 옷을 생산하는 800여 개가 넘는 위탁제조 기업을 보유하고 있다. 의료기기 산업 또한 위탁 제조를 통해 제품을 생산한다. 의료기기 위탁 제조업은 2017년 700억 달러 규모로 성장했으며, 2022년까지 1,150억 달러 규모로 성장할 것으로 예상된다.[21] 또한, 전 세계 위탁 제조업은 3,000억 달러 이상의 산업으로 추정된다.

위탁제조는 기업에 공장 설립과 같은 과중한 진입비용에 따른 부담을 주지 않고 새로운 시장을 경험할 기회를 제공한다. 만약 브랜드가 성공적으로 받아들여지면 그 기업은 목표 시장에 침투하는 데 수반되는 위험 수준을 낮추게 된다. 또한 기업은 위탁제조 방식을 단기적으로 운용하기도 한다. 예를 들면, 노동비가 아주 저렴한 지역의 다른 기업에 위탁제조를 하여 갑자기 증가되는 수요에 대응할 수 있다. 위탁제조는 넓은 의미로 아웃소싱(outsourcing)의 한 종류라고 볼 수 있다. 아웃소싱은 이 장의 뒷 부분에서 더 자세히 논의할 예정이다.

국제적 합작투자와 전략적 제휴

합작투자(joint venture)는 기본적으로 국적이 다른 둘 또는 그 이상의 기업들이 중심이 되어 한 프로젝트를 함께 수행하도록 파트너십을 맺는 것이다. 예를 들어, 디즈니와 국가 소유인 상하이 셴디 그룹(Shanghai Shendi Group)의 55억 달러 규모 합작회사가 2016년 문을 연 중국 본토 최초의 디즈니랜드 테마파크를 만들었다.[22]

합작투자
둘 또는 그 이상의 기업이 맺은 파트너십(흔히 서로 다른 국가에 있는 기업들이 공동 프로젝트를 수행하면서 결성)

다른 많은 이유로도 합작투자가 이루어진다. 스페인의 메리어트 국제 AC호텔(Marriott International and AC Hotels)은 AC호텔을 지어 세계적 입지를 넓히고 미래 성장을 위해 합작투자를 하였다. 거대 제약회사인 존슨앤드존슨과 알파벳(구글 모회사)이 로봇수술 기술을 개발하는 합작회사와 같이 합작회사도 정말 독특할 수 있다.[23] 피츠버그 대학의 메디컬 센터와 이탈리아 정부 사이의 전통적인 합작 회사는 시칠리아에 새로운 메디컬 이식 센터를 도입했다.[24] 합작법인은 심지어 두 회사가 힘을 합치게 할 수도 있다. SAB 밀러 브루잉(런던)과 몰슨 쿠어스(미국 · 캐나다)의 미국 합작법인 밀러 쿠어스(Miller Coors)는 더 이상 합작회사가 아니다. 밀러 쿠어스(MillerCoors)는 현재 전 세계 직원 18,000여 명과 31개 양조장을 보유한 세계에서 세 번째로 큰 양조장으로 소유주는 Molson Coors 단 한 명뿐이다.[25] 국제적인 합작투자로 얻을 수 있는 이익은 다음과 같다.

1. 기술과 위험을 서로 공유
2. 마케팅 역량과 경영상의 경험을 공유
3. 종종 상품이 자국에서 생산되지 않으면 외국 기업의 진입을 허용하지 않는 국가의 진출

합작투자에 따른 단점이 분명하지 않더라도 중요하게 생각해보아야 한다. 우선, 한 파트너가 다른 편의 기술과 실무경험들을 배워 따로 기업을 만들고 자신의 이익만을 추

미국은 해외 직접투자의 좋은 투자지로 알려져 왔다. 도요타나 혼다 그리고 메르세데스와 같은 세계적 자동차 회사들은 사진에서도 볼 수 있는 것과 같이 앨라배마 주의 투스칼루사(Tuscaloosa)에 메르세데스 공장 등을 건설하는 데 수백억 달러의 돈을 지출하고 있다. 이 공장에서 메르세데스가 미국차를 생산하는 것 같은가, 아니면 독일차를 생산하는 것 같은가?

구하기 위해 합작투자의 결과로 배운 것들을 사용할 수 있다. 또한 공유된 기술이 진부해지거나 합작투자의 규모가 너무 커져 원래 기대했던 유연성을 제대로 발휘할 수 없는 경우도 생긴다. 때때로 파트너는 다양한 이유로 관계를 끊을 수도 있다. 예를 들어, 2017년 코카콜라와 네슬레는 네슬레가 독자적으로 차를 개발할 때가 되었다고 느끼자 즉석음료를 유통하는 16년간의 합작 사업을 중단했다.

한편으로, 글로벌 시장은 전략적 제휴를 활성화시켰다. **전략적 제휴**(strategic alliance)란 둘 또는 그 이상의 기업들이 시장에서 경쟁우위를 구축하기 위해 서로 돕는 장기적 파트너십을 말한다. 그러나 합작투자와는 달리 전략적 제휴는 비용, 제반 위험, 경영과 관련된 사항이나 심지어 이익조차도 공유하지 않는다. 이러한 제휴는 국제시장에서 홀로 시작하였을 경우 겪을 시장, 자본, 기술적 전문성에 따른 어려움을 덜 수 있다. 게다가 전략적 제휴는 유연한 형태로 맺어질 수 있어 규모에 상관없이 다른 국가의 기업들을 효과적으로 연결할 수 있다. Daimler AG 및 Toyota와의 전략적 제휴는 Tesla가 회사의 초기 성공을 보장하는 데 중요한 역할을 했다. 나중에 파나소닉과의 제휴는 회사의 배터리 기술 지원에 큰 도움이 될 것으로 예측되었지만, 테슬라와 파나소닉의 제휴는 어려운 것으로 판명되었고 두 회사는 새로운 파트너를 찾기로 결정했다.[26]

전략적 제휴
시장 경쟁력을 가질 수 있도록 상호 협력하기로 한 둘 또는 그 이상의 기업들 사이의 장기적 파트너십

해외직접투자
외국으로부터 영구적인 재산이나 사업체를 구입하는 행위

해외지사
모기업이 해외에 설립하여 소유하는 기업

해외직접투자

해외직접투자(foreign direct investment)는 다른 국가에서 영구적으로 재산을 보유하여 비즈니스 행위를 하는 것이다. 가장 흔한 형태의 직접투자는 해외지사를 두는 것이다. **해외지사**(foreign subsidiary)란 모기업(parent company)이 해외에 설립하여 소유하는 기업을 말한다. 해외지사를 관리하는 본부 조직의 통제하에 국내 기업과 마찬가지로 생산, 물류, 촉진, 가격 결정을 비롯한 다른 사업상 기능들을 지사들이 자체적으로 운영하게 된다. 해외직접투자에 있어서 모기업이 위치해 있는 자국(home country)과 해외지사가 있는 현지국(host country)의 법적인 요구조건을 반드시 지켜야 한다.

해외지사를 두어 얻을 수 있는 주요 장점은 모기업이 소유한 어떠한 기술이나 경험도 완벽하게 통제된 상태로 유지할 수 있다는 것이다. 반면 모기업이 다른 국가의 경제 영역에서 대량의 자본과 기술 투자를 감행한다는 사실은 위험을 수반한다. 만약 현지 국가와의 관계가 나빠지면 외국 정부에 의해 기업의 자산이 빼앗길 수 있는데 그러한 경우를 공용징수(expropriation)라고 부른다. 소비재 시장의 거대기업인 네슬레는 프랑스 페리에뿐 아니라 체중관리를 해주는 제니 크레이그(Jenny Craig), 거버 베이비푸드(Ralston Purina), 랄스톤 퓨리나(Ralston Purina), 손난로를 만드는 셰프 아메리카(Chef America), 리비푸드(Libby Foods), 드레이어 · 하겐다즈 아이스크림(Dreyer's and Häagen-Dazs Ice Cream) 등 해외법인을 인수하는 데 수십억 달러를 썼다. 네슬레는 86개국에서 32만 3천 명 이상의 직원을 고용하고 있으며, 전 세계 거의 모든 국가에서 영업을 하고 있다.[27]

	회사명	매출액 (단위: 억 달러)	국가
1	월마트	5,000	미국
2	스테이트 그리드	3,490	중국
3	시노펙	3,270	중국
4	중국 국영 석유	3,260	중국
5	로얄 더치 쉘	3,120	네덜란드
6	도요타	2,650	일본
7	폭스바겐	2,600	독일
8	브리티시 페트롤륨	2,450	영국
9	엑슨 모빌	2,440	미국
10	버크셔 해서웨이	2,420	미국

그림 2.5 세계적인 다국적 기업

Source: Fortune, fortune.com, accessed November 2019.

네슬레는 **다국적 기업**(multinational corporation)으로서 여러 나라에 조직과 생산시설을 두고 국제적인 소유구조와 경영구조를 나타낸다. 네슬레는 다국적 기업의 전형적인 모습이지만 거대 기업이 모두 다국적 기업은 아니다. 예를 들어, 사업을 하면서 생산되는 모든 상품을 수출하고 매출과 이익의 100퍼센트를 글로벌 시장에서 벌어들이지만 여전히 다국적 기업이 아닌 경우도 있다. 물리적인 실체, 즉 생산능력을 나타내는 설비 같은 것이 여러 다른 국가에 위치하고 있을 때에만 우리는 이 기업을 다국적 기업이라고 부른다. 그림 2.5는 대표적인 10개의 다국적 기업을 보여준다.

다국적 기업
다국적으로 주식을 보유하고 초국가적인 경영을 하며 다른 여러 국가에서 상품을 생산하고 마케팅하는 기업

해외직접투자 중에 현재 성장하고 있는 **국부펀드**(SWFs; sovereign wealth funds)라는 것이 있는데, 국부펀드란 정부에 의해 관리되는 투자자금으로서 특히 해외기업의 지분에 많은 투자를 하는 펀드이다. 아랍 에미리트 연방, 싱가포르, 중국 등의 국부펀드는 많은 미국 기업의 지분을 매입해왔다. 인구수가 5백만 명인 노르웨이는 세계에서 가장 많은 국부펀드 재산, 약 1조 달러를 보유하고 있다.[28] 몇몇은 6조 달러가 넘는 국부펀드 규모(전 세계 7조 달러)와 정부소유권은 국부펀드가 지정학적 목적 달성, 전략적 천연자원에 대한 통제권 확보, 민감한 첨단기술획득 등에 사용될 수 있다는 우려를 표명하기도 했다. 지금까지는 이것이 문제되지는 않았다. 실제로 2008년 경제대공황 시기에 국부펀드는 씨티그룹과 모건스탠리 등 어려움을 겪고 있는 미국 기업에 수십억 달러를 투자하기도 했다.

국부펀드
정부에 의해 관리되는 투자자금으로서 특히 해외 기업의 지분에 많은 투자를 하는 펀드

글로벌 비즈니스를 수행하기에 앞서서 어떻게 다른 시장에 진입할 것인가에 대한 전략이 수립되어야 한다. 전략의 차이는 결국 기업의 소유구조, 재무적 관여, 부담하는 위험의 정도를 다르게 만든다. 그러나 이것은 시작에 불과하다. 무엇보다 글로벌 무역에 대한 기업의 비즈니스 능력에 영향을 미칠 수 있는 시장의 핵심적인 요인들을 이해하는 것이 중요하다. 지금까지 배운 것을 잠깐 복습한 뒤, 이러한 요인들에 대해 살펴보자.

시험 준비

- 글로벌 시장에 진출할 때 라이선싱을 선택하는 것이 기업에 어떤 유리한 점이 있으며 불리한 점은 무엇인가?
- 수출 무역상에 의해 흔히 제공되는 서비스는 무엇이 있는가?
- 합작투자와 전략적 제휴의 결정적 차이는 무엇인가?
- 다국적 기업이란 무엇인가?

학습목표 2-4 글로벌 시장에서 일어나는 거래 활동에 영향을 미치는 역학 관계에 대해 설명할 수 있다.

글로벌 무역에 영향을 미치는 요인들

글로벌 시장에서 성공하기 위한 장벽은 내수시장에 비해 더 높고 복잡하다. 이는 서로 다른 사회문화적 요인, 경제적 · 재무적 요인, 법 · 규제적 요인, 물리적 · 환경적 요인들의 차이들을 다룰 때 더 실감하게 된다. 이러한 요인들은 경험이 많은 글로벌 기업들에도 큰 영향을 미치는데, 각각의 요인을 분석해보기로 한다.

사회문화적 요인

문화라는 말은 가치, 신념, 규칙, 특정 사람들이 모여 만든 조직체를 집합적으로 일컫는다. 사회구조, 종교, 예절과 관습, 가치와 태도, 언어, 사적인 의사소통이 모두 문화에 포함된다. (어떻게 한 기업가가 중국의 신흥 부자들의 미국의 사치품들에 대한 욕구에 따른 가치 변화에 대응했는지 알고 싶다면 '중소기업에 대한 조명'이란 글상자를 읽어보아라.) 만약 여러분이 글로벌 무역을 할 생각이라면 다른 국가들에 있어서의 문화적 차이를 이해하는 일은 매우 중요하다. 그러나 미국의 기업가들은 이러한 차이들을 무시하기로 악명이 높다. 사실상 미국 기업가들은 자민족 중심주의 경향을 지속적으로 보여왔다.

반대로 다른 국가의 기업들은 미국의 문화에 잘 순응하는 듯하다. 독일, 일본과 한국이 어떻게 효과적으로 미국인들이 원하는 바를 잘 이해하고 미국의 자동차 시장에 진출했는지를 생각해 보아야 한다. 2018년 미국 내 자동차 · 트럭 판매 상위 10개 중 6개가 일본기업이었다. 독일 할인 식료품 체인 알디(Aldi)가 미국에 진출해 현재 1,600개 점포를 운영하고 있으며 2022년까지 2,500곳으로 확대할 계획이다.[79] 내조적으로 시난 수년 동안 미국의 자동차 생산업체들은 영국, 인도, 호주와 같은 나라에서처럼 자동차가 도로의 왼쪽으로 통행하는 것에 맞춰 개조하지 않았다. 전 세계에서 아직까지 미터법에 익숙하지 않은 국가는 라이베리아, 미얀마, 그리고 미국밖에 없다. 이제 미국 비즈니스가 글로벌 시장에서 사회문화적 차이 때문에 겪었던 어려운 경험들을 살펴보자.

종교 역시 비즈니스를 수행할 때 고려해야 할 중요한 사회문화적 요소이다. 글로벌 기업들은 성공을 위해서 반드시 비즈니스 의사 결정에 종교적인 측면을 고려해야한다. 예를 들어, 이슬람교는 돼지고기를 먹는 것을 금지하고 힌두교는 쇠고기를 먹지 않는다. 이러한 종교적인 제한은 사우디아라비아와 인도 같은 나라에서 맥도날드나 피자헛과 같은 회사들이 따라야 할 매우 중요한 부분이다. 맥도날드는 1994년 월드컵에서 사우디아라비아 국기를 상품 포장에 다시 인쇄하면서 종교적 신념을 존중하는 것의 중요성을 배웠다. 회교도들은 국기의 디자인에 회교도의 종교 고백을 담고 있는 샤하다(Shahada)가 들어있었기 때문에 포장에 국기가 있는 것에 불쾌감을 느꼈다. 불쾌감을 느낀 이슬람 교도들은 그들의 신성한 표상이 구겨져 버려져서는 안 된다고 생각했다. 두 기업 모두 이 경험으로부터 비즈니스를 수행할 때 종교적인 것도 고려해야 한다는 교훈을 얻었다.

한 비슷한 일화로, 미국인 경영자가 이슬람 계열의 국가인 파키스탄에서 자신이 운영하는 공장을 방문했을 때 겪었던 일도 있다. 그는 공장이 제대로 돌아가고 있는 것을 확인하고, 사무실로 돌아가 향후 생산 계획에 대한 몇 가지 예측을 하고 있었다. 그런데 갑자기 모든 기계가 멈추었다. 그 경영자는 전기가 나갔다는 생각으로 급히 달려나갔지만, 곧 모든 공장 종업원들이 기도를 올리느라 기계가 멈추었다는 것을 깨달았다. 무슬림은 하루에 다섯 번 기도를 올려야 한다는 점을 알고, 그 경영자는 사무실로 가서 생산 계획의 예측치를 하향 조정했다.

사회문화적 차이점을 이해하는 것은 종업원들을 관리하는 데에도 역시 중요하다. 라틴아메리카 지역에서 종업원은 결정을 내리는 권한을 경영자가 가지고 있으며 경영자가 자신의 복지를 책임져야 한다고 믿는다. 이러한 문화적 특성을 알지 못하고 종업원들의 경영 참여를 생각했던 페루의 한 미국인 경영자에게 무슨 일이 있어났을까? 이 경영자는 민주적인 참여 기회를 주면 생산성이 더 높아지리라 기대했다. 그러나 얼마 지나지 않아 종업원들이 직장을 그만두기 시작했다. 왜 그러느냐고 물으니, 종업원들은 새로 온 경영자가 자신이 할 일을 잘 몰라 종업원들에게 무엇이든 물어본다고 대답했다. 경영자가 무능력해서 기업이 곧 망할 것 같아 새로운 직장을 찾는 것이라고 했다.

오늘날조차도 다른 색의 꽃이 다른 문화에서는 다른 의미를 갖는다는 것조차 이해하지 못하는 것처럼 많은 미국 기업들이 여전히 글로벌 경영 마인드를 갖추지 못하고 있다. 바람직한 글로벌 경영철학은 다음과 같다. "한 국가에서 일하던 방식이 다른 국가에서도 통할 것이라고 절대 가정하지 마라." 인텔, 나이키, IBM, 애플, KFC, 월마트와 같은 기업들은 세계 각국에서 인정받는 브랜드를 개발해왔다. 그러나 이처럼 성공한 글로벌 비즈니스도 종종 어려움에 직면한다. 예를 들어, 광고의 번역과 관련된 기업의 어려움을 알고 싶다면 그림 2.6을 살펴보기 바란다.

경제적 · 재무적 요인

경제적 차이 또한 글로벌 비즈니스를 수행할 때 힘들게 느껴진다. 카타르는 일인당 연간 소득이 13만 달러로 전 세계에서 가장 높다. 경제적으로 불우한 아이티의 경우 일인당 연간소득이 약 1,900달러 정도밖에 되지 않는다.[30] 미국인들에게 껌을 포장 단위가 아닌 낱개로 살 수 있다는 생각은 하기 어렵다. 그러나 아이티(Haiti)와 같이 경제침체로 소비자들이 소량으로만 물건을 구매해야 하는 국가에서 이러한 구매행동은 보편적이다. 인도와 같이 12억이 넘는 인구를 가진 국가가 코카콜라 같은 기업들에 꿈의 시장처럼 느껴지겠지만, 불행히도 사실은 그렇지 않다. 일년간 인도 사람들이 소비하는 기호음료라고 해봐야 1인당 8온스(ounce) 양의 12병 정도가 전부이며 이는 대부분의 인도 사람들은 임금이 낮기 때문이다. 인도의 화장품 및 퍼스널 케어(personal care)시장은 마찬가

그림 2.6 이런, 우리가 이렇게 말했던가?

글로벌 마케팅 전략을 실행하기란 매우 어렵다. 글로벌 시장에서 유명한 기업들이 처한 문제점들을 챙겨보자.

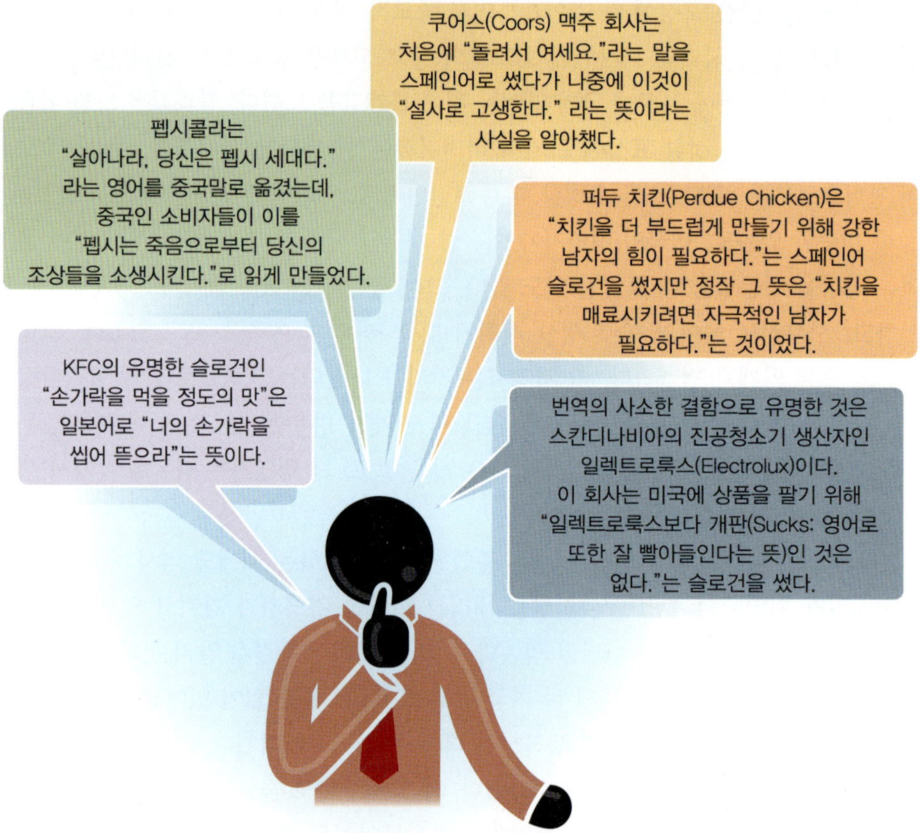

쿠어스(Coors) 맥주 회사는 처음에 "돌려서 여세요."라는 말을 스페인어로 썼다가 나중에 이것이 "설사로 고생한다." 라는 뜻이라는 사실을 알아챘다.

펩시콜라는 "살아나라, 당신은 펩시 세대다." 라는 영어를 중국말로 옮겼는데, 중국인 소비자들이 이를 "펩시는 죽음으로부터 당신의 조상들을 소생시킨다."로 읽게 만들었다.

퍼듀 치킨(Perdue Chicken)은 "치킨을 더 부드럽게 만들기 위해 강한 남자의 힘이 필요하다."는 스페인어 슬로건을 썼지만 정작 그 뜻은 "치킨을 매료시키려면 자극적인 남자가 필요하다."는 것이었다.

KFC의 유명한 슬로건인 "손가락을 먹을 정도의 맛"은 일본어로 "너의 손가락을 씹어 뜯으라"는 뜻이다.

번역의 사소한 결함으로 유명한 것은 스칸디나비아의 진공청소기 생산자인 일렉트로룩스(Electrolux)이다. 이 회사는 미국에 상품을 팔기 위해 "일렉트로룩스보다 개판(Sucks: 영어로 또한 잘 빨아들인다는 뜻)인 것은 없다."는 슬로건을 썼다.

지로 호황을 누리고 있다. 화장품 거대 기업인 로레알은 낮은 소득 때문에 주로 샘플 크기의 샴푸, 작은 튜브의 남성용 세안제, 작은 파우치의 가르니에(Garnier) 헤어 컬러를 판매한다.[31]

재무적으로, 멕시코는 페소, 중국은 위안(인민폐로 알려져 있는), 한국은 원, 일본은 엔, 미국인들은 달러를 사용한다. 전 세계적으로 미국의 달러가 보편적이고 안정적으로 사용되는 것은 맞다. 그러나 이것이 달러의 시장 가치가 항상 유지된다는 것을 의미하지는 않는다. 오늘 국제 거래에서 1달러는 8페소에 교환되지만 내일은 7페소에 교환될 수도 있다. **환율**(exchange rate)은 한 국가의 화폐가 다른 국가의 화폐와 교환될 수 있는 상대적 가치를 뜻한다.

환율
다른 국가의 통화와 비교한 한 국가의 화폐가치

환율변동은 글로벌 시장에 큰 영향력을 미칠 수 있다. 달러 가치가 높다는 것은 이전과 비교할 때 1달러로 더 많은 외국 화폐를 구입할 수 있다는 뜻이다. 따라서 이전에 구입하기 힘들었던 높은 가격의 외국 상품들을 더 적은 달러로 살 수 있게 된다. 그러나 이와 달리 해외에서 판매되는 미국 상품의 현지 가격은 치솟는다. 반대로 달러 가치가 떨어진다는 것은 1달러로 교환되는 외국 화폐의 양은 줄어들어 미국으로 수입되는 해외 상품의 가격이 높아지고 미국 기업이 해외에서 판매하는 상품의 가격은 떨어진다는 의미이다.

글로벌 재무시장은 변동환율제도(floating exchange rate)라고 불리는 환율 시스템에 따라 움직인다. 이때 '변동'이란 의미는 글로벌 시장에서 통화에 대한 수요와 공급의

달러 가치가 올라가면 미국 소비자들의 입장에서 수입품과 해외 여행 경비가 저렴해진다. 반대로 해외 화폐와 비교해 달러 가치가 내려가면 해외 소비자들의 입장에서 미국 제품과 미국 여행경비가 저렴해진다. 이 경우 사진에서 볼 수 있는 것과 같이 해외 관광객들이 상대적으로 높은 자국 화폐가치 덕분에 저렴한 비용에 미국 여행과 쇼핑을 즐길 수 있게 된다. 미국 수출업자들이 이익을 보는 것은 달러가치가 상승할 때인가, 아니면 하락할 때인가?

변화에 따라 환율이 변화된다는 의미를 담고 있다. 수요와 공급을 만드는 주체는 국제외환딜러로 이들은 한 국가의 교역이나 장래 투자가치 등을 판단하여 각 국가의 화폐를 사고 판다.

화폐가치의 변동은 국제적으로 많은 문제를 일으킬 수 있다. 유니레버, 제너럴일렉트릭, 네슬레, 나이키와 같은 글로벌 기업들을 생각해보자. 사업을 하는 여러 지역의 인건비는 화폐가치가 변동함에 따라 급격하게 변화되고, 이는 각 국가마다 생산성의 오르내림을 반복하게 만드는 원인이 된다. 미네소타 주의 세인트폴(St. Paul)에 위치한 전세계적으로 산업 접착제를 공급하는 H. B. 풀러(Fuller)와 같은 중견기업도 역시 환율변동의 영향에서 자유롭지 않다. 풀러는 43개국에 4,000명의 종업원이 있으며, 이 기업도 마찬가지로 글로벌 시장에서 자신들의 이익을 추구하는 데 환율변동이 어떠한 영향을 미치는지를 배우게 되었다.

화폐가치 변동 문제는 특히 개발도상국에 심각한 영향을 미칠 수 있다. 어떤 때는 자국 상품이 잘 수출되도록 하기 위해 정부가 환율 문제에 개입하기도 한다. **평가절하(devaluation)**는 다른 국가와 비교하여 자국의 화폐가치를 일부러 떨어뜨리는 행위이다. 베네수엘라는 2014년도에 평가절하를 통해 심각한 경제적 문제를 완화시키려고 하였다. 하지만 불행하게도, 이 조치는 나라의 문제를 해결하는 데 거의 도움이 되지 못했다. 베네수엘라의 인플레이션은 2019년에 137만 퍼센트를 기록했다(1장 참조).[32] 어떤 경우에는 화폐가치가 전혀 없어 무역 자체가 물물교환(bartering) 방식으로 이루어질 수밖에 없는 때도 생긴다.

평가절하
다른 국가의 통화에 비해 자국 통화의 가치를 낮추는 일

연계무역(countertrading)은 몇몇 국가가 참여하여 제품과 서비스를 상호 교환하는 약간 복잡한 방식의 물물교환이다. 자메이카(Jamaica)와 같은 개발도상국이 보크사이트(bauxite) 광물을 제공하는 방식으로 포드로부터 자동차를 들여오고 싶다고 하자. 그러나 포드는 보크사이트 대신 압축기를 받고 싶어할 수 있다. 연계무역 계약에 있어서

연계무역
몇몇 국가들 사이에서 일어나는 제품 대 제품, 제품 대 서비스, 서비스 대 서비스의 복잡한 형태를 보이는 물물교환

윤리적 의사결정 문제의 상품을 수출하기

당신은 아동 잠옷 제조업체인 나이티 나이테(Nighty Nite)의 최고 책임자로서 미국 소비자 제품 안전 위원회(CPSC)로부터 여아용 잠옷에 사용된 원단이 안전하지 않다는 통보를 받았다.

위원회는 가스렌지에 너무 가까이 다가간 어린이의 잠옷이 불타 올라 심하게 화상을 입은 후 제품에 대한 연구를 실시했다.

CPSC는 사용된 재료가 미국 표준을 충족하기에 충분할 정도의 불이 잘 붙지 않는 기능이 없다고 판결했다. 따라서 귀사는 즉시 매장 진열대에서 제품을 꺼내고 제품 리콜을 발행하라는 지시를 받았다.

잠옷이 인기 있고 시장에서 잘 팔리기 때문에 이것은 회사에 큰 타격이다. 또한 현재 창고에 대량의 제품이 있어, 회사에 큰 재정적 손실이 발생할 가능성이 있다.

영업 관리자는 많은 국가에 미국과 같이 엄격한 법이 없다는 사실을 상기시키며, 그는 제품이 덜 엄격한 제품 안전 규칙을 가진 국가로 수출 될 수 있다고 제안한다. 제품을 다른 국가로 수출하면 재고 및 이익 문제를 해결할 수 있지만 당신은 미국에서 안전하지 않은 것으로 간주되는 제품을 다른 국가의 어린이에게 보내는 것에 대해 고민한다. 각 대안의 결과는 무엇입니까? 당신은 어떻게 할 것인가?

포드는 자메이카로 차를 보내는 대신 자메이카로부터 받은 보크사이트를 인도 등 다른 국가로 보낼 수 있다. 이때 인도는 포드가 필요로 하는 압축기를 공급할 수 있고 보크사이트에 대한 수요가 있다고 하자. 결국 연계무역은 재정문제와 화폐의 제약을 극복할 수 있어 삼자 모두에게 이익이 된다. 전 세계적으로 이루어지는 무역 중 약 20퍼센트 이상이 연계무역이며 주로 개발도상국에서 나타난다.[33]

법 · 규제적 요인

어떠한 경제라도 비즈니스의 활동과 방향은 법규제 환경과 긴밀한 관련성을 가진다. 글로벌 시장에 있어 중앙에서 일원화된 법체계를 가지는 것이 아니기 때문에 서로 다른 법체계가 공존할 수 있다. 이 때문에 글로벌 비즈니스를 하려는 비즈니스인들은 서로 모순되는 법체계의 파고 속을 뚫고 나가야 하는 어려움에 직면한다. 독과점 규제법, 노동관계법, 특허, 저작권, 무역 관행, 세금, 제조물 책임, 어린이 노동, 감옥의 교도 노동 및 기타 이슈와 관련된 법적인 문제들이 국가마다 다르게 적용되고 있다.

국제적으로 거래를 할 때 미국 기업들은 미국의 법령을 따라야 한다. 하지만 1978년 제정된 해외부패관행법(Foreign Corrupt Practices Act)과 같은 미국 법령은 미국인 사업가들이 해외 기업과 경쟁할 때 불리하게 작용할 수 있다.[34] 해외부패관행법은 비즈니스상 거래를 위해 해외 관료에게 의심스러운 형태로 돈을 지급하는 행위를 금지한다. 문제는 이 법이 다른 여러 국가에서 행해지는 관행이나 믿음에 반한다는 것이다. 어떤 경우에는 부드럽게 계약을 성사하기 위해 뇌물을 주는 것이 용인될 뿐만 아니라 그것이 유일하게 선택할 수 있는 수단인 경우도 있다. 경제협력개발기구, 즉 OECD(Organization for Economic Cooperation and Development)와 국제투명성기구(Transparency International)는 해외 시장에서 겪게 되는 부패와 뇌물수수 행위를 근절하기 위한 범세계적 협력을 촉구하고 있지만, 그 성과는 미미하다.[35] 그림 2.7은 이러한 뇌물 등 부패 행위가 만연한 몇몇 국가들의 순위이다.

글로벌 시장에서 성공하려면 종종 해당 국가의 지역 사업가들과 좋은 관계를 유지하고 그들의 협력과 지원을 받아야 한다. 그러한 연대는 시장에 효과적으로 진출할 길을 기업에 열어주고 관료주의적 장벽으로 인한 어려움에 효과적으로 대처할 수 있도록 해준다. 해당 지역의 기업가는 그 국가에 진출하는 외국 기업가에게 영향을 줄 자국의 법령에 대해 잘 알고 있다는 사실 또한 중요하다.

1. 소말리아
2. 시리아
3. 남수단
4. 예멘
5. 북한
6. 수단
7. 기니비사우
8. 적도 기니
9. 아프가니스탄
10. 리비아

출처: Transparency International, 2019.

그림 2.7 기업부패가 가장 만연한 것으로 보고된 국가들 순위

물리적 · 환경적 요인

글로벌 비즈니스에 영향을 미치는 또 다른 요인들 가운데 물리적 · 환경적 요인이 있다. 예를 들어, 몇몇 개발도상국에서는 너무 낙후된 물류시스템을 운용하고 있어서 글로벌 물류 흐름의 효율성을 떨어뜨린다. 특히 특정 시장으로 음식 등을 운반해서 판매하려고 한다면 더욱 문제가 될 수 있는데, 그 이유는 음식이 제때 도착하지 못하고 운송과정에서 상해버리기 때문이다. 만약 오염이 심한 상 · 하수도 시설을 고려해 본다면 이와 같은 성격의 사업이 얼마나 심각한 문제에 직면하게 될지 알 수 있을 것이다.

기술적 차이가 수출되는 상품의 특성에 영향을 줄 수 있다는 점도 알아야 한다. 예를 들어, 대부분의 개발도상국 가정에는 미국 현지와 다른 전압의 가전제품이 갖추어져 있다. 또한 개발도상국에서 컴퓨터나 인터넷 사용은 아주 어렵거나 아예 불가능할 때도 많다. 이러한 환경들은 기업이 비즈니스를 수행할 때 어려움을 줄 것이며, 특히 전자상거래 등의 비즈니스에서는 그 어려움이 더욱 클 것이다. 지금까지 배운 것을 정리한 뒤에, 보호무역주의가 어떻게 글로벌 비즈니스에 영향을 주는가에 대해 생각해볼 것이다.

시험 준비

- 글로벌 무역 성공에 있어서의 주요 장애물 4가지는 무엇인가?
- 자민족 중심주의(ethnocentricity)의 의미는 무엇이며, 이는 국제적 성공에 어떠한 영향을 미치는가?
- 달러의 약세는 미국 수출에 어떠한 영향을 미치는가?
- 해외부패관행법(Foreign Corrupt Practices Act)이 금지하는 것은 무엇인가?

학습목표 2-5 보호무역의 장점과 단점에 대해 설명할 수 있다.

보호무역주의

앞서 살펴보았듯이, 사회문화적 · 경제적 · 재무적 · 법규제적 · 물리적 · 환경적 요인들은 글로벌 무역을 수행할 때 중요하게 고려되어야 할 것들이다. 그러나 이보다 더 심각하게 생각되어야 할 것은 보호무역주의이다. **보호무역주의(trade protectionism)**란 제품과 서비스의 수입을 제한하는 정부의 규제를 의미한다. 보호무역주의를 옹호하는 사람들은 이와 같은 행위가 국내 기업가들의 생존과 번영에 긍정적인 결과를 가져오고 나아가 더 많은 직업을 창출할 것이라 믿는다. 다른 국가들의 경우에는 해외 기업과의 경쟁을 전반적으로 피하기 위해 보호무역주의를 행하기도 한다. 보호 무역주의가 글로벌 비즈니스에 미치는 영향을 이해하기 위해 우선 국제 경제사(global economic history)에 대해 간단하게 살펴보자.

보호무역주의
정부가 규제를 통해 제품이나 서비스의 수입을 막는 것

미국의 일부 노동자들은 증가하는 수입상품들 때문에 많은 일자리가 줄어가고 있다고 생각한다. 정부는 수입품에 관세를 부과하여 산업을 보호해야 하는가? 왜 그렇게 해야 하는가? 아니라면 왜 그러지 말아야 하는가?

비즈니스, 경제, 정치는 항상 가깝게 연결되어 있다. 지금 우리가 '경제'라고 부르는 것도 한때는 '정치경제'라고 불렸다. 이는 정치(정부)와 경제가 밀접하게 연관되어 있었다는 것을 의미한다. 17세기와 18세기에 기업가와 정부의 리더들 간에는 중상주의(mercantilism)라는 신념에 대한 합의가 있었다. 간단하게 말해 중상주의는 다른 국가와의 교역에 있어서 수입을 제한함으로써 보다 많은 순수출을 추구하는 것이다. 중상주의자의 견해에 따르면 이러한 행위가 결국 국부를 늘리는 길이라는 것이다. 이러한 견해에 따라 정부는 수입품에 부과하는 세금인 **관세(tariff)**를 부과하게 되는데, 이러한 관세는 수입품의 가격을 더욱 비싸게 만든다.

관세는 보호관세와 수입관세로 나뉜다. 수입품에 세금을 부과하는 형식의 보호관세(protective tariffs)는 수입되는 제품의 소매가격을 인상시켜 국내 제품의 가격경쟁력을 높인다. 특히 국내의 산업 발전이 초기 단계에 있어 국내 기업이 해외의 기업들과 효과적으로 경쟁하지 못해 문을 닫는 경우, 그 결과로 직장을 잃는 국내 근로자가 생길 것이 분명하다면 정부는 보호관세를 선호할 수 있다. 수입관세(revenue tariffs)는 정부가 직접 돈을 걷는 것이다.

관세
수입에 부과되는 세금

수입쿼터
한 국가가 수입하는 특정 범주에 있는 상품의 수입량을 제한하는 것

금수조치
특정 상품의 수입이나 수출에 대한 완전한 금지 또는 특정 국가와의 무역을 완전히 중단하는 행위

수입쿼터(import quota)는 특정한 범주에 있는 상품의 수입량을 제한하는 것이다. 미국은 자국 회사를 보호하고 일자리를 지키기 위해 설탕, 새우 등 많은 수입품에 대해 수입쿼터를 시행하고 있다. 국가들은 특정 상품 수출을 금지하기도 한다. 반테러 법(antiterrorism laws)과 1979년 미 수출관리법(the U.S. Export Administration Act)은 국가안보를 해칠 수 있는 첨단 무기같은 것들의 수출을 금지하고 있다. **금수조치(embargo)**는 특정 상품의 수출이나 수입을 완전히 금지하거나 특정 국가와의 무역을 완전히 중단하는 것이다. 1962년부터 미국은 쿠바에 대해 금수조치를 취해 왔다. 2016년에는 무역 규제가 일부 해제되고 외교 관계가 복원되었다. 하지만 2017년 이후 외교 관계가 악화돼 미국의 쿠바 금수조치에 대한 미래는 불투명해졌다.[36]

비관세 장벽은 관세나 수입쿼터, 금수조치처럼 구체적이거나 공식적으로 갖춰져 있지는 않으나 자유무역을 심각하게 위협할 수 있다. 예를 들어, 인도는 수입허가서, 까다로운 생산품에 대한 규제, 수입품 판매에 대한 긴 통관 절차 등 여러 가지 엄격한 표준을 마련해두고 있다. 중국은 정부 부문이 구입하는 품목 카탈로그에서 미국산 제품들을 의도적으로 제외시키기도 한다. 또한 상품이 자국에서 어떻게 판매되어야 하는지에 대한 구체적으로 명시하거나 특정 부분은 자국 생산품으로만 생산하게끔 규제함으로써 무역 장벽을 세우기도 한다. 예를 들어, 한국은 미국과 자유무역협정을 맺고 있지만, 엔진의 크기나 배출기준 등의 비관세 장벽으로 미국산 차 수입을 제한하고 있다. 반대로 한국은 미국으로 거의 130만 대의 차를 수출하고 있다.

수출업자가 되고자 하는 사람들에게 앞에서 언급한 무역 장벽들은 아마도 글로벌 무역을 피해야 하는 이유들을 제공하는 것으로 보일지도 모른다. 그러나 여러분이 관세와 같은 무역 장벽을 극복한다면 새로운 비즈니스 기회를 만들 수 있을 것이다. 이제 국가

간 무역 장벽을 없애기 위해 노력하는 조직체와 각종 협약들을 살펴보자.

세계무역기구

이 인도가족은 원래 수송아지를 이용해 경작을 했지만, 동물을 유지·관리하는 비용이 너무 높아져 송아지를 팔 수밖에 없었다. 당신은 관세보호법인 도하결의안이 이런 가족들을 도울 수 있다고 생각하는가?

1948년, 23개국의 지도자들은 제품과 서비스, 아이디어와 문화적인 프로그램에 관한 무역 제약들을 완화시키기 위한 국제적 포럼인 **관세무역일반협정**(GATT; General Agreement on Tariffs and Trade)을 출범시켰다. 1986년에는 무역협약을 구체적으로 손보기 위해 GATT 내에 우루과이 라운드가 열렸다. 8년간의 미팅 끝에 우루과이라운드에 참여한 124개국은 GATT의 수정안에 표결했다. 새로 마련된 협약에 따르면 세계적으로 관세 비율은 평균 38퍼센트 이하로 낮추어야 하고 농업, 서비스업, 지적재산권 항목이 추가로 관리 대상에 편입되었다.

우루과이 라운드는 국가 간 무역 분쟁을 중재할 기구인 **세계무역기구**(WTO; World Trade Organization)를 만들었다. 스위스 제네바에 본부를 둔 WTO는 역외 무역 이슈와 글로벌 비즈니스 관행을 감독할 것을 목적으로 164개국 회원들로 구성된 독립 조직이다. WTO가 생기기 전에는 보통 무역 분쟁을 해결하는 데 수년이 걸렸다.[37] 무역과 관련되어 회원국이 제기한 이슈들은 1년 이내에 WTO에 의해 결정이 나며 회원국들은 결정에 항소할 수 있다.

하지만 WTO가 모든 글로벌 무역 문제를 해결할 것으로 기대해서는 곤란하다. 법규제적 문제들이 종종 무역 확장을 방해하고, WTO 멤버의 80퍼센트를 차지하는 개발도상국과 미국과 같은 선진국들 간에 큰 격차가 있기 때문이다. 2001년 카타르 도하에서 개최된 WTO회의에서는 공산품에 대한 보호조치 완화, 농산물에 대한 보조금 철폐, 일시적으로 시행되고 있는 무역보호 조치의 극복 등이 논의되었지만 여전히 합의 도출에 이르지 못하고 있다.[38]

관세무역일반협정(GATT)
상호 무역에 관한 규제를 줄이기 위해 국제 협상 포럼에서 수립된 1948년의 협정

세계무역기구(WTO)
관세무역일반협정을 대체한 국제 기구이며, 국가 간 무역 충돌을 중재하기 위해 노력함

공동시장

GATT나 WTO로도 해결되지 않는 이슈 중 하나는 공동시장이 글로벌 시장의 형성을 방해하면서 지역적인 연합체를 만들고 있는 점이다. **공동시장**(common market 혹은 무역블록(trading block))의 특징은 공동으로 적용되는 역외 관세가 존재하면서 연합체를 이루고 있는 국가들 간에는 통관 관세가 없다는 점이다. 이들 국가 간의 교역을 지원하는 법률도 따로 있다. EU(European Union), ASEAN(the Association of Southeast Asian Nations), 메르코수르(Mercosur), COMESA(Common Market for Eastern and Southern Africa)가 대표적인 예이다.

EU는 1950년대에 여섯 개 국가의 무역 파트너십으로 시작되었다(이때 공동시장으로 알려져 나중에 유럽경제연합으로 변경된다). 오늘날 EU는 28개 회원국에 약 5억 12백만 명이 넘는 인원이 포함되어 있으며 18조 8천억 달러의 GDP 규모를 가지고 있다(그림 2.8 참조). EU가 WTO 안의 연합이라고 보여지지만, 여섯 개 회원국(독일, 프랑스, 영

공동시장
외부적으로는 공동관세를 부과하고 내부적으로는 관세를 철폐하여 무역을 촉진시키기 위한 법률을 조정하는 지역적인 국가 그룹을 말한다. 공동시장은 무역블록이라고 부른다. 유럽연합이 대표적인 예이다.

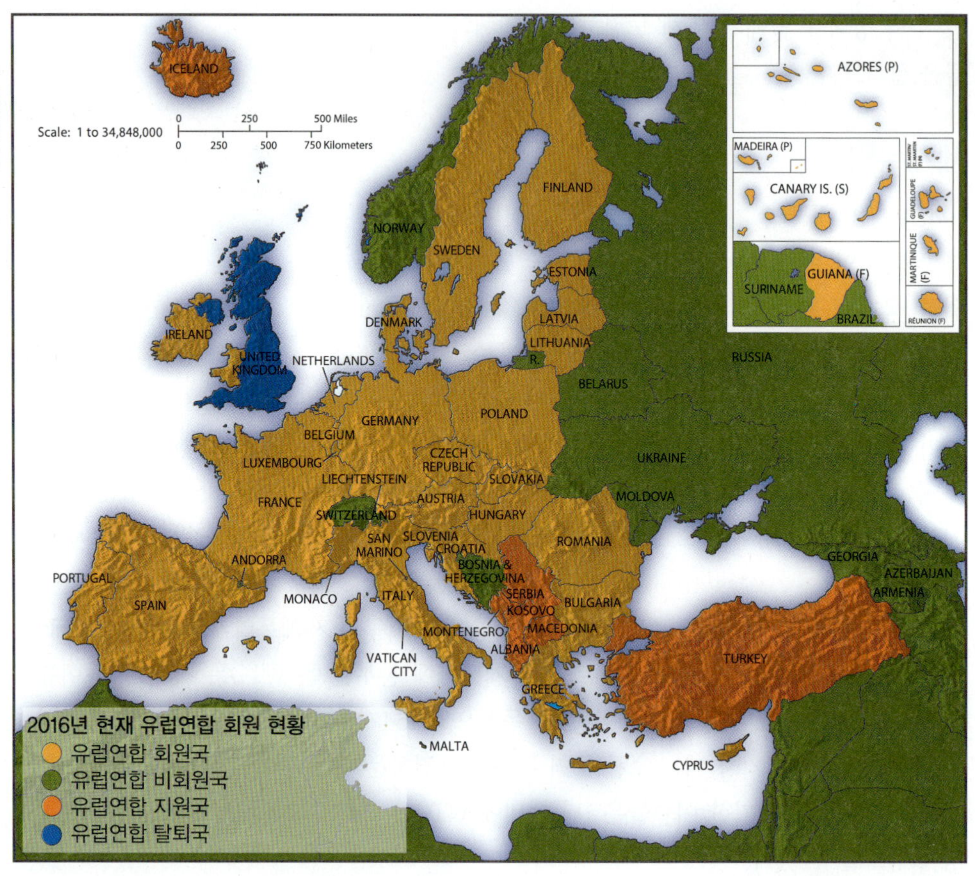

그림 2.8 유럽연합의 회원국들

현재 유럽연합 회원국들은 노란색으로 칠해져 있다. 회원국이 되고자 지원했던 국가들은 오렌지색으로 칠해져 있다. 아이슬란드(보이지 않는)는 또한 회원 지원국이다.

국, 이탈리아, 스페인, 네덜란드)의 경제는 EU GDP의 3/4 이상을 차지한다.

1999년 EU는 유로화를 공통 통화로 채택하여 중요한 진전을 이루었다. 유로 덕분에 EU에서 비즈니스를 수행 시 환전의 필요성이 없어지자 수십억 달러가 절감되었으며 EU의 크기와 경제적 중요성에 비추어보아 현재 글로벌 비즈니스를 장악하고 있는 미국의 달러화와 경쟁할 수 있게 되었다. 18개의 회원국은 현재 유로를 공동 통화로 이용하고 있다. 다만 EU는 주요 회원국인 영국이 탈퇴하는 상황에 놓였고, 2016년에 영국은 EU 탈퇴를 결정했다(Brexit라 불리는 행동, 영국과 탈퇴라는 단어의 조합). 영국은 EU 탈퇴를 결정한 최초의 국가다. 또한 EU는 구제 금융 지원을 필요로 하는 회원국인 이탈리아, 포르투갈, 스페인, 특히 그리스의 재정적 어려움으로 인한 문제에 직면했다. 이러한 정책에 많은 어려움이 따르기는 했지만, 미국이나 중국과 같은 국가들과 글로벌 경쟁을 하기 위해 경제적 결속이 필요하다고 보았다.

메르코수르는 브라질, 아르헨티나, 파라과이, 우루과이, 베네수엘라, 볼리비아, 칠레, 콜롬비아, 에콰도르, 페루 등의 약 2억 7천 5백 명을 포함하는 무역 연합체이다. EU와 메르코수르는 2014년 두 연합체 간의 재화와 서비스 교역을 확장시키기 위한 무역 협정을 확정지으려 하고 있다.

ASEAN 경제커뮤니티는 1967년 인도네시아, 말레이시아, 필리핀, 싱가포르 및 태국 간의 경제 협력을 위해 태국에서 설립되었다. ASEAN 경제커뮤니티는 브루나이, 캄보디아, 라오스, 미얀마, 베트남으로 확대되어 약 6억 5천만 명의 인구와 2조 9천 억 달러의 GDP 규모를 가지게 되었다.[40] COMESA는 19개국의 아프리카 무역 연합체이다. 2008년, COMESA는 남아프리카 개발 공동체(SADC)와 동아프리카 공동체(EAC)와 함께 협정을 맺고 76,900억 달러의 GDP와 5억 6천만 명의 확장된 자유 무역 지역을 형성했다.[41]

북미자유무역협정과 중앙아메리카자유무역협정

1990년대 활발했던 비즈니스 이슈 가운데 **북미자유무역협정**(NAFTA; North American Free Trade Agreement)이 있다. 이 협정은 미국, 캐나다, 멕시코 사이에 자유무역 지대를 형성하는 것을 목적으로 한 것이었다. 오늘날, 세 NAFTA국가의 총인구는 4억 8천 6백만 명이 넘고 국내총생산은 22조 달러가 넘는다. NAFTA의 핵심 목적은 다음과 같다.

북미자유무역협정
미국, 캐나다, 멕시코 사이에 자유 무역 지대를 만들기로 한 협정

(1) 무역장벽을 폐지하여 제품과 서비스의 이동을 촉진하는 것, (2) 공정한 경쟁이 이루어지도록 촉진하는 것, (3) 투자 기회를 증진시키는 것, (4) 효과적인 보호와 지적재산권(특허 및 저작권)의 강화를 추진하는 것, (5) 미래지향적인 지역 간 무역 협력을 위한 개념적 체계를 수립하는 것, (6) 북미 지역, 특히 멕시코의 노동 조건을 개선시키는 것이다.

NAFTA는 여전히 뜨거운 논쟁거리로 남아있다. 2018년, 미국, 멕시코, 캐나다의 지도자들은 NAFTA를 미국–멕시코–캐나다 협정(USMCA)으로 다시 만드는 새로운 무역 협정을 체결했다. 새 협정은 발효되기 전에 3국 의회의 비준을 받아야 한다.[42]

NAFTA 하에서 일자리 증가, 빈곤 퇴치, 환경 통제 개선, 멕시코와 미국 간의 임금 격차 해소 시도는 대부분 실패했다. 불법 이민 또한 양국 사이에 주요 문제로 남아 있다. USMCA가 이러한 문제들과 다른 문제들을 해결하는지 여부는 두고 보아야 한다. 그러나 미국은 여전히 자유 무역에 전념하고 있다.[43] 예를 들어, 중미 자유무역협정인 CAFTA는 코스타리카, 도미니카 공화국, 엘살바도르, 과테말라, 니카라과, 온두라스 등과 자유무역 지대를 만들어 2006년 체결 이후 잘 유지되고 있다.

공동시장과 자유무역지대를 둘러싼 이슈들은 미래에도 계속 논란에 휩싸일 것으로 보인다. 어떤 경제학자들은 찬성의 목소리를 내고, 또 한편에서는 세계가 EU나 NAFTA와 같이 몇몇 주요한 무역블록으로 분할될 것이라며 걱정한다. 지금까지 배운 것들을 정리한 후 글로벌 무역의 미래와 아웃소싱과 관련된 이슈를 살펴보자.

시험 준비

- 보호무역주의와 관세의 장점과 단점은 무엇인가?
- 세계무역기구(WTO)의 주요 목적은 무엇인가?
- 유럽연합과 같은 공동시장의 주요 목적은 무엇인가?
- NAFTA에 합의한 세 국가는 어디인가? CAFTA에 합의한 국가들은 어디인가?

학습목표 2-6 변화하고 있는 글로벌 시장과 역외 아웃소싱에 대해 설명할 수 있다.

글로벌 무역의 미래

글로벌 무역은 때로는 흥미롭고 때로는 도전적 정신을 불러일으키며 계속 성장하고 있다. 기업들에게 77억 명이 넘는 잠재고객들은 매우 매력적이다. 그러나 테러리즘, 핵확산, 불량국가, 소득 불평등과 같은 이슈들은 글로벌 시장에 어두운 그림자를 드리우고 있다. 이제 글로벌 시장과 여러분의 비즈니스에 영향을 미치게 될 이슈들을 점검해보면서 이 장을 마무리하기로 한다.

13억이 넘는 인구와 탁월한 수출 기량을 기반으로 중국은 경제지도를 바꾸어 놓았다. 중국은 세계 첫 번째 수출국이며 두 번째로 큰 경제규모를 가지고 있다. 중국은 비교적 단기간에 이러한 빠른 성장을 일구었으며, 최근 30년간 중국 무역의 가치는 4년마다 두 배씩 증가하였다. 얼마 전까지만 해도 중국에 대한 직접투자는 상당히 위험하다고 생각되서 가치 있게 여겨지지 않았다. 2018년도에 중국은 1,360억 달러의 해외직접투자를 유치했고, 오늘날 포춘 500기업(세계에서 가장 큰 기업 500개) 중 400개가 넘는 기업이 중국에 투자하고 있다. 중국은 2009년 이래로 세계에서 가장 큰 자동차 시장이다.[45] 월마트는 1996년 중국에서 처음 영업을 시작해, 현재 400개의 매장을 보유하고 있으며 이 숫자는 더 늘어날 전망이다. 일부 경제학자들은 중국이 향후 10년 내에 세계 최대 경제국가로 미국을 추월 할 것이라고 예측한다.[46]

많은 사람들은 글로벌 투자자와 기업가들이 해당 국가들의 부를 창출하고 자유무역의 꿈을 충족시키는 대상으로 중국을 본다. 그러나 중국은 일당체제, 통화 문제, 인권정책, 도시인구의 증가 등 해결해야 할 많은 과제를 갖고 있다. 해적판 상품과 위조 등 지하경제 또한 중대한 문제이다. WTO 가입 후 중국은 불법복제와 위조에 강경한 태도를

중국의 경제는 성장을 거듭하고 있으며, 고등교육을 받은 중산층의 소비가 도시지역을 중심으로 크게 늘어나고 있다. 많은 사람들은 중국 경제가 지속적으로 빠르게 성장할 것이며, 국제 경제에서 중요한 역할을 계속해서 맡을 것이라고 믿는다. 다른 나라의 기업들은 중국 기업과의 경쟁에 어떻게 대비해야 할까?

그림 2.9 역외 아웃소싱에 대한 찬반의견

취하고 있긴 하지만 여전히 중국의 지하경제는 많은 위조품들을 생산하고 유통시키고 있다. 세계 경제가 계속 성장함에 있어서 미국, EU, 일본과 더불어 중국은 세계 경제 원동력의 한 축을 담당할 것이다.

중국으로 인해 아시아에 대한 관심이 집중되고 있지만 13억 6천만 명이 넘는 인도 인구는 엄청난 기회를 제공한다. 인도 인구의 거의 50%가 25세 미만이기 때문에, 미국, 중국, EU국가들은 2020년대에 노동인구가 감소하는 반면에 인도의 노동인구는 여전히 증가할 것으로 보여진다. 인도는 2022년에 중국을 제치고 세계에서 가장 인구가 많은 국가로 선정될 것으로 예상된다.

이미 인도는 정보기술과 생명공학 분야에서 큰 성장을 보였으며, 2020년까지 인도의 제약 사업은 550억 달러로 성장할 것으로 예상된다. 그럼에도 불구하고 인도는 어려운 무역법규와 융통성 없는 관료주의를 가지고 있다. 나렌드라 모디(Narendra Modi) 총리는 이러한 문제들을 서서히 해결하고 있으며, 많은 경제학자들은 인도가 앞으로 더 좋은 시기를 맞이하기를 바라고 있다.

중국, 인도와 함께, 러시아와 브라질은 2025년까지 부유한 세계 경제가 될 것으로 예상되었다. 사실, BRIC라는 용어는 브라질, 러시아, 인도, 중국의 신흥 경제를 설명하는 약자로 사용되었다. 불행하게도, 국제유가가 감소하자 러시아 경제가 침체되었고 정부가 향후 20년 경제전망이 좋지 않음을 인정하면서 러시아 경제는 둔화되었다. 설상가상으로 러시아는 정치, 통화, 그리고 사회 문제로 고통 받고 있으며, 국제투명성기구(Transparency International)에서는 세계에서 가장 부패한 주요 경제국으로 고려하고 있다.

브라질은 2030년에 중국, 인도, 러시아와 더불어 세계에서 가장 부유국이 될 것이라 전망하고 있다. BRIC는 브라질(Brazil), 러시아(Russia), 인도(India), 중국(China) 경제의 줄임말로 쓰여지고 있다. 오늘날 브라질은 잘 발달된 농업, 광업, 제조업, 서비스업과 함께 남미에서 1위, 세계에서 7위의 경제규모를 가지고 있다. 브라질은 러시아와 더불어 원자재 공급원으로 세계 시장을 지배할 것이고, 중국과 인도는 제작품과 서비스의 글로벌 공급원으로 군림할 것이라 예상했었다. 안타깝게도 지난 몇 년간 브라질 경제는 인플레이션과 더딘 성장으로 힘겨워했다. 하지만 여전히 2억 명이 넘는 잠재 고객은 미국과 중국 같은 수출국의 목표 대상이다.

러시아와 브라질의 BRIC 경제는 기대에 부응하지 못했지만 기회의 다른 영역은 세계 시장에서 성장하고 있다. 특히 인도네시아, 태국, 싱가포르, 필리핀, 한국, 말레이시아, 베트남을 포함한 아시아 개발도상국에서 더욱 그러하다. 아프리카는 이제 겨우 글로벌 경제 성장의 중심지로 부상하기 시작했으며, 동 아프리카는 주요 성장의 중심지가 될 것으로 예상된다. 오늘날 비즈니스는 진실로 '세계적'이며 가능성은 여러분에게 달려 있다.

역외 아웃소싱의 당면 과제

아웃소싱
생산과 회계와 같은 기업의 기능 중 일부 또는 전부를 다른 기업(주로 해외 기업)과 계약을 맺어 조달하는 것

1장에서 배운 바와 같이, **아웃소싱(outsourcing)**은 기업의 기능 중 일부 또는 전부를 다른 기업(주로 해외 기업)과 계약을 맺어 조달하는 것을 말한다. 미국에서는 예전부터 기업들이 임금 지급, 회계, 몇몇 생산과정과 관련된 업무를 아웃소싱해왔다. 그런데 아웃소싱 대상 기업을 국내에서 저임금 해외시장으로 옮기는 일은 미국에서 많은 논란거리로 남아있다. 이러한 것을 특히 '역외 아웃소싱(offshore outsourcing)'이라고 부른다. 2008년의 경제위기 이후 미국의 일자리 시장이 더딘 성장을 한 이후부터 더 심각해졌다. 역외 아웃소싱에 대한 찬성과 반대 입장을 그림 2.9에 정리해 두었다.

제조공정이 단순해지면서 리바이스(Levi-strauss)와 나이키 같은 미국 기업들은 제품생산을 해외에 아웃소싱해왔다. 오늘날 경제학자들은 우리가 역외 아웃소싱의 두 번째 물결을 맞이하고 있다고 주장한다. 즉, 단순제품조립에서 디자인과 건축 등으로 역외 아웃소싱의 대상이 옮겨가고 있는 것이다. 회계, 법률, 금융, 리스크 관리, 의료, 정보 기술과 같이 잘 숙련되고, 잘 훈련되어 있으며, 중간 수준 정도의 임금을 받는 서비스 분야의 근로자가 늘어나고 있다. 일자리 감소 이외에도 역외 아웃소싱과 관련된 우려들이 존재한다. 중국과 같은 나라들이 제조하는 장난감, 식료품, 의약품 등에는 안전성 문제가 제기되고 있다. 보잉(Boeing)은 공급망에서 아웃소싱한 부품의 품질이 좋지 않아 787 드림라이너의 배터리 및 전기 시스템에 문제가 발생했다. 오늘날 많은 사람들은 메드트로닉(Medtronic)과 보스턴 사이언티픽(Boston Scientific)이 MRI와 CT 기기와 같은 첨단의료기기의 생산라인을 인도로 옮기는 것에 대해 우려를 표명하고 있다. 인도는 한때 텔레마케팅, 데이터 입력, 콜센터, 청구서 발급, 낮은 수준의 소프트웨어 개발에 초점을 맞추어왔다. 하지만 오늘날 인도는 두터운 층의 고학력 과학자, 소프트웨어 개발자, 화학자, 회계사, 법률가, 물리학자를 보유하고 있으며, 이들이 보다 정교한 서비스를 제공하고 있다. 예를 들어, 인도에 있는 위프로 헬스 사이언스(Wipro Health Science)에 근무하는 방사선과 의사들은 많은 미국의 병원들에서 보내준 CAT 스캔과 MRI 사진들을 판독한다. 또한 비용을 절감하기 위해 외과수술 기능을 인도 등 다른 나라로 이전하는 경우도 있다.

전 세계적으로 첨단기술을 가진 사람이 증가함에 따라, 역외 아웃소싱은 더욱 증가할 것이다. 경쟁력을 유지하기 위해서는, 미국의 근로자들이 적절한 교육과 훈련을 받아 오늘날은 물론이고 앞으로도 지금의 자리를 유지하기 위해 필요한 진보된 기술을 익혀야

한다는 것이다.

글로벌화와 여러분의 미래

여러분이 기업가나 관리자 또는 다른 형태의 비즈니스 리더가 되고자 노력하는지의 여부에 관계없이 여러분의 경력을 설계하는 데 글로벌화는 더욱 중요해지고 있다. 여러분은 외국어를 배우고, 외국의 문화를 익히며, 국제경영과 같은 비즈니스 과목을 배우면서 미래를 위한 글로벌 시각을 가질 수 있다. 이 책을 읽으면서 여러분은 두 가지를 기억하기 바란다. 세계화는 현실이며 경제적 경쟁은 더욱 심화될 것이라는 점이다.

또한 글로벌 시장의 잠재력은 규모가 큰 다국적 기업들에만 한정된 것이 아니라는 것을 기억하기 바란다. 때로는 중소기업이 더 많은 기회를 가질 수도 있다. 글로벌 시장으로 뛰어들기 위한 준비에 더 충실할 수 있고 관료제에 얽매여 있는 대기업들보다 더 빨리 이러한 기회를 잡을 수 있기 때문이다. 또한 프랜차이징이 글로벌 시장에서 보여줄 수 있는 잠재력을 기억하기 바란다. 우리는 4장에서 이를 더 자세하게 살펴볼 것이다.

시험 준비

- 세계 시장에서 비즈니스를 수행하는 데 주요한 위협은 무엇인가?
- 중국이 글로벌 경제 리더가 되기 전에 어떤 도전에 직면해야 하는가?
- BRIC는 무엇을 의미하는가?
- 역외 아웃소싱을 할 때 우려할 점 두 가지는 무엇인가?

요약하기

학습목표 2-1 글로벌 시장이 중요한 이유와 경쟁 우위의 역할 그리고 글로벌 무역에 존재하는 절대적 우위에 대해 설명할 수 있다.

- **왜 국가는 다른 국가와 무역을 해야 하는가?**
  (1) 어떠한 국가도 독자적으로 생존하기에는 불충분한 여건에 놓여 있다.
  (2) 어떤 국가에서 특화되어 생산된 제품을 다른 국가가 필요로 한다.
  (3) 천연자원과 기술은 전 세계적으로 균등하게 분포되어 있지 않다.
- **비교우위론이란 무엇인가?**
  비교우위론이란 한 국가가 가장 효율적으로 생산할 수 있는 상품을 판매하고 덜 효율적인 상품을 수입하게 된다는 논리이다.
- **절대우위란 무엇인가?**
  절대우위는 어떤 국가가 특정한 상품을 다른 어떤 국가들보다도 효율적으로 생산할 수 있을 때 존재한다. 절대우위는 오늘날 글로벌 시장에서 그 예가 드물다.

학습목표 2-2 수입과 수출의 중요성과 글로벌 비즈니스에서 통용되는 핵심 개념들을 설명할 수 있다.

- **어떠한 종류의 상품이 수입되고 수출되는가?**
  어떠한 상품이든 수입되거나 수출될 수 있다. 그러나 세계 시장에 물건을 판매하는 것은 쉽지 않다.
- **세계 무역을 이해하는 데 중요한 용어는 무엇인가?**
  수출이란 다른 국가에 상품들을 판매하는 것이다. 수입이란 다른 국가로부터 상품들을 사는 것이다. 무역수지는 수입에 대한 수출의 관계를 뜻한다. 국제수지는 무역수지에 더해 관광이나 해외원조와 같은 다른 재화의 흐름을 더한 값이다. 덤핑은 자국보다 해외에서 더 싸게 물건을 판매하는 것이다. 다른 중요한 용어들을 알기 위해 이 요약 끝에 수록된 주요 용어를 참조하라.

학습목표 2-3 글로벌 시장에 진출하기 위해 사용되는 전략들과 다국적 기업의 역할을 설명할 수 있다.

- **기업은 어떠한 방법으로 세계 무역에 참여하는가?**
  라이선싱, 수출, 프랜차이징, 위탁제조, 합작투자와 전략적 제휴, 해외직접투자 등의 방법이 있다.
- **다국적 기업은 세계 무역에 참여하는 다른 기업과 어떻게 다른가?**
  수출과 수입만을 수행하는 기업들과는 달리, 다국적 기업은 제조설비를 비롯한 다른 유형적 자산을 해외에 두고 있다.

학습목표 2-4 글로벌 시장에서 일어나는 거래 활동에 영향을 미치는 역학 관계에 대해 설명할 수 있다.

- **글로벌 비즈니스를 방해하는 것들은 무엇인가?**
  세계 무역을 가로막는 잠재적 장애물에는 사회문화적 요소, 경제적 · 재무적 요소, 법규제적 요소, 물리적 · 환경적 요소 등이 있다.

학습목표 2-5 보호무역의 장점과 단점에 대해 설명할 수 있다.

- **보호무역주의는 무엇인가?**
  보호무역주의는 제품과 서비스의 수입을 제한하는 정부의 규제이다. 이를 지지하는 사람들은 보호무역이 자국 생산자들의 성장에 기여하고 더 많은 일자리를 만들 것이라 주장한다. 주요한 방법으로 관세, 수입 쿼터, 금수조치가 있다.
- **관세란 무엇인가?**
  관세란 해외 상품에 부과되는 세금이다. 관세는 두 가지 종류로 나뉜다. ① 보호관세는 해외 상품의 가격을 올리는 효과를 가져와 자국 산업을 보호한다. ② 수입관세는 정부가 직접 일정 돈을 걷어들이는 것이다.
- **금수조치란 무엇인가?**
  금수조치란 특정 상품의 수입이나 수출을 금지하는 행위이다.
- **보호무역주의가 국내 생산자들에게 도움이 되는가?**
  이는 논쟁거리다. 그럴 수도 있고 그렇지 않을 수도 있다.
- **왜 정부는 보호무역 행위를 계속하는가?**
  보호무역주의는 중상주의로 촉발되어 지속되고 있다. 비록 그 형태는 달라질지라도 정부의 보호무역 행위가 사라지기는 쉽지 않다.

학습목표 2-6 변화하고 있는 글로벌 시장과 역외 아웃소싱에 대해 설명할 수 있다.

- **역외 아웃소싱이란 무엇인가? 왜 그것이 앞으로 중요한가?**
  아웃소싱이란 제품과 서비스를 자체적으로 구비하기보다 기업의 밖에서 구입하는 것이다. 오늘날 더 많은 기업이 제조 및 서비스 기능을 역외에서 아웃소싱하고 있다. 많은 사람들이 역외 아웃소싱으로 미국 내의 구직자들이 어려움을 겪고 제품의 질이 저하될 것이라고 두려워한다.

주요 용어 정리

수입쿼터(import quota) 108
수출(exporting) 91
연계무역(countertrading) 106
위탁제조(contract manufacturing) 98
자유무역(free trade) 91
전략적 제휴(strategic alliance) 100
절대우위(absolute advantage) 92
평가절하(devaluation) 106
합작투자(joint venture) 100
해외지사(foreign subsidiary) 101
해외직접투자(foreign direct investment) 100
환율(exchange rate) 104

사고력 문제

1. 세계 인구의 약 95퍼센트가 미국 외에 거주하고 있으나 많은 미국 기업들, 특히 중소기업들은 아직도 국제무역을 하지 않고 있다. 왜 그런가? 당신은 더 많은 중소기업들이 국제무역에 참여해야 한다고 생각하는가? 또는 그렇게 생각하지 않은가? 또한 그 이유는 무엇인가?
2. 삶의 질이 높은 미국과 같은 국가들은 산업화된 국가라고 일컫는다. 삶의 질이 낮은 국가들은 개발도상국이라고 말한다(다른 용어로 저개발국가로도 지칭된다). 개발도상국이 완전하게 산업화되지 못하는 이유는 무엇인가?
3. 글로벌 시장의 무역에 영향을 미치는 요소들에는 사회문화적 · 경제적 · 재무적 · 법규제적 · 물리적 · 환경적 요소들이 포함된다. 글로벌 시장에서 이러한 요소들로 인해 나타나는 예측하지 못한 문제들을 방지하기 위해 어떻게 비즈니스를 해야 하는가?
4. 오늘날 글로벌 시장에서 수입관세와 보호관세 사용을 어떻게 정당화할 수 있는가?

원리를 실제로 적용해 보기

목적

다양한 국가들의 환율변동을 비교해 보고 그것이 글로벌 무역에 미치는 영향에 대해 예측한다.

연습

글로벌 무역을 하는 데 따르는 어려움 가운데 하나는 환율의 지속적 변동이다. 지난 30일 동안 얼마나 환율이 바뀌었는가? 다섯 개의 화폐를 골라 이를 알아보라(예를 들어, 유로, 영국 파운드, 일본의 엔, 멕시코의 페소, 사우디아라비아의 리알). 그리고 미국 달러화와 비교하여 각각의 환율을 기록하라. 이와 관련된 정보는 Yahoo Finance's Currency Center(http://finance.yahoo.com/currency)에서 찾을 수 있다. 기업을 하나 고르고 이 기업이 여러분이 고른 국가들에 무역을 한다고 했을 때 환율의 영향에 대해서 논하라.

직업기술 개발하기

핵심: ● 팀 ★ 분석 ▲ 의사소통 ▣ 기술

▲ 1. 여러분의 생활에 직접적으로 영향을 주는 글로벌 영향력을 찾아보라. 여러분이 입고 있는 옷의 상표에 얼마나 많은 국가들의 이름이 적혀 있는가? 여러분 학급의 동료들이 얼마나 많은 언어를 사용하고 있는가? 여러분 동네에 다양한 국가에서 온 사람들이 경영하는 레스토랑의 이름을 나열해보라. 이것들은 가족기업인가 아닌가?

▲★ 2. 해외에서 상품을 수입하는 기업에 전화를 걸거나 이메일을 쓰거나 방문해보라. 글로벌 무역에 대해 소유주나 경영자에게 물어보라. 그리고 장점과 단점 목록을 만들어보라. 조사에서 발견한 바를 학급 동료들과 비교해보라.

★ 3. 학교, 병원, 관공서, 공항과 같은 여러분의 고장에 있는 공공장소를 4~5군데

문해보라. 얼마나 많은 외국어 표지판이 있는가? 화장실도 꼭 점검하라. 또한 브로슈어나 책자 등과 같은 다른 정보들도 외국어로 표현되어 있는지 확인해보라. 이러한 장소들에 서로 다른 국기들이 게양되어 있는가? 종업원들이나 학생들의 다양성을 알아볼 수 있는 다른 방법은 무엇인가? 여러분의 조사가 자신이 살고 있는 고장의 어떠한 측면을 반영하고 있는가?

▲★ 4. 대표격으로 온 I.M.Wright 씨가 여러분의 대학에서 관세에 관해 열정적으로 연설을 한다고 가정하자. 그는 관세의 정당성을 다음과 같이 말한다.
   a. 초기 단계의 산업을 보호한다.
   b. 미국인들에게 미국에서 생산된 제품을 사도록 독려한다. 왜냐하면 그렇게 하는 것이 애국적이니까.
   c. 미국의 직업과 임금을 보호한다.
   d. 우리에게 유리한 무역수지와 국제수지를 가져다 준다.

   이상의 Wright 씨의 주장에 대해 당신은 찬성하는가? 각각의 주장들을 검토하고 정당한 것인지 아닌지를 확인하라. 여러분의 입장에 대한 근거를 제시하라.

●◘▲ 5. 세 명의 급우들과 가상의 합작투자회사를 설립하고 특정 국가에 판매할 수 있도록 제품, 서비스, 아이디어를 선택하라. 여러분 팀의 구성원들이 선택한 국가의 시장과 관련된 글로벌 시장에 영향을 미치는 핵심 요소들을 고려하였는가? 각자가 발견한 바를 가지고 선택된 시장이 과연 비즈니스를 할 만한 가치가 있는지에 대해 설명을 해보라.

직업 탐색

만약 여러분이 국제경영 분야와 관련된 직업에 관심이 있다면, 고려해볼 만한 몇 가지 직업들이 아래에 나타나 있다. 이러한 직업들의 업무, 필요한 지식과 기술, 급여수준, 미래전망 등에 관해서는 bls.gov 웹사이트의 Occupational Outlook Handbook을 살펴보라.

- **관세 브로커** – 연방 정부와 수출입 회사 사이의 연락 담당자 역할을 하며, 국경을 넘어 이동하는 제품의 물류를 처리한다.
- **번역가** – 한 언어로 된 정보를 다른 언어로 변환한다.
- **도매 및 제조 영업 담당자** – 도매 업체 또는 제조업체를 위한 상품을 비즈니스, 정부 기관 및 글로벌 시장의 기타 조직에 판매한다.
- **구매자 및 구매 대리인** – 조직이 사용하거나 재판매 할 수 있도록 제품 및 서비스를 구매한다. 공급자를 평가하고, 계약을 협상하고, 제품의 품질을 검토한다.

비디오 사례

도미노의 거친 피자의 세계

도미노라는 단어를 언급하면 아마도 피자 배달을 생각할 것이다. 미시간 주 입실란티의 작은 가게에서 시작한 이 회사는 당신에게 직접 배달되는 맛있고 뜨거운 피자를 약속하며 사업을 시작했다. 오늘날, 도미노는 80개가 넘는 세계 시장에 퍼져있는 세계에서 가장 큰 피자 배달 체인점이다. 피자가 전 세계적으로 같다고 생각할지도 모르지만, 지역의 취향과 풍습은 매우 다를 수 있다. 도미노의 성공은 다양한 고객에게 제품을 제공할 수 있는 능력에 있다.

미주 및 글로벌 마케팅 부사장인 Brian Trier는 도미노가 새로운 시장에 진입 할 때 사용하는 전략을 설명한다. “우리가 새로운 시장에 진출 할 때 가장 먼저 하는 일은 다음과 같은 중요한 질문에 답하는 것입니다. 지역의 취향은 무엇입니까? 그들은 무엇을 즐겨먹나요? 정확히 어떻게 먹나요? 그들은 그룹으로 식사합니까? 그들은 혼자서 먹습니까? 사람들은 하루 중 몇 시에 식사를 합니까?” 이것은 Domino가 글로벌 시장에서 성공하기를 기대한다면, 수용하고 해결해야하는 질문과 과제이다.

도미노가 글로벌 시장을 공략할 때 해결해야 할 또 다른 주요 문제는 수용 가능한 공급망의 가용성이다. 사실 Trier에 따르면 이것은 회사의 가장 큰 과제이다. “우리는 현지 시장에서 이용 가능하고, 수용 가능한 품질의 제품이 있는지 확인해야합니다.” 적합한 제품이 없거나, 품질이 적절하지 않은 경우 회사는 제공 할 수 있는 제품을 제한해야 합니다. 필요한 제품의 수량이 확보되는 것도 매우 중요합니다. “

신중한 적응이 필요한 글로벌 기회의 좋은 예는 회사의 인도 진출이었다. 전통적으로 인도의 식단은 주로 채식주의였지만 육류 소비는 점점 더 보편화되고 있었다. 고기 문제를 받아들이면서 도미노는 피자와 함께 돼지고기와 닭고기 페퍼로니를 모두 제공하기 시작했으며, 한편 소비자가 피자 재료를 쉽게 식별 할 수 있도록 하는데 매우 주의를 기울였다. 인도는 향신료만 아니라 채식주의자와 비채식주의자에 대해서도 남북지역 사이에 매우 큰 지역적 차이가 있음을 발견했다. 회사는 고객이 올바른 상자를 열 수 있도록 피자 상자 전면에 비채식주의자를 위한 제품의 경우 빨간색, 채식주의자를 위한 제품에 녹색 스티커를 붙이는 것이 중요하다는 것을 알게 되었다.

특정한 지리적 위치와 문화의 요구에 맞게 메뉴 항목을 맞춤화하는 것은 매우 간단했다. 하지만, 회사의 마케팅 방식을 조정하는 것은 조금 더 어려운 일이었다. 예를 들어, 한국에서는 고객에게 Domino의 여정을 소개하기 위해 연속극 시리즈를 제작했습니다. 한 커플은 도미노로 가는 길을 찾고, 결혼하고, 도미노 피자집에서 함께 삶을 이어갔다. 대부분의 아시아인들은 빵과 치즈 제품을 소비하지 않기 때문에 한국과 같은 아시아 문화는 도미노에게 어려웠다. 그 사실을 알고, 그 회사는 고객들에게 피자와 그 훌륭한 맛에 대해 교육하는데 시간을 들였다. 도미노는 우선 피자 외에도 라자냐와 샐러드와 함께 많은 치킨과 갈비 제품을 선보이며 이 일을 했다.

터키는 또 다른 도전을 제시했다. 터키 소비자들은 피자에 많은 양의 고기를 넣고 채소를 적게 먹기 원했다. 이 고기는 또한 품질이 높을 것으로 예상했다. 따라서 터키의 피자는 소비자가 자신의 집에서 굽는 고품질 제품으로 인식하도록 두꺼운 고기 층으로 제공된다.

피자는 전 세계에서 제공되는 놀랍도록 바꿀 수 있는 식사이다. 도미노는 무엇보다도 고품질 제품과 확립된 배송 시스템을 기반으로 구축된 피자 회사임을 인식하고 있다. 또한, 전 세계 시장에 존재하는 다양한 차이에 대해 유연하게 대처해야 할 필요성 역시 분명히 이해하고 있다. Trier에 따르면 “제품을 현지 시장에 적용하는 것은 아마도 글로벌 시장에서 시장을 구축하고자하는 모든 비즈니스에 가장 중요한 요소일 것입니다.” 도미노는 이 원칙을 매우 잘 실천하고 있다.

다시 생각해보기

1. 글로벌 시장에서 Domino나 다른 주요 회사에 영향을 미치는 중요한 요인은 무엇인가?
2. 도미노가 글로벌 시장 진출을 결정하기 전에 신중하게 공급망의 잠재력을 고려하는 이유는 무엇인가?
3. 도미노가 다양한 세계 시장에서 직면할 수 있는 배달 문제는 무엇인가?

참조

1. World Atlas, worldatlas.com, accessed October 2019; U.S. Census Bureau, census.gov, accessed October 2019.
2. Sarah Gray, "These Are the Largest U.S. Trading Partners," Fortune, April 2, 2018; Statista, statista.com, accessed October 2019.
3. Walmart, corporate.walmart.com, accessed October 2019; Starbucks, starbucks.com, accessed October 2019.
4. Major League Baseball International, mlb.com, accessed October 2019.
5. evin Patra, "NFL Unveils Dates, Times for 2019 International Games," NFL, nfl.com, April 17, 2019; NBA, global.nba.com, accessed October 2019.
6. Ian Thomas, "NBC Sports Plots Plan to Deepen Premier League Reach in U.S.," Front Office Sports, frntofficesport.com, August 9, 2019.
7. aren Schweitzer, "The Reasons Why You Need to Study Global Business," Thoughtco.com, March 7, 2018.
8. Scott Lincicome, "The Case for Free Trade," National Review, nationalreview.com, May 2, 2019: Patricia M. Goff, "Trade and Culture: The Ongoing Debate," International Journal of Cultural Policy, tandfonline.com, July 30, 2019.
9. Brian O'Connell, "What Is Comparative Advantage?," The Street, July 19, 2018; Kimberly Amadeo, "Comparative Advantage Theory and Examples," The Balance, thebalance.com, May 30, 2019.
10. "Facts & Data on Small Business and Entrepreneurship," Small Business & Entrepreneurship Council, sbecouncil. org, accessed October 2019.
11. Starbucks Coffee Company, starbucks.com, accessed October 2019.
12. Catherine Clifford, "How Starbucks' Howard Schultz Went from the Projects to Building a $3 Billion Fortune," CNBC, cnbc.com, June 26, 2018.
13. Michael Gubisch, "Sierra Nevada to Restart Dornier 328 Production in Germany," Flight Global, flightglobal.com, August 15, 2019.
14. Stone Brewing, stonebrewing.eu, accessed October 2019.
15. C. Fred Bergsten, "Current Trade Policies and the US Economy," Peterson Institute for International Economics, piie.com, June 19, 2019.
16. Matthew Dalton and Lingling Wei, "How China Skirts America's Anti-Dumping Tariffs on Steel," The Wall Street Journal, June 4, 2018; Bryce Baschuk, "China Seeks to Retaliate against U.S. over Dumping Violation," Bloomberg, September 11, 2018; "US Imposes New Anti-Dumping Duties on Chinese Mattresses, Beer Kegs," CNBC, cnbc.com, May 29, 2019.
17. eith Noonan, "How the Walt Disney Company Makes Most of Its Money," The Motley Fool, June 1, 2018; Amy Watson, "Disney—Statistics & Facts," Statista, statista.com, September 26, 2019.
18. U.S. Commercial Service, export.gov, accessed October 2019; U.S. Small Business Administration, sba.gov, accessed October 2019.
19. "15 Years of Fit," Snap Fitness, snapfitness.com, accessed October 2019.

20. Rocky Mountain Chocolate Factory, rmcf.com, accessed October 2019.
21. Duff & Phelps, "Medical Device Contract Manufacturing Update—Winter 2018–2019," duffandphelps.com, October 19, 2018.
22. Reagan Louie, "Mickey Mouse Works His Magic in China," The New York Times, July 6, 2018; "For Disney, Its Shanghai Resort Is a Local Company," CNBC, cbsnews. com, April 26, 2018; Patrick Frater, "Disney to Open 'Zootopia' Land at Shanghai Theme Park," Variety, January 22, 2019.
23. "Did Johnson & Johnson Just Spit in Alphabet's Face?," OrthoFeed, orthofeed.com, February 16, 2019.
24. University of Pittsburgh Medical Center Italy, upmcitaly.it, accessed October 2019.
25. MolsonCoors, molsoncoors.com, accessed October 2019.
26. "Sparks Fly: Inside the Strained Tesla–Panasonic Relationship," Nikkei Asian Review, asia.nikkei.com, May 1, 2019.
27. Nestlé SA, nestle.com, accessed October 2019.
28. "Top 83 Largest Sovereign Wealth Fund Rankings by Total Assets," Sovereign Wealth Fund Institute, swfinstitute.org, accessed October 2019.
29. Phil Lempert, "Inside Aldi's $5 Billion Plan to Become the Third-Largest Grocer in the U.S.," Forbes, August 9, 2018; Nathaniel Meyersohn, "How a Cheap, Brutally Efficient Grocery Chain Is Upending America's Supermarkets," CNN Business, cnn.com, May 17, 2019.
30. Jonathan Gregson, "The World's Richest and Poorest Countries," Global Finance, February 14, 2019.
31. Preetika Rana, "L'Oréal Shrinks Packages in India," The Wall Street Journal, June 9, 2016; Jamie Matusow, "Innovation and Sustainability Drive L'Oréal's Packaging," Beauty Packaging, January 30, 2017.
32. Siobhan O'Grady, "Venezuela's Crisis in Six Charts," The Washington Post, January 26, 2019; Antonio Maria Delgado, "Venezuela Had a Brutal Year. The Outlook for 2019 Isn't Any Better, Experts Say," Miami Herald, January 1, 2019; Steve Hanke, "Venezuela's Hyperinflation Hits 80,000 Percent per Year in 2018," Forbes, January 1, 2019; Seana Davis, Emmanuelle Saliba, and Alex Morgan, "Venezuela: 1 Litre of Milk Could Cost a Third of Your Wage," Euronews, euronews.com, July 26, 2019.
33. World Trade Organization, wto.org, accessed October 2019.
34. Samuel Rubenfeld, "U.S. Extends Leniency Program for Companies That Disclose Bribery," The Wall Street Journal, March 10, 2017; U.S. Securities & Exchange Commission, sec.gov, accessed April 2019.
35. Organization for Economic Cooperation and Development, oecd.org, accessed October 2019; Transparency International, transparency.org, accessed October 2019.

36. Council on Foreign Relations, cfr.org, accessed October 2019; Ted Piccone, "U.S.-Cuban Relations Are about to Get Worse," Brookings, brookings.edu, April 16, 2018; Claire Felter and Danielle Renwick, "U.S.-Cuba Relations," Council on Foreign Relations, cfr.org, April 23, 2018; Mimi Whitefield, "Trump Officials Say Cuba Meddles in Venezuela, but Havana Almost Ignored in Threat Report," Miami Herald, miamiherald.com, February 1, 2019.
37. World Trade Organization, wto.org, accessed October 2019.
38. Jason Hafemeister, "What's Next for Agriculture in the World Trade Organization?" United States Department of Agriculture, usda.gov, January 5, 2018; "What's Next for the WTO?," Council on Foreign Relations, cfr.org, March 23, 2018; "Doha Round of Trade Talks—The Reason Why It Failed," The Balance, the balance.com, January 5, 2019.
39. Alex Hunt and Brian Wheeler, "All You Need to Know about the UKLeaving the EU," BBC News, bbc.com, January 31, 2019; Benjamin Mueller, "What Is Brexit? A Simple Guide to Why It Matters and What Happens Next," The New York Times, January 30, 2019; Giles Turner, "Data Sharing Adds to the List of Brexit Challenges for UKand EU: Quick Take," The Washington Post, February 15, 2019.
40. ASEAN Economic Community, asean.org, accessed October 2019.
41. Common Market for Eastern and Southern Africa, comesa. int, accessed October 2019.
42. Jay Sjerven, "USMCA: A Done Deal, or a Work in Progress?," foodbusinessnews.net, January 3, 2019; Nathaniel Parish Flannery, "What's Happening with NAFTA?," Forbes, forbes.com, May 26, 2019.
43. imberly Amaded, "NAFTA Pros and Cons," The Balance, thebalance.com, June 25, 2019.
44. Congressional Research Service, "U.S. Trade Policy: Background and Current Issues," Federation of American Scientists, fas.org, July 22, 2019.
45. "Ten Largest Car Markets in the World," China Daily, August 13, 2018; Robert Ferris, "China Annual Auto Sales Fall for First Time in about Two Decades with More Pain on the Way," CNBC, cnbc.com, January 3, 2019.
46. David Fickling, "China Could Outrun the U.S. Next Year. Or Never," Bloomberg, bloomberg.com, March 8, 2019.
47. Joe Leahy, "Brazil's Economy: From Zombie to Walking Dead," Financial Times, March 5, 2018; Joe Leahy, "Brazil's Culture of Corruption Despite Scandals," Financial Times, October 2, 2018; "Brazil," The Economist, country.eiu.com/brazil, accessed October 2019.

3

윤리적 행동과 사회적 책임

학 습 목 표  이 장을 학습한 후에 다음 질문에 답할 수 있어야 한다.

3-1 합법성이 왜 기업의 윤리적 활동의 첫 단계에 불과한지 설명할 수 있다.

3-2 잠재적으로 비윤리적일 수 있는 행동들을 했을 때 제기해야 할 세 가지 질문에 대해 설명할 수 있다.

3-3 윤리규범을 세우는 데 있어 관리자의 역할이 무엇인지 설명할 수 있다.

3-4 준법윤리강령(compliance–based ethics codes)과 청렴윤리강령(integrity–based ethics codes)의 차이점을 설명하고, 기업의 윤리규범을 세우는 6단계를 설명할 수 있다.

3-5 기업의 사회적 책임(corporate social responsibility)에 대하여 정의하고다양한 이해당사자(stakeholder)들이 져야 할 기업의 책임에 대해 설명할 수 있다.

3-6 글로벌 시장에서 윤리적 행동과 사회적 책임에 대하여 기업들이 할 수 있는 역할에 대해 분석할 수 있다.

Meathead Movers의 공동창업자 애론(Aaron)과 에번 스티드(Evan Steed)에 대해 알아보자

이사는 매우 간단한 일처럼 보인다. 누군가의 물건을 트럭에 실은 다음 새 장소로 운전하여 짐을 내리는 것이다. 그러나 이 간단한 과정은 생각보다 사적인 것이다. 필연적으로 이사센터 직원들은 낯선 이의 집에서 많은 시간을 보내게 된다. 그 결과 고객들의 삶을 짧지만 은밀하게 들여다보기도 하고, 때로는 보기가 좋지 않을 때도 있다. Aaron Steed는 고등학생 때 이사센터 직원으로 일하면서 위험한 상황에 처했다. 그가 젊은 여성의 물건을 트럭에 실으러 가던 중 고객의 폭력적인 남자친구가 화를 내며 나타났다. 그 남자는 아론이 자신의 물건을 훔쳤다고 비난했고 곧 폭력적이 되었다. "그는 오븐 토스터를 던졌고, 경찰이 출동했습니다."라고 Aaron이 말했다. 경찰이 가해자를 제지한 후 그는 직장으로 복귀했지만 그 후 기억은 오랫동안 그에게 남아있었다.

그 사건의 강렬함은 Aaron이 비슷한 상황에서 이삿짐을 날랐던 다른 여성들에 대해 생각하게 했다. 그와 그의 형제 Evan은 지역 신문에 첫 광고를 게재한 후 가정 폭력 생존자들로부터 수많은 전화를 받았다. 이들 고객 중 몇몇은 서비스 대가로 가구와 기타 소지품을 제공하겠다고 제안했다. "나는 그 대화를 매우 생생하게 기억하고 엄청난 공포와 슬픔을 느꼈습니다."라고 Aaron이 말했다. "이러한 전화통화 처리가 일을 매우 빠르게 했습니다. 작업을 계속하면서 우리는 사실상 생명을 구하고 있다는 것을 깨달았습니다."

Aaron이 가정 폭력의 공포를 직접 목격한 후 문제는 더욱 분명해졌다. 그들이 더 많은 도움을 줄 수 있다는 것을 알고 그와 Evan은 그들의 새로운 회사인 미트헤드 무버스(Meathead Movers)에서 가정폭력 생존자들을 무료로 이사시켜 주기로 했다. 이 결정은 최근에야 서비스 대가로 피자를 받는 것도 중단한 두 젊은 기업가에게 큰 결정이었다. 하지만 두 형제는 사람들이 끔찍한 가정 생활에서 탈출하도록 도울 수 있는 특별한 기회가 있다는 것을 알고 있었다. "이사회사 서비스를 활용해서 가정폭력 피해자를 옮기는 것보다 더 가치 있는 길은 없다는 결론을 내리기가 쉬웠습니다."라고 Aaron이 말했다.

게다가 이 자선 정책은 회사의 성장을 저해하지 않았다. 세월이 흐르면서 미트헤드 무버스는 Steeds의 고향인 캘리포니아 샌 루이스 오비스포를 넘어 주 전역에 지점을 확장했다. 자선 목표와 함께 회사는 학생 운동선수 고용을 중심으로 한 사업 계획으로 고객을 확보했다. 이 건장한 사람들은 상자와 가구를 쉽게 운반할 수 있을 뿐만 아니라 고객을 존중하는 방법도 알고 있었다. Aaron에게는 그것이 모든 차이를 만들었다. "가구를 옮기는 방법은 그다지 중요하지 않았습니다."라고 그는 말했다. "고객이 어떻게 느끼도록 하느냐에 관한 것이었습니다. 우리는 고객의 경험을 정말 중요하게 생각합니다. 우리는 용모단정하고 마약을 하지 않는 학생 운동선수를 고용하기 때문에 고객에게 우리가 고용하는 개인의 우수성을 바로 말할 수 있습니다."

이러한 예의는 미트헤드 무버스(Meathead Movers)가 가정 폭력 생존자로부터 전화를 받을 때 핵심이다. 따라서 표준 고객 서비스 교육과 함께 지역 가정 폭력 센터는 회사 직원에게 추가 교육을 제공한다. 이로 인해 비영리 단체에 관련된 사람들로부터 미트헤드 무버스 직원에 대한 극찬이 쏟아졌다. 로스앤젤레스에 있는 Good Shepherd Shepherd Shelter의 전무이사인 Kathleen Buczko는 "그들은 훌륭하고 민감하며 배려하고 열정적입니다."라고 말했다. "그들은 믿을 수 없을 정도로 충격적인 일과 관련된 일을 새로운 집과 새로운 삶으로 이사하는 축하 행사로 바꾸는 데 도움을 줍니다."

Aaron 및 Evan Steed와 같은 윤리적 기업가에게 이와 같은 피드백을 받는 것은 비즈니스에서 가장 좋은 부분 중 하나이다. 이 장에서는 고객, 투자자, 직원 및 사회와 같은 이해 관계자에 대한 기업의 책임을 탐구한다. 우리는 개인의 책임도 본다. 결국 미트헤드 무버(Meathead Movers)와 같은 회사는 비즈니스에 관련된 모든 사람의 책임 있는 행동에 의존한다.

출처: "Meathead Movers Makes Inc. 5000 list for 7th Year," Ventura County Star, August 24, 2018; Karen Garcia, "Owner of Meathead Movers Brings Leaders of Organizations against Domestic Violence Together," New Times, newtimesslo. com, May 17, 2018; Jessica Kwong, "Moving Company Comes to the Aid of Domestic Violence Victims," Orange County Register, August 1, 2016; Brittany Woolsey, "Meathead Movers Offers Services for Free to Victims of Domestic Abuse," Los Angeles Times, December 6, 2015; "California Moving Company Specializes in Relocating Victims of Domestic Violence," Mercury News, August 2, 2016; "Meathead Movers Calls for Fire Victim Support," Paso Magazine, pasomagazine. com, November 13, 2018; meatheadmovers.com, accessed October 2019.

이 테크놀로지 거인은 고3 교사가 교실에서 기술을 통합하고 중요한 STEM(과학, 기술, 공학 및 수학) 기술을 쌓을 수 있도록 도움으로써 디지털 혁명을 따라올 수 있는 능력을 갖추도록 인력구축을 지원하고 있다. 이 회사의 이름은 무엇인가? (이 장에서 답을 찾아보라)

학습목표 3-1 합법성이 왜 기업의 윤리적 활동의 첫 단계에 불과한지 설명할 수 있다.

윤리는 합법성보다 더 중요하다

2000년대 초, 미국인들은 엔론(Enron; 에너지 교역 대기업)이 부채와 손실을 감추기 위해서 장부 외 거래를 해왔다는 것을 알고 충격에 휩싸였다. 엔론의 불명예는 곧 월드콤(Worldcom), 타이코 인터내셔널(Tyco International), 리만 브라더스(Lehman Brothers)와 같은 주요 대기업의 스캔들로 이어졌다(가장 큰 기업 스캔들 요약은 그림 3.1을 참고하시오). 탐욕스러운 대출업자와 임대업자들도 마찬가지로 부동산, 모기지, 은행업계를 2008년에 미국 전역 및 세계경제를 재정 위기로 내몰았다.[1)]

이렇게 윤리적인 타락이 보편화되어 간다면, 자유시장체제와 비즈니스 리더들에 대한 신뢰를 어떻게 회복할 수 있을까? 우선 법을 위반한 사람들은 그에 상응하는 죗값을 치러야 한다.

"클린디젤" 자동차 배기가스 검사를 기만한 독인 자동차 거인에게 부과된 벌금으로 폭스바겐은 미 법무부에 43억 달러를 지불했다. 총체적으로 폭스바겐이 환경규제를 피해 가려는 시도는 회사가 230억 달러의 비용을 치르게 했다.

그림 3.1 대형 기업스캔들 사례들

회사	무슨 일이 있었는가	결과
Enron Corporation	전 CEO 케네스 레이(Kenneth Lay), CFO 앤드류 패스트우(Andrew Fastow), CEO 제리 스킬링(Jerrey Skilling)은 수십 억 달러의 부채를 엔론의 대차대조표에서 옮겨 회사의 주식과 채권 가격을 인위적으로 부풀린 회계 사기 혐의로 유죄를 선고받았다. 회사의 연금 규정상 정규직원이 주식을 판매하는 것을 금지임에도 불구하고, 경영진은 사기가 공개되기 직전 수백만 달러 상당의 주식을 팔았다.	회사를 파산시킨 경영진은 수백만 달러를 벌었지만 직원과 기타 소액 투자자는 740억 달러를 잃었다. 레이는 선고를 받기 전에 사망했고, Fastow는 4년형을 복역하고 2011년에 출소했다. Skilling은 원래 24년형을 받았지만 2013년 Enron 사기의 희생자들에게 4,200만 달러를 주는 대가로 형을 10년으로 줄이는 협상을 체결했다. 스킬링은 2018년 8월 감옥에서 풀려났다.
WorldCom	WorldCom의 고의적인 회계 부정(부채를 공개하지 않고 받지 못한 수익을 거짓으로 계산)으로 인해 회사는 이전보다 거의 110억 달러 더 많은 수익을 거두게 되었다. 이로 인해 30,000개의 일자리가 사라지고 투자자에게 1,800억 달러의 손실이 발생했다.	버니 에버스 최고경영자(CEO)는 25년형을 선고받았다. Enron과 WorldComs의 붕괴는 상장 기업의 재무 보고 정확성을 높이기 위한 새로운 규정과 법률로 이어졌다. 2002년 Sarbanes-Oxley 법은 재무 기록을 파괴, 변경 또는 조작하고 주주를 기만하려는 행위에 대한 처벌을 강화했다.
Tyco	CEO Dennis Kozlowki와 CFO Mark Swartz는 승인되지 않은 대출과 사기성 주식 판매를 통해 1억 5,000만 달러를 훔쳤고 회사 수입은 5억 달러를 부풀렸다.	Kozlowski와 Swartz는 8-25년형을 선고 받았다. Tyco는 투자자들에게 29억 달러를 지불해야 했다. Kozlowski는 거의 7년간 복역한 후 2012년에 출소했으며, Swartz는 8년간 복역한 후 2014년에 출소했다.
Freddie Mac	연방 정부의 지원을 받는 모기지 대출 대기업은 50억 달러의 수익을 의도적으로 왜곡하고 과소평가했다.	사장/COO David Glenn, 회장/CEO Leland Brensel, 전 CFO Vaughn Clarke가 해고되었다.
Lehman Brothers	글로벌 금융 서비스 회사는 500억 달러가 넘는 대출을 매출로 숨겼다.	이 회사는 미국 역사상 최대 규모의 파산을 겪으면서 전 세계 금융 위기를 촉발시켰다. SEC는 증거 부족으로 기소하지 않았다.
Bernard L. Madoff Investment Securities	버니 메이도프(Bernie Madoff)는 사상 최대 규모의 폰지 사기로 투자자들을 속여 648억 달러를 빼돌렸다. Madoff 지불 투자자는 이익이 아닌 자신의 돈이나 다른 투자자의 돈에서 수익을 얻었다	메이도프는 150년형과 1,700억 달러의 배상금을 선고받고, 복역 중 2021년에 사망했다.

잘못된 행동을 고치기 위해 새로운 법안을 만들어내는 데도 위험이 따른다. 바로 사람들이 어떠한 행위라도 법의 테두리 안에만 있으면 괜찮다고 생각할 수 있다는 점이다. 그 다음엔 행동의 기준이 "이것이 합법적인가?"가 될 것이다. 윤리와 합법성이 같은 개념으로 취급된다면, 사회는 큰 혼란에 빠지게 된다. 윤리와 합법성은 아주 다른 개념이다. 비록 법을 준수하는 것이 첫 단계이기는 하나, 윤리적인 행동은 그 이상의 것을 요구한다. 윤리는 사람과 사람 사이의 적절한 관계를 반영한다. 사람이 다른 사람을 대할 때 어떻게 하는가? 합법성은 이보다 더 좁은 개념이다. 합법성은 사기, 절도, 폭력 등의 범죄로부터 우리 자신을 어떻게 보호해야 하는가에 관해 쓰인 법에 관한 것이다. 부도덕하고 비윤리적인 행동들이 법과 잘 맞아떨어지는 경우도 많다. 예를 들어, 너의 이웃에 대해 험담을 하거나 비밀리에 어떤것을 너에게 공유하는것은 비윤리적이나 불법은 아니다.

윤리규범은 근본적인 것이다

윤리
사회에서 행동의 옳고 그름을 판단하는 도덕적 행동 기준

우리는 **윤리(ethics)**를 도덕적인 기준, 즉 옳고 그름을 따져 사회적으로 옳다고 용납되는 행위로 정의한다. 오늘날 도덕적인 절대 기준을 갖고 있는 사람은 그리 많지 않다. 많은 사람들이 훔쳐도 되는지, 거짓말을 해도 되는지, 음주를 해도 되는지, 운전을 해도 되는지에 대해 상황적으로 판단한다. 사람들은 자신에게 가장 좋은 것을 옳은 것이라고 생각하고, 옳고 그름 사이에서 자신에게 유리하도록 행동하려 한다. 정부와 기업 등에서 최근 터져 나오는 스캔들은 이러한 사고방식에서 나온 것이다.

그러나 항상 그랬던 것만은 아니다. 토머스 제퍼슨(Thomas Jefferson)은 모든 인간은 생존권, 자유권, 행복추구권이 있으며, 이는 자명한 진리라고 선언했다. 시간을 더 거슬러 올라가도, 십계(Ten Commandments)가 '십 권장안(Ten Highly Tentative Suggestions)'이라고 불리지는 않았다.

매우 다양한 문화를 보유한 미국과 같은 나라에서 윤리적 행동에 대한 공통의 기준을 명시한다는 것이 불가능해 보이기도 한다. 하지만 다양한 시간과 공간으로부터 빚어진 출처들—성경, 아리스토텔레스의 윤리론, 코란, 논어 등— 속에서 기본적인 도덕적 가치에 대한 다음 언급을 찾아볼 수 있다. 즉, 청렴(integrity), 인간생명 존중, 자제, 정직, 용기, 자기희생 등은 옳은 것이며, 부정, 비겁함, 잔혹함 등은 그릇된 것이다. 더욱이, 세계의 모든 종교가 비록 부정형으로 서술되어 있다 할지라도 '타인이 네게 하지 않았으면 하는 일을 너도 남에게 하지 마라.'는 성서의 황금률(The Golden Rule)을 지지하고 있다.[2)]

학습목표 3-2 잠재적으로 비윤리적일 수 있는 행동들을 했을 때 제기해야할 세 가지 질문에 대해 설명할 수 있다.

윤리는 우리 개개인으로부터 시작된다

인터넷 표절은 오늘날 대학에서 가장 흔한 부정 행위 중 하나이다. Wikipedia와 같은 사이트에서 정보를 복사하여 붙여넣더라도 여전히 표절임을 기억해라! 논문이나 프로젝트를 표절하고 싶은 유혹을 느낀 적이 있는가? 다른 사람의 자료를 복사하면 어떤 결과가 발생할 수 있을까?

도덕적 또는 윤리적 결점 때문에 정치나 기업의 리더들에 대해 쉽게 비판한다. 관리자와 종업원 모두 관리자들의 낮은 윤리의식이 미국 기업의 경쟁력을 약화시키는 주요인이라고 언급했다. 하지만 종업원들 역시 주당 근무시간 동안 안전기준을 무시하고 빈둥거리거나 게으름을 피우는 데 시간을 쓴다고 보고되었다. 비판에 앞서 대부분의 사람들이 항상 정직하고 명예롭지만 않다는 점을 주의해야 한다. 미국통계국(U.S. Census Bureau)의 조사결과에 따르면 자원봉사가 전반적으로는 보편화되어 있음에도 불구하고, 미국인 네 명 중 한 명은 그들이 살고 있는 지역 사회를 위해 전혀 시간을 할애하고 있지 않은 것으로 보고되었다. 이유인즉 그들은 이러한 활동들이 시간을 많이 빼앗는다고 생각하거나 그들이 이러한 활동을 하기에 자격이 충분치 않다고 생각하기 때문이다.[3)]

웹 사이트로부터 얻은 정보를 편집하여 출처를 밝히지 않고 사용하는 표절은 오늘날 학교에서 행해지는 가장 흔한 형

윤리적 의사결정

윤리는 당신으로부터 시작한다.

어느날 직장에서 당신이 대부분의 시간을 컴퓨터 게임을 하거나, 비디오를 보거나, 글을 쓰거나, 친구에게 이메일을 보내거나, 모바일 기기에서 책이나 잡지 읽는데 보내고 싶은 유혹을 느꼈다고 치자. 이 상황에서 무엇이 문제인가? 당신이 취할 수 있는 대안은 무엇인가? 각 대안의 결과는 무엇인가? 어떤 대안을 선택할 것인가? 당신의 선택이 윤리적인가?

태의 부정행위이다. 표절 문제를 해결하기 위해서, 지금은 많은 교수들이 학생들의 리포트를 400억 이상의 페이지의 문서와 비교하여 수초 안에 문서의 카피여부에 대한 증거자료를 제시해주는 턴잇인닷컴(Turnitin.com)과 같은 서비스를 사용하고 있다.[4)]

최근의 연구조사 결과, 대부분의 십대들이 직장에서 윤리적인 의사결정을 할 각오가 되어있다고 말하지만, 51퍼센트라는 걱정스러운 수치의 고등학생들이 작년 시험에서 부정행위를 해 본 적이 있다고 답했다.[5)] 최근의 연구들은 학생 시절의 부정직성이 학교 졸업 후 직장에서의 부정직성과 매우 높은 관련이 있음을 밝혔다.[6)] 이에 따라 많은 학교들에서는 부정행위에 대해 매우 강도 높은 처벌을 하고 있으며 학생들에게 졸업 요건으로 정해진 시간만큼 지역사회에 대한 봉사를 행하도록 의무화하고 있다. 과연 이러한 정책들이 학생들의 행동을 변화시킬 수 있을까?

선택을 한다는 일이 항상 쉬운 것은 아니다. 때로는 윤리적 관점에서 볼 때 너무나도 자명한 해법이 개인적 또는 직업적인 면에서 볼 때 불리한 경우도 있다. 직장 상사가 여러분에게 비윤리적이라고 느껴지는 일을 하도록 요구했다고 가정하자. 여러분에게는 두 달 후에 태어날 첫 아이를 위해 마련한 집에 대해 상환해야 할 대출금이 남아 있다. 상사의 요구를 거절했을 때는 해고 당할 수도 있다. 여러분이라면 어떤 선택을 하겠는가? 때로는 어떠한 바람직한 대안도 없는 법이다. 이러한 상황을 윤리적 딜레마라고 한다. 왜냐하면 똑같이 만족스럽지 못한 대안들 중에서 하나를 선택해야만 하기 때문이다.

윤리를 지키는 일과 이해당사자들을 만족시키거나 경력을 쌓기 위한 목표들 사이에서 마음의 평정을 찾는 것은 매우 어려운 일일 수도 있다. 경영기고가 켄 블랑차드(Ken Blanchard)와 종교 지도자 노만 빈센트 필(Norman Vincent Peale)은 윤리적 딜레마에 당면했을 경우 자신에게 다음 질문을 하는 것은 도움이 된다고 말한다.[7)]

1. 합법적인 행동인가? 법률이나 기업 방침을 위반하고 있지는 않은가? 음주운전을 하거나 마케팅정보를 모으거나 제품을 디자인하거나 종업원을 고용 또는 해고하거나 산업폐기물을 버릴 계획이거나 종업원에게 문제가 될 만한 별명을 사용한다거나 할 경우에, 여러분의 행동이 가져올 법률적인 결과를 생각해보는 것이 필요하다. 이 질문은 비즈니스에서 윤리적인 행동을 함에 있어 필수적인 것이지만, 첫 단계일 뿐이다.
2. 균형 잡힌 행동인가? 공정하게 행동하고 있는가? 나라면 이런 대접을 받고 싶은가? 다른 사람의 희생을 대가로 모든 것을 얻을 것인가? 윈-루즈 상황(win-lose situation)은 자주 루즈-루즈 상황(lose-lose situation)으로 끝난다. 패자(loser)와의 관계로부터 생성되는 손실만큼 큰 손해는 없다. 우리는 이런 상황을 오늘날

의 주식 시장에서 볼 수 있다. 비행을 저지르는 것으로 그저 의심을 받고 있는 기업들의 주가가 급격히 하락하는 것을 보아왔다. 모든 상황이 완벽하게 균형을 취할 수는 없지만, 시간이 흐를수록 주요한 불균형을 피하는 것은 인간관계에 있어서 중요한 일이다. 윤리적인 사람은 윈-윈 상황(win-win situation)을 만든다. 다시 말하면 연관된 모든 사람들에게 유익한 결정이 되도록 노력한다는 것이다.

3. 스스로 어떻게 느끼는가? 가족이나 지인들이 내 결정에 대해 알게 될 경우 자부심을 느낄 수 있는가? 내 직속 상사나 소비자들과 내가 처한 상황과 행동에 대해 상의할 수 있는가? 만약 내 결정이 저녁뉴스에 보도될 경우 어떤 느낌이 들 것인가? 내 행동을 숨기거나 비밀로 유지해야 하는가? 누군가 내 행동에 대해 누설하지 말라고 경고했는가? 평상시와 다르게 불안한가? 사리분별에 어긋나는 행동들은 자긍심을 좀먹기 때문에 우리를 불편하게 만든다. 이것이 윤리적인 비즈니스맨이 수익을 추구하는 것뿐만 아니라 적절한 행동을 하는 이유이다.

윤리강령을 만들어 준수하고 위에 제시된 윤리 점검 질문들을 활용하고 있는 개인과 기업은 대부분 더 윤리적으로 행동하고 있는 것으로 나타났다. '윤리적 의사결정' 글상자는 직장에서 어떻게 윤리적 의사결정을 해야 하는지에 대해 생각해 보게 한다.

시험 준비

- 윤리란 무엇인가?
- 윤리와 합법성은 어떻게 다른가?
- 윤리적 딜레마에 처했을 때, 윤리적 의사결정을 위해 스스로에게 어떠한 질문들을 하는가?

학습목표 3-3 윤리규범을 세우는 데 있어 관리자의 역할이 무엇인지 설명할 수 있다.

윤리적으로 책임감 있게 비즈니스 관리하기

윤리란 가르친다기보다 행동을 보고 배우는 것이다. 사람들은 타인이 말하는 것을 들어서가 아니라, 타인이 행동하는 것을 보고서 윤리적 기준과 가치를 배운다. 가정에서 이것이 통하듯, 비즈니스 세계에서도 마찬가지이다. 조직 윤리는 위에서부터 시작된다. 최고 경영자들의 리더십과 모범 행동이 종업원들에게 기업의 도덕적 가치를 공유하게 만들 수 있다.

종업원과 경영자 간의 어떠한 협력과 신뢰도 공정함, 정직성, 개방성, 도덕적 청렴함에 기반을 두고 있다. 기업 및 국가 간의 관계에서도 이와 같은 원리는 똑같이 적용된다. 비즈니스는 좋은 평판을 유지하기 위해서, 기존 고객을 보유하기 위해서, 신규 고객을 유치하기 위해서, 법률 소송을 피하기 위해서, 종업원의 이직률을 낮추기 위해서, 정부의 간섭을 피하기 위해서(경영활동을 제한하는 규제나 법안의 통과 등), 고객과 종업원과 사회를 기쁘게 하기 위해서, 단순히 옳은 일을 하기 위해서 등 수많은 이유로 윤리적으로 운영되어야 한다.

어떤 관리자들은 윤리란 개인적인 문제라고 생각한다. 개개인이 윤리적 기준을 갖고 있거나 그렇지 않거나 하는 식이다. 이러한 관리자들은 개인의 그릇된 행동에 대하여 아무런 책임이 없다고 느끼거나 윤리는 경영과 아무런 관련이 없다고 생각한다. 하지만 점점 더 많은 사람들이 윤리는 경영의 처음부터 끝까지 밀접한 관련이 있다고 생각한다. 개인은 보통 혼자서 행동하지는 않는다. 암묵적이든 직접적이든 기업 내에서 비윤리적으로 행동하는 사람들이 있을 경우 따라서 행동한다.

예를 들어, 휴대전화 서비스 담당자들이 고객과 계약하거나 계약을 연장하기 위하여 거짓말을 하거나 심지어는 고객도 모르는 사이에 계약을 연장시켰다는 보고가 있었다. 일부 담당자들은 고객들이 계약을 해지할 수 없도록 전화상담시 의도적으로 전화를 끊어버린다. 왜 이런 판매담당자들이 지나치게 과격한 전략들을 쓰는 것일까? 바로 형편없이 고안된 인센티브제 때문이었다. 담당자들은 자신들에게 할당된 서비스 수량을 맞추면 월급의 두 배 때로는 세 배에 달하는 인센티브 보상을 받았다. 경영진이 직접적으로 "고객을 속여라."라고 지시한 것은 아니다. 하지만 어찌되었든 그러한 메시지만큼은 명확했다. 과욕이 넘치는 목표와 인센티브제는 이와 같은 비행이 일어나는 환경을 조성했다.[8]

학습목표 3-4 준법윤리강령(compliance-based ethics codes)과 청렴윤리강령(integrity-based ethics codes)을 구별하고 기업의 윤리강령 수립과정에 대한 6단계를 설명할 수 있다.

기업윤리 기준 세우기

오늘날 기업윤리강령을 세우는 일은 보편화되었다. 그림 3.2는 허쉬(Hershey)의 윤리강령 사례를 보여준다. 비록 이러한 강령은 매우 다양하나 대체로 **준법윤리강령**

윤리강령

우리 각자는 윤리적으로 운영되고 성실하게 이끌어나가겠다는 약속을 했다. 이 약속은 허쉬의 가치에 내재되어 있다. 당사의 윤리 비즈니스 행동 강령("강령")은 회사의 성공에 이해관계가 있는 다양한 그룹과 상호 작용할 때 이러한 약속을 지키는 방법을 보여준다.

- 소비자들에 대한 우리의 약속: 우리는 시장에 최고의 제품을 제공하고 정직한 마케팅 관행을 고수함으로써 소비자가 우리 브랜드에 두는 신뢰를 유지한다.
- 시장에 대한 우리의 약속: 우리는 윤리적으로 행동하고 우리가 하는 모든 일에서 법을 지키면서 우리의 사업 파트너, 경쟁자, 그리고 공급자들과 공정하게 거래한다.
- 주주에 대한 우리의 약속: 우리는 항상 정직하고 투명하게 행동하며 주주들이 우리에게 부여한 신뢰를 유지한다.
- 지구촌에 대한 우리의 약속: 우리는 천연자원을 보호하고 우리가 살고, 일하고, 사업을 하는 지역사회를 지원하면서 모든 세계 무역법을 준수한다.

KISSES®

그림 3.2 허쉬의 윤리강령 개요

이것은 허쉬의 윤리강령 개요이다. 회사의 윤리강령 전체를 보려면 다음 사이트를 방문하시오: bit.ly/2gGVVkC. 사진: Hershey's Kiss photo: Richard Watkins/Alamy Stock Photo

그림 3.3 윤리경영전략

청렴윤리강령은 법적 준수를 넘어 정직, 공정한 경쟁, 고객에 대한 좋은 서비스, 다양성에 대한 존중, 지역사회에 대한 관여 등의 핵심가치를 강조하여 "옳은 것을 행하라(do-it-right)"는 분위기를 조성하여 마음을 움직이는 것이다. 이러한 가치들은 윤리적으로는 바람직한 것이기는 하지만 반드시 법적인 강제성이 있는 것은 아니다.

	준법윤리강령 특성	청렴윤리강령 특성
이상	외적 기준(법이나 규제 등)을 준수하는 것	외적 기준(법이나 규제 등)을 준수하는 동시에 선택된 내적기준도 준수하는 것
목표	범죄행위를 피하는 것	종업원이 책임감 있는 행동을 할 수 있게 하는 것
지도자	변호사	변호사와 다른 조언자들의 도움을 받는 관리자들
방법	교육, 종업원의 자유재량 축소, 규제, 처벌	교육, 리더십, 책임감, 의사결정과정, 규제, 처벌

준법윤리강령
잘못을 범한 사람을 벌하거나 제재하여 불법적인 행위 예방을 강조하는 윤리강령

청렴윤리강령
조직의 지침과 가치관을 제시하고 윤리적으로 건전한 행동을 지지하는 환경을 조성하며 종업원들 사이의 책임을 정의하는 윤리규범

내부고발자
조직 내의 불법적이고 비윤리적인 행동을 보고하는 사람

(compliance-based ethics codes)과 **청렴윤리강령**(integrity-based ethics codes)의 두 가지로 구분된다(그림 3.3 참조).

준법윤리강령은 잘못을 범한 사람을 벌하거나 제재를 통하여 불법적인 행위를 예방하는 것을 강조한다. 준법윤리강령이 법률상의 처벌을 회피하는 데 기반을 둔 것에 반해 청렴윤리강령은 조직의 지침과 가치를 제시하고 윤리적으로 건전한 행동을 지지하는 환경을 조성하며 종업원들 간의 책임에 대해 정의를 내린다. 다음의 여섯 단계 절차는 비즈니스 윤리를 향상시키는 데 도움이 될 것이다.[9]

1. 최고 경영진은 분명한 기업의 행동규범을 채택하고 절대적으로 지지해야 한다.
2. 종업원들은 윤리적 행동에 대한 기대가 최고 경영진 수준에서 시작되며 고위관리자들 역시 모든 종업원이 윤리적으로 행동할 것을 기대하고 있음을 숙지하고 있어야 한다.
3. 관리자와 기타 모든 종업원들은 비즈니스의 모든 의사결정 과정에서 윤리적인 고려를 하도록 훈련받아야 한다.
4. 윤리 사무실은 반드시 열려 있어야 한다. 종업원들이 윤리적인 문제에 관하여 불필요하게 남의 눈에 띄는 일이 없이 익명으로 상의할 수 있도록 윤리 사무실에 직통 전화를 개통해야 한다. **내부고발자**(whistleblowers)는 보복으로부터 반드시 보호받아야 한다. 사베인즈-옥슬리 법안(Sarbanes-Oxley Act; SOX)은 모든 공기업에서 직원들이 회계 및 감사에 대한 우려를 은밀하고 익명성에 의거하여 제출할 수 있도록 허용함으로써 내부고발자들을 보호한다. 이 법안은 당국에 부조리에 관한 정보를 넘겼다는 이유로 고용주에 의해 처벌을 받은 사람들의 복직과 체납임금도 요구한다(사베인즈-옥슬리법은 14장에서 더 자세히 다룰 것이다). 도드-프랭크 금융개혁법 (Dodd-Frank Wall Street Reform and Consumer Protection)은 2010년에 제정되었다(보다 도드-프랭크법에 관한 자세한 내용은 14장을 읽으시오). 이 법안은 100만 달러를 넘은 범죄에 대해서 법 집행을 성공적으로 이끈 정보를 제공한 기업 내부고발자들에게 총벌금의 10%~30%를 지급하도록 한 "포상

4년 간의 법적 투쟁 끝에 패트리샤 윌리암스(Patricia Williams)는 그녀의 옛 고용주인 윈덤베케이션오너십(Wyndham Vacation Ownership)으로부터 2천만 달러의 합의금을 얻었다. 이 타임쉐어 회사는 나이든 고객에 대하여 일부 직원이 사용하는 약탈적 전술에 공개적으로 반대한 Williams를 해고했다. 내부고발자들에게 동기를 부여하는 것은 무엇인가?

금"제공을 포함한다.[10] 엔론(Enron) 사례의 내부고발자는 IRS로부터 100만 달러를 보상받았다(물론, 이 보상금은 과세 대상이다).

5. 공급자와 하도급업자들, 유통업자와 고객들도 윤리 프로그램에 대해 인지하고 있어야 한다. 윤리적 고려사항들을 무시하려는 압력은 종종 외부로부터 오며, 어떠한 윤리적 기준들이 있는지 모두가 인지하고 있을 때 종업원들이 그런 압박에 대처하는 데 도움이 된다.
6. 윤리규범은 반드시 실행되어야 한다. 어떠한 규칙이 위반되었을 경우 윤리 프로그램을 참고하여 적시에 적절한 행동을 취하는 것은 매우 중요한 일이다. 이는 윤리규범이 중요하다는 것을 모든 종업원들에게 알리는 최선의 방법이다.

이 마지막 단계가 아마 가장 중요한 부분일 것이다. 기업의 윤리규범이 얼마나 잘 입안되었든지 간에 실행에 옮겨지지 않으면 의미가 없다. 엔론도 서면으로 된 윤리규범이 있었다. 하지만 이사진과 경영진이 이 규범을 무시함으로써 종업원들에게 규칙이란 불편할 경우 책상 서랍 속에 구겨 넣어도 된다는 메시지를 보냈다. 이와는 대조적으로 1980년대에 존슨 앤 존슨이 청산가리 중독 위기에 대한 대응에서 보여준 것은 윤리규범을 강제적으로 집행하는 것이 손익 계산에 있어 이익을 향상시킨다는 점을 보여주었다. 법적인 의무는 없었지만, 존슨 앤 존슨은 자사의 타이레놀 제품에 대한 리콜 조치를 취함으로써 칭찬과 함께 기업의 청렴성에 대한 평판도 높일 수 있었다. 오늘날 J&J의 청렴성은 화사의 탤컴 파우더가 암을 유발했다고 주장하는 15,000명의 여성이 제기한 소송에 의해 도전받고 있다. 일부 소송에서 J&J가 패소해서 50억 달러 이상을 지불했으나, 몇몇 소송은 철회되었다. 또 다른 소송에서는 J&J가 승소 판결을 이끌어 냈거나, 배심원간 불일치가 나왔다. 지금 이 순간에도 J&J는 다수 소송의 판결을 기다리고 있고, 미 법무부와 증권거래위원회에서 J&J의 활석 베이스 제품의 석면오염에 대한 공개조사를 하고 있다.[11]

윤리규범을 실행하는 데 있어서 가장 중요한 성공요인은 윤리사무관(ethics officer)을 선택하는 데 있다. 유능한 윤리사무관은 긍정적이고 명확한 어조로 효과적인 커뮤니케이션을 하며 기업 내 모든 수준에서의 종업원들과 관계를 잘 유지한다. 상담자나 조사관으로서의 역할 또한 편안히 수행하며, 기밀을 유지할 수 있고, 객관적인 조사를 할 수 있으며, 공정한 절차를 따르며 신뢰받을 수 있어야 한다. 또한 모든 이해당사자들에게 기업이 하는 모든 일에 있어서 윤리가 중요함을 설명할 수 있어야 한다.

시험 준비

- 준법윤리강령과 청렴윤리강령이란 무엇인가?
- 비즈니스에서 효과적인 윤리강령을 확립하기 위해 수행하는 6단계는 무엇인가?

학습목표 3-5 기업의 사회적 책임(corporate social responsibility)에 대하여 정의하고 다양한 이해당사자(stakeholder)들이 져야 할 기업의 책임에 대해 설명할 수 있다.

기업의 사회적 책임

기업의 사회적 책임(CSR)
기업의 사회복지에 대한 관여

여러분과 내가 사회에 기여하며 선량한 시민이 되어야 할 의무가 있다면, 기업들 역시 선량한 시민의 의무를 다할 책임이 있다. 바로 기업의 **사회적 책임(Corporate Social Responsibility; CSR)**이다. 기업의 사회적 책임은 기업의 소유주뿐만 아니라 기업의 모든 이해관계 당사자들의 복리와 행복에 대한 기업의 관심과 배려에 바탕을 두고 있다. CSR은 단지 윤리적인 것을 넘어 그 이상을 의미한다. CSR은 청렴, 공정, 존중 등의 기본 원칙을 충실히 이행하려는 책임감에서 비롯된다.

모든 사람들이 CSR을 좋은 것으로 생각하지 않는다는 것을 알면 여러분은 아마 놀랄 것이다. 하지만 CSR에 대한 비판론자들은 경영자의 유일한 역할이 시장에서의 경쟁에 승리하는 것이라고 말한다. 미국의 경제학자인 밀턴 프리드먼(Milton Friedman)의 발언이 그 전형적인 예인데, 그는 기업의 유일한 사회적 책임은 이해당사자들에게 돈을 벌어다 주는 것이라고 했다. 그는 그 밖의 다른 모든 행위는 사회주의로 치우칠 위험이 있는 활동으로 간주했다. CSR 비판론자들은 CSR을 추구하는 경영자들이 다른 사람들이 더 많은 돈을 벌기 위해 투자한 돈을 가지고 그런 행위를 하는 것이라고 생각한다. 그들은 CSR 활동에 돈을 쓰는 것은 다른 사람들의 돈을 훔치는 행위라고 본다.[12]

반대로 CSR 옹호론자들은 기업은 사회에 빚을 지고 있다고 생각한다. 기업은 사회가 실패할 경우에는 존재할 수 없으며, 기업이란 노동력과 천연자원을 제공하는 사회가 있기에 존재 가능하다는 것이다.[13] 자본주의의 아버지인 애덤 스미스(Adam Smith)조차도 이기적인 이윤 추구는 잘못된 것이라고 생각하고, 자선이야말로 최고의 미덕이라고 평가했다. CSR 옹호론자들은 비즈니스란 투자자에 대한 의무가 있고 또한 정부와 같은 형태의 사회적 책임 프로젝트를 시행하려 해서도 안 된다는 것을 알고 있다. 하지만 장기적인 관점에서 볼 때 사회적 투자가 투자자들에게 더 많은 이익을 가져 준다고 본다. 그 주장은 윤리적으로 좋은 평판을 얻은 기업이 훌륭한 종업원들을 보유하며 더 많은 고객을 확보하고 매우 높은 종업원 충성도를 지닌다는 연구 결과에 바탕을 두고 있다.[14)]

기업의 사회적 성과는 다음과 같은 몇 개의 범주로 분류해볼 수 있다.

- **기업 자선**(corporate philanthropy)은 모든 종류의 비영리단체에 대한 자선 기부를 포함한다. 최근의 설문 조사에 참여한 비즈니스 리더 중 80%는 자신의 기업이 자선활동에 참여하고 있다고 말한다. 전략적인 기업 자선은 하나의 목적을 위해 장기적인 공약을 하기도 한다. 예를 들어, 맥도날드 재단과 로널드 맥도날드 하우스(Ronald McDonald's Houses)는 집에서 떨어져 치료를 받아야 하는 어린이 중환자들의 가족들에게 주거를 제공하는 일을 지원하고 있다. 빌과 멀린다 게이츠 재단(The Bill & Melinda Gates Foundation)은 자산 규모가 500억 달러에 육박하며 두말할 나위 없이 가장 규모가 큰 자선 재단이다.[15)]

기업 자선
자선, 기부 등을 포함한 기업 차원의 사회적 책임

- **기업의 사회적 솔선수범**(corporate social initiatives)은 한층 강화된 형태의 기업 자선을 포함한다. 기업의 사회적 솔선수범은 기업경쟁력과 직접적인 관련이 있다는 면에서 전통적인 기업자선과 차별화된다. 예를 들면, 대규모 자연재해가 발생했을 때, 세계 3대 물류 운송회사인 애질러티(Agility), 유피에스(UPS), 매어스크(Maersk)들은 인도주의적인 노력을 지원하기 위해 공동으로 협력한다. 그 회사들의 긴급 구조 팀들은 항공, 창고, 운송, 보고 및 교신활동 등을 지원하기 위하여 세계의 어떠한 곳으로도 출동하기도 한다.[16)]

기업의 사회적 솔선수범
기업의 경쟁력과 직접적으로 관련된 기업 자선이 강화된 형태

- **기업의 책임**(corporate responsibility)은 소수민족 고용에서부터 안전한 제품 생산, 공해 최소화, 에너지 절약, 안전한 근무환경 제공에 이르기까지 본질적으로 사회에서 책임감 있게 행동하는 모든 활동들을 포함한다.

기업의 책임
사회적 소수를 고용하는 일부터 안전한 제품을 생산하는 데 이르기까지 모든 것을 아우르는 기업의 사회적 책임

- **기업 정책**(corporate policy)은 사회 · 정치적 이슈에 관해서 기업이 취하는 입장에 관한 것이다. 예를 들어, 파타고니아(Patagonia)의 기업 정책은 다음 선언을 포함한다. "아름다운 자연과 야생 지역에 대한 사랑은 그것을 보호하기 위한 운동에 참여하고, 급속도로 악화되고 있는 우리 지구의 전반적인 환경을 회복시키는 데에 도움을 주는 것이다. 우리는 시간과 서비스 그리고 우리 매출의 최소한 1%를 지구 환경 수호를 위해 일하는 전 세계의 풀뿌리 환경 단체들에게 기부한다."[17)]

기업 정책
기업 차원에서 사회적, 정치적 이슈들에 입장을 취하는 것과 관련된 사회적 책임

많은 언론매체들이 기업이 사회에 미치는 영향 중 사람들이 부정적 견해를 가질 수 있는 기업 관련 문제점만을 부각시키는 뉴스 보도에만 몰두하고 있다. 하지만 기업은 긍정적인 기여도 많이 한다. 예를 들어 Google.org 펠로우십으로 불리는 구글 프로그램은 종업원들이 구글에서 급여와 복지혜택을 온전히 받으면서 6개월간 비영리기관에서 일을 할 수 있게 한다는 사실을 많은 사람들은 모르고 있다.[18)] IBM과 웰스파고(Wells-Fargo) 은행도 유사한 프로그램을 운영하고 있다.

사실상, 많은 기업들이 모든 종류의 사회 기관에 종업원들이 시간제로 도움을 주도

1,300명이 넘는 플로리다 발전회사 직원들이 회의사의 Power to Care 캠페인 주간에 지역봉사를 자원한다. 이들 발전회사 자원봉사자들은 리베라해변(Rivera Beach)의 학교에서 페인트칠, 청소, 조경, 배구장 재건 등을 통하여 미화활동을 한다. 회사는 소재한 지역사회에 대해 법규 준수 이상의 의무를 가지는 것인가?

록 하고 있다. 예를 들어, 피델리티투자(Fidelity Investments)는 비영리기관인 커먼 임팩트(Common Impact)와 함께 지역의 비영리기관의 정보기술 관련 어려움을 해결하려는 테크 임팩트 주간(Tech Impact Week)을 시작했다. 해거톤은 450명의 피델리티 기술자들이 연간 65개 이상의 비영리기관의 IT문제를 해결하는데 도움을 주고 있다. 피델리티 자원봉사자들이 장기간 지원이 필요한 케이스를 확인할 때면 4~6개월의 무료 컨설팅 서비스를 제공한다.[19] NetworkforGood.org, 1-800-Volunteer.org, VolunteerMatch.org 등은 국가 내의 공공기관과 비영리조직, 자원봉사자들을 연결시켜주는 서비스를 제공하는 웹사이트들이다. 이것들은 자원봉사자들이 일하고 싶어 하는 지역의 주소나 우편번호를 입력하면 그들의 도움을 필요로 하는 기관들의 리스트를 제공해주는 프로그램을 운영하고 있다.

설문조사 결과, 대다수의 밀레니얼들은 보수가 조금 낮더라도 사회적으로 책임감 있는 기업에서 일하고 싶다고 말했다.[20] 고객, 투자자, 종업원, 사회 일반에 이르기까지 비즈니스 운영에 책임이 있는 모든 이해당사자들의 관점에서 사회적 책임감의 개념에 대해 살펴보자(기업의 사회적 책임 노력 사례는 그림 3.4를 참조하시오).

그림 3.4 기업의 사회적 책임 노력 사례

기업	사회적 책임 노력
Starbucks	남미 커피 작물이 커피 잎 녹병으로 죽어가고 있을 때 스타벅스의 R&D 농장은 녹슬지 않는 커피 식물을 개발했다. 회사는 7개 국가와 3개 대륙에 걸쳐 백만 명이 넘는 농부와 노동자들에게 우수한 종자를 제공하여 커피재배 종사자의 삶을 개선했다.
Harmless Harvest	샌프란시스코에 기반을 둔 코코넛 워터 브랜드는 윤리적으로 수확, 가공 및 포장된 코코넛만을 사용한다.
Zipline International	집라인은 드론을 사용하여 통행이 불가능한 도로와 제한된 보관 시설로 인해 장애가 있는 진료소에 의약품을 배포한다. 이 회사는 가장 필요한 의료 시스템을 제공하는 데 100% 초점을 맞추고 있으며 다른 상품을 배달해 달라는 고객의 요청은 반려해왔다.
PepsiCo, Panera, McDonald's, Nestlé	이 회사들은 닭장에 가두지 않은 계란사용, 더 엄격한 항생제 정책 채택; 방부제 제거; 지방, 설탕 및 나트륨 감소; 더 많은 미네랄과 영양소를 추가하는 등으로 전환함으로써 더 건강한 음식과 음료 옵션을 제공하는 식품 회사 중 일부일 뿐이다.
GlaxoSmithKline	이 제약 회사는 서비스가 부족한 사람들에게 의료 서비스를 제공한다. GSK는 더 이상 의약품에 대한 접근성을 높이기 위해 세계 저소득 지역에 의약품 특허를 출원하지 않는다. 수익의 20%를 최빈국에 재투자하여 의료 종사자를 훈련하고 의료 인프라를 구축하기 위해 국가를 지원하고 있다.
General Electric	GE는 풍력 발전 단지 에너지 생산을 20% 높일 수 있는 디지털 풍력 발전과 같은 청정 기술의 연구 개발에 170억 달러를 투자했다.
Mastercard	이 신용카드 회사는 자선 단체가 도움이 정말로 필요한 사람들에게 더 쉽게 신속하게 도움을 줄 수 있도록 하고 있다. 마스터카드는 식료품, 의약품, 쉼터, 건축 자재 또는 비즈니스 용품에 사용할 수 있는 포인트가 충전된 기프트 카드와 유사한 카드를 배포한다. 종이 바우처를 만들고 보내는 데 몇 주가 걸리는 것과 달리 카드는 하루나 이틀 만에 만들고 배포할 수 있다.
Coca-Cola	이 청량 음료 회사는 시장별 기업가 정신 프로그램을 만들기 위해 정부 및 비영리 단체와 협력하여 60개국 120만 명의 여성이 기업가가 되도록 도왔다.
Intel	이 기술 대기업은 디지털 혁명을 따라갈 수 있는 인력을 구축하는 데 도움을 주고 있다. Intel의 Teach 프로그램은 K-12 교사가 교실에서 기술을 통합하고 중요한 STEM(과학, 기술, 엔지니어링 및 수학) 기술을 구축할 수 있도록 지원한다.

고객에 대한 책임

케네디 대통령(President John F. Kennedy)은 (1) 안전할 권리, (2) 정보를 제공받을 권리, (3) 선택할 권리, (4) 의사를 반영할 권리로 이루어진 소비자의 4대 기본 권리를 제안하였다.

이 책의 반복적인 주제는 진정한 가치가 있는 제품과 서비스를 공급하여 고객을 기쁘게 하는 고객 만족의 중요성이다. 이 책임은 보기처럼 쉽지만은 않다. 새로 생기는 기업 다섯 개 중 세 개의 업체는 실패한다는 사실을 염두에 두자. 그 이유는 아마도 고객을 기쁘게 하는 데 실패했기 때문일 것이다. 고객 만족에 실패하는 가장 큰 이유는 고객에게 정직하지 않다는 것이다.

사회적으로 양심적인 행동에 따른 이점은 새로운 비즈니스를 만들어낼 수 있다는 것이다. 고객들은 단지 기업의 사회적인 책임을 다하려는 노력(강력한 경쟁 우위)을 칭찬하고 싶다는 이유만으로도 타 경쟁사에서 옮겨오기 때문이다. 소비자행동 연구결과 다른 모든 조건들이 같을 경우 소비자들은 사회적으로 덜 정직한 기업보다 사회적으로 정직한 기업에 더 우호적인 견해를 갖는다고 한다. 사실, 최근 뉴클리어스 리서치(Nucleus Research)의 서베이는 소비자는 사회적인 책임감 있는 회사에 6퍼센트 더 많이 지불할 의향이 있다는 것을 보여주었다.[21)]

만약 고객들이 사회적 책임에 가치를 둔다면, 기업들은 어떻게 고객이 그러한 노력을 인지하게 하는가? 그들의 사회적 책임 노력에 대한 고객의 인지를 높이기 위해서 기업들이 사용하는 한가지 방법은 소셜 미디어이다. 소셜미디어의 주요 가치는 폭 넓고 다양한 고객들에게, 저비용으로 효율적으로 직접적으로 연결될 수 있을 뿐만 아니라 전통적인 방법보다 특정고객들과 더 간편하게 소통하면서 기업의 사회적 책임(CSR: Corporate social responsibility) 노력을 전달하는 데 있다. 기업을 아는 것이 사회적으로 의식있는 것이라고 자주 말하는 Z세대(2000년 이후 출생)는 구매에 영향을 미치고, 그들의 구매결정은 소셜 미디어에 의해 형성된다. 다음을 생각해 보라. 20억 명의 강력한 Z세대가 글로벌 시장의 40%를 차지하고, 440억 달러의 구매력을 가지고 있다는 것을(부모의 구매에 미치는 영향을 고려한다면 6,000억 달러).[22)]

2014년 판사는 역사상 가장 큰 내부자 거래 계획 중 하나를 감독한 전직 헤지펀드 트레이더 매튜 마토마에게 9년형을 선고했다. SAC Capital에서 포트폴리오 관리자로 일하는 동안 Martoma는 일련의 불법 거래를 통해 회사에서 2억 7,500만 달러를 벌어들였다. 헤지펀드의 설립자 스티븐 코헨은 감옥행은 피했지만 사상 최대인 18억 달러의 벌금을 물어야 했다.

기업들이 사회적 책임에 대해 자랑하는 것만으로는 충분하지 않다. 그들이 높여놓은 기대치에 부응해야 하고 그 결과에 직면해야 한다. 허브티 제조업체인 셀레셜 시즈닝스(Celestial Seasonings)가 기업의 경작지에 살고 있는 프레리도그(prairie dog)들을 독살하면서 그들이 광고하고 있는 환경 친화적 관리의 이미지를 무시하자 소비자들은 격노했다. 고객들은 자신이 신뢰할 수 있는 기업들과 거래하기를 바라고, 더욱 더 중요한 점은 신뢰할 수 없는 기업과는 거래하기를 원하지 않는다. 기업들은 오랜 시간 동안 책임감 있는 행동을 보여줌으로써 소비자의 신뢰를 얻을 수 있다. 그리고 그 신뢰는 한 순간에 무너질 수도 있다. 예를 들어, 신망있는 웰스 파고가 달성할 수 없는 판매량을 할당함으로써 직원들이 고객 명의를 도용해서 수백만 계좌를 열었다는 것이 공개되었을 때 그 회사는 1억 8천만 달러의 벌금을 물었고 5,300명의 직원들이 해고되었다. 그러나 회사에 더 큰 손실은 신뢰였다. 파고에 대한 긍정적인 인식은 스캔들 이전의 60퍼센트에서 24%로 떨어졌다. 수십만 명의 고객은 회사를 버렸다.[23)] 신규 고객 유치를 위해 웰스는 무엇을 해야 할까?

투자자들에 대한 책임

윤리적 행동은 주주들의 부를 증대하는 데도 도움이 된다. 손익계산에서 마이너스 역할을 하는 것이 아니라 오히려 부를 더해준다. 대조적으로 비윤리적인 행동은 재정적 손실을 초래할 수 있다. 기업의 비행으로 인해 피해를 입는 대상은 주주 자신들이다. 비윤리적 행동이 단기적으로 효과가 있을지는 모르나 결국에는 실패를 초래하게 된다. 일례로 2002년 6월 11일 하루 동안, 44명의 CEO들이 부정행위에 대한 소송 중에 미국 기업들을 떠났다. 그리고 주가는 곤두박질쳤다.

많은 사람들이 더 좋은 환경을 만들기 위해 솔선수범하는 기업들에 투자하는 것이 경제적으로나 윤리적으로나 분별 있는 일이라고 믿는다. 사회와 환경에 이로운 제품과 서비스를 제공하는 기업을 골라 투자함으로써, 투자자들은 기업의 재정적 건강뿐만 아니라 사회의 건강도 향상시킬 수 있다.[24)]

내부거래
내부자가 자신이나 친척 혹은 지인들의 재산을 늘리기 위해 기업의 비공개 정보를 이용하는 것

하지만 **내부거래자(inside traders)**로 알려진 소수의 투자자들은 그들의 재정 건강을 향상시키기 위해서 비윤리적인 방법을 사용해왔다. 내부거래(insider trading)란 내부자가 자신이나 가족 혹은 지인들의 재산을 증식시키기 위하여 기업의 비공개 정보를 이용하는 것이다. 2011년 역사적으로 가장 큰 내부거래 중 한 사례가 뉴욕에서 재판에 회부되었다. 억만장자 라지 라자라트남(Raj Rajaratnam)은 그의 갤리온 그룹(Galleon Group)의 헤지 펀드(Hedge fund: 국제 증권 및 외환 시장에 투자해 단기 이익을 올리는 민간 투자 자금)가 6,400만 달러나 돈을 벌게 조작한 내부거래자들을 교사한 혐의로 유죄를 선고받았다. 당연히 그는 이 일들을 혼자 하지 않았다. 30여명 이상의 전직 중개인들, 임원들 그리고 변호사들이 유죄를 인정하거나 라지라트남이 인텔(Intel), Hilton(힐튼), 아이비엠(IBM), 이베이(eBay)를 포함한 35개 이상의 주식 거래를 불법적으로 하는 것을 도운 혐의를 받고 있다. 그는 11년의 징역형을 선고받았고 2013년과 2018년 항소에 패했다. 2019년에 형기만료 2년을 앞두고 출소하여 가택연금 상태로 잔여 형기를 채우고 있다.[25)]

내부거래는 기업 중역들이나 그들의 지인들에게만 국한된 이야기는 아니다. 일례로, IBM이 로터스 디벨럽먼트(Lotus Development)를 인수할 것이라는 사실을 공표하기 전에, IBM에서 근무하던 한 비서가 이 정보를 남편에게 말했고, 남편은 두 명의 동료들에게, 그 두 명의 동료들은 친구, 친척, 비즈니스 동료들, 심지어는 피자 배달원에게까지 말하였다. 결국 25명의 사람들이 정보를 미리 알고 6시간 동안 불법 내부거래를 하였다. IBM의 로터스 인수 건이 공표되자 주가는 89% 급상승했다. 내부거래자들 중 한 명은 주식중개인이었는데 이 정보를 그의 일부 고객들에게 넘겼고 468,000달러의 이득을 챙겼다. 미국증권거래소(U.S. Securities and Exchange Commission; SEC)는 IBM 비서와 남편, 그 외 23명을 고소하였다. 그들 중 네 명은 그들이 취한 부당이득의 두 배를 벌금으로 지불하고 법정에서 풀려났다. 검사들은 일반 대중이 모두 공평하게 접근할 수 있고 공정한 증권 시장에서의 비즈니스 활동을 보장하기 위해 내부거래에 대해 한층 강화된 수사를 하고 있다.[26)] 최근 대법원 판결은 내부거래 사건을 기소하기 쉽게 만들었다. 법원은 본인이 이익을 취하지 않았더라도 내부정보를 다른 사람에게 공유해서 그 사람이 이득을 보았다면 내부거래유죄로 판결을 내렸다.[27)]

2000년대 초에 보도되었던 많은 내부거래 이후에 증권거래소는 '공정한 공개(fair disclosure)'라고 명한 새로운 규제(Regulation FD)를 도입했다. 이 규제는 공개해도 되는 정보와 공개해서는 안 되는 정보를 구분하고 있다. 간단히 말하면 기업이 어떠한 정보를 공개할 때는 선별적인 몇몇의 사람들이 아니라 모든 사람들이 공유할 수 있도록 공개를 요구한 것이다. 즉, 기업이 누군가에게 말하고자 한다면, 모든 사람들에게 동시에 이야기하라는 것이다.

어떤 기업들은 자신에게 주어질 혜택을 위해 투자자들의 비용으로 정보를 오용해왔다. 월드콤의 경우 장부조작을 통해 실제보다 수십억 달러 이상 더 수익이 나는 것처럼 만든 회계 부정을 인정하였을 때, 주가는 곤두박질쳤고 수개월 후 기업은 파산신청을 하였다. 월드콤의 조작된 회계 보고서에 근거하여 주식을 구매했던 투자자들은 2002년 1월 중순 무렵부터 수직 하강하기 시작하여 7월에는 10센트보다 낮은 가격으로 주가가 떨어지는 것을 보았다. 1999년도에 약 60달러에 주식을 구입했던 장기 투자자들은 더욱 더 큰 고통을 겪어야 했다.

종업원들에 대한 책임

세상에서 최고의 사회보장 프로그램은 일자리라는 말이 있다. 첫째, 성장하기를 바라는 기업이라면 일자리를 만들어낼 책임이 있다. 일단 일자리를 만들어내고 나면 기업은 열심히 일한 노력과 재능이 공정하게 보상받고 있는지 살펴야 할 책임이 있다. 종업원들은 승진을 통해 이루어지는 더 나은 미래에 대한 현실적인 희망을 필요로 한다. 기업의 효율성과 재무성과에 가장 큰 영향을 미치는 것은 인사관리다. 이에 관하여는 10장에서 더 깊이 다루도록 한다.

기업이 종업원들을 존중하면, 종업원들 또한 기업을 존중한다. 이러한 존중심은 기업의 성과에 큰 기여를 한다. 빌 캐틀리트(Bill Catlette)와 리처드 해든(Richard Hadden)은 저서 「만족한 소가 더 좋은 우유를 준다(Contented Cows Give Better Milk)」에서 '만족한 소(contented cow)'가 있는 기업과 '보통 소(common cow)'가 있는 기업을 비교하였다. 만족하고 있는 종업원들이 근무하는 기업은 경쟁사에 비해 10년 이상의 기간 동안 4배 더 빨리 성장하고, 거의 400억 달러 이상을 더 벌었으며, 80만 개 이상의 일자리를 더 만들어냈다. 그들은 이러한 성과 차이를 기업의 종업원들에 대한 약속 이행과 배려에서 비롯된다고 분석했다.[28]

기업이 종업원들에게 약속을 지키고 배려하는 모습을 보여줄 수 있는 방법 중의 하나는 종업원들이 개인적인 목표를 이룰 수 있도록 도와주는 급여와 복지혜택을 주는 것이다. 일례로, 코스트코(Costco)가 제공하는 임금과 복지혜택은 시간당으로 볼 때 소매업계 최고이다. 파트타임 종업원들조차 코스트코의 건강보험 혜택을 받을 수 있고 정규직은 월마트와 같은 다른 소매업체의 종업원들보다 더 적은 보험료를 낸다. 복지혜택의 증가는 종업원 이직률을 감소시킨다. 코스트코의 종업원 이직률은 동종업계의 다른 기업의 종업원 이직률 평균의 3분의 1에도 못 미친다.[29] 미국 노동부의 자료를 보면 종업원 교체 비용은 종업원 연봉의 50~200% 정도로 추정되며, 종업원 고용률이 높은 것은 직장 내 사기를 감안할 때 오히려 기업에 득이 된다고 한다.[30]

창고 소매업체인 Costco에서 제공하는 급여 및 복리후생 패키지는 시간당으로소매 부문에서 최고이다. 시간제 근로자도 코스트코 건강보험의 적용을 받는다. 혜택 증가는 Costco 직원의 이직률을 업계 평균의 3분의 1 미만으로 감소시켰다. Costco가 직원을 유지하는 데 성공한 이유는 무엇이라고 생각하는가?

기업에서 똑같이 대우하는 것은 좋은 사람들이 나쁜 일을 하게 만드는 가장 큰 원인이 된다. 대부분의 종업원들은 불만을 지녔다고 많은 종업원들이 직장 내에서 과격하게 호소할 정도로 무모하지는 않다. 대다수는 그들의 좌절감을 좀 더 알

아웃도어 의류 브랜드 파타고니아는 1973년 창립 이래 윤리적인 품질의 제품을 만들기 위해 노력해 왔다. 공급업체에 대한 면밀한 조사부터 공장의 공정한 노동 관행 촉진에 이르기까지 파타고니아는 기업이 세상에 긍정적인 영향을 미쳐야 한다고 믿는다. 여러분은 어떻게 생각하나요?

아채기 힘든 방법으로 푼다. 예를 들어, 다른 사람에게 실수를 전가한다든지, 의사결정 책임을 회피한다든지, 예산과 비용을 조작한다든지, 무시할 약속을 한다든지, 기업의 재원을 부정 축재한다든지, 최소한의 일만 한다든지, 실제보다 성과를 부풀린다든지 하는 식으로 말이다.

기업과 경영진은 종업원들의 헌신과 자신감, 신뢰를 상실할 경우 막대한 비용을 지불해야 한다. 공인 사기부정 검사관 협회(Association of Certified Fraud Examiners)의 보고서에 따르면 기업 내 종업원 절도로 인해 드는 비용은 700억 달러에 달한다.[31]

사회와 환경에 대한 책임

미국의 10% 이상의 임금 근로자들은 비영리 조직에서 월급을 받는다. 이 비영리 조직은 다른 곳에서 자금을 받는데, 그곳이 바로 기업이다.[32] 재단, 대학, 기타 비영리 조직들은 수십억 주의 상장기업의 주식을 소유하고 있으며, 이 주식들의 주가가 오르면 더 많은 자금이 사회에 이롭게 쓰이게 된다.

기업은 한편으로 사회 정의를 촉진시켜야 할 책임이 있다. 많은 기업들이 받은 것을 되돌려주는 차원을 넘어 사회를 보살피는 데 일조를 해야 한다고 믿고 있다. 자선만으로는 부족하다. 이들의 사회에 대한 기여는 환경을 정화하는 것, 지역 공동화장실을 세우는 것, 컴퓨터 수업을 제공하는 것, 노인을 보살피는 것, 저소득 계층의 자녀들을 지원하는 것 등이 포함된다.

지구온난화에 대한 우려가 증가하면서, 일상의 거의 모든 부분에서 '그린 운동(green movement)'이 나타나고 있다. 무엇이 제품을 더 환경 친화적으로 만드는 것일까? 일부는 제품의 탄소발자국(carbon footprint: 제품의 생산, 유통, 소비, 폐기 과정에서 발생하는 총 탄소량)을 그 답으로 생각한다. 예를 들어 냉동 옥수수 한 포대의 탄소발자국은 옥수수를 키우기 위해 뿌린 비료에서 발생되는 탄소뿐만 아니라 비료 그 자체의 탄소, 농기계를 작동할 때와 옥수수를 시장으로 운송할 때 배출되는 가스, 플라스틱 포장지를 만드는 전기, 냉장고에 공급되는 전력 등도 포함된다.

제품, 기업, 혹은 개인의 탄소발자국을 어떻게 정의하는지에 대한 구체적인 가이드라인이나 탄소발자국에 대해 소비자들에게 어떻게 소통해야 하는지에 대한 개요도 없는 실정이다. 펩시콜라(PepsiCo)는 탄소 정보를 치즈–양파–감자 칩 봉지 라벨과 함께 예컨대 그것은 “75그램의 이산화탄소(CO_2)를 뜻함”과 같은 식의 정보를 제공한다. 너무 간단하다. 하지만 이게 무엇을 의미하는가? (우리도 잘 모르겠다.) 연구자들은 소비자들에게 탄소발자국을 더 쉽게 의사소통하는 방법을 강구하고 있다.[33]

이러한 그린 운동은 소비자들에게 수많은 제품에 대한 선택권을 제공한다. 하지만 이 선택은 제조업자들이 주장하는 수많은 혼동되는 주장들 속에서 제품을 선별해내는 것을 의미한다 이렇게 혼란스러운 광고가 가득한 시장에서 선택을 한다는 것은 가장 헌신적인 그린 운동가에게 조차도 힘든 일이다. 하지만 가장 구매하기 쉬운 것을 선택하는 것은 그린 운동의 원칙에 위배된다.

환경보호 노력은 기업의 비용을 증가시킬 수 있지만, 제품 가격을 높이거나 시장 점유율을 높이거나 또는 둘 다에 도움이 될 수도 있다. 예를 들어, 시바 스페셜티 케미컬스(Ciba Specialty Chemicals: 스위스의 섬유 염색업체)는 전통염료보다 염분이 덜 드는 염료를 개발하였다. 염료는 강이나 하천으로 유입되기 전에 정화 과정을 거쳐야 하므로 염분이 적은 염료를 사용하는 것은 하수처리 비용을 절감할 수 있다는 것을 의미한다. 시바사의 저염분 염료는 특허로 보호받고 있으며, 이에 따라 시바사는 경쟁사들에 비해 더 높은 염료 가격을 받을 수 있다. 시바사의 예는 새 기계의 도입으로 노동생산성을 강화시킬 수 있는 것처럼, 환경 비용을 낮춤으로써 기업에 부가가치를 더 할 수 있음을 보여주고 있다.

모든 환경보호 전략이 시바사의 경우처럼 재정적으로 이득이 된다고 할 수는 없다. 예를 들어, 1990년대 초 스타키스트(StarKist)사는 참치잡이 중 죽어가는 돌고래를 염려하는 소비자 단체의 의견을 받아들였다. 동태평양의 황색지느러미 참치(황다랑어) 서식지에서 참치 낚시용 그물에 인근을 헤엄쳐 지나는 돌고래까지 포획된다는 것이었다. 기업은 서태평양 인근에서 잡힌 가다랑어(물 위로 뛰어오르는 참치)만을 판매하겠다고 공표했다. 불행히도, 소비자들은 가다랑어의 맛이 황다랑어의 맛보다 덜하다는 이유로 돌고래의 안전을 고려한 참치에 프리미엄 가격을 지불하기를 꺼려했다. 게다가, 새로운 방침이 환경을 보호한다는 어떤 뚜렷한 증거도 찾지 못했다. 동태평양에서 돌고래를 포획하지 않아서 구조된 돌고래들 대신, 수천 마리의 어린 참치와 수십 마리의 상어, 거북이들, 다른 해양 생물들이 서태평양의 낚시 과정에서 죽어갔기 때문이다.

그린 운동은 미국의 노동시장에 긍정적인 영향을 주었다. 미국 태양열 에너지 협회(American Solar Energy Society)의 보고서에 의하면 재생 가능한 에너지와 에너지 효율성을 높이는 산업의 출현은 최근 9백만 개의 일자리를 만들어 냈고 2030년까지 엔지니어링, 제조, 건설, 회계, 관리 분야에서 4천만 개의 일자리를 더 만들어낼 것으로 보인다.

질 높은 환경은 공공재다. 즉, 누가 대가를 지불하는지에 상관없이 모두가 즐길 수 있다는 뜻이다. 기업들에게 필요한 전략은 그들의 고객에게 어필할 수 있는 적절한 공공재를 찾는 것이다. 많은 기업들이 그들의 순 사회공헌도를 보고하는 서류들을 발간하고 있다. 이를 위해서 기업은 긍정적 사회기여도를 측정한 후 부정적 사회기여도를 빼야 한다. 이 과정에 대해서는 다음에 논의할 것이다.

사회적 감사
조직이 사회적으로 책임감 있는 프로그램을 수행해나가는 과정에 대한 체계적인 평가

사회적 감사

조직들이 최고 경영진의 의사결정 과정에서 사회적 책임을 필수 요소로 여기고 있는지 측정할 수 있는 방법이 있는가? 그 대답은 '그렇다'이다. 그리고 이 측정을 의미하는 말이 바로 사회적 감사다.

사회적 감사(social audit)는 조직이 사회적인 책임을 다하고 사회적 책임을 다하기 위한 프로그램을 수행해나가는 과정을 체계적으로 평가하는 것을 말한다. 사회적 감사를 수행하는 데 있어서 중요한 문제 중의 하나는 기업의 활동과 사회에 대한 영향력을 측정하는 과정을 수립하는 것이다. 무엇을 측정해야 하는가? 많은 사회감사관들은 직장, 환경, 제품의 안전성, 지역 사회와의 관계, 군사무기 계약, 국제적 운영과 인권, 현지인에 대한 존중 등을 주요 고려 대상으로 여긴다.

환경운동가그룹인 레인포레스트 운동 네트워크(Rainforest Action Network: RAN)의 목표는 좋은 일을 함으로써 잘할 수 있다는 것을 기업들에 보여주는 것이다. RAN은 책임 있는 환경정책 채택을 거부하는 기 업들에게 소비자들이 압력을 넣도록 기획된 공공 캠페인을 수행한다. RAN은 홈디포(Home Depot), 시티그룹(Citigroup), 보이스 캐스케이드(Boise Cascade), 골드만삭스(Goldman Sachs) 등 수십 개의 기업들이 그들의 관행을 변경하도록 하는데 도움을 주었다.

순 사회적 기여도를 산출하기 위하여 기업의 긍정적 활동(자선 기부, 오염 제거 노력 등)을 합산한 후 기업의 부정적 활동(해고, 총 오염 수치 등)을 감해야 하는가에 대한 의문도 제기되고 있다. 아니면 기업의 긍정적 활동만을 기록해야 하는가? 여러분은 어떻게 생각하는가? 하지만 사회적 감사가 행해질 때, 좋은 느낌을 준다든가 홍보 관리의 수준을 넘어서 기업이 사회적 책임을 다하도록 강요하는 측면도 있다. 기업 스스로 행하는 사회적 감사 외에도 기업들이 사회적 책임을 얼마나 잘 시행하는지 감시하는 네 개의 단체가 있다.

1. 사회적 의식이 있는 투자자들(socially conscious investors)은 자신이 지닌 높은 기준을 기업의 모든 공급자들에게까지 적용해야 한다고 주장한다. 사회적 책임투자(Social Responsibility Investing; SRI)는 상승 추세에 있으며 미국의 사회적 책임투자 펀드의 규모는 약 12조 달러에 육박한다.[36]
2. 에티스피어(Ethisphere)와 같은 사회적 인식 조사 기관(socially conscious research organizations)들은 기업의 사회적 책임에 대해 분석하고 이를 발표한다.[37]
3. 환경주의자들(Environmentalists)은 환경단체의 기준을 준수하지 않는 기업들의 이름을 공개해 압력을 가한다. 샌프란시스코에 근거를 둔 레인포리스트 액션 네트워크(Rainforest Action Network; RAN)는 수개월 동안의 항의 끝에 모건 체이스(J. P. Morgan Chase & Co.)로부터 환경에 부정적 영향을 미칠 가능성이 있는 산업 프로젝트에 대한 대출이나 인수에 대해 규제하는 제한선을 받아들이도록 하였다. RAN의 행동주의자들은 JP Morgan과 같은 산업계의 리더를 먼저 쫓고 작은

기업들에 태클을 건다. RAN의 이사는 "우리는 이것을 순위를 정하고(Rank'em) 혼내주기(Spank'em) 라고 하죠." 라고 말했다.[38)]

4. 조합원들(Union Officials)은 규정위반을 찾아내어 기업이 부정적 평판을 얻지 않도록 하는 데 압력을 행사한다.
5. 고객들(Customers)은 구매결정(buying decision)을 그들의 사회적 양심에 따라서 한다. 기업 서베이에 의하면 고객들이 사회적 양심을 구매결정에 고려함에 따라 많은 기업들이 환경적·사회적 책임 전략을 조정하고 있다.

이에서 보듯이 한 가지 명심해야 할 점은 윤리와 사회적 책임에 관해서는 기업이 옳은 일을 행하는 것만으로는 충분하지 않다는 것이다. 기업은 옳은 일을 할 뿐만 아니라 고객과 사회가 기업이 하는 일이 옳다고 인정하도록 확신을 주어야 한다.

시험 준비

- 기업의 사회적 책임은 무엇이며 기업과 관련된 모든 이해당사자들과 어떻게 관련되어 있는가?
- 사회적 감사는 무엇이며 어떠한 활동들을 감시하는가?

학습목표 3-6 글로벌 시장에서 윤리적 행동과 사회적 책임에 대하여 기업들이 할 수 있는 역할에 대해 분석할 수 있다.

국제 윤리와 사회적 책임

윤리 문제와 사회적 책임에 관한 문제는 미국에만 있는 것은 아니다. 일본, 한국, 중국, 이탈리아, 브라질, 파키스탄, 자이르(콩고민주공화국)의 최고관료들이 지위를 이용한 청탁이나 뇌물로 기소된 바 있다. 정치적 리더들이 심판 받는 윤리적 기준에 새로운 것이 있다면 무엇인가? 그것은 심판기준이 예전에 비해 훨씬 더 강화되었다는 것이다. 최고 지도자들은 한층 더 높은 기준을 지켜야만 한다.

나이키는 아동노동 착취가 빈번한 국가들에서 제품 생산을 아웃소싱하고 공장을 저임금으로 운영해온 것에 대하여 많은 비판을 받아왔다. 이러한 과오를 수정하기 위하여 타 기업 및 시민단체들과 함께 공동의 노동기준과 공장 가이드라인을 만드는 조치를 취했다. 성공적인 기업이 과거의 윤리적 과오를 극복해낼 수 있을까?

많은 미국의 기업들이, 국제적 공급자들이 미국의 인권과 환경 기준에 맞는 제품을 공급하도록 함으로써 사회적으로 책임 있는 행동을 할 것을 요구받고 있다. 의류 제조업체인 PVH(켈빈클라인(Calvin Klein), 타미힐피거(Tommy Hilfiger) 등의 브랜드 제조업체)는 자사의 윤리, 환경, 인권규범을 위반하는 공급자의 제품들에 대한 주문을 취소하였다. 다우 케미컬(Dow Chemical)은 자사의 공급자들이 개별 국가의 현지법을 따르기보다 미국의 오염과 안전에 관한 강력한 법을 지켜줄 것을 기대한다. 맥도날드는 우림(rain-forest)을 제거하여 만든 땅에서 소떼를 방목하는 업자들로부터 재료를 공급받는다는 소문을 부인했지만 이러한 경우에 대한 금지규정을 확실히 문서화했다.

이와는 대조적으로 저개발 국가의 노동자들을 착취하여 비판을 받는 기업들도 있다. 세계 최대 규모의 운동화 제조업체인 나이키는 유명 스포츠 스타들에게는 자사 제품의 광고비 명목으로 수십억 달러의 돈을 아낌없이 지불하면서, 자사의 종업원들에게는 형편없는 대우를 하는 것으로 비난받아 왔다. 풍자만화가 개리 트루도(Garry Trudeau)는 자

우리의 경계를 넘어 윤리문화 충돌

기업들이 전 세계로 진출하면서 여러 질문들을 낳는다. 어느 지역이 그들이 책임지고 있는 곳인가? 국내 활동이 해외보다 중요한가? 직원들의 이익이 우선시되어야 하는가 아니면 회사의 이미지가 우선인가?

여기에 어떻게 기업윤리가 문화적윤리와 충돌하는지 보여주는 사례가 있다. 남미의 가난한 의류 행상인의 장남인 조(Joe)는 가까스로 미국으로 이민을 와서 엔지니어 학위를 받아 통신대기업에 일자리를 얻었다. 5년 후 기업에 익숙해진 듯 보이는 조는 고국으로 전근 배치 받아서 매우 기뻤다. 회사는 조에게 안전하고 남에게 보여도 부끄럽지 않을 만한 좋은 거주지에 살도록 하겠다고 통보하였고 그에게 거주지 선택권을 주었다. 그런 거주지와 하인을 구할 수 있도록 회사는 조에게 매월 최대 2,000달러를 지급하기로 약속하였다. 조는 매달 2,000달러의 월세 영수증을 제출하였다. 나중에 회사는 조가 서양 기준에서 판단할 때 위험한 슬럼가의 가건물에 살고 있음을 알게 되었다. 그와 같이 남루한 집이라면 매월 200달러 이상 들 리 없을 터였다. 회사는 조의 안전뿐만아니라 그의 거주지가 회사이미지에 끼칠 영향까지 걱정하였다. 인사부의 임원은 조가 생활비 지원에 대한 거짓 영수증을 제출한 것에 대해 그의 정직성까지 의심하였다.

조는 기업이 자신의 사생활을 침해하였다고 생각하여 화가 났다. 그는 다른 모든 직원들처럼 자신의 거주비용 상환금으로 매달 2,000달러를 받아야 한다고 주장했다. 그는 자신이 허름한 거주지를 선택한 이유를 설명하였다. 거주비용에서 남는 금액은 가족들에게 보냈고, 그 돈으로 어린 동생들은 학교를 다닐 수 있었다. 조의 아버지가 돌아가시고 가족들이 의지할 수 있는 사람은 조밖에 없었으므로 이 돈은 그의 가족들에게 있어서는 매우 중요한 돈이었다. "보세요, 제 가족들은 매우 가난합니다."라고 조가 말했다. "대부분의 서양인들이 자신의 두 눈으로 보고도 믿을 수 없을 만큼 제 가족들은 너무나도 가난합니다. 이 돈은 우리 모두에게 희망과 절망의 차이를 만들어낼 만큼 큰 돈입니다. 나에게 있어 나의 가족을 위해 할 수 있는 일이 없다는 것은 돌아가신 아버지에게 죄가 되는 일입니다. 아시겠습니까?"

David R. Frazier Photolibrary, Inc/Alamy Stock Photo

다른 사람들이 윤리적이라고 받아들이는 것을 이해하는 것이 가끔은 어려운 문제이기도 하다. 서로 다른 상황은 '정의'라는 맑은 물을 흙탕물로 철저히 바꾸어 버리기도 한다. 조는 가족을 위해서는 명예로운 일을 했을 수도 있다. 하지만 조가 살고 있는 도시의 위험한 상황들을 고려했을 때, 회사 간부가 안전한 곳에 거주하기를 바라는 것 또한 합리적이다. 주거비 상환에 관한 사규는 종업원의 연봉을 올리지 않고도 외국에 파견된 종업원들이 거주하는 나라에서 편안하고 안전한 생활을 하기를 바라는 의도로 지원하는 정책이다. 만약 조가 미국에서 일했더라면 주거비 지원금을 받지 못했을 것이고, 가족들에게 돈을 보내기 위해 허위 영수증을 제출했다면 이것은 분명히 부도덕한 일이 되는 것이다. 그럼에도 남미에서 일어난 이 문제는 명확히 판단을 내리기 어렵다.

신의 유명한 연재작인 둔스버리(Doonesbury)에서 反나이키 캠페인을 크게 다루었다.

나이키는 평판을 좋게 하려고 열심히 노력했다. 나이키는 지역문화와 경제적 조건에 종속되는 700개에 달하는 계약공장에서의 근로조건을 개선하기 위한 노력을 모니터한다. 나이키는 투명성을 보여주고, 경쟁기업도 근로조건을 개선하도록 장려하기 위해 이들 공장의 이름과 위치를 공개하고 있다. 나이키의 노력은 처음에는 미미했지만, 많은 공급업체 공장에서 조건은 현저히 개선되었다. 그러나 여전히 안전하지 못한 작업장에 대한 보도가 있다.[39]

왜 나이키의 모니터링 프로그램은 회사가 기대하는 것만큼 성공적이지 못한가? 그 이유 중 하나로는 개발도상국에서는 정부의 규제가 약한 경향이 있고, 그 결과 회사가 공급업체들을 다스리도록 내버려두는 데 있다. 그렇기에 이것은 신발을 98%를 수많은 다른 나라의 수백 개의 공장에서 만들어내는 나이키와 같은 기업에게는 커다란 과제이다. 또 다른 이유로는 구매자로서의 나이키는 다양한 수준의 영향력을 가지고 있기 때문이다. 이러한 영향력은 나이키가 공급업체와 얼마나 오랫동안 일해왔는지 또는 공장의 수익이 나이키 하나에 얼마나 달려있는지에 달려있다.

미국의 윤리적 기준을 글로벌 공급자들에게 지키도록 요구하는 것이 타당한가는 생각처럼 명확하지 않다. 어떠한 문화에서 선물로 인식되는 것이 다른 나라에서는 뇌물로 간주되기도 한다. 기업들에게 자국의 기준을 따르라고 요구하는 것이 항상 윤리적인가? 아동 노동이 사회와 가족에게 용인되고 가족이 아동 임금에 생계를 의존하는 나라에서는 어떻게 해야 하는가? 또한 미국에서 사업을 운영하고 있는 외국 기업들의 경우는 어떠한가? 미국 기업들이 그들의 윤리적 기준을 따르기를 기대해야 하는가? 다국적 기업의 경우는 어떠한가? 서로 다른 사회에 걸쳐 있기 때문에 어느 한 사회의 기준을 따르지 않아도 되는가? 미국 내에도 감옥 수감자들에 기반을 둔 기업들이 많이 있음에도 불구하고 왜 시어즈는 중국 감옥 수감자들이 제조한 제품을 수입하지 않는다는 이유로 박수를 받아야 하는가? 어떠한 질문들에도 대답하기가 쉽지 않지만 글로벌 시장에서 사회적 책임에 관한 이슈의 복잡성을 생각해볼 수 있는 기회를 제공한다. 윤리적 문화 충돌에 관한 '우리의 경계를 넘어' 글상자의 내용을 참조하자.

1970년대에는 해외부패관행법(Foreign Corrupt Practices Act, 3장 참조)이 도입되면서 비즈니스 상거래를 위해 해외 기업이나 정부 관료에게 의심스러운 형태로 돈을 지급하는 행위를 금지했다. 많은 미국 기업인들은 계약을 따내기 위한 경쟁을 할 때 외국 기업들은 이 법을 지킬 필요가 없으므로 미국 기업들이 경쟁에서 불이익을 본다고 주장했다.

글로벌 시장에서 기업 부패와 싸우기 위해 공통의 국제윤리를 만들려는 노력 속에서, 미합중국기구(Organizations of American States)의 파트너들은 미대륙 부정척결 총회(Inter-American Convention Against Corruption)에서 서명했다.[40] UN은 EU와 OECD처럼 기업 뇌물수수에 관하여 유죄판결을 적용하기로 하였다. 국제표준기구(International Organization for Standardization; ISO)는 제품 제조과정, 공정 임금률, 종업원에 대한 적절한 대우와 고용제 등을 포함하는 ISO 26000라는 사회적 책임에 관한 새 가이드라인을 마련했다. 이 기준은 인증 목적이 아니라 권고 기준으로 사용된다. 하지만 빠른 시일 내에 다국적 기업을 통제하는 하나의 국제적 기준이 마련될 것 같지는 않다. 많은 곳에 '부패 척결(Fight Corruption)'의 슬로건이 내걸리고 있다. 이제부터 시작인 것이다.

시험 준비

- 미국의 기업들은 어떤 식으로 글로벌 공급자들에게 사회적으로 책임 있는 행동을 요구하는가?
- 빠른 시일 내에 다국적 기업을 통제하는 하나의 국제적 기준이 마련될 것 같지 않은 이유는 무엇인가?

요약하기

학습목표 3-1 합법성이 왜 기업의 윤리적 활동의 첫 단계에 불과한지 설명할 수 있다.

- **합법성은 윤리와 어떻게 다른가?**
  윤리는 법을 준수하는 것 이상을 의미한다. 사회에서 인정하는 도덕적 기준에 근거하여 행동하는 것을 포함한다. 윤리는 사람들이 다른 사람들과 맺는 적절한 관계를 반영한다. 합법성은 더 제한적인 의미이다. 합법성은 사람들을 사기나 절도, 폭력 등으로부터 보호하기 위해 정해진 법률에만 관련된 것이다.

학습목표 3-2 잠재적으로 비윤리적일 수 있는 행동들을 했을 때 제기해야 할 세 가지 질문에 대해 설명할 수 있다.

- **우리의 비즈니스 의사결정이 윤리적이었는지 어떻게 판단할 수 있는가?**
  비즈니스 의사결정이 윤리적인지 판단하기 위해 다음 세 가지 질문으로 점검해볼 수 있다. (1) 합법적인가? (2) 형평성이 있는가? (3) 어떠한 기분이 드는가?

학습목표 3-3 윤리규범을 세우는 데 있어 관리자의 역할이 무엇인지 설명할 수 있다.

- **윤리규범을 세우는 데 있어서 관리자의 역할은 무엇인가?**
  관리자들은 종종 공식적인 윤리규범을 세운다. 하지만 보다 중요한 메시지는 그들의 행동을 통해 전달된다. 관리자의 도덕적 비행에 대하여 관용을 베풀거나 처벌을 하는 것은 문서화된 어떠한 윤리규범보다도 더 많은 영향을 미친다.

학습목표 3-4 준법윤리강령(compliance-based ethics codes)과 청렴윤리강령(integrity-based ethics codes)의 차이점을 설명하고, 기업의 윤리규범을 세우는 6단계를 설명할 수 있다.

- **준법윤리강령과 청렴윤리강령의 차이는 무엇인가?**
  준법윤리강령이 법적 처벌을 받는 것을 피하는 데에 중점을 둔 것이라면, 청렴윤리강령은 조직을 이끄는 가치를 정의하고 윤리적으로 건전한 행동을 지지하고 종업원들 사이에 책임을 공유하는 것을 강조하는 환경을 만드는 것이다.

학습목표 3-5 기업의 사회적 책임(corporate social responsibility)에 대하여 정의하고다양한 이해당사자(stakeholder)들이 져야 할 기업의 책임에 대해 설명할 수 있다.

- **기업의 사회적 책임은 무엇인가?**
  기업의 사회적 책임은 사회의 복지를 위해 기업이 관여하는 것이다.
- **이해당사자들에 대한 기업의 사회적 책임에는 어떠한 것들이 있는가?**
  기업은 이해당사자들에게 네 가지 유형의 책임이 있다. (1) 기업의 고객에 대한 책임은 진정한 가치가 있는 제품과 서비스를 생산해 고객을 만족시키는 것이다. (2) 기업은 투자자들에게 이윤을 내야 할 책임이 있다. (3) 기업은 종업원들에게 여러 가지 책임이 있다. 일자리를 제공하고, 일자리의 안정성을 도모하고, 열심히 일한 대가와 재능에 대하여 공정하게 보상해주어야 한다. (4) 기업은 사회에도 여러 책임이 있다. 새로운 부를 창출하고, 사회적 정의를 촉진시키며, 기업의 근무 환경을 더 나은 곳으로 만드는 데 기여하는 것이다.

- **기업의 사회적 책임에 대한 노력은 어떻게 측정할 수 있는가?**
  기업의 사회적 감사는 사회적 책임에 대한 조직의 활동 과정을 측정하는 것이다. 일부에서는 기업의 긍정적 활동을 합산한 후 기업의 부정적 영향을 감하여 기업의 순 사회적 유익성을 산출해내야 한다고 믿는다.

학습목표 3-6 글로벌 시장에서 윤리적 행동과 사회적 책임에 대하여 기업들이 할 수 있는 역할에 대해 분석할 수 있다.

- **미국 기업들이 글로벌 시장에서 윤리적 행동과 사회적 책임에 대해 어떠한 영향을 미칠 수 있는가?**
  많은 미국 기업들이 그들이 거래하는 국제적인 공급업자들로 하여금 환경에 대해 책임 있는 행동을 하고 미국 기준의 인권에 대한 이슈를 위반하지 않도록 요구하고 있다. 시어스(Sears), 필립스-반 호이젠(Phillips-Van Heusen), 다우 케미컬(Dow Chemical)과 같은 기업들은 자사의 윤리적 책임 기준에 미치지 못하는 기업들의 제품은 수입하지 않는다.

주요 용어 정리

기업자선(corporate philanthropy) 75
기업 정책(corporate policy) 75
기업의 사회적 솔선수범(corporate social initiatives) 75
기업의 사회적 책임(corporate social responsibility: CSR) 74
기업의 책임(corporate responsibility) 75
내부 고발자(whistleblowers) 73
내부거래(insider trading) 78
사회적 감사(social audit) 81
윤리(ethics) 69
준법윤리강령(compliance-based ethics codes) 72
청렴윤리강령 (integrity-based ethics codes) 73

사고력 문제

윤리적 행동으로 시험에 처했던 상황이 있었는지 생각해보자. 예를 들어, 가장 친한 친구가 내일까지 제출해야 할 기말리포트를 잊어버렸다고 하고 여러분에게 지난 학기에 다른 교수님 강의시간에 제출했던 보고서를 복사해도 되느냐고 물었다.

1. 여러분의 대안은 무엇인가, 그리고 각 대안들의 결과는 어떠한가?
2. 이 장에서 제시한 세 가지 질문들을 스스로에게 했을 때 딜레마를 해결하는 일이 더 용이했겠는가? 지금 스스로 답해보고 다른 결정을 내릴 수 있었는지 생각해보자.

원리를 실제로 적용해 보기

목적

기업의 사회적 책임에 대한 헌신의 수준을 보여주기 위해

연습

생활용품 및 퍼스널케어 기업 세븐스제너레이션(Seventh Generation)에 따르면 기업의 책임은 다음 7세대에 미치는 영향을 고려하는 DNA에 있다. 개발에서 생산, 구매, 사용 및 폐기에 이르기까지 제품의 모든 측면이 환경에 미치는 영향을 제한하기 위해 노력한다. 회사 웹사이트(7thgeneration.com)를 방문하시오. 그런 다음 질문에 답하시오.

1. 세븐스제너레이션의 사회적 사명은 무엇인가?
2. 세븐스제너레이션의 4대 포부는?
3. 세븐스제너레이션은 버몬트 지역 사회 개선에 어떻게 참여하고 있는가?
4. 세븐스제너레이션은 회사의 사회적 사명을 고객에게 어떻게 전달하는가?

직업기술 개발하기

핵심: ● 팀 ★ 분석 ▲ 의사소통 ◘ 기술

★▲ 1. 여러분의 개인적 윤리 및 도덕규범을 형성하는 데 기여한 근거에는 어떠한 것들이 있는가? 만약 영향을 미친 것들이 있다면, 개인적 윤리규범을 손상시키도록 압력을 가한 것들이 있는가? 직장이나 학교에서 여러분의 윤리 규범이 시험에 처했던 경험을 생각해보자. 당시의 딜레마를 해결하기 위해 어떠한 결정을 하였는가? 지금 그 상황이 끝난 시점에서, 그때 내린 결정에 만족하는가? 만약 그렇지 않다면, 그 상황에서 어떻게 다른 행동을 했을 것인가?

◘ 2. 간단한 연구보고서를 작성해보자. 온라인에서 지역의 공공 이익단체를 정해서 그 단체의 임원들, 단체의 목적, 재정 지원의 출처와 금액, 회원의 성격과 규모에 대하여 확인해보자. 최근의 활동과 성과에 관해서도 리스트를 작성해보자. 환경 단체, 동물 보호, 정치활동 위원회 등에서 선택할 수 있을 것이다. 지역 상공회의소, 거래개선협회(Better Business Bureau), 지역 공공 기관에 도움을 청해도 될 것이다.

★ 3. 여러분이 모닝컵(Morning Cup)이라는 커피전문점의 매니저라고 가정하자. 매장의 종업원 중 한 명이 관리직으로 승진되기를 바란다고 하자. 하지만 매장의 주인은 그 종업원이 승진을 원하는 자리에 머리가 둔한 자신의 아들을 염두에 두고 훈련시키고 있다. 매장 주인의 가족경영은 여러분 종업원의 소중한 승진 기회를 빼앗을 수 있지만, 여기에 대해 불만을 표하는 것은 여러분 자신의 승진 기회를 빼앗을 수도 있다. 여러분은 어떻게 할 것인가?

◘★▲ 4. 지역기업의 웹사이트를 방문해서 문서화된 윤리강령을 탐색하시오. 준법윤리강령인지 청렴윤리강령인지 구분해보라. 그리고 설명해 보라.

◘★ 5. 내부고발자를 보호하는 새 법안이 통과된 후 기업 환경에 미친 영향은 무엇인가? 고용주의 불법적 혹은 비윤리적 행동을 보고한 개인들에 관해 도서관이나 인터넷에서 조사해보자. 기업들이 정책을 바꾸었는가? 만약 그렇다면 이러한 정책들이 기업의 이해당사자들에게 어떠한 영향을 미쳤는가? 문제를 보고했던 내부고발자들에게는 어떠한 영향을 미쳤는가?

직업 탐색

만약 여러분이 다른 사람들을 돕거나 사회 또는 환경 분야와 관련된 직업에 관심이 있다면, 고려해볼 만한 몇 가지 직업들이 아래에 나타나 있다. 이러한 직업들의 업무, 필요한 지식과 기술, 급여수준, 미래전망 등에 관해서는 bls.gov 웹사이트의 Occupational Outlook Handbook을 살펴보라.

- **준법감시인** – 심사, 평가 및 법규 준수 여부를 조사한다.
- **녹색 직업** – 환경에 도움이 되거나 천연 자원을 보존하는 제품을 생산하거나 서비스를 제공하는 직업. OOH에서 수자원 보존, 지속 가능한 임업, 바이오 연료, 지열 에너지, 환경 개선, 태양열 발전, 재활용 등의 직업을 검색하라.

- **사회 및 지역 사회 서비스 관리자** – 사회 서비스 프로그램 및 지역 사회 조직을 조정하고 감독한다. 대중에게 사회 서비스를 제공하는 직원을 관리한다.
- **기금 모금 관리자** – 조직을 위한 기금 및 기타 기부금을 모으기 위해 이벤트와 캠페인을 조직한다. 조직의 작업, 목표 및 재정적 필요에 대한 인식을 높인다.

조직한다. 조직의 작업, 목표 및 재정적 필요에 대한 인식을 높인다.

- **사회 복지사** – 사람들이 일상 생활에서 문제를 해결하고 대처하도록 돕는다.

비디오 사례

글루틴 프리 바의 의식적 마케팅

경제학자 밀턴 프리드먼(Milton Friedman)은 한때 회사의 유일한 책임은 주주를 위해 이윤을 창출하는 것이라고 말했다. 수년 동안 이 말은 수많은 기업을 위한 지침이었다. 그러나 오늘날 기업의 사회적 책임(CSR)에 대한 초점은 비즈니스 리더를 주주뿐만 아니라 모든 이해 관계자의 요구 사항을 해결하는 방향으로 이동시켰다. 미국의 대기업 CEO들은 직원에 대한 투자, 지역사회 지원, 공급업체와의 윤리적 거래, 공정한 가격 제공을 강조하는 기업 목적의 새로운 정의를 개발했다. 많은 기업은 소비자에게 이러한 가치를 알리기 위해 "의식적 마케팅(conscious marketing)"에 의존한다.

의식적 마케팅은 4가지 핵심 개념을 중심으로 진행된다. 더 높은 목적, 이해관계자 포용, 의식 있는 기업 문화 조성, 윤리적 결정. 인증된 글루텐 프리 스낵 제조업체인 GFB(Gluten Free Bars)는 2010년 출시 이후 의식적인 마케팅을 옹호해 왔다. 설립자 Elliott Rader에 따르면 회사는 직원과 공급업체 모두가 행복하고 충만하도록 열심히 노력했다. GFB는 그 역할을 매우 진지하게 받아들여서 출범 직후 "B corp" 또는 혜택 기업 인증을 받았다.

B 기업으로서 GFB는 그 행동이 주주뿐만 아니라 고객, 직원 및 그 가족, 공급망 파트너, 정부 기관, 환경 및 지역 사회 전반에 미치는 영향을 고려해야 한다. GFB의 모토는 "We Win Together"이다. 즉, 회사가 잘되면 다른 사람들도 마찬가지이다. 회사는 의료, 401k, 넉넉한 휴가 및 병가와 같은 혜택을 제공한다. GFB는 또한 범죄 기록이 있는 사람들에게 두 번째 기회를 주기 위해 최선을 다하고 있다. 사실, GFB 직원의 거의 40%가 이전에 수감된 적이 있다.

의식 있는 마케터가 된다는 것은 지속 가능한 공급망을 개발한다는 의미이기도 하다. GFB는 탄소 발자국을 낮게 유지하기 위해 현지 식품 공급원 및 인근 제조업체와 협력한다. Zero Waste Production 이니셔티브에 따라 회사의 모든 폐기물은 재활용, 재사용 또는 퇴비화된다. 예를 들어 GFB에서 생성되는 10파운드의 폐기물 중 9개가 재활용되며 회사는 항상 이 시스템을 추가로 개선하기 위해 노력하고 있다.

Gluten Free Bars는 그들의 모델이 다른 미국 기업들이 세상을 더 나은 곳으로 만드는 데 기여하도록 영감을 주기를 바란다. GFB의 리더십은 사회적으로 의식적인 임무에 전념하고 이해 관계자의 이익을 최전선에서 유지할 것을 약속한다. 회사 설립자는 고객이 GFB가 만드는 제품을 신뢰하고 누가 생산하는지, 어디서 왔는지, 어떻게 공급되는지에 대해 관심을 가지고 있다고 말한다. 더 많은 기업이 CSR 전략을 개발함에 따라 Milton Friedman의 오래된 조언을 따르면 생존하기 어려울 수 있다.

다시 생각해보기

1. 기업은 비즈니스 결정을 내릴 때 모든 이해 관계자를 고려해야 할까 아니면 엄격하게 주주만을 고려해야 할까? 왜 그래야 하는가?
2. "의식적 마케팅"이 글루텐 프리 바와 같은 회사에 어떤 이점이 있는가?
3. B corp로 인증된 회사의 제품을 구매할 의향이 더 있는가?

참조

1. Jeff Cox, "More Cracks Are Appearing in the Market for Loans That Helped Cause the Financial Crisis," CNBC, cnbc.com, January 29, 2019.
2. "The Golden Rule (aka Ethics of Reciprocity)," Religious Tolerance, religioustolerance.org, accessed October 2019.
3. Chelsea Dennis, "The Benefits of Volunteering Get Renewed Attention," NonProfit Quarterly, nonprofitquarterly.org, February 1, 2019.
4. Turnitin, turnitin.com, accessed October 2019.
5. "Cheating in College: The Numbers and Research," Best College Reviews, bestcollegereviews.org, accessed October 2019.
6. Trevor S. Harding, Donald D. Carpenter, Cynthia J. Finelli, and Honor J. Passow, "Does Academic Dishonesty Relate to Unethical Behavior in Professional Practice? An Exploratory Study," National Center for Biotechnology Information, ncbi.nlm.nih.gov, accessed November 2019.
7. Kenneth Blanchard and Norman Vincent Peale, The Power of Ethical Management (New York: William Morrow, 1996).
8. "5 Common Ethical Issues in the Workplace," Michigan State University, michiganstateuniversityonline.com, December 4, 2018; Janine Schindler, "Leading with Ethics," Forbes, forbes.com, January 7, 2019.
9. Tony Prophet, "Ethics and Technology in the Fourth Industrial Revolution," World Economic Forum, weforum.org, January 21, 2019; Shana Lynch, "Are You an Ethical Leader?," Stanford Business, gsb.stanford.edu, October 18, 2019; Patrick Quinlan, "Building an Ethics-First Employee Culture Is Crucial for All Leaders," Forbes, forbes.com, accessed October 2019.
10. "Insider Trading Exposed by Whistleblower Tips and New Technology," National Law Review, natlawreview.com, February 11, 2019.
11. Alyse Shorland, "Johnson & Johnson Lawsuits Raise Concerns over Baby Powder," The New York Times, nytimes.com, October 4, 2019.
12. Andrew Ross Sorkin, "World's Biggest Investor Tells C.E.O.s Purpose Is the 'Animating Force' for Profits," The New York Times, nytimes.com, January 17, 2019; Mark R. Kramer, "The Backlash to Larry Fink's Letter Shows How Far Business Has to Go on Social Responsibility," Harvard Business Review, January 31, 2019.
13. David Hessekiel, "What Will 2019 Hold for Corporate Social Impact Programs?," Forbes, January 30, 2019.

14. Kate Bloomgarden, "Corporate Responsibility Is Taking On a New Meaning," Fortune, fortune.com, January 2, 2019; Kevin Xu, "How to Make Your Corporate Social Responsibility Come from Within," Forbes, forbes.com, February 4, 2019.
15. Bill & Melinda Gates Foundation, gatesfoundation.org, accessed October 2019.
16. Logistics Cluster, logcluster.org, accessed October 2019.
17. Patagonia, patagonia.com, accessed October 2019.
18. Danielle Abril, "Google Is Paying Employees for Six Months of Charity Work," Fortune, fortune.com, January 16, 2019.
19. Danielle Holly, "Building Social Sector Capacity through a Day of Skilled Service," Stanford Social Innovation Review, ssir.org, February 1, 2019.
20. Valerie Bolden-Barrett, "Companies to Act as 'Stewards of Society' through CSR Programs," HR Dive, hrdive.com, February 9, 2019.
21. "The ROI of Philanthropy: Consumers Willing to Spend 6% More for Products from Socially Responsible Companies," MarketWatch, marketwatch.com, November 12, 2018.
22. "The Ultimate Guide to Marketing to Gen Z in 2019," Campaign Monitor, campaignmonitor.com, accessed October 2019.
23. Kevin Wack, "Wells Fargo Bends to Critics in Its Latest Response to Scandals," American Banker, americanbanker.com, January 30, 2019.
24. Thomas Lys, James Naughton, Sunil Chopra, Dylan Minor, et al., "How Companies Benefit from Corporate Social Responsibility," Kellogg Insight, kellogginsight.com, March 1, 2018; Kristin Stoller, "Here's How to Invest in a Socially Responsible Way," Forbes, forbes.com, June 25, 2019.
25. Jonathan Stempel, "Rajaratnam Fails to Cut U.S. Insider Trading Conviction, Sentence," Reuters, reuters.com, June 1, 2018.
26. Peter J. Henning, "Insider Trading Remains a Fixture for Securities Enforcement," The New York Times, nytimes.com, January 1, 2019.
27. "What Exactly Is Insider Trading—and How Do You Avoid It?," MarketWatch, marketwatch.com, February 13, 2019.
28. Bill Catlette and Richard Hadden, Contented Cows Still Give Better Milk (Jacksonville, FL: Contented Cow Partners, 2012); Contented Cow Partners, contentedcows.com, accessed October 2019.
29. "Employees Say That Higher Pay and Great Benefits Make Costco the Best Place to Work," Inquisitr, inquisitr.com, June 10, 2018; Kevin Curran, "Costco Is the Winner If Wages Wind Up Higher," Real Money, realmoney.thestreet.com, October 5, 2018; Zeynep Ton, "Service Jobs Should Be—and Can Be—Middle-Class Jobs," Harvard Business Review, hbr.org, August 30, 2019.
30. "The High Costs of Staff Turnover," The Economist, economist.com, September 20, 2018; Bill Conerly, "Companies Need to Know the Dollar Cost of Employee Turnover," Forbes, forbes.com, August 12, 2018; John Hall, "The Cost of

Turnover Can Kill Your Business and Make Things Less Fun," Forbes, forbes.com, May 9, 2019.

31. Association of Certified Fraud Examiners, acfe.com, accessed October 2019.
32. Steve Dubb, "Nonprofit Workforce Study Finds Strengths in Growth, Pay, and Resilience," Nonprofit Quarterly, nonprofitquarterly.org, February 7, 2019.
33. "Carbon Footprinting Guide," Carbon Trust, carbontrust.com, accessed December 2019.
34. "Global Water Treatment Chemicals Market to 2026—Infrastructural Advancements and Stringent Environmental Regulations," PR Newswire, prnewswire.com, January 22, 2019.
35. American Solar Energy Society, ases.org, accessed October 2019.
36. The Forum for Sustainable and Responsible Investment, ussif.org, accessed October 2019.
37. Ethisphere, ethisphere.com, accessed October 2019.
38. Rainforest Action Network, ran.org, accessed October 2019.
39. Andy Burt, "J.Crew Group Selects Sustainable Denim Supplier. Is It a Natural Fit?," Supply Chain Dive,supplychaindive.com, January 31, 2019.
40. Organization of American States, oas.org, accessed October 2019.

PART 2 사업 소유구조:
소규모 창업 시작하기

4 사업 소유구조 형태의 선택

학습목표  이 장을 학습한 후에 다음 질문에 답할 수 있어야 한다.

4-1 개인 기업(sole proprietorship)의 장점과 단점을 비교할 수 있다.

4-2 일반적 파트너십(General partnership)과 유한 파트너십(Limited partnership)의 차이점을 설명하고, 각 파트너십의 장점과 단점을 비교할 수 있다.

4-3 회사(corporation)의 장점과 단점을 비교할 수 있으며, C 회사(C corporations), S 회사(S corporations), 유한 책임 회사(Limited liability companies)간의 차이점을 요약할 수 있다

4-4 회사 합병(Corporate merger)의 세 가지 유형을 정의 및 설명할 수 있으며, 차입매수(Leveraged buyouts)과 기업 사유의 기능을 설명할 수 있다.

4-5 프랜차이즈(franchise)의 장점 및 단점을 개략적으로 설명할 수 있으며, 프랜차이즈의 다양성으로 인한 기회와 글로벌 프랜차이즈의 도전 과제에 대해 논의할 수 있다.

4-6 협동조합(cooperatives)의 역할을 설명할 수 있다.

Jersey Mike's Subs의 창업자 피터 캔크로(Peter Cancro)에 대해 알아보자

미국의 독립전쟁에서부터, 토마스 에디슨의 발명, 그리고 브루스 스프링스턴 음악의 태동지에 이르기까지, 미국의 뉴저지만큼 극적인 이야기를 가진 도시도 드물 것이다. 피터 캔크로에게는 뉴저지는 단순히 도시가 아닌 잠수함(submarine) 샌드위치의 탄생지라는 자부심이 있다. 그는 "어떤 음식은 특정 도시와 연결되기도 하지요. 서브 샌드위치는 뉴저지 삶의 방식입니다."라고 말한다.

저지 마이크스 서브의 대표 메뉴인 샌드위치는 피터 캔크로의 인생에서 40년 이상 중요한 부분을 차지하고 있다. 저지 쇼어 지역의 작은 샌드위치 가게의 점원으로 시작한 그는 마침내 그 점포를 인수한 후 미국 내 1,500개 이상의 지점을 보유한 업체로 성장시켰으며, 그의 프랜차이즈는 연간 10억 달러의 매출을 올리고 있다.

1971년 마이크스 서브에서 첫 직장을 잡을 때만 해도 캔크로는 그의 삶에서 샌드위치가 이렇게 중요한 부분을 차지하리라고는 상상하지 못했다. 처음 일을 시작했을 때 그의 나이는 14세에 불과했으나, 마이크스 서브의 대표인 두 형제는 그를 처음부터 성인으로 대해주었다. 이러한 경험으로 인해 그는 자신이 어린 아이가 아니라 한 직장의 구성원이라고 생각하게 되었을 뿐만 아니라, 정신없이 바쁘게 돌아가는 가게에서의 일상에 적응할 수 있었다. 그 샌드위치 가게는 저지 해변의 주요 입지에 위치해 있어 하루 종일 손님들로 붐볐다. 캔크로는 "약 28평의 가게에서 하루에 1,000개 넘게 샌드위치를 만들었습니다."라고 그 당시를 회상하였다. 가게는 손님들로 항상 붐볐기 때문에 캔크로는 대기하고 있는 손님들과 친절하게 대화를 나누면서도 신속하게 샌드위치를 만드는 방법을 터득하게 되었다.

마이크스 서브에서 3년을 근무한 즈음에 캔크로는 대표가 점포를 매각한다는 계획을 듣게 되었으며, 이것을 기회라 여긴 그는 가게를 인수하겠다고 나섰다. 대표는 이 제안을 수락하였으나, 아직 10대였던 캔크로에게 $125,000(현재 가치로 약 $500,000)를 며칠 내로 준비하지 못하면 다른 매수자에게 넘어갈 수 밖에 없다는 점은 큰 부담이었다. 한 투자자가 파트너십이 자신에게 주어진다면 당장 100%의 자금을 투자하겠다고 나섰으나 캔크로는 이 제안을 거절하였다. 그는 "그것은 내가 원하는 방식이 아니었어요."라고 회상하였다. 캔크로는 과거 미식축구 코치였던 은행가와 연결이 되었고 그를 통해 투자금을 받아 단독으로 샌드위치 가게를 인수하게 되었다.

고객들은 지속적으로 뉴저지 이외의 지역에 가게를 오픈할 것을 요청하였다. 왜냐하면 현재 해변에 위치한 샌드위치 가게는 여름에나 이용할 수 있는 경우가 대부분이었기 때문이다. 이후 캔크로는 프랜차이즈의 장점에 대해 연구와 조사를 시작하였으며, 시작은 개인 사업이었으나 브랜드를 크게 키우는 데 프랜차이즈가 좋은 기회가 될 수 있다는 것을 깨닫게 되었다.

사명을 저지 마이크스 서브로 바꾼 후 첫 번째 프랜차이즈는 1987년에 오픈하였으며, 곧 십여 개의 프랜차이즈 점포로 성장하였다. 승승장구하던 그의 사업은 1991년 미국을 휩쓴 경기 불황에 부딪히게 되었다. 급격한 매출 감소는 캔크로 뿐 아니라 프랜차이즈 사업체에게도 큰 시련이었다. "파산까지는 아니었지만 적자가 2백만에서 5백만 달러에 이르렀습니다. 하지만 고삐를 놓지 않고 모든 점포를 방문하기 시작했습니다."라고 캔크로는 그 당시를 회상한다. 프랜차이즈 가맹업주들의 도움으로 캔크로는 저지 마이크스 서브 점포의 수익성에 집중하고 기본에 충실하는 방향으로 사업 모델을 수정할 수 있었다. "현금 보유 여력이 있는 가맹 점포도 늘리는 한편, 이미 보유한 가맹점들의 경쟁력을 강화하고 성장시키기 위해 사력을 다했습니다."라고 언급하고 있다. 실제 이러한 노력은 효과가 있었으며, 저지 마이크스 서브스는 현재 44개 주에 가맹점을 가지고 있으면 점포 수는 여전히 증가 추세에 있다.

피터 캔크로처럼 모든 사업의 소유주는 어떤 사업 형태가 가장 이상적일지 결정하여야 한다. 창업을 꿈꾸거나 파트너십을 고려하는 경우, 혹은 회사 설립이나 프랜차이즈를 고려하는 경우라 할지라도 각 소유 형태의 장점과 단점을 이해하는 것은 매우 중요하다. 본 장에서는 이러한 내용을 학습하도록 한다.

출처: Hayden Field, "This Entrepreneur Borrowed $125,000 as a Teen, Then Used It to Build the $1 Billion Jersey Mike's Brand," Entrepreneur, May 21, 2018; Felix Gillette, "America's Fastest-Growing Restaurant Is on a Roll," Bloomberg Businessweek, August 23, 2016; Bruce Horovitz, "'And We Also Make Subs,'" QSR, December 2015; Patricia R. Olsen, "Lessons from the Sub Shop," The New York Times, June 5, 2010; Kate Taylor, "This Sandwich Shop Came Back from the Brink of Bankruptcy to Become the Fastest-Growing Chain in the US," Business Insider, December 17, 2015; Ed Teixeira, "Jersey Mike's: A Fresh Approach to Successful Growth and Franchisee Success," Forbes, July 30, 2018; "Jersey Mike's Subs: History," jerseymikes.com, accessed November 2019.

이 크라우드 펀딩 사이트는 100만 명 이상의 투자자들로부터 40억 달러 이상의 자금을 모금하였다. 또한 이 회사는 세후 수익의 5%에 해당하는 금액을 예술 교육 프로그램과 사회 불평등 해소 조직에 기부하기도 하였다. 이 회사의 이름은 무엇인가? (이 장에서 답을 찾아보라)

사업 소유구조의 기본 구조

개인 기업
한 개인이 소유하고 경영하는 사업 형태

파트너십
두 명 이상의 소유주로 구성된 사업의 법적 형태

회사
소유와 분리되어 경영되며 책임을 지는 법적 기구

미국에서는 수천 명의 사람들이 새로운 사업을 시작한다. 실제로 미국에서 매년 400,000개 이상의 신규 사업이 런칭되고 있다.[1] 스스로 자신의 사업을 시작하는 것을 고려해 보았거나 주변에서 그러한 사람을 보았을 것이다.

사업의 유형을 선택하는 것이 장기적 성공을 결정하는 결정적 차이를 만들 수 있음을 이해하여야 한다. 여러 유형으로 사업을 구성할 수 있는데, 사업 소유구조의 세 가지 주요한 형태를 보면 (1) 개인 기업(sole proprietorships), (2) 파트너십(Partnerships), (3) 회사(corporations)가 있다.

한 사람이 소유하고 관리하는 사업 형태를 **개인 기업**이라 한다. 많은 사람들이 스스로 사업을 경영할 수 있는 열망을 품거나 필요한 시간과 자금을 보유하고 있는 것은 아니다. 대부분 한 명 또는 여러 명의 사람들과 함께 사업을 구성하는 형태를 선호한다. 두 명 이상의 인원이 사업의 공동 소유주가 되는 것을 법적으로 동의하였을 때, 이러한 조직은 **파트너십**이라 정의된다.

개인 기업이나 파트너십은 상대적으로 설립이 용이한 편이지만, 소유주와 별도로 회사를 설립하는 것의 장점도 분명 존재한다. 소유와 별도로 권리와 책임을 갖는 법적 기

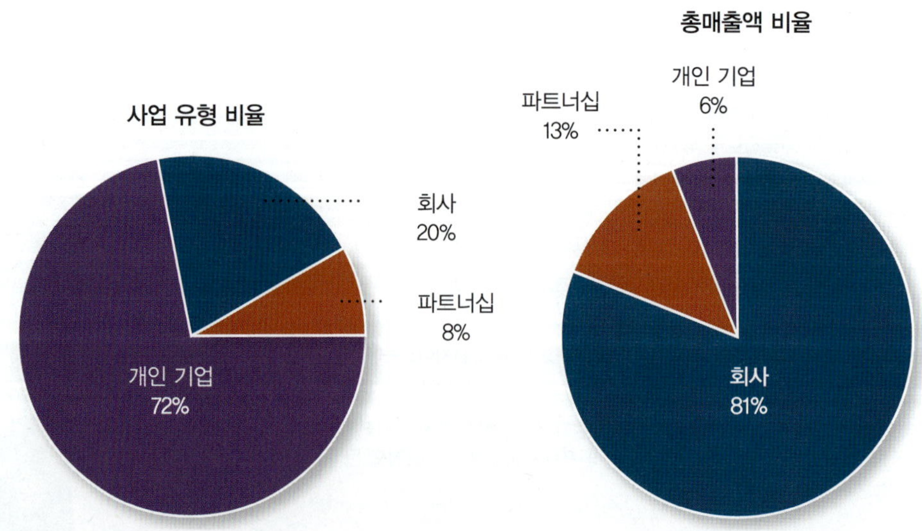

그림 4.1 사업 소유구조의 형태
회사는 전체 사업 수의 20%에 불과하지만, 총 수입의 81%를 차지한다. 개인 기업은 가장 일반적인 형태이지만(72%) 총 수입의 6%에 불과하다.
출처: 미 국세청.

구를 **회사**라 한다. 미국의 약 5백만 개의 회사는 모든 사업 형태의 20%에 불과하지만, 총 수입금액의 81%를 차지한다(그림 4.1참조).

특정 형태의 사업 소유 구조로 시작하였다 할지라도 그 형태를 계속해서 유지할 필요는 없다는 사실에 주목하라. 많은 기업들이 특정 소유 구조로 시작하였다가 파트너를 하나 둘씩 추가(혹은 삭제)하기도 하고 궁극적으로 회사, 유한책임회사(limited liability company), 혹은 프랜차이즈 업체(franchisor)가 되기도 한다. 가장 일반적인 형태의 소유구조인 개인 기업으로 논의를 시작해 보도록 하겠다.

학습목표 4-1 개인 기업(sole proprietorship)의 장점과 단점을 비교할 수 있다.

개인 기업

개인 기업의 장점

개인 기업은 흥미로운 경력 탐색을 위한 가장 용이한 사업 형태라 할 수 있다. 모든 도시마다 개인 기업을 방문할 기회가 존재한다. 자영업자들이 겪는 기쁨과 좌절에 대해 이야기를 나누어 보아라. 대부분은 자영업의 장점을 자신 스스로 사장이 될 수 있다는 것과 시간을 관리할 수 있다는 점을 꼽을 것이다. 자영업자들이 언급할 기타 장점은 다음과 같다:

1. 사업의 시작과 종료가 용이함. 개인 기업을 시작하기 위해 필요한 것은 필요한 장비를 구입하거나 대여하고 사업을 광고하는 것이 전부이다(예를 들어 톱, 노트북 컴퓨터, 트랙터, 잔디 깎는 기계 등). 지방 정부의 승인이나 사업 면허가 필요할 수도 있지만, 대부분의 경우 문제가 되지 않는 선이다. 사업을 철수하는 것도 마찬가지로 쉬운 편이다; 단순히 그만두기만 하면 된다. 컨설팅이 필요하거나 결정에 반대하는 사람도 없다.
2. 스스로 사장이 될 수 있음. 다른 사람 밑에서 일하는 것은 자영업에 비해 확실히 흥미가 떨어지는 것은 사실이며, 대부분의 자영업자들이 그렇게 느끼고 있다. 실수를 할 수도 있지만 스스로의 실수이며 매일 스스로 성취하는 승리를 맛볼 수 있다.
3. 사업 소유의 자부심. 스스로 사업을 소유하고 경영하는 사람들은 자신의 일에 대해 긍지를 갖는다. 이들은 위험을 감수하고 재화와 용역을 공급하는 것에 대한 노고를 보상받을 권리를 가지고 있다.
4. 유산을 남김. 개인 기업 소유자들은 미래 세대를 위해 무언가를 남기게 된다.
5. 회사 이익 보유. 스스로 사장이 된다는 즐거움 이외에도 노력한 만큼 이익을 거둘 수 있고 그 이익을 다른 사람들과 나누지 않아도 된다는 즐거움이 더 크다(정부에 납부하는 세금 제외).
6. 특별세 없음. 개인 기업의 수익은 소유주의 개인 소득을 기준으로 세금이 부과되

이라크 전쟁 참전으로 허리 부상을 입게 된 크리스 놀테(Chris Nolte)는 다시는 자전거를 탈 수 없을 것이라 생각했다. 하지만 놀테는 전자 장치를 장착하여 허리의 통증을 느끼지 않고도 탈 수 있는 자전거를 스스로 만들었다. 이 경험으로 그는 완전 조립된 형태의 전동식 보조 장치를 장착한 자전거를 제조하는 프로펠 바이크(Propel Bikes)를 창업하게 되었다. 당신도 이러한 창업까지 이어질 수 있는 열정을 가지고 있는가?

패션 부티크 같은 1인 사업자가 되는 것은 업체 운영에 자신의 대부분의 시간을 할애하여야 하며, 사업의 확장을 위해서는 신규 고객과 신뢰할 만한 직원을 찾아야 함을 의미한다. 만약 당신이 개인 사업자이면서 일주일간 휴가를 가야 하는 상황이라면, 사업과 관련하여 무엇을 해야 한다고 생각하는가?

며, 소유주는 그 금액을 기준으로 일반 소득세를 납부한다. 하지만, 소유주는 사회보장세나 의료보험과 같은 자영업세를 납부하여야 한다. 또한 소유주는 세금을 추정하고 분기별로 정부에 세금을 납부하여야 하며, 세금 미납분에 대해서는 벌금을 물어야 한다.

개인 기업의 단점

모든 사람이 기업을 소유하고 경영할 수 있는 능력이 있는 것은 아니다. 사업을 시작할 만한 자금을 마련하고 사업을 유지하는 것은 어려운 일이다. 재고비용, 시설비용, 기타 비용 등은 혼자서 감당하기에는 벅차기 때문이다. 자영업의 기타 단점은 아래와 같다.

1. **무한 책임(개인적 손실의 위험)** 타인에게 고용된 상황에서는 사업의 수익성이 좋지 않다 할지라도 그것은 자신의 문제가 아니다. 하지만 자영업의 경우에는 자신과 사업이 하나로 간주된다. 이는 소유주가 **무한 책임**을 지고 있다 할 수 있는데, 사업으로 인한 부채와 손해들이 자신의 부채가 되는 것이며 이를 지급할 의무가 있게 된다. 집이나 자동차 등 자신의 소유를 팔아서라도 감당해야 할 의무이기에 심각한 위험이며, 단순히 창업의 위험을 고려하는 수준이 아니라 변호사, 보험 설계사, 회계사 등과의 협의를 필요할 수 있다.

무한 책임
사업 소유주가 모든 부채에 대해 지니는 책임

2. **제한적 재무 자원** 사업 자금은 (단일) 소유주가 모을 수 있는 자금에 한정된다. 개인이 모을 수 있는 자금은 한정적이기 때문에, 파트너십이나 회사의 형태가 사업을 시작하고 유지하는데 필요한 재무적 자원을 획득할 가능성이 높다.
3. **경영의 어려움** 모든 사업에는 경영이 필요하다. 즉, 누군가는 계속해서 재고 수준을 체크하고, 회계 기록을 점검하며, 세금 납부 등을 담당하여야 한다. 영업이나 서비스를 제공하는 데에는 숙련이 되어 있지만 회계기록 유지에는 숙련이 되어 있지 않은 사람들이 많다. 자영업자들은 큰 규모의 회사들이 제공하는 급여와 복지 수준에 경쟁할 수 없기 때문에 자질 있는 종업원들을 고용하는 데 어려움을 호소한다.
4. **압도적인 시간 투자** 개인 사업자들은 자신의 시간을 관리할 수 있을지 모르지만, 사업을 소유하고 경영하며, 종업원들을 훈련시키고 개인적인 시간을 갖는 것은 쉬운 일이 아니다. 이것은 모든 형태의 사업에 적용되는 사항이기는 하지만, 자영업자들은 이러한 부담을 누군가와 나눌 수 없다. 종종 자영업자들은 장시간 근무한다. 예를 들어 한 상점의 사장은 하루에 12시간을 일하며 주 6일을 일한다 가정하

자. 이는 대기업의 비관리직 노동자의 노동시간의 두 배에 해당된다. 이러한 시간 투자가 자영업자의 가정 생활에 미치는 영향을 생각해 보라. 많은 자영업자들이 "창업은 단순히 직업이나 경력이 아니라 생활 그 자체가 된다."라고 전할 것이다.

5. **부가 혜택 전무** 자영업자라면 고용되었을 때 얻을 수 있는 복지 혜택을 누릴 수 없게 된다. 의료 보험 혜택이나 산재 보험, 병가, 유급 휴가 등을 누릴 수 없는 것이다. 이러한 복지혜택과 기타 혜택은 노동자 총 수입의 약 30%를 차지한다.
6. **성장 제한성** 자영업자들은 자신의 창의성, 사업 노하우, 자금조달에 의지하기 때문에 사업 확장의 속도가 느리다.
7. **삶의 범위 제한** 자영업자가 사망이나 더 이상 일을 할 수 없는 이유로 은퇴하게 되면 사업은 존속될 수 없다(사업을 팔거나 자영업자의 상속인에 의해 인수되는 경우 제외).

주변에 있는 자영업자들에게 그들이 직면한 문제가 무엇인지 함께 이야기해보는 것이 매우 중요하다. 자영업자들은 흥미로운 이야기들을 들려줄 것이며, 은행에서 대출을 받는 어려움이나, 도난 문제, 아니면 단순히 사업을 꾸려 나가는 데의 어려움 등을 털어놓을 것이다. 이러한 문제들이 바로 많은 자영업자들이 파트너를 찾아 부담을 덜고자 하는 이유이기도 하다.

시험 준비

- 미국에서 사업을 경영하는 대부분의 사람들은 자영업자들이다. 개인 기업의 장점과 단점들은 각각 무엇인가?
- 개인 기업의 가장 큰 단점으로 왜 무한 책임을 꼽을 수 있는가?

학습목표 4-2 일반적 파트너십(General partnership)과 유한 파트너십(Limited partnership)의 차이점을 설명하고, 각 파트너십의 장점과 단점을 비교할 수 있다.

파트너십

파트너십은 2인 이상의 소유주로 구성된 법적 형태이다. 파트너십에는 여러 유형이 존재한다. (1) **일반적 파트너십(general partnership)**, (2) **유한 파트너십(limited partnership)**, (3) 마스터 유한 파트너십(Master limited partnership)이 대표적이다. 일반적 파트너십이란 모든 소유주가 사업을 운영하고 부채에 대한 책임을 공동으로 유지하는 형태이다. 유한 파트너십은 단일 혹은 복수의 **일반적 파트너(general partner)**와 단일 혹은 복수의 **유한 파트너(limited partner)**로 구성된다. 일반적 파트너는 무한 책임을 지며 회사를 경영하는 소유주(혹은 파트너)를 의미한다. 유한 파트너는 사업에 자금을 투자하였지만 경영의 책임이나 손실에 대해 투자금액 이상의 책임을 지지 않는 파트너를 일컫는다. **유한 책임(limited liability)**이란 유한 파트너들이 투자 금액 이상의 채무에 대해서는 책임을 지지 않는 것을 말하며, 그들이 지는 의무는 회사에 투자한 금액에 한정되며 개인적 자산은 위험에 처하지 않는다.

일반적 파트너십
모든 소유주가 사업의 경영과 채무에 대한 의무를 분담하는 파트너십

유한 파트너십
1인 이상의 일반적 파트너와 1인 이상의 제한적 파트너와의 파트너십

일반적 파트너
회사를 능동적으로 경영하는 무한 책임을 지는 소유주(파트너)

유한 파트너
사업에 자금을 투자하였지만 경영의 책임이나 투자금액 이상의 손실에 대해 책임을 지지 않는 파트너

레베카 밍코프(Rebecca Minkoff)는 독특한 스타일의 의상과 핸드백 디자인으로 패션 업계에서 큰 성공을 거두었다. 비록 본인 이름의 레이블(Rebecca Minkoff LLC)을 가지고 있기는 하지만 그녀가 모든 일을 다 담당하고 있는 것은 아니다. 밍코프는 공동 CEO이기도 한 오빠 유리 밍코프(Uri Minkoff)와 함께 이 회사를 설립하였다. 가족과 파트너십으로 회사를 설립함에 있어 타인과의 파트너십과 다른 주의점은 무엇이 있겠는가?

새로운 형태의 파트너십으로는 **마스터 유한 파트너십(Master limited partnerships(MLP))**을 들 수 있는데, 이는 회사와 유사하게 행위하며 주식시장에서 거래된다는 점에서 다음에 논의될 회사의 형태와 유사하지만, 파트너십의 형태로 세금이 부과되기 때문에 회사 소득세를 내지 않을 수 있다.[2)]

예를 들어 수노코 주식회사(Sunoco Inc.)는 마스터 유한 파트너십(MLP)형태의 수노코 물류(Sunoco Logistics, SXL)를 설립하여 원유와 정제 품 파이프라인 및 저장 시설을 인수, 소유 및 운영하려 하였다. SXL이 벌어들인 소득은 배당금의 형태로 투자자들에게 지급되기 전까지는 세금 부과를 회피할 수 있었으며 이는 SXL이 회사 형태였다면 불가능한 것이었다.[3)]

또 다른 신규 파트너십은 무한 책임의 단점을 극복하기 위해 고안되었다. 미국의 모든 주는 파트너들이 **유한 책임 파트너십(Limited liability partnerships(LLP))**을 구성할 수 있도록 허용하고 있다. 유한 책임 파트너십(LLP)은 파트너가 스스로의 행위와 누락이나 자신의 감독 하에서 발생한 행위나 누락에 대해서만 개인적인 자산을 책임지도록 제한한다. 이것은 유한 책임 파트너십(LLP)으로 파트너 중 한 명이 불법으로 인하여 자신의 집, 자동차, 노후 자금, 빈티지 스타워즈 피규어 인형 등을 차압 당할 수 있다는 불안을 느끼지 않아도 된다는 것을 의미한다. 하지만, 미국 대부분의 주에서 이러한 개인 보호는 은행 대출, 임대 의무, 납품 대금 채권자 등의 책임까지 확대되는 것은 아니다. 이러한 상황에서는 개인자산 처분을 각오하여야 한다. 유한 책임 파트너십(LLP)의 채무 보호에 대해 추가적 조약이 있는 일부 주에서는 유한 책임 파트너십(LLP)는 유한 책임 회사(LLC)와 유사하다(후반부에 논의됨).

유한 책임
사업 소유자의 책임은 그들이 투자한 금액에 한한다. 유한 파트너와 주주는 유한 책임을 보유하고 있다.

마스터 유한 파트너십
회사처럼 행위하고 주식거래소에서 거래된다는 점에서 회사와 유사하지만 파트너십처럼 세금을 납부하여 회사 소득세를 절감할 수 있는 파트너십

유한 책임 파트너십
파트너의 책임이 자신의 행위나 누락 혹은 자신의 감독하에 있는 사람들의 행위 또는 누락에 의해서만 개인의 자산을 처분당할 수 있는 파트너십

루이지애나를 제외한 미국의 모든 주에서 단일 파트너십법(Uniform Partnership Act(UPA))을 채택하여 파트너십과 관련된 법률을 대체하였다. UPA는 일반적 파트너십의 세 주요 요소로써 (1) 공통 소유, (2) 이익과 손실의 분담, (3) 사업 운영에 참여할 권한을 제시하고 있다.

파트너십의 장점

사업을 경영하면서 한 명 이상의 파트너를 두는 것에는 여러 장점이 있다. 많은 경우 파트너와 함께 사업을 소유하고 경영하는 것이 훨씬 용이하다. 자신이 아프거나 휴가를 갈 경우 파트너가 대신 근무할 수 있으며, 자신의 강점이 영업이나 서비스 제공이라면 파트너가 재고 관리나 회계에 능숙할 수 있다. 파트너는 추가적으로 금전적 투자나 후원, 전

그림 4.2 사업 파트너를 선택할 때 고려해야 할 질문들

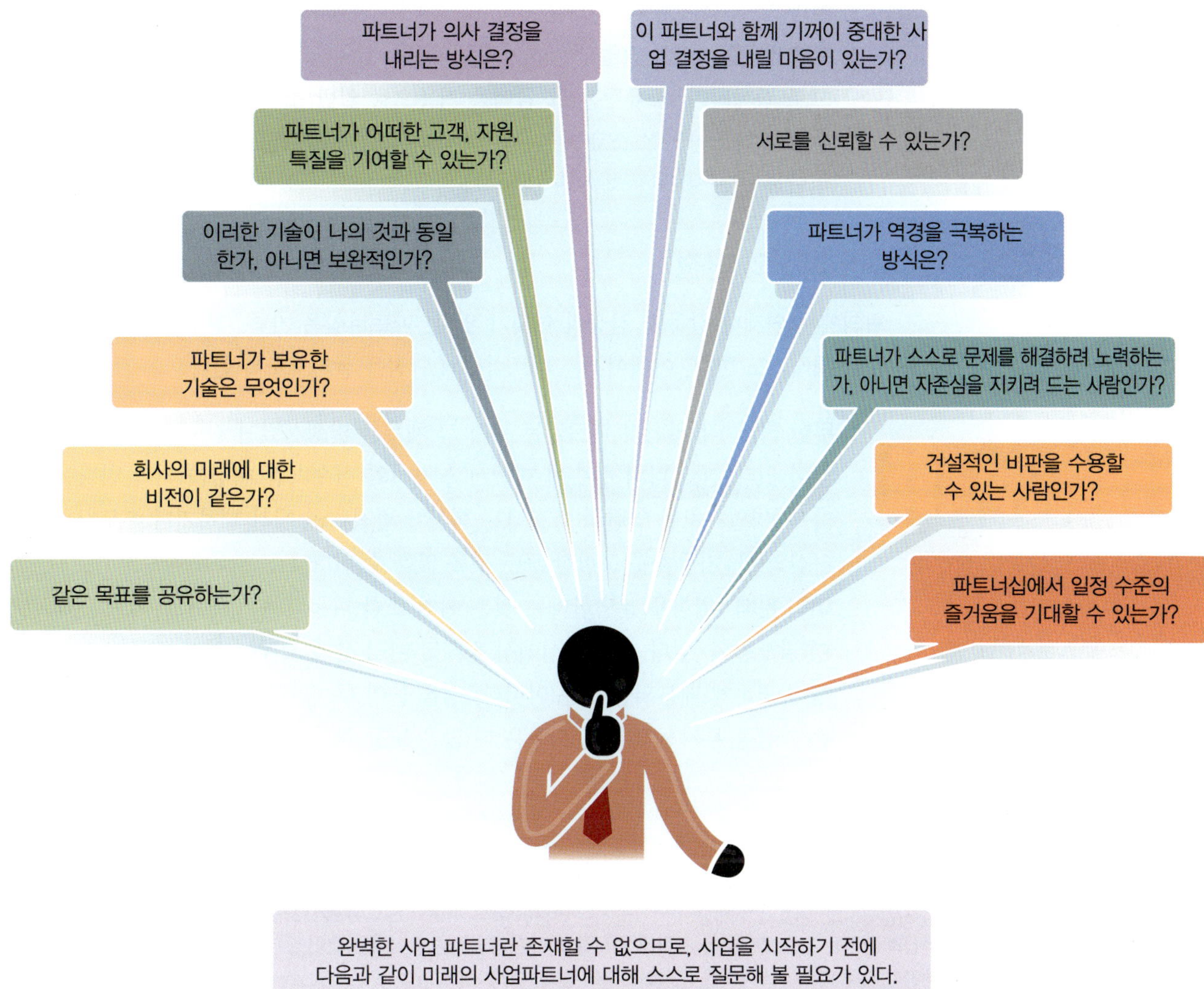

문 지식을 제공할 수도 있다. 파트너십은 대개의 경우 아래와 같은 장점이 있다.

1. **더 많은 재무적 자원** 2인 이상의 사람들이 돈과 노력을 투자하면 사업을 운영하면서 발생되는 임차료, 시설비, 기타 비용을 지불하기가 용이해진다. 유한 파트너십은 특별히 자금 조달을 위해 고안되었다. 언급되었듯이 유한 파트너는 사업에 금전적 투자를 하지만 법적으로는 경영의 의무가 없고 제한적 의무만 부여된다.
2. **경영의 분담 및 지식 및 기술의 상보 및 공동 조달** 용의 주도하게 선택한 파트너와 공통으로 매일의 영업활동을 관리하는 것은 훨씬 쉬운 일이다. 파트너는 서로에게 자유시간을 보장할 수 있으며 각기 다른 기술과 관점을 제공한다. 이러한 이유로 많은 경우 부부가 식당을 경영하거나 서비스를 제공하며 기타 다른 사업을 경영한다.[4)]
3. **높은 생존율** 한 연구결과에 따르면 1960년 이후의 파트너십 회사가 개인 기업에

비해 4배 이상의 생존율을 보인다. 파트너의 주시로 경영자들은 좀 더 훈련되는 것이다.[5)]

4. **특별세 없음** 개인 기업과 마찬가지로 파트너십의 모든 수익은 소유주의 개인 소득으로 과세되며, 소유주는 그 금액을 기준으로 일반 소득세를 납부한다. 유사한 맥락으로 파트너는 스스로 세금을 예측하여야 하며 분기별로 이를 납세하여야 하며, 미납에 대한 벌금을 지불하여야 한다.

파트너십의 단점

협의에는 언제나 갈등과 긴장의 여지가 있다. 파트너십은 가족, 친구, 결혼생활의 분열을 초래하기도 한다. 아래에서는 파트너십의 단점을 살펴보도록 한다:

1. **무한 책임** 각 일반적 파트너는 누가 그 채무를 발생시켰던 간에 회사의 채무에 책임이 있다. 파트너의 실수에 대해서도 자신의 실수처럼 책임을 져야 한다는 뜻이다. 자영업자처럼 일반적 파트너는 회사가 법적 소송에서 패하거나 부도나는 경우 자신의 집, 자동차를 포함한 모든 것을 잃을 수 있다.
2. **이익 분배** 위험을 분담한다는 것은 이익 또한 나눈다는 것이므로 이로 인해 분쟁이 발생될 수 있다. 파트너십에서 정해진 이익 분배 체계는 없기 때문에 이익이 항상 공평하게 배분되는 것은 아니다. 예를 들어 두 명이 파트너십을 결성하여 한 명은 자금을 투자하고 다른 사람은 더 많은 노동 시간을 투자했다고 가정하자. 각 사

그림 4.3 파트너십 구성

파트너십을 구성하는 것은 어려운 일은 아니지만 각 잠재적 파트너가 파트너 계약에 경험이 있는 변호사로 구성된 협의회를 구성하는 것이 바람직하다. 변호사가 제공하는 서비스는 비용이 높은 편이기 때문에 잠정적 파트너들은 변호사를 부르기 이전에 파트너십과 관련된 모든 조항들은 사전에 인지하고 기본적 협의를 달성하는 것이 좋다.

스스로를 보호하기 위해 파트너십 계약을 문서화하여야 한다. 미국모범회사법(Model Business Corporation Act)은 아래의 항목을 파트너십 계약 문서에 포함할 것을 권고하고 있다.

- 회사의 명칭. 미국의 많은 주에서 회사명이 파트너의 이름과 일치하지 않을 경우 회사명을 주립/국가기관에 등록할 것을 요구한다.
- 모든 파트너의 성명과 주소.
- 회사의 목적과 본질, 주요 사무소의 위치, 사업이 진행되는 모든 장소의 위치.
- 파트너십의 시작일 및 지속 기간. 파트너십이 특정 기간동안에만 지속될 것인가, 아니면 파트너 중 한 명이 사망하거나 파트너들이 종결을 합의한 경우에 종결될 것인 것인가?
- 각 파트너의 공헌도. 파트너가 금전적 공헌을 할 것인가, 아니면 부동산, 개인 재산, 전문 지식, 노동을 제공할 것인가? 공헌의 제공 기간은 언제인가?
- 경영 책임. 모든 파트너가 경영에 동등한 위치를 차지할 것인가, 아니면 상위 혹은 하위 파트너를 둘 것인가?
- 각 파트너의 의무 사항
- 각 파트너의 연봉과 인출금
- 이익 및 손실 분담 규정
- 회계 절차 규정. 누가 회계 계정을 관리할 것인가? 어떠한 회계 및 장부기입 방식을 사용할 것인가? 장부의 보관 장소는?
- 신규 파트너 영입의 요건
- 파트너의 특별 제약조건, 권리 및 의무
- 파트너 은퇴 규정
- 사망 혹은 은퇴한 파트너의 지분 매입 규정
- 불만 처리 규정
- 파트너십 해산 및 파트너의 자산 분배 규정

윤리적 의사결정

잘되는 사업은 내 탓, 나쁜 업보는 남의 탓?

파트너와 함께 건설 업체를 운영하고 있다고 가정해 보자. 하청업체가 20%나 낮은 가격으로 입찰을 하였고, 당신은 이러한 손실이 하청업체가 도산할 수 있을 정도라는 것을 인지하고 있다. 하지만, 이 하청업체의 입찰을 수락하면 대규모 쇼핑센터 프로젝트를 수주할 가능성이 높아진다. 당신의 사업 파트너는 이를 추진하기 원하며, 하청업체의 손해는 그들이 자초한 셈이라고 주장한다. 이런 경우 어떠한 의사 결정을 내려야 할 것인가? 또한, 당신의 의사 결정으로 인해 어떤 결과가 발생할 것인가?

람은 자신이 더 많은 이익을 받아야 한다고 생각할 것이다. 이 분쟁을 어떻게 해결할지 고민해 보라.

3. **파트너간 불일치** 금전적 의견 불일치는 파트너십에서 발생할 수 있는 잠재적 분쟁의 한 가지 예에 불과하다. 피고용인에 대한 최종 권한은 누가 가질 것인가? 누가 종업원을 고용하고 해고할 것인가? 누가 언제 일할 것인가? 파트너 중 한명이 고가의 장비를 구입하기를 원하는데 다른 한명이 반대할 경우에는 어떻게 할 것인가 등 잠재적인 분쟁의 예는 셀 수 없을 정도이다(윤리적 의사 결정 사례를 참고하라). 이러한 문제 때문에 파트너십의 모든 규정은 명문화되어서 모든 이해관계자를 보호하고 오해를 최소화하여야 한다.[6]
4. **사업 청산의 어려움** 파트너십에 참여하기로 결정한 이상 사망 등으로 인한 즉각적 파트너십 종결을 제외하고는 끝내는 것이 쉽지 않다. 분명 단순히 파트너십을 떠나는 것으로 끝낼 수도 있다. 하지만, 누가 무엇을 가질 것이며, 차후 계획을 결정하는 것 때문에 파트너십의 종결은 종종 난항을 겪게 된다. 놀라운 사실은 법률 회사조차 잘못된 파트너십 조약을 맺고 파트너십 종결에 어려움을 겪는다는 사실이다. 파트너가 마음에 들지 않는다면 어떻게 제거할 것인가? 가장 좋은 방법은 파트너십 계약을 맺기 앞서서 이러한 것들을 고려하는 것이다. 120페이지의 그림 4.2를 통해 파트너십 계약에 어떠한 항목이 포함되어야 하는지를 알 수 있다.

파트너십의 장점과 단점을 학습하는 데 가장 좋은 방법은 이러한 경험을 한 사람들은 인터뷰하는 것이다. 이를 통해 어떻게 하면 문제가 발생하는 것을 막을 수 있는지에 대한 통찰과 암시를 배울 수 있다.

자영업을 하거나 파트너와 동업하는 경우 공통적인 두려움은 사업의 실패로 큰 돈을 잃거나 고소당하지 않을까 하는 우려이다. 많은 경영자들은 이러한 위험과 개인 사업이나 파트너십의 위험을 감소시키기 위해 회사(corporation)를 설립한다. 다음 단락에서는 사업 소유의 기본적 형태에 대해 논의하기로 한다.

시험 준비

- 유한 파트너와 일반적 파트너의 차이점은 무엇인가?
- 파트너십의 장점 및 단점은 무엇인가?

학습목표 4-3 회사(corporation)의 장점과 단점을 비교할 수 있으며, C 회사(C corporations), S 회사(S corporations), 유한 책임 회사(Limited liability companies)간의 차이점을 요약할 수 있다

회사(Corporations)

제네럴 일렉트릭(General Electric), 마이크로소프트(Microsoft), 월마트(Walmart) 같은 대규모 기업들이 미국 경제에서 차지하는 규모와 영향력은 상당하다. 하지만, 회사를 구성하기 위해서 반드시 규모가 커야 하는 것은 아니다. 소규모 사업체 역시도 회사를 조직함으로써 얻는 이익이 상당하다.

전통적 회사
소유와 구분되어 행위하고 책임을 갖는 정부 공인 법적 단체.

전통적인 회사(Conventional (C) corporation)는 소유주(회사의 주주와 소유주)와 분리되어 행위하고 책임을 지니는 정부 공인 법적 단체이다. 이는 소유주는 투자한 금액 이상의 부채나 기타 문제에 대해 책임이 없다는 것을 의미한다. 주주들은 회사의 문제로 자신의 주택, 자동차 및 다른 자산을 잃을까 염려할 필요가 없다. 회사는 소유주의 책임을 한정할 뿐 아니라 많은 사람들이 실제로 기업에서 근무하거나 다른 몰입을 하지 않고서도 지분(혹은 이익)을 공유할 수 있게 한다. 회사는 외부 투자자에게 이러한 지분을 제공할 것인지, 아니면 사적 보유를 유지할 것인지를 선택할 수 있다(15장에서 주식 소유구조에 대해 논할 것임). 그림 4.4는 여러 형태의 회사를 설명하고 있다.

그림 4.4 회사의 유형
하나 이상의 유형에 부합하는 회사도 존재한다.

유형 구분이 까다로운 회사도 있기는 하나, 일반적 회사 유형은 아래와 같다.

- **외국인 회사**(alien corporation)는 미국 내에서 사업을 하지만 다른 국가에서 인허가를 받은 기업을 말한다.
- **국내 회사**(domestic corporation)는 미국 내에서 인허가를 받고 사업을 하는 기업을 말한다.
- **외국 회사**(foreign corporation)는 특정 주에서 사업을 하지만 다른 주에서 인가를 받은 기업을 말한다. 미국 회사의 1/3이 달라웨어 주의 유리한 인허가 규정 때문에 그 주에서 인가를 받는다. 외국 회사는 영업하는 주에서도 반드시 등록을 마쳐야 한다.
- **비공개 회사**(closed corporation 또는 private corporation)는 회사의 주식을 소수가 소유하고 있으며 주식 공개를 하지 않는 기업이다.
- **공개 회사**(open corporation 또는 public corporation)는 일반 대중에게 주식을 공개한 회사로, GM이나 엑손모빌이 공개 회사에 해당된다.
- **반관반민 회사**(quasi-public corporation)는 정부가 독점 서비스를 제공하는 것을 인가한 기업으로, 공공 서비스 제공이 반관반민 회사의 대표적 사업이다.
- **전문 기업**(professional corporation)은 소유주가 의사, 변호사 등 전문 서비스를 제공하는 기업이다. 전문 기업의 주식은 주식 시장에서 거래되지 않는다.
- **비영리 기업**(nonprofit corporation)은 소유주가 영리를 추구하지 않는 회사이다.
- **다국적 회사**(multinational corporation)는 여러 국가에서 운영되는 기업이다.

회사의 장점

대부분의 사람들은 사업을 할 때 모든 위험을 감수하려고 하지 않는다. 그러면서도 사업을 성장 및 번영시키고 경제적 기회를 창출하기 위해서 많은 사람들은 자발적으로 돈을 투자한다. 이러한 문제를 해결하기 위한 한 가지 방편으로 법의 관점에서 존재하는 인위적인 존재, 즉 회사를 설립하는 것이다. 회사의 장점을 살펴보면 아래와 같다:

1. **유한 책임** 회사의 가장 큰 장점은 소유주의 유한 책임이다. 유한 책임은 사업의 소유주는 투자한 금액까지 손실에 대해서만 책임이 있다는 것을 기억해야 한다.
2. **더 많은 투자 금액 유치** 투자 금액 조달을 위해 회사는 소유지분(주식)을 누구에게나 팔 수 있다. 이는 수백 만명의 사람이 IBM, 애플, 코카콜라 같은 대기업, 또는 소규모 기업의 일부를 소유할 수 있다는 것을 뜻한다. 한 기업이 50달러의 주식을 천만 주 팔았다면 5억 달러의 자금으로 공장을 건설하고, 원자재를 구입하거나 고용, 제품 생산 등을 할 수 있게 된다. 이러한 거액의 금액을 다른 방식으로 조달하는 것은 쉬운 일이 아니다.

   또한 회사는 채권을 발행하여 개별 투자자로부터 자금을 차입할 수도 있다. 혹은 개인에게 채권을 발행하여 미래에 채권자에게 상환하기 전까지 이자를 지급하는 방식으로 자금을 모을 수도 있다. 15장 주식과 채권 거래로 회사의 자금 조달을 참고하라.

그림 4.5 소유가 경영에 미치는 영향

소유주(주주)는 이사회를 선출함으로써 경영진의 회사 경영에 영향을 미친다. 이사회는 초교경영진을 선출하고 필요시 해임할뿐만 아니라 경영진의 연봉도 결정한다. 경영진은 인사부서와 함께 실질적으로 회사 업무를 담당할 실무진을 선택한다.

변화에 적응하기

베네피트 회사(B corporations)의 힘찬 출발(킥스타터)

2009년 런칭 이후, 킥스타터(Kickstarter) 크라우드 펀딩 사이트는 1,000만 명 이상의 투자자로부터 40억 달러 이상의 투자금을 모집하는데 성공하였다. 한 예로, 인도에서는 1만 6천 달러의 투자금을 모집하여 다양한 색감의 택시 인테리어 자재를 개발하기도 하였다. 킥스타터의 사용자들에게 원하는 투자처를 찾을 수 있게 도와주는 것도 훌륭한 일이기는 하지만, 킥스타터는 수익창출보다 더 큰 목표를 가지고 있는데 그것은 다른 아닌 사회 전체에 긍정적인 변화를 가져오는 것이다. 이러한 노력의 일환으로 2015년에는 회사의 형태를 베네피트 회사로 변경하기도 하였다. 베네피트 회사는 회사가 설정한 사회적, 환경적 혜택(베네피트)을 얼마나 달성하였는가로 평가를 받는 미션 기반의 회사 유형이다.

킥스타터는 단순히 납세를 덜 내기 위한 방법을 궁리하는 대신에 세후 이익의 5%를 불평등 해소를 위해 설립된 재단에 기부하였다. 현재 3,000개 이상의 베네피트 회사가 설립되었으며 그중에는 파타고니아, 뉴벨지움(맥주 회사), 와비 파커(안경 브랜드) 등도 포함된다. 이러한 회사들에게는 수익성이 전부가 아닐 것이다.

출처: Jorge Newbery, "Can Millennials, Crowdfunding, and Impact Investing Change the World?," Huffington Post, March 10, 2017; Michael Thomas, "Why Kickstarter Decided to Radically Transform Its Business Model," Fast Company, April 12, 2017; Barbara Haislip, "When Entrepreneurs Get Creative in Raising Funds," The New York Times, November 25, 2018; "Kickstarter Stats," Kickstarter, kickstarter.com, accessed October 2019.

3. **규모** 회사의 장점을 한 단어로 요약한다면 바로 규모일 것이다. 대규모의 자금을 조달할 수 있기 때문에 회사는 최신 공장이나 소프트웨어 설비 개발을 진행할 수 있다. 또한 운영의 전반적 영역에 전문가를 고용할 수도 있게 될 뿐만 아니라, 위험을 최소화하기 위해 다른 산업의 회사를 매입할 수도 있다(이러한 방법으로 한 계열사가 실패할 경우 그룹 전체에 미치는 영향을 최소화시킬 수 있다). 요약하자면, 많은 자원을 보유한 대규모 회사는 전 세계 어디에서나 기회를 포착할 수 있게 된다.

   하지만 회사를 설립함으로써 얻는 혜택을 누리기 위해 반드시 규모가 커야 하는 것은 아니다. 다수의 의사, 변호사, 개인 등과 같은 다양한 산업의 많은 사람들이 회사를 설립하고 있다. 미국 내 회사의 대부분은 중소기업이다.
4. **영속성** 소유주와 구별되기 때문에 소유주 중 한 명의 사망으로 회사가 문닫지는 않는다.
5. **소유 변경의 용이성** 회사의 지분구조를 바꾸는 것은 간단하다. 필요한 과정은 다른 사람에게 주식을 양도하는 것이다.
6. **능력 있는 종업원 유치** 회사는 복지혜택과 스톡 옵션(자사의 주식을 고정된 가격으로 구매할 수 있는 권리)을 제공함으로써 실력 있는 종업원을 고용할 수 있다.
7. **소유(ownership)와 경영의 분리** 회사는 다양한 투자자로부터 자금을 조달할 수 있지만 이는 경영과 분리된다. 그림 5.5의 회사의 위계 구조는 소유주/주주와 경영진, 직원과 분리되는지를 보여준다. 소유주/주주(stockholder)는 경영진 및 종업원과 분리된 것을 알 수 있다. 소유주/주주는 이사회(board of directors)를 소집하고, 이사회는 회사의 관리직을 고용하고 주요 정책을 관장한다.[7] 소유주/주주들은 회사 경영에 대해 의견을 낼 수는 있지만 일상적 운영에 대한 통제 권한은 없다.

회사의 단점

미국에 수많은 개인 기업과 파트너십 형태 사업이 존재하는 것을 보면 회사를 설립하는 데에 단점이 존재하는 것이 분명하다. 만약 아니라면 더 많은 사람들이 회사를 세우려 시도했을 것이다. 회사의 단점으로는 아래와 같은 항목이 있다.

1. **초기 비용** 회사 설립 단계에서 높은 수임료의 변호사와 회계사를 고용해야 서류 작업을 완성할 수도 있다. 일부 주에서는 회사 설립에 드는 비용을 낮추는 방법을 제시하고 있으나, 많은 사람들이 변호사와 회계사의 도움 없이 회사 설립에 필요한 서류 작업을 완성할 시간이나 자신감이 부족하다.
2. **방대한 서류작업** 회사 설립 단계에서의 서류 작업은 단지 시작에 불과하다. 세법에서는 회사가 모든 비용과 공제액의 합법성을 증명할 것을 규정하고 있다. 그러므로 회사는 여러 형식을 갖춰야 한다. 개인 사업자나 파트너십 사업자는 대략적인 회계 기록을 유지해도 되는 반면, 기업은 상세한 회계 기록과 회의록 등을 기록해야 한다. 그림 4.4에서 알 수 있듯이 델러웨어 주나 네바다 주는 타 주에 비해 사업 설립에 필요한 서류작업이 용이하여 회사 설립이 많은 편이다.
3. **이중 과세** 법인 소득은 이중으로 과세된다. 첫 번째로 소득을 주주에게 배분하기 앞서 세금을 납부한다. 이후 주주들은 회사에서 지급한 소득(배당)에 대한 세금을 납부한다. 정부는 대체적으로 다른 기업체보다 회사에 엄격한 세법을 적용한다. 종종 다른 소유 구조 형태를 제외하고 회사에만 특별세를 징수하기도 한다.
4. **이중 납세 신고서** 개인이 회사를 설립하게 되면 법인세 신고서와 개인 소득세 신고서를 이중으로 작성하여야 한다. 회사의 규모에 따라 신고는 상당히 복잡해질 수 있으며 공인회계사(Certified Public Accountant, CPA)의 협조가 필요하다.
5. **규모** 규모는 회사 설립의 장점이 될 수도 있지만 단점이 되기도 한다. 대규모 회사들은 유연하지 못하거나 규제에 묶여 시장 변화에 빠르게 대응하지 못한다.
6. **청산이 어려움** 한번 회사가 설립되면 청산하는 것은 상대적으로 더 어렵다.
7. **주주, 이사회와의 잠재적 갈등** 주주들이 현 경영진과 의견 차이를 보이는 이사회를 선출할 경우 분쟁이 발생한다.[8] 이사회가 회사의 경영진을 선출하므로 창업주가 자신이 설립한 회사에서 축출되는 경우도 존재한다. 이러한 사례로 우버(Uber)의 창업자 중 한명인 트레비스 칼라닉(Travis Kalanick)이나 애플 컴퓨터(Apple Computer)의 창업자인 스티브 잡스(Steve Jobs: 후에 경영에 복귀)를 들 수 있다.

회사 설립에는 비용, 서류, 특별세 등의 부담이 따른다. 실제로 회사조직의 어려움이 장점보다 크다라고 좌절하는 사업가들도 많다. 하지만, 여전히 회사설립의 장점은 단점을 상쇄한다. “변화와 적응”을 읽고 새로운 형태의 회사인 베네피트 회사에 대해 알아보자.

개인의 회사 설립

모든 회사가 수백 명의 종업원과 주주들로 구성된 것은 아니다. 개인(예를 들어 트럭 운전수, 의사, 변호사, 배관공, 운동선수, 영화 배우 등) 역시 회사를 조직할 수 있다. 일반적으로 개인이 회사를 설립할 경우 외부에 주식을 발행하지는 않으므로 투자와 규모를 위한 대규모 투자 등 대규모 회사의 장점 및 단점을 동일하게 누리지는 않는다. 회사의 주요 장점으로는 유한 책임과 세금 혜택이 가능하다는 점을 꼽는다. 회사 설립에 변호사를 고용하는 것이 필수 요건은 아니지만 그렇게 하는 것이 현명한 것은 사실이다. 변호사 수임료뿐 아니라 주 총무국에서도 회사 설립 시 세금을 부과한다. 이러한 수수료는 아칸소, 콜로라도, 아이오와 주에서는 최저 50달러부터 네바다 주에서는 최고 725달러에 이르는 등 각 주마다 편차가 크다.[9] 수수료와 마찬가지로 회사 설립에 걸리는 시간 역시 주 마다 상이하다. 평균 소요 기간은 대략 30일 정도이다. 그림 4.6는 회사 설립에 대한 개략적 절차를 설명한다.

S 회사

S 회사
회사와 유사하지만 개인 기업이나 파트너십처럼 과세되는 독특한 지배 구조

S 회사란 법인과 유사하지만 개인 기업이나 파트너십처럼 세금이 부과된다는 점에서 독특한 형태의 소유 구조이다(S는 미 내국세 법전의 subchapter의 S를 따왔다). S 회사의 서류작업이나 세부 사항은 전통적 회사(Conventional Corporation, C 회사)와 유사하다. S 회사에도 주주, 이사, 피고용인, 유한 책임의 혜택이 존재하지만 수익이 주주의 개인 소득을 기반으로 과세되어 C 회사의 이중 과세를 회피할 수 있다.

이러한 이중 과세 회피는 미국 내에서만 약 470만 개의 S 회사가 존재하는 충분한 이유가 된다.[10] 그렇지만 모든 회사가 S 회사가 될 수 있는 것은 아니다. 그 자격 요건은 아래와 같다.[11]

1. 100명 이하의 주주(가족은 주주 1인으로 간주됨)
2. 미국 시민 또는 영주권을 보유한 개인 혹은 단체 주주
3. 단일 주식(부록 C장 참조)
4. 본업이 아닌 수동적 원천(임차료, 로열티, 이자 등)에서 파생된 수익이 25% 이하

S 회사로써의 지위를 상실하면 최소한 향후 5년 간은 S 회사를 재설립 할 수 없다. S

그림 4.6 회사 설립 방법

회사를 설립하는 과정은 주마다 차이가 있다. 회사 설립 조항은 일반적으로 회사가 위치한 주의 총무국에 따른다. 조항에 포함되는 사항은 아래와 같다.

- 회사명
- 회사 설립자 성명
- 설립 목표
- 지속 기간(일반적으로 영속적)
- 발행 가능한 주식 수, 주주의 투표권 및 기타 권리
- 회사의 최소 자본금
- 회사 사무실 주소
- 회사의 법률 서비스 책임자의 성명 및 주소
- 제 1 이사의 성명 및 주소
- 기타 회사가 포함하고자 하는 공인 정보

회사가 은행에 계좌를 설립하거나 종업원을 고용하기 전에 연방 세금 인식 번호가 있어야 한다. 이를 위해서는 미 국세청에서 SS-4 문서가 필요하다.

명문화된 회사 설립 조항 이외에 조례가 있는데, 이는 회사의 법적 및 경영 운영을 명시한다. 조례에 포함되는 사항은 아래와 같다.

- 주주총회와 이사회 개최 방식, 일시, 장소 및 이사 재임 기간
- 이사의 권한
- 경영자의 의무 및 책임, 재임 기간
- 주식 발행 방식
- 고용 계약 등 기타 사항

회사의 세금 체계가 모든 회사에 매력적인 것은 아니다. 세금 제도가 변경될 때 마다 S 회사의 혜택 역시 변한다는 점을 기억해야 할 것이다. 특정 사업에 미치는 혜택 또는 단점을 이해하기 위해서는 변호사와 회계사의 도움을 받아 세금 혜택과 책임 사항을 꼼꼼히 살펴보아야 한다.[12)]

유한회사

유한회사(LLC)는 S회사와 유사하지만 특정 자격 요건은 없다. 유한회사는 1977년 와이오밍 주에서 처음 설립되었으며 미국 국세청은 1988년 연방 소득세의 징수의 목적으로 이를 파트너십으로 인정하였다. 유한회사로 회사로도 설립될 수 있다.[13)] 1996년까지 D.C를 포함한 미국의 전 50개 주에서 승인되었다.

1988년에는 세금 신고한 유한회사가 100여 기업에 불과하였으나 이후 급격하게 증가하였다. 현재 일부 주에서는 등록된 기업의 반 이상이 유한회사일 정도이다.[14)]

유한회사설립 증가 추세의 원인은 무엇인가? 유한회사의 장점들은 아래와 같다.

유한 회사인 Petzen Products(펫젠)은 과체중 애완견의 체중감소를 위한 런닝머신을 판매한다. 유한 회사의 장점과 단점은 어떤 것들이 있는가?

유한 회사(LLC)
S 회사와 유사하지만 특정 자격 요건 없음

1. **유한 책임** 개인 자산은 보호된다. 기존에는 C 회사의 유한 파트너와 주주에게만 유한 책임이 허용되었다.
2. **세제 선택** 유한회사는 파트너십 혹은 기업기준 과세 중에서 선택할 수 있다. 파트너십 기준의 세금은 기존에는 파트너 혹은 S 회사 소유주에게만 가능한 사항이었다.
3. **유연한 소유 구조** 유한회사는 S 회사처럼 엄격한 소유지분 제한을 받지 않는다. 소유주는 개인, 파트너, 혹은 회사 모두 가능하다.
4. **이익 및 손실 처분의 유연성** 회사의 이익과 손실이 투자한 개인의 비율대로 배분되어야 할 필요성이 없다. 유한회사 구성원들은 각 구성원이 배당 받을 비율에 합의를 거친다. 일반적 회사 및 S 회사는 주식 비중에 따리 이익 및 손실을 처분해야만 한다.
5. **경영의 유연성** 유한회사는 회사 설립과 유사한 설립 조항을 제출할 의무가 있으나, 회의록, 문서 보관, 연간 회의를 개최할 의무는 없다. 유한회사 또한 파트너십 조약과 유사하게 회사 경영에 관한 문서화된 경영 조항을 제출한다.

물론, 유한회사의 단점 또한 존재하는데, 아래와 같다.

1. **주식 없음** 유한회사의 소유 지분은 양도가 불가능하다. 유한회사 구성원은 자신의 지분을 양도하기 위해서는 다른 구성원의 승인을 필요로 한다. 이와 반대로, 일반 회사 및 S 회사의주주들은 원하는 시기에 보유 주식을 매도할 수 있다.
2. **유한한 수명** 유한회사는 회사 조직 조항에 해체 일자(일부 주에서는 30년 이하)를 표기하여야 한다. 구성원의 죽음으로 유한회사가 자동 해산될 가능성도 있다. 구성원은 기존의 회사를 해체한 후 재설립할 수도 있다.

3. **인센티브 적음** 회사와 달리 유한회사는 복지 비용을 공제받지 못한다. 주식이 없기 때문에 피고용인에게 주식을 인센티브로 제공할 수도 없다.
4. **세금** 유한회사 구성원은 수익에 대해 의료보험, 사회보장세금 등 자영업 세금을 납부하여야 한다. 반대로 S 회사는 급여를 기준으로 자영업 세금을 납부하지만, 전체 수익에 비례하여 납부하는 것은 아니다.
5. **서류 작업** 유한회사가 필요로 하는 서류 작업은 회사만큼은 아니지만 개인 기업보다는 복잡하다.

유한회사의 창업 비용은 가변적이다. Legal Zoom(www.legalzoom.com)같은 온라인 법률 서비스 회사는 최소 149달러에 필요한 서류 작성을 대행하기도 한다.[15] 그림 4.7은 주요 소유구조의 장점 및 단점을 언급한 것이다.

시험 준비

- 회사를 설립하는 주요 장점 및 단점은 무엇인가?
- 회사의 위계 내에서 소유주(주주)의 역할은 무엇인가?
- 만약 당신이 한 회사의 주식을 매수하였는데, 그 회사의 제품으로 부상당한 사람이 있다면, 당신이 고소당할 가능성이 있는가? 이유를 설명하라.
- 왜 많은 기업들이 소유구조의 형태로 유한회사를 선택하고 있는가?

학습목표 4-4 회사 합병(Corporate merger)의 세 가지 유형을 정의 및 설명할 수 있으며, 차입매수(Leveraged buyouts)과 기업 사유의 기능을 설명할 수 있다.

기업 확장: 인수 및 합병(MERGERS AND ACQUISITIONS)

합병
두 회사가 하나로 합쳐지는 결과

인수
한 회사가 다른 회사의 자산 및 채무를 매수

수직적 합병
관련 사업에 종사하는 다른 단계의 두 기업의 합병

수평적 합병
동일 산업의 두 기업의 합병

혼합 합병
비관련 산업에 종사하는 두 기업의 합병

인수와 합병은 어떤 차이가 있는가? **합병**은 두 기업이 한 회사로 병합되는 형식으로, 두 산업에 종사하는 기업간의 결혼으로 비유될 수 있다. **인수**는 한 기업이 다른 기업의 자산 및 의무를 취득하는 것이다. 이는 결혼보다는 주택 구매와 유사하다고 볼 수 있다.

기업 인수의 주요 세 가지 유형은 다음과 같다: 수직, 수평, 통합 합병이다. **수직적 합병**은 관련 사업의 두 다른 단계의 기업간의 합병이다. 음료회사와 인공감미료 생산 업체와의 합병을 생각해보면 이해가 쉽다. 이러한 합병은 음료제조업체가 필요한 감미료를 지속적으로 공급받을 수 있게 해준다. 또한 이 합병으로 음료 제조업체는 제품의 품질 또한 관리할 수 있다.

수평적 합병은 동일한 산업 내의 두 기업이 합병하여 제품군을 다각화하거나 확장하는 방식이다. 수평적 합병의 예로는 음료 회사와 생수 회사간의 합병을 들 수 있다. 합병으로 두 회사는 다양한 음료수 상품권을 보유하게 된다.

혼합 합병은 전혀 관련이 없는 두 산업 내 기업간의 합병으로, 혼합 합병의 주요 목적은 경영과 투자의 다각화에 있다. 음료 회사와 스낵 제조업체의 합병이 그 예이다. 그림 4.8은 세 가지 유형의 합병의 차이점을 설명하고 있다.

그림 4.7 사업 소유구조의 유형 비교

	개인 기업	파트너십		회사		
		일반적 파트너십	유한 파트너십	전통적 회사	S 회사	유한 책임 회사
창업시 필요 서류	없음; 허가 혹은 면허 필요할 수 있음	파트너십 계약서 (구두 혹은 문서)	계약 문서; 유한 파트너십 증서 첨부 하여야	회사 설립 조항, 세칙	회사 설립 조항, 세칙이 기준 충족 시켜야 함	조직 및 운영 조항; 자격 요건이 필수 아님
청산 용이성	사업 청산 용이; 부채 청산 이후 사업 청산	파트너십 계약조 건에 따라 청산이 어려울 수 있음	일반적 파트 너십과 동일	청산이 어렵고 비용 높음	전통적 회사와 동일	운영 계약에 따라 어려울 수 있음
회사 수명	소유주 사망시 종결	파트너의 사망 혹은 철회시 종결	일반적 파트 너십과 동일	영속적	전통적 회사와 동일	운영 조항의 해산 일자에 따라 다름
소유지분 이전	자격을 갖춘 매수 자에 사업 양도될 수 있음	다른 파트너의 동의가 있어야만 가능	일반적 파트 너십과 동일	소유주 변동 용이; 주식 매각 으로 가능	주식 판매할 수 있으나 제한적	주식 매도 불가능
재무 자원	소유주의 자본 및 대출에 한정적	파트너의 자본 및 대출에 한정적	일반적 파트 너십과 동일	창업 및 운영에 더 많은 자본 유입; 주식, 채권 매도 가능	전통적 회사와 동일	파트너십과 동일
손실 위험	무한 책임	무한 책임	유한 책임	유한 책임	유한 책임	유한 책임
세금	개인 소득세로 과세	개인 소득세로 과세	일반적 파트 너십과 동일	회사세, 이중 과세	개인 소득세로 과세	변동적
경영 책임	소유주가 사업 제반 경영	파트너 지분 경영	경영 참여 불가능	소유와 경영 분리	전통적 회사와 동일	변동적
복지 혜택	복지, 임금 수준 낮음	대부분 복지, 임금수준 낮음; 유능한 종업원은 파트너 가능	일반적 파트 너십과 동일	일반적으로 복지, 임금 수준 높고 승진 기회 많음	전통적 회사와 동일	변동적

대규모 경쟁 기업간의 합병은 공정 거래의 위반 여부에 대해 미 연방공정거래위원회로 부터 승인을 받아야 한다.[16] 일례로, 2016년 스테이플스(Staples)과 오피스 디포

그림 4.8 합병의 유형

(Office Depot)의 합병은 공정위가 경쟁을 저해하고 대규모 문구 구매의 가격을 높일 수 있다는 이유로 기각되었다.[17)]

2015년 식품 회사인 하인즈(Heinz)와 크래프트(Kraft)사는 약 500억 달러 규모의 합병을 단행하였다. 이 합병은 수직적 합병, 수평적 합병, 혼합 합병 중 어느 유형에 속하는가?

기업의 합병이나 매각 대신 일부 회사들은 내부적으로 자신들의 통제 권한을 유지하거나 회복하기도 한다. 기업 사유화에는 주주나 경영진이 타 주주들로부터 주식을 되사는 방식으로 스스로 주식을 확보할 수 있다. 대표적인 사유하의 사례로는 펫스마트(PetSmart)와 파네라 브래드(Panera Bread)를 들 수 있다.[18)]

실직의 위험에 있는 구성원이나 회사를 소유함으로 경영 성과를 개선시킬 수 있다는 확신을 가진 경영진이 있다고 가정하여 보자. 이러한 경우 차입 매수(leverage buyout: LBO)를 통해 회사의 소유를 되찾을 수 있다. **차입 매수(LBO)**란 피고용인, 경영층, 혹은 투자자가 차입을 통해 사전에 회사를 매수하는 방식인데, 차입된 자금은 회사의 지분을 사들이는 데 사용된다. 종업원, 관리직, 투자자들도 회사의 소유주가 될 수 있다. 차입 매수의 규모는 작게는 5천만 달러에서 3백 4십억 달러의 규모로, 소규모 가족 경영 사업에서 하인즈, 나비스코,

토이저러스(Toys "R" Us), 크라이슬러(Chrysler) 등의 대기업까지 다양하다.

오늘날 M&A는 미국기업에만 국한되지 않는다. 외국 기업들도 기존 생산시설을 인수하거나 브랜드를 확장하는 인수 합병을 시도하고 있다. 벨기에의 주류 제조회사 인베브(InBev)는 미국의 최대 규모 맥주회사인 안호이저-부시(Anheuser-Busch)와 산하 브랜드 버드와이저와 버드 라이트 인수를 위해 5백 2십억 달러의 지출하였다.

2018년 독일 제약회사 바이엘(Bayer)은 농업 기업 몬산토(Monsanto)의 지분 획득을 위해 6백 3십억 달러를 지출하였다.[19]

차입 매수(LBO)
피고용인, 경영층, 혹은 투자자가 차입을 통해 사전에 회사를 매수하는 방식

학습목표 4-5 프랜차이즈(franchise)의 장점 및 단점을 개략적으로 설명할 수 있으며, 프랜차이즈의 다양성으로 인한 기회와 글로벌 프랜차이즈의 도전 과제에 대해 논의할 수 있다.

프랜차이즈(Franchises)

세 유형의 기본적인 사업 소유구조 외에 소유 구조의 특수 유형인 **프랜차이즈(franchise)**와 협동조합(cooperatives)에 대해 논의해 볼 것인데, 프랜차이즈로 논의를 시작해 보자. 기본적으로 **프랜차이즈 계약(franchise agreement)**이란 좋은 사업 아이디어가 있는 사람(**프랜차이즈 본사-franchisor**)이 타인(**프랜차이즈 가맹 업체-franchisee**)에게 일정한 지역에서 상호를 사용할 수 있는 권한과 제품을 판매하거나 서비스를 제공할 수 있는 권한을 판매하는 계약이다.

밑바닥부터 사업을 시작하기가 두려운 사람들은 프랜차이즈 계약을 통해 검증된 사업을 시작하는 편도 좋다. 프랜차이즈는 개인 기업, 파트너십, 또는 회사의 형식이 가능하며, 미 통계국에 따르면 미국 내 10개 사업체 중 하나가 프랜차이즈라 한다.[20] 잘 알려진 프랜차이즈 본사로는 맥도널드(McDonald's), 지피루브(Jiffy lube-오일 교환업체), 세븐일레븐(7-Eleven), 웨이트워쳐스(Weight Watchers-다이어트 제품과 프로그램 서비스: 현재 WWI 인터내셔널), 홀리데이인(Holiday Inn) 등이 있다.

국제 프랜차이즈 연맹에 따르면, 미국 내에 77만 3,000개의 프랜차이즈 업체가 영업 중으로 760만 여개의 일자리를 창출하는 등 미국 경제에 직, 간접적으로 6,740억 달러 이상의 영향을 미치고 있다.[21]

가장 대중적인 프랜차이즈 사업으로는 요식업과 편의점을 겸비한 주유소인데, 맥도널드는 미국에서 가장 대규모의 레스토랑 체인이며, 프랜차이즈업(franchising)의 정석이라 할 수 있다. 소매업, 재무상담 서비스, 헬스 클럽, 호텔/모텔 숙박업, 자동차 부품 및 서비스 업체 등이 인기가 많은 프랜차이즈 업종이다.[22] 그림 4.9는 프랜차이즈 평가에 유용한 정보를 제공한다.

프랜차이즈 계약(franchise agreement)
좋은 사업 아이디어가 있는 사람이 타인에게 일정한 지역에서 상호를 사용할 수 있는 권한과 제품을 판매 혹은 서비스를 제공할 수 있는 권한을 제공하는 계약

프랜차이즈 본사(franchisor)
상품의 기본 컨셉을 개발하고 이를 바탕으로 제품을 생산하고 판매할 권한을 타인에게 판매하는 기업

프랜차이즈(franchise)
사업 아이디어가 있는 사람이 타인에게 일정한 지역에서 상호를 사용할 수 있는 권한과 제품을 판매하거나 서비스를 제공할 수 있는 권한을 판매하는 계약

프랜차이즈 가맹업체(franchisee)
프랜차이즈를 구매하는 개인

댄 르무스(Dan Remus)와 제프 스트라우스(Jeff Strauss)는 자신들이 키우는 애완견 제니를 하루 종일 집에 혼자 남겨 둬야 하는 문제를 고민하다가 애완견 목욕 업체인 Wag 'N Wash을 창업하였다. 몇 년 후 두 사람은 프랜차이즈를 시작하였으며 현재 9개 주 이상에 서 사업을 확장 중이다. 단일 점포를 창업하는 데 약 34만 달러의 비용이 소요된다고 가정할 때 프랜차이즈의 연간 수익은 약 130만 달러에 달한다. 당신이 사업주라면 어떤 형태의 프랜차이즈 사업에 관심이 가겠는가?

프랜차이즈의 장점

프랜차이즈는 신뢰할 수 있고 편리하며 가격 경쟁력 있는 제품을 공급함으로써 미국뿐만 아니라 전 세계 시장에 침투하고 있다. 프랜차이즈는 아래와 같이 명확한 장점들을 보유하고 있다.

1. 관리 및 마케팅 지원. 독립적인 시작한 사업에 비교하여 프랜차이즈 가맹업체(프랜차이즈 권리를 구매한 개인)은 기존의 성공적인 상품을 취급하고 입지 선정 및 판촉 지원, 운영 지원을 받기 때문에 통상적으로 성공할 확률이 높다. 이는 마치 필요할 때 마다 전속 컨설턴트를 두고 자영업을 하는 것과 같은 효과를 가져온다. 프랜차이즈 본사는 교육 및 훈련도 책임지는데, 그 예로 맥도널드는 모든 가맹점주과 매니저들을 일리노이 주 오크브룩에 있는 햄버거 대학(Hamburger University)에

그림 4.9 프랜차이즈 계약

프랜차이즈 사업은 큰 계약이기 때문에, 계약 전 회사의 재무 건전성을 확인하는 것은 필수이며 사기 또한 조심하여야 한다. 사기성이 짙은 프랜차이즈 본사의 경우 도심의 좋은 사무실에서 사람들을 모아 놓거나 대대적인 광고를 하며 투자를 부추기지만, 이들은 투자자의 돈을 가지고 사라지기도 한다. 그 예로 샌프란시스코에 위치한 T.B.S. 주식회사는 가정용 AIDS테스트의 판권을 팔면서 투자자들에게 200불 미만의 투자 금액으로 급성장하는 시장에서 3,000달러 이상의 미래 수익을 얻을 수 있다고 장담하였다. 하지만, 해당 테스트는 단순히 생활 방식에 대한 설문지 수준에 불과한 것으로 밝혀졌다.
프랜차이즈 계약을 평가함에 있어 국제 프랜차이즈연합 출판사에서 출간한 '투자하기 전에 조사하라'라는 안내서에서 양질의 정보를 얻을 수 있다.

프랜차이즈 계약프랜차이즈 평가 체크리스트

프랜차이즈

- 담당 변호사가 프랜차이즈 계약서를 면밀히 검토한 후 계약을 승인하였는가?
- 프랜차이즈 본사가 특정 지역에서 일정 기간 독점 영업을 보장하고 있는가?
- 어떤 상황에서 프랜차이즈 계약을 파기할 수 있으며, 이로 인해 발생할 비용에는 무엇이 있는가?
- 프랜차이즈를 매각할 경우, 영업권(사업의 유명세와 기타 자산 가치)을 보상 받을 수 있는가?
- 프랜차이즈 본사가 회사를 매각할 경우, 투자 금액은 보호되는가?

프랜차이즈 본사

- 본사가 제시한 프랜차이즈 영업 기간은?
- 지역 내에서 프랜차이즈 본사의 사업 방식에 대한 평판은 좋은가?
- 프랜차이즈 본사가 현재 영업 중인 프랜차이즈 가맹 업체의 정확한 순이익에 대한 정보를 제공하였는가? 회사의 정보 공개 방침을 확인하라.
- 프랜차이즈 본사가
  경영 훈련 프로그램?
  종업원 훈련 프로그램?
  홍보 프로그램?
  자본?
  신용?
  상품 아이디어 등을 지원하는가?
- 본사가 사업 위치 선정을 지원해 줄 것인가?
- 프랜차이즈 본사 본사와 가맹점의 이익을 보장할 수 있을 정도로 가맹 사업자에 대한 조사를 철저히 수행하는가?

프랜차이즈 가맹 사업자

- 손익분기점을 달성하기까지 프랜차이즈 계약과 운영에 필요한 자산 자본의 규모는?
- 프랜차이즈 본사가 프랜차이즈 수수료의 일정 금액 융자를 제공하는가? 융자 조건은?
- 프랜차이즈의 장점을 얻기 위해 독립성을 희생할 준비가 되어 있는가? 가족의 지원은?
- 프랜차이즈가 속한 산업이 매력적인가? 프랜차이즈 본사와 재화 및 용역을 제공하며 사업의 상당 부분 내지는 전부를 함께할 각오가 되어 있는가?

시장

- 프랜차이즈로 판매할 재화 및 용역이 책정된 가격으로 지역 내에서 일정 시장 점유율을 보유할 수 있는가?
- 향후 5년간 지역 내 인구가 증가, 정체, 혹은 감소할 것인가?
- 향후 5년간 고려하고 있는 재화 및 용역의 수요가 현재에 비하여 증가, 유지, 혹은 감소할 것인가?
- 현재 지역 내에서 판매하고자 하는 재화 및 용역의 경쟁 수준은 어느 수준인가?

출처: U.S. Department of Commerce, Franchise Opportunities Hand book; Steve Adams, "Buying a Brand," Patriot Ledger (Quincy, MA), March 1, 2008; "A Consumer's Guide to Buying a Franchise," Federal Trade Commission, ftc.gov, accessed November 2019.

중소기업에 대한 조명　성장하는 프랜차이즈 사례

www.poplaock.com

차안에 차키를 두고 내렸을 때, 어디에 먼저 전화하는지를 생각해 보자. 대부분의 경우 누가되었든 빨리 올 수 있는 열쇠수리공에게 전화할 것이다. Pop-A-Lock이라는 업체는 미국에서 가장 빠르게 성장하는 프랜차이즈 업체 중 하나로, 24시간 믿을 수 있는 열쇠수리공을 알선해준다. 물론 잠긴 차문을 여는 데에서 출발하였지만 건물 전자출입 통제, CCTV 관리, 스마트키, 자동차 경비 등 다양한 영역으로 확장하고 있다.

Pop-A-Lock은 프랜차이즈에 대한 지원을 매우 중요하게 여기는데, 매일 24시간 핫라인을 운영하여 가맹 업체를 지원하며 마케팅팀도 소셜 미디어를 통한 지원에 적극적이다. CEO 돈 마크스(Don Marks)는 한 달에 두 번씩 프랜차이즈 업주들에게 전화로 걸어 사업을 성장시키는데 필요한 조언을 한다. Pop-A-Lock은 학교 보안시스템을 무료로 지원하는 방식으로 지역 사회에도 공헌하고 있다. 또한 이 회사의 기술을 활용한 PALSavesKids 프로그램 운영하여 잠긴 차에 홀로 갇힌 아이들에게 도움을 주기도 한다. 현재 500개의 구조 프로그램이 운영 중인데 향후 150개를 추가로 확장할 계획이다. 이 정도면 Pop-A-Lock을 신뢰할 수 있지 않겠는가?

출처: Jason Daley, "How Franchises Grow Fast," Entrepreneur, February 2016; Billy McGivern, "Unlocking the Key to Success," Pacific Business News, June 23, 2017; Pop-A-Lock, popalock.com, accessed October 2019.

서 교육시킨다.[23)]

일부 프랜차이즈 본사는 가맹점들이 전국 광고 보다는 지역 광고에 집중하여 사업에 성공할 수 있도록 조력한다. 나아가 가맹업체들은 유사한 문제로 고민하고 비슷한 경험을 공유하는 다른 가맹업체들과 네트워크를 구성하기도 한다.

2. 개인 소유. 프랜차이즈도 자신의 사업이므로, 개인 사업처럼 수익과 인센티브를 누릴 수 있다. 물론, 독립적으로 자신의 상점을 운영하는 것보다는 많은 규율 및 규제, 절차를 따라야 하지만 여전히 본인이 사장인 것에는 변함이 없다. 중소기업 스포트라이트에서는 성장세에 있는 프랜차이즈를 소개하고 있다.
3. 전국적 인지도. 일반적인 선물 가게 혹은 아이스크림 가게를 여는 것과 홀마크(Hallmark-영국 카드업체)나 배스킨라빈스(Baskin-Robbins)를 오픈하는 것은 매우 다르다. 기존 프랜차이즈에 가맹함으로써 즉각적인 인지도와 본사의 지원, 세계적인 고객층을 누릴 수 있다.
4. 재정 조언 및 지원. 소규모 창업의 큰 문제점은 회계 및 장부 관리이다. 프랜차이즈 가맹업체는 전문가로부터 주기적인 지원 및 조언을 받는데, 실제로 메니크 자동차정비(Meineke), 골드짐(Gold's Gym), UPS 등의 일부 프랜차이즈 본사는 가맹 대상 업체에까지 자금을 조달하여 가맹업체가 프랜차이즈 시스템의 일부라고 느낄 수 있게 하고 있다.[24)]
5. 낮은 사업실패율. 역사적으로 프랜차이즈의 사업 실패율은 다른 사업의 창업에 비해 낮은 편이다. 하지만, 프랜차이즈가 급속도로 성장하여 열악한 프랜차이즈 본사들이 시장에 많이 진출하였기 때문에 투자에 세심한 주의를 필요로 한다.[25)]

프랜차이즈의 단점

프랜차이즈 사업은 단점이 있는 것도 사실이다. 현재 프랜차이즈 가맹업체의 계약을 살펴보고, 이를 변호사 혹은 회계사와 논의하여 보는 것도 좋다. 프랜차이즈의 단점은 다음과 같다.

1983년 지미 존 리아우타우드(Jimmy John Liautaud)는 차고에서 첫 샌드위치 가게를 오픈하였다. 10여 년 후 그는 지미 존스(Jimmy John's)라는 이름으로 샌드위치 프랜차이즈를 시작하였는데, 현재 미국 전역에 2,500여 개의 지점을 보유하고 있으며 대부분 프랜차이즈 형태이다. 지미 존스는 창업가(Entrepreneur)지가 선정하는 20대 프랜차이즈 업체로 매년 선정되기도 하는데, 그 성공 이유가 무엇이라 생각하는가?

1. **높은 창업 비용** 대부분 프랜차이즈업체는 가맹 비용만으로도 상당한 금액을 요구한다. 크루즈 여행 전문 여행사의 프랜차이즈 창업 비용은 2,000 달러 수준이지만, 던킨도너츠의 창업비용은 이를 훨씬 상회하여 평균 비용은 약 170만 달러에 이른다.[26]
2. **이익 공유** 프랜차이즈 본사는 초기 창업 비용 이외에도 수익의 상당부분이나, 수익이 아닌 매출 기반의 커미션을 요구하기도 한다. 일반적으로 프랜차이즈 본사가 요구하는 수익의 일부를 로열티라 한다. 예를 들어 프랜차이즈 본사가 가맹 업체 순매출의 10%를 로열티로 요구한다 가정하면, 프랜차이즈 가맹업체의 1달러당 10센트가 프랜차이즈 본사에 납부되는 것이다.[27]
3. **경영 규제** 경영 "지원"은 본사의 경영 관련 명령, 지시, 또는 제약의 한 방편이 될 수 있다. 본사의 규율 및 규제는 프랜차이즈 가맹 업체의 사기를 저하시키고 스스로 사장이 되어 경영하는 장점을 약화시킨다. 최근 프랜차이즈 업계의 가장 큰 변화는 프랜차이즈 가맹 업체들이 본사와 각개 전투를 하는 것이 아니라 연합하여 문제를 해결하려는 시도를 들 수 있다. 31 일례로 KFC 가맹점주 연합은 KFC본사의 광고 전략을 고소하였다. KFC의 소유주인 얌!브랜드(Yum! Brands)의 프라이드 치킨에서 구운 치킨으로의 광고 전환은 가맹점주들의 공분을 샀는데, 본사가 진행한 광고의 캐치프레이즈는 "KFC를 바꾸라"였는데, 이는 실제로 고객들의 외면을 받아 분기 매출이 7% 이상 감소하였으며, 가맹점주들은 구운 치킨 샐러드의 50% 이상을 팔지 못하고 버리게 되었다.
4. **연미복 효과(Coattail effect)** 만약 다른 가맹업체들의 사업이 실패한다면, 내 프랜차이즈 사업에는 어떠한 영향을 미칠 것인가? 다른 프랜차이즈 가맹 업체가 다른 업체의 향후 수익과 수익성에 영향을 미칠 수 있는데 이를 연미복 효과라 한다. 연미복 효과로 내 사업체의 수익이 좋다 할지라도 다른 가맹 업체의 영향으로 문을 닫을 가능성도 있다. 그 예로 크리스피 크림 도넛이 다수의 신규 점포를 오픈하자, 고객들의 관심도는 현저히 떨어졌다. 맥도널드와 서브웨이 샌드위치 가맹점들 또한 본사의 무분별한 성장 정책 때문에 일부 신규 점포가 기존 점포를 잠식하고 점포당 수익을 갉아먹고 있다고 불평한다.
5. **매각 제한** 자신의 기준대로 회사를 매각할 수 있는 개인 기업의 소유주와 달리 프랜차이즈 가맹 사업자들은 프랜차이즈 재매각시 난항을 겪는다. 프랜차이즈 본사는 가맹 업체의 자질 통제를 위해 새로운 사업주가 본사의 기준을 충족시킬 것을 요구한다.
6. **프랜차이즈 본사의 부정** 모든 프랜차이즈 본사가 맥도널드나 서브웨이(Subway–샌드위치 전문점)처럼 대규모 시스템을 갖춘 것은 아니다. 상당수 본사의 규모가

영세하며, 잠재적 가맹 사업자들이 본질을 파악할 수 없을 정도로 미천한 상태라 할 수 있다. 대다수 프랜차이즈 본사가 정직하게 사업을 하지만, 미국 연방거래위원회에 프랜차이즈 본사가 기존 계약을 거의 지키지 않거나 불이행했다는 가맹 사업자들의 제소가 증가하고 있는 추세이다. 프랜차이즈 사업을 시작하기 전에 모든 사실을 면밀히 검토하는 것이 필요하다."자업자득"이라는 속담은 오래 되기는 했지만, 여전히 적용되고 있는 것이다.

프랜차이즈의 다양성

프랜차이즈 관련된 이슈 중 하나가 여성의 프랜차이즈 경영이다. 여성이 미국 기업의 반을 소유하고, 창업률 또한 남성의 두 배에 달하지만, 프랜차이즈 소유는 35%에 불과하다. 하지만, 통계치만으로 설명되지 않는 부분도 있는데 2011년부터 2017년까지 여성의 프랜차이즈 소유 비율이 83% 증가하였다는 점이다. "프랜차이즈는 정립된 사업 모델과 프로세스가 있는데, 여성이 특히 이러한 프랜차이즈 운영을 잘 하고 있는 게 아닐까 한다."라고 ShelfGenie라는 프랜차이즈의 가맹 업주 스테이시 콜맨(Stacy Coleman)은 설명한다.[28)]

실제로 여성 사업가들은 단순한 프랜차이즈 가맹 사업자 이상으로, 프랜차이즈 사업 본사도 경영하고 있다. 사업 확장을 위한 자금 조달에 어려움을 겪는 여성 사업가들은 비용을 조달해 줄 프랜차이즈 업체를 모집한다. 그 예로 앤티앤스(Auntie Anne's–프레즐, 음료 등을 판매), 데코레이팅 덴(Decorating Den–실내 인테리어), Build–A–Bear Workshops 등 상위 프랜차이즈 업체가 여성 사업가를 수장으로 두고 있다.

프랜차이즈 본사들은 더 많은 소수 인종 프랜차이즈 가맹 사업자를 모집하는데 열을 올리고 있는 추세이다. 현재 미국 내 소수 인종이 소유주로 되어 있는 프랜차이즈 가맹 업체는 약 4백만 개 이상이며, 고용 창출 5백만 명, 연간 수익도 7천억 달러 이상이다. 과거 10년간 미국의 2백만 개 신규 프랜차이즈 가맹 업체 중 50% 이상이 소수 인종이라는 통계도 있다.[29)]

국제 프랜차이즈 협회는 DiversityFran이라는 소수 인종의 프랜차이즈 기회 제공에 대한 관심을 불러일으키는 프로그램을 운영하고 있다. 미상무부의 소수인종 사업 개발 위원회는 소수인종에게 프랜차이즈 경영 노하우를 전수한다. 던킨도너츠는 소수인종 및 퇴역 군인 프랜차이즈 업주 모집 프로그램을 도입하였다. 이 프로그램은 신규 점포를 오픈하고자 하는 소수 인종 가맹업주들에게 재정적 지원을 제공한다.[30)]

미국의 프랜차이즈 업체 30% 이상을 아프리칸–미국인, 라틴계, 아시아계, 미 원주민이 소유하고 있다.[31)] 프랜차이즈 창업기회는 이러한 소수인종에게 완벽한 사업 기회일 수 있다. 전직 스타 농구선수인 주니어 브리지맨(Junior Bridgeman)은 NBA 팀인 밀워키 벅스와 LA 클리퍼스에서 활약하였는데, 선수시절의 열정을 살려 브리지맨 푸드(Bridgeman Foods)사를 창업하였다. 회사는 450개 지점의 칠리스(Chili's)와 웬디스(Wendy's) 레스토랑을 보유하고 있으며, 브리지맨은 미국에서 프랜차이즈 자산가 5위에 등극하였다. 2017년 브리지맨은 프랜차이즈 업체를 매각 후 캔자스, 미주리, 네브라스카, 일리노이 주 등의 지역의 코카콜라 제조 업체(Bottler)로 전환하였다.[32)]

자택 프랜차이즈

자택에서 경영하는 사업에는 통근이 필요 없고, 가족과 보낼 수 있는 시간적 여유가 있으며, 낮은 간접 비용 등의 여러 장점들이 있다. 하지만, 집에서 프랜차이즈 사업을 하면 사람들 사이에서 고립된다는 단점도 있다. 자택 창업과 비교하면 자택 프랜차이즈는 그래도 고독감이 덜한 편이다. 경험이 많은 프랜차이즈 사업 본사는 가맹 업체와 수익성 높은 사업을 이루는 지식을 공유한다.

자택 프랜차이즈 창업 비용은 최소 2,000달러의 저렴한 비용으로도 가능하다. 업종도 세탁, 세무 서비스, 보육 서비스, 애완동물 케어, 여행사, 메일 서비스 등으로 다양하다.[33]

자택 프랜차이즈 사업을 시작하기 전에 다음과 같은 사항을 체크하는 것이 좋다: 오랜 시간을 투자할 수 있는가? 고독한 환경에서 일할 준비가 되었는가? 동기부여는 충분하며, 창업 준비가 되어 있는가? 집에 사업에 필요한 공간은 충분한가? 집이 사무실이 될 여건이 충분한가? 또한 프랜차이즈 본사에 대한 조사도 철저히 이루어져야 한다.

프랜차이즈와 전자상거래

전자 상거래 혁명으로 사업의 방식은 완전히 변화하였다. 전통적인 기업들도 온라인에 사업을 확장하여 가상 지점을 오픈하는 등 고객에게 더 많은 가치를 제공하고 있다. 특정 지역에서 시작하였던 프랜차이즈 사업이 전 세계를 기반으로 뻗어나가고 있다. 자체 웹사이트를 구축하면 매출이 증대되는 장점이 있기는 하지만, 많은 프랜차이즈 본사는 가맹업체가 자체적으로 웹사이트를 개설하는 것을 금지하고 있다. 간혹 프랜차이즈 본사는 본사의 웹사이트 구축으로 매출이 감소하였다고 주장하는 가맹 업체에 역 로열티를 지급하기도 하지만, 이로 분쟁이 해결되는 것은 아니다. 그렇기 때문에 프랜차이즈를 계약하기 전에 온라인 매출에 관한 계약 조건을 정확히 인지하여야 한다.

프랜차이즈 가맹업주는 온라인 매장과 오프라인 매장을 선택할 수 있다. 하지만, 이 결정의 큰 이슈는 역시나 비용 문제이다. 전통적 산업의 프랜차이즈는 부동산을 계약하여야 하므로 거액의 프랜차이즈 비용이 필요하다. 반면, 프린팅인어박스(Printinginabox.com)와 같은 온라인 프랜차이즈는 계약금액도 요구하지 않고 사업 시작 전에 교육을 받을 필요도 없다. 프랜차이즈 가맹업주는 월별로 정해진 금액의 비용만 지불하면 되며, 다른 프랜차이즈 지점과 경쟁을 걱정해야 하는 영업 구역도 지정하지 않는다. 사실상 전 세계와 경쟁하는 것이라 할 수 있다.

프랜차이즈에서의 기술 활용

프랜차이즈 본사는 브랜드를 확장하고 고객과 가맹 사업자의 욕구를 동시에 충족시키기 위해 소셜 네트워크 서비스(SNS)를 포함한 다양한 기술을 활용한다. 그 예로, 아칸소 주에 본사를 둔 캔디 부케 인터내셔널(Candy Bouquet International, Inc.)은 부케 모양의 캔디를 판매하는데, 매장에서 전통적인 방식으로 판매도 하지만, 웹사이트에서 판매도 적극 유도한다. 캔디 부케의 가맹주들은 이메일로 본사의 최신 소식을 받으며, 가맹주들은 채팅방을 통해 제품관련 아이디어 등을 나누기도 한다. 캔디 부케는 인터넷으로 정보를 효율적으로 전달하고 본사의 지원과 가맹업주간 의사소통이 원활해졌다고 전한다. 현재 캔디 부케는 전 세계 300개 지점에서 영업 중이다.[34)]

암스테르담에 위치한 홀리데이 인(Holiday Inn) 소유의 인터컨티넨탈 암스텔 호텔은 네덜란드에서 가장 고급스럽고 아름다운 호텔로 손꼽힌다. 홀리데이 인 프랜차이즈는 이 호텔이 위치한 주변의 아름다운 환경을 최대한 활용하였으며, 암스테르담의 금융 중심가와 고급 쇼핑가 교차로에 위치한다. 만약 홀리데이 인이 이 지역에 전형적인 미국식 호텔을 지었다면 어땠을까?

글로벌 프랜차이즈

글로벌 시장이 성장함에 따라 글로벌 프랜차이즈에 대한 관심 역시 증가하고 있다. 현재 미국 프랜차이즈 업체들은 페소, 원화, 유로, 프로네, 바트, 엔 등 여러 나라의 화폐로 수익을 창출하고 있다. 맥도날드는 전세계 120개 국에서 39,000개가 넘는 지점에서 6,800만 고객에게 서비스를 제공한다.[35)]

접근성과 동일한 언어 사용으로 캐나다는 미국에 본사를 둔 프랜차이즈 업체들이 가장 선호하는 국가이다. 또한 많은 프랜차이즈 업체들이 중국, 남아프리카 공화국, 중동과 필리핀에 진출하고 있다. 게다가, 서브웨이 샌드위치, 메리어트 호텔 체인 같은 대규모 글로벌 기업뿐 아니라 신규 소규모 프랜차이즈 업체들도 글로벌 시장에 뛰어들고 있다. 앤티 앤즈는 인도네시아, 말레이시아, 필리핀, 싱가포르, 베네수엘라, 태국을 포함한 25개 국가에서 수제 프레즐을 판매한다.[36)] 2005년 29세의 청년 매튜 코린(Matthew Corrin)은 트렌드에 민감한 지역을 중심으로 신선한 샐러드, 샌드위치, 수프 등을 판매하는 프레쉬(Freshii)를 창업하였다. 프레쉬는 이미 17개국 400개 이상의 지점을 운영 중이다.[37)]

미국 시장에서 성공한 업체들은 국제 시장에서도 성공하는데, 그 성공 요인으로는 편리함과 동일한 수준의 서비스와 품질 보장이다. 하지만 프랜차이즈 본사들은 특정 지역에 진출 시 항상 주의를 기울여야 한다.[38)] 글로벌 프랜차이즈 시작 전에 다음과 같은 세 가지 질문을 답할 수 있어야 한다: 지적재산권이 보호될 수 있는가? 글로벌 파트너에게 적절한 지원을 할 수 있는가? 다른 국가에서의 규제를 수용할 수 있는가? 이 세 질문에 답이 모두 '그렇다'라면, 글로벌 프랜차이즈는 큰 기회가 될 수 있다. 하지만, 다른 국가에서 제품과 브랜드명을 변경하는 것은 쉬운 일이 아니다. 프랑스인들은 Dip 'N' Strip 이라는 가구 손질 업체를 스트리퍼들이 출연하는 술집으로 오해할 수 있다.

미국 기반의 맥도널드 황금 아치와 서브웨이 샌드위치가 전 세계에 알려진 것처럼 외국계 프랜차이즈 업체들 역시 미국을 매력적인 시장으로 보고 있다. 일본의 구몬 교육이나 캐나다의 세무 서비스 프랜차이즈 H&R 블럭(H&R Block)은 미국에서 인기가 높은 프랜차이즈이다. 구몬은 Entrepreneur지가 선정한 온라인 교습 업체 중 1위를 13년째 지키고 있으며, H&R 블록은 본사가 미주리주 캔자스 위치에 있을 정도이다. 이외에도 많은 글로벌 프랜차이즈 업체들이 미국인의 입맛을 공략하고 있다. 포 24(Pho 24: 베트남 쌀국수 레스토랑)의 대표 리 콰이 트렁(Ly Qui Trung)은 미국의 대중적 식당으로 성장 시키고자 한다.[39)]

학습목표 4-6 협동조합(cooperatives)의 역할을 설명할 수 있다.

협동조합(Cooperatives)

협동조합
생산자, 소비자, 근로자 등 유사한 필요를 가진 사람들이 공동의 목표를 위해 자원을 모아 설립한 단체

일부 사업가들은 소유주, 경영인, 종업원, 고객 등을 구분짓기를 원하지 않는다. 이들은 다른 형태의 조직을 구성하여 자신들의 전력공급, 아동 복지, 주택, 의료 보험, 식품, 재정 서비스 등의 필요를 충족시킨다. 이러한 조직을 **협동조합**이라고 하는데, 공동의 목표를 실현시키기 위해 협동조합의 당사자 즉, 생산자, 소비자, 종업원에 의해 경영되는 조직을 의미한다. 다수의 미국 중소 도시들에서 협동조합이 전력 공급을 담당하는데, 정부는 대량의 전력을 전기 협동조합에 공급하는데, 이는 연방공급가격의 약 40%에서 50%에 해당한다. 전기 협동조합은 미국 47개 주에서 4천 2백만 인구(전체 인구의 12%)에 전기를 공급한다.[40]

전 세계적으로 협동조합의 구성원인 인구는 10억 명을 상회한다.[41] 구성원들은 민주적으로 이사회를 선출하고 경영진을 구성하여 조합을 운영한다. 일부 협동조합은 구성원 및 고객이 의무적으로 근무해야 할 것을 규정한다. 미국인이라면 4,000여 개에 달하는 식료품 협동조합을 접하게 된다. 가까운 협동조합에 들러 미국 경제에서 높은 성장율을 보이고 있는 그들의 경영을 배우고 관찰해 보라. 협동조합에 대해 더 자세히 알고 싶다면 미국 협동조합 사업협회에 연락하거나 웹사이트(www.ncba.coop)를 방문해보면 된다.

미국에는 여러 다른 이유로 설립된 또 다른 형태의 협동조합이 존재한다. 이러한 협동조합은 구성원들이 개인으로서가 아니라 집단으로 더 많은 경제적 능력을 확보할 수 있도록 구성된다. 이러한 협동조합의 가장 좋은 예가 농업 협동조합이다. 은 농부들이 힘을 모아 더 높은 농산물 가격을 받을 수 있게 하기 위함이었다. 하지만 조합이 확장되어 현재는 조합원은 공동으로 비료, 농기구, 종묘 등을 구매하고 판매하고 있으며 몇 백만 달러 규모의 산업으로 성장하였다. 협동조합은 생산 설비도 보유하며, 농업 협동조합은 회사와 다른 세율을 적용 받기 때문에 시장에서 경쟁 우위가 있다.

협동조합은 농업을 비롯한 여러 산업에서 가장 영향력 있는 조직이다. 랜드 오 레이크(Land O Lakes), 썬키스트(Sunkist), 오션 스프레이(Ocean Spray), 블루 다이아몬드(Blue Diamond), AP 통신사(Associated Press), 에이스 하드웨어(Ace Hardware), 웰치스(Welch's) 같은 유명한 협동조합은 소비자들에게도 친숙하다.

적합한 소유구조 선택

여러분도 다양한 사업 구조 중에서 하나를 선택하여 사업을 시작할 수 있다. 개인사업, 파트너십, 회사, 협동조합을 구성하거나 프랜차이즈 계약, 대기업의 지분을 획득함으로써 사업을 시작할 수 있으며, 각 소유구조에는 각각의 장점 및 단점이 존재한다. 하지만, 분명한 것은 어떠한 소유 구조를 선택할지라도 위험은 존재한다는 사실이다. 그러므로 사업 구조의 형태를 선택하기 전에 모든 대안을 신중히 검토하여야 한다.

자유 시장경제의 장점을 활용하면 위험을 최소화하면서 거대한 기업을 일으킬 수 있

다. 스티브 잡스의 애플, 월마트 창업자 샘 월튼(Sam Walton), 리바이스의 리바이 스트라우스(Levi Strauss), 포드 자동차의 헨리 포드(Henry Ford), GE의 창업자 토마스 에디슨(Thomas Edison), 마이크로소프트사의 빌 게이츠(Bill Gates) 등과 같은 기업가들을 생각해보라. 이들은 작은 사업으로 시작했지만 거대한 부를 축적하고 산업의 선구자가 되었다. 당신도 이러한 위대한 기업가가 될 수 있을 거라 생각하는가?

시험 준비

- 프랜차이즈 사업을 계약하기 전 고려해야 할 사안들은 무엇인가?
- 글로벌 프랜차이즈 사업을 경영하는 이점은 무엇인가?
- 조합이란 무엇인가?

요약하기

학습목표 4-1 개인 기업(sole proprietorship)의 장점과 단점을 비교할 수 있다.

- **개인 사업의 장점 및 단점은 무엇인가?**
  개인 사업의 장점으로는 창업과 사업 종결의 용이성, 자율 경영, 회사 소유 자부심, 이익 처분권, 특별세 면제 등이 있다. 개인 사업의 단점은 무한 책임, 재무 자원의 제약, 경영의 어려움, 긴 시간 투자, 복지 혜택 미약, 성장의 제약, 회사 수명이 짧다는 것을 들 수 있다.

학습목표 4-2 일반적 파트너십(General partnership)과 유한 파트너십(Limited partnership)의 차이점을 설명하고, 각 파트너십의 장점과 단점을 비교할 수 있다.

- **일반 파트너십의 세 가지 주요 구성 요소는 무엇인가?**
  일반 파트너십의 세 가지 주요 구성 요소로는 일반 소유, 이익과 손실 공유, 사업의 경영 및 운영에 참여할 수 있는 권리를 들 수 있다.
- **일반적 파트너와 유한 파트너의 가장 큰 차이점은 무엇인가?**
  일반 파트너는 주로 무한 책임으로 회사를 경영하는 소유주(파트너)이며, 유한 파트너는 유한 책임과 회사 경영에 참여하지 않는 소유주(파트너)이다.
- **무한 책임이란 무엇인가?**
  무한 책임이란 개인 사업자나 일반 파트너가 사업으로 발생한 모든 부채와 손실에 책임을 져야 함을 의미한다. 개인 주택, 승용차 등 개인 소유를 처분해서라도 사업의 부채를 청산할 책임이 있다.
- **유한 책임이란 무엇인가?**
  유한 책임이란 회사의 소유주(주주) 혹은 유한 파트너는 투자한 금액까지만 손실에 대해 책임이 있는 것을 말한다. 개인의 자산은 보호된다.
- **마스터 유한 파트너십이란 무엇인가?**
  마스터 유한 파트너십이란 회사와 유사하지만 세금은 파트너십을 기준으로 납부하는 소유구조이다.
- **파트너십의 장점 및 딘점은 무잇인가?**
  장점으로는 재무 자원 조달의 용이성, 공동 경영 및 지식 획득, 긴 회사 수명을 들 수 있다. 파트너십의 단점은 무한 책임, 이익의 분배, 파트너간 이해관계 충돌, 사업 종결의 어려움 등이 있다.

학습목표 4-3 회사(corporation)의 장점과 단점을 비교할 수 있으며, C 회사(C corporations), S 회사(S corporations), 유한 책임 회사(Limited liability companies)간의 차이점을 요약할 수 있다.

- **회사의 정의는 무엇인가?**
  회사란 소유와 별도로 행위할 수 있고 책임을 지는 정부 공인 법적 주체이다.

- **회사의 장점 및 단점은 무엇인가?**
  장점으로는 높은 투자금액 유치, 유한 책임, 규모, 영속성, 소유 지분 변경의 용이성, 인재 유치, 소유와 경영의 분리 등을 들 수 있다. 단점으로는 초기 비용, 서류 작업, 규모, 사업 종결의 어려움, 이중 과세, 이사회와의 충돌 등이 있다.
- **회사 설립의 이유는 무엇인가?**
  세금 혜택과 유한 책임이 회사 설립의 주요 이유이다.
- **S 회사의 장점은 무엇인가?**
  S 회사는 회사의 유한 책임, 파트너십의 간편한 세금 납부의 장점을 누린다. S 회사의 지위를 누리려면 100명 이하의 주주(가족은 주주 1인으로 고려됨)를 보유하여야 하며, 주주는 미국 시민권 혹은 영주권을 보유한 개인 혹은 단체여야 한다. 또한 회사는 본업이 아닌 데서 파생한 수입의 25% 이상을 보유할 수 없다.
- **유한 책임 회사의 장점은 무엇인가?**
  유한 책임 회사는 회사나 S 회사처럼 복잡한 회사 설립의 과정을 거치지 않고서도 유한 책임의 장점을 누린다. 유한 책임 회사(LLC)는 세금 기준을 회사와 파트너십 중에서 선택할 수 있다.

학습목표 4-4 회사 합병(Corporate merger)의 세 가지 유형을 정의 및 설명할 수 있으며, 차입매수(Leveraged buyouts)과 기업 사유의 기능을 설명할 수 있다.

- **합병이란 무엇인가?**
  합병이란 두 기업이 하나로 합쳐진 결과물이다. 합병의 주요 유형으로는 수직 통합, 수평적 통합, 그리고 혼합 합병을 들 수 있다.
- **차입 합병이란 무엇이며, 개인이 기업을 소유하는 것은 무엇인가?**
  차입 합병이란 경영자 혹은 종업원이 차입으로 회사를 매수하는 것이다. 개인이 회사의 모든 주식을 보유하고 있는 것을 개인이 기업 전체를 소유한다고 한다.

학습목표 4-5 프랜차이즈(franchise)의 장점 및 단점을 개략적으로 설명할 수 있으며, 프랜차이즈의 다양성으로 인한 기회와 글로벌 프랜차이즈의 도전 과제에 대해 논의할 수 있다.

- **프랜차이즈란 무엇인가?**
  상호를 사용하고 재화 및 서비스를 일정한 영역에서 제공할 수 있는 권리를 구매하는 것을 프랜차이즈라고 한다.
- **프랜차이즈 가맹 사업자란 누구인가?**
  프랜차이즈 가맹 사업자란 프랜차이즈 본사와 계약을 체결한 개인이다.
- **프랜차이즈의 장점 및 단점은 무엇인가?**
  장점으로는 전국적인 인지도와 명성, 검증된 경영 시스템, 판촉 지원, 자부심 등을 들 수 있다. 단점으로는 프랜차이즈 비용, 경영 규제, 수익 배분, 프랜차이즈 사업 실패 시 본사의 회피 등이 있다.
- **글로벌 프랜차이즈의 어려움은 무엇인가?**
  한 국가에서 성공한 아이디어나 제품이 다른 문화권에서 실패하는 경우가 많다. 해당 지역의 문화를 수용하는 것이 필요하다.

학습목표 4-6 협동조합(cooperatives)의 역할을 설명할 수 있다.

- **협동조합의 역할이란 무엇인가?**

  협동조합은 회사의 구성원과 고객이 함께 회사를 소유하고 경영한다. 개인일 때와 비교하여 더 높은 경제적 지위를 누리기 위해 협동조합을 결성하기도 한다. 일부 소규모 사업체들은 구매, 마케팅, 제품 개발을 위해 협동조합을 구성한다.

주요 용어

인수 129
혼합 합병 129
전통적 회사(C 회사) 121
협동조합 137
회사 115
프랜차이즈 131
프랜차이즈 계약 131
프랜차이즈 가맹 사업자 131
프랜차이즈 본사 131
일반적 파트너 117
일반적 파트너십 117
수직적 통합 129
차입 매수(LBO) 130
유한 책임 117
유한 회사(LLC) 126
유한 책임 파트너십(LLP) 118
유한 파트너 117
유한 파트너십 117
마스터 유한 파트너십(MLP) 117
합병 129
파트너십 114
S 회사 125
개인 회사 114
무한 책임 116
수직적 합병 129

사고력 문제

자신의 사업을 계획하고 있다고 가정하고 아래 질문에 답하여라.

1. 어떤 제품 및 서비스를 판매할 것인가?
2. 사업을 경영하기 위해 보유한 재능 및 기술은 어떤 것들이 있는가?
3. 창업에 필요한 모든 기술 및 자원을 보유하고 있는가, 아니면 한 명 이상의 파트너와 동업을 고려하고 있는가? 만약 동업을 고려한다면 파트너가 갖추어야 할 기술은 무엇이라 생각하는가?
4. 개인 회사, 파트너십, 회사, S 회사, 유한 책임 회사 등 어떤 소유 구조를 선택할 것인가? 그 이유는?

원리를 실제로 적용해 보기

목적

프랜차이즈의 기회를 탐색하고 장단점을 비교하여 보자.

연습

Be the Boss 사이트(betheboss.com)에 접속한다.

본인이 가진 창업에 대한 꿈을 이루어 줄 만한 프랜차이즈를 검색 메뉴를 활용하여 찾아보자. 해당 프랜차이즈의 프로필도 꼼꼼히 읽어 보고, 업체의 링크가 있다면 방문도 해보는 것이 좋다. 그림 4.9의 질문들을 참조하여 해당 프랜차이즈의 장점과 단점은 무엇인지 분석하여 보라.

위 사이트에서 그림 4.9의 질문들에 대한 답을 찾았는가? 만약 충분하지 않았다면 더 필요한 정보는 무엇이며 어디서 얻을 수 있겠는가?

직업기술 개발하기

핵심: ● 팀 ★ 분석 ▲ 의사소통 ▣ 기술

●▣▲★ 1. 지역 내 사업의 동향을 파악하고 개인 회사, 파트너십, 회사, 프랜차이즈 등 어떤 소유 구조로 구성되어 있는지 확인하라. 각 소유 형태별 사업의 관리자와 면담을 갖고 조언과 주의할 점을 새겨들으라(만약 동료 학생들과 같이 인터뷰를 진행한다면 몇 팀으로 나누어 수행하는 것이 좋다). 사업을 시작하는 데 드는 비용은? 그들은 일 주일에 몇 시간 일하고 있는가? 사업의 특징은? 조사 결과를 교실에서 다른 학생들과 공유하여라.

●▣▲ 2. 창업을 고려하고 있는가? 어떤 사업이 매력적인가? 만약 파트너를 골라야 한다면 어떤 친구를 고를 것인지 생각해 보아라. 사업을 경영하기 위해 필요한 모든 재무적 자원과 인적 기술을 나열해 보아라. 이 리스트 중 당신(혹은 동업자)가 공급할 수 있는 재무적 자원과 인적 기술에는 어떠한 것이 있는가? 자신과 파트너에게는 없지만 필요한 자금의 규모와 기술은? 이를 획득하기 위한 계획을 세워 보아라.

★▲ 3. 아래 중 하나의 사업을 시작한다고 가정하여라. 각각 어떠한 소유 구조의 형태로 사업을 시작하겠는가? 그 이유를 설명하여라.

a. 비디오 게임 대여점.

b. 웨딩 컨설팅 서비스.

c. 소프트웨어 개발 업체.

d. 컴퓨터 하드웨어 제조 회사.

e. 온라인 서점.

★▲ 4. 성공적 사업은 항상 변화를 추구한다. 본 장에서 논의된 변화에는 합병, 인수, 기업 사유화, 차입 매수 등이 있다. 도서관이나 인터넷에서 이러한 변화가 조직에 가져오는 변화는 무엇인지 조사하여라. 무엇이 변화를 초래하는가? 이러한 변화는 회사 주주에게는 어떠한 영향을 미치는가? 변화로 어떤 혜택이 있는가? 변화를 통해 회사는 어떤 어려움을 겪을 수 있는가?

★▲ 5. 사업 조합에 대한 자료를 조사하여라. 조합이 어떻게 결성되고, 누가 소유하며, 운영되는지 설명하여라.

직업 탐색

만약 여러분이 작은 초기비용으로 시작해 볼 수 있는 직업에 관심이 있다면, 관련된 직업에 관심이 있다면, 고려해볼 만한 몇 가지 직업들이 아래에 나타나 있다. 이러한 직업들의 업무, 필요한 지식과 기술, 급여수준, 미래전망 등에 관해서는 bls.gov 웹사이트의 Occupational Outlook Handbook을 살펴보라.

- **그래픽 디자인 서비스** – 소비자에게 영감을 주거나 정보 제공 및 어필할 수 있는 시각적 콘셉트를 제안한다. 광고 제작, 브로셔, 잡지, 회사 보고서 작성 등 다양한 영역에 적용 가능하다.
- **잔디 케어 서비스** – 주택, 사업체, 공원 등의 잔디를 관리한다.
- **IT 지원 서비스** – 컴퓨터 소프트웨어 및 장비 관련 서비스를 제공한다.
- **애완동물 케어 서비스** – 반려동물 사료, 이미용, 건강관리 서비스를 제공한다.

비디오 사례

도미노피자(Domino's)의 성장

미국에서 새로 창업하는 사업체만 연간 50만 개에 달한다. 이중 대략 1/10가량이 프랜차이즈를 선택하고 있다. 현재 헬스 클럽, 호텔, 주유소, 레스토랑 등 거의 모든 업종에서 프랜차이즈는 호황을 이루고 있다. 1960년 톰 모나한과 진 모나한(Monaghan) 형제는 미시건주 입실렌티에서 파트너십 형태로 도미닉 피자(DomiNick's Pizza)를 설립하였다. 8개월 후 동생 짐은 피자 사업이 본인에게 맞지 않는다는 생각에 형으로부터 중고 폭스바겐 비틀 자동차를 받고 본인의 주식을 형에게 넘겼다. 이후 톰 모나한이 개인 기업 형태로 도미닉 피자를 유지하였다면 현재 6대주 80개국에서 13,000개의 점포를 가진 규모로 성장할 것이라고 상상하기 어려울 것이다.

밑바닥에서 시작한 사업들 대부분이 그러하듯이, 사업은 어렵고 시간이 많이 소요되며 위험을 동반한다. 식당을 연 이후 제대로 제품 라인을 구축하고 충성스러운 고객을 확보하는 데에는 상당한 기간이 필요하다. 50년 이상의 경험과 제품력, 그리고 브랜드를 통해 도미노 피자는 시장에서 성공적으로 명성을 쌓았다. 이것이 바로 개인이 레스토랑을 오픈하기 보다는 프랜차이즈 형태로 도미노 피자 가맹점을 열고자 하는 주된 이유일 것이다. 도미노 피자와 같은 브랜드 파워를 보유한 프랜차이즈 본사는 검증된 사업 모델 및 제품으로 시장을 최고 속도로 공략할 수 있다.

도미노 피자처럼 검증된 프랜차이즈는 가맹 업주들에게 경영 노하우 및 마케팅 지원 또한 제공한다. 도미노 피자는 본사의 성공이 가맹 업주의 성공에 달려 있다는 것을 일찌감치 깨우쳤다. 본사 차원의 홍보, 광고, 매장내 디스플레이, 쿠폰 프로그램 등은 가맹 업주들이 고객을 유치하기 위해 개별 노력이나 비용을 들이지 않고 매장 운영에 집중하게 할 수 있다. 요식업계에서 입지는 굉장히 중요한 요소인 만큼, 도미노 피자는 가맹 업주들이 입지가 좋은 상권에 가게를 열 수 있도록 지원하기도 한다.

미국 시장이 가장 큰 시장이기는 하지만, 도미노 피자는 글로벌 진출에도 박차를 가하고 있으며 5,000개 이상의 점포는 해외에 위치하고 있다. 각 지역의 특성에 따른 피자 선호와 토핑 종류는 다를 수 있지만 도미노 피자는 전 세계에서 품질과 맛이 보장된 피자를 제공하는 전략을 고수하고 있다. 전 세계 매장내 유니폼, 점포 레이아웃, 훈련 프로그램, 공급업체 선정 프로그램, 주문 방식 등은 동일하다. 도미노 피자는 큰 틀에서 비즈니스 모델과 시스템은 유지하지만, 각 지역 고객의 요구와 필요를 충족시킬 수 있는 제품의 출시에는 항상 열려 있다. 이러한 전략은 고객의 입맛과 기대가 매우 상이한 글로벌 시장을 공략할 때 유효하다.

요즘은 기술의 발전속도에 맞추어 도미노의 사업 전반에도 변화가 일어나고 있다. 도미노 피자는 페이스북 메신저, 애플워치, 트위터 등의 다양한 플랫폼을 이용하여 주문이 가능하다. 또한 도미노 피자는 시스템 효율성 제고를 위해 도미노 트랙커(Domino Tracker)를 통해 주문 시점부터 피자의 배달시점까지의 전 과정을 추적하고 있다.

프랜차이즈는 현존하는 사업 모델 중 가장 효율적인 시스템이라는 평가를 받고 있다. 이와 함께 도미노 피자는 피자 배달원을 포함한 종업원들이 도미노 가족의 일원이 되고 도미노 사업모델이 꿈꾸는 세상을 함께 하기 위한 노력을 지속하고 있다.

다시 생각해 보기

1. 도미노 피자 같은 프랜차이즈 업체가 왜 아무 것도 없이 시작한 개인 사업체보다 사업 실패 확률이 낮다고 생각하는가?
2. 프랜차이즈와 파트너십은 다른 점은 무엇인가?
3. 도미노 피자 같은 프랜차이즈의 가맹점이 되기 전 고려해야 할 중요한 사항들은 무엇인가?

한국의 사례 1

한국의 프랜차이즈 사업 현황 및 프랜차이즈협회 소개

http://www.ikfa.or.kr/

국내에서도 프랜차이즈 사업에 대한 관심이 뜨겁다. 특히, 퇴직 이후의 새로운 인생을 꿈꾸는 직장인들이 증가하고 있고, 청년 실업으로 취업난을 돌파하려 하는 20대가 증가하면서 프랜차이즈 형태의 창업을 시도하는 경우가 늘어나고 있는 추세이다. 한국프랜차이즈산업협회에서는 프랜차이즈 창업을 준비하는 사람들에게 필요한 정보를 제공할 뿐 아니라, 각종 피해 사례를 줄이기 위한 정보도 함께 제공하고 있다. 협회의 주요 사업으로는 국제 인증 프랜차이즈 전시회 개최, 산업통상자원부, 공정거래위원회, 중소벤처기업부 등 정부 부처가 후원하는 프랜차이즈 창업 박람회 주관 및 개최, 박람회 참가 업체의 가맹사업 활성화 및 유통 판로 개척을 지원을 담당한다. 해당 박람회에 참여하는 업체는 외식, 도소매, 서비스, 컨설팅, 유통설비 등 다양한 산업에 분포되어 있다.

이와 함께 최근 증가 추세에 있는 프랜차이즈 업체의 해외 진출 시 상표, 브랜드 피해로 인한 매출액 감소, 법적해결까지 현지 진출이 지연되는 문제 등을 해결하기 위해 공동방어상표권을 추진하고 있다. 공동상표방어권이란 해외 진출을 희망하는 프랜차이즈 관련 기업의 지적재산권 보호를 위해 특허청, 한국지식재산보호원, 한국프랜차이즈산업협회가 함께 개발한 상표이며, 협회는 사용 희망 기업이 신청시 사용 실시권을 무상으로 허용한다. 이를 통해 현지 업체의 모방상점을 방지하고 해외에서 상표를 선점하여 국내 프랜차이즈 업체의 해외 진출의 어려움 해소를 돕는다. 자세한 내용은 한국프랜차이즈산업협회의 사이트(www.ikfa.or.kr)에서 확인할 수 있다.

한국의 사례 2

한국 소비자생활협동조합의 양대 산맥: 아이쿱과 한살림

2020년 국내 유기농 유통업체의 1위는 한살림으로 연간 매출액이 3,796억 원에 달한다. 이는 대기업 대상에서 운영하는 2위의 초록마을의 매출액 1,927억 원을 상회하는 수준이다. 자연드림의 2020년 매출액 또한 718억 원으로, 전년 대비 19% 증가하였다. 한살림(www.hansalim.or.kr)과 자연드림을 운영하는 아이쿱(http://www.icoop.or.kr/)은 협동조합의 형태로 설립되었다는 공통점이 있으며, 조합원들의 출자와 조합 이용으로 운영된다.

기본적인 운영 방식 이외에도 두 대표 소비자생활협동조합은 지역 사회에 공헌하는 다양한 노력을 기울이고 있다는 공통점을 가지고 있다. 아이쿱은 만성질환 치료 전문기관인 자연드림유기농치유연구재단과 협력하여 만성질환 치유를 위한 식품들을 만들며 만성질환의 지속적인 케어와 치유를 위해 자연드림한의원, 병원, 검진센터와 본격적인 치유를 추구한다. 또한 플라스틱 줄이기 위한 여러 노력을 기울이고 있으며, 생협 내에 판매되는 조미김의 플라스틱을 제거하거나 외부 포장재와 스티커 역시 플라스틱이 아닌 종이류로 교체하였다.

한살림 역시 국내 취약계층 지원, 해외 긴급 구호 사업 등 복지사업에 약 3억 8,000만 원을 지출했다. 기부금도 2015년 570만 원에서 2016년 2억 5,000만 원, 2017년 3억 6,000만 원으로 꾸준히 증가했다. 이중 한살림재단 생산 법인들의 기부금이 약 57%에 달하는데, 포장재를 공동 제작하는 등 생산비용을 절감해 얻은 이윤을 기금으로 조성하기도 한다.
한국의 대표적 소비자생활협동조합인 한살림과 아이쿱이 이러한 소비자와 지역사회, 그리고 환경을 위한 가치를 지키기 위한 노력을 기울이는데 사업의 소유구조인 협동조합이 어떠한 영향을 미쳤다고 생각하는가?

출처: 한살림 홈페이지(www.hansalim.or.kr), 아이쿱 홈페이지(http://www.icoop.or.kr/), UPI뉴스, 2021.7.7, "유기농 3강 '한살림 · 초록마을 · 자연드림' 매출 두자리 '쑥'… 코로나 특수 好好", 조선일보 공익섹션 더나은미래, 2018.6.25, "국내 생협계 양대산맥, 아이쿱과 한살림이 지역사회에 기여하는 방법".

참조

1. Small Business Administration, sba.com, accessed October 2019.
2. Morgan Stanley, morganstanleyfa.com, accessed October 2019.
3. Sunoco, sunoco.com, accessed October 2019.
4. Sarah Bliss, "How to Launch a Business with Your Spouse without Splitting Up," Forbes, January 14, 2019.
5. Bureau of Labor Statistics, bls.gov, accessed October 2019.
6. Sam Ashe–Edmunds, "Importance of Partnership Agreement," Small Business Chronicle, smallbusiness.chronicle.com, accessed October 2019.
7. Eillie Anzilotti, "Want Fairer Workplaces? Give Employees Seats on the Board," Fast Company, April 6, 2018; Ronald Barusch, "CBS and the Need to Hold Directors Accountable,"The Wall Street Journal, September 16, 2018; Vanessa Fuhrmans, "California Becomes First State to Mandate Female Board Directors," The Wall Street Journal, September 30, 2018; Joshua Kennon, "The Role and Duties of a Corporate Board of Directors," The Balance, thebalance.com, accessed October 2019; Terry Lane, "How Does a Corporation Board of Directors Work?," Houston Chronicle, chron.com, accessed October 2019.
8. Sharon Terlep, "At Newell Brands, a Fight over the Board and Strategy," The Wall Street Journal, January 31, 2018; Ben Fritz and Joe Flint, "MGM CEO Gary Barber Was Fired Following Disagreement with Board on Strategy," The Wall Street Journal, March 21, 2018; Andrew Ross Sorkin, Jessica Silver–Greenberg, Kate Kelly, and Neal E. Boudette, "Tesla Directors, in Damage Control Mode, Want Elon Musk to Stop Tweeting," The New York Times, August 14, 2018; Alejandro Cremades, "How to Manage a Board of Directors," Forbes, forbes.com, January 14, 2019.
9. "State Filing Fees," Incorporate Fast Inc., incorporatefast.com, accessed October 2019.
10. S Corporation Association, s–corp.org, accessed October 2019.
11. U.S. Internal Revenue Service, irs.gov, accessed October 2019.
12. Sammi Caramela, "How to Choose the Best Legal Structure for Your Business," Business News Daily, June 18, 2018; "Choose Your Business Structure," Entrepreneur, entrepreneur.com, accessed October 2019.

13. U.S. Internal Revenue Service, irs.gov, accessed October 2019.
14. U.S. Internal Revenue Service, irs.gov, accessed March 2019.
15. LegalZoom, legalzoom.com, accessed October 2019.
16. Ryan Faughnder, "With Fox, Disney Will Have an Even Bigger Footprint in Hollywood," Los Angeles Times, latimes.com, March 9, 2019.
17. Jon Chesto, "Staples Makes Its Move to Acquire Smaller Office Supplier," The Boston Globe, September 4, 2018; Alan Wolf, "Life after Retail: Staples & Office Depot Search for Greener Pastures," Twice, September 19, 2018.
18. Sarah Whitten, "After a $7.5 Billion Deal, Panera's CEO Says He Can Do Even More as a Private Business," CNBC, April 5, 2017; Bloomberg Editorial Board, "Where Have All the Public Companies Gone?," Bloomberg, April 9, 2018; Eliza Ronalds-Hannon and Lauren Coleman-Lochner, "The Most Expensive Takeover in Retail Is Drowning in Debt," Bloomberg, April 25, 2018; Jef Feeley, "Panera Accused of Bungling $7.5 Billion Sale to Help Founder," Bloomberg, bloomberg.com, July 3, 2019.
19. Camila Domonoske, "Monsanto No More: Agri-Chemical Giant's Name Dropped in Bayer Acquisition," NPR, June 4, 2018; Naomi Kresge, "Bayer Closes Monsanto Deal to Cap $63 Billion Transformation," Bloomberg, June 7, 2018; Caroline Winter and Tim Loh, "With Each Roundup Verdict, Bayer's Monsanto Purchase Looks Worse," Bloomberg, bloomberg.com, September 18, 2019.
20. U.S. Census Bureau, census.gov, accessed October 2019.
21. International Franchise Association, franchise.org, accessed October 2019.
22. "2019 Top Fastest-Growing Franchises," Entrepreneur, entrepreneur.com, accessed October 2019.
23. Samantha Bomkamp, "McDonald's Officially Opens HQ in Chicago, Leaving Oak Brook Campus Behind," The Chicago Tribune, June 4, 2018; McDonald's, corporate.mcdonalds.com, accessed October 2019.
24. Jared Hecht, "The 6 Best Financing Options for Franchising a Business," Entrepreneur, May 16, 2018; Teddy Nykiel and Jackie Zimmermann, "Where to Find Franchise Financing," NerdWallet, June 7, 2018.
25. Adam Butler, "Five Reasons Startups Are Choosing Franchise Opportunities," Forbes, September 5, 2018; "How to Avoid Franchise Pitfalls," The Wall Street Journal, wsj.com, accessed October 2019.
26. Entrepreneur, entrepreneur.com, accessed October 2019.
27. Fiona Simpson, "Franchise Royalty Fees: Percentage versus Fixed?," Forbes, October 8, 2018; Andrew Seid, "The Basics of Franchise Royalty Payments," The Balance Small Business, thebalancesmb.com, April 13, 2019.
28. Monica Mendoza, "More Women Take Ownership of Careers, Buy into Franchises," Denver Business Journal, March 2, 2016; Kris Frieswick, "More Women Are Entering Franchising—and It's Changing the Industry," Entrepreneur, February 22, 2018; Elizabeth Garone, "Women Flock to

Franchising," The Wall Street Journal, wsj.com, December 1, 2019.

29. "Minority Entrepreneurs," U.S. Senate Committee on Small Business and Entrepreneurship," sbc.senate.gov, accessed October 2019.
30. "NAACP Partners with Dunkin' Brands to Promote Diversity in Franchising," NAACP, naacp.org, accessed October 2019.
31. International Franchise Association, franchise.org, accessed December 2019.
32. Mike Ozanian, "How a Former NBA Player Became a Great Entrepreneur," Forbes, February 24, 2017; Eric Mandel, "NBA Legend, NHL Entrepreneur Joint Venture Completes Coca-Cola's Bottling Overhaul," Atlanta Business Chronicle, March 9, 2018; Peter Romeo, "Chili's Parent Agrees to Buy Back 116 Franchises," Restaurant Business, restaurantbusinessonline.com, July 10, 2019.
33. Ed Teixeira, "A Home Based Franchise Requires the Right Type of Franchisee," Forbes, June 18, 2018; "24 Top-Ranked, Affordable Franchises You Can Buy for $25,000 or Less," Entrepreneur, entrepreneur.com, September 20, 2019.
34. Candy Bouquet, candybouquet.com, accessed October 2019.
35. McDonald's, mcdonalds.com, accessed October 2019.
36. Auntie Anne's, auntieannesfranchising.com, accessed October 2019.
37. Jake Edmiston, "Freshii Pumps Brakes on Rapid Expansion Plans after Same-Store Sales Decline," Financial Post, November 8, 2018; Freshii, freshii.com, accessed October 2019.
38. Ross Gilfillan, "The Top Fitness Franchises in Southeast Asia," Global Franchising, globalfranchising.com, accessed October 2019.
39. Pho24 San Jose, pho24sanjose.com, accessed October 2019.
40. National Rural Electric Cooperative Association, electric.coop, accessed October 2019.
41. International Cooperative Alliance, ica.coop, accessed October 2019.

5

기업가정신과 소규모 창업

학 습 목 표 

이 장을 학습한 후에 다음 질문에 답할 수 있어야 한다.

5-1 위험을 감수하면서도 창업을 하는 이유를 설명할 수 있다. 성공적인 창업가의 특징은 무엇이며 창업팀과 사내 창업, 자택 창업 및 인터넷 기반 창업을 설명할 수 있다.

5-2 미국 경제에서 중소기업이 차지하는 중요성과 중소기업이 실패하는 주요 원인을 분석할 수 있다.

5-3 중소기업 경영 방식을 학습할 수 있는 방안을 요약할 수 있다.

5-4 중소기업을 창업하고 운영하는 데 필요한 요건을 분석할 수 있다.

5-5 중소기업의 글로벌 시장 진출시 장점과 단점을 개략적으로 설명할 수 있다.

Walker and Company의 창업자 트리스탄 워커(Tristan Walker)에 대해 알아보자

워커 앤 컴퍼니를 창업한 트리스탄 워커에게 가장 어려운 일 중 하나는 자신의 억세고 곱슬거리는 머리와 수염에 맞는 이발 도구를 찾는 일이었다. 특히나 피부를 상하게 하지 않는 기기는 거의 찾기 힘들었다. "흑인에게 추천할 면도기는 없나요?라고 물으면 항상 싸구려 면도기를 추천받기 마련이었지요."라고 언급한 워커는 기업들이 이렇게 큰 규모의 시장에 주목하지 않고 있다는 사실에 놀랐다고 한다. 이 소비자군은 쓰는 돈에 비해 제대로 대접받지 못하는 시장이라 할 수 있다. 누군가가 이 문제를 해결해주기를 기다리는 대신, 워커는 '유색인종들의 P&G'를 꿈꾸며 워커 앤 컴퍼니를 창립하였다. 워커는 주로 흑인 고객들에게 면도 용품을 판매하는 Bevel이라는 브랜드를 런칭하였다. 여러 개의 면도날을 가진 면도기에 비해 Bevel은 단일 면도날을 사용하여 피부 손상을 최소화하였다. 나스, 매직 존슨, 존 레전드 같은 유명인들에게 240만 달러 이상의 금액을 펀딩받기도 하였다. Bevel의 제품은 온라인에서 출시되었지만 워커는 타겟(Target) 등의 오프라인 판매처와도 협상을 시도하였다. 이제 그의 브랜드는 14개국 이상에서 판매되고 있으며, 95% 이상의 고객 충성도를 확보하고 있다.

물론 이러한 신제품 런칭은 결코 쉬운 일이 아니다. 이러한 프로젝트의 성공을 위해 워커는 부단히 노력하고 시간을 투자하고 인맥을 쌓았다. 다행스럽게도 워커가 실리콘 밸리의 한 회사에서 근무하는 동안 회사는 그의 비전을 지원해 주었으며 여러 기술 기업들의 도움을 받기도 하였다. 워커는 본인의 회사를 이미용 제품 회사라기보다는 테크놀로지 집약 기업이라 생각한다고 밝혔다. 또한 그는 "저희가 런칭할 신제품들은 더 기술 집약적이고 과학을 통한 효율성을 기대할 수 있습니다."라고 자신 있게 말했다.

하지만, 어렸을 때 워커는 실리콘 밸리를 들어본 적도 없다고 회상한다. 워커가 자란 곳은 실리콘 밸리와 여러 모로 반대인 뉴욕 퀸즈의 거친 지역이었다. 그가 4살 때 아버지가 총격으로 사망하였으며 형이 가장 노릇을 하여야 했다. 형은 워커가 운동에 두각을 나타내자 지원을 아끼지 않았다. 당시 학교 농구 코치는 워커의 재능을 보고 유명 사립학교로의 진학을 권유하였으며, 실제 워커는 호츠키츠 스쿨이라는 명문 사학에 진학하였다. 후에 워커는 스토니 브룩 대학에 입학하여 경제학을 전공하였다. 이러한 열정과 학문적 배경으로 워커는 졸업 후 월스트리트에 취업하게 되었다. 하지만 월스트리트 금융산업 특유의 정신없고 바쁜 생활에 금방 지쳐 버렸고 가능한 그곳으로부터 멀리 떨어져 있는 경영대학원으로 진학을 생각하게 되었다. "스탠포드 대학원에 지원한 이유는 월스트리트에서 가장 먼 학교였기 때문입니다."라고 회상한 워커는 2008년 대학원을 졸업하고 인근에 위치한 검색 엔진 회사 Foursquare에 취업하였다. 신사업 개발의 책임자로서 첫 달 월급은 1,000달러에 불과하였지만, 워커는 다른 브랜드와의 파트너십을 통해 회사를 확장하는데 중요한 역할을 수행하였다. 2012년 Foursquare를 떠나 Andreessen-Horowitz라는 벤처 캐피털 회사에 자리잡았으며, 여기서 창업가의 꿈을 키우게 되었다. 몇 년 후 워커는 당시 인맥과 경험을 기반으로 워커 앤 컴퍼니를 창립하였다. 뿐만 아니라 비영리조직인 Code 2040을 창설하여 IT 업계에서 꿈을 펼치고 싶은 소수 인종을 돕기도 하였다. 워커는 "다양성이야말로 미국이 주는 가장 큰 기회이며, 모든 창업 기업도 이를 기회로 삼아야 한다."라고 강조하였다.

트리스탄 워커 같은 기업가들은 보다 큰 보상을 위해 위험을 감수하기도 한다. 본 장에서 그와 같은 기업가들을 접하면서 스스로도 창업가가 될 수 있을지 생각해 보자.

출처: Diana Stallworth, "Tristan Walker on Building Walker & Company Brands," National Retail Federation, August 14, 2018; Shannon Gupta, "This Entrepreneur Wants to Make the 'Ethnic' Beauty Aisle a Thing of the Past," CNN, May 30, 2018; Victor Luckerson, "Meet the Silicon Valley CEO Opening Doors for People of Color," Time, March 14, 2016; J. J. McCorvey, "Back to Basics," Entrepreneur, July–August 2017; J. J. McCorvey, "Tristan Walker: The Visible Man," Fast Company, November 11, 2011; Dexter Thomas, "The Silicon Valley Entrepreneur Moving Black-Hair Products out of the Ethnic Aisle," Los Angeles Times, February 19, 2016; Kori Hale, "Procter & Gamble Invests in Multicultural Future," Forbes, January 2, 2019.

대규모 통신 회사들이 아프리카를 농업 지역 내지는 물류의 어려움이 있는 곳으로 본 반면, 이 회사의 창업가는 아프리카에서 10억 명의 고객에게 핸드폰을 판매할 수 있는 기회를 보았다. 이 회사는 곧 아프리카 대륙 1위의 이동통신업체가 되었으며, 34억 달러에 매각되었다. 이 회사의 이름은 무엇인가? (이 장에서 답을 찾아보라)

창업
사업을 시작하고 경영하는 위험을 감수

미국 내 창업의 일자리 창출 효과

오늘날 대부분의 젊은 사람들은 자신이 대기업에 직장을 얻고 또 그곳에서 30년 이상 버틸 수 있을 것이라 생각하지 않는다. 따라서 스스로의 운명을 개척하고자 하는 이들이 소규모 기업을 창업하고자 하는 것이 여러분은 이해가 될 것이다. **창업(Entrepreneurship)**은 위험을 감수하면서 기업을 시작하고 운영하는 것을 의미한다. 이 장에서 자신의 창업 가능성에 대해 고찰해보기로 한다.

최근의 경기 침체 이전에는 미국의 주요 이슈 중 하나가 바로 더 많은 일자리 창출이었다. 높은 실업률을 생각해보면 일자리 창출의 중요성은 더 높아지고 있다. 과거와 현재의 위대한 기업가들을 생각해보면 창업이 가지는 일자리 창출 효과를 이해할 수 있을 것이다. 미국 역사가 바로 창업의 역사라 할 수 있는데, 미국 경제를 일구었던 수많은 기업가들을 생각해보자.

- 테프론과 라이크라 등의 브랜드 등으로 수천 개의 제품을 개발한 듀폰(Du Pont)은 1802년 엘뢰테르 이레네 듀폰(Éleuthère Irènèe du Pont de Nemours)이라는 프랑스 이민자가 창업하였다. 18명의 주주가 약 3만 6,000달러의 창업 자금을 조달하였다.
- 에이본(Avon: 화장품 생산)은 1886년 데이비드맥코넬(David McConnell)이 친구로부터 500달러를 빌려 시작하였다.
- 조지 이스트만(George Eastman)은 1880년 3,000달러의 투자금으로 코닥(Kodak)을 창업하였다.
- 다국적 생활용품 제조사 프록터 앤 갬블(Procter&Gample)은 1837년 윌리엄 프록터(William Procter)와 제임스 갬블(James Gamble)이 총 7,000달러의 자본금으로 시작하였다.
- 포드 자동차는 헨리 포드(Henry Ford)와 11명의 동료가 2만 8,000달러의 투자금을 유치하여 시작하였다.

식료품점 창업주 짐 보나미니오(Jim Bonaminio)는 그의 매장 정글짐(JungleJim's International Market)에서 마법사 가운을 입거나 롤러스케이트를 타는 등 괴짜로 보일 수 있는 행동을 하지만, 사업에 있어서는 매우 진지하다. 정글짐은 규모가 큰 월마트와 가격으로 직접 경쟁하기 보다는 상품의 다양성으로 승부한다. 골동품 소방차 밑에 1,200여 종의 다양한 핫소스가 담긴 케이스가 진열되어 있는 것이 한 예이다. 고객들이 정글짐에 높은 충성도를 보이는 이유가 무엇이라 생각하는가?

중소기업에 대한 조명 학업과 사업을 병행하는 젊은 창업가들

창업을 원하는 대부분 사람들이 사업에 뛰어들기 전 먼저 학업을 마치려고 하지만, 트렌드를 꿰뚫어 어린 나이에 창업한 기업가들도 적지 않다. 대학 시절 창업하여 성공한 기업가들의 사례를 보자.

크리스토퍼 그레이(Christopher Gray)는 드랙셀 대학 동료 두 명과 함께 대학생들의 장학금 지원 연계 서비스 애플리케이션 회사인 Scholly를 창업하였다. 이 앱을 통해 3백만 이상의 학생들이 장학금을 지원받을 수 있게 되었다.

크리스토퍼 미첼(Christopher Mitchell)과 **토마스 디커슨**(Thomas Dickerson)은 마인크래프트 게임에서 영감을 받아 현실을 가상 세계에 표현하는 지오파이프(Geopipe)를 창업하였다. 이 회사의 기술은 게임뿐만 아니라 건축, 디자인 등의 분야에서 활용된다.

앤 양(Ann Yang)과 **필 웡**(Phil Wong)은 매년 크기, 모양, 색깔 등이 맞지 않는다는 이유로 수확되지 않거나 폐기되는 농산물을 가공하는 방안을 고안하였다. 조지타운 대학 재학 시절 Misfit foods를 설립하여 이렇게 버려지는 농작물로 주스를 만들어 판매하기 시작하였다.

다이앤 페어번(Diane Fairburn)은 대학교 1학년 때 기숙사에서 유리공예 작품을 만들어 대학 카페테리아에서 판매하였다. 그녀가 이렇게 유리공예 업체 Decorative Glass를 창업한지 40년이 지났으며, 3번 이상의 경제 위기에도 회사는 건재하다.

Sources: Anne Field, "Scholly Teams Up with Grown-ish to Help Students Pay Off Their Debt," Forbes, January 2, 2019; Scholly, myscholly. com, accessed October 2019; Tim Crino, "Meet the Coolest College Startups of 2018," Inc., March 7, 2018; Geopipe, geopi.pe, accessed October 2019; Misfit Foods, misfitoddsquad. com, accessed October 2019; Decorative Glass Solutions, decorativeglasssolutions.com, accessed October 2019.

- 아마존닷컴(Amazon.com)은 설립자 제프 베조스(Jeff Bezos)의 가족과 친구들의 투자로 설립되었다. 베조스의 부모는 약 30만 달러에 달하는 퇴직금을 투자하였고, 오늘날 억만장자가 되었다.

이들의 이야기에는 공통점이 있다. 그것은 바로 훌륭한 아이디어를 가진 기업가 한두 명이 가족이나 지인에게 돈을 빌려 창업하고, 그렇게 시작한 기업이 이제는 수천명의 종업원을 고용하고 국가 경제에 이바지하고 있다는 점이다.

미국에도 창업의 역량을 보유한 인물들이 많이 있다. 스티브 잡스(애플 컴퓨터), 마크 저커버그(페이스북), 마이클 델(델), 빌 게이츠(마이크로소프트), 하워드 슐츠(스타벅스), 잭 도시(트위터), 크리스 드월프와 톰 앤더슨(마이스페이스), 채드 헐리와 스티브 첸(유투브) 등은 과거 어느 기업가들 못지 않게 유명세를 떨치고 있다. 중소기업에 대한 조명란에서 재학 중 창업한 여러 인사들을 읽어 보라.

학습목표 5-1 위험을 감수하면서도 창업을 하는 이유를 설명할 수 있다. 성공적인 창업가의 특징은 무엇이며 창업팀과 사내 창업, 자택 창업 및 인터넷 기반 창업을 설명할 수 있다.

왜 창업에 도전하는가?

사업을 시작하면서 위험을 감수하는 것은 무섭고도 스릴 넘치는 일이다. 한 사업가는 이를 번지 점프에 비유하였다. 겁이 날 수 있지만, 다른 사람들이 뛰어내리고 살아 있다면 나도 할 수 있다는 생각이 드는 것이다. 아래는 사람들이 창업의 위험을 감수하는 이유 중 몇 가지이다.[1]

- **기회** 아메리칸 드림을 이룰 수 있다는 것은 매력적이다. 이민자를 비롯한 많은 사람들이 미국의 복잡한 기업에서 일할 수 있는 기술을 가지지 못하였다. 하지

만 그들은 창업에 필요한 마음가짐과 오랜 시간 일할 수 있는 열의를 가지고 있다. 안정적 회사의 장점을 버리고(자의든 구조조정의 결과이든) 창업에 뛰어든 사람들도 마찬가지이다. 밀레니얼 세대, 여성, 소수인종, 노인층, 장애인들도 창업으로 더 많은 기회를 얻을 수 있다는 것을 깨달았다.

- **수익** 창업의 또 다른 이유 중 하나는 수익에 대한 기대감이다. 빌 게이츠는 미국은 물론 세계에서 가장 부유한 사람으로 꼽힌다.
- **독립성** 많은 사람들이 순전히 다른 사람과 일하는 것이 싫어 창업을 결심하였다. 스스로 의사결정을 내리고 스스로 창작하고, 근무하면서도 일의 일부를 다른 사람들과 공유함으로써 자유를 누리고자 하는 사람들이 창업을 시도한다.
- **도전** 혹자는 창업하는 사람들은 위험을 감수하는 도전에 중독된 사람들이라고도 한다. 하지만, 기업가는 단순히 도박을 하는 것이 아니라 어느 정도의 계산된 위험을 감수하는 사람들이라 하였다. 일반적으로 기업가는 권력보다는 성취감을 원하는 사람들이라 할 수 있다.

창업에 필요한 자질

여러분도 창업으로 성공할 수 있다고 생각하는가? 기업을 경영하는 데 필요한 관리적 기술과 리더십은 배울 수 있다. 하지만 위험을 감수하고, 기업가정신을 발휘하며, 비전을 창출하고 다른 사람을 리드하는 성격은 배울 수 없다. 이러한 기질들은 학습으로 습득하기 매우 어렵다. 창업에 필요한 기질들은 아래와 같다.[2]

- **자발적 성향** 사장이 되어 스스로 경영하는 것에 매우 만족하며 스스로 훈련한다. 성공 또는 실패에 모든 책임을 진다.
- **자기 육성** 아무도 자신의 아이디어를 믿지 않더라도 스스로 믿음을 갖고 열정을 불태운다. 월트 디즈니(Walt Disney)가 장편 만화영화 백설공주를 기획했을 때, 영화업계는 그를 비웃었다. 그는 헌신과 열정으로 뱅크 오브 아메리카(Bank of America)의 투자를 성사시켰고, 역사상 길이 남게 되었다.
- **활동 지향적** 위대한 사업 아이디어만으로는 충분하지 않다. 가장 중요한 것은 의지를 불태워 실현하고, 꿈을 현실로 만드는 것이다.
- **넘치는 에너지** 자신의 사업이기 때문에, 스스로 감정적, 정신적, 육체적으로 오랜 시간 열심히 일할 수 있어야 한다. 피고용인들은 주말과 휴가가 있지만, 창업을 한 경우라면 몇 년 동안 휴가를 가지 못하는 경우도 상당하다. 18시간 내내 일하는 것은 물론 피곤한 일이지만 많은 창업가들이 다른 사람 밑에서 일하는 것보다는 낫다고 말한다.
- **불확실성 감내** 성공적인 기업가들은 할 수만 있다면 예측 가능한 위험만을 감수하려 한다. 하지만, 어느 정도 수준의 위험을 감수하는 것은 필요하다. 기업가정신은 예민한 사람이나 안전만을 추구하는 사람들이 이룰 수 있는 것이 아니다. 수많은 기업가들이 성공 전에 많은 실패를 경험

항상 땅콩 버터를 좋아했던 메건 깁슨(Megan Gibson)은 아이티 방식의 레시피를 응용하여 자신만의 땅콩 버터를 개발하면서 본격적으로 사업을 구상하게 되었다. 가족과 지인들의 긍정적인 평가에 고무된 그녀는 자신의 땅콩 버터를 자신의 고향인 필라델피아 지역의 생산자 직거래 시장 등에서 판매하기 시작하였다. 그리고 여기에서 얻어진 수익금을 이용하여 푸드 트럭을 구매하고 PB & Jam's라는 회사를 창업하였다. 그녀는 이 회사를 운영하는 한편으로 본업인 고등학교 보건 교사로서의 역할 또한 계속하고 있다.

하였다. 작고한 풋볼 코치 빈스 롬바르디(Vince Lombardi)는 창업의 철학을 실패한 것이 아니라 충분한 시간과 기회가 없었던 것이라 요약하였다. 성공 전에 몇 번의 실패를 경험하는 것은 당연하다.

좋은 아이디어가 떠올랐다면 포기하지 말고 그것을 고수하라! 이는 포스트잇 제조사인 3M의 모토이다. 3M은 직원들에게 근무 시간의 최소한 15%를 신제품 개발에 할애하라는 지침으로 기업내 창업을 독려하였다. 이러한 혁신을 위한 노력이 3M과 그 직원들에게 어떠한 성과를 가져왔는가?

열정과 어려움을 기회로 삼다

스스로의 열정에서 사업을 시작한 사업가들도 많지만, 문제로만 인식하는 사람들과는 달리 이를 기회로 본 사람들도 있다. 셀텔(Celtel)의 창업자 모 이브라힘(Mo Ibrahim)은 휴대 전화기를 써본 적도, 소유해 본 적도 없는 아프리카 10억 인구를 대상으로 큰 사업 기회를 엿보았다. 하지만, 대기업 통신회사들은 이 시장을 가난한 농부들뿐이고 물류에도 어려움이 많다고만 여겼다. 사업 시작 얼마 되지 않아 아프리카에서 1위의 이동통신 서비스업체가 되었으며, 이브라함은 34억에 그 회사를 매각하였다.[3]

대부분의 사업가들은 제품과 서비스의 아이디어를 순간 번뜩이는 영감에서 얻는 것 보다는 끊임없이 비추는 손전등 빛과 같이 끊임없이 노력함으로써 혁신을 얻게 된다. 어둠 속의 수색부대 처럼, 혁신가는 끊임없이 주위를 둘러보고 의문을 던지며, 더 많은 단서를 찾기 위해 노력한다. "창의성이란 그렇게 발현되는 것이다"라고 경영 저술가 데일 데이턴(Dale Dauten)는 말한다. "끊임없이 둘러보고 질문하며 "만약에?"라는 질문을 혀에 집이 잡힐 때까지 해야 한다"라고 하였다.

자신이 처한 문제를 직면하고 거기에서 사업 기회를 포착하려면 스스로 아래와 같은 질문을 해야 한다: 내가 원하는 것과 얻지 못하는 것은 무엇인가? 어떤 제품이나 서비스가 내 삶을 나아지게 할 것인가? 내 문제는 무엇이며, 어떤 제품이 이를 해결해 줄 수 있는가?

하지만, 기억해야 할 것은 모든 아이디어가 사업 기회가 되는 것은 아니라는 점이다. 아이디어가 타인의 필요를 충족시키지 못한다면 그 사업은 성공하지 못한다. 아래의 조건이 충족될 때 아이디어는 사업 기회가 있다고 할 수 있다:

- 고객의 필요를 충족시킨다.
- 사업을 시작할 자원과 기술을 보유하고 있다.
- 기회가 사라지기 전에 제품과 서비스를 고객에게 제공할 수 있다(유사한 제품을 제공할 수 있는 경쟁자가 공격하기 전).
- 사업을 지속적으로 영위할 수 있다.

내 몸에 사업가적 기질이 흐르는가를 검증해보고 싶다면 bdc.ca 사이트를 방문하여 창업가 셀프 테스트를 진행할 수 있다.[4]

창업팀

창업팀(entrepreneurial team)이란 다양한 영역에서 경험을 쌓은 사람들이 연합하여 신제품을 발, 생산, 판매하는 경영 팀이다. 팀은 구성원들이 창의적인 기술을 합하여 생산과 마케팅 기술을 개발할 수 있다는 점에서 개별 기업가보다 유리하다. 또한 팀으로 일하

창업팀
다양한 영역에서 경험을 쌓은 사람들이 연합하여 신제품을 개발, 생산, 판매하는 경영팀

면 부문 간 협동과 조정이 용이하다는 장점도 있다.

스티브 잡스는 카리스마적이고 비전을 제시하는 애플의 리더임에 분명하지만 애플의 첫 개인 컴퓨터를 개발한 사람은 스티브 워즈니악(Steve Wozniak)이었고, 경영 능력을 활용하여 투자를 유치한 사람은 마이크 마쿨라(Mike Markkula)였다. 애플의 초기 성공의 핵심은 여러 명의 스마트한 기업가들의 팀으로 회사가 구성되었다는 사실이다. 창업팀은 대기업의 장점인 구성원들에게 성공적인 모험에 참여하고 있다는 생각을 부여하였다. 애플의 기업가 세 명은 비슷한 목표를 공유하는 중간 관리자를 고용하였으며, 그들은 하나의 팀으로 일하였다. 모든 사람들이 제품을 구상하고 개발하며 시장에 내놓는 데 힘을 합쳤다.

기업 내 창업

사내 기업가
회사 내에서 기업가 역할을 담당하는 창의적인 인물

대기업에서 창업은 창의적인 사내 기업가들의 노력으로 이루어지기도 한다. **사내 기업가(intrapreneurs)**란 회사 내에서 기업가의 역할을 담당하는 창의적인 인물을 말한다. 기존의 인적, 재무적, 물리적 자원을 활용하여 새로운 제품을 개발하고 수익을 창출하는 것이 기본이다.

접착 테이프(스카치 테이프)부터 산업용 부직포까지 다양한 상품군을 보유한 3M은 종업원들이 일과 시간의 15% 이상을 할애하여 신제품이나 서비스를 구상할 것을 규정하고 있다.[5] 메모를 적기 위한 밝은 색깔의 포스트잇(Post-It)이 회사의 전부라고 생각하지는 않는가? 그 제품은 3M의 종업원 아트 프라이(Art Fry)가 발명한 제품으로, 그는 찬송가의 페이지를 표시해 놓으면서도 책을 손상시키지 않을 방법을 찾고 있었다. 그래서 뒷면에 접착제가 묻어 있어 종이에 옮겨 붙일 수도 있는 아이디어를 구상하였다. 3M 연구소는 곧 샘플을 생산했으나, 유통업체들은 그 확실한 시장조사 결과도 나오지 않았다며 시큰둥한 반응을 보였다. 그러나, 3M은 고위급 임원의 비서들에게 샘플을 보내는 것을 멈추지 않았다. 결국 영업 및 마케팅 프로그램을 시작한 이후 주문은 밀려들기 시작하였고, 포스트잇 메모지는 큰 성공작이 되었다. 회사는 제품을 지속적으로 업데이트하였는데, 재활용 용지로 메모지를 만든 것은 여러 혁신의 한 예에 불과하다. 포스트잇 메모지는 세계로 수출되었는데, 일본에 수출한 제품은 세로쓰기에 맞추어 길고 가느다란 모양이다. 포스트잇을 컴퓨터에서도 활용할 수 있는데, 포스트잇 소프트웨어로 메모지에 메모를 기입하거나 저장, 문서에 삽입, 또는 이메일로 송부가 가능하다. 고전적인 사내 창업의 예로는 1943년 록히드 마틴(Lockheed Martin Corporation)은 미국 최초의 전투 제트기를 제작하였고 1991년 스텔스 전투기를 제작한 사례와 애플사의 Mac, 구글의 Gmail, 구글 뉴스, 애드센스 서비스, GM사의 Saturn, 3M사의 스카치 팝업 테이프, Sony의 PlayStation 등을 꼽을 수 있다.[6]

초소형 기업가(Micropreneur)와 재택 사업(Home-Based Business)

초소형 기업가
소규모 사업을 유지하기를 원하는 기업가들이 창업과 경영의 위험을 감수하면서 스스로 원하는 사업을 경영하며 자신의 삶과 일의 균형을 유지함

창업을 한 모든 사람들이 사업체를 대규모 회사로 키울 꿈을 가지고 있지는 않다. 일부는 자신이 하고 싶은 일을 하면서 일과 삶의 균형을 유지하기를 바란다. 이러한 사업가들은 **초소형 기업가(micropreneurs)**라 한다. 다른 기업가들은 기업 성장에 모든 것을

거는 반면, 초소형 기업가들은 자신의 기업이 상위 기업이 되지 않더라도 스스로 행복할 수 있다고 믿는다.

많은 초소형 기업가들이 재택 사업 소유주들이다. 반 이상의 미국의 자영업이 재택 사업 형태로 경영되고 있다.[7] 초소형 기업가에는 작가, 컨설턴트, 비디오 감독, 건축가, 사서 등이 포함된다. 그래픽 디자인, 저술, 번역 등의 전문 인력들은 고객과 프리랜서를 연결해주는 Upwork, Freelancer 등의 사이트를 통해 프리랜서 사업을 시작한다. 이 사이트들은 구직 기회와 고객사들의 피드백을 게시하며, 고객사의 비용으로 안정적인 연계 서비스를 제공한다.

재택 사업의 소유주는 자신의 경력과 가족을 동시에 관리하기를 원하는 경우가 많다. 하지만, 재택근무자들이 대부분 어린 아이들을 키우는 여성일 것이라 생각한다면 오산이다. 약60%의 재택근무자는 남성이다.[8] 재택 사업의 성장 기회는 아래와 같다.

- 컴퓨터 기술의 발전으로 재택 사업자들도 거대 경쟁 기업처럼 대처할 수 있다. 광대역 인터넷과 스마트폰의 발전으로 과거에 비해 사업을 시작하는 초기 비용이 현저하게 낮아졌다.
- 기업 구조 조정으로 종업원들이 직업 안정성을 신뢰하지 않게 되었으며, 스스로 기업을 경영하려 도전한다. 반면 구조 조정을 감행한 기업도 업무를 수행해야 하며, 업무의 상당 부분을 소규모 외주 업체에 맡긴다.
- 사회 인식이 바뀌었다. 예전에 재택 사업자들에게 언제 제대로 된 직업을 가질 거냐고 묻던 사람들이 이제는 어떻게 창업을 할 수 있는지 조언을 구하고 있다.
- 새로운 세금 제도는 재택 사무실에 대한 공제 규정을 완화하고 있다.

자택에서 근무하는 것에도 어려움이 따른다. 재택 사업을 구상한다면 아래와 같은 어려움도 고려해 보아야 한다.

- 신규 고객 유치. 간판이나 물리적 상점이 없기 때문에 입소문 내기가 쉽지 않다.
- 시간 관리. 통근에 시간을 낭비하지 않아도 된다는 장점이 있지만, 스스로 시간을 관리하는 것은 쉬운 일이 아니다.
- 업무와 집안일 구분. 일과 중에 세탁을 할 수도 있지만, 이는 업무에 쏟아야 할 주의를 분산시키므로 최소화하여야 한다. 또한 사무실과 집이 같은 공간이라면 일을 끝내는 것도 어렵다. 사무실이 자택인 거실에서는 업무를 하지 않는다는 등의 구분은 스스로 많은 훈련을 요하는 일이다.
- 지방자치 조례 준수. 미국 지방자치 조례는 지역 내 특정 사업 유형의 허용 여부와 재택 사업으로 인한 교통량 증가 등을 통제하고 있다.
- 위험 관리. 재택 창업자는 입주한 건물의 보험 계약을 검토하여 주거가 아닌 상업용도 청구 권한이 있

과외 교습은 장소에 구애받지 않으면서 독립적이며 원하는 인원을 교습할 수 있다. 비록 소규모 사업이지만 과외 교사들은 가르치는 학생들의 학업에 큰 진전을 가져오기도 한다. 과외 교사를 초소형 사업가로 볼 수 있는 이유는 무엇이라 생각하는가?

그림 5.1 유망한 재택 사업

Sources: Ben Rashkovich, "The 22 Best Home Business Ideas for 2019," Fundera, March 6, 2019; Mindy Lilyquist, "Home Business Ideas That Really Pay," The Balance, January 7, 2019; "20 Businesses Ideas for Stay-at-Home Parents," Entrepreneur, January 31, 2019.

자택에서 시작할 수 있는 사업은 많다. 아래 사업은 창업 비용이 낮으며, 관리 업무는 적은 반면에 수요는 상대적으로 증가하는 사업들이다.

- **미술 작품 창작** Etsy, 아마존, 이베이 등의 사이트에서 거래될 수 있는 미술 작품 및 핸드메이드 제품
- **재택 서비스** 개인 교습, 조경, 눈 치우기, 가사 도우미, 반려동물 돌봄 서비스, 아기 돌봄 서비스, 웹디자인, 개인 트레이닝 등의 서비스
- **기술 및 수리 서비스** 맞춤 의상, 배관, 수리, 페인트 서비스 등
- **컨설팅** 기술, 마케팅, 검색 엔진 최적화, 소셜 미디어 관리 등 특정 영역에 대한 전문 지식 자문 제공
- **리세일** 상품 구매 후 재판매(창고 세일 등에서 구매한 제품을 온라인에서 재판매)
- **공유 경제 기반 사업** 우버 기사 혹은 에어비앤비(Airbnb) 호스트

다음의 중요한 요건을 갖춘 사업을 찾아야 한다.
(1) 진정으로 즐길 수 있는 일이어야 한다.
(2) 업무에 필요한 충분한 지식이 있거나, 아니면 배울 만한 시간을 투자할 수 있어야 한다.
(3) 품이나 서비스의 판로가 명확하여야 한다.

는지 확인하여야 한다. 일부 보험은 자택에서 사업체를 운영하는 경우 보상을 거부하는 경우도 있다.

재택 사업을 구상하는 사람이라면 안정을 추구하기보다는 기회를 찾아야 하고, 반복된 일상을 계속하기보다 결과를 얻도록 노력해야 하며, 월급에 기대기보다는 스스로 수익을 창출해야 하며, 실수를 두려워하기보다 새로운 아이디어를 시도하며, 단기 수익보다는 장기 비전을 창출해야 한다. 그림 5.1은 성공 가능성이 있는 10개의 재택 사업을 제시하고 있으며, 그림 5.2에서는 재택 사업 사기를 피하는 방법을 알 수 있다. Entrepreneur 사이트(www.entrepreneur.com)에서 재택 사업에 대한 더 많은 정보를 찾아볼 수 있다.

온라인 사업(Online Business)

그림 5.2 사기를 조심하라

온라인 비즈니스가 항상 성공적지만은 않다. 때로는 실패의 지름길에 이르기도 한다. 우리의 소비 패턴에 혁명을 가져왔던 수백 개의 사이트가 소리도 없이 사라진 것은 슬픈 소식이지만 이를 교훈삼아 같은 실수를 반복하지 않을 수 있다는 것은 다행일 것이다. 물론 성공적인 모범 사례도 있다. 아래는 온라인 사업을 시작하는 일반적인 과정이다.

1. 고객의 필요를 찾아 이를 공급한다.
2. 판매할 제품을 기획한다.
3. 사용과 접근이 쉬운 웹사이트를 기획하고 구축한다.
4. 고객의 방문을 늘릴 수 있는 소셜 미디어나 검색 엔진을 활용한다.
5. 회사 평판을 전문적으로 관리한다.
6. 고객과 구독자들을 상세히 관리한다.
7. 추가 구매(back-end sale) 또는 연쇄 구매(upselling; 고객이 원했던 상품보다 단가가 높은 상품 구입을 유도하는 판매 방법)를 유도하여 이익을 증대시킨다.

entrepreneur.com 사이트를 방문하면 위의 각 단계에 대한 상세한 설명과 함께 "온라인 비즈니스 런칭 방법"에 대한 기사와 동영상을 볼 수 있다.

미국에서 매년 2백만 쌍 이상이 결혼을 하는데, 이러한 예비부부들에게 TheKnot.com이라는 업체는 인생의 중요한 날을 계획하는데 큰 도움이 되는 곳이다. 답례품부터 결혼 스케줄까지, 결혼 준비를 하면서 예비부부들이 피할 수 없는 스트레스를 덜어주는 데 도움을 주고 있다. 해당 사이트가 다른 일반 웨딩 플래너 업체와 차별화된 점은 무엇일까?

인터넷에는 문구류부터 웨딩드레스까지 무엇이든 파는 소규모 업체들이 넘쳐난다. 2018년 미국 내 온라인상 소매업 매출은 5,170억 달러에 달해 전체 소매 매출의 약 8%를 차지하였다. 온라인 소매업의 성장율은 2013년 기준으로 14%에 달한다.[9]

인터넷 기반 사업은 소비자가 오프라인 상점에서 구매할 수 있는 것과는 다른 특별한 제품이나 서비스를 제공해야만 한다. 마크 레스닉(Marc Resnik)은 기발한 아이디어로 온라인 유통회사를 설립하였다. 현재 ThrowThings.com은 44개 국가의 고객들에게 물건을 판매하고 있다. 사이트에서 판매하는 제품들은 관련성이 적어 보이지만 모든 제품들은 '무언가를 버린다(throw)'라는 점에서 유사하다. 고객들은 "이름을 버리세요" 섹션에서 프로모션 제품을 구입하거나 "목소리를 버리세요" 섹션에서 복화술 인형을 구입하고 "버릴 것들" 섹션에서 스포츠 용품을 구입하기도 한다. 가짜 토사물("마음껏 토하셔도 됩니다: Throw up" 섹션)이나 "돈 버리기" 섹션에서 돈 낭비 인증서를 3.5달러에 판매하기도 한다. 인증서의 판매량은 많은 편이 아니지만, 인형의 판매량은 높은 편이다. 회사 수익의 2/3 이상이 프로모션 제품에서 발생하는데, 고객들은 수천 가지 제품에 자신의 로고를 붙일 수 있다. 어떻게 레스닉의 사업은 어떻게 성공하였는가? 한 단골 고객은 차별화된 서비스와 신속한 제품 회전율을 꼽았다.

온라인 비즈니스가 항상 성공적지만은 않다. 때로는 실패의 지름길에 이르기도 한다. 우리의 소비 패턴에 혁명을 가져왔던 수백 개의 사이트가 소리도 없이 사라진 것은 슬픈 소식이지만 이를 교훈삼아 같은 실수를 반복하지 않을 수 있다는 것은 다행일 것이다. 물론 성공적인 모범 사례도 있다. 아래는 온라인 사업을 시작하는 일반적인 과정이다.

1. 고객의 필요를 찾아 이를 공급한다.
2. 판매할 제품을 기획한다.
3. 사용과 접근이 쉬운 웹사이트를 기획하고 구축한다.
4. 고객의 방문을 늘릴 수 있는 소셜 미디어나 검색 엔진을 활용한다.
5. 회사 평판을 전문적으로 관리한다.
6. 고객과 구독자들을 상세히 관리한다.
7. 추가 구매(back-end sale) 또는 연쇄 구매(upselling; 고객이 원했던 상품보다 단가가 높은 상품 구입을 유도하는 판매 방법)를 유도하여 이익을 증대시킨다.

entrepreneur.com 사이트를 방문하면 위의 각 단계에 대한 상세한 설명과 함께 "온라인 비즈니스 런칭 방법"에 대한 기사와 동영상을 볼 수 있다.[11]

창업 지원–정부의 역할

1990년 통과된 미의회의 이민법은 미국 내 더 많은 기업가들 이민을 촉진하는 것을 목표로 하였다. 해당 법에는'투자 비자'라는 카테고리가 있어서 매년 만 명의 사람들이 10

워싱턴 DC에 위치한 창업지원센터는 신생 회사들에게 회계, 법률 및 비서 서비스를 포함한 사업에 필요한 서비스를 포함한 저비용의 사무실을 제공한다. 주변에 이러한 창업지원센터가 있는지 확인해 보라.

기업특구
정부가 사기업의 투자를 유치하기 위해 낮은 세금과 정부의 다른 지원을 제공하는 특정지역

창업지원센터
저렴한 임대료의 사무실과 기본 경영 지원 서비스를 제공하는 센터

개의 일자리를 창출하거나 유지하는 회사에 100만 달러 이상을 투자한다면 미국으로 이민이 가능하게 하였다. 일부에서는 이러한 이민자들의 수를 늘려야 한다고 주장하는데, 미국으로 유입되는 기업가가 많을수록 더 많은 일자리가 창출되고 경기가 성장될 것으로 믿기 때문이다.[12)]

창업을 지원하는 하나의 방법은 기업 특구를 지정하는 것이다. **기업 특구(Enterprise zones)**란 정부가 사기업의 투자를 유치하기 위해 낮은 세금과 정부의 다른 지원을 제공하는 특정지역을 일컫는다(기업 특구는 지원 지역이나 기업 공동체로 불리우기도 한다). 미국 주택 및 도시개발부(Housing and Urban Development)는 미국의 빈곤한 지역을 대상으로 "promise zone"이라는 기업 특구 14개를 발표하였다. 이 계획은 정부가 기업들이 비용을 절감하게 도와주어 궁극적으로 학교, 사기업, 비영리 조직이 함께 교육과 직업 훈련에 지원금을 늘리는 것이다.[13)]

정부는 세제 혜택으로 창업 및 고용 효과 증진을 제고할 수 있다. 2012년 제정된 JOBS(The Jumpstart Our Business Startups: 이하 JOBS) 의회법이 중소기업의 자금 조달과 고용 창출 효과를 일으키기도 하였다.[14)]

미국의 각 주도 신규 사업에 직접 투자하는 프로그램을 개발하면서 창업을 지원하고 있다. 각 주의 상무부가 창업지원의 정보센터 역할을 담당하기도 하며, 기업의 창업자금의 부담을 감소시키기 위해 창업 기술지원센터를 설립하기도 한다. **창업지원센터(Incubator)**는 낮은 임대료의 사무실뿐 아니라 회계, 법률, 비서 지원 등의 기본 사무서비스를 제공한다. 창업 지원센터는 초기 단계에서 중요한 지원을 제공함으로써 기업의 생존을 돕는다. 국제창업보육협회(International Business Incubator Association; InBIA)의 최근 연구에 따르면, 창업지원센터 출신 기업의 87%가 영업을 지속하고 있다고 한다. 또한 약 1/3의 창업 지원센터는 대학과 창업 연계 협정을 맺고 있다.[15)] 일례로, 세인트 루이스 대학의 식음료 창업 인큐베이팅 프로그램인 "Salus Center Kitchen"은 지역 여성 보호센터의 가정폭력 피해 여성들이 치킨 파이를 만들어 팔고, 노숙자들이 "Fresh Start Dog Food"이라는 프로그램으로 강아지 간식과 사료를 만들어 판매하는 것을 지원한다.[16)] 미국의 지역별 창업보육협회가 제공하는 혜택과 지역의 창업지원센터의 정보를 알아보기 위해 창업보육협회의 공식 사이트 www.nbia.org를 방문해보라.

미국 일부 주에서는 준비된 창업가들을 위해 SEA(Self-Employment Assistance) 프로그램을 운영하고 있다. 이 프로그램은 창업을 준비하는 동안 실업급여를 지급하고 훈련 프로그램이나 상담도 지원한다. 실업급여는 창업 과정에서 사업이 안정되기 전까지의 생활비나 연금의 손해 없이 창업에 몰두할 수 있다는 점에서 큰 도움이 된다.[17)]

정부와 기업이 함께 창업을 지원하기도 하는데, 2011년 시작된 Startup America는 미국 내 성장 가능성이 높은 창업을 지원하고 보육하는 연방 정부와 카푸맨 재단의 협업이 주도하는 프로그램이다.[18)] 이는 가장 혁신적인 기업가, 기업, 대학, 기관 및 정부의 기관이 힘을 합쳐 미국 내 창업가들의 성공을 독려하는 민, 관 합동 프로그램이다. 이

프로그램의 주요 목표 중 하나는 미국에서 단순히 일자리를 얻는 것이 아닌 일자리 창출에 있는데, www.startupamericapartnership.org 사이트에서 더 자세한 정보를 얻을 수 있다.

시험 준비

- 사람들이 창업의 위험을 감수하는 이유는 무엇인가?
- 창업팀의 장점은 무엇인가?
- 소규모 기업가가 다른 기업가에 비해 다른 점은 무엇인가?
- 인터넷 기반 사업의 기회와 위험은 무엇인가?

학습목표 5-2 미국 경제에서 중소기업이 차지하는 중요성과 중소기업이 실패하는 주요 원인을 분석할 수 있다.

중소기업 창업

새로운 사업을 위한 좋은 아이디어가 있고, 본인의 기업가 기질을 활용하여 기업을 일으키려 한다고 가정해보자. 어떻게 사업을 시작할 것인가? 이에 대한 해답이 아래에서 배울 내용의 주된 내용이다. 대규모 글로벌보다는 근처에 있는 규모가 작은 기업에 동질감을 느끼기 쉬우나, 둘의 경영의 원칙은 사실상 유사하다. 또한 자선단체, 정부 기관, 교회, 학교 및 노동조합의 경영도 기업의 경영과 유사하다. 그러므로 소규모 기업 경영을 학습하면서 경영 전반에 대한 이해도를 높일 수 있다. 모든 조직은 자본, 아이디어, 기획, 정보관리, 예산(재무 관리), 회계, 마케팅, 노사관계, 전반적 경영 노하우 등을 필요로 한다. 이 장에서는 소규모 기업의 경영 전반을 살펴보고, 이를 대기업 및 글로벌 조직에까지 적용시켜보도록 한다.

소규모(중소) 기업
독립적으로 소유, 경영되는 기업으로 운영이 독점적이지 않으며, 종업원 수와 연간 수입(서비스 산업에서 연간 매출 2백만 달러 이하) 등의 규모 제한 기준을 충족시키는 기업

중소기업 vs. 대기업

미국 중소기업청(Small Business Administration; SBA)은 **중소기업(small business)**을 '독립적으로 소유, 경영되는 기업으로 운영이 독점적이지 않으며, 종업원 수와 연간 수입(예를 들어 서비스 산업에서 연간 매출 2백 5십만 달러 이하) 등의 규모 제한 기준을 충족시키는 기업'이라 정의하고 있다. 중소기업은 산업 내 다른 기업에 비해 규모가 작은 기업으로, 도매업에서 매출이 2,200만 달러 이상 올리는 기업이라 할지라도 중소기업청은 이러한 기업을 중소기업으로 분류하고, 제조업인 경우 1,500명의 종업원이 있다 하더라도 중소기업으로 분류한다. 중소기업에 대한 몇 가지 흥미로운 통계를 살펴보면 다음과 같다.[19]

- 미국에만 3,000만 개의 중소기업이 존재한다.
- 미국의 비농업 기업 중 약 97%가 중소기업청이 분류한 중소기업이다.
- 중소기업이 미국 국내총생산(GDP)의 50% 이상을 담당한다.
- 매년 약 40만의 납세와 고용을 창출하는 사업체가 신설된다.

- 중소기업이 민간 고용의 약 절반을 차지한다.
- 약 80% 이상의 미국인이 중소기업을 첫 직장으로 택한다.

위에서 살펴보았듯이 중소기업은 미국 경제의 큰 축을 담당하고 있다. 중소기업의 중요성에 대해서는 다음을 통해 알아보기로 하자.

중소기업의 중요성

미국의 전체 신규 일자리 중 67% 이상이 중소기업에서 창출되므로, 누구나 중소기업에서 근무하거나 창업할 기회가 있다.[20] 일자리 창출뿐 아니라 중소기업은 대기업에 비해 좀 더 개인적인 서비스를 제공하고 기회를 빠르게 포착할 수 있는 민첩성을 자신들의 강점으로 꼽는다.

규모가 큰 것이 항상 유리한 것은 아니다. 땅에 구멍이 파여 있다고 생각해보자. 큰 돌로 그 구멍을 메우려면 돌 사이로 빈 공간이 생기게 된다. 하지만 모래로 구멍을 메운다면 그 사이에 틈이 생길 수가 없다. 사업도 마찬가지이다. 대기업이 시장의 모든 필요를 충족시킬 수 없다. 중소기업들이 이러한 틈새 시장을 공략하여 수익을 올릴 수 있는 기회는 얼마든지 있다.

로니 디 룰로(Roni Di Lullo)는 애완견 미드나이트가 원반던지기 놀이를 할 때 눈을 찌푸리는 것을 보고 애완견용 수제 고글을 발명하였다. 로니가 미드나이트를 데리고 공원에 산책 나갔을 때 그 고글은 큰 주목을 끌었으며, 자신의 애완견에게도 만들어주고 싶다는 사람도 있었다. 이 애완견용 고글의 인기는 점점 높아져, 로니는 타이완의 제조업체를 섭외하여 코받침은 넓고 렌즈도 편안한 고글을 제조하기 시작하였다. 그의 사업체 도글스(Doggles)의 연간 수익은 3백만 달러에 이르며, 애완견 멋내기용 뿐 아니라 안과 수의사, 경찰견용도 제작하고 있다.

중소기업의 성공과 실패

사업에 대한 준비를 철저히 하지 않으면 실패하기 쉽다. 일 년에 얼마나 많은 중소기업들이 도산하는지 생각해보라. 중소기업청에 따르면, 신생기업의 절반 이상이 5년을 넘기지 못한다고 한다.[21] 일부에서는 기업의 도산율이 통계보다는 훨씬 낮다는 주장도 있다. 이는 중소기업 오너들이 하나의 사업을 청산하고 다른 사업을 시작한 경우에, 이는 사실상 실패가 아님에도 사업 실패로 간주된다. 비슷하게 한 기업이 소유구조를 파트너십에서 회사 형태로 변경한 경우에도 사업 실패로 간주된다. 기업가들에게 희소식이라 할 수 있는 것은 기존의 도산율보다는 사업 실패율이 훨씬 낮다는 점이다.

그림 5.3의 리스트에서 경영 무능이나 재무 계획 부족 등 중소기업의 실패 요인을 살펴볼 수 있다. 기억해야 할 점은 사업이 실패할지라도 경영자는 그 실패에서 무엇인가를 배운다는 점이다. 시련을 겪은 사람은 신참으로 사업에 뛰어든 사람보다 더 현실적일 수밖에 없다. 이러한 실패를 교훈 삼아, 향후 사업에는 더 성공적이라는 통계도 있다.22 이러한 예로, 밀턴 허쉬(Milton Hershey)는 시카고와 뉴욕에서 캔디 가게를 창업하였으나 둘 다 실패하였다. 밀턴은 두 번의 실패로 끈기가 부족하고 오랜 시간을 투자하는 못했던 그의 아버지처럼 될 수도 있었으나, 그는 계속 노력하여서 세계 최대의 제과 회사인 허쉬(Hersey's)를 일구었다.

허핑턴 포스트(Huffington Post)의 공동 창업자 아리아나 허핑턴(Arianna Huffington)은 실패로부터의 교훈을 다음과 같이 정의하였다. "저는 살면서 여러 번 실패하였지만, 우리 어머니는 '실패는 성공의 반대말이 아니라 성공으로 가는 디딤돌이란다'라고 말씀하셨습니다. 그래서, 어느 순간부터 저는 실패를 두려워하지 않게 되었습니

그림 5.3 중소 기업 실패 원인

중소 기업 실패 원인이라 할 수 있는 것들은 아래와 같다:

- 소규모 테스트 없이 시장에 진입
- 과소 혹은 과대 계상된 제품/서비스 가격
- 시장을 구축하는 데 필요한 시간을 간과
- 자본금 부족
- 과다한 자본금을 유치하고 올바른 사용처를 선정하지 않음
- 경험 부족과 산업과 시장에 대한 학습 부재
- 상환 시기와 방법을 구체적으로 계획하지 않고 차입
- 부족한 자본금으로 사업 시작
- 사업 유보금이나 예상치 못한 지출에 대한 대비 부재
- 과다 신용 구매
- 신용도 과다 연장
- 신용도 급속히 소진
- 정확하고 완벽한 기록 부재로 경영자가 문제 인식 못함
- 개인적 낭비벽을 사업에서도 버리지 못함
- 사업 주기에 대한 이해 부족
- 세금, 보험, 기타 비용에 대한 이해 부족
- 스스로 근무 시간을 조절하지 못하고 태만

다. 저는 인간이 성공과 승리만 축적하고 실패는 회피하려 태어난 것이 아니라 믿습니다. 오히려 깎이고 다듬어질 때 진정한 자아를 찾을 수 있지요."

Instant Entrepreneur의 저자 랜포드 네오(Ranford Neo)에 따르면, "가장 성공적인 기업가는 실패의 경험이 있는 사람들입니다. 하지만 그들은 실패를 자신의 무능으로 간주하기 보다는 상황을 객관적으로 보고 경험에서 뭔가를 배운 사람들이지요"라고 언급하였다.[23]

올바른 형태의 사업구조를 선택하는 것도 매우 중요하다. 동물 병원, 치/의료 서비스 등 실패율이 낮은 사업은 시작 전 교육이 필수적이다. 교육과 학위가 어느 정도의 안정성을 보장해줄 수는 있지만 성장을 장담하지는 못한다. 독립적으로 사업을 하면서도 부를 축적하기를 원한다면 성장을 추구하여야 한다. 기술집약적 기업 같은 고성장 사업은 창업하기도 쉽지 않고, 경영은 더욱 어렵다.

일반적으로, 창업이 쉬운 사업은 성장률도 낮지만 실패율 또한 매우 높다(레스토랑 사업 등). 경영이 쉬운 사업은 창업이 쉽지 않으며(제조업), 돈을 벌 수 있는 사업은 창업과 경영 모두 쉽지 않은 것이 사실이다(자동차 제조업 등). 그림 5.4를 통해 소규모 사업의 성공 확률을 높이는 여건들에 대한 아이디어를 얻을 수 있을 것이다.

사업을 시작하려 마음먹었다면, 신중하여야 한다. 한 사업에서 손쉬운 사업 진입, 안정성 및 수익성 등 바라는 것을 모두 얻을 수는 없다. 이중 가장 중요한 것을 선택하고 그럴 수 없는 것은 포기할 줄 아는 것이 중요하다. 계획, 계획, 또 계획하고 실행에 옮겨야 한다.

학습목표 5-3 중소기업 경영 방식을 학습할 수 있는 방안을 요약할 수 있다.

중소기업 운영 학습

창업을 꿈꾸는 많은 사람들이 같은 질문을 하곤 하는데, 그것은 "기업을 경영하는 것을 어디서 배울 수 있는가?"이다. 여기 몇 가지 힌트들이 있다.

경험자 조언

그림 5.4 중소기업 사업 성공 확률 높이는 여건

소규모 사업의 성공 확률을 높이는 요인은 다음과 같다:

- 미용실 등 고객에 개인적 관심이 필요하다.
- 대량 생산 기술로 제품을 쉽게 만들 수 없다(맞춤 양복 또는 맞춤 자전거 등).
- 대기업이 뛰어들 만큼 매출이 큰 편이 아니다(선물가게 등).
- 범죄율 혹은 빈곤층 비중이 높은 지역은 오히려 소규모 식품점이나 세탁소를 하기에 좋은 기회를 제공할 수 있다.
- 대기업이 프랜차이즈를 하고 있다(프랜차이즈는 소규모 사업을 시작하는 데 있어 좋은 방식이다).
- 신규 경쟁자도 인식하고 있다.
- 사업이 성장 산업업종이다(컴퓨터 서비스 혹은 웹 디자인 등).

지역 내 전문 대학에서 개설하는 창업 관련 강좌를 수강하는 것도 소규모 창업에 대한 지식을 얻는 좋은 방법이다. 미국 전역의 전문대학이나 평생교육원 등에서 창업 관련 강좌가 많이 개설되어 있다. 이러한 강좌 수강의 가장 좋은 점은 다양한 배경의 기업가들이 모인다는 것이다.[24] 중소기업 경영을 배울 수 있는 가장 좋은 방법은 이미 경험이 있는 사람에게 조언을 듣는 것이다. 입지가 얼마나 중요하며, 충분한 자본금 없이 사업을 시작하는 것이 얼마나 위험한지에 대한 조언을 들을 수 있을 것이다. 또한 자질 있는 종업원을 고용하고 유지하는 것의 어려움도 알게 될 것이다. 가장 중요한 조언은 사업을 시작하기 전, 변호사나 회계사를 고용하여 정확한 기록을 유지해야 한다는 것이다. 이러한 가치 있는 조언을 무료로 얻을 수 있다.

사론 앤더슨 라이트(Sharon Anderson Wright)는 10대 시절부터 부모님이 경영하는 중고 서점 의매대를 소설, 실화, 신문 등의 장르별로 정리하였다. 이렇게 정리하면 고객들이 어떤 장르를 좋아하는지를 알게 되었기에 그녀는 어머니의 가게 운영을 도우며 사업에 대한 안목을 키워나갔다. 이러한 경험으로 라이트는 미국 전역에 Half Price Books를 창업하였으며 연간 매출이 240억 달러에 이르는 업체가 되었다. 라이트의 10대 시절 경험이 그녀의 성공에 어떠한 영향을 미쳤을 것이라 생각하는가?

경험 축적

중소기업 경영을 배우는 데 있어 견습 사원이나 종업원으로 성공적인 기업에서 근무하는 것보다 더 좋은 방법은 없다. 많은 중소기업 오너들이 전직에서 사업 아이디어를 얻는다. 통상적 규칙은 창업 전 유사업종에서 최소한 3년의 경험을 쌓으라는 것이다.

1818년 코넬리우스 밴더빌트(Cornelius Vanderbilt)는 자신의 선박을 처분하고 증기선 회사에 취업하여 필요한 지식을 습득하였다. 필요한 지식과 기술을 습득한 후 그는 다니던 회사를 그만누고 스스로 증기선 회사를 창업하여 매출 1억 달러를 달성한 최초의 미국인 사업가가 되었다.

퇴근 이후나 주말에 부업을 운영함으로써 일상적인 봉급은 그대로 유지하면서 스스로 일하는 데 대한 보상감을 맛볼 수 있다. 금전적 이득뿐 아니라, 본인의 사업을 할 때 초보적 실수를 저지를 확률도 낮아지는 장점이 있다. 피고용인으로 얻은 지식을 자신의 사업을 시작하는 데 활용할 때 고려해야 할 윤리적 의사결정을 생각해보라('윤리적 의사 결정' 글상자 참조).

윤리적 의사결정

멈출 것인가? 나아갈 것인가?

당신이 한 회사에서 2년을 일했는데, 회사의 사업이 불안정해진 것을 눈치채게 되었다고 가정해 보자. 당신과 회사동료 한 명은 이 회사의 사장이 과거에 성공 했었던 것처럼 자신들도 회사를 어떻게 차려야 할지에 대한 아이디어도 가지고 있다. 하지만, 사업에 대한 아이디어를 사장과 공유하는 대신 동료와 함께 창업을 고려하고 있는 중이다. 이럴 경우, 다른 동료들에게도 함께 일할 것을 제안할 것인가? 예전 사장의 고객도 뺏을 생각이 있는가? 아니면 대안은 무엇이 있겠는가? 대안을 선택할 경우, 그 결과는? 어떤 것이 가장 윤리적인 의사결정이라 생각하는가?

성공적인 기업의 인수

중소기업경영주들은 장시간 근무하며 휴가를 떠나기도 힘들다. 오랜 시간 후에 그들은 사업에 시달린다는 생각을 하게 되며, 너무나 많은 시간과 노력을 투자하였기 때문에 기업을 떠날 수 없다고 느끼게 된다. 결과적으로 수백만 중소기업 소유주들이 최소한 휴가라도 길게 가기를 원하고 있다.

사업에 뛰어들면 여러분도 예외는 아니다. 중소기업을 경영하고 있는 성공적인 기업가를 만나, 그 사람에게 견습생으로 들어가 경영 훈련을 받고 싶다고 요청해보라. 1년 정도의 훈련 기간을 거친 후에 대리급의 직급을 얻게 될 것이며, 대리 승진 후 소유주에게 휴가라도 다녀올 것을 권할 수 있을지 모른다. 또 1년을 열심히 공급, 재고, 회계, 고객, 판촉 등의 제반 사업을 배워보라. 이렇게 2년을 근무한 후, 소유주에게 은퇴를 제안하거나 파트 타임으로 일하고 여러분이 기업을 맡고 싶다고 제안해 볼 수 있다. 급여는 받으면서도 소유주와 이익 공유를 할 수도 있다. 하지만 기업을 인수하게 되면 수익의 40% 이상도 받을 수 있으니 초기에 너무 욕심을 부려서는 안된다.

기업의 소유주는 오너십을 유지함으로써 근무를 하지 않고도 기존에 벌어들였던 수익의 60%를 얻을 수 있고, 기업을 인수받은 사람은 성공적인 기업의 수익 40%를 가져갈 수 있게 된다. 이는 소유주가 회사를 지키고 개인의 현금 흐름도 보장받으면서 은퇴를 할 수 있는 탁월한 선택이다. 또한 인수받는 사람은 개인적 현금 투자 없이 성공적인 기업을 인수받을 수 있는 좋은 방법이기도 하다.

소유주가 수익 배분에 만족하지 않는다면 사업권을 사들일 수 있다. 베이비부머 세대의 은퇴가 늘어남에 따라 매물로 나오는 사업의 수도 증가하고 있다.[25] 사실, 거의 만 명의 베이비부머들이 매일 은퇴 연령에 이르고 있고, 2018년은 매물로 나온 사업들이 기록적으로 많았던 한 해였다.[26] 기업의 적정 가격은 어떻게 책정되는가? 가치는 (1) 기업의 소유 내용, (2) 수익, (3) 차별성에 의해 결정된다. 기업가치의 평가를 위해서는 회계사의 도움을 받는 것이 좋다.

수익 배분이나 사업권 매입이 쉽지 않다면 스스로 직장을 그만두고 자신의 사업을 시작할 수도 있다.

학습목표 5-4 중소기업을 창업하고 운영하는 데 필요한 요건을 분석할 수 있다.

중소기업 경영

모드클로스(ModCloth)의 공동 창업자 수잔과 에릭 코거(Susan and Eric Koger)는 대학교 재학 시절부터 빈티지 의류를 판매하기 시작하였다. 학교 주최 창업 대회에 급하게 작성한 사업 계획서로 사업을 시작하였으나, 수상에는 실패하였다. 첫 실패에 좌절하기도 하였지만, 이러한 실패는 둘에게 사업을 재정비하고 투자자들에게 어필할 수 있는 완성도 높은 사업 계획서가 필요함을 일깨워 주었다. 2017년 월마트에 회사가 매각될 당시, 모드클로스는 350명 이상의 종업원을 고용하고 연간 1.5억 달러의 매출을 기록하고 있었다.

미국중소기업청에 따르면 미국의 중소 기업 도산의 주요 사유는 경영 미숙이라고 한다. 경영미숙에는 여러 가지 사항이 포함된다. 잘못된 사업 계획, 미숙한 장부 기록, 엉망인 재고 관리, 판매 정책 부재, 노사 관리의 실패 등이 포함된다. 또한 대부분의 경우 자본의 사용 미숙도 경영 미숙에 해당된다. 성공적인 중소기업 소유주가 되기 위해서 중소기업 경영의 각 기능을 살펴보자.

- 사업 계획
- 자금 조달
- 고객파악(마케팅)
- 종업원 관리(인적 자원 관리)
- 기록 유지(회계)

기업의 창업과 경영 단계에서 각 기능이 모두 중요한 것은 사실이지만, 사업 계획수립과 자금 조달의 두 기능이 기업을 시작할 때 가장 중요하게 고려되어야 할 사항이다. 나머지 기능은 창업 이후 실제적 운영에서 필요한 기능들이다.

초기사업 계획

많은 사람들이 열정을 가지고 창업을 계획하지만, 자신이 원하는 바를 명확하게 파악하고 있는 사람은 드물다. 결국, 사업 관련 아이디어를 교수, 지인, 다른 사업가와 상의하게 된다. 바로 이 시기에 경영자는 사업 계획이 필요하다. **사업 계획서**(business plan)란 사업의 본질, 시장, 사업의 경쟁 우위, 소유자의 자원 및 자질 등을 기록한 문서로, 미래의 중소기업 경영인들은 이것으로 제품이나 서비스를 구체화할 수 있다. 경쟁 분석, 창업 필요 비용 계산, 운영 세부 사항 점검 등이 필수적이다. 사업 계획서는 은행이나 다른 투자자를 만날 때 반드시 구비해야 할 서류이기도 하다.

대출 기관은 사업의 모든 내용을 알기 원한다. 먼저, 자신의 사업체 규모의 기업에게 대출을 해주는 금융 기관을 선택하라. 양질의 회계사로 필요한 회계 문서와 대차대조표를 완벽히 준비하게 하고 금융 기관을 방문하기 전 사전 약속을 할 것과 방문시 회계사를 대동하여 필요한 정보를 준비하고 금융 기관 담당자에게 자신의 성품과 지역 사회에서 존경 받는 사업가임을 어필하는 것도 필요하다. 마지막으로 필요한 사업 자금을 모두 대출 신청하되, 구체적이어야 하며 대출 금액의 보증도 확실히 하여야 한다.

사업 계획서 작성 좋은 사업 계획서를 작성하는 데에는 오랜 시간이 걸리지만, 이를 검토하는 데에는 5분밖에 걸리지 않을 수 있다. 요약 보고서에서 읽는 사람이 사업 계획서를 보고 버리지 않도록 설득하여야 한다. 은행 담당자들은 수많은 사업 계획서를 받아보므로, 요약 보고서에서 초반에 그들의 주의를 끌어야 한다. 완벽한 사업 계획서란 없다. 상세하게 작성된 사업 계획서라 할지라도 사업이 진행됨에 따라 변경되기 마련이다.[27]

사업 계획서
사업의 본질, 타깃 시장, 사업의 경쟁 우위, 소유자의 자원 및 자질 등을 기록한 문서

사업 계획서 작성에 있어 다양한 컴퓨터 소프트웨어의 도움을 받을 수 있다. 평가가

사업 계획서 개요

올바른 사업 계획서는 25~50페이지 내외로, 작성하는데 6개월 이상이 걸리는 것이 보통이다.

1 섹션 – 핵심 요약
사업의 핵심을 2~3페이지로 시작하라. 사업에 대한 간략한 설명과 주요 목표를 설명한다.

2 섹션 - 회사 배경
현재까지 회사의 운영 현황과 법적 고려 사항, 그리고 위험과 기회 등을 설명한다. 회사의 과거와 현재의 재무제표와 소득 및 현금 흐름표, 다른 관련 회계 자료(자세한 내용은 17장 참조) 등을 포함한 재무적 여건을 요약하라. 보험 계약을 포함시키는 것도 좋다. 경영자의 사망이나 기타 위험으로 회사에 위험이 없다는 것을 투자자들에게 확신시켜야 한다.

3 섹션 - 경영 관리 팀
조직도, 직종별 직무별 업무 분장, 현재 및 향후 임원의 상세 이력서 등을 첨부한다. 아이디어는 대단치 않더라도 검증된 경영 관리 팀이 있으면 훌륭한 아이디어를 보유한 경험 부족의 경영 팀보다는 투자를 더 유치할 가능성이 높다. 경영 관리층은 창업과 경영에 필요한 모든 분야에 전문 지식을 습득하여야 한다. 그렇지 않은 경우, 이러한 역할을 담당한 외부 컨설턴트를 언급하라.

4 섹션 - 재무 계획
소득, 지출, 및 자금 조달 원천 등에 대한 향후 5년 계획을 제출하라. 사업이 항상 번창할 것으로 가정하지 말고, 회사의 다양한 성장 시기에 맞춰서 계획을 수정하라. 또한 추정 수치에 대한 이유와 가정을 설명하고, 이 설명이 산업과 시간적 흐름과 일치하는지 확인하여야 한다. 재무 계획의 모든 금액 총합의 수치가 맞는지 검증하라. 필요하다면 전문 회계사나 재무 분석가를 고용하여 필요 문서를 작성하는 것도 좋은 방법이다. 매출을 과장하기 보다는 현실을 명확히 직시하고 최상, 기대치, 그리고 최악의 시나리오를 가정하라. 이로 인해 매출 변동에 대한 변화를 최소화하면서 올바른 경영 지침을 세울 수 있다.

5 섹션 - 필요 자본
운영에 필요한 자본을 명시하고, 자금의 사용처를 표기하라. 현금 흐름표의 각 항목의 총합과 자본의 총합이 일치하는지 확인하여야 한다. 이 부분은 투자자들이 상세히 검토할 부분이므로 명확하게 요약하여야 한다.

6 섹션 - 마케팅 계획
경쟁을 과소 평가해서는 안된다. 산업의 규모, 트랜드, 타겟 시장 부문을 검토하라. 계획을 수립하는 데 전미 인구 통계나 랜드 맥날리 마케팅 가이드 등의 자료에서 도움을 받을 수 있다. 제품, 서비스의 강점 및 약점을 분석하라. 투자자가 알고 싶어하는 가장 중요한 사항은 기존의 제품에 비해 회사의 제품이 어떤 장점으로 더 잘 팔릴 수 있는가 하는 것이다. 경쟁사의 가격을 비교하고, 금액/단위별 매출을 예측하라. 매출, 광고, 판촉, 홍보 프로그램의 요약 정보를 기입하라. 비용이 재무제표와 일치함을 확인하라.

7 섹션 - 입지 분석
소매업 같은 산업에서 사업의 입지는 가장 중요한 요인으로 꼽힌다. 지역의 대략적 인구 통계 분석과 교통 흐름 분석, 차량 및 보행자 수를 기입하여야 한다.

8 섹션 - 제조 계획
최소 공장 규모, 필요 기계, 생산 능력, 재고 및 재고 관리법, 품질 통제, 필요 공장 인력 등을 설명하라. 사전 조사에 입각하여 대략적 생산 비용을 예측하라.

9 섹션 - 첨부
제품이나 서비스에 관한 모든 마케팅 조사 자료를 첨부하고, 제품 컨셉이나 시장 규모 자료도 첨부한다. 컨설팅 받은 자료도 가능한 모두 첨부하는 것이 좋다. 첨부 자료를 통해 사업이 쇠퇴하는 사업이 아님을 증명할 필요가 있다.

좋은 프로그램 중 하나가 제품은 팔로 알토 소프트웨어사(Palo Alto Software)의 비즈니스 플랜 프로(Business Plan Pro)이다. 간단한 사업 계획서를 참고하기 원한다면 포춘 500 경영자로 선정된 짐 호란(Jim Horan)의 저서 "The One Page Business Plan"을 참고하면 좋다. 이 책은 양방향 사업 계획서 작성 연습 및 계획서 양식을 제공한다. 다양한 사업의 사업계획서를 참고하고 싶다면 sba.gov/business-guide/plan/write-your-business-plan-template에서 정보를 얻을 수 있다.

완벽한 사업 계획서를 작성하여 적절한 자금 조달처를 찾는 것은 사업 계획서에 올바른 정보를 담는 것만큼이나 중요하다. 자금 조달에도 사전 조사가 필요하다. 다음에서 새로운 사업체 시작의 자금 조달처를 논의할 것이다. 사업을 시작하기 전에 들인 시간과 노력은 수일이 지나 보상을 받게 될 것인데, 중소기업이 받을 수 있는 가장 큰 보상은 바로 생존이다.

중소기업 사업자금 조달

창업자금 조달에는 여러 가지 방법이 있다. 개인 저축, 친지, 동료, 은행, 금융 회사, 벤처 캐피털, 중소기업청, 농업 주택국, 경제 개발 위원회, 소수 인종사업 개발 기관 등과 같은 정부 기관이 자금 출처가 될 수 있다.[28]

가족 및 사업 동료 개인의 저축 이외에 주요 자금 조달처는 지인이나 친지라고 한다.[29] 미래의 공급자에게서 돈을 빌리는 것도 불가능한 것은 아니다. 향후에 큰 고객이 될 잠재성이 있다면 공급자는 여러분의 창업을 도와줄 것이다. 이러한 방식으로 레이 크록(Ray Kroc)이 초기 맥도널드의 자금을 조달하였다. 하지만 사업 초기부터 공급자에게 자금을 빌리는 것은 좋은 생각이 아니다. 먼저 조언을 구하고, 공급자가 사업 계획에 관심이 있으면 자발적으로 자금을 댈 수도 있다.

나무에 돈이 열린다면 환상적이지 않겠는가? 하지만, 그럴 리가 없기에 창업을 준비하는 사람들은 개인 연금, 친척들이나 전 직장의 사장님, 은행 및 금융회사, 벤처 캐피털리스트, 정부 기관 등의 자금 출처를 찾아야 한다. 개인 연금을 제외하고 가장 일반적인 자금의 출처로는 어떤 것이 있겠는가?

은행 및 금융기관 최근 금융 위기로 인한 신용 경색은 소규모 기업 경영주들이 우호적 투자자들을 찾는 것에 어려움을 더하였다. 규모가 큰 은행보다는 소규모 지역 기반 은행에서 대출이 쉬운 편이다. 소규모 은행은 단일 도시나 인근 몇 개의 도시를 기반으로 영업을 하기 때문에 대출 고객을 더 잘 알 수 있으며, 그렇기 때문에 대규모 은행보다 융통성 있게 대출을 해주기도 한다.[30]

소득이 낮은 지역이라면 지역개발금융기관(Community development financial institutions: CDFIs)이 자금의 출처가 될 수도 있다. 최근 경제 회복에 지역개발금융기관의 역할이 더 커지고 있는데, 다른 금융기관과 달리 대출의 원칙을 엄격히 지켜 신용 위기에 더 빛을 발하고 있다.[31] 대출 업체가 자금을 갚지 못하면 투자자가 아닌 기관이 책임을 지는데, 지난 30여년간 대출된 창업 자금 중 회수되지 못한 금액은 1%에 불과하다.[32] 지역개발금융기관은 단순히 자금만 대출해 주는 데에 그치지 않고 사업주들이 마케팅 전략, 재고 관리, 자금 흐름 개선 등에 대한 상담을 해주는 역할도 담당한다.

엔젤 투자자 및 벤처 캐피탈리스트 대부분의 창업자에게 개인투자자들은 주요 자금 조달처이다. 엔젤 투자자(Angel Investor)는 기업이 공개되기 전에 사업성 높은 기업에 투자하는 개인 투자자들을 말한다. 돈을 빌리기 원하는 사업가와 투자자들을 연결해주는 기관으로는 기부 기반의 GoFundMe, Kickstarter와 채무 투자 사이트인 Funding Circle 등이 있다. 이러한 유형의 개별 투자는 peer-to-peer(P2P)대출 혹은 크라우드펀딩이라고도 한다. 신용도가 높은 사업가들은 오히려 은행에서보다 이러한 투자자들에게 빠르고 편하게 자금을 융통하며, 이자비용도 더 저렴하다. 현재 미국에 만 천 여개가 넘는 크라우드펀딩 사이트들이 있으며, 이러한 사이트들의 리뷰를 제공하는 CrowdsUnite과 같은 사이트들도 운영 중이다.

2012년 발안된 JOBS법으로 사업주들은 1백만 달러까지는 주식공개상장(15장에 자세히)을 거치지 않고 개인투자자들에게 투자를 받을 수 있게 되었다. JOBS법안 이전에는 사기업이 지분을 판매하는 것은 불법이었다. JOBS법안 이후로 사업가들은 지분참여나 대출의 상환 등을 약속하고 규모가 큰 투자를 유치할 수 있게 되었다. 이런 유형의 자본금 모집을 크라우드투자 혹은 자본 크라우드펀딩이라 한다.

벤처 캐피털리스트
신규 사업의 지분의 일부를 대가로 사업에 투자하는 개인이나 회사

벤처 캐피털리스트(Venture Capitalist)는 대가성 있는 투자를 한다. 벤처 캐피털리스트는 창업에 필요한 자금을 조달해주는 조건으로 상당한 지분(때로는 60% 이상)을 요구한다. 벤처 캐피털리스트가 너무 큰 지분을 요구한다면 회사의 경영권을 잃을 수 있다. 닷컴 기업의 몰락 이후로 벤처 캐피털리스트들은 적은 투자금으로 신규 회사가 매각될 때 몇 배의 수익을 기대한다.[33] 그러므로 규모가 매우 작은 회사라면 벤처캐피털을 받을 기회가 그리 많지 않아, 차라리 엔젤 투자자를 찾아보는 것이 좋을 수도 있다.

계획하고 있는 창업에 거금이 필요한 경우, 전문가들은 최적의 벤처 캐피털을 조달하기 위해 최소한 다섯 개의 투자 기업과 그 고객들과 상담을 진행해야 한다고 조언한다. AngelList는 비영리 사이트로, 창업자들과 투자자들을 무료로 연계하는 서비스를 제공한다.[34] 자세한 내용은 중소기업청에서 벤처 캐피털의 목록을 받아볼 수 있으며, 중소기업 투자 매뉴얼이나 전국 벤처 캐피털 연합의 웹사이트(www.nvca.org)를 방문하여보라.

중소기업청
중소기업에 경영 훈련이나 재무적 조언, 대출을 제공하며 중소기업을 지원하는 미국 정부 기관

중소기업청

중소기업청(small business administration; SBA)은 중소기업에 경영 훈련이나 재무적 조언, 대출을 제공하며 중소기업을 지원하는 미국 정부 기관이다(그림 5.5 참조). 중소기업청은 1991년 소규모 대출 지원 프로그램을 처음 시작하였다. 이 프

그림 5.5 중소기업청 재무 서비스 유형

미국 중소기업청에서는 아래와 같은 재무 서비스를 제공한다:

- 보증 대출(Guaranteed loans) – 채무자가 변제를 중지한 경우 정부가 대출금을 납부하는 금융기관 대출. 대출 최대 금액은 5백만 달러로 설정되어 있다.
- 소규모 대출(Microloans) – 100달러에서 50,000달러 규모의 대출로 미혼모, 편부모가정이나 공공주택 거주자에게 제공
- 수출 대출(Export Express) – 수출을 원하는 중소기업 대출. 대출 최대 금액은 50만 달러로 설정되어 있다.
- 지역사회 조정 및 투자 프로그램(Community Adjustment and Investment Program (CAIP)—NAFTA 체결로 위축된 지역사회 내 일자리 창출 및 유지를 꾀하는 업체에 제공하는 대출
- 환경오염 예방 대출(Pollution control loans) – 환경오염 방지 설비를 기획, 설계, 설치하려는 중소기업에 제공하는 대출. 설비는 재활용을 포함 환경오염을 예방, 감소, 통제할 수 있어야 한다.
- 개발회사 대출(504 certified development company (CDC) loans—도시 발전이 필요한 소외된 지역이나 농촌 지역에 위치한 중소 기업이 건물이나 토지를 매입할 때 받을 수 있는 대출. 소수민족, 여성, 은퇴계층에 사업 기회를 확대하는 것이 주요 목적이다. 대출 최대 금액은 5백만 달러로 설정되어 있으며, 매 65,000 달러(소규모 제조업은 10만 달러)마다 최소한 하나의 일자리를 창출하거나 유지하여야 한다
- CAPLine 대출– 중소 기업의 단기, 주기적 운용 자금을 위한 대출. 최대 대출금액은 5백만 달러로 설정되어 있다.

로그램은 중소기업 경영자들에게 5만 달러 이하의 소규모 대출과 기술적 지원을 제공하는데, 중소기업청이 선정한 170개의 비영리 조직 네트워크에 의해 전국적으로 관리되고 있다. 중소기업청의 프로그램은 단순히 담보, 신용도, 기존사업의 성공 여부 등에 의해 대출 여부를 결정하기보다는 대출자의 성실성과 사업 아이디어의 참신성에 무게를 둔다.[35)]

중소기업청은 5만 달러 이하의 대출에 대해서는 150페이지에 달하는 신청 서류를 1장으로 줄였다. 관련 법규가 수시로 변하므로, 자세한 정보는 중소기업청 웹사이트(www.sba.gov)에서 확인할 수 있다.

중소기업 투자 회사(SBIC) 프로그램
중소기업청에서 인증한 중소기업 전문 대출업체

또한 **중소기업 투자 회사**(Small Business Investment Company; SBIC) **프로그램**에서 대출을 받을 수도 있다. 중소기업 투자 회사는 중소기업청에서 인증한 중소기업 전문 대출업체이다. 중소기업 투자 회사는 500만 달러 이상의 자본금을 보유하여야 하고, 중소기업청으로부터 자본금 1달러당 2달러까지 대출할 수 있는데, 회사의 기준을 충족시키는 중소기업에 대출을 해주거나 투자를 한다. 중소기업 투자 회사는 회사의 문제를 조기에 진단하고 경영자에게 조언을 해주거나 상환일자를 조정하는 방식으로 회사의 파산을 막기도 한다.

시장

모든 중소 기업의 규모가 반드시 작은 것은 아니다. 일부 중소 기업들은 슈퍼스타급 규모로 성장하기도 한다. 마텔사(Mattel)의 예를 들어보자. 마텔의 공동 창업자 루스와 엘리엇 핸들러(Ruth & Elliot Handler)는 창고에서 사진 액자를 만드는 것으로 사업을 시작하였다. 액자를 만들고 남은 자투리 나무로 만든 인형 집이 더 잘 팔리게 되자, 아예 사업 종목을 변경하였다. 현재 마텔사는 바비 인형과 같은 장난감의 매출에 힘입어 113억 달러 규모의 기업으로 성장하였다.

젊은 창업가들이 중소기업청의 대출을 받기에 가장 적합한 장소는 중소기업 개발센터(Small Business Development Center; SBDC)일 것이다. 중소기업 개발센터는 연방 정부와 개별주의 공동 출자로 설립되었으며, 주립대학도 연계되어 있다. 중소기업 개발센터는 사업 아이디어의 실현 가능성을 평가하고, 사업 계획서 작성, 자금 조달 등을 무료로 지원해준다.

은행, 벤처 캐피털, 정부 등에서 자금을 조달받는 것은 대부분의 중소기업에게 쉽지 않은 일이다(15장에서 자금 조달을 자세히 살펴볼 것이다). 새로운 사업을 위해 기획과 자금을 조달하려는 사업가들은 기업이 성장하고 지속적으로 운영되기를 원한다. 기업경영의 성공에는 많은 요인들이 있지만, 세 가지 중요한 사항은 고객 파악, 종업원 관리, 효율적인 회계자료 관리이다.

고객 파악

중소기업 성공의 가장 중요한 요소 중 하나가 시장에 대한 이해이다. **시장**(market)은 구매할 의지와 필요한 자원으로 자신의 미충족된 욕구와 필요를 채우려는 사람들로 구성된다. 예를 들어, 많은 대학생들은 마세라티(Maserati)의 신차를 사고 싶어 한다. 하지만 이들 중 자신의 욕구를 만족시킬 자원을 보유한 사람은 그리 많지 않다. 이 대학생들이 고급차 딜러에게 가능성 있는 시장으로 인식되겠는가?

시장과 시장의 필요를 파악한 다음에는 이러한 필요를 채울 방법을 강구해야 한다. 고객의 필요를 채우는 것은 고품질의 제품을 적절한 가격과 함께 훌륭한 서비스로 제공하는 것이다. 또한 기억해야 할 사항은 고객을 얻는 것에 그칠 것이 아니라, 고객을 적극적으로 붙잡아야 한다는 것이다. 영업 전문 코치 필 그로스만(Phil Glosserman)은 "고객은 요구가 충족되는 경험을 하기 위해 구매를 합니다."라고 전하며 만약 만족하지 못한 소비자가 있다면 무엇이 문제인지 알아내고 수정해야 한다고 강조하였다.[36)]

대기업에 비해 중소기업이 지닌 강점 중 하나가 바로 고객을 더 잘 알고 변화하는 고객의 필요에 신속히 대응할 수 있다는 점이다. 소비자의 변화를 알아채는 가장 효율적인 방법은 항상 그들의 필요에 귀를 기울이는 것이다. 자신이 원하는 대로 고객을 길들이려 하면 안된다.[37)] 이러한 내용은 11장과 12장에 상세히 기술되어 있으며, 이후에는 고객을 파악하는데 선봉에 있는 종업원의 효율적 관리에 대해 고찰해 보도록 한다.

종업원 관리

기업이 성장하면서 창업주가 일주일에 60시간을 일한다 하더라도 모든 세부사항을 다 감독할 수는 없다. 그렇기 때문에 종업원의 고용, 훈련, 동기 부여가 매우 중요하다.

자질을 갖춘 종업원을 대기업에 비해 낮은 임금과 적은 복지 혜택, 적은 승진 기회로 고용하는 것은 쉬운 일이 아니다. 그렇기 때문에 중소기업 경영에서 종업원 관리가 더욱 중요하다. 중소기업의 종업원은 비슷한 대기업 종업원에 비해 높은 직무 만족도를 보이는 경우가 많은데, 이는 직장에서 좀 더 도전적이고, 자신의 아이디어가 채택되고, 상사에게서 존중을 받기 때문으로 분석된다.[38)]

종종 창업자들은 기업이 성장하면서 다른 사람에게 권한을 위임해야 한다는 사실에 불편을 느낀다. "누구에게 권한을 위임할 것인가?" 또는 "그들에게 어느 정도의 통제권한을 부여할 것인가?" 등의 질문은 문제를 더욱 복잡하게 만든다.

이러한 문제는 종업원들이 가족적인 환경에서 오래 근무한 중소기업에 있어서는 민감한 문제가 될 수 있다. 풍족하지 못한 환경에서 창업을 한 창업주들은 설령 종업원들이 관리직에 적합한 자질을 갖추지 못하였다 하더라도 처음부터 함께한 종업원들을 승진시켜야 한다고 생각한다. 상식 선에서도 이러한 생각이 기업에 중요한 영향을 미친다는 것을 알 수 있다.

이는 가족 경영으로 시작한 기업의 확장에 있어서도 마찬가지이다. 어떻게 가족을 해고하느냐, 또는 가족이기 때문에 승진시켜야 한다는 발상은 기업 성장의 발목을 잡기도 한다. 경영자가 신중을 기해 고용하고 적절한 승진을 단행하는 것이 그들 자신과 기업에 있어 최상의 선택이다. 이렇게 함으로써 경영자들은 종업원들에게서 신뢰와 지지를 이끌어낼 수 있다. 종업원 관리에 대해서는 6장에서 10장까지 자세히 다룰 것이다.

회계자료 관리

중소기업 소유주들은 창업과 경영에서 가장 도움이 필요한 분야가 회계라고 강조한다. 초기에 효율적인 회계 시스템을 구축한 사업가는 나중에 후회할 일이 적기 때문이다. 컴퓨터로 회계 기록 관리가 간소화되었으며, 중소기업 경영자도 기업의 반복되는 프로세스(매출, 비용, 수익 등)를 관리할 수 있게 되었다. 저렴한 컴퓨터 시스템으로 단순한 장부 기입, 재고 관리, 고객 기록 관리, 임금 등을 수월하게 처리할 수 있게 되었다.

훌륭한 회계사는 회계 시스템의 구축 단계에서 매우 중요하며, 시스템을 어떻게 운영해야 하는지를 보여주는 사람이다. 많은 사업 실패가 잘못된 회계 관행에서 비롯되었음을 기억하라. 회계사의 도움으로 중소기업 경영자들도 장비의 구입이나 대여 여부, 건물의 구입이나 임대 여부를 효율적으로 결정할 수 있다. 또한 세금, 재무 예측, 자금 출처, 자금 대출 신청서 작성 등에 조언을 얻을 수 있다.

다른 중소기업 경영인들로부터 어디서 자질과 경험을 갖춘 회계사를 고용할 수 있는지에 대한 정보를 얻을 수 있다. 그들은 지불한 금액만큼 값어치를 하기 마련이다. 회계에 대한 자세한 내용은 14장을 참조하라.

외부 전문가의 도움

중소기업 소유주들은 초기 단계에서 외부 전문가의 자문을 받을 필요가 있다는 사실을 나중에야 깨닫고는 한다. 법률, 세금, 회계 서비스에서는 일반적이며, 마케팅, 재무 및 기타 영역에서도 점점 전문가의 자문이 필요해지고 있다. 대부분 중소기업이 일반 종업원을 고용하는 것처럼 전문가를 고용할 수는 없기 때문에 외부의 도움에 의지한다.

중소기업을 이해하고 경험이 많은 변호사에게서 경영 자문을 얻는 것은 꼭 필요하다. 계약서가 문서화되고 변호사의 사인이 없으면 파트너들이 계약에 대해 잊어버릴 수도 있다. 변호사들은 임차, 계약, 채무 보호 등의 다양한 영역에서 도움을 줄 수 있는데, 꼭 비싼 수임료의 변호사를 고용할 필요는 없다. 중소기업청은 사업 단계별로 도움이 되는 법률 서비스와 가이드를 제공한다. 온라인에서도 다양한 법률 서비스를 찾아볼 수 있는데, Findforms.com 사이트는 웹, 광고, 링크, 도서 등에서 무료 법률 문서 양식을 찾는 서비스를 제공하고 있다. 하지만 정보가 정확하지 않으면 아무 소용이 없으므로 항상 자료를 자세히 검토하고 법률 행위는 변호사의 자문을 얻어야 한다.

퇴직경영자봉사단
최소한의 비용을 제외하고 무료로 중소기업에 자문을 제공하는 산업, 무역 단체 출신의 전문가로 구성된 중소기업청 산하 사무소

제품이 출시되거나 상점을 열기 전에 마케팅 관련 의사결정은 마무리되어야 한다. 입지와 목표 시장, 효율적 전략에 대해 자문을 줄 수 있는 저렴한 마케팅 연구기관들이 있어, 중소기업 마케팅 및 인터넷, 소셜 미디어에 경험이 풍부한 컨설턴트에게서 도움을 받을 수 있다.

또 다른 중요한 전문가는 대출 담당자와 보험 설계사이다. 대출 담당자는 적절한 사업 계획서 작성에 도움을 주고 필요할 때에 대출을 해줄 뿐만 아니라 여러 재무적 자문을 제공해줄 수 있다. 보험 설계사는 중소기업이 겪을 수 있는 위험과 보험과 다른 방법(안전 장치 등)으로 어떻게 그 위험을 효율적으로 회피할 수 있는지에 대해 자문을 제공한다.

카드 및 종이공예 회사 코피오이시티(Copioisty)의 창립자인 다이앤 해리슨(Dianne Harrison)과 신시아 클라크(Cynthia Clarke)는 사업 계획 수립 당시 퇴직경영자봉사단(SCORE)의 조언을 받았다. 이 봉사단의 멘토는 재무, 투자자 관리, 판매 및 마케팅, 인적자원관리, 운영 및 조직구조 설계 전반에 대한 조언을 제공하였는데, 이러한 정보 제공에 대해 지불해야 할 대가는 놀랍게도 0달러였다.

중소기업에 중요한 정보원은 **퇴직경영자봉사단**(Service Corps of Retired Executives; SCORE)이다. 이 중소기업청 산하의 사무소는 최소한의 비용을 제외하고 무료로 중소기업에 자문을 제공하는 산업, 무역 단체 출신의 10,000명 이상의 전문가로 구성되어 있다.[39] www.score.org에 접속하여 퇴직경영자봉사단에 대한 자세한 내용을 확인할 수 있다. 또한 중소기업청은 창업을 꿈꾸는 사람들에게 무료 온라인 창업 강좌를 제공한다.

지역 대학의 교수들도 중소기업 오너들에게 무료 또는 실비로 자문을 제공한다. 일부 대학은 MBA 학생들에게 실비를 받고 컨설팅서비스를 제공하는 프로그램을 마련하였다. 이 예로 메릴랜드대학과 버지니아 공과 대학은 인큐베이팅 회사와 함께 MBA 학생들이 지역 내 중소기업에서 인턴 사원으로 근무할 수 있도록 하는 프로그램을 만들었다. 인턴은 시간당 20달러의 급여를 받는데, 인큐베이팅 회사가 인턴 급여의 반을 지급한다.

다른 중소기업 오너의 조언을 구하는 것도 현명한 방법이다. Entrepreneur.com 사이트는 경험이 많은 기업가와 젊은 창업인들이 공개 강좌로 의견과 아이디어를 교환할 수 있는 프로그램을 개발하였으며 마케팅, 사업 기획, 회사 조직, 재무 등의 다양한 영역의 조언을 받을 수 있다. 일례로, 미주리 주 세인트 루이스에 위치한 Gateway Wellness Associates는 사업을 위한 공간, 자원, 경영 지원 등을 제공한다.[40] 전미 중소기업 연합(American Small Business Coalition and Entrepreneurs' Organization) 역시 기업가 간 네트워크를 제공한다.

지역 상공회의소, 베터 비즈니스 사무국, 전국 및 지역 무역 협회, 경영 참고 서적, 중소기업 관련 인터넷 사이트 등에서 조언을 얻을 수 있다. 일부 웹사이트는 고객의 컨설팅 필요에 따라 적절한 컨설턴트와 연결해주기도 한다.

시험 준비

- 사업 계획서는 중소기업 소유주가 작성하는 가장 중요한 문서이다. 사업 계획서에는 9개 섹션이 있는데, 대략적인 내용은 사업 계획서 개요에 요약되어 있다. 이 중 5개 섹션 이상을 설명할 수 있는가?

학습목표 5-5 중소기업의 글로벌 시장 진출시 장점과 단점을 개략적으로 설명할 수 있다.

국제화: 중소기업의 국제화 방안

2장서 살펴보았듯이, 미국 인구는 3억만 명 이상인데 비해, 전 세계의 인구는 770억 명이 넘는다.[41] 세계 시장은 점점 성장하고 있으며, 중소기업에도 수익성이 높은 시장임에 분명하다. 최근 미국의 수출 증가율의 98% 이상을 중소기업이 차지하고 있다. 미국 상무부에 따르면 최근 5년간 미국 수출액의 34%가 중소기업에 의해 달성되었다.[42]

Wizard Spiral Gumball Machine을 창업한 데이브 헤이몬드(Dave Haymond)는 "사람들이 별 일을 하지 않고서도 돈을 벌게 하는 것이 목표"라고 하였다. 물론 그가 창업한 회사가 그런 경우는 아니다. 현재 그의 사업체는 전 세계에 사탕껌 자판기를 수출하고 있는데, 인터넷 및 기술의 발전이 Gumball Machine이 전세계 고객을 대상으로 사업을 하는데 어떠한 도움을 주었을까?

기술의 발전도 중소기업의 수출을 돕고 있다. 페이팔(PayPal)로 중소기업은 온라인 영업시 대금을 자동으로 결제 받을 수 있게 되었으며, 인터넷의 발전으로 출장 없이도 국제 시장을 개척할 수 있게 되었다. 부가 축적됨에 따라 사람들은 대량생산이 아닌 특별한 제품을 요구하고 있으며 이러한 틈새시장은 중소 기업이 충분히 공략할 수 있는 시장이다. 위자드 벤딩

(Wizard Vending)의 창업자인 데이브 하몬드(Dave Hammond)는 사탕껌 자판기를 웹사이트를 통해 국제 시장에 판매하였다. 사이트를 오픈 후 5년 동안 오스트리아, 벨기에, 독일 등지에 기계를 수출하였다.[43)]

하지만, 아직도 많은 기업들이 수출에 어려움을 겪고 있다. 왜 수많은 기업들이 대규모 국제 시장을 놓치고 있는가? 가장 큰 이유는 국제화의 주요 장애물들인데, (1) 자금 조달의 어려움, (2) 수출을 희망하지만 어떻게 시작해야 할 지 모르거나 (3) 국제적 시장에 진입할 사업가들의 해당 지역 문화적 차이나 시장 전망에 대한 이해 부족, (4) 관료적 서류 작업의 부담 등을 들 수 있다.

대부분의 세계 시장이 미국 밖에 있다는 것 이외에도 국제화의 장점은 존재한다. 예를 들어, 해외 수출은 과다 재고를 소진하고 국내 시장의 열세 극복, 제품 수명 주기 연장 등의 장점이 있다. 또한 무료한 일상에 활력을 주기도 한다.

중소기업이 대기업에 비해 국제 무역에서 갖는 장점들을 살펴보면 다음과 같다.

- 해외 바이어들은 관료적 대규모 회사보다는 개별적으로 접촉하기를 원한다.
- 중소기업은 빠른 속도로 제품 선적이 가능하다.
- 중소기업은 다양한 공급업체의 이용이 가능하다.
- 중소기업은 각 해외 고객이 주요 고객이기 때문에 더 개인적이며 집중도 높은 서비스 제공이 가능하다.

수출에 대한 정보는 미국 상무부의 산업 및 안보국의 사이트(www.bis.doc.gov)와 같은 인터넷 사이트에서 얻을 수 있다. 다른 사이트에서도 중소기업청의 해외 사업 지원에 대한 정보를 얻을 수 있다. 중소기업청의 수출 대출 프로그램은 중소기업의 수출 기회를 후원하는데, 이 프로그램으로 수출 중심 중소기업의 무역 박람회 참석, 해외 시장 공략에 필요한 카탈로그 번역, 신용도, 수출 제품 생산에 필요한 부동산 및 설비 마련 등의 다양한 필요를 충족시켜 줄 수 있다.[44)]

시험 준비

- 중소기업이 해외 사업을 기피하는 이유는 무엇인가?
- 글로벌 시장에서 중소기업이 대기업에 비해 가진 우위는 무엇인가?

요약하기

학습목표 5-1 위험을 감수하면서도 창업을 하는 이유를 설명할 수 있다. 성공적인 창업가의 특징은 무엇이며 창업팀과 사내 창업, 자택 창업 및 인터넷 기반 창업을 설명할 수 있다.

- **사람들이 창업을 하는 이유는 무엇인가?**
  수익, 독립성, 기회, 도전 때문이다.
- **성공적인 기업가의 자질은 무엇인가?**
  성공적인 기업가들은 자율적이며, 행동을 중시하고, 에너지가 넘치고, 불확실성을 회피하려고 하지 않는다.
- **안정적인 경영을 위하여 현대의 기업가들이 취한 행동에는 무엇이 있는가?**
  창업과 경영에 필요한 다양한 전문성을 가진 창업팀을 결성, 운영하였다.
- **소규모 창업이란 무엇인가?**
  소규모 창업이란 창업과 경영에 수반되는 위험을 감수하고서도 소규모 사업체를 운영하면서 스스로 하고 싶은 일을 하며 일과 삶에 균형을 유지하는 것이다.
- **사내 창업이란 무엇인가?**
  사내 창업이란 대규모 기업 내에서 창업 센터를 건립하고, 사람들로 하여금 혁신과 신제품 개발 아이디어를 기업 내에서 낼 수 있게 하는 것이다.
- **최근 들어 재택 사업과 인터넷 기반 사업이 증가한 이유는 무엇인가?**
  컴퓨터 기술이 발달하고 비용이 저렴해지면서 입지에 관계 없이 소규모 업체도 대기업에 대해 경쟁력을 가질 수 있게 되었기 때문이다.

학습목표 5-2 미국 경제에서 중소기업이 차지하는 중요성과 중소기업이 실패하는 주요 원인을 분석할 수 있다.

- **미국 경제에서 중소기업이 중요한 이유는 무엇인가?**
  중소기업은 미국 GDP의 50%를 차지한다. 향후 대학을 졸업하게 될 미국의 대학생 중 80% 이상이 첫 직장을 중소기업에서 갖게 될 전망이다.
- **중소기업의 에서 소규모의 정의는 무엇인가?**
  중소기업청은 중소기업을 독립적으로 소유 및 경영되고, 운영이 독점적이지 않으며 종업원 수나 매출(산업 내 다른 기업에 따라 다름) 등 특정 기준을 충족시키는 기업으로 정의한다.
- **왜 많은 중소기업이 실패하는가?**
  경영 미숙과 자본 부족으로 많은 중소기업이 도산한다. 그림 5.3에서 사업 실패 원인을 살펴보라.

학습목표 5-3 중소기업 경영 방식을 학습할 수 있는 방안을 요약할 수 있다.

- **중소기업 창업을 배우고자 하는 사람에게 어떤 정보를 줄 수 있는가?**
  첫째, 다른 사람에게서 배우라는 조언을 해줄 수 있다. 강좌를 수강하고 중소기업 오너들과 대화를 해보라. 둘째, 다른 사람 밑에서 일을 하면서 경험을 쌓아라. 셋째, 성공적으로 운영되고 있는 기업을 인수하라. 마지막으로 급여, 재고 관리, 메일 주소 관리 등에 컴퓨터를 활용하는 등 최신 중소기업 경영 기술들을 학습하라.

학습목표 5-4 중소기업을 창업하고 운영하는 데 필요한 요건을 분석할 수 있다.

- **사업 계획서에 들어가는 항목은?**
  사업계획서 개요의 내용을 참조하라.
- **창업을 준비하는 기업가가 고려할 수 있는 자금 조달의 방법은 무엇인가?**
  신참 기업가는 여러 가지 자금 원천을 고려할 수 있다. 개인 저축, 친인척, 기존 고용주, 은행, 금융 기관, 벤처 캐피털, 정부 기관 등이다.
- **중소기업 오너들이 인력관리에서 부딪힐 수 있는 문제점은 무엇인가?**
  중소기업 경영자들은 자질을 갖춘 종업원이나 경영 책임을 지고자 하는 관리자를 고용하는 것이 쉽지 않다.
- **신참 중소기업 경영자들이 도움을 받을 수 있는 곳은?**
  회계사, 변호사, 마케팅 리서치 전문업체, 대출 기관, 보험 회사, 중소기업청, 중소기업 개발센터, 중소기업 투자회사 프로그램, 대학 교수 등 다양한 곳에서 도움을 받을 수 있다.

학습목표 5-5 중소기업의 글로벌 시장 진출시 장점과 단점을 개략적으로 설명할 수 있다.

- **글로벌 시장에서 중소기업이 대기업에 비해 가질 수 있는 비교 우위는 무엇인가?**
  해외 바이어들은, (1) 중소기업은 다양한 공급자와 빠른 선적이 가능 (2) 중소기업이 제공하는 개인적인 서비스를 선호하기 때문에, 대기업보다 중소기업과의 개별적인 거래를 선호한다.
- **중소기업의 국제 무역이 증가하지 않는 원인은 무엇인가?**
  여러 이유가 있는데, (1) 자금 조달의 어려움, (2) 방법을 모름, (2) 해외 시장의 문화 차이에 대한 이해 부족, (4) 해외의 관료적 행정 처리 등이 있다.

주요 용어

사업 계획서(business plan) 167
기업특구(enterprise zones) 161
창업팀(entrepreneurial team) 157
창업(entrepreneurship) 152
창업지원센터(incubators) 161
사내 기업가(intrapreneurs) 160
시장(market) 172
초소형 기업가(micropreneurs) 157
퇴직경영자봉사단(Service Corps of Retired Executives; SCORE) 175
중소기업(small business) 162
중소기업청(Small Business Administration; SBA) 171
중소기업 투자 회사 프로그램 (Small Business Investment Company(SBIC) Program) 172
벤처 캐피털리스트(venture capitalists) 170

사고력 문제

1. 스스로 기업가정신이 있다고 생각하는가? 그 이유는?
2. 기업가와 프로 운동선수에게 필요한 공통 자질은 무엇이라 생각하는가? 운동선수가 성공적인 기업가가 될 수 있을까? 그렇게 생각하는 이유는 무엇인가? 창업 과정에서 팀워크가 중요하다고 믿는가?
3. 창업을 준비 중이라고 가정해보라. 어떤 사업을 시작하고 싶은가? 그 사업의 경쟁 정도는? 경쟁자들보다 앞서 나가려면 무엇을 해야 하는가? 사업의 성공을 위해서라면 일주일에 60~70시간씩 일 할 각오가 되어 있는가?

직업기술 개발하기

핵심: ● 팀 ★ 분석 ▲ 의사소통 ◘ 기술

◘▲ 1. 도서관이나 인터넷에서 창업과 성공이라는 잡지의 기사들을 검색해보라. 오늘날 재계를 이끌어가고 있는 기업가는 누구인지 기사를 읽어보라. 한 기업가를 선정하여 그의 프로필을 작성해보라.

▲★ 2. 자신의 경력에 맞을 것 같다고 생각되는 중소기업을 선정하고, 그 기업에서 경영하는 사람을 최소한 한 명 이상 만나보라. 어떻게 창업을 하게 되었고, 자금조달은 어떻게 하였는지, 인사 관련 문제점(채용, 해고, 훈련, 스케줄 등)은 무엇이고 회계 이슈와 기타 경영의 문제점은 무엇인지 알아보라. 인터뷰를 통해 알게 된 사실을 정리하고, 그 직업이 과연 자신에게 보람이 있고 흥미로우며 도전적인지 그 이유를 함께 기술하라.

◘▲ 3. 중소기업청의 지역 사무소를 방문하거나 웹사이트 www.sba.gov에 접속하여 중소기업청이 제공하는 서비스의 개략적 내용을 요약하라.

▲★ 4. 지역 내에서 경영에 실패한 중소기업을 선정하여 그 기업의 실패 원인을 분석하여 보라. 또한 경영자가 기업을 살리기 위해 취해야 할 조치에는 무엇이 있는지 생각하여 목록을 작성하라.

●▲★ 5. 소프트웨어 산업에 진입한다 가정하고 학급 동료 중 한 명을 선정하여 기업의 성공과 실패를 결정할 수 있는 중요 사항을 작성하여 보라. 소규모 벤처 기업이 마이크로소프트나 인텔 같은 거대 기업과 경쟁할 수 있다고 생각하는가? 이 내용을 토론해보라.

원리를 실제로 적용해 보기

목적

자신의 잠재된 기업가정신을 평가하고 견본 사업 계획서를 작성해 본다.

연습

1. www.bizmove.com/other/quiz.htm에 접속하여 창업 퀴즈를 풀어보고 스스로 기업가 자질이 있는지 판단해보라.
2. 기업가 자질이 있어 스스로 창업하기로 결정하였다면, 사업 계획서를 작성하여 보라. www.bplans.com/sample_business_plans.cfm에 접속하여 커피숍 메뉴를 클릭하여 인터넷 카페 사업 계획서를 검토하여 보라. 비록 이 작성한 사업 계획서가 이 장의 사업 계획서와 일치하지는 않지만, 필요한 항목과 정보를 다 포함하고 있는가? 그렇지 않다면, 빠진 항목은 무엇인가?

직업 탐색

만약 여러분이 작은 초기비용으로 시작가능한 자영업에 관심이 있다면, 관련된 직업에 관심이 있다면, 고려해볼 만한 몇 가지 직업들이 아래에 나타나 있다. 이러한 직업들의 업무, 필요한 지식과 기술, 급여수준, 미래전망 등에 관해서는 bls.gov 웹사이트의 Occupational Outlook Handbook을 살펴보라.

- **공예 및 미술가** – 다양한 재료를 활용하여 판매 가능한 작품을 만든다. 공예가는 도자기, 유리공예, 직물 등의 수제 공예품을 만든다. 미술가는 그림 및 조각 등의 작품을 만들어 판매할 수 있다.
- **웹 개발자** – 웹사이트의 개발 및 디자인을 수행한다; 웹사이트의 외형 및 기술적 측면을 총괄하며 콘텐츠 창작까지 담당할 수 있다.
- **수리 서비스** – 페인트, 집안 수리, 배관, 전기 설비 등의 수리 서비스를 제공한다.
- **소형 엔진 수리** – 소형 엔진으로 가동되는 기기(잔디깎기 기계, 나뭇잎 처리 기계 등)의 수리 서비스를 제공한다.

비디오 사례

Cousins Maine Lobster: 소규모 파트너십에서 성공적인 프랜차이즈 본사로의 성장

본인이 하는 일에 열정이 있고, 그 열정을 다른 사람과 나누는 것을 좋아한다면, 창업가로서의 자질을 갖추고 있다고 볼 수 있다. 미국 메인(Maine)주 출신인 두 사촌 짐 챌리키스(Jim Tselikis) 와 사빈 로막(Sabin Lomac)은 랍스터를 굉장히 즐겨 먹었으며, 주변에 자신들처럼 랍스터를 좋아하는 지인들도 많이 있었다. 로막이 LA로 이주하였을 때 고향에서 먹던 랍스터 음식이 그리워졌고, 마침 사촌 짐이 고향 메인 주 스타일의 랍스터 롤 요리를 푸드 트럭에서 판매하는 아이디어를 제안하였다. 당연히 푸드 트럭의 이름은 Cousin(사촌) Maine Lobster였다.

현재 회사는 프리미엄급 랍스터 롤, 랍스터 스프 등의 다양한 요리를 로스엔젤레스 지역을 포함하여 미국의 20개 도시에서 판매하고 있다. 회사의 공동창업자 짐 챌리키스는 미국에서 최고 품질의 랍스터 요리를 메인 주 스타일의 서비스로 제공하는 데 중점을 두었다고 설명한다. 창업 초기에 두 사촌 형제는 사업에 대한 지식이 없었기 때문에 푸드트럭을 시작하는 것조차 쉽지 않았다. 이들 두 사람은 푸드트럭에 대해 최대한 많은 것을 배우려고 노력하는 한편, 사업체 운영에 대한 주변 지인들의 지식과 도움에 힘입어 마침내 첫 번째 Cousins Maine Lobster 푸드 트럭을 시작하게 되었다.

영업 첫날 두 사촌 형제는 트럭 앞에 끝이 보이지도 않을 정도로 길게 늘어선 대기줄에 눈이 휘둥그레졌다고 한다. 이러한 사업의 성공에 기쁘기도 했지만, 한편으로는 사업에 대해 더 많이 알고 준비했더라면 하는 아쉬움이 있었다고 한다. 예를 들어, 오픈 전에는 물류와 수요 예측의 중요성에 대해 미처 몰랐다고 한다. 랍스터 원재료를 너무 많이 주문해 놓으면 다 판매하지 못하고 재료를 버리게 될 것이고, 반대로 너무 적게 주문하면 고객과 수익을 놓칠 수 있다는 점을 간과했던 것이다. 두 사촌 형제는 도움이 절실하였다.

다행히도 이들은 Shark Tank라는 창업 후보자들이 자신들의 사업 아이디어를 투자자 앞에서 어필하는 TV 리얼리티 쇼에 출연할 수 있는 기회를 얻었고 이를 통해 도움을 얻게 되었다. 출연하기 전 두 사촌 형제는 심사를 담당하는 투자자들의 배경에 대해 조사하고 어떠한 질문을 받게 될 것인지를 준비하였다. 긴박한 협상 끝에 두 형제는 바바라 코코란(Barbara Corcoran)이라는 거물 부동산 투자자로부터 55,000달러의 투자금에 회사 지분

15%를 넘기는 조건을 제안 받게 되었다. 더 중요한 사실은 바바라 코코란으로부터 창업 멘토링을 받게 되었으며 프랜차이즈 아이디어도 그녀가 제안한 것이라는 점이다.

그들은 프랜차이즈 방식을 통해 Cousins Maine Lobster를 미국 전역에 확장할 수 있는 계기를 마련하였다. 하지만, 두 형제는 프랜차이즈로 인해 사업의 통제 권한을 일부 넘길 수밖에 없었다. 또한, 사업을 건실하고 오래 유지하려면 프랜차이즈 가맹 업체도 잘 선택해야 한다는 것을 배우게 되었다. 현재 종업원 관리와 프랜차이즈 가맹 업체 관리는 회사의 매우 중요한 철학이 되었다. 직원과 가맹 업체 모두 능동적으로 의사 결정에 참여하며 회사는 빠른 성장세를 기록 중이다. 공동 창업자인 두 사촌 형제는 사업의 성공 요인을 다음 세 가지 요인 간에 균형을 유지하는 것을 꼽고 있다: 음식의 품질, 고객 서비스, 그리고 직원과 가맹 업체를 가족처럼 대하는 것의 균형이 바로 그것이다.

생각해 보기:

1. 쵤리키스와 로막의 성격 중 어떠한 면이 이들을 창업가로 성공하게 한 요인은 무엇이라고 생각하는가?
2. 왜 두 형제는 창업의 도움을 외부에서 찾으려 하였으며, 창업과 관련하여 구체적으로 어떠한 도움을 받았는가?
3. 사업을 프랜차이즈로 확장하는 것의 장점과 단점은 무엇인가?

한국의 사례 1

환경의 변화에 모바일 앱으로 이루어낸 세탁혁신: 런드리고(laundrygo.com)

비대면 세탁서비스를 제공하는 의식주컴퍼니의 조성우 대표는 런드리고 서비스를 시작한 계기를 다음과 같이 회상하였다. "배민프레시를 나와 미국으로 3개월간 그야말로 쉼을 위한 여행을 떠났다. 그런데 샌프란시스코에서 렌트한 차가 털린 거다. 차 안의 물건을 다 가져갔는데 봉투 하나에 모아놓은 빨래만 그대로였다. 순간 그 빨래를 보고 직감적으로 사업 아이템이 될수 있겠다고 생각했다. 원래 창업자들이 그렇다. 항상 뭘 하든 사업과 연관시키기 때문에 생활 환경이나 일상의 작은 사건에서도 연결 고리를 찾는다. 나는 평소 빨래에 전혀 관심도 없었다."

조성우 대표는 '오프라인에만 존재하는 서비스를 어떻게 하면 온라인, 모바일로 가져올까?'를 고심하면서 런드리고를 창업하였다고 한다. 세탁 서비스는 고객들이 세탁물을 맡기고 다시 찾는 물리성이 개입되기 때문에 이러한 서비스를 모바일 환경에서 제공하기 위해서는 이러한 물리적 제약을 타파하는 것이 필수적이었다고 회상한다. 조성우 대표는 "모바일 서비스의 장점은 간편함 그리고 광역화인데, 빨래를 언제 맡기고 찾을지 따로 시간을 정해서 약속하고 만난다면 절대 답이 나올수 없다. 고객과 만나지 말아야한다고 생각했다."라고 비대면 서비스를 강조했다.

다음은 언론사 인터뷰를 통한 조성우 대표와의 일문일답.

Q1: 다들 런드리고로 알지만, 회사 이름은 '의식주컴퍼니'인데, 세탁 스타트업의 사명에 왜 의식주인가?

A1: "우리는 세탁이 혁신되면 주거 공간이 바뀔 것이라고 믿음이 있었다. 대학시절 신촌 원룸에서 자취했는데, 원룸 살면 전용면적 3~4평 이런 공간에 산다. 하지만 아무리 작은 공간이라도 세탁은 필수. 4평 원룸에 빨래 건조대까지 펴면 주거공간의 절반이 세탁하

느라 사라지는데 이것은 부동산 비용을 고려하면 세탁에 엄청난 기회 비용을 지불하는 셈이다. 요새는 TV 안 두고 태블릿PC와 노트북으로 넷플릭스 같은 OTT 서비스만 이용하는 젊은 분들도 많다. 식품 배송 서비스를 통해 주방을 거의 안 쓰는 분들도 유사. 결국 기술과 서비스의 혁신이 삶의 방식을 바꾼 것인데, 런드리고 서비스가 세탁 공간의 변화, 그러니까 주거의 양식도 바꿀 수 있다고 생각하였다. 작은 변방에서 라이프스타일의 변화가 시작될 것이라는 고민, 그게 우리 사명이라 할 수 있다.

Q2: 비대면 서비스 자체가 목적이 아니라, 오프라인을 기반으로 하는 전통 세탁 산업을 모바일로 전환하려면 비대면 형식이 필요했다고 했는데?

A2: 그렇다. 그래서 굳이 사람이 직접 가져가고 전해주지 않아도 세탁물의 도난, 분실 위험을 막을 수 있도록 런드렛이라는 세탁바구니를 만들었다. 평소에 집안에서는 빨래 바구니처럼 사용하다가 서비스를 이용할 땐 문 밖에 내놓고 문손잡이와 런드렛을 안심 고리로 연결하면 된다. 겉보기엔 심플하지만 런드렛을 개발하기까지 1년이 걸렸다. 크기부터 높낮이, 소재에 이르기까지 사용자의 다양한 니즈를 반영하기 위해 크리에이티브실에서 여러 디자이너가 고군분투한 결과 지금의 형태로 완성된 것이다.

Q3: 코로나19 발생 이후 비대면 서비스 시장이 확대되면서 정기구독, 서브스크립션 역시 인기다. 런드리고에도 구독 서비스가 있다고.

A3: 런드리고 사용자의 40~45%가 월정액 서비스를 이용한다. 고객이 세탁 서비스를 통해 원하는 가치는 분명하다. 취향이나 기호를 따질 필요 없이 깨끗하고 퀄리티 높은 세탁을 제공하면 되니까 승산이 있다고 생각해서 기본 모델에 월정액 서비스를 넣었다. 사실 구독 비즈니스만큼 어려운 것이 없다. 특히 꽃과 미술품같이 소비자의 취향과 기호가 다양하게 존재하는 아이템은 성공하기 힘들다. 큐레이션을 통해 한 개인의 취향과 기호를 만족시킨다는 것자체가 불가능하기 때문이다. 반면 물이나 분유, 기저귀같이 선호하는 브랜드가 확실하게 정해진 경우에는 고객에게 편의성을 제공한다는 측면에서 가능하다. 물론 넷플릭스나 유튜브처럼 그야말로 방대하고 다양한 콘텐츠를 가지고 있다면 얘기가 다르다. 마치 뷔페처럼 소비자가 원하는 것만 취할 수 있으므로 이 역시 가능한 모델이라 생각하였다.

조성우 대표는 2021년 500억 투자 유치를 성공하여 화제를 모으기도 하였다. 산업은행은 의식주컴퍼니의 성장성과 모바일을 통한 혁신성을 높이 평가해 투 · 융자 복합 금융으로 300억원을 전격 투입한 것으로 전해졌다. "런드리고는 한국은 물론 글로벌 시장에서도 크게 성장할 수 있는 잠재력을 가지고 있어 이번 투자에도 망설임 없이 참여하게 됐다"라고 말했다. 조성우 의식주컴퍼니 대표는 "100% 오프라인에만 의존했던 세탁 산업을 런드리고만의 비대면 방식으로 코로나19 위기를 극복하면서 모바일 시장을 개척해 왔다"라며 "아직 모바일 세탁 산업이 극 초기 단계인 만큼 향후 대규모 인프라 투자를 통해 모바일 혁신을 주도하고 글로벌 진출에도 박차를 가할 계획"이라고 말했다.

조성우 대표가 여러 번의 창업을 시도하고 성공할 수 있었던 이유는 무엇이며, 창업 후 기업의 운영과 자금 조달 등에 어떠한 도움을 얻었는지 이 장에서 알아보자.

출처: "[스타트업]#1 빨래 혁신의 런드리고, 조성우 인터뷰", 조선일보, 2021.03.09; "모바일 앱으로 이루어낸 세탁 혁신 런드리고 조성우 대표, 월간 디자인, 2020.06.04; " 런드리고, 500억 투자 유치", 패션비즈, 2021.10.06

한국의 사례 2

한국중소벤처기업부(mss.go.kr): 중소/벤처기업 중심의 혁신성장 경제구조 전환

한국 중소벤처기업부는 체계적이고 효율적인 중소기업지원체계를 구축하고 중소기업의 경쟁력을 높이기 위해, 공업진흥청을 폐지하고 통산산업부의 중소기업국을 확대하여 1996년 2월 12일 개청하였다.

정부의 중소기업 지원 조직은 1960년 7월 1일 상공부 공업국 중소기업과로 출범하였으며, 그 후 중소기업국으로 확대(1968.7.24)된 이후 중앙행정기관으로 발전하였으며, 2017년 7월 26일 중소기업청을 개편하여 중소벤처기업본부로 발족되었다.

중소벤처기업본부의 설립 목적으로는 중소기업 지원체제 구축, 자금/인력/수출/판로확대 등 중소기업 성장지원, 중소기업정책의 기획종합, 중소기업 기술혁신, 중소기업 육성 및 창업활성화, 전통시장 등 소상공인 지원 등을 꼽을 수 있다.

중소벤처기업본부의 디지털경제로 전환하는 데 있어 중소기업 및 벤처기업의 육성 및 지원으로 3대 분야, 10대 정책 과제를 추진하고 있는데 이는 다음과 같다:

1. 디지털 경제로의 대전환, 스마트 대한민국
   - (중소기업)스마트 공장 고도화에 필요한 데이터 공유 · 활용
   - (스타트업 · 벤처)빅데이터 등을 활용한 경영혁신, 스마트 서비스
   - (소상인)4차 산업혁명 기술과 소상인의 연결, 스마트 상점
   - (소상인)제조공정에 디지털 기술을 도입, 스마트 공방
2. 디지털 경제의 중추, 혁신 기업 스케일업
   - (K-유니콘)글로벌 창업기업 육성을 위한 K-유니콘 프로젝트 추진
   - (브랜드 K)K-뷰티, K-푸드, K-POP 등 글로벌 브랜드 육성
   - (규제자유특구)세계 최초 규제자유특구를 통한 과감한 규제혁신
3. 디지털 경제의 밑거름, 상생과 공존
   - (대 · 중기 상생)자상한 기업 등 자발적인 연결을 통한 상생협력 확산
   - (소상공인)온라인 지원 등 소상공인과 함께하는 [가치삽시다] 추진
   - (상권)로컬크리에이터 활용 문화가 융합된 지역상권 · 전통시장 육성

등이 있으며, 중소기업의 금융, 인력, 창업지원, 기술 및 R&D, 판로 및 수출 모색, 1인 기업 상담 및 컨설팅 등 중소 및 벤처기업에 다양한 정책을 지원하고 있다.

특히나, 중소벤처기업부가 운영하는 '1357 중소기업 통합콜센터'는 정책자금, 연구개발(R&D), 창업, 소상공인 분야 등에 대한 기업의 어려움을 전화 한 번으로 해결해주는 창구역할로 특히 기관간 협업과 정보공유를 통해 수요자와 현장 중심의 맞춤형 서비스가 제공된다.

그동안 중앙정부와 지자체 등 30여개 기관이 1300여개의 중소기업 지원사업을 시행하고 있음에도 불구하고, 어떤 사업이 자신에게 필요하고, 또 어디에 문의해야 할지 몰라 지원받지 못하는 사례가 종종 있어왔다.

또한 기업애로 해소를 위해 도입된 콜센터조차도 부처 · 산하기관별로 분산 · 운영돼 중소기업 입장에서는 콜센터가 너무 많고 번호도 각각 달라 혼란스럽고, 원스톱 서비스를 제공받지 못하는 등 불편함이 있었다.

이에 중소벤처기업부 전신인 중소기업청은 2014년 기업들의 혼란과 불편을 해소하고자 1단

계로 산하 6개 콜센터를 '1357' 단일번호로 우선 통합해 119와 같은 '중소기업 애로지원 대표전화'로서의 기능을 강화했다.

이어 2단계로 타 부처 중기관련 콜센터와도 협력해 FTA, 출연연, 금융, 인증분야 등 9개 콜센터를 1357 중소기업 통합콜센터와 연계해 원스톱 종합상담서비스로 제공하고 있다.

2021년에도 중소벤처기업이 중장기 기술개발 전략을 기반으로 연속적이고 안정적인 기술개발을 수행할 수 있도록 신규 도입한 지원 사업이 있다. 그동안 중소기업 기술개발지원사업은 기업 성장과 기술기반 구축에는 기여했으나 대부분 2년 이내 단기로 중장기 기술개발 전략에 맞춘 미래 먹거리 창출 지원에는 한계가 있었다. 이에 중기부는 중소벤처기업이 자신의 중장기 제품과 서비스 로드맵을 기반으로 단계별 개발전략에 맞춰 기술개발을 수행할 수 있도록 신규로 2개 사업을 연계해 연속 지원받을 수 있도록 했다. 이 정책 자금의 지원 역시 중소기업 통합콜센터 1357에서 가능하다.

창업을 고려하고 있거나 중소기업 운영에 어려움을 어디서 해결할지 모르는 상황이라면 이러한 서비스를 활용하여 필요한 도움 및 지원을 받을 수 있다.

출처: 중소벤처기업본부(www.mss.go.kr); 대한민국 정책브리핑(www.korea.kr); "기술 개발하는 중소기업, 최대 7년간 32억원 대준다", 머니투데이, 2021.06.17.

참조

1. Daniel Priestley, "Are Successful Entrepreneurs Born or Made? Both," Forbes, February 11, 2019; Alejandro Cremades, "How to Start a Business," Forbes, February 13, 2019; Matt D'Angelo, "101 Reasons Being an Entrepreneur Rocks," Business News Daily, businessnewsdaily.com, January 3, 2019.
2. "10 Traits All Successful Entrepreneurs Share," Entrepreneur, entrepreneur.com, accessed October 2019; "Five Qualities of Successful Entrepreneurs," Entrepreneur, entrepreneur.com, accessed October 2019; Stephen Barnes, "Attributes of a Successful Entrepreneur," CEO, theceomagazine.com, July 30, 2019.
3. "The World's Billionaires," Forbes, forbes.com, accessed October 2019.
4. Entrepreneurial Potential Self-Assessment, bdc.ca, accessed October 2019.
5. 3M, 3M.com, accessed October 2019.
6. Jordan Daykin, "Intrapreneurships," Forbes, January 8, 2019; "The Intrapreneur," Investopedia, investopedia. com, accessed October 2019.
7. Small Business Administration, sba.gov, accessed October 2019.
8. U.S. Census Bureau, census.gov, accessed October 2019; Anita Campbell, "69 Percent of U.S. Entrepreneurs Start Their Businesses at Home," Small Business Trends, smallbiztrends.com, April 25, 2019.
9. Fareeha Ali, "US Ecommerce Sales Grow 15.0% in 2018," Digital Commerce 360, February 28, 2019.
10. Throw Things, throwthings.com, accessed October 2019.
11. Allen Moon, "How to Start a Business Online," Entrepreneur, entrepreneur.com, accessed October 2019.
12. Stuart Anderson, "Bill Aims to End Decades-Long Waits for High-Skilled

1Immigrants," Forbes, February 15, 2019; Andy J. Semotiuk, "New Rule Raises U.S. Immigrant Investor Requirement to $900,000," Forbes, forbes.com, July 24, 2019.

13. U.S. Department of Housing and Urban Development, hud.gov, accessed October 2019.
14. U.S. Securities and Exchange Commission, sec.gov, accessed October 2019.
15. International Business Innovation Association, inbia.org, accessed October 2019.
16. Salus Center Kitchen, slu.edu, accessed October 2019.
17. Self-Employment Assistance Center, sea.workforcegps. org, accessed October 2019.
18. Startup America Partnership, startupamericapartnership. org, accessed October 2019.
19. Small Business Administration, sba.gov, accessed October 2019; U.S. Census Bureau, census.gov, accessed October 2019; Chamber of Commerce, chamberofcommerce.org, accessed October 2019.
20. Small Business Administration, sba.gov, accessed October 2019.
21. Small Business Administration, sba.gov, accessed October 2019; U.S. Census Bureau, census.gov, accessed October 2019.
22. Marc Ferris, "Arianna Huffington Speaks at Sarah Lawrence Commencement: 'Failure Is Not the Opposite of Success, It Is the Stepping Stone to Success,' " Huffington Post, May 20, 2011; Marissa Muller and Jane Burnett, "Failure Is Part of Success, Especially for Women," Thrive Global, thriveglobal.com, February 26, 2019.
23. Ranford Neo, The Instant Entrepreneur (Singapore: Partridge, October 9, 2014).
24. "2019 Best Undergraduate Entrepreneurship Programs," U.S. News & World Report, usnews.com, accessed October 2019.
25. Jeremy Harbour, "Now Is the Perfect Time to Buy a Business. Here's Why," Forbes, February 19, 2019.
26. Michael Guta, "Number of Businesses Bought and Sold Hit Record Level in 2018," Small Business Trends, January 27, 2019; Jeremy Harbour, "Now Is the Perfect Time to Buy a Business. Here's Why," Forbes, February 19, 2019.
27. Tim Berry, "Updating Your Business Plan," Entrepreneur, entrepreneur.com, accessed October 2019.
28. "10 Ways to Finance Your Business," Inc., accessed February 2019; Jackie Zimmerman, "Small-Business Grants: Where to Find Free Money," NerdWallet, January 10, 2018.
29. Small Business Administration, sba.gov, accessed October 2019.
30. Rohit Arora, "The Best Places to Get a Small Business Loan in 2019," Forbes, forbes.com, October 10, 2019.
31. Amber Murakami-Fester, "What Are Community Development Financial Institutions?," NerdWallet, August 13, 2018; "CDFI Program," cdfifund.gov,

accessed December 2019.

32. Community Development Financial Institutions Fund, cdfifund.gov, accessed October 2019.
33. Alejandro Cremadas, "Venture Capital vs. Private Equity: Understanding the Difference," Forbes, February 14, 2019; Bret Swanson, "US Venture Capital Set Records in 2018," American Enterprise Institute, January 28, 2019.
34. AngelList, angel.co, accessed October 2019.
35. Small Business Administration, sba.gov, accessed October 2019.
36. Drew Hendricks, "Why It's Important for Businesses to Respond Quickly to Feedback," Small Business Trends, smallbiztrends.com, February 12, 2019.
37. Jim Schleckser, "When You Get the Sale, Stop Talking," Inc., January 22, 2019.
38. Deborah Sweeney, "The Secret to Keeping Your Best Employees," Forbes, forbes.com, February 27, 2019.
39. Service Corps of Retired Executives, score.org, accessed October 2019.
40. Gateway Wellness Associates, gwa-stl.com, accessed October 2019.
41. "World Population Clock," U.S. Census Bureau, census. gov, accessed October 2019.
42. National Small Business Association, nsba.biz, accessed October 2019.
43. Global Gumball, globalgumball.com, accessed March 2019.
44. Small Business Administration, sba.gov, accessed October 2019.

PART 3

비즈니스 관리: 고객만족을 위한 종업원 권한위임

관리와 리더십

학 습 목 표  이 장을 학습한 후에 다음 질문에 답할 수 있어야 한다.

6-1 오늘날 비즈니스에서 관리 기능이 변화하는 양상에 대하여 설명할 수 있다.

6-2 관리의 네 가지 기능에 대하여 설명할 수 있다.

6-3 회사의 목표를 달성하기 위한 계획 절차와 의사결정 과정에 대하여 설명할 수 있다.

6-4 조직화 기능에 대하여 설명할 수 있다.

6-5 리더와 관리자의 차이, 다양한 리더십 유형에 대하여 설명할 수 있다.

6-6 관리에서 통제 기능의 다섯 단계에 대해서 설명할 수 있다.

U.S. Beauty at Johnson & Johnson의 사장 미셸 프레이어(Michelle Freyre)에 대해 알아보자

어떤 리더든 높은 위험을 감수하는 결정을 내려야 할 때가 종종 있다. 존슨 앤 존슨(Johnson & Johnson)의 미국 뷰티 사업부 사장인 미셸 프레이어(Michelle Freyre)의 경우, 그녀의 커리어는 불확실하지만 인생에 대한 중차대한 결정들로 이어져 왔다.

그 시작은 그녀가 청소년이었을 무렵, 예일 대학에 합격했다는 소식을 들었을 때부터 였다. 예일에 가는 것은 그녀의 오랜 꿈이었지만, 고향인 푸에르토리코를 떠나 추운 뉴잉글랜드로 가야한다는 사실이 두려웠다.

다행히도 프레이어의 가족들은 그녀가 처한 상황을 정확히 이해하고 있었다. 그녀의 쿠바인 아버지와 도미니카공화국 출신의 어머니는 모두 젊은 나이에 새로운 곳에서 더 나은 기회를 찾기 위해 집을 떠나온 사람들이었다. 두 사람은 프레이어에게 꿈을 이루기 위해서는 가능한 한 최고 수준의 교육을 받아야 한다고 가르쳤다. 그녀의 아버지는 프레이어가 10살이 되었을 때부터 대수학(algebra)를 가르치며 산술이 게임처럼 느껴지도록 교육했다. "아버지는 경제학 교수셨기 때문에 제가 어릴 때부터 수학을 놀이처럼 대하면서 재미와 창의성을 찾도록 도와주셨다"고 그녀는 말했다. 부모님의 확고한 기준을 마음에 품고 그녀는 마침내 예일 대학이 위치한 미국의 북동쪽으로 향하는 비행기에 올랐다.

그녀의 모험은 그만한 가치가 있었다. 프레이어는 예일에서 경제학사를 취득했고 졸업 직후 취직을 택했다. 그녀의 꿈은 하버드 경영대학원(Harvard Business School)에 입학하는 것이었지만 그녀 스스로 경영대학원 지원을 위해서는 직무 경험이 먼저 필요하다는 것을 알고 있었기 때문이다. 그래서 그녀는 기업의 세계로 뛰어들었고, 커뮤니케이션과 팀워크, 경영인으로서의 하루 일과와 그 중요성을 배웠다. 그리고 또 한 번 프레이어의 통찰력이 빛을 발했다. 3년 뒤 그녀는 하버드에 입학해서 학업을 이어나가게 되었다. 경영전문대학원(MBA) 과정을 마치고 학위를 취득한 후, 펩시코(PepsiCo)에서 일하면서 마케팅과 브랜드 관리에 관한 기초를 쌓았다. 1999년에는 뉴트로지나에 브랜드 매니저로 합류하게 되었는데 이것이 그녀의 커리어에 큰 발판이 되어주었다.

몇 년 동안 마케팅 부서에서 일하면서도 프레이어는 궁극적으로 뉴트로지나를 이끄는 주역이 되기를 원했다. 그녀의 멘토에게 이 계획을 이야기하자, 그는 그녀에게 사업 전체를 관리하기 위해서는 비즈니스의 다른 분야들에 대해서도 배울 필요가 있다고 조언해주었다. 그러므로 마케팅 부서에 계속 머무르는 것보다는 과감하게 영업 쪽 직무에 도전해보라는 것이었다. 프레이어는 "처음 들었던 생각은 '영업은 너무 상술적'이지만 1년만 해보자는 생각으로 도전했는데 결국 이 분야와 사랑에 빠졌죠," 라고 밝혔다. "결국 저는 8년 동안 영업 쪽에서 일하게 되었고, 좀 더 많은 것을 아우를 수 있는 균형 잡힌 리더의 모습으로 제 커리어를 한 단계 성장시킬 수 있었어요." 영업 부서로 옮기면서 그녀는 뉴트로지나의 총괄 매니저로 승진하기 위해 필요했던 경험들을 쌓을 수 있었다.

세계 최고의 뷰티 브랜드의 수장으로서 그녀는 '다양성'을 근무 현장과 기업의 마케팅 캠페인 모두에서 최우선순위로 삼았다. "다양한 문화적 배경과 경험, 관점을 포용하는 문화를 조성하는 것은 개인의 직업적 성공과 기업 경영의 성공 양 쪽에 정말 중요해요." 라고 그녀는 말한다.

뉴트로지나를 이끈지 3년, 2016년에 프레이어는 승진 기회를 얻어 존슨 앤 존슨의 미국 뷰티 사업부 전체를 담당하게 되었다. 아비노(Aveeno), 루브리덤(Lubriderm), 그리고 당연히 뉴트로지나(Neutrogena)와 같은 주요 브랜드의 관리와 더불어 부하 직원들에게 그녀 자신이 이 자리에 오기까지 받았던 혜택을 똑같이 베풀고자 노력한다. "저는 구성원 모두가 제가 그들의 뒤를 든든히 받쳐주고 있다고 생각하길 바래요. 그럴 때 자신의 최선을 끌어낼 수 있거든요."

이번 장은 전적으로 리더십과 관리에 대한 내용을 다룬다. 이번 장을 학습하면 이른바 공유 리더십(Shared Leadership)이란 것이 생각보다 훨씬 더 대중적으로 널리 활용되고 있다는 점과 관리의 기능은 물론 관리가 어떻게 리더십과 구분될 수 있는지에 대해 배우게 될 것이다. 결론적으로 이번 장은 리더와 매니저들이 어떠한 일들을, 어떻게 하는지에 대한 깊은 통찰을 제시한다.

출처: "Michelle Freyre," The Alumni Society, accessed March 2019; Alexandra Talty, "The Purposeful Risk Taker at the Helm of Neutrogena," Hispanic Executive, April 27, 2016; Daniela Herrera, "Meet the Latina Exec Changing the Face of Corporate America," People, April 21, 2017; Ruth E. Dávila, "A Fresh Take on Beauty & Skincare," Hispanic Executive, May 1, 2018; "Michelle Freyre," Network of Executive Women, newonline.org, accessed October 2019.

몇 년 전, 이 회사의 창립 멤버 중 한 명이 CEO, 이사회와 제품에 관해 갈등을 빚고 회사를 떠났다. 그는 넥스트(NeXT)라는 이름의 컴퓨터 플랫폼 회사와 나중에 픽사(Pixar)가 된 컴퓨터 그래픽 회사를 창립했다. 이후 넥스트가 이 회사에 인수되자, 그는 원래의 회사로 돌아와 최고경영자(CEO) 자리에 올랐다. 이 회사의 이름은 무엇인가? (이 장에서 답을 찾아보라)

학습목표 6-1 오늘날 비즈니스에서 관리 기능이 변화하는 양상에 대하여 설명할 수 있다.

진화하는 경영자의 역할

경영자들은 직원, 재무자원, 정보, 장비 등의 자원을 이용하여 목표를 완수해내는 역할을 담당한다. 과거에는 경영자들이 '상사(boss)'로 불렸다. 이들의 역할은 다른 사람들이 무엇을 할지 지시하고, 그들이 할당된 역할을 제대로 수행하는지 감시하며, 그렇지 않은 직원들을 징계하는 역할로 구성되었다. 많은 경영자들은 아직도 자기 역할이 그러한 것이라고 믿는다. 여러분 역시 이러한 행동을 목격했을 것이다. 또 많은 코치들은 여전히 이러한 방식을 따른다.

그러나 오늘날의 경영자들은 더 협력적이다. 그들은 팀과 팀워크 수립을 강조한다. 그들은 직원들이 아이디어나 불만이 있을 때 이를 담당할 제도를 수립하고, 팀의 공간과 개방된 업무 공간을 마련한다. 업무의 정의를 '정해진 시간 및 정해진 공간에서 수행하는 일'로부터 '어느 시간, 어느 장소에서든 하는 일'로 바꿀 수도 있다. 직원들이 할 일을 그저 편달하기보다 직원들의 방향을 잡아주고 훈련시키고 지원하며 동기를 부여하고 지도한다. 따라서 많은 현대의 경영자들은 훈육과 지시 편달보다는 팀워크와 협력을 강조한다.

오늘날, 구글이나 애플 같은 하이테크 기업의 직원들은 경영자들보다 기술에 대해 더

오늘날의 경영자들은 직원들에게 정확히 무엇을 할지 명령하는 대신에, 직원들이 어떻게 고객들을 만족하게 할지에 대해 정보에 입각해 스스로 의사결정을 내릴 수 있도록 충분한 독립성을 준다. 이러한 업무상 권한확대에 대해 직원들은 어떻게 반응할 것으로 예상되는가?

많이 안다. 이에 따라 초창기 구글은 매니저 없이 팀을 운영하였다. 하지만 구글은 얼마 지나지 않아 전략에 대해 소통하고 직원들에게 프로젝트의 우선순위를 정립해주고 협력을 촉진하며 업무의 프로세스와 시스템을 조직의 목표와 일치화하기 위해 매니저가 꼭 필요하다는 것을 깨닫게 되었다.[2]

이러한 변화가 의미하는 바는 관리에 새로운 유형의 사람이 필요할 것이라는 점이다. 의사소통에 능숙하고 팀 플레이어인 동시에 계획자, 조직자, 동기부여자, 리더의 임무를 수행할 수 있는 사람이다.[3] 이후의 장에서는 이러한 트렌드에 대해 살펴봄으로써, 관리 직종이 여러분의 커리어에 맞는지를 확인할 수 있는 기회를 제공할 것이다. 다음 목표에서는, 관리란 무엇인지 그리고 관리자가 수행해야 할 기능에는 어떤 것이 있는지 논할 것이다.

학습목표 6-2 관리의 네 가지 기능에 대하여 설명할 수 있다.

관리의 네 가지 기능

관리(management)에 대한 다음의 정의는 이 장의 개요가 된다고 할 수 있다. 관리란 계획, 조직화, 지휘, 조직 내의 사람과 자원의 통제를 통해 목표를 달성하기 위한 절차를 의미한다(그림 6.1 참조).

계획(planning)은 미래의 트렌드를 예측하고 조직의 목표를 달성하기 위해 최선의 전

관리
조직 내의 사람과 자원의 계획, 조직화, 지휘, 통제를 통해 목표를 달성하기 위한 절차

계획
미래의 추세에 대해 예측하고 조직의 목표를 달성하기 위한 최선의 전략과 전술을 결정하는 과정

계획(Planning)
- 조직 목표 설정
- 목표 달성을 위한 전략 개발
- 필요한 자원 결정
- 정확한 기준 설정

지휘(Leading)
- 효과적으로 조직 목표를 달성하기 위해 종업원들을 인도하고 동기를 부여
- 업무 할당
- 절차의 설명
- 정책의 명확화
- 성과에 대한 평가

조직화(Organizing)
- 자원의 배분, 업무의 할당, 목표 달성을 위한 절차의 구축
- 권한과 책임을 표시하는 조직 구조(조직도) 설정
- 리크루팅(recruting), 선발, 훈련, 직원 역량 개발
- 적소에 인재 배치

통제(Controlling)
- 기업 목표 대비 결과의 측정
- 기준 대비 성과의 감독
- 성과에 대한 보상
- 필요한 경우 조정의 역할 수행

그림 6.1 관리자들이 하는 일
현대의 관리자들은 종업원들의 참여와 협조를 바탕으로 업무를 수행한다. 종업원들에게 권한을 위임한다는 것은 종업원들이 더 적극적으로 의사결정 과정에 참여하도록 하는 것을 의미한다.

계획은 경영자들이 자신의 기업을 둘러싼 상황을 이해하도록 돕는다. 고객들의 음식 취향이나 선호도가 바뀔 때, 음식 서비스를 제공하는 경영자들은 메뉴의 대안을 제공할 준비가 되어 있어야 한다. 여러분의 취향에서 나타난 변화는 무엇인가?

략과 전술을 결정하는 과정이다. 여기서 말하는 조직의 목표 중 대표적인 것은 고객 만족이다. 최근 트렌드는 기업 환경 분석, 사업 기회 탐색, 예상되는 위협 요인들 파악의 역할을 수행하는 계획 팀을 운영하는 것이다. 기업 경영과 관련된 다른 모든 기능들이 훌륭한 계획에 의해 결정된다는 점에서, 계획은 가장 핵심적인 관리 기능이다.

조직화
조직의 구조를 설계하고 모든 요소가 목표 달성을 위해 함께 작동하는 어떤 체계를 구축하는 과정

조직화(organizing)란 조직의 구조를 설계하는 것이며 모든 요소가 목표 달성을 위해 함께 작동하는 체계를 구축하는 과정이다. 오늘날의 많은 조직은 고객을 중심으로 설계되어 있다. 핵심 아이디어는 이익을 확보하면서 모든 직원이 고객 만족을 위해 일하는 기업을 만들자는 것이다. 그런데 고객의 요구는 변화하게 마련이다. 생존을 위해서는 조직 역시 그러한 고객의 요구 변화에 맞추어 변화해야 하므로 조직은 반드시 유연하고 적응이 가능한 상태를 유지해야 한다. 2017년, 아마존(Amazon)이 홀 푸즈 마켓(Whole Foods Market)을 인수했을 때 아마존은 홀 푸즈의 운영에 대해 조직적 차원의 분석을 진행했고, 이것은 회사 전체에 변화를 가지고 왔다. 예를 들어, 홀 푸즈는 당시 밀레니얼 세대를 겨냥해 저렴한 가격, 기술, 그리고 소셜 미디어 통합에 중점을 두면서 저가형 매장(365라는 이름의)을 새롭게 선보이던 때였다.[4] 심도 있는 조직적 차원의 분석을 거친 후, 아마존은 홀 푸즈가 저가형 전략을 지속할 필요가 없다는 결정을 내렸다. 대신 아마존은 기술과 소셜 미디어 통합을 홀 푸즈 마켓 전체에 적용, 아마존 프라임 나우(Amazon Prime Now) 식료품 배송 서비스에 포함시키기로 결정했다.

지휘
비전을 수립하고 조직 목표를 더 효과적으로 달성하기 위해 의사소통, 안내, 훈련, 지도하거나 의욕을 고취하는 행동

지휘(leading)는 비전을 수립하고, 조직 목표를 더 효과적으로 달성하기 위해 의사소통, 안내, 훈련, 지도하거나 의욕을 고취하는 행동이다. 최근의 트렌드는 직원들에게 더 많은 권한과 동기를 부여하여 스스로 방향을 결정할 수 있도록 자유를 허용한다. 이러한 기능은 한때 지시라는 개념으로 불렸는데, 이는 직원들에게 무엇을 해야 하는지를 직접적으로 정확하게 말해주는 것을 의미한다. 대부분의 작은 기업에서는 여전히 경영자의 역할이 지시에 머물러 있다. 그러나 대부분의 큰 기업의 경영자들은 더는 직원들에게 무엇을 해야 한다고 직접 이야기하지 않는다. 지식 근로자들이나 다른 직원들이 종종 효과적인 업무를 위해 필요한 내용을 경영자보다 더 잘 알고 있기 때문이다. 그러나 적시에 직원들을 업무에 집중시키기 위한 리더십은 필수적이다.

통제(controlling)는 조직이 목표에 다가가고 있는지 확인하기 위해 명확한 기준을 설정하고, 직원들의 성공적인 직무 수행에 대해 보상하며, 그렇지 않을 경우 일을 바로잡기 위한 행동 등을 포괄하는 개념이다. 기본적으로 통제는 실제로 벌어지고 있는 일들이 조직의 목표와 부합하는지를 확인하는 과정이라고 할 수 있다.

통제
조직이 목표에 근접하고 있는지를 확인하기 위한 명확한 기준을 설정하고, 종업원들의 성공적인 직무 수행에 대해 보상하며, 그렇지 않은 경우 일을 바로잡기 위한 행동 등을 포괄하는 개념

이상의 네 가지 기능(계획, 조직화, 지휘, 통제)은 관리의 핵심이다. 앞으로 이에 대해 더 자세히 살펴볼 것이다. 시험 준비 후에 계획에 대해 더 상세히 알아보자.

시험 준비

- 오늘날의 관리에서 나타나는 변화는 무엇인가?
- 이 장에서 설명한 관리는 어떻게 정의되는가?
- 관리의 네 가지 기능은 무엇인가?

학습목표 6-3 회사의 목표를 달성하기 위한 계획 절차와 의사결정 과정에 대하여 설명할 수 있다.

계획과 의사결정

첫 번째 관리 기능인 계획은 조직의 비전, 목적, 목표를 수립하는 과정을 일컫는다. 기업 중역들은 계획을 가장 가치 있는 일로 여긴다. **비전**(vision)이란 목표 이상의 것으로, 조직의 존립 이유와 목표에 대해 전반적으로 기술한 것이다. 비전은 목표 의식을 부여하며 공동 운명체인 직원들을 조직과 하나로 이어주는 가치를 부여한다. 비전이 수립되지 않은 상태에서 조직을 관리하는 경우에는 높은 생산성을 달성할 수 없다. 비전을 수립한다는 것은 배 안에 있는 사람들에게 구체적인 목적지를 알려주고 그들의 의욕을 고취시키는 행동과 마찬가지기 때문이다. 따라서 이렇게 동기 부여된 사람들에 의해 운항하는 배는 계속 방향을 바꾸어가며 목적지를 향하게 된다.

비전
조직의 존립 이유와 목표에 대한 전반적인 기술

최고경영진은 보통 조직의 비전을 수립하고 회사 내부의 다른 이들과 함께 **사명 선언**(mission statement)을 구체화하는 데 참여한다. 의미 있는 사명 선언은 조직의 기본목표에 관한 다음 사항들을 다루고 있어야 한다.

사명 선언
조직의 근본적인 목표에 대한 개괄

- 이미지
- 철학과 목표
- 장기적인 번영
- 고객의 요구
- 사회적 책임
- 제공하는 제품이나 서비스의 본질

사명 선언은 목표를 구체화하고 직원들을 선발 및 동기 부여하는 근간이 된다. **장기 목표**(goals)란 포괄적이고 장기적인 관점에서 조직이 달성하고자 하는 것들을 의미한다. 장기 목표는 직원과 경영진에 의해 서로 합의된 것이어야 하며, 따라서 장기 목표의 설정 과정은 팀에 의해 이루어진다. **단기 목표**(objectives)란 조직의 목표를 달성하기 위

장기 목표
더 포괄적이고 장기적인 관점에서 조직이 달성하고자 하는 것들

단기 목표
조직의 목표를 달성하려는 방법을 구체적으로 다루는 더 세분된 단기적인 기술

그림 6.2 SWOT 매트릭스

이 매트릭스는 조직이 SWOT 분석 시에 고려할 수 있는 잠재적 강점과 약점, 기회와 위협 요인들에 대해 보여주고 있다.

잠재적 내부 강점	잠재적 내부 약점
• 핵심 분야에서의 핵심 역량 • 시장 선도자 지위 • 훌륭한 기능별 전략 • 검증된 경영진 • 비용 우위 • 우수한 광고	• 불명확한 전략적 방향 • 구식 설비 • 평균 이하의 수익성 • 경영진의 깊이와 역량의 부재 • 시장에서의 약한 지위 • 제품 라인의 협소함
잠재적 외부 기회	**잠재적 외부 위협**
• 추가 고객군을 유치할 수 있는 역량 • 제품 라인의 확장 • 신제품에 기술을 이전할 수 있는 역량 • 매력적인 해외시장에서 낮아지고 있는 무역장벽 • 경쟁업체들의 자기만족 • 시장 수요 증가에 따른 성장 가능성	• 저비용으로 무장한 외국 경쟁업체의 진입 • 대체재 판매의 증가 • 시장 성장의 둔화 • 규제 요건을 충족시키기 위한 비용 • 불황이나 경기에 취약 • 소비자의 요구와 기호의 변화

한 방법에 대해 구체적으로 다루는 더 세분된 단기적인 계획이다. 일례로 이 장의 목표는 관리의 기본 개념을 익히는 것인데, 이 목표를 달성하기 위해 여러분이 설정할 수 있는 단기 목표는 이 장에 나오는 시험 준비 문제에 정확하게 답하는 것이라고 할 수 있다.

과거에 성공적이었던 계획이더라도 현재 시장 상황에는 적합하지 않을 수 있으므로 계획은 지속해서 이루어져야 한다. 대부분 계획은 일정한 양상으로 나타난다. 여러분 자신의 인생이나 경력 계획을 세우는 과정과 기업들이 계획을 수립하는 과정은 근본적으로 같다. 계획은 근본적인 질문에 대한 해답을 제시한다.

1. 현재 상황은 어떠한가? 산업에 참여하고 있는 기업들의 성공요소는 무엇이며 이것을 어떻게 비교할 것인가? 경제 및 기타 환경은 어떤 상태인가? 대중의 요구를 만족하게 할 수 있는 기회에는 어떤 것들이 있는가? 어떤 제품을 생산하고 어떤 고객을 대상으로 삼는 것이 가장 이상적인가? 사람들은 왜 우리의 제품을 구입하는가? 우리의 주요 경쟁 상대는 누구인가? 경쟁 상대들이 우리의 사업에 미치는 위협은

그림 6.3 계획의 기능

다수의 기업들은 상황 대응 계획을 마련해놓지 않는다. 상황 대응 계획이 없으면 무엇인가에 의해 시장에 변화가 감지되는 경우 신속하게 대처할 수 없다. 대부분 조직은 전략적 계획, 전술적 계획, 운영 계획을 세운다.

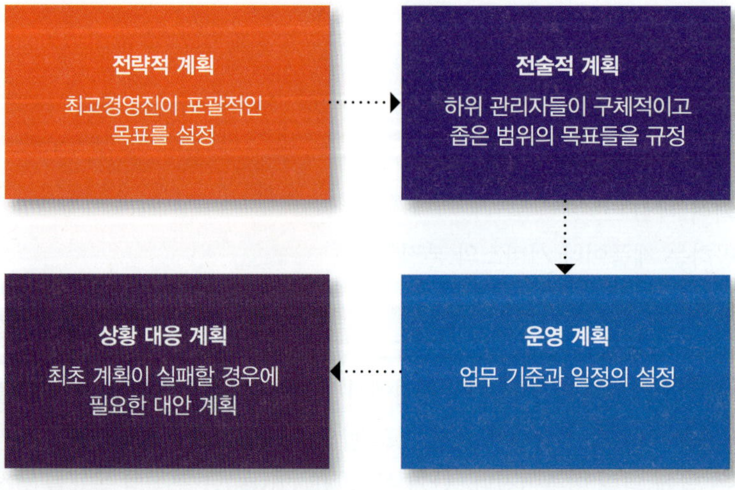

어떤 것들이 있는가? 이러한 문제는 조직의 강점(strengths), 약점(weaknesses), 기회(opportunities), 위협(threats) 요인들에 대해 파악하는 **SWOT 분석(SWOT analysis)**의 일부이다. 회사는 일반적인 기업 환경에 대한 분석과 함께 이러한 과정을 수행한다. 자신의 강점과 약점에 대해 규명하고 이를 바탕으로 기회 요인과 위협 요인을 파악한다.[5] 이러한 요인들은 종종 기업 외부에서 발생하기 때문에 사전에 예측하는 것이 불가능할 수도 있다.

SWOT 분석
조직의 강점, 약점, 기회, 위협 요인들을 분석하는 계획 도구

물론, 기업의 약점과 강점은 기업의 내부에 있는 경우가 더 많으며 이에 따라 기업에 의해 측정되어 관리될 수 있다. 그림 6.2는 기업에서 SWOT 분석을 수행할 때에 다루어질 만한 주제에 대해 나열하고 있다. 산업에 영향을 미치는 외부적 성공 요인에는 무엇이 있는가? 어떻게 타 경쟁사들을 따라잡을 것인가? 사회적 책임을 위한 우리의 목표는 무엇인가? 개인적 성장을 위한 우리의 목표는 무엇인가? 불황에도 살아남아 성장을 지속하기 위한 전략은 무엇인가? SWOT 분석에 대한 더 많은 연습을 위해서 이 장 마지막의 원리를 실제로 적용해 보기를 참고하기 바란다.

2. 현 상태로 목표를 달성할 방법은 무엇인가? 이것이 계획에 있어 가장 중요한 부분이다. 이는 전략적, 전술적, 운영, 상황 대응 계획이라는 네 가지 형태로 나타난다(그림 6.3 참조).

전략적 계획(strategic planning)은 조직의 주요 목표를 설정하는 것이다. 전략적 계획을 통해 목표를 달성하기 위해 활용될 정책, 절차에 대한 기반을 마련하고 이를 위한 자원을 확보하고 활용할 전략이 제시된다. 이러한 정의에 따르면, 정책이란 조직 행동을 이끄는 하나의 포괄적인 지침이고, 전략은 자원을 가장 효과적으로 활용하는 방법을 결정하는 단계라고 할 수 있다. 전략적 계획 단계에서 기업은 어떤 고객을 대상으로 삼을지, 어떤 제품이나 서비스를 제공할지, 또 어떤 지역에서 사업을 펼칠지에 대해 결정한다. 타코벨(Taco Bell)을 예로 들어보자. 타코벨은 경제 불황이 닥쳤음을 인지하고 낮은 가격의 치즈롤이나 빈 브리또 등의 '가치 메뉴(Value Menu)'를 출시하였다. 또한 야식을 선호하는 고객들을 위해 저칼로리 저지방 메뉴인 프레스코(Fresco) 상품들도 도입하였다. 반면 비디오 대여회사 블록버스터(Blockbuster)는 동영상 스트리밍이라는 기술을 가지고 창업한 넷플릭스(Netflix) 및 훌루(Hulu)와의 경쟁에서 적절한 계획을 수립하지 못했고 결과적으로 역사의 뒤안길로 사라지게 되었다.

전략적 계획
조직의 주요 목표를 정하고, 목표 달성을 위해 필요한 자원을 확보하고, 이를 활용하기 위한 정책과 전략을 설정하는 과정

급속도로 변화하는 오늘날의 환경 때문에 전략적 계획이 더 어려워졌다. 변화가 너무 빠른 속도로 이루어지는 탓에 단기적인 계획이라고 할지라도 순식간에 구식이 되어버리기 때문이다. 예를 들어, 놀이공원 식스 플래그(Six Flags)가 몇 년 전 휘발윳값이 갤런당 1~2달러에서 4달러 이상으로 뛰어올랐을 때와 다시 떨어졌을 때 계획을 어떻게 변경해야 했을지 생각해보라.

전략적 계획을 담당하는 것은 기업의 최고경영진들이지만, 이들이 직원들의 의견에 귀를 기울이는 것이 중요한데, 그 이유는 직원들이 최고의 전략적 통찰력을 갖고 있기 때문이다. 기업 전략에 대한 자신의 생각이 무시당했던 직원이 최후에 웃는 자가 되기도 한다. 예를 들어, 스티브 잡스(Steve Jobs)는 생전에 회사의 CEO, 이사회와 제품개발

변화에 적응하기

전략 로봇은 관리자를 대체할 것인가?

어떤 기계들은 게임에서 인간을 이길 수 있을 뿐만 아니라, 암 치료제와 당뇨병 치료법을 추천하고, 상품을 제조하고, 보험계약과 은행신용 결정을 내리고, 그 밖의 많은 일들을 해낼 수 있다. 하지만 기계가 전략적인 계획을 세울 수 있을까? 직접 운전하고자 하는 의지가 줄어들고, 우버(Uber)나 리프트(Lyft)와 같은 승차 서비스가 인기를 끌고, 자율주행차가 미래에 등장할 가능성이 높아짐에 따라 자동차 회사가 과연 무엇을 해야 하는지에 대한 큰 전략적 계획을 세울 수 있는 로봇은 없을까? 로봇들은 아직 "큰 그림"을 그릴 준비가 되지 않았지만, 전문가들은 로봇의 시대가 곧 올지도 모른다고 말한다.

사실, 이제 일부 컴퓨터들은 더 구체적인 전략적 사안들을 처리할 수 있다. 예를 들어 IBM은 잠재적인 취득 목표(acquisition targets)를 평가하기 위해 인간의 판단에 의존하기보다는 알고리즘을 사용한다. 넷플릭스(Netflix)는 자사의 영화 추천 기능과 향후 어떤 프로그램을 만들 것인지 결정하는 데 데이터를 분석하고, 아마존(Amazon)은 21개의 데이터 시스템을 사용하여 공급망을 최적화하고, 재고량과 매출을 예측하고, 수익을 최적화하며, 소비자에 구매를 추천한다. 모든 시스템은 서로 그리고 전략 담당자와 긴밀하게 통합되어 있다.

물론 인간은 여전히 기계의 진화를 위해 실험을 설계하고 데이터 경로를 검토하는 데 중요한 역할을 하고 있다. 현재로서는 전략 전문가만이 할 수 있는 수준의 사고와 추론이 남아 있다. 이처럼 전략적으로 생각하는 능력은 인간과 기계가 전략적으로 협업하는 시대 흐름에 따라 점점 더 그 가치를 인정받을 것이다.

출처: Nicholas D. Evans, "Navigating Artificial Intelligence Strategy in Your Industry," CIO, cio.com, April 17, 2018; Tom Simonite, "A Poker–Playing Robot Goes to Work at the Pentagon," Wired, January 16, 2019; Jeanne Meister, "The Future of Work; Humans + Gigs + Robots Are the New Blended Workforce," Forbes, March 14, 2019; Mark Levinson, "'The Globotics Upheaval' Review: When the Robot Gets an Office," The Wall Street Journal,March 3, 2019.

문제로 다툰 후 자신이 창립의 주축이었던 애플(Apple)을 떠나야 했다. 애플을 떠난 잡스는 컴퓨터 플랫폼 개발 회사인 넥스트(NeXT)를 세웠고, 이후에는 픽사(Pixar)의 전신인 루카스필름(Lucasfilm)의 컴퓨터 그래픽 사업부를 인수했다.[6] 1996년에 애플이 넥스트를 사들이자, 잡스는 원래의 회사로 돌아오게 되었다. 1년 뒤 그는 CEO 자리에 올랐고, 이후 애플이 지금의 세계적인 기업으로 발돋움하도록 이끌었다.

따라서 기업들은 고객의 요구에 더 즉각적으로 반응할 수 있는 계획들을 수립하기 시작하였다. 이러한 계획의 궁극적인 목표는 시장에 더 유연하게 반응하는 것이다. '변화에 적응하기' 글상자에서는 기업의 일부 매니저들이 전략적 계획을 세우기 위해 로봇과 협력하는 모습을 소개하고 있기도 하다.

전술적 계획

무엇을 해야 하고, 누가 할 것이며, 어떤 방식으로 진행할 것인지에 대한 구체적이고 단기 지향적인 지침을 개발하는 과정

전술적 계획(tactical planning)은 무엇을 해야 하고, 누가 할 것이며, 어떤 방식으로 진행할 것인지에 대한 구체적이고 단기 지향적인 지침을 개발하는 과정이다. 전략적 계획은 주로 기업의 최고경영진(조직의 사장과 부사장급)에 의해 이루어지지만, 전술적 계획은 대체로 하위 경영자나 하위 경영자 집단에 의해 이루어진다. 전술적 계획은 연간 예산을 설정하고 전략적 목표를 달성하는 데 필요한 구체적인 활동들에 대해 결정하는 과정을 수반한다. 만약 트럭 제조업체의 전략적 계획이 남부 지역에서 더 많은 트럭을 판매하는 것이라면, 전술적 계획은 남부 지역의 트럭 운전자들의 요구를 파악하는 데 더 많은 자금을 조달하고 그들을 대상으로 한 광고를 계획하는 것이 될 것이다.

운영 계획

회사의 전술적 목표를 실행하는 데 필요한 표준 업무 기준과 시간 계획을 수립하는 과정

운영 계획(operational planning)은 회사의 전술적 목표를 실행하는 데 필요한 표준 업무 기준과 시간 계획을 수립하는 과정이다. 전략적 계획이 조직을 전체적으로 조망하

는 절차인데 비해 운영 계획은 특정 경영자, 부서장, 개별 직원들에게 초점이 맞추어진다. 운영 계획은 부서장이 활용하는 일간 · 주간 업무 관리 도구라 할 수 있다. 다시 말하면 운영 계획은 생산을 앞두고 특정 트럭의 부품이 완성되어야 할 날짜나 각 부품의 품질 기준 등이 될 것이다.

상황 대응 계획(contingency planning)은 최초의 계획이 효과적이지 못할 경우에 필요한 대안을 마련하는 절차라고 할 수 있다. 경제 환경과 경쟁 환경은 아주 빠르게 변화하고 있어서 기업들은 그러한 변화에 대비한 대안들을 마련해 두어야 한다. 특정 시점에서 조직이 판매 목표를 달성하지 못할 때 추가 광고나 가격 인하를 하는 등의 비상 계획이 필요할 것이다. 위기 관리 계획(crisis planning)은 비상 계획의 일부로 급격한 환경의 변화에 대응하는 데 필요하다. 예를 들면 많은 도시와 기업들이 테러에 대비한 계획을 수립하고 있다. 이러한 상황 대응 계획은 병원, 항공사, 경찰, 그리고 교통 당국과 같은 조직에서 특히 중요할 것이다.

상황 대응 계획
최초의 계획이 효과적이지 못할 경우에 필요한 대안을 마련하는 절차

시장 중심의 기업(경쟁 환경이나 기타 환경의 변화에 신속하게 대처하는 기업)의 리더들은 세분된 전략적 계획보다는 기업의 방향만을 설정한다. 그들은 유연하게 고객의 의견을 경청한다. 예상한 것이든 예상치 못한 것이든 기회가 오면 놓치지 않도록 노력한다. 10대 고객의 취향 변화에 맞추어 판매해야 하는 상점들을 생각해 보라.

그러나 이러한 기회는 반드시 회사의 전체적인 목표에 부합되어야 한다. 만일 그렇지 못한 경우 기업은 중심을 잃을 수도 있다. 분명한 것은 관리와 계획 대부분이 의사 결정을 통해 이루어진다는 점이다.

의사결정: 최선의 의사결정을 찾아서

모든 관리의 기능은 의사결정을 수반한다. **의사결정**(decision making)이란 두 가지 이상의 대안 중에서 선택하는 것을 의미한다. 의사결정은 모든 관리 기능의 핵심이다.

의사결정
두 가지 이상의 대안 중에서 선택하는 것

합리적 의사결정 모형은 경영자들이 합리적이고 이성적인 결정을 내리기 위해 지켜야 할 일련의 절차들에 관한 내용을 담고 있다. 이 절차를 의사결정의 6D(six Ds)라고 부른다.

1. 상황을 정의하라(Define the situation).
2. 필요한 정보를 확인하고 이를 수집하라(Describe and collect needed information).
3. 대안을 개발하라(Develop alternatives).
4. 어떤 대안이 최선인지 결정하라(Decide which alternative is best).
5. 지시된 것을 실행하라(Do what is indicated).
6. 결정이 옳은 것이었는지 확인하고 사후 점검하라(Determine whether the decision was a good one and follow up).

관리자들이 항상 위의 6단계 과정을 거치지는 않는다. 때로는 다른 정보가 거의 제공되지 않은 상태에서 즉각적으로 결정을 내려야 할 상황이 오면 그러한 상황에서도 훌륭

모든 종류의 조직은 예측되지 않는 사건에 대한 임시 대비책을 마련해야 한다. 미국 워싱턴의 레이건 국립 공항에서는 비행기 충돌 사고를 대비하여 정기적으로 실전적 대응 훈련을 시행한다. 여러분은 여러분의 학교나 직장이 마련해 둔 임시 대비책 중 어떤 것을 알고 있는가?

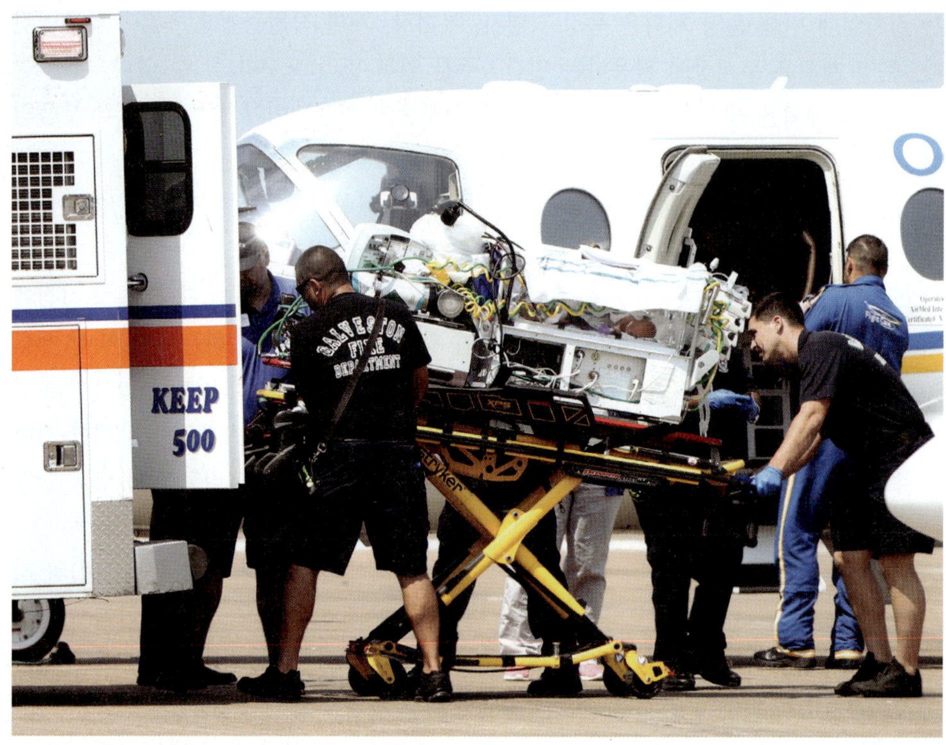

문제해결
일상의 모든 문제를 해결해가는 절차. 보통 일반적인 의사결정 절차보다 덜 공식적이고 보통 신속한 해결을 해야 하는 상황에 해당

브레인스토밍
아이디어의 검열 없이 제한된 짧은 시간 내에 가능한 많은 해결책을 떠올리는 것

PMI
해결책의 모든 장점(Pluses)을 한 열에 나열하고, 모든 단점(Minuses)은 다른 열에, 세 번째 열에는 그에 따르는 의미(Implications)를 나열하는 방식

한 결정을 내려야 한다. **문제해결**(problem solving)이란 일상의 모든 문제를 해결해가는 절차를 의미한다. 이는 일반적인 의사결정 절차보다 덜 공식적이고 신속한 해결을 해야 하는 경우이다. 의사결정과 문제해결 모두 상당한 판단력을 요구한다.

문제해결 팀은 특정 문제를 해결하라는 지시를 받은 두 명 이상의 직원들로 구성된다(예를 들어, 왜 고객들이 우리의 서비스 정책을 활용하지 않을까?). 기업들이 활용하는 문제해결 기술 중에는 **브레인스토밍**(brainstorming)이 있다. 이것은 짧은 시간 동안에 아이디어를 검열하거나 비판하지 않고 가능한 많은 해결책을 생각해 내는 방식이다. 또 다른 문제해결 기술로 PMI(pluses minuses implications)가 있는데 특정 해결책의 장점을 한 칸에 모두 열거하고, 다른 칸에는 단점을 모두 열거한 후, 마지막 세 번째 칸에는 이것들이 내포한 뜻을 기재한다. 이 기술의 목적은 특정 해결책의 단점보다 장점이 많다는 것을 확인하는 것이다.

PMI는 여러분이 내리는 대부분의 결정에도 활용될 수 있다. 예를 들어, 오늘 집에서 공부해야 하는지에 대한 결정을 내린다고 하자. 여러분들은 본인이 내린 결정의 장점들을 한 쪽 칸에 나열하고(좋은 학점, 자신감 고취 및 책임감 등), 다른 쪽 칸에는 단점들을 나열한다(지루함, 재미없음 등). 대부분의 경우 장점이 단점을 압도하여 여러분이 공부하는 결정을 자주 내렸으면 좋겠다. 그러나 때로는 밖으로 나가 기분 전환을 하는 것이 최고의 선택일 수도 있다. 이 경우 밖에서 즐거운 시간을 보내는 것이 학점이나 취직 가능성을 낮추는 결과를 가져와서는 안 된다.

시험 준비

- 장기 목표와 단기 목표의 차이는 무엇인가?
- 기업들은 SWOT 분석을 통해 무엇을 확인하는가?
- 전략적 계획, 전술적 계획, 운영 계획 사이의 차이는 무엇인가?
- 의사결정의 6D는 무엇인가?

학습목표 6-4 조직화 기능에 대하여 설명할 수 있다.

조직화: 통합된 체계의 창출

경영자들은 일련의 행동 계획을 수립하고 나면 목표 달성을 위해 기업을 조직화해야 한다. 조직화란 자원(예를 들어, 각 부서에 할당되는 자금 등)을 배분하고 직무를 할당하며 조직의 목표를 달성하기 위한 절차를 구축하는 활동을 의미한다. 경영 단계의 피라미드(managerial pyramid)는 관리자들의 위계적 계층을 보여준다(그림 6.4 참조). **최고경영진(top management: 관리의 최고층)**은 사장과 전략적 계획을 수립하는 핵심 중역들로 구성되어 있다. 최고경영자(CEO), 최고 운영책임자(COO), 최고 재무책임자(CFO), 최고 정보책임자(CIO) 혹은 몇몇 기업에서는 최고 지식책임자(CKO) 등이 최고경영진에 포함된다. 최고경영자는 많은 경우 기업의 사장이며, 기업의 최상위 의사결정을 모두 책임진다. 최고경영자와 사장을 같은 사람이 담당하는 경우는 S&P 500 기업 중 50%가 넘는다. 예를 들어, 유나이티드 파슬 서비스(United Parcel Service), 존 디어(John Deere) 그리고 GE의 경우가 그러하다.

최고경영진
사장과 전략적 계획을 수립하는 핵심 기업 중역들로 구성된 관리의 최상위층

그림 6.4 관리의 층
이 그림은 관리의 세 가지 층을 나타내고 있다. 대부분 기업은 중간관리층 안에 또 몇 개의 층이 더 있다. 그러나 최근 기업들은 스스로 관리 능력을 갖춘 종업원들로 구성된 팀을 증가시키면서 중간 관리자들을 축소하고 있다.

최고경영자들은 조직에 변화를 불러일으킬 책임도 있다.[7] 최고 운영책임자(COO)는 그러한 변화를 현실화시킬 의무가 있다. 따라서 이들의 직무는 업무를 설계하고, 기업 운영을 통제하며, 모든 직원이 리더의 비전을 따르도록 적절히 보상하는 일들로 구성된다. 오늘날의 많은 기업은 비용 절감 차원에서 최고 운영책임자의 기능을 없애고 이를 최고경영자의 역할에 포함시켰다. 종종, 최고 재무책임자(CFO)는 최고 운영책임자 자리를 폐지하는 의사결정에 참여한다. 최고 재무책임자는 자금을 확보하고 예산을 계획하는 등의 업무를 담당한다. 최고 정보책임자(CIO) 혹은 최고 지식책임자(CKO)는 정확한 결정을 위해 필요한 정보를 수집하여 다른 경영자들에게 배포하는 역할을 맡고 있다. 특히 요즈음에는 기업 경영의 모든 측면에서 정보 기술이 핵심적 역할을 하고 있으므로 성공적 경영활동에 대한 최고 정보책임자의 역할이 점점 중요해지고 있다.

중간관리층
전술적 계획과 통제를 책임지는 일반 관리자, 부서장, 지사와 공장장

중간관리층(middle management)은 전술적 계획과 통제를 책임지는 일반 관리자, 부서장, 지사와 공장장들을 의미한다(대학에서는 학과장과 학장). 최근 많은 기업이 인원 감축의 목적으로 중간관리층을 없애고 각 중간 경영자들이 더 많은 직원을 감독하게 하였다. 그런데도 중간관리층의 역할은 여전히 중요한 것으로 평가받고 있다.

현장관리층
종업원들을 직접 감독하고 그들의 성과를 평가할 책임을 지는 사람들

현장관리층(supervisory management)은 직원들을 직접 감독하고 그들의 성과를 평가할 책임을 지는 사람들로서, 직원들보다 한 단계 높은 수준에 있으므로 일반적으로 일선 경영자라고 알려져 있다. 이 직위는 독자 여러분들이 대학을 졸업한 후 처음으로 맡게 되는 관리자 직위일 것이다.

각 관리자층에게 요구되는 업무와 기술

훌륭한 경영자가 되기 위한 훈련을 받는 사람은 거의 없다. 보통은 회계사나 숙련된 외판원, 생산설비 직원이 되기 위한 과정을 거쳐 그 기술을 바탕으로 경영자로 선발된다. 이렇게 선발된 경영자들은 다른 이들에게 업무를 처리하는 방법에 대해 알려주고, 도와주며, 감독하고, 더 적극적으로 업무에 참여하는 경향을 보인다.

승진할수록 그들이 원래 지니고 있는 업무 기술의 중요성은 낮아진다. 최상위에서는 오히려 꿈을 제시하고, 계획하며, 조직하고, 조정하며, 의사소통하고, 사기를 충만하게 만들며, 동기를 부여할 임무가 생긴다. 그림 6.5는 관리자가 지녀야 할 세 가지 종류의

그림 6.5 각 관리자층이 지녀야 할 기술
모든 관리자는 대인관계 기술이 필요하다. 가장 높은 층에서는 개념적 기술을 크게 요구하는 반면 사무적 기술은 거의 활용하지 않는다. 일선관리자들은 사무적 기술이 크게 필요하나 개념적 기술에 대한 요구는 거의 없다. 중간관리자에게는 사무적 기술과 개념적 기술 사이의 균형이 필요하다.

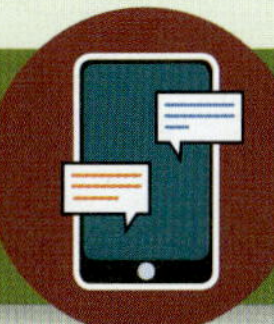

소셜 미디어를 통한 연결 소셜 미디어 관리자가 되고 싶은가?

buffer.com

오늘날 가장 빠르게 성장하는 직업 중 하나는 몇 년 전까지만 해도 존재하지 않았던 '소셜 미디어 관리자(social media manager)'이다. 소셜 미디어가 조직의 얼굴과 목소리를 전달하는 역할을 하게 되면서 그 중요성이 강조되고 있는 것이다. 만약 당신이 소셜 미디어 관리자가 되고 싶다면, 당신은 그 직책을 수행하기 위해 필요한 기술을 가지고 있는가? 소셜 미디어 관리 사이트인 버퍼(Buffer)에 따르면, 관리자는 조직의 목표를 달성하기 위해 소셜 미디어가 수행하는 역할에 대해 호기심을 가지고 신속하게 적응할 수 있어야 한다. 또한, 다음과 같은 분야에 해당하는 기술도 요구된다.

- 글쓰기
- 그래픽 및 비디오 디자인
- 대중 연설
- 고객 서비스 및 커뮤니티 참여
- 행동 심리학
- 소셜 미디어 지표(예: 좋아요, 댓글, 공유 등) 및 경영 지표(예: 트래픽, 리드, 수익 등) 분석
- 예산 편성

위의 기술을 개발하는 방법에 관심이 있다면, blog.bufferapp.com/socialmedia-manager-job-description를 방문해보라. 이 게시물은 기술 개발에 도움이 되는 여러 가지 자료를 제공하고 있다. 여러분이 모든 분야에서 두각을 나타내기는 어렵지만 몇 가지 분야에 능숙해지는 것만으로도 훌륭한 소셜 미디어 관리자가 되는 데에 도움이 된다.

출처: Jessi Hempel, "How Social Media Became a Pink-Collar Job," Wired, May 26, 2018; Syed Balkhi, "6 Tips for Hiring Your First Social Media Manager," Entrepreneur, October 29, 2018; Lilach Bullock, "The Best Tools for Planning Your Social Media Marketing Strategy," Forbes,January 9, 2019; Rob Marvin, "The Best Social Media Management and Analytics Tools for 2019, PC Magazine, March 14, 2019.

기술을 나타낸다.

1. **사무적 기술**(technical skills)은 특정 분야(제품의 판매나 개발)나 부서(마케팅이나 정보시스템)의 업무를 수행할 수 있는 능력을 의미한다.
2. **대인관계 기술**(human relations skills)은 의사소통과 동기부여에 대한 것이다. 이 기술은 경영자들이 사람들과 함께 일할 수 있도록 하며, 리더십, 코칭, 사기 진작, 권한위임, 훈련, 지도와 지원 등의 기술과 관련되어 있다.
3. **개념적 기술**(conceptual skills)은 조직에 대한 큰 그림을 제시하고 각 하위 부분들과의 관계를 제시해줄 수 있는 능력이다. 개념적 기술은 계획, 조직화, 통제, 체계 구축, 문제 분석, 의사결정, 조정 및 권한위임 업무에 필요하다.

사무적 기술
특정 분야나 부서의 업무를 수행할 수 있는 능력

대인관계 기술
의사소통과 동기부여에 대한 것으로, 이를 통해 관리자들이 사람들과 함께 일할 수 있음

개념적 기술
조직에 대한 큰 그림을 제시하고 각 하위 부분들과의 관계를 제시할 수 있는 능력

그림 6.5를 보면 일선 관리자들에게는 세 영역의 기술 모두가 필요함을 알 수 있다. 그러나 일선 관리자들은 대부분 사무적 업무와 대인관계 업무(운용 인력을 지원하고 방향을 제시하는 일 등)에 대부분의 시간을 할애한다. 일선 관리자들은 개념적 업무에는 거의 관여하지 않는다. 반대로 최고 경영진은 사무적 기술을 활용할 필요가 거의 없는 반면 대부분 대인관계와 개념적 업무에 시간을 활용한다. 하위 관리직에서는 경쟁력 있는 사람이 상위 관리직에서는 그렇지 못할 수 있고 또 정반대의 경우도 있을 수 있다. 요구되는 기술은 관리직의 수준에 따라 다르다는 것이다.[8]

인사 배치: 적합한 인재를 확보하고 유지하기

적절한 인재를 확보하기 위해 기업은 적절한 유인책을 제공해야 한다. 예를 들어, 구글(Google)은 고급 요리사를 고용하여 무료로 점심, 저녁, 간식까지 제공한다. 이러한 유

인책은 여러분에게 매력적인가? 여러분들에게 봉급은 다른 유인책에 비해 얼마나 중요한가?

인사 배치
채용, 고용, 동기부여, 조직 목표 달성을 위해 필요한 최고의 종업원들을 조직 내에 유지하는 과정

인사 배치(staffing)는 리크루팅(recruiting), 고용, 동기부여, 조직 목표 달성을 위해 필요한 최고의 인재들을 조직 내에서 지속적으로 일하게 하는 과정을 포함한다. 훌륭한 직원을 채용하는 것은 조직의 성공을 위해 매우 중요하다. 오늘날 인터넷과 하이테크 분야에서 이는 특히 더 중요하다. 구글, 페이스북, 마이크로소프트와 같은 하이테크 기업의 근본적인 자산은 직원들의 지적 능력이다. 혁신적이고 창의적인 직원을 보유한 기업은 수년 내에 신생 기업에서 대기업으로 성장할 수 있다.[9)]

대부분 사람들은 좋은 대접이나 적당한 보상을 받지 못한다면 그 기업에서 일하려 하지 않을 것이다. 직원들은 직장과 가정 사이의 균형을 취할 수 있는 다른 기업을 찾아 떠날 수도 있다. 인사 배치는 경영자의 업무에서 더 큰 부분을 차지하기 시작했으며, 경영자들은 인재를 확보하고 유지하기 위해 인적자원 경영자들과 협조하여야 한다. 인사 배치를 비롯한 인적자원 관리와 관련된 주제들은 10장에서 다룰 것이다.

학습목표 6-5 리더와 관리자의 차이, 다양한 리더십 유형에 대하여 설명할 수 있다.

지휘: 지속적인 비전과 가치의 주입

훌륭한 경영자가 훌륭한 리더가 아닐 수도 있다. 어떤 사람은 좋은 경영자는 아니지만 훌륭한 리더일 수 있다. 관리자와 리더의 차이는 관리자는 질서와 안정을 추구하는 반면 리더는 부하들을 포용하고 변화를 관리한다는 것이다. 리더십은 비전을 제시하고 기업의 가치와 윤리규범을 구축하며 기업의 효과성과 효율성을 높이기 위해 조직을 변화시킨다. 훌륭한 리더는 직원들에게 동기를 부여하고 직원들 스스로가 자신의 의욕을 고취할 수 있는 환경을 조성한다.[10)] 관리란 곧 리더의 비전을 실행하는 것이라고 할 수 있다.

리더는 다음과 같은 의미를 가진다.

- **비전을 제시하고 이를 중심으로 사람들을 규합한다.** 이를 위해 리더는 부하 직원들의 관심사에 신경을 쓰고 책임감을 부여하여 그들의 신뢰를 확보하여야 한다. 성공적인 리더는 타인의 행동에 영향을 미쳐야 한다. 듀퐁(DuPont)의 최고경영자(CEO)를 역임한 엘렌 쿨먼(Ellen Kullman)은 회사가 경영상의 위기를 겪고 있을 때 취임했다. 하지만 위기 상황 가운데에도 당장의 성장은 물론 미래의 성공에 대한 명확한 비전을 제시하였다.
- **기업 가치를 구축한다.** 기업 가치는 직원과 고객에 대한 배려, 환경과 제품의 질에 대한 관심 등을 포함한다. 기업이 사업 목표를 결정하면 이는 곧 기업의 가치를 규명하는 것과 같다. 다른 사람들이 리더에 대해서 가장 중요하게 생각하는 특질은 정직성이다. 리더의 두 번째 덕목은 미래 지향성이 될 것이다.
- **기업 윤리를 촉진한다.** 윤리란 직장 내의 모든 사람들이 공평하게 대우받는 신실함에 대한 추구다. 때문에 이 교재 전체에서 윤리적인 의사결정이 강조된다. 많

윤리적 의사결정

당신은 팀원들에게 어떤 정보를 밝히는가?

일선 관리자들은 대개 부서장들의 의사결정을 돕는다. 부서장들은 자신의 결정에 책임을 진다. 계획이 성공하면 자신의 공적이 되고 계획이 실패하는 경우도 역시 자신의 책임이 된다. 그렇다면 이 경우를 생각해보라. 일선 관리자인 여러분은 자기가 속한 부서의 부서장이 아직 포착하지 못한 새로운 정보를 접하게 되었다. 이 내용은 여러분의 상사가 최근에 수립한 계획이 실패할 가능성이 매우 높다는 것이다. 계획이 실패한다면, 그는 강등되고 본인이 그 공석을 메울 확률이 매우 높다. 여러분이라면 이 정보를 부서장에게 제공할 것인가? 어떤 선택이 윤리적인가? 여러분의 결정에 따른 결과는 무엇이 되겠는가?

은 기업가는 엄청난 금액을 자선단체에 기부하여 직원과 타인들에 대한 사회적 배려의 표본이 되고 있다('윤리적인 의사결정'이란 글상자 참조).

- **변화를 포용한다.** 리더의 가장 중요한 역할은 아마도 기업이 더 효과적이고(업무를 더 잘 수행하고) 더 효율적으로 운영되도록(목표 달성을 위해 더 적은 자원을 활용토록) 기업의 사업 방식을 변화시키는 데 있다고 할 수 있을 것이다.
- **책임과 책임감을 강조한다.** 2008년 세계 금융 위기 당시 은행가들과 정부 관리들의 실패를 보며 우리가 배울 점이 있다면, 리더는 책임을 질 줄 알아야 하고, 자신의 행동에 대하여 책임감을 느껴야 한다는 점일 것이다. 금융 위기를 겪는 동안 등장한 단어는 바로 투명성이다. **투명성(transparency)**이란 기업에 관련한 사실을 모든 이해당사자에게 명확하고 분명하게 전달하는 것이다.

투명성
기업에 관련한 사실을 모든 이해당사자에게 명확하고 분명하게 전달하는 것

모든 조직은 리더를 필요로 하고, 모든 직원은 리더를 도울 수 있다. 여러분이 리더십의 역할을 담당하고자 한다고 해서 경영자가 될 필요는 없다. 곧 모든 직원은 다른 사람이 업무를 잘 수행하도록 동기부여할 수 있고, 회사의 윤리적 사기를 높일 수 있으며, 도덕적 과실이 발생했을 때 이를 보고할 수 있다.

리더십 유형

관리 분야의 학자들이 가장 어려워하는 문제는 최고의 리더십 특성, 행동, 유형을 규명하는 것이다. 리더가 다른 사람들과 구분되는 특성인 리더십 특성에 대해 확인하기 위해 수천 편의 연구가 수행되었다. 연구자들이 밝혀낸 것을 여러분도 직관적으로 예상할 수 있을 것이다. 리더십 특성을 명확하게 밝혀낼 수는 없다는 것이다. 실제로 대부분의 리더십 연구들은 통계적인 의미가 있거나 신뢰할 만한 결과를 도출하지 못하였다. 몇몇 리더들은 잘 훈련되고 능숙한 사람들이었지만, 반대로 어떤 리더들은 깔끔하지 못하고 신경을 거스르는 사람들이었다. 그러나 후자 역시 전자만큼 효과적인 리더 역할을 하였다.

리더를 규명하는 하나의 특성이 존재하지 않는 것처럼, 모든 상황에서 최선인 하나의 리더십 유형이란 존재하지 않는다. 그럼에도 불구하고, 우리는 가장 널리 받아들여지는 리더십 유형을 찾아서 그것이 왜 효과적인지에 대해서 이야기하고자 한다(그림 6.6 참조).

1. **전제적 리더십(autocratic leadership)**은 다른 이들과 상의하지 않고 의사결정을 내리는 유형이다. 이런 유형은 화재 진압과 같이 부하들의 절대적인 복종이 필요한

전제적 리더십
다른 이들과 상의하지 않고 의사결정을 내리는 유형

자포스(Zappos) 의 최고경영자인 토니 시에(Tony Hsieh) 는 회사의 문화를 최우선 순위에 두고 있다. 직원들이 행복하고 일하고자 하는 동기부여가 확실하다면 사업의 모든 영역들이 제자리를 찾아간다고 믿고 있다. 그는 중간관리자를 없애고 직원들 스스로가 의사결정을 하도록 허용하였다. 당신은 스스로 관리해야 하는 직장에서 발전할 수 있을 것으로 생각하는가?

위기 상황에서 특히 유효하다. 전제적 리더십은 명확한 방향과 지침이 있어야 하는 비숙련 근로자들을 지휘해야 하는 상황에서도 효과적이다. 또한 대학과 스포츠 종목에서도 성공적으로 쓰이는 유형이다. 필 잭슨 감독은 전제적 리더십을 발휘하여 LA 레이커스(Lakers)를 전미 농구 연맹(NBA) 3회 우승으로 이끌었다. 미국 앨라배마대학의 닉 세이반(Nick Savan) 감독의 경우 엄격한 통제 하에 팀을 전미 풋볼

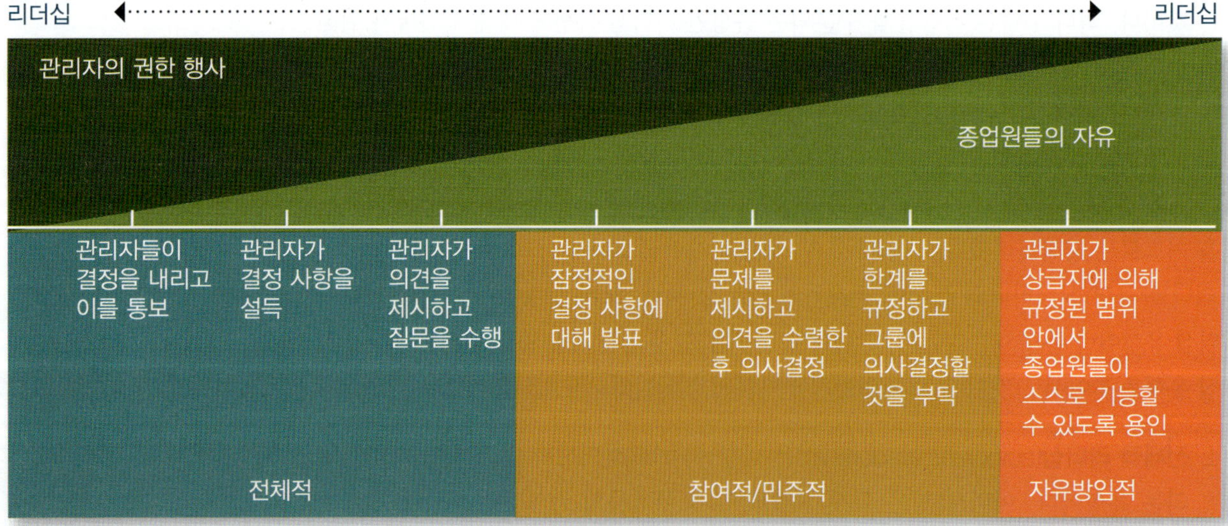

그림 6.6 다양한 리더십 유형

출처: Reprinted by permission of the Harvard Business Review. An exhibit from "How to Choose a Leadership Pattern" by Robert Tannenbaum and Warren Schmidt(May/June 1973). Copyright © 1973 by the Harvard Business School Publishing Corporation. All rights reserved.

챔피언십 대회에서 무려 5회 우승시키며 풋볼 명가를 세우기도 했다. 독자 여러분은 농구나 축구 등의 스포츠팀에서 어떠한 리더십의 유형이 가장 효과적으로 활용되고 있는 것을 보았는가?

2. **참여적(민주적) 리더십(participative(democratic) leadership)**은 의사결정 과정에 경영자와 직원이 함께 참여해서 만들어진다. 직원들의 의사결정 참여가 항상 효과성을 높이는 것은 아니지만, 직원의 직무 만족도는 대체로 높아진다. 많은 현대적인 조직들은 유연성, 상대 의견에 대한 경청, 공감 등의 가치를 중시하는 민주적 유형의 리더십을 활용하고 있다. 구글, 애플, IBM, 시스코, AT&T와 소규모 기업들이 참여적 리더십을 성공적으로 활용한 조직으로 꼽힌다. 이 기업들의 회의는 민주적인 방법으로 경영 관련 문제들에 대해 직원들이 토의하고 함께 해결하는 방식으로 진행된다. 즉, 모든 이들이 결정을 내리는 데 기여할 기회를 갖는 것이다. 많은 기업들이 회사 곳곳에 회의실을 설치하고 직원들이 회의를 소집할 수 있는 권한을 부여하고 있다.

참여적(민주적) 리더십
의사결정 과정에 관리자와 종업원이 함께 참여하는 유형

3. **자유방임적 리더십(free-rein leadership)**은 경영자들이 목표를 설정하면 직원들은 비교적 자유로운 방법으로 목표 달성을 위해 일할 수 있는 형태이다. 경영자들이 의사나 교수, 엔지니어 또는 다른 전문직을 상대해야 하는 조직에서는 자유방임적인 방법이 가장 성공적인 리더십 유형이다. 이 경우 경영자들에게 필요한 특성은 따뜻함, 친근함, 상대방에 대한 이해 등이다. 많은 기업들이 적어도 소수의 직원들에 대해서는 이러한 유형의 리더십을 채택하고 있다.

자유방임적 리더십
관리자들이 목표를 설정하면 종업원들은 비교적 자유로운 방법으로 목표 달성을 위해 일할 수 있는 형태

앞의 유형 중 하나에 정확하게 맞아 떨어지는 리더는 거의 없다. 연구자들은 상사 중심적인 리더십에서 부하 중심적인 리더십으로 구성된 연속 선상에서 직원의 참여 정도에 따라 리더십을 설명하고 있다.

그렇다면 어떤 리더십 유형이 최선인가? 성공적인 리더십은 결정되는 요인은 기업의 목표와 가치, 누구를 지휘하고 있는지, 기업이 처한 환경은 어떠한지에 의한 것이다. 경영자들은 신입 직원에 대해서는 전제적이지만 친근할 수 있고, 자신의 말을 잘 들어주는 유연한 리더 앞에서 좋은 아이디어를 개진하는 숙련된 직원들에 대해서는 민주적일 것이다.

모든 상황에서 최선인 리더십 특성은 존재하지 않으며, 그러한 리더십 유형도 존재하지 않는다. 가장 성공적인 리더는 상황과 대상이 되는 직원들에게 맞게 리더십 유형을 변용할 수 있는 능력을 지닌 사람이다.

앨런 멀러리(Alan Mulally)는 포드 자동차의 최고경영자를 역임하였다. 포드가 한창 침체기를 겪고 있을 무렵 취임한 멀러리는 정부의 구제 금융 없이 회사를 상승세로 되돌려 놨다. 멀러리는 전제적 리더십을 발휘하여 포드를 위기 상황에서 구원하였다. 어떠한 이유로 조직이 위기 상황에 있을 때 전제적 리더십이 빛을 발할 수 있는가?

직원들의 권한 확대

많은 리더들은 직원들에게 명시적인 지침을 하달하고 조직의 목표를 달성하기 위해 무엇을 하라고 지시하는 편이었다. 이러한 행동은 지시라고 정의될 수 있다. 전통적인 조직에서 지시란 과제를 부여하고 작업 절차에 대해 설명하며 조직의 정책을 명확히 하여 성과에 대한 평가를 제시하는 것이었다. 대부분의 조직은 여전히 이러한 형태를 따르고 있는데, 특히 직원들의 특수 기술이 필요 없는 패스트푸드점이나 소매업체들에서 주로

나타난다.

하이테크 기업이나 인터넷 기업의 현대적 리더들은 전통적인 리더보다 구체적인 지침을 덜 하달하는 편이다. **권한위임**(Empowerment)이란 고객의 요구에 더 즉각적으로 대응하기 위해 직원들에게 권한(경영자에게 보고하지 않고 스스로 결정을 내릴 수 있는 권한)과 책임(행동의 결과를 받아들일 의무)을 부여하는 것을 의미한다. 경영자들은 그들이 지닌 의사결정 권한을 포기하지 않으려고 하기 때문에 이러한 권한 확대는 종종 반대에 봉착하게 된다. 권한 확대가 이루어지는 기업에서 경영자의 역할은 상사나 지시자이기보다는 코치, 비서, 상담자, 팀 동료의 역할이 된다.

권한위임
고객의 요구에 더 즉각적으로 대응하기 위해 직원들에게 책임, 권한, 자유, 교육과 장비를 부여하는 것

권한부여(enabling)는 의사결정을 위해 필요한 교육과 도구를 직원들에게 제공하는 과정을 의미하는 용어이다. 권한 부여는 성공적인 권한 확대를 위해 필수적이다. 적절한 교육, 훈련, 코칭과 도구가 없이는 직원들이 책임을 떠안고 의사결정자로서의 역할을 수행할 수 없다.

권한부여
의사결정을 위해 필요한 교육과 도구를 직원들에게 제공하는 과정

지식 관리

"아는 것이 힘이다." 직원들에게 권한을 부여한다는 것은 그들에게 지식을 제공한다는 것이며, 직원들이 직무를 최고로 수행하기 위해 필요한 정보를 제공한다는 것과 같은 의미이다. **지식 관리**(knowledge management)의 핵심은 적합한 정보를 찾고 필요한 정보를 언제든 꺼내어볼 수 있도록 유지하며 기업의 모든 사람들이 그 정보를 활용할 수 있도록 하는 것이다.

지식 관리
적합한 정보를 찾고, 필요한 정보를 언제든 꺼내볼 수 있는 곳에 보관하며, 기업의 모든 사람이 그 정보를 활용할 수 있도록 하는 것

오늘날 기업에서 관리할 정보량은 점점 많아지고 있다. 축적된 정보가 점점 많아지면서 분석할 수 있는 많은 양의 데이터가 이른바 빅데이터라는 용어를 통해 대중화되었다. 빅데이터는 거래 내역과 같은 전통적 정보 원천은 물론 소셜 미디어와 같은 현대적 정보 원천에서 획득된 자료로 구성된다.

지식 관리 체계를 개발하는 첫 단계는 어떤 지식이 가장 중요한지를 결정하는 것이다. 고객에 대해 더 많은 것을 알고 싶은가? 경쟁상대에 대해 더 많은 정보가 필요한가? 기업을 더 효과적이거나 더 효율적이거나 또는 시장에 더 민감한 조직으로 만들기 위해서는 어떤 정보가 필요한가? 무엇을 알아야 하는가에 대한 결정이 이루어지면, 이 질문

패스트푸드 음식점의 직원들 대부분은 권한 확대가 제 기능을 할 만큼의 기술이나 경험이 없다. 대신, 그들의 관리자들은 그들을 가까이서 감독하고 그들에게 명령해야 한다. 의사결정을 내릴 수 있는 권한을 종업원들에게 줄 수 없을 때, 관리자들에게는 어떠한 결과가 생길 것으로 생각하는가?

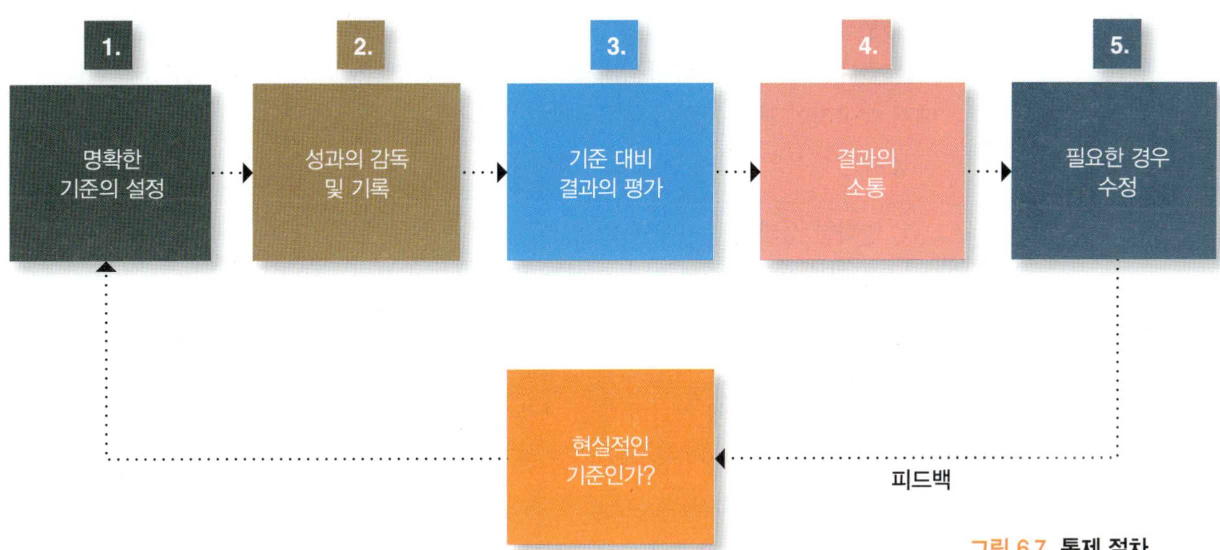

그림 6.7 통제 절차

전반적인 통제 절차는 명확한 기준에 의해 이루어진다. 명확한 기준 없이는 다음 단계의 수행이 불가능하다고 할 수 있다. 명확한 규정에 의해 성과 측정이 비교적 수월해지고 적절한 행동이 이루어질 수 있다.

들에 대한 답을 찾으면 된다.

지식 관리는 같은 정보를 반복 수집하는 작업을 막아준다. 모든 직원들이 '내가 아직 모르는 것은 무엇인가?'와 '누구에게 물어보면 되겠는가?'에 대한 질문을 지속적으로 제기하는 회사는 발전하게 마련이다. 잘 진행되는 일뿐만 아니라 잘 진행되지 않는 일에 대해서도 알고 있는 것은 매우 중요하다. 직원들과 경영자들은 문자메시지, 트위터 등 다른 수단을 통해 서로 고객이나 다른 이해 관계자들과 연결되어 있다. 성공의 열쇠는 이 정보들을 효과적으로 처리하여 모두가 절차 개선을 위해 활용할 수 있는 지식의 상태로 변환할 수 있는가에 달려 있다. 여러분은 11장에서 정보를 활용하기 위한 기술 활용의 세부적인 내용을 확인할 수 있다.

학습목표 6-6 관리에서 통제 기능의 다섯 단계에 대해서 설명할 수 있다.

통제: 효과의 확인

통제 기능은 계획한 목표와 목표 기준 대비 성과를 평가하고 업무에 대해 보상하며 필요

대학들이 자신들의 성과를 측정하는 하나의 방법은, 학생 중 학위를 수료한 사람의 비율이나, 특정기간 내에 학위를 수료한 학생의 비율을 계산하는 것이다. 이러한 성과 기준의 달성에 영향을 줄 수 있는 요소들에는 무엇이 있으며, 대학의 경영진은 필요할 때 어떠한 대비책을 강구하는가?

한 경우 조정을 하는 과정이다. 따라서 통제 절차는 경영자들과 직원들에게 계획과 다른 부분에 대한 조정 및 성과에 영향을 줄 수 있는 환경의 변화에 대처할 수 있게 한다는 점에서 성공적인 관리 체계의 핵심이라고 할 수 있다(그림 6.7 참조).

통제는 다음의 5가지 단계로 구성된다.

1. 명확한 성과 기준을 구축한다. 이 성과 기준은 계획 기능과 통제 기능을 잇는 역할을 담당하며 명확한 기준 없이는 통제 자체가 불가능하다.
2. 실제 성과(결과)를 감독하고 기록한다.
3. 계획과 목표 기준에 대비된 결과를 확인한다.
4. 직원들에게 실제 결과와 목표 기준에 대비된 편차를 알린다.
5. 필요한 경우 교정안을 제시하고 달성된 목표에 대해서는 긍정적인 피드백을 준다.

기준 대비 결과를 측정하기 위해서는 기준 자체가 구체적이고 달성 가능하며 측정 가능한 것이어야 한다. 이처럼 뚜렷한 기준을 설정하는 것은 계획 기능의 일부이다. '더 나은 품질', '더 높은 효율성', '성과의 개선' 등과 같은 모호한 목표와 기준은 무엇을 달성하고자 하는지에 대한 뚜렷한 목표를 제시하지 못하기 때문에 좋은 기준이라고 할 수 없다. 여러분이 다음과 같은 목표를 세운 달리기 선수라고 가정하자. '내 목표는 뛰는 거리를 늘리는 것이다.' 지난해 여러분이 스스로의 개선안을 시작했을 때, 하루에 3km를 뛰었다. 이제 여러분은 하루에 3.1km씩을 뛰고 있다. 그렇다면 여러분은 그 목표를 달성한 것인가? 실제로 뛰는 거리를 늘리기는 했지만, 그렇게 많이 늘린 것은 아니다. 이 경우 '내 목표는 현재 하루에 3km씩 뛰고 있는데 1월 1일까지 하루에 6km씩 뛰는 것으로 늘리는 것이다.'와 같은 목표가 더 적합하다고 할 수 있다. 목표에 도달하기까지의 시간 계획을 세우는 것은 매우 중요하다. 아래는 이러한 기준을 충족시키는 목표 기준의 예이다.

- 3월 31일까지 불량품을 1,000개당 10개에서 5개로 줄이기
- 이번 분기가 끝날 때까지 경영자들이 직원을 칭찬하는 횟수를 주당 3회에서 주당 12회로 늘리기
- 7월까지 ○ 제품 판매량을 월간 10,000개에서 월간 12,000개로 늘리기

통제 체계를 효과적으로 운영하기 위해 성과 감독 절차를 투명하게 하는 것이 하나의 방법이다. 회계와 재무는 개선 상태를 평가할 수 있는 실제 숫자를 보여주기 때문에 통제 체계의 근간이다.

평가를 위한 새로운 지침: 고객 만족

전통적인 성공 측정방법은 주로 재무적인 척도를 사용하여 투자에 대한 이윤 혹은 수익을 확인하는 방법이었다. 물론 기업의 재무적 성과가 중요하기는 하지만 그것이 기업의 유일한 목적은 아니다. 기업의 다른 목적은 종업원, 이해당사자, (내부 및 외부의) 고객을 기쁘게 하는 것도 포함될 수 있다.

외부 고객(external customers)이란 기업의 제품을 구입해서 다른 이들에게 판매하는 거래인과 사적 목적으로 제품을 구매하는 최종 소비자를 지칭한다. 반면 **내부 고객**(internal customers)은 기업 내부에서 다른 개인과 사업 부서의 서비스를 제공받는 개인과 사업 부서를 의미한다. 예를 들어, 현장외판원은 연구 보고서를 작성하는 마케팅 조사 직원들의 내부 고객이 되는 것이다.

오늘날의 목표는 단순히 고객을 만족시킨다기보다 예상치 못한 뛰어난 품질의 제품과 서비스로 고객들을 기쁘게 하는 데 있다고 할 수 있다. 관리는 다음의 여러 장에 걸쳐 더 자세히 다루어질 것이다. 이 장에서는 여기까지 다루고, 복습 및 연습 문제를 풀어볼 것이다. 관리란 단지 읽는 것이 아니라, 실제 행하는 것이기 때문이다.

외부 고객
회사의 제품을 구입해서 다른 이들에게 판매하는 거래인과 사적 목적으로 제품을 구매하는 최종 소비자를 지칭

내부 고객
기업 내부에서 다른 개인과 사업 부서의 서비스를 제공받는 개인과 사업 부서

시험 준비

- 권한위임이 권한 확대를 어떻게 촉진하는가?
- 통제 절차의 5단계는 무엇인가?
- 내부 고객과 외부 고객의 차이점은 무엇인가?

요약하기

학습목표 6-1 오늘날 비즈니스에서 관리 기능이 변화하는 양상에 대하여 설명할 수 있다.

- **경영자의 역할은 오늘날 어떻게 변화하고 있는가?**
  과거에는 경영자들이 '상사(boss)'로 불렸으며, 이들의 역할은 다른 사람들이 무엇을 할지 지시하고, 그들이 할당된 역할을 제대로 수행하는지 감시하며, 그렇지 않은 직원들을 징계하는 역할로 구성되었다. 많은 경영자는 아직도 이러한 방식으로 행동한다. 그러나 오늘날 일부 경영자들은 진보적인 방향으로 변화하고 있다. 예를 들어, 그들은 팀과 팀워크를 강조하고, 직원들이 아이디어나 불만이 있을 때 이를 담당할 제도를 수립하며 팀의 공간과 개방된 업무 공간을 마련한다. 그들은 직원들을 인도하고, 훈련하며, 지지하고, 동기 부여하며, 지도하도록 훈련되고 있다.
- **이러한 변화를 설명하는 이유로는 어떤 것들이 있는가?**
  포춘 100(Fortune 100) 기업의 리더 중에는 과거보다 더 젊은 사람이거나 여성이 많고, 그중 명문대학에서 교육을 받은 사람들은 과거에 비해 적다. 그들은 직원들이 기술을 포함한 다른 업무에서 자기보다 더 많이 알고 있다는 것을 인지하고 있다. 따라서 그들은 동기부여, 팀워크, 협력을 강조한다. 미래의 관리자들은 기업에서 새로운 역할을 담당하게 될 것이다. 또한 해외시장 진출이 더 많아질 것이다.

학습목표 6-2 관리의 네 가지 기능에 대하여 설명할 수 있다.

- **관리의 기본적인 네 가지 기능은 무엇인가?**
  ① 계획, ② 조직화, ③ 지휘, ④ 통제가 네 가지의 주요 기능이다.
- **이러한 기능들은 어떻게 정의되는가?**
  계획은 동향을 읽고, 이에 따라 조직의 장 · 단기 목표를 성취하기 위한 계획들을 결정하는 활동이다. 조직화는 조직의 구조를 설계하고, 조직 내 모든 구성원이 조직의 목표를 성취하기 위해 협력하는 환경을 조성하는 것을 포함한다. 지휘는 조직의 비전을 수립하고, 직원들과 소통하며, 그들을 훈련시키고, 지도하며, 동기를 부여하는 역할을 포함한다. 통제는 조직이 그 목표를 실제로 달성했는지를 측정하는 역할을 의미한다.

학습목표 6-3 회사의 목표를 달성하기 위한 계획 절차와 의사결정 과정에 대하여 설명할 수 있다.

- **장기 목표와 단기 목표 사이의 차이점은 무엇인가?**
  장기 목표란 조직이 추구하는 더 폭넓고 장기적인 목표이며, 단기 목표란 장기 목표의 달성을 위해 설정되는 구체적이고 단기적인 계획이라고 할 수 있다.
- **SWOT 분석이란 무엇인가?**
  경영자들은 기업이 직면한 강점, 약점, 기회, 위협 요인에 대해 확인한다.
- **계획의 네 가지 유형은 무엇이고 각각은 조직의 목표와 어떻게 연관되어 있는가?**
  전략적 계획은 조직의 목표에 대해 개괄적으로 살펴보는 광범위하고 장기적인 계획 과정이고, 전술적 계획은 조직의 목표를 나열하는 구체적이고 단기적인 계획과정이나. 운영계획은 전술적 계획의 일부로서 구체적인 시간 계획과 기준을 설정하는 과정이다, 상황대응계획은 기업이 설정한 계획들이 제대로 작동하지 않을 경우를 대비하여 준비하는 대안 계획을 개발하는 과정이다.

- **의사결정에 수반되는 절차는 무엇인가?**
  의사결정의 '6D'란 (1) 상황의 정의, (2) 필요한 정보를 규명하고 이를 수집하는 것, (3) 대안 모색, (4) 최적 대안의 결정, (5) 결정 사항의 실행, (6) 결정에 대한 평가이다.

학습목표 6-4 조직화 기능에 대하여 설명할 수 있다.

- **기업 위계 상에서 나타나는 3가지의 관리층은 무엇인가?**
  (1) 최고경영진(전략적 계획을 수립하는 사장과 핵심 중역들로 구성된 최고위층), (2) 중간관리층(전술적 계획과 통제에 대한 책임을 지는 일반 경영자, 부서장, 공장장), (3) 현장 관리층(직원들의 일간 성과를 평가하는 일선 경영자/감독자)이다.
- **경영자들에게 필요한 기술은 무엇인가?**
  경영자들은 다음 세 가지 범주의 기술을 지녀야 한다. (1) 사무적 기술(제품의 판매나 개발과 같은 구체적인 직무를 수행하기 위한 능력), (2) 대인관계 기술(의사소통 및 동기부여 능력), (3) 개념적 기술(조직을 전체적으로 조망하고 각 기능들이 어떻게 조화를 이루는지 볼 수 있는 능력)
- **모든 관리층에 이러한 기술이 똑같이 중요한가?**
  각기 다른 층의 경영자들은 각각 다른 기술을 필요로 한다. 최고 경영진은 대체로 대인관계 기술과 개념적 기술에 의존하며, 사무적 기술은 거의 활용하지 않는다. 일선 감독자들은 사무적 기술과 대인관계 기술을 필요로 하지만 개념적 기술을 크게 요구하지 않는다. 중간 경영자들은 세 가지 기술의 균형을 맞출 필요가 있다(그림 6.5 참조).

학습목표 6-5 리더와 관리자의 차이, 다양한 리더십 유형에 대하여 설명할 수 있다.

- **관리자와 리더 사이의 차이점은 무엇인가?**
  관리자는 조직 내에서 계획, 조직, 통제의 기능을 담당한다. 리더는 비전을 가지고 다른 이들에게 비전을 심어주며, 기업의 가치를 세우고 기업 윤리를 중시하며, 변화를 두려워하지 않는 사람이다.
- **리더십 유형에 대해 설명하라.**
  그림 6.6은 상사 중심적인 리더십에서부터 부하 중심적인 리더십에 이르는 리더십 유형의 연속선을 보여주고 있다.
- **어떤 리더십 유형이 최고인가?**
  최고의 리더십 유형은 그를 따르는 사람들의 특성과 상황에 의해 결정된다. 앞으로의 과제는 직원들이 스스로를 관리하도록 권한을 부여하는 일이 될 것이다.
- **권한부여란 무엇을 의미하는가?**
  권한부여란 직원들에게 고객의 요청에 더 신속하게 대응할 수 있도록 권한과 책임을 부여하는 것을 의미한다. 권한부여란 직원들에게 의사결정 권한을 행사하기 위해 필요한 교육과 도구를 제공하는 행동을 지칭하는 용어이다.

- **지식 관리란 무엇인가?**
  지식 관리란, 적합한 정보를 찾고, 필요한 정보를 언제든 꺼내어볼 수 있도록 유지하며, 기업의 모든 사람들에게 그 정보가 활용될 수 있도록 하는 것을 의미한다.

학습목표 6-6 관리에서 통제 기능의 다섯 단계에 대해서 설명할 수 있다.

- **통제 기능의 5가지 절차는 무엇인가?**
  통제는 (1) 명확한 기준을 설정하고, (2) 성과를 감독하고 기록하며, (3) 계획과 기준에 근거하여 성과를 평가하고, (4) 결과와 목표 대비 편차를 직원들에게 알리는 과정, (5) 성공적으로 완수된 업무에 대해서는 긍정적인 피드백을 주고, 그렇지 못한 경우 이를 고치기 위한 행동을 실시하는 절차를 포함한다.
- **기준은 성과 측정을 위해 어떤 특징을 지녀야 하는가?**
  기준이란 반드시 구체적이고 달성 가능하며 측정 가능한 것이어야 한다.

주요 용어

PMI 233
SWOT 분석(SWOT analysis) 230
개념적 기술(conceptual skills) 236
계획(planning) 227
관리(management) 227
권한부여(enabling) 240
내부 고객(internal customers) 245
단기 목표(objectives) 230
대인관계 기술(human relations skills) 236
문제해결(problem solving) 233
브레인스토밍(brainstorming) 233
비전(vision) 229
사명 선언(mission statement) 229
사무적 기술(technical skills) 236
상황 대응 계획(contingency planning) 232
외부 고객(external customers) 245
운영 계획(operational planning) 232
의사결정(decision making) 233
인사 배치(staffing) 237
자유방임적 리더십(free-rein leadership) 240
장기 목표(goals) 230
전략적 계획(strategic planning) 231
전술적 계획(tactical planning) 232
전제적 리더십(autocratic leadership) 239
조직화(organizing) 227
중간관리층(middle management) 235
지식 관리(knowledge management) 241
지휘(leading) 228
참여적(민주적) 리더십(participative(democratic) leadership) 239
최고경영진(top management: 관리의 최고층) 234
통제(controlling) 229
투명성(transparency) 238
현장관리층(supervisory management) 235

사고력 문제

많은 학생이 언젠가는 경영자가 되고 싶어한다. 아래의 문제들은 경영자처럼 생각하기 위한 첫걸음이다.

1. 대기업 또는 중소기업, 상장기업 또는 비상장기업, 사무실 또는 현장 중 어느 곳에서 일하고 싶은가?
2. 본인이 어떤 유형의 리더라고 생각하는가? 이를 뒷받침할 증거가 있는가?
3. 참여적(민주적) 리더십이 갖는 문제점을 찾을 수 있는가? 경영자가 다른 이들을 통제할 수 없을 때 좌절할 수 있다고 생각하는가?
4. 다른 이들에게 명령을 내리도록 훈련받은 사람들도(예를 들어 군인) 참여적 리더가 될 수 있다고 생각하는가? 어떤 문제가 생길 수 있는가?

직업기술 개발하기

핵심: ● 팀 ★ 분석 ▲ 의사소통 ◘ 기술

★▲ 1. 여러분의 현 상황에 대한 SWOT 분석을 통해 미래 계획을 세워보라. 오늘날 여러분이 택할 직업을 위한 시장은 어떻다고 생각하는가? 그 유형의 직종에서 성공하기 위해서는 어떤 기술이 필요할까? 여러분이 생각하기에 개선이 필요한 약점은 무엇인가? 직업 선택을 하는 데 위협 요인은 무엇인가? 기회는? 수업 시간에 할 짧은 발표를 준비해보라.

●★▲ 2. 4명 정도 팀을 구성하고, 각 팀당 한 명의 리더를 선정하라. 각 리더는 전제적, 참여적(민주적), 자유방임형 리더십 중의 하나를 부여받는다. 각 팀은 카드를 쌓아 집을 만드는데 가장 높은 집을 지은 팀이 승리한다. 리더십 유형에 대해 각 팀의 구성원들이 느낀 바를 보고해보라.

★▲ 3. 경영자가 되는 것의 장단점에 대해 논의하라. 기업의 규모가 어떤 영향을 미치는가? 영리 기업과 비영리 기업에서의 경력의 장점으로는 어떠한 것들이 있는가?

★▲ 4. 그림 6.6을 보고 각 유형에 대한 여러분의 경험에 대해 논의하라. 다른 국가에서 온 학생들은 흥미로운 경험을 가지고 있을 것이다. 어떤 유형이 가장 마음에 드는가? 어떤 것이 가장 효과적이라고 생각하는가? 그 이유는?

★▲ 5. 일부 경영자들이 저지른 불법적이고 비윤리적인 행위 때문에 일반인들은 경영자들이 탐욕스럽고 정직하지 못하다는 편견을 가진다. 수많은 정직하고 윤리적인 경영자들을 생각해보고 이러한 편견이 옳은지에 대해 이야기하라. 또한 경영자에 대한 생각을 개선하기 위해서는 무엇을 할 수 있는지를 논의해보라.

원리를 실제로 적용해 보기

목적

간단한 SWOT 분석의 수행

연습

www.marketingteacher.com에 접속하여 SWOT Analysis 예시를 클릭하고, 나이키(Nike)의 SWOT 분석을 보라.

1. 이 기업의 강점, 약점, 기회, 위협 요인은 무엇인가?
2. 기업의 약점에 대해 분석해보라. 이 기업의 강점은 약점을 극복하는 데 어떻게 활용될 수 있을까?
3. 기업의 기회와 위협 요인에 대해 분석하라. 추가적으로 어떤 기회가 있을 수 있겠는가? 여러분이 찾아낼 수 있는 또 다른 위협 요인으로는 무엇이 있는가?

직업 탐색

만약 여러분이 경영관리 분야와 관련된 직업에 관심이 있다면, 고려해볼 만한 몇 가지 직업들이 아래에 나타나 있다. 이러한 직업들의 업무, 필요한 지식과 기술, 급여수준, 미래전망 등에 관해서는 bls.gov 웹사이트의 Occupational Outlook Handbook을 살펴보라.

- **행정 서비스 관리자** – 조직 내 지원 서비스를 계획, 지시 및 조정하는 역할이며, 기록 보관, 메일 배포 및 사무실 유지 관리 등의 활동을 감독하고 여러 시설을 유지 관리하는 일을 한다.

- **건설 관리자** – 건설 프로젝트를 처음부터 끝까지 계획, 조정, 예산 관리하고 감독하는 역할을 한다.
- **위급상황 관리 담당자** – 자연 재해 또는 기타 위급상황에 대응하기 위한 계획과 절차를 준비하는 역할을 한다.
- **식품 서비스 관리자** – 음식, 음료를 준비하고 제공하는 식당 및 기타 시설의 운영을 책임지는 역할이다.
- **컴퓨터 및 정보 기술(IT) 관리자** – 조직 내 컴퓨터 관련 활동을 계획, 조정 및 감독하는 역할을 한다.

비디오 사례

로제타 스톤(Rosetta Stone): 언어 학습의 선두주자

거의 30년 동안 로제타 스톤(Rosetta Stone)은 미국에서 가장 널리 알려지고 인정받는 언어 학습 회사 중 하나였다. 로제타 스톤은 다년간 공고한 명성을 쌓았으나, 회사의 유통 시스템은 심각하게 시대에 뒤처지게 되었다. 이 회사는 전 세계가 고객들에게 다가가기 위해 인터넷을 활용하기 시작한 후에도 오랫동안 CD에 의존했다.

로제타 스톤의 경영진은 회사를 21세기에 맞춰 이끌어갈 리더가 필요하다는 것을 알고 있었다. 다행히 그들은 나중에 부실기업 회생전문가(turnaround expert)로 유명해진, 성공한 사업가인 맷 헐렛(Matt Hulett)을 고용했다. 유튜브(YouTube)가 나오기 이전에, 온라인 엔터테인먼트 스타트업에서 일하던 헐렛은 그의 동료들이 창의성은 뛰어나지만 사업과 경영관리에 대해서는 아는 것이 거의 없다는 사실을 깨닫게 되었다. 그때부터 그는 자본, 전략, 그리고 적절한 리더십 방향성을 적용하는 방법에 관한 모든 것을 배우기 시작했다. 이렇게 쌓은 기술들은 그를 로제타 스톤이 필요로 하는 언어 부문의 새로운 사장직에 완벽히 걸맞은 사람으로 만들어 주었다.

헐렛은 회사의 소비자 제품 부서 리더로서 회사의 비전을 세우고 직원들로 하여금 그 비전을 포용하도록 동기를 부여해주어야 했다. 그는 또한 회사의 이익에 부합한다고 생각되는 경우 여러 변화를 시도할 권한도 있었다.

예를 들어, 헐렛은 로제타 스톤이 자사의 최대 잠재시장인 개인단위 소비자에게 충분히 투자하고 있지 않다는 사실을 발견했다. 초점을 전환하기 위해 그는 3단계 프로세스를 도입하여 대규모 변화를 만들고자 했다. 첫 번째 단계에서 헐렛은 회사의 표적 시장(intended market)을 분석하고 시장 내에서의 포지션을 최적화할 방법을 진단했다. 그는 또한 직원들이 신규고객 발굴에 최신을 다하도록 직원들에게 영감을 줄 수 있는 방법을 찾기도 했다.

두 번째로, 헐렛은 회사의 고유한 특징을 찾기 위해 회사를 연구하기 시작했다. 그는 로제타 스톤의 브랜드 자체가 성공의 핵심 요소라는 것을 알게 되었다. 고객들은 회사를 사랑하고 존중했지만, 구독 기능, 향상된 모바일 기능, 개인화 등과 같은 현대적인 혁신을 원했다. 모바일 경험을 간소화하는 것과 더불어 헐렛은 제품을 고객의 개인적인 요구에 맞추기 위해 증강 현실을 활용할 것을 제안하기도 했다.

그의 마지막 단계는 사람에 관한 것이었다. 헐렛은 신규 직원을 채용하기 보다는 기존의 직원들과 시간을 보내며 제품 개선을 위해 그들의 의견에 귀를 기울였다. 이러한 관계 구축은 직원들을 편안하게 할 뿐만 아니라 더 열심히 일하도록 동기를 부여해주었다. 그 결과 로제타 스톤은 결국 고객이 정확히 원하는 제품을 만드는 데 성공했다. 헐렛은 자신의 3단계 프로세스를 통해 로제타 스톤이 모두의 언어를 구사하도록 만들 수 있었다.

다시 생각해 보기

1. 이 회사가 최근까지 여전히 온라인이 아닌 CD로만 콘텐츠를 배포하고 있었다는 사실이 놀랍지 않은가? 로제타 스톤이 언어 학습 서비스를 온라인으로 옮기는 데 왜 그렇게 오래 걸렸다고 생각하는가?
2. 경영자에게 직원의 업무 의욕과 만족도를 유지하도록 하는 것이 중요한 이유는 무엇인가?
3. 맷 헐렛이 로제타 스톤을 위기에서 회생시키기 위해 도입한 프로세스를 설명해보라. 그와 유사한 경영 전략이 다른 회사에도 적용될 수 있다고 생각하는가?

한국의 사례

한국 기업의 사례–밀레니얼과 Z세대를 위한 새로운 조직관리

2010년이후로 한국 기업들에서 경영과 조직관리에 있어서 가장 큰 화두로 떠오른 이슈는 소통, 특히 세대차를 극복하기 위한 소통이다. 이러한 트렌드는 1980년대와 1990년대에 출생한 밀레니얼과 Z세대 (MZ세대)가 본격적으로 조직에 진입하면서 점차 강하고 뚜렷하게 나타나고 있다. 물론 세대차이에 대한 인식을 항상 있어 왔고 현재 40대, 50대가 된 X세대의 관리자들이 조직에 합류하던 시기에도 신인류의 등장이라거나 이해할 수 없는 신세대라는 기성세대의 한탄이 있었다. 그러나, 인터넷, 스마트폰, SNS 등으로 정보와 의사소통의 속도와 파급력이 극대화된 현시점에서 MZ세대가 조직에 미치는 영향력은 과거에 비할 바가 아니다.

기존의 조직문화가 수직적 위계질서, 야근과 불합리한 요구 등을 받아들이는 직원들의 순응과 조직에 대한 헌신을 기대하지만 MZ세대는 이러한 관리자들의 기대에 부응하지 않는다. 그러다 보니 관리자들은 MZ세대는 조직과 업무에 대한 열정이 없고 이기적이라고 생각한다. MZ세대가 자기 의견을 피력하는 경향을 보며 관리자들은 이들이 매사에 불만이 많다고 생각한다. 반면에 MZ세대 직원들은 업무를 일방적으로 결정하고 강압적으로 지시하는 상사들을 보며 직장 내 소통이나 조율이 제대로 이루어지지 않고 자신들의 의견은 항상 무시된다는 불만을 가지게 된다. 직장 내 인간관계에 대해서도 회식과 경조사, 사적모임 등을 통한 끈끈한 관계에 익숙한 X세대 관리자들의 사적인 질문이 MZ세대에게는 사생활 침해 혹은 불필요한 오지랖으로 여겨진다. 관리자들이 조직생활의 일부라고 생각했던 것들이 이제는 직장 내 괴롭힘으로 신고가 되기도 한다. 그러다 보니 X세대 관리자들이 오히려 2030 직원들의 눈치를 더 많이 본다는 얘기도 나온다.

MZ세대 직원들이 기업들의 주력 근로자가 되어 가는 상황을 고려하면 한국 기업들도 비슷한 상황을 5–10년 일찍 경험한 외국의 기업들이 해온 것과 비슷한 방식으로 세대차와 다양성을 포용하는 방식으로 조직문화과 관리방식, 리더십을 수정, 변형해나가야 한다. MZ세대 직원들에게는 일방적인 지시보다는 본인의 업무가 왜 필요한지, 회사에 어떤 기여를 하는지에 대한 배경과 맥락을 충실하게 설명하고 이를 통해 자신들도 배움과 성장을 이루어 가게 된다는 비전을 확실히 심어주어야 한다. 자존감이 강한 MZ세대의 특성을 고려하여 그들의 역량을 충분히 인정해주고 업무성과에 대한 피드백을 자주, 충분히 제공하는 것도 중요하다. 일과 개인생활을 구분하려는 MZ세대의 "워라밸" 요구에 맞추어 본인들이 원하지 않는다면 가급적 개인적, 사적인 질문이나 대화를 배제하고 업무시간 이후에는 연락이나 지시를 하지 않도록 한다. 조직문화드 이전의 상명하복, 집단주의적인 요소들에서 탈피할 필요가 있다.

출처: 〈MZ세대 '직장 내 소통 꺼려지는 순간'은?〉 머니S, 2021. 9. 20. 〈'갑질이다? 아니다? 사내 세대갈등 어떻게 해야할까?〉 이데일리, 2021. 5. 19.

참조

1. Ted Leonhart, "The Secret to Teamwork Isn't Managing Personalities," Fast Company, January 8, 2018; Dylan Walsh, "Three Ways to Lead More Effective Teams," Stanford Business, gsb.stanford.edu, September 13, 2018; Victor Lipman, "Four Fundamental Qualities That Can Make You a Stronger Manager in 2019," Forbes, January 1, 2019.
2. Zack Freeman, "Google Says the Best Managers Have These Ten Qualities," Forbes, August 30, 2018; Jena MacGregor, "Google's Former Head of HR Wants to Help People Act More Human at Work," The Washington Post, October 18, 2018; Scott Mautz, "Google Tried to Prove Managers Don't Matter," Inc., June 17, 2019.
3. Sally Percy, "The Five Most Important Skills for Managers to Develop in 2019," Forbes, February 22, 2019; Lisa Lai, "Managing When the Future Is Unclear," Harvard Business Review, January 9, 2019.
4. Matthew Rothstein, "Whole Foods Discontinues Millennial- Targeting 365 Brand," BISNOW, bisnow.com, January 16, 2019; Mike Pomranz, "Whole Foods Won't Open Any More '365' Stores," Food & Wine, January 14, 2019; Esther Fung, "Amazon, Long Seen as a Threat to Malls, Is Now a Hot Tenant," The Wall Street Journal, March 5, 2019.
5. Alison Job, "SWOT Analysis Examples," Entrepreneur, May 1, 2018; Alyssa Gregory, "How to Conduct a SWOT Analysis for Your Small Business," The Balance Small Business, thebalancesmb.com, May 9, 2019.
6. Andrew Beattie, "Steve Jobs and the Apple Story," Investopedia, investopedia.com, June 30, 2019; Ryan Robinson, "How Steve Jobs Learned to Embrace Failure and Saved Apple," The Balance Small Business, thebalancesmb.com, May 30, 2019.
7. David Lidsky, "10 CEO Stunts That Changed Business," Fast Company, October 2018; Emily Bermes, "Why New CEOs Need to Manage Change to Succeed," Chief Executive, chiefexecutive.net, May 22, 2018; Paul Metselaar, 'How the Role of the CEO Is Changing," Inc., February 26, 2019; Carol Ryan, "New CEOs See Tough, Short Jobs," The Wall Street Journal, February 19, 2019.
8. Liz Ryan, "Ten Skills Every Manager Needs—but 90% of Managers Lack," Forbes, February 11, 2018; Joann S. Lublin, "Know-It-All Bosses Have a Lot to Learn," The Wall Street Journal, January 10, 2019.
9. Michelle Cheng, "In an Industry Dominated by Netflix and Amazon, Streaming Start-Up Pluto Found a Way to Win— and Got Acquired by Viacom for $340 Million," Inc., March 6, 2019; Eric Sherman, "Tesla Faces 'Serious Competition' from a Detroit Start-Up, According to Morgan Stanley," Fortune, February 11, 2019.
10. Jane Claire Hervey, "5 Lessons in Creative Leadership to Take into 2019," Forbes, December 31, 2018; "Business Leaders, Breakthrough Moments," The New York Times, November 6, 2018; John Hall, "The Best Ways to Inspire Creativity within Your Team," Forbes, March 10, 2019.

7

오늘날 시장 환경에 대응하는 조직의 구성

학 습 목 표

이 장을 학습한 후에 다음 질문에 답할 수 있어야 한다.

7-1 조직 관리의 기본 원리에 대한 개요를 설명할 수 있다.

7-2 파욜(Fayol)과 베버(Weber)의 조직이론을 비교하여 설명할 수 있다.

7-3 조직 구조를 설계하는 관리자들의 선택에 대해 평가할 수 있다.

7-4 다양한 조직모델에 대해 비교하여 설명할 수 있다.

7-5 기업 간 협력과 조정이 주는 이점에 대해 설명할 수 있다.

7-6 기업이 변화에 적응하는 것을 도울 수 있는 조직문화의 역할은 무엇인지 설명할 수 있다.

Hershey의 사장이자 최고경영자(CEO) 미셸 벅(Michelle Buck)에 대해 알아보자

허쉬(Hershey) 라는 단어를 생각하면 아마도 한 가지 생각이 떠오를 것이다. 바로 초콜릿이다. 1894년부터 펜실베이니아주의 이 기업은 허쉬의 키세스(Hershey's Kisses), 리세스의 피넛버터 컵(Reese's Peanut Butter Cups) 등과 같은 브랜드의 달콤한 성공으로 번창했다. 지금까지 코코아를 기반으로 한 다양한 제품들이 허쉬를 250억 달러 규모의 거대 기업으로 만들었지만, 오늘날 미국 초콜릿 시장은 더 이상 예전처럼 성장하지 않고 있다. 스낵류 소비의 전반적인 증가에도 불구하고, 최근 많은 미국인들은 설탕이 든 간식이 아닌 건강에 좋은 음식을 선택하고 있다.

이것이 허쉬의 사장이자 CEO인 미셀 벅(Michele Buck) 허쉬가 사탕 이외에 다른 제품들로 제품군을 확장하는 것을 최우선 과제로 삼은 이유이다. 2017년 최고위직에 오른 이후, 그녀는 SkinyPop과 Pirate's Booty와 같은 주요 스낵 브랜드의 인수를 총괄해왔다. 그녀는 소비자들에게 "더 나은" 브랜드를 제공하는 것이 미래에 허쉬의 성장을 위해 필수적이라고 말한다. 그녀는 "소비자들은 그 어느 때보다도 더 많이 간식을 소비하고 있다. 어떤 경우에는 간식을 찾기도 하고, 또 어떤 경우에는 좀 더 영양분이 풍부한 것을 찾기도 한다"라고 말했다. "현재 전 세계에서 벌어지고 있는 상황들을 살펴보면 – 선두주자로서 우리의 역할은 회사를 혁신하고 이러한 성장을 포착하는 것이다."

그녀는 허쉬의 본사와 테마 파크에서 45분 거리에 있는 펜실베이니아 칼라일에서 자랐다. 그녀는 어려서부터 근면해야 하고 어려움속에서도 좌절하지 않고 다시 일어나는 것이 중요하다는 것을 가르친 부모에게 깊은 신뢰를 가지고 있다. "나는 매우 소박한 가정에서 자랐다."라고 그녀가 말했다. "어머니는 집안에 하수관이 없는 시골 농가에서 사셨다. 아버지는 가족 중 처음으로 고등학교를 졸업했고, 그래서 나는 일찍부터 근면의 가치와 덕목을 배웠다." 이러한 신조는 그녀가 학사 학위를 받은 펜실베이니아의 중심부에 위치한 Shippensburg 대학교에 등록했을 때 큰 도움이 되었다. 그 후 그녀는 펜실베이니아 주 국세청에서 근무하다가 국세청 바깥에는 어떤 다른 직업의 기회가 자신을 기다리고 있을지 궁금해지기 시작했다. 그래서 1980년대 중반, 그녀는 경영학을 공부하기 위해 그녀의 고향을 떠나 채플 힐(Chapel Hill)에 있는 노스캐롤라이나 대학교의 대학원으로 향했다.

MBA 학위를 취득한 후, 그녀는 수년간의 교육과정에서 배운 기술들을 Frito-Lay 마케팅 부서의 새로운 업무에 적용했다. 식품 브랜드 경영에 대한 이러한 초기 경험은 Kraft와 Navisco와 같은 기업에서 더 많은 기회로 이어졌다. 1990년대에 걸쳐 그녀는 Cool Whip, Life Savers, Jell-O 등과 같은 많은 주요 브랜드에서 사업을 주도했다. 그녀의 이러한 다양한 경력은 2005년 허쉬의 미국 최고마케팅책임자(CMO) 자리에 그녀를 영입한 경영진들의 주목을 끌었다. 그녀는 다수의 대표 브랜드들을 감독하면서 허쉬의 연구개발팀을 활용해 새로운 제품을 만들 수 있는 기회도 주어졌다. 혁신적인 아이디어와 협업 정신을 바탕으로 그녀는 2016년에는 최고운영책임자(COO)로, 이듬해에는 사장이자 CEO로 승진했다.

허쉬의 최고 경영자라는 직위는 확실히 지금까지 그녀의 경력에 있어서 가장 어려운 도전이라고 할 수 있다. 현재 매출의 80%가 초콜릿 제품 판매에서 나오는 상황에서, 그녀는 핵심 브랜드의 니즈에 신경을 쓰는 동시에 캔디 이외의 상품들로도 제품다각화를 수행해야 한다. Skiny Pop과 Pirate's Booty의 인수는 허쉬가 이러한 균형을 이루는데 도움이 되겠지만, 그녀가 꿈꾸는 "혁신적인 스낵 파워하우스"가 되기까지는 아직 갈 길이 멀다. "여러분은 모든 것을 전체적인 시야에서 고려해야 하고, 끊임없이 변화해야 하며, 끊임없이 진화하고 변화를 도전이 아닌 기회로 바라봐야 한다."라고 그녀는 말했다.

이 장은 그녀가 허쉬에서 수행하고 있는 것처럼, 조직을 변화시키고 오늘날의 시장에 적응시키는 것에 대한 내용이다. 대부분의 경영진들은 그렇게 큰 도전에 직면하지는 않지만, 모든 기업에는 변화를 관리하고 변화로부터 이익을 얻기 위해 조직의 원칙을 활용해야 하는 많은 기회가 존재한다.

출처: Susie Gharib, "Hershey's CEO Looks to Acquisitions and Innovation to Transform the Company," Fortune, October 31, 2017; Susie Gharib, "Hershey's CEO on Professional Growth and Women in Business," Fortune, January 3, 2018; Zach Hoopes, "Carlisle Native Michele Buck on Staying Local While Running a Multinational Corporation," Cumberland Valley Business Journal, March 23, 2018; Lauren Hirsch, "After 124 Years, Hershey Tries to Be More Than Just a Chocolate Company (Again)," CNBC, April 24, 2018; "Hershey's Strategy for a Healthy-Snack World," The Wall Street Journal, October 2, 2018; Lauren Hirsch, "Not Just a Chocolate Company: Hershey Plots Its Future in Snacking," CNBC, April 24, 2018; "Michele Gross Buck—Executive Profile," Bloomberg, bloomberg.com, accessed October 2019.

이 회사는 모든 매니저직급을 없애고 매니저의 통제가 없는 자율경영(self-management)을 시행하겠다는 회사의 방침을 받아들이지 않은 직원들에게 퇴직금을 지급할 테니 퇴사할 것을 제안하였다. 직원의 18%가 이 제안을 받아들이고 회사를 떠났다. 이 회사의 이름은 무엇인가? (이 장에서 답을 찾아보라)

학습목표 7-1 조직 관리의 기본 원리에 대한 개요를 설명할 수 있다.

성공을 위한 재조직(reorganizing)

여러분은 왜 수많은 조직들이 실패하는지 궁금할 것이다. 변화하는 시장에 맞춰 조직을 적응시키는 것은 자본주의 경제의 정상적인 기능이다. 아마존(Amazon), 구글(Google), 페이스북(Facebook)과 같이 큰 성공을 거둔 기업도 있고, 실패한 기업도 있다. 성공의 열쇠는 변화하는 시대에 적응하는 데 있다. 즉, 기본 원리로 돌아가 조직의 기본을 다지는 것이다. 이 장에서는 이와 같은 기본 원리에 대하여 논의할 것이다.

바닥에서부터 조직 만들기

조직의 원리는 다양한 규모의 모든 기업들에 적용된다. 대부분 기업에서 찾아볼 수 있는 원리에는 기업의 구조화(structuring), 직무 전문화(job specialization)를 활용한 분업(division of labor) 및 부문화(departmentalization), 일관된 절차 수립, 권한위임 등이 있다. 이러한 원리들이 여러분이 지금 일하거나 전에 일했던 직장에서는 어떻게 적용되었는가?

기업의 규모에 상관없이 조직의 원리는 대부분 비슷하다. 예를 들어, 나와 두 친구가 잔디 깎는 사업을 하기로 계획했다고 하자. 가장 먼저 할 일은 사업을 조직화하는 것이다. 조직화나 구조화는 해야 할 일(깎기, 치기, 다듬기 등)을 결정하는 것에 서부터 시작한다. 그러고 나서 세 사람이 해야 할 일을 나누는 것이다. 이것을 분업(division of labor)이라고 한다.

한 명은 나무를 다듬는 데 재능이 있고, 나머지 사람은 잔디 깎기에 더 능숙하다고 하자. 회사의 성공은 각 종업원의 장점을 파악하고 능력 있는 적절한 사람(right person)에게 적절한 일(right job)을 주는 경영능력에 달려 있다. 많은 직무는 개개인이 특화되었을 때 더 훌륭히, 더 신속하게 수행할 수 있다. 업무를 더 작은 규모 로 나누는 것을 직무 전문화(job specialization)라고 한다. 예를 들어 잔디 깎는 작업을 깎기, 다듬기, 정리하기로 나누는 것도 전문화의 일종이다.

만약 사업이 성공적이라면 더 많은 종업원을 고용해서 도움을 받을 수 있다. 다양한 일을 할 수 있게 팀이나 부서로 그들을 조직할 수도 있다. 한 팀은 잔디를 깎고 다른 팀은 잔디와 나뭇잎을 청소할 수 있다. 시간이 흐르면서 사업이 정말 성공적이라면 회계사

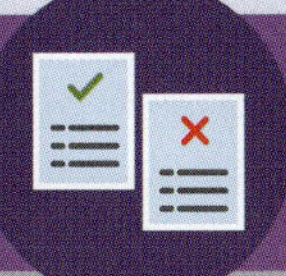

윤리적 의사결정

안전 대 이익

여러분이 인근 지역에서 잔디 깎기 서비스를 성공적으로 시작했다고 가정해보자. 그렇다면 우선은 그 지역 내의 다른 잔디 깎기 서비스 회 사들을 관찰해야 한다. 어떤 회사는 훈련이 덜 된 사람들을 고용했거나 대부분의 직원이 외국인 노동자들이다. 그 회사들은 고용인들에게 최저임금이나 그보다도 적은 임금을 지불한다. 게다가 고용주들이 아무런 안전장비를 제공하지 않아, 종업원들은 소음이 심한 잔디 깎기와 잔디 청소기를 사용할 때 귀를 보호하는 장비 없이 일한다. 대부분이 잔디를 분쇄할 때 보호 고글(goggle)을 착용하지 않는다. 아주 극소수 만이 유해할 가능성이 있는 비료를 뿌릴 때만 마스크를 착용한다. 정원에서 하는 일은 많은 위험을 동반한다. 또한 안전장비가 비싸며 종업원들이 보호장비 없이 일하는 걸 선호한다는 것을 알고 있다. 여러분은 가능한 돈을 많이 버는 것에 관심이 있겠지만, 종업원의 안전과 복지에 대하여도 관심을 가져야 한다. 게다가 기계와 장비에서 소음공해가 발생한다는 것을 알지만, 소음이 적은 장비는 가격이 비싸다.

사업 초기부터 다져온 기업 문화는 오랜 시간 동안 지속된다. 만약 여러분이 처음부터 안전과 환경에 대한 관심을 강조한다면 여러분의 종업원들은 그 가치에 부응할 것이다. 반면에 안전규칙을 무시하고 환경에 관심을 기울이지 않으면서 빠르게 이익만 챙길 수도 있을 것이다. 각 선택에 대한 결과는 어떨까?

를 고용해서 회계 장부를 기록하고 다양한 사람들을 마케팅에 고용(예를 들어, 광고)하며 장비를 잘 관리하기 위해 수리공을 고용할 수도 있다.

사업이 생산(잔디 깎기 관련 업무), 마케팅, 회계, 유지관리팀 등의 여러 부서로 발전하면서 어떻게 기업의 형태로 진화하는지 볼 수 있다. 각 부서가 전문화된 업무를 하도록 구체화하는 과정을 부문화(departmentalization)라고 한다. 마지막으로 모든 과정을 통제하기 위해서 사람들에게 권한과 책임(authority and responsibility)을 부여해야 한다. 만약 회계 부서에서 무언가 잘못되었으면 누구의 책임인지 알 수 있다.

조직을 구조화하고, 부서별 분업을 하며(때로는 그 결과 전문화하기도 하고), 특정한 업무를 하는 팀이나 부서를 만들고(예를 들어, 생산 부서나 회계 부서), 사람들에게 책임과 권한을 부여한다. 그 과정의 일부로 자원 할당(예를 들어, 다양한 부서를 위한 자금), 특정 업무 부여, 조직 목적 달성을 위한 절차 수립 등이 포함된다. 사업 초기부터 종업원을 어떻게 다룰 것인가에 관한 윤리적 의사결정을 해야만 한다('윤리적 의사결정' 글상자 참조).

구성원들의 관계를 보여주는 조직도(organization chart)를 만들 수도 있다. 보고 체계와 완수해야 할 업무와 관련된 책임을 명시한다. 마지막으로 경쟁업체 동향과 소비자의 욕구를 파악해야 한다. 그리고 새로운 현실에 적응해야 한다. 예를 들어 최고의 잔디 관리업체가 여러분 구역에서 판촉을 시작한다고 하자. 여러분은 경쟁가격 면에서 이 업체보다 더 좋은 서비스를 제공하기 위해 조직적인 변화를 꾀해야만 한다. 만약 경쟁자에게 밀리기 시작한다면 가장 먼저 무엇을 할 것인가?

학습목표 7–2 파욜(Henri Fayol)과 베버(Max Weber)의 조직이론을 비교하여 설명할 수 있다.

변화하는 조직

비즈니스 역사상 최근처럼 많은 변화가 급속히 이루어진 적은 없었다. 이전 장에서 배웠듯이 대부분의 변화는 글로벌 경쟁, 급변하는 기술, 그리고 자연환경 보존에 대한 압력 등을 포함하는 사업환경의 변화에 기인한다.

위와 같은 사업환경 변화 못지않게 많은 사업에서 중요한 것은 소비자의 기대 변화이다. 오늘날의 소비자들은 높은 품질과 빠르고 친절한 서비스를 기대한다. 그것도 합리적인 가격으로 말이다. 미 식품업체 트레이더 조(Trader Joe's)의 전임 회장인 더그 라우치(Dough Rauch)는 종업원과 고객을 새의 두 날개에 비유했다. 새가 날기 위해서는 양쪽날개가 모두 필요하다는 의미이다. 종업원과 고객은 함께 관리되어야 한다. 만 약 고객이 행복하다면 기업제품의 쇼핑을 즐길 것이고, 이는 또한 종업원을 행복하게 만들어주는 선순환 구조를 가지게 된다.[1)]

변화 관리(managing change)는 경영에서 중요한 기능이 되었다. 변화 관리는 때때로 조직 전체의 구조를 변화시키는 것을 포함한다. 예를 들어, 구글(Google)과 같은 거대기술 기업은 조직을 알파벳(Alphabet)이라는 지주회사로 재편하였다. 알파벳은 다음과 같은 독립조직들로 구성되어 있다. 구글(검색엔진 및 지메일, 유튜브 등 관련 비즈니스), Calico(헬스케어), Verily(스마트콘택트렌즈), Deep Mind(인공지능), 기타 독립조직들. 이와 같이 상대적으로 규모가 작은 세부조직들은 고객의 목소리를 듣고 조직을 변화시키는데 더 유연하다.[2)] 이러한 변화는 일반 기업뿐만 아니라 비영리조직과 정부조직에서도 발생할 수 있다.

규모의 경제
기업이 대량의 원자재를 저렴하게 구매하여 제품의 생산단가를 줄일 수 있는 상황. 생산 수준이 증가한 만큼 제품의 평균 가격이 하락한다.

과거에는 많은 조직이 소비자를 만족시키기 보다는 조직관리를 쉽게 하는데 중점을 두었다. 기업은 매니저가 종업원을 통제할 수 있도록 많은 규칙과 법을 만들었다. 이것을 관료주의(bureaucracy)라 한다. 정부는 기업과 마찬가지로 관료주의를 해결하기 위해 많은 노력을 기울여왔다.

조직 설계의 발전

20세기까지 대부분 기업들은 비교적 작은 규모였고, 제품 생산과정은 비교적 단순했으며, 종업원의 조직화는 상당히 쉬웠다. 종업원을 조직화하는 일은 잔디 관리 서비스 업체나 주문 보트를 생산하는 중소기업에 그리 어려운 일이 아니었다. 1900년대 이후 대량 생산(mass production: 대량 제품의 효율적인 생산)의 소개는 제품 생산과정과 조직을 복잡하게 만들었다. 일반적으로, 공장이 커질수록 더 효율적인 생산이 가능해 졌다.

사업의 성장은 **규모의 경제**(economies of scale)를 만들었다. 규모의 경제라는 것은 기업이 대량의 원자재를 저렴하게 구매하여 생산단가를 줄일 수 있는 것, 생산 수준이 향상된 만큼 제품의 평균 가격이 하락하는 것을 의미한다. 예를 들어, 자동차를 생산하는 원가는 자동차 생산기업이 대량 생산을 할 때 더욱 저렴해진다. GM이나 포드 등 자동차를 생산하는 대규모 공장에 이러한 개념들이 도입되었다. 시간이 흐름 에 따라 이러한 대량 생산 혁신이 다른 여러 기업에서도 채택되었다.

앙리 파욜은 오늘날까지 적용되는 조직 관리 이론을 도입했다. 그 원리 중 하나는 각 종업원은 오직 한 명의 관리자에게 보고하고 관리자는 종업원들에게 명령을 할 수 있는 권한과 그 명령을 관철시킬 수 있는 힘을 가진다는 것이다. 여러분은 오늘날까지 적용되는 파욜의 원리 중 어떤 것을 보았는가?

대량생산의 시대에 조직 이론가들이 출현했다. 두 명의 중요한 사상가는 앙리 파욜(Henri Fayol)과 막스 베버(Max Weber)였다. 그들의 원리 대부분은 현재에도 많은 기업이 세계 곳곳에서 활용하고 있다. 두 이론에 대하여 살펴보자.

파욜의 조직 원리 1916년 프랑스에서 경제이론가 앙리 파욜(Henri Fayol)이 《산업 및 일반경영관리론(administration industrielle et générale)》을 펴냈다. 이 책은 1949년

미국에서 《산업 및 일반경영관리론(General and Industrial Management)》이라는 제목으로 출간되어 많은 인기를 얻었다. 파욜(Fayol)은 다음과 같은 원리들을 소개하였다.

- 일관된 명령(unity of command) – 각각의 종업원은 오직 한 명의 관리자에게 보고한다. 이러한 원리의 이익은 분명하다. 만약 두 명의 다른 관리자가 여러분에게 두 개의 다른 지시를 내린다면 어떤 일이 일어날까? 어떤 지시를 따라야 하는 것일까? 그러한 혼란을 막기 위해 각각의 개인은 오직 한 사람의 관리자에게 보고해야 한다(이와 같은 원칙에 어긋나는 조직계획에 대해서도 이후에 논의할 것이다.).
- 권한의 위계화(hierarchy of authority) – 모든 종업원은 누구에게 보고해야 하는지 알아야 한다. 관리자는 지시를 내릴 권한이 있으며 종업원이 그러한 지시를 따를 것을 기대한다(6장에서 배웠듯이 이러한 개념은 시간에 따라 변화되었으며 권한위임(empowerment)이 종종 더 중요하게 여겨진다).
- 분업(division of labor) – 생산, 마케팅, 재무와 같은 전문적인 분야의 기능들은 구별된다(다시 언급하겠지만, 이 원리도 현재 변화를 겪고 있는데 전사적 기능의 팀워크(cross-functional teamwork) 활동이 더욱 중요해지고 있다.).
- 기업의 이익을 위해서 개인 이익은 종속(subordination of individual interest to the general interest) – 종업원들은 공통된 조직의 일부로 자신을 생각하고 있다. 조직의 목표는 개인 각각의 목표보다 우선시된다(이런 개념은 여전히 많이 쓰인다.). 여러분들은 이 개념이 미식축구와 농구팀에 적용된다는 것을 들어본 적이 있는가? 또한 여러분들은 최근 미식축구 슈퍼볼(Super Bowl) 게임에서 이 개념이 실제로 적용되는 것을 본 적이 있는가?
- 권한(authority) – 관리자들은 명령할 수 있는 권한과 그러한 명령을 관철할 수 있는 힘을 가진다. 권한과 책임은 서로 밀접하게 관련되어 있다. 권한을 행사할 때는 반드시 책임이 뒤따르기 마련이다(이 원리 또한 관리자들이 종업원들에게 권한을 부여하기 시작하면서부터 변화를 겪고 있다.).
- 권한 집중도(degree of centralization) – 최고 관리자에게 부여된 의사결정력의 크기는 상황에 따라 변화한다. 작은 조직에서는 최고 관리자에게 모든 의사결정 권한이 집중되기도 한다. 하지만 거대한 조직에서는 사소한 주제들에 관해 더 낮은 단계의 관리자나 종업원들에게 의사결정 권한을 일부 위임해야 한다.
- 분명한 의사소통 채널(clear communication channels) – 모든 종업원은 쉽고 빠르게 기업 내 다른 이들에게 의사를 전달할 수 있어야 한다.
- 질서(order) – 도구나 사람은 적절한 장소에 유지되고 위치해야 한다.
- 공평(equity) – 관리자는 팀원과 동료들을 존중하고 공정하게 대우해야 한다.
- 애사심(esprit de corps) – 기업의 종업원 사이에 자긍심과 충성심이 형성되어야 한다.

전 세계 대학의 경영 과정은 몇 년에 걸쳐 이 원리들을 가르치고 있다. 그리고 그것은 경영의 개념과 같은 의미로 받아들여지고 있다. 조직들은 한 명 이상의 관리자 명령을 받는 종업원이 없고, 권한의 흐름 체계가 분명하며, 모든 종업원이 누구에게 보고해야 하는지 확실히 알 수 있도록 설계되어 있다. 당연히 이러한 원리들은 더 크게 성장하려는 조직들에 규칙과 정책과 규율로서 문서로 체계화되고 있다.

이 규칙을 만드는 과정은 때때로 소비자의 요청에 즉각적으로 대응하지 않는 더욱 경직된 조직을 만들기도 한다. 과거 미국의 많은 지방에서 자동차등록 사무소(DMV, Department of Motor Vehicles)와 자동차 수리 센터는 고객의 요구에 상대적으로 느리게 대응하는 조직들로 언급되었다. 그렇다면 이러한 늑장대응 관료주의는 어디에서 시작된 것인가? 다음에서 알아보자.

막스 베버는 최고 관리자의 명령을 수행하는 중간 관리자로 구성된 조직 구조를 발전시켰다. 베버는 교육을 덜 받은 종업원들은 관리자나 상사의 지휘에 따라 엄격한 규정과 규칙으로 관리되어야 한다고 확신했다. 오늘날 그러한 통제가 효과적인 산업이나 기업은 어디인가?

막스 베버(Max Weber)의 조직이론 막스 베버(Max Weber)의 저서 《사회 경제적 조직이론(The Theory of Social and Economic Organizations)》은 파욜(Fayol)의 저서와 같이 1940년대 후반 미국에서 소개되었다. 베버는 독일의 사회학자이자 경제학자로서 대기업이 선호하는 피라미드 조직구조를 촉발했다. 베버는 관리자들에게 대 단한 신뢰를 보였다. 만약 종업원들이 단순히 관리자가 지시하는 것을 따른다면 기 업은 잘 운영될 것이라고 믿었다. 종업원들이 의사결정을 적게 하면 할수록 더 나은 것이 될 것이다. 만약 상대적으로 교육받지 못하고 숙련되지 못한 종업원들을 지휘하게 된다면 분명히 이것은 합리적인 운영 방법일 것이다. 그러한 종업원들은 베버가 책을 저술하던 그 시대에는 일반적이었다. 그러나 오늘날 대부분의 종업원은 그 당시보다 월등한 교육적 소양이나 전문적인 기술들을 갖추고 있다. 베버의 조직이론은 파욜의 이론과 비슷하다. 추가로 베버는 다음 사항들을 강조한다.

- 직무 설명
- 규정서, 결정지침, 세부적인 기록
- 일관된 절차, 규칙, 정책
- 정확한 자격에 따른 채용과 승진

베버의 생각은 대규모 조직에서는 정확하게 지켜져야 하는 지침이나 규정들을 분명하게 수립해야 한다는 것이다. 다시 말해 그는 관료주의를 선호했다. 비록 그 이론들이 당시에는 적절했을지라도, 어떤 기업에는 융통성이 없는 규칙과 절차의 실행으로 비생산적이었다. 어떤 조직들은 지금도 여전히 베버의 이론으로 성공을 거두고 있다.4) 예를 들어, UPS(United Parcel Service)는 종업원들이 의사결정을 하느라 지체할 필요 없이 신속하게 소포를 운송하기 위한 의사결정 지침과 규정서를 갖추고 있다. 그 절차는 매우 분명하고 명확하다.

반면 베버의 원칙을 따르는 다른 조직에서는 종업원들이 새로운 도전에 신속히 대응하는 것을 허락하지 않기 때문에 UPS처럼 효과적이지는 않은 경우도 있다. 많은 지역의 재난 구조조직에서 그러한 점이 분명하게 드러나고 있다. 뒤에서 우리는 조직들을 더욱 빠르게 반응하도록 하는 방법을 알아볼 것이다. 먼저 기본 용어와 개념들을 살펴보도록 하자.

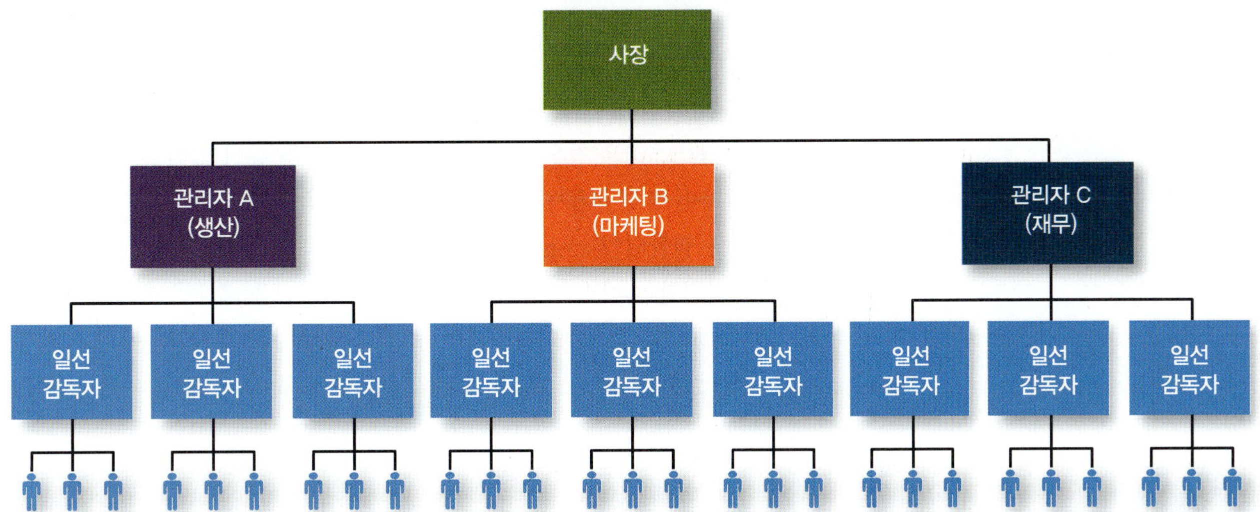

그림 7.1 전형적인 위계적 조직도

이는 주요 기능에 대한 관리자와 이들 관리자에게 보고하는 감독자를 갖는 표준 조직도이다. 각 감독자는 세 명의 종업원을 관리하고 있다.

조직원리를 조직설계에 적용하기

파욜과 베버 같은 이론가들의 개념에 따르면 관리자들은 1900년대 후반에 종업원들 을 통제(control)할 수 있는 조직설계를 시작했다. 그리고 많은 기업이 여전히 위계적 인 방식으로 조직되어 있다. **위계(hierarchy)**는 조직의 가장 상부에 한 명의 의사결정자가 있고, 상부로부터 내려오는 순위와 순차적인 순서에 따라 종업원들을 책임지는 관리자들이 있는 체계이다. 한 사람이 수천 명의 종업원의 행적을 파악할 수 없으므로 최고 관리자는 더 낮은 많은 단계 관리자들의 도움이 필요하다. **지휘계통(chain of command)**은 가장 최고의 위계에서 더 낮은 곳으로 이동하는 권한의 흐름이다. 그림 7.1은 전형적인 위계적 조직구조이다. **조직도(organization chart)**는 직원들의 관계와 조직업무분장을 도식화해서 보여주고 있다. 조직도를 통해 보고체계를 확인할 수 있다.

위계
조직의 가장 상부에 한 명의 의사결정자가 있고 상부로부터 내려오는 순위와 순차적인 순서에 따라 종업원을 책임지는 관리자가 있는 체계

지휘계통
가장 최고의 위계에서 더 낮은 곳으로 이동하는 권한의 흐름

조직도
직원들의 관계와 조직업무 분장을 도식화해서 보여주는 표. 조직도를 통해 특정작업의 완성책임자 및 보고 체계를 확인할 수 있음

어떤 조직들은 CEO와 가장 낮은 단계의 종업원 사이에 십여 단계 또는 더 많은 관리의 층을 가지고 있다. 만약 종업원들이 직무 변화를 원한다면 그들은 관리자(첫 번째 의사소통 단계의 관리자)에게, 그 첫 번째 단계의 관리자는 그보다 상위의 관리자에게, 그 관리자는 그보다 한 단계 더 높은 단계의 관리자에게 요청하는 식이다. 결국, 결정 이 내려지고 이러한 결정이 다시 종업원에게 도달되기까지 몇 주에서 몇 달이 걸릴 수 도 있다. 예를 들어 제약회사인 화이자(Pfizer)에는 한때 최고경영자와 말단직원 사이에 17단계의 계층이 존재했다.

베버는 최고 관리자의 명령들을 실행하는 중간 관리자들의 기능을 설명하기 위해 관료(bureaucrat)라는 단어를 사용하였다. 따라서 **관료주의(bureaucracy)**는 많은 관리자의 층을 보유하고 있는 조직을 지칭하며 사용되기 시작했다.

관료주의
모든 결정들을 감시하고 규율과 규칙을 정하는 많은 관리자의 층을 보유한 조직

종업원이 관리자에게 변경 승인을 요청할 때 그 과정이 너무 오래 걸리기 때문에 고객들은 짜증이 난다. 백화점이나 다른 조직에서 이런 경험을 해본 적이 있는가? 소비자들은 대부분 효율적인 서비스를 원하기 때문에, 그것도 즉시 원하기 때문에 느린 서비스는 오늘날의 경쟁 기업체제에서는 용납될 수 없는 문제이다.

고객 만족을 위해 일부 기업들은 종업원들 스스로 의사결정을 할 수 있는 권한을 부여하는 혁신을 단행하고 있다. 건축 인테리어 업체 홈 디포(Home Depot)는 경쟁업체보다 더 많은 고객을 유치하기 위해 이러한 방법을 사용한다. 이와 유사하게 백화점 체인인 노드스트롬(Nordstrom)은 경우에 따라 종업원이 관리자 승인 없이 고객의 반품을 받아줄 수 있다.[5] 이처럼 종업원에게 고객을 만족시키고 의사결정을 할 수 있는 권한과 책임을 부여하는 것을 권한위임(empowerment)이라고 한다. 주의해야 할 것은 권한위임은 종업원들에게 적절한 훈련과 대응할 만한 자원이 주어졌을 때에만 효과가 있다는 것이다. 여러분은 위기 상황에서 그러한 훈련이 고객을 응대하는 종업원들에게 어떤 도움이 되는지 알 수 있겠는가?

시험 준비

- 분업(division of labor)과 전문화(job specialization)가 의미하는 바는 무엇인가?
- 파욜(Fayol)이 주창한 관리의 원칙은 무엇인가?
- 베버(Weber)는 파욜(Fayol)의 이론에 무엇을 더했는가?

학습목표 7-3 조직 구조를 설계하는 관리자들의 선택에 대해 평가할 수 있다.

조직을 설계하는 데 필요한 결정들

변화에 대응하는 조직 설계를 위해 기업들은 몇 가지 조직 관련 이슈를 다루어야만 한다. ① 권한 집중화와 분산화(centralization vs. decentralization), ② 통제 범위(span of control), ③ 수직적 조직 구조(tall organizational structure)와 수평적 조직 구조(flat organizational structure), ④ 부문화(departmentalization)이다.

집중적 권한이나 분산적 권한의 선택

집중적 권한
의사결정 권한이 기업 본사의 최고 경영진에게 있는 조직 구조

집중적 권한(centralized authority)은 의사결정 권한이 기업 본사의 최고 경영진에게 있는 것을 말한다. 예를 들어, 버거킹은 대부분의 주요의사 결정이 핵심경영층에 의해 이루어지는 국제적으로 집중화된 권한체계 구조를 가지고 있다. 이와 같은 구조는 강력

그림 7.2 집중적 권한과 분산적 권한의 장단점

	집중적 권한	분산적 권한
장점	• 최고 경영진의 통제가 쉽다. • 효율성이 높다. • 배분 시스템이 간단하다. • 브랜드와 기업 이미지가 강하다	• 고객의 욕구에 잘 적응한다. • 종업원들에게 더 많은 권한위임이 발생한다. • 의사결정이 신속하다. • 의욕이 높다.
단점	• 소비자에 대한 반응이 늦다. • 권한위임이 약하다. • 조직 내부의 갈등이 높다. • 본사에서 멀어질수록 의욕이 낮다.	• 효율성이 낮다. • 분배 과정이 복잡하다. • 최고 경영진의 통제가 약하다. • 기업 이미지가 약하다.

한 국제적 통제력을 가질 수 있다는 장점이 있는 반면, 지역적 변화나 유행에 즉각적으로 대응할 수 있는 유연성이 제한된다는 단점이 있다.[6)]

확대된 통제범위를 가진 관리자는 예측가능하고 표준화된 업무를 수행하는 많은 수의 종업원들을 책임질 수 있다. 공장의 조립라인 이외에 확대된 통제범위가 이득이 될 수 있는 다른 경영환경을 생각해 볼 수 있는가? 서비스 산업의 경우는 어떠한가?

맥도날드 또한 구매, 판촉이나 다른 결정들을 본사에서 가장 효과적으로 처리할 수 있다고 믿고 있다. 그러나 오늘날 시장이 급격히 변화하고 소비자의 입맛도 지역별로 다르기 때문에 맥도날드 역시 더 많은 분권화와 권한위임을 시도하고 있다. 프랑스의 매장에서는 크로크 맥도(Croque McDo: 뜨거운 햄과 치즈가 들어 있는 샌드위치)를 제공하고, 일본의 매장에서는 라이스, 중국의 매장에서는 타로파이(香芋派: 열대 과일을 넣은 파이)와 팥파이(红豆派) 등이 판매되고 있다.[7)]

분산적 권한(decentralized authority)은 본사의 관리층보다 지역 여건에 더 익숙한 낮은 층의 관리자나 종업원들이 의사결정 권한을 위임받은 것을 의미한다. 예를 들어, 캘리포니아 주의 메이시스(Macy's) 백화점의 고객들은 미네소타(Minnesota)나 메인(Maine) 주의 소비자들과는 다른 스타일의 의류를 요구할 것이다. 따라서 다양한 도시의 점포 매니저들에게 각 지역에 맞는 상품을 구매하고 가격을 책정하고 판촉하는 권한을 주는 것은 합당한 일이다. 2008~2009년의 경제 불황에 따라 메이시(Macy's) 백화점도 지역적 취향에 맞게 변화하고 있다. 홈 디포(Home Depot)와 로우스(Lowe's) 또한 이와 비슷한 형태로 지역 시장에 적합한 서비스를 제공하고 있다. 그림 7.2는 집중적 권한과 분권적 권한의 장단점을 열거한 것이다.

분산적 권한
본사의 관리층보다 지역 여건에 더 익숙한 낮은 층의 관리자나 종업원들이 의사결정 권한을 위임받은 조직 구조

적절한 통제 범위의 선택

통제 범위(span of control)는 경영관리자가 지시 · 감독해야 하는 최적의 종업원 수를 일컫는다. 그렇다면 '적절한' 통제 범위는 얼마인가? 낮은 수준의 과업, 즉 과업이 표준화되어 있을 때는 관리자가 15~40명의 넓은 통제 범위를 수용하는 것이 가능하다. 컴퓨터를 조립하는 일이나 극장을 청소하는 일은 20명이나 그 이상의 종업원도 1명의 관리자가 책임 질 수 있다. 그러나 조직의 과업 수준이 높아질수록 통제 가 능한 인원의 수는 적어진다. 과업 수준이 높아질수록 덜 표준화되고 일대일 커뮤니케이션 또한 더 많이 필요하기 때문이다.

통제 범위
경영 관리자가 지시 · 감독해야 하는 최적의 종업원 수

오늘날의 경영환경에서 통제 범위는 확대되는 추세이다. 조직이 권한위임(empowerment)을 강화하고, 중간관리자 수를 줄이며, 더 전문화되고 교육수준이 높은 종업원들을 채용하고 있기 때문이다. 또한 정보기술의 발달로 관리자 가 더 많은 정보를 다룰 수 있게 되어 통제 범위는 더욱 확장될 수 있다.

수직적 조직 구조와 수평적 조직 구조

20세기 초반이 되자 조직들은 점점 커지고 관리 단계는 점점 많아졌다. 그리고 이러한 현상은 수직적 조직 구조가 될 때까지 계속되었다. **수직적 조직 구조**(tall organizational structure)는 관리를 해야 하는 단계가 다양해져 기존의 피라미드 조직 이 더 길어진 형

수직적 조직 구조
관리를 해야 하는 단계가 다양해져 기존의 피라미드 조직이 더 길어진 조직 구조

그림 7.3 수평적 조직 구조

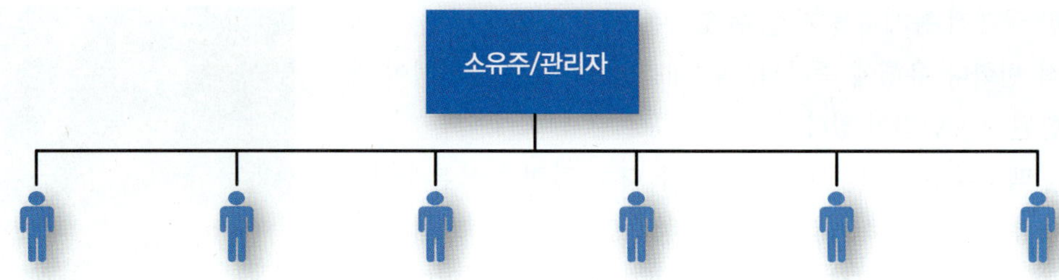

태라 볼 수 있다. 앞서 살펴보았듯이 몇몇 조직들은 17단계나 되는 관리 단계를 가지고 있었으며, 통제 범위는 좁았다(즉, 각 관리자에게 보고하는 종업원의 수가 적다는 의미이다).

이러한 수직적 조직을 보면, 조직에서 메시지가 관리자들 사이를 오가는 과정에서 어떻게 왜곡이 될 수 있는지 상상할 수 있다. 수직적 조직을 살펴보면 관리자와 그 관리자를 보조하는 자, 비서와 그의 보조, 감독자와 수습생 등 매우 복잡하게 조직이 이루어진 것을 알 수 있다. 이 모든 관리자를 유지하고 지원하는 비용 역시 매우 높을 것이다. 각각의 관리자들이 만들어내는 사무업무의 양도 엄청나고 의사결정을 하거나 서로 대화를 하기에도 상당히 비효율적일 것이다.

수평적 조직 구조
관리하는 단계가 적고 통제 범위는 넓은 조직 구조

이러한 단점들 때문에 최근에는 조직들이 점점 수평적 조직의 형태를 받아들이게 되었다. **수평적 조직 구조**(flat organization structure)는 관리하는 단계가 적고(그림 7.3 참조) 통제 범위는 넓다(즉, 각각의 관리자에게 보고하는 종업원들이 많다는 의미이다). 이 조직은 고객의 욕구에 신속히 대응할 수 있다. 왜냐하면, 고객들과 직접 접하는 종업원들에게 의사결정에 대한 권한과 책임이 많이 부여되고, 이로써 관리자는 일상 업무 에서 벗어날 수 있기 때문이다. 수평적 조직 구조 형태인 서점에서는 종업원들이 직접 고객의 특별 주문을 받고 종류별로 책장을 정리할 수 있는 권한을 가진다.

대규모 조직들은 종업원들이 고객의 이름을 알고 있을 정도로 고객과 친밀함을 가진 소규모 회사의 모습을 닮고 싶어한다. 조직 구조가 수평적일수록 대부분 관리자들에게 있어 통제 범위가 넓어지므로 많은 관리자가 직업을 잃을 수도 있다. 그림 7.4는 좁은 통제 범위와 넓은 통제 범위의 장단점을 정리한 것이다.

부문화의 장단점

부문화
기능에 따라 조직을 세분화된 단위로 나누는 것

부문화(departmentalization)는 조직을 세분된 단위로 나누는 것이다. 조직을 부문화하는 전통적 방식은 기능(디자인, 생산, 마케팅, 회계 등)에 의해 나누는 것이다. 기능적 구조는 종업원들을 비슷한 기술, 전문성, 자원들에 기반을 두어 각각의 부서에 맞게 조직화하는 것이다. 기능에 의한 부문화는 종업원들을 전문화시킬 수 있고 서로 함께 효과적으로 일할 수 있도록 한다. 부문화로 인해 비용이 줄어들면 효율성도 높아진다. 부문화의 다른 장점 중에는 다음과 같은 것들이 있다.

1. 종업원들은 기술을 심화하여 발전시킬 수 있고 그 기술을 완벽히 습득하여 승진할 수 있다.

	좁은 통제 범위	넓은 통제 범위
장점	• 최고 경영진의 통제가 쉬움 • 승진 기회가 많음 • 전문화 • 자세한 관리 감독	• 비용의 감소 • 소비자에 대한 신속한 대응 • 신속한 의사결정 • 권한위임이 쉬움
단점	• 권한위임이 적음 • 큰 비용 • 느린 의사결정 • 소비자에 대한 책임감 부족	• 승진 기회가 적음 • 관리자에 대한 과잉 업무 부여 • 통제의 상실 • 전문화된 관리의 어려움

그림 7.4 좁은 통제 범위와 넓은 통제 범위의 장단점

수평적 조직 구조일수록 통제 범위가 넓어진다.

2. 기업은 필요한 모든 자원을 집중하고 그 지역에 다양한 전문가를 배치하여 규모의 경제를 달성할 수 있다.
3. 종업원들은 기능적으로 원활히 협력할 수 있고 상위 관리자는 다양한 부서별 활동을 쉽게 지시 · 통제할 수 있다.

기능에 따른 부문화의 단점은 다음과 같다.

1. 서로 다른 부서들 사이에 의사소통이 부족할 수 있다. 예를 들어, 생산 부서는 마케팅 부서와 분리되어 있어서 제품 생산을 하는 사람들이 고객의 적절한 피드백 을 받기가 힘들다.
2. 종업원 개개인은 조직 전체의 목표보다는 자기가 속한 부서의 목표만을 확인할 수 있다. 예를 들어, 구매부서가 좋은 가격의 제품을 찾아 대량 구매했지만, 기업 은 높은 보관비용을 들여 저장해야 하는 경우가 생긴다. 그 결과 구매부서는 외관상으로는 좋아 보일 수 있지만 기업 전체적인 수익성에는 타격을 주게 된다.
3. 외부변화에 대한 기업의 대응이 느리다.
4. 종업원들이 다른 경영요소에 대한 책임감을 느끼도록 훈련받지 않는다. 오히려 좁은 분야의 전문성을 키우려는 경향이 있다.
5. 같은 부서의 사람들은 같은 생각을 하게 되는 경향이 있으므로 더 창의적이기 위해서는 다른 부서로부터 의견을 얻을 필요가 있다.

부문화의 대안적 방안 기능적 부문화가 언제나 가장 대응이 빠른 조직의 형태라고 볼 수는 없다. 그렇다면 이에 대한 대안은 무엇일까? 그림 7.5는 회사가 부문화를 할 수 있는 다섯 가지 대안에 대해서 설명하고 있다. 한 가지 대안은 제품에 따른 부문화 이다. 출판사는 일반도서(대중에게 판매하는 책), 교과서, 기술서 등 모든 분야의 책을 출판해야 한다. 각 분야에 대한 독자들은 다 다르다. 따라서 각각의 책에 대한 마케팅 방법과 개발 방법은 세분된다. 이 같은 제품 중심의 부문화는 기업과 고객이 좋은 관계를 형성하도록 한다.

어떤 조직에서는 조직을 고객 그룹별로 부문화하는 것이 더 의미가 있다. 예를 들어, 제약회사는 일반소비자 시장에 집중하기 위한 부서가 하나 있어야 하고, 병원(기관 시

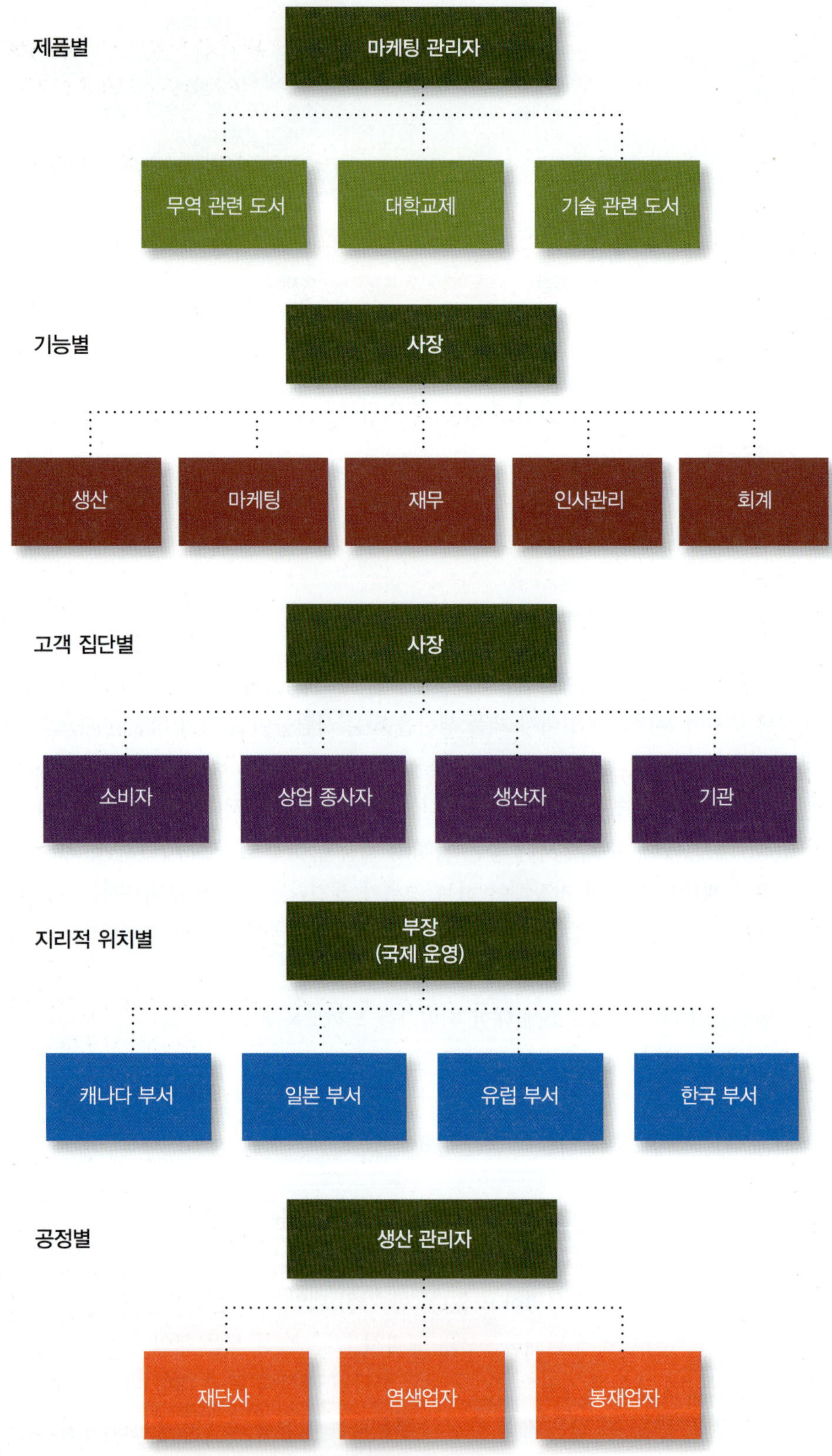

그림 7.5 부문화의 방법

컴퓨터 회사는 지리적 위치(국가별), 제조 공장은 기능, 제약회사는 고객 집단, 가죽 제조 공장은 공정과정, 출판업자는 출판된 책들로 각 부분을 세분화하고 싶어 한다. 각각의 구조는 회사의 목표에 적합해야 한다.

장)에 공급하기 위한 부서가 하나 있어야 하고, 의사들을 주 고객으로 하는 부서가 따 로 마련되어야 한다. 고객의 욕구를 만족시키기 위해 고객에 대한 전문가를 고용하여 고객

윌슨 스포츠용품(Wilson Sporting Goods) 공장에서는 미식축구공 재료가 잘라지고 기워진 후 사진처럼 바느질을 위한 부서로 보내진다. 이 미 부서에서는 종업원이 바람 빠진 미식축구공을 개봉한 후 바느질을 위한 준비를 하게 된다. 이와 같은 부문화(departmentalizing)의 장단점은 무엇인가?

을 집단별로 구분하는 것이 얼마나 이득이 되는지 알 수 있을 것이다.

몇몇 기업은 고객 집단을 지리적 위치에 따라서 구분한다. 왜냐하면, 고객은 지역에 따라 그 특성이 다양하기 때문이다. 아시아, 유럽, 남미 이렇게 국가별로 분류하는 방식도 이러한 부문화에 포함된다. 이를 통해서 각 지역에 따른 이익을 더 분명하게 나타낼 수 있다.

제품의 특성과 고객이 원하는 것들을 알아야 어떠한 방식으로 부문화할 것인지가 결정된다. 소수의 기업은 제품의 제조과정별로 기업 활동을 세분화하는 것이 효율적이라고 보고 있다. 예를 들어, 가죽 코트를 만드는 기업은 가죽을 자르는 부서 하나, 색감을 넣는 부서 하나, 코트로 박음질하는 부서 하나, 이렇게 각각의 부서를 따로 갖고 있다. 이러한 전문화는 종업원들이 중요한 기술들에 대해 집중할 수 있도록 하므로 그들이 더 열심히 일할 수 있게 한다.

어떤 기업들은 다양한 부문화 기법을 결합하여 사용한다. 이러한 형태를 혼합 형태(hybrid forms)라고 한다. 예를 들어, 어떤 기업은 기능, 지리적 위치, 고객 집단 이 세 가지 방법을 모두 사용할 수도 있다.

시험 준비

- 왜 조직이 점점 수평적이 되는가?
- 조직에서 좁은 통제 범위를 갖는 이유는 무엇이 있을까?
- 부문화(departmentalization)의 장단점은 무엇인가?
- 기업들이 부문화를 할 수 있는 다양한 방식에는 어떤 것들이 있을까?

학습목표 7-4 다양한 조직모델에 대해 비교하여 설명할 수 있다.

조직 모델들

이제까지 조직 설계의 기본 개념에 대하여 살펴보았고 지금부터는 조직을 설계하는 다양한 방법들에 대하여 자세히 알아보기로 하자. 조직 설계의 4가지 모델, 즉 ① 라인 조직(line organizations), ② 라인–스태프 조직(line–staff organizations), ③ 매트릭스 조직(matrix–style organization), ④ 교차기능 자율경영팀(cross–functional self–management teams)에 대하여 알아보자. 4가지 모델 중 전통적인 경영 원리에 반하는 것도 볼 수 있을 것이다. 현재는 기업 환경이 변화하는 시기이며 전통적인 조직 모 델은 새로운 조직구조로 대체되고 있다. 그러한 변화로 경영자와 종업원은 고통스러울 뿐만 아니라 문제와 실수가 잔뜩 일어날 수 있다.

라인 조직

라인 조직
책임과 권한이 병행되고, 모든 사람들이 한 명의 감독자에게 보고하며, 조직의 상부에서 하부로 전달되는 의사소통 흐름을 가진 조직

라인 조직(line organization)은 책임과 권한이 병행된다. 모든 사람이 한 명의 감독자에게 보고하며 조직의 상부에서 하부로 전달되는 의사소통 흐름을 가진 조직이다. 많은 중소기업은 이런 방법으로 조직되어 있다. 예를 들면, 지역 피자점은 총지배인과 관리자로 조직이 구성되어 있다. 모든 종업원은 관리자에게 보고하고, 관리자는 총지배인 또는 사장에게 보고한다.

라인 조직에는 경영관리지원 전문가가 존재하지 않는다. 예를 들어, 법무팀, 회계부, 인사부, 정보 기술부 등이 존재하지 않는다. 이와 같은 조직들은 파욜의 전통적인 관리 원칙을 따른다. 라인 매니저는 명령을 내리거나 규율을 강화하고 상황의 변화에 따라 조직을 변화시킬 수 있다.

대기업에서는 라인 조직의 특징—경직된 구조, 소수의 전문가가 라인의 다수 종업원에게 통지하는 것, 지나치게 긴 의사소통 과정, 관련 없는 수천 개의 제품, 말 그대로 수천 톤의 문서 업무와 복잡한 의사결정을 해야 하는 점—이 단점이 될 수 있다. 이런 조직들은 대부분 라인–스태프 조직으로 변화하게 된다.

라인–스태프 조직

라인 종업원
조직의 목표를 달성하기 위한 책임을 지닌 지휘 계통의 일부분이 되는 종업원

스태프 종업원
라인 종업원이 목표를 달성할 수 있도록 조언과 도움을 주는 업무를 담당하는 종업원

오늘날의 많은 조직은 라인 조직의 단점을 최소화하기 위하여 라인–스태프 조직을 채택하고 있다. **라인 종업원(line–personnel)**은 조직의 목표 달성 책임을 지닌 지휘 계통의 일부분이 되는 종업원이다. 생산, 유통, 마케팅 종업원이 포함된다. **스태프 종업원(staff–personnel)**은 라인 종업원이 그들의 목표를 달성할 수 있도록 조언하고 보조해주는 역할을 수행한다. 마케팅 리서치, 법률자문, 정보기술 및 인사관리부서 종업원들이 스태프 종업원의 예이다.

그림 7.6의 라인–스태프 조직도를 참조하라. 라인과 스태프의 한 가지 중요한 차이점은 권한(authority)에 있다. 라인 종업원은 정책을 결정할 수 있는 공식적인 권한을 가지고 있다. 스태프는 라인 종업원에게 조언하고 그들의 결정에 영향을 줄 수 있는 제안

그림 7.6 라인–스태프 조직의 예

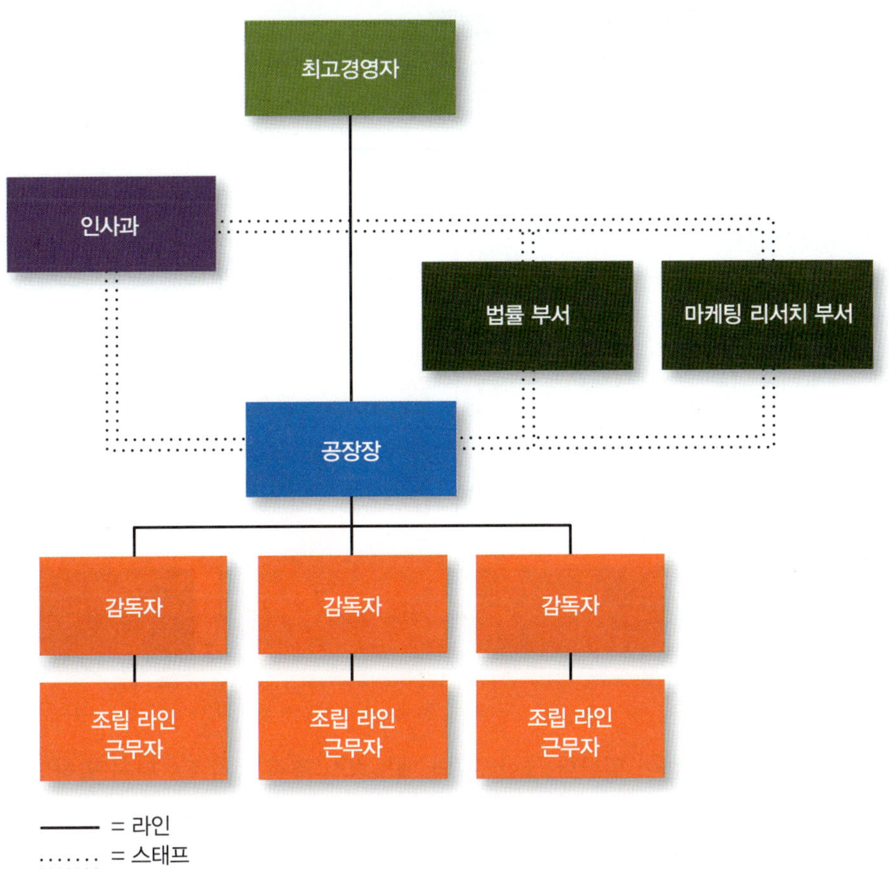

을 할 수는 있으나 스스로 정책을 바꿀 수는 없다. 라인 관리자는 스태프의 조언을 택하거나 무시할 수 있다.

많은 조직은 안전, 법률적 이슈, 품질 관리, 데이터베이스 관리, 동기부여, 투자와 관련된 부분에서 스태프의 전문적인 조언으로 많은 이익을 본다. 스태프 직위는 라인의 직위를 강화해준다. 이는 조직에서 임금을 지불하고 고액 연봉을 받는 전문컨설턴트를 유지하는 것과 같다.

매트릭스 조직

라인 조직과 라인–스태프 조직구조는 융통성이 떨어지는 점이 단점이다. 두 조직은 확립된 권한과 의사소통 라인 수립을 가능하게 하며, 비교적 환경의 변화에 민감하지 않은 기업인 가정용 가전제품을 판매하는 기업들에는 효율적이다. 이와 같은 기업들에는 명확한 권한체계와 비교적 정형화된 조직구조가 효율적인 경영을 보장하는 자산 이다.

그러나 오늘날의 경제환경은 과거에는 볼 수 없었던 고성장 산업(예: 통신, 나노기술, 로봇공학, 생물공학, 항공우주산업)이 주도하고 있다. 이러한 산업들은 경쟁이 심하고 새로운 아이디어에 대한 수명주기도 짧다. 상품 개발, 창조성, 특별 프로젝트, 신속한 의사소통, 독립적인 팀 활동이 강조되고 있다. 이러한 변화로 인해 매트릭스 조직의 인기도 증가하고 있다. **매트릭스 조직**(matrix organization)에서는 기존의 라인–스태프 조직의 구성원 상태를 유지하면서 특별한 프로젝트를 위해 조직 내의 서로 다른 분

매트릭스 조직
기존의 라인–스태프 조직 구성원 상태를 유지하면서 특별한 프로젝트를 위해 조직 내의 서로 다른 분야의 전문가들이 함께 일하는 조직

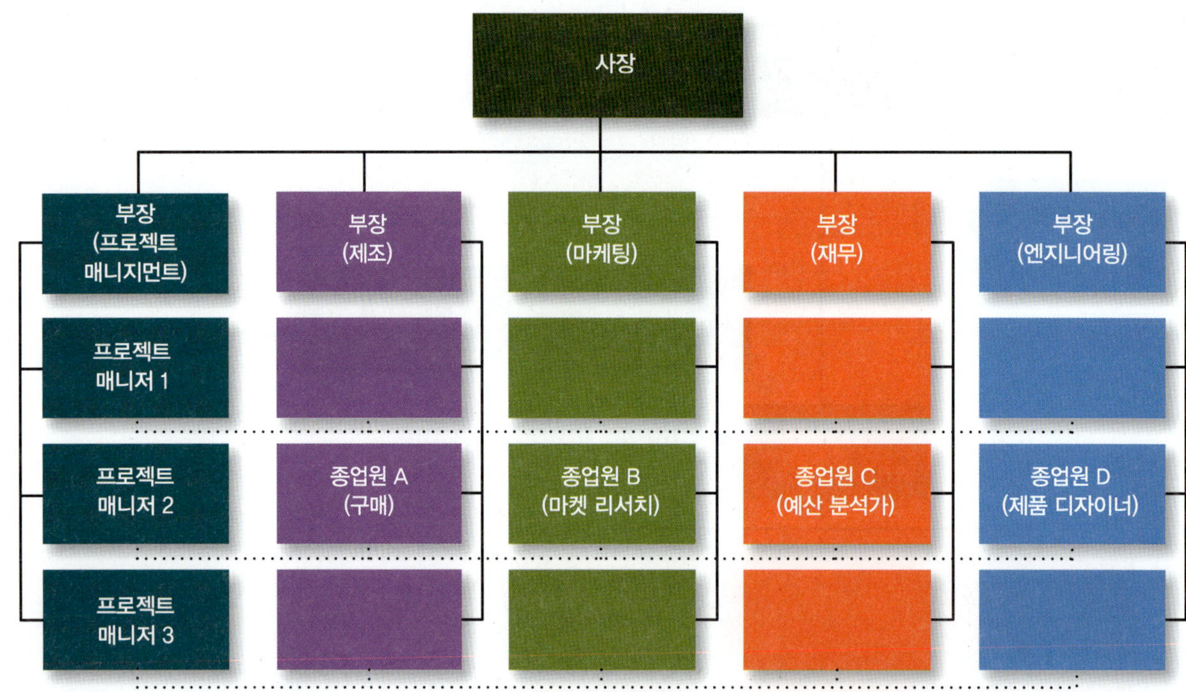

그림 7.7 매트릭스 조직도

매트릭스 조직에서는 프로젝트 매니저가 여러 부서의 멤버들로 구성된 팀을 담당한다. 이 경우, 프로젝트 매니저 2는 종업원 A, B, C, D를 감독한다. 이 종업원들은 프로젝트 매니저 2뿐만 아니라 기존에 속해 있는 부서의 부장에게도 보고를 해야 한다. 예를 들어, 마켓 리서치 종업원 B는 프로젝트 매니저 2와 마케팅 부서 부장에게도 보고한다.

야의 전문가들이 협력하여 일한다(그림 7.7의 매트릭스 조직도 참조). 다시 말하면, 프로젝트 관리자는 다른 부서로부터 신제품을 디자인하고 마케팅하는 데 도움이 되는 사람을 영입할 수 있다.

매트릭스 조직의 구조는 항공우주산업에서 가장 먼저 발달하였지만, 현재는 은행, 컨설팅회사, 회계법인, 광고 대행사, 학교와 같은 조직들에서도 사용되고 있다. 매트릭스 조직구조의 장점은 아래와 같다.

- 관리자가 프로젝트에 사람을 임명하는 데 유연성이 있다.
- 조직 내의 협력과 팀 활동을 촉진한다.
- 제품 개발과 관련된 문제들에 대하여 창의적인 해결책을 만들 수 있다.
- 조직 자원의 효율적 사용이 가능하다.

단점은 다음과 같다.

- 비용이 많이 들고, 복잡하다.
- 어느 부서(프로젝트 매니저 또는 기능별 조직)에 충성해야 하는지에 대하여 종업원들 사이에 혼란을 유발할 수가 있다.
- 좋은 대인관계기술과 협동적인 종업원들과 관리자들이 요구된다. 또한 의사소통 문제가 나타날 수 있다.
- 장기적인 문제에 대해 단지 일시적인 해결책일 수도 있다.

만약 매트릭스 조직이 전통적인 경영원칙에 어긋나는 듯 보인다면 정확히 보았다. 일반직으로 한 개인이 두 명의 상사를 위해 효과적으로 일할 수는 없다. 누가 진정한 권한을 가진 것인가? 어떤 지시가 최우선인가, 프로젝트 매니저의 지시인가 아니면 직속 상사가 내린 지시인가?

그러나 여러분이 상상하는 것보다 이 시스템은 더욱 효과적인 기능을 발휘한다. 새로운 제품을 개발하기 위해서 프로젝트 관리자는 생산, 마케팅, 다른 라인 기능 부서들로부터 종업원을 '빌려 오는' 권한을 임시로 부여받는다. 또한 함께 일한 종업원들은 프로젝트를 완수하고 나면 제자리로 복귀한다. 따라서 실제 어느 누구도 동시에 두 상사에게 보고하지 않는다.

그러나 매트릭스 조직이 가지고 있는 잠재적인 문제점은 프로젝트팀이 영구적이지 않다는 것이다. 조직이 문제를 해결하기 위해 형성되었다가 프로젝트가 끝나면 없어지는 것이다. 각 기능 라인의 전문가들이 매우 적은 시간을 함께 보내기 때문에 교차기능 학습(cross-functional learning)의 기회가 적다.

교차기능 자율경영팀

매트릭스 조직에 의하여 형성된 일시적인 팀 구성에 대한 단 점을 해결하는 방법은 다음과 같다. 장기적으로 지속하는 팀 을 만들어 공급자, 고객, 기타 관계자들에게 훌륭한 서비스를 제공하면서 신속하고 효과적으로 질 높은 신제품을 개발해나 가는 것이다. **교차기능 자율경영팀**(cross-functional self-managed teams)은 서로 다른 부서의 종업원들이 장기적으로 지속되는 팀을 만들어 함께 일하는 것이다(매트릭스 조직에서 일시적으로 팀이 조직되는 것과는 다르다.). 보통 교차기능 자율경영팀은 관리자의 승인 없이도 스스로 결정을 내릴 수 있는 권한을 부여받는다. 이것이 바로 팀을 자율경영팀이라고 부르는 이유이다. 다양한 부서의 종업원들이 함께 팀을 만들 때 디자인, 공학기술, 마케팅, 유통, 다른 기능 부서들 사이의 장벽이 무너진다. 가끔 그 팀들은

회사 간에도 만들어진다. 즉, 두 개 혹은 그 이상의 다른 기업들에서 팀원들이 모이는

교차기능 자율경영팀
서로 다른 부서의 종업원들이 장기적으로 지속되는 팀을 만들어 함께 일하는 것

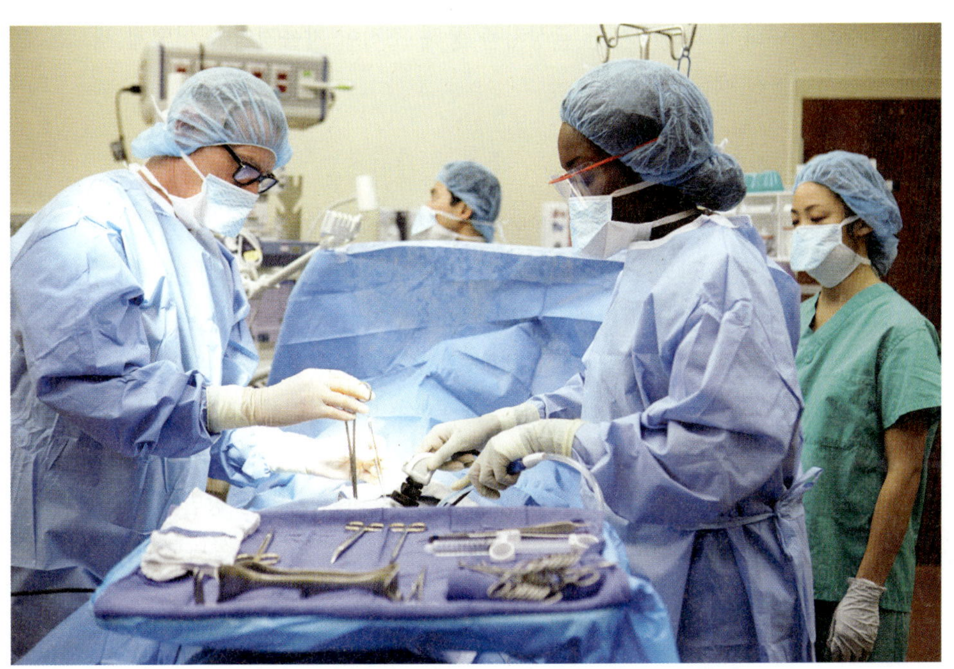

교차기능 자율경영팀의 한 예로 수술실의 의료전문팀을 생각해볼 수 있다. 의사, 간호사, 기술자, 마취과 의사에 이르기까지 병원 내에서 각기 다른 분야 다른 부서의 사람들이 모여 성공적인 수술을 위해 팀을 운영하는 것이다. 사무실이나 소매 환경(retail environment)에서는 교차기능 자율경영팀이 임무 완수를 위하여 무슨 일을 하는가?

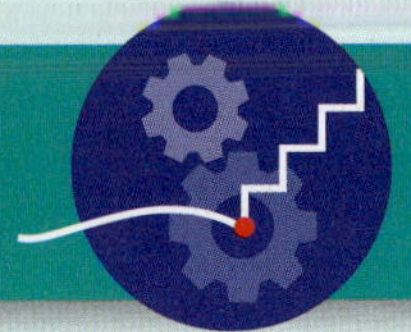

변화에 적응하기 상사 없는 조직(bossless)을 향해

자율경영팀에 머무는 이유는 무엇인가? 왜 자율경영 원칙을 조직 전체에 적용하지 않는가? Zappos, Morning Star, 그리고 W.L. Gore와 같은 기업들은 조직전체에 자율경영을 채택한 기업들이다. 이러한 기업들은 홀라크라시(Holacracy: 관리자 직급을 없애 위계질서에 의한 의사 전달이 아닌 구성원 모두가 동등한 위치에서 업무를 수행하는 조직 모델) 조직 구조를 사용해 계층 구조(상사)를 완전히 제거했다.

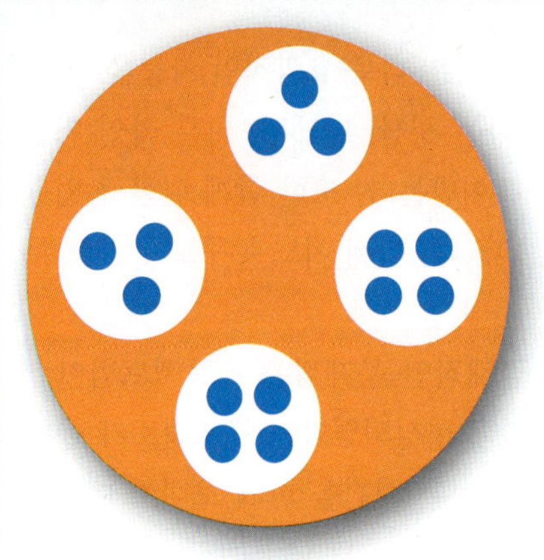

홀라크라시 조직에서는 권한과 의사결정이 조직 전체에 걸쳐 서클(서클은 팀의 팀이라고 생각하면 된다)로 주어진다. 서클은 조직의 요구가 변화함에 따라 형성되거나 해체되며 동일한 목적을 위해 일하는 "역할"의 그룹이다. 역할은 특정 결과 또는 프로세스에 대한 책임의 집합이다. 필요에 따라 역할은 생성, 수정 혹은 폐기될 수도 있다. 개인들은 여러 개의 서클에서 하나 이상의 역할을 가진다.

새로운 목표와 과제가 생길 때 개인들은 이를 다루기 위하여 서클을 만든다. 예를 들면, 세인트루이스 텔레비전 방송국은 임시 팀(서클)들을 동원하여 경제 위기와 미주리 주 Ferguson에서 발생한 사회 불안과 같은 주요 사건들에 지역 사회의 목소리를 더했다. 그리고 그 목표가 달성되었을 때, 서클들은 해체되었다.

기술이 없다면 누가 어디서 언제 무엇을 하는지 추적하는 것은 불가능할 것이다. GlassFrog나 holaSpirit과 같은 시스템은 모든 서클과 모든 역할의 목적, 책임 및 결정 권한을 나열하는 데 사용된다. 이 정보는 모든 사람이 볼 수 있다.

자율경영이 모든 조직 또는 모든 직원에게 적합한 것은 아니다. Zappos사에서 자율경영이 자신들에게 적합하지 않다고 생각하는 모든 직원들에게 퇴직금을 제시했을 때, 18%가 이 제안을 받아들였다고 한다. 상사가 없는 조직에서 일하는 것에 대한 여러분들의 견해는 어떠한가?

출처: Blake Morgan, "Stronger and Smarter: A Look Back at Customer Experience with Zappos," Forbes, March 28, 2018; Erik Roelofsen and Tao Yue, "Case Study: Is Holacracy for Us?," Harvard Business Review, March–April, 2017; Brian Scudamore, "Zappos' CEO Tony Hsieh Sums Up His Secret Superpower in a Single Word," Inc.,inc.com. January 24, 2018; Holacracy, holacracy. org, accessed October 2019.

경우이다.

교차기능 자율경영팀은 팀구성원에게 권한이 부여되고 상호협조적이어야 한다. 교차기능 자율경영팀은 리더십이 공유될 때 가장 효과적이다. 신제품 디자인 개발 단계에서는 엔지니어가 팀을 리드하지 만, 제품 유통 단계에서는 마케팅 전문가가 리더 역할을 하는 것이다. '변화에 적응하기'란 글상자를 통해 조직이 자율경영을 어떻게 새로운 단계로 적용시키는지 배울 수 있다.

조직의 경계를 넘어

교차기능팀은 고객들의 의견이 제품개발업무에 전해질 때 가장 잘 작동한다. 공급자 와 유통업자 또한 팀에 포함되어야 한다. 고객, 공급자, 유통업자를 포함한 교차기능팀 은 조직의 경계를 뛰어넘는다. 기업의 공급자나 유통업자가 외국에 있을 수도 있다. 이 경우 교차기능팀들은 국경을 초월하여 시장정보를 공유할 것이다. 정부는 팀 간의 네트워킹을 장려하고, 그와 같은 프로젝트에 도움을 줄 것이다. 이러한 때 교차기능팀은 정 부와 기업 간의 장벽을 허물 수 있다.

교차기능팀의 활용은 기업이 다른 기업과 상호작용하는 다양한 방법의 하나이다. 이제 기업들이 다른 기업과 상호작용을 할 수 있는 다른 방법에 대해 살펴보기로 하자.

시험 준비

- 라인 종업원과 스태프 종업원의 차이는 무엇인가?
- 매트릭스 조직에 버금가는 관리 원칙에는 무엇이 있는가?
- 매트릭스 조직 구조와 교차기능 자율경영팀의 주요 차이점은 무엇인가?

학습목표 7-5 기업 간 협력과 조정이 주는 이점에 대해 설명할 수 있다.

기업 간 상호작용 관리

네트워킹(networking)−고객 · 공급자 · 유통업자 · 정부를 포함하는−은 커뮤니케이션 기술 및 다른 수단을 이용해 조직을 연결하고 공통의 목적을 위해 함께 일할 수 있도록 만드는 것이다. 이에 대하여 더 살펴보자.

네트워킹
자기조직 및 다른 조직의 핵심관리자와 커뮤니케이션을 유지하고, 이와 같은 커뮤니케이션을 통해 비공식적 개발시스템으로서의 역할을 수행하는 강력한 관계를 형성하는 절차

투명성과 가상조직

조직들은 인터넷으로 아주 밀접하게 연결되어 있어서 다른 기업들이 무엇을 하고 있는지 실시간으로 확인해볼 수 있다. **실시간(real time)**은 단순히 무슨 일이 일어나고 있는 현재 순간(present moment)이나 실제 시간을 의미한다. 인터넷 데이터는 개발되거나 수집되는 즉시 다양한 조직의 파트너들에게 바로 전송되기 때문에 실시간으로 이용할 수 있다. 이러한 실시간 이용은 투명성을 가져온다(6장 참조). 투명성(transparency) 은 다음과 같은 경우에 생긴다. 기업이 함께 일하는 다른 기업에 공개되어 한때 장벽이었던 것이 허물어져 투명해지고 이로 인해 두 기업이 과거 전통적 기업 내의 부서들이 가깝게 일했던 것처럼 긴밀히 협력할 때 생긴다.

실시간
현재 순간 또는 어떤 일이 발생하고 있는 실제 시간

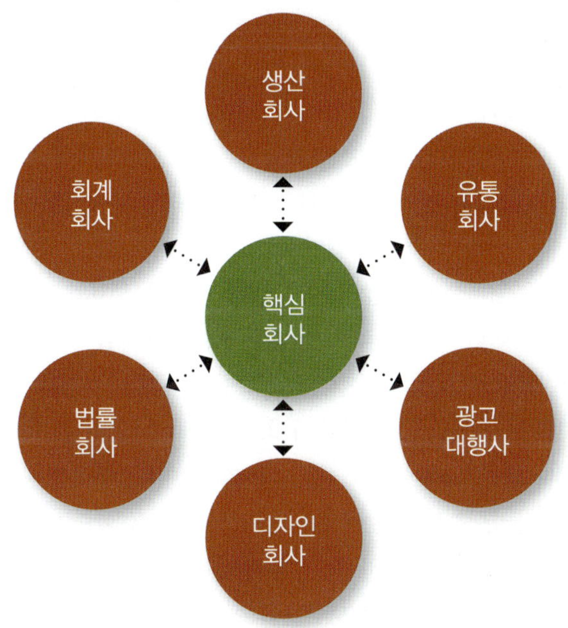

그림 7.8 가상기업
가상기업은 생산, 판매, 법, 기타 업무를 수행하는 회사들과 영구적인 관계를 갖지 않는다. 이러한 회사들은 매우 유연하며 시장의 변화에 빠르게 적응할 수 있다.

이것이 조직 설계에 무엇을 암시하는가? 대부분 조직은 더 이상 자급자족할 수 없다. 오히려 여러 현대 조직들은 모두가 긴밀히 협력하는 세계적인 기업들의 광대한 네트워크의 한 부분이다. 사람들이 어떤 조직에서 어떤 일을 하는가에 관한 조직도는 기 업들 사이의 훨씬 더 큰 규모의 시스템의 일부이기 때문에 완벽하지 않다. 현대의 조직도는 다른 조직의 사람들을 보여주고 그들이 네트워크화되는 것을 나타내준다.

네트워크화 된 조직구조는 유동적이다.[8] 이탈리아에 있는 다른 기업의 디자이너가 우리에게 일 년간 필요하고 그 후에는 필요하지 않을 수 있다. 다음에는 다른 나라 다른 기업의 다른 전문가가 다른 프로젝트를 위해 고용될 수도 있다. 이렇게 필요에 따라 교체하고 참여하거나 나가는 것이 가능한 임시 네트워크 조직을 **가상기업**(virtual corporation)이라고 한다(그림 7.8 참조). 이것은 전통적인 조직구조와 상당히 다르다. 사실 전통적인 관리자들은 네트워킹 시대의 변화 속도와 관계 비영속성에 적응하는 데 종종 어려움을 겪는다. 다음 부분에서는 이를 논의할 것이다. 우선은 기업들이 다른 기업들과의 상호 관계를 관리하기 위하여 벤치마킹과 아웃소싱을 어떻게 활용하고 있는지 알아보자.

가상기업
필요에 따라 교체하고 참여하거나 나가는 것이 가능한 조직들이 임시로 네트워킹 된 조직

전통적으로 조직은 모든 기능을 스스로 해결하려고 노력해왔다. 즉 각각의 기관들은 회 계, 재무, 마케팅, 생산 등을 관리하기 위해 분리된 부서가 있었다. 오늘날의 조직들은 세계적 수준의 품질을 만들어낼 수 없는 분야에서 다른 조직들의 도움을 받을 수 있는 지 찾아본다.

벤치마킹(benchmarking)은 조직의 운영, 공정 절차, 제품 등을 세계 최고의 것과 비교해보는 것이다. 예를 들어, K2는 스키, 스노보드, 인라인스케이트와 관련 상품들을 만드는 회사이다. K2는 스키에 그래픽을 인쇄하기 위해 자외선 잉크를 사용하려고 CD(콤팩트 디스크) 산업을 연구한다. K2는 스노보드 안에서 진동을 줄이기 위한 피에조(Piezo) 기술을 얻기 위해 우주산업에까지 손을 뻗었다(우주산업은 비행기 날개를 위한 기술을 사용한다.). K2는 케이블 TV 산업으로부터 유리 섬유와 탄소를 겹쳐 쌓아서 꼬는 방법을 배웠고, 이를 스키를 만드는 데 적용했다. 다른 예로서 제약회사 와이어스(Wyeth)는 프로젝트 관리를 위해서 우주산업을, 과정의 표준화를 위해 해운 산업을, 상품을 만드는 데 가장 효율적인 방법을 배우기 위해서 컴퓨터 제조업체를 벤치마킹 했다.벤치마킹은 직접 경쟁사를 벤치마킹할 수도 있다. 타겟(Target)은 월마트보다 나아 질 수 있는 무엇인가를 찾기 위하여 월마트와 자사를 비교할 수도 있다. 그 후 타깃은 월마트보다 앞서 가기 위해 자사의 절차와 과정을 향상하려고 노력할 것이다. 패스트푸드 산업에서는 경쟁자들이 시장선도자인 Chick-fil-A를 연구해 주문정확도, 음식의 품질, 청결도 등을 벤치마킹하는 일이 빈번하다.[9]

벤치마킹
조직의 운영, 공정 절차, 제품 등을 세계 최고의 것과 비교해보는 것

나이키(Nike)의 핵심경쟁력은 운동화를 디자인하고 마케팅 하는 것이다. 나이키는 생산과 같은 다른 업무들은 아웃소싱하고 있다. 다른 기업들이 나이키가 스스로 생산하는 것보다 저렴한 원가에 더 나은 품질을 보여주기 때문이다. 핵심경쟁력에 집중하는 것의 장단점은 무엇인가?

만약 한 조직이 해운(shipping) 분야에서 최고가 될 수 없다면 그 분야의 최고의 조직(예를 들어, UPS나 페덱스)에 아웃소싱을 시도할 것이다. 아웃소싱은 외부 조직에 회계, 생산, 보안, 유지관리, 법적 업무와 같은 다양한 기능을 할당하는 것이라는 점을 기억하라. 소규모 기업도 아웃소싱을 하고 있다. 우리는 이미 회사가 다른 나라로 아웃 소싱을 했을 때 생길 수 있는 몇 가지 문제점들을 논의했다. 정보 관리, 마케팅과 같은 몇

몇 기능들은 외부회사에 할당하기에는 너무나도 중요한 기능일 것이다. 이때는 최고 의 회사를 벤치마킹해서 조직의 부서를 최고로 만들기 위해 구조조정을 하는 노력을 해야 한다. 한편 다른 나라 기업들이 우리나라의 회사에 아웃소싱을 부탁할 수도 있다. 이와 같은 상황을 우리나라의 입장에서는 인소싱(insourcing)이라고 부르며 이는 우리나라의 일자리 창출에 도움을 주고 있다.

회사가 아웃소싱 과정들을 완료했을 때, 남아 있는 주요 기능은 회사의 핵심경쟁력이다. **핵심경쟁력**(core competencies)은 한 조직이 전 세계에서 다른 조직들만큼 또는 어떤 다른 조직보다도 더 훌륭하게 수행할 수 있는 기능들이다. 예를 들어, 나이키(Nike)는 스포츠 신발의 디자인과 마케팅에서 뛰어나다. 이와 같은 점들은 나이키의 핵심경쟁력이다. 그러나 나이키는 나이키가 생산하는 것보다 더 숙련되고 덜 비싼 가격 에 신발을 생산해낼 수 있는 다른 회사에 생산을 아웃소싱한다.[10)]

핵심경쟁력
한 조직이 전 세계에서 다른 조직들만큼 또는 어떤 다른 조직보다도 더 훌륭하게 수행할 수 있는 기능들

학습목표 7-6 기업이 변화에 적응하는 것을 도울 수 있는 조직문화의 역할은 무엇인지 설명할 수 있다.

변화에의 적응

일단 조직을 설계했다면, 변화하고 있는 시장환경에 적응해나갈 수 있도록 조직의 구조를 준비해야 한다. 이것은 수년간 익숙해진 조직의 방식에 묶여 있으므로 쉬운 일은 아니다. 종업원들은 “이것은 우리가 항상 해온 방식이다. 이 방식이 없어지기 전에는 고치지 말자.”라고 말하는 경향이 있다. 관리자들도 그들의 기존방식에 묶여 있기 쉽다. 관리자들은 아마 그들이 20년의 경력을 가지고 있다고 말하겠지만, 사실 그들은 1년 치의 경력을 20번 되풀이한 것이다.

조직에 변화를 도입하는 것은 어느 관리자에게 가장 어려운 일 중의 하나이다. 그럼에도 불구하고 GM, 포드, 페이스북 및 다른 기업들은 경쟁 우위를 차지하기 위하여 변화하고 있다. 만약 더는 효율적이지 않은 낡은 장비를 가지고 있다면 그것을 버려야 한다. 그것이 바로 GM이나 다른 기업들이 해왔던 일이다.[11)]

인터넷은 새로운 기회들을 창출해냈다. 고객들에게 직접 판매를 할 수 있을 뿐만 아니라 그들에게 질문하고, 고객들은 원하는 정보를 제공할 수 있게 되었다. 시장점유율을 높이기 위해서 기업은 전통적인 부서와 인터넷 스태프가 친근하며 관리하기 쉬운 상호활동을 위해 노력하는 것을 장려해야 한다. 오늘날의 젊은이들은 인터넷, 휴대폰과 함께 성장하였기 때문에 **디지털 네이티브**(digital natives)라고 부른다. 그들은 첨단기기를 아 주 익숙하게 다룬다. 이러한 성향을 가진 젊은이들에게 접근하기 위해서 기업들은 나이 가 든 직원들을 재교육시켜서 최신 기술에 대한 상식을 갖출 수 있도록 하고 있다. 비록 최신기술을 이용한 쉽고 즉시 접근할 수 있는 의사소통 수단이 강력하기는 하지만, 지속 적해서 접속해있을 경우 부작용도 있다(‘소셜미디어를 통한 연결’ 글상자를 참조하라).

디지털 네이티브
인터넷과 소셜 네트워킹을 사용하면 서 자란 젊은이들. 디지털 이주민(Digital Immigrants)과 구분된다.

변화에 가장 성공적으로 적응한 기업들은 다음과 같은 공통적인 특성들을 가지고 있다. (1) 고객의 목소리에 귀를 기울인다, (2) 새로운 아이디어를 조직전체에 적용할 수

소셜 미디어를 통한 연결 연결 끊기

우리 대부분은 온라인에 하루 24시간 일주일 내내 접속되어 있다. 이는 그다지 좋은 일이 아닐지도 모른다. Pew 리서치에 따르면, 25퍼센트의 커플들이 자신들이 얼마나 많은 시간을 온라인에서 보내는지에 대해 말다툼을 한다고 한다. 온라인에서 보내는 시간 중 일부는 사교적일 수도 있지만, 점차 일과 더 관련이 되어가고 있다.

많은 직원들은 근무 시간 외에 메시지를 정기적으로 확인한다. 조사 대상자 중 약 40%는 직장으로부터의 메시지를 "자주" 확인한다고 응답했다. 많은 고용주들은 직원들이 필요할 때마다 그들이 일할 수 있기를 기대한다. 계속적인 접속이 직원들이 일에 전념하는 것처럼 보이게 만들지도 모른다. 하지만 언제나 항상 모바일 장치에 접속하는 것은 심리적으로 지치게 만든다는 단점이 있다. 직원들이 근무 시간 외에 더 많은 시간을 일할수록, 더 많은 스트레스를 받을 것이다. 이러한 스트레스는 직원들의 업무 성과에 영향을 미친다.

일부 기업인들은 24시간 하루 종일 업무와 연결하는 것을 반대하고 있다. 예를 들어, Arianna Huffington은 고용주들이 한 걸음 물러설 필요가 있다고 믿는다. 그녀는 허핑턴 포스트에 직원들이 사무실과 연락을 끊도록 하는 정책을 수립했다. 직원들은 근무 시간 이후나 주말에 이메일에 답하지 않을 것으로 예상된다.

하루 종일 업무와 연결하는 현재 우리의 상황으로 볼 때, 모든 회사가 직원들을 사무실과 연결되지 않도록 하는 정책을 시행할 것 같지는 않다. 많은 근로자들이 일과 삶의 균형을 이루기 위한 경계선을 스스로 결정해 왔다. 예를 들어, 어떤 근로자들은 특정 시간이 지나도 메시지에 응답하지 않을 것이라고 다른 사람들에게 알리기도 한다. 다른 사람들(친구, 가족, 직장 동료 등)에게 당신의 소셜 미디어의 경계선이 무엇인지 알리기 위해 당신은 무엇을 할 수 있는가?

출처: Glenn Leibowitz, "Those Late-Night Emails Are Hurting You and Your Family, Says New Reasearch," Inc., August 30, 2018; Francesca Friday, "To Increase Productivity, Stop Checking Emails after Work Hours," The Observer, January 16,2018; Adele Peters, "Should It Be Illegal for Your Boss to Make You Email after Work?," Fast Company, March 27, 2018; Eilene Spear, "NYC's Proposed Legislation Protecting the Right to Disconnect during Non-work Hours," National Law Review, natlawreview.com, January 28, 2019.

있는 실천력과 영감을 가진 관리자가 있다, (3) 시장으로부터 퇴출될 위기를 가까스로 벗어난 적이 있다.[12] 물론, 변화에 적응하는 것은 어렵다. 그러나 변화에 적응해 조직을 변화시키지 못 할 경우, 비교할 수 없을 정도로 더 큰 위기를 맞이할 수도 있다.

권한위임을 위한 구조조정(restructuring)

회사는 종업원들에게 권한을 위임하기 위해 종종 대형 구조조정을 해야만 한다. 이것은 고객을 가장 가까운 곳에서 상대하는 일선 종업원들을 조직에서 가장 중요한 사람들로 만드는 것을 의미한다. **구조조정**(restructuring)은 고객에게 더욱더 효과적이고 효율적인 서비스를 제공하기 위하여 조직을 재설계하는 것을 의미한다.

구조조정
조직이 고객에게 더 효율적이고 효과적인 서비스를 제공할 수 있도록 조직을 재설계하는 것

최근까지 호텔의 프런트 데스크 종업원과 백화점의 점원은 중요한 종업원으로 여겨지지 않았다. 대신 관리자들이 주요 종업원이었으며 이들은 고객을 직접 상대하는 일선 종업원(front-line people)을 감독하는 책임이 있었다. 이를 보여주는 전형적인 기업의 조직도는 피라미드 조직과 같은 형태였다.

역피라미드 조직
조직도에서 고객과 접촉하는 일선 종업원들이 제일 윗부분에 위치하고, 최고경영자(CEO)가 맨 아랫부분에 위치하는 조직

몇몇 서비스기업 조직들은 상명하달식의 전통적인 조직 구조의 위아래를 거꾸로 한 형태로 변화시켜왔다. 간호사와 같은 **역피라미드 조직**(inverted organization)은 고객과 접촉하는 일선 종업원들이 조직도의 제일 윗부분에 위치하고, 최고경영자(CEO)는

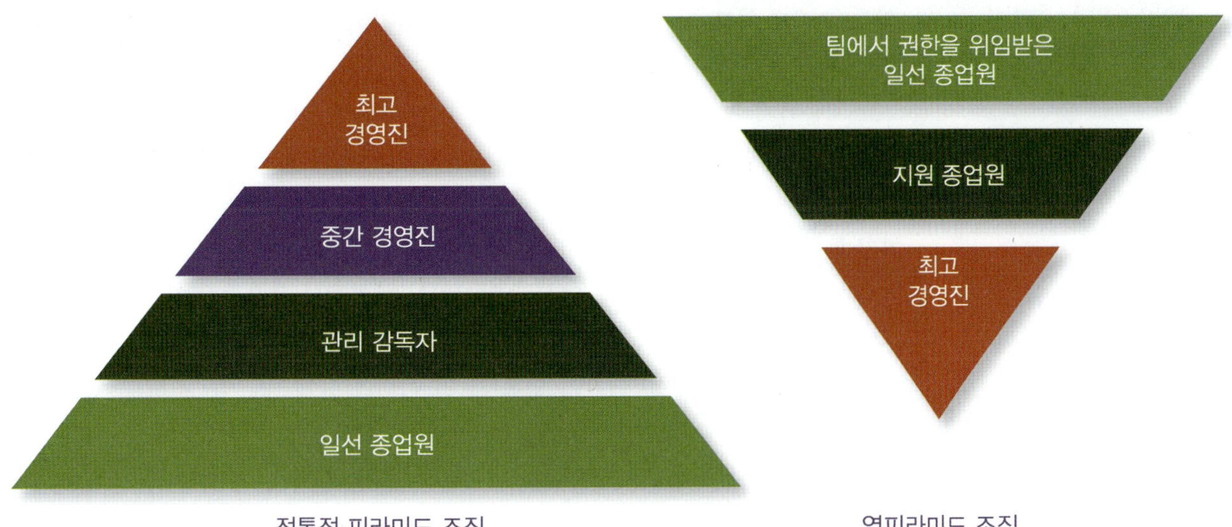

그림 7.9 역피라미드 조직 구조와 전통적 피라미드 조직 구조의 비교

맨 아랫부분에 있는 구조이다. 이 조직에는 관리의 단계가 거의 없고 관리자들의 업무는 종업원들을 지시하고 감독하는 것이 아니라 일선 종업원들을 도와주고 지원해주는 것이다.[13] 그림 7.9는 역피라미드 조직 구조와 전통적인 피라미드 조직 구조의 차이점을 보여준다.

이 조직구조에 기반을 둔 회사들은 대내외적 데이터베이스와 신속한 커뮤니케이션 시스템과 전문적인 지원을 통해 일선 종업원들을 돕는다. 이 말은 일선 종업원이 과거보다 나은 교육과 훈련을 받고 높은 임금을 받아야 한다는 것을 의미한다. 최고경영자가 이러한 시스템을 실행하는 데는 많은 믿음이 필요하지만, 그것을 잘 진행하면 고객 만족과 이윤으로 보상받을 것이다.

과거 경영자들은 정보를 통제하고 통제된 정보는 경영자들에게 힘을 실어주었다. 더 진보적인 조직에서는 정교한 데이터베이스 시스템을 통하여 모든 구성원이 정보를 공유한다. 오늘날에는 기업 간 정보공유도 활발하게 이루어지고 있다. 어떠한 조직구조 를 선택했든 혹은 종업원들에게 얼마만큼의 권한을 위임했든 간에 성공적인 조직변화 를 위한 비밀은 고객과 고객이 원하는 것을 제공하는 일에 초점을 맞추는 것이다.

변화 지향적인 조직문화 만들기

대부분의 조직 변화는 회사구성원들 사이에서 스트레스와 저항을 일으킨다. 기업 은 변화 지향적인 조직문화를 가졌을 때 가장 잘 적응할 수 있다. **조직** 또는 **기업문화** (organizational or corporate culture)란 조직이나 기업이 공통 목표를 달성할 수 있도록 협력하고 조직 내 단결을 도모할 수 있도록 널리 공유되는 가치들을 의미한다. 보통 조직문화는 조직 내부에서의 이야기, 전통, 신화가 반영되어 나타난다.

조직문화
조직이나 기업이 공통 목표를 달성할 수 있도록 협력하고 조직 내 단결을 도모할 수 있도록 널리 공유되는 가치들

그것은 품질, 청결, 서비스, 가치를 강조하는 문화를 가진 맥도날드 매장을 방문하면 분명하게 알 수 있다. 각 음식점은 같은 옷, 같은 느낌, 같은 분위기를 가지고 있다. 간단히 말해 서 유사한 조직문화를 가지고 있다.

조직문화는 부정적일 수도 있다. 여러분은 종업원 대부분이 서비스와 품질을 신경 쓰

지 않는 조직에 가본 적이 있는가? 점원들은 하나같이 침울하고 무관심하며 성의 없어 보일지도 모른다. 그 분위기는 고객들을 불쾌하게 만들 것이다. 그런 조직이 이익을 창출하고 지금까지 경쟁에서 살아남았다고 믿기는 어려울 것이다. 그러므로 직장을 구할 때, 여러분이 현재의 문화에서 성공할 수 있을지 알고 싶다면 조직문화를 공부하는 것은 매우 중요하다.

가장 훌륭한 조직은 타인에 대한 배려, 그중에서도 특히 고 객에 대한 서비스를 강조하는 문화를 가지고 있다. 이 분위기는 합리적인 가격으로 좋은 제품을 제공하기 위해 친근하고 배려심 많고 세심한 사람들이 함께 일하는 것을 즐기는 것이다. 그러한 기업들은 종업원들을 감독해야 할 필요가 없을 뿐 만 아니라 규정 매뉴얼, 조직도, 공식적 규칙, 절차, 통제의 필요성도 적다. 생산적인 문화의 핵심은 상호 신뢰이다. 신뢰는 먼저 상대를 신뢰해야 얻을 수 있다. 훌륭한 기업들은 정직, 신뢰성, 공정성, 환경보호, 사회참여활동과 같은 도덕적이고 윤리적인 가치를 강조한다.[14)]

지금까지 우리는 조직의 문제가 거의 경영관리에 의해 통제가 가능한 것처럼 이야기해 왔다. 사실상 공식적인 조직구조는 문화를 포함한 전체 조직시스템 중 단지 하나의 구성요소일 뿐이다. 비공식 조직은 공식적 조직과 동등하거나 그 이상의 중요성이 있다. 이를 계속해서 알아보자.

공식 조직
책임, 권한, 직위의 라인이 상세하게 갖추어진 조직 구조로서 조직도에 명시된 구조

비공식 조직
종업원들이 자발적으로 회의하고 권한의 중심을 형성하면서 발전시켜 나가는 관계의 시스템으로서 조직도에 나타나지 않는 조직의 인간관계 측면

비공식 조직 관리

모든 조직은 두 가지의 조직적인 시스템을 갖는다. 하나는 **공식 조직(formal organization)**으로, 책임 · 권한 · 직위의 라인이 상세하게 갖추어진 조직 구조이다. 이 구조는 조직도에 명시된다. 다른 하나는 **비공식 조직(informal organization)**이다. 비공식 조직은 종업원들이 자발적으로 회의하고 권한의 중심을 형성하면서 발전시켜 나가는 관계 시스템이다. 그것은 공식 조직 외의 것을 발전시키는 다양한 파벌, 관계, 권한의 라인 등으로 구성되어 있다. 바로 조직의 인간관계 측면으로서 조직도에 나타나지 않는다.

어떤 조직도 두 가지의 조직 형태 없이는 효과적으로 운영될 수 없다. 공식 조직은 너무 느리고 관료주의적이어서 조직을 빠르게 변화에 적응시킬 수 없다. 그러나 일상적 인 상황에서 효과적인 지침과 권한 체계를 제공한다.

비공식 조직은 종업원들이 서로 만나서 관계를 형성하면서 발전시켜 나가는 시스템이다. 종업원들 사이의 비공식 정보흐름을 말하는 포도덩굴(grapevine)은 비공식 조직의 신경 중추이다. 비공식 조직은 어떻게 작업환경에 영향을 미치는가?

비공식 조직은 종종 구조적이지 않고 감정적이어서 중요한 사항에 대한 결정을 내 리는 데 어려움이 있다. 그러나 단기적 문제에 대한 창의적 해결책을 찾고 동료들 간의 우정과 팀 단결력을 제공하는 데에는 매우 효과적이다.

어떤 조직이든 비공식 조직에서 누가 중요한 사람인지 빨리 아는 것이 현명하다. 예

를 들어 물품이나 설비를 지원받기 위한 공식적인 절차는 많은 시간이 걸릴지도 모른다. 조직에서 정규 절차를 따르지 않고도 즉시 물품을 얻을 수 있는 법을 아는 사람이 누구인가? 여러분의 일을 우선순위로 가장 먼저 해결해주기를 바란다면 어떤 경영지원 종업원을 만나야 하는가? 많은 조직에서 효과적으로 일하기 위해 답해야 할 질문들 이다.

비공식 조직의 중추부는 포도 덩굴(grapevine: 관리자와 종업원들 간의 비공식적 정보의 흐름 시스템)이다. 포도덩굴에서 핵심 인물은 조직에서 상당한 영향력을 가진다.

"우리 때 그들"이란 옛날식의 조직구조에서는 관리자와 종업원들의 사이가 나빠 비공식적 시스템이 효과적인 관리를 하는 데 방해가 되었다. 새로운, 더욱더 열린 조직에 서는 관리자와 종업원들이 목표를 달성하고 절차를 설계하기 위해 함께 일한다. 또한 비공식적 조직은 종업원들 간의 조화를 촉진하고 기업문화를 확립할 수 있는 매우 귀중 한 경영자산이 될 수 있다.

비공식 조직이 단체협력면에서 효과적일수록, 경영진의 지시에 대한 저항 또한 동 등하게 커질 수 있다. 종업원들은 조합을 조직하고, 동시 파업에 참여할 것이며, 일반 적으로 운영을 방해할지도 모른다. 올바른 조직문화를 만들고 비공식 조직 내에서 일하는 법을 배우는 것이 경영 성공의 열쇠이다.

시험 준비

- 역피라미드 조직(inverted organization)은 무엇인가?
- 왜 조직들은 기능을 아웃소싱을 하는가?
- 조직문화는 무엇인가?

요약하기

학습목표 7-1 조직 관리의 기본 원리에 대한 개요를 설명할 수 있다.

- **오늘날 기업들에는 어떤 일들이 일어나고 있는가?**
  기업들은 변화하는 시장에 적응하고 있다. 그것은 자본주의 경제에서는 당연한 일이다. 시장에는 구글이나 페이스북과 같은 승자들도 있고 적응하지 못한 패자들 또한 존재할 것이다. 성공의 중요한 열쇠는 변화하는 시대에 유연하게 적응하는 것이다.
- **조직 관리의 원리는 무엇인가?**
  조직을 구조화하는 것은 분업을 계획하고(때로는 분업의 결과로 전문화가 나타남), 팀과 부서를 정하고, 권한과 책임을 부여하는 것이다. 그것은 자원을 배분하고(자금의 지원 등) 구체적인 업무를 할당하며 조직의 목표를 달성하기 위한 절차를 수립하는 것 등을 포함한다. 관리자들은 종업원들을 어떻게 대우해야 하는지에 대한 윤리적 결정도 해야 한다.

학습목표 7-2 파욜(Henri Fayol)과 베버(Max Weber)의 조직이론을 비교하여 설명할 수 있다.

- **파욜의 기본 원리는 무엇인가?**
  파욜은 명령의 일관성, 권한의 위계화, 분업, 기업의 이익을 위한 개인 이익의 종속, 권한, 명확한 의사소통 채널, 질서, 공평성과 같은 원리를 소개했다.
- **베버는 어떤 원리들을 추가했는가?**
  베버는 직무 설명과 같은 관료주의 원리, 규정과 의사결정 지침, 일관성 있는 절차, 자격에 기초한 스태프 구성과 승진 원리를 추가시켰다.

학습목표 7-3 조직 구조를 설계하는 관리자들의 선택에 대해 평가할 수 있다.

- **조직의 구조화에 있어 네 가지의 주요 선택 사항은 무엇인가?**
  조직의 구조화와 구조조정에는 ① 권한 집중화 대 분산화, ② 통제 범위, ③ 수직적 대 수평적 조직 구조, ④ 부문화의 유형 등에 대한 선택이 이루어져야 한다.
- **구조화에 있어 최근의 동향은 어떠한가?**
  부서는 매트릭스 조직과 교차기능팀에 의해 대체되거나 보충된다. 교차기능팀의 활용은 권한의 분산화라는 결과를 가져왔다. 종업원들이 자율감독함에 따라 통제범위는 확장되었다. 또한 관리자를 없애고 수평적 조직으로 변화되고 있다.

학습목표 7-4 다양한 조직모델에 대해 비교하여 설명할 수 있다.

- **두 개의 주요 조직모델은 무엇인가?**
  두 가지의 전통적인 조직 형태는 ① 라인 조직과 ② 라인-스태프 조직이다. 라인 조직은 명확히 정의된 책임과 권한 체계가 있으며 이해하기가 쉽고 각 종업원에게 한 명의 관리자가 있는 것이 장점이다. 대부분 조직은 안전, 품질 관리, 컴퓨터 기술, 인사 관리, 투자 등의 분야에서 스태프의 전문적인 조인을 지원받는다.

- **조직의 대안적 구조에는 어떠한 것들이 있는가?**
  매트릭스 조직과 교차기능 자율경영팀이 있다. 매트릭스 조직은 일시적인 프로젝트를 수행하기 위하여 관리자들에게 그 프로젝트에 투입될 종업원을 선발하는 권한을 주는 융통성과 조직 간 협력과 팀워크를 장려하는 조직이다. 교차기능 자율경영팀은 매트릭스 조직의 모든 이점을 가지고 있으면서 장기적으로 유지되는 팀을 말한다.

학습목표 7-5 기업 간 협력과 조정이 주는 이점에 대해 설명할 수 있다.

- **기업 간 커뮤니케이션과 관련된 주요 이슈들에는 무엇이 있는가?**
  네트워킹은 커뮤니케이션 기술과 다른 방법을 동원하여 조직들을 연결하고 그들이 공통의 목표를 위하여 협력할 수 있도록 하는 것이다. 가상기업은 필요에 따라 네트워크에 참여하고 떠날 수 있는 대체 가능한 기업들로 구성된 네트워크 조직이다. 경쟁사 벤치마킹을 통해 어떤 기업이 타 기업들보다 특정 기능들이 뒤떨어진다고 밝혀지면 이 기업은 아마도 이 기능들을 더 효과적이고 효율적으로 잘 수행할 수 있는 타 기업들로 부터 아웃소싱할지도 모른다. 이 기업에 여전히 남아 있는 기능을 핵심 경쟁력이라고 한다.
- **역피라미드 조직은 무엇인가?**
  역피라미드 조직은 종업원들이 위계상 최상위에 있고, 관리자들이 종업원을 훈련하고 지원하기 위해 최하위에 위치한다.

학습목표 7-6 기업이 변화에 적응하는 것을 도울 수 있는 조직문화의 역할은 무엇인지 설명할 수 있다.

- **조직문화는 무엇인가?**
  조직 또는 기업문화는 공통의 목표를 달성하기 위해 조직 내 단결과 협력을 제공하는 널리 공유된 가치로 정의할 수 있다.
- **기업의 공식 조직과 비공식 조직의 차이에는 무엇이 있는가?**
  공식 조직(formal organization)은 책임 · 권한 · 직위의 라인이 상세하게 갖추어진 조직 구조이다. 이 구조는 조직도에 명시된다. 비공식 조직(informal organization)은 종업원들이 자발적으로 회의하고 권한의 중심을 형성하면서 발전시켜나가는 관계 시스템이다. 그것은 공식적 조직 외의 것을 발전시키는 다양한 파벌, 관계, 권한의 라인 등으로 구성되어 있다. 바로 조직의 인간관계 측면이다. 비공식 조직은 동료들 간의 우정과 팀 단결력 조직 문화를 제공하는 중요한 자산이지만, 관리자의 지시에 저항할 때에도 강력한 힘을 지닐 수 있다.

주요 용어

가상기업(virtual corporation)
공식 조직(formal organization)
관료주의(bureaucracy)
교차기능 자율경영팀(cross-functional self-managed teams)
구조조정(restructuring)
규모의 경제(economies of scale)
네트워킹(networking)
디지털 네이티브(digital natives)
라인 조직(line organization)
라인 종업원(line-personnel)
매트릭스 조직(matrix organization)
벤치마킹(benchmarking)
부문화(departmentalization)
분산적 권한(decentralized authority)
비공식 조직(informal organization)
수직적 조직 구조(tall organizational structure)
수평적 조직 구조(flat organization structure)
스태프 종업원(staff-personnel)
실시간(real time)
역피라미드 조직(inverted organization)
위계(hierarchy)
조직도(organization chart)
조직 또는 기업문화(organizational or corporate culture)
지휘계통(chain of command)
집중적 권한(centralized authority)
통제 범위(span of control)
핵심경쟁력(core competencies)

사고력 문제

여러분은 조직의 기본 원리에 대하여 배웠다. 그렇다면 여러분이 일했던 조직에서 이러한 원리를 적용해본 적이 있거나 이러한 원리를 도입하여 운영하는 조직에서 일해본 적이 있는지 생각해보자.

1. 분업이 필요하고 도움이 되는 것이었는가?
2. 특정 업무를 부여받았는가 아니면 스스로 무슨 일을 할 것인지 결정하게 되어 있었는가?
3. 베버가 제안한 것처럼 승진이 엄격하게 자격요건에 의하여 결정되는가? 승진에 고려되는 다른 요소들은 무엇인가?
4. 조직의 규모가 커지면서 나타나는 문제점은 무엇인가?
5. 자동차 회사에 추천하고 싶은 조직변화는 무엇인가? 항공사, 기술기업, 패스트푸드 레스토랑에는 어떤 조직변화를 제안하겠는가?

원리를 실제로 적용해 보기

목적

간단한 조직도 작성해보기.

연습

조직도에서는 조직에 근무하는 구성원들의 관계에 대한 지도를 그리고 보고체계를 명시한다. 아래 정보를 이용해 조직도를 작성해보자.

1. 최고경영자(CEO): 전체조직의 총책임자
2. 마케팅임원, 생산임원, 최고재무임원(CFO): 최고경영자에게 직접보고
3. 마케팅 임원은 4개의 마케팅 부서장을 감독한다. 생신임원은 3개의 일선 생산라인 부서장에게 지시를 내린다. CFO는 3명의 감독관에게 지시를 내린다.
4. 각 부서장 또는 감독관은 여러 명의 현장직원들을 감독한다. 편의상 각 부서장 또는 감독관은 각각 3명의 현장직원들을 감독한다고 가정하자.

직업기술 개발하기

핵심: ● 팀 ★ 분석 ▲ 의사소통 ◘ 기술

많은 관리계층이 있을 때 의사소통의 정확성을 알아보는 방법으로 메시지 전달(Message Relay) 게임을 하는 것보다 더 효과적인 것은 없다. 교실에서 7명 이상의 학생들을 선택하여 교실 밖으로 나가 있게 하라. 그리고 한 사람을 선택하여 다음의 문장 을 읽게 하고 다른 학생은 그것을 듣게 한다. 아직 교실 밖에 있는 학생들 중에서 한 명을 선택하여 조금 전에 그 문단을 들었던 '청취자(listener)'가 그 학생에게 조금 전 들었던 문장의 정보를 전달하게 한다. 그리고 또 다른 학생을 교실 안으로 불러 조금 전의 새로운 청취자가 새로 들어온 학생에게 그 내용을 반복하여 전달하게 한다. 교실 밖에 나가 있는 모든 학생과 이 경험을 되풀이한다. 누구도 청취자가 다음 학생에게 전달하는 내용을 수정하지 못하게 한다. 각 청취자는 차례대로 스토리텔러(story teller)의 역할을 하기 때문이다. 모든 학생은 시간이 지나면서 어떻게 사실이 왜곡되는지 알 수 있게 된다. 그 왜곡과 실수는 종종 정말 우스꽝스럽다. 하지만 그것이 포드와 같이 22개의 관리 계층을 지닌 기업에서는 그다지 우스운 이야깃거리만은 아니다.

읽어보고 전달해야 할 문장은 다음과 같다.

●▲ 1. '중서부 지방의 딜러들은 우리 회사의 미니밴 제품 중 신제품인 커맨더(Commander)와 로드 핸들러(Roadhandler) 모델의 핸들과 관련해 무려 130여 건 의 불만을 접수하였다. 분명히 앞면 완충시스템이 약하고 볼 조인트(ball joint)가 너무 빨리 마모되고 있다. 이것은 연동장치의 저하와 오버 스티어링(운전자의 의도 이상으로 많이 꺾이는 경향)이란 결과를 초래한다. 베렌스테인(Berenstein) 씨는 통지를 받았지만, 지금까지 4,300명 딜러 중에서 오직 213명만이 수리장비를 받았을 뿐이다.'

★ 2. 학교나 직장에서 여러분에게 익숙한 조직 내 비공식 집단을 설명해보라. 이러한 집단들 이 조직의 발전에 어떻게 도움이 되고 방해가 되는가?

▲ 3. 여러분이 키친 매직(Kitchen Magic)이라는 가전제품 생산업체의 식기세척기 부서에 근무한다고 가정해보자. 거기서 더 나아가 경쟁업체에서 음파(sound wave)를 활용하여 식기를 세척하는 신제품을 출시했다고 상상해보자. 음파를 활용한 결과 조리과정에서 타서 생긴 아주 진한 때까지도 세척할 수 있고, 세라믹 식기와 은식기(silverware)까지도 소독할 수 있는 세척기를 만들어냈다. 여러분은 이와 유사한 제품을 빠른 시일 내에 개발해야 한다. 그렇지 않으면 여러분이 근무하는 회사는 시장을 잃게 될 것이다. 경영진에게 문제의 개요를 설명하고 신속하게 대응하기 위하여 교차기능 자율경영팀을 구성 하는 것이 합리적이라는 여러분의 제안을 설명하는 이메일을 작성해보라.

●★▲ 4. 학급을 다섯 팀으로 나누어라. 여러분의 기업이 가상기업에 합류하라는 요청을 받았 다고 가정하자. 여러분은 육상스포츠화 제조업자이다. 가상기업에 참가함으로써 발생 할 수 있는 잠재적 문제점들을 최소화하기 위해 무슨 일을 할 것인가? 가상기업을 정의 하고 잠재적인 문제점을 듣는 것부터 시작하자. 각 팀은 문제에 대한 해법을 발표해야 한다.

●★▲ 5. 오늘날 관리층을 포함한 많은 근무집단이 교차 기능적이고 자율적인 경영을 하고 있다. 이와 같은 조직에서 근무하는 것을 연습하기 위하여 다섯 또는 여섯 그룹으로 나누어 보자(서로 다른 배경과 관심을 가지고 있는 학생들을 찾으려

고 노력하자). 각 그룹 내의 구성원들이 함께 팀으로 일하는 장단점에 대한 보고서를 준비해야 한다. 이 과제를 수행 하는 동안 여러분의 그룹 내에서 교차기능조직과 자율경영조직의 많은 문제점과 장점들 이 나타날 것이다. 각 그룹은 이와 같은 문제점과 장점에 대해 발표해야 한다.

직업 탐색

만약 여러분이 조직의 전략 수립이나 관리 분야와 관련된 직업에 관심이 있다면, 고려해볼 만한 몇 가지 직업들이 아래에 나타나 있다. 이러한 직업들의 업무, 필요한 지식과 기술, 급여수준, 미래전망 등에 관해서는 bls.gov 웹사이트의 Occupational Outlook Handbook을 살펴보라.

- **최고경영자** – 대기업 및 중소기업, 비영리조직, 종업원이 한명 또는 수천명인 기업 등 거의 모든 산업에서 일하고 있다.
- **경영분석가(Analyst)** – 조직의 효율성을 향상시키는 방법을 제안한다.
- **경영변화 컨설턴트** – 조직변화의 영향을 측정하고 이러한 변화를 조직내에 적용하기 위한 전략을 제안하는 전문가

비디오 사례

Freshii의 이기는 조직

Freshii는 "신세대 퀵서비스 식사"로 설명된다. Freshii는 23세의 Matthew Corrin에 의해 2005년에 설립되었으며 전 세계 300개 이상의 지사로 확장되었다. 오늘날, Freshii는 세계에서 가장 빠르게 성장하는 프랜차이즈 식당이며 매년 4,000건 이상의 프랜차이즈 신청을 받는다. Freshii는 부리또, 랩, 수프, 샐러드, 그리고 프로즌 요구르트와 같은 신선하고 건강하며 고객 맞춤화가 가능한 음식을 전문으로 한다. Freshii는 전 세계에 자리를 잡으며 빠르게 확장하고 있는 기업으로서 매우 구체적인 목표를 가지고 있다: '신선한 음식을 편리하고 적당한 가격으로 만들어 세계의 식습관을 변화시키는 것' 이 바로 그것이다.

이 목표를 지원하고 달성하기 위해 Freshii는 각 조직 구성원의 역할을 명확히 하는 조직구조를 구축해야 했다. 조직구조에는 다양한 유형이 있다. 기업은 자신의 목표와 문화에 맞는 특정 유형의 조직구조를 선택하는 것이 매우 중요하다. 이를 달성하기 위해 Freshii는 평면(flat) 조직구조를 채택했다.

회사 설립자인 Matthew Corrin의 꿈은 사람들이 더 건강하게 먹고 더 나은 삶을 살 수 있도록 돕는 것이었다. 이 목표를 마음에 두고, 그는 자신과 뜻이 맞는 프랜차이즈 가맹점들과 그리고 목표를 공유한 행정팀의 멤버들과 함께 팀을 이루는 것이 중요하다고 느꼈다. Freshii는 평면 조직구조를 이용하여 중요한 의사소통과 의사결정을 종종 더디게 만들거나 완전히 지연시킬 수도 있는 과도한 관리 계층을 제거한다. Freshii에서는 모든 직원들(인턴들까지도)이 회사 파트너 및 이해 관계자로 여겨진다. 이 회사의 린팀(lean corporate team)은 전문 영역의 모든 요소를 실행할 권한을 받으며 사업 운영에 상당한 영향을 미친다. 평면 조직구조는 Freshii의 기업 문화와 매우 잘 작동된다. 의욕이 있고 마음이 맞는 직원들은 "말하기는 쉽다. 실행이 당신을 차별화하는 것이다"라는 회사의 핵심 가치에 의해 살아간다. Freshii에서 팀 구성원들은 자신의 업무를 더욱 진전시키고 뛰어난 성과를 내며 자신들의 제안사항이 초기의 아이디어에서 완전한 시행으로 유직이는 것을 보도록 격려되며 권한이 부여된다. 회사 직원들은 공식적인 조직도나 직함에 의해 제한되지 않는다. 팀은 회사 내 모든 층과 부서 간에 개인적인 상호 작용이 쉽게 이루어지는 공유 공간의 스탠딩 데스크

에서 함께 작업한다. 또한 이 기업의 팀은 팀원들이 홍보하는 건강한 라이프스타일을 보여주는 대회를 개최함으로써 피트니스와 건강에 대해 전파하고자 하는 기업의 사명을 실천한다. Freshii의 리더십은 프랜차이즈 가맹점들이 자사 매장에서 본사에서 사용하는 것과 동일한 문화와 직원 구조를 수용하도록 장려한다. 프랜차이즈 매장들은 린(lean) 팀과 회사의 핵심 가치를 공유하는 직원들과 함께 효율적인 운영을 유지하며 대응해 왔다. 본사 직원은 프랜차이즈 가맹점과 기업 아이디어를 공유하고 가맹점의 제안사항을 듣고 이를 실행하며 지속적으로 소통하고 있다. 즉, 평면 조직구조와 린 조직구조가 적절했으며 Freshii에게 잘 작용되었다고 결론을 내려도 무방하다.

오늘날, Freshii는 전 세계의 새로운 시장으로 계속해서 확장하고 있다. 여전히 도전해야 할 어려움들이 놓여있지만, 고유한 조직 문화와 사람들이 더 건강한 식사를 하고 더 나은 삶을 살 수 있도록 돕는다는 기업의 순수한 사명을 지키는데 성공했다.

다시 생각해 보기

1. Freshii와 같은 조직들은 단결심(esprit de corps)과 같은 앙리 파욜의 몇 가지 원칙을 따른다. Freshii에서 단결심은 무엇이며 어떻게 발전되고 있는가?
2. Freshii에서의 의사결정은 중앙 집중형인가, 아니면 분산형인가? 이는 회사 운영에 어떤 의미를 가지는가?
3. 당신은 Freshii의 기업 문화가 어느 정도 변화를 거부하거나 아니면 어느 정도 변화를 받아들인다고 생각하는가? 왜 그렇게 생각하는가?

한국의 사례

"대리님", "부장님" 사라졌다 · · · SK이노 '직급 파괴' 파격 실험

SK이노베이션이 임원 이하 일반 직원에 대해 '단일 직급' 체계를 도입한다. 기존 '사원–대리–과장–부장'의 직급을 없애고, 'PM(Professional Manager)' 직급으로 통일한다는 의미다. 단일 직급을 도입하는 만큼 승진이라는 개념도 사라지게 된다. SK그룹이 올해 초 임원 직급을 '부사장'으로 통일한 바 있지만, 직원들의 직급 체계까지 단일 직급으로 묶은 건 대규모 제조업체 중 SK이노베이션이 처음이다. 그간 국내 대기업들은 삼성의 경우 '프로', CJ와 아모레퍼시픽의 '님' 등 호칭 파괴를 잇따라 도입했지만, 직원 간 직급 단일화는 매우 이례적인 일이다.

14일 SK이노베이션 측은 "2021년 1월 1일부터 적용되는 SK이노베이션의 직급 체계의 통합된 새 호칭은 'PM(Professional Manager)'으로 정했다"며 "지난 11월부터 구성원들의 공모와 투표를 통해 선정됐다"고 밝혔다. ▶수평적 조직문화 정착에 기여 ▶ 업무 전문성을 지향·반영 ▶ SK이노베이션 계열만의 개성 반영 등 심사 기준에 따라 임직원 최종 투표를 거쳐 PM이 단일 직급명으로 최종 선정됐다.

PM은 스스로 업무를 완결적으로 관리하는 프로페셔널한 구성원이 되자는 의미를 담았다. 최근 많은 기업이 호칭 통일을 하고 있지만, 관리 목적으로 직급 체계를 유지하고 있는 경우가 많다. 하지만, SK이노베이션은 여기서 한발 더 나아가 아예 직급 체계마저 없애며 '직급 파괴'를 이뤘다. 물론 보상 체계 등과 관련해 후속 작업이 이뤄질 예정이다. 단, 현재 팀장급의 명칭인 'PL(Professional Leader)'은 그대로 유지된다.

지승영 SK이노베이션 HR전략실장은 "제도 본연의 기능이 제대로 구현되려면 '회사의 관점'이 아닌 '구성원 경험(Employee Experience) 관점'에서 접근해야 진정성이 전달될 수 있다"며 "직접 참여해 제도 개선에 도움을 주신 많은 구성원 여러분께 감사한다."라고 말했다.
출처: 이수기 기자, 〈중앙일보〉, 2020. 12. 14

참조

1. Micah Solomon, "The Four Secrets of Achieving Customer Satisfaction," Forbes, June 10, 2018; Ann Smarty, "3 Ways to Build a Happier Team," Small Business Trends, smallbiztrends.com, January 3, 2019; Ahmed Rashford, "The How To: A Guide to Building an Excellent Customer Experience Strategy," Entrepreneur, May 27, 2018; Daria Leshchenko, "Four Strategies for Working with Difficult Customers," Forbes, February 26, 2019.
2. Jillian D'Onfro, "Google Has Thrived under Alphabet for the Last Three Years but Other Businesses Have Seen Mixed Results," CNBC, cnbc.com, August 10, 2018; Rakesh Sharma, "Why Google Became Alphabet," Investopedia, investopedia.com, January 2, 2018; Glenn Fleishman, "Google's 20th Anniversary: How the Search Giant Went from a Stanford Dorm Room to the Top of Tech," Fortune, September 4, 2018; Alphabet, abc.xyz, accessed December 2019.
3. "Reforming the Bureaucracy: How Trump Is Taming the Leviathan," Investor's Business Daily, investors.com, February 12, 2018; Gary Hamel and Michelle Zanini, "The End of Bureaucracy," Harvard Business Review, December 2018; "The Organization of the Bureaucracy," US History, ushistory.org, accessed October 2019.
4. Laura Reynolds, "Six Characteristics of Bureaucracy," Bizfluent, bisfluent.com, November 21, 2018; Tanya Mohn, "How to Deliver Packages Safely for 55 Years," The New York Times, April 27, 2018; Liz Gold, "Advantages & Disadvantages of Bureaucratic Organizational Structure," Bizfluent, bizfluent.com, January 22, 2019.
5. Herb Weisbaum, "Stores with the Best and Worst Exchange Policies," NBC News, nbcnews.com, December 26, 2018; Charisse Jones, "Are Lifetime Guarantees Becoming a Thing of the Past?" USA Today, March 5, 2018; Rich Duprey, "Nordstrom Local Now Accepts Returns from Kohl's and Macy's," The Motley Fool, fool.com, September 12, 2019.
6. Nathaniel Smithson, "Burger King's Organizational Structure Analysis," Panmore Institute, September 8, 2018; Audra Bianca, "The Disadvantages to Centralized Control in a Business," Small Business Chronicle, smallbusiness.chron.com, February 12, 2019.
7. Carlos Frias, "McDonald's Brought Its Menu from around the World to Miami—and We're the First to Try It," Miami Herald, February 7, 2019; Mark Wilson, "I Ate Everything on the Menu at McDonald's New Global Restaurant," Fast Company, April 24, 2018; McDonald's, mcdonalds.com, accessed October 2019.
8. Steve Zaffron and Gregory Unruh, "Your Organization Is a Network of Conversations," Sloan Management Review, July 10, 2018; Erika Andersen,

"As Companies Become More Virtual, Four Ways to Make Remote Work More Effective," Forbes, July 16, 2018; Adam Heitzman, "5 Best Practices for a Company with a Virtual Team," Inc., inc. com, August 7, 2018; Susan Ward, "A Definition of Virtual Business," The Balance, thebalance.com, August 1, 2019.

9. Thomas Barrubi, "Chick-fil-A Ranked Top Fast Food Restaurant in Customer Satisfaction," Fox Business, foxbusiness.com, July 5, 2018; Matthew McCreary, "Chick-fil-A Makes More per Restaurant Than McDonald's, Starbucks, and Subway Combined . . . and It's Closed on Sundays," Entrepreneur, September 25, 2018; Dixita Limbachia, "Chick-fil-A Named the #1 Fast Food Restaurant in America," USA Today, July 6, 2018; Chick-fil-A, chick-fil-a.com, accessed December 2019.

10. Kieran Guilbert, "Nike, Adidas Urged to Ensure Fair Wages for Asian Workers Making World Cup Kits," Reuters, June 11, 2018; Jason Lemon, "Nike Called Out for Low Wages in Asia amid Colin Kaepernick Ad Promotion," Newsweek, September 6, 2018; "Michelle Seidel, "How Are Nike Shoes Produced?," Bizfluent, bizfluent.com, accessed October 2019.

11. Chris Isadore, "GM Is Closing Plants. Now Its CEO Has to Explain Why to Congress," CNN Business, cnn.com, December 5, 2018; Ian Thibodeau, "End of the Line for Impala, Volt, Cruise, LaCrosse," The Detroit News, November 26, 2018; Nathan Bomey, "GM Poised to Close Plants in Michigan, Ohio, Maryland, Will Cut 15% of Salaried Workforce," USA Today, November 26, 2018; Casey Leins, "GM Closing Ohio Plant," U.S. News & World Report, usnews.com, March 6, 2019;. James Dornbrook, "UAW President Blasts GM for Closing Production Plants," Kansas City Business Journal, bizjournals.com, July 17, 2019.

12. Albrecht Enders and Lars Haggstrom "How the World's Oldest Company Reinvented Itself," Harvard Business Review, January 30, 2018; Scott Watson, "Organizational Change: In the Business World, Adapting Is Surviving," Chief Executive, chiefexecutive.net, December 12, 2018; Dave Roos, "Ten Companies That Reinvented Themselves," Money, money.howstuffworks.com, accessed October 2019.

13. Steven Denning, "Drucker Forum 2018: Post Bureaucratic Management at Vinci and Haier," Forbes, December 2, 2018; Scott Gaddis, "Flip the Leadership Pyramid, and Reap Organizational Rewards," Industry Week, industryweek.com, June 25, 2019.

14. Vicki Valet, "World's Most Reputable Companies, 2018," Forbes, March 15, 2018; Nicole Alvino, "What Working at Enron Taught Me about Corporate Ethics," Entrepreneur, September 11, 2018; Janine Schneider, "Leading with Ethics," Forbes, January 7, 2019.

8

생산 및 오퍼레이션스(operations) 관리

학 습 목 표 »

이 장을 학습한 후에 다음 질문에 답할 수 있어야 한다.

8-1 미국 제조의 현 상황과 더 큰 경쟁력을 갖추기 위해 제조업체들이 해 왔던 일에 대해 설명할 수 있다.

8-2 생산에서 오퍼레이션스 관리까지의 발전과정을 설명할 수 있다.

8-3 여러 생산공정의 파악과 컴퓨터 지원설계 및 생산, 유연생산, 린(lean) 생산, 매스 커스터마이제이션(mass customization), 로봇공학과 3D 프린팅을 포함한 생산성을 향상시키는 기법들에 대해 설명할 수 있다.

8-4 시설 입지, 설비 배치, 자재소요계획법(material requirement planning), 구매, 적시(just-in-time) 재고 관리와 품질관리를 포함한 오퍼레이션스 관리 계획에 대해 설명할 수 있다.

8-5 생산공정을 관리하기 위한 퍼트(PERT)와 간트 차트(Gantt chart)의 사용법을 설명할 수 있다.

Flex-N-Gate의 최고경영자(CEO) 샤히드 칸(Shahid Khan)에 대해 알아보자

샤히드 칸이 16살의 나이로 아메리칸 드림의 꿈을 안고 미국의 일리노이주 샴페인에 왔다. 그렇지만 이 젊은 파키스탄 이민자는 거대한 눈보라가 미국 중서부 지역을 몰아쳐 새로 구입한 집이 부서지자 곧 자신감을 잃어버렸다. 설상가상으로 일리노이 대학의 기숙사 또한 아직 열려있지 않아서 그는 어쩔 수 없이 그 지역 YMCA에서 3불을 지불하고 숙식을 해결하였다. 그는 앞으로 대학 4년간을 어떻게 견뎌야 할지에 대해 걱정하기 시작했다.

그러나 다음날 아침 YMCA 주방에서 접시닦이 일자리에 대한 광고를 보고선 그의 두려움은 사라졌다. 시간당 1.2달러의 초임으로 칸은 전날 밤의 손실을 이렇게 빨리 만회할 수 있다는 사실에 놀랐다. "그것은 정말 멋졌죠."하고 칸은 말했다. "파키스탄에서는 시급 1.2달러라면 그곳 사람들의 99%보다 더 많이 벌 수 있을 거예요. 드디어 숨통이 트이는 것 같았어요."

칸은 학교에서는 물론이고 학교 밖에서도 자기 일에 온 열정을 쏟았다. 공학 학위를 받고 졸업 후, 그는 'Flex-N-Gate'라는 자동차 부품에 대한 생산을 감독하는 일자리를 얻었다. 처음에 칸은 회사의 비효율적인 범퍼 제조방식을 믿을 수가 없었다. 어떤 경우에는 종업원들은 하나의 범퍼를 만들기 위해 15개나 되는 서로 다른 부품들을 함께 용접하였다. 칸은 공학지식을 활용하여 프로세스를 덜 복잡하도록 점차 개선하였다. 그의 노력 덕분으로 혁신적인 신제품의 형태를 만들어내게 되었다. 그것은 트럭의 뒤쪽 끝을 줄여주는 강철 조각으로부터 찍어낸 범퍼였다.

부품시장 사업에서 7년을 보낸 후 칸은 여기서는 혁신을 할 여력이 많지 않다는 것을 깨달았다. 그는 자신의 제품이 성공하길 바란다면 그는 최종소비자가 아닌 자동차 제조회사에 직접 팔아야 한다는 것을 깨달았다. 그래서 칸은 1978년에 적은 사업 자금 대출로 창업하였다. 2년 이내에 그는 옛 상사로부터 Flex-N-Gate를 매수할 수 있을 정도로 충분한 돈을 벌어 브랜드 인지도를 얻었을 뿐만 아니라 추가적인 수익을 창출할 수 있었다. 하지만 호황인 사업도 칸의 가장 큰 고객인 GM이 그의 범퍼 설계를 대규모 공급자에게 넘기자 판매는 결국 중단되었다.

다른 사업가들이라면 이러한 무시에 화를 내며 대응했겠지만 칸은 이를 긍정적으로 생각하였다. "그건 그들에게 당연한 일이였죠."라고 그는 말했다. "우리는 범퍼를 하루 200개에서 40,000개 생산으로 늘릴 수 없었어요." GM과의 거래는 그로 하여금 일본 최대의 자동차 회사 중 하나인 이스즈(Isuzu)의 중역과 접촉하도록 하였다. 1980년대 초에 칸은 고객을 확보하기 위한 최후의 시도로 일본으로 갔다. 그의 타이밍은 아주 좋았다. 일본의 자동차 업체들은 미국 시장 진출을 준비하고 있었고 그들의 성장에 도움을 줄 더 많은 미국의 공급자들을 필요로 했다. 칸은 자신의 제조 경험과 판도를 바꿀 범퍼 설계로 이 요구를 완벽하게 충족시켰다. Flex-N Gate는 도요타, 이스즈와 마즈다에 대한 부품을 생산했다. 그들 브랜드가 미국 시장에서 성장함에 따라 칸의 회사도 그들과 함께 성장했다. 2011년에는 미국에서 판매되는 자동차와 트럭의 3분의 2가 Flex-N-Gate의 부품을 사용했다. 그리고 칸이 이 회사의 유일한 주주가 된 이래로 회사 판매의 모든 수익은 그에게 돌아갔다. 그는 이제 대략 70억 달러의 재산을 소유하고 있다.

2012년에 칸은 잭슨빌 재규어스(Jacksonville Jaguars)를 인수하는데 자신의 막대한 재산 일부를 사용하였고 이를 통해 NFL 프랜차이즈를 소유하려는 자신의 꿈을 실현했다. 비록 재규어스가 최근 슈퍼볼 출전팀은 아니지만 언젠가 이 팀이 자신의 복귀 스토리들 중 또 다른 하나의 스토리가 될 것으로 확신한다.

Flex-N-Gate가 생산성을 증가시킴으로써 샤히드 칸은 수천 개의 일자리를 만들면서 부를 이루었다. 이것은 그에게 자동차 산업에서의 커다란 존경을 가져다주었다. 이 장에서는 여러분은 회사의 리더들이 생산 및 운영부문에서 어떻게 번창하여 살아남는지에 대해 배울 것이다. 여러분은 또한 미국이 왜 제조 기반의 경제에서 서비스 경제로 이동해 가는지를 알게 될 것이다.

출처: Jerry Brewer, "Jaguars Owner Shahid Khan Proves to Be the Exception in More Ways Than One among NFL Owners," The Washington Post, January 12, 2018; "Shahid Khan," Forbes, forbes.com, accessed October 2019; Amy Lamare, "The Incredible Rags-to-Riches Story of Billionaire Jacksonville Jaguars Owner Shahid Khan," Celebrity Net Worth, celebritynetworth.com, accessed October 2019; "Shahid Khan—Owner," Jaguars, jaguars.com, accessed October 2019.

편안한 침대 및 객실 내 와이파이 제공과 함께 이 유명한 호텔은 카니(Connie)로 불리는 2 피트 크기의 로봇 안내원이 투숙객들을 돕고 있다. 이 호텔의 이름은 무엇인가? (이 장에서 답을 찾아보라)

학습목표 8-1 미국 제조의 현 상황과 더 큰 경쟁력을 갖추기 위해 제조업체들이 해 왔던 일에 대해 설명할 수 있다.

제조와 서비스의 전망

수십 년 전의 미국 제조에 대해 간략히 살펴보자. 1953년에 공장에서 전체 노동자의 대략 30퍼센트를 고용했기 때문에 미국의 산업은 전후 최고조에 달했다.[1] 1979년에는 거의 2,000만 명의 사람들이 공장에서 일을 했다.[2] 그렇지만 이 이후로는 공장에 고용된 미국인의 수는 매년 꾸준히 감소하였다. 2018년에는 대략 1,275만 명의 사람이 공장에서 일했다. 그렇지만 같은 해 미국에서 만들어지는 제품의 가치는 기록적인 최고치에 달했다.[3] 다시 말해서 미국의 제조에 있어서 현재보다 더 생산적인 시기는 없었다.[4]

공장의 작업자 수는 계속해서 감소하는데 산출은 어떻게 증가할 수 있었을까? 기술과 자동화에서의 발전으로 미국 공장들은 많은 노동력을 들이지 않고서도 효율적으로 운영될 수 있다. 로봇들이 수십 년 동안 제조 작업을 수행해 왔지만 과거의 구식 로봇들은 너무 크고 위험해서 사람들이 로봇들과 같은 장소에서 함께 일을 할 수 없었다.[5] 이제는 많은 작업자들은 스스로 학습능력을 지닌 로봇들과 함께 협업하며 작업한다.[6]

이러한 발전은 오늘날 공장에서 가능한 일의 형태를 급격하게 변화시켰다. 과거에는 고등학교만 졸업해도 조립 라인에서의 일자리는 구할 수 있었고 동시에 월급도 충분히 받을 수 있었다.[7] 그렇지만 공장 자동화가 진행되면서 로봇들이 이런 단순 반복적인 일을 수행하게 되었다. 이 자동 노동으로의 전환에 대한 관점으로 1980년에 공장은 1백만 달러의 가치가 있는 제조 생산을 위해 25명의 사람을 필요로 했다. 오늘날은 이를 위해 단지 6명의 사람들을 필요로 한다.[8] 그렇지만 여기서의 종업원들은 성공하기 위해 고급 기술을 가지고 있어야만 한다. 오늘날의 공장은 최첨단 장비를 운영하기 위해 저숙련 조립라인 작업자들보다는 오히려 엔지니어들과 소프트웨어 개발자들에 의존한다.[9]

이전의 로봇들과는 달리 현대의 공장 로봇은 사람들과 함께 안전하게 작업할 수 있다. 여러분은 언젠가 제조가 전적으로 자동화된 로봇에 의해 추진될 것이라고 생각하는가?

이러한 변화로 미국 산업은 1950년대처럼 많은 사람을 고용할 것 같지 않다. 오늘날 경제는 제조보다는 서비스에 의존한다. 미국 GDP의 70퍼센트와 일자리의 80퍼센트 이

우리의 경계를 넘어

독일 스타일의 견습제도로 숙련 노동자 만들기

make-it-in-germany.com/en

최근 연구에 따르면 향후 십년간 미국 작업자들은 훈련 부족으로 2백만 개의 산업 일자리를 놓칠 것으로 나타났다. 이처럼 증가하는 기술격차를 해소하기 위해 일부 제조업체들은 젊은 작업자들에 대한 직무교육을 제공하는 견습제도 프로그램을 활용하려 하고 있다. 이런 방식이 미국에서는 이제 막 활기를 띠기 시작했지만 중간규모의 독일 기업들은 이미 수세기동안 이러한 견습제도를 운영해 오고 있다. 이 나라 고등학교 졸업생들의 거의 반이 이러한 강도 높은 훈련 프로그램을 선택하는데 이는 무엇보다도 이들이 결국에는 사실상 취업이 보장되어 있기 때문이다.

독일의 견습생은 일반적으로 일주일에 3-4일은 기업의 현장에서 연수를 받고 다른 2-3일은 직업학교에서 배우면서 보낸다. 기업들은 학생들의 등록금을 대어주고 월급 또한 주고 있다. 3년이 지나면 견습생들은 자신이 선택한 직업시험에 합격해야만 한다. 자격증을 취득한 사람들은 자신을 훈련한 기업들에 남아 종업원과 기업 모두에 이익을 준다. 이것은 독일 견습생들은 물론이고 미국 견습생들에게도 사실이다. 노동부에 따르면 미국 견습생들의 87퍼센트가 훈련 프로그램을 마친 후에 취직을 한다.

일리노이주 고급기술교육 컨소시엄(ICATT)같은 국내 조직들은 더 많은 미국 작업자들이 이러한 종류의 현장교육에 접할 수 있기를 원한다. 예를 들어 일리노이주 금속 제조업체인 스캇 포지(Scot Forge)는 최근 독일 인증 표준을 기반으로 한 교육 프로그램을 만들기 위해 ICATT와 협력하고 있다. 학생들은 현장에서 일도 하면서 동시에 시간을 쪼개어 전문대학에서 공부도 할 수 있게 된다. 이같은 3년간의 프로그램을 마친 사람들은 2년 동안 고용이 보장될 뿐만 아니라 전문대학 학위도 받게 된다. 스캇 포지의 견습 프로그램의 책임자인 자크 포드(Zach Ford)에 따르면 다른 기업들도 자신의 유사한 프로그램을 실행해보는 것이 현명할 것이라고 한다. 포드는 "우리 제조업체들이 앞으로 어떤 일이 일어날지에 대해 신경쓰지 않는다면 미래에 우리 산업은 무너질지도 모른다."라고 말했다. "사람들이 일하려고 하지 않는다면 직장이 얼마나 많은지는 중요하지 않다."

출처: Sources: Elizabeth Schulze, "U.S. Companies Turn to German Training Model to Fill Jobs Gap," The Wall Street Journal, September 26, 2016; "Apprenticeship System in Germany," Apprenticeship Toolbox, apprenticeship-toolbox.eu, October 4, 2019

상이 이제 서비스 분야에 있다. 여기에는 회계, 재무와 경영 컨설팅같은 비즈니스 서비스뿐만 아니라 변호사, 의사와 연예인 같은 직업을 포함한다. 제조는 최고의 인재를 뽑을 때 기술개발과 같은 분야의 기업들과 경쟁해야만 한다. 실제로 많은 미국 공장들은 엔지니어들과 컴퓨터 전문가들이 기술 산업에 몰려들기 때문에 이들을 충원하기 위해 고군분투하고 있다.[10] '우리의 경계를 넘어' 글상자의 내용은 독일의 기업들이 이런 형태의 구조적 실직을 피하기 위해 어떻게 견습제도를 사용하는지를 보여준다.

제조업과 서비스 조직은 더 큰 경쟁력을 갖춰 가고 있다.

비록 미국 산업이 이전보다 더 생산적임에도 불구하고 미국 산업은 전 세계로부터의 도전에 직면하고 있다. 미국 제조업자들은 독일, 한국과 인도의 성장 기업들뿐만 아니라 중국의 막강한 제조기업들과도 경쟁해야만 한다.[11] 많은 외국의 기업들은 효율성을 증가시키기 위해 미국의 기술에 의존한다. 그러나 많은 혁신은 해외에서도 일어나는데 이는 미국 제조업체들도 최신 생산기술이 어디서 개발되든 간에 이를 반영하여야 한다는 것을 의미한다.

서비스 제공자 또한 서비스 분야가 점점 커짐에 따라 자신의 입지를 강화할 필요가 있다. 그렇지만 서비스의 효율성을 증가시키는 것은 말처럼 쉽지 않다. 여러분은 단지 미용사가 가장 빨리 머리카락을 자른다는 이유로 그 미용사를 선택할 것인가? 서비스 부문의 기업들은 고객들에게 최고 품질의 관리를 제공하는데도 초점을 두어야 한다. 기업들은 또한 고객의 요구를 충족시키기 위해 공급업자들과도 긴밀한 관계를 유지할 필요가 있다. 그리고 서비스 제공자들은 자신의 경쟁력을 유지하기 위해 지속적으로 개선을 해야 한다.

이 장에서는 서비스와 제조 부문 모두에 있어 오퍼레이션스 관리기법을 살펴볼 것이다. 우리는 먼저 몇 가지 주요 용어를 검토할 것이다.

학습목표 8-2 생산에서 오퍼레이션스 관리까지의 발전과정을 설명할 수 있다.

생산에서 오퍼레이션스 관리로

생산
토지, 노동, 자본, 기업과 정신과 지식 같은 생산요소를 사용하여 제품과 서비스를 만드는 것

생산관리
기업들이 제품을 만들어내도록 관리자들이 행하는 모든 활동을 설명하는데 사용되는 용어

오퍼레이션스 관리
자원(인적 자원을 포함)을 제품이나 서비스로 변환하는 관리의 전문영역

생산은 토지, 노동, 자본, 기업과 정신과 지식 같은 생산요소를 이용하여 서비스와 완제품을 만드는 것이다(1장 참조). 생산은 역사적으로 제조를 의미해 왔고 **생산관리**란 용어는 기업이 제품을 만들도록 도와주는 관리활동을 설명하고 있다.(그럼에도 앞 절에서 논의하였듯이 근래에 미국 경제는 주로 제조보다는 서비스에 의해 주도되고 있다)

오퍼레이션스 관리는 제조와 서비스 조직 모두에서 사용되는 용어이다. **오퍼레이션스 관리**는 전문적 기술이나 혁신과 같은 인적 자원을 포함한 자원을 제품이나 서비스로 변환하는 관리의 전문영역이다. 여기에는 재고관리, 품질관리, 생산일정계획, 애프터서비스 등등이 포함된다. 자동차 공장에서 오퍼레이션스 관리는 원재료, 인적자원, 부품, 물품, 페인트, 공구 그리고 다른 자원들을 자동차로 변환시킨다. 이는 제작 및 조립 프로세스를 통해서 이루어진다.

대학과 같은 서비스 기반의 환경에서 오퍼레이션스 관리는 정보, 교수, 물품, 건물, 사무실과 컴퓨터 실습실과 시스템 같은 투입물로 학생을 교육받은 사람으로 변환하는 서비스를 창출한다. 이는 강의와 설명같은 프로세스를 통해 달성된다.

공장, 농장, 광산 같은 조직들은 대부분 제품을 생산한다. 병원, 학교, 정부기관과 같은 조직들은 대부분 서비스를 생산한다. 일부는 제품과 서비스의 혼합물을 생산한다. 예를 들면, 자동차 생산자는 자동차를 만들 뿐만 아니라 수리, 파이낸싱과 보험같은 서비스도 제공한다. 웬디스(Wendy's)에서 여러분은 햄버거와 감자튀김과 같은 제품뿐만 아니라 주문 접수, 주문 처리, 음식 수령, 청결과 같은 서비스를 받을 수 있다.

매년 기업은 인력이 필요없는 새로운 자동화 방식을 개발한다. 이 로봇은 일본식 펜케이크인 오코노미야키(okonomiyaki)를 요리하는 능력을 보여준다. 이 로봇은 고객으로부터 말로 주문을 받고 기본적인 주방도구를 사용할 수 있다. 여러분은 로봇이 주문을 제대로 받을 가능성이 사람보다 더 크다고 생각하는가?

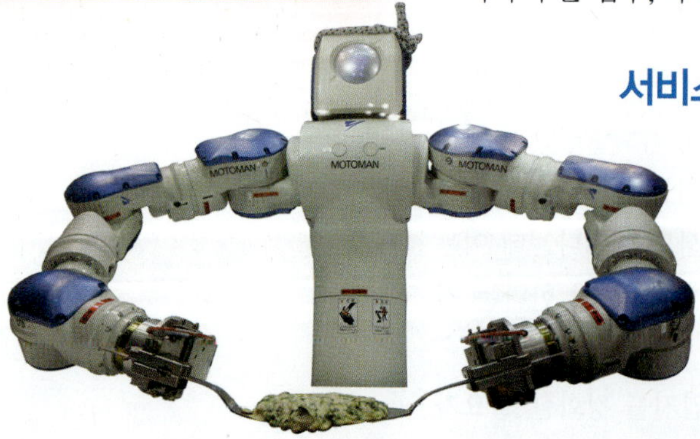

서비스 부문에서의 오퍼레이션스 관리

서비스 산업에서의 오퍼레이션스 관리는 서비스를 사용하는 사람들에게 좋은 경험을 제공하는 것이다. 예를 들어 힐튼 호텔에서 오퍼레이션스 관리는 원활하게 작동하는 엘리베이터, 고급 레스토랑, 안락한 침대와 투숙객들을 신속하게 처리하는 프런트 데스크를 포함한다. 이는 또한 로비에 싱싱한 꽃과 모든 객실에 과일 접시를 두는 것도 포함한다.

서비스에서의 오퍼레이션스 관리는 고객 경험을 풍부하게 하는 모든 것이다. 예를 들어 호텔은 단골 고객의 선호 사항에 대해 저장된 정보뿐만 아니라 비즈니스 출장으로 머무는 고객들에게 방 안에서의 인터넷 접속과 오피스 스타일의 모든 지원을 제공함으로써 고객의 필요에 대응해왔다. 어떤 다른 편의를 호텔이 비즈니스 출장자들에게 제공해 주어야 하는가?

이런 일상적인 편의에 더해 힐튼은 끊임없이 변화하는 투숙객들의 요구에 부응하기 위해 혁신적이어야 한다. 오늘날 대부분의 비즈니스 여행자들은 사무실의 모든 자원을 제공하는 워크센터(work center)뿐만 아니라 객실내에서의 와이파이(WiFi) 사용도 기대한다. 힐튼은 이러한 서비스를 제공하고 언젠가는 호텔산업에서 표준이 될 수 있는 새로운 장점을 개발하고자 한다. 이러한 혁신의 하나는 열쇠 없이 객실에 들어가도록 하는 것이다. 쉽게 잃어버릴 수 있는 카드식 열쇠를 투숙객에게 주는 대신 힐튼은 투숙객들이 객실에 들어가기 위해 스마트폰을 이용하도록 하는 시스템을 만들었다.[12)]

2016년에 힐튼은 투숙객들의 기본 질문들에 답할 수 있는 약 60센티미터 높이의 프런트데스크 로봇인 카니(Connie)라 불리는 야심찬 프로젝트를 소개했다.[13)] 이 기업의 설립자인 콘라드 힐튼(Conrad Hilton)의 이름을 따라 로봇은 새로운 정보와 업무를 배우기 위해 IBM의 왓슨 시스템을 사용한다. 추정하기로 2030년에는 로봇이 호텔 작업자의 25퍼센트까지 차지할 수 있을 것이다.[14)] 새로운 개념들을 소개하기 전에 힐튼은 본사 인근에 있는 호텔에서 새로운 모든 아이디어들을 시험했다.[15)] 이를 통해 투숙객들이 새로운 특징에 반응하는 방식과 이것이 어떻게 전체 운영에 영향을 주는지를 알게 된다.

고객들의 필요 사항을 예측하여 이들을 기쁘게 하는 것이 다른 많은 서비스 기업들과 마찬가지로 힐튼에 대한 품질 표준이 되고 있다. 그러나 고객들의 필요성을 아는 것과 이를 만족시키는 것은 별개의 일이다. 오퍼레이션스 관리는 이러한 개념들 사이의 가교 역할을 하여 기업들이 자사의 아이디어들을 실제 제품과 서비스로 변환하도록 해준다. 이제 생산공정과 미국이 이 분야에서 경쟁력을 유지하기 위해 기업들이 무엇을 하고 있는지를 살펴보기로 하자.

시험 준비

- 지난 수십 년간 미국에서 제조는 어떻게 변화해왔는가?
- 경쟁력을 유지하기 위해 미국 기업들은 무엇을 해야만 하는가?
- 제조와 서비스분야 사이에서 오퍼레이션스 관리는 어떻게 다른가?

그림 8.1 생산공정

생산공정은 생산요소(토지 등)로 제품, 서비스, 아이디어를 생산하기 위해 이 투입물을 이용하는 것이다. 계획, 경로 설정, 일정 계획과 다른 활동들은 목표(산출물)를 완성하는 수단이다.

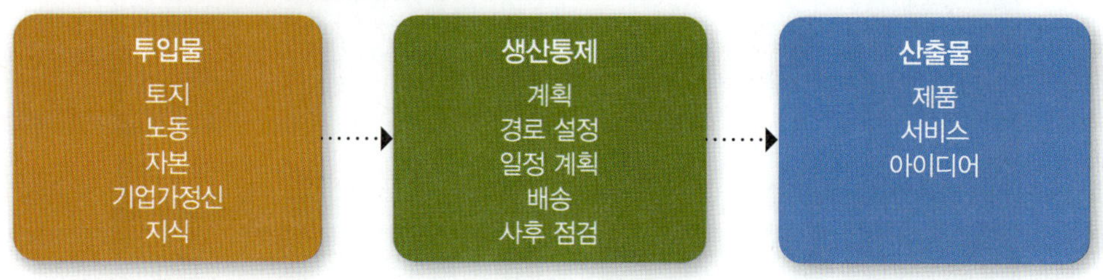

학습목표 8-3 여러 생산공정의 파악과 컴퓨터 지원설계 및 생산, 유연생산, 린(lean) 생산, 매스 커스터마이제이션(mass customization), 로봇공학과 3D 프린팅을 포함한 생산성을 향상시키는 기법들에 대해 설명할 수 있다.

생산공정

여러분은 상식과 경험들을 통해 생산공정의 상당부분을 이미 알고 있을 것이다. 예를 들어 여러분은 기말보고서를 작성하거나 저녁을 준비하기 위해 무엇이 필요한지를 안다. 여러분은 재료를 살 돈과 일할 장소가 필요하고 그 일이 완성되도록 조직화할 필요가 있다. 이는 산업의 생산공정에서도 마찬가지이다. 산출물을 생산하기 위해 기본적인 투입물이 필요하다(그림 8.1 참조). 생산은 원재료나 공정에 가치나 효용을 부가한다.

형태 효용
생산자가 제품이나 서비스의 생산에 있어 재료에 부가하는 가치

형태 효용(form utility)은 실리콘을 컴퓨터 칩으로 변환시키거나 여러 서비스들을 결합하여 휴가 패키지를 만드는 것처럼 생산자들이 최종제품이나 서비스를 생산하는데 있어 재료에 부가하는 가치이다. 형태 효용은 소매 수준에서도 존재할 수 있다. 예로써 소 도축자가 소 한 마리로부터 특정 소고기 부위들을 발라내거나 제빵업자가 기본 재료로 특정한 형태의 케이크를 만드는 것을 들 수 있다.

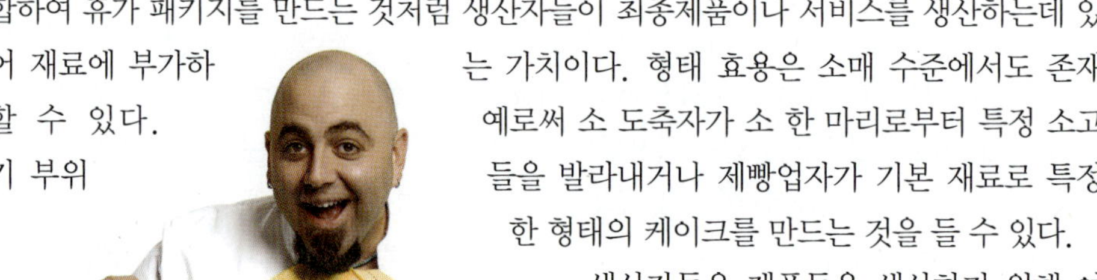

생산자들은 제품들을 생산하기 위해 여러 다른 공정들을 이용한다. 컴퓨터 칩 생산업체인 인텔의 전 회장 앤드류 그로브(Andrew S. Grove)는 생산을 설명하기 위해 다음 비유를 사용하였다.

참 시티 케이크(Charm City Cakes)의 더프 골드만(Duff Goldman) 같은 제빵사들은 기본 재료를 특별한 맞춤식 케이크로 바꿈으로써 원재료에 형태효용을 추가한다. 여러분은 이러한 케이크 생산이 어떻게 공정생산과 조립공정 모두를 포함하는지 알 수 있는가?

여러분이 주방장이라고 생각해보자. 여러분의 할 일이 3분동안 삶은 반숙 계란, 버터 바른 토스트와 커피로 구성된 아침식사를

제공하는 것이라 하자. 여러분의 일은 세 가지를 동시에 준비하여 가져다 주는 것이고, 각각은 신선하고 뜨거워야 한다.[16)]

여기서의 임무는 생산의 세 가지 기본 요소, 즉 (1) 고객의 요구에 맞추어 계획된 배달 시간에 제품을 만들어 배달하는 것, (2) 허용할 만한 품질 수준을 제공하는 것 그리고 (3) 가능한 최소의 비용으로 모든 것을 제공하는 것이라고 그로브는 말한다.

공정과 조립을 이해하기 위해 아침식사의 예를 들어보자. **공정생산(process manufacturing)**은 물리적이나 화학적으로 원재료를 변화시킨다. 예를 들어 끓이면 계란이 물리적으로 변한다. 마찬가지로 공정생산은 모래를 유리나 컴퓨터 칩으로 변화시킨다. **조립공정(assembly process)**은 하나의 제품(아침식사)을 만들기 위해 부품들(계란, 토스트와 커피)을 조립하는 것이다. 자동차는 프레임, 엔진과 다른 부품들을 결합하는 조립공정을 통해 만들어진다.

공정생산
물리적이나 화학적으로 원재료를 변화시키는 생산공정

조립공정
구성품들을 결합하는 생산공정

생산공정은 연속공정이거나 단속공정이다. **연속공정(continuous process)**은 장기 생산이 시간에 따라 완제품을 생산하는 공정이다. 주방장으로서 여러분은 3분간 끓는 물속에 계속해서 계란을 내려놓고 그리고 나서 다시 계란을 들어내는 컨베이어 벨트를 가질 수 있다. 여러분이 원할 때마다 3분 반숙 계란이 가능하다. 예를 들어 화학 공장은 연속공정으로 운영된다.

연속공정
오랜 생산기간을 거쳐 완제품이 만들어지는 생산공정

특정한 고객 주문에 대응할 때는 **단속공정(intermittent process)**을 사용하는 것이 더 낫다. 여기서는 생산기간이 짧고(한 두 개의 계란) 생산자는 서로 다른 제품들(빵집의 오븐이나 식당의 토스터(toaster)처럼)을 만들기 위해 기계들을 자주 조정한다. 고객이 디자인한 가구를 생산하는 업자는 단속공정을 사용할 것이다.

단속공정
생산기간이 짧고 기계들이 서로 다른 제품들을 만들기 위해 자주 바뀌는 생산공정

오늘날 많은 제조업체들은 단속공정을 사용한다. 컴퓨터, 로봇, 유연생산 공정이 기업으로 하여금 고객 주문 제품들을 예전 대량 생산 제품의 생산처럼 빠르게 생산되도록 해준다. 이것이 어떻게 가능한지를 고급 생산기법들과 기술들을 다루면서 다음 몇몇 절에서 자세히 살펴볼 것이다.

생산기법의 개선과 비용절감의 필요성

오퍼레이션스 관리의 궁극적 목적은 고객 요구에 즉각적으로 대응하여 고품질의 제품과 서비스를 제공하는 것이다. 이 책에서 강조하듯이 전통적인 조직은 고객의 요구에 즉각적으로 대응토록 설계되지 못했다. 오히려 제품을 효율적으로(저렴하게) 만들도록 설계되었다. 대량 생산의 아이디어는 제한된 종류의 제품을 아주 낮은 가격으로 대량으로 생산하는 것이다.

지난 몇 년간 저비용은 종종 품질과 유연성을 희생해서 나온 것이다. 더욱이 공급업자들은 약속한 날짜에 배달하지 못해, 제조업체들은 생산을 계속하기 위해 많은 원재료와 부품을 재고로 보유해야만 했다. 이러한 비효율성 때문에 미국 기업은 더 고급의 생산기법들과 더 저렴한 노동을 사용하는 외국 경쟁기업들에 비해 취약한 실정이었다.

글로벌 경쟁으로 인해 기업들은 다양한 종류의 고품질 맞춤식 제품을 저렴한 비용으로 생산해야만 한다. 이것이 가능하도록 생산 현장에서 분명히 무언가가 변해야 한다.

3D CAD 도구는 디자이너들이 본(pattern)을 뜨는 전통적인 단계 즉, 솔기(이음매)만들기, 가봉, 보정 등의 과정 없이 옷본(prototype)을 만들 수 있게 해 준다. 이러한 기술은 규모가 작은 제조 기업에 어떤 이점을 제공해주는가?

여러 가지 주요 개발들이 미국 기업들을 더 경쟁적으로 만들었는데 여기에는 (1) 컴퓨터 지원 설계와 생산, (2) 유연생산, (3) 린(lean) 생산, (4) 매스 커스터마이제이션(mass customization), (5) 로봇공학 그리고 (6) 3D 프린팅이 있다.

컴퓨터 지원 설계와 생산

생산기법들을 변화시킨 하나의 개발은 제품을 설계하는데 컴퓨터를 사용하는 것이다. 건설기업부터 자동차 제조업체 그리고 비디오 게임 설계자까지 새로운 제품들을 만들기 위해 3D 모델링 소프트웨어인 **컴퓨터지원 설계**(CAD: computer-aided design)에 의존한다.[17)]

다음 단계는 **컴퓨터지원 생산**(CAM: computer-aided manufacturing)으로 생산공정에 컴퓨터를 직접 투입하는 것인다. 컴퓨터지원 설계와 컴퓨터지원 생산을 동시에 사용하는 것, 즉 CAD/CAM은 최소의 비용 증가로 소규모 시장에서의 필요를 충족시키기 위해 맞춤제작을 가능하도록 한다. 제조업자는 간단한 설계변화를 위해 컴퓨터를 프로그램하고 그 변화를 쉽게 생산에 반영한다. 의류산업에서 컴퓨터 프로그램은 하나의 패턴을 설정하고 천을 자동으로 재단하는데 심지어 약간의 추가비용으로 특정 고객에 맞게 재단된 옷을 만들 수도 있다.

식품 서비스에서도 CAM이 쿠키숍에서 일관된 품질로 즉석에서 소규모로 반자동화된 센서통제하에서 구워낼 수 있도록 해준다. 물론 3D 프린터는 최신의 CAM 기술에 속한다. 하나의 제품은 거의 마술처럼 최종 제품으로 나타날 때까지 층층이 만들어진다.

CAD는 생산성을 크게 개선할 수 있다. 과거에는 CAD기계가 CAM기계와 직접 소통할 수 없었다. 그렇지만 오늘날 소프트웨어 프로그램은 CAD와 CAM을 결합시켰다. 그 결과는 **컴퓨터 통합 생산**(CIM: computer integrated manufacturing)이다. 소프트웨어는 비싸지만 부품을 만들기 위해 기계를 프로그램하는 데 필요한 시간을 대폭 줄여준다.

CAD
제품의 설계에 컴퓨터를 사용

CAM
제품의 생산에 컴퓨터를 사용

CIM
CAD와 CAM을 결합한 것

유연 생산
다양한 제품들을 생산할 수 있도록 기계를 설계하는 것

유연생산

유연생산(flexible manufacturing)은 기계들이 복수의 작업들을 하도록 설계되어 다양한 제품들을 생산할 수 있도록 하는 것을 의미한다. 앨런-브래들리(Allen-Bradley)는 모터의 기동장치(motor starter)를 생산하기 위해 유연생산을 이용한다. 주문은 매일 들어오고, 24시간 이내에 기업의 기계들과 로봇들은 무인으로 기동장치를 생산, 검사 그리고 포장한다. 앨런-브래들리의 기계들은 아주 유연하여 하나의 특별한 주문 심지어 하나의 품목도 공정을 늦추지 않은 채로 조립할 수 있다. .

린 생산
대량생산에 비해 모든 것을 적게 사용하여 상품을 생산

린 생산

린 생산은 대량생산에 비해 모든 것을 적게 사용하여 제품을 생산하는 것이다. 즉, 더 적은 인력, 더 작은 작업 공간, 더 적은 공구 투자와 신제품 개발을 위한 더 적은 엔지니어링 시간(engineering time)으로 생산하는 것을 말한다. 기업은 자원에 대한 필요를 줄이면서도 고급의 제품을 생산할 능력을 계속해서 증가시킴으로써 린이 되어간다. 아래에 린 기업들의 몇몇 특징들이 있다.

기술 발달이 미국 공장들의 생산성과 효율성 증가에 상당한 기여를 하고 있다. 이러한 기술이 노동을 더 생산적으로 만들지만 다른 도전과제들 또한 제시한다. 종업원들은 혁신으로 인해 좌절을 맛볼 수 있고(예를 들면 이들은 새로운 프로세스들을 배워야 한다) 기업들은 경쟁력을 유지하기 위해 종업원들을 끊임없이 교육시켜야 한다. 기업이 경쟁력을 유지하는 하나의 방법은 더 개인화된 제품을 만드는 것이다. 이것이 어떻게 일어나는지를 다음 절에서 살펴볼 것이다.

매스 커스터마이제이션

커스터마이즈(customize)한다는 것은 특정 개인에 맞춰진 특정한 제품을 만들거나 특정한 서비스를 제공하는 것을 말한다. 한때는 불가능한 것처럼 보였지만 많은 개별 고객들의 요구를 만족시키기 위해 제품들을 맞춤화하는 것을 의미하는 **매스 커스터마이제이션**이 지금은 널리 실행되고 있다. 일본의 내셔널 바이시클(National Bicycle Industrial Company)은 2백만 개가 넘는 조합으로 18개의 자전거 모델을 만들고 있는데, 각각은 특정 고객의 요구에 맞도록 설계되어 있다. 고객은 모델, 사이즈, 색상과 디자인을 선택한다. 소매점은 구매자로부터 여러 가지 치수를 재어, 그 데이터를 공장으로 보내면 공장에서는 로봇이 조립의 대부분을 처리한다.

매스 커스터마이제이션
개별 고객의 요구를 만족시키기 위해 제품을 맞춤화하는 것

점점 더 많은 기업들이 자사의 제품을 커스터마이즈하고 있다. 패션 스타트업인 프라퍼 클로쓰(Proper Cloth)는 온라인 쇼핑객을 위한 맞춤 셔츠를 디자인하기 위해 Smart Size란 소프트웨어를 사용한다.[18] GNC(General Nutrition Center)에서는 건강에 신경 쓰는 구매자들의 비타민 계획을 맞춤화 해준다. 단 것을 더 많이 좋아하는 사람들을 위해 심지어 좋아하는 색상으로 맞춤 M&M을 구매할 수도 있다.

매스 커스터마이제이션은 서비스 부문에서도 또한 사용된다. Capital Protective Insurance(CPI)는 기업들에게 맞춤식 위험 관리 상품들을 판매한다. 헬스클럽은 개인들에 대한 맞춤식 피트니스 프로그램을 제공하고, 여행사는 개인의 선호도에 맞춘 휴가 패키지 상품들을 제공하고, 몇몇 대학들은 학생들이 자신의 전공들을 설계하도록 한다. 제품을 맞춤식으로 만드는 것보다 서비스 프로그램을 맞춤식으로 설계하는 것이 더 쉬운데, 그 이유는 고정된 유형 제품이 없기 때문이다. 각 고객은 자신이 원하는 것을 서비스 조직의 한계—이전보다 더 넓어진 것처럼 보이는 한계—내에서 명시할 수 있다.

M&M의 색깔을 맞춤화할 수 있을 뿐만 아니라 여러분은 여기에 개인적인 메시지나 이미지를 새길 수도 있다. 여러분은 또 다른 어떤 제품을 맞춤화 할 수 있다고 생각하는가?

로봇공학

산업용 로봇은 일주일에 7일, 하루에 24시간씩 작업할 수 있다. 매스 커스터마이제이션도 로봇들에 있어 문제가 되지 않는다(어느 누구도 로봇이 불평한단 이야기를 들어본 적이 없다). 로봇이 사람들의 일자리 수를 줄이는 동시에 생산성을 개선함으로써 제조를 완전히 변화시키고 있다.[19] 알로프

변화에 적응하기   의료산업에서의 3D 프린팅 기술

의료산업에서 3D 프린터는 보청기나, 틀니, 의족, 의수 등 개인맞춤형 의료 보형물 제작은 물론 환자의 해부용 가상 신체 제작이나 수술 시뮬레이션, 의료사고 예방과 수술시간 단축, 수술 성공률 증대, 의료진 교육 등에 이르기까지 폭넓게 기여하고 있다.

3D 프린팅이 가장 성공하고 발전한 분야는 의료산업 중 특히 치과분야라고 할 수 있다. 현재 3D 프린팅 기술은 의료산업의 보형물 제작은 물론 가상 신체 제작 등을 통해 수술을 효율적으로 만드는 역할도 하고 있다.

최근 인구의 고령화 추세가 확대되고, 건강증진에 대한 인식과 관심이 높아짐으로써 의료기기 산업에 대한 수요가 증가하고 있다. 특히, 의료기기 산업은 4차 산업의 발달로 인해 전반적인 생산구조가 변화하고 있는 시점에 힘입어 의료기기는 물론 적층제조 분야와 관련된 의료산업에 대한 관심이 증가하고 있다.

3D 프린터란, 밀링과 절삭, 조립 등의 방법에서 벗어나 적층가공법(Additive Manufacturing)을 활용해 3차원 물체를 제조하는 장치를 말한다. 3D 프린팅 기술은 제품의 대량생산에 돌입하기 이전에 산업에서 필요한 시제품을 제조하기 위한 용도로 1984년 3D 시스템 주사에 의해 발명된 비교적 역사가 오래된 기술이다. 최근 3D 프린팅 관련 원천특허가 만료됨에 따라 입체물 제작을 위한 소프트웨어 보급이 확산돼 3D 프린팅 기술은 전자기기, 자동차, 항공, 건축, 의료기기, 산업기기 등 전 산업분야에 활발하게 적용되기 시작했다.

3D 프린팅 기술은 다품종 소량생산에 적합하고 환자 맞춤형 제작이 가능하기 때문에 의료분야에서의 활용성은 매우 크다고 할 수 있다. 특히, 3D 프린터의 FDM(Fused Deposition Modeling) 기술로 열가소성 생체적합 고분자를 이용한 의료용 지지체의 직접 제작이 가능하게

되면서 생체 의공학 분야에서 본격적으로 활용되기 시작했다.

의료산업에서 3D 프린터는 보청기, 틀니, 의족, 의수 등 개인맞춤형 의료 보형물 제작 등에 활용되고 있으며, 환자의 해부용 가상 신체를 제작해 수술 시뮬레이션용으로 활용함으로써 수술로 인한 의료사고를 사전에 예방하거나, 수술시간의 단축은 물론 수술의 성공률을 높이는데 기여하는 등 의료분야 종사자들의 교육에도 전반적으로 활용되고 있다. 이뿐만 아니라 최근에는 손상된 조직 혹은 장기의 기능을 회복시키기 위해 유도 만능 줄기세포, 배아줄기세포, 중간엽 줄기세포 등을 활용한 3D 세포 프린팅 기술을 통해 인공조직을 제작해 의료분야에 활용하고자 하는 연구가 활발히 진행되고 있다.

출처: https://www.fajournal.com/news/articleView.html?idxno=9273

트 호텔(Aloft Hotels)에서는 보틀러(Botlr)라 불리는 로봇이 홀을 다니면서 손님들에게 룸서비스를 제공하고 있다.[20] 심지어 월스트리트 저널의 금융분석가도 로봇들과 일자리 경쟁을 해야 한다.[21] 로봇들은 사람들이 일을 더 잘하도록 도와주거나 이들을 완전히 대체하고 있다. 조만간 우리는 로봇경제로 알려진 세상에 진입하게 될 것이다.[22] 많은 사람들은 값싼 노동력으로 중국이 크게 성공했다고 생각하지만 중국은 조만간 세계의 가장 큰 로봇 시장이 될 것이다.[23]

3D 프린팅

최근 나타난 가장 흥미로운 생산 프로세스들 중 하나는 3D 프린팅이다. 적층 제조(additive manufacturing)라 불리는 절차가 진행되는 동안 하나의 제품이 잉크젯 프린터의 분사구(nozzle)처럼 생긴 기구에 의해 한 번에 하나의 층으로써 만들어진다. 지금까지 제조업자들은 시제품 모델이나 금형을 만들기 위해 3D 프린팅을 사용해왔다.[24] 그러나 전문가들은 언젠가 3D 프린팅이 모든 종류의 품목에 대한 생산에 혁명을 일으킬 것이라고 주상한다. '변화에 적응하기' 글상자는 의료산업에서의 3D 프린팅 기술을 보여

준다.

감지, 측정 그리고 프로세스 통제를 활용하기

최첨단의 제조기술은 많은 양의 데이터로 작동하는 컴퓨터에 의해 구동된다. 이러한 데이터는 습도를 측정하는 센서, (위치를 고정시키는) 위치 추적기 또는 원재료의 두께를 측정하는 기기를 관리한다. 제품이 생산의 시작부터 인도시점까지 추적될 수 있다. 어떤 것이든 잘못되는 순간 센서가 이를 즉각 감지하여 필요한 조치를 취하도록 누군가에게 알린다.[25] 기업들은 또한 나노제조를 활용하고 있다. 나노미터는 1미터의 10억분의 1로 나노제조는 분자 또는 심지어 원자 크기까지 원재료를 다룰 수 있음을 의미한다.[26]

시험 준비

- 형태 효용은 무엇인가?
- 공정생산, 조립공정, 연속공정 그리고 단속공정을 정의하고 차이점을 설명하라.
- CAD와 CAM의 통합을 무엇이라 부르는가?
- 매스 커스터마이제이션은 무엇인가?

학습목표 8-4 시설 입지, 설비 배치, 자재소요계획법(material requirement planning), 구매, 적시(just-in-time) 재고 관리와 품질관리를 포함한 오퍼레이션스 관리 계획에 대해 설명할 수 있다.

오퍼레이션스 관리 계획

오퍼레이션스 관리 계획은 서비스와 제조 부문에서의 많은 문제들을 해결해 주고 있다. 이러한 문제들에는 시설입지, 설비배치, 자재소요계획, 구매, 재고관리 그리고 품질관리가 포함된다. 사용되는 자원들은 다를 수 있지만 관리 문제들은 동일하다.

시설입지

시설입지(facility location)는 기업의 운영을 위한 지리적인 장소를 선택하는 과정이다. 고객에 초점을 맞추는 경우의 전략은 소비자들이 기업의 서비스를 이용하고 그들의 요구사항을 쉽게 얻을 수 있는 장소를 찾는 것이다. 꽃가게와 은행은 시설을 독립적으로 두기보단 슈퍼마켓 내에 두어 소비자들이 더 접근하기 쉽도록 한다. 스타벅스 또한 슈퍼마켓과 타겟 매장(Target store) 내에서 사업을 하고 있다. 여러분은 월마트 매장과 주유소 안에 입지한 맥도날드를 볼 수 있다.

시설입지
기업의 운영을 위한 지리적인 장소를 선택하는 과정

궁극적인 편리함은 무언가를 얻기 위해 집을 떠날 필요가 없어야 한다는 것이다. 이것이 인터넷뱅킹과 인터넷 쇼핑같은 서비스들이 왜 인기있는지를 말해준다. 전자상거래는 거래를 더 쉽게 하기 위해 페이스북과 다른 소셜 미디어를 이용한다. 오프라인 소매점이 이러한 경쟁에서 이기려면 좋은 지역을 선택하고 뛰어난 서비스를 제공해야 한다. 호텔, 은행, 헬스클럽 그리고 슈퍼마켓과 같은 서비스 기업의 입지를 공부해보라. 그러

시설입지는 제조업체뿐만 아니라 모든 기업들에게 중요한 의사결정이다. 이 의사결정에는 자격있는 종업원의 가용여부, 공급업체에 대한 접근, 고객과 운송 그리고 지역설정과 세금을 포함한 현지의 규제에 대한 고려가 포함된다. 인터넷 상거래의 성장이 기업의 입지결정에 어떻게 영향을 미쳤는가?

면 여러분은 가장 성공한 경우가 편리한 곳에 입지해 있는 경우임을 알게 될 것이다. 구글은 세금을 감면해주고 저비용의 전기를 쉽게 구할 수 있는 주(state)에 대규모 데이터 센터를 구축하고 있다. 데이터 센터는 또한 컴퓨터 서버의 열을 식혀주는 물이 풍부한 곳 가까이 위치해 있다.

제조업체들에 대한 시설입지

생산에서의 지역적 이동은 때때로 어떤 지역에서는 실업을 초래하고 다른 지역에서는 엄청난 성장을 가져다준다. 예를 들면 자동차 제조업의 쇠퇴는 디트로이트의 경제를 여러 해 동안 쇠퇴시키고 있다. 동시에 기술산업의 부흥은 실리콘 밸리를 세계에서 가장 부유한 곳들 중의 하나로 만들었다.

왜 기업들은 한 장소에서 다른 장소로 자사 시설을 이전하기 위하여 수백만 달러를 지출하는가? 기업들은 노동비, 노동을 포함한 자원의 가용성, 시장 출시 시간을 단축시킬 수 있는 교통수단에 대한 접근성, 공급업체들에 대한 근접성, 소비자들에 대한 근접성, 범죄율, 종업원들에 대한 삶의 질, 생활비 그리고 지역 노동자들을 훈련시키거나 재교육시킬 필요성을 고려한다.

고도로 자동화된 산업에서는 총비용 중 노동비 비중이 적음에도 불구하고, 저임금 노동력이나 필요한 숙련 노동력을 활용할 수 있다는 이유로 인해 많은 제조업체들이 공장들을 말레이시아, 중국, 인도, 멕시코, 베트남과 다른 나라로 이전한다. 일반적으로 미국 제조기업들은 세계 다른 곳에 있는 기업들보다 더 많은 임금을 주고 더 많은 편익을 제공하는 경향이 있다.

저렴한 자원은 제조시설을 이전시키는 또 다른 중요한 이유이다. 기업들은 대개 물, 전기, 목재, 석탄 그리고 다른 기본자원들을 필요로 한다. 이러한 자원들이 저렴하고 풍부한 지역으로 이전해감으로써 기업들은 그러한 자원을 구매하는 비용뿐만 아니라 완제품의 운송 비용도 상당히 낮출 수 있다. 가장 중요한 자원이 사람인 경우, 기업들이 실리콘 밸리같은 똑똑하고 재능 있는 사람들이 있는 곳에 모이는 경향이 있다.

시장대응시간은 또 다른 의사결정 요인이다. 제조업체들이 세계적으로 경쟁함에 따라 가장 저렴한 비용으로 빠르게 제품을 고객들에게 신속히 전할 수 있는 장소를 필요로 한다. 따라서 고속도로, 철도, 수로 그리고 공항에 대한 접근성이 중요하다.[27] 정보기술(IT) 또한 대응시간을 줄이는데 있어 중요하므로 많은 기업들이 가장 발달된 정보시스템을 갖춘 나라들을 찾으려고 한다.

고객들의 요구를 충족시키기 위해 공급업체들과 긴밀하게 협력하는 또 다른 방법은 제조시설을 공급업체 가까이 두는 것이다. 이렇게 함으로써 유통비용을 줄이고 공급업체와의 의사소통을 용이하게 할 수 있다.

많은 기업들이 글로벌 고객들과 더 가까이 있기 위해 외국에 공장을 짓고 있다. 이것이 일본 자동차 기업인 혼다가 오하이오 주에서 자동차를 생산하고 독일기업인 메르세데스 벤츠(Mercedes Benz)가 알라바마 주에서 자동차를 생산하는 이유이다. 미국 기업

윤리적 의사결정

우리는 머물러야 하는가 아니면 떠나야만 하는가?

가상기업인 칠드런웨어(ChildrenWear)가 오랫동안 지역의 경제적인 기반이 되어 왔다고 가정하자. 이 지역의 많은 작은 기업들과 학교들이 칠드런웨어가 생산에 필요로 하는 자재를 공급하거나 미래 종업원을 교육시켜주고 있다. 칠드런웨어가 이익을 보지만 자사의 제조시설을 아시아로 이전하면 이윤이 잠재적으로 15% 증가할 수 있다는 것을 알게 되었다.

칠드런웨어가 이 지역에서 운영을 중단하면 음식점과 작은 소매점 같은 이 지역의 많은 다른 기업들의 사업실패를 초래하게 되고 재취업의 대안도 없는 상태에서 높은 성인 실업률을 초래하게 된다. 칠드런웨어의 최고경영자로서 공장을 이전해야 하는지, 이전한다면 얼마나 빨리 이를 종업원들에게 알려주어야 하는지에 대한 결정에 여러분이 도움을 주어야 한다. 연방법에 따르면 최소한 공장 폐쇄 60일 전에 종업원들에게 알려주어야 한다. 여러분은 어떤 대안들을 갖고 있는가? 각 대안의 결과는 무엇인가? 어느 대안을 여러분은 선택할 것인가?

들은 외국에서 공장 부지들을 선택할 때 이들 장소들이 공항, 수로 그리고 고속도로 근처에 있어 원재료와 완제품을 신속하고 용이하게 이동시킬 수 있는지를 고려한다.

기업들은 또한 종업원들과 관리자들의 삶의 질을 조사한다. 좋은 학교들이 근처에 있는가? 기후는 좋은가? 범죄율은 낮은가? 지역 사회가 새로운 기업을 환영하는가? 회사 임원들과 다른 주요 관리자들이 그곳에 살고 싶어 하는가? 때때로 삶의 질이 높은 지역은 비싼 지역으로 이것이 결정을 복잡하게 만든다. 시설입지는 오퍼레이션스 관리에서 중요한 문제이다. '윤리적 의사결정'이란 글상자에서 기업들이 입지에 관해 내려야 하는 결정의 유형을 볼 수 있다.

기업 간의 오퍼레이션스 관리

빠르게 성장하는 많은 기업들이 자체 생산은 거의 하지 않는다. 대신 이들은 엔지니어링(engineering), 설계, 생산과 다른 일들을 여기에 전문화된 플렉트로닉스(Flextronics)와 산미나(Sanmina-SCI) 같은 기업에 아웃소싱한다. 기업들은 온라인으로 공급업체들과 새로운 관계를 형성하고 오퍼레이션스 관리를 기업 간 프로세스로 만들었는데 이를 통해 기업들이 설계, 생산 그리고 고객에 대한 제품 운송을 긴밀하게 협력하여 행하고 있다.

제조기업들은 자사와 다른 기업들이 미래에 더 효과적으로 경쟁할 수 있는 온라인 전략을 개발하고 있다.[28] 오퍼레이션스 관리자들이 하나의 기업 시스템에서 기업 간 환경에 적응해야 함에 따라 이 변화는 이들에게 엄청난 영향을 미치고 있다. 따라서 기업들이 독점적으로 통제할 수 있는 비교적 안정된 시스템보다는 이제는 끊임없이 변화하고 진화하는 환경을 다룰 수 있어야 한다.

미래의 시설입지

정보기술(IT)-컴퓨터, 소프트웨어, 와이파이, 이메일, 음성메일, 문자메시지 등-은 입지를 선정하는 데 있어 유연성을 증가시켜주고 있다. 컴퓨터를 통해 집에서 일하는 **재택근무**가 기업에서의 주요 추세이다. 더 이상 노동력이 제공되는 근처에 있을 필요가 없는 기업들은 땅값이 더 저렴하고 생활의 질이 더 나은 지역으로 이동해갈 수 있다. 게다가 스카이프(Skype)나 아도비커넥트(Adobe Connect) 같은 화상회의 앱으로 컴퓨터나 전

재택근무
컴퓨터와 모뎀을 통해 집에서 일하는 것

화로 연락하는게 더 쉬워졌다.[29]

특정한 도시나 주에 입지하는 또 다른 큰 이점은 그곳의 조세 상황과 정부의 지원이다. 어떤 주와 지방정부는 다른 곳보다 더 많은 세금을 부과하지만 많은 주와 지역정부들이 기업들에 세금 감면이나 금융지원과 같은 다른 지원을 제공함으로써 기업을 자기 지역에 유치하려 경쟁한다. 예를 들어 뉴욕 주는 기업가들에게 10년간 세금없이 운영할 기회를 제공한다. 일부 사람들은 여러 제조업체들이 미국에 공장들을 짓도록 연방정부가 주 및 지방기관에 의해 이미 제공된 것을 초과하는 재정적인 장려금을 이들 기업들에 제공해주기를 바라고 있다.

설비배치

설비배치
생산공정에 있어서 자원(인력을 포함한)의 물리적인 배치

자재소요계획(MRP)
필요한 부품과 원재료들이 적절한 시기와 장소에 가용하도록 판매 예측치를 사용하는 컴퓨터 기반의 오퍼레이션스 관리시스템

설비배치(facility layout)란 고객을 위해 가장 효율적으로 제품을 생산하고 서비스를 제공하기 위해 사람을 포함한 자원의 물리적인 배치를 말한다. 설비배치는 수행될 프로세스에 크게 좌우된다. 소매점 같은 서비스에 있어서의 설비배치는 대개 소비자들이 물건을 찾아 구매하는 것을 도와주도록 설계된다. 병원과 같은 서비스 지향 조직은 제조업체처럼 효율성을 증가시키는 배치를 사용한다. 적절한 설비배치는 장기적으로 공장의 비용을 크게 줄일 수 있다.

많은 기업들은 종업원이 한 번에 몇 가지 일만을 하는 조립라인 배치(assembly-line layout)에서, 종업원팀이 함께 더 복잡한 최종제품을 생산하는 모듈 배치(modular layout)로 옮겨가고 있다. 과거에는 자동차 엔진을 완성하기 위해 조립라인에 열두 개보다 많은 작업장들이 있었지만, 오늘날 이 모든 일이 한 모듈에서 행해진다.

다리나 비행기와 같은 대형 프로젝트를 다룰 때 기업들은 완성해야 할 제품 주위로 작업자들을 모이게하는 고정위치 배치(fixed-position layout)를 사용한다.

공정배치(process layout)는 유사한 장비나 기능을 함께 그룹지어 놓은 배치이다. 제품이 기능을 거쳐가는 순서는 그 품목의 설계에 좌우된다. 이것은 유연성을 허용해준다. 독일의 쾰른에 있는 이구스(Igus) 제조 공장은 순식간에 축소나 확장이 가능하다. 이 유연한 설계가 급변하는 시장에서 경쟁력을 갖게 해 준다. 왜냐하면 공장의 배치가 자주 변경되기 때문에 일부 작업자는 필요한 기술, 물품 그리고 서비스를 여러 작업장에 더 효율적으로 제공하게 위해 스쿠터를 사용한다. 빠르게 변하는 공장은 최대 생산성을 얻기 위해 빠르게 움직이는 종업원을 필요로 한다. 그림 8.2가 전형적인 배치설계를 보여준다.

시스코 시스템즈(Cisco Systems)에서는 일부 사무실의 작업 공간은 유동적이고 특정 개인에게 배정된 것은 아니기에 노트북과 휴대폰을 가진 종업원들은 출근하여 어디에 앉을지를 자기 맘대로 선택할 수 있다. 여러분은 이러한 비전통적인 설비배치의 장점은 무엇이라고 생각하는가? 단점도 있는가?

자재소요계획

자재소요계획(MRP: material requirement planning)은 필요한 부품과 원재료들이 적절한 시기와 장소에 가용하도록 판매 예측치를 사용하는 오퍼레이션스 관리시스템이다. MRP의 새로운 버전인 전사적 자원계획(ERP: enterprise resource planning)은 기업의 모든 부서와 자회사들의 기능들–재무, 인적자원 그리고 주문 충족과 같은–을 하나의 통합된 소프트웨어 프로그램으로 합친 것이다. 이를 통해 주문과 지불 사이의 시간 단축, 주문 발주와 주문 처리를 하는데 필요한 더 적은 인력, 재고의 감소 그리고 고

객서비스의 개선을 얻을 수 있다. 예를 들어 고객은 고객 서비스 담당자나 온라인을 통해 주문을 할 수 있고 주문이 언제 충족되는지와 비용은 얼마인지를 바로 알 수 있다. 담당자는 고객의 신용 평가와 과거 주문기록, 기업의 재고와 배송계획을 바로 볼 수 있다. 기업 내 다른 모든 사람들도 새로운 주문을 볼 수 있다. 따라서 한 부서가 자신의 역할을

ERP
기업의 모든 부서와 자회사들의 컴퓨터화된 기능–재무, 인적자원, 주문 충족과 같은 기능–을 하나의 데이터베이스를 이용하는 하나의 통합된 소프트웨어 프로그램으로 합친 MRP의 새로운 버전

그림 8.2 전형적인 배치 설계

제품 배치(조립라인 배치라고도 함)

몇 가지 형태의 제품들을 대량으로 생산하는 데에 사용

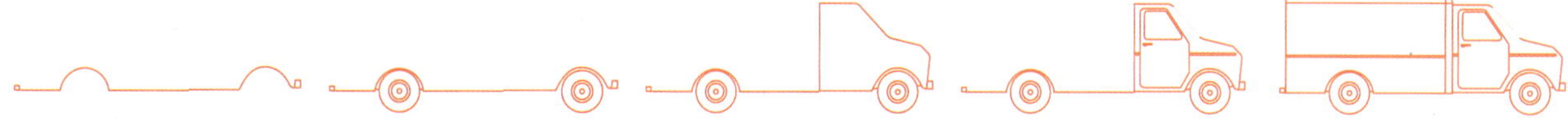

공정 배치

서로 다른 고객의 서로 다른 요구를 지원하는 오퍼레이션스에서 빈번히 사용

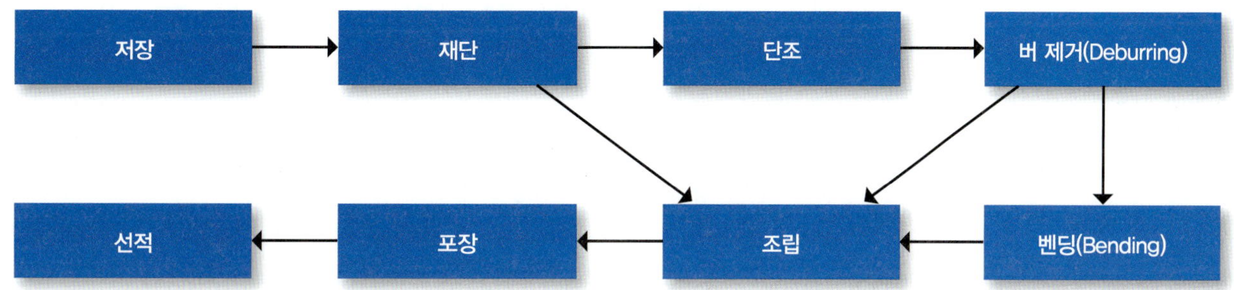

셀 배치 또는 모듈 배치

설계나 고객 수요의 변화를 수용할 수 있다.

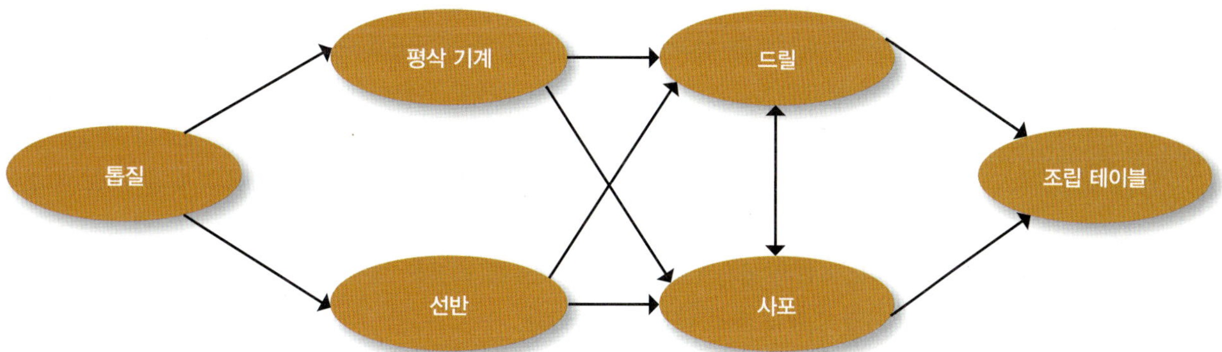

고정형 배치

계획의 주된 특징은 작업들의 일정을 계획하는 것이다.

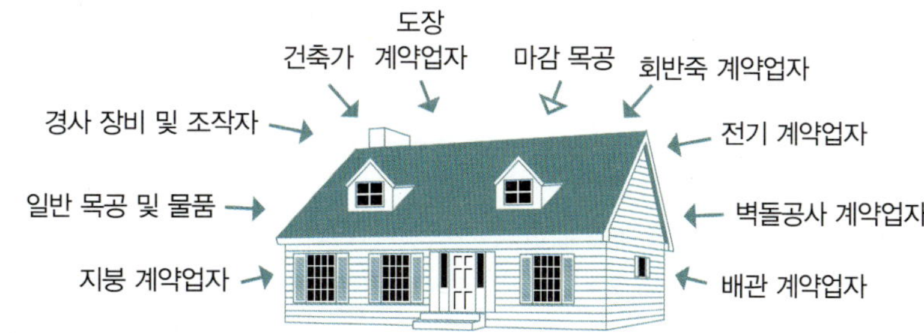

다할 때 주문은 자동적으로 ERP 시스템을 통해 다음 부서로 전해진다. 고객은 시스템에 로그인함으로써 언제든 주문이 어느 단계에 있는지를 정확히 알 수 있다.

구매

구매
최고 품질의 원재료를 찾고 최선의 공급업체를 발견하여 품질이 좋은 제품과 서비스에 대한 최선의 가격을 협상하는 기업의 기능

구매(purchasing)는 품질이 좋은 원재료를 찾고 최선의 공급자를 발견하여 품질이 좋은 제품과 서비스에 대한 최선의 가격을 협상하는 기능이다. 한 공급업체가 배달할 수 없다면 다른 공급업체로부터 원재료를 얻을 수 있도록 일부 제조업체들은 여러 공급업체들로부터 구매한다. 그렇지만 장기적으로 적당한 가격을 확보할 수 있도록 소수의 공급업체들과 긴밀한 관계를 발전시키는 경우도 있다. 여러분은 여러 공급업체들로부터 아니면 소수의 공급업체들로 구매하는 것 중 어느 전략이 효과적이라고 생각하는가?

인터넷은 구매기능을 변화시키고 있다. 한 때 특정 산업과의 관계가 필요했던 비즈니스들도 이제는 온라인에서 최선의 가격으로 가장 좋은 품목을 찾을 수 있다. 마찬가지로 물품을 판매하려는 기업도 그런 물품을 찾는 기업들을 찾기 위해 인터넷을 사용한다. 따라서 물품을 구매하는 시간과 비용이 엄청나게 줄어들고 있다.

적시 재고관리

적시 재고관리(JIT)
최소의 재고가 공장 내에 유지되고 부품, 물품 등의 필요품들이 조립라인에 투입되기 위해 적시에 배달되는 생산공정

부품, 모터와 다른 품목들을 나중에 사용하기 위해 창고에 저장하는 비용도 주요 생산비용 중 하나이다. 물품을 잘못 저장할 경우, 노후화 되거나, 도난 또는 손상되기도 하므로 올바른 저장을 위해서는 창고를 건설하고 유지 관리하여야 한다. 이러한 비용을 줄이기 위해 많은 기업들이 적시 재고관리(just-in-time(JIT) inventory control)라 불리는 개념을 실행하고 있다. **적시 재고관리(JIT)** 시스템은 최소한의 재고를 보유하면서 부품, 물품과 다른 필요품들을 적시에 조립 라인에 가져다준다. 이러한 시스템이 효과적으로 작동되기 위해서는 정확한 생산 계획이 부품 공급업자들에게도 공유되어 그들이 언제 무엇이 필요한지를 인지할 수 있도록 그들과 원활하게 조율할 수 있어야 한다. 때때로 공급업체들은 배달시간을 최소화하기 위해 제조업체와 가까운 곳에 새로운 시설을 짓는다. JIT에서는 공급업체가 멀리 있을 때 날씨 지연과 같은 문제에 부딪힌다. 모든 것이 제대로 갖추어져 있을 때에도 JIT 시스템은 고객과 생산 필요성을 모두 충족시키기 위해 가장 저렴한 비용으로 적절한 원재료를 적절한 시기에 적절한 장소에 있도록 해야 한다. 이것이 현대 제조 혁신의 핵심이다.

품질관리

품질
소비자에게 배달하기 전과 후의 오류를 줄이면서 소비자가 원하는 것을 일관되게 생산하는 것

품질(quality)을 유지한다는 것은 소비자에게 배달하기 전과 배달 후의 오류를 줄이면서 소비자가 원하는 것을 일관되게 생산하는 것을 의미한다. 과거에는 기업들이 생산라인의 마지막 단계에서 품질관리를 실행했다. 제품들이 일단 완성되고 난 이후에야 품질에 대한 검사가 이루어졌기에 다음과 같은 문제들을 야기했다.

1. 품질 검사를 위한 추가적인 인력과 자원이 필요했다.
2. 오류가 발견되면, 오류를 수정함과 동시에 해당 제품을 폐기하는 과정에서 비용이

발생되었다.

3. 고객이 제품 하자를 발견했을 경우 실망한 고객은 결국 다음부터는 다른 기업의 제품을 구매할 것이다.

세인트 루이스(St. Louis)에 본사를 두고 있는 네슬레 퓨리나 펫케어(Nestle Purina PetCare Company)는 제조분야에서 말콤 볼드리지 국가품질상을 받았다. 이 상이 어떤 품질 기준에 바탕을 두고 있다고 여러분은 생각하는가?

이러한 문제는 품질이 일회성 결과가 아니라 기업이 생산한 제품을 지속적으로 개선해야만 하는 과정임을 인식하게 해 주었다. 따라서 품질관리는 단순히 생산라인 끝의 검사라기보다는 오퍼레이션스 관리계획 프로세스의 일부로 이해되어야 한다.

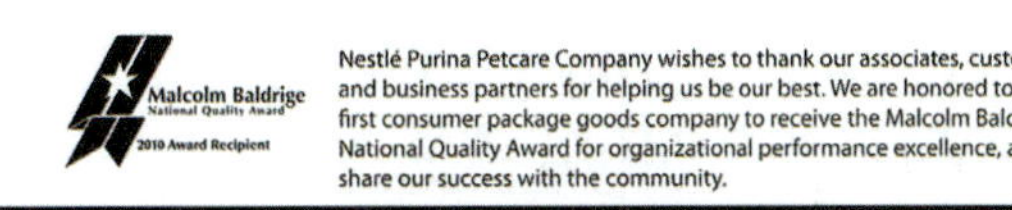

기업들은 **식스 시그마(Six Sigma)**와 같은 현대적인 품질관리기준을 사용한다. 백만 개당 3.4개만의 결함이라는 기준을 정한 식스 시그마 품질은 결함의 발생을 방지하기 위해 잠재적인 문제를 파악한다. 몇몇 은행처럼 하루 4백만건의 거래를 하는 기업에게는 이것이 중요하다.

식스 시그마 품질
제품 백만 개당 3.4개만의 결함을 허용하는 품질 수준

통계적 품질관리(statistical quality control; SQC)는 생산공정의 모든 단계를 지속적으로 감시하여 품질이 초기부터 제품에 구현되도록 하는 프로세스이다. **통계적 공정관리(statistical process control; SPC)**는 생산공정의 매 단계에서 부품의 통계적 샘플을 검사하여 그 검사 결과를 그래프 상에 나타내는 프로세스이다. 따라서 관리자들은 품질 표준으로부터 벗어난 어떤 편차도 찾아서 해결할 수 있다. 제품들이 생산공정의 모든 단계에 걸쳐 표준을 충족하도록 하는 것은 생산의 마지막 단계에서 시행하는 품질관리검사에 대한 필요성을 줄여준다. 왜냐하면 불량이나 오류들이 공정의 초기 단계에서 발견될 수 있기 때문이다. 따라서 SQC와 SPC는 기업의 많은 시간과 비용을 줄여준다.

통계적 품질관리(SQC)
품질이 초기부터 제품에 구현되도록 생산공정의 모든 단계를 지속해서 감시하기 위해 관리자들이 사용하는 프로세스

통계적 공정관리(SPC)
생산공정의 매 단계에서 부품의 통계적 샘플을 테스트하여 그 결과를 그래프 상에 나타내는 프로세스. 품질 표준으로부터의 어떠한 변화도 파악이 되고 설정된 표준을 벗어나면 교정이 이루어짐

몇몇 기업들은 데밍사이클(품질 운동의 아버지인 고 에드워드 데밍(W. Edwards Deming)의 이름을 땀)이라 불리는 품질관리 기법을 사용한다. 데밍사이클의 단계는 계획(Plan), 실행(Do), 검토(Check), 조치(Act) (PDCA)이다. 이 아이디어 역시 잠재적인 실수들이 발생하기 전에 이들을 찾아내는 것이다.

최고 품질의 제품과 함께 미국의 기업들은 최고의 고객서비스를 제공하는 것에 관심을 기울이고 있다. 하지만 물리적인 제품들은 거의 완벽하게 설계되어 제조될 수 있음에도 불구하고 서비스에 적용할 수 있는 유사한 프로세스는 없다. 예를 들어 보석 세공인은 매번 완벽한 최종 제품을 보장하는 금반지를 만드는 방법을 개발할 수 있다. 그렇지만 댄스 수업이나 뉴욕시에서의 택시 운전과 같은 서비스를 제공할 때는 그러한 완벽한

품질을 보장할 수 없다. 이러한 경우에는 일부 고객들이 서비스 제공업체에 대해 어떻게 반응하는지를 예측하기 어렵다.

볼드리지(Baldrige) 상

전 미국 상무 장관을 기념해 이름 붙여진 말콤 볼드리지 국가품질상(Malcolm Baldrige National Quality Awards)의 도입으로 전반적인 기업 품질에 대한 표준이 설정되었다. 기업들은 다음의 각 분야, 즉 제조, 서비스, 중소기업, 비영리/정부, 교육 그리고 의료에 있어서 이 상에 응모할 수 있다.

이 상에 대한 요건을 갖추기 위해 기업은 리더십, 전략계획, 고객 및 시장 중시, 정보 및 분석, 인적 자원 중시, 프로세스 관리와 기업 성과와 같은 주요 영역에서의 품질을 보여주어야 한다. 이 상을 받기 위한 주요 기준에는 고객들의 요구와 필요성이 충족되는지와 고객만족도 평가가 다른 경쟁 기업들보다 우수한가가 포함된다. 단순히 품질 좋은 제품과 서비스를 만드는 것으로부터 최고 품질의 고객 서비스를 모든 면에서 제공하는 것으로 초점이 옮겨가고 있다.

ISO 9001과 ISO 14001 표준

국제표준화 기구(ISO: International Organization for Standardization)는 개별 제품의 품질에 대한 국제적인 척도를 설정하는 170개국보다 많은 국가들의 표준 기구들로 이루어진 세계적인 연합체이다.[30] ISO는 제품과 서비스의 국제적 교환을 용이하게 하기 위한 세계적인 표준의 개발을 위해 설립된 비정부 조직이다(ISO는 두음 합성어가 아니다. 이는 '하나'를 의미하는 그리스어 isos에서 유래했다). **ISO 9001**은 품질관리와 보증 표준에 주어지는 통칭(common name)이다.

ISO 9001
품질관리와 보증 표준에 주어지는 일반적인 이름

이 표준은 기업이 규제와 법적 요구조건을 포함하여 고객들의 필요가 무엇인지를 결정하고 불만과 같은 이슈들을 다루기 위해 고객과 원활하게 소통할 것을 요구한다. 다른 표준들에는 프로세스 관리, 제품 테스트, 저장과 배달이 포함된다.

ISO 9001이 중요한 이유는 EU와 사업하기를 원하는 기업들은 ISO 표준에 대한 인증을 받을 것을 EU가 요구하기 때문이다. 몇몇 주요 미국 기업들도 부품납품업체들에게 이러한 표준을 충족시킬 것을 요구한다. 유럽과 미국의 여러 인증기관들은 기업이 제품 개발부터 생산, 테스트, 설치에 이르기까지 자사 오퍼레이션의 모든 단계에 대한 표준을 충족시키는지를 증명해 준다.

ISO 14001은 조직의 환경에 대한 영향을 관리하기 위한 최고의 관행들을 모아 놓은 것이다. 이는 환경관리시스템으로서 성과 수준을 규정하지는 않는다. 인증을 위한 요구조건에는 환경정책을 가지고 있는지, 특정한 개선목표를 가지고 있는지, 환경 프로그램에 대한 감사를 수행하고 있는지와 프로세스에 대한 최고경영자의 검토가 유지되고 있는지가 포함된다.

ISO 14001
조직의 환경에 대한 영향을 관리하기 위해 최고의 관행들을 모아놓은 것

ISO 9001과 ISO 14001 모두에서 인증을 받는 것은 이 기업이 품질과 환경 표준에 있어서 세계적인 관리 시스템을 갖추고 있다는 것을 의미한다. 과거에는 기업들이 각각의 표준들을 충족시키기 위하여 종업원들을 따로 배정하였으나 오늘날은 ISO 9001과 ISO

14001 표준들을 결합하여 동시에 두 기준을 만족시키려 한다. ISO는 이제 기존의 다른 기준에 추가하여 사회적 책임에 대한 지침도 마련하고 있다.

시험 준비

- 시설입지에 대한 주요 기준은 무엇인가?
- MRP와 ERP의 차이는 무엇인가?
- 적시(JIT) 재고관리는 무엇인가?
- 식스 시그마 품질, 볼드리지 상, ISO 9001과 ISO 14001은 무엇인가?

학습목표 8-5 생산공정을 관리하기 위한 퍼트(PERT)와 간트 차트(Gantt chart)의 사용법을 설명할 수 있다.

관리 절차: 퍼트(PERT)와 간트 차트(Gantt chart)

오퍼레이션스 관리자는 주어진 예산하에서 제품들이 정시에 규격에 맞게 생산되어 배달되도록 해준다. 관리자는 어떻게 이 모든 것을 요구된 시간까지 매끄럽게 진행시킬 수 있는가? 생산의 진도를 확인하는 하나의 방법은 핵잠수함을 만들기 위해 1950년대에 개발된 PERT(program evaluation and review technique)이다. PERT 사용자는 주어진 프로젝트를 완수하기 위한 과업들을 분석하고 각 과업을 끝내는 데 필요한 시간을 추정하여, 전체 프로젝트를 완수하는 데 필요한 최소 시간을 계산한다.

PERT
주어진 프로젝트를 완수하는데 포함된 과업들을 분석하고 각 과업을 끝내는 데 필요한 시간을 추정하여, 전체 프로젝트를 완수하는 데 필요한 최소 시간을 파악하는 방법

PERT에 사용된 단계는 (1) 완성될 필요가 있는 과업의 분석과 순서 정하기, (2) 각 과업을 완수하는 데 필요한 시간 추정, (3) 단계 1과 2에서의 정보를 나타내는 PERT 네트워크 그리기, (4) **주경로**(critical path)를 파악하기이다. 주경로는 프로젝트를 완성하기

주경로
PERT 네트워크에서 완성하기 위해 가장 긴 시간이 걸리는 과업들의 순서

그림 8.3 뮤직비디오에 대한 퍼트(PERT) 차트

이 비디오를 생산하는 데 걸리는 최소 시간은 15주이다. 이 기간에 비디오를 제작하기 위해, 여러분은 스타와 곡을 고르기 위해 1주, 세트를 설계하는 데 4주, 세트 재료를 구입하는 데 2주, 세트를 제작하는 데 6주, 리허설을 하는 데 1주, 비디오가 만들어지는 데 마지막 1주를 더해야 한다. 이것이 주경로이다. 이 공정에서의 지연은 최종 비디오 제작이 늦어지는 것을 의미한다.

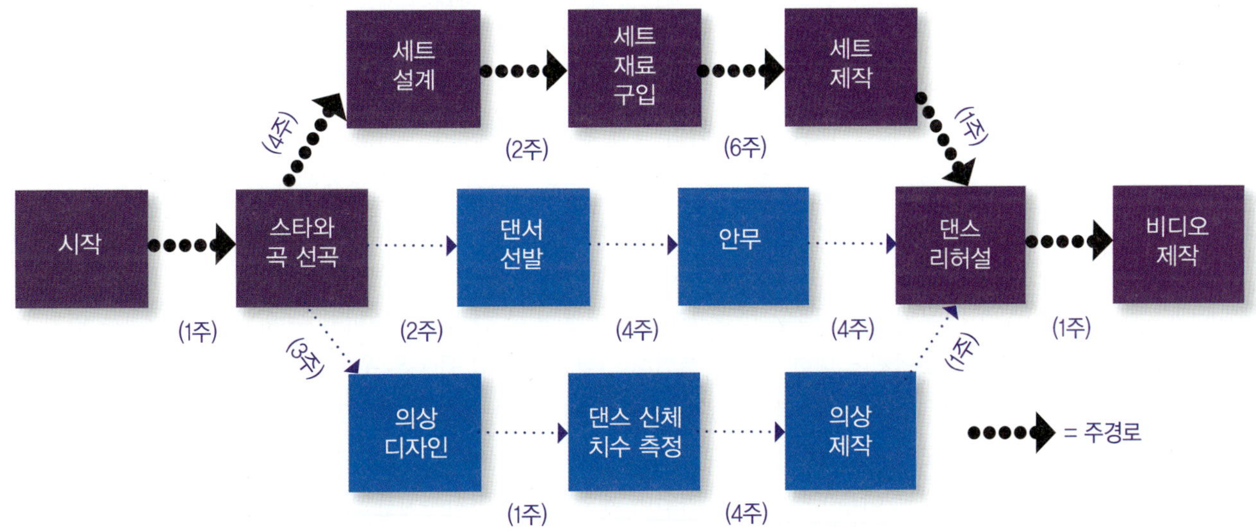

그림 8.4 인형 생산자에 대한 간트 차트

생산 관리자가 간트 차트를 보면 언제 프로젝트가 완성되기로 계획되었는지, 현재 어떤 상태에 있는지를 한눈에 알 수 있다. 예를 들어, 인형의 머리와 몸통은 옷이 재봉되기 전에 완성되어야 하지만, 이것들은 6주차에 조립을 위해 모든 것이 준비될 때까지 약간 늦어질 수도 있다. 이 차트는 3주차의 끝에 인형의 몸통은 준비되었지만, 머리는 약 반 주 후에 준비된다는 것을 보여준다.

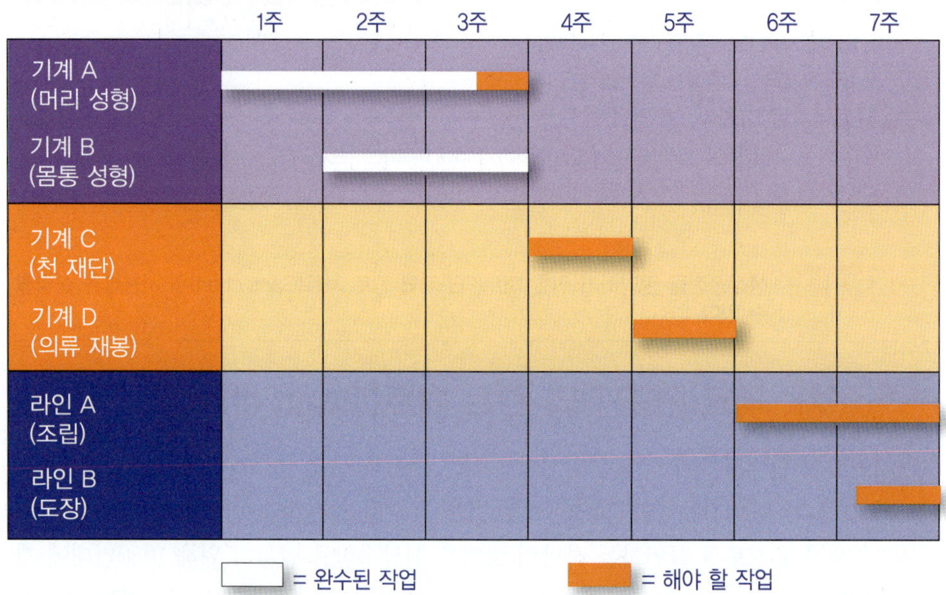

위해 가장 긴 시간이 걸리는 과업들의 순서이다. 주경로에서 중요한(critical)이란 말을 사용하는 이유는 주경로에서의 어떠한 지연도 전체 프로젝트나 생산의 지연을 야기하기 때문이다.

그림 8.3은 뮤직비디오 제작에 대한 PERT 차트이다. 사각형은 완료된 과업을 나타내고 화살표는 각 과업을 완성하는 데 필요한 시간을 나타낸다. 하나의 완료된 과업에서 다른 과업으로의 경로는 과업들 간의 관계를 나타낸다. '세트설계'로부터 '세트재료구입'까지의 화살표는 세트재료를 구입하기 전에 세트설계를 하여야 함을 의미한다. 굵은 검은색 화살표로 표시된 주경로는 세트를 제작하는 것이 댄서들을 선발하여 안무하는 것이나 의상을 디자인하여 제작하는 것보다 더 많은 시간이 걸린다는 것을 나타낸다. 프로젝트 관리자는 프로젝트를 제때에 완료하려면 세트 제작을 계획대로 진행하는 것은 매우 중요하지만 댄스나 의상 준비에서의 약간의 지연은 전체 프로젝트를 지연시키지 않을 것이라는 것을 안다.

PERT 네트워크는 여러 달에 걸친 수천 개의 사건(event)들로 이루어질 수 있다. 오늘날 이 복잡한 절차는 컴퓨터를 통해 이루어진다. 생산 진행을 측정하기 위해 제조업자가 사용하는 또 다른 전략은 간트 차트이다. **간트 차트**(개발자인 Henry L. Gantt의 이름을 땀)는 현재 어떤 프로젝트가 작업되고 있으며 주어진 시간에 얼마 정도가 완성되었는지를 보여주는 막대그래프로 이것 또한 컴퓨터로 준비될 수 있다. 그림 8.4는 인형 제조업체에 대한 간트 차트인데 인형의 머리와 몸통은 옷이 재봉되기 전에 완성되어야 함을 보여준다. 이는 또한 3주 말에 인형의 몸통은 준비되었지만 머리는 반주 정도 지연되고 있음을 보여준다. 관리자는 간트 같은 컴퓨터 프로그램을 사용하여 어떤 과업이 계획대로 이루어지고 어떤 과업이 계획보다 늦어지는지를 알기 위해 분 단위로 생산 프로세

간트 차트
어떤 프로젝트가 현재 작업되고 있으며 주어진 시간에 어떤 단계에 있는지를 보여주는 막대그래프

스를 추적하여 기업이 계획대로 일을 진행하도록 필요시 조정을 할 수 있다.

미래에 대한 준비

미국은 앞으로도 주요 산업국가로 남겠지만 경쟁은 매년 더 심해지고 있다. 제조 및 서비스 기업들이 경쟁력을 유지하려고 함에 따라 오퍼레이션스 관리에는 엄청난 직업 기회가 있다. 미래의 추세를 알고 미래의 고도로 자동화된 공장과 현대적인 서비스 시설에서 일할 능력을 갖춘 학생들은 이 혜택을 누릴 것이다.

시험 준비

- 3분짜리 계란 반숙, 버터 바른 토스트와 커피로 구성된 아침식사를 만들기 위한 PERT 차트를 그려보라. 주경로를 정의하라.
- 생산을 추적하기 위해 여러분은 간트 차트를 어떻게 사용할 수 있는가?

요약하기

학습목표 8-1 미국 제조의 현 상황과 더 큰 경쟁력을 갖추기 위해 제조업체들이 해 왔던 일에 대해 설명할 수 있다.

- **미국에서 제조의 현재 상태는 어떠한가?**
  미국의 제조 부문에서의 활동은 정점을 지난 이후 쇠퇴하고 있다. 그 결과 제조부문에서의 일자리는 더 적어지고 있다. 제조기업이 더 적은 일자리를 제공함에도 불구하고 기업은 생산측면에서 더 효율적이 되었고 이는 똑같은 일을 하기 위해 더 적은 작업자를 필요로 함을 의미한다. 오늘날 다른 나라에서의 인건비 증가로 인하여 많은 제조업체들이 미국으로 다시 돌아와 미국에서의 일자리가 늘어나고 있다. 이 장의 대부분은 미국경제가 세계 최고의 경쟁자로 부활하기 위해 제조업체와 서비스 제공자가 무엇을 할 수 있는지를 보여주고 있다.
- **산출물을 증가시키기 위하여 미국 제조업체는 무엇을 해왔는가?**
  미국 제조업체는 공급업체들 및 다른 기업들과의 긴밀한 관계, 지속적 개선, 품질, 입지 선정, 인터넷 사용, 전사적 자원계획, 컴퓨터 통합생산, 유연생산, 린 생산, 로봇공학과 3D 프린팅 같은 생산기법들을 강조함으로써 산출물을 증가시켜 왔다.

학습목표 8-2 생산에서 오퍼레이션스 관리까지의 발전과정을 설명할 수 있다.

- **생산관리는 무엇인가?**
  생산관리는 관리자가 기업이 제품을 만들어내도록 돕는 모든 활동들로 이루어진다. 제조에서 서비스로 중요성이 변화하는 것을 반영하기 위하여 생산이 오퍼레이션스란 용어로 대체가 된다.
- **오퍼레이션스 관리는 무엇인가?**
  오퍼레이션스 관리는 인적자원을 포함한 자원을 제품이나 서비스로 변환하는 경영에서의 특정 분야이다.
- **어떤 유형의 기업이 오퍼레이션스 관리자를 활용하는가?**
  제조와 서비스 부문의 모든 기업들이 오퍼레이션스 관리자를 활용한다.

학습목표 8-3 여러 생산공정의 파악과 컴퓨터 지원설계 및 생산, 유연생산, 린(lean) 생산, 매스 커스터마이제이션(mass customization), 로봇공학과 3D 프린팅을 포함한 생산성을 향상시키는 기법들에 대해 설명할 수 있다.

- **공정생산은 무엇이고 이것은 조립공정과 어떻게 다른가?**
  공정생산은 원재료를 물리적 또는 화학적으로 변화시킨다. 조립공정은 부품들을 결합한다.
- **CAD/CAM 시스템은 어떻게 작동하는가?**
  컴퓨터지원 설계(CAD)에서 이루어진 설계 변화는 즉각적으로 컴퓨터지원 제조(CAM) 프로세스에 통합된다. 컴퓨터지원 설계(CAD)와 컴퓨터지원 제조(CAM)의 연결이 컴퓨터 통합생산(CIM)이다.

- **유연생산은 무엇인가?**

  유연생산은 다양한 제품들을 생산하는 기계를 설계하는 것을 의미한다.

- **린 생산은 무엇인가?**

  린 생산은 대량생산과 비교하여 모든 것을 적게 사용하여, 즉 더 적은 종업원의 노력, 더 작은 생산공간, 공구에서의 더 적은 투자 그리고 신제품 개발까지의 더 적은 엔지니어링 시간(engineering time)으로 제품을 생산하는 것이다.

- **매스 커스터마이제이션은 무엇인가?**

  매스 커스터마이제이션은 많은 개별 고객들에 대한 맞춤식 제품과 서비스를 생산하는 것을 의미한다. 유연생산이 매스 커스터마이제이션을 가능하게 한다. 한 고객의 정확한 요구가 주어지면 유연기계는 대량 생산 제품이 만들어지는 것 같이 빠르게 하나의 맞춤식 제품을 만들 수 있다. 매스 커스터마이제이션은 서비스 산업에서도 중요하다.

- **로봇공학은 어떻게 생산이 더 경쟁력이 있도록 해 주는가?**

  산업용 로봇은 아주 정확하게 일주일에 7일, 하루 24시간씩 작업할 수 있다. 이들이 대체하는 대부분의 일자리는 로봇이 필요하거나 최소한 도움이 되는 더럽거나 반복적인 일자리이다.

- **3D 프린팅은 무엇이고 이것은 무엇에 사용되는가?**

  3D 프린팅(또한 적층 제조(additive manufacturing)로 알려짐)은 하나의 제품을 잉크젯 프린터에서 보이는 유사한 분사구(nozzle)에 의해 한 번에 하나의 층으로써 만드는 기술이다. 오늘날 3D 프린팅은 다른 산업 프로젝트들을 위한 시제품 모델이나 금형을 만들기 위해 주로 사용되지만 의료 장비와 같은 분야에서 사용이 증가하고 있다.

학습목표 8-4 시설 입지, 설비 배치, 자재소요계획법(material requirement planning), 구매, 적시(just-in-time) 재고 관리와 품질관리를 포함한 오퍼레이션스 관리 계획에 대해 설명할 수 있다.

- **시설입지는 무엇이고 이는 설비배치와 어떻게 다른가?**

  시설입지는 기업의 운영에 대한 지리적인 입지를 선택하는 프로세스이다. 설비배치는 제품과 서비스를 효과적이고 효율적으로 생산하기 위해 사람을 포함하여 자원을 물리적으로 배치하는 것이다.

- **관리자는 서로 다른 입지를 어떻게 평가하는가?**

  인건비와 토지비용이 올바른 입지를 선택하는 두 개의 중요한 기준이다. 다른 기준에는 자원이 풍부하고 저렴한지, 숙련된 종업원이 있거나 훈련이 가능한지, 세금은 저렴하고 지방정부가 지원을 제공하는지, 에너지와 물이 이용 가능한지, 수송비용이 저렴한지와 생활과 교육의 질이 높은지가 포함된다.

- **MRP와 ERP는 생산공정과 어떤 관계를 가지는가?**

  MRP는 필요한 부품과 원재료가 적절한 시간과 장소에 가용되도록 판매예측치를 사용하는 컴퓨터 기반의 오퍼레이션스 관리 시스템이다. MRP의 새로운 버전인 ERP는 기업의 모든 부서와 자회사들의 기능들–재무, MRP, 인적자원과 주문 충족과 같은 기능–을 하나의 통합된 소프트웨어 프로그램으로 합친다. 그 결과는 주문과 지불 사이의 시간 단축, 주문 발주와 주문 처리를 하는 더 적은 인력, 재고 감소와 고객서비스 개선으로 나타난다.

- **JIT 재고관리는 무엇인가?**
  JIT는 공급업체들이 부품과 원재료를 조립라인에 적시에 배달하도록 요구하여, 원재료가 창고에 저장될 필요가 없도록 한다.
- **식스 시그마 품질, SQC와 SPC는 무엇인가?**
  식스 시그마 품질은 백만 개당 3.4개만의 결함으로 표준을 설정하고 잠재적인 문제가 나타나기 전에 이를 발견한다. 통계적 품질관리(SQC)는 생산공정의 모든 공정을 지속적으로 감시하여 품질이 초기부터 제품에 구현되도록 하기 위해 관리자들이 사용하는 프로세스이다. 통계적 공정관리(SPC)는 생산공정의 각 단계에서 부품의 통계적 샘플을 검사하고 이 결과를 그래프에 나타냄으로서 관리자들이 품질 표준으로부터의 어떤 편차를 알아내어 해결할 수 있도록 한다.
- **미국에서는 어떤 품질 표준을 기업들이 사용하는가?**
  말콤 볼드리지 국가품질상에 대한 자격을 갖추기 위해 기업은 다음의 7가지 주요 분야 즉, 리더십, 전략계획, 고객 및 시장 중시, 정보 및 분석, 인적 자원 중시, 프로세스 관리 그리고 기업 성과에서의 품질을 보여주어야 한다. 미국 기업들이 충족시키려고 노력하는 국제적 표준에는 ISO 9001과 ISO 14001이 있다. 첫 번째 것은 품질에 대한 국제적 표준이고, 두 번째 것은 환경에 대한 조직의 영향을 관리하는 최고의 관행들을 모아놓은 것이다.

학습목표 8-5 생산공정을 관리하기 위한 퍼트(PERT)와 간트 차트(Gantt chart)의 사용법을 설명할 수 있다.

- **PERT 차트와 간트 차트 사이에는 어떤 관계가 있는가?**
  그림 8.3은 PERT 차트를 보여준다. 그림 8.4는 간트 차트를 보여준다. PERT가 계획을 위해 사용되는 도구인 반면 간트 차트는 진척도를 측정하기 위해 사용되는 도구이다.

주요 용어

공동시장(common market) 110
관세(tariff) 108
관세무역일반협정(GATT; General Agreement on Tariffs and Trade) 109
국부펀드(SWFs; sovereign wealth funds) 102
국제수지(balance of payments) 94
금수조치(embargo) 109
다국적 기업(multinational corporation) 101
덤핑(dumping) 95
라이선싱(licensing) 96
무역수지(balance of trade) 94
무역수지 적자(trade deficit) 94
무역수지 흑자(trade surplus) 94
보호무역주의(trade protectionism) 108
북미자유무역협정(NAFTA; North American Free Trade Agreement) 111
비교우위론(comparative advantage theory) 92
세계무역기구(WTO; World Trade Organization) 109
수입(importing) 91

사고력 문제

1. 생산현장에서의 인력은 로봇과 다른 기계로 대체되고 있다. 한편으로 이것은 기업들이 다른 국가들의 값싼 노동력과 경쟁하도록 해준다. 다른 한편으로는 자동화가 많은 일자리를 없애버린다. 여러분은 자동화가 미국과 세계에서 실업이나 불완전 고용을 증가시킬지 모른다고 염려하는가? 왜 그런가 또는 왜 그렇지 않은가?
2. CIM은 생산공정에 대변혁을 일으키고 있다. 이러한 변화들은 의류 산업, 신발 산업과 다

른 패션 관련 산업들에 있어 무엇을 의미하는가? 이러한 변화들은 다른 소비재와 산업재 산업에 있어 무엇을 의미하는가? 여러분은 소비자로서 어떤 혜택을 얻을 수 있는가?

3. 미국에서의 새로운 일자리를 창출하는 하나의 방법은 공학이나 과학분야의 새로운 졸업생들로부터 혁신을 늘리는 것이다. 미국은 더 많은 학생들이 이러한 분야들을 전공하도록 어떻게 동기부여 할 수 있는가?

원리를 실제로 적용해 보기

목적

생산공정을 설명하기

연습

youtube.com으로 가서 How It's Made: McDonald's Chicken McNuggets를 찾아보라. 여러분은 타이슨(Tyson)이 어떻게 맥도날드에 납품하는 치킨 너깃(chicken nugget)을 만드는지를 알게 될 것이다.

1. 타이슨은 공정 생산이나 조립 공정을 사용하였는가? 맥도날드의 맥너깃 생산은 단속생산공정 인가 또는 연속생산공정인가? 여러분 답의 근거를 제시해 보라.
2. 맥도날드의 맥너깃에 대한 생산입지의 선택에 어떤 입지요인들이 고려되는가?

직업기술 개발하기

핵심: ● 팀 ★ 분석 ▲ 의사소통 ◘ 기술

●▲★ 1. 제조 공장이나 서비스 조직을 위해 좋은 입지를 선택하는 것은 성공에 있어 중요하다. 소그룹들을 만들어 각 그룹 구성원이 우리 도시에 있는 하나의 제조 공장이나 서비스 조직을 선택하고 왜 이 입지가 성공에 도움이나 장애가 되는지의 이유를 최소한 세 가지 나열해보라. 이 입지가 이상적이 아니라면 어디가 더 나은 입지가 될 것인가?

★▲ 2. 넷 또는 다섯 명의 팀으로 항공산업에서 더 나은 오퍼레이션스 관리에 대한 필요성을 토론해보라. (a) 비행기로 여행할 때 팀 구성원들이 부딪히게 되는 문제들과 (b) 이러한 문제들이 미래에 일어나지 않도록 오퍼레이션스를 개선하기 위한 제안들을 보여주는 보고서를 작성해보라.

★▲ 3. 값싼 노동력을 이용하여 해외에서 제품을 생산하는 경우, 이의 장점과 단점을 토론해보라. 이 경우 관련된 도덕적인 측면, 건강 위험 그리고 윤리적인 측면을 정리해보라.

★▲ 4. 여러분 학교의 샌드위치 가게, 도서관 또는 복사실 같은 어떤 특정 시설을 생각해보고 고객(학생)들을 더 효과적으로 돕고 종업원들을 더 효과적이고 효율적이 되도록 배치를 재설계해보라. (연필로 그려보라)

★▲ 5. 서비스 조직에서 겪었던 최근 경험들을 생각해보고 여러분이 원했던 것을 얻기 위해 불필요할 정도로 오래 기다렸던 하나의 경험을 선택하라. 고객들이 불편을 느낄 때 무엇이 일어나는지를 설명하고 어떻게하면 운영을 더 효율적이고 고객중심적으로 할 수 있는지를 설명해보라.

직업 탐색

만약 여러분이 생산관리 분야와 관련된 직업에 관심이 있다면, 고려해볼 만한 몇 가지 직업들이 아래에 나타나 있다. 이러한 직업들의 업무, 필요한 지식과 기술, 급여수준, 미래전망 등에 관해서는 bls.gov 웹사이트의 Occupational Outlook Handbook을 살펴보라.

- **생산, 계획 및 신속처리 사무원** – 생산계획에 따라 부서 내나 부서간의 작업과 자재 흐름을 조정하고 촉진한다.
- **일선 감독관** – 생산활동과 검사자, 정밀 작업자, 기계 세터(setter)와 운전자, 조립자, 제작자와 공장 및 시스템 운영자와 같은 운영 작업자를 직접 감독하고 조정한다.
- **산업 생산관리자** – 제조와 관련 공장의 매일 운영을 감독한다. 자동차, 컴퓨터 장비나 종이 제품같은 광범위한 제품을 만들기 위해 사용되는 활동을 조정하고 계획하고 지시한다.
- **제작자와 감독자** – 영화, 텔레비전 쇼, 연극, 광고와 다른 공연 예술을 만들어낸다.

비디오 사례

21세기의 생산

우리들은 미국 제조업의 몰락과 얼마나 많은 사람들이 일자리를 잃는지에 대해 듣는다. 이것은 우울하게 들리지만 문제는 "미국이 제조 역량에 있어서 다른 나라보다 실제로 훨씬 뒤쳐져 있는가?"이다. 대답은 그렇지 않다는 것이다. 이 비디오는 생산 프로세스가 어떻게 변화했는지를 강조하여 생산과 오퍼레이션스를 혁신적인 오퍼레이션스 관리를 통해 더 효율적으로 만들어준다.

우리가 구매하는 모든 제품은 원재료, 기계와 노동을 제품과 서비스로 변환하는 일련의 공정을 통해 만들어지고 유통된다. 오퍼레이션스 관리는 비용을 최소로 하는 동시에 변환 공정을 설계하고 감독하고 개선하는 것에 초점을 두는 경영의 특화된 일부 분야이다. 오퍼레이션스 관리는 부품의 구매, 공급업체의 감독, 생산일정계획, 재고관리와 품질관리 그리고 다른 임무들을 책임지고 있다. 오퍼레이션스 관리는 서비스 기업에서도 핵심분야인데 이는 기업들이 비용을 최소로 하면서도 훌륭한 고객서비스를 제공하려고 하기 때문이다.

원래는 제품이 고객으로부터의 투입이 거의 없는 대량생산이었다. 헨리 포드(Henry Ford)가 말한 바와 같이 "여러분은 검은색이기만 하면 여러분이 원하는 어떤 색상의 포드도 가질 수 있다" (역자주: 포드라는 상표를 붙인 차는 모두 똑같은 모양, 똑같은 성능을 갖게 될 것이다. 단 색깔만은 고객이 원하는 대로 선택할 수 있다–검은색이기만 한다면이라는 의미임). 어떻게 상황이 변했는가! 포드 자동차는 고객이 자동차 판매점에 전시된 차량 중에 선택하게 하는 대신에 고객이 원하는 색상을 온라인으로 선택하도록 권장한다. 이러한 고객화는 헨리 포드의 한 색상 전략보다는 비용이 더 들지만 고객화는 미국 제조업체들에게 중요해 이들이 세계 경제에서 경쟁할 수 있게 해준다. 기술에서의 발전은 또한 고객화와 효율성을 크게 향상시켰다. 제품을 2D와 3D로 정밀하게 그리는 CAD는 CAM과 함께 가장 작은 주문조차도 고객화 할 수 있게 해준다. CAD–CAM은 생산 공정을 완전히 다시 수행할 필요 없이 작은 변화를 제조업체들이 빠르게 반영할 수 있도록 해 준다. 유연 생산을 통해 기업들은 언제든지 여러 가지 제품 변형을 만들 수 있다. 예를 들어 M&M은 똑같이 친숙한 맛, 크기와 형태를 갖지만 여러 가지 색상과 특별한 메시지를 갖는 사탕을 만들 수 있다.

로봇공학이 생산공정에 미치는 영향을 부정하기 어렵다. 로봇공학은 생산과 비용관점에서 볼 때 제조를 더 효율적으로 만든다. 오늘날 로봇공학은 생산의 거의 모든 공정에 있어 중요한 역할을 하고 있다. 이것은 오퍼레이션스 관리계획의 주요 부분이다. 오퍼레이션스 관리 계획의 주요 목표는 생산시설의 입지 같은 주요 이슈에 대한 결정을 하는 것이다. 공장 입지에 대한 결정에 영향을 미치는 요인들은 자원 접근성, 교통 근접성, 노동의 이용가능성과 삶의 질이다. 위치 설비가 결정된 후에는 가장 효율적인 설비배치가 설계되어야 한다.

놀고 있는 물품과 원재료는 기업의 돈을 소모하게 만든다. 이것이 재고관리가 기업의 효율성과 수익성에 아주 중요한 이유이다. 많은 기업들은 과도한 저장 비용 없이 원재료와 물품이 적절한 시간에 적절한 장소에 가용될 수 있도록 적시 재고관리 시스템에 의존한다. ERP의 사용은 이 관리 프로세스를 더 효과적으로 하는데 도움을 준다. ERP를 통해 기업들은 자동적으로 주문을 생산일정계획에 연결할 수 있고 이어서 생산 그리고 운송 및 대금청구로 연결한다.

모든 생산과 오퍼레이션스 전략들이 제품의 품질을 높이기 위해 시도된다. 따라서 품질관리는 아마도 가장 중요한 오퍼레이션스 관리 프로세스일 것이다. 만일 기업이 고급 제품을 생산하지 못하면 기업은 망할 것이다. 전통적으로 품질관리는 제품의 생산 후에 이루어졌다. 만일 제품이 결함으로 밝혀지면 그 제품은 종종 비싼 비용으로 폐기되었다. 오늘날 기업들은 생산 공정 전반에 걸쳐 품질관리검사를 실시해 마지막 단계에서 폐기되는 경우를 방지한다.

여러분이 차가운 캔 음료를 마실 때와 자전거를 탈 때나 좋은 책을 읽을 때 이러한 제품들을 만드는 미국 기업에 대해 생각해보라. 또한 미래의 대학 졸업생들에게 가능한 기회를 생각해 보라. 종종 학생들은 많은 기회가 있음에도 불구하고 제조 부문에 매력을 느끼지 않고 있다. 태양전지판(solar panel), 리튬이온 전지 등과 같은 새로운 제품을 만드는 기업을 생각해보라. 발전소 등을 만드는 기업들이 물론 포함된다. 여러분은 바이오공학, 나노공학 등을 이용하여 현재 만들어지고 있는 많은 제품과 앞으로 만들어질 많은 제품들을 여러분의 집, 학교나 사무실 주변에서 얼마든지 볼 수 있다.

다시 생각해보기

1. 미국 내 제조업의 미래를 볼 때 미국기업들이 글로벌 제조업의 도전에 제대로 대응하고 있다고 보는가?
2. 적시 재고관리가 자동차 산업에서 사용되는 주요 생산 프로세스가 된 이유는 무엇인가? 이것이 효과적인 다른 산업들의 이름을 말할 수 있는가?
3. 품질관리 프로세스를 적용함에 있어, 생산주기의 마지막 단계에서만이 아니라 생산의 전체 과정에 걸쳐서 행하는 것이 왜 중요한가?

참조

1. Thomas Franck, “Job Gains for Manufacturing Industry in the Last Twelve Months Are the Most since 1995,” CNBC, cnbc.com, August 3, 2018; Sarah Jaffe, “The New Working Class,” The New Republic, February 22, 2018: Andy Kiersz, “20 Jobs Popular in the 1950s That Are Almost Gone Today,” Business Insider, businessinsider. com, October 10, 2019.
2. Susan Houseman, “Is Automation Really to Blame for Lost Manufacturing Jobs?,” Foreign Affairs, September 7, 2018; Louis Uchitelle, “Manufacturing Can’t Create Enough Jobs. Infrastructure Can,” The New York Times, nytimes. com, May 2, 2019.

3. "Top 20 Facts about Manufacturing," National Association of Manufacturers, nam.org, accessed April 2019; Kimberly Amadeo, "U.S. Manufacturing: Statistics and Outlook," The Balance, thebalance.com, February 11, 2019.
4. Jim Vinoski, "U.S. Manufacturing: Reports of My Death Are Greatly Exaggerated," Forbes, August 21, 2018; Thomas Franck, "Job Gains for the Manufacturing Industry in the Last 12 Months Are the Most since 1995," CNBC, cnbc.com, August 3, 2018; Samuel Stebbins, "Manufacturing Is Making a Comeback in These 28 Cities," USA Today, October 16, 2018; "Top 20 Facts about Manufacturing," National Association of Manufacturers, nam.org, accessed April 2019; Chip Cutter, "Americans Are Back at Work Making Stuff," The Wall Street Journal, March 1, 2019.
5. Matt Simon, "The Wired Guide to Robots," Wired, May 17, 2018; Scott Carey and Laurie Clarke, "A Brief History of Robotics—a Timeline of Key Achievements in the Fields of Robotics and AI, from Azimov to AlphaGo," Techworld, May 1, 2018; "Timeline of Computer History," Computer History Museum, computerhistory.org, accessed October 2019.
6. Kim Overstreet, "The Growing Industrial Robot Market," Packaging World, September 18, 2018; Rich Blake, "Industrial Robotic Arms Race Leaves Experts Asking: 'What Manufacturing Slowdown?,' " Forbes, January 9, 2019.
7. Jeffrey Selingo, "The False Promises of Worker Retraining," The Atlantic, January 8, 2018; "Building a Manufacturing Career: Which Credentials Are Essential?," Seattle Times, October 3, 2018; James T. Madore, "Out-of-Date Perceptions Keep LI Manufacturing Jobs Unfilled," Newsday, newsday.com, October 3, 2019.
8. Fred Dews, "9 Things to Consider about U.S. Manufacturing Jobs," Brookings Institution, brookings.edu, accessed October 2019.
9. Louis Columbus, "The Future of Manufacturing Technologies," Forbes, April 15, 2018; Ted Evanoff, "Wanted: An Army of Autoworkers with Cutting-Edge Skills," USA Today, March 27, 2018; "Future Factory: How Technology Is Transforming Manufacturing," CB Insights, cbinsights.com, accessed October 2019; Timothy Martin, "For Industrial Robots, Hacking Risks Are on the Rise," The Wall Street Journal, January 21, 2019.
10. Drew Fitzgerald and Sarah Krause, "How 5G Will Change So Much More Than Your Phone," The Wall Street Journal, February 26, 2019; Emma Newberger, "21 of the Most In-Demand Jobs in the U.S.—and How Much They Will Pay," CNBC, cnbc.com, January 29, 2019; Richard Baldwin, "White Collar Robots Are Coming for Jobs," The Wall Street Journal, March 21, 2019.
11. Johan Aurik and Helena Leurent, "Which Countries Are Best Prepared for the Future of Production?," World Economic Forum, January 11, 2018; "Six Challenges Facing Modern Manufacturing Companies," Industry Today, June 4, 2018; Jack Nickas, "A Tiny Screw Shows Why iPhones Won't Be 'Assembled in USA,'" The New York Times, January 28, 2019.

12. Nancy Trejos, "Hilton Guests Can Turn Mobile Phones into Remote Controls," USA Today, April 27, 2018; Karen Schwartz, "Everybody Hates the Key Card," The New York Times, nytimes.com, July 24, 2019.
13. "Part 1: AI, Facial Recognition, and Hotel Robots March into 2019," Eye for Travel, eyefortravel.com, January 15, 2019; Sharon Gauden, "Meet Connie, Hilton's Smart Robot Concierge," Computerworld, computerworld.com, accessed December 2019.
14. Chris Stipes, "Robots and Artificial Intelligence Present Challenges, Opportunities for Hospitality Industry," University of Houston, uh.edu, February 25, 2019; "Hilton's Vision of the Future: Checking into 2119," Hotel Technology News, hoteltechnologynews.com, June 29, 2019.
15. "As Hilton Nears 100-Year Milestone, New Research Uncovers a World-Changing Impact," Business Wire, businesswire.com, October 17, 2018; Alan Young, "The Innovative Hotels That Are Making Travel Better in 2019," Hospitality Net, hospitalitynet.org, October 18, 2018; Nancy Trejos, "Hilton Experiments with the Hotel Room of the Future," USA Today, January 18, 2018; Melissa Hellmann, "As Seattle's New Hotels Roll Out Automation to Serve Guests, Workers Worry," The Seattle Times, seattletimes.com, May 18, 2019.
16. Andrew S. Grove, High Output Management (Knopf Doubleday Publishing Group, 2015).
17. Lucie Gaget, "The Future of CAD Software," Machine Design, machinedesign.com, October 17, 2018; Jayesh Shah, "A Journey from Pendulum to Smart Watches," Entrepreneur, March 8, 2019; Alan Zeichick, "Barcelona Startup Creates 3D Models of Diseased Hearts Using High-Performance Cloud Computing," Forbes, March 6, 2019.
18. Nancy A. Shenker, "Don't Know What to Wear? There's a Robot for That," Inc., April 13, 2018; Steven Barr, "The Bespoke Business Will Change How You Shop—and How You Look, Forbes, June 15, 2018; Proper Cloth, propercloth.com, accessed October 2019.
19. Eric Sherman, "Robots Aren't Coming for Jobs: AI Is Already Taking Them," Forbes, October 25, 2018; Matt O'Brien, "Will Robots Take Your Job? Quarter of U.S. Workers at Risk," Associated Press, apnews.com, January 24, 2019; Don Reisinger, "A.I. Expert Says Automation Could Replace 40% of Jobs in 15 Years," Fortune, January 10, 2019.
20. David Hockman, "Robot Butlers Are Taking Over Hotels (Good News: No Tipping Please," Forbes, February 23, 2018; Danny King, "Hotel Robots Do Double Duty as Butlers and Featured Attractions," Travel Weekly, travelweekly.com, January 25, 2018; Nora Walsh, "The Next Time You Order Room Service, It May Come by Robot," The New York Times, January 28, 2018; "High-Tech Hotel Features," Aloft Hotels, aloft-hotels.marriott.com, accessed October 2019.

21. "How AI Is Shaking Up Banking and Wall Street," Fortune, October 22, 2018; Steven Pearlstein, "The Robots versus Robots Trading Has Hijacked the Stock Market," The Denver Post, February 9, 2018; Richard Baldwin, "White- Collar Robots Are Coming for Jobs," The Wall Street Journal, January 31, 2019; Kevin McPartland, "Robots Have Not Overtaken Wall Street," Forbes, February 4, 2019.
22. Neil Irwin, "If Robots Come for Our Jobs, What Should the Government Do?," The New York Times, June 12, 2018; Darrell West, "Will Robots and AI Take Your Job? The Economic and Political Consequences of Automation," brookings.com, April 18, 2018; Christopher Mims, "Robot Reality Check: They Create Wealth—and Jobs," The Wall Street Journal, November 30, 2018; Jill Lepore, "Are Robots Competing for Your Job?," The New Yorker, March 4, 2019.
23. Joshua Bateman, "Why China Is Spending Billions to Develop an Army of Robots to Turbocharge Its Economy," CNBC, cnbc.com, June 28, 2018; "Over One-Third of Industrial Robots Purchased Last Year Were Installed in China," MIT Technology Review, technologyreview. com, June 21, 2018; "Robots Will Help Chinese Firms Cope with Wages and the Trade War," The Economist, January 3, 2019.
24. Hannah Williams, "The Ways 3D Printing Is Being Used," Techworld, June 18, 2018; Bennett Conlin, "More Than Prototypes: A Look at the 3D Printing Industry," Business News Daily, businessnewsdaily.com, October 17, 2018; Bernard Marr, "7 Amazing Real-World Examples of 3D Printing," Forbes, August 22, 2018; Louis Columbus, "The State of 3D Printing, 2019," Forbes, forbes.com, May 27, 2019.
25. Louis Columbus, "Smart Machines Are the Future of Manufacturing," Forbes, September 30, 2018; Michael Stillwell, "The Future of American Manufacturing," Popular Mechanics, May 23, 2018; Steven Brand, "The Role of Smart Sensors in Manufacturing," California's Manufacturing Network, cmtc.com, August 15, 2018; Daniel Michaels, "The Risk of Marrying 'Smart' Technology with 'Dumb' Machines," The Wall Street Journal, March 22, 2019.
26. Ashraf Eassa, "Intel Corporation CEO Talks 10-Nano, 7-Nano Manufacturing Tech," The Motley Fool, June 8, 2017; "Global Nanotechnology Industry," MarketWatch, marketwatch.com, January 28, 2019.
27. Donald F. Wood, "Transportation Economics," Encyclopedia Britannica, britannica.com, accessed October 2019; Rick LeBlanc, "How Amazon Is Changing Supply Chain Management," The Balance, thebalancesmb .com, June 24, 2019.
28. Drew Fitzgerald and Sarah Krouse, "How 5G Will Change So Much More Than Your Phone," The Wall Street Journal, February 26, 2019; Bryson Bort, "Protecting IoT: It's Up to You," Forbes, March 21, 2019; Charles Towers-Clark, "Why AI and IoT Need to Be Accepted Outside the C-Suite," Forbes, March 21, 2019.

29. Sarah Kathleen Peck, "7 Ways to Stay Connected, Relevant and Powerful When Working from Home," Forbes, February 6, 2018; "5 Tips for Keeping Remote Employees Engaged and Effective," CIO, cio.com, May 8, 2018; John Rampton, "How Much Does Your Remote Team Actually Need to Know?," Entrepreneur, April 24, 2018: Daniel Brame and Molly K. McLaughlin, "The Best Video Conferencing Software for 2019," PC Magazine, pcmag.com, August 8, 2019.
30. International Organization for Standardization, iso.org, accessed April 2019.

PART 4

인적자원관리: 품질 좋은 제품과 서비스 생산을 위한 직원 동기부여

9 직원 동기부여

학 습 목 표  이 장을 학습한 후에 다음 질문에 답할 수 있어야 한다.

9-1 테일러의 과학적 관리에 대해 설명할 수 있다.

9-2 호손 연구와 경영에서 호손 연구의 중요성에 대해 설명할 수 있다.

9-3 매슬로의 욕구위계를 구분하고, 이것이 직원 동기부여에 가지는 중요성을 설명할 수 있다.

9-4 허즈버그의 동기요인과 위생요인을 구분할 수 있다.

9-5 X이론, Y이론, Z이론을 구분할 수 있다.

9-6 목표설정이론, 기대이론, 공정성이론의 핵심 원리를 설명할 수 있다.

9-7 경영자들이 직무확충, 개방적 의사소통 그리고 업무 인정 등의 전략을 통해 동기부여 이론들을 활용하는 형태에 대해 설명할 수 있다.

9-8 경영자들이 세계 각지에 있는 각 세대의 직원들에게 어필하기 위해 동기부여 전략을 개인화하는 양상을 설명할 수 있다.

Patagoina의 최고경영자(CEO) 로즈 마카리오(Rose Marcario)에 대해 알아보자

대부분의 미국 기업들이 사무실 창고 한두 곳을 필수 비품으로 채워 넣는 것에 비하여, 캘리포니아에 위치한 파타고니아(Patagonia) 본사는 아마도 미국에서 서핑보드로 가득 찬 창고가 있는 유일한 회사일 것이다. 실제로 직원들은 언제든지 파도와 풍랑에 관한 일일 보고서를 참고한 후에 보드를 가지고 나가 서핑을 즐길 수 있다. 서핑할 기분이 아니라면 점심시간을 이용해서 자전거로 30마일 코스를 돌 수도 있다. 시야를 넓히고 싶다면 사내 "현장 학습"을 신청하여 와이오밍 주에서 제물낚시(fly-fishing)나 요세미티 국립공원에서 암벽타기를 배울 수도 있다.

이러한 야외활동 특전과 더불어 파타고니아 직원들은 직장내 보육 서비스, 유급 휴가, 종합 건강보험 등의 혜택을 누린다. 로즈 마카리오(Rose Marcario) 최고경영자에 따르면, 이 후한 복지 패키지는 소수의 임원들이 아닌 회사 전체의 생산성을 높이고 사기를 북돋우는 기능을 한다. 마카리오는 "우수한 성과를 내는 소수의 구성원들만 혜택을 독점하는 것이 아니라 전체 구성원들이 혜택을 받는 정책을 시행하고 있습니다."고 말한다. "우리는 방법을 찾아냈어요. 미국의 나머지 기업들도 당연히 알아낼 수 있는 문제라고 생각합니다."

사회적, 환경적 책임에 헌신적인 것으로 알려진 회사의 대표로서, 마카리오는 다른 미국 기업들이 파타고니아의 행보를 따르도록 권유하는 것에 조금도 망설임이 없다. 그러나 아웃도어 의류 브랜드 사업에 합류하기 전, 마카리오는 몇 년 동안 경영학을 공부하고 회사 생활을 했다. 그녀는 뉴욕 주립대학교(SUNY) 올버니(Albany) 캠퍼스에서 재무 전공으로 학부를 졸업한 후, 로스앤젤레스의 캘리포니아 주립대학교(CSU)에서 MBA를 취득했다. 그리고 30대 초반의 나이에 미 서부의 주요 투자회사에서 인수합병 부서를 이끌게 되었다. 그 후, 그녀는 실리콘밸리 예비 유망주들이 여럿 포함된 제너럴 매직(General Magic)이라는 애플(Apple)의 분사(spinoff) 스타트업의 최고재무책임자(CFO) 자리에 올랐다. 마카리오는 나중에 사모펀드 회사로 옮겼고 그곳에서 부사장으로 근무했다.

하지만 이 무렵 마카리오는 분기별 실적에 집착하고 투자자들의 요구를 만족시키는 데 지쳐 있었다. 마카리오는 승승장구할수록 "나 자신의 가치관과는 점점 더 멀어지는 것을 느꼈다"고 말했다. 그녀 자신은 변화하고 있지만, 그녀가 하고 있는 일은 그것을 반영하지 못한다고 느꼈다. 불교 신자인 마카리오는 일을 그만두고 2년 동안 인도와 네팔을 돌아다니며 명상에 몰두했다. "저는 일종의 개인적인 변환점을 경험했어요" 라고 그녀는 말했다. "불교를 공부하고, 내가 본래 어떤 사람이었는지 알아내는 것만으로…. 만약 그것을 자신의 일과 자신이 사는 세상에 적용하지 않는다면, 저는 그것이 완전한 변화라고 생각하지 않아요."

마침내 미국으로 돌아왔을 때, 마카리오는 다음으로 무엇을 해야 할지 확신이 없던 상태였다. 그때 그녀의 친구가 파타고니아가 최고재무책임자(CFO)를 찾고 있다고 알려주었다. 그녀는 처음에는 또다시 임원직을 맡는 것에 대해 회의적이었지만, 파타고니아의 설립자인 이본 쉬나드(Yvon Chouinard)와 이야기한 후 파타고니아가 대외적으로 주장하는 것처럼 실제로 생태적, 사회적 명분에 헌신적임을 확신하게 되었다.

2008년 이 아웃도어 의류업체에 합류하게 된 마카리오는 즉시 재정 및 환경 낭비를 없애기 위해 회사의 공급망을 개편하기 시작했다. 또한 파타고니아의 전자상거래 부문 역량을 향상시켜 매출을 크게 늘리는 데 성공했다. 2013년에는 최고경영자로 취임해 지속적으로 기록적인 성장을 이루도록 관리하는 것과 함께 국립공원 보존 등을 옹호하기도 했다.

마카리오는 파타고니아 직원들에게 가능한 한 최대의 육아 혜택을 제공하는, 직장내 육아 복지의 열렬한 지지자이기도 하다. 그녀는 육아 위탁기관이나 베이비시터 비용 부담에 대한 스트레스를 없애주면 직원들이 일과 생활 모두에서 최대한의 잠재력을 발휘할 수 있다고 믿는다. "우리의 구성원을 돌보는 것은 우리 문화의 일부이자 이들이 원하는 형태의 삶을 살 수 있도록 돕고자 하는 우리의 헌신입니다" 라고 마카리오는 말한다.

이 장을 통해 독자 여러분은 로즈 마카리오와 같은 경영자들이 직원들로 하여금 그들과 조직의 공동목표에 집중하도록 하기 위해 사용했던 이론들과 제도들에 대해 배우게 될 것이다.

출처: Jeff Beer, "How Patagonia Grows Every Time It Amplifies Its Social Mission," Fast Company, February 21, 2018; Brigid Schulte, "A Company That Profits as It Pampers Workers," The Washington Post, October 25, 2014; Ryan Bradley, "The Woman Driving Patagonia to Be (Even More) Radical," Fortune, September 14, 2015; Rose Marcario, "Patagonia's CEO Explains How to Make On-Site Child Care Pay for Itself," Fast Company, August 15, 2016; Jeff Beer, "Exclusive: "Patagonia Is in Business to Save Our Home Planet," Fast Company, December 13, 2018; "Executive Profile: Rose Marcario," Bloomberg, bloomberg.com, accessed October 2019; Richard Feloni, "Patagonia's CEO Says 'Capitalism Needs to Evolve' If We Want to Save the Planet," Business Insider, businessinsider.com, April 15, 2019.

대부분의 직원들에게 회사 내에서의 '인정'은 굉장히 중요하다. 이 회사는 직원의 소속에 따라 상품과 기프트 카드로 보상을 제공하는 포인트 제도를 도입했다. 이 회사의 이름은 무엇인가? (이 장에서 답을 찾아보라)

동기부여의 가치

"만약 일이 그렇게 재미있다면, 왜 부자들은 일을 안 하죠?"라고 코미디언 그루초 마르크스(Groucho Marx)가 비꼬긴 했지만, 부자들도 일을 한다. 빌게이츠가 수조 원의 재산을 컴퓨터 오락만 하면서 번 것은 아니지 않은가! 직원들도 재미있게 일할 수 있다. 경영자들이 동기부여하기만 한다면 말이다.

직원 만족은 대단히 중요한 것이다. 행복한 직원은 행복한 고객을 만들고, 행복한 고객은 성공적인 사업을 만들어낸다.[1] 반대로, 행복하지 않은 직원들은 회사를 떠난다. 이런 일이 일어나면, 회사는 한 명의 직원만 잃는 것이 아니다. 대체 직원 고용 및 훈련의 과정 속에서 회사는 한 직원의 6개월에서 9개월 정도의 봉급만큼 손해를 볼 수 있다. 이에 수반되는 간접비용은 더욱더 크다. 지적자산의 손실, 직원들의 사기 저하 및 스트레스 증가, 직원 상호 간 험담이나 소문 증가, 고객 서비스 저하, 상품개발중단, 회사에 대한 부정적인 평판 발생 등이 생기기 때문이다.[2]

동기부여 요소 중 중요한 하나는 내적 보상(intrinsic rewards or inner rewards)인데, 이는 잘 수행된 업무에 대한 개인적 만족을 포함한다. 이러한 내적 자극에 반응하는 사람들은 업무를 즐기고 열정을 다른 이들과 나눈다. 여러분은 업무를 잘하고자 하는 스스로의 바람에 의한 동기부여를 느끼는가? 혹은 여러분은 보수 혹은 인정과 같은 외적 보상에 의해 동기부여가 되는가?

새로운 직원을 고용하고 훈련시키는 것에도 많은 비용이 발생하지만, 업무에 대한 몰입이나 애착이 없는 직원을 계속 고용하는 것 역시 비용을 유발한다. 몰입(engagement)이라는 단어는 직원들의 동기, 열정, 헌신의 수준을 설명하는 데 사용된다. 몰입한 직원들은 업무에 대한 열정을 가짐과 동시에 회사에 대한 유대를 느끼고 더 생산적인 된다.[3] 몰입하지 않은 직원들은 사실상 회사를 나갔다고 볼 수 있다. 그들은 시간을 투입하지만 열정을 투입하지는 않으며, 그들은 스스로의 불행을 바탕으로 행동할 뿐만 아니라, 몰입하는 동료들의 노력을 반감시킨다. 갤럽조사에 따르면 몰입하지 않은 직원으로 발생하는 회사의 손실은 해당 직원 급여의 34퍼센트에 달하며, 미국 경제 전체로 보면 생산성의 저하는 연간 4,830억 달러에 이른다고 한다.[4]

좋은 사람들이 조직에 들어와서 머무르도록 동기부여하는 것은 경영자들의 핵심적인 역할이다. 높은 성과를 내는 경영자들의 주변에는 높은 성과를 내는 직원들이 있다. 거위가 혼자 날 때보다 대형을 짜서 날 때 더 빠르다는 것은 우연이 아니다. 열심히 일하고자 하는 마음은 궁극적으로 사람의 내부에서 생성되지만, 좋은 경영자들은 직원들에게 자극을 줌으로써 그들 내면으로부터 일을 잘하고자 하는 자연스러운 동기를 이끌어낸다. 사람들은 자신이 하는 일이 변화를 가져오며, 그것이 인정을 받는다고 느낄 때 기꺼이 일을 하고 열심히 일한다.[5]

사람들은 인정, 성취, 지위 등 여러 가지 요소에 의해 동기부여된다. **내적 보상**(intrinsic reward)은 일을 잘 수행하고 목표를 달성했을 때 느끼는 개인적인 만족감이다. 자신이 한 일이 조직이나 사회에 의미 있는 기여를 한다는 믿음은 내적 보상의 한 형태이다. **외적 보상**(extrinsic reward)은 일을 잘한 데에 대한 보상으로 타인이 주는 것이다. 외적 보상의 예로는 임금인상, 칭찬, 승진 등이 있다.[6]

내적 보상
일을 잘 수행하고 목표를 달성했을 때 느끼는 개인적인 만족감

외적 보상
일을 잘한 것에 대한 보상으로 타인이 주는 것

이 장은 독자여러분들이 동기부여의 개념, 이론, 적용에 대해 이해할 수 있도록 도울 것이다. 우선 동기부여의 전통적인 이론들을 살펴보는 것으로 시작할 것이다. 왜 여러분은 이 이론들을 알아야 하는가? 종종 "새로운" 접근들은 실제로 그다지 새로운 것이 아니고, 그 변형된 형태가 이미 과거에 시도된 경우가 많다. 과거에 어떠한 일들이 있었는가를 아는 것은 여러분으로 하여금 과거에 어떠한 것들이 시도되었거나 시도되지 않았는지를 알 수 있게 하는 것이다. 먼저, 직원의 만족과 동기부여에 대한 새로운 관심을 불러일으켰던 호손(Hawthorne) 연구가 논의 될 것이다. 다음으로 전통적 이론이 가지고 있는 직원에 대한 가정들을 배울 것이다. 테일러(Taylor), 메이요(Mayo), 매슬로(Maslow), 허즈버그(Herzberg), 맥그리거(McGregor)와 같은 전통적 이론가들은 경영학 공부를 하면서 반복적으로 접하게 되는 인물들이다. 마지막으로 현대의 동기부여 이론들을 소개하고, 경영자들이 어떻게 그것들을 적용하는지를 보여줄 것이다.

과학적 관리
생산성을 높이는 방법은 일을 하는 가장 효율적인 방법을 과학적으로 연구하여, 각각의 일을 수행하기 위한 최적의 방법을 결정하고 사람들에게 그 방법들을 가르치는 것

학습목표 9-1 테일러의 과학적 관리에 대해 설명할 수 있다.

프레드릭 테일러: 과학적 관리의 아버지

19세기의 몇몇 책들이 경영원리를 제시하기는 하였으나, 영속적인 의미를 가지는 중요한 연구는 20세기 초반이 되어서야 나타나기 시작하였다. 가장 잘 알려진 책 중 하나인 「과학적 관리의 원칙」은 미국인 효율관리사인 프레드릭 테일러(Fredrick Taylor)에 의해 1911년에 출판되었다. 이 책은 테일러에게 '과학적 관리의 아버지'라는 별칭을 붙여주었다. 테일러의 목표는 직원 생산성을 높여 기업과 직원 모두에게 이익이 되게 하는 것이었다. 테일러가 생각한 생산성을 높이는 방법은 일을 하는 가장 효율적인 방법을 과학적으로 연구하여, 각각의 일을 수행하기 위한 최적의 방법을 결정하고 사람들에게 그 방법들을 가르치는 것이었다. 이러한 접근법은 **과학적 관리**(scientific management)로 알려졌다. 테일러의 접근법에는 세 가지 요소, 즉 시간, 방법, 일의 규칙이 기본이었다. 그의 가장 중요한 도구는 관찰과 초시계였다. 맥도날드가 요리사가 뒤집을 수 있는 버거의 수를

UPS는 운전기사들에게 어떻게 빨리 트럭에서 내릴지, 얼마나 빨리 걸을지, 하루에 얼마나 많은 소포를 집배하여 배달할지, 그리고 심지어 열쇠를 어떻게 잡을지에 대해 가르친다. 여러분은 UPS가 어떻게 과학적 관리의 원칙을 따라 사람들에게 각각의 과업들마다 하나의 최고의 방법을 수행하도록 가르쳤는지 알 수 있겠는가?

예상하고, 전화회사가 교환수가 몇 통의 전화를 응대할 수 있을지 측정하는 것의 배경에는 테일러의 이러한 사고가 뒷받침되어 있다.

전통적인 테일러 연구로 쌀, 석탄, 철광석을 동일한 삽으로 퍼내는 사람에 대한 연구가 있다. 테일러는 다른 물질은 다른 삽으로 퍼내야 한다고 생각했다. 그는 다양한 크기와 모양의 삽을 고안해서, 초시계로 일정 시간의 결과물을 측정하는 소위 시간–동작 연구(time–motion studies)를 수행하였다. 이것은 업무를 수행하기 위한 작업과 각각의 작업에 필요한 시간을 측정하는 연구들이었다. 당연히 보통 사람은 가장 효율적 동작과 적절한 삽으로 퍼낼 때 하루 25~35톤 이상 더 많이 퍼낼 수 있었다. 이 결과는 실제 모든 공장 작업에 대해 **시간–동작 연구**를 하게 만들었다. 연구자들이 일을 하는 가장 효율적인 방법을 결정함에 따라, 효율성이 목표 설정의 표준이 되어 갔다.

시간–동작 연구
업무를 완수하기 위해 수행되어야 하는 작업과 각각의 작업에 필요한 시간을 측정하는 연구들

테일러의 과학적 관리는 1900년대 초반 생산성을 높이는 주된 전략이었다. 테일러의 계승자인 헨리 간트(Henry L. Gantt)는 노동자들의 업무를 가장 작은 부분까지 도표화한 차트를 발명하였다(간트 차트에 대해서는 8장에서 설명). 미국 엔지니어인 프랑크와 릴리안 길브레스(Frank and Lillian Gilbreth)는 테일러의 아이디어를 3년간의 벽돌쌓기 연구에 적용시켰다. 그들은 **동작 경제의 원칙(principle of motion economy)**을 개발했는데, 모든 일은 서블릭(therblig: Gilbreth를 역순으로 쓴 단어)이라고 불리는 일련의 기본 동작들로 나눠질 수 있다는 것이다. 그러고 나서 그들은 그 다음 각각의 동작을 더 효율적으로 만들기 위해 분석하였다.

동작 경제의 원칙
프랭크와 릴리안 길브레스에 의해 개발된 것으로, 모든 업무는 일련의 기본 동작으로 구분될 수 있다는 이론

과학적 관리는 사람들을 주로 적합하게 설계되어야 하는 기계로 보았다. 여기에는 일의 심리적, 인간적 측면은 거의 고려되지 않았다. 테일러는 직원들이 충분히 많은 임금을 받으면 높은 수준의 효과성을 보일 것이라고, 즉 동기부여될 것이라고 믿었다.

테일러의 아이디어들 중 일부는 아직도 적용되고 있다. 어떤 기업들은 아직도 창조성, 유연성, 적응성보다는 업무 규칙 준수를 더 중시하고 있다. 예를 들어, UPS는 운전기사들에게 어떻게 빨리 트럭에서 내릴지(오른발부터), 얼마나 빨리 걸을지(초당 3피트), 하루에 얼마나 많은 소포를 배달할지(바쁜 시기가 아니라면 평균 150–175개), 열쇠를 어떻게 잡을지(셋째 손가락으로, 톱니면이 위쪽으로 오도록)에 대해 가르친다. 운전사들은 배달 정보 획득 장치(DIAD)라는 휴대용 컴퓨터를 사용하여 소포의 바코드를 읽어낸다. 이를 통해 고객은 언제든지 자신의 소포가 정확히 어디에 있는지 온라인 상에서 확인할 수 있다. 만약 운전사가 너무 느리다고 판단되면, 감독관이 같이 타서 초시계와 메모판으로 운전사를 재촉한다. UPS는 미국 내 9개 도시에 훈련센터가 있는데, 이곳에는 직원들에게 상자를 올바르게 올리고 내리는 법, 능숙하게 트럭을 운전하는 법, 그리고 물건을 옮길 때 미끄러지거나 넘어지는 것을 줄이는 법을 가르쳐주는 시뮬레이터가 있다.[7)]

직원들로 하여금 직접 생산성 문제에 대한 해결책을 제시하도록 하는 것은 유용하다고 알려져 왔다. 이에 대해 살펴보도록 하자.

학습목표 9-2 호손 연구와 경영에서 호손 연구의 중요성에 대해 설명할 수 있다.

엘튼 메이요와 호손 연구

엘튼 메이요와 하버드 대학 연구팀은 자신들의 연구가 작업자의 동기부여에 대한 경영진의 고정된 믿음을 영원히 바꾸게 될 줄은 몰랐다. 일리노이 주의 시세로에 위치한 웨스턴 일렉트릭 사의 호손 공장에서 수행된 연구는 인간성에 기본을 둔 동기부여라는 개념을 창시했다. 호손 연구 이전에는 작업자들이 인간 로봇처럼 행동하도록 설계되었었다.

프레드릭 테일러의 연구에서 파생된 연구들 중 하나가 일리노이 주의 시세로(Cicero)에 있는 웨스턴 일렉트릭(Western Electric) 사의 호손(Hawthorne) 공장에서 수행되었다. 이 연구는 1927년에 시작해서 6년간 계속되었다. 이제 이 연구가 왜 경영학 연구에서 중요한 위치를 차지하는지 살펴보자.

엘튼 메이요(Elton Mayo)와 하버드 대학 동료들은 최적의 생산성과 조명의 밝기와의 관계를 살펴보기 위해 호손 공장에서 연구를 시작했다. 그들의 연구는 서로 다른 조도에서 직원들의 최적의 생산성을 연구하는 것이었고, 이 측면에서 그들의 연구는 전통적인 과학적 관리연구였다. 그 아이디어는 서로 다른 조도 하에서의 직원들의 생산성을 추적하는 것이었다. 그러나 실험의 초기단계부터 문제가 발생하였다. 연구자들은 조명이 어두워질수록 생산성도 낮아질 것이라고 예상했는데, 실험집단의 생산성이, 조명의 밝기와 상관없이 비교집단보다 높게 나타난 것이다. 심지어 조명이 거의 달빛 수준으로 어두워졌을 때에도 마찬가지였다.

총 13번의 실험이 실시된 두 번째 연구는 온도, 습도, 기타 환경요인이 통제될 수 있는 별도의 실험실에서 실시되었다. 생산성은 매번 증가되었다. 사실 실험기간 동안 생산성은 총 50%나 증가되었다. 실험이 최초의 환경에서 반복되었을 때(최초의 생산성으로 돌아가길 기대하면서)에도 생산성은 여전히 증가하였다. 이 시점에서 연구는 완전한 실패로 간주되었다. 연구자들이 무엇을 하든 상관없이 생산성은 증가하였기 때문이다. 무엇이 이 생산성 증가를 가져온 것일까?

결국 메이요는 어떤 인간적 또는 심리적 요인이 포함되어 있을 것이라고 추측했다. 그와 동료들은 직원들에게 실험에 대한 그들의 느낌과 태도를 묻는 인터뷰를 실시하였다. 그 대답은 경영학적 사고에 아직까지도 반발이 있는 큰 변화를 가져왔다. 결론은 다음과 같다.

- 실험집단의 직원들은 그들을 일종의 사교모임처럼 생각했다. 격식을 차리지 않는 분위기에서 편하게 얘기할 수 있었고, 감독관 및 연구자들과 정기적으로 교류하였다. 그들은 자신들이 특별하다고 느꼈고, 그 그룹에 계속 속해 있기 위해 열심히 일했다. 이것이 그들을 동기부여했다.
- 직원들은 실험의 계획에 참여했다. 예를 들어, 그들은 특정 종류의 임금 지불방식을 거부하고 다른 방식을 제안하였는데 그것이 채택되었다. 직원들은 자신들의 의견이 존중받는다고 믿었고, 자신들이 경영 의사결정에 참여한다고 느꼈다. 이것 또한 그들을 동기부여했다.
- 물리적 상태가 어떻든 직원들은 자신들의 특별한 방의 분위기와 높아진 생산

성의 대가로 주어지는 추가 임금을 즐겼다. 직무만족은 놀라울 정도로 향상되었다.

호손 효과
자신이 연구 대상이 된다는 것을 알 때 다르게 행동하는 사람들의 경향을 일컫는 말

이제 학자들은 자신이 연구 대상이 된다는 것을 알 때 다르게 행동하는 사람들의 경향을 일컫는 말로 **호손 효과**(Hawthorne effect)라는 용어를 사용한다. 호손 연구의 결과들은 연구자들이 더 나은 생산성을 가져오는 인간적인 동기부여와 경영 스타일을 연구하도록 장려하는 결과를 가져왔고, 연구의 초점은 테일러의 과학적 관리에서 메이요의 새로운 인간중심경영으로 바뀌게 되었다.

메이요의 연구결과는 직원들에 대해 완전히 새로운 가정을 하도록 하였다. 이 중 하나는 임금이 유일한 동기요인이 아니라는 것이다. 사실 돈은 상대적으로 비효율적인 동기요인으로 파악되었다. 이러한 가정의 변화는 동기부여의 인간적 측면에 대한 여러 이론들을 낳았다. 이러한 이론의 연구자들 중 가장 잘 알려진 사람으로는 다음에 논의할 에이브러햄 매슬로(Abraham Maslow)가 있다.

학습목표 9-3 매슬로의 욕구위계를 구분하고, 이것이 직원 동기부여에 가지는 중요성을 설명할 수 있다.

동기부여와 매슬로의 욕구위계설

심리학자인 에이브러햄 매슬로는 직장에서의 동기부여를 이해하기 위해서 일반적인 인간의 동기를 이해해야 한다고 생각했다. 그리고 동기는 욕구에서 온다고 생각했다. 즉, 사람들은 충족되지 않은 욕구를 충족시키기 위해 동기부여가 되고, 충족된 욕구는 더 이상 동기부여를 하지 못한다는 것이다.

매슬로의 욕구위계설
사람들은 충족되지 않은 욕구를 충족시키기 위해 동기부여가 되고, 충족된 욕구는 더 이상 동기부여를 하지 못한다는 것

그림 9.1은 **매슬로의 욕구위계설**(Maslow's hierarchy of needs)을 나타낸다. 그 단계는 다음과 같다.

그림 9.1 매슬로의 욕구위계설
매슬로의 욕구위계설은 동기가 욕구로부터 온다는 생각에서 나왔다. 만약 하나의 욕구가 충족되면 그것은 더 이상 동기요인으로 작용하지 않고, 더 높은 단계의 욕구가 동기요인이 된다. 더 높은 단계의 욕구는 하위 단계의 지지를 필요로 한다. 이 그림은 욕구의 여러 가지 단계를 보여준다. 여러분은 그림의 어느 단계에 있는가?

생리적 욕구: 음식, 물, 보금자리 등에 대한 욕구와 같은 기본적인 생존욕구
안전 욕구: 직장과 집에서 안전하다고 느끼려는 욕구
사회적 욕구: 사랑받고, 수용되며, 소속감을 느끼려는 욕구
존중 욕구: 자기 존중과 지위 및 중요성에 대한 감각 및 타인의 인정을 받으려는 욕구
자기실현 욕구: 자신의 잠재력을 계발하려는 욕구

하나의 욕구가 만족되면, 또 다른 상위 단계의 욕구가 발현되어 이를 충족시키기 위한 일들을 하도록 동기부여된다. 충족된 욕구는 더 이상 동기부여를 하지 못한다. 예를 들어, 여러분이 방금 진수성찬이 차려진 식사를 했다면 배고픔은 적어도 몇 시간 동안은 동기부여를 하지 못하고, 여러분의 주의는 주변(안전 욕구)이나 가족(사회적 욕구)으로 갈 것이다. 물론, 더 낮은 단계의 욕구(예: 갈증)가 충족되지 못하면 그것은 언제든지 여러분의 주의를 상위 단계의 욕구로부터 빼앗아올 수 있다.

성공적으로 경쟁하기 위해, 미국 기업들은 가장 능력 있고 유능한 직원들을 동기부여할 수 있는 근무환경을 만들어야 한다. 이는 모든 직급의 직원들에게 사회적 기여, 정직, 신뢰, 서비스, 품질, 단결 등의 목표를 제시하는 근무 환경을 말한다. 신발 온라인 쇼핑몰 자포스(Zappos)의 최고경영자(CEO)인 토니 셰이(Tony Hsieh)는 하위 직원을 포함한 전직원의 의미(자아실현)와 같은 상위단계 욕구를 고려하는 경영자다. 셰이는 인터뷰 과정에 직접 참여해 "1에서 10까지의 척도에서, 당신은 스스로가 얼마나 이상하다(weird)고 생각하는가?"라고 묻기도 한다. 이 질문은 단순히 후보자를 알기 위한 목적을 넘어서 그 사람의 열정을 이해하기 위해 던지는 질문이다. 자포스 직원들은 업무 시간의 20퍼센트를 주된 역할 이외의 프로젝트를 수행하는 데 사용하는데, 이는 그들의 일에 의미를 부여함으로써 보다 상위단계 욕구가 충족되도록 돕는다.[8)]

학습목표 9-4 허즈버그의 동기요인과 위생요인을 구분할 수 있다.

허즈버그의 동기요인

경영 이론의 또 다른 방향은 경영자들이 직무 자체와 관련하여 직원들을 동기부여하기 위해 무엇을 할 수 있는지를 알아내는 것이다(테일러 연구의 현대적 시각). 즉, 경영자가 통제할 수 있는 모든 요인들 중에서 열정적인 업무 노력을 유발하는 데에는 어떤 것이 가장 효과적인가를 알아내는 것이다.

이런 연구들 중 가장 중요한 것으로 1960년대 중반 실시된 심리학자 프레드릭 허즈버그(Frederick Herzberg)의 연구가 있다. 그는 직원들에게 직무와 관련된 여러 요인들을 대상으로 동기부여에 영향을 많이 미치는 순으로 순위를 매기게 하였다. 그 연구 질문은 직원들을 전력을 다해 일하게 만드는 열정은 어디에서 오는가였다. 그 결과 가장 중요한 동기요인은 다음과 같았다.

1. 성취감
2. 인정

동기요인	위생(유지)요인
(이 요인들은 종업원들을 동기부여하기 위해 사용될 수 있다.)	(이 요인들은 불만족을 야기할 수 있지만 동기부여 효과는 거의 없다.)
일 그 자체 성취감 인정 책임감 성장과 발전	회사 규정과 관리 감독 작업환경 인간관계 (동료) 연봉, 지위, 직업 안정성

그림 9.2 허즈버그의 동기요인과 위생요인

허즈버그의 연구 결과에 대해서는 논란이 있다. 예를 들어, 영업관리자들은 종종 금전적 보상을 동기요인으로 활용한다. 최근의 연구는 돈도 인정의 수단으로 쓰이면 동기요인이 될 수 있음을 보여준다.

3. 일 자체에 대한 흥미
4. 성장할 수 있는 기회
5. 발전할 수 있는 기회
6. 자신이 맡은 책임의 중요성
7. 동료 및 그룹 내 인간관계
8. 임금
9. 상사의 공정성
10. 기업 정책과 규칙들
11. 지위
12. 직업 안정성
13. 상사의 친근함
14. 근무환경

가장 많은 표를 받은 요인들은 모두 직무내용 자체와 관련되어 있었다. 직원들은 자신들이 회사에 기여한다고 느끼기를 좋아했다(1순위가 성취감). 인정받고 싶어했고(2순위), 자신의 일이 중요하다고 느끼고 싶어했으며(6순위) 책임을 맡고 싶어했고(학습이 중요한 이유), 성장하고 발전할 기회를 가짐으로써 자신이 가진 책임을 인정받고 싶어했다. 물론, 일이 재미있기도 바랐다. 여러분은 자신의 일에 대해서도 동일하게 느끼는가?

직원들은 직무환경에 관련된 요인들을 동기요인으로 고려하지 않았다. 그러한 요인들 중 하나가 임금이라는 사실은 흥미로운 점이다. 충분한 임금, 직업 안정성, 친근한 상사 등의 부재는 불만족을 야기하지만, 이러한 요인이 있다고 해서 직원들이 더욱 열심히 일하도록 동기부여가 되지 않는다는 것도 알았다. 이것들은 단지 일하는 환경에 대한 만족감을 줄 뿐이었다. 당신은 임금을 더 많이 받는다면 더 열심히 일하겠는가?

동기요인
허즈버그의 동기요인 이론에서 직원들이 더 생산적이고 만족스럽게 일하게 하는 직무 요인들

위생요인
허즈버그의 동기요인 이론에서 없으면 불만족을 유발하나 있다고 해서 반드시 동기부여하지는 않는 직무 요인들

허즈버그는 **동기요인(motivators)**이라 불리는 특정 요인들이 직원들을 생산적이게 하고 그들에게 만족을 주며, 이러한 요인들은 앞서 살펴보았듯이 대부분 직무 내용 자체와 관련된다고 결론지었다. 그는 직업의 다른 요인들을 **위생요인** 또는 유지요인(hygiene factors or maintenance factors)으로 명명하였는데, 이 요인들은 주로 직무환경과 관련되어 있으며, 없으면 불만족을 유발하나 더 있다고 해서 동기부여를 하지는 않을 것이다. 그림 9.2는 동기요인과 위생요인의 목록이다.

허즈버그의 동기요인을 고려할 때 우리는 다음과 같은 결론을 내릴 수 있다. 직원을

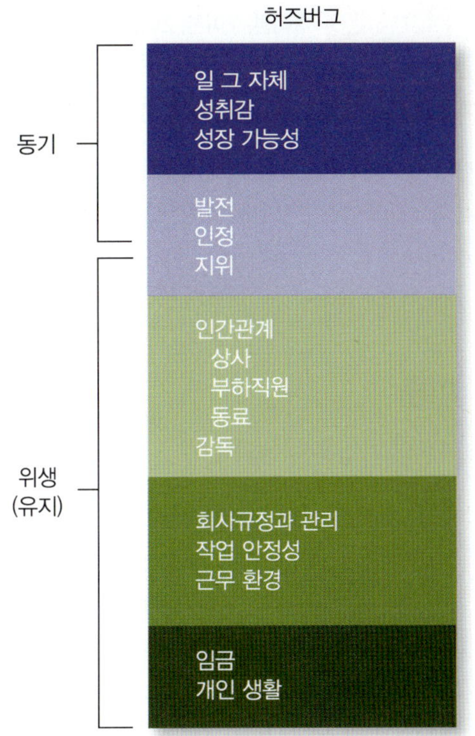

그림 9.3 매슬로의 욕구위계설과 허즈버그의 요인이론의 비교

동기부여하기 위한 최적의 방법은 일을 흥미롭게 만들고, 그들의 목표 달성을 도와주며, 승진과 추가적 책임부여를 통해 그들의 성취를 인정하는 것이다.[9] 그림 9.3을 통해 매슬로의 욕구위계설과 허즈버그의 요인이론의 유사점을 찾아보자.

허즈버그의 동기요인 목록을 살펴보고 여러분을 동기부여하는 요인을 찾아보자. 그것들을 여러분에게 중요한 순서대로 나열해보자. 이 요인들을 미래의 직업과 진로를 선택할 때 고려하도록 하자. 여러분에게 주어진 취업 기회가 어떠한 동기요인을 제공하는가? 그것은 여러분이 중요하다고 생각하는 요인들인가? 자신만의 중요한 기준으로 취업기회를 평가하는 것은 현명한 직업선택을 하는 데 도움을 줄 것이다.

시험 준비

- 테일러의 시간–동작 연구와 메이요의 호손 연구는 어떠한 유사점과 차이점을 갖는가?
- 메이요가 발견한 사항들은 과학적 관리에 어떠한 영향을 주었는가?
- 매슬로의 욕구위계를 도식으로 표현해보고, 각 부분의 명칭과 특징을 설명하라.
- 허즈버그가 위생요인과 동기요인으로 불렀던 요인들의 차이를 설명하라.

학습목표 9-5 X이론, Y이론, Z이론을 구분할 수 있다.

맥그리거의 X이론과 Y이론

경영자들이 직원들을 동기부여하는 방법은 그들이 직원에 대해 어떤 태도를 갖느냐에 크게 달려 있다. 경영이론가 더글러스 맥그리거(Douglas McGregor)는 경영진의 태도가 일반적으로 완전히 다른 두 개의 가정으로 나뉨을 발견하고, 각각 X이론과 Y이론이라고 이름 붙였다.

X이론

X이론의 가정은 다음과 같다.

- 직원들은 일하기를 싫어하고 가능하다면 일을 안 할 것이다.
- 일을 싫어하기 때문에, 직원들이 조직의 목표를 달성하도록 하기 위해서는 처벌을 이용해서 강제하고, 통제하고, 지시 및 협박해야 한다.
- 직원들은 지시받기를 선호하고, 책임을 회피하고, 야심이 크지 않으며 안정을 원한다.
- 가장 큰 동기요인은 공포와 처벌이다.

이러한 가정의 자연스런 결과는 직원들을 가까이에서 지켜보고, 무엇을 어떻게 할지 지시하는 아주 '바쁜' 경영자이다. 동기부여는 나쁜 직원에게는 체벌, 좋은 직원에게는 보상의 형태를 띤다. X이론 경영자들은 직원들에게 책임, 자율성, 융통성을 거의 주지 않는다. 과학적 관리를 지지한 테일러와 그의 선행 이론가들은 X이론에 동의했을 것이다. 경영진이 시간–동작 연구에 집중하고 일을 수행하는 최적의 방법과 시간을 계산한 것은 이 때문이다. 연구자들은 직원들이 표준 규정을 잘 지키는 것에 대해 훈련받아야 하고 유심히 감독되어야 한다고 생각하였다.

여전히 많은 경영자들과 기업가들은 직원들을 완전히 신뢰할 수 없다고 생각하고, 감독되어야 할 대상이라고 믿는다.[10] 여러분도 그런 경영자를 본 적이 있을 것이다. 여러분은 그에 대해 어떻게 느꼈는가? 직원의 태도에 대한 이 경영자들의 가정은 정확한 것인가?

Y이론

Y이론은 사람들에 대해 완전히 다른 가정을 한다.

- 대부분의 사람들은 일을 좋아하고, 일은 노는 것이나 쉬는 것처럼 자연스러운 활동이다.
- 대부분의 사람들은 자신이 몰입된 목표를 향해 자연스럽게 노력한다.
- 목표에 대한 개인의 몰입 정도는 그것을 성취했을 때 얻을 수 있는 지각된 보상에 달려 있다.

- 대부분의 사람들은 특정 상황에서는 단지 책임을 받아들일 뿐 아니라 책임을 추구하기도 한다.
- 사람들은 비교적 높은 수준의 상상력, 창조력, 문제해결력을 발휘할 수 있다.
- 산업에서, 보통 사람들의 지적 잠재력은 단지 부분적으로만 사용되고 있다.
- 사람들은 다양한 보상에 의해 동기부여된다. 각각의 직원은 자신의 고유한 보상에 의해 자극된다(쉬는 시간, 금전적 보상, 인정 등).

X이론의 경영자들은 그들의 직원들을 행복하게 하기 위해 살지 않는다. 디시 네트웍스(Dish Networks)의 창업자이자 회장인 찰리 어젠(Charlie Ergen)은 직원들을 오랜 시간 일하게 하고, 의무적으로 야근을 하게 하고, 매우 적은 유급 휴가를 준다. 직원들은 어젠이 만든 기업문화를 생색내고 믿을 수 없는 문화라고 말한다. 그러나 기업의 수익은 꾸준히 시장 기대를 맞추고 있다. 여러분은 X이론 혹은 Y이론 경영자 중 누구와 일하고 싶은가?

Y이론은 권위, 지시, 감독보다 직원들이 자유로이 목표를 세우고, 창조성을 발휘하고, 융통성 있게 일을 하며, 경영진이 세운 목표를 넘어설 수 있는 편안한 분위기를 강조한다. 이러한 목표를 달성하는 주요 테크닉은 권한위임(empowerment)이다. 권한위임은 직원들이 결정을 내리고 그들이 내린 결정을 수행할 방법을 선택할 자율성을 부여한다. 권한위임이 진정한 동기부여 요인이 되기 위해서, 경영진은 다음의 세 단계를 거쳐야 한다.

1. 직원들이 생각하는 조직의 문제점이 무엇인지 찾아낸다.
2. 직원들이 직접 해결책을 고안하도록 한다.
3. 직원들이 해결책을 실행에 옮기도록 맡겨 둔다.

직원들은 종종 자신들이 기업의 의사결정에 참여하도록 요청받았으나 상사나 경영진이 결정을 내릴 수 있는 실질적인 권한을 주지 않는다고 불평한다. 여러분은 그러한 환경에서 일해 보았는가? 그에 대해 어떻게 느꼈는가?

오우치의 Z이론

미국 기업들이 더 유연한 경영방식을 도입한 이유 중 하나는 일본, 중국, 유럽 등의 외국 기업들과 경쟁해야 했기 때문이다. 1980년대 일본 기업들은 미국 기업을 앞서나가는 것 같았다. UCLA의 경영학과 교수인 윌리엄 오우치(William Ouchi)는 일본의 성공 비밀이 일본기업이 직원들을 대하는 경영방식에 있을 것이라고 생각했다. 오우치가 J유형이라고 명명한 일본식 경영방식은 종신고용, 합의에 의한 의사결정, 의사결정의 결과에 대한 집단적 책임감, 느린 성과평가와 승진, 암묵적인 통제 메커니즘, 전문화되지 않은 커리어 패스, 직원에 대한 포괄적인 관심 등을 말한다. 반대로, 오우치가 A유형이라 명명한 미국식 경영방식은 단기간 고용, 개인적인 의사결정, 의사결정에 대한 개인적 책임, 빠른 성과평가와 승진, 명시적인 통제 메커니즘, 전문화된 커리어 패스, 직원에 대한 분화된 관심 등을 뜻한다.

J유형의 기업들은 그룹 및 가정 내에서 신뢰와 친밀감을 중시하는 일본 문화에 기반

그림 9.4 Z이론

미국식 및 일본식 경영 방식의 혼합형

을 두고 있다. 반대로, A유형의 기업들은 개인의 권리와 성취를 중시하는 미국 문화에 기반을 두고 있다. 오우치는 미국 기업들이 성공적인 일본식 전략을 채택하는 것을 돕고 싶어했지만, 미국 경영자들이 다른 나라의 문화에 기반한 접근법을 수용하는 것이 현실적이지 않음을 깨달았다. 미국인의 입장에서 생각해보자. 평생직장은 일견 좋게 보이지만, 일을 바꿀 기회도, 더 높은 직위로 빨리 승진할 기회도 없음을 생각하면 답답할 것이다.

따라서 오우치는 두 접근법을 혼합한 Z이론을 추천하였다(그림 9.4 참조). Z이론은 장기고용, 집단적인 의사결정, 의사결정 결과에 대한 개인적 책임, 느린 성과평과와 승진, 적당히 전문화된 커리어 패스, 직원과 그 가정에 대한 포괄적인 관심 등을 포함한

구글은 직원들이 군살을 뺄 수 있도록 사내에 첨단의 체육시설과 저항 수영장을 갖추고 있다. 크고 다채로운 색의 짐볼은 회사 어디에나 있어서 직원들에게 자신의 몸을 관리할 것을 상기시킨다. 여러분은 윌리암 오우치가 제안한 Z유형의 경영방식에 따라 직원들에 대하여 포괄적인 관심을 갖는 다른 사례들을 생각해 볼 수 있는가?

그림 9.5 X, Y, Z이론의 비교

X이론	Y이론	Z이론
1. 사람들은 일하기를 싫어하고 피하려고 노력한다.	1. 직원들은 일을 삶의 자연스러운 한 부분으로 생각한다.	1. 직원들의 참여는 생산성 향상의 중요 요인이다.
2. 직원들은 통제받고 지시받기를 선호한다.	2. 직원들은 제한된 통제와 지시를 선호한다.	2. 직원 통제는 함축적이고 비공식적이다.
3. 직원들은 책임보다 안정성을 원한다.	3. 직원들은 적당한 상황에서 책임을 추구한다.	3. 직원들은 책임과 의사결정을 공유하는 것을 선호한다.
4. 경영진이 강요해야 직원들은 일한다.	4. 직원들은 위협적이지 않은 환경에서 더 나은 성과를 보인다.	4. 직원들은 신뢰와 협동을 장려하는 문화에서 나은 성과를 보인다.
5. 직원들은 금전적 보상에 의해 동기부여된다.	5. 직원들은 여러 가지 욕구에 의해 동기부여된다.	5. 직원들은 고용보장을 필요로 하고 느린 성과평과 및 승진을 수용할 것이다.

다. 이 이론은 조직을 협동과 조직적 가치를 육성하는 가정으로 본다.

최근 들어, 인구통계 및 사회적 변화, 심한 국제적 경쟁, 그리고 경제적 변화는 일본 경영자들로 하여금 사업을 수행하는 방식을 재평가하도록 했다.[11)]

대형 전자회사인 히타치(Hitachi) 사는 단체 체조건강뿐 아니라 단결을 위해 그룹별로 행해졌던 체조를 중단한 첫 번째 대형 기업이다. 매일 아침 하루를 단체 체조로 시작하는 것은 같은 일을 같은 방식으로 하는 것을 의미하고, 직원들은 위험을 감수하거나 독자적 방식으로 생각해서는 안 된다는 문화적 믿음을 강조하는 것이었다. 많은 경영진들은 이러한 순응주의가 일본 기업들에 부정적으로 작용했다고 믿고 있다. 일본 경영자들이 미래에 혼합적인 Z이론으로 나아갈 것인가? 이는 두고보아야 할 것이다. 적절한 경영 스타일이란 문화, 상황, 조직과 직원의 특수한 요구들에 잘 부합하는 것이다(그림 9.5는 X, Y, Z 이론을 종합하여 보여줌).

학습목표 9-6 목표설정이론, 기대이론, 공정성이론의 핵심 원리를 설명할 수 있다.

목표설정이론과 목표에 의한 관리

목표설정이론(goal-setting theory)은 높지만 도달 가능한 목표를 세우는 것이 그 목표가 수용되고, 피드백이 주어지고, 조직 여건이 허락할 경우, 직원들을 동기부여하고 성과를 개선할 수 있다는 견해이다. 조직의 모든 구성원은 조직의 전반적인 목표와 세부적인 목표가 각각의 부서와 개인들에 의해 달성되도록 기본적인 합의를 도출해야 한다. 따라서 조직의 모든 구성원을 목표 설정 및 그 수행 과정에 참여시키기 위한 시스템이 뒷받침되어야 한다.

목표설정이론
높지만 도달 가능한 목표를 세워야만 그 목표가 수용되고 피드백이 주어지는 것으로, 조직의 여건에 의해 지원될 경우 직원들을 동기부여하고 성과를 개선할 수 있다는 생각

경영전문가 고 피터 드러커(Peter Druker)는 1960년대에 그러한 시스템을 개발했다. 그는 "경영자들은 사람들을 동기부여시킬 수 없다. 그들은 사람들의 동기를 위협할

수밖에 없는데 그것은 사람들은 스스로를 동기부여하기 때문이다"라고 역설했다. 그가 **"목표에 의한 관리(management by objectives; MBO)"**라고 칭한 목표 설정 및 실행 시스템은, 최고경영진, 중간관리자, 관리자, 직원들 간에 목표에 대한 일련의 토론, 리뷰, 평가를 하는 시스템이다. MBO는 경영자들로 하여금 조직의 모든 사람들과 함께 목표를 형성하고, 직원들을 그 목표에 몰입시키며, 결과를 모니터하고 성취에 대해 보상할 것을 요구한다. 미국 국방성 등의 정부 기관이 MBO를 적용했다.

목표에 의한 관리(MBO)
최고경영진과 중간경영진, 관리자, 종업원들 간의 일련의 토론, 리뷰, 목표 평가를 포함하는 목표 설정 및 수행 시스템

MBO는 경영자들이 장기 계획을 만들고 실행할 수 있는 상대적으로 안정적인 상황에서 가장 효율적이며, 큰 변화 없이 적용된다. 경영자들은 또한 부하직원을 돕는 것(helping)과 코칭(coaching)하는 것의 차이를 이해해야 한다. 돕는 것은 부하직원과 함께 일하며 필요하다면 일의 일부를 해주는 것을 말하고, 코칭은 가르치기, 안내하기, 권고하기 등 자원으로서의 역할을 수행하지만 적극적으로 참여하거나 일을 하지는 않는 것을 말한다. MBO의 핵심적인 아이디어는 직원들이 스스로 동기부여해야 한다는 데 있다.

MBO에서는 직원의 참여와 기대가 중요하다. 사전에 합의되지 않았거나, 최고경영진에 의해 설정된 목표를 추구하도록 직원들을 강요하기 위해 MBO를 사용하면 문제가 발생할 수 있다.[12)]

빅터 브룸(Victor Vroom)은 직원 기대의 중요성을 인식하고 기대이론이라고 불리는 프로세스를 개발했다. 다음에는 이 개념을 살펴보도록 하자.

직원의 기대를 충족시키기: 기대이론

빅터 브룸의 **기대이론(expectancy theory)**에 따르면 직원의 기대는 개인의 동기부여에 영향을 미칠 수 있다. 따라서 각각의 직원들이 특정 작업에 투입하는 노력의 정도는 그들이 기대하는 결과물에 따라 달라진다. 브룸은 직원들이 최고의 노력을 하기 전에 세 가지 질문을 한다고 주장했다. (1) 내가 이 일을 해낼 수 있는가? (2) 이 일을 해낼 경우 내가 받는 보상은 무엇인가? (3) 이 보상이 노력할 만한 가치가 있는가?(그림 9.6 참조)

기대이론
직원들이 특정 작업에 들이는 노력의 양은 결과에 대한 그들의 기대에 따라 달라진다는 빅터 브룸의 이론

다음과 같은 상황에서 여러분이 투입할 노력의 양을 생각해보자. 강사가 자신의 수업에서 A를 받기 위해서는 평균 90점을 받아야 하고 2m의 높이뛰기를 해야 한다고 했다고 하자. 당신은 자신이 2m의 높이뛰기를 할 수 없다는 것을 알면서도 A를 받기 위해 열심히 노력할 것인가? 또는 강사가 어떤 학생이든지 A를 받을 수 있다고 말했지만, 사

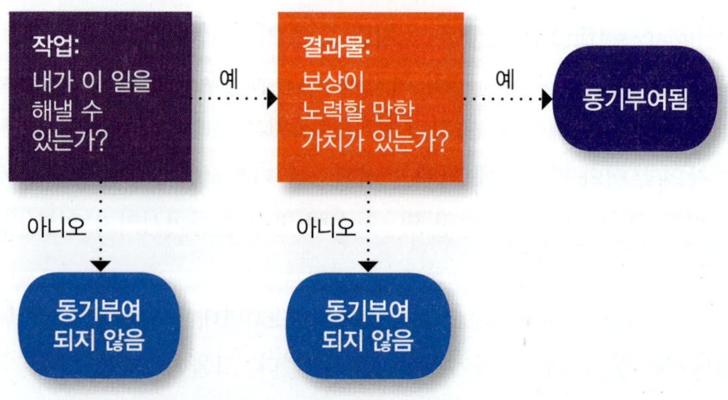

그림 9.6 기대이론
기대하는 결과물에 따라 직원들이 투입하는 노력의 정도

실은 지난 26년간 단 한번도 A를 준 적이 없다는 사실을 알 경우에, 즉 A가 실질적으로 얻기 불가능해 보이는 경우에 이 수업에 많은 노력을 투자할 것인가? 또 한편으로, 요즘 기업들이 A+보다는 C−를 받은 학생을 고용하고 싶어한다는 기사를 읽었다고 하자. 이때 A+를 받기 위해 노력할 가치가 있어 보이는가? 이러한 상황이 기업에서도 일어날 수 있다는 것이다.

기대이론은 기대가 개인에 따라 다를 수 있음을 인지하고 있다. 따라서 직원들은 업무의 난이도와 보상의 가치에 대한 각자의 판단을 형성한다.[13] 데이비드 내들러(David Nadler)와 에드워드 롤러(Edward Lawler)는 브룸의 이론을 수정해서 경영자들이 다음 다섯 단계를 통해 직원 성과를 개선해야 한다고 주장했다.[14]

1. 직원들이 어떠한 보상을 가치 있게 생각하는지를 안다.
2. 각각의 직원들이 이상적으로 생각하는 성과의 기준을 결정한다.
3. 성과기준이 달성될 수 있음을 확실히 한다.
4. 성과와 연결된 보상을 보장한다.
5. 직원들이 보상이 적절하다고 생각하는지를 확실히 한다.

직원 공정하게 대하기: 공정성이론

공정성이론(equity theory)은 "내가 일을 잘할 만한 가치가 있는 것일까?"와 "대체 무엇이 공정한 것인가?"란 질문을 다루며, 공정성에 대한 지각과 이것이 직원들의 업무 의욕에 미치는 영향을 살펴보는 이론이다. 기본적인 원리는 직원들은 자기와 비슷한 위치에 있는 타인과 비교하여 자기가 투입한 노력과 결과물 간에 공정성을 유지하려고 한다는 것이다. 공정성 비교는 개인적 인간관계, 공적인 조직 내 관계 등을 통해 얻은 정보를 바탕으로 이루어진다.

공정성이론
직원들은 개인의 직무에 대하여 유사한 직위의 다른 사람과 그 보상을 비교하여 노력과 보상 간에 공정성을 유지하려고 한다는 이론

직원들이 불공정함을 느끼면, 여러 가지 방법을 통해 공정한 교환관계를 재설정하려고 노력한다. 예를 들어, 여러분이 기말보고서에서 얻은 성적을 친구의 성적과 비교한다고 하자. 만약 여러분이 같은 양의 노력을 투입한 친구에 비해 낮은 성적을 받았다면, 여러분은 (1) 이후 수업에 노력을 적게 기울이거나 (2) "성적이야 뭐 과대평가될 수 있는 것이니까"라고 합리화할 것이다. 만약 여러분이 비슷한 과제를 제출한 사람들보다 높은 성적을 받았다면, 여러분은 (1) 높은 성적을 정당화하기 위해 이후 더 많이 노력하거나 (2) "난 더 높은 성적을 받을 자격이 있어"라고 합리화할 것이다.

직장에서 지각된 불공정성은 낮은 생산성, 낮은 품질, 잦은 결근, 자발적 이직으로 이어질 수 있다.

공정성 판단은 지각된 평가에 의해 이루어지므로 지각의 오류에 의해 영향받을 수 있다. 직원들이 종종 그러하듯이 자신의 노력을 과대평가한다면 자신에게 주어지는 보상이 부족하다고 생각할 것이다. 때때로 조직들은 각자의 임금을 대외비로 하여 이러한 문제를 해결하려기도 하지만 이런 정책은 오히려 사람들로 하여금 자신의 노력을 과대평가할 뿐 아니라 타인의 연봉도 과대평가하게 만드는 역효과를 낼 수 있다. 최근 연구에 따르면 근로자들은 자신의 근무에서 생산적인 시간을 평균적인 직장동료보다 11퍼센트

정도 높은 것으로 생각한다.[15] 최고의 해결책은 전반적으로 명확하고 빈번한 의사소통이다. 경영자들은 그들이 기대하는 결과물과 그에 주어질 보상에 대해서 가급적 명확하게 의사소통을 해야 한다.[16]

시험 준비

- X, Y, Z이론의 바탕이 되는 경영자의 태도에 대하여 간단히 설명할 수 있는가?
- 목표설정이론을 설명할 수 있는가?
- 기대이론을 평가하라. 기대이론이 여러분이 노력을 하거나 하지 않는 이유를 설명할 수 있는 경우를 예로 들어볼 수 있는가?
- 공정성이론의 원리를 설명할 수 있는가?

학습목표 9-7 경영자들이 직무확충, 개방적 의사소통 그리고 업무 인정 등의 전략을 통해 동기부여 이론들을 활용하는 형태에 대해 설명할 수 있다.

이론을 행동으로 옮기기

독자여러분은 이제 몇몇 이론가들이 동기부여에 대해 어떤 주장을 펼쳤는지에 대해 알고 있다. 이제, 스스로에게 다음과 같이 물어볼 수 있을 것이다. "그래서? 이런 이론들이 오늘의 현실에서 나타나고 있는 것들과 무슨 관련이 있지?" 이는 정당한 질문이다. 이제, 우리는 직무확충, 개방적 의사소통, 그리고 업무 인정을 통해 앞의 이론들이 어떻게 회사에서 반영되고 있는지를 살펴볼 것이다.

직무확충을 통한 동기부여

직무확충
직원들은 일 그 자체로 동기부여해야 함을 강조하는 동기부여 전략

매슬로와 허즈버그의 이론은 직무확충이론으로 확대되었다. **직무확충**(job enrichment)은 직원들을 일 그 자체로 동기부여해야 함을 강조하는 동기부여 전략이다. 직원들에게는 처음부터 끝까지 가시적으로 작업을 성취할 수 있도록 업무가 주어지고, 각각의 작업을 성공적으로 완수할 책임이 주어진다. 직무확충은 허즈버그의 상위 동기요인인 책임감, 성취감, 인정 등에 기반을 두고 있다.[17] 직무확충은 직무를 단순한 단계들로 쪼개고 각각 사람들을 배정하여 직무 효율성을 추구하는 직무단순화(job simplification)과 대척점에 서있다. 매슬로와 허즈버그의 연구를 참고하면 직무확충이 어떻게 파생된 것인지 알 수 있을 것이다.

직무확충을 지지하는 사람들은 일의 다섯 가지 특성이 개인적 동기부여와 성취에 중요한 영향을 미친다고 생각한다.

1. 기술의 다양성–직무가 다양한 기술을 필요로 하는 정도
2. 과업 정체성–직무를 수행하기 위해 직무수행의 처음부터 끝까지 가시적인 결과를 낳는 작업을 해야 하는 정도
3. 과업 중요성–직무가 기업 내 타인들의 일과 생활에 영향력을 미치는 정도
4. 자율성–일을 계획하고 절차를 결정하는 데 있어 자유롭고 독립적이고 재량을 가지고 일할 수 있는 정도

5. 피드백–직무 성과에 대한 직접적이고 명확한 정보

다양성, 정체성, 중요성은 일이 얼마나 의미 있는지를 결정하고, 자율성은 신뢰받고 많은 책임을 부여받았다는 느낌을, 피드백은 성취감과 인정받는 느낌을 준다.[18)]

동기부여를 위해 사용되는 다른 형태의 직무확충으로는 **직무확대**(job enlargement)가 있다. 이것은 일련의 작업을 하나의 도전적이고 흥미로운 과제로 결합하는 것이다. 예를 들어, 가전제품 제조업체인 메이택(Maytag) 사는 세탁기 생산공정을 재배치하여 직원들이 한 부분이 아닌 전체 물펌프를 조립할 수 있도록 하였다. **직무순환제도**(job rotation)도 직원들을 여러 직무로 순환시킴으로써 일에서 재미를 느끼고 동기부여될 수 있도록 하는 전략이다. 직무순환제도의 한 가지 문제는 직원들을 여러 작업에 대해 교육시켜야 한다는 점이다. 그러나 직원 동기부여의 증가와 더 유연하고 다양하게 훈련된 직원을 보유하게 되는 것이 추가적인 비용을 상쇄한다.

직무확대
일련의 작업을 하나의 도전적이고 흥미로운 과제로 결합하는 직무확충 전략

직무순환제도
직원들을 하나의 직무에서 다른 직무로 순환시키는 직무확충 전략

개방적 의사소통을 통한 동기부여

직원들이 의사결정권을 갖게 되었을 때, 소통과 정보는 조직 전반에 걸쳐 흘러야 한다. 그들이 아무 것도 없는 상태에서 의사결정을 내릴 수는 없기 때문이다. 개방적 의사소통을 장려하는 절차로는 다음과 같은 것이 있다.[19)]

- 경청하는 조직문화를 형성한다. 최고경영자들은 대화할 수 있는 장소를 마련해주고, 피드백을 주거나 직원의 제안을 채택하고, 상사에 대한 의사소통에 보상을 함으로써 부정적인 토론이라 하더라도 상사와의 대화가 의미 있는 것임을 보여주어야 한다. 직원들은 자신이 옳다고 생각하는 것은 무엇이든 말할 수 있어야 한다.
- 경영자와 관리자들이 경청하도록 교육한다. 대부분의 사람들은 학교나 다른 어느 곳에서도 경청하는 것에 대해 훈련받은 적이 없기 때문에, 조직은 경청하는 법에 대해 직접 교육을 하든지 교육할 전문가를 고용해야 한다.
- 효과적 질문의 기술을 사용한다. 우리는 질문을 통해 정보를 얻는다. 다른 종류의 질문은 다른 종류의 정보를 가져온다. 열린 질문과 달리, 예/아니오의 형태로 대답될 수 있는 닫힌 질문은 풍부하고 깊이 있는 답변을 이끌어낼 수 없다. 적절한 개인적 질문은 직원과 경영자 사이에 동지애를 촉진할 수도 있다.
- 개방적 의사소통의 장애물을 없앤다. 경영진을 위한 별도의 구분된

바카렛(Baccarat's) 공장의 한 직원이 유리 꽃병의 마지막 작업을 하고 있다. 직무확충의 핵심 중 하나는 직원이 한 과업을 처음부터 끝까지 완수할 수 있는 능력이다. 여러분은 이러한 정책이 생산라인에서 단순히 몇 가지의 부품을 추가하는 것보다 왜 더 높은 동기부여를 가져온다고 생각하는가?

사무실, 주차공간, 화장실, 식당 등은 경영자와 직원들 간에 장벽을 쌓을 뿐이다. 복장규정, 서로에 대한 호칭의 차이(예를 들어, 직원은 이름으로 부르고 상사는 직급으로 부르는 것) 또한 의사소통의 장애가 될 수 있다. 이러한 장벽을 없애는 것은 경영진의 특권을 포기할 의지와 노력을 필요로 한다.

- 모호하고 애매한 의사소통을 피한다. 수동적 표현은 약하고 자신 없는 인상을 줄 수 있다. "실수가 빚어졌습니다"와 같은 진술은 누가 실수를 저질렀다는 것인지에 대한 정보를 주지 못한다. 모호한 발언 역시 혼란을 가중시킨다. "아마도" 혹은 "어쩌면" 등의 표현은 명확한 지시를 필요로 하는 직원들에게 얼버무리는 듯한 느낌을 줄 수 있다.
- 소통이 쉬워지도록 하라. 조직원들이 큰 식탁에서 함께 점심을 먹도록 촉진하고, 회의실에서 그들이 같이 모일 수 있도록 허용하며, 회사 야유회나 운동동호회를 만드는 것 등은 다양한 직급의 사람들이 함께 어울릴 수 있도록 한다.
- 직원들에게 무엇이 중요한지 물어보라. 경영자들은 사직면담에서 "어떻게 하면 당신을 여기에 머물게 할 수 있습니까?"라고 물어볼 때까지 기다려서는 안 된다. 그 시점에서는 너무 늦다. 경영자들은 재직면담을 열어서 직원들에게 무엇이 중요하며, 그들이 회사에 계속 머무를 수 있도록 어떠한 것을 할 수 있는지를 찾아내야 한다.

'변화에 적응하기' 글상자는 일부 조직이 "행복수치 미터"를 활용하여 직원의 업무 참여를 유지하기 위해 직장관련 문제를 파악하고 해결하는 방법을 찾아가는 것에 대해 살펴본다.

자율경영팀에 개방적 의사소통을 적용

최근의 경제위기가 발생하기 전, 자동차 기업들은 좋은 경영사례로 자주 칭송받곤 했다. 예를 들어, 포드 자동차 회사(Ford Motor Company)의 머스탱팀(Mustang Team)은 생산팀이 어떻게 구성되어야 하는지에 대한 지침을 제시했다. 오래된 '머스탱 샐리(Mustang Sally)' 기록을 깨고 쇼룸으로 멋지게 들어갈 차를 개발하기 위한 도전 과제를 해결하기 위해, 400명의 직원들은 본사의 승인을 기다리지 않고 자유롭게 결정을 내릴 수 있는 재량권을 부여받았다. 모든 사람들은 오래된 창고의 한 지붕 아래에서 일했는데, 설계 전문가들이 회계사 옆에 앉았고, 엔지니어들은 스타일리스트 옆에 앉았다. 부서들을 갈라놓았던 예산의 벽도 각 부서의 담당자들이 직원들에게 결정권을 양보하면서 무너졌다. 머스탱 오픈카가 진동문제를 일으켰을 때, 엔지니어들은 주어진 예산 내에서 기일 내에 이 프로그램을 완성하는 것에 집중하여 필요한 경우 사무실 바닥에서 잠을 자면서 밤늦게까지 일했다. 포드의 고위직 임원들은 약속을 지키고 생산팀의 업무에 간섭하지 않았다. 공급자들과 함께 일하며 생산팀은 결국 주어진 예산 내에서 예정보다 몇 달 빠르게 진동문제를 해결했다. 새 차는 시장에서 크게 히트를 쳤고, 매출은 급증했다.[20]

이런 팀들을 잘 활용하기 위해서는 경영진이 업무 자체를 개혁해야 한다. 이는 직원

변화에 적응하기 직원 참여를 위한 무드 링(Mood Ring)

다른 사람의 머릿속에서 무슨 일이 일어나고 있는지 궁금해 해본 적이 있는가? 경영자들은 항상 궁금해한다. 그들은 무엇이 직원들을 계속 일하도록 동기를 부여하고, 무엇이 그들을 비협조적으로 만들며, 궁극적으로는 무엇이 그들을 행복하게 하는지 알아야 한다. 물론 직원의 머릿속을 정확히 읽어내지는 못할 수도 있지만, 적어도 이제는 직원의 감정상태를 파악하는 데 도움이 되는 툴(tool)을 꽤 많이 가지고 있다.

컬처앰프(Culture Amp)나 탈메트릭스(Talmetrix)같은 회사에서 출시한 어플리케이션은 경영자가 즉석에서 질문을 하면 직원들이 모바일 앱을 통해 빠르게 피드백을 보낼 수 있는 기능을 지원한다. 일부 경영자들은 이 앱들을 "행복수치 미터기"라고 부르지만, 실제로는 그 이상의 기능을 한다. 이 앱들은 기본적으로 경영자가 직원의 감정상태를 모니터하는 것을 돕지만, 직원들이 진정으로 무엇을 원하고 직장 문화 전반에서 무엇을 중요시하는지 파악할 수 있도록 돕는 역할도 한다. 어떤 경영자는 직원들이 휴게실에서 게임을 즐길 수 있도록 개선을 원하는 것으로 짐작했지만, 실제로는 전략적 계획수립 과정에서 더 많은 책임과 더 큰 역할을 맡기를 원하고 있음을 알게 되었다.

경영자들은 직원에게 직접 묻지 않는 한 무엇이 그들을 동기부여하고 참여시키는지 항상 알고 있을 수 없다. 위와 같은 앱들은 이미 직원의 참여도를 높이는 데 도움을 주고 있다. 컬처앰프의 공동 설립자인 디디에 엘징가(Didier Elzinga)는 "모든 사람은 중요합니다. 사람들은 자신이 긍정적인 변화를 가져올 수 있다고 생각합니다" 라고 말한다. 직원들이 회사에 자신이 중요한 존재라고 느낄 때, 거기서 모든 것이 시작된다. 그 시점에서부터, 그들은 회사가 자신들의 의견을 경청하고 있다고 느끼고, 그들이 주목을 받을 가치가 있다는 것을 증명하기 위해 더 열심히 노력하게 된다.

출처: Shana Liebowitz, "An Expert Says There's Only One Good Time to Give Your Employees Feedback and It's Not during a Performance Review," Business Insider, businessinsider.com, February 10, 2019; Mark Payne, "Talmetrix Looks to Help Companies Understand the Power of 'People Data,' " Cincy Inno, March 20, 2018; Megan Rose Dickey, "Culture Amp Launches Its Own Take on Performance Reviews," TechCrunch, August 17, 2016; Patrick Thibodeau "Culture Amp Buys Zugata to Tie Peer Feedback with Engagement," Tech Target, January 31, 2019.

을 존중하고, 즐거운 일을 제공하며, 직원의 기술을 개발해주고, 자율성을 부여하며, 권위를 분산시키고, 잘한 일에 대해 보상을 하는 것을 말한다. 다음으로, 기업들이 우수한 업무를 인정하고 이를 보상하는 법에 대해서 살펴보자.

우수한 업무에 대한 인정

최근 실시된 설문조사에서 거의 절반에 가까운 직원들이 인정의 부족 때문에 자발적으로 직장을 그만두었다고 응답했다.[21] 직원들의 성과를 인정하는 것은 임금 인상이나 보너스 제공보다 더 큰 효과를 지닌다.[22] 점점 더 많은 수의 대학 졸업자들이 임금이 자신의 궁극적인 동기부여원이 아니라고 답하고 있다. 물론 그들은 그들의 기본적인 욕구를 충족하기 위해서 충분한 돈을 필요로 했다. 그러나 참가자 다수는 흥미있고 도전적인 업무와 함께 승진 기회를 가장 중요한 것으로 꼽았다. 분명히, 승진 기회를 제공하고 성취를 인정하는 것은 우수하고 참여도 높은 직원을 유인하고 유지하는 데 중요하다.[23]

자동차 산업에서는 'WOW'요인처럼 작용하는 것은 없다. 400명으로 이루어진 포드 사의 '머스탱 팀'은 멋진 머스탱 오픈카를 만들어 달라는 회사의 요구에 부응하기 위해 재량권을 부여받았고, 작업 팀, 공급자, 경영진, 고객들까지 힘을 합쳐 경쟁이 극심한 자동차 시장에서 성공적인 제품을 만들어냈다.

승진이 우수한 업무 성과를 인정하는 유일한 방법은 아니다. 업무에 대한 인정은 긍정적 행동을 크게 치하함으로써 그들의 노력이 주목할 만큼 값지다는 것을 느끼게 하는 것처럼 단순할 수도 있다. 예를 들어, "사리나, 오늘 회의에서 말이 별로 없더군요. 당신의 아이디어는 언제나 정말 가치있었어요. 미팅 동안에 당신의 이야기를 더 듣고 싶었어요." 이러한 코멘트는 사리나가 그녀의 아이디어가 인정받고 있다는 것을 알 수 있게 하며, 그녀가 다음 회의에서는 더 활발하게 참여할 수 있도록 할 것이다.

다음의 예시는, 임금 인상 없이도 경영자들이 직원들의 의욕을 증진할 수 있는 방안

트래블로시티(Travelocity)의 그노미 어워드(Gnomie Award)는 회사의 마스코트인 여행하는 요정에 기반을 둔 것인데, 이는 우수한 성과로 동료들에게 추천받은 직원들에게 주어진다. 수상자들은 750달러의 여행 상품권, 하루의 휴가, 각 분기의 모임에서의 영예, 황금 요정을 수여받는다. 여러분은 이 상의 어떤 점이 수상자들이 우수한 성과를 유지하게끔 동기부여하는 데 도움이 될 것이라고 생각하는가?

들을 보여준다.

- 로스앤젤러스의 한 로펌은 400명의 직원들과 그 가족들을 디즈니랜드에 보내주었다. 페덱스 오피스(FedEx Office) 역시 비슷한 일을 했는데, 우수한 성과를 보인 직원들을 디즈니랜드로 보내주고, 그들이 가 있는 동안 최고 경영진들이 그들의 자리를 대신하게 했다.
- 월트 디즈니 월드(Walt Disney World)는 150개 이상의 직원 성과 인정 프로그램을 제공한다. 스피릿 오브 프레드 상(The Spirit of Fred Award)은 자신 스스로 모든 상을 액자로 제작했던 프레드라는 직원의 이름을 딴 것이다. 프레드라는 이름은 친절하고(Friendly), 재치가 넘치며(Resoureful), 열정이 있고(Enthusiastic), 믿을 만하다(Dependable)는 표현의 준말이다.
- 미주리(Missouri)의 펜튼(Fenton)에 위치한 매리트 모티베이션 솔루션(Maritz Motivation Solutions)에는 땡스 어 번치(Thanks a Bunch)라는, 선택된 직원들에게 그들의 업무를 감사하는 표시로 꽃다발을 증정하는 프로그램이 있다. 꽃다발을 받은 직원은 도와준 다른 직원에게 그 꽃다발을 전한다. 이 프로그램의 아이디어는 하루동안 얼마나 많은 직원들이 꽃다발을 받았는지 보는 것이다. 꽃다발에는 쌍안경과 자켓과 같은 상이 그려져 있는 감사카드가 동봉된다.
- 휴렛팩커드(Hewlett-Packard)는 우수한 성과에 대해 골든 바나나 상(Golden Banana Award)을 제공한다. 그 상은 한 기술자가 경영자의 사무실을 박차고 들어와서 그가 오랫동안 풀지 못했던 문제의 답을 찾았다고 외쳤을 때 생겨났다. 그 경영자는 자신의 인정을 표현하기 위한 것을 급히 찾다가, 자신의 점심식사용이었던 바나나를 쥐고서 "잘했어! 축하하네!"라고 말했다. 현재 골든 바나나 상은 HP 직원들에게 주어지는 가장 권위있는 상이다.

우수한 직원에게 주차장의 좋은 자리와, 더 많은 휴가일수, 혹은 유연한 업무스케줄을 제공하는 것은 그들의 업무가 의미있음과 그들의 성과가 인정받고 있음을 느끼도록 도울 수 있다. 하지만, 가끔 금전적 보수가 가장 직원들을 북돋을 수도 있다. 작은 규모의 지분이나 스톡옵션을 제공하는 것은 충성도 높은 직원을 갖게 될 확률을 높인다.

똑같은 것이 모든 직원들에게 동기부여를 하지는 않는다. 다음으로 우리는 다른 문화와 세대의 직원들이 어떻게 서로 다르게 동기부여되는지를 살펴볼 것이다.

학습목표 9-8 경영자들이 세계 각지에 있는 각 세대의 직원들에게 어필하기 위해 동기부여 전략을 개인화하는 양상을 설명할 수 있다.

개인화된 동기부여

경영자들은 하나의 동기부여 전략을 모든 직원들에게 사용할 수는 없다. 그들은 각 직원들을 개인적으로 알고, 동기부여를 위한 노력을 각 개인에 맞게 다듬어야 한다. 이는 경제가 점점 세계화되고 경영자들이 다양한 문화적 배경을 가진 직원들과 함께 일해야 한다는 측면에서 더욱 복잡해진다. 문화적 차이는 같은 나라에서 자란 다른 세대의 사람들 간에도 존재한다. 이제 경영자들이 다양한 지역과 다양한 세대의 사람들에게 어필하기 위해 그들의 전략을 어떻게 개인화하는지에 대해 알아보자.

세계의 직원들을 동기부여하기

서로 다른 지역의 문화는 동기부여에 관련한 서로 다른 접근방식을 경험한다 따라서 경영자들은 보상 시스템을 만들 때 이러한 문화적 차이에 대해 공부하고 이해해야 한다. 고맥락문화(high-context culture)에서, 직원들은 과업에 집중하기 전에 개인적 관계를 맺고 신뢰를 구축한다. 저맥락문화(low-context culture)에서, 직원들은 개인적인 관계를 맺는 것이 그들의 과업에 집중하는 것을 방해하는 시간낭비라고 생각하곤 한다. 한국인, 타이인 그리고 사우디인은 고맥락문화 직원들로, 종종 미국인 동료들이 신실하지 못하다고 생각하는데, 이는 그 동료들이 데이터를 요구하고, 빠른 의사결정을 선호하기 때문이다.

허쉬(Hershey)는 다양한 언어와 통화를 사용하는 17개국의 21,000여 명의 직원들의 문화적 문제를 성과 인정 프로그램을 사용하여 해결하였다. 글로보포스(Globoforce)는 허쉬를 위해 문화적 선호도, 세법, 지역 생활 수준 등의 차이를 자동으로 반영하여 조정하는 새로운 보상 제도인 스마일즈(SMILES)를 개편, 도입했다. 직원들은 포인트 기반 시스템을 사용하여 수천 개의 상품과 기프트 카드 옵션으로 보상을 받을 수 있다. 이 시스템을 통해 경영자와 직원 모두 스마일즈를 보낼 수 있으며, 프로그램 도입 첫 주에만 전체의 거의 9퍼센트에 해당하는 인원이 업무 우수성을 인정받았다. 이 중 일부 직원들은 처음으로 성과를 인정받는 것이기도 했다.[24)]

전 세계적 조직의 동기부여를 이해하고 효과적인 글로벌 팀을 구성하는 것은 대다수의 기업들에 여전히 새로운 과업이다. 문화적으로 기민하고, 유연하며, 문화적 불명확성을 다룰 수 있는 그룹의 리더를 키워내는 것은 21세기의 기업들이 직면한 과제라고 할 수 있다.

그들은 회의적이고, 의견 개진에 자유로우며, 이미지 위주로 사고할 뿐만 아니라, 적응력이 뛰어나고, 기계를 잘 다루며, 유머 센스 및 관용을 갖고 있다. 모든 세대의 경영자들이 서로 다른 세대의 직원들에게 다른 방식으로 의사소통해야 한다는 것을 인지하는 것은 중요하다. 여러분은 세대차이가 경영자와 직원에 어떻게 영향을 줄 것이라고 생각하는가?

서로 다른 세대의 사람들을 동기부여하기

베이비붐 세대(1946년~1964년생), X세대(1965년~1980년생), 밀레니얼, 세대로 더 잘 알려져 있는 Y세대(1980년~1995년생), Z세대(1995~2009년생), 알파세대(2010이후 출생)는 형성기(생후 10년)의 공유된 인생경험을 통해 연결돼 있다. 어릴 때 형성된 믿음은 그들이 위험, 도전, 권위, 기술, 관계, 경제를 바라보는 시각에 영향을 미친다. 만약 여러분이 경영자의 위치에 있다면, 이렇게 형성된 시각은 여러분이 누구를 고용하고, 해고하며, 승진시킬지에 영향을 미친다.

일반적으로, 베이비붐 세대는 일찍이 없었던 경제적 풍성함, 안정적 직업, 미래에 대한 낙관적 시각을 누리는 가정에서 사랐다. X세대는 일에 집중하는 맞벌이 가정에서 자라났고, 어릴 때 어린이집에 맡겨지거나 방과 후 혼자 놀곤 했다. 이후 그들 부모들의 잇따른

소셜 미디어를 통한 연결

칭찬하는 문화를 위한 "치어스 포 피어스(Cheers for Peers)"

tinypulse.com

밀레니얼 세대는 직장에서의 소통 문화를 변화시켰다. 물론 성과 평가를 비롯한 직원의 잠재력을 평가하기 위한 방법은 항상 존재해 왔다. 그러나 고용주들은 밀레니얼 세대가 기대하는 정기적, 또는 지속적인 피드백의 필요성을 느끼거나 그에 대해 요구를 받은 적이 없었다. 젊은 직원들은 경영자에게서만 피드백을 기대하는 것이 아니라, 동료들에게서도 인정받고자 한다.

타이니펄스(TINYpulse)는 기업과 직원 모두에 대해 그러한 욕구를 충족시켜준다. 타이니펄스의 인터넷 홈페이지나 모바일 어플리케이션을 통해 직원들은 "치어스 포 피어스(Cheers for Peers)"라는 툴로 자신의 성과를 인정받는다. 누구나 동료에게 치어스(cheers)를 보낼 수 있고, 상호 전하는 응원과 칭찬을 실시간 차트로 확인할 수도 있다. 리더보드에서는 각자가 얼마나 많은 치어스를 받았고 그것을 얻기 위해 무엇을 했는지를 확인할 수 있다. 그리고 이것은 직장에서 감사표현과 팀워크에 초점을 맞춘 문화를 만들어낸다.

치어스를 받는 사람이 누구인지를 제외한 모든 정보는 익명이지만, 이 툴은 경영자에게 유용한 지표를 여러가지 제공한다. 직원들이 서로에게 보내는 치어스의 횟수가 늘고 있는지 줄고 있는지를 확인할 수 있고, 비공개 메시지 시스템을 통해 제안을 받기도 하고, 직원들이 바로 답할 수 있는 간단한 질문을 하기도 한다. 긴 설문 조사 대신 한 번에 한 가지만 질문하기 때문에 경영자는 보다 유용한 피드백을 받을 가능성이 높아진다. 심지어 이 앱은 직원들이 오랫동안 잊고 있던 질문에 대해 알림을 보내주기도 한다.

타이니펄스와 같은 툴을 사용하면 편안하고 공개적으로 소통할 수 있는 근무 환경을 만드는 것이 더 쉬워진다. 직원들이 자신의 감정에 대해 솔직해지기에 충분한 익명성과, 직접적으로 인정받았다고 느끼기에 충분한 공적인 정보가 모두 있기 때문이다.

출처: Shervin Eftekhari, "3 Ways to Celebrate Your Employees," Nashville Business Journal, March 1, 2019; "What Really Drives Employee Retention," Education Executive, February 14, 2019; TINYpulse, tinypulse.com, accessed October 2019.

정리해고는 그들의 평생직업에 대한 불안감에 일조하였다. Y세대는 응석을 받아주는 부모에 의해 양육되었고, 그들의 삶의 대부분의 시간은 인터넷, 휴대전화와 늘 함께였다. Z세대는 9/11 이후의 금융위기와 수많은 학교폭력의 보고 속에서 자라났다.

X세대와 Y세대, 그리고 Z세대의 삶에서 가장 큰 공통점은 불안정성이다. 지난 20년간 모든 분야(경제, 기술, 과학, 사회, 정치)에서의 전례없는 변화를 고려해보면, X세대와 Y세대, 그리고 Z세대는 변화를 기대한다. 변화가 없다면 그들은 의문을 제기할 것이다.

이러한 세대 간의 차이가 직장에서의 동기부여에 어떻게 다른 영향을 미칠까? 베이비붐 세대의 경영자들의 경우, 이는 그들이 젊은 직원들을 유연하게 대하지 않으면 그 직원을 잃을 수 있음을 의미한다. X세대 직원들은 그들의 열정을 그들의 이익을 위한 변화와 합리화에 써야 한다. 많은 X세대들이 부모 또는 조부모 세대처럼 성공을 위해 모든 것을 바치고 싶어하지는 않지만, 그들이 과도한 스트레스와 긴 업무시간에 거부반응을 일으킨다고 해서 열정이 없는 것은 아니다. X세대들도 그 전 세대만큼 경제적 안정을 열망하나, 그것을 얻기 위한 접근법이 다를 뿐이다. 그들은 직업안정성보다 경력 안정성에 초점을 맞추는 경향이 있으며 그것을 찾기 위해 직업을 바꿀 용의가 있다.

많은 X세대들은 지금 경영자가 되어, 다른 직원들을 동기부여해야 할 책임이 있다. 그들은 어떤 종류의 경영자인가? 일반적으로, X세대들은 동기부여에 능숙하다. 삶에는 일 외에 다른 부분도 있다는 것을 이해하고, 이를 알림으로써 동기부여의 큰 부분을 해결할 수 있다고 생각한다. 그 결과, X세대 경영자들은 직장에서 일하는 시간보다는 결과에 초점을 맞춘다. 그들은 협조하여 일하고 교감을 형성하는 것에 능숙하고 더 유연하다. 각종 매체를 통해 세계의 여러 가지 문제들을 접해왔기 때문에 앞선 세대보다 큰 틀에서 생각하곤 한다. 그들은 또한 직원들에게 프로젝트의 목표와 개요를 제시해주고, 일하도록 자율권을 주기 때문에 팀원들에게 더 큰 영향력을 지닌다.

X세대 경영자들에게 가장 큰 자산은 직원들에게 피드백, 특히 긍정적인 피드백을 주는 능력이다. 그들이 피드백을 잘 주는 이유는 아마 그들 자신이 더 많은 피드백을 원하기 때문일 것이다. 한 신입직원은 자신이 고용된 후 2주 동안 상사에게 피드백을 받지 못해서 당황스럽다고 했다. 즉, 경영자들은 오늘날의 직원들이 성과에 대한 리뷰와 다른 형태의 피드백을 기존의 연 1, 2회보다 더 자주 받기를 바란다는 사실을 알아야 한다.

Y세대가 직업시장에 진입하면서 다양한 세대가 함께하는 작업장을 형성하였다. 하나의 집단으로서, Y세대는 수많은 공통적 특성을 공유한다. 그들은 참을성이 적고, 회의적이고, 퉁명스럽고, 감정을 표현하고, 이미지에 좌우된다. 다른 세대들처럼, Y세대의 특성은 그들을 독특한 기술로 변환시킬 수 있다. 예를 들어, 그들은 대체로 적응이 빠르고, 기계를 잘 다루고, 새로운 개념을 잘 받아들이고, 멀티태스킹에 능하며, 효율적이고, 관용이 있다.[25] Y세대들은 일과 삶의 질의 균형에 대해 큰 가치를 두고, 자신이 고용주들에 적응하려고 하기보다는 그들이 자신에 적응할 것을 기대하며, 이상적인 직업 요건으로 재미와 자극을 높은 우선순위로 꼽는다.[26] 여러분은 경영자들이 Y세대 직원들에게 사용할 수 있는 가장 효과적인 전략이 무엇이라 생각하는가?

많은 Y세대들은 졸업 직후에 평생직장을 찾기 위해 서두르지 않는다. 그들은 많은 직장을 탐색하곤 하며, 이러한 과정 동안에 부모님과 같이 사는 것에 대한 거부감도 없다. 이러한 취업연기의 일부는 경제 상황의 결과로 선택에 의한 것이 아니다. 불황은 다른 노동자들보다 젊은 노동자들에게 더 해를 끼쳤다. 사실상, 오늘날의 Y세대들은 X세대나 베이비붐 세대가 같은 나이였을 때보다 더 취업이 되지 않는다. 불황은 밀레니얼 세대들이 직업 시장에 들어가기 위한 경쟁을 더 심화시켰고, 베이비붐 세대는 퇴직 저축의 손실을 메우기 위해 애쓰게 했으며, X세대들이 대출금을 갚고 가족을 부양하기 위해 싸우도록 했다.

Y세대가 직장에서 더 많은 책임이 있다고 가정할 때, 그들은 때때로 자신보다 훨씬 나이든 타인을 관리하고 이끌어야만 한다. 젊은 경영자가 자신보다 더 많은 경험이 있는 다른 직원들을 어떻게 이끌 것인가? 아마도 명심해야 할 세 가지 중요한 원칙은 자신감을 가지고, 열린 사고를 하고, 그리고 정기적으로 피드백을 구하는 것일 것이다. 조언을 구하는 것은 허락이나 지시와는 다르다는 것을 기억하라.[27] '소셜 미디어를 통한 연결' 글상자는 경영자가 피드백을 주고 받을 수 있는 새로운 방법을 제시한다.

상품과 서비스를 생산하는 새로운 방법은 경제에 자원을 추가하고 더 많은 고용을 창출한다. 예를 들어 양식장은 식량과 일자리 모두를 창출한다. 여러분들은 경제 발전을 증진시킬 수 있는 다른 혁신에 대해 생각해 볼 수 있는가?

Z세대 중 연령대가 높은 이들은 이미 직장에 진입하고 있다. 그들은 보다 더 조심스럽고 안정을 찾지만 더 나은 세상을 만들려 한다. 그들이 경제 효과를 직접 경험한 이래로, 그들은 어려운 시기를 더 많이 겪었다. Z세대에 대한 최근의 설문조사는 그들이 소셜 네트워킹의 발명이나 첫 번째 흑인 대통령의 선출을 넘어서서 학교 폭력/총기사고가 그들에게 가장 큰 영향을 줄 것이라고 믿는다고 밝혔다. 이러한 사건들은 직원들을 탄력적이고 실용적이 되게 한다. 그들은 자신의 문제들을 숨기기보다 직면하고 싶어한다. 밀레니얼 세대와 마찬가지로 Z세대는 기술 활용에 능하고 직장을 통해 집단에 속해 그 일원이 되는 것을 중요시한다. 그러나 밀레니얼과 다른 점은 이들은 헬스케어나 퇴직연금 같은 실용적인 혜택에 관심이 많고 경력과 전문성을 위한 이직(job-hopping)에는 상대적으로 관심이 적다는 점이다.[28]

모든 세대의 경영자들이 서로 다른 세대의 직원들에게 다른 방식으로 의사소통해야 한다는 것을 알고 있는 것은 중요하다. 대공황과 제2차 세계 대전을 겪어온 전통주의자들은 얼굴을 맞대고 이야기하기를 선호한다. 그들의 이차적 선호는 전화지만 때때로 녹음은 그들을 좌절시킨다. 베이비붐 세대는 일반적으로 회의나 화상통화를 통해 소통하는 것을 선호한다. X세대들은 일반적으로 이메일을 선호하고, 다른 선택지가 없을 때 회의를 선택할 것이다. Y세대는 종종 첨단기술, 특히 소셜미디어를 통하여 소통한다. Z세대는 면대면 회의를 선호하는 성향으로 돌아가고 있으며, 통화로 소통하는 것을 꺼리고 있다.[29]

모든 세대교체에 있어서, 구세대는 신세대에 대해 요즘 세대는 관습을 지키지 않는다고 항상 똑같은 말을 하곤 한다. 전통주의자들은 베이비붐 세대에 대해 이 말을 했고, 베이비붐 세대는 X세대를 보면서 "왜 이들은 관습을 깨는 거지?"라고 말한다. 그리고 이제 X세대는 Y세대와 Z세대에 대해 똑같은 말을 하고 있다. "얘네들은 대체 왜 이래?"라고 말이다. 그리고 X세대와 Z세대는 언젠가 알파세대에 대해 똑같은 말을 할 것이다.

경영에 있어 한 가지만은 그대로 유지될 것이다. 동기부여는 외부의 보상이나 처벌보다는 직무자체에서 온다는 것이다. 경영자들은 직원들이 일을 잘하기 위해서 필요로 하는 것, 즉 적절한 도구, 필요한 정보, 적당한 양의 협조를 제공해주어야 한다. 동기부여는 어려운 일이 아니다. 그것은 잘한 일을 인정하는 것, 특히 다른 사람들 앞에서 공개적으로 인정하는 것에서 시작한다. 결국 앞에서도 언급했듯이, 가장 큰 동기요인은 대부분 "고맙네, 자네가 정말 도움이 되었네"라는 진정이 담긴 말일 것이다.

시험 준비

- 기업들에서 내부적 의사소통의 증가와 이에 따르는 동기부여를 위해 할 수 있는 일의 단계는 무엇인가?
- 경영자들이 급여 인상없이 직원을 동기부여 할 수 있는 방법에는 무엇이 있는가?
- 오늘날 동기부여 스타일을 직원 개개인에게 맞추는 것이 중요한 이유는 무엇인가? 오늘날의 경영자들이 따라야만 하는 동기부여의 기본 원칙이 있는가?

요약하기

학습목표 9-1 테일러의 과학적 관리에 대해 설명할 수 있다.

- **프레드릭 테일러는 무엇으로 유명한가?**
  인간 효율성 엔지니어인 프레드릭 테일러는 처음으로 경영을 연구한 사람들 중 한 명이며, 그는 과학적 관리의 아버지로 불린다. 그는 시간–동작 연구로 일을 하기 위한 가장 효율적인 방법을 연구하고 직원들을 훈련시켰다. 그는 1911년 「과학적 관리의 원칙」이란 책을 출간했다. 헨리 간트(Henry L. Gantt)와 프랑크와 릴리안 길브레스(Frank and Lillian Gilbreth)는 대표적인 테일러 연구의 계승자이다.

학습목표 9-2 호손 연구와 경영에서 호손 연구의 중요성에 대해 설명할 수 있다.

- **더욱 인간적인 경영 스타일을 중시하게 한 계기는 무엇인가?**
  동기이론에 가장 큰 영향을 준 것은 1920년대 후반에서 1930년대 초반에 걸쳐 진행된 호손 연구이다. 이 연구에서 엘튼 메이요는 관련되어 있고 참여하고 있다는 느낌 같은 인간적 요소들이 일터의 물리적 변화보다 생산성에 더 큰 영향을 미친다는 것을 알아냈다.

학습목표 9-3 매슬로의 욕구위계를 구분하고, 이것이 직원 동기부여에 가지는 중요성을 설명할 수 있다.

- **에이브러햄 매슬로는 인간의 동기가 어떠한 것에 기반한다는 것을 발견했는가?**
  매슬로는 기본적인 인간 동기를 연구하여 동기가 욕구에 기반을 둔다는 것을 발견했다. 그는 충족되지 않은 욕구를 가진 인간은 그것을 충족시키기 위해 동기부여되고, 충족된 욕구는 더 이상 동기로 작용하지 않는다고 말했다.
- **매슬로가 구분한 다양한 욕구위계는 무엇인가?**
  매슬로의 욕구위계에는 가장 아랫단계부터 시작하여 생리적, 안전, 사회적, 존중, 자기실현 욕구가 있다.
- **경영자들은 매슬로 이론을 쓸 수 있는가?**
  경영자들은 사람들이 어떠한 충족되지 않은 욕구를 가지고 있는지 파악하여 이러한 욕구를 만족시켜주는 업무를 설계할 수 있다.

학습목표 9-4 허즈버그의 동기요인과 위생요인을 구분할 수 있다.

- **프레드릭 허즈버그의 동기요인과 위생요인 간 차이는 무엇인가?**
  허즈버그는 어떤 요인은 직원들을 동기부여하는 동기요인이고 나머지는 위생(유지)요인이라고 했다. 위생요인이 결핍되면 직무 불만족을 야기하지만 이들이 충족된다고 동기가 부여되는 것은 아니다.
- **동기요인에는 어떤 것이 있나?**
  일 그 자체, 성취감, 인정, 책임감, 성장, 승진

- **위생(유지)요인에는 어떤 것이 있나?**
  기업정책, 감독, 작업환경, 인간관계, 임금 등

학습목표 9-5 X이론, Y이론, Z이론을 구분할 수 있다.

- **X이론과 Y이론은 누가 개발했는가?**
  더글러스 맥그리거는 경영자들은 직원에 대해 두 가지 상반되는 태도를 가진다고 주장했고, 그 두 태도를 X이론과 Y이론이라고 칭했다.
- **X이론이란?**
  X이론은 일반적인 사람들이 일하기를 싫어하고 가능한 한 피하려 한다고 가정한다. 따라서 기업 목표를 달성하기 위해서는 처벌을 이용해서 사람들을 강제하고, 통제하며, 지시 및 협박해야 한다.
- **Y이론이란?**
  Y이론은 사람들은 일하는 것을 좋아하고, 보상이 있으면 목표달성에 대한 책임을 지려 한다고 가정한다.
- **Z이론이란?**
  윌리엄 오우치는 일본식 경영방식에서 Z이론을 도출했다. 이것은 장기고용, 집단적인 의사결정, 개인적 책임, 느린 성과평가와 승진, 함축적 · 비공식적 통제와 명시적 · 공식적 통제, 적당히 전문화된 커리어 패스, 직원과 그 가정을 포함한 포괄적인 관심을 강조한다.

학습목표 9-6 목표설정이론, 기대이론, 강화이론, 공정성이론의 핵심 원리를 설명할 수 있다.

- **목표설정이론이란 무엇인가?**
  목표설정이론은 높지만 도달 가능한 목표를 세우는 것이 그 목표가 수용되고, 피드백이 주어지고, 조직 여건에 의해 지원될 경우, 직원들을 동기부여하고 성과를 개선할 수 있다는 생각에 기반을 두고 있다.
- **목표에 의한 관리(MBO)란 무엇인가?**
  MBO는 최고경영진과 중간경영진, 경영자, 직원들 간의 일련의 토론, 리뷰, 목표 평가를 포함하는 목표 설정 및 수행 시스템이다.
- **기대이론의 기본 가정은 무엇인가?**
  빅터 브룸의 기대이론에 따르면, 직원의 기대는 개개인의 동기부여에 영향을 미칠 수 있다.
- **기대이론의 주요 원리는 무엇인가?**
  기대이론은 직원들이 그들의 성과에 대해 종종 묻는 세 가지 질문에 기반을 둔다. (1) 내가 이 일을 해낼 수 있는가? (2) 이 일을 해낼 경우 내가 받는 보상은 무엇인가? (3) 내가 받을 보상이 노력할 만한 가치가 있는가?
- **공정성이론에 따르면, 직원들은 비슷한 위치에 있는 다른 직원들과 비교했을 때 투입과 결과물 간의 공정성을 유지하려고 한다. 만약 직원들이 보상이 공정하지 않다고 느끼면 어떻게 반응하는가?**
  만약 직원들이 충분히 보상을 받지 못했다고 느끼면, 그들은 중요하지 않은 일이라고 합리화하거나 노력을 줄일 것이다. 노력에 비해 많은 보상을 받았다고 느끼면 그들은 미래에도 높은 보상을 정당화하기 위해 더 많은 노력을 투입하거나, 자신은 그럴 만하다고 생각하며 합리화한다. 불공정성은 낮은 생산성, 낮은 품질, 잦은 결근, 자발적 이직으로 이어질 수 있다.

학습목표 9-7 경영자들이 직무확충, 개방적 의사소통 그리고 업무 인정 등의 전략을 통해 동기부여 이론들을 활용하는 형태에 대해 설명할 수 있다.

- **일의 어떠한 특성이 동기와 성과에 영향을 미치는가?**
  동기부여에 영향을 미치는 직무특성은 기술의 다양성, 과업 정체성, 과업 중요성, 자율성, 피드백 등이다.
- **동기를 부여하는 두 가지 형태의 직무확충은 무엇인가?**
  직무확대는 일련의 과업들을 하나의 흥미롭고 도전할 만한 과제로 합치는 것이다. 직무순환제도는 하나의 업무에서 다른 업무로 직원들이 옮겨갈 수 있게 함으로써 업무를 보다 흥미롭게 하는 것이다.
- **개방적 의사소통이 어떻게 동기부여를 촉진하는지를 설명하라.**
  개방적 의사소통은 최고경영진과 팀구성원들이 목표를 이해하고 목표달성을 위해 함께 일하도록 도와준다.
- **경영자들은 팀들은 어떻게 개방적 의사소통을 촉진할 수 있는가?**
  경영자들은 경청을 장려하는 문화를 만들고, 관리자들과 경영자들이 경청하도록 훈련하며, 개방적 의사소통을 막는 방해물들을 없애고, 모호하고 애매한 의사소통을 피하며, 모든 사람들이 쉽게 소통할 수 있도록 할 수 있다.

학습목표 9-8 경영자들이 세계 각지에 있는 각 세대의 직원들에게 어필하기 위해 동기부여 전략을 개인화하는 양상을 설명할 수 있다.

- **고맥락문화와 저맥락문화의 차이는 무엇인가?**
  고맥락문화에서, 직원들은 과업에 집중하기 전에 개인적 관계를 맺고 신뢰를 구축한다. 저맥락문화에서, 직원들은 개인적인 관계를 맺는 것이 그들의 과업에 집중하는 것을 방해하는 시간낭비라고 생각하곤 한다.
- **X세대 경영자가 그 전 세대인 베이비붐 세대와 다른 이유는 무엇인가?**
  베이비붐 세대들은 자신의 경력을 위해 항상 초과 근무할 준비가 되어 있고, 부하직원들도 그렇게 하기를 기대한다. X세대는 더 균형잡힌 라이프스타일을 원하며, 몇 시간을 일했는지보다는 결과에 집중한다. X세대는 이전 세대들보다 팀으로 일하고 피드백을 자주 주는 데 능숙하다. 그들은 관습에 얽매이지 않고 문제해결을 위해 새로운 방법을 시도하기를 주저하지 않는다.
- **밀레니얼 세대와 Z세대가 공통적으로 갖는 특징은 무엇인가?**
  밀레니얼 세대들은 적응이 빠르고, 기계를 잘 다루며, 새로운 개념을 잘 받아들이고, 멀티태스킹에 능하며, 효율적이고, 관용이 있다. 그들은 일과 삶의 질의 균형에 대해 많은 강조점을 두고, 자신이 고용주들에 적응하려고 하기보다는 그들이 자신에 적응할 것을 기대하며, 이상적인 직업 요건으로 재미와 자극을 높은 우선순위로 꼽는다. Z세대는 좀 더 신중하고 안정성에 신경을 쓰는 경향이 있지만, 더 나은 세상을 만들고 싶어하기도 한다. 그들은 문제를 숨기기보다는 그에 맞서고 싶어한다. 밀레니얼 세대와 마찬가지로 Z세대는 기술 활용에 능하고 직장을 통해 집단에 속해 그 일원이 되는 것을 중요시한다. 그러나 이들은 밀레니얼 세대에 비해서 헬스케어나 퇴직연금 같은 실용적인 혜택에 관심이 많고 경력과 전문성을 위한 이직(job-hopping)에는 상대적으로 관심이 적기도 하다.

주요 용어

공정성이론(equity theory) 331
과학적 관리(scientific management) 319
기대이론(expectancy theory) 330
내적 보상(intrinsic reward) 318
동기요인(motivators) 324
동작 경제의 원칙(principle of motion economy) 320
매슬로의 욕구위계설(Maslow's hierarchy of needs) 322
목표설정이론(goal-setting theory) 329
목표에 의한 관리(management by objectives; MBO) 329
시간-동작 연구(time-motion studies) 319
외적 보상(extrinsic reward) 318
위생요인(hygiene factors) 324
직무순환제도(job rotation) 333
직무확대(job enlargement) 333
직무확충(job enrichment) 332
호손 효과(Hawthorne effect) 321

사고력 문제

여러분에게 지금 주어진 직무는 이 장을 끝내는 것이다. 만약 여러분이 섭씨 35도의 방에서 땀을 뻘뻘 흘리고 있다면 이 일을 하기 위해서 얼마나 동기부여될 것인가? 방금 룸메이트가 에어컨을 켰다고 생각해보자. 더 편안하고 쾌적해지면, 당신은 책에 더 집중할 것인가? 매슬로의 욕구위계를 보고 두 경우에 어떤 욕구가 당신을 동기부여하고 있는지 살펴보자. 이제 가정, 학교 또는 직장 생활에서 특별히 무언가를 하고 싶은 의욕이 생겼던 상황을 떠올려보자. 매슬로가 정의한 욕구 중 당신에게 동기를 부여한 것은 무엇인가?

원리를 실제로 적용해 보기

목적

유형검사(MBTI)를 사용해서 여러분의 성격 유형을 알아보고, 그 성격 유형의 설명이 여러분에게 얼마나 잘 맞는지 평가하라.

연습

youtube.com으로 가서 How It's Made: McDonald's Chicken McNuggets를 찾아보라. 여러분은 타이슨(Tyson)이 어떻게 맥도날드에 납품하는 치킨 너깃(chicken nugget)을 만드는지를 알게 될 것이다.

1. 타이슨은 공정 생산이나 조립 공정을 사용하였는가? 맥도날드의 맥너깃 생산은 단속생산공정 인가 또는 연속생산공정인가? 여러분 답의 근거를 제시해 보라
2. 맥도날드의 맥너깃에 대한 생산입지의 선택에 어떤 입지요인들이 고려되는가?

직업기술 개발하기

핵심: ● 팀 ★ 분석 ▲ 의사소통 ◘ 기술

★▲ 1. 몇몇 친구들과 동기부여라는 주제에 대해 이야기해보자. 학교나 직장에서 그들을 더 또는 덜 열심히 일하도록 동기부여하는 것은 무엇인가? 그들에게 자발적인 동기부여는 외적 보상과는 대조적으로 얼마나 중요한가?

★ 2. 매슬로의 욕구위계를 살펴보고 지금 여러분이 욕구위계 중 어디에 있는지 생각해보자. 여러분의 욕구 중 어떤 욕구가 충족되지 못하고 있는가? 기업이 어떻게 하면 그러한 욕구를 충족시키고 여러분을 더 열심히 일하도록 동기부여할 수 있는가?

★▲ 3. 최근 경영학적 아이디어는 직원들을 자율경영팀에서 일하게 하는 것이다. 이러한 팀은 학교에서도 활용될 수 있다. 학급을 공부, 사례연구, 자료 검색 등을 위해 자율경영팀으로 나누는 것의 장단점에 대해 논의해보자.

★ 4. 여러분이 최근 몇 년간 관련되었던 스포츠팀, 친구 모임 등 모든 그룹들에 대해 생각해보자. 그리고 그 그룹들의 리더가 그룹 구성원들을 어떻게 동기부여했는지 생각해보자. 그 리더는 X이론과 Y이론 중 어떤 가정에 가까운가? 돈은 얼마나 자주 동기부여의 수단으로 사용되었는가? 그 외에 동기부여의 수단으로 쓰인 것은 무엇이 있으며 효과는 어떠하였는가?

★ 5. 허즈버그는 임금이 동기부여 요인이 아니라고 했다. 만약 당신이 더 좋은 성적을 받는 경우 돈을 받는다면, 당신은 더 열심히 공부하기 위해 동기부여될 것인가? 당신이 일한 경험 중에서, 임금을 올려받기 위해 또는 더 높은 임금을 받은 결과 더 열심히 일한 적이 있는가? 임금의 효과에 대한 허즈버그의 의견에 동의하는가?

직업 탐색

만약 여러분이 다른 사람들에게 동기를 부여하는 것과 관련된 직업에 관심이 있다면, 고려해볼 만한 몇 가지 직업들이 아래에 나타나 있다. 이러한 직업들의 업무, 필요한 지식과 기술, 급여수준, 미래전망 등에 관해서는 bls.gov 웹사이트의 Occupational Outlook Handbook을 살펴보라.

- **코치** – 아마추어 또는 프로 선수들에게 자신의 분야에서 성공하는 데 필요한 기술을 가르친다.
- **초, 중, 고등학교 교장** – 일상적인 교내 활동을 포함한 모든 학교 운영을 관리하고, 학습 커리큘럼을 조정하며, 교사 및 기타 학교 직원을 감독하며, 학생들에게 안전하고 생산적인 학습 환경을 제공한다.
- **영업 관리자** – 조직의 영업 부서를 지휘하고, 영업 목표를 설정하고, 데이터를 분석하며, 조직의 영업 담당자들을 위한 교육 프로그램을 개발한다.

비디오 사례

직원들의 삶을 풍요롭게 하는 회사 타코벨(Taco Bell)

타코벨(Taco Bell)과 같은 패스트푸드 체인을 포함한 세계적인 기업들에게 있어 성공의 열쇠는 바로 직원들이 의욕과 행복을 유지하도록 하는 것이다. 검정고시 준비부터 교육적 지원, 대학 장학금까지, 타코벨은 직원들이 다양한 방법으로 목표를 달성할 수 있도록 도와준다.

패스트푸드 체인점에서 이러한 수준의 지원이 이루어지는 것이 이상하게 보일 수 있지만, 이 기업은 오늘날의 직원들이 고용주에게 더 많은 것을 요구하는 경향이 있음을 인식하고 있다. 젊은 직원들은 급여를 챙기는 것 외에도 직장생활과 개인생활 사이의 건강한 균형을 만들고 싶어한다. 그것이 타코벨이 정규직과 비정규직 직원 모두에게 소속 첫날부터 교육적 지원을 제공하는 이유이다. 예를 들어, 이 회사는 직원들을 위해 특별히 고안된, 고졸 학력 인증서 취득을 위한 종합적 프로그램을 전액 지원하고 있다. 이 프로그램은 학습자료와 연습시험에 무제한 접근 허용과 더불어 학생들에게 각 과정을 안내하는 지도교사도 배정한다.

이미 고등학교 졸업장이나 검정고시를 취득한 사람들을 위해, 회사는 길드 에듀케이션(Guild Education) 프로그램을 통해 등록금 할인과 상환과 같은 옵션을 제공한다. 80개 온라인 대학 및 학습기관과 제휴를 맺고 있기 때문에 직원들은 수천 개의 강좌 가운데 선택하여 다양한 분야의 자격증이나 학위를 취득할 수 있다. 이러한 유형의 교육 프로그램 혜택은 직원들에게 사기와 헌신을 북돋울 뿐만 아니라 일종의 내재적 가치를 기를 수 있도록 해준다.

다른 목표를 추구하는 직원은 상금을 25,000달러까지 수여하는 리브 마스 장학금(Live Más Scholarship) 프로그램에 지원할 수 있다. 다른 장학금과 달리 타코벨은 지원 자격으로 시험 성적이나 최소 학점 등을 요구하지 않는다. 이 회사는 기존의 장학금을 받을 자격이 되지 않는 학생들에게 기회를 주고 싶어한다. 일반적인 학업적 요건을 제거함으로써, 이 프로그램은 매우 의욕이 높은 다양한 직원들로부터 지원서를 받게 된다.

타코벨은 또한 매니저들로 하여금 사내 교육지원 프로그램의 효과가 최대가 될 만한 수혜자를 찾고 지원하도록 장려하고 있다. 실제로 매니저들은 그들 스스로가 중견관리자들의 교육적 가이드에 힘입어 승진했을 가능성이 높기 때문에 이 역할에 특별한 자부심을 갖고 있다. 매니저들은 또한 팀빌딩 및 경영의 기초 전반에 대해 배울 수 있는 리더십 프로그램의 혜택도 누리게 된다. 어찌됐든 상사의 인정을 받는다고 느끼는 직원이 회사에 장기간 머무를 가능성이 높다. 타코벨은 직원들의 이익을 진심으로 고려함으로써 회사와 직원 모두에 긍정적인 기회를 창출하게 된 것이다.

다시 생각해 보기

1. 타코벨의 교육적 지원이 직원과 회사 모두에게 주는 이익은 어떤 것이 있는가?
2. 타코벨의 리브 마스 장학금(Live Más Scholarship)은 기존의 장학 프로그램과 어떻게 다른가?
3. 타코벨의 많은 매니저들이 회사의 교육지원 프로그램으로 직원들을 후원하는 것에 특별한 자부심을 갖는 이유는 무엇인가?

참고

1. Shep Hyken, "Keep Your Employees and You'll Keep Your Customers," Forbes, forbes.com, February 10, 2019.
2. Bill Conerly, "Companies Need to Know the Dollar Cost of Employee Turnover," Forbes, August 12, 2018; F. John Reh, "The Cost of High Employee Turnover," The Balance, thebalance.com, August 13, 2019; Stephanie Vozza, "These Are the Top Reasons Why People Quit Their Jobs," Fast Company, June 20, 2019.

3. Brent Gleeson, "Three Ways Technology Is Transforming Company Culture and Employee Engagement," Forbes, February 26, 2019; Craig Kamins, "3 Daily Actions That Set the Tone for Workplace Culture," Gallup, February 26, 2019; Thomas Leisen, "The Secret to Boosting Employee Engagement," Forbes, February 22, 2019.
4. Clay Robinson, "The Real Cost of Employee Disengagement," Shiftboard, February 14, 2019.
5. "The 100 Best Companies to Work for 2019," Fortune, fortune.com, accessed October 2019; "Best Places to Work in 2019," Forbes, December 7, 2018; Sharon Florentine, "Employee Retention: 8 Strategies to Retaining Top Talent," CIO, February 27, 2019.
6. Margaret Stockley, "Well-Being Works: Four Steps to Motivation in the Workplace," Thrive Global, February 26, 2019; Marla Tabaka, "Don't Be Threatened by Record- Low Unemployment. Now You Can Actually Compete for Great Employees," Inc., February 18, 2019.
7. "UPS Fact Sheet," ups.com, accessed September 2019.
8. Veronika Kero, "How to Answer Zappos CEO Tony Hsieh's Quirky Interview Question," CNBC, cnbc.com, January 25, 2019; Anna Verasai, "What Is the Internal Culture Like at Zappos?," The HR Digest, March 19, 2018; Susan M. Heathfield, "Find Out How Zappos Reinforces Its Company Culture," The Balance, July 30, 2019.
9. Scholley Bubenik, "The Compassionate Leader Who Leads with the Heart—Is It Good for Business?," Forbes, February 13, 2019.
10. Travis Bradberry, "Bad Manager Mistakes That Make Good People Quit," Association for Talent Development, June 14, 2018; David Novack, "Here's the Number One Reason Why Employees Quit Their Jobs," NBC News, June 21, 2019.
11. Masumi Koizumi, "Japanese Companies Warming Up— Slowly—to Four-Day Work Week," The Japan Times, February 12, 2019.
12. Sonia Kukreja, "Management by Objectives," Management Study HQ, managementstudyhq.com, accessed October 2019; Adam Hayes, "Management by Objectives (MBO), Investopedia, April 30, 2019.
13. Christine Comaford, "Why Leaders Need to Embrace Employee Motivation," Forbes, January 20, 2018; "Nine Ways to Motivate Employees That Don't Always Involve Cash," Forbes, February 28, 2019.
14. David A. Nadler and Edward E. Lawler III, "Motivation—a Diagnostic Approach," in Perspectives on Behavior in Organizations, ed. J. Richard Hackman, Edward E. Lawler III, and Lyman W. Porter (New York: McGraw-Hill, 1977).
15. Jae Yang and Janet Loehrke, "Lake Wobegon Effect," USA Today, May 12, 2016; Mark Murphy, "The Dunning- Kruger Effect Shows Why Some People Think They're Great Even When Their Work Is Terrible," Forbes, January 24,

2017; "Lake Wobegon Effect," Oxford Reference, oxfordreference.com, accessed December 2019.

16. Mallory Stratton, "These 5 Communication Habits of Influential People Are Key to Your Future Success," Thrive Global, February 15, 2019.
17. Suzanne Lucas, "5 Key Steps to Enrich Your Job," The Balance, thebalance.com, February 24, 2019.
18. Nir Eyal, "Ways to Get People to Do Things They Don't Want to Do," Ladders, March 7, 2019; John Rampton, "Encouraging Ownership Drives Employee Motivation," Thrive, January 28, 2019.
19. Ashira Prossack, "These 6 Communication Styles Should Be in Every Leader's Toolbox," Forbes, July 31, 2018; Joey Hodges, "Five Simple Ways to Keep Your Team Motivated," Forbes, September 28, 2018; Jillian Kramer, "7 Communication Skills You Need to Succeed in the Workplace," Fast Company, February 28, 2019.
20. Anne Kinsey, "Importance of Team Communication Skills," Houston Chronicle, January 31, 2019.
21. Marcel Schwantes, "What's 1 Top Reason for Employees Quitting Their Jobs? Research Says It Comes Down to 2 Words," Inc., August 28, 2018; Susan M. Heathfield, "Top 10 Reasons Why Employees Quit Their Jobs," The Balance, thebalance.com, February 22, 2019.
22. Mary Abbajay, "The Secret to Productivity and Positivity: Show Your Appreciation," Forbes, February 28, 2019; Angela Kambouris, "Unlike Raises, You Can Afford to Give Your Team All the Recognition and Praise They Have Earned," Entrepreneur, February 8, 2019.
23. Ryan Jenkins, "How to Retain Top Talent According to a Company with a 97 Percent Retention Rate," Inc., February 27, 2019.
24. Globoforce, globoforce.com, accessed October 2019.
25. Sally Kane, "The Common Characteristics of Millennial Professionals," The Balance, thebalance.com, May 28, 2019.
26. Brent Chapman, "Create a More Balanced Work Environment for Your Team with Technology," Forbes, February 13, 2019.
27. Kerri Anne Renzulli, "28% of Millennials Are Managers Now—Here Are 5 Ways They're Changing the Office," CNBC, March 6, 2019.
28. Karen Gillchrist, "How Millennials and Gen Z Are Reshaping the Future of the Workforce," CNBC, cnbc.com, March 5, 2019; Stephanie Kasriel, "A New Generation of Young Managers Is Reshaping How We Work," Fast Company, March 5, 2019.
29. "Communicating with Gen Z Employees: The Modern Manager's Guide," Rise, risepeople.com, May 8, 2018; Julian Vigo, "Generation Z and New Technology's Effect on Culture," Forbes, August 31, 2019.

10

인적자원 관리: 최우수 직원 발굴과 유지

학 습 목 표

이 장을 학습한 후에 다음 질문에 답할 수 있어야 한다.

10-1 인적자원 관리의 중요성과 인적자원 관리에 대한 현재의 이슈들을 설명할 수 있다.

10-2 인적자원 기획의 5단계를 요약할 수 있다.

10-3 회사들이 새로운 직원들을 리크루팅하기 위해 사용하는 방법과 리크루팅을 어렵게 만드는 이슈들에 대해 기술할 수 있다.

10-4 직원 선발의 6단계를 설명할 수 있다.

10-5 직원들의 훈련과 개발의 여러 방법에 대해 설명할 수 있다.

10-6 직원 성과 평가의 6단계를 요약할 수 있다.

10-7 직원 보상 프로그램의 목적과 급여 시스템 및 부가 급부(fringe benefit)에 대해 요약할 수 있다.

10-8 관리자들이 직원들의 요구에 맞추기 위해 사용하는 일정 조정 제도에 대해 기술할 수 있다.

10-9 직원들이 승진, 재배치, 면직 및 은퇴 등 회사 내 이동 형태에 대해 기술할 수 있다.

10-10 노사 갈등 해결 방법을 포함하여 노동자를 대표하는 노동조합의 역학에 대해 설명할 수 있다.

Chobani의 창업자이자 최고경영자(CEO) 함디 울루카야(Hamdi Ulukaya)에 대해 알아보자

어떤 기업가들은 자신에게 익숙한 분야를 벗어나 다른 영역에서 성공을 이루지만, 또 다른 기업가들은 자신이 가장 잘 아는 방식이나 영역을 고수하기 때문에 성공한다. 초바니(Chobani)의 함디 울루카야(Hamdi Ulukaya)는 그렇게 시작했다. 그는 미국에 도착했을 때만 해도 요구르트 회사를 설립할 생각이 없었다. 그는 터키의 한 낙농가에서 태어나 1990년 무렵 대학 진학을 위해 뉴욕 북부로 이주했다. 울루카야는 소를 가까이하지 않아도 되는 직업을 꿈꾸었지만, 한편으로는 익숙한 탓에 농장에서 아르바이트를 하기도 했다.

그러다 그의 아버지의 방문이 모든 것을 바꿨다. 울루카야는 아버지를 맞을 준비를 하기 위해 아버지가 가장 좋아하는 아침거리를 사기 위해 식료품점에 들렀다. 좋은 올리브와 빵은 구하기 쉬웠지만, 문제는 풍미가 좋은 페타 치즈를 찾는 것이었다. 안타깝게도 그가 시도한 모든 미국 치즈는 맛이 싱거웠다. 아버지도 그것에 동의했고 아들에게 치즈 사업을 시작해 보라고 말했다. 처음에 울루카야는 자신이 터키에서 하던 것과 똑같은 일을 하고 싶지 않았다. 하지만 생각하면 생각할수록 사업 아이디어는 더 솔깃하게 들렸다. 많은 낙농가들이 자신이 살고 있는 뉴욕 북부 지역을 에워싸고 있어 충분한 공급자와 낙농 산업 자체와의 탄탄한 연결고리가 확보되어 있었기 때문이다. 마침내 2002년 울루카야는 공장을 인수하고 유프라테스(Euphrates)라는 브랜드로 페타 치즈를 생산하기 시작했다.

울루카야는 회사 경영과 사업에 대해 몇 년 정도 시행착오를 거치며 몸소 배워야 했다. 유프라테스가 흑자를 내기 시작할 무렵, 인생을 바꿀 만한 또 하나의 기회가 울루카야에게 주어졌다. 그는 근처에 있는 폐쇄된 요구르트 공장의 매각 광고가 실린 메일을 받았다. 호기심에 그는 100년 된 시설을 직접 찾아갔다. "돌아오는 길에 변호사에게 전화를 걸어 공장을 하나 보았는데 사고 싶다고 말했죠"라고 울루카야는 이야기했다. 그는 어머니가 터키에서 만들던 것처럼 묽지 않은, 여과된 농축 요구르트를 생산하고자 하는 아이디어를 가지고 있었다. 수년간 미국의 주요 브랜드들은 미국내에서 "그릭 요거트"로 알려진 이 무가당 품종의 생산을 기피해왔다. "초창기 여론은 미국인들은 설탕이 많이 섞이지 않으면 좋아하지 않을 것이라는 생각이었습니다," 울루카야는 말했다. "그러나 그들이 좋아하지 않았던 것이 아닙니다. 대기업에서 만들어 팔지 않을 뿐이었죠."

초바니는 2007년에 출시되었고 그 즉시 소비자들에게 인기를 끌었다. 주문이 쇄도하자 울루카야는 공장 설비와 인력을 늘려야 한다는 것을 깨달았다. 같은 시기 그는 근처에 위치한 난민 정착센터에 대해 알게 되었다. 그는 센터를 방문하여 초바니에서 일하기를 원하는 사람이 있는지 물었다. 그의 제안을 수락한 사람들에게는 무료 교통수단, 그들의 적응을 돕는 통역사, 그리고 최저 임금 이상의 급여가 주어졌다. 울루카야는 아이다호 주의 트윈폴스(Twin Falls)에 두 번째 공장을 열었을 때도 똑같은 방법으로 직원을 채용했다. 그는 "난민이 직업을 갖는 순간, 더 이상 난민이 아니게 된다."고 말했다. 오늘날 초바니 직원의 30퍼센트가 이민자 또는 난민 출신이며, 공장 내에서 20개가 넘는 언어가 사용되고 있다.

2016년에 이르렀을 때 초바니는 연간 15억 달러 이상의 매출을 올리고 있었다. 회사가 순조롭게 운영되고 전망이 밝은 가운데 울루카야는 직원들에게 충격적인 발표를 했다. 직원들에게 보내는 편지에 모든 정규직 근로자들이 회사의 지분을 나누어 받게 될 것이라고 적은 것이다. 울루카야는 "제게는 이 회사를 어떻게 세웠는지도 중요하지만, 앞으로 어떻게 성장시키느냐는 더욱 중요합니다"라고 적었다. "저는 여러분이 회사를 성장시키는 역할의 일부가 되길 바랍니다. 여러분이 바로 성장의 원동력이 되길 바랍니다." 직원들이 소유한 지분은 이 사기업의 10퍼센트에 달한다. 애널리스트들은 초바니의 기업가치를 약 30억 달러로 평가하는데, 이는 회사가 상장될 경우 평균적인 직원 1명이 가진 지분이 15만 달러에 달할 수 있음을 의미한다. 이를 통해 울루카야는 직원들이 그 어느 때보다 동기부여가 될 것으로 기대하고 있다. "이건 선물이 아니에요," 울루카야는 말한다. "이것은 공동의 목적과 책임을 가지고 함께 일하자는 상호 간의 약속입니다. 지속적인 가치를 지닌 특별한 무언가를 계속 만들어 내기 위해서요."

이 장에서, 여러분은 초바니처럼 성공적인 기업들이 어떻게 직원들을 채용하고 관리하여 그들의 역량을 최대한으로 이끌어내는지에 대해 배울 것이다.

출처: David Gelles, "Hamdi Ulukaya of Chobani Talks Greek Yogurt and the American Dream," The New York Times, August 24, 2018; Christine Lagorio Chafkin, "This Billion-Dollar Founder Says Hiring Refugees Isn't a Political Act," Inc., May 22, 2018; Jena McGregor, "How Chobani CEO Ensures That Employees Will Share in the Company's Success," Los Angeles Times, May 1, 2016; David Gelles, "For Helping Immigrants, Chobani's Founder Draws Threats," The New York Times, October 31, 2016; Daniel Gross, "It's All Greek to Him: Chobani's Unlikely Success Story," Newsweek, June 12, 2013; Jeanne Sahadi, "Chobani Employees Get a Big Surprise from Their CEO," CNNMoney, April 2016; Remi Rosmarin, "The Chobani Food Incubator Helps Young Food Startups Off Their Feet," Business Insider, businessinsider.com, March 5, 2019.

전세계에 퍼져있는 약 10만 명의 직원과 10만에 이르는 하청업체를 관리하는 것은 복잡한 일이다. 그 때문에 이 회사는 인적자원 정보시스템(HRIS)을 사용해서 실력이 검증 된 컨설턴트와 도움이 필요한 고객을 연결해 준다. 이 회사의 이름은 무엇인가? (이 장에서 답을 찾아보라)

학습목표 10-1 인적자원 관리의 중요성과 인적자원 관리에 대한 현재의 이슈들을 설명할 수 있다.

사람들과 함께 일하는 것이 바로 시작이다

학생들은 '사람들과 함께 일하는 것'을 원하기 때문에 인적자원 관리를 공부하고 싶다고 말한다. 인적자원 관리자들이 사람들과 함께 일하는 것은 사실이지만 그들은 그 외에도 계획하고 기록을 유지할 뿐만 아니라 다른 행정적인 일에도 깊숙이 참여하고 있다. 이 장에서는 인적자원 관리의 다양한 관점에 대하여 논의할 것이다.

인적자원 관리
조직의 목적을 달성하기 위하여 인적자원의 수요를 결정하고 직원들의 리크루트, 선발, 개발, 동기 부여, 평가보상 및 일정 조정을 하는 과정

인적자원 관리(human resource management)란 조직의 목적을 달성하기 위하여 인적자원의 수요를 결정하고 직원들의 리크루팅, 선발, 개발, 동기부여, 평가보상 및 일정 조정을 하는 과정이다(그림 10.1 참조). 지난 몇 년간, 인적자원 관리는 "직원(personnel) 관리"로 불리며, 구직자들을 선별하거나, 기록을 남기거나, 급료를 지불하고, 필요시 새 직원을 찾는 단순 업무로 간주되어 왔다. 그러나 인적자원 관리의 역할과 책임은 다음의 두 요소를 바탕으로 진화해왔다. (1) 직원이 궁극적인 자원이라는 조직의 인식 및 (2) 전통적 관행들을 새로이 접근하는 법제도의 변화. 이제 이 두 요소 모두에 대해 탐구해보자.

궁극적인 자원의 개발

사람은 궁극적인 자원이다. 직원들의 아이디어는 궁극적으로 고객들이 원하는 바를 충족시킬 상품이 된다. 직원들의 창의력 없이는, 디즈니(Disney), 애플(Apple), 프록터 앤 갬블(Procter & Gamble), 구글(Google) 그리고 제네럴 일렉트릭(General Electric)은 아무 것도 아닐 것이다. 인적자원 관리 분야가 성장한 이유 중 하나는 전통적인 제조업에서 서비스 산업과 하이테크 제조업으로의 전환이 이루어지면서 고도의 직업적 기술을 가진 인력을 고용할 필요성이 커졌기 때문이다. 이 전환은 많은 직원들이 새롭고 더 도전적인 일을 위하여 재교육을 받아야 한다는 것을 뜻한다. 자격을 갖춘 직원들이 점점 부족해짐에 따라 신규 인력을 충원하고 기존 인력을 타사에 빼앗기지 않고 그대로 보유하기는 더욱 어려워지고 중요해졌다.[1]

따라서 오늘날 인적자원 관리는 너무나 중요한 기능이 되었기 때문에 이것은 더 이상

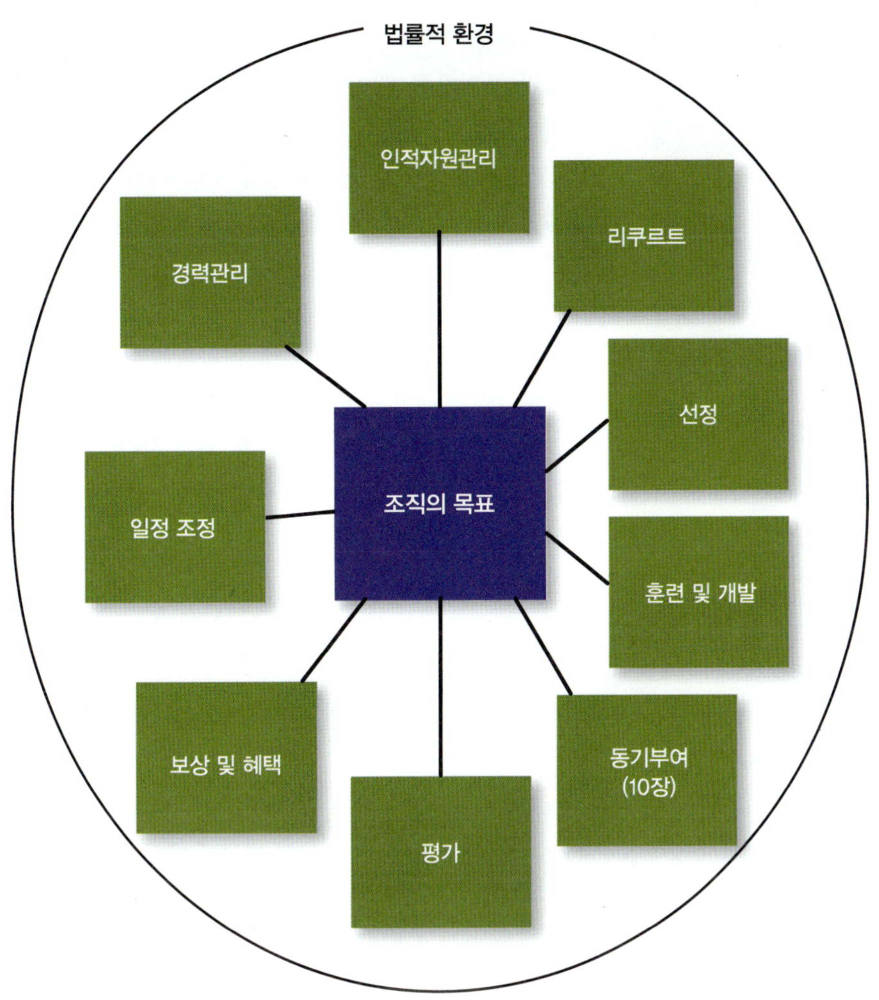

그림 10.1 인적자원 관리

이 그림이 표현하듯이 인적자원 관리는 단순히 직원을 채용하고 해고하는 과정을 넘어선다. 인적자원의 모든 활동들은 법 내에서 인적자원 관리의 영향을 미치며 조직의 목표를 달성하기 위해 수행된다(인적자원관리는 10장에서 논의된 동기부여와 직원–노동조합의 관계를 포함한다).

한 부서만의 기능이 아니라 이제는 모든 관리자의 책임이다.

미국 비즈니스 제도에서 자유기업 제도의 운영에 가장 극적인 영향을 미친 변화는 노동력의 변화이다. 다음은 인적자원 영역에서 접하게 되는 도전과 기회에 대한 몇 가지 예이다.[2)]

- 세계 정치권력의 불확실성과 이민자 또는 외국인 노동자 채용에 대한 관심 증가
- 기술(예: 인재 네트워크, 크라우드소싱, 사회적 네트워크)
- 세대를 아우르는 인력 풀(pool). 비교적 나이가 있는 밀레니얼 세대와 X세대가 관리직을 맡고 있는 반면, Z세대는 직장에 막 뛰어들고 있고 많은 베이비붐 세대들은 은퇴를 미루고 있다.
- 컴퓨터, 생명공학, 로보틱스, 친환경 공학 및 기타 과학 등 미래의 성장 분야들에서 일할 수 있도록 훈련된 사람들의 부족
- 제철, 자동차 및 의류사업과 같이 쇠퇴하는 기업들로부터 방출되는 엄청난 규모의 기능인 또는 비기능인으로 재교육을 필요로 하는 실직자 또는 불완전 고용인. 불완전 고용인은 직업이 요구하는 수준보다 더 높은 수준의 역량과 지식을 보유한 이들이나 풀 타임으로 일하고 싶으나 파트 타임으로 일하고 있는 이들을

미국 회사들은 과학, 녹색 기술, 태양 전지판과 같은 청정에너지 등에서의 숙련된 노동력 부족에 직면해 있다. 회사들이 친환경 정책에 중점을 둘 경우, 다른 어떤 직업군이 더 성장할까? 어떤 직업군이 가장 매력적으로 보이는가?

지칭함.

- 경기 불황으로 베이비 붐 세대의 많은 이들이 은퇴를 미루고(젊은 세대의 승진을 막으며), 저급 업무로 이동(그런 업무에 대한 노동력 공급의 증대)하고 있다.
- 베이비붐 시대 출생자들의 은퇴에 따른 훈련된 노동력의 수축
- 외부모 및 맞벌이 부부 가정의 증가로 인한 주간 탁아소, 업무 공유, 출산 휴가 및 여자들을 위한 특별 승진 프로그램에 대한 수요 발생
- 일에 대한 직원들의 태도 변화, 근무시간 자유 선택제와 주당 근무시간 축소와 같은 개념이 발생하여 여가시간이 우선시됨
- 임시직 및 파트타임 직원에 대한 수요 증가
- 더 낮은 임금과 더 적은 법적규제 및 더 풍부한 인력을 갖춘 외국 인력시장으로부터의 도전. 이로 인한 많은 일자리의 해외 아웃소싱
- 개인을 위해 맞춤화됨과 동시에 회사에는 비용절감을 가져다 주는 혜택에 대한 수요 증가
- 건강관리, 노인 및 아동에 대한 배려, 약물 검사, 직장 내 성희롱, 업무현장에서의 폭력, 그리고 장애를 가진 사람들에 대한 동일한 기회 제공에 대한 관심의 증가
- 저렴한 의료시행법(Affordable Care Act)으로 인해 고용주들이 법의 내용을 준수하고 내용을 파악해야만 하는 새로운 규제들이 생김. 이 의료시행법의 변화들은 새로운 규제들을 지속적으로 파악할 것을 요구함
- 직원 충성도의 감소로 인한 직원 이직률 증가 및 떠난 직원을 대체하는 데 소요되는 비용의 증가
- 인적자원 정보시스템(HRIS; 급여, 복지혜택, 교육, 채용 등과 같은 인사 활동을 관리하는 데 도움을 주는 기술) 시행

이러한 이슈들을 볼 때, 여러분은 왜 인적자원 관리가 이전에 비하여 더 중요한 위치를 점하게 되었는지를 이해할 수 있을 것이다. 그러나 고용, 안전, 노조화, 평등 임금, 그리고 차별철폐 등에 관련한 법제도의 상당한 변화 역시 인적자원 관리에 엄청난 영향을 미친다.

학습목표 10-2 인적자원 기획의 5단계를 요약할 수 있다.

인적자원 수요를 결정하는 방법

인적자원 관리를 포함한 모든 관리는 기획으로부터 시작된다. 인적자원 기획과정에는 5단계가 있다.

1. 조직의 직원들에 대한 인적자원 명세서(human resource inventory)의 작성–이 명세서에는 연령, 성명, 학력, 능력, 훈련, 특기 및 기타 특정 조직에 적절한 정보들(예를 들면, 사용 언어)이 들어 있어야 한다. 이와 같은 정보는 그 인력이 기술적으로 최근 지식을 알고 있는지, 충분히 훈련되어 있는지 등을 밝혀준다.
2. 업무 분석의 준비–**업무 분석**(job analysis)은 여러 직위를 가지고 있는 직원들에 의하여 무엇이 행하여지고 있는가를 연구하는 것이다. 이와 같은 분석은 직원들을 리크루팅하거나 직원들이 그 일을 하는 데 필요한 기술을 가지도록 훈련하기 위하여 필요하다. 업무 분석의 결과는 2가지의 서면으로 된 문서이다. 즉, **업무 설명**(job description) 및 **업무 명세**(job specification)이다. 업무 설명은 업무의 목적, 해야 할 일의 형태, 책임과 의무, 근로조건, 업무와 다른 직무와의 관계를 상술한 것이다. 요약하자면, 업무 명세는 직원이 특정한 업무를 수행하는 데 필요한 최소한의 능력(학력, 기능 등)을 서면으로 요약한 것이다. 업무 설명은 업무에 대하여 설명한 것인 반면, 업무 명세는 그 업무를 수행하는 사람에 대하여 설명한 것이다. 업무 설명과 업무 명세의 가상의 예를 보려면 그림 10.2를 참조하라.
3. 인적자원의 미래 수요 평가–기술이 빠르게 변화하고 있으므로 효과적으로 인적자원을 관리하려면 능동적인 대응이 필요하다. 인적자원 관리자는 조직의 필요사항을 미리 예측하여 훈련을 미리 시작하여, 필요시 훈련된 사람들을 바로 투입할 수 있도록 해야 한다.[3]
4. 인적자원의 미래 공급 평가–노동력은 항상 변화한다. 직원이 나이가 들거나, 더

업무 분석
여러 직위를 가지고 있는 직원들에 의하여 무엇이 행하여지고 있는가를 연구하는 것

업무 설명
업무의 목적, 해야 할 일의 형태, 책임과 의무, 근로조건, 업무와 다른 직무와의 관계를 상술한 것

업무 명세
직원이 특정한 업무를 수행하는 데 필요한 최소한의 능력을 서면으로 요약한 것

그림 10.2 직원 소스(sources)
내부 자원을 활용하는 것을 보통 제일 먼저 고려하기에, 현재 일하고 있는 회사 내 직원에게 추천을 받는 게 매우 유용하다. 대학의 채용 관련 사무소들도 중요한 자원이 된다. 이러한 기관들에 대해 미리 알아두어서 대학 생활 중에 미리 계획할 수 있도록 준비해야 한다.

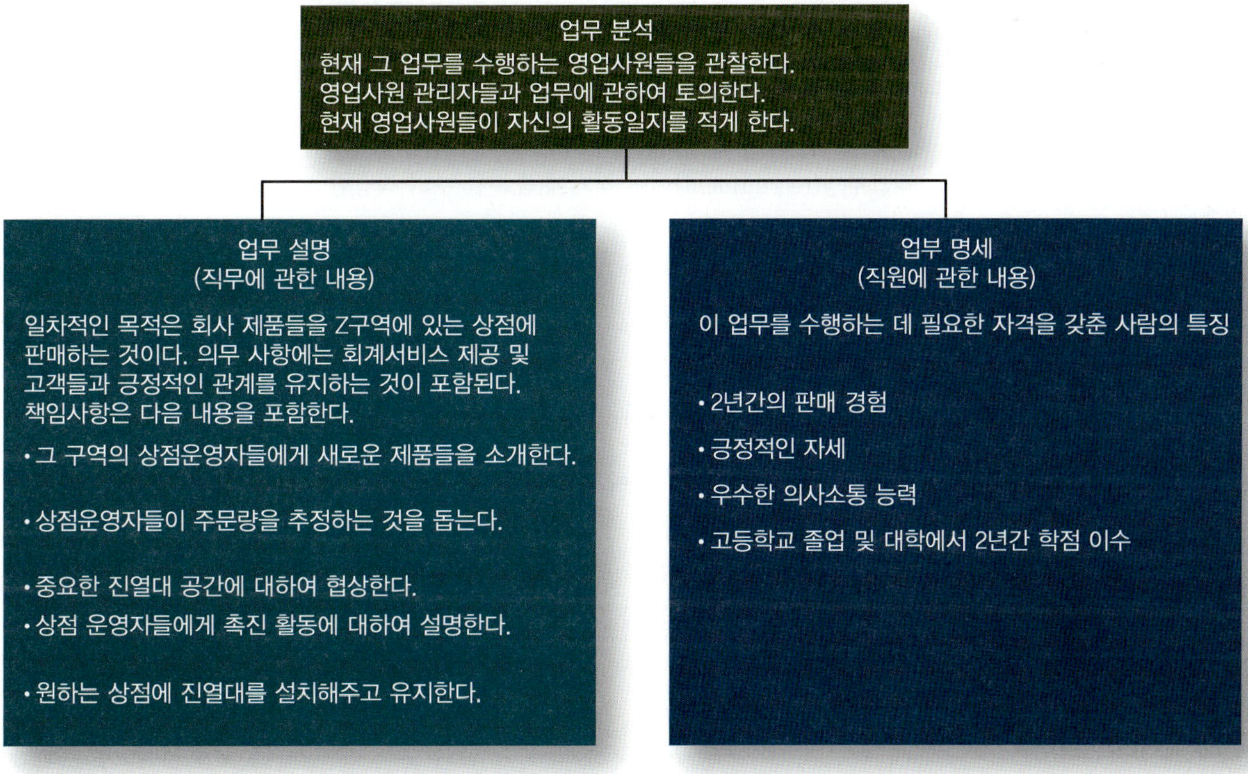

업무 분석
현재 그 업무를 수행하는 영업사원들을 관찰한다.
영업사원 관리자들과 업무에 관하여 토의한다.
현재 영업사원들이 자신의 활동일지를 적게 한다.

업무 설명
(직무에 관한 내용)

일차적인 목적은 회사 제품들을 Z구역에 있는 상점에 판매하는 것이다. 의무 사항에는 회계서비스 제공 및 고객들과 긍정적인 관계를 유지하는 것이 포함된다. 책임사항은 다음 내용을 포함한다.
- 그 구역의 상점운영자들에게 새로운 제품들을 소개한다.
- 상점운영자들이 주문량을 추정하는 것을 돕는다.
- 중요한 진열대 공간에 대하여 협상한다.
- 상점 운영자들에게 촉진 활동에 대하여 설명한다.
- 원하는 상점에 진열대를 설치해주고 유지한다.

업무 명세
(직원에 관한 내용)

이 업무를 수행하는 데 필요한 자격을 갖춘 사람의 특징
- 2년간의 판매 경험
- 긍정적인 자세
- 우수한 의사소통 능력
- 고등학교 졸업 및 대학에서 2년간 학점 이수

기술지향적이 되거나, 더 다양해 지는 등 항상 바뀐다. 미래에는 바이오생명공학 엔지니어 및 로보트 수리 직원 등의 분야는 노동력이 부족해질 것이고, 공장내 조립 라인 직원과 같은 분야는 초과 공급될 것이다.

5. 전략적 계획의 수립–전략적 인적자원 계획은 노동력에 대한 채용, 선발, 훈련, 개발, 평가, 보상 및 일정 조정 제도를 다루어야 한다.[4] 앞의 4단계가 이 한 가지로 귀착되기 때문에 이 장에서는 전략적 인적자원 계획에 초점을 맞추고자 한다.

어떤 기업들은 이 인적자원 계획을 더 효율적으로 실행하기 위하여 정보기술을 사용한다. 인적자원 정보시스템(HRIS) 소프트웨어는 여러 도구와 프로세스를 사용하여 조직의 직원과 데이터베이스를 관리한다. 인적자원정보시스템(예: Salesforce, IBM Kenexa, Sage People 등)은 다양한 규모의 기업이 채용에서 퇴직에 이르는 기본적인 인사관리 기능을 수행할 수 있도록 지원한다. 예를 들면, IBM은 직원의 기능, 경험, 스케줄 및 신원정보와 적절한 직무를 매치시키는 데이터베이스를 사용하여 전 세계에 퍼져 있는 약 10만 명의 직원 및 10만에 이르는 계약업체들을 관리하고 있다. 캐나다의 퀘벡(Quebec) 주에 있는 어떤 고객이 한달 간에 걸쳐 진행되는 프로젝트의 수행을 위해, 영어와 불어를 구사할 수 있고 리눅스(Linux) 프로그래밍에 대한 경험이 있고 공학 학위를 소유한 컨설턴트를 찾고 있다고 가정하자. 그러면 이 IBM 시스템은 그에 적합한 최적의 컨설턴트를 찾기 위하여 그 데이터베이스를 탐색하며 결국은 해당 직원을 찾아 고객과 연결시켜 줄 것이다.[5]

학습목표 10-3 회사들이 새로운 직원들을 리크루팅하기 위해 사용하는 방법과 리크루팅을 어렵게 만드는 이슈들에 대해 기술할 수 있다.

다양한 모집단으로부터의 직원 리크루팅

리크루팅
적기에 충분한 수의 적당한 사람들을 구하기 위하여 사용되는 활동들의 조합

리크루팅(recruitment)이란 적기에 충분한 수의 적당한 사람들을 구하기 위하여 사용되는 활동들의 조합이다. 그 목적은 조직의 필요에 최적인 사람들을 선정하는 것이다. 새로운 사람들이 계속적으로 노동 시장에 유입되기 때문에 리크루팅이 쉬울 것이라 생각할 수도 있다. 그러나 반대로 리크루팅이 매우 어렵게 되었다. 실제로 최근 1,000명의 최고경영자(CEO)를 대상으로 한 설문조사에 따르면 인력유치와 보유가 기업의 가장 큰 과제이며,[6] 그 이유는 다음과 같다.

- 몇몇 조직들은 내부로부터의 승진을 요구하는 정책이나 노동조합 규약 범위 내에서 운영되어야 하는 정책 또는 낮은 임금을 제공하는 정책들을 가지고 있는데, 이는 직원들을 리크루팅하고 붙들어두는 것을 어렵게 하며 외부의 환경이나 제약에 쉽게 영향받는다.[7]
- 협동 문화, 팀워크 및 참여 경영을 강조할 경우, 기능을 가지고 있으면서 그 조직의 문화와 지도력 스타일에 맞는 사람들을 고용하는 것이 더 중요하다.
- 필요한 기능을 가진 사람이 종종 없을 수가 있다. 이 경우에는 직원들을 고용한 후 내부적으로 훈련시켜야 한다.

오늘날의 인적자원 관리자들은 다양한 문화적, 민족적 기반을 갖고 있는 사람들을 채용할 기회가 많다. 다양한 인력을 갖는 것은 어떠한 장점이 있는가?

인적자원 관리자들은 도움이 되는 많은 자원들을 이용한다(그림 10.3 참조). 내부 자원은 현재 직원 중 다른 부서로 자리 이동을 하거나 승진되거나 고용될 만한 지인을 추천할 수 있는 자원을 의미한다. 내부자원을 이용하는 것은 기업 외부에서 리크루팅하는 것보다 비용이 적게 들고, 기업 내 직원들의 사기를 진작시키는 데도 좋다. 그러나 기업 내부에서 자질 있는 직원을 항상 찾을 수는 없기 때문에 인적자원 관리자들은 광고나 공공 및 사설 직업소개소, 대학 직업소개소, 경영 자문자, 인터넷 직업 소개소, 전문적인 기관, 추천된 사람 및 스스로 찾아온 지원자와 같은 외부 리크루팅 자원을 이용하곤 한다.

내부 직원이 충분히 많지 않으며 외부인력을 유인할 수 있을 만큼의 보상을 제안할 수 없는 중소업체의 경우 자질 있는 직원을 리크루팅하는 것이 특히 어려울 수 있다. 글래스도어(Glassdoor), 인디드(Indeed), 링크드인(LinkedIn)과 같은 온라인 사이트들은 매일 수백만 명의 접속자를 끌어모으면서 이러한 회사들을 도왔다. '소셜 미디어를 통한 연결' 글상자에서는 기업이 소셜 미디어를 채용에 활용할 수 있는 방법을 제안하고 있다.

학습목표 10-4 직원 선발의 6단계를 설명할 수 있다.

생산적인 직원의 선발

선발(selection)이란 정보를 수집하고 개인과 조직의 최상의 이익을 위하여 법률적인 범주하에서 누구를 고용할 것인가를 결정하는 과정이다. 직원들을 선발하고 훈련하는 것이 대부분 기업들에게 비용이 아주 많이 드는 과정이 되고 있다. 어떤 것들이 포함되는지를 생각해 보라. 인터뷰 시간, 건강검진, 훈련비용, 업무를 배우는 데 소요되는 비생산적인 시간, 이사 비용 등을 생각할 수 있다. 한 초보적인 직원을 리크루팅하고 행정처리하여 훈련하는 데는 직원 연봉의 50퍼센트가 소요될 수 있고, 중간 관리자의 경우

선발
정보를 수집하고 개인과 조직의 최상의 이익을 위하여 법률적인 범주 하에서 누구를 고용할 것인가를 결정하는 과정

소셜 미디어를 통한 연결 직장을 구하고 있는가?

링크드인 닷컴(linkedIn.com)

소셜 미디어는 오늘날 채용 과정에서 중요한 역할을 한다. 미국인들은 평균적으로 하루에 2시간 22분을 소셜 미디어에 소비하므로, 고용주들은 이러한 사이트들이 훌륭한 채용 도구라는 사실을 알고 있다. 채용담당자의 95퍼센트 이상이 신규 지원자 모집에 링크드인(LinkedIn)을 이용한다고 답했고, 구직자의 69퍼센트는 소셜미디어를 사용하여 일자리를 찾는다고 답했다. 재능 있는 밀레니얼 세대는 대개 고용주에 대한 충실성보다 커리어의 발전을 중시하기 때문에, 최고의 인재를 영입하기 위해서는 기업이 고용정책과 직장문화를 매력적으로 만드는 것이 중요하다. 예를 들어, 구글(Google)은 재미를 추구하는 분위기와 함께 양질의 무료 음식, 스포츠 시설, 즉석 세탁실 등 흥미로운 특전들로 직장문화를 알려준다.

물론 긍정적인 평가는 당사자보다는 상대방이 해주는 것이 신뢰도가 높다. 기업들은 현재의 직원들이 왜 회사에서 일하는 것을 좋아하는지에 대해 소셜 미디어 상에서 이야기를 나누도록 격려할 필요가 있다. 직원들이 새로운 인재를 영입하면 인센티브를 주는 것도 도움이 된다. 어떤 회사들은 입사 추천에 대한 추천료를 직원들에게 지급하기도 한다.

다음은 관리자가 소셜 미디어 네트워크를 사용하여 잠재적 인재들을 공략하는 방법이다.

- 링크드인(LinkedIn)—링크드인에 구인공고를 게시하려면 비용이 많이 들 수 있다. 만약 비용이 문제라면, 더 저렴한 해결책이 있다. 잠재적 후보가 있을 만한 그룹에 가입하고 그룹 토론에 활발하게 참여하는 것이다. 어느 정도의 네트워크를 구축한 후에 상태 메시지 상자에 구인공고를 게시하면 된다.
- 페이스북(Facebook)—페이스북 디렉토리를 사용하여 구인과 관련된 사용자, 페이지, 그룹 및 지원서류를 검색한다. 페이스북 마켓플레이스에서는 무료로 구인공고를 게시할 수도 있다. 다만 회사의 페이스북 페이지가 활성화되어 있는지 확인하라.
- 트위터(Twitter)—트윗으로 채용 공고에 대해 알릴 수 있다. 사이트의 지원자 및 고객과의 관계를 구축하여 네트워크를 확장하라. 당신의 트윗에 가장 관련성이 높은 해시태그를 사용했는지 확인하라. 많은 채용 담당자들이 #NAJ(Need A Job?)를 사용한다. 지원자의 게시물, 트윗 또는 추천 게시물을 통해 회사에 얼마나 적합한 인재인지 알아보라.

채용 과정에서 소셜 미디어를 사용하는 것은 회사에 인재를 유치할 때 비용절감 효과가 가장 큰 방법이다.

출처: Jill Tipograph, "Getting a Job in 2019: Hiring Trends for Early Careerists," Forbes, March 5, 2019; Joy Duce, "Better Recruiting through Social Media," Industry Week, February 14, 2019; Bryan Adams, "3 Social Media Recruitment Strategies You Need to Start Using," Inc., February 13, 2019; LinkedIn, linkedin.com, accessed October 2019.

연봉의 125퍼센트, 고위 경영진의 경우 200퍼센트까지 소요된다.[8]

전형적인 선발과정은 6단계로 이루어진다.

1. 완전한 지원서 양식의 확보 – 평등고용관련 법률들이 지원서 양식에 있을 수 있는 문항의 종류를 제한한다. 그럼에도, 양식은 고용자가 업무에 필요한 사항과 직접적으로 관계되는 지원자의 학력, 업무 경력, 직업 목표 및 기타 자격들을 발견하는 데 도움을 준다.
2. 처음 및 후속 면접의 진행 – 인적자원 부서의 스태프는 종종 처음 면접에서 지원자들을 가려낸다. 면접하는 사람이 그 지원자가 잠재적인 직원이라고 여긴다면, 그 새로운 직원을 감독할 관리자나 함께 일하게 될 동료 직원들도 그 지원자를 면접할 것이다. 관리자들은 그들이 후회할 수 있는 선발을 피하기 위하여 면접을 사전에 적절히 준비하는 것이 중요하다. 아무리 악의 없는 의도였다고 하더라도 면접 대상자에게 임신 혹은 아이보호(child care)에 관하여 질문하는 것과 같은 그 지원자가 차별 대우를 받았다고 추후 고발할 때 증거로 사용될 수 있다.
3. 고용 테스트 – 조직들은 특정한 업무 기능에서의 기본적인 경쟁력을 측정하고 지원자들의 개성과 관심을 평가하는 데 도움이 될 테스트를 이용한다. 원스코어(WonScore), PAIREIN 사전 고용 테스트와 같은 많은 고용 테스트 소프트웨어 옵

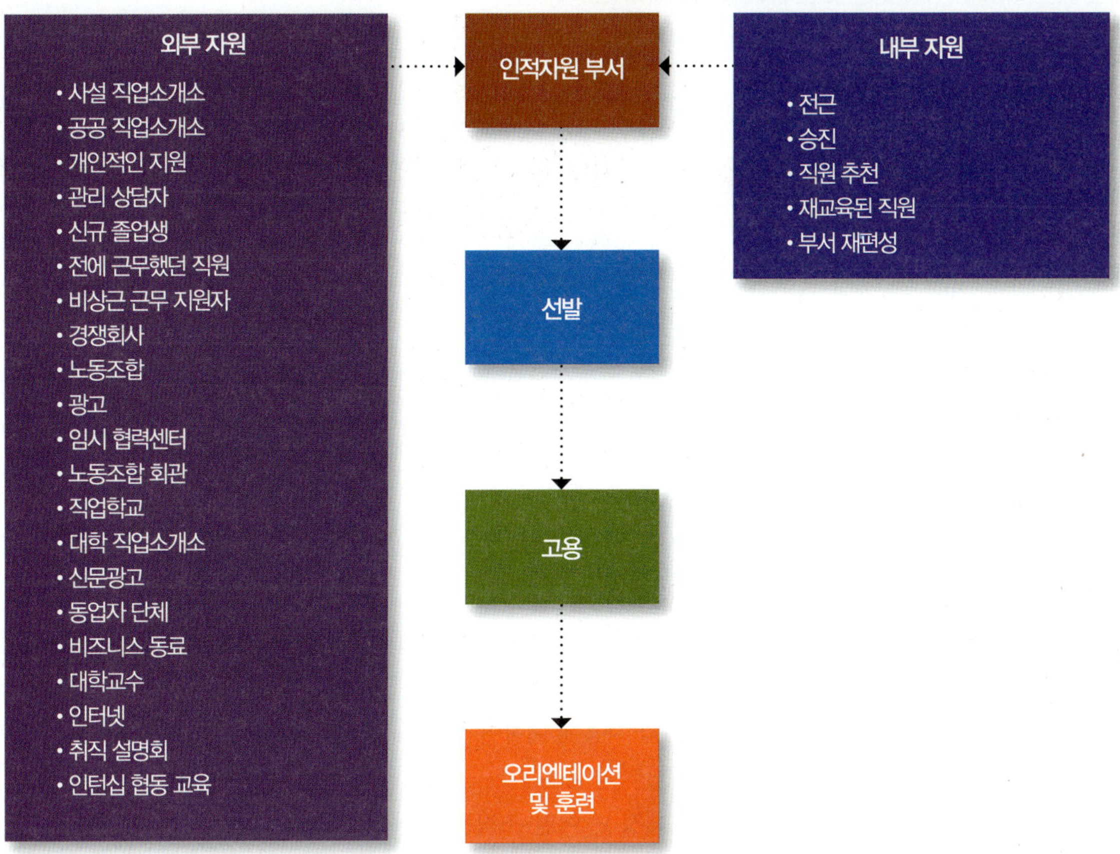

그림 10.3 직원 소스(sources)

내부 자원을 활용하는 것을 보통 제일 먼저 고려하기에, 현재 일하고 있는 회사 내 직원에게 추천을 받는 게 매우 유용하다. 대학의 채용 관련 사무소들도 중요한 자원이 된다. 이러한 기관들에 대해 미리 알아두어서 대학 생활 중에 미리 계획할 수 있도록 준비해야 한다.

션이 존재한다. 고용 테스트는 반드시 업무에 직접적으로 관련되어 있어야 한다. 고용 테스트는 고용 차별의 잠재적 수단으로 여겨져 법적으로 비판을 받곤 한다. 많은 기업들이 지원자들이 실제 업무에서의 일을 수행하게 하는 평가센터에서 잠재적인 직원을 테스트한다. 이와 같은 테스트 방법은 선발 과정을 더 효과 있게 하는 것으로 보이며 일반적으로 법률적 요건을 충족한다.

4. 배경 조사의 실시 – 대부분의 조직들은 요새 지원자의 업무 기록, 학점, 신용 기록 및 참고 사항들을 과거보다 더 주의 깊게 조사한다. 사람들을 고용하고 훈련하여 동기를 부여한 후 그들을 놓쳐 그 과정을 다시 되풀이하기에는 비용이 너무 크기 때문이다. 굿하이어(GoodHire)와 같은 서비스들은 고용주들이 범죄 기록, 운전 기록, 신용 이력의 점검을 빠르게 할 수 있게끔 도울 뿐 아니라, 업무 경험과 전문적 및 교육적인 적성들을 갖고 있는지를 확인해준다.[9] '소셜미디어를 통한 연결' 글상자에서는 기업들이 어떻게 소셜 미디어를 활용하여 지원자를 스크린하고 바람직하지 않은 특성을 가진 이들을 제거하는지에 관해 다루고 있다.
5. 신체검사로부터의 결과 확보 – 육체적 · 정신적으로 건강한 사람들을 고용하는 것은 분명한 혜택을 가져다준다. 그러나 미국의 장애 관련 차별 금지법에 의거하면, 건강검진 결과들은 단지 인력 선발의 목적으로 함부로 제공될 수 없다. 몇몇 주에서는 채용이 이루어진 후에야 비로소 신체검사를 할 수 있다. 고용 전 신체검사를 허용하는 주에서는 그 검사가 그 자리에 지원하는 모든 사람을 대상으로 실시되어

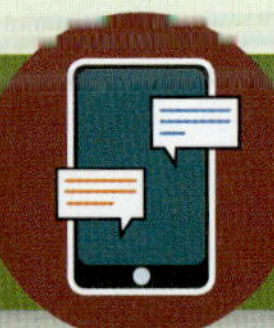

소셜 미디어를 통한 연결 이제는 마주할 때

shrm.org

당신이 온라인에서 하는 말은 가상세계의 일부가 되며, 그 곳에 머무르게 된다. 소셜 미디어와 디지털 세계 상에서의 흔적들은 당신의 공적 정체성에 아주 중요한 부분이 된다. 당신이 온라인 상에서 보여주는 성향과 성격 양상이 잠재적 고용주에게는 당신의 실제 모습으로 반영된다. 고용주의 70퍼센트는 소셜 미디어를 사용하여 채용 희망자를 선별하고 기업의 문화와 맞는지를 평가한다고 말한다. 이것은 당신의 소셜 미디어 상의 흔적들이 당신이 일자리를 얻도록 돕거나 잃게 할 수 있다는 것을 의미한다.

소셜미디어를 통한 신원 확인이 증가하면서 새로운 부적격자 집단이 생겨났다. 고용주의 40퍼센트는 자극적이거나 부적절한 사진, 동영상 또는 정보 때문에 후보자를 탈락시켰다고 답했으며, 36퍼센트는 음주 또는 마약 사용에 대한 정보 때문에, 31퍼센트는 인종, 종교 및 성별에 대한 차별적 발언 때문에 후보자를 탈락시켰다고 답했다.

소셜 미디어를 최대한 자신에게 이익이 되도록 활용하는 것이 좋다. 많은 기업들이 소셜 미디어를 통해 전달하는 전문적인 이미지 때문에 후보자를 채용하고 있음을 인정한다. 만약 당신이 게시할지 말지에 대하여 고민이 되는 내용이 있다면, 당신에게 줄 수 있는 최고의 조언은 게시하지 말라는 것이다.

출처: Kristen Cifolelli, "Risks of Using Social Media in Hiring Decisions," American Society of Employees, July 10, 2018; "More Than Half of Employers Have Found Content on Social Media That Caused Them Not to Hire a Candidate," CareerBuilder, August 9, 2018; Roy Maurer, "3 Employment Screening Trends to Know Before You Hire in 2019," Society for Human Resource Management, shrm.com, January 23, 2019.

야 한다고 규정하고 있다. 주마다 지속적으로 개편되는 관련 법 조항으로 인하여 마약이나 알코올 남용을 알기 위한 고용 전 검사도 논란이 있었다.[10] 요즈음 미국 기업 70% 이상이 마약 사용에 대하여 현직 및 잠재적 직원을 대상으로 검진하고 있다.[11]

6. 시험(견습) 기간의 제정 – 어떤 조직은 직원을 종종 조건부로 고용하려 한다. 이 제도는 견습생이 그 업무를 수행할 수 있다는 것을 증명할 수 있게 한다. 기업은 특정한 견습 기간(아마도 3개월 혹은 1년) 후 감독자의 평가 결과를 바탕으로 그 직원을 정식 고용하거나 또는 해고할 수 있다.[12]

선발 과정은 종종 길고 어렵지만 직원을 대체하는 데 소요되는 비용이 크기 때문에 새로운 직원을 선발하기 위해서는 신중히 노력을 기울여야 한다. 이 과정은 새로운 직원들이 모든 적절한 영역에서 의사소통 기술, 교육, 기교, 경험, 개성 및 건강을 포함하는 필요조건을 만족한다는 것을 보증하는 데 도움이 된다.

임시직 직원의 고용

직원에 대한 필요성이 시간에 따라, 날짜에 따라, 주에 따라 혹은 계절이나 프로젝트에 따라 변화하는 어떤 기업은 임시직 직원들을 고용하는 것이 비용 대비 효과가 더 높다는 것을 발견하였다. **임시직 직원(contingent workers)**은 정규적인 전일제 고용에 대한 기대를 가지고 있지 않은 직원으로 정의된다. 이와 같은 직원에는 비상근 근무자(일주일에 34시간 미만으로 일하는 사람), 일시적 근로자(직업소개소로부터 임시적으로 급료를 받는 근로자), 독립적인 하청업자, 인턴, 협동과정 학생 및 프리랜서들이 포함된다.

임시직 직원
정규적인 전일제 고용에 대한 기대를 갖고 있지 않은 직원

임시직 직원을 고용하는 것은 오늘날 아주 흔한 일이어서 일부에서는 이것을 긱 경제(gig economy)라고 부른다. 긱(gig)이란 주로 디지털 마켓플레이스를 통해 회사가 단기적인 필요에 의해 일시적으로 고용하는 직원이 맡게 될 단일 프로젝트 또는 작업을 말한

할로윈 가게나 공포체험 집 같은 계절 비지니스들은 임시 직원들을 채용하여 제한된 시간에만 일을 하도록 한다. 임시 직원들을 채용하는 것에 있어서 장점과 단점은 무엇일까? 임시 직원이 되는 것에 있어서 장점과 단점은 무엇일까?

다. 어떤 긱은 단기 일자리의 일종이고, 어떤 직원들은 긱을 자영업 옵션으로 보기도 한다. 한 긱이 끝나면, 일정한 수입이 필요한 직원들은 다른 긱을 찾아야 한다. 이는 때로는 한번에 여러 가지 직업을 갖는 상황을 만들기도 한다. 긱 경제가 도래한 것에는 두 가지 주요 이유가 있다. 근로자들은 자신의 역할에 다양성과 유연성이 있기를 원하고, 자신의 능력을 보여줄 수 있는 기회도 원한다. 또한 고용주들이 "나는 사람을 고용해야 한다"에서 "나는 일을 완수해야 한다"로 입장을 바꾸었기 때문이기도 하다.

기업들은 또한 전일제 직원이 어떤 형태의 휴직 상태(출산 휴가와 같이)일 때, 많은 노동력을 필요로 하는 성수기일 때 또는 소비자들에 대한 빠른 서비스가 우선적일 때 임시직 직원들을 고용할 수 있다. 예를 들어, 배터럽 베이커리(Batter-Up Bakery)의 케이티 빌하드(Cathy Villhard)는 인터네셔널 인스티튜트 오브 세인트 루이스(International Institute of St. Louis)와 협정을 맺음으로써, 많은 고객으로부터 급한 쿠키 주문이 밀려드는 명절 기간 동안 임시직 직원들을 고용할 수 있도록 했다. 또한 기업들은 경제가 불안정할 때, 능력 있는 직원들 고용이 가능할 때, 업무가 최소한의 훈련만을 필요로 할 때에 임시직 직원들을 많이 고용하는 경향이 있다.

임시직 직원들은 혜택을 거의 받지 못한다. 건강 보험, 휴가, 사적 연금들을 제공받기 힘들다. 또한 정규직 직원들보다 수입이 적은 편이다. 다행히 이런 임시직 직원들 중 많은 수가 전일제 자리를 제안받는다. 관리자들은 임시직 직원들을 열등한 직원들을 추려내고 좋은 직원들을 찾기 위한 방편으로 여긴다.[13]

대학생 인턴은 임시직 직원으로 분류된다. 그러나 이런 인턴십에 급여가 지급되지 않으면, 윤리적인 문제점들이 발생할 수 있다('윤리적 의사결정' 글상자 참조).

급격한 변화와 경제적 변동성의 시기에는, 몇몇 임시직 직원들은 임시직이 전일제 고용보다 오히려 더 안전하다고 생각한다.

시험 준비

- 인적자원 기획에서 다섯 단계는 무엇인가?
- 능력 있는 직원들을 리크루팅하기 어렵게 하는 요소들은 무엇인가?
- 선발과정의 여섯 단계는 무엇인가?
- 임시직 직원들이란 누구인가? 회사들은 왜 임시직 직원들을 고용하는가?

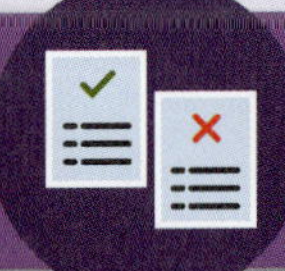

윤리적 의사결정 인턴이냐 계약된 노예냐?

전통적으로, 비급여 인턴십은 젊은 학생들이 대학교에서 사회로 전환 하는데 중요한 방법이었다. 금전적인 혜택의 희생은 종종 인턴이 교실에서 갖지 못하는 실무 경험을 갖추게끔 한다. 회사들은 반대로 금전적으로 부담될 게 전혀 없으면서, 인턴이 만약에 핵심 급여 직원으로 전환 시 궁극적으로 혜택을 얻게 된다. 그러나 신입 단계의 자리는 오늘날 잡 마켓에서 매우 드물어서, 비급여 인턴들은 비급여인 상태로 더 이상 진전 없이 6개월 이상 머무를 수도 있다. 그 시점에서 인턴은 본인들이 자신들의 경력을 개발하는 데 투자를 과연 하고 있는 것인지, 아니면 단순히 회사에 공짜 노동력을 제공하고 있는 것은 아닌지 의문을 갖게 될 수밖에 없다. 질 좋은 인턴십을 그렇지 않은 인턴십과 구분해 내기 위해, 매일 수행하고 있는 당신의 업무를 살펴보아라. 만약 당신의 주요 업무가 커피를 만들거나 단순한 심부름을 하는 것이라면, 가치 있는 실무 경험을 하는 방향으로 전환되지 않을 확률이 높다. 인턴들은 매일 매일의 회사 업무의 일부에 대한 일을 하여야지, 전문적인 심부름꾼이 되기 위해 일을 하고 있으면 안 된다. 경영자들도 인턴의 책임을 명시적으로 표현하고 정기적으로 피드백을 제공해야 한다. 정기적인 급여 없이도 인턴은 실무경험에 대한 보상만 있다면 경력관리에 도움이 된다. 어떤 회사들은 인턴들에게 상당한 수준의 전문적 인 업무에 대한 책임을 지게끔 한다. 가령, 토론토의 한 신문사는 모든 회사 내 급여 작가들을 해고 하고 그들을 비급여 인턴으로 대체하였다. 회사들이 인턴십 이후에 정규 잡을 제공하지 않을 것임에도 비급여 인턴을 활용하는 것은 윤리적일까? 왜 그런가 아니면 왜 그렇지 않은가?

학습목표 10-5 직원들의 훈련과 개발의 여러 방법에 대해 설명할 수 있다.

최적의 성과를 위한 직원들의 교육 및 개발

훈련 및 개발
직원의 수행 능력을 향상시켜 생산성을 개선하기 위한 모든 시도. 훈련은 단기간 기능들에 초점을 맞추는 반면, 개발은 장기간의 역량들에 초점을 맞춘다.

훈련 및 개발(training and development)은 직원의 수행 능력을 향상시켜 생산성을 개선하기 위한 모든 시도들을 말한다. 잘 고안된 훈련 프로그램은 직원들의 퇴직률을 낮출 뿐 아니라, 생산성을 높이고, 직무 만족도를 제고한다. 미국의 고용주들은 한 해에 1,300조 달러 규모인 훈련 비용이 효과적으로 사용되는 것을 알고 있다.[14] 훈련은 단기간 기능들에 초점을 맞추는 반면, 개발은 장기간의 역량들에 초점을 맞춘다. 훈련 및 개발 프로그램들 모두 세 단계로 이루어진다. (1) 훈련이 필요한 사항들을 결정하기 위하여 조직이 필요로 하는 사항들과 직원들의 기능들을 평가한다. (2) 확인된 필요사항들에 대처하기 위하여 훈련활동 범위들을 설계한다. (3) 그 훈련의 효과를 평가한다. 기술과 그 밖의 혁신으로 직장 공간이 변화함에 따라 기업들은 정교함을 갖춘 교육 프로그램을 제공할 의무가 있다. 보통 훈련 및 개발의 활동 범위에는 직원 오리엔테이션, 직장 내 훈련, 견습 과정, 직장 밖 훈련, 실습장 훈련, 직무 시뮬레이션 및 관리 교육이 포함된다.

오리엔테이션
새로운 직원들에게 조직, 동료 직원, 직속 상관, 회사의 정책, 관습 및 목표를 소개하는 활동

1. **오리엔테이션**(orientation)은 새로운 직원들에게 조직, 동료직원, 직속상관, 회사의 정책, 관습 및 목표를 소개시키는 활동이다. 많은 기업이 구글폼(Google Forms)과 같은 툴을 사용하여 민감하지 않은 공개 가능한 개인 정보들은 신속하게 수집한다. 오리엔테이션 프로그램들은 하루 또는 그 이상 지속되는 비공식적인 이야기로부터 공식적인 활동들을 모두 포함한다. 다양한 부서를 스케줄대로 방문하는 것과 필독안내서도 이 프로그램들에 포함될 수 있다.[15]

직장 내 훈련
직원이 그 직장 내에서 업무를 바로 시작해 일을 하면서 배우거나 얼마 동안 다른 사람들을 관찰한 후 그들을 따라하는 훈련

2. **직장 내 훈련**(on-the-job training)은 직원들이 그 직장 내에서 일을 하면서 배우거나 얼마 동안 다른 사람들을 관찰한 후 그들을 따라함으로써 학습하도록 한다.

3. **견습 프로그램**(apprentice program)은 숙련 기능자의 기능과 절차를 마스터하기 위하여 학습자가 경험 있는 직원 옆에서 일하는 기간을 포함한다. 몇몇 견습 프로그램은 수업을 통한 훈련을 포함한다. 벽돌공 및 배관공 등의 직종별 노동조합은 우수한 업무 능력을 보장하기 위해 신규 직원이 수 년 간 견습자로 일하도록 요구할 뿐 아니라, 직원들이 노조에 가입하는 과정에 있어서 통제권을 행사한다.

견습 프로그램
숙련 기능자의 기능과 절차를 마스터하기 위하여 학습자가 경험있는 직원 옆에서 일하는 기간을 포함하는 훈련 프로그램

4. **직장 밖 훈련**(off-the-job training)은 일터로부터 떨어진 곳에서 행하여지며 다양한 기능들 모두를 개발하고 개인의 발전을 북돋우기 위한 내부 또는 외부 프로그램들로 이루어진다. 업무가 더 정교해짐에 따라 훈련도 더 정교해졌다. 더구나 훈련은 (박사학위를 통하여) 교육받는 것과 개인의 발전을 포함하는 것으로 확장되고 있다.

직장 밖 훈련
일터로부터 떨어진 곳에서 이루어지며 다양한 기능들 모두를 개발하고 개인의 발전을 북돋우기 위한 내부 또는 외부 프로그램들로 이루어진 훈련

5. **온라인 훈련**(online training)은 많은 직장 밖 훈련 프로그램들의 효과를 기술이 어떻게 개선시키는가에 대한 예를 제공한다. 온라인 교육의 가장 큰 장점은 특수한 훈련에 맞춰진 내용을 많은 직원들에게 편리한 시간대에 제공할 수 있다는 점이다.

온라인 훈련
직원들이 인터넷을 통하여 수업에 참여하는 훈련

6. **실습장 훈련**(vestibule training = near-the-job training)은 직원들이 그 업무에서 사용할 설비와 유사한 설비의 교육장에서 행하여진다. 이와 같은 교실은 직원들로 하여금 조직에서 특정한 직무를 할당받기 전에 적절한 방법들과 안전수칙들을 배울 수 있게 해준다. 컴퓨터나 로봇 훈련은 종종 근접 실습장에서 완성된다.

실습장 훈련
직원들이 업무에서 사용할 설비와 유사한 설비의 교육장에서 행하여지는 훈련

7. **업무 시뮬레이션**(job simulation)은 연수자들이 업무를 시작하기 전에 기능들을 배울 수 있도록 업무 조건 및 업무들과 똑같은 설비를 사용하는 것이다. 업무 시뮬레이션은 그 업무에서 일어나는 조건들의 조합이 똑같다는 점에서 실습장 훈련과는 차이가 난다. 이것은 우주비행사들, 항공기 조종사들, 군대 탱크 운전자들, 선장들 및 그 외 어려운 과정들을 실제와 같이 익혀야 하는 사람들에게 주어질 수 있는 훈련이다. 가상현실(VR) 장치의 경우 수련 중인 의사가 실제 환자를 대하기 전 실습

업무 시뮬레이션
연수자들이 업무를 시도하기 전에 기능들을 배울 수 있도록 업무 조건 및 업무들과 똑같은 설비를 사용하는 것

그림에서 나타난 가상 훈련 수업처럼, 소방관들은 위험에서 벗어나면서 불타고 있는 건물을 처리하는 방법을 배운다. 이런 수업은 실제로 화재상황이 발생하였을 때 만전을 기하기 위하여 미리 세세한 지침까지 습득할 수 있도록 해 준다. 여러분은 어떤 직업이 가상훈련으로부터 도움을 받을 수 있을 것으로 생각하는가?

의 용도로 의료 시설에서 사용되기도 한다.[16)]

경영능력 개발

관리자들은 특별한 훈련을 필요로 한다. 좋은 의사 전달자가 되기 위해서 특히 듣는 기술과 감정을 배제하는 법이 필요하다. 그들은 또한 시간 관리, 기획, 인간관계 기술이 필요하다. **경영능력 개발(management development)**은 좋은 관리자가 되기 위하여 직원들을 훈련하고 교육하는 과정이며 시간이 지남에 따라 관리 기술의 발달을 모니터링할 수 있다.

경영능력 개발
좋은 관리자가 되기 위하여 직원들을 훈련하고 교육하는 과정. 시간이 지남에 따라 관리 기술의 발달을 모니터링할 수 있다.

대부분의 경영능력 훈련 프로그램들은 다음의 사항을 포함한다.[17)]

- **직장 내 지도** 이것은 선임 관리자가 하급의 관리자에게 필요한 기능들을 가르치고 일반적으로 방향 제시, 충고 및 도움이 되는 조사 결과를 제공함으로써 그들을 돕는 것을 의미한다.
- **임시대역 배우 직책(understudy positions)** 차관(undersecretary)과 조수(assistant)와 같은 직책들은 관리자 개발을 위한 성공적인 방법 중 하나이다. 선택된 직원들이 고급 관리자들의 조수로서 일하며, 고급관리자가 될 때까지 기획이나 다른 관리 기능들에 참여한다.
- **업무 순환(job rotation)** 조직의 여러 기능들의 습득을 위하여 관리자들에게 종종 다양한 부서들의 직무 할당이 주어진다. 최고 경영자들은 업무 순환을 통하여, 그들의 성공에 필요한 조직의 상황을 폭넓게 파악한다.
- **직장 밖 과정과 훈련** 관리자들은 기술적인 면과 인간관계 기술을 연마하기 위하여 1주일 또는 그 이상 정기적으로 학교나 세미나에 참석한다. 맥도날드 기업과 같은 회사들은 관리자들을 위하여 자체적으로 대학을 가지고 있다. 맥도날드 햄버거 대학에서는 관리자들과 잠재적인 체인점 소유주들이 6일간의 수업에 참여한다. 이 과정은 경영대학 23시간 학점 과정과 동등하다.[18)]
- **멘토링** 멘토는 하위직원들이 올바로 적응할 수 있도록 다른 동료들에게 소개시켜 주면서 동시에 그 직원들을 감독, 지도, 안내해주는 경험이 많은 관리자이자 동시에 후원자의 역할을 한다.

멘토
하위직원들이 올바로 적응할 수 있도록 다른 동료들에게 소개시켜 주면서 동시에 그 직원들을 감독, 지도, 안내해주는 경험이 많은 관리자이자 동시에 후원자의 역할을 한다.

네트워크의 구축(networking)이란 자신의 조직이나 다른 조직들의 핵심 관리자들과의 접촉을 확립하고 유지하는 과정이며 비공식적인 개발 시스템들에 이용될 수 있는 돈독한 관계를 만들기 위하여 접촉을 이용하는 과정이다. 네트워크 구축은 비즈니스 환경 이상의 도움을 줄 수 있다는 것이 중요하다. 예를 들어, 대학은 네트워크 구축을 시작할 수 있는 완벽한 장소이다. 여러분이 교수들과 인턴십을 통한 지역 비즈니스 인사들 및 여러분의 동창생들과 함께 구축한 관계들은 여러분의 장래 진로를 위하여 활용할 수 있는 가치 있는 네트워크가 될 수 있다.

네트워크의 구축
자신의 조직이나 다른 조직들의 핵심 관리자들과의 접촉을 확립하고 유지하는 과정이며, 비공식적인 개발 시스템들에 이용될 수 있는 돈독한 관계를 만들기 위하여 이와 같은 접촉을 이용하는 과정

학습목표 10-6 직원 성과 평가의 6단계를 요약할 수 있다.

최상의 결과를 얻기 위한 직원 성과의 평가

관리자들은 직원들이 최소한의 잘못과 중단으로 효과적이고 의미 있게 업무를 수행하는지를 결정할 수 있어야 한다. 이를 위하여 그들은 성과 평가를 이용한다. **성과 평가**(performance appraisal)는 직원들의 성과 수준을 승진, 보상, 추가 훈련, 해고 등의 결정을 하기 위하여 구축되어 있는 표준과 대조하여 측정하는 평가이다. 성과 평가는 다음 여섯 단계로 이루어진다.

성과 평가
직원들의 성과 수준을 승진, 보상, 추가 훈련, 해고 등의 결정을 위하여 구축되어 있는 표준과 대조하여 측정하는 평가

1. **성과 표준들의 구축** 이것은 중요한 단계이다. 표준들은 이해될 수 있고, 측정이 가능하며, 합리적이어야 한다. 그리고 관리자와 직원들 모두가 받아들일 수 있어야 한다.
2. **표준들에 대한 의사소통** 관리자들은 종종 직원들이 자신에게 기대되는 것이 무엇인가를 알고 있다고 가정한다. 그러나 그런 가정은 위험할 뿐이다. 직원들은 명확히 그리고 정확하게 그 표준들과 기대들이 무엇이며 그것들에 대하여 어떻게 대처해야 하는지를 전달받아야 한다.
3. **성과 평가** 만약 처음 2단계가 제대로 되었다면, 성과 평가는 비교적 쉽다. 그것은 직원의 행동이 표준들과 잘 맞는가를 보기 위하여 직원의 행동을 평가하는 일이다.
4. **결과들에 대한 직원들과의 토의** 사람들은 처음에 잘못을 저지르고 기대사항에 못 미치는 경우가 대부분이다. 새로운 업무를 배우고 그것을 잘하려면 시간이 걸린다. 한 직원의 성공과 개선이 필요한 영역에 대하여 토의하면 관리자의 이해에 도움을 주며 직원이 더 나은 성과를 올릴 수 있도록 관리자가 지도할 수 있는 기회가 된다. 추가적으로, 그 성과 평가는 특정한 업무가 어떻게 하면 더 좋은 성과를 낼 수 있는가에 대한 직원의 제안들이 나올 좋은 소스(source)가 된다.
5. **개선 조치를 취함** 성과 평가의 적절한 부분으로 관리자는 직원이 업무를 더 잘 수행하도록 돕기 위하여 개선 조치를 취하거나 피드백을 제공할 수 있다. 핵심어가 성과(performance)라는 것을 기억하라. 이와 같은 평가를 실행하는 주요 목적은 직원의 성과를 가능한 개선하려는 것이다.
6. **결정을 위한 평가 결과들의 활용** 승진, 보상, 추가 훈련, 해고 결정들은 모두 성과 평가에 근거한다. 효과적인 성과 평가 시스템은 그와 같은 결정들에 대한 특정한 법률적 조건들을 만족시키는 방편이기도 하다.

효과적인 관리란 직원들이 최상의 성과를 얻는 것을 뜻한다. 그것이 그 조직의 모든 수준에서 성과 평가들을 하는 이유이다. 최고 수준의 관리자들도 직원들에 의한 평가 검토(performance review)의 덕을 본다.

360도 리뷰(360 degree review)는 해당 직원을 둘러싼 모든 방향, 즉 하위, 상위 또는 동등 직위로부터 의견을 수집하여 정확하고 포괄적인 아이디어를 얻는 것을 목표로 한다.

제너럴 일렉트릭(General Electric), 킴벌리 클라크(Kimberly–Clark), 코카콜라(Coca–Cola) 등 많은 기업들이 공식적인 연말 평가가 아닌 지속적인 실적 평가로 옮겨가고 있다. 이러한 성과관리 전략을 통해 직원들은 기업이 요구하는 목표를 달성하거나 필요한 경우 신속하게 회사를 떠날 수 있도록 하는 데 초점을 맞춘 지속적인 실시간 피드백을 모바일 앱으로 주고받을 수 있다. 이러한 전략은 특히 더 많은 피드백, 더 많은 코칭, 자신의 커리어에 대한 더 나은 아이디어를 원하는 밀레니얼 세대의 직원들에게 환영을 받고 있다.[19]

시험 준비

- 네 가지 훈련 기술을 나열하고 설명하라.
- 성과 평가의 일차적 목적은 무엇인가?
- 성과 평가의 여섯 단계는 무엇인가?

학습목표 10–7 직원 보상 프로그램의 목적과 급여 시스템 및 부가 급부(fringe benefit)에 대해 요약할 수 있다.

직원들의 보상: 최상의 직원 유인 및 유지

기업들은 고객들에 대하여만 경쟁하는 것은 아니라 직원들에 대하여도 경쟁한다. 보상은 능력 있는 직원들을 유인하기 위하여 사용되는 주된 마케팅 도구 중 하나로 많은 조직에서 가장 비용이 많이 드는 것 중 하나이다.

주의 깊게 관리되는 보상과 혜택 프로그램은 아래와 같은 여러 목표를 달성할 수 있게 한다.

- 조직에 필요한 사람들을 충분히 유인한다.
- 직원들에게 효과적으로 그리고 높은 생산성으로 일하도록 인센티브를 제공한다.
- 가치 있는 직원들이 경쟁자들에게 가거나 경쟁 회사를 설립하지 않도록 유지해준다.
- 일자리를 만족스럽게 하여 생산성을 높이면 비용이 낮아 시장에서 경쟁력이 유지된다.
- 직원들에게 보험과 은퇴 혜택을 통하여 재정적 안전성을 제공한다.

급여 시스템

많은 회사들은 에드워드 헤이(Edward Hay)에 의해 고안된 헤이(Hay) 급여 시스템을 사용하고 있다. 이 보상 계획은 일의 계층들에 기본을 두며 각 일의 계층에는 엄격한 급여 범위가 있다. 이 시스템은 지식, 문제해결 그리고 책임이라는 세 가지의 핵심 요소를 기반으로 하여 만들어졌다.

오늘날 가장 일반적으로 사용되는 급여체계는 시장 기반(market-based)이다.[20] 시장 기반 급여체계를 사용하는 기업은 조직 내에서의 직급과 관계없이 일자리의 시장 가치에 비례하여 보상한다. 기업은 다른 기업이 지불하는 금액을 알아본 뒤에 그와 동일하거나, 더 많거나, 더 적게 지불하기로 결정한다. 예를 들어, 시장의 관점에서는 숙련된 기술 인력의 수요가 많고 공급이 부족하기 때문에 특정 정보기술(IT) 인력이 관리자보다 더 많은 급여를 받아야 한다고 제안할 수 있다.[21]

조직이 직원들에게 급여를 지급하는 방식은 효율성과 생산성에 큰 영향을 미칠 수 있다. 따라서 경영자들은 직원들에게 공정하게 보상할 수 있는 시스템을 찾는다. 그림 10.5는 가장 보편적인 급여 시스템들을 약술한 것이다. 여러분은 무엇이 가장 공평한 시스템이라고 생각하는가?

부가 급부

부가 급부(fringe benefits)는 직원들에게 기본임금 이상으로 추가적인 보상을 제공하는 병가, 유급 휴가, 연금제도 및 의료보험제도를 포함한다. 부가 급부는 최근 수년간 임금보다 더 빠르게 성장하였다. 사실, 직원 이익은 더 이상 '부가'로 여겨질 수 없다. 1929년도에는 그와 같은 이익이 지불 급여 총액의 2% 이하로 계산되었지만, 근래에는 지불 급여 총액의 약 38%에 이른다.[22] 직원의 건강 관련 비용은 치솟았고, 이에 따라 직원들은 보수의 많은 부분을 지불해야만 했다. 많은 직원들은 높은 세금을 피하기 위하여 더 많은 봉급보다는 더 많은 부가 급부를 요청한다. 이것은 많은 논쟁을 야기하였으며 당국의 많은 조사가 행해졌다.

부가 급부
직원들에게 기본 임금 이상으로 추가적인 보상을 제공하는 병가, 유급 휴가, 연금제도 및 의료보험 제도와 같은 급부

부가 급부에는 휴양 시설, 회사 자동차, 골프클럽 회원권, 할인 마사지, 특별 주택 모기지(home-mortgage)율, 유급 및 무급 안식년, 주간 탁아 서비스, 임원 만찬실 등이 포함될 수 있다. 직원들은 치과 치료, 정신과 치료, 웰니스 프로그램, 노인 예방 진료, 법률 컨설팅, 안과 치료와 짧은 주당 노동시간이 포함된 패키지를 원한다.[23] 밀레니얼 세대를 대상으로 하는 새로운 두 가지 부가 급부로는 학자금 대출 지원과 저금리 대출 지원이 있다.[24]

포춘의 '일하고 싶은 100대 기업들' 목록에 있는 다수의 회사들은 우수한 직원들을 유지하는 데 많은 유인이 필요하다는 것을 알고 있기 때문에 소위 소프트 혜택(soft benefit)을 제공하고 있다. 소프트 혜택은 근면한 직원들이 업무의 본질만큼이나 중요하다고 여겨지는 일과 가족 생활 간의 균형을 유지하는 데 도움을 준다. 이와 같은 부수입에는 현장 이발, 구두 수선, 아파트 관리 서비스 및 무료 조식과 같은 것들이 포함된다. 직원들이 심부름이나 자질구레한 일에서 자유로워지면

그림 10.5 급여시스템

급여(salary)

주단위, 격주단위, 혹은 월 단위로 계산된 고정 급여이다(예시: 월별 1,600달러 혹은 주당 400달러). 급여 직원은 추가로 근무하는 시간에 대해 추가적인 급여를 받지 않는다.

시간제 직원 혹은 일당 직원(hourly wage or daywork)

급여가 몇 시간 혹은 근무한 일을 기준으로 계산되며 대부분의 블루칼라 혹은 사무직 직원들에 적용된다. 종종 직원들은 업무를 하기 위해 도착한 시간과 떠난 시간을 시간표에 기입해야 한다. 시간당 급여 수준은 매우 다양하다. 미국 정부에서 지정한 최소 임금은 시간당 7.25달러이며, 최고 수준의 급여는 시간당 40달러 이상으로 갈 수도 있다. 이러한 급여는 전체 급여의 30% 이상을 추가할 수 있는 퇴직 급여와 같은 혜택은 포함하지 않는다.

성과급제(piecework system)

시간이나 일에 따라 급여를 제공하지 않고, 성과에 따라 급여를 제공하는 경우. 이러한 급여는 직원들이 효율적이고 생산적으로 일할 수 있는 강한 동기부여를 준다.

커미션 제도(commission plans)

판매량에 비례하여 커미션 형태로 급여를 주는 제도. 판매직원을 보상하기 위해 종종 이용되며, 동기부여 차원에서 성과급제와 유사하다.

보너스 제도(bonus plans)

어떤 목표를 달성하거나 초과 달성시 수여되는 추가 급여. 두 가지 형태가 있다. 금전적인 보너스와 비금전적인 보너스. 금전적인 보너스는 언제나 환영받는 방식이다. 비금전적인 보너스는 직원의 가족들에게 보내지는 감사 편지, 영화 티켓, 꽃, 임시 휴가, 상품권, 쇼핑 쿠폰 등의 형태로 제공된다.

이익분배(profit-sharing plans)

연간 보너스는 기업이 창출한 이익에 기반하여 직원들에게 제공된다. 개별 직원들에게 미리 정해져 있는 퍼센티지에 입각해 제공된다. 이익 분배는 성과 기반 급여의 가장 흔한 형태로 이용된다.

목표달성분 배분(gain-sharing plans)

직원에게 제공되는 연간 보너스는 품질 목표나 고객 만족도 혹은 생산 목표 등 구체적인 목표를 달성한 것에 기반한다.

스톡옵션(stock options)

구체화된 기간 동안 구체화된 가격으로 회사의 주식을 살 수 있는 권리. 이러한 권리는 주가가 크게 올랐을 때에도 싸게 회사 주식을 살 수 있는 권리를 준다. 예를 들어, 만약 직원이 회사에 근무하는 동안 직원이 만 주의 회사 주식을 10달러에 살 수 있는 스톡옵션 권리를 받았는데, 만약 회사 주가가 주당 100달러로 올랐을 때, 직원은 스톡옵션 권리를 활용해 만 주 (백만 달러에 상응하는 가치)를 십만 달러에 살 수 있다.

가족과 일에 더 많은 시간을 낼 수 있다. 생명기술 기업인 제넨테크(Genentech)는 심지어 강아지 미용이나 사내 농산물 시장까지도 제공한다.

한때, 대부분의 직원들은 비슷한 형태의 부가 급부를 선택했었다. 그러나 요즘은 직원들 중 몇몇은 육아혜택을 원하지만 다른 직원들은 비교적 많은 연금 혜택을 원할 수도 있다. 직원들의 더 많은 요구에 대응하기 위하여 많은 대형 기업들 직원들에게 **자유롭게**

자유롭게 선택할 수 있는 부가 급부
직원들이 자기가 원하는 혜택을 특정 금액까지 마음대로 선택할 수 있는 부가 급부 계획

우리의 경계를 넘어 국제적 인력관리

국제적 인력의 인적자원 관리는 조직이 운영되는 모든 국가의 개별 관습, 법률 및 지역 사업의 요구사항을 이해하는 데서 시작된다. 국가별로 다른 문화와 법률 기준은 다양한 인적자원 기능에 영향을 미칠 수 있다.

- **보상** 임금은 외화로 환산해야 한다. 대체로 국제 업무를 담당하는 직원은 거주 이전, 자녀 교육, 주거, 여행 및 기타 업무관련 비용에 대한 특별 수당을 받는 경우가 많다.
- **헬스케어 및 연금 기준** 혜택에 대한 사회적 맥락은 국가마다 서로 다르다. 네덜란드에서는 정부가 퇴직소득과 헬스케어 서비스를 제공한다.
- **유급휴가** 많은 유럽 고용주들의 기준은 4주의 유급휴가이다. 그러나 다른 많은 나라들은 병가, 개인 휴가, 가족 및 의료 휴가 등 미국에서 제공되는 단기 및 장기 휴가 정책을 가지고 있지 않다. 글로벌 기업들은 휴가의 정의를 명확히 하여 표준화시킬 필요가 있다.
- **세금** 나라마다 과세 규정이 다르며 임금 지급을 담당하는 부서는 각 나라 규정에 맞게 일을 처리해야 한다.
- **커뮤니케이션** 직원들이 해외로 파견을 나가야 할 경우 본국과 단절된다는 느낌을 많이 받는다. 여러 최신 기술은 멀리 떨어져 있는 직원들이 직접적인 접촉을 유지하고 있다고 느끼도록 돕는다.

기업들은 종종 화상 회의를 통해 직원들이 서로 얼굴을 맞대고 대화할 수 있도록 한다.

본국의 인적자원 정책은 다른 나라와 문화의 조건, 관행에 의해 점점 더 많은 영향을 받고 있다. 인적자원 관리자들은 자신과 조직 전체가 해외의 문화 및 비즈니스 관행에 민감하게 반응하도록 노력할 필요가 있다.

출처: Nicole Sahin, "Five Ways to Make It Easy to Engage a Global Workforce," Forbes, February 12, 2019; Sophie Ireland, "5 Challenges CEOs Face When Building a Global Workforce and How to Solve Them," CEOWorld, February 25, 2019.

선택할 수 있는 부가 급부(cafeteria-style fringe benefit) 제도를 제공하고 있다. 이 제도 하에서는 직원들이 자기가 원하는 혜택을 특정 금액까지 마음대로 선택할 수 있다. 인적자원 관리자들은 이를 통해 직원들에게 선택의 기회를 제공함으로써 그들의 요구를 공정하고 비용 효율적으로 충족시킬 수 있다.[25]

혜택 프로그램을 위한 행정 비용이 너무 높아짐에 따라, 다수의 회사들은 이 기능을 아웃소싱하고 있다. 즉, 그들의 직원 혜택 제도를 운영하기 위하여 외부 회사를 고용한다. 직원들이 다른 나라에서 근무하고 있을 때는 혜택에 관한 관리가 특히 복잡해질 수 있다. '우리의 경계를 넘어' 글상자에서 세계적 규모의 비즈니스가 직면한 새로운 인적자원 문제에 대하여 논의하고 있다. 간단히 말해, 혜택은 요즈음 임금 협상과 리크루팅에 있어서 봉급만큼이나 중요하다. 앞으로는 봉급보다도 더 중요할 수 있다.

쿵푸팬더(Kung Fu Panda)의 개발에 힘썼던 드림웍스 스튜디오(DreamWorks Studios)의 직원들은 공짜 조식이나 점심, 오후 요가 수업이나, 공짜 영화 감상이나, 회사 내 미술 수업이나, 월간 파티 등의 시간들을 좋아한다. 이러한 부가적 급부(fringe benefits)가 직원의 업무 성과에 어떠한 영향을 미칠까?

학습목표 10-9 관리자들이 직원들의 요구에 맞추기 위해 사용하는 일정 조정 제도에 대해 기술할 수 있다.

조직과 직원의 요구에 부응하기 위한 직원들의 근무시간

업무현장에서의 트렌드와 교통비용의 증가는 직원들이 업무 스케줄의 보다 유연한 관리를 추구하도록 이끌었다. 근무시간 자유 선택제도(flextime plans), 재택근무 및 업무공유 제도(job sharing plans)는 직원들이 원하는 중요한 혜택이 되었다.

근무시간 자유선택제도

근무시간 자유선택제도
직원들에게 일정 근로시간만큼 일한다면, 어떤 시간에 일할지를 선택하는 자유를 주는 근로 스케줄

반드시 근무해야 하는 시간대
근무시간 자유선택제도에서 모든 직원들이 업무 장소에 있을 것으로 예상되는 시간대

근무시간 자유선택제도(flextime plan)는 직원들에게 일정 근로시간만큼 일한다면 어떤 시간에 일할지를 선택하는 자유를 주는 제도이다. 통상적으로 근무시간 자유 선택제도는 **반드시 근무해야 하는 시간대(core time)**를 포함하게 될 것이다. 반드시 근무해야 하는 시간대는 모든 직원들이 업무 장소에 있을 것으로 예상되는 시간대를 말한다. 근무시간 자유선택제도는 직원들이 업무와 가정의 균형을 조정할 수 있도록 한다. 맞벌이 가족들에게는 특히 더 도움이 된다. 선 마이크로시스템즈(Sun Microsystems)와 같은 회사들은 근무시간 자유선택제도가 직원의 생산성과 사기를 북돋운다는 것을 알고 있다.33)

근무시간 자유선택제도는 모든 조직들을 위한 것은 아니다. 근무시간 자유선택제도에는 실질적인 단점들이 있다. 예를 들면, 이 제도는 모든 사람이 같은 시간에 일을 해야 하는 조립라인 공정들에는 적합하지 않다. 근무시간 자유선택제도의 다른 단점은 관리자들이 종종 직원들을 돕고 감독하기 위하여 더 많은 시간 동안 일을 해야 한다는 것이다. 몇몇 조직들은 근무시간 자유선택 제도가 오전 6시부터 오후 6시까지 운영된다. 이것은 감독자에게는 긴 시간이다. 근무시간 자유선택제도는 의사소통을 더 어렵게 만든다. 어떤 사람이 특정 직원들에게 말을 해야 할 필요가 있을 때 그들이 그 자리에 없을

재택근무는 직원들에게 본인들의 업무 시간과 개인적인 업무 시간을 자유롭게 설정하도록 해준다. 업무에 집중하고 다른 일들에 집중이 분산되지 않기 위해서는 스스로 자기 훈련이 되어 있어야 한다. 당신은 재택근무를 할 수 있을 만큼 자기 훈련이 되어 있다고 생각하는가?

그림 11.7 재택근무의 장점과 단점

재택근무(컴퓨터 단말기를 집에다 두고 하는 telecommuting이라고도 알려져 있다.)는 조직 및 개인은 물론이고 전체적으로 사회에 많은 장점과 단점을 제공한다.

	장점	단점
조직	• 적은 병가, 적은 부재, 높은 직무 만족도와 높은 업무 성과를 통해 생산성을 높임. • 업무 가능한 유능한 직원 풀을 넓힘. • 회사 내 사무실 공간을 제공해야 하는 비용 절감 가능	• 업무 성과를 평가하는 것이 더 어려워짐. • 회사 내 네트워크 형성이나 팀의 화합에 부정적인 영향을 미침. • 업무 분담을 복잡하게 함(회사 내 문서와 회사 내 연락처 등을 회사 외부로 반출되게 끔 해도 되는가?).
개인	• 출퇴근 시간을 절약함으로써 일과 가정에 필요한 시간을 더 벌 수 있음. • 출퇴근용 옷을 사고 유지하는 비용을 절감할 수 있음. • 회사 내 정치 싸움을 피할 수 있음. • 일과 가정의 균형을 유지함. • 장애를 가진 이들의 고용 기회를 확대함.	• 사회적 네트워크로부터 고립되는 느낌을 갖게 됨. • 시야에서 멀어짐으로써 승진이나 다른 보상에 관한 불안감을 갖게 함. • 기업 문화를 배우는 기회가 제한됨으로써 개인의 회사 내 영향력을 축소시킴.
사회	• 교통 정체를 줄일 수 있음. • 커뮤니티 내 범죄를 줄일 수 있음. • 커뮤니티 내 네트워크 형성을 구축할 수 있는 시간을 증대시킴.	• 주거 단지에 회사 관련 일들이 벌어지는 것을 막기 위한 규제 문제를 해결하려는 니즈가 커짐. • 개인적으로, 친근한 방법으로 다른 사람들과 사회적 교류할 수 있는 능력을 저하시킴.

수도 있기 때문이다. 더구나 주의 깊게 감독하지 않으면, 몇몇 직원들은 이 제도를 악용할 수 있으며 그것은 다른 사람들을 화나게 할 수 있다.

또 다른 대안은 **압축된 주 근로시간**(compressed workweek)이다. 이것은 직원이 표준적인 근로시간을 꽉 채워서 일하되, 표준근무 일수보다 적은 근무일수 내에서 하는 것을 말한다. 예를 들면, 어떤 직원은 하루 8시간 일하고 평상시처럼 주말을 보내는 대신 하루 10시간 일하고 더 긴 주말을 보낼 수도 있다. 단지 4일간만 일하고 3일간 휴식을 취하는 것은 분명한 장점을 가지고 있다. 그러나 몇몇 직원들은 그렇게 긴 시간 동안 일할 경우 지치게 되고 따라서 생산성이 떨어질 수 있다. 그러나 많은 직원들은 이와 같은 제도가 큰 혜택이라는 것을 알고 있으며 이 제도에 대하여 매우 좋아한다. 간호사들은 압축된 주 근로시간제도를 자주 선택한다.

압축된 주 근로시간
직원이 보통 근무해야 할 주당 근무일수보다 적은 근무일수 안에서 주당 일해야 하는 근로시간을 꽉 채워서 일하는 것을 허용하는 근로 스케줄

재택근무

재택근무 직원들은 그들의 시간을 선택할 수 있고 육아나 다른 일을 위하여 근로를 일시

중지할 수 있으며 여러 개인적인 일로 시간을 보낼 수 있다. 그러나 집에서 일하는 것은 모든 사람에게 해당되지는 않는다. 재택근무가 성공하려면 근로자는 일에 집중하고 쉽게 마음이 산만해지지 않아야 한다는 원칙을 가지고 있어야만 한다.3

재택근무(home based work)는 결근을 줄이고 생산성을 높이며 비용을 절감할 수 있기 때문에 고용주들에게도 이득이 될 수 있다. 어떤 연구결과에 따르면, 재택근무를 한 직원들이 회사에 출근하여 일한 직원들보다 더 생산적이고, 더 많은 일을 처리했으며, 더 오랜 시간 일하고, 휴식은 적게 취하며, 병가도 적게 사용하는 것으로 나타났다. 이들은 정기적으로 출근하는 사람들보다 행복도는 높고 퇴사율은 낮았다.[26]

그림 10.6은 재택근무의 조직적, 개인적, 사회적 장단점을 요약한 것이다.

업무공유 제도

업무공유
두 사람의 비상근 직원들이 한 개의 전일제 업무를 공유하도록 하는 조정

업무공유(job sharing)는 두 사람의 비상근 직원들이 한 개의 전일제 업무를 공유하도록 조정하는 것이다. 그 혜택들은 다음과 같다.

- 전일제로 일을 할 수 없거나 이를 선호하지 않는 사람들에게 고용기회 확대
- 높은 수준의 열의 및 생산성
- 장기 결근 및 지각의 감소
- 비상근 직원들을 이용할 수 있을 경우 최대 수요기간(예를 들면, 월급날의 은행)에 사람들의 일정을 조정할 수 있는 기능
- 경험 있는 사람들이 이 제도가 없을 경우 떠나는 것을 방지

단점으로는 2배 더 많은 사람들을 고용하고 훈련하며 동기를 부여하고 감독하여야 하며 부가 급부를 분배하여야 한다는 것이다. 그럼에도 불구하고, 처음에는 업무공유제도 시행을 꺼리던 대부분의 회사들이 이에 따른 장점이 단점보다 많다는 것을 알게 되었다.

시험 준비

- 여러분은 다섯 가지 직원 보상 기술을 말할 수 있는가?
- 이익분배와 같은 보상 제도가 조직에 어떤 장점들을 줄 수 있는가?
- 근무시간 자유선택제의 장점과 단점은 무엇인가? 재택 근무는? 업무 공유는?

학습목표 10-10 직원들이 승진, 재배치, 면직 및 은퇴 등 회사내 이동 형태에 대해 기술할 수 있다.

직원들의 승진, 이동 및 퇴출

직원들은 자신들이 고용된 맨 처음 자리에 항상 머물러 있지 않는다. 그들은 남을 능가하여 승진하기도 하고 실패하여 퇴출되기도 한다. 승진(move up)이나 면직에 의한 이동(move over)에 더하여 직원들은 재배치나 은퇴에 의하여도 이동될 수 있다. 물론, 직

원들은 회사를 떠나거나(move out) 다른 회사로 감으로써 스스로 이동하는 것을 선택하기도 한다.

직원들의 승진 및 재배치

많은 기업들이 회사 내부 승진은 직원의 사기를 향상시킨다는 것을 알고 있다. 승진된 직원들은 이미 기업 문화와 기업의 절차에 익숙하므로 기본적인 오린엔테이션에 귀중한 시간을 소모할 필요가 없다는 점에서 승진은 비용대비 효과가 높다.

수평적인 조직구조의 증가로(7장을 참고) 직원들이 올라갈 수 있는 자리가 예전에 비해 줄어들었다. 그러므로 요즈음은 직원들이 승진하는 경우보다 새로운 자리로 이동하는 것이 더 보편적이다. 이와 같은 이동은 직원들이 새로운 기능을 개발하고 능력을 발휘하게 해주며 회사 전반에 대하여 더 많이 배울 수 있게 해준다. 재배치는 승진 기회가 거의 없음에도 불구하고 경험 있는 직원들이 회사에 남아 있도록 동기부여하는 한 방편이다.

직원들의 면직

앞 장에서 논의한 바와 같이 끊임없는 세계적 규모의 경쟁과 기술의 변천, 고객들의 더 큰 가치 요구 및 불안정한 경제적 환경은 인적자원 관리자들로 하여금 면직 또는 해고를 두고 고심하도록 한다.

한때 미국에서 유행한 고용 원칙은 '뜻대로 하는 고용(employment at will)'이었다. 이것은 직원들이 자의에 의하여 퇴직할 수 있는 자유만큼 관리자들이 직원들을 해고할 수 있는 자유를 가지고 있다는 뜻이다. 요즈음 대부분의 주에서는 직원들을 잘못된 해고로부터 보호하기 위하여 뜻대로 하는 원칙을 제한하는 문서화된 고용관련 법을 가지고 있다. 소수 집단 혹은 보호 집단에 속한 직원들은 평등고용 관련 법률의 보호를 받을 수 있다. 미국에서는, 불법 약물을 복용했다는 이유로 해고된 직원들이 그들이 중독이라는 질병을 앓고 있었다는 근거를 제시하여 장애인 차별금지법에 호소하여 기업을 고소한 경우도 있었다. 선의를 기반으로 한 입법은 직원들의 업무에 대한 권리를 강화함으로써 경영진이 직원들을 해고할 권리를 제한해 왔다.

경제 위기가 점차 고조됨에 따라 경영자들은 더 많은 직원들을 해고해야 하는 상황에 처했다. 여러분은 경제가 회복되면 경영자들이 전일제 직원들을 재고용할 것이라고 생각하는가? 왜 그렇게 생각하는가? 그밖에 경영자들은 어떠한 다른 대안을 갖고 있는가?

직원 은퇴

회사 규모를 축소하고자 하는 기업들은 종종 조기은퇴 혜택을 제공함으로써 고참(그리고 임금이 더 높은) 직원이 은퇴하도록 유도하곤 한다. 그와 같은 혜택에는 몇몇 회사에서 고액퇴직금(golden handshakes)이라 불리는 일시불 현찰 급여와 같은 재정적 인센티브가 포함된다. 조기은퇴를 제안하는 것이 직원들을 해고하는 것보다 더 유리한 점은, 조기은퇴가 잔류한 직원들의 사기를 올린다는 것이다. 고참직원들을 조기은퇴시키는 것은 젊은 직원들의 승진 기회를 증가시킨다.

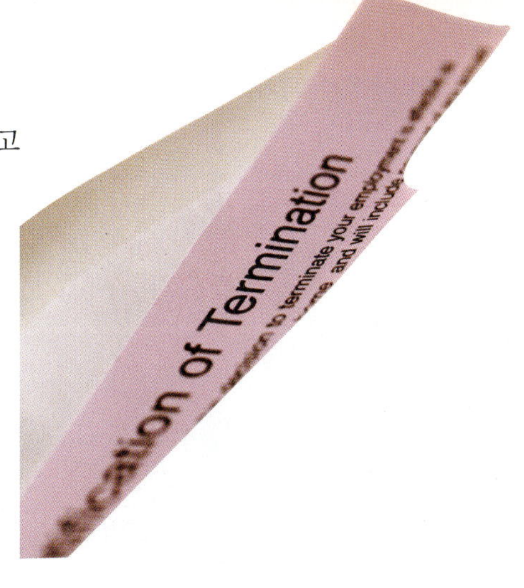

가치 있는 직원의 상실

재능 있는 직원을 유지하기 위해 한 회사가 노력하였음에도 불구하고 몇몇 직원들은 다른 곳에서 새로운 기회를 추구한다. 그들이 이직하는 이유에 대하여 아는 것은 미래에 다른 좋은 사람을 잃는 것을 방지하는 데 있어 큰 의미가 있다. 직원들 이직의 진정한 이유를 학습할 수 있는 한 방법은 제3자(그 직원의 직속 관리자가 아닌)가 출구 인터뷰를 하는 것이다. 제3자는 상관 앞에서 솔직하게 말하기 힘들어 하는 직원들에게 조사 결과가 솔직하게 나타날 수 있도록 기밀성과 익명성을 보장할 수 있다. 요즈음에는 직원의 출구 인터뷰 자료를 취합하고 추적하며 통계적으로 분석하고, 잔류하는 것이 왜 불편한가에 대한 이유를 밝힌 보고서를 웹을 바탕으로 작성하는 관리시스템이 있다. 그와 같은 프로그램은 어떤 부서에서 이직이 일어날 것인가에 대한 예측을 위해 출구 인터뷰 자료를 직원 만족도 조사와 병용할 수도 있다.

오프보딩(offboarding)은 직원의 퇴사에 관한 프로세스다. 해고든 사직이든 퇴직이든, 회사를 떠나기 전에 처리해야 할 부분이 있다. 여기에는 임금 지급, 보험, 부가 급부의 중간 정산과 퇴사 인터뷰, 업무 및 문서의 인수인계 그리고 회사 소유의 모든 물품을 반환하는 절차가 포함된다.

최고의 직원들을 고용하고 그들을 보유하는 것은 경쟁적 세계 기업 환경에서 살아남기 위한 열쇠가 된다.

학습목표 10-11 노사 갈등 해결방법을 포함하여 노동자를 대표하는 노동조합의 역할에 대해 설명할 수 있다.

노사관계 관리

산업혁명의 기술적 업적이 여러 나라에서 새로운 제품을 출시하고 많은 산업에서 육체적 노동에 대한 필요성을 줄여주었으나, 저임금과 장시간의 근로시간이 요구되면서 근로자들에게 노동생산성 향상에 대한 압박을 가하게 되었다. 이러한 상황이 20세기로 접어들면서 노동조합이 탄생하게 된 계기가 되었음을 여러분은 이해할 수 있는가?

직원과 경영진 관계에서의 주요 안건 중 하나는 노동조합(혹은 노조)과 관련된 것이다. 노동자(비관리직 근로자를 총칭)는 공정하고 유능한 경영, 인간의 존엄성, 그리고 노동이 창출하는 가치의 합리적인 배분에 관심이 있다. 노동조합은 일자리와 관련된 문제에 대한 직원-경영자 협상에서 조합원을 대표하는 것이 주된 목표인 피고용자 조직이다.

우리는 종종 조합원을 건설이나 제조업과 같은 민간 부문의 노동자로만 생각한다. 그러나 실제로 미국 전체 노조 가입 근로자 1,470만 명 중에서 공공부문 조합원(교원, 소방공무원 등 정부 소속으로 근무하는 근로자)이 720만 명으로,[27] 민간 부문의 가입율은 6.4퍼센트에 그친 데 비해 공공부문 노조 가입율은 34퍼센트에 육박한다.[28]

근로자들은 원래 감당할 수 없을 정도로 열악한 근로 조건과 부당한 대우로부터 스스로를 보호하기 위해, 또 일종의 고용 안정을 얻기 위한 목적으로 노동조합을 결성했다. 민간노조 조합원의 수가 증가함에 따라 노동자들은 경영자에 대한 협상력과 정치력을 강화할 수 있게 되었다. 예를 들어 최저임금법, 초과근무수칙, 근로자보상금, 퇴직금, 아동

중소기업에 대한 조명

노동운동을 불러일으킨 화재

뉴욕의 어느 따뜻한 봄날인 1911년 3월 25일 트라이앵글 셔츠웨이스트 회사(Triangle Shirtwaist Company)에서 수백 명의 젊은 여성들(13–23세)이 바쁘게 일하던 와중에 생각할 수도 없는 일이 일어났다. 당시 공장주들은 화재 경고 전화를 받고 탈출했지만 노동자들은 운이 좋지 않았다. 불이 8층에서 9층, 그리고 곧 10층까지 번지자 공포에 질린 여성들은 안전한 곳으로 피하고자 뛰어야했다. 하지만 그들은 가장 중요한 문이 잠겨, 자신들이 불 속에 갇혔다는 사실을 발견했다. 이후 열린 재판에서 도난 방지를 위해 문이 잠겨 있었다는 의견이 제기됐다. 약 15분간 지속된 화재로 146명의 근로자들이 사망했다. 많은 노동자들이 불에 타 죽었고, 어떤 이들은 목숨을 운명에 맡긴 채 옷이 불타는 상황에서 손을 모으고 뛰어내리기도 했다. 이 화재는 조직적인 노동운동을 위한 시금석이 되었고, 사업장의 변화에 대한 지지를 불러일으켰다.

트라이앵글 셔츠웨이스트 참사 이전, 노동자들은 더 높은 임금, 더 짧은 근무 시간(당시 주당 평균 근로시간은 60–80시간 정도였다), 더 안전한 직장 환경을 요구하며 파업을 단행했었다. 불행하게도 여론은 그들을 지지하지 않았다. 참사 이후 국제여성의류노동자연합(ILGWU)은 참여인원이 크게 늘고 대중의 지지를 확보했다. 오늘날 노동계 지도자들은 트라이앵글 화재야 말로 노조가 미국 직장환경의 균형을 유지하는 데에 중요한 이유를 보여주는 증거라고 말한다. 미국 뉴욕에서 열린 화재 100주년 기념 추모식에서 노동계 지도자들은 노동자들에게 현대의 노동운동이 소멸되지 않도록 해달라고 호소했다. 1950년대에 미국의 민간부문 노동자의 36퍼센트가 조합원이었던 데 반해 오늘날에는 6.4퍼센트에 불과하다는 사실은 믿기 어려울 정도다.

출처: Triangle Shirtwaist Factory Fire Memorial, trianglememorial.org, accessed March 2019; Emily Bass, "The Value of Remembering Dead Workers," Tablet Magazine, February 12, 2019; Cydney Adams, "March 25, 1911: Triangle Fire Tragedy Kills 146 Factory Workers," CBS News, March 25, 2016; Peter Liebhold, "Why the Triangle Shirtwaist Factory Fire Makes for a Complicated History," Smithsonian, December 17, 2018: Patrick J. Kiger, "How the Horrific Tragedy of the Triangle Shirtwaist Fire Led to Workplace Safety Laws," History, history.com, March 27, 2019.

노동법, 직업안전규정 등의 제정에는 노조의 역할이 컸다. 노조가 한때 가졌던 경제력과 정치력을 지금은 상당 부분 상실하고 가입율도 줄었지만(특히 민간노조에서), 여전히 미국 내 일부 지역에서는 상당한 역할을 하고 있다.

노사 간 불화 해결

근로계약서는 노사 간의 업무 관계에 대한 지침이 된다. 그러나 합의한 내용을 해석할 때 이견이 있기 때문에 양측 간 협상은 끝나지 않을 수 있다.

고충처리란 경영진이 근로계약 조건을 준수 또는 이행하지 않는다는 취지로 직원이 청구하는 것이다. 초과근무 규칙, 승진, 정리해고, 전근 및 직무할당이 일반적으로 직원 불만사항의 원인이 된다. 이 문제들을 다루려면 노조 간부들과 경영자 간 많은 접촉이 필요하다. 그러나 고충을 토로한다고 해서 반드시 기업이 법이나 근로계약을 어긴 것으로 간주하지는 않는다. 실제로 대부분의 고충은 노조에서 상시 근무하며 직원의 이익을 대변하는 노조 간부와 감독급 관리자에 의해 협상을 거쳐 해결된다.

노사 협상단이 단체교섭을 통해 합의점을 찾지 못하면 어느 한쪽이나 양쪽이 협상 입

2016년에 미국 통신노조는 임금인상과 일자리를 확충하기 위한 목적으로 버라이존 와이어리스를 상대로 파업을 하였다. 노조는 7주동안 작업을 중단하는 파업의 결과로 1,400여개의 새로운 일자리를 마련하였고 최대 10%의 임금인상을 이끌어 내었다. 이러한 성공적인 파업으로부터 다른 노동조합은 어떤 교훈을 배울 수 있을까?

지를 강화하기 위해 여론을 동요시키는 등의 전술을 구사하기도 한다.

파업
교착상태에 빠진 단체교섭의 돌파구를 마련하여 노동자들의 목적을 달성할 목적으로 노동자들이 작업을 거부하는 노동조합의 전략

1차 보이콧
노사분규를 벌이고 있는 회사의 제품이나 서비스를 이용하지 말 것을 해당 회사의 노조측이 해당 회사의 노조측이 조합원과 일반 대중 모두에게 촉구하는 경우

2차 보이콧
1차 보이콧 대상인 회사와 거래를 중단하도록 해당 회사의 노조측이 다른 회사나 당사자들을 설득하려는 경우. 태프트-하틀리법에 의해 금지됨.

노동조합 측 전략

- **파업**은 근로자들이 집단으로 출근을 거부할 때 발생한다. 파업은 가장 강력한 노조측의 전술로 여겨져 왔다. 근로자들은 파업을 통해 노동쟁의에 대한 대중의 관심을 모으며, 회사의 운영이 느려지게 하거나 완전히 중단되게 할 수도 있다.
- **1차 보이콧**(불매운동)은 노사분규를 벌이고 있는 회사의 제품이나 서비스를 이용하지 말 것을 해당 회사의 노조측이 조합원과 일반 대중 모두에게 촉구하는 경우를 말한다.
- **2차 보이콧**은 1차 보이콧 대상인 회사와 거래를 중단하도록 해당 회사의 노조측이 다른 회사나 당사자들을 설득하려는 시도이다. 1차 보이콧의 경우 노조가 합법적으로 허가할 수 있지만, 2차 보이콧을 시도하는 것은 불법이다. 예를 들어, 노조가 소매 체인에 대한 2차 보이콧을 시작할 수 없는데, 이는 소매체인의 소속 점포들이 1차 보이콧의 대상이 되는 회사의 제품을 판매하기 때문이다.

락아웃
사측이 작업공간을 임시 폐쇄하여 노조원들에게 압력을 가하려는 시도

가처분명령
어떤 행동을 하도록 하거나 하지 못하도록 하는 법원의 명령

파업차단자
노사분규가 해결될 때까지 파업하는 직원들의 일을 대신하기 위해 고용된 노동자들

경영진 측 전략

- **락아웃(lockout)**은 사측이 작업공간을 임시 폐쇄하여 노조원들에게 압력을 가하려는 시도다. 경영진은 이 방법을 거의 사용하지 않는다. 경영진은 주로 지나친 노동 요구에 대응하기 위해 가처분명령과 파업차단자 전략을 사용하는 경우가 많다.
- **가처분명령**은 법원의 명령으로 어떤 행동을 하도록 하거나 하지 못하도록 하는 것이다. 경영진은 파업 중인 근로자들에게 다시 일을 하도록 명령하거나 파업 중 피켓의 수를 제한하거나, 그렇지 않으면 공공 복지에 해를 끼칠 가능성에 대한 모든 조치를 취하도록 하는 가처분명령을 요청한다. 법원이 가처분명령을 내리려면 경영진이 폭력이나 사유재산 파괴 가능성 등 정당한 근거를 제시해야 한다.
- **파업차단자**는 노사분규가 해결될 때까지 파업하는 직원들의 일을 대신하기 위해 고용된 노동자들이다.

조정
분쟁에서 양측이 협상을 계속하도록 장려하고 문제 해결을 위한 제안을 하는, 조정자라 불리는 제3자를 이용하는 것

조정과 중재 노사 협상단이 난관에 봉착할 경우 조정이 필요할 수 있다. **조정**이란 분쟁에서 양측이 협상을 계속하도록 장려하고 문제 해결을 위한 제안을 하는, 조정자라 불리

는 제3자를 이용하는 것이다. 조정자가 분쟁의 사실관계를 평가한 후 제시하는 것은 최종 결정이 아닌 제안에 속한다는 점을 기억해야 한다.

갈등을 해결하기 위해 사용되는 보다 극단적인 방안은 **중재**로, 노동쟁의에서 구속력 있는 결정을 내릴 만한 공정한 제3자(단일 중재자 또는 중재위원회)를 불러들이는 것에 양측이 합의하는 것이다. 중재자는 노사 모두가 수용할 수 있는 대상이어야 한다.

중재
노동쟁의에서 구속력 있는 결정을 내릴 만한 공정한 제3자(단일 중재자 또는 중재위원회)를 불러들이는 것에 양측이 합의하는 것

민간과 공공부문 노조 조합원들 모두 과거의 협상에서 얻어낸 잔여 임금과 부가 급부 혜택을 유지하는데에 어려움을 겪고 있다. 미국 내 많은 주들과 도시들이 심각한 부채 문제에 직면하고 있는 가운데, 정부 관리들은 비용, 특히 인건비를 줄이려고 노력하고 있다. 그러나 공공부문 노조가 있는 주들은 노조와의 사전 합의로 인해 인건비 절감 수준이 제한되고 있는 것이다. 민간노조는 경영진과 협력하는 새로운 역할을 맡아 노동자를 양성하고, 일자리를 재설계하며, 변화하는 노동력을 새로운 서비스 및 지식 경제의 일자리 요건에 맞추는 역할을 해야 할 것이다. 노사가 이러한 당면 과제를 어떻게 함께 처리하느냐가 노조의 미래를 결정짓게 될 것이다.

시험 준비

- 근로계약에서 일반적으로 다루는 몇 가지 이슈는 무엇인가?
- 노조와 경영진이 계약 협상에서 상대에 압력을 가하기 위해 사용하는 주요 전략은 각각 무엇인가?

요약하기

학습목표 10-1 인적자원 관리의 중요성과 인적자원 관리에 대한 현재의 이슈들을 설명할 수 있다.

- **인적자원 분야에서 현재의 도전과 기회는 무엇인가?**
  현재의 도전과 기회 중 많은 것은 변화하는 직원들의 인구통계, 즉 여성, 소수민족, 이민자 및 고령 직원들에 대한 것이다. 다른 도전들은 숙련된 직원의 부족과 비숙련 직원의 범람, 재교육을 필요로 하는 쇠퇴하는 회사에 근무하는 숙련된 직원, 직원들의 업무에 대한 변화하는 자세 및 복잡한 법률과 규정들에 관한 것이다.

학습목표 10-2 인적자원 기획의 5단계를 요약할 수 있다.

- **인적자원 기획의 단계들은 무엇인가?**
  그 다섯 단계는 (1) 해당 조직 직원들의 인적자원 목록 마련 (2) 업무 분석의 준비 (3) 미래 수요의 평가 (4) 미래 공급의 평가 (5) 직원들의 리크루팅, 고용, 교육, 평가, 보상 및 일정 조정 제도 수립

학습목표 10-3 회사들이 새로운 직원들을 리크루팅하기 위해 사용하는 방법과 리크루팅을 어렵게 만드는 이슈들에 대해 기술할 수 있다.

- **인적자원 관리자들이 새로운 직원들을 리크루팅하기 위하여 어떤 방법들을 사용하는가?**
  자원들을 리크루팅하는 것은 내부적 및 외부적으로 분류된다. 내부적 자원에는 회사 내로부터의 고용(전근, 승진 등)과 다른 사람을 고용하도록 추천하는 직원들이 포함된다. 외부적 자원에는 광고, 공공 및 사설 직업소개소, 대학 직업소개소, 경영 컨설턴트, 온라인 사이트, 전문적 기관, 소개받은 지원자, 스스로 찾아오는 지원자 및 인터넷이 포함된다.
- **왜 리크루팅이 더 어렵게 되었는가?**
  법률적 제한으로 고용과 해고의 실행이 복잡해지고 있다. 만약 회사들이 매력적인 직장으로 여겨지지 않을 경우 적절한 직원들을 찾는 것이 더 어려워진다.

학습목표 10-4 직원 선발의 6단계를 설명할 수 있다.

- **직원들의 선발에 있어서 여섯 단계는 무엇인가?**
  그 단계들은 다음과 같다. (1) 완전한 지원서 양식의 확보 (2) 초기 및 후속 인터뷰 (3) 입사시험 (4) 배경 조사 (5) 신체검사 결과 확보 (6) 고용 시험기간의 설정
- **임시직 직원이란 무엇인가?**
  임시직에는 파트타임 근로자(주 34시간 미만 근무자), 임시 근로자(임시 고용 대행업체에서 급여를 지급), 계절 별 노동자, 독립적인 계약업체, 인턴, 협동과정 학생 및 프리랜서 등이 포함된다.
- **임시직 고용이 급격히 증가한 이유는 무엇인가?**
  노동자들은 자신이 담당하는 역할에서 다양성과 유연성을 원하고, 자신의 실력을 보여

줄 수 있기를 원한다. 또한 고용주들의 인식도 "나는 사람을 고용해야 한다"에서 "나는 일을 완수해야 한다"로 바뀌었기 때문이다.

학습목표 10-5 직원들의 훈련과 개발의 여러 방법에 대해 설명할 수 있다.

- **훈련을 위하여 사용되는 활동들에는 어떤 것이 있는가?**
  조직의 수요와 직원들의 기능들을 평가한 후, 직원 오리엔테이션, 직장 내 또는 직장 밖 훈련, 수습 프로그램, 온라인 훈련, 실습장 훈련 및 직무체험프로그램과 같은 활동들을 포함하는 훈련 프로그램이 설계된다. 그 훈련의 효과는 그 활동들의 결과로 평가된다.
- **경영능력의 개발을 위하여 사용되는 방법들은 무엇인가?**
  경영능력 개발에는 업무 중 지도, 임시대역 배우 직책, 업무 순환 및 직장 밖 과정과 훈련, 멘토링이 포함된다.
- **이 과정에서 네트워크 구축은 어떻게 적용되나?**
  네트워크 구축은 추가적인 개발의 협조를 얻기 위하여 조직 내부 및 외부에서 핵심 관리자들과 접촉할 수 있도록 하는 과정이다.

학습목표 10-6 직원 성과 평가의 6단계를 요약할 수 있다.

- **성과는 어떻게 평가되는가?**
  그 단계들은 다음과 같다. (1) 성과 표준의 확립 (2) 그 표준들에 대한 의견 교환 (3) 성과의 평가 (4) 결과 토의 (5) 필요할 경우 개선 조치 (6) 승진, 보상, 추가적인 훈련 또는 해고를 결정하는 데 있어 그 결과의 이용

학습목표 10-7 직원 보상 프로그램의 목적에 대해 요약하고, 급여 시스템 및 부가 급부(fringe benefit)을 평가할 수 있다.

- **어떤 종류의 보상 제도가 사용되고 있나?**
  보상 제도에는 봉급제도, 시급, 삯일(piecework), 수수료 제도, 보너스 제도, 이익분배 제도, 성과배분제도 및 선택권이 포함된다.
- **부가 급부란 무엇인가?**
  부가 급부에는 직원들에게 기본임금 이외에 추가적인 보상을 주는 병가, 유급휴가, 연금제도, 건강 보험제도가 포함된다. 많은 회사들은 자유롭게 선택할 수 있는 부가 급부 제도를 제공하고 있는데 이 제도 하에서는 근로자들이 특정 금액까지 자기가 원하는 혜택을 선택할 수 있다.

학습목표 10-8 관리자들이 직원들의 요구에 맞추기 위해 사용하는 일정 조정 제도에 대해 기술할 수 있다.

- **유연성의 필요에 대한 직원들의 요구에 맞추기 위하여 어떤 일정조정 제도가 사용될 수 있나?**
  이와 같은 제도에는 업무 공유, 근무시간 자유 선택제도, 압축된 주 근로시간 및 재택근무가 포함된다.

학습목표 10-9 직원들이 승진, 재배치, 면직 및 은퇴 등 회사내 이동 형태에 대해 기술할 수 있다.

- **직원들은 회사 내에서 어떻게 이동할 수 있는가?**
  직원들은 회사에서 승진, 이동(재배치) 또는 퇴출(해고 또는 은퇴)될 수 있다. 직원들은 또한 다른 곳에서 새로운 기회를 추구하기 위하여 퇴사를 선택할 수도 있다.

학습목표 10-10 노사 갈등 해결방법을 포함하여 노동자를 대표하는 노동조합의 역할에 대해 설명할 수 있다.

- **노조와 경영진이 갈등 상황에서 사용하는 전략은 무엇인가?**
  노조는 파업과 보이콧을 사용할 수 있다. 경영진은 파업차단자, 가처분명령 및 락아웃(lockout)을 사용할 수 있다.

주요 용어

견습 프로그램(apprentice program) 362
관리 개발(management development) 363
근무시간 자유선택제도(flextime plan) 371
네트워크의 구축(networking) 364
리크루팅(recruitment) 354
멘토(mentor) 364
반드시 근무해야 하는 시간대(core time) 371
부가 급부(fringe benefits) 369
선발(selection) 356
성과 평가(performance appraisal) 365
실습장 훈련(vestibule training) 362
압축된 주 근로시간(compressed workweek) 372
업무공유(job sharing) 373
업무 명세(job specification) 353
업무 분석(job analysis) 353
업무 설명(job description) 353
업무 시뮬레이션(job simulation) 362
오리엔테이션(orientation) 361
온라인 훈련(online training) 362
인적자원 관리(human resource management) 350
임시직 직원(contingent workers) 358
자유롭게 선택할 수 있는 부가 급부(cafeteria-style fringe benefit) 370
직장 내 훈련(on-the-job training) 361
직장 밖 훈련(off-the-job training) 362
훈련 및 개발(training and development) 360

사고력 문제

1. 한부모 가정과 맞벌이 가정이 인적자원 기능에 어떤 영향을 미치는가?
2. 기업이 자녀가 있는 직원에게 고용주 부담의 보육 서비스를 제공하는 경우, 자녀가 없거나 보육 서비스가 필요하지 않은 직원에게도 추가수당을 지급해야 하는가?
3. 만약 여러분이 인적자원 관리자라고 한다면 여러분은 숙달된 직원들이 은퇴함에 따라 발생하는 '두뇌 유출(brain drain)'을 어떻게 다룰 것인가?
4. 여러분이 한 직원을 해고시켜야 한다고 상상해보라. 그 직원의 해고가 다른 직원들에게 어떤 영향을 미치는가? 여러분이 그 직원과 나머지 직원들에게 어떻게 말할지를 설명해보라.

원리를 실제로 적용해 보기

목적

이 연습의 목적은 두 가지이다. 관리자 관점에서의 목적은 인터뷰 동안 관리자들이 묻는 전형적인 질문의 형태를 설명하는 것이다. 지원자 관점에서의 목적은 편한 환경에서 그와 같은 질문에 답하는 것을 연습하기 위한 것이다.

연습

monster.com을 방문하라. "커리어 조언 (Career Advice) "을 클릭한 다음 "구인 정보 검색 정보 (Job Search Resources)" 하단에서 "인터뷰 연습 질문 (Interview Practice Questiosn)"을 클릭하라. 이 기사에는 인터뷰 중에 자주 묻는 몇 가지 질문이 나열되어 있다. 질문을 클릭하여 가장 모범적인 예시 답안을 확인하여 조언을 얻으라. 이것은 여러분이 실제로 인터뷰를 할 때 어떤 대답에서의 실수를 방지하기 위하여 여러분이 여러분의 답을 스스로 테스트할 수 있는 기회를 제공해준다.

직업기술 개발하기

핵심: ● 팀 ★ 분석 ▲ 의사소통 ▣ 기술

▣ ★ 1. 여러분의 지역 신문에 있는 광고 또는 인터넷을 보고 여러분이 졸업하고 난 후 가지고 싶은 일자리를 최소 2개 찾아보라. 각 광고에서 구체화되어 있는 자격들의 목록을 작성하라. 그 회사들에서 지원자들이 이 자격들을 얼마나 잘 만족시키는가를 결정하는 데 사용할 것 같은 방법들을 밝혀보라.

▣ ★ 2. 부가 급부, 긍정적인 활동 및 기타 인적자원 문제들이 포함되어 있는 가장 최근의 법원 판결에 관한 정보를 찾기 위해 몇몇 비즈니스 정기 간행물을 읽어보라. 여러분이 찾은 내용에 대하여 요약문을 작성하라. 어떠한 경향이 있는가? 이것은 미래의 대학 졸업자들에게 어떤 의미를 갖는가?

★ ▲ 3. 여러분이 경험한 다양한 훈련 프로그램을 생각해보라. 직장 내 훈련과 직장 밖 훈련 프로그램 모두를 생각해보라. 그와 같은 프로그램에 대하여 여러분은 어떻게 평가하는가? 각각에 대하여 간략한 비평을 작성하라. 그것들을 여러분은 어떻게 개선하겠는가? 동료들과 함께 여러분의 아이디어를 공유해보라.

★ ▲ 4. 다음 직업들을 고려해보라. 의사, 컴퓨터 판매인, 컴퓨터소프트웨어 개발자, 교사 및 조립 라인 직원. 이들 각 직원의 임금을 결정하는 데 여러분이 적당하다고 생각하는 보상 방법을 밝혀보라. 여러분의 대답에 대하여 설명하라.

★ ▲ 5. 강제적인 마약검사를 직원들에게 알리는 인적자원 관리자 또는 그와 같은 조사에 대하여 이의를 제기하는 직원 대표 중 하나의 역할을 선택하라. 여러분의 입장을 뒷받침하는 비망록을 작성하라.

직업 탐색

만약 여러분이 인적자원관리 분야와 관련된 직업에 관심이 있다면, 고려해볼 만한 몇 가지 직업들이 아래에 나타나 있다. 이러한 직업들의 업무, 필요한 지식과 기술, 급여수준, 미래 전망 등에 관해서는 bls.gov 웹사이트의 Occupational Outlook Handbook을 살펴보라.

- **교육 및 개발 관리자** – 직원의 지식과 기술을 향상시키기 위한 프로그램을 계획, 지시 및 조정하고, 교육 및 개발 전문가들을 감독하는 역할을 한다.
- **보상 관리자** – 직원의 급여 지급 액수와 지급 방법을 결정하는 프로그램을 기획, 개발 및 감독하는 역할을 한다.
- **부가 급부 관리자** – 퇴직 관련 부가 급부, 의료 보험 및 조직이 직원들에게 제공하는 부가 급부를 계획, 지시 및 조정하는 역할을 한다.
- **인적자원 관리자** – 조직의 행정 기능을 계획, 지시 및 조정하는 역할이다. 신규 직원의 채용, 면접 및 최종 고용까지를 감독하고, 최고 경영진과 전략적 계획 수립에 대해 논의하며, 조직의 경영진과 직원 간의 연결고리 역할을 한다.

- **노동관계 전문가** – 임금, 의료 혜택, 연금, 노조 및 경영 관행과 같은 문제를 다루는 노동 계약을 해석하고 관리하는 역할을 한다.
- **조정 및 중재자** – 분쟁 당사자 간의 협상과 대화를 촉진하여 법정 밖에서 갈등을 해결할 수 있도록 돕는다.

비디오 사례 1

힐튼(Hilton)의 직원 채용과 훈련 및 개발

조직은 우수한 제품을 제공하고, 신중하게 전략 계획을 수립하고, 매우 헌신적인 경영층에도 불구하고, 업무에 몰입하는 인력이 부족할 경우 시장에서 성공을 거두지 못할 수 있다. 직원은 모든 회사의 생명줄과 같다. 이는 특히 직원들이 일상적으로 고객을 직접 상대해야 하는 서비스 기반 기업의 경우에 더욱 그렇다. 인적자원 관리(HRM)는 기업이 필요로 하는 정확한 수와 유형의 직원을 채용, 교육 및 유지하는 과정이다. 효과적인 HRM은 어느 조직에나 쉽지 않은 일이지만, 전 세계 41만 4천 명 이상의 직원("팀원")들을 고용하고 있는 국제적인 호텔 거물 힐튼(Hilton)과 같은 회사들에게는 특히 매우 어려운 과제이다.

콘래드 힐튼(Conrad Hilton)은 1919년 "전 세계에 환대의 빛과 온기를 전하는 것"을 목표로 이 거대한 규모의 호텔을 설립했다. 창립 이래 힐튼은 고객 만족뿐만 아니라 직원 만족에서도 업계를 선도하며 서비스업의 선구자로 평가받고 있다. 2019년, 힐튼은 포춘(Fortune)지가 선정한 미국에서 일하기 좋은 100대 기업 리스트에서 1위에 올랐다. 직원 만족을 추구하는 선두주자로서 힐튼은 효과적인 HRM이 회사에 적합한 직원을 채용하는 것에서 시작된다는 것을 알고 있다. 따라서 힐튼은 회사에서 일하는 것에 관심을 보이는 모든 사람이 지원하도록 격려하고 기회를 제공한다. 힐튼과 같은 대기업에서 이러한 열린 태도는 특히 존경할 만하다.

힐튼은 회사의 다양한 요구에 맞는 수많은 자리에 인력을 배치해야 한다. 객실 종업원부터 매니저, 마케팅 및 영업 전문가에 이르기까지 회사는 적임자를 채용해야 한다. 지원자들은 회사가 제공하는 채용 기회가 얼마나 많은지 알지 못하는 경우가 많은데, 실제로 힐튼은 매년 약 6만6,000명의 새로운 팀원을 채용하고 있다. 이러한 기회를 차지하는 지원자들은 대학 캠퍼스 채용공고란, 입소문이나 힐튼과 힐튼의 직장 문화를 알고 있는 사람들을 포함한 내부 및 외부 소식통으로부터 정보를 얻는다.

일단 고용되면, 신입사원은 힐튼의 수많은 훈련과 개발 프로그램을 시작하게 된다. 힐튼에서는 훈련과 개발이 매우 중요하며, 훈련 프로그램은 다양한 형식으로 제공된다. 심지어 힐튼 대학이라는 자체 학습 플랫폼도 가지고 있다. 학습 콘텐츠에는 브랜드 교육부터 직무 능력까지 다양한 주제가 포함된다. 전 세계 어디서나 특정 교육에 접속할 수 있는 강사 주도 화상교육(VILT)도 운영하고 있다. 예를 들어 경영능력 개발 교육은 관리자가 효과적인 리더십을 갖추기 위해 필요한 인간관계, 계획 수립 및 경청 능력을 구축하는 것을 돕는다. 최고경영자(CEO)에 이르기까지 경영자들은 힐튼의 교육 및 개발 프로그램을 통해 값진 통찰력을 얻어왔다.

힐튼은 교육과 개발을 넘어 직원들이 안정을 느낄 수 있는 업무 환경을 구축해야 한다는 것을 깨닫고 있다. 이 회사는 포괄적인 복리후생 프로그램을 통해 그러한 환경을 조성하고자 한다. 힐튼의 지원 프로그램인 'Thrive'는 직원들의 개인적인 필요를 지원하는 많은 프로그램을 포함한다. 예를 들어, 'Thrive Sabbatical(안식년)'은 팀원들에게 자원봉사를 통해 다른 사람들의 삶을 풍요롭게 하거나 그들 자신의 개인적인 목표를 추구하는 시간을 위해 한 달 간의 안식월 기회를 제공한다. 입양 지원과 아이를 데리러 가야 하는 부모를 위해 유연한 근로시간제도 제공한다.

진취적인 인적자원 관리 노력의 덕택으로, 힐튼은 회사의 사명에 필수적인 헌신적이고 열정적인 직원들을 계속 유치할 수 있을 것으로 기대된다. 다른 성공적인 조직들처럼, 힐튼은 행복한 직원들이 행복한 고객들을 만든다는 것을 알고 있다.

다시 생각해 보기

1. 힐튼과 같은 면대면 서비스 사업에서 신중한 채용과 선택이 특히 중요하게 여겨지는 이유는 무엇인가?
2. 힐튼의 강사 주도 화상교육(VILT) 프로그램의 주요 가치는 무엇인가?
3. 자유롭게 선택 가능한(cafeteria-style) 부가 급부 프로그램은 어떻게 운영되는가? 일반적으로 직원들은 이런 구조를 좋아하는가 그렇지 않는가? 그 이유는 무엇인가?

비디오 사례 2

노조와 함께 일하는 프리맨(Freeman) 사

노조에 가입한 조합원의 수가 수년간 급격히 감소했기 때문에 오늘날 노조가 중요하지 않다거나 노동자에 대한 공정한 대우를 추구하려는 열정을 잃었다는 인상을 받을 수 있다. 그러나 이는 사실이 아니다. 모든 노동자가 노조원은 아니지만, 여러분은 생각보다 많은 노조원을 만나게 될 것이다. 많은 수의 트럭 운전사와 건설 노동자들이 노조에 소속되어 있음은 모두가 알 것이다. 그러나 놀랍게도 연예계의 배우, 작가, 감독들도 조합원이다. 심지어 많은 대학교수들도 조합에 소속되어 있다.

브랜드 체험업체 프리맨 XP(Freeman XP)는 산업 박람회 등 대형 이벤트를 주관하는 회사다. 건설 현장에서의 대형 건설업체와 마찬가지로 범위가 복잡한 산업 박람회에서 총 건설업자로서의 역할을 하는 것이 프리맨이다. 회사는 행사에 참여하는 모든 판매 회사를 조정하고 필요한 모든 장비(첨단 장치 포함)가 사용 가능하며 적재적소에 제대로 작동하는지 확인해야 한다. 이 일을 하기 위해 프리맨은 많은 다른 노조들의 도움을 받는다.

조합원들은 산업 박람회가 정상적으로 개최될 수 있도록 돕는다. 일반적인 산업 박람회의 경우, 트럭 운전사가 모든 장비를 건물 안으로 운반하고 내리는 일을 맡는다. 목수들은 주요 구조물을 만들고 전기 기술자들은 전시장 전체에 전력이 공급되도록, 또 조명이 필요한 장소와 시간에 작동하도록 한다. 식당 관련 박람회와 같은 특정 성격의 행사에서는 배관공이 각종 시연에 필요한 물을 공급하고 사용한 물은 배수되도록 신경 써야한다. 이러한 건설 관련 노조원들뿐만 아니라 프리맨은 음향 시스템, 비디오 장비, 특수 조명 설치를 위해 국제 연극무대 직원협회의 무대담당자 도움도 필요하다. 대규모 산업 박람회에서 프리맨은 행사의 전체적인 운영을 위해 6~10개에 이르는 노조에 의존하게 된다.

노조원들을 이용하는 것의 주요 이점은 그들이 어디에서 작업을 해야 하던, 행사가 처음부터 끝까지 문제없이 진행되도록 하는 데 필요한 기술을 갖춘 숙련된 노동자들을 활용할 수 있다는 것이라고 프리맨은 믿는다. 또한, 프리맨은 미국 전역의 많은 대규모 컨벤션 장소에서 전시회를 열기 때문에 필요할 때 준비된 숙련 노동자가 있는 것이 매우 중요하다. 사실, 많은 대형 산업 박람회를 개최하기 위해서는 수백 명의 인력이 요구된다. 그렇게 많은 인원에 일년 내내 회사 급여를 지급하는 것은 프리맨에게 엄청난 비용을 야기할 것이다. 노조와 협력함으로써, 회사는 필요한 노동자들을 일정 기간만 고용할 수 있게 된다.

안타깝게도 회사는 노조와 함께 일하는 것이 항상 장밋빛은 아니라는 점도 인정한다. 노조지도부가 조합원을 위한 공정한 임금, 안전한 근로 조건을 확보하고자 끊임없이 노력하기 때문에, 노조원을 고용하는 것은 때때로 비용이 많이 드는 일이다. 노동조합은 또한 작업 시작과 종료 시간, 휴식 시간, 자발적이고 비자발적인 초과근무와 관련하여 기존의 규칙과 다른 작업 규칙을 가지고 있다. 그러나 이러한 몇 가지 고충에도 불구하고 프리맨은 노동조합과 함께 일하는 것에서 해결할 수 있는 문제들이 새롭게 발생하는 문제보다 많다고 믿는다. 물론 미국의 모든 기업이 프리맨과 같은 생각을 하는 것은 아니다.

오늘날 간호직, 교직과 같은 노조의 역할이 전통적이지 않았던 직업에서 노조들이 힘을 얻고 있다. 또한 더 많은 액수의 공평한 임금을 요구하는, 패스트푸드점 직원과 같은 저임금 일자리 직종으로부터의 지지도 커지고 있다.

다시 생각해 보기

1. 프리맨은 왜 이렇게 많은 노조원을 사용하는가? 프리맨에게 있어 노조원을 이용하는 것의 장점과 단점은 무엇인가? 프리맨이 노조원을 이용하지 않는다면 산업 박람회 같은 프로젝트를 관리하는 것이 어떻게 달라질 것인지 설명해 보라.
2. 철강 노동자와 같은 전통적 노조의 주요 관심사 중 하나는 해외 아웃소싱(offshore outsourcing) 활용이다. 여러분은 미국 회사들이 주요 사업을 진행할 때 자국 내에서 만들어진 강철을 사용하도록 요구해야 한다고 생각하는가?
3. 정부는 노조의 성장과 안정성에 어떤 영향을 미쳤는가? 여러분이 거주하는 지역에는 조합원의 수가 얼마나 되는가? 당신은 노조가 점차 힘을 얻을 것이라고 생각하는가 쇠락할 것이라고 생각하는가?

참조

1. Jeff Cox, "The U.S. Labor Shortage Is Reaching a Critical Point," CNBC, July 5, 2018; Samantha McLaren, "These Industries Will Face the Biggest Talent Shortages by 2030," LinkedIn Talent Blog, July 24, 2018; Mitchell Schnurman, "Lots of Help Wanted: How the Labor Shortage Is Slowing the Texas Economy," The Dallas Morning News, dallasnews.com, June 30, 2019.
2. Zoe Harte, "The Future Is Now: Three HR Trends That Will Transform Your Organization in 2019," Forbes, January 30, 2019; "10 of Today's Common Human Resource Challenges," Atlas Staffing, atlasstaffing. net, accessed October 2019; Nick Otto, "Top 10 HR Challenges of 2019," Employee Benefit News, January 4, 2019.
3. Richard Feloni and Matt Turner, "Accenture's HR Chief Shares What the Company Has Learned from Retraining Nearly 300,000 Employees," Business Insider, businessinsider.com, accessed October 2019.
4. "Strategic Planning: How Can a Skills Inventory Be Used for Strategic HR Planning?," Society for Human Resource Management, shrm.org, accessed October 2019.
5. "Here's Why Your Business Should Use a Global HRIS System," Techaeris, techaeris.com, accessed October 2019.
6. Andrew Faas, "To Attract Talent, Focus on Retaining Employees," The Hill, thehill.com, February 1, 2019.

7. Morag Cuddleford-Jones, "Hiring Internally versus Externally: Which Is the Best Way to Cultivate Talent?," Marketing Week, November 9, 2018; Maurie Backman, "5 Ways to Expedite the Hiring Process," The Motley Fool, January 17, 2019.
8. Bill Conerly, "Companies Need to Know the Dollar Cost of Employee Turnover," Forbes, August 12, 2018: Shane McFeely and Ben Wigert, "This Fixable Problem Costs U.S. Businesses $1 Trillion," Gallup, gallup.com, March 13, 2019.
9. Chad Brook, "Best Background Check Services 2019," Business News Daily, January 2, 2019; Jeff Hyman, "Trust but Verify: Reference Checks You Skip Are Ones You'll Regret," Forbes, July 6, 2018; Skye Schooley, "GoodHire Review," business.com, August 2, 2019.
10. David Sparkman, "EEOC Cracks Down on Pre- Employment Physical Testing," EHS Today, July 20, 2018; Alison Doyle, "Pre-Employment Physical Exam Requirements," The Balance, thebalance.com, September 17, 2019.
11. Christopher Rugaber, "More Businesses Are Mellowing Out over Hiring Pot Smokers," U.S. News & World Report, May 2, 2018; Rebecca Greenfield and Jennifer Kaplan, "The Coming Decline of the Employment Drug Test," Bloomberg, March 5, 2018; Jillian Jorgensen and Graham Rayman, "Pre-Employment Drug Test Would Be Banned under Council Proposal," New York Daily News, nydailynews.com, February 2, 2019.
12. Ira S. Wolfe, "Why Employment Probation Periods Are Ineffective," ReWork, May 28, 2018; "Probationary Employment Periods," Inc., inc.com, accessed October 2019.
13. U.S. Department of Labor, dol.gov, accessed October 2019.
14. Riia O'Donnell, "Why Employers Are Spending More on Learning and Development," HR Dive, hrdive.com, January 15, 2019.
15. Dipak Sundaram and Niraj Patel, "Essential Ingredients for an Effective Onboarding Program," Gallup, gallup.com, January 31, 2019; "The Bottom Line of Orientation and Acculturation in Successful Organizations: How Do You Get There?," Forbes, forbes.com, January 3, 2019.
16. Davor Gasparevic, "Why Virtual-Reality Training for Employees Is Catching On," Society for Human Resource Management, shrm.com, August 14, 2018; Chris Morris, "Why Walmart and Other F500 Companies Are Using Virtual Reality to Train the Next Generation of American Workers," CNBC, cnbc.com, October 30, 2018; Jared Lindzon, "Is VR the Answer to Better Sexual Harassment Training?," Fast Company, fastcompany.com, January 31, 2019.
17. Michael Kurland, "How to Become the Best Manager Possible," Forbes, May 18, 2018; Aaron Levy, "Why Leadership Training Doesn't Work," Forbes, February 23, 2018; Marcus Wermuth-Buffer, "Why Being a Manager Is a Career Change, Not a Promotion," Fast Company, December 15, 2018; Mihnea Moldoveanu and Das Narayandas, "The Future of Leadership Development," Harvard Business

Review, hbr.org, accessed October 2019.

18. McDonald's, mcdonalds.com, accessed October 2019.
19. Rob DeLuca, "Do These Things to Create an Engaging Employee Experience from Start to Finish," Fast Company, January 29, 2019; Lydia Dishman, "The Complicated and Troubled History of the Annual Performance Review," Fast Company, November 7, 2018; Victor Lipman, "Management Tip: When Setting Employee Performance Goals, Involve Your Employees," Forbes, January 7, 2019.
20. "Designing a Pay Structure," Society for Human Resource Management, shrm.org, accessed October 2019.
21. Stever Robbins, "How to Set Salaries," Entrepreneur, entrepreneur.com, accessed October 2019; "Building a Market-Based Pay Structure from Scratch," Society for Human Resource Management, shrm.org, January 12, 2018; "Pay Structures," salary.com, accessed October 2019.
22. U.S. Bureau of Labor Statistics, bls.gov, accessed October 2019.
23. Chris Whitlow, "Employee Benefit Trends to Watch in 2019," Benefits Pro, November 29, 2018; Nick Otto, "Winning and Losing Benefits Trends," Employee Benefit News, December 26, 2018; "The Top Ten Employee Perks and Benefits," Forbes, forbes.com, accessed October 2019.
24. Suzanne Lucas, "The Amazing Things Millennials Would Give Up for Help with Student Loans," Inc., January 9, 2019; Paris Wallace, "The Three Benefits Millennials Are Demanding from Employers," Forbes, September 10, 2018: Alex Tanzi and Shelly Hagan, "Employers' New Perk for Millennials: Extra Help Repaying Student Loan Debt," Time, time.com, August 7, 2019.
25. Susan M. Heathfield, "Cafeteria-Style Benefit Plans," The Balance, thebalance.com, January 7, 2019.
26. Lisa McQuerrey, "What Are the Employer's Benefits of Employees Working at Home?," Chron, accessed February 2019; "5 Reasons to Let Employees Work from Home," salary.com, April 17, 2018; "Advantages of Agile Work Strategies for Companies," Global Workplace Analytics, globalanalytics.com, accessed October 2019.
27. U.S. Bureau of Labor Statistics, bls.gov, accessed October 2019.
28. U.S. Bureau of Labor Statistics, bls.gov, accessed October 2019.
29. AFL-CIO, aflcio.com, accessed October 2019.
30. John Steven Niznik, "Learn about Right-to-Work Laws," The Balance, September 20, 2019.

PART 5

마케팅: 고객 중심 마케팅 계획의 개발과 실행

11 마케팅: 구매자의 구매활동 돕기

학습목표

이 장을 학습한 후에 다음 질문에 답할 수 있어야 한다.

11-1 마케팅(marketing)의 정의와 마케팅 컨셉이 영리조직과 비영리조직에서 어떻게 적용되는지를 설명할 수 있다.

11-2 마케팅의 4P를 설명할 수 있다.

11-3 마케팅 조사과정을 설명할 수 있다.

11-4 마케터가 변화하는 마케팅 환경에 대하여 알아보기 위해 환경탐사(environmental scanning)를 어떻게 사용하는지 설명할 수 있다.

11-5 마케터가 시장세분화, 관계마케팅 그리고 소비자행동의 연구를 통해서 어떻게 소비자 시장의 필요(needs)를 알아내는지 설명할 수 있다.

11-6 기업 간 시장(B2B 시장)이 소비자 시장과 다른 부분을 열거할 수 있다.

Ipsay의 창업자인 미셸 판(Michelle Phan)에 대해 알아보자

미셸 판(Michelle Phan)이 2007년에 YouTube에 메이크업 튜토리얼을 업로드하기 시작했을 때 그녀는 자신의 동영상이 언젠가는 수백만 달러 규모의 비즈니스 기반이 될 것이라고 생각하지 못했다. 그러나 그녀의 결단력과 독특한 스타일 감각 덕분에 Phan은 취미를 Ipsy라는 성공적인 회사로 탈바꿈시킬 수 있었다. 5억 달러 이상의 가치를 지닌 이 뷰티 스타트업은 최신 제품을 조명하는 소셜 미디어 인플루언서 팀 덕분에 마케팅의 거물이 되었다.

Phan과 그녀의 거의 9백만 명에 달하는 YouTube 구독자가 이 작업의 핵심을 형성했다. 그녀는 19세에 동영상 공유 사이트에 가입했으며 대부분 강아지 동영상을 업로드했다. 하지만 시간이 지남에 따라 그녀는 뷰티 팁에 대한 자신의 비디오 중 일부가 수만 개의 조회수를 기록하고 있다는 사실을 알게 되었다. 그래서 더 메이크업 중심적인 클립을 제작하는 것과 함께 Phan은 You Tube 제작자가 동영상에서 광고 수익을 모을 수 있는 새로운 프로그램도 신청했다. 처음에는 거절당했지만 결국 프로그램에 참여했고 광고로 하루 5센트를 벌기 시작했다. 물론 우스꽝스러운 월급날에도 판은 당황하지 않았다. 그녀는 YouTube가 엄청나게 영향력 있는 플랫폼이 될 잠재력이 있음을 인식하고 처음부터 참여하기를 원했다. "YouTube가 미래의 글로벌 텔레비전이 되려면 여기에서 내 브랜드를 구축해야 한다고 생각했습니다."라고 Phan이 말했다.

또한 Phan은 자신의 다른 버전을 세상에 알릴 수 있는 비디오를 제작하여 엄청난 개인적 만족을 얻었다. 그녀의 화면 속 인물은 완벽한 삶을 사는 것처럼 보였지만 화면 밖의 현실은 많이 달랐다. 판은 베트남 이민자의 딸이다. 그녀의 아버지는 도박 문제로 빚으로 도망쳐서 10년 동안 그녀의 삶에 없었다. 그녀의 어머니는 미용사로 가족을 부양했지만 여유 돈이 거의 없었다. 그래서 Phan은 어린 시절부터 스스로 일을 처리하는 방법을 배웠다. 예를 들어, 그녀는 컴퓨터가 필요할 때 급우들에게 사탕을 팔아 현금을 모았다. 그런 다음 그녀가 비디오를 만들기 시작했을 때 그녀는 모든 것을 갖춘 매력적이고 자신감 있는 페르소나를 만들었다. "나는 돈과 훌륭한 가족을 가진 내가 원하는 소녀로 나를 묘사했습니다."라고 Phan이 말했다. "언젠가는 독립하고 내 사람이 되어 나만의 세상을 만들고 싶다는 열망과 굶주림이 항상 있었어요."

그녀의 동영상이 수백만 명의 시청자를 확보하기 시작하면서 이 세상은 빠르게 성장했다. 2011년 그녀와 파트너는 시청자에 대한 노출을 기반으로 미용 제품 구독 서비스인 Ipsy를 시작했다. 한 달에 10달러에 가입자는 끊임없이 변화하는 메이크업 및 기타 미용 제품으로 가득 찬 "글램 백"을 받았다. 또한 Phan은 비용을 낮게 유지할 수 있는 독창적인 비즈니스 모델을 개발했다. Ipsy는 회사에 제품을 비축하기 위해 비용을 지불하는 대신 마케팅 노출의 대가로 품목을 무료로 받는다. Phan과 함께 이 회사는 데모 비디오에 제품을 소개하는 뷰티 블로거(비디오 블로거) 직원을 고용하고 있다. 그런 다음 이 직원들은 멘토링 및 네트워킹 기회의 대가로 Ipsy 브랜드로 콘텐츠를 만드는 수천 명의 독립 동영상 블로거의 도움을 받는다. 이 인플루언서 아미 덕분에 회사는 3백만 명의 가입자를 확보하고 벤처 캐피털 투자로 수억 달러를 벌어들였다.

Phan에게 이것은 그녀의 이야기의 시작일 뿐이다. 그녀는 성장하는 뷰티 제국을 유지하면서 음반사와 프리미엄 비디오 회사를 시작하고 만화책을 출판할 계획도 가지고 있다. 이러한 다양한 벤처를 통합할 가능성이 있는 한 가지 구성 요소는 Phan의 광범위한 마케팅 영향력이 될 것이다. 언젠가 그녀가 말했듯이 "영향력은 새로운 힘입니다. 영향력이 있다면 브랜드를 만들 수 있습니다."

이 장에서는 Michelle Phan과 같은 마스터 마케터가 잠재 고객을 식별하고 도달하는 방법을 알아내는 방법을 배운다. 배포, 광고 또는 홍보를 통해 성공적인 마케팅은 금방 잊혀지지 않는 고객과의 관계를 만들 것이다.

출처: Elizabeth Segran, "Inside the $2.6 Billion Subscription Box Wars," Fast Company, October 17, 2018; Geoff Weiss, "Michelle Phan's Latest Startup Helps Creators Find Free Music for Their YouTube Videos," Tubefilter, June 28, 2018; Gillian Fuller, "Michelle Phan Returns to YouTube after a Yearlong Hiatus to Explain Why She Left," Allure, June 2, 2017; Jeena Sharma, "Michelle Phan's New Lipstick Fights Child Sex Trafficking," Paper, February 5, 2019; David Yi, "Michelle Phan Is Starting Over," Mashable, February 13, 2016; Natalie Robehmed, "How Michelle Phan Built a $500 Million Company," Forbes, October 5, 2015; Todd Spangler, "Michelle Phan Relaunches YouTube Channel after Two Year Hiatus," Variety, June 1, 2019

온라인 쇼핑은 여러 산업 분야에서 경쟁을 심화시켰다. 이 서점은 Amazon의 방대한 디지털 도서 선택폭과 자체 e-리더인 Nook을 제공하여 e-리더의 성공에 적응했다. 이 회사의 이름은 무엇인가? (이 장에서 답을 찾아보라)

학습목표 11-1 마케팅(marketing)의 정의와 마케팅 컨셉이 영리조직과 비영리조직에서 어떻게 적용되는지를 설명할 수 있다.

마케팅이란 무엇인가?

마케팅
소비자, 고객, 파트너, 그리고 사회를 위한 가치를 제공하기 위해 창조되고, 의사소통하고, 전달하고, 교환하는 활동, 제도들, 그리고 과정들이다.

마케팅이라는 용어는 다양한 사람들에게 다양한 의미를 지닌다. 많은 사람들은 마케팅을 '판매(selling)' 아니면 '광고(advertising)'로 생각한다. 맞다. 판매와 광고도 마케팅이다. 하지만 마케팅은 더 많은 것을 포함한다. 미국 마케팅 협회(The American Marketing Association)는 **마케팅(marketing)**은 고객, 파트너, 그리고 사회 전반적으로 가치가 있는 제품, 서비스, 아이디어를 창출하고, 이들의 가격을 결정하고 정보를 제공하며, 이를 유통하여 개인 및 조직체의 목표를 만족시키는 교환을 성립하게 하는 일련의 과정 및 활동으로 정의하고 있다. 조금 더 간단히 말해서 마케팅은 구매자와 판매자가 상호 만족할 수 있는 교환을 성립시키는 활동이다.

과거에 마케팅은 판매자의 판매활동을 돕는 것에 초점을 맞추는 것이 대부분이었다. 그래서 많은 사람들이 여전히 마케팅을 대부분 판매자가 구매자에게 판매, 광고, 유통을 하는 것으로 생각하고 있다. 그러나 오늘날 대부분의 마케팅은 구매자가 구매하는 것을 돕는 것에 관한 것이다. 그렇다면 몇 가지 예를 통해 이를 검증해 보자.

오늘날 신차 혹은 중고차를 사고자 하는 사람들이 맨 처음 하는 일은 온라인으로 가는 것이다. 그들은 원하는 차를 찾을 수 있는 Cars.com(www.cars.com)과 같은 웹 사이트를 방문한다. 다른 웹사이트들에서는 가격과 특징을 비교한다. 자동차 딜러에게 갈 때 즈음이면, 그들은 이미 어떤 차를 원하고 최선의 가격이 얼마인지에 대해 정확히 알고 있을 것이다.

이러한 웹사이트 등은 구매자의 구매를 돕는다. 고객들이 가장 좋은 가격에 차를 구매하기 위해 딜러들을 물색하는 것뿐만 아니라, 제조업체와 딜러들 역시 고객을 잃지 않기 위해서 적극적으로 참여하고 있다. 마케팅의 미래는 구매자들의 구매활동을 돕기 위하여 가능한 모든 것을 하는 것이다.[1] 마케터들이 구매의사 결정과정을 쉽게 할수록 더 많이 팔 것이다.

다른 사례를 한 번 보자. 과거에는 학생과 학부모가 자신에게 딱 맞는 대학을 찾기 위해서 이 캠퍼스에서 저 캠퍼스로 비싼 돈을 들여 녹초가 되는 여행을 했었다. 오늘날에는 대학들이 가상투어(virtual tour), 라이브 채팅, 그리고 상호 작용이 가능한 다른 기술들을 사용하면서 캠퍼스에 직접 방문할 필요가 줄어들었다. 이와 같은 캠퍼스 가상투어는 학생과 학부모들의 구매활동을 돕는다.

구매자의 구매활동을 돕는 것은 당연히 판매자의 판매활동을 돕는 것이다. 한 번 생각해보라. "현재 휴가 시장에서, 많은 사람들의 스스로 원하는 휴가를 찾아 떠나고 있다. 그들은 인터넷을 사용해 여행지를 찾아보고 선택하며 온라인상에서 판매자에게 질문을 하기도 한다. 이와 같은 산업에서 마케팅의 역할은 기업의 제품과 서비스를 온라인에서 쉽게 찾을 수 있도록 하고 잠재 고객들에게 효과적으로 응답할 수 있도록 하는 것이다." Expedia, Travelocity, Priceline과 같은 웹사이트가 고객들에게 가장 좋은 가격을 찾을 수 있도록 해주거나 가격을 결정할 수 있게 해준다.

이와 같은 예들은 구매자의 구매 활동을 돕는 마케팅 트렌드의 사례들 중 소수의 사례일 뿐이다. 오늘날의 소비자들은 보다 나은 거래를 위해 인터넷을 검색하는 데 많은 시간을 보낸다. 현명한 마케터는 온라인에 풍부한 정보를 제공한다. 뿐만 아니라 블로그나 페이스북(Facebook) 혹은 트위터(Tweeter), 인스타그램(Instagram)과 같은 소셜 네트워킹 사이트를 사용해 고객관계를 구축해 나간다.[2]

온라인 커뮤니티는 서로 자신의 의견을 표현하며 관계를 형성하고 다양한 제품과 서비스에 대해 평을 하는 등의 고객과 다른 사람들의 다양한 상호작용을 관찰할 수 있는 기회를 제공한다. 마케터들에게는 자신의 시장을 정의하는 키 워드를 사용한 블로그 검색으로 관련이 있는 블로거들이 어떤 내용을 쓰는지 추적하는 것이 중요하다. 텍스트 마이닝(text-mining) 기술을 가진 벤더들은 기업이 자사의 제품이나 종업원들에 대한 대화들을 측정하는 데 도움을 줄 수 있다. 미래 마케팅의 대부분은 온라인상의 대화를 탐색하는 것과 그것에 적절하게 응답하는 데 있다. 예를 들어 마케터들은 왜 사람들이 온라인쇼핑을 하면서 쇼핑카트에 물건을 담고는 신용카드로 결제하기 전에 구매하지 않고 떠나는지를 배우고 있다.[3]

마케팅의 진화

마케터가 하는 일은 특정 시점에서 고객의 필요를 충족시키기 위해서 무엇을 해야 하는

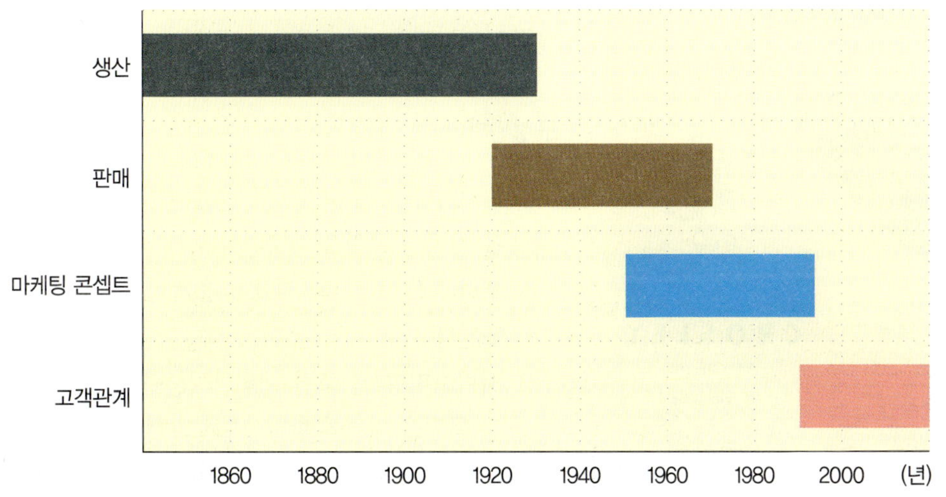

그림 11.1 마케팅의 시대
미국 내 마케팅은 진화하여 (1) 생산, (2) 판매, (3) 마케팅 콘셉트, (4) 고객관계의 4개의 시대로 구분된다.

지에 따라 좌우된다. 소비자의 욕구와 필요(wants and needs)는 계속 변화한다. 그러면 이러한 변화가 마케팅의 진화에 어떻게 영향을 주었는지 간단하게 살펴보자. 미국에서 마케팅은 4개의 시대, 즉 (1) 생산, (2) 판매, (3) 마케팅 컨셉, (4) 고객관계를 통해 진화했다. 오늘날에는 모바일/온디맨드(on-demand) 마케팅의 새로운 시대가 열리고 있다(그림 11.1 참조).

생산 시대 유럽에서 온 정착민들이 미주 대륙에서 생존을 위한 노력을 시작한 이래 1900년대 초반까지 일반적인 기업경영 철학은 "시장은 무한하므로 생산을 많이 하면 할수록 좋다"였다. 당시에는 생산능력은 제한되고 제품에 대한 수요는 방대했기 때문에 이러한 철학은 논리적이고 수익도 창출했다. 사업가라고 해 봤자 대부분 농부, 목수, 무역 거래자들이었다. 생산능력의 증대에 대한 필요성은 점점 커졌고, 이에 경영목표도 생산에 초점이 맞춰졌다. 대부분의 제품이 시장에 나오는 대로 팔렸기 때문에 이 당시에는 생산능력이야말로 가장 필요한 것이었다.

마케팅 컨셉
세 부분으로 이루어진 경영철학: (1) 고객지향성, (2) 서비스지향성, (3) 이윤지향성

판매 시대에는 애프터서비스나 고객 맞춤에 소홀하였고 마케팅의 초점이 판매에 맞추어져 있었다. 이 접근법이 그 시대에 적절했던 경제·사회적 요인에는 어떤 것들이 있는가?

판매 시대 1920년대까지 기업의 대량생산 기술(예를 들어, 자동차 조립라인)은 발전했고, 생산능력은 종종 시장의 수요를 초과했다. 따라서 경영철학은 생산을 강조하는 것에서 판매(selling)를 강조하는 것으로 바뀌었다. 대부분의 기업들은 소비자가 재고품을 구입하도록 설득하기 위해 판매와 광고에 노력을 기울였다. 판매 후 애프터서비스 제공은 거의 없었다.

마케팅 컨셉 시대 1945년 제2차 세계대전이 끝나고 새로운 직장과 가족을 꾸리려는 군인들이 돌아오자 제품과 서비스에 대한 수요가 엄청나게 증가하였다. 당시 전후시대에 베이비붐(출생률의 갑작스러운 증가)이 일어났고 소비자들의 지출 붐이 이루어졌다. 소비자에 대한 경쟁은 치열했다. 기업들은 사업 기회를 얻으려면 소비자들의 필요에 대응해야 한다는 것을 인식했고, 그 철학은 1950년대 마케팅 컨셉으로 나타났다.

마케팅 컨셉(marketing concept)은 세 부분으로 구성된다.

1. 고객지향성: 소비자들이 원하는 것은 무엇인지를 찾아서 그것을 제공한다(판매와 촉진보다는 오히려 소비자들의 필요를 충족시키는 것이 강조된다).
2. 서비스지향성: 조직 내의 모든 구성원들은 같은 목적을 지녀야 한다. 바로 고객만족이다. 고

객만족은 총체적이고 통합된 조직적인 노력이 있어야 한다. 즉, 기업의 CEO부터 배달 담당 종업원까지 모든 구성원들은 소비자를 지향해야 한다. 오늘날에는 이것이 일반적인 것이 아닌가?

3. 이윤지향성: 이윤을 가장 많이 창출하여 조직이 생존할 수 있고 더 많은 소비자의 욕구와 필요를 만족시킬 수 있는 제품과 서비스에 초점을 맞추어야 한다.

기업들이 마케팅 컨셉을 활용하는 데에는 시간이 걸렸다. 이러한 과정은 1960년대와 1970년대 동안 천천히 이어져갔고, 1980년대에 이르러 기업들은 과거 30년보다 더 공격적으로 마케팅 컨셉을 적용하기 시작했다. 오늘날, 점점 더 중요해지는 고객관계관리(CRM)에 초점이 맞춰졌다. 이 개념에 대하여 더 알아보기로 하자.

고객관계 시대 1990년대와 2000년대의 경영자들은 고객관계관리의 개념을 적용하면서 마케팅 컨셉을 확장했다. **고객관계관리(customer relationship management; CRM)**는 고객에 대하여 가능한 많은 것을 알고 제품과 서비스로 고객을 만족시키는—또는 기대를 초과하는—모든 것을 배워가는 일련의 학습 과정이다.[4] 이 컨셉은 고객만족을 강화하고 장기적인 고객충성도를 만들기 위해 동기를 부여하는 것이다. 예를 들면, 대부분의 항공사들은 충성도가 높은 고객에게 무료 항공권으로 보상해주는, 단골고객 특별서비스 프로그램을 제공한다. 가장 최근의 고객 관계 구축 방법은 앞에서도 언급한 바와 같이 소셜네트워크, 온라인 커뮤니티, 트위터, 블로그 등이 있다. 특히 항공사나 통신사와 같은 서비스 제공기업들에게 있어서 소비자 불만족은 확실히 존재한다. 마케터들이 고객만족과 고객 충성도를 창출하기 위하여 앞으로 해야 할 일이 많음을 보여준다.

고객관계관리(CRM)
고객에 대하여 가능한 많은 것을 알고 제품과 서비스로 고객을 만족시키거나 기대를 뛰어넘는 모든 것을 배워가는 일련의 학습 과정

떠오르는 모바일/온디맨드 마케팅 시대 디지털 시대는 소비자 파워를 증대시키고 마케팅을 항상 작동하는 것이 아니라, 요구할 때만 작동하는 온디맨드로 밀어붙이고 있다. 소비자들은 정확히 그들이 원할 때만 원하지 않는 메시지의 잡음은 제거한 채 관련 정보를 요구하고 있다. 검색기술은 제품정보를 구석구석에 스며들게 했다. 소비자들은 소셜미디어를 통해 경험을 공유하고, 비교하며 평가한다. 그리고 모바일 기기는 이 모든 것을 연중무휴 24시간 내내 가능하게 한다.[5]

제품에 내장된 저렴한 마이크로 송수신기의 발달은 소비자들이 이미지, 목소리, 제스처들로 검색할 수 있게 해준다. 예를 들면 여러분이 좋아하는 제품을 친구가 가지고 있다면 핸드폰을 그 제품에 살짝 대기만 해도 즉각적으로 제품 리뷰, 가격 등등에 관한 정보를 얻을 수 있다. 어떤 칼라를 구매할지 결정할 수 없다면 페이스북에 사진을 보내 친구들에게 선호하는 칼라를 투표하게 할 수 있다. 구매 후에는 제조업자나 제조 파트너로부터 유사 제품이나 서비스에 대한 스페셜 오퍼를 받을 것이다. 디지털 기술이 계속 발전함에 따라 소비자 수요는 네 가지 영역에서 성장할 것 같다.[6]

1. '지금' 소비자들은 언제 어디서나 소통을 원한다.
2. '내가 무엇을?' 소비자들은 자신들에게 가치를 창출하는 방식으로 다른 종류의 정보를 가지고 새로운 일을 하기를 원한다. 예를 들면, 그들이 지나다니는 길의 집의

소셜 미디어를 통한 연결 고객기반 확보

Snapchat.com

가장 빠르게 성장하는 소셜 네트워크 중 하나인 Snapchat은 매우 효과적일 수 있다

밀레니얼 및 Z세대 사용자는 떼를 지어 플랫폼으로 모여든다. 그리고 모두가 앱이 제공하는 미친 필터를 사랑하는 것 같다. 심지어 연예인들도. 언제 벨라 하디드(Bella Hadid) 또는 크리시 타이겐(Chrissy Teigen)이 스폰서 필터를 사용할 때, 마케터는 1억 8,800만 명의 일일 활성 사용자에게 광고처럼 보이지 않는 재미있는 방법으로 도달할 수 있다.

Snapchat을 사용하는 것은 마케팅 팀에게는 상당한 노력이 든다. 스냅이 만료되고 빨리 사라진다면 어떻게 기억에 남는 추억을 만들 수 있나? 일부 회사는 큰 돈을 투입해 정말 재미있는 필터를 만든다. Snapchat 사용자는 평범하거나 뻔한 광고보다 우스꽝스러운 필터를 사용할 가능성이 훨씬 더 높다. 그러면 기업들은 필터를 사용하는 사람들의 편집 비디오를 만드는데 고객들과 함께 참여할 수 있다. 사용자들은 회사의 공개적인 공급에 자신이 등장하는 것을 좋아하며 그것의 일부가 되기 위한 방법을 찾기 위해 열심히 노력할 것이다. 여러분의 사업을 위한 킬러 캠페인을 시작하기 전에, 그것이 항상 싼 것은 아니라는 것을 알아두세요. 만약 여러분이 전국의 고객들에게 다가가고 싶다면, 여러분은 50만 달러를 떨어뜨릴 수도 있다!

모든 기업이 아직 Snapchat을 채택한 것은 아니지만 놓칠 수 있다. 마케팅 담당자들은 Snapchat의 사용자 기반이 그들이 찾는 것보다 더 어리다고 생각할지도 모른다. 하지만, 로레알, 버거킹, 아마존과 같은 정통한 마케팅 팀들은 24시간 내내 고객들에게 도달하고 있다.

출처: Sources: "15 Leading Snapchat Influencers to Follow—Snapchat Influencer List," Influencer Marketing Hub, influencermarketinghub.com, accessed October 2019; Eddie Shleyner, "Snapchat for Business: The Ultimate Marketing Guide," Hootsuite, hootsuite.com, February 13, 2019; Kerry Flynn, "Once $500k, Snapchat's AR Ads Are Now Cheap and Luring in Smaller Advertisers," Digiday, digiday.com, November 12, 2018; "Snapchat by the Numbers: Stats, Demographics, and Fun Facts," Omnicore, omnicore.com, January 6, 2019.

가격을 사기를 원하는 커플은 그 집의 스냅사진을 올리기만 하면 즉각적으로 판매가와 다른 부동산 정보를 확인하는 동시에 기기가 자동적으로 그들의 재 무정보에 접속하고, 저당권 설정자를 접촉하며, 대출승인을 얻을 수도 있다.

3. '나를 위해' 소비자들은 그들이 경험하는 것을 개인에 맞추는 데 사용할 수 있도록 모든 데이터를 저장하기를 기대한다.
4. '단순한' 소비자들은 모든 소통이 쉬워지기를 기대한다.

기업들은 소셜 미디어, 빅 데이터, 고객경험을 다룰 수 있는 종업원들을 찾게 될 것이다. '소셜 미디어를 통한 연결' 글상자는 Snapchat을 사용하는 중에 마케터들이 현재 마주하는 도전에 대해 논한다.

비영리조직(Nonprofit Organization)과 마케팅

비록 마케팅 컨셉이 이윤지향성을 강조한다 하더라도 마케팅은 이윤을 위한 것이든 아니든 거의 모든 조직에 있어서 매우 중요한 부분이다. 자선단체는 기금(예: 세계 기아와의 전쟁)을 모으거나 다른 자원을 얻기 위해서 마케팅을 사용한다. 적십자(Red Cross)는 전국적 또는 지역적 혈액공급이 저조할 때 사람들에게 헌혈을 장려하기 위해 촉진을 사용한다. 그린피스(Greenpeace)는 생태학적으로 안전한 기술을 촉진하기 위해 마케팅을 사용한다. 교회는 기금을 모으고 새로운 신자를 영입하기 위해 마케팅을 사용한다.

정치인들은 표를 얻기 위해 마케팅을 사용한다.

미국의 주정부는 새로운 사업과 관광객을 유치하기 위해 마케팅을 사용한다. 예를 들어, 많은 주정부는 자신들의 지역에 자동차 공장을 유치하기 위해 다른 나라들과 경쟁한다. 학교는 신입생을 유치하기 위해 마케팅을 한다. 예술단체, 조합, 사회단체와 같은 조직들도 마케팅을 사용한다. 광고협회는 음주운전이나 화재예방과 같은 이슈에 대한 인식을 조성하고 이에 대한 태도를 변화시키기 위하여 마케팅을 사용한다. 사실 마케팅은 환경 보호와 범죄예방(범죄를 근절시키자)부터 사회적 이슈(친구는 친구가 음주 운전하도록 하지 않습니다)에 이르기까지 모든 것에 촉진도구로서 활용된다.

공익광고협의회는 이 광고와 같은 많은 공공 서비스를 후원하고 있다. 이 아이디어는 대중으로 하여금 비영리조직만이 응할 수 있는 다양한 필요에 대해 보다 많이 알도록 하는 데 있다. 광고는 단순히 돈만 기부하라고 하는 것이 아니라 대중으로 하여금 어떻게든 문제에 관여하게 한다. 여러분은 공익광고협의회의 광고에 반응한 적이 있었는가?

학습목표 11-2 마케팅의 4P를 설명할 수 있다.

마케팅 믹스(Marketing Mix)

마케팅 담당자들이 해야 하는 많은 일들을 4가지 요소로 구분할 수 있다. 수행하기 쉽고 기억하기 쉽도록 우리는 이 4요소를 마케팅의 4P라고 부른다. 4P는 다음과 같다.

1. 제품(product)
2. 가격(price)
3. 유통(place)
4. 촉진(promotion)

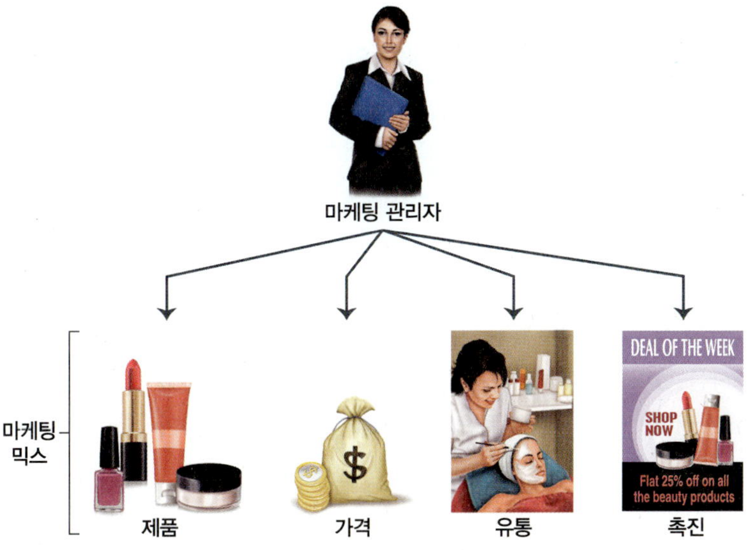

그림 11.2 마케팅 관리자와 마케팅 믹스

마케팅 관리자는 4P의 마케팅 믹스, 즉 제품, 가격, 유통, 촉진을 어떻게 할 것인지 선택해야 한다. 마케팅 믹스의 목표는 고객만족과 이익창출이다.

그림 11.3 **4P를 활용한 마케팅 과정**

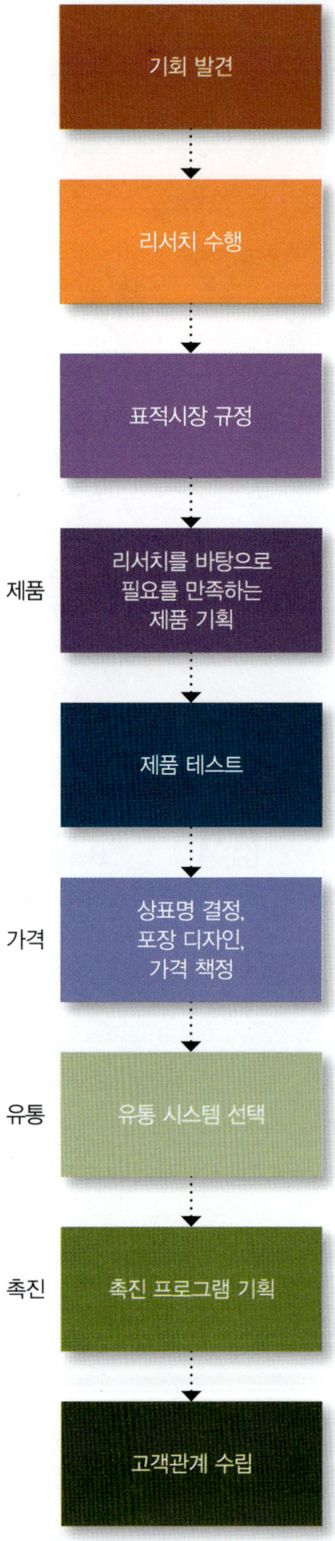

마케팅 믹스
마케팅 프로그램에 속하는 요소들로 제품, 가격, 유통, 촉진

마케팅 과정에서 조정 가능한 부분을 관리하는 것은 다음을 의미한다. (1) 욕구를 만족시키는 제품 설계하기, (2) 제품 가격 책정하기, (3) 사람들이 구매할 수 있는 장소에 제품 유통하기, (4) 제품 촉진하기가 그것이다. 이 4가지 요소들은 마케팅 프로그램 안에 섞여 있기 때문에 **마케팅 믹스**(marketing mix)라고 일컫는다. 마케팅 관리자는 마케팅 믹스의 4요소를 효과적으로 결합하는 마케팅프로그램을 설계한다(그림 11.2 참고).

마케팅 과정에 적용하기

4P는 마케팅의 기본들을 기억하는 편리한 방법이기는 하지만, 마케팅 과정에 들어가는 모든 것을 포함하지는 않는다. 전체의 마케팅 과정을 이해하기 좋은 방법은 제품이나 제품군을 하나 택해서 그것들을 개발하고 판매하기까지의 전 과정들을 이해하는 것이다(그림 11.3 참조).

예를 들어, 여러분과 여러분 친구들이 학교 근처에서 돈벌이 되는 사업을 시작하기 원한다고 해보자. 사전조사는 신선하고 맛있는 무방부제, 무화학성분, 방목 무항생제 패스트푸드에 대한 수요가 있다고 한다. 여러분은 그 지역의 패스트푸드 매장을 조사하고, 어느 식당에서도 고기나 채소에 대해 신선하다고 주장하는 것 이외의 정보를 제공하고 있지 않고 샐러드만 제공하고 있다는 것을 발견한다.

여러분은 농장에서 식탁 트렌드(농장에서 시작해서 식탁 위의 접시까지 음식경로)는 전국적으로 늘어나고 있다는 것은 안다. 그러나 여러분 지역에서는 고급 레스토랑과 일부 식료품점에서 나타나고 있으며, 패스트푸드 식당에서 아직 보이지 않고 있다.

여러분은 방금 마케팅 과정의 처음 몇 단계를 수행하였다. 우선 사업 기회를 인식한다(캠퍼스 주변의 건강하고, 신선한 패스트푸드에 대한 수요). 여러분의 생각이 어느 정도 실현성이 있는지 알기 위해 사전조사를 했다. 그리고 제품에 관심이 있는 집단을 확인했다. 그들이 여러분의 타깃마켓(target market: 식당으로 오게 설득해야 하는 사람들)이 될 것이다.

필요를 충족하는 제품의 기획

일단 여러분이 소비자의 필요(needs)를 조사하고 여러분의 제품에 맞는 타깃마켓(target market)을 찾았다면(이 부분은 나중에 자세히 논의함) 마케팅의 4P전략을 실행한다. 여러분은 제품 또는 제품군의 개발부터 시작한다. **제품(product)**은 욕구(wants)나 필요(needs)를 만족하며, 더 나아가 브랜드와 같이 소비자의 눈높이를 충족시키는 물질적인 상품, 서비스, 아이디어를 뜻한다. 이 경우, 여러분의 제품은 알맞은 가격에 신선하고 건강한 다양한 식단을 제공하는 레스토랑이다.

제품
욕구나 필요를 만족하며, 더 나아가 브랜드와 같이 고객의 눈높이를 충족시키는 상품, 서비스, 아이디어

이 시점에서 컨셉 테스팅(concept testing)을 하는 것은 좋은 생각이다. 즉, 여러분은 여러분의 식당에 대하여 정확하게 묘사하고 직접 또는 온라인을 통해 컨셉(식당에 대한 생각과 여러분이 제공하기로 한 여러 종류의 음식들)이 사람들에게 관심을 끄는지 질문해보아야 한다. 만약 그렇다면, 여러분은 무농약 농산물을 생산하는 농장에 가서 소비자들에게서 반응을 얻어야 하는 샐러드, 포장, 그릇들의 샘플을 위해 재료들을 얻을 수도 있다. 잠재 고객들을 대상으로 하는 제품 테스트의 과정은 **테스트 마케팅(test marketing)**이라고 한다. 예를 들어 여러분은 무방부제 요리를 테스트 마켓(test market)함으로써 그 것들을 어떻게 해야 가장 잘 준비하는 지를 배울 수 있다.

테스트 마케팅
잠재 소비자들에게 제품 테스트를 하는 과정

만약 소비자들이 그 제품을 좋아하고 구매하기로 동의한다면, 투자자를 찾고 개업하기에 편리한 지역을 알아본다. 매력 있는 캐치 네임(catchy name) 또한 생각해보아야 한다(연습 삼아서, 잠시 멈춰 좋은 이름을 생각해보자). 우리는 하비스트 골드(Harvest Gold)란 이름을 '농장으로부터의 신선함'이란 태그와 같이 사용할 것이다. 동시에 제품 개발에 대해 계속 생각해보기로 하자.

여러분은 사람들의 관심을 즉시 끌기 위해서 잘 알려진 상표명을 제공하기 원할 것이다. **브랜드명(brand name)**은 판매자의 제품과 서비스를 경쟁사와 차별화할 수 있는 단어, 글자, 문구이다. 청정 유기농 주스제품들의 상표명은 오드올라(Odwalla), 수자(Suja), 네이키드(Naked) 등이 있다. 제품 개발과정에 대해서는 12장에서 자세히 논의할 것이다. 이 장에서는, 하비스트 골드 사례를 통해서 여러분에게 어떻게 마케팅과 다른 사업결정이 결합되는지 보여줄 것이다. 지금은 전반전인 마케팅 과정에 대해 총체적인 그림을 보여주기 위해 간단한 스케치 작업을 하고 있는 것이다. 지금까지 마케팅 믹스 중 첫 번째 P, 바로 제품(product)에 대하여 알아보았다. 다음은 가격(price)을 살펴볼 차례이다.

브랜드명
판매자의 제품과 서비스를 경쟁사와 차별화할 수 있는 단어, 글자, 문구

적절한 가격설정

여러분이 소비자들에게 제공할 제품들과 서비스를 결정한 후에는 적절한 가격을 설정해야 한다. 가격은 다양한 요소에 의해 결정된다. 예를 들어, 식당에서는 가격경쟁력 유지를 위해 다른 식당들과 비슷하게 가격을 책정할 수 있다. 또는 초창기에는 특별히 소비자의 관심을 끌기 위해 낮은 가격을 책정할 수도 있다. 또는 소비자들이 기꺼이 돈을 더 지불할 만큼 질 높은 제품을 제공할 수 있다(스타벅스(Starbucks)가 그랬던 것처럼). 여러분은 또한 제품의 생산, 유통, 촉진과 관련한 비용을 고려해야 한다. 우리는 그러한

가격 책정과 관련한 이슈들을 12장에서 자세하게 다룰 것이다.

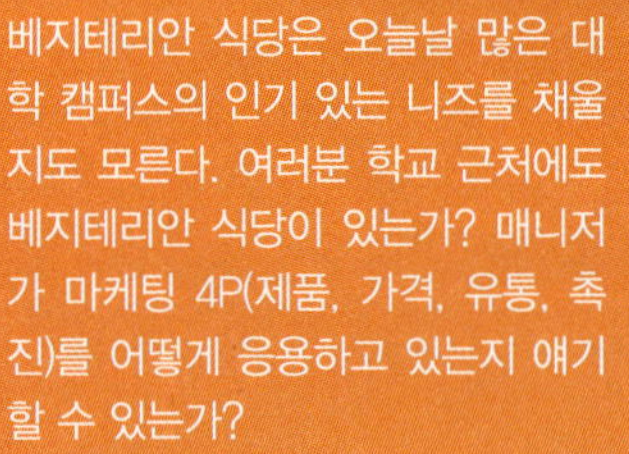

베지테리안 식당은 오늘날 많은 대학 캠퍼스의 인기 있는 니즈를 채울지도 모른다. 여러분 학교 근처에도 베지테리안 식당이 있는가? 매니저가 마케팅 4P(제품, 가격, 유통, 촉진)를 어떻게 응용하고 있는지 얘기할 수 있는가?

적절한 장소에 제품 유통하기

건강식 시장에서 제품과 서비스를 제공하는 방법에는 여러 가지가 있다. 물론, 여러분은 사람들이 식당에 들어와서 먹게 할 수도 있지만, 피자를 시키는 것 같이, 그것만이 방법이 아니다. 소비자의 기숙사, 집, 주거지로 음식을 배달할 수도 있다. 유통(place)은 마케팅 믹스의 세 번째 P임을 기억하라. 여러분은 제품을 슈퍼마켓이나 건강식품점에서 판매하거나 음식을 전문적으로 유통하는 기업들을 통해 팔 수도 있다. 그러한 조직들을 중개자(intermediaries)라고 하며, 이들은 생산자와 소비자의 중간 단계에서 제품을 유통시킨다(더 전통적인 단어로 중간상(middlemen)이라고 한다. 소비자가 원하는 때와 장소에 제품을 전달하는 것은 시장 성공에 있어서 중요한 열쇠이다. 마케팅에 있어서 중개자들과 유통의 중요성에 대하여 12장에서 자세히 논의할 것이다.

효과적인 촉진전략 전개

촉진
사람들이 제품 또는 서비스를 구매하도록 동기를 부여하기 위해 판매자가 활용하는 모든 기법

4P의 네 번째 구성요소는 촉진이다. **촉진(promotion)**은 판매자가 사람들에게 정보를 제공하고 제품 또는 서비스를 구매하도록 동기를 부여하기 위해 활용하는 모든 기법이다. 촉진에는 광고(advertising), 인적 판매(personal selling), 홍보(public relations), 언론 홍보(publicity), 입소문(word of mouth), 쿠폰(coupons), 리베이트(rebates), 샘플(samples), 가격 할인(cents-off deals) 등의 다양한 판매촉진 노력 등이 포함된다.

마케팅 과정의 마지막 단계인 촉진은 종종 고객과의 관계구축이 포함되며, 제품이나 마케팅(가격과 포장)을 향상시키기 위한 고객들의 제안에 응답하는 것도 포함된다. 하비스트 골드의 경우에는 구매 후(postpurchase)나 애프터세일(after-sale) 서비스는 고객이 만족하지 않는 음식 값을 받지 않는다거나 고객이 만족할 만한 다른 조치를 취해 주는 것 등이 포함된다. 고객들은 자신이 좋아하는 다른 채식제품을 구비해 놓도록 추천할 것이다. 고객들의 말에 귀를 기울이고 필요를 충족시키기 위해 대응하는 것이 바로 마케팅 성공의 열쇠이다.

시험 준비

- 구매자의 구매활동을 돕는다는 것은 어떤 의미인가?
- 마케팅 컨셉을 구성하는 세 가지 요소는 무엇인가?
- 마케팅 믹스의 4P는 무엇인가?

학습목표 11-3 마케팅 조사과정을 설명할 수 있다.

마케터들에게 정보 제공하기

마케팅 과정의 모든 단계는 올바른 결정을 내리기 위하여 사용되는 정보에 의존한다. **마케팅 조사**(marketing research)는 좋은 의사결정을 내리기 위하여 필요한 정보를 찾고 기회와 도전을 결정하기 위하여 시장을 분석하는 것이다.

마케팅 조사
좋은 의사결정을 내리기 위하여 필요한 정보를 찾고 기회를 만들고 도전하기 위하여 시장을 분석하는 것

마케팅 조사는 과거의 소비자 층이 어떠한지 그리고 시장상황의 변화로 인해 소비자들이 현재 원하는 제품뿐만 아니라 향후에 어떠한 제품을 원하게 될지 등을 결정하는데 도움을 준다. 게다가 마케터들은 비즈니스 동향과 자신의 결정이 생태환경에 미치는 영향, 글로벌 트렌드 등에 관한 조사를 한다. 기업들은 효과적으로 경쟁하기 위하여 정보를 필요로 하며, 마케팅 조사는 그 정보를 수집하는 활동이다. 예를 들어 여러분은 건강식 패스트푸드 식당을 열려고 생각하는 사람에게 조사가 얼마나 중요한지 배웠다. 이와 더불어 마케팅 조사자들은 고객들의 말을 경청하고, 종업원, 주주, 상인, 소비자 단체, 미디어 대표, 다른 이해당사자들의 의견까지 수렴해야 한다. 앞에서 언급한 바와 같이, 조사 중 상당수는 소셜 미디어를 통해 온라인으로 이루어진다. 이러한 조사에도 불구하고 마케터는 반드시 고객들을 이해해야 하나 여전히 이해하는데 어려움을 겪고 있다.[7]

마케팅 조사 과정

단순화한 마케팅 조사 과정은 최소한 네 개의 주요 단계로 구성된다.

1. 문제(문제점과 기회) 정의와 현재상황 결정
2. 자료 수집
3. 조사자료 분석
4. 최적안 선정 및 실행

이제 이러한 과정에 대하여 자세히 살펴보자.

문제(문제점과 기회) 정의와 현재상황 파악 마케팅 조사자들은 현재의 상황에 대하여 파악하고 문제점과 기회를 발견하며 어떠한 대안이 있는지 알아보고 필요한 정보는 무엇인지, 어떻게 정보를 수집하고 자료를 분석해야 하는지에 대하여 자유롭게 도움을 받을 수 있어야 한다.

자료 수집 유용한 정보를 얻는 것은 마케팅 조사 과정에서 매우 중요한 일이다. 조사는 비용이 많이 들 수 있다. 따라서 정보의 필요성과 정보의 획득비용 사이에 절충(trade-off)이 있어야 한다. 보통 가장 저렴한 방법은 다른 사람들에 의해 이미 편집된 자료나 잡지, 도서로 발행된 자료 또는

개인인터뷰는 고객 니즈, 원츠, 그리고 구매습관에 관한 1차자료를 수집하는 한 방법이다. 최근에 쇼핑몰에서 누가 여러분을 붙잡고 여러분이 사용하는 제품이나 제품 카테고리에 대해서 질문했을지도 모른다. 이러한 인터뷰를 통해서 정보를 수집하는 것을 어렵게 하는 것이 어떤 것이 있으며, 마케터는 이러한 과정을 어떻게 개선시킬 수 있는가?

온라인에서 이용 가능한 자료를 수집하는 것이다.

2차 자료
이미 문서화되어 있거나 잡지나 책으로 발행되었거나 온라인상으로 구할 수 있는 정보

이와 같이 이미 존재하는 자료를 **2차 자료**(secondary data)라고 한다. 왜냐하면 여러분이 그 자료를 처음 수집한 사람이 아니기 때문이다. 그림 11.4는 2차 마케팅 자료의 주요 출처이다. 2차 자료라는 이름에도 불구하고 2차 자료는 불필요한 비용 지출을 피하기 위하여 가장 먼저 수집된다. 농장에서식탁트렌드에 대한 2차자료를 찾기 위해서 1000ecofram.com에 접속해 보자.

1차 자료
(책이나 잡지 등의 2차출처에서 얻지 않은) 스스로 수집하는 자료

2차 자료는 종종 관리자들이 의사결정을 하기 위해 필요한 모든 정보를 제공하지 않는다.[8] 추가적으로 깊이 있는 자료를 찾기 위해서 마케터들은 자체적인 조사를 해야 한다. 이와 같은 새로운 조사결과를 **1차 자료**(primary data)라고 한다. 1차 자료를 얻는 방법 중의 하나는 서베이를 하는 것이다.

전화 서베이, 온라인 서베이, 우편 서베이, 개인 인터뷰 등이 가장 보편화된 서베이의 형태이다. 포커스 그룹(다음 단락에서 정의됨)은 개인들을 서베이 하는 가장 인기 있는 방법 중 하나이다.[9] 어떠한 방법이 여러분이 준비하는 레스토랑에 대하여 학생들의 의견을 묻는 가장 최적의 방법일까? 개업 몇 달 후 다른 종류의 서베이를 해야 하는가? 사람들이 여러분의 레스토랑을 찾을 수 있도록 어떻게 도울 것인가? 즉, 구매자의 구매활동을 어떻게 도울 것인가? 조사자들이 관심을 갖는 한 가지의 질문은 바로 이 제품을 '친구에게 추천하겠는가?'이다.

포커스 그룹
조직, 제품, 기타 주어진 이슈 등에 대하여 서로의 의견을 주고 받으며 토론 리더의 지시 아래 회의를 진행하는 (8명에서 14명으로 구성된) 소규모 그룹

포커스 그룹(focus group)은 토론리더의 지시 아래 조직, 제품, 기타 주어진 이슈 등에 대하여 서로의 의견을 주고받는 그룹을 말한다. 이 책자도 교수진과 학생들로 구성된 다양한 포커스 그룹의 참여하에 정기적으로 개정된다. 학생들이 집필진에게 어떤 주제나 사례가 좋았는지, 안 좋았는지 말하면 집필진은 개정을 위해 의견을 수렴한다.

지금은 마케터들이 2차 자료와 1차 자료를 모두 다 온라인에서 얻을 수 있다. 예를 들어, 이 교재의 집필진들 또한 온라인 조사를 많이 한다. 하지만 자료를 책, 기사, 인터뷰, 다른 출처에서 수집하기도 한다.

이 교재의 저자들은 포커스그룹을 사용하는 혜택을 즐긴다. 대학교수와 학생들은 이러한 미팅에 와서 이 교재와 부교재를 어떻게 개선시킬 수 있는지 얘기해준다. 우리는 신중히 듣고 그에 반응해서 가능한 한 많이 변경하려 한다. 이러한 제안에는 교재 내의 사진에 대해 더 많은 설명을 추가하는 것과 교재를 가능한 한 사용자 친화적으로 만들라는 것이 포함된다. 우리가 지금까지 잘 하고 있나요?

그림 11.4 1차 자료와 2차 자료를 얻을 수 있는 출처들

1차 출처들

- 인터뷰
- 서베이
- 관찰
- 포커스 그룹
- 온라인 서베이
- 설문지
- 고객 코멘트
- 고객으로부터의 편지

2차 출처들

정부 간행물

- 미국 통계자료
- 사업체 총조사
- 소매업 총조사
- 운송 총조사
- 제조업체 연례 총조사

상업 간행물

- 에이시닐슨(ACNielson Company)의 소매업과 미디어에 관한 연구 자료
- 미국마케팅조사업체(Marketing Research Corporation of America)의 소비자 구매에 관한 연구 자료
- Selling Areas-Marketing Inc.의 식품 판매에 관한 보고서

잡지

- Entrepreneur
- BusinessWeek
- Fortune
- Inc.
- Advertising Age
- Forbes
- Harvard Business Review
- Journal of Marketing
- Journal of Retailing
- Journal of Consumer Research
- Journal of Advertising
- Journal of Marketing Research
- Marketing News
- Journal of Advertising Research
- Progressive Grocer와 같은 산업에 적절한 무역 잡지
- 여러 상공회의소로부터의 보고서

신문

- 월스트리트저널
- 배런스(Barron's)

내부 출처

- 회사 자료
- 대차대조표
- 손익계산서
- 이전의 조사보고서

일반적 출처

- 인터넷 검색
- 구글(Google) 검색엔진
- 상업적 데이터베이스

조사자료 분석 마케터는 조사과정 중 수집된 자료를 유용한 자료로 만들어야 한다. 수집된 자료에 대한 주의 깊고 정직한 해석은 기업이 특정한 마케팅 시험대에서 유용한 대안을 찾을 수 있도록 해준다. 예를 들어, 프레시 이탈리아(Fresh Italy, 소규모 이탈리아 피자가게)는 사전조사로 자사의 피자 맛이 대규모 피자체인들의 피자 맛에 비하여 월등히 좋은 평가를 받았다는 것을 알았다. 하지만 피자의 판매량은 다른 경쟁업체에 비하여 훨씬 뒤처졌다. 피자 산업에 대한 2차 자료는 소비자들에게 있어서 프레시 이탈리아가 제공하고 있지 않았던 무료배달서비스가 맛보다 더 중요하다는 사실이 드러났다. 현재 프레시 이탈리아는 배달서비스를 제공하고 있으며 시장점유율도 증가하는 추세이다.

최적안 선정 및 실행 자료를 수집하고 분석한 후에, 시장조사자들은 대안 전략을 결정하고 어떤 전략이 최적대안인지를 이유와 함께 추천을 한다. 이 마케팅 조사의 마지막 단계에서 최적대안을 실행한 후 그 결과가 예상했던 대로 나오는지 점검한다. 만약 예상과 다르다면 기업은 활동을 수정하고 최저의 비용으로 새로운 연구를 수행해 고객을 만족시키기 위한 지속적인 시도를 할 수 있다. 여러분은 마케팅 조사가 시장의 변화와 소비자 선호의 변화 속에 끊임없이 변화에 대응하는 과정임을 알 수 있을 것이다.

학습목표 11-4 마케터가 변화하는 마케팅 환경에 대하여 알아보기 위해 환경탐사(environmental scanning)를 어떻게 사용하는지 설명할 수 있다.

마케팅 환경

환경탐사
마케팅의 성공에 영향을 미칠 수 있는 요인들을 파악하고 분석하는 과정

마케팅 관리자들은 마케팅 믹스에 관한 의사결정을 내릴 때 주변 환경에 대하여 인지하고 있어야만 한다. **환경탐사**(environmental scanning)는 마케팅의 성공에 영향을 미칠 수 있는 요인들을 파악하고 분석하는 과정이다. 그림 11.5에서 볼 수 있듯이 이러한 요소들은 국제적 · 기술적 · 사회문화적 · 경쟁적 · 경제적 영향을 포함한다. 우리는 이러한 요인들에 대하여 1장에서 자세히 살펴보았지만, 엄격한 마케팅의 관점에서 이 요인들을 복습해보기로 한다.[10]

글로벌 요인

현재 기업들은 인터넷을 사용하여 전 세계의 소비자들을 비교적 쉽게 접하여 그들이 원

그림 11.5 **마케팅 환경**

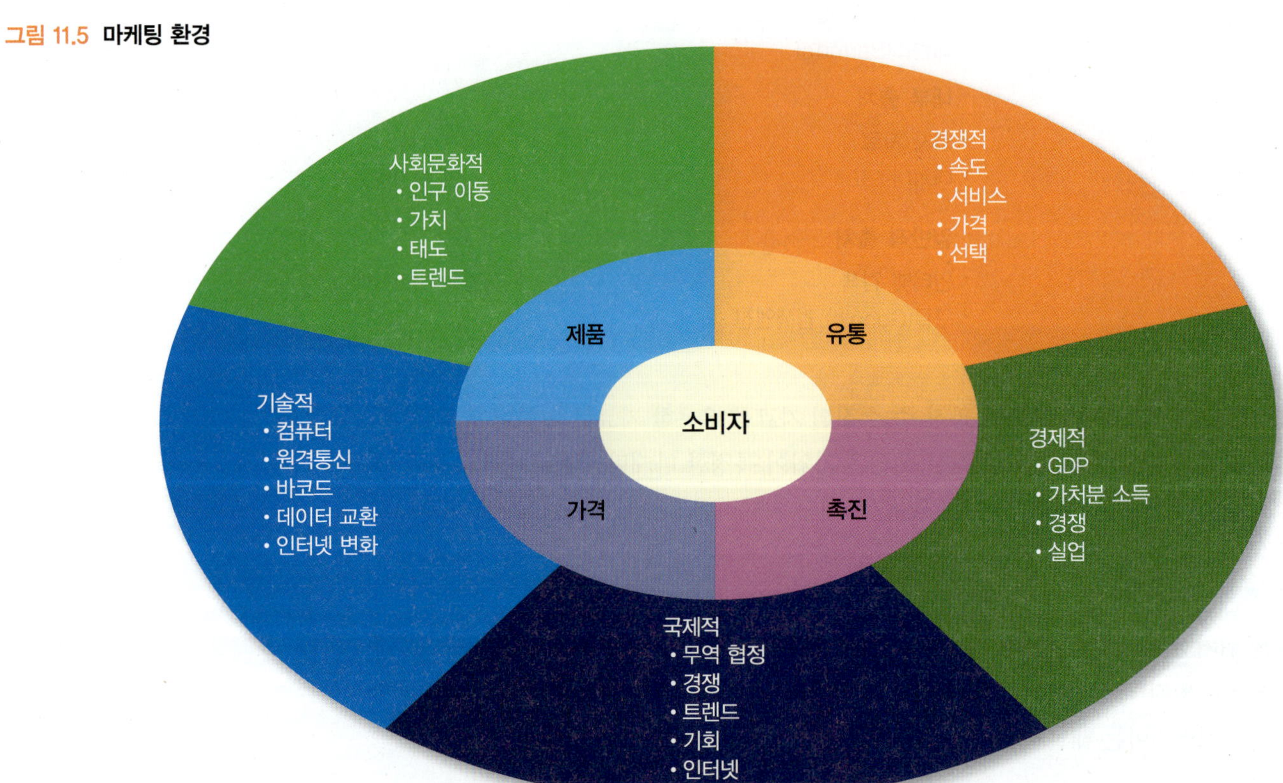

중소기업 스포트라이트

맞춤제품에 대중 어필 만들기

islideusa.com

거의 모든 사람에게 필요한 것을 하나 들라면 바로 신발이다. 우리가 집 주위를 걷고 있든, 가게로 달려가거나, 체육관에 가든 발 아래 약간의 쿠션은 필수적이다. 아이슬라이드(ISlide) 설립자 저스틴 키트레지(Justin Kittredge)는 신발에 관한 한 누구나 알 수 있는 모든 것을 알고 있었다. 그는 리복을 위해 10년 동안 일했고 샌들 시장의 성장을 알아챘다. 키트레지는 2013년에 스스로 독립하여 맞춤 신발사업에 혁명을 일으켰다. 관심있는 고객은 ISLIDE 웹사이트에 접속하여 그들 자신의 디자인을 만들거나, 타인의 창작물 중에서 선택할 수 있다. DJ Khaled가 입고 있는 옷처럼요? 당신은 웹사이트에 있는 그의 "블레스 업" 샌들을 찾을 수 있다. 그리고 엘렌 드제너러스나 코너 맥그리거가 당신의 옷을 입고 있는 것을 발견할지도 모른다.

프로팀들 또한 ISLIDE를 이용하여 이익을 얻고 있다. NBA 30개 팀 모두가 ISLIDE 팀 로고에 대한 권리를 허용하는 라이센스 계약을 체결했다. 중소기업은 자체 홍보 슬라이드를 디자인하고 몇 시간 후에 해당 제품을 사이트에서 판매할 수 있다. ISLIDE가 등장하기 전까지는 맞춤시장에서 이렇게 빠른 속도는 전례가 없었다. 신발 한 켤레는 주문을 넣는 대로 보스턴 근처에 있는 창고에서 인쇄되고 배송된다.

기술적 요소가 진화함에 따라, 우리는 점점 더 많은 수의 산업에서 합리적인 가격에 대량 맞춤화를 이용할 수 있다는 것을 알게 될 것이다.

출처: : Joe Londergan, "ISlide Thrives Off Self-Expression Five Years after Launch," Front Office Sports, December 7, 2018; Kellie Speed, "Why Mark Wahlberg, Tom and Gisele, Diddy, and the Kardashians Love ISlides," Haute Living, April 25, 2018; Ben Osborne, "NBA Grants Licensing Rights for All Teams to ISlide," SLAM, June 2, 2015; Lucia Maffei, "Ex-Celtic Evan Turner Invests in Footwear Startup Featured on 'Shark Tank,' " Boston Business Journal, November 21, 2018; "Justin Kittredge Turns Down the Sharks' Offer," ABC, abc.go.com, September 26, 2019.

하는 제품과 서비스에 대하여 대화를 나눌 수 있다. 이 글로벌 과정은 글로벌 고객들에게 제품 운송의 책임을 진 사람들에게 더욱더 많은 압박감을 주고 있다.

기술적 요인

가장 중요한 기술적 변화 또한 인터넷과 소비자 데이터베이스의 성장을 포함한다. 소비자 데이터베이스, 블로그, 소셜 네트워킹 등을 사용하면서 기업들은 소비자의 필요에 맞는 제품과 서비스를 개발할 수 있게 되었다.[11] 8장에서 살펴본 바와 같이 이제는 제품을 대량생산 할 때와 비슷한 가격에 고객맞춤 제품과 서비스를 제공할 수 있게 되었다. 따라서 융통성 있는 제조과정과 대량 고객맞춤(mass customization)도 마케터들에게 큰 영향을 미친다(Spotlight on Small Business box를 참조하시오.). 예를 들어, 여러분은 하비스트 골드에서 고객맞춤 샐러드나 고객들을 위한 다양한 음식을 만드는 데 데이터베이스를 활용할 수 있을 것이다.

사회문화적 요인

마케터들이 소비자와 가까운 관계를 지속하기 위하여 반드시 모니터해야 하는 사회적 동향이 몇 가지 있다. 인구의 증가와 인구 통계는 판매에 영향을 미칠 수 있는 사회적 동향이다. 21세기의 미국 인구 중 급격한 증가세를 보이고 있는 인구층은 65세 이상이다. 미국 내 고령 인구의 증가는 양로원, 건강관리 센터, 처방 약품, 휴양, 평생 교육 등에 대한 수요를 증가시킨다. 고령층이 지역농장의 신선식단을 더 좋아한다는 증거가 보이는가? 미국 인구 이동에서의 변화는 판매자들에게 그들의 제품을 남미 히스패닉, 아시아, 그 외 성장하는 인종 그룹의 기호와 선호도에 맞추어야 하는 새로운 도전 과제들을 안겨주었다. 다양한 그룹에게 어필하기 위하여, 마케터들은 보다 독특한 인종 그룹의 의견들을 경청하고 더 잘 응답해야 한다. 하비스트 골드가 특정 인종 그룹에게 어필하기 위하여 해야 할 일은 무엇인가?

경쟁적 요인

마케터들은 동적인 경쟁환경에 관심을 기울여야만 한다. 기존의 많은 전통적인(brick-and-mortar) 기업들은 자동차, 보험, 뮤직비디오, 의류 등을 판매하는 새로운 인터넷 기업들과의 경쟁을 의식해야 한다. 도서 사업에서 보면 반스앤노블(Barnes & Noble)은 좋은 가격에 방대한 종류의 책을 구비하고 있는 아마존닷컴(Amazon.com)이라는 새로운 현실에 여전히 적응 중이다. 반스앤보블은 아마존 킨들의 도전에 누크(Nook)로 답했다. 하지만 계속 유지하기에 충분할까? 그렇게 해도 보더스 북스(Boarders Books)와 같은 오프라인 서점은 폐업하고 말았다. 킨들(kindle)과 다른 이리더(eReader)들이 제공하는 도전은 무엇인가? 지금 소비자들은 가장 합리적인 구매가격 조사를 위해 온라인으로 말 그대로 전 세계를 검색해볼 수 있다. 그러므로 마케터들은 가격, 배송, 서비스를 그에 맞춰 조정해야만 한다. 여러분은 하비스트 골드가 인터넷과 소셜 미디어를 활용하여 만들 수 있는 기회들이 보이는가?

경제적 요인

마케터들은 경제환경에 많은 주의를 기울여야 한다. 새 천년이 시작되면서 미국은 저성장을 경험하고 있으며, 소수의 고객들은 값비싼 자동차, 시계, 휴가들을 열망하였다. 경제가 주춤하면서 마케터들은 수입이 많지 않은 소비자들에게 맞추어 덜 비싼 제품들을 제공함으로써 변화하는 시장에 적응해야만 했다. 여러분의 학교 주변에 새로운 식당에 영향을 미칠지도 모르는 어떤 경제적 변화가 발생하고 있는가? 경제위기와 홍수와 가뭄과 같은 자연재해가 여러분이 살고 있는 지역에 영향을 미쳤는가?

서로 다른 두 시장: 소비자 시장과 기업 간(B2B) 시장

마케터들은 사업을 하고 싶어 하는 시장에 대해 가능한 한 많은 것을 알고 있어야 한다. 우리가 5장에서 정의한 것처럼 시장은 구매의사와 구매할 여력이 있으나 충족되지 못한 욕구와 필요를 가진 사람들로 구성된다. 기업에는 크게 두 가지 시장, 즉 소비자 시장과 기업 간 시장이 있다. **소비자 시장**(consumer market)은 개인적인 소비나 사용을 위해 제품과 서비스를 원하고 구매할 여력을 가진 모든 개인 또는 가구들로 구성된다.

소비자 시장
개인적인 소비나 사물을 위하여 제품과 서비스를 원하는 모든 개인 또는 가구

기업 간 시장(business-to-business(B2B) market)은 기타 제품과 서비스를 생산하는 데 쓰이는 제품과 서비스를 원하거나 혹은 다른 기업들에게 제품을 판매, 임대, 공급하기를 원하는 모든 개인과 조직들로 구성된다.[12] 석유 드릴 비트, 금전등록기, 진열장, 사무실 책상, 공인 회계감사, 비즈니스 소프트웨어는 B2B제품과 서비스의 예이다. 전

기업 간 시장
제품과 서비스를 생산하는 데 쓰이는 원료와 서비스를 원하거나 다른 기업들에 제품을 판매, 임대, 공급하기를 원하는 모든 개인과 조직들

통적으로 그것들은 산업에서 사용되기 때문에 산업용 제품과 서비스로 알려져 있다.

기억해야 할 점은 구매자가 그 물건을 사는 이유인 제품의 최종 용도가 그 제품이 소비자 제품인지 기업 간(B2B) 제품인지를 결정한다는 것이다. 예를 들어, 학생이 아침식사로 구매한 컵요거트는 소비자 제품으로 고려된다. 하지만 만약 하비스트 골드가 아침식사 고객들을 위하여 똑같은 컵요거트를 구입했다면 그 요거트는 기업 간 제품으로 간주된다. 이제 소비자 시장과 B2B 시장에 대하여 더 상세하게 알아볼 것이다.

기업 간(B2B) 시장은 다른 기업체에 상품이나 서비스를 판매하는 개인과 조직으로 구성된다. 예를 들어 제조업체는 B2B 시장에서 부품이나 보급품을 구매한다.

시험 준비

- 마케팅 조사 과정의 4단계는 무엇인가?
- 환경탐사란 무엇인가?
- 소비자 시장과 B2B 시장의 차이를 정의할 수 있는가?

학습목표 11-5 마케터가 시장세분화, 관계마케팅 그리고 소비자행동의 연구를 통해서 어떻게 소비자 시장의 필요(needs)를 알아내는지 설명할 수 있다.

소비자 시장

총 잠재소비자 시장의 규모는 전 세계적으로 수십억 명이다. 소비자 그룹은 크게 연령, 교육 정도, 수입, 취향에 따라 차별화되기 때문에, 기업은 통상적으로 모든 그룹의 필요를 충족시킬 수는 없다. 따라서 서비스를 제공할 그룹을 먼저 선택한 후, 특히 그들의 필요에 맞춘 제품과 서비스를 개발해야 한다.

캠벨 수프회사(Campbell Soup Company)를 예로 들어보자. 여러분은 치킨 누들수프나 토마토 수프와 같은 캠벨의 전통적인 제품을 알 것이다. 또한 캠벨이 수많은 다른 기호에 어필하기 위하여 제품 라인을 확장한 것도 알고 있을 것이다. 캠벨은 남아메리카의 인구가 성장하고 있고 전국적으로 도시마다 라틴계 커뮤니티가 증가하고 있다는 것을 알아차리고, 남미 시장에서는 크레올 수프를 라틴계 시장에서는 레드 빈 수프를 소개했다. 또한 자극적인 음식을 즐기는 캘리포니아 주와 텍사스 주에서는 미국 내 다른 지역에서보다 캠벨 나쵸 치즈 수프를 더 맵게 만들었다. 캠벨은 소비자 시장을 연구하여 유형별로 분류하고, 개별소비자 그룹에게 맞는 제품을 개발하여 성공을 거둔 회사이다.

전체 시장을 비슷한 특성을 가진 사람들로 이루어진 그룹들로 나누는 과정을 **시장 세분화**(market segmentation)라고 한다. 세분화된 시장에서 이익을 창출하면서 서비스를

시장 세분화
전체 시장을 비슷한 특성을 가진 사람들로 이루어진 그룹들로 나누는 과정

타깃 마케팅
세분화된 시장에서 이익을 창출하면서 서비스를 제공할 수 있는 그룹을 선택하는 것

제공할 수 있는 그룹을 선택하는 것을 **타깃 마케팅**(target marketing)이라고 한다. 예를 들어, 신발 매장은 오직 여성화, 아동화, 육상화만을 판매하는 것을 선택할 수 있다. 새로운 사업을 시작하는 데 있어서 중요한 이슈는 적절한 타깃 시장(서비스를 제공하여 가장 수익이 많이 나오는 세분화된 시장)을 선정하였는가이다.

소비자 시장의 세분화

지역적 세분화
시장을 지리적 지역에 따라 구분하는 것
인구통계학적 세분화 시장을 나이, 수입, 교육 수준 등에 따라 구분하는 것

기업이 소비자 시장을 세분화하는 데는 몇 가지 방법이 있다(그림 11.6 참조). 예를 들어, 미국 전역에 제품을 판매하는 것을 시도하기보다 가장 성공할 수 있는 하나 또는 두 지역에 집중할 수 있다. 선택 장소 중의 하나는 플로리다 주, 텍사스 주, 사우스캐롤라이나 주와 같은 남부지역 사람들에게 초점을 맞출 수도 있다. 지리적 지역(도시, 군, 주, 지방 등)에 따라 시장을 나누는 것을 **지역적 세분화**(geographic segmentation)라고 한다.

인구통계학적 세분화
시장을 나이, 수입, 교육 수준 등에 따라 구분하는 것

다른 방법으로는 대학 교육을 받았고 평균 이상의 수입을 가진 25~45세의 사람들을 목표로 제품을 촉진할 수도 있다. 렉서스(Lexus)와 같은 자동차는 종종 이러한 고객들을 타깃으로 한다. 나이, 수입, 교육 수준 등으로 시장을 구분하는 것은 **인구통계학적 세분화**(demographic segmentation)이다. 종교, 인종, 직업도 여기에 포함된다. 이것은 가장 많이 사용되는 세분화 변수들이지만, 항상 최선의 변수들이라고 볼 수는 없다.

심리적 세분화
시장을 그룹의 라이프스타일, 가치관, 태도, 관심 분야 등에 따라 구분하는 것

때로는 어떠한 그룹의 라이프스타일을 묘사하는 광고를 원할 수도 있다. 이를 위해서는 그 그룹의 라이프스타일, 가치관, 태도, 관심 분야 등을 연구해야 한다. 이 세분화 전략을 **심리적 세분화**(psychographic segmentation)라고 한다. 예를 들어, 밀레니얼 세대를 겨냥하기로 결정하였다면, 그들의 가치와 관심분야에 대한 심층조사를 해야 할 것이다. 그러한 조사는 밀레니얼 세대가 시청하는 TV쇼는 무엇인지, 가장 좋아하는 스타는 누구인지 등을 포함한다. 그러한 정보는 나중에 스타들이 등장하는 TV쇼에 붙는 광고를 개발할 때 사용될 수 있다. 어떤 마케터들은 소수민족 세분화에 대해서 말한다. 기본적으로 이러한 세분화는 소비자와 대화하고 그들의 관점에서 제품에 대한 스토리를 개발한다는 점에서 심리적 세분화와 같다. 고객들은 종종 여러분의 제품에 대해 여러분과 전혀 다른 관점을 가진다.[13]

편익 세분화
시장을 제품에 대하여 추구하는 편익에 따라 구분하는 것

하비스트 골드를 위한 마케팅에서 여러분은 신선 유기농 식품의 어떠한 편익을 말하겠는가? 건강편익, 맛 또는 다른 것들을 강조하겠는가? 어떠한 편익이 선호되는지를 파악하고 이 편익을 제품의 촉진을 위해 이용하는 것을 **편익세분화**(benefit segmentation)라고 한다.

사용량 세분화
시장을 사용량에 따라 구분하는 것

여러분은 또한 누가건강식품 최대소비자인지를 결정할 수 있다. 여러분의 식당에 여성 손님이 더 많은가 아니면 남성 손님이 더 많은가? 학생이 많은가, 교수진이 많은가? 단골고객이 지역주민인가 혹은 통근 직장인인가? 제품의 사용량에 따라 시장을 구분하는 것을 **사용량 세분화**(volume, or usage segmentation)라고 부른다. 일단 주 소비자층이 누구인지를 알면, 특정그룹 또는 그룹들(주 고객층)에게 더욱 효과적으로 어필할 수 있는 촉진을 고안할 수 있다.

최상의 세분화 전략은 규모가 있고, 접근 가능하며, 이윤을 창출해낼 수 있는 소비자

그림 11.6 시장세분화

이 그림은 마케터들이 시장을 구분하기 위해 사용하는 몇 가지 방법을 나타낸 것이다. 세분화의 목표는 시장을 작은 단위로 구분하는 것이다.

주요 범주	샘플 변수	일반적인 세분화
지역적 세분화	지방	북동, 중서, 남부, 서부
	도시 또는 군 규모	5,000 미만, 5,000~10,999, 20,000~49,000, 50,000~99,999
	인구 밀도	도시, 근교, 전원
인구통계학적 세분화	성별	남성, 여성
	나이	5세 미만, 5~10세, 11~18세, 19~34세, 35~49세, 50~64세, 65세 이상
	교육	고졸 미만, 고졸, 대학 재학, 대졸, 대학원
	인종	백인, 흑인, 인디언, 아시안, 히스패닉
	국적	미국인, 아시안, 동유럽인, 일본인
	생애 단계	유아, 취학 전 아동, 어린이, 십대, 대학생, 성인, 노인
	수입	15,000달러 미만, 15,000~24,999달러, 25,000~44,999달러, 45,000~74,999달러, 75,000달러 이상
	가계 규모	1, 2, 3~4, 5 식구 이상
	직업	전문직, 기술직, 사무직, 영업사원, 농부, 학생, 자영업, 퇴직, 실업
심리적 세분화	성격	사교적인, 강제적인, 외향적인, 적극적인, 활발한
	가치관	현실주의자, 만족주의자, 성취주의자, 경험주의자, 신념주의자, 생존주의자, 창조주의자, 분투주의자
	라이프스타일	상류층, 중류층
편익 세분화	편안함 편의성 내구성 경제성 건강 럭셔리 안전 지위	(편익 세분화는 이미 확립된 시장을 더 작게 보다 동종의 부분들로 세분화한다. 자동차의 경제성을 바라는 사람들이 그 예이다. 추구하는 편익은 제품에 따라서 다르다.)
사용량 세분화	사용	대량 사용자, 미량 사용자, 비사용자
	충성도	없음 〈 중간 〈 강함

프로파일(타깃 마켓)을 끌어낼 수 있는 모든 변수들을 사용하는 것이다. 결국 시장을 세분화하는 것이 아니라 전체 시장을 좇는 것을 의미할 수도 있고, 다른 한편으로는 더욱 더 작은 규모로 세분화하는 것을 의미하는 것일 수도 있다. 이제 이러한 전략들에 대하여 알아보기로 하자.

더 작게 시장 세분화하기

니치 마케팅(niche marketing)은 작지만 수익성 있는 시장의 한 부분을 찾아 그 부분을 위한 제품을 찾거나 개발하는 과정이다. 인터넷이 소비문화를 변화시키면서 제품 선택의 폭이 거의 무제한으로 넓어지면서 빅히트제품이나 베스트셀러 제품에서 보다 전문화된 니치제품을 지원하는 추세이다. 고작 5퍼센트의 미국인이 자신을 채식주의자라고 인

니치 마케팅
작지만 수익성 있는 시장의 한 부분을 찾아 그 부분을 위한 제품을 찾거나 개발하는 과정

배스 프로(Bass Pro)는 점포를 방문하는 대폭적인 아웃도어 열광자들에게 거대한 제품군을 제공한다. 이 회사에는 시장을 확인 가능한 세분시장으로 나누는 것이 매우 중요하다. 이 회사가 목표로 하는 다른 세분시장들은 무엇인가?

정하고 있는 현실에서 여러분은 하비스트 골드가 이러한 니치마켓에 상점과 온라인에서 어떤 종류의 베지테리언 제품을 팔고자 하는가?

일대일 마케팅
개별 고객을 위한 제품과 서비스를 독특하게 묶어 개발하는 것

일대일 마케팅(one-to-one marketing)은 개별 고객을 위하여 독특한 제품과 서비스를 묶어 개발하는 것을 의미한다. 여행사는 종종 개별 소비자들을 위한 항공 예약, 호텔 예약, 자동차 렌트, 식당, 박물관 및 관광지 입장권 등을 하나로 묶은 패키지를 개발한다. 이것은 각 소비자가 제품을 대용량으로 구매하는 B2B 시장에서 비교적 쉽게 이루어진다. 하지만 일대일 마케팅은 소비자 시장에서도 가능하다. 델과 애플과 같은 컴퓨터회사는 각 고객들을 위한 독특한 컴퓨터시스템을 제공한다. 고객들을 위해 특별한 하비스트 골드 메뉴를 고안할 수 있는가?

관계 마케팅의 구축

산업혁명 이후의 대량생산 세계에서 마케터들은 대량 마케팅으로 시장에 대응해왔다.

대중 마케팅
대규모 그룹의 사람들을 만족시키기 위한 제품을 개발하고 촉진하는 것

대중 마케팅(mass marketing)은 대규모 그룹의 사람들을 만족시키기 위한 제품을 개발하고 촉진하는 것을 말한다. 즉, 세분화 과정이 거의 없다. 대량 마케팅은 가능한 한 많은 사람들에게 같은 제품을 판매하기 위해 애를 쓴다. 그것은 TV, 라디오, 온라인광고 같은 대중매체를 사용하는 것을 말한다. 비록 대량 마케팅이 많은 회사를 성공으로 이끌었지만 마케팅 관리자들은 종종 자신의 제품과 경쟁사와의 경쟁에 너무 골몰한 나머지 시장의 대응에 무디어졌다. 예를 들어, 항공사들은 경쟁에 대응하느라 종종 소비자를 짜증나게 하고 있다.

관계 마케팅
개인 고객들의 요구를 정확히 충족시키는 새로운 상품을 제공함으로써 시간이 흘러도 그 개인 고객들을 확보하고 유지하는 것을 목표로 하는 마케팅 전략

관계 마케팅(relationship marketing)은 대량생산에서 벗어나 고객맞춤형 제품이나 서비스를 지향한다. 관계 마케팅의 목적은 개인 고객들의 요구를 정확히 충족시키는 새로운 상품을 제공함으로써 시간이 흘러도 그 개인 고객들을 확보 유지하는 것이다. 최근에는 기술의 발달로 판매자들이 개인구매자들의 욕구와 필요를 결정할 수 있게 되고 이것을 만족시키기 위하여 특별히 개발된 제품과 서비스(예, 수제 맞춤셔츠, 독특한 휴가

변화에 적응하기

구독자 증가를 통한 관계구축

우리가 정보나 상품을 검색하기 위해 웹사이트를 사용할 때마다, 우리는 사이트의 이메일 목록을 구독하거나 우리가 누구인지에 대한 작은 정보를 제공하도록 요청을 받는 것 같다. 왜 그런 것일까? 마케터들은 더 많은 접촉과 정보를 가질수록 만족할 가능성이 높아지고, 판매 가능성이 훨씬 더 높아진다는 것을 발견하고 있다.

우리가 버치박스의 페이스북의 미용제품에 대한 토론에 더 많이 참여할수록 우리는 그 사이트에 접속해서 박스 서비스를 구독하는 모험을 더 많이 할 것 같다. 박스 서비스에 관심을 표시하면 피부 타입, 색상 선호도, 미용요법에 대한 질문들을 받게 된다. 그 후 이 회사는 여러분의 취향에 맞는 샘플 상자를 디자인하고 여러분에게 무엇이 효과가 있는지 알아본다.

사용자가 구독에 뛰어들도록 하는 것은 가장 어려운 부분이다. 마케팅 담당자는 누군가 기사, 노래, 비디오, 제품을 좋아하는 것과 실제로 다른 사용자 및 콘텐츠 공급자와 의견을 교환하고 상호 작용한 것과의 차이점을 알아야 한다. 연구결과에 의하면 높은 수준의 상호작용을 하는 사람들은 숨어서 하거나 수동적으로 정보를 소비하는 사람들보다 회사에 더 강하게 헌신하는 감정을 가진다. 더 많은 사용자가 대화에 참여하도록 하여 사용자가 보고자 하는 내용을 알 수 있도록 토론이 설계되어야 한다.

이런 종류의 관계는 우리가 사는 물건에서만 발견되는 것이 아니다. Spotify나 YouTube 계정에 로그인할 때, 사용자들은 그들이 이미 관심을 가지고 있는 것과 매우 유사한 노래와 비디오를 받는다. 뉴스 웹사이트들도 이 일을 한다. 이러한 유형의 고객 상호작용을 수용하는 다른 업종은 어디라고 생각하는가?

출처: Nick Fitzgerald, "Turning Content Fans into Platform Loyalists: The Impact on Ad Targeting," MarTech Advisor, September 3, 2018; Jeff Barrett, "You Don't Want to Be a Subscription Business, You Want to Be a Business with Subscribers," Inc., November 13, 2018; Dakota Shane, "How to Turn a Single Blog Post into a Month's Worth of Content Marketing," Inc., February 26, 2019.

상품)를 제공할 수 있도록 구매자와 함께 작업하는 것이 가능 해졌다. 소비자를 이해하는 것은 마케팅에서 너무 중요하기 때문에 소비자행동연구라 불리는 마케팅의 한 분야가 대두되었다.[14] 이 부분에 대해서는 나중에 더 잘 살펴볼 것이다.

소비자 의사결정 과정

소비자 의사결정 과정의 첫 단계는 문제인식인데, 컴퓨터가 고장 났을 때 여러분은 새로운 것이 필요하다는 것을 깨닫게 된다. 이것은 정보의 탐색으로 이어지고, 컴퓨터에 관한 광고들을 찾아본다. CNET과 같은 2차자료나 전문가나 고객들로부터 다른 온라인 리뷰를 참조할지도 모른다. 그리고 여러분은 컴퓨터를 구매한 사람들에게 조언을 구하려 할 것이다.

모든 자료를 수집한 후엔, 상품 대안들을 놓고 구매결정을 할 것이다. 그러나 구매과정은 여기서 끝이 아니다. 구매 후에는 먼저 이전에 조언을 구한 사람들과 이야기하며 그들의 컴퓨터가 얼마나 잘 작동하는지 또 다른 것들은 어떤지 당신의 새 컴퓨터와 비교해볼 것이다.

마케팅조사원은 구매자의 구매를 돕는 최고의 방법을 결정하기 위해 각 단계별로 소비자의 사고과정과 행동을 조사한다. 앞서 언급한 바와 같이 이 연구 분야를 소비자 행동(consumer behavior)이라고 부른다. 소비자 행동에 영향을 미치는 요인들은 다음과 같다.

- 학습(learning)은 이전의 경험과 정보에 기인한 개인행동의 변화를 말한다. 예를 들어, 여러분이 특정 샴푸브랜드를 사용해 보았는데 마음에 들지 않았다면, 다시 그 제품을 구매하려 하지 않을 것이다.[15]
- 준거 집단(reference group)은 각 개인이 그들의 신념, 태도, 가치관 또는 행동을 형성함에 있어서 준거기준이 되는 집단이다. 예를 들면, 백팩 대신에 서류 가방을 들고 다니는 대학생들은 사업가들을 그들의 준거 집단으로 인식할 수 있다.
- 문화(culture)는 사회 속에 속해 있는 한 세대로부터 다음 세대로 내려오는 일련의 가치관, 태도, 행동 양식을 말한다. 예를 들어, 미국 문화는 교육, 자유, 다양성을 강조한다.
- 하위문화(subculture)는 특정한 종족, 종교, 인종 또는 정체성과 밀접하게 관련된 특정 집단(예: 10대)에 속함으로써 생기는 가치관, 태도, 행동 양식을 말한다.
- 인지 부조화(cognitive dissonance)는 구매 후에 일어날 수 있는 심리적 갈등의 한 형태이다. 중요한 구매를 한 소비자는 최적의 가격에 최고의 제품을 구매했는지 의심을 가진다. 그러므로 마케터는 소비자들의 구매 후에 그들이 좋은 선택을 했다고 확신을 주어야 한다. 예를 들어, 자동차 딜러는 소비자가 구입한 자동차에 관한 좋은 기사를 보내줄 수 있다. 또한 소비자에게 제품 보증과 특정 무료서비스를 제공할 수 있다.

많은 대학들은 마케팅 교과과정에 B2B (business-to-business) 마케팅 과목을 포함하여 범위를 확대하고 있다. 여러분이 다음에 학습하겠지만, B2B 시장은 거대하다.

학습목표 11-6 기업 간 시장(B2B 시장)이 소비자 시장과 다른 부분을 열거할 수 있다.

기업 간(B2B) 시장

기업 간 시장은 생산자, 소매상과 같은 중개인, 기관(예, 병원, 학교, 자선단체), 정부로 구성된다. 기업간 시장은 일반소비자 시장보다 크다. 왜냐하면 기업간 시장에선 최종소비자에게 물건이 팔리기까지 팔고 되파는 과정이 몇 번씩 일어나기 때문이다. 기업간 시장에서의 마케팅 전략은 기업 구매자들이 자사만의 의사결정 과정 시스템을 가지고 있기 때문에 일반소비자 시장과는 다르다. B2B 마케팅을 차별화시키는 요인들은 다음과 같다.

1. B2B 시장에서는 고객의 수가 상대적으로 적다. 즉, 기업 간 시장에는 단지 몇 개의 건설 회사와 광산 회사가 있음에 반하여 미국 소비자 시장에는 8,000만 명에 이르는 소비자 또는 소비 가구가 있다.
2. 기업 고객의 규모는 비교적 크다. 즉, 몇 개의 큰 조직이 대부분의 고용생산을 담당하고 다양한 제품과 서비스를 제공한다. 그럼에도 불구하고 미국에는 시장을 매

	기업 간 시장	소비자 시장
시장 구조	상대적으로 적은 잠재 고객	많은 잠재 고객
	대규모 구매	소규모 구매
	지리적 집중	지리적 분산
제품	기술적 · 복합적 상품이 요구됨	덜 기술적인 상품이 요구됨
	주문생산 요구가 빈번함	주문생산 요구가 빈번하지 않음
	기술적 조언, 배달, 사후 서비스에 대한 요청이 많음	기술적 조언, 배달, 사후 서비스에 대한 요청이 간혹 있음
	구매 훈련을 받음	특별한 구매 훈련 없음
구매 과정	대부분의 구매 품목을 상세하게 협상함	대부분의 구매에서 표준 조건 수용
	객관적인 지표를 따름	개인적 판단을 기초로 구매함
	특정 종업원들을 포함한 공식적 절차	가족 구성원을 포함한 비공식적 절차
	마케터와 고객 간의 친분이 있음	마케터와 소비자 간의 친분이 없음
	종종 다양한 공급처로부터 구매	다양한 공급처로부터의 구매 드묾

그림 11.7 기업 간 시장과 소비자 시장에서의 구매 행동 비교

력적으로 만들어주는 많은 중소기업들이 존재한다.

3. B2B 시장은 지리적으로 집중되는 경향이 있다. 예를 들어, 석유관련 기업은 미국 남서부와 알래스카에 집중되는 경향이다. 결과적으로 마케팅을 위한 노력은 특정 지리적 지역에 집중되고, 산업지역 근처에 저장소를 설치하여 유통 문제를 최소화해야 한다.
4. 기업 구매자는 일반적으로 제품과 서비스를 선택함에 있어서 최종 일반소비자들보다 더 합리적인 것으로 간주된다. 그들은 명세서를 사용하고 품질, 가격, 서비스를 포함한 총 상품제안을 훨씬 신중하게 고려한다.
5. 항상 그런 것은 아니지만 기업간 판매는 직접적인 경향이 있다. 타이어 생산자는 제품을 자동차 제조업체에 직접 판매하지만, 도매상이나 소매상과 같은 중개인을 통하여 최종 소비자에게 판매하기도 한다.
6. 기업 간 시장은 소비자 시장보다 훨씬 더 인적판매(personal selling)에 치중한다. 일반 소비자 시장에서의 촉진은 광고를 기반으로 하는 데 반하여, 기업간 전자상거래 시장에서는 영업에 기초한다. 왜냐하면 기업 고객의 수는 적고 더 많은 인적 서비스를 요구하기 때문이다.

그림 11.7은 기업 간 시장과 소비자 시장에서의 구매 행동의 차이를 비교하여 보여준다. 만약 고급과정의 마케팅 수업을 듣는다면 기업 간 시장에 관하여 더 많은 것을 배우게 될 것이다.

마케팅의 장래성

마케팅 분야에는 대부분의 비즈니스 분야보다 더 다양한 직업이 있다. 만약 여러분이 마케팅을 전공한다면, 길게 열거된 직업들 중에서 하나를 선택하는 것이 가능할 것이다.

여러분은 노드스트롬(Nordstrom)이나 타깃(Target) 같은 소매점의 관리자가 되거나 마케팅조사나 제품관리에 관여할 수도 있다. 판매, 광고, 판매 촉진, 홍보 중에서 선택을 할 수도 있다. 또한 운송, 보관, 국제 유통에 참여할 수도 있다. 여러분은 웹사이트를 디자인할 수도 있다. 여기 열거한 것들은 마케팅에서 선택 가능한 수많은 직업들의 극소수에 불과하다. 페이스북, 구글과 다른 신기술을 마케팅에 활용하는 수많은 방법을 생각해보라. 다음에 이어질 마케팅에 관한 장들을 읽어나가면서, 마케팅이 여러분에게 흥미로운 경력이 될 수 있는지 생각해보자.

시험 준비

- 소비자 시장과 기업 간 시장을 정의할 수 있는가?
- 소비자 시장을 세분화하는 다섯 가지 방법을 설명할 수 있는가?
- 니치 마케팅은 무엇이며, 일대일 마케팅과 어떻게 다른가?
- 산업 시장을 소비자 시장과 차별화시키는 4가지 요인은 무엇인가?

요약하기

학습목표 11-1 마케팅(marketing)의 정의와 마케팅 컨셉이 영리조직과 비영리조직에서 어떻게 적용되는지를 설명할 수 있다.

- **마케팅이란 무엇인가?**
  마케팅(marketing)은 고객, 파트너, 그리고 사회 전반적으로 가치가 있는 제품, 서비스, 아이디어를 창출하고, 이들의 가격을 결정하고 정보를 제공하며, 이를 유통하여 개인 및 조직체의 목표를 만족시키는 교환을 성립하게 하는 일련의 과정 및 활동이다.
- **마케팅은 시대의 흐름에 따라 어떻게 변화하였는가?**
  생산 시대(production era)의 마케팅은 거의 유통(distribution)의 기능이었다. 시장에 내어놓을 제품을 가능한 한 많이 생산하는 것이 강조되었다. 1920년대 초가 되어 시작된 판매 시대(selling era)에는 소비자들에게 대량 생산으로 제조된 재고품들을 구매하도록 설득하기 위하여 판매와 광고에 중점을 두었다. 제2차 세계대전 이후, 제품과 서비스에 대한 엄청난 수요는 마케팅 컨셉 시대(marketing concept era)를 열었다. 이 시대는 기업들이 고객의 필요에 대응해야 할 필요가 있다는 것을 인식한 시기이다. 1990년대에는 마케팅이 고객관계 시대(customer relationship era)로 접어든다. 고객만족을 강화하고 장기적인 고객 충성도를 창출해내기 위하여 힘을 기울이는 시기이다. 최근에 마케터는 고객 관리 구축을 위하여 모바일/온디맨드 마케팅을 활용한다.
- **마케팅 컨셉을 구성하는 3가지 개념은 무엇인가?**
  마케팅 컨셉을 구성하는 세 가지 개념은 (1) 고객 지향성, (2) 서비스 지향성, (3) 이윤 지향성(즉, 이윤을 가장 많이 창출하여 조직이 생존할 수 있고 더 많은 고객의 욕구와 필요를 만족시켜줄 수 있는 제품과 서비스에 초점을 맞추는 것)이 있다.
- **어떠한 종류의 조직들이 마케팅에 관여하는가?**
  영리 조직과 비영리 조직(주 정부, 자선단체, 교회, 정치인, 학교 등) 모두 마케팅을 사용한다.

학습목표 11-2 마케팅의 4P를 설명할 수 있다.

- **마케터들은 4P를 어떻게 수행하는가?**
  사람들이 원하는 제품(product)을 생산하고, 경쟁력 있는 가격(price)을 책정하며, 소비자들이 쉽게 찾을 수 있는 장소에 유통(place)시키고, 소비자들의 제품의 존재를 알 수 있도록 촉진(promotion)한다.

학습목표 11-3 마케팅 조사과정을 설명할 수 있다.

- **마케팅 조사의 4단계는 무엇인가?**
  (1) 문제 또는 기회의 정의와 현재상황 결정, (2) 자료 수집, (3) 조사자료 분석, (4) 최적 대안 선정 및 실행

학습목표 11-4 마케터가 변화하는 마케팅 환경에 대하여 알아보기 위해 환경탐사(environmental scanning)를 어떻게 사용하는지 설명할 수 있다.

- **환경탐사(environmental scanning)는 무엇인가?**
  환경탐사는 마케팅의 성공에 영향을 미칠 수 있는 요인들을 파악하고 분석하는 과정이다. 마케터들은 기회와 위기를 만들어낼 수 있는 모든 요인들에 주의를 기울여야만 한다.
- **마케팅에서 더 중요해지고 있는 환경 동향에는 어떠한 것들이 있는가?**
  가장 중요한 국제적 기술적 변화는 인터넷과 모바일 마케팅의 성장일 것이다. 중요한 기술적 변화는 소비자 데이터베이스의 성장이다. 소비자 데이터베이스를 사용해 기업들은 소비자의 필요를 가장 잘 충족시켜줄 수 있는 제품과 서비스를 개발할 수 있다. 마케터들이 고객과 밀접한 관계를 유지하기 위하여 항상 모니터해야 하는 사회적 동향으로 인구 성장과 이동 등이 있다. 물론, 마케터들은 역동적인 경쟁 환경도 모니터하고 경제 환경에도 관심을 가져야 한다.

학습목표 11-5 마케터가 시장세분화, 관계마케팅 그리고 소비자행동의 연구를 통해서 어떻게 소비자 시장의 필요(needs)를 알아내는지 설명할 수 있다.

- **마케터들은 소비자 시장을 어떻게 세분화할 수 있는가?**
  지역에 따라 소비자 시장을 구분하는 것을 지리적 세분화(geographic segmentation)라고 한다. 나이, 수입, 교육 수준에 따라 시장을 구분하는 것은 인구통계학적 세분화(demographic segmentation)이다. 집단의 가치관, 태도, 관심 분야에 따라 시장을 구분하는 것은 심리적 세분화(psychographic segmentation)이다. 사용량에 따라 시장을 구분하는 것은 사용량 세분화(volume segmentation)이다. 최고의 세분화 전략은 규모 있고, 도달 가능하며, 수익성 있는 소비자 프로파일(타깃 시장)을 잘 잡아낼 수 있는 모든 변수들을 사용하여 시장을 구분하는 것이다.
- **대중 마케팅(mass marketing)과 관계 마케팅(relationship marketing)의 차이는 무엇인가?**
  대중 마케팅은 대규모 집단의 사람들을 기쁘게 해줄 제품과 촉진을 개발하는 것을 의미한다. 관계 마케팅은 대량 마케팅에서 벗어나 고객맞춤형 제품과 서비스를 지향하는 것을 말한다. 관계 마케팅의 목표는 개인 고객들의 필요에 맞는 제품과 서비스를 제공하여 시간이 흘러도 그 고객들을 유지하는 것이다.
- **소비자 의사결정 과정에 영향을 미치는 요인에는 무엇이 있는가?**
  소비자 의사결정에 영향을 주는 주요 요인들은 학습, 준거 집단, 문화, 하위문화, 인지 부조화 등이 있다.

학습목표 11-6 기업 간 시장(B2B 시장)이 소비자 시장과 다른 부분을 열거할 수 있다.

- **기업 간 시장과 소비자 시장의 차이는 무엇인가?**
  기업 간 시장의 고객 수는 비교적 작고, 기업 고객들의 규모는 비교적 크다. 기업 간 시장은 지리적으로 집중되어 있고, 산업 구매자들은 제품과 서비스를 선택함에 있어서 일반적으로 최종 일반소비자들보다 더 합리적인 경향이 있다. 기업 간 판매가 더 직접적인 경향이 있고, 소비자 시장에서 보다 기업 간 시장에서 인적판매(personal selling)가 더 강조된다.

주요 용어

1차 자료(primary data) 298
2차 자료(secondary data) 298
고객관계관리(customer relationship management; CRM) 292
관계 마케팅(relationship marketing) 305
기업간(B2B) 시장(business-to-business(B2B) market) 302
니치 마케팅(niche marketing) 305
대중 마케팅(mass marketing) 305
마케팅(marketing) 290
마케팅 믹스(marketing mix) 294
마케팅 조사(marketing research) 297
마케팅 컨셉(marketing concept) 292
브랜드명(brand name) 296
사용량 세분화(volume, or usage segmentation) 303
소비자 시장(consumer market) 302
시장 세분화(market segmentation) 303
심리적 세분화(psychographic segmentation) 303
인구통계학적 세분화(demographic segmentation) 303
일대일 마케팅(one-to-one marketing) 305
제품(product) 295
지역적 세분화(geographic segmentation) 303
촉진(promotion) 296
타깃 마케팅(target marketing) 303
테스트 마케팅(test marketing) 296
편익 세분화(benefit segmentation) 303
포커스 그룹(focus group) 298
환경탐사(environmental scanning) 300

사고력 문제

1. 기업들이 다른 기업들로부터 제품과 서비스를 구매할 때는 보통 대규모 구매를 한다. B2B업계의 영업 사원들은 보통 커미션제로 일한다. 즉, 영업 사원의 판매 실적에서 일정 비율을 가져간다는 말이다. 왜 B2B 판매가 소비자 판매보다 더 경제적으로 보상이 되는 경력인지 이해가 되는가?
2. 산업 기업들은 철강, 목재, 컴퓨터, 엔진, 부품, 재료 등을 판매한다. 여러분이 거주하는 지역의 산업 기업의 예를 세 가지 말해보자.
3. 여러분의 지역사회에서 일어나고 있는 환경변화에는 무엇이 있는가? 2008년도의 경제 위기가 미친 영향은 무엇인가? 마케팅에서 일어나는 어떠한 환경적 변화가 향후 여러분의 경력을 변화시킬 듯 보이는가? 어떻게 하면 그러한 변화들에 대하여 더 알아볼 수 있는가? 여러분은 그러한 변화에 대한 준비를 갖추기 위하여 무엇을 할 것인가?
4. 주변의 기업이나 비영리 조직들 중에서 여러분의 필요를 충족시키지 못하는 조직이 있는가? 조직이 그러한 필요를 충족시키고 싶을 만큼 비슷한 필요를 가진 사람들이 충분히 있는가? 여러분은 그러한 필요를 어떻게 찾아내겠는가?

원리를 실제로 적용해 보기

목적

관계 마케팅을 강화하기 위해 인터넷을 어떻게 사용할 수 있는지를 보여주기

연습

나이키는 고객들이 자신의 발바닥에 감각을 불어넣고 신발을 맞춤 제작함으로써 그들의 개성을 표현하는 것을 도와주고 싶어 한다. www.nike.com을 방문해보라. 그리고 고객 맞춤 제작하기(customize)를 클릭하여 여러분의 스타일에 맞는 신발을 만들어보자.

1. 나이키의 웹사이트는 회사가 이해당사자들과의 관계를 강화하는 것을 어떻게 지원하는가? 여러분의 대답을 뒷받침할 수 있는 예를 제시하라.
2. 웹사이트의 구성 요소들이 나이키의 타깃 시장을 어떻게 반영하는가?
3. 나이키는 방문객을 웹사이트에 초청하는가? 만약 그렇다면, 이것이 고객들과의 긍정적인 관계를 구축하려는 회사의 시도에 어떠한 영향을 미치는가?

직업기술 개발하기

핵심: ● 팀 ★ 분석 ▲ 의사소통 ◘ 기술

★▲ 1. 자율주행 전기자동차, 이웃들을 위한 브러시리스(brushless) 세차 서비스 중 하나를 골라서 효과적인 마케팅 믹스를 생각해보자. 수업 시간에 발표할 내용을 준비해보자.

●★▲ 2. 다섯 개의 조로 나누어, 캠퍼스 근처에서 찾기 힘들거나 또는 갖기 어렵지만 여러분의 친구들이 정말 원하는 제품이나 서비스를 생각해보자. 여러분은 다른 학교 친구들에게 그곳에서 가능한 것은 무엇인지 물어볼 수도 있을 것이다. 그 필요를 충족시킬 수 있는 제품에는 어떤 것들이 있는가? 여러분이 신제품을 어떻게 마케팅 할 것인지 수업 시간에 발표해보자.

★ 3. 경기 침체로 인해 당신의 고급 레스토랑 사업이 크게 줄었다. 과거의 고객 충성도를 되찾기 위해 할 수 있는 4가지 일을 나열하시오.

●★▲ 4. 네 명에서 다섯 명으로 구성된 조를 짜서 피자가게 이름이나 레스토랑, 슈퍼마켓 등을 포함하여 생각할 수 있는 한 많은 피자브랜드 네임의 리스트를 만들어보자. 그리고 다른 조들의 리스트와 합한다. 이제 각 브랜드 별로 '타깃 시장'을 정의해보자. 모든 피자 브랜드가 같은 시장을 타깃으로 하고 있는가 아니면 다른 시장을 타겟으로 하는 브랜드도 있는가? 각각의 브랜드가 고객에게 어필한 점은 무엇인가?

★▲ 5. 이 장에서 예로 제시된 식당인 하비스트 골드에 적용된 개념들을 복습해보자. 수업 시간에 다음 사항에 대하여 공개 토론을 해보자. (a) 식당에 붙일 다른 이름, (b) 식당의 위치, (c) 촉진 프로그램, (d) 고객들과 장기적인 관계를 확립할 수 있는 방법.

직업 탐색

만약 여러분이 마케팅 분야와 관련된 직업에 관심이 있다면, 고려해볼 만한 몇 가지 직업들이 아래에 나타나 있다. 이러한 직업들의 업무, 필요한 지식과 기술, 급여수준, 미래전망 등에 관해서는 bls.gov 웹사이트의 Occupational Outlook Handbook을 살펴보라.

- **마케팅 매니저** – 가격전략 개발뿐만 아니라 제품에 대한 수요 예측 제품 및 시장을 식별한다
- **그래픽 디자이너** – 그래픽 디자이너는 컴퓨터 소프트웨어 또는 손을 사용하여 소비자에게 영감을 주고, 정보를 제공하고, 소비자를 사로잡는 시각적 개념을 만든다. 또한 광고, 브로셔, 그리고 잡지 및 기업 보고서를 위한 비주얼을 개발한다.
- **카피라이터** – 광고, 블로그 또는 다른 종류의 마케팅 매체를 위해 글로 쓰여진 콘텐츠를 개발한다.
- **영업 관리자** – 영업 팀을 지휘하고, 영업 목표를 설정하며, 데이터를 분석하고 영업사원 교육 프로그램을 개발한다.

비디오 사례

국립공원 관리청: 공원을 찾는 데 도움이 되도록 4P를 사용하라.

100번째 생일을 축하하기 위해, 미국 국립공원관리청(NPS)은 400여 곳에서 성대한 파티를 열기로 결정했다. 전국의 공원 파티의 성공을 확실히 하기 위해, 공원 서비스는 축제들을 즐길 수 있는 가능한 한 많은 미국인들을 초대하기를 원했다. NPS가 직면한 문제는 어떻게

국립공원에 익숙하지 않은 수백만 명의 미국인들에게 그 말을 전할 수 있을까 하는 것이었다. 답은 마케팅.

흥미롭게도, 국립공원관리청은 초대 청장을 지낸 스티븐 매서(Stephen Mather)에 의해 만들어진 홍보 캠페인과 함께 설립되었다. 그의 목표는 미국인들이 그 나라의 아름다운 공원을 방문하고, 미래 세대를 위해 그것들을 보존하는 것을 돕도록 장려하는 것이었다. 여러 해 동안, 공원 시스템은 성공적이었고, 본질적으로 저절로 팔렸다. 1950년대와 1960년대 동안, 미국인들이 국립공원으로 몰려들었고, 친구들과 가족들과 나누었던 휴가 사진들과 추억을 집으로 가지고 왔다.

1970년대에, 공원은 여전히 미국인들이 휴가를 떠나는 목적지로 남아있었다. 하지만 시간이 흐르면서 새로운 세대들은 같은 경험이나 공원의 인식을 공유하지 않았다. 밀레니엄 세대와 다른 세대들을 포함한 젊은 세대들은 국립공원과의 연관성이 거의 없었고, 대신 많은 다른 장소들로 여행했다. 100주년이 다가옴에 따라, NPS는 공원을 기피하는 경향이 있거나 공원에 대한 범위와 위엄에 대한 이해가 거의 없는 새로운 미국 청중들과 연결하기를 원했다. NPS는 다문화 밀레니얼 세대들을 타깃 청중으로 정했다. 여러 형태의 촉진으로 구성된 멀티미디어 마케팅 캠페인을 포함하는 프로그램을 하나로 묶는 것은 도전이었다.

궁극적인 목표는 공원 이용객의 다음 세대를 창조하는 것이었다. NPS는 또한 요세미티와 옐로스톤과 같은 가장 유명한 공원들 너머의 국립공원들의 가시성을 높이기 위해 노력했다. 이 캠페인의 초석은 웹사이트 Findyourpark.com이었다. 웹사이트에서, 방문자들은 특히 그들의 관심사나 위치에 따라 공원을 검색할 수 있었다. 적극적인 홍보 캠페인 또한 마케팅 계획에 대한 언론의 보도를 강화했다. NPS는 마케팅 캠페인이 젊은 관객들만 끌어들일 뿐만 아니라 NPS의 정신과 NPS가 100년에 걸쳐 구축한 역사가 진실하게 남아 있도록 극도로 신경을 썼다.

'공원찾기' 캠페인은 NPS의 예상을 뛰어넘는 대성공이었다. 100주년 한 해 동안 NPS는 165억의 홍보 노출과 30억의 언론 노출을 달성했다. #findyourpark 해시태그는 소셜 미디어에서 정기적으로 유행했으며, 120만 명의 팔로워를 만들었다. NPS는 1,000만 달러 상당의 상품을 판매했고, 전국에 걸쳐서 3천개의 행사를 개최했다. 국립공원 재단은 3억 4천 1백만 달러의 기부금을 모았는데, 이는 NPS의 당초 목표치인 1억 달러에서 엄청난 초과달성이다.

NPS는 소셜 미디어 및 브랜드 강화를 위한 시장 조사를 사용한 다양한 마케팅 활동을 통해 창립 100주년 목표를 성공적으로 달성했다. 이 비디오는 어떻게 마케팅을 올바르게 적용하여 조직이 표적시장에 도달하는 데 도움이 될 수 있는지를 강조한다. NPS가 마케팅의 4P를 충실히 이행한다면 미국 국립공원의 경이로움을 과시하는 성공적인 또 다른 세기를 기대할 수 있다.

다시 생각해보기

1. 미국 국립공원관리청의 마케팅 계획에서 소셜 미디어의 사용은 왜 중요했나?
2. 국립공원관리청이 1960년대와 1970년대 동안 마케팅 사용을 제한한 이유는 무엇인가?
3. 마케팅 캠페인을 개발하기 위해 홍보회사와 파트너 관계를 맺는 것이 중요한 이유는 무엇인가?

참조

1. Mathew Sweezey, "Four Key Factors for the Future of Marketing," Forbes, March 12, 2019.
2. Cal Marshall, "It's Time to Recognize Social Media as the Marketing Marvel It Is," Forbes, March 13, 2019.
3. Vikash Kumar, "Avoid These 5 Common Mistakes That Lead to Shopping Cart Abandonment," Digital Commerce 360, digitalcommerce360.com, February 19, 2019; "11 Strategies for Avoiding Online Shopping Cart Abandonment," Forbes, March 14, 2019.
4. Robert Glazer, "This Is the Secret to Creating Incredibly Loyal Customers," Inc., January 24, 2019.
5. James Freeze, "Take Your Customer Experience beyond Traditional Metrics," Forbes, March 12, 2019.
6. "Customer Expectations Hit All-Time Highs," Salesforce Research, salesforce.com, accessed October 2019.
7. Kimberly A. Whitler, "Why Don't Marketers Understand Consumers Better?," Forbes, April 22, 2018; Sahar Nazir, "Are Retailers Understanding Customers as Much as They Should?," Retail Gazette, retailgazette.co.uk, August 21, 2019.
8. George Boykin, "What Is the Difference between Primary & Secondary Data When It Comes to Market Research?," Houston Chronicle, chron.com, January 29, 2019.
9. E. J. Shultz, "Chevy Skips 'Real People' Approach for New Silverado Campaign," Advertising Age, January 7, 2019.
10. Alasdair Smith, "How to Prepare a Marketing Environmental Analysis," Houston Chronicle, chron.com, January 28, 2019.
11. "Eight Social Media Strategies to Earn and Keep Loyal Customers," Forbes, March 7, 2019; Sayed Balkhi, "4 Tips for Creating a Digital Product That Can Make You a Tidy Profit," Entrepreneur, March 20, 2019.
12. Al Davidson, "5 Unexpected Places to Network for B2B Business Leads," Small Business Trends, March 20, 2019.
13. Leah Jaako, "3 Advantages of Merging Customer Insights with Business Intelligence," Vision Critical, January 4, 2019.
14. Tim Burke, "Advertising Is about Changing Behaviors . . . Why Don't We Segment, Target and Measure on It?," MarTech Advisor, martech.com, March 5, 2019.
15. .S. Census Bureau, census.gov, accessed October 2019.

12 마케팅 믹스관리: 제품, 가격, 유통, 촉진

학 습 목 표 

이 장을 학습한 후에 다음 질문에 답할 수 있어야 한다.

12-1 총제품 제공의 개념을 설명하고 포장의 기능을 요약한다.

12-2 브랜드, 브랜드 이름, 상표를 대조하고 브랜드 자산의 개념에 대해 토론하시오.

12-3 제품수명주기를 설명할 수 있다.

12-4 다양한 가격 책정 목표와 전략을 확인하고 비가격 책정 전략의 중요성이 커지고 있는 이유를 설명한다.

12-5 마케팅 채널의 개념과 중간상의 가치를 설명할 수 있다.

12-6 도매상과 소매상의 차이점을 논하고, 다양한 종류의 무점포 소매업에 대해 설명할 수 있다.

12-7 촉진(promotion)에 대한 정의와 촉진 믹스(promotion mix)를 구성하는 전통적 방법을 나열할 수 있다.

12-8 다양한 형태의 판매촉진의 효과를 평가할 수 있다.

HNM Global Logistics의 사장이자 최고경영자(CEO) 토니 맥기(Tony McGee)에 대해 알아보자

토니 맥기(Tony McGee)는 무에서 메이저 물류 회사를 만들었지만 외부 관찰자에게는 현장이 그다지 흥미롭지 않을 수 있음을 인정한다. McGee는 "물류는 거대한 부문이지만 그다지 섹시하지는 않습니다."라고 말했다. "'나는 커서 창고를 관리하고 싶다'고 누가 말합니까?" 화려하지 않은 평판에도 불구하고 공급망 관리의 글로벌 범위는 비즈니스를 효율적이고 수익성 있게 유지하는 데 핵심적인 역할을 한다. 또한 McGee와 같은 주요 기업은 이 복잡한 산업을 마스터함으로써 상당한 보수를 받을 수 있다.

어린 시절 McGee는 물류전문가로서 일할 것이라고는 전혀 예상하지 못했다. 인디애나 주 Terre Haute의 진정한 아들처럼 McGee는 프로농구 선수가 되는 꿈을 꾸었다. 그는 일류 대학에서 장학금을 받았지만 193센티미터의 키가 자신이 선호하는 power forward 포지션을 수행하기에는 너무 작다고 생각했다. 그러나 그는 미식축구를 하기에는 충분히 컸고, 1980년대 후반 University of Michigan에서 장학금을 받고, 타이트 엔드(태클 가까이에서 뛰는 공격수)를 플레이하고 커뮤니케이션을 전공했다. 비록 McGee는 대학 생활의 대부분을 벤치에서 보냈지만, 4학년 때 마침내 자신의 가치를 증명할 수 있는 기회를 가졌다. 1992년 미시간주 로즈볼 우승에 핵심적인 역할을 한 후, Cincinnati Bengals는 그를 NFL 드래프트 2라운드에서 픽업했다.

McGee는 짧은 기간 동안 달라스 카우보이스와 뉴욕 자이언츠 선수로 뛴 이후 11년 동안의 프로 미식축구 선수 경력의 대부분을 신시내티에서 보냈다. McGee는 챔피언십에서 우승하지는 못했지만 부지런히 돈을 저축했고 많은 현금을 가지고 리그를 떠났다. 이 저축은 그에게 NFL 은퇴 이후 경력을 위한 많은 선택권을 주었다. 그는 스포츠 방송인이 되기 위해 플로리다로 이사했는데 부동산에서 많은 수익성을 발견했다. 그는 2년 내 8개의 부동산을 구입했고, 100만 달러 이상의 이익을 냈다. "그때 나는... 나는 이것을 영원히 할 줄 알았습니다."라고 McGee가 말했다. 그러다 서브프라임 모기지 위기가 찾아왔고, 부동산 시장은 폭락했다.

그는 파트너와 함께 지붕 공급을 하는 작은 회사를 차려 재기했다. 이 사업은 McGee의 추진력과 매력 덕분에 많은 유명 고객을 유치했다. 그러던 어느 날 밤 저녁 식사 중 그는 최근 물류 회사와 9,300만 달러 계약을 중개했다는 지인의 언급을 들었다. 즉각적으로 흥미를 느낀 McGee는 그녀에게 몸을 돌려 물었다. "그게 뭐지?" 그후 몇 달 동안 조사를 한 후 2011년 HNM Global Logistics를 출범했다.

화물을 운송할 필요가 있는 기업과 이를 운송할 수 있는 운송 회사 간의 중개 역할이 이 사업의 핵심이었다. "난 그냥 그것을 알아 냈습니다."라고 McGee가 말했다. "전화기 앞에 앉아 고객을 접촉하고, 네트워킹을 하며, 가진 자원을 두드려 보기도 하고… 그냥, 내가 이 일을 해야만 했어요."

물론 방대한 글로벌 공급망 네트워크를 탐색하는 것은 네트워킹 기술 이상이 필요하다. McGee는 지역운송회사와 신용 선불거래를 하면서 정부 기관에서 인증을 받아야 했다. 인증을 받은 지 몇 달 만에 HNM은 미국 세관과 압수한 밀수품 운송 계약을 체결했다. 이와 같은 비교적 작은 일은 일반적으로 대형 물류회사에 의해 무시되는 확실한 틈새 시장이었다. 이러한 크지 않은 계약을 찾는 것이 HNM 비즈니스 모델의 핵심 부분이 되었으며, 수익도 창출시켜 첫 해에 100만 달러를 넘어섰다. 회사는 이제 연간 달러로 억단위의 수익을 벌고 있다.

마케팅의 4P는 제품, 가격, 장소, 프로모션이다. HNM Global Logistics는 이중 장소기능을 수행하는 기업의 예로 제품을 올바른 장소로 갖다 준다. 우리는 이 장에서 네 가지 P를 모두 살펴볼 것이다. 결국, 제품을 설계하고 생산자로부터 제품을 원하는 소비자에게 도달시키는 데 필요한 많은 단계를 훨씬 더 잘 이해하게 될 것이다

출처: Ben Fischer, "15 Former NFL Players Who Now Work 9 to 5," TheSportster, thesportster.com, January 22, 2018; Alix Stuart, "3 Key Takeaways from a Former NFL Star's Business Playbook," NFLPA, nflpa.com, February 2016.; Dan Greene, "An Ex-NFL Star Delivers," Fortune, March 30, 2015; Dan Greene, "Former Bengals Tight End Tony McGee Found Post-NFL Success with Logistics," Sports Illustrated, March 24, 2015; "Tony McGee: President/CEO," HNM Global Logistics, goHNM.com, accessed October 2019

이 미국 회사는 항상 저렴한 가격으로 알려져 있다. 낮은 가격을 유지하는 방법으로 가능한 한 도매상을 통하지 않고 도매기능 자체를 수행한다. 이 회사의 이름을 무엇인가? (이 장에서 답을 찾아보라)

학습목표 12-1 총제품 제공의 개념을 설명하고 포장의 기능을 요약한다.

제품개발과 총 제품제안

가치
적절한 가격에서의 좋은 품질. 소비자는 한 제품의 가치를 계산할 때 편익을 파악하고 비용을 빼 편익이 비용을 초과하는지를 봄

글로벌 관리자는 저렴한 가격의 신제품으로 미국 관리자들에게 도전이 되고 있다. 경쟁하는 최선의 방법은 고객이 최선의 **가치**(value)—적절한 가격에서의 좋은 품질—를 갖는 것으로 인식하는 더 나은 제품을 디자인하여 촉진하는(promote) 것이다.[1] 소비자가 한 제품의 가치를 계산할 때 편익을 살펴보고 거기에서 비용(가격)을 빼서 편익이 매장으로 차를 이용해 가는 비용(또는 온라인으로 제품을 사는 경우 운송비용)을 포함한 비용을 초과하는지를 판단한다.

소비자가 한 제품을 최선의 가치로 판단하는 것은 소비자가 추구하는 편익과 제공받는 서비스를 포함한 많은 요인들에 달려 있다. 소비자를 만족시키기 위해서 마케터는 소비자에게 더 귀를 기울이고 변화하는 시장의 요구에 지속적으로 적응해 나가는 것을 배워야 한다.[2] 마케터들은 새로운 경쟁과 새로운 시장에 제품을 적응시키는 것이 계속하여 필요하다는 것을 알고 있다. 우리는 여러분이 여러분 지역의 패스트푸드 식당에서의 시간에 따른 메뉴의 변화를 알아차리고 있다고 확신한다. 한 차례 소비자의 필요와 욕구에 대해 설문조사를 하고 이에 부응하기 위한 제품을 디자인해서 상점에 전시하고는 마음 편히 있는 그런 조직은 없다. 변화하는 소비자의 필요와 욕구를 지속적으로 모니터링하고 이에 따라 제품, 정책, 서비스를 맞추어 나가야 한다.[3]

결과적으로 제품개발은 전 세계 어디에서나 현대 비즈니스의 핵심 활동이다. 그러나 단순히 제품과 서비스를 대중에게 소개하는 것 이상으로 중요한 것이 있다. 마케터가 제품에 대한 흥미를 유발하기 위해 하는 일은 제품 자체만큼이나 중요하다.

총 제품제안의 개발

총 제품제안
소비자가 구매의사결정을 할 때 평가를 하는 모든 것

전략적 마케팅 관점에서 하나의 제품은 물리적인 제품이나 서비스 그 이상의 것이다. **총 제품제안**(total product offer)은 소비자가 구매의사결정을 할 때 평가를 하는 모든 것으로 구성된다. 그러므로 기본이 되는 제품이나 서비스는 세탁기나 보험 또는 맥주이겠지만 총 제품제안은 그림 12.1에서 보여지는 가치 증진요소(value enhancer)의 일부 또는

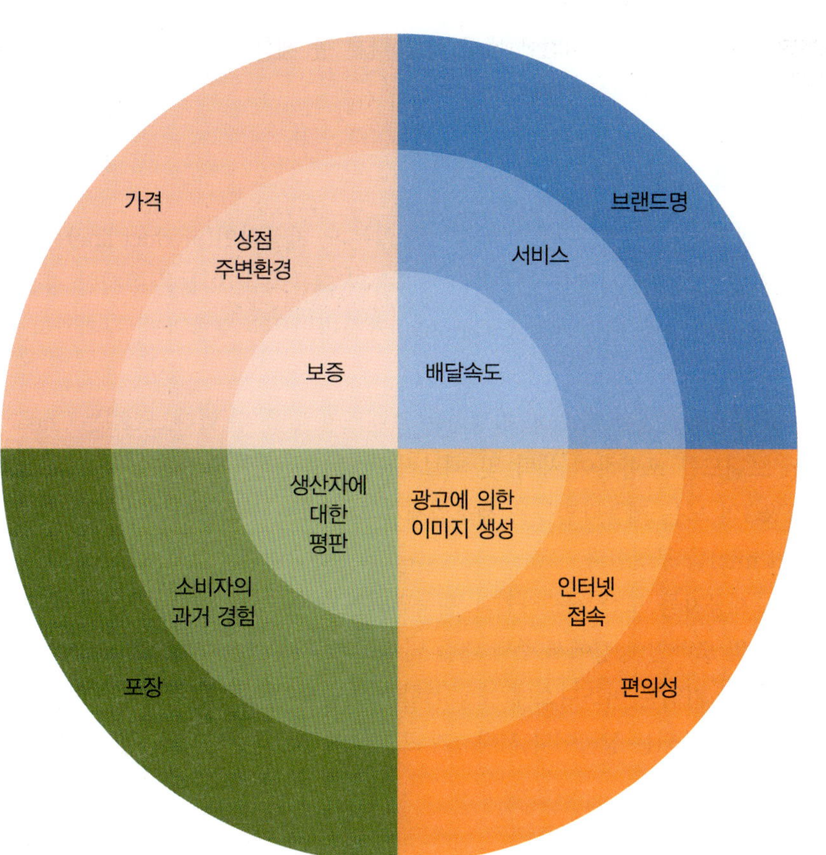

그림 12.1 총 제품제안의 잠재적 요소

전부를 포함한다. 어떤 사람들은 기본 제품을 "핵심제품(core product)"으로 총 제품제안을 "확장 제품(augmented product)"으로 부른다.

사람들이 제품을 구매할 때, 이러한 모든 측면에서 총 제품제안을 평가하고 비교할 것이다. 어떤 속성은 유형적(제품 자체와 포장)이다. 다른 속성은 무형적(생산자에 대한 명성과 광고를 통해 생성된 이미지)이다. 성공적인 마케터는 먼저 소비자처럼 생각하여 그림 12.1에 열거된 모든 요소들에 의해 만들어진 인상(impression) 전체로서 총 제품제안을 평가해야 한다. 어떤 특징과 혜택이 자신들에게 가장 중요한지와 어떤 가치 증진 요소를 최종 제안에서 원하는지 또는 원하지 않는지를 알기 위하여 소비자들과 이야기해 보는 것은 현명하다.[4] 예를 들어 프리토 레이(Frito-Lay)는 생분해성 봉지들이 "너무 시끄러웠기" 때문에 사용을 멈춰야만 했다. 제품개발시 누가 그런 것을 생각이나 했겠는가?

하비스트 골드(Harvest Gold)에 대한 총 제품제안을 개발하는 경우에 소비자에게 어떤 질문을 해야 할 것인가? (11장에서 소개된 사업 아이디어를 떠올려보라). 주차장이나 화장실의 상태와 같은 점포 환경도 식당업에서는 중요하다는 것을 기억하라.

때로는 매력적인 총 제품제안을 만들어 내기 위해서 기업이 싼 가격을 제시할 수도 있다.[5] 예를 들어, 아울렛 매장에서는 브랜드 제품을 정규 매장보다 싸게 판다. 쇼핑하는 사람들은 좋은 품질의 제품을 낮은 가격으로 사기를 바라지만 주의해야 한다. 아울렛 매장은 또한 정규매장에서 취급하는 물건들과 유사하지만 똑같지는 않은 품질 낮은 상품을 취급하기도 한다. 소비자에 따라 서로 다른 총 제품제안을 원하기 때문에 기업은 다양한 제안을 개발하여야 한다.

제품라인과 제품믹스

제품라인
물리적으로 유사하거나 유사한 시장을 지향하는 제품들의 그룹

기업들은 대개 하나의 제품만을 판매하지는 않는다. **제품라인(product line)**은 물리적으로 유사하거나 유사한 시장을 지향하는 제품들의 그룹이다. 이들은 유사한 경쟁에 직면한다. 예를 들어, P&G(Procter & Gamble) 제품라인들은 모발관리, 구강관리, 가정용 세제를 포함한다.

하나의 제품라인에서 몇 개의 경쟁하는 브랜드가 있을 수 있다. P&G는 Cheer, Tide 및Gain 브랜드를 포함하여 세탁 및 패브릭 관리 제품라인에 많은 브랜드를 보유하고 있다. P&G의 모든 제품라인들은 제조업체가 제공하는 제품라인들의 조합인 **제품믹스(product mix)**를 구성한다.

제품믹스
한 생산자에 의해 제공되는 제품 라인들의 조합

서비스 제공자들 또한 제품라인과 제품믹스를 가지고 있다. 은행 또는 신용 조합은 저축 계좌 및 모바일 뱅킹에서 주택 대출 및 보험에 이르기까지 다양한 서비스를 제공할 수 있다. 결국 기업은 비즈니스에 가장 적합한 조합을 결정해야 한다. 그 믹스는 고객의 모든 필요가 충족되는 상품이나 서비스가 포함될 수 있다.

제품 차별화

제품 차별화
실제 인지되는 제품 차이를 만드는 것

제품 차별화(product differentiation)는 인지되는 제품 차이를 만드는 것이다. 때로는 실제 제품 간의 차이가 매우 작아 마케터는 독특하고 매력적인 이미지를 만들기 위해서 브랜드명 부여, 가격책정, 광고와 포장(가치증진요소)의 창의적 믹스를 사용해야 한다. 삼성, 구글과 유튜브와 같은 브랜드를 개발한 긍정적인 효과를 주목하라. 다양한 생수업체들은 제품 차별화를 성공적으로 시도해오고 있다. 생수회사들은 자사의 생수를 브랜드명 부여, 가격책정과 촉진을 통해 아주 매력적으로 만들어 이제 레스토랑의 손님들은 페리에(Perrier)와 같은 브랜드명으로 물을 주문한다.

여러분의 '농장에서 식탁까지' 식당인 하비스트 골드에 대해 유사한 매력적인 이미지를 만들어내지 못할 이유는 없다. 중소기업은 종종 창의적인 제품 차별화를 통해서 시장점유율을 높일 수 있다. 한 졸업앨범 제작사는 특별 공제, 할인, 보증과 함께 다양한 의상 교체, 배경, 포즈를 제공하면서 경쟁하고 있다. 이 중소기업은 고객의 필요와 요구에 더 유연하게 대응할 수 있는 이점이 있고 따라서 매력적인 제품 옵션을 제공할 수 있다. 그는 크게 성공해서 기업들이 그를 사진관련 행사의 연사로 활용한다. 여러분은 어떻게 하비스트 골드 고객의 요구에 창의적으로 대응할 수 있는가? 기업들이 자사의 촉진활동에 있어 유기농 또는 자연이란 말을 사용해 성공한 것을 주목하라.[6)]

포장은 훌륭한 제품을 더욱 돋보이게 할 수 있다. 구식 오븐을 닮은 상자에 맛있는 쿠키를 모두 포장하는 아이오와 주 디모인에 있는 빵집 Thelma's Treats의 주인에게 물어보세요. 흥미로운 포장을 사용하는 다른 식품 브랜드를 생각할 수 있습니까?

윤리적 의사결정

천연제품: 정말 자연에서?

오늘날 많은 소비자, 특히 밀레니얼 세대는 덜 처리되고 더 많은 천연 제품을 찾는다. 그러나 자연이라는 용어는 종종 우리의 쇼핑을 더 혼란스럽게 만든다. 현재, 제조업체 또는 소비자를 위한 내츄럴이라는 단어 정의에 미국 식품의약국(FDA)의 규정은 없다. 이것은 우리가 구매하는 것들 중 일부는 인공 방부제나 화학성분을 사용하지 않는다고 믿고 사는 것을 의미한다.

컨슈머리포트 및 다른 조사팀은 "순수하고 100%" 천연 식물성 기름과 "천연" 과일컵(fruit cup)과 같은 제품은 유전자를 이용하여 생산된 가공대두 또는 소르빈산칼륨이나 인공 방부제가 함유되었다는 것을 발견했다. 가짜 "내츄럴" 라벨은 우리가 우리의 입에 넣은 것만 아니라 부엌을 포함한 집을 청소하는 데 사용되는 제품도 포함한다. 가정용 클리너 제조업체는 아직 성분표시가 법으로 요구되지 않는다. 그래서 당신이 주방 조리대에 사용하는 "친환경" 클리너가 상점 선반에 놓여 있는 예전의 스프레이와 다를 바가 없을 수도 있다.

FDA는 소비자 혼동을 없애고 사람들이 구매하는 것이 무엇인지 제대로 이해시키기 위해 "내츄럴"에 대한 정의를 내리는 것을 고려하고 있다. 하지만 사람들은 무엇이 정말 내츄럴한 것이 궁금하게 여긴다. 만약 하비스트 골드에서 파는 인기있는 제품이 당신이 생각한 것과 같은 "내츄럴"이 아니란 걸 알았다면? 당신은 여전히 그대로 팔까? 라벨을 다시 붙여서 팔까? 아니면 상점에서 없애 버릴까? 당신의 가게에서? 각 대안의 결과는 무엇이 될까?

출처: Jeff Gelski, "Smucker, Others Join Organic Fraud Prevention Program," Food Business News, foodbusinessnews.net, March 6, 2019; Juliette Steen, "Food Labels Are Super Sneaky. Here's What They Really Mean," Huffington Post, huffpost. com, May 15, 2017; "Grouper, Snapper, Cod? Mislabeling Is Rampant in the Seafood Industry," CBS News, cbsnews. com, October 20, 2018; Larry Olmsted, "5 Fake Foods and Food Scams You Need to Avoid," Forbes, February 17, 2019.

포장이 제품을 변화시킨다.

우리는 소비자들이 브랜드를 포함하여 총 제품제안의 여러 측면을 평가한다고 말했다. 그러한 평가에 있어서 포장의 중요성은 놀라울 정도이다. 많은 기업들이 자사의 기본제품을 변화시키거나 개선하기 위해 포장을 사용해 왔다. 거꾸로 세워놓을 수 있으며, 짤 수 있는 케첩 통, 비틀어 여는 마개와 일체형 핸들을 갖는 사각 페인트 통, 깔때기가 필요 없는 자동차 오일용 플라스틱 통, 일회용 양념 봉지 등을 들 수 있다. 각 경우에 있어 포장은 소비자 마음속에서 제품을 다르게 인식시켜 새로운 큰 시장을 열어준다.

성공적이기 위해서 포장은 다음 기능을 수행해야만 한다.

1. 구매자의 관심을 끌 수 있어야 한다.
2. 내용물을 보호해야 하고, 취급 및 저장에서도 견뎌야 하며, 부정 조작이 방지되어야 하고 도난방지가 되어야 한다.
3. 개봉과 사용이 용이해야 한다.
4. 내용물에 대한 정보를 주어야 한다.
5. 내용물의 이점을 설명해야 한다.
6. 보증, 경고 그리고 다른 소비자가 중요시하는 것에 대한 정보를 제공해야 한다.
7. 가격, 가치, 사용에 대한 표시를 주어야 한다.

포장은 소매상들에게 제품이 더욱 매력적으로 보이게 할 수 있다. 여러 포장에 있는

UPC(Universal Product Code)는 매장의 재고관리를 수월하게 해준다. UPC는 바코드와 제품의 가격, 사이즈, 색상 그리고 다른 속성들에 대한 정보를 소매상에게 제공하는 미리 설정된 숫자의 조합이다. 간단히 말해서, 포장은 제품의 가시성, 유용성, 매력도를 변화시켜서 해당 제품을 변화시킨다.

포장의 중요성 증대 오늘날 포장은 과거보다 더 중요한 촉진역할을 수행하고 있다. 한때 영업사원을 통해서 판매되던 많은 제품들이 이제는 셀프서비스 아울렛에서 팔리고 있고 따라서 판매에 있어 포장의 책임이 더욱 커지고 있다. 공정 포장 및 상표 법령(The Fair Packaging and Labeling Act)이 통과되어 소비자들은 포장을 보고 더 많은 수량과 가치정보를 가질 수 있게 되었다. 식품의 적절한 라벨링은 많은 미국 소비자들에게 혼란의 원인이 되어 왔다. 포장에서 읽은 모든 내용이 보이는 것과 다를 수 있다(윤리적 의사 결정 상자 참조).

일괄판매(bundling)
둘 이상의 제품을 함께 묶어 이들을 한 단위로 가격책정하는 것

포장은 **일괄판매(bundling)**라 불리는 전략을 사용할 수 있는데 이는 단일 가격으로 제품과 서비스를 결합하는 것이다. 아이슬란드항공은 전체 상품 제안에 아이슬란드항공 직원 "스톱오버 버디"와 함께 경유 투어를 묶었다. 인기 있는 프로그램으로 대서양 횡단 승객은 공항이 아닌 레이캬비크의 명소를 보며 경유 시간을 보낼 수 있다.[7] 금융기관들은 재무설계부터 보험, 주식, 채권, 뮤추얼 펀드 등을 사는데 있어서의 도움까지 모든 것을 제공하고 있다. 제품과 서비스를 결합하여 하나의 패키지로 할 때 너무 많은 것을 제공해서 가격이 너무 높아지지 않도록 하는 것이 중요하다. 소비자 개인별 요구에 맞춘 가치증진요소를 개발하기 위해 소비자들과 함께 작업하는 것이 최선이다.

?시험 준비

- 총 제품제안에는 어떤 가치 증진요소가 포함되어야 하는가?
- 제품라인과 제품믹스의 차이는 무엇인가?
- 포장은 이제 어떤 기능을 수행하는가?

학습목표 12-2 브랜드, 브랜드 이름, 상표를 대조하고 브랜드 자산의 개념에 대해 토론하시오.

브랜딩과 브랜드 자산

브랜드(brand)
한 판매자나 판매자 그룹의 제품이나 서비스를 확인해주고 이를 경쟁사의 제품이나 서비스와 구별해주는 이름, 기호 또는 디자인(또는 이들의 조합)

브랜드(brand)는 한 판매자나 판매자 그룹의 제품이나 서비스를 알아보게 해주고 이를 경쟁사의 제품이나 서비스와 구별해주는 이름, 기호 또는 디자인(또는 이들의 조합)을 말한다. 브랜드라는 말은 실제 제품을 알아보게 해주는 모든 수단을 포함한다. 11장에서 언급한 바와 같이, 브랜드명(brand name)은 한 판매자의 제품과 서비스를 경쟁자의 것과 구별해주는 단어, 글자 또는 단어들과 글자들의 조합으로 구성된다. 여러분에게 친숙한 브랜드명에는 레드불(Red Bull), 소니, 캠벨(Campbell), 리바이스(Levi's), GE, 버드와이저, 디즈니 등이 있다.

브랜드명은 소비자들이 제품들을 매력적으로 보도록 하는 차이를 제품들에 제공한

우리의 경계를 넘어 이름 게임하기

lululemon.com

당신이 제품을 개발했고, 그것을 시장에 내놓을 준비가 되었다 치자. 그 제품을 무엇이라고 불러야 할까? 미국인이 가장 좋아하는 쿠키, 오레오는 좋은 이름 때문에 두 개의 O는 쿠키 자체의 모양과 멋지게 반영된다. 이름이 매력의 일부일 수 있을까? 콜라, 나이키, 룰루레몬과 같은 미국 제품을 생각할 때 떠오르는 다른 이름들을 생각하라.

캐나다 애슬레저 강자 룰루레몬은 설립 당시 해외 시장에서 쉽게 복제될 수 없는 독특한 이름을 찾다가 얻은 이름이다. 창업자는 일부 국가에서 발음하기 어려운 이름을 만든다면 복제품을 만들지 못할 거라 생각했다. 영어로 "l" 발음은 일본어에는 없는 발음으로 lululemon의 세 개의 "l"은 일본 소비자들에게 듣기에 북미식이자 진품으로 만든다.

갭이 이렇게 특이한 이름을 가진 이유에 대해 생각해 본 적이 있는가? 사실 이 이름은 아이와 어른 사이에 있는 갭의 가장 큰 고객 기반을 언급한 것이다. 한때는 상호를 만드는 것이 비교적 간단했다. 이제는 온라인 플랫폼에서 200개의 국가를 상대해야 하기에 올바른 이름을 선택하는 것은 글로벌 문제이다. 예를 들어, 러시아 가스 회사 Gazprom이 나이지리아의 NNPC와 합작회사를 설립했을 때, 그 회사를 니가즈(NiGaz)로 명명했는데, 흑인에 대한 비속어인 nigger와 유사한 nigga로 들려서 이름이 좋다고 할 수 없다.

이따금 성공적인 이름은 우연히 만들어진다. 구글은 좋은 예이다. 이 글로벌 검색엔진은 Googol(1의 학명 뒤에 100개의 0이 온다)로 이름이 붙여질 뻔했는데, 설립자가 도메인 이름을 등록할 때 오타를 내서 Google이 되었다. 오타 덕분에 따뜻하고 눈에 띄는, 인간적으로 들리는 이름이 되었다. 실수는 때로는 다른 이들보다 운이 더 좋게 한다.

출처: Sources: Mary Hanbury and Emily Cohn, "Here's What 24 of the Most Popular Brand Names Really Mean," Business Insider, businessinsider. com, March 22, 2019; Alyssa Gregory, "Valuable Guides to Naming a Business," The Balance, thebalance.com, July 30, 2019; "8 Mistakes to Avoid When Naming Your Business," Entrepreneur, February 6, 2019.

다. 구매자에게 있어 브랜드명은 품질을 보증하고, 탐색시간을 줄여주며, 구매를 하면서 고급감을 느끼게 해준다. 판매자에게 있어 브랜드명은 신상품 출시를 용이하게 하고, 촉진 노력을 도와주며, 반복 구매를 갖다 주고, 제품을 차별화하여 가격을 더 높게 책정할 수 있게 해준다.

상표(trademark)는 브랜드명과 디자인 모두에 대해 독점적인 법적 보호를 받는 브랜드이다. 맥도날드의 황금 아치 같은 상표는 널리 알려져 있고 기업의 명성과 이미지를 나타내는데 도움을 준다. 맥도날드는 어떤 기업이 가령 맥도넬(McDonnel) 햄버거를 판다면 팔지 못하도록 소송할 것이다.

> **상표(trademark)**
> 브랜드명과 디자인 모두에 대해 독점적인 법적 보호를 받는 브랜드

사람들은 어떤 주어진 제품 범주에서 브랜드들 사이에 차이가 없다고 하면서도 어떤 브랜드명에 의해 영향을 받는다. 예를 들어, 사람들이 모든 아스피린이 비슷하다고 말할 때, 이들 앞에 바이엘(Bayer) 상표가 있는 병과 이름 없는 브랜드의 병 두 개를 놓아보면 대부분의 사람들은 잘 알려진 브랜드명이 있는 병을 선택한다.

브랜드 자산과 충성도 창출

미래에 마케터의 주요한 목표는 브랜드 자산의 개념을 재정립하는 것이다. **브랜드 자산(brand equity)**은 브랜드명 그리고 관련된 상징(symbol)의 가치이다. 대개 기업은 자사

> **브랜드 자산**
> 브랜드명과 브랜드와 연관된 상징(symbol)들의 가치

를 다른 기업에 매각할 때까지 브랜드 가치를 알 수가 없다. 높은 브랜드 자산 평가를 받은 브랜드명은 레이놀드 랩 알루미늄(Reynolds Wrap Aluminum)과 지퍼락(Ziploc) 음식백이다. 오늘날 가장 가치 있는 브랜드명은 무엇인가? 그것은 애플이다.[8]

브랜드 충성도
소비자가 만족하고 그 브랜드를 좋아하며 추가 구매를 하려는 정도

브랜드 자산의 핵심은 **브랜드 충성도(brand loyalty)**인데 이는 소비자가 만족하고, 그 브랜드를 좋아하며, 추가 구매를 하려는 정도이다. 충성도 높은 소비자그룹은 회사에 대해 상당한 가치를 나타내는데 이 가치는 계산될 수 있다. 제조업체가 더 큰 브랜드 충성도를 만들기 위한 하나의 방법은 지속가능성에 중점을 두는 것이다.[9]

기업들은 제품을 빨리 팔기 위해서 쿠폰을 발행하거나 가격할인을 제공하여 단기적 성과를 높이려 하였다. 이는 브랜드명 특히 식품에 대한 고객의 헌신을 약화시켰다. 많은 소비자들은 기업들이 애스트로 팝스(Astro Pops)나 플렉스 샴푸(Flex Shampoo) 같은 브랜드명을 떨어뜨릴 때 불평한다. 이러한 불만이 브랜드명의 힘을 보여준다. 이제 회사들은 브랜드 자산의 가치를 인식하고 강력한 브랜드명의 수익력(earning power)을 측정하기 위해 더 노력하고 있다.[10]

브랜드 인식
한 제품 범주가 언급될 때 주어진 브랜드명이 얼마나 빨리 또는 쉽게 떠오르는지를 말함

브랜드 인식(brand awareness)은 한 제품 범주가 언급될 때, 얼마나 빨리 또는 쉽게 주어진 브랜드명이 떠오르는가를 말한다. 광고는 강한 브랜드 인식을 만드는 데 도움이 된다. 코카콜라와 펩시같이 인정받은 브랜드는 대개 최고의 브랜드 인식 중 하나이다. 풋볼의 오렌지 보울(Orange Bowl)과 NASCAR의 컵 시리즈(Cup Series)와 같은 이벤트의 후원은 브랜드 인식을 높이는 데 도움이 된다. 단순히 계속해서 보는 것만으로도 브랜드 인식을 증가시킬 수 있다. 이것이 바로 구글이 인기있는 브랜드가 된 하나의 방법이다.

브랜드 관리

브랜드 관리자
하나의 브랜드 또는 하나의 제품 라인에 대해 직접적인 책임을 지는 관리자. 어떤 기업에서는 제품 관리자로 불림

브랜드 관리자(brand manager: 어떤 기업에서는 제품 관리자로 알려져 있음)는 하나의 브랜드 또는 하나의 제품라인에 대해 직접적인 책임을 지고 제품, 가격, 유통, 촉진의 마케팅 믹스 요소들을 관리한다. 그러므로 브랜드 관리자는 단일제품 기업의 사장으로 생각될 수 있다.

많은 소비재 대기업들이 브랜드 관리자를 두는 하나의 이유는 신제품 개발과 제품 촉진에 대한 더 큰 통제를 갖기 위해서다. 몇몇 기업들은 전체적인 노력을 강화하기 위해 브랜드 관리팀을 두기도 한다.

예를 들어, 브랜드 이름은 잘 알려져 있지만 매출이 줄고 있는 제품은 어떻게 할까? 한 가지 해결책은 원래 제품의 새롭고 개선된 버전의 형태로 충성도 높은 고객의 요구를 충족시키기 위해 제품을 재창조하는 것일 수 있다. 기업은 또한 고객의 요구를 충족시키기 위해 새로운 제품과 서비스를 도입해야 하며 그렇지 않으면 경쟁자가 비즈니스를 훔칠 위험이 있다. 다른 경우에는 제품이나 서비스를 포기하고 다른 영역에 집중하기로 결정할 수 있다. IBM이 기술 및 컨설팅 서비스 제공에 집중하기 위해 개인용 컴퓨터 사업부를 매각한 경우도 마찬가지였다. 다음에는 제품 수명 주기의 단계를 검토할 것이다.

시험 준비

- 브랜드명과 상표와의 차이는 무엇인가?
- 브랜드 관리자의 책임은 무엇인가?

학습목표 12-3 제품수명주기를 설명할 수 있다.

제품수명주기

한 제품이 개발되어 테스트되고 나면 시장에 출시되게 된다. 이 경우 제품들은 도입, 성장, 성숙, 쇠퇴의 4단계로 이루어진 **제품수명주기(product life cycle)**를 거치게 된다(그림 12.2 참조). 제품수명주기는 시간에 따라 한 상품 부류(product class)에 대한 매출과 이익에 어떤 변화가 있는지를 보여주는 이론적 모델이다. 그러나 모든 제품이 제품수명주기를 따르는 것은 아니며, 특정 브랜드들은 다르게 움직인다. 예를 들어 일반 부류(generic class)로서의 냉동식품은 제품수명주기 전체를 거치지만, 한 브랜드는 도입단계를 넘어서지 못할 수도 있다. 전자레인지 같은 몇몇 제품들은 수년 동안 도입단계에 있다. 케첩과 같은 몇몇 제품들은 유행을 타지 않는 제품으로 결코 쇠퇴단계를 겪지 않는다. 유행제품과 같은 다른 제품들은 몇 달 만에 전체 주기를 지날 수 있다(비니 베이비스(Beanie Babies)와 무드 링(mood ring)을 생각해 보라). 시장에서 완전히 철수되는 제품들도 있다. 제품수명주기는 미래의 시장개발을 예견하여 마케팅 전략을 수립하는 데 기초를 제공한다.

제품수명주기
시간에 따라 한 상품군에 대한 매출과 이익이 어떻게 되는지를 보여주는 이론적 모델. 제품수명주기의 4단계는 도입, 성장, 성숙, 쇠퇴임

매출이 최고조에 달하기 전에 이익이 줄어드는 점을 주목하라. 이는 가격경쟁의 심화 때문이다. 이익과 매출이 감소하기 시작하면 관심과 이익을 유지하기 위해 신제품을 출

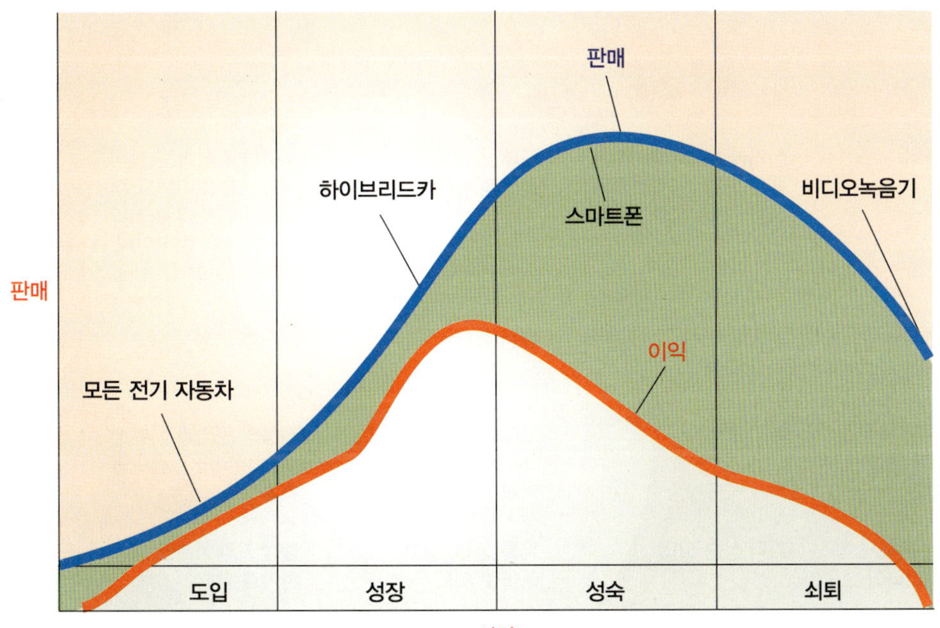

그림 12.2 **제품수명주기에 따른 매출과 이익**

시하거나 또는 기존 제품을 리모델링해야 할 시점이다.

제품수명주기의 사례

제품수명주기는 마케터에게 하나의 제품을 시간에 따라 성공적으로 촉진시키기 위한 귀중한 단서를 줄 수 있다. 크레용과 분필 같은 몇몇 제품들은 아주 긴 제품수명주기를 가져 변화가 거의 없고 쇠퇴기로 결코 진입하지 않을 것처럼 보인다. 크레욜라(Crayola)는 130년 넘게 크레용을 성공적으로 팔고 있다. 새로운 가상 비디오게임은 얼마나 오랫동안 지속될 것으로 생각하는가?

인스턴트 커피의 제품수명주기를 살펴봄으로써 여러분은 이 이론이 어떻게 적용되는지를 알 수 있다. 이 제품이 도입되었을 때, 대부분의 사람들은 레귤러 커피만큼 좋아하지 않았고, 일반적으로 수용되기까지(도입기)는 몇 년이 걸렸다. 그렇지만 어떤 시점에서 인스턴트 커피가 빠르게 대중화되었고, 많은 브랜드들이 출시되었다(성장기). 얼마 후 사람들은 한 브랜드를 선호하게 되고 매출은 안정상태가 되었다(성숙기). 냉동건조 커피가 나오면서 매출이 약간 감소하기 시작하였다(쇠퇴기). 이제 소비자들이 Keurig에서 커피를 한 잔씩 사서 마시거나 스타벅스와 같은 곳에서 커피 원두를 사서 집에서 커피를 내려 먹음에 따라 동결 건조 커피는 쇠퇴 단계에 들어섰다. 마케터가 제품이 어떤 단계에 있는지를 인식하여 현명하고 효율적인 마케팅 의사결정을 내리는 것은 매우 중요하다.

제품수명주기의 사용

다른 제품수명주기 단계는 다른 마케팅 전략을 요구한다. 그림 12.3은 마케팅 믹스 결정

그림 12.3 제품수명주기에 따른 전략 예시

	마케팅 믹스 요소			
제품수명주기	제품	가격	유통	촉진
도입	시제품 출시, 적은 제품 믹스	신기술 도입자에 따른 높은 도입 가격(스키밍 전략) 또는 침투 가격	도매상 이용, 선별적 유통	제품을 유통하는 상점을 확보하고 소비자가 제품을 사용해 보도록 하기 위해 1차 수요 광고와 판매 촉진에 집중 투자 및 딜러 촉진
성장	제품 개선, 제한된 제품 믹스	경쟁에 맞춰 가격 조절	유통 확대	강력한 경쟁적 광고
성숙	다양한 세분 시장을 만족시키기 위한 제품 차별화	가격 할인	도매상 기능 내부화, 유통 강화	제품의 편익과 차별성뿐만 아니라 브랜드명 강조
쇠퇴	제품 믹스 감축, 신제품 아이디어 개발	가격 상승 고려	유통 통합, 일부 아울렛 제외	충성 고객에게만 광고하기로 함

을 요약하여 보여주고 있다. 그림을 살펴보면, 각 단계가 복합적인 마케팅 믹스 변화를 필요로 함을 알 수 있다. 이러한 개념들은 주로 이론적이므로 단지 지침으로만 사용되어야 함을 기억하라.

그림 12.3은 성숙단계에서 제품의 매출은 최고에 다다르지만 이익은 감소함을 보여준다. 이 단계에서 마케팅 관리자는 이 제품이 새로운 성장주기를 시작하도록 새로운 이미지를 만들어내야 할지를 결정한다. 암 앤 해머(Arm & Hammer) 베이킹 소다의 경우 새로운 매출을 만들어 내기 위해 몇 년마다 새로운 이미지를 어떻게 만들어내는지를 여러분은 알고 있다. 한 해는 냉장고용 탈취제로 포지셔닝하고 다음 해는 수영장에 대한 강력한 화학 물질 대체재로 포지셔닝한다. 제품수명주기상에서 제품이 어느 단계에 도달해 있는지를 아는 것은 마케팅 관리자가 언제 전략적 변화가 필요한지를 결정하는데 도움을 준다.

시험 준비

- 제품수명주기 이론은 무엇인가?
- 제품이 제품 수명 주기의 성숙 단계에 있을 때 이익은 일반적으로 증가하는가, 감소하는가? 왜 그런가?

학습목표 12-4 다양한 가격 책정 목표와 전략을 확인하고 비가격 책정 전략의 중요성이 커지고 있는 이유를 설명한다.

경쟁적인 가격책정

가격책정은 마케팅과 총 제품제안의 개발에 매우 중요해 제품, 유통, 촉진과 함께 마케팅 믹스의 4P 중 하나로 여겨지고 있다. 그렇지만 가격은 소비자의 제품 평가에 있어서 결정적인 요소이기 때문에 4P 중에 관리자가 통제하기 가장 어려운 것 중의 하나이다. 이 절에서는 총 제품제안의 한 요소로서, 또 전략적인 마케팅 도구로서 가격을 살펴보기로 한다.

가격책정의 목적

기업이 가격책정 전략을 수립할 때 여러 가지 목적을 염두에 둔다. 하비스트 골드를 위한 새로운 건강제품에 대한 가격을 책정할 때 우리는 제품의 이미지를 홍보하려고 할 것이다. 우리는 가격을 높게 책정하고 적절한 홍보를 하면 이를 '농장에서 식탁(farm-to-table) 식사의 BMW로 만들 수 있다. 우리는 어떤 이익 목표나 투자수익률을 달성하기 위하여 가격을 높게 책정할 수도 있다. 또한 우리는 학생과 같은 저소득층도 이러한 건강식을 살 수 있도록 경쟁자보다 싸게 제품가격을 책정할 수 있다. 이러한 경우는 사회적이거나 윤리적인 목표를 염두에 두고 가격을 정한 것이다. 저가 정책은 잠재적 이익을 감소시키기 때문에 경쟁을 약화시키지만 높은 시장 점유율을 얻는 데는 도움이 될 수 있다.

기업은 시간에 따라 여러 가지 가격책정 목표들을 가질 수 있고, 전체적인 가격책정 전략을 개발하기 전 이러한 목표들을 분명히 세워야 한다. 자주 쓰이는 목표들은 다음과 같다.

1. **목표 이익이나 투자수익율을 달성하기** 궁극적으로 마케팅의 목적은 다른 사람들에게 제품과 서비스를 제공하여 이익을 얻는 것이다. 물론 거의 모든 기업의 하나의 장기적인 가격책정 목표는 이익을 최대화하는 것이다. 기업들이 이익을 증가시키려고 노력하는 하나의 방법은 고객에게 제공되는 양을 줄이는 것이다. 따라서 시리얼(cereal) 회사는 박스의 시리얼 양을 줄이고 화장지 회사는 자사의 제품을 더 작게 만든다. 이러한 것이 여러분이 구매한 제품에도 일어난 것을 여러분은 알고 있는가?
2. **소비자 끌어모으기** 슈퍼마켓은 종종 사람들을 점포로 끌어모으기 위해 어떤 제품을 원가나 원가보다 싸게 판다고 광고한다. 이러한 제품들은 유인제품(loss leaders)으로 불린다. 장기적인 목적은 소비자기반 구축이라는 단기적인 목표를 달성한 후 이익을 창출하는 것이다.
3. **시장점유율 늘리기** 시장 점유율을 늘리기 위한 한 방법은 더 낮은 가격, 낮은 금리(예를 들어, 0%의 파이낸싱), 저렴한 임차료, 리베이트(rebate)를 제공하는 것이다.
4. **이미지 만들기** 어떤 시계, 향수, 다른 사회적으로 눈에 띄는 제품들은 독점과 신분이라는 이미지를 제공하기 위해 가격이 높게 책정된다.
5. **사회적인 목적 추가하기** 어떤 기업은 경제적으로 여유가 없는 사람들도 제품을 살 수 있도록 제품가격을 저렴하게 책정하려고 한다. 정부는 종종 우유와 빵 같은 생활 필수품을 쉽게 구할 수 있도록 농산물 가격에 보조금을 지원한다.

기업은 장기적인 목표와는 아주 다른 단기적인 목표를 가질 수 있다. 관리자는 이 둘을 초기에 이해하여 전략적 마케팅 계획에 반영하여야 한다. 관리자는 제품 설계, 포장, 브랜딩, 유통 그리고 촉진같은 다른 마케팅 의사결정 관점에서 가격책정 목표를 설정하여야 한다. 이 모든 마케팅 결정들은 밀접하게 연결되어 있다.

사람들은 직관적으로 한 제품에 대해 책정된 가격은 그 제품을 생산하는 원가와 관련이 있다고 믿는다. 가격은 대개 원가보다 높은 수준에서 책정된다. 그러나 우리가 보듯이 가격과 원가가 항상 관련되어 있는 것은 아니다. 실제로 가격책정에는 세 가지 주요한 접근 방법, 즉 원가기반, 수요기반(목표원가 설정), 경쟁기반 접근 방법이 있다.

원가기반 가격책정(Cost-Based Pricing) 생산자들은 가격을 책정할 때 종종 원가를 주요 기반으로 이용한다. 생산자들은 (재료비, 인건비, 간접비를 포함한) 생산원가를 측정하기 위해 정교한 원가 회계 시스템을 개발하고 이익을 더하여 가격을 정한다. 자동차를 생산하는 것으로 이 과정을 설명해 보자. 여러 가지 구성요소–엔진 부품, 몸체, 타이어, 라디오, 차문 잠금장치와 유리, 페인트 그리고 노동–를 모두 더하고 여기에 이익을 더하여 가격을 정한다. 문제는 이렇게 정해진 가격이 시장에도 만족스러운 지의 여부이다. 최근 미국 차의 가격에 대해 시장은 어떻게 반응하고 있는가? 장기적으로 시장이–생산자가 아니라–가격을 정한다(1장을 참조). 가격책정은 원가도 고려해야 하지만 제품 개선의 기대 비용, 각 제품에 대한 마케팅 목표, 경쟁자의 가격도 고려해야 한다.

세상의 쇼핑객들은 오스트리아의 소 비자들이 하는 것처럼 할인(bargain)을 찾는다. 최저가를 찾으려는 쇼핑 객들의 요구에 대해 마케터들은 얼 마나 다양한 방법들로 관심을 끄는 가? 온라인 소매상들은 다른 가격책정 전략을 채택하는가?

수요기반 가격책정(Demand-Based Pricing) 원가기반 가격책정과는 달리 **목표원가 설정**(target costing)은 수요에 기반을 두고 있다.[12] 이것은 소비자를 만족시킬 뿐만 아니라 기업이 원하는 이익을 충족시키도록 제품을 디자인하는 것을 의미한다. 목표원가 설정은 최종가격을 제품개발과정의 결과물이 아닌 투입물로 하는 것이다. 여러분은 사람들이 한 제품에 대해 기꺼이 지불하고자 하는 가격을 추정하고 여기서 원하는 이익을 차감한다. 이 결과가 생산의 목표원가 즉, 여러분이 그 제품을 수익을 내면서 생산하기 위해 지출할 수 있는 원가이다.

경쟁기반 가격책정 **경쟁기반 가격책정**(competition-based pricing)은 다른 모든 경쟁자들이 무엇을 하는지에 기반을 둔 가격책정 전략이다. 가격은 경쟁자 가격이거나 경쟁자 가격보다 높거나 낮은 수준에서 결정될 수 있다. 가격책정은 고객 충성도, 지각된 차이, 경쟁 환경에 바탕을 둔다.[13] **가격 주도제**(price leadership)는 하나 이상의 지배기업이 해당 산업에서의 모든 경쟁자들이 따라올 가격을 책정하는 전략이다. 석유 기업과 패스트푸드 기업에서 이런 예를 볼 수 있다.[14]

목표원가 설정
소비자를 만족시키고 기업이 원하는 이익을 충족시키도록 제품을 디자인하는 것

경쟁기반 가격책정
다른 모든 경쟁자들이 무엇을 하는지에 기반을 둔 가격책정 전략. 가격은 경쟁자 가격이거나 경쟁자 가격보다 높거나 낮은 수준에서 결정될 수 있음

가격 주도제
하나 이상의 지배기업이 해당 산업에서의 모든 경쟁자들이 따라올 가격을 책정하는 전략

손익분기점 분석

하비스트 골드에서 새로운 샌드위치 판매를 시작하기 전에 이익을 얻기 위해서는 여러분이 얼마나 많은 샌드위치를 팔아야 하는지를 결정하는 것이 현명하다. 그 다음 여러분이 판매 목표를 달성할 수 있는지를 결정하여야 한다. **손익분기점 분석**(break-even analysis)은 여러 판매 수준에서의 수익성을 결정하기 위해 사용되는 프로세스이다. 손익분기점이란 판매로부터의 수익과 모든 비용이 같게 되는 점이다. 손익분기점을 계산하는 공식은 다음과 같다.

$$\text{손익분기점(BEP)} = \frac{\text{총 고정비(FC)}}{[\text{제품 단위당 가격(P)}-\text{제품 단위당 변동비(VC)}]}$$

총 고정비(total fixed cost)란 얼마나 많은 제품을 생산하거나 판매하는 지의 여부와 관련없이 똑같은 비용을 의미한다. 고정비를 구성하는 비용에는 공장이나 창고를 소유 또는 임대하는 데 지불되는 비용과 보험료가 있다. **변동비**(variable cost)란 생산수준에 따라 변한다. 제품생산에 사용되는 원자재 비용과 제품 생산을 위한 직접 인건비 등이 포함된다. 특정 제품을 생산하기 위해 (임대 이자, 부동산 세금, 장비 등에 대한) 20만 달러의 고정비가 든다고 하자. 개당 변동비(예를 들어 인건비와 재료비)가 2달러라 하자. 만일 제품을 개당 4달러에 판다면 손익분기점은 10만 개가 된다. 달리 말하면 10만

손익분기점 분석
여러 판매 수준에서의 수익성을 결정하기 위해 사용되는 프로세스

총 고정비
얼마나 많은 제품을 생산하거나 판매하는지의 여부와 관련 없이 똑같은 비용

변동비
생산 수준에 따라 변하는 비용

개보다 더 팔 수 없다면 이 제품을 팔아 이익을 볼 수 없다.

$$\text{손익분기점(BEP)} = \frac{FC}{P-VC} = \frac{\text{20만 달러}}{[\text{4달러}-\text{2달러}]} = \frac{\text{20만 달러}}{\text{2달러}} = \text{10만 개}$$

스키밍 가격전략
경쟁이 거의 없는 동안 최적 이익을 얻기 위하여 신제품 가격을 높게 책정하는 전략

침투전략
많은 고객을 끌어들이고 경쟁을 단념하도록 제품 가격을 낮게 책정하는 전략

항시저가책정
경쟁사들보다 가격을 낮게 책정하여 특별 세일을 많이 하지 않는 전략

고–저 가격책정 전략
EDLP를 사용하는 점포들보다 더 높은 가격을 책정하지만 경쟁자들의 가격보다 더 낮은 특별 세일을 많이 갖는 전략

심리적 가격책정
생각보다 덜 비싸게 보이도록 제품이나 서비스의 가격을 책정하는 것

기타 가격책정 전략

어떤 기업이 VR 헤드셋 같은 새로운 제품라인을 개발했다고 하자. 이 기업은 제품수명주기의 도입 단계에서 이 제품의 가격을 얼마로 해야 할지 결정해야 한다. **스키밍 가격 전략(skimming price strategy)**은 경쟁이 거의 없는 동안 R&D 비용을 회수하고 가능한 많은 이익을 얻기 위하여 신제품 가격을 높게 책정하는 전략이다. 물론 이러한 큰 이익은 결국 새로운 경쟁자들을 끌어들이게 될 것이다.

두 번째 전략은 새로운 제품의 가격을 낮게 책정하는 것이다. 이는 더 많은 고객을 끌어들이고 이익이 아주 적기 때문에 다른 기업이 유사한 제품을 만들지 않도록 해준다. **침투전략(penetration strategy)**은 기업으로 하여금 더 큰 시장점유율을 빠르게 얻도록 해준다.[15]

소매상들이 사용하는 여러 가격책정 전략이 있다. **항시저가책정(Every Day Low Pricing; EDLP)**은 홈디포(Home Depot)와 월마트가 사용하는 전략이다. 이들은 제품의 가격을 경쟁사들보다 낮게 책정하며, 특별 세일을 하지 않는다. 여기서의 아이디어는 소비자들이 세일을 기다리기보다 제품이 필요할 때 언제든지 점포를 방문하도록 하는 것이다.

백화점이나 다른 소매상들은 종종 **고–저 가격책정 전략(high–low pricing strategy)**을 사용한다. 정가는 EDLP를 사용하는 점포들보다 더 높지만 특별세일 기간 동안은 가격이 더 낮다. 이러한 가격책정의 문제는 소비자들이 세일을 기다리도록 하여 결국 이익이 줄어든다는 것이다. 온라인 쇼핑이 계속 증가함에 따라 소비자들이 온라인상으로 더 나은 가격을 찾을 수 있기 때문에 고–저 가격책정전략을 갖는 점포들을 찾기가 어렵다.[16]

소매상들은 자신들이 취급하는 상품의 주요 결정요소로 가격을 사용할 수 있다. 몇몇 소매상들은 단지 99센트로 몇몇 소매상들은 5달러 미만으로 제품을 홍보하고 있다. **심리적 가격책정(psychological pricing)**은 생각보다 덜 비싸게 보이도록 제품이나 서비스의 가격을 책정하는 것을 의미한다. 주택 가격을 300,000달러보다 훨씬 더 적게 보일 생각으로 299,000달러로 책정하는 것이다. 주유소는 거의 항상 심리적 가격책정을 사용한다.

어떤 제품들은 고급스러움과 바람직함(desirability)이라는 고급 이미지를 만들기 위해 가격이 높게 책정된다. 지미추(Jimmy Choo) 구두는 이 범주에 들어간다. 이러한 제품에 대한 총 제품제안은 무엇인가?

시장원리가 어떻게 가격책정에 영향을 주는가

서로 다른 소비자들이 서로 다른 가격을 지불하고자 한다는 것을 인식하여 마케터들은 때때로 원가나 몇몇 다른 계산보다는 소비자 수요를 바탕으로 가격을 정한다. 이것은 수요 지향적인 가격책정(demand–oriented pricing)

이라 불리고 노인층을 위한 약국의 가격할인과 어린이를 위한 극장의 저가 정책에서 볼 수 있다.

오늘날 마케터들은 가격책정 문제에 직면해 있다. 대부분의 고객들이 제품과 서비스의 가격을 온라인상으로 비교하고 있다. Priceline.com은 소비자들에게 수요 수집 시스템(demand collection system)을 선보였는데, 이 시스템상에서 구매자들은 자신들이 지불하고자 하는 가격을 제시하고 판매자들이 이 제시된 가격을 택하거나 거절하도록 한다. 소비자들은 자신들이 지불하고자 하는 가격을 제시함으로써 항공기, 호텔과 다른 제품들을 아주 좋은 가격으로 구할 수 있다. 이들은 또한 Craigslist 같은 곳에서 중고품을 온라인상으로 구할 수 있다. 소비자들이 전 세계의 가격 정보에 더 쉽게 접근할 수 있음에 따라 가격 경쟁은 더욱 치열해지고 있다. 그 결과, 비가격 경쟁이 늘어날 전망이다.

비가격 경쟁

마케터들은 종종 가격보다는 제품의 속성으로 경쟁을 한다. 여러분은 휘발유, 사탕 그리고 심지어 소형차와 사립대학 같은 주요 제품에 대한 가격 차이가 작다는 것을 알고 있다. 많은 텔레비전 광고 캠페인은 가격을 주요 촉진도구로 사용하지 않는다. 대신에 마케터들은 안락함, 스타일, 편의성, 내구성과 같은 제품의 이미지와 소비자의 편익을 강조하는 경향이 있다.

많은 소규모 기업들은 규모가 큰 기업들과 경쟁하기 위하여 가격보다는 기본 제품에 수반되는 서비스를 홍보한다. 좋은 서비스는 비교적 동질적인 제품을 돋보이게 한다. 중소기업들이 더 높은 가격을 부과하기 위해서는 우수한 서비스를 제공해야 한다. 프리미엄 가격을 부과하기 위해, 중소기업들은 경쟁사들의 가격과 그들이 제공하는 서비스를 지켜볼 필요가 있다. 만약 그러한 중소기업들이 좋은 서비스를 제공한다는 평판을 얻을 수 있다면, 고객들은 기꺼이 더 높은 가격을 지불할 것이다. 큰 기업들도 종종 이렇게 한다. 몇몇 항공사들은 친절함, 더 넓은 수면용 좌석, 신속성, 풍부한 항공편 등을 강조한다. 많은 호텔들도 당연한 비즈니스 서비스, 헬스 클럽과 다른 부가 서비스를 강조한다.

시험 준비

- 두 가지 단기적 가격책정 목표와 장기적 가격책정 목표를 나열할 수 있는가? 이 둘은 양립할 수 있는가?
- 원가기반의 가격책정 전략의 단점은 무엇인가?
- 왜 점점 더 비가격경쟁에 초점을 맞추고 있는가?

학습목표 12-5 마케팅 채널의 개념과 중간상의 가치를 설명할 수 있다.

유통채널의 중요성

마케팅에서 유통과 창고보관은 간과되기 쉽다. 마케팅에서는 광고, 판매, 마케팅 조사와 다른 기능들에 종종 초점이 주어진다. 그러나 얼마나 유통(마케팅 믹스의 'place' 요인)이 중요한지를 깨닫는 데는 오래 걸리지 않는다. 원재료들을 모으고 수백만 켤레의 신발을 만들어 전 세계의 매장으로 유통하는 아디다스(Adidas)가 직면한 문제를 생각해보자. 이 문제는 자동차에서부터 가구 그리고 장난감에 이르기까지 모든 것을 생산하는 수많은 생산자가 매일 다루어야 하는 문제이다.[17] 제품의 공급 중단을 초래하는 심각한 화산폭발이나 쓰나미가 있었다고 생각해보자. 이러한 것은 유통관리자에게는 흔히 있는 일이다.

운 좋게도 원재료 상태에서 생산자 그리고 소비자에 이르기까지 상품의 이동을 돕는 일을 하는 수십만의 기업들과 개인들이 있다. 자주 그렇듯이 다시 제품은 소비자로부터 재활용업자로 보내고 다시 제조업체 또는 조립업체로 보낸다.[18] 이러한 모든 예측할 수 없는 요소들 때문에, 상품의 재화의 흐름을 관리하는 것은 많은 조직들에 있어서 가장 중요한 관리 기능들 중 하나가 되었다. 이러한 기능이 어떻게 수행되는지 살펴보자.

중간상
생산자에서 기업(B2B)까지 그리고 기업에서 소비자(B2C)까지 제품과 서비스의 이동을 돕는 조직

유통채널
생산자부터 소비자까지의 경로(또는 채널)에서 상품을 운송하고 저장하기 위해 함께하는 대리인, 중개인, 도매상, 소매상과 같은 중간상 전체를 말함

대리인/중개인
구매자와 판매자를 모아 교역 협상을 도와주지만 상품을 직접 소유하지는 않는 중간상

도매상
다른 조직에 판매하는 중간상

소매상
최종 소비자에게 판매하는 중간상

중간상(marketing intermediaries)은 생산자에서 기업까지(B2B), 그리고 기업에서 소비자까지(B2C) 제품과 서비스를 이동하는 것을 돕는 조직이다. 생산자에서 소비자까지 상품 유통을 도와 주기 위해 함께하는 일련의 조직들의 중간에 있기 때문에 중간상이라 부른다. **유통채널**(channel of distribution)은 생산자부터 소비자까지의 경로(또는 채널)에서 상품을 이동하여 보관하기 위해 함께하는 대리인, 중개인, 도매상, 소매상과 같은 전체 중간상으로 이루어져 있다.

대리인/중개인(agents/brokers)은 구매자와 판매자를 모아 교역 협상을 도와주지만 상품을 직접 소유하지는 않는 중간상이다–즉, 어떤 시점에서도 그들은 상품을 소유하지 않는다. 예로서 부동산 중개인을 생각해 보라.

도매상(wholesaler)은 소매상, 생산자, 병원과 같은 조직에 판매하는 중간상이다.19 도매상은 B2B 시스템의 한 부분이다.[19]

소매상(retailer)은 본인이 사용하기 위해 구매하는 최종 소비자(즉, 여러분과 나 같은 사람)들에게 판매하는 조직이다. 월마트와 같은 대형 소매상은 유통비용을 줄이기 위해 독립적인 유통업체들을 없애고 도매상이 되고 있다. 이것은 월마트는 자체 창고와 자체 트럭을 보유한다는 것을 의미한다.

유통채널은 의사소통의 흐름과 상품에 대한 돈과 소유의 흐름을 확실히 해준다. 유통채널은 또한 필요한 때와 필요한 장소에 상품의 적절한 수량과 구색이 확보되도록 해준다. 그림 12.4는 소비재와 산업재 모두에 대한 선별된 유통채널을 보여준다.

이 그림은 유통채널에 하나의 도매상을 추가하여 교환의 수를 25개에서 10개로 줄이는 것을 보여준다. 이것은 유통의 효율성을 향상시킨다.

중간상은 어떻게 교환 효율성을 창출하는가

그림 12.4는 몇몇 생산자가 소비자들에게 직접 판매하는 것을 보여준다. 그렇다면 중간상은 왜 있는 것일까? 해답은 중간상이 특정한 마케팅 업무인 수송, 저장, 판매, 광고, 관계 형성과 같은 업무를 대부분의 생산자보다 더 빨리, 더 저렴하게 수행한다는 것이다. 여기에 간단한 비유가 있다. 여러분 개인적으로 세상 어디에 있는 사람에게 소포를 배달할 수 있지만 보통 그렇게 하지는 않는다. 왜 그렇게 하지 않는가? 왜냐하면 여러분이 미국 우체국(U.S. Postal Service)이나 UPS 같은 사기업에 배달을 시키는 것이 대개

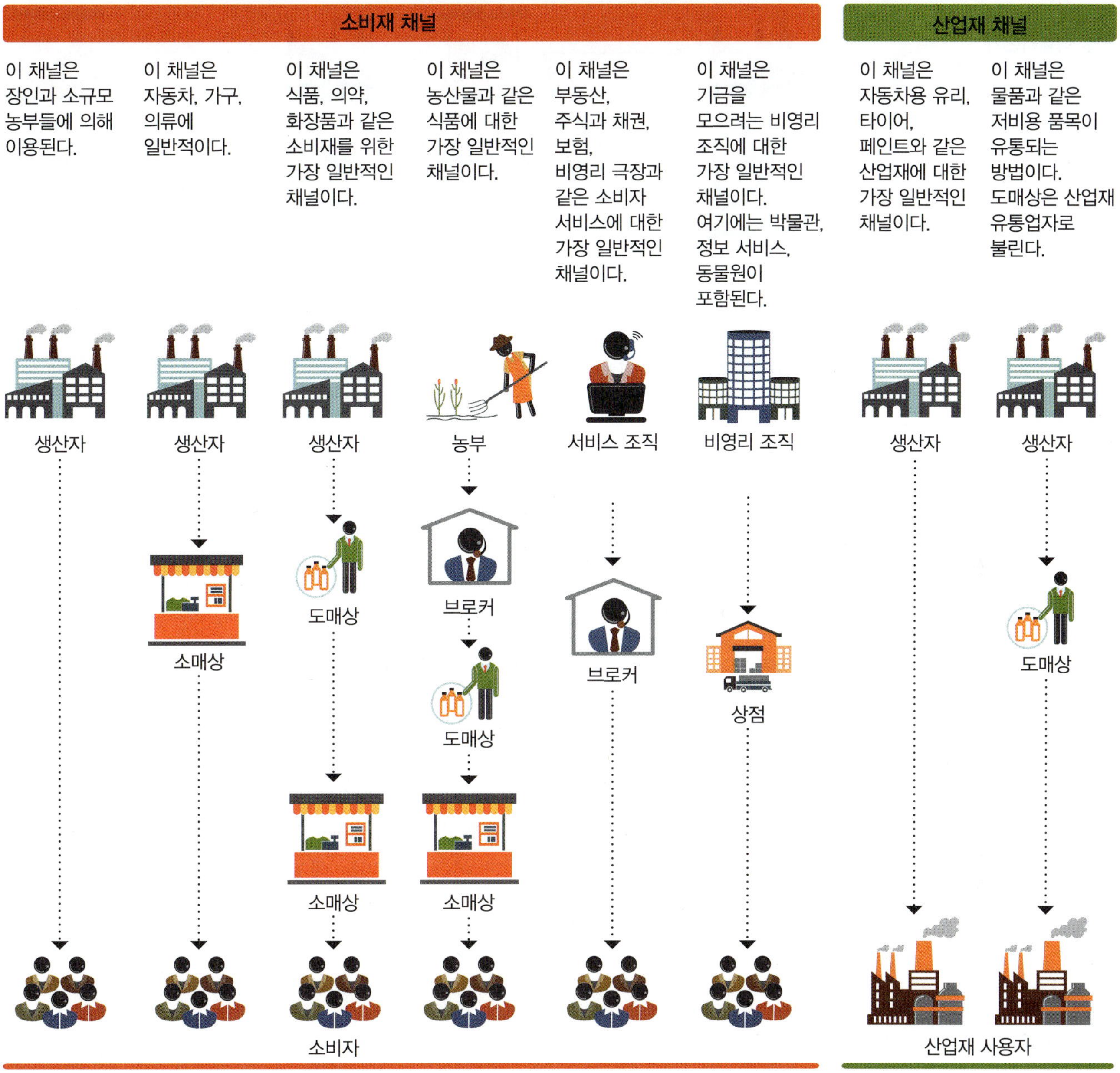

소비재 채널

이 채널은 장인과 소규모 농부들에 의해 이용된다.

생산자 → 소비자

이 채널은 자동차, 가구, 의류에 일반적이다.

생산자 → 소매상 → 소비자

이 채널은 식품, 의약, 화장품과 같은 소비재를 위한 가장 일반적인 채널이다.

생산자 → 도매상 → 소매상 → 소비자

이 채널은 농산물과 같은 식품에 대한 가장 일반적인 채널이다.

농부 → 브로커 → 도매상 → 소매상 → 소비자

이 채널은 부동산, 주식과 채권, 보험, 비영리 극장과 같은 소비자 서비스에 대한 가장 일반적인 채널이다.

서비스 조직 → 브로커 → 소비자

이 채널은 기금을 모으려는 비영리 조직에 대한 가장 일반적인 채널이다. 여기에는 박물관, 정보 서비스, 동물원이 포함된다.

비영리 조직 → 상점 → 소비자

산업재 채널

이 채널은 자동차용 유리, 타이어, 페인트와 같은 산업재에 대한 가장 일반적인 채널이다.

생산자 → 산업재 사용자

이 채널은 물품과 같은 저비용 품목이 유통되는 방법이다. 도매상은 산업재 유통업자로 불린다.

생산자 → 도매상 → 산업재 사용자

그림 12.4 소비재 및 산업재의 선별된 유통채널

더 저렴하고 더 빠르기 때문이다.

마찬가지로 여러분은 스스로 여러분의 집을 팔거나 개별 기업들로부터 직접 주식을 살 수 있지만 아마도 그렇게 하지 않을 것이다. 왜 그럴까? 대리인과 중개인은 교환과정을 더 효율적으로 더 쉽게 이익이 나도록 처리해주는 중간상이기 때문이다. 이들과 같은 중간상은 교환과정을 용이하게 한다.

여기 중간상을 활용하는 데 대한 편익을 알 수 있는 쉬운 방법이 있다. 다양한 식품 제품을 생산하는 다섯 개의 생산자 각각이 다섯 개의 소매상에 직접 판매하려 한다고 가정해보자. 이 시장을 만들기 위해 필요한 교환 관계의 숫자는 5 곱하기 5, 즉 25개이다.

이제 하나의 도매상이 이 시스템에 있는 경우 어떻게 될지 생각해보자. 다섯 개의 생산자 각각은 다섯 개의 교환 관계를 형성하기 위해 도매상과 접촉할 것이다. 다섯 개의

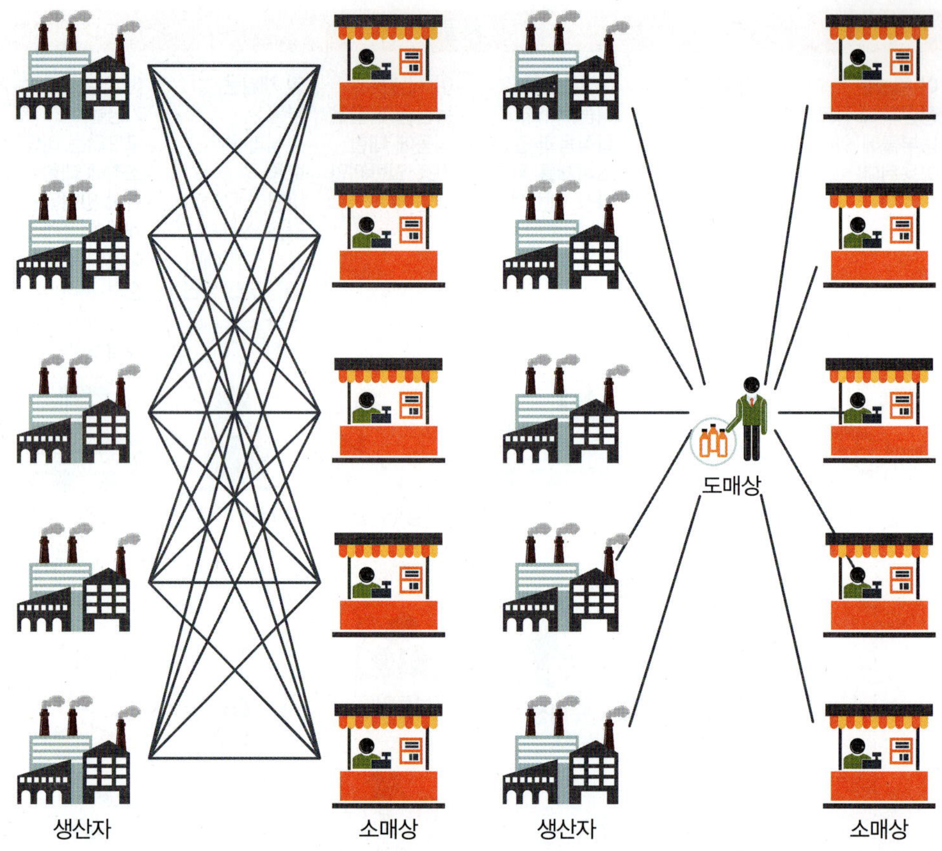

그림 12.5 중간상이 어떻게 교환 효율성을 창출하는가

추가 교환관계를 형성하기 위해 도매상은 다시 다섯 개의 소매상들과 접촉을 한다. 도매상의 존재로 교환의 숫자가 25개에서 10개로 줄어든다. 그림 12.5는 이러한 과정을 보여준다. 중간상은 배제될 수 있지만 이들의 행위는 배제될 수 없다. 결국, 중간 조직은 마케팅 기능을 다른 조직보다 더 빠르고 더 저렴하게 수행하기 때문에 생존해왔다.

시험 준비

- 유통채널이란 무엇인가 그리고 어떤 중간상이 참여하는가?
- 왜 우리는 중간상을 필요로 하는가?
- 중간상이 어떻게 교환효율성을 창출하는지 설명하시오.

학습목표 12-6 도매상과 소매상의 차이점을 논하고, 다양한 종류의 무점포 소매업에 대해 설명할 수 있다.

도매 및 소매 중간상들

도매와 소매를 구별하고 각각이 수행하는 기능을 명확히 정의해보자. 어떤 생산자들은 단지 도매상들하고만 거래를 하고 소매상들 또는 최종 사용자(소비자)에 직접 판매하지 않는다. 몇몇 생산자들은 도매상들과 소매상들 모두 거래하지만 소매상들보다 도매상들에 더 큰 할인을 제공한다. 다시 몇몇 도매상들은 소매상들과 소비자들 모두에게 판매를 한다. 사무실용품 대형매장인 스테이플즈(Staples)가 좋은 예이다. 스테이플즈는 작은 기업과 소비자에게 사무용 물품을 판매한다. 샘스클럽(Sam's club)과 코스트코(Costco) 같은 회원제 대형할인점들도 도매와 소매 기능을 모두 갖춘 기업들이다.

차이는 다음과 같다. 소매 판매는 소비자 자신을 위해 제품과 서비스를 소비자에게 판매하는 것이다. 도매 판매는 기업에서의 사용을 위해 기업이나 학교와 병원과 같은 기관 또는 재판매를 위해 도매상들이나 소매상들에 제품과 서비스를 판매하는 것이다. 도매상은 B2B 판매를 한다. 대부분의 사람들은 그들이 소매상에 익숙한 만큼 다양한 유형의 도매상에 익숙하지 않다. 이제 도움이 되는 상인 도매상, 대리인, 중개인과 같은 몇몇 도매 중간상을 살펴보기로 하자.

상인 도매상

상인 도매상(merchant wholesalers)은 자신이 취급하는 상품을 소유하는 독립적으로 소유된 기업이다. 도매상의 약 80%가 이 유형에 포함된다.[20] 대리인과 중개인(agents and brokers)은 구매자와 판매자를 모아 교환 협상을 도와준다. 그렇지만 상인 도매상과 달리 대리인과 중개인은 그들이 유통하는 제품을 결코 소유하지 않는다. 보통 이들은 재고를 가지고 있지 않고 신용을 제공하지 않으며 위험을 떠맡지 않는다. 상인 도매상이 상품의 판매에서 이익을 얻는 반면 대리인과 중개인은 판매 수입의 비율에 따라 수수료를 받는다. 대리인은 자신이 대표하는 사람들과 장기적인 관계를 유지하는 반면 중개인은 대개 일시적으로 고용된다. 과일과 야채와 같은 계절상품의 생산자는 부동산산업에서 그러하듯이 종종 중개인을 활용한다.

소매상

소매상(retailers)은 여러분이 정기적으로 접하는 가장 유용한 중간상일 것이다. 소매상은 제품을 팔기 보다는 실제로 사용하는 최종소비자에게 판매한다는 것을 기억하자. 미국은 소매 웹사이트를 포함하지 않고서도 370만 개 이상의 소매점이 있다. 슈퍼마켓과 같은 소매 조직은 거의 4,200만 명의 사람들을 고용해 마케팅 전공 졸업생들의 주요 고용주이다.[21] 아마 여러분은 소매점과 아마존 사이의 치열한 경쟁을 알 것이다. 소매점들과 쇼핑몰들은 더 많은 오락거리를 제공하고, 상점들이 대대적인 단장을 하게 함으로써 맞서고 있다.[22] 그러나 결국에는 아마존이 이길 것이라고 말하는 사람이 있다.[23] 이 경우 아마존의 성공은 소매업에서의 일자리 수에 어떤 영향을 미칠 것인가?

대리인들과 중개인들은 중간상의 익숙한 형태이다. 일반적으로 이들은 팔 제품들을 소유하지 않는다. 예를 들어, 부동산 중개인은 판매자와 구매자 사이에서 거래를 가능하게 하지만 결코 집을 소유하지는 않는다. 부동산 중개인은 집의 판매 과정에서 어떤 기능을 하는가?

그림 12.6은 다양한 종류의 소매점들에 대한 설명과 예들을 보여주고 있다. 여러분은 각 종류의 소매점에서 쇼핑해본 적이 있는가? 무엇이 각각의 이점처럼 보이는가?

유형	설명	예
백화점	구별된 매장에서 광범위한 제품(의류, 가구, 가정용품)을 판매한다.	시어스(Sears), 제이시페니(JCPenney), 노드스트롬(Nordstrom)
할인점	보통 백화점에서 판매되는 가격보다 저렴하게 다양한 제품들을 판매한다.	월마트(Walmart), 타겟(Target)
슈퍼마켓	세정제와 종이 제품 같은 비식료품과 식료품을 판매한다.	세이프웨이(Safeway), 크로거(Kroger), 알버슨스(Albertson's)
회원제 대형 할인점 (Warehouse club)	대개 슈퍼마켓보다는 크고 가격을 할인해주는 시설로 식료품과 잡화를 판매한다. 멤버십이 필요하다.	코스트코(Costco), 샘스클럽(Sam's Club)
편의점	이용하기 편리한 장소에서 식료품과 다른 생필품들을 판매한다. 밤새 영업할 수도 있다.	세븐일레븐(7-Eleven)
전문 할인점 (Category killer)	특정 범주의 다양한 형태의 제품을 대량으로 판매한다.	토이저러스(Toys "R" Us), 바스 프로숍스(Bass Pro Shops), 오피스 데포(Office Depot)
아울렛	할인된 가격으로 생산자로부터 직접 잡화를 판매한다. 품목들은 단종되었거나 약간의 결함이 있을 수도 있다.	노드스트롬 랙(Nordstrom Rack), 리즈 클레이본(Liz Claiborne), 나이키(Nike), 티제이맥스(TJ Maxx)
전문점	한 범주 내의 다양한 상품을 판매한다.	보석매장, 신발매장, 자전거 매장

그림 12.6 **소매점의 유형**

소매유통 전략

서로 다른 제품들은 서로 다른 소매유통 전략(retail distribution strategy)을 필요로 하기 때문에 마케터들이 결정해야 할 중요한 사항은 그들의 제품을 판매할 적절한 소매점을 찾는 것이다. 소매유통에는 세 가지 범주가 있다.

개방적 유통
가능한 한 많은 소매 아울렛에 제품을 보내는 유통

선택적 유통
어느 지역에서 선호되는 소매상 집단에만 제품을 보내는 유통

전속적 유통
주어진 지리적 지역에서 단 하나의 소매 아울렛에만 제품을 보내는 유통

개방적 유통(intensive distribution)은 자판기를 포함하여 가능한 한 많은 소매점에 제품을 둔다. 개방적 유통을 필요로 하는 제품은 사탕, 껌, 유명 잡지와 같은 편의상품을 포함한다.

선택적 유통(selective distribution)은 어느 지역에서 선호되는 이용 가능한 소매상 그룹을 이용하는 것이다. 이러한 선택은 생산자가 질 좋은 판매와 서비스를 확보하도록 해준다. 가전, 가구, 의류(쇼핑상품)의 생산자는 선택적 유통을 사용한다.

전속적 유통(exclusive distribution)은 주어진 지리적 지역에서 단 하나의 소매점을 이용하는 것이다. 소매점은 이 제품을 판매할 독점권을 소유해 다량의 재고와 예외적인 서비스를 제공하며 다른 제품보다 이 브랜드에 더 많은 관심을 쏟는다. 스카이다이빙 장비와 같은 전문 상품의 생산자들처럼 고급 자동차 생산자도 종종 전속적 유통을 활용한다.

무점포 소매

최근 소매에서 전자 소매보다 더 많은 관심을 받은 것은 없다. 인터넷 소매(예를 들면 아마존)는 무점포 소매(nonstore retailing)의 한 형태일 뿐이다. 다른 부류로는 텔레마케팅, 자판기, 가판대와 카트, 다이렉트 판매, 다단계 마케팅 그리고 다이렉트 마케팅이

있다. 중소기업들은 자신의 제품에 대한 새로운 유통채널을 개발하기 위해 무점포 소매를 이용할 수 있다.

온라인소매 **온라인소매**(online retailing)는 온라인으로 최종소비자에게 제품과 서비스를 판매하는 것이다. **소셜 커머스**는 소셜 미디어, 사회적 상호작용을 지원하는 온라인 미디어 그리고 제품과 서비스의 온라인 구매와 판매의 지원에 있어서의 사용자 기여를 포함하는 전자상거래의 한 형태이다.

웹사이트의 개선과 비용감소로 온라인 소매 판매는 지난 몇 년간 엄청나게 증가했다.[24] 그러나 고객을 얻는 것으로 모두 끝나는 것은 아니다. 제품을 배달하고 유용한 서비스를 제공하여 고객을 유지하는 것 역시 그에 못지않게 중요하다. 온라인소매가 충분한 재고를 가지고 있지 않거나 제때(특히 휴일이나 다른 바쁜 기간)에 배달하지 못할 때 고객들은 포기하고 오프라인 매장으로 다시 간다.

때때로 온라인소매상들은 고객의 불만을 다루고 반품을 받고 개인적인 도움을 제공하는 데 있어 점포처럼 능숙하지 않다. 몇몇 온라인 판매자는 고객들이 담당 종업원으로부터 실시간으로 온라인 도움을 받을 수 있도록 해주는 도움 버튼을 추가시켜 고객 서비스를 개선하고 있다.

온라인 매장을 추가한 오래된 오프라인 매장들은 때때로 온-오프라인 결합(brick-and-click) 매장이라 불린다. 이들은 고객들로 하여금 어떤 쇼핑기법이 그들에게 가장 적합한지를 선택하도록 해준다. 미래에 경쟁하려는 대부분의 기업들은 소비자들에게 그들이 원하는 모든 사양을 제공하는 실제 상점과 온라인 상점 둘 다 필요로 할 것이다.

온라인 소매
온라인을 통해 최종 소비자에게 제품과 서비스를 판매하는 것

소셜 커머스
사회적 상호작용을 지원하는 온라인 미디어 그리고 제품과 서비스의 온라인 구매와 판매의 지원에 있어서의 사용자 기여를 포함하는 전자상거래의 한 형태

텔레마케팅 **텔레마케팅**(telemarketing)은 전화로 제품과 서비스를 판매하는 것이다. 많은 기업들은 매장 내의 판매를 보충하거나 대체하고 온라인 판매를 보완하기 위하여 텔레마케팅을 사용하고 있다. 많은 기업들이 소비자들에게 카탈로그를 보내고 그들이 수신자부담전화를 이용하여 주문을 한다. 많은 전자상거래상들은 이러한 기능을 지원하는 도움기능을 온라인으로 제공한다.

텔레마케팅
전화로 상품과 서비스를 판매하는 것

자판기, 키오스크, 카트, 임시매장 자판기에서는 소비자가 충분한 돈을 넣으면 편의품이 제공된다. 자판기는 장소의 혜택을 누리는데, 사람들이 편의품을 원하는 곳 어디에나 놓일 수 있다. 비록 여러분이 사용하는 것은 탄산음료나 과자만일지 모르지만, 오늘날 자판기는 모든 종류의 제품을 유통하기 위해 사용되고 있다. 미국 몇몇 자판기는 보스 헤

부리토를 원하는데 치폴레가 문을 닫았나요? 당신의 동네 편의점에 각각 3달러에 다섯 종류의 브리토를 제공하는 키오스크인 브리토박스가 있기를 바래요. 일단 고객이 선택을 하면, 브리토박스는 부리토를 데울 동안 1분 정도 뮤직비디오로 즐겁게 해 주죠. 자동판매기에서 팔 수 있는 어떤 다른 뜨거운 음식을 생각할 수 있나요?

드폰(Bose headphone), 신발, 디지털 카메라 그리고 고급화장품을 판매하고 있다. 라스베가스와 두바이의 자판기에서는 심지어 금도 판매한다.[25)]

키오스크와 카트는 상점보다 관리비가 더 적어 티셔츠, 휴대폰, 선글라스와 같은 품목들이 더 저렴한 가격에 팔린다. 여러분은 종종 판매 카트를 상점 밖이나 쇼핑몰의 통로를 따라 보게 된다. 어떤 쇼핑몰의 소유자는 판매 카트들의 색상이 화려하여 시장 분위기를 만들어 내기 때문에 이들을 좋아한다. 키오스크는 종종 쿠폰과 유용한 제품 정보를 나눠준다.

팝업 스토어가 전국적으로 빠르게 인기를 얻고 있다. 팝업은 작은 공간에서 짧은 시간 동안 문을 열고 전통 상점에서는 찾아볼 수 없는 물건들을 제공하는 임시 매장이다. 온라인 사업주들을 위해 그들은 새로운 사업을 활성화하고, 고객들이 그들의 상품을 직접 볼 수 있도록 하고, 운송비를 절약하며, 심지어 오프라인 상점을 운영해보는 "시험"도 할 수 있다. 건물주들 또한 팝업으로부터 이익을 얻는다. 왜냐하면 그것들은 현재 비어 있는 공간에 임대료를 발생시킬 수 있기 때문이다.[26)]

다이렉트 판매
소비자들의 가정이나 직장에서 판매하는 것

다이렉트 판매 **다이렉트 판매(direct selling)**는 소비자들의 집이나 소비자들이 일하는 장소에서 소비자들에게 판매한다. 많은 기업들이 그들이 지원하는 하우스 파티(house party)들에서 화장품, 가정용품, 란제리, 미술품과 양초를 판매하기 위해 다이렉트 판매를 이용한다. 아주 많은 남성과 여성들이 집 밖에서 일하고 낮에는 집에 있지 않기 때문에 다이렉트 판매를 이용하는 기업들은 일터나 저녁과 주말에 집에서 있는 파티를 지원하고 있다. 이러한 판매 유형의 주 이용자들에는 화장품, 양초, 가전제품 생산자가 포함된다. 그렇지만 몇몇 기업들은 온라인 판매를 선호하여 그들의 다이렉트 판매 노력의 대부분을 줄이고 있다.

다이렉트 마케팅
생산자나 중간상을 최종 소비자와 직접 연결하는 모든 활동

다이렉트 마케팅 **다이렉트 마케팅(direct marketing)**은 생산자나 중간상을 최종소비자와 직접 연결하는 모든 활동을 포함한다. 가장 빠르게 성장하는 소매 형태 중의 하나는 다이렉트 마케팅은 다이렉트 메일, 카탈로그 판매, 온라인 마케팅뿐만 아니라 텔레마케팅을 포함한다. 다이렉트 마케팅을 이용하는 인기 있는 소비자 카탈로그 기업에는 코드워터 크릭(Coldwater Creek), L. L.빈(L. L. Bean)과 랜즈 엔드(Lands' End)가 포함된다. 다이렉트 마케팅은 몇몇 하이테크 분야에서도 엄청난 경쟁을 만들어내고 있다.

상점에 가는 것보다 집이나 직장에서 쇼핑하는 것이 훨씬 더 편리하기 때문에 다이렉트 마케팅은 인기를 얻고 있다. 쌍방향의 온라인 판매는 소매점에 대한 경쟁을 증가시킨다. 예를 들어 L. L.빈은 배송료를 없앰으로써 경쟁업체에 압력을 가했다. 그것은 카탈로그나 온라인으로 쇼핑하는 것을 좋아하는 사람들에게 L. L. 빈을 훨씬 더 매력적으로 만들었다.

쌍방향 비디오로 다이렉트 마케팅은 새로운 차원에 접어들었다. 쌍방향 비디오를 이용하는 기업들은 정적인 종이 카탈로그로 마케팅하는 기업들에 대한 주요 경쟁자들이 되고 있다. 예를 들면 옷을 입고 움직이거나 돌아서 보는 모델의 비디오를 보는 고객들은 인쇄된 사진에서 단순히 모델을 보는 것보다 표정과 복장에 대한 느낌에 대해 훨씬

그림 12.7 **공급사슬**

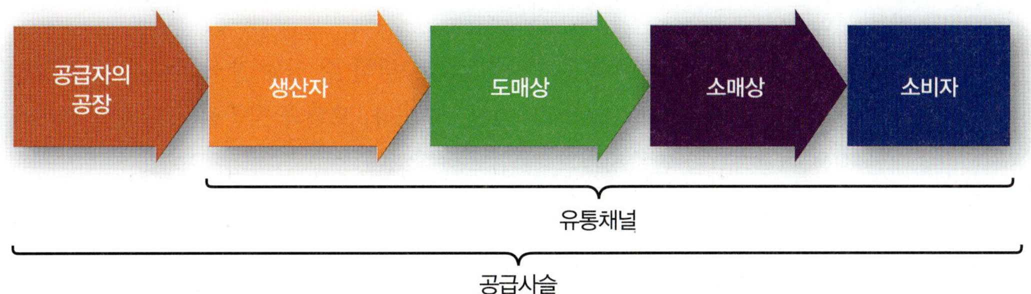

더 좋은 아이디어를 얻게 된다.

소비자들에게 최대의 이익을 제공하기 위해 중간상들은 제품과 서비스의 원활한 흐름을 위해 협력해야만 한다. 유통채널에 전체적인 조화가 항상 있었던 것은 아니다. 그 결과 채널 구성원들은 흐름을 더 효율적으로 만들 시스템들을 만들어냈다. 우리는 다음 절에서 이들을 논의할 것이다.

올바른 유통모드 선택

공급 사슬(supply chain: 또는 가치 사슬(value chain))은 원재료의 조달부터 최종 소비자까지 제품과 서비스를 이동시키기 위해 여러 다양한 조직들이 수행하는 모든 연결된 활동들로 구성된다. 공급 사슬은 공급자부터 생산자까지의 연결을 포함하는 반면 유통채널은 생산자부터 시작하기 때문에 공급 사슬은 유통 채널보다 더 길다. 유통 채널은 전체 공급 사슬의 일부이다(그림 12.7 참조).

공급 사슬(또는 가치사슬)
원재료의 조달부터 최종 소비자까지 상품을 이동시키는 여러 다양한 조직들이 수행하는 연결된 활동들의 순서

공급 사슬에는 농부들, 광부들, 모든 유형(부품, 장비, 물품)의 공급자들, 생산자들, 도매상들, 소매상들이 포함된다. 공급망 관리자들의 주요 관심사는 비용을 최소화하고 일정 수준의 서비스를 보장하면서 이러한 원자재를 회사에 공급하는 운송 방식을 선택하는 것이다. 유통용어에서 모드는 트럭, 기차, 비행기, 선박 또는 파이프라인에 의해 상품을 운송하는 데 사용되는 다양한 수단이다. 일반적으로 교통수단이 빠를수록 비용이 많이 든다. 그림 12.8은 각 모드의 장단점을 보여준다.

그러나 오늘날 공급망은 단순히 제품을 이곳 저곳으로 옮기는 것 이상을 포함한다. 그것은 주문 처리와 제품 재고 수집과 같은 모든 종류의 활동을 포함한다. 즉, 이러한

그림 12.8 **운송수단 비교**

수단	비용	속도	정시배달	제품 처리 유연성	수송 빈도	도달 범위
기차	중간	느림	중간	높음	낮음	높음
트럭	높음	빠름	높음	중간	높음	가장 높음
파이프라인	낮음	중간	가장 높음	가장 낮음	가장 높음	가장 낮음
배	가장 낮음	가장 느림	가장 낮음	가장 높음	가장 낮음	낮음
항공	가장 높음	가장 빠름	낮음	낮음	중간	중간

물류 시스템은 올바른 제품을 올바른 장소에 빠르고 효율적으로 보내기 위해 필요한 모든 것을 포함한다.

트럭과 철도선로를 결합하면 비용이 줄어들고 도달할 수 있는 장소의 수가 증가한다. 이는 트럭과 선박을 결합하는 경우에도 마찬가지이다. 트럭과 항공을 결합하면 원거리에 대한 제품 배달속도를 단축시키고 거의 모든 장소에 상품을 배달할 수 있다.

시험 준비

- 소매상들이 경쟁하는 방법에는 어떤 것들이 있는가?
- 개방적, 선택형, 전속적 등 각각의 유통전략에는 어떤 종류의 제품이 필요한가?
- 비점포 소매의 세 가지 예를 제시하고 각각에 대해 설명하시오.
- 어떤 운송수단이 가장 빠르고, 가장 싸고, 어떤 교통수단이 가장 유연한가?

학습목표 12-7 촉진(promotion)에 대한 정의와 촉진 믹스(promotion mix)를 구성하는 전통적 방법을 나열할 수 있다.

촉진과 촉진 믹스

11장에서 살펴본 바와 같이, 촉진은 판매자들이 사람들로 하여금 자사의 제품과 서비스를 구매하도록 동기를 부여하는 모든 기법들을 말한다. 마케터들은 제품을 촉진하기 위해 다양한 기법을 활용한다. 전통적인 촉진기법은 광고, 인적 판매, 홍보, 판매 촉진(sales promotion)등을 포함한다. 오늘날에는 이메일 촉진, 휴대폰을 활용한 모바일 촉진(mobile promotion), 소셜 네트워 촉진 및 광고, 블로깅, 팟캐스팅, 트위팅 등이 촉진기법에 포함된다.[27]

촉진믹스
제품을 촉진하기 위해 사용하는 광고, 인적판매, 홍보, 판매촉진의 조합

조직이 제품의 촉진을 위해 조합하여 사용하는 것을 **촉진 믹스**(promotion mix)라고 한다. 그림 12.9의 중앙에 배치된 제품은 제품디자인 그 자체가 촉진기법이 될 수 있다는 사실을 반영한다(예: 무료 샘플 배부 등).

그림 12.9 **전통적 촉진믹스**

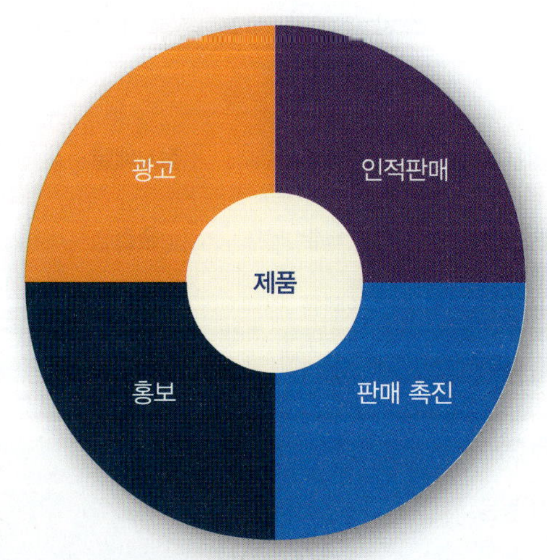

통합 마케팅 커뮤니케이션(IMC:Integrated Marketing Communication)은 모든 촉진기법을 종합적이고 통일된 촉진 전략으로 통합시킨다.[28] 마케터들은 통합 마케팅 커뮤니케이션을 통해 기업의 긍정적 브랜드 이미지를 창출하고, 소비자의 필요를 충족시키고, 기업의 전략적 마케팅과 촉진 목표를 달성할 수 있다. 오늘날에는 TV와 같은 전통적인 매체와 소셜 미디어 또는 온라인 사이트와 인쇄매체의 통합이 강조된다.[29]

통합 마케팅 커뮤니케이션
종합적이고 통일된 촉진전략을 수행하기 위하여 모든 촉진 방법(광고, 인적판매, 홍보, 판매촉진)을 조합하는 기법

우선 가장 보편적으로 사용되고 있는 촉진기법인 광고(advertising)에 대하여 살펴보자.

광고: 정보제공, 설득, 그리고 상기(reminding)

광고(advertising)란 광고메시지 속에 어떤 식으로든 신분을 밝힌 조직이나 개인이 다양한 매체에 비용을 지불하는 비개인적(nonpersonal: 일대일 대면 방식이 아닌) 커뮤니케이션이다. 광고 메시지를 전달하고자 하는 조직이나 개인의 신분을 밝히는지(identification of the sender)의 여부는 광고와 선전(propaganda)을 구분해준다.

광고
조직이나 개인이 다양한 미디어 매체에 비용을 지불한 비개인적 커뮤니케이션(nonpersonal communication: 광고 커뮤니케이션에서 판매원을 매체로 하지 않는 커뮤니케이션)

2019년의 전세계 총 광고규모는 5,600억 달러에 달한다.[30] 소비자로서 일반대중은 이렇게 막대한 광고비 지출로부터 어떠한 이득을 볼까? 광고는 정보를 제공한다. 다이렉트메일은 제품, 가격, 형태, 점포정책 등에 관한 정보로 가득하다. 온라인 광고도 마

그림 12.10 **다양한 광고매체의 장점과 단점**

매체	장점	단점
신문	지역 시장 커버율이 좋음. 빠른 시간 내에 광고 지면 확보 가능. 높은 소비자 인지도. 광고를 클립하여 저장할 수 있음	신문의 다른 기사들과 경쟁해야 함. 색감이 빈약함. 신문과 함께 광고도 버려짐(광고 수명이 짧음)
텔레비전	시청각 동영상을 활용. 모든 시청자에게 도달 가능. 다른 매체와의 경쟁 없이 높은 관심을 유도할 수 있음	비용이 많이 듦. 짧은 노출 시간. 광고 준비 시간이 긺. 디지털 비디오 레코더(DVR)는 광고를 건너 뛰게 함
라디오	저비용. 특정 청취자에게 타깃을 맞출 수 있음. 융통성 있음. 지역 마케팅에 좋음	사람들이 광고를 듣지 않을 수 있음. 청각에만 의존함. 짧은 노출 시간. 청취자가 광고를 보관할 수 없음
잡지	분명한 타깃 그룹을 정할 수 있음. 적극적인 색상의 사용. 광고의 오랜 수명. 광고를 클립하여 저장할 수 있음	융통성이 없음. 광고는 최소한 발행 일주일 전에 포스팅되어야 함. 비용이 비교적 많이 듦
옥외 광고	높은 가시성과 반복적 노출. 저비용. 지역 시장에 중점	한정된 메시지. 타깃 그룹 선택 권한이 낮음
DM 발송	특정 시장을 겨냥하기에 최적. 매우 융통성 있음. 광고를 저장할 수 있음	높은 비용. 소비자들이 광고를 정크 메일로 생각하여 거절할 수 있음. 우체국 규정을 준수해야 함
전화번호부 광고	지역 시장 커버율이 대단히 높음. 소비자들이 폭넓게 사용함. 구매 시 사용 가능	다른 광고들과 함께 경쟁. 아주 영세한 기업에는 비용이 너무 많이 들 수 있음
인터넷	비싸지 않은 국제적 커버리지. 항시 사용 가능. 쌍방향	고객들이 구매 전에 사이트에서 나갈 수 있음
모바일 광고	젊은 쇼핑객에게 도달하기에 아주 적합함	무시하거나 피하기 쉬움

광고는 우리가 일상생활을 하면서 어디에나 있는 것처럼 보인다. 이 사진에서 얼마나 많은 광고를 발견할 수 있나요? 이렇게 많은 광고에 의해 만들어진 소음이 광고주들이 소통하려는 메시지를 방해할 수 있을까요?

찬가지이다. 둘째, 광고는 제품에 대한 정보를 제공할 뿐만 아니라 광고주가 상업광고 시간대에 지불하는 광고비는 우리가 시청하는 프로그램의 제작비가 된다. 또한 광고는 신문이나 잡지 제작비용의 대부분을 부담한다. 우리가 잡지를 구독하거나 가판대에서 신문을 사는 것으로는 대부분 우편비나 판촉비 밖에 충당하지 못한다. 그림 12.10은 마케터의 입장에서 다양한 광고 매체의 장단점을 비교한 것이다. 신문, 라디오, 전화번호부는 특히 지역 광고주들에게 매력적인 광고 매체들이다.

가장 효과적인 매체는 가격이 매우 비싸다. 비싸지 않은 매체는 원하는 시장에 도달하지 못할 수도 있다. 목표는 희망하는 시장에 가장 효과적이고 효율적으로 도달할 수 있는 매체를 이용하는 것이다.

마케터들은 자신이 추구하는 타깃에 가장 큰 영향을 미칠 수 있는 매체를 선택해야만 한다. 라디오 광고는 TV광고보다 비용이 덜 들고 자동차를 운전할 때와 같이 주의가 산만하지 않을 때 사람들에게 큰 영향을 줄 수 있는 이점이 있다. 최근 연구에서 전통적인 매체로서의 라디오가 효과적임이 밝혀졌다.[31] 따라서 라디오 광고는 보통 은행, 모기지, 평생 교육, 중개 서비스 등의 서비스 내역에 관한 인쇄물을 읽지 않는 사람들에게 효과적이다. 반면에 라디오가 광고에 너무 편중됨으로써, 어떤 사람들은 광고 없는 프리미엄 서비스로 바꿔 듣기도 한다. 또한 마케터들은 주유기에 부착된 모니터 스크린과 같이 광고할 곳들을 찾는다. 여러분은 공원벤치나 식품매장 카트에 부착되어 있는 광고를 본 적이 있는가? 아마 여러분이 방문하는 웹사이트에서는 틀림없이 광고를 본 적이 있을 것이다.

휴대폰을 활용한 모바일 마케팅은 문자 메시지에서부터 시작되었으나 지금은 여러분이 스타벅스 근처를 지날 때면 라떼 한 잔 하러 들르라는 시그널이 휴대폰으로 전송될 정도로 기술이 발전했다.[32] 다른 소매상들은 브랜드 인지도를 구축하고 사람들이 자사의 웹사이트나 매장에 방문하도록 만들기 위해 이메일 광고를 사용한다. 일반적으로 소셜 미디어는 너무 빠르게 성장해서 일부 마케터들은 따라가기 힘들 정도이다.

슈퍼맨 바로 뒤의 이 초점이 흐린 세븐일레븐 로고처럼 PPL은 종종 교묘하다. 목적은 여러분이 그 제품을 스스로 원하도록 하는 데 있다. 여러분이 좋아하는 TV 프로그램과 영화에서 주목한 PPL은 무엇인가?

TV 광고

TV광고는 전국적인 규모의 광고주들에게 유익하지만 비싸다는 단점이 있다. 슈퍼볼(Super Bowl)

소셜 미디어를 통한 연결

소셜 미디어는 TV 시청률을 어떻게 움직이는가

nielsen.com

수십 년 동안 TV 프로그램의 인기는 정해진 시간에 채널을 맞춘 시청자 수로 측정되었다. 이제 DVR, 주문형 비디오 및 많은 앱의 시대에는 쇼의 범위를 측정하는 방법이 하나 이상 필요하다. The Marvelous Mrs. Maise와 Stranger Things와 같은 몇몇 프로그램은 심지어 전국 방송망이나 케이블 TV에서 방영되지 않는다. 제작사들은 무엇이 효과가 있는지 없는지 어떻게 알 수 있을까? TV시청률 전문 조사업체인 닐슨은 2013년부터 트위터 화제성을 추적하기 시작했다. 2016년 닐슨은 페이스북 활동을 추가했고, 2018년에는 인스타그램 콘텐츠 분석이 도입됐다.

오늘날의 시청률은 트윗과 게시물의 수뿐만 아니라 소셜 미디어 커뮤니티 내에서 각자가 가지고 있는 저자의 수와 도달 범위도 추적한다. 그러나 측정되는 시간은 여전히 한정되어 있다. 추적은 프로그램이 방영되기 3시간 전부터 3시간 후까지 소셜 미디어 활동을 보기 시작한다. 아직 실제 방영일의 시청자 수와 게시물만 고려하고 있고, 보통 프로그램이 최소 24시간 동안은 주문형 시청(vod) 플랫폼을 강타하지 않기 때문에 많은 주문형 시청과 게시물들은 주목받지 못한다. 일부 프로그램은 주문형 라인업에 추가되는 데 최대 일주일이 걸릴 수 있다.

그래서 만약 당신이 HBO On Demand의 과거 Game of Thrones 에피소드를 따라잡고 당신의 반응을 트위터에 올린다면, 닐슨은 그것을 측정하지 않는다.

이것이 텔레비전의 미래에 무엇을 의미할 수 있을까? 많은 밀레니얼 세대와 Z세대는 기존의 TV를 거부하고 노트북, Roku, Sling, Hulu 및 기타 기기와 앱에 의존하고 있다. 일부는 공유를 통해 페이스북에서 지난 주 투나잇의 클립과 같은 프리미엄 콘텐츠를 본다. 페이스북도 주요 콘텐츠 제공업체가 될 수 있을까? 페이스북 라이브는 이미 연예인, 회사, 보통사람들이 순식간에 많은 시청자들에게 다가갈 수 있도록 하고 있다. 페이스북 워치는 지난 2017년 출시됐으며 프로그래밍 성장을 위해 신선 콘텐츠 제공업체와 인플루언서를 적극적으로 찾고 있다.

출처: Sources: Michael Schneider, "Grammys Generate More Social Impact Than Oscars according to Nielsen," Variety, March 7, 2019; David Cohen, "Nielsen Social Content Ratings Now Include Instagram," Adweek, January 26, 2018; Dade Hayes, "Instagram Has 8% of TV–Related Posts but 70% of the Engagement," Deadline, deadline.com, September 12, 2018; Sahil Patel, "Facebook Is Paying 12 Publishers for Watch Shows Starring Video Creators," Digiday, digiday. com, March 12, 2019

방송 중에 30초 광고비용은 500만 달러 이상이다.[33] 이것은 광고제작비는 포함되지 않은 금액이다. 그만한 광고비를 지불하기 위해서는 얼마나 많은 맥주나 자동차를 팔아야 하는 것일까? 아마도 '아주 많이'가 그 답이 될 것이다. 하지만 텔레비전만큼 수많은 사람들에게 영향을 줄 수 있는 매체는 드물다. 그럼에도 불구하고 모든 광고가 똑같이 효과적이지는 않다. 물론 광고주들은 다른 TV 프로그램에 더 싼 가격으로 광고할 수 있다. 예를 들어 '그레이의 해부학(Grey's Anatomy)'는 30초 광고가 186,000 달러에 불과하며, '이것이 우리다(This Is Us)'에 광고하는 것은 359,000 달러밖에 들지 않는다.[34]

PPL(Product Placement)광고

TV광고는 TV프로그램 중간에 제품 광고를 하던 종래 방식에만 국한되지는 않는다. 때때로 제품 그 자체가 프로그램에 등장하기도 한다. **PPL(product placement) 광고**는 TV 쇼 프로그램이나 영화 속에서 제품이 나오도록 협찬하거나 비용을 지불하는 간접 광고이다. PPL의 고전적 사례는 영화 E.T.에서의 리즈 피스(Reese's Pieces) 자취이다. 오늘 우리는 Stranger Things 시리즈에서 세븐일레븐의 에고스에 대한 사랑을 본다. 마블의 히트작 어벤져스에서 슈퍼히어로들은 많은 다른 차를 운전한다. 닥터 스트레인지

PPL 광고
TV프로그램이나 영화에 제품이 보이도록 협찬하거나 비용을 지불하는 것

가 람보르기니 휴라칸을 몰고, 블랙 위도우가 쉐보레 콜벳을 운전하며, 아이언 맨이 날지 않을 때는 아우디 R8에서 목격된다.[36)]

TV와 영화에 추가하여 PPL은 비디오 게임에도 사용된다. 여러분이 게이머라면, 농구게임에서 코트 둘레의 광고판과 같은 광고를 게임 내에서 광고를 보았을 것이 다. 기술은 레이싱 게임의 자판기에 코카콜라, 펩시콜라, 엑슨, 쉘과 같은 광고 주의 광고시간 구매여부에 따라 특정 브랜드를 넣거나, 시간이 지나서 다른 브랜드로 바꾸는 것을 가능하게 한다.

온라인광고

마케터들이 구글(Google)이나 빙(Bing)같은 온라인 검색엔진에 광고를 할 경우, 그들이 가장 마음을 움직이기를 원하는 고객들–특정 제품에 대한 정보를 찾는 고객들–에게 도달할 수 있다. 온라인 광고의 목표 하나는 고객을 확보하여, 잠재 고객들이 기업과 기업의 제품에 대해서 더 많이 알 수 있는 자사의 웹사이트에 방문하게 만드는 것이다.[37)] 만약 온라인 사용자들이 광고를 클릭하고 웹사이트에 방문할 경우 기업은 고객의 이름, 주소, 의견, 선호하는 것 등에 대한 정보를 수집할 수 있다. 따라서 온라인 광고는 기업과 고객의 상호작용 수단이 된다. 온라인광고의 또 다른 장점은 얼마나 많은 사람들이 광고를 클릭했고 그 중 얼마나 많은 잠재고객들이 웹사이트를 방문하고 정보를 읽거나 보았는지 확인할 수 있다는 것이다. 온라인 광고는 광고 중 가장 빠르게 성장하는 분야이고, 미국 광고시장을 지배한다. 온라인 광고지출은 이제 인쇄와 텔레비전 둘 모두를 합친 것보다 많다.[38)]

이 광고는 아프리카계 미국인을 위해 디자인되었다. 마찬가지로 라틴계나 아시아계를 겨냥한 광고도 많다. 표적광고로 매력적인 후보가 될 수 있는 또 다른 집단은 무엇이 있을까?

이메일 마케팅은 온라인 광고에서 가장 큰 비중을 차지한다. 하지만 광고주들은 이를 너무 남용하지 않도록 주의해야한다. 왜냐하면 고객들은 너무 많은 촉진 메일이 그들의 메일박스에 들어와 있는 것을 좋아하지 않기 때문이다. 따라서 기업들은 이메일을 보내는 것을 경계하고 페이스북(Facebook)과 트위터(Twitter)와 같은 소셜미디어를 사용하기 시작하였다. '윤리적 의사결정'에서는 기업들이 어떻게 미리 작성된 광고를 유명인사가 트윗하는지를 논한다.

타코벨은 소셜 미디어 사용자들에게 메시지가 게시될 때 조심스럽게 시간을 선정한다. 사람들이 아침식사로 타코벨을 선택하도록 하기 위해, 마케팅 팀은 늦은 밤 아침식사 품목의 사진을 게시할 것이다. 그리고 나서 사람들이 아침에 인스타그램을 체크하면, 그들은 타코벨의 사진을 본다.[39)]

소셜 미디어 광고(Social Media Advertising)

오레오는 페이스북에 수백만 개의 "좋아요"가 달린다. 이 회사는 "우유와 가장 잘 맞는 쿠키(Milk's Favorite Cookie"에 "좋아요"를 한 모든 사용자들을 추적하고 테스트할 수 있다. 회사는 게시물을 몇 번 보고, 몇 번 공유하며, 사용자 반응은 어떤지 측정할 수 있다. 소셜 미디어는 오레오와 같은 브랜드들이 광고와 다른 판촉물들을 텔레비전과 같은 전통적인 미디어로 가져가기 전에 시험하는 것을 가능하게 하고, 왜 사람들이 메시지를 좋아하고 싫어하는지를 학습하는 것을 가능하게 한다. 회사가 고객들과 강한 관계를 발전시키기 위해서는 최고 경영자들이 대화에 참여하는 것이 중요하다. 이러한 참여는 고객청취 전략의 주요 요소가 되었다. 시간이 걸릴 수도 있지만, 고객이 귀사에 대해 어떻게 생각하고 말하는지 알아내는 것보다 더 좋은 방법은 없다. 예를 들어, 맥도날드는 소셜 미디어에서 1초에서 2초마다 언급된다. 이 회사는 3개 대륙에 글로벌 커뮤니케이션 팀을 두고 잠재 고객과 지속적으로 의견을 듣고 상호 작용한다.[40]

글로벌 광고(Global Advertising)

글로벌 광고는 전 세계적으로 효과가 있는 제품과 통합된 촉진 전략을 개발하는 것을 수반한다. 어디에서나 똑 같은 글로벌 광고는 확실히 기업의 리서치와 디자인 비용을 절감해준다. 하지만 각 지역마다 서로 다른 문화, 언어, 구매 습관 등을 지니고 있기 때문에 특정 국가나 지역을 목표로 한 촉진이 국제 광고보다 더 성공적일 수도 있다.

한 가지 캠페인이 모든 국가에서 사용되었을 때 야기되는 문제점들이 있다. 예를 들어, 한 일본 기업은 인기 있는 음료 제품에 포카리 스웨트(Pocari Sweat)라는 영어 이름을 붙였는데 대부분의 영어사용권 사람들에게 음료제품으로서 좋은 이미지를 주지는 못하였다. 미국인들은 스웨덴 제품인 크랩(Krapp) 화장지에 대해 왜 그런 이름을 지었는지 이해하지 못할지도 모른다. 클레어롤(Clairol)은 'Mist Stick(안개 스틱)'이라는 헤어 아이론(curling iron)을 독일 시장에 출시하였다. 하지만 독일에서 미스트(mist)가 머뉴어(manure: 거름, 비료, 똥)를 의미할 수도 있다는 것을 미처 알지 못했다. 보다시피, 국제 광고에서 적절한 어휘를 쓰는 것은 솜씨가 필요한 정교한 작업이다. 문화를 이해하는 것 또한 마찬가지이다. 각 국가별로 조사를 하고, 적절한 광고를 제작하고, 테스트해 보는 작업이 필요하다.

심지어 미국에서도 별도의 세분시장을 구성할 만큼 중요한 지역적 차이가 있다. 각 주는 고유의 역사와 문화를 가지고 있다. 뉴욕, 로스엔젤레스, 시카고의 대도시 지역은 그들이 속한 주의 다른 도시들과 다르다. 모두 자신만의 홍보나 광고를 필요로 한다.

오늘날의 대부분의 광고는 국제주의(전 세계를 대상으로 광고하는 것)에서 지역주의(개별 국가나 국가 내 특정 집단을 타깃으로 구체적인 광고를 하는 것)로 옮겨가고 있다. 미래에는 마케터들이 더 작은 규모의 청중—한 사람으로까지 구체화되는—에게 도달하기 위해 고객맞춤식(custom-designed) 촉진을 준비할 것이다.

인적 판매: 개인적인 배려를 제공하는 것

인적 판매(personal selling)는 일대일 대면 프레젠테이션(face-to-face presentation)을 통하여 제품과 서비스를 촉진하는 것을 말한다. 인적 판매는 새로운 가망고객을 찾고 제품과 서비스의 판매 후 애프터서비스까지 제공하는 것을 포함한다. 효과적인 판매는

인적판매
제품과 서비스의 촉진을 위해 일대일 대면 프레젠테이션(face-to face presentation)을 제공하는 것

단순히 제품을 구매하라고 사람들을 설득하는 것만을 의미하지는 않는다. 오늘날 인적 판매의 더 정확한 의미는 사람들이 욕구와 필요를 충족시킬 수 있도록 도와주는 것을 의미한다. (다시 말하지만, 구매자의 구매활동을 돕는 것이다.)

개인적인 관심과 배려를 제공하는 것은 비용이 많이 든다. 따라서 영업사원들을 유지하는 기업들은 그들을 특별히 효과적이고 효율적이며 확실히 도움이 될 수 있게 훈련을 시켜야만 한다. 많은 기업들이 새 영업사원들을 영입하기 위해 상당히 많은 임금을 지불하고 필요한 훈련을 제공하고 있다.

기업 대 소비자(B2C) 간 판매 과정 소비자에 대한 대부분의 판매는 제품을 아는 게 우선인 소매점에서 이루어진다. B2C 판매의 경우 비록 매장에서 물건을 구매하는 사람들에 대하여 가능한 한 많이 이해하고 있는 것이 중요하기는 하나, 매장에 오는 사람들은 종종 온라인 조사를 이미 했고, 그들이 원하는 것을 정확히 알고 있다.[41] 영업사원들은 고객에게 집중해야 하며 고객이 매장 안을 구경할 때 동료 영업사원들과 잡담을 하거나 친구와 전화 통화를 하는 것은 삼가야 한다.

2C 판매 과정의 첫 번째 공식 단계는 관계 개설(approach)이다. 아주 많은 영업사원들이 "도와드릴까요?"라는 상투적인 질문으로 접근한다. 하지만 "무엇을 도와드릴까요?" 또는 "우리 매장에 오신 것을 환영합니다."라는 질문이 더 좋다. 이 질문의 목적은 고객들에게 영업사원이 그들을 돕기 위해 존재하고 있으며 친절하고 지식이 있다는 것을 알려주기 위함이다.[42]

먼저 고객이 무엇을 원하는지 알아낸 후, 판매 설명을 한다. 영업사원은 제품이 고객들의 필요를 어떻게 충족시킬 수 있는지를 보여준다. 질문에 답할 때는 고객들에 맞는 제품을 선택할 수 있도록 도와준다.

판매종결 시도
실제 판매 종결을 유도하기 위한 질문이나 말들로 판매 과정을 종결하려는 시도

영업사원은 질문 및 이의에 답변을 한 후 질문 또는 진술을 제시하여 판매 프로세스를 구매 프로세스로 전환할 수 있는 판매종결을 시도할 수 있다. 영업사원은 "그건 보류해드릴까요?", "점포 신용카드로 지불하시겠습니까?"라고 물을 수 있다. 판매는 예술(art)로, 영업사원은 도움을 주는 것과 강요하는 것 사이에서 경계선을 걷는 법을 배워야 한다. 개인 구매자들은 물건을 구매하기에 앞서 종종 혼자서 생각할 시간을 필요로 한다. 영업사원은 반드시 이 점을 존중하고 그러한 시간을 주어야 하지만, 필요로 할 때는 분명히 이용가능해야 한다.

그림 12.11 기업 대 소비자(B2C)간 판매과정의 단계들

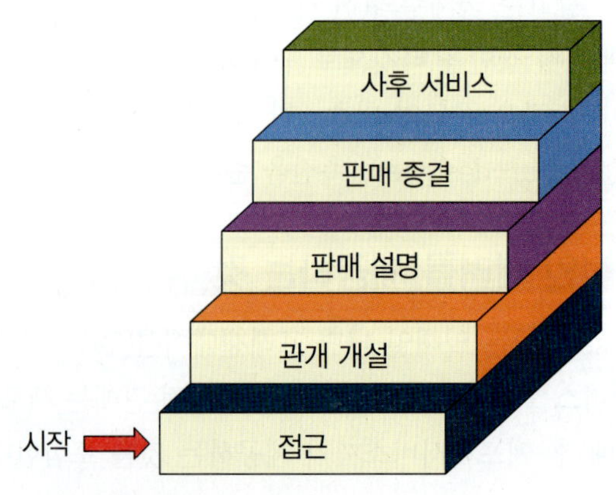

판매후 후속조치(after-sale follow-up)는 중요하지만 B2C 판매에서는 자주 무시되는 부분이다. 제품이 배달되면, 영업사원은 제품이 제시간에 도착하였는지 꼭 확인해야 한다. 제품을 설치해야 하는 경우에도 마찬가지다. 판매후 후속조치를 했을 때 종종 더 많은 상품을 판매할 기회가 있다. 그림 12.11은 전체 B2C 판매 과정을 보여준다.

어떤 회사들은 홍보를 위해 극단적 인 행동을 한다. 이 스트리킹을 하는 사람은 인터넷 카지노 GoldenPlace. com이 새겨진 메시지를 보여주기 위해 슈퍼볼 XXXVIII의 보안을 따돌렸다. 여러분은 돈을 지불한 광고와 뉴스거리 중 어느 것이 더 주의를 끌 것이라고 생각하는가?

PR: 관계 구축하기 **공중관계**(public relations; PR)는 대중의 태도를 평가하고, 공중의 요청을 수렴하여 정책과 절차를 수정하고, 공중의 이해와 지지를 얻기 위한 정보와 실행 프로그램을 수행하는 기능으로 정의된다. PR부서는 기업의 이해당사자들(고객, 미디어, 지역사회 리더, 정부 관료, 기업의 기타 이해관계자들)과 긴밀한 관계를 유지한다. 아이디어는 회사가 어떠한 질문, 불만 또는 제안에 신속하게 대응할 수 있도록 지역사회와 긴밀한 접촉을 유지하는 것이다.

공중관계 (PR)
공중의 태도를 평가하고, 공중의 요청을 수렴하여 정책과 절차를 수정하고, 공중의 이해와 지지를 얻기 위한 정보와 실행 프로그램을 수행하는 관리 기능
홍보 판매자가 비용을 지불하거나 통제하지 않고 개인, 제품, 조직에 대한 어떠한 정보를 언론 매체가 일반 보도로 다루도록 함으로써 무료로 광고 효과를 얻는 것

최근의 사건들은 좋은 PR의 필요성을 강조해왔다. (예를 들어, 비극적인 사고를 일으킨 보잉 737 MAX 비행기의 문제들, 그리고 몇몇 정치인, 연예인, 그리고 스포츠 명사를 둘러싼 추문들).[43] 미디어 비상사태에 대처하는 것 외에도, PR은 광고의 좋은 대안이다. 신문사들이 기자수를 줄이면서, 보도 자료를 포함한 다른 뉴스 정보 출처를 찾고 있다. 소셜 미디어 인플루언서와 연계하는 것 또한 회사 이름을 뉴스에 남기는 중요한 방법이 되었다.

홍보: PR의 말하는 무기 PR의 말하는 무기인 **홍보**(publicity)란 미디어를 통해 공중에게 배포되고 판매자에 의해 지불되거나 통제되지 않는 개인, 제품 또는 조직에 대한 모든 정보이다. 작동 방식은 다음과 같다. 여러분이 하비스트 골드라는 레스토랑을 소비자들에게 소개하고 싶지만 알릴 돈이 거의 없다고 가정해 보자. 초기 매출을 올려야 자금을 조성할 수 있다. 공중들에게 다가가는 효과적인 방법 중 하나는 홍보를 통해서이다. 미디어가 발행하고 싶어할 흥미롭고 뉴스 가치가 있는 보도 자료를 작성하려면 기술이 필요하다. 여러분은 다른 매체를 위해 다른 이야기를 쓸 필요가 있을지도 모른다. 한 이야기는 새로운 주인을 소개할 수도 있다. 또 다른 이야기로는 특이한 제품 및 서비스를

언론홍보
판매자가 비용을 지불하거나 통제하지 않고 개인, 제품, 조직에 대한 어떠한 정보를 언론 매체가 일반 보도로 다루도록 함으로써 무료로 광고 효과를 얻는 것

설명할 수 있다. 만약 어떤 이야기가 출판된다면, 여러분의 가게에 대한 뉴스는 많은 잠재 소비자(그리고 투자자, 유통업자, 딜러)들에게 전달될 것이고 여러분은 성공적인 마케터가 될 수 있을 것이다. 존 D. 록펠러는 "옳은 일을 하는 것 다음으로, 가장 중요한 것은 사람들에게 당신이 옳은 일을 하고 있다는 것을 알리는 것이다."라고 말한 적이 있다.[44] 하비스트 골드는 지역사회를 돕고 따라서 더 많은 홍보하기 위해 무엇을 할 수 있을까?

무료라는 점 이외에도, 홍보는 광고와 같은 다른 촉진 도구들을 뛰어넘는 또 다른 장점들을 가지고 있다. 예를 들어, 언론에 보도된 기사는 광고를 읽지 않는 사람들에게까지 도달될 수 있다. 또한 신문의 1면이나 주요 기사로 보도될 수도 있고, TV 뉴스에 방영될 수도 있다. 기사 제공의 가장 큰 장점은 신뢰성에 있을 것이다. 신문이나 잡지에서 기사를 뉴스로 보도할 경우, 독자들은 그 기사를 사실로 받아들인다. 그리고 뉴스는 광고보다는 더 믿음직스럽고 신뢰가 간다.

홍보에는 몇 가지 단점도 있다. 예를 들어, 마케팅 담당자들은 미디어가 기사를 사용할지, 언제 사용할지, 어떻게 사용할지에 대한 통제권이 없다. 미디어는 보도자료를 사용할 의무가 없으며, 대부분은 버려진다. 게다가, 미디어는 긍정적이지 않게 이야기를 바꿀 수도 있다. 또한, 이야기가 일단 나가면, 반복되지 않을 것 같다. 이와는 대조적으로 광고는 필요한 만큼 자주 반복될 수 있다. 언론이 여러분의 홍보를 잘 처리하는 한 가지 방법은 언론사 대표와 우호적인 관계를 맺고 그들과 마음을 터놓는 것이다. 그러면, 그들의 도움이 필요할 때, 그들은 더 기꺼이 협력할 수 있다.

시험 준비

- 프로모션 믹스의 전통적인 네 가지 요소는 무엇인가?
- 광고를 정의하고 왜 오늘날의 광고가 국제주의에서 지역주의로 이동하는지 설명하시오.
- PR부서의 책임은 무엇인가?
- 언론홍보 대 광고의 장점과 단점은 무엇인가?

학습목표 12-8 다양한 형태의 판매촉진의 효과를 평가할 수 있다.

판매 촉진: 구매자에게 인센티브 주기

판매 촉진
단기간의 활동으로 소비자의 구매 행위와 딜러들의 관심을 자극하는 촉진 수단

판매 촉진(sales promotion)은 단기간의 활동으로 소비자의 구매 행위와 딜러들의 관심을 자극하는 촉진 수단이다. 판매 촉진 프로그램은 인적 판매, 광고, 홍보 등의 전반적인 촉진 프로그램에 활기를 불어넣기 위해 고안된 것이다. 그림 12.12는 판매 촉진기법들을 나열한 것이다.

판매 촉진은 내부에서(기업 내부) 그리고 외부에서(기업 외부) 일어날 수 있다. 잠재 고객을 매료시키는 일만큼이나 중요한 일은 종업원들에게 제품에 대한 열정을 불러일으키는 것이다.[45] 내부 판매 촉진에 있어서 가장 중요한 것은 영업사원 그리고 고객 불만 처리 담당자나 점원과 같이 고객과 직접 접촉하는 종업원들에게 노력을 기울이는 것이

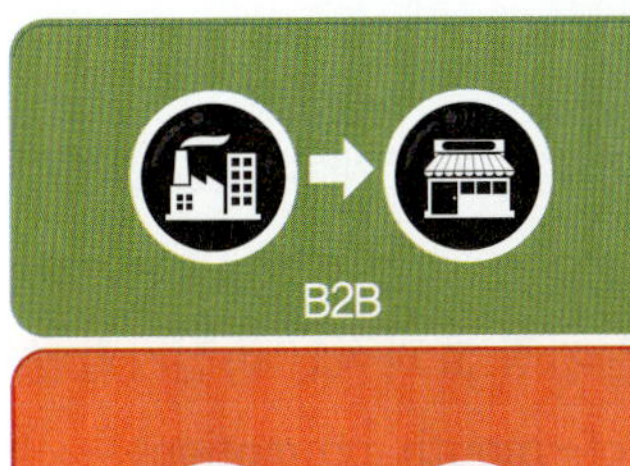 B2B	• 전시회(Trade shows) • 판매원을 위한 프트폴리오 (Portfolios for salespeople) • 거래(Price Deals)	• 카탈로그(Catalogs) • 컨벤션(Conventions)
 B2C	• 쿠폰(Coupons) • 센트 할인 촉진(Cents–off promotions) • 샘플링(Sampling) • 프리미엄(Premiums) • 경품행사(Sweepstakes) • 경연(Contests)	• 보너스(하나를 사면 하나를 덤으로 주기: buy one, get one free) • 카탈로그(Catalogs) • 제품 시연(Demonstrations) • 특별 행사(Special events) • 당첨자 뽑기(Lotteries) • 상점 내 상품 진열(In–store displays)

그림 12.12 **판매촉진 기법들**

다. 내부 판매 촉진 노력에는 (1) 세일즈 트레이닝, (2) 시청각 자료, 비디오 테이프 등과 같은 판매 보조자료 개발, (3) 영업사원이 정보를 얻을 수 있는 전시회 참가 등이 있다. 대중을 다루는 다른 종업원들에게도 기업이 제공하는 것에 대하여 정확히 인지할 수 있도록 특별한 트레이닝 기회를 제공하고 전체적인 촉진 노력에 완전히 부합할 수 있도록 한다. 언론 매체를 다루는 다른 직원들 또한 기업이 제공하는 것들에는 어떤 것들이 있는지 알고 전체적인 촉진 노력의 한 부분을 담당할 수 있도록 특별한 훈련을 받는 것이 좋다.

내부적으로 열정을 불러일으킨 후에 중요한 일은, 유통업자와 상인들 간의 관계를 긴밀하게 연관시켜서 기꺼이 제품을 촉진하는 것을 돕도록 하는 일이다. 전시회는 중요한 판매 촉진기법이다. 왜냐하면 마케팅 중개상들에게 수많은 다양한 판매자가 전시하는 제품들을 보고 비교해볼 수 있는 기회를 제공하기 때문이다. 오늘날, 웨비나(Webinar: Web+ Seminar)로 불리는 인터넷상에서의 가상전시회)는 구매자들이 사무실을 떠나지 않고도 많은 제품들을 볼 수 있는 기회를 제공한다. 그런 촉진은 쌍방향으로 구매자는 질문을 할 수 있으며, 하루 24시간 일주일 내내 정보 이용이 가능하다.

판매 촉진 노력으로 기업 내부 종업원과 중개상들을 움직였으면 다음 단계는 샘플, 쿠폰, 할인, 전시회, 매장시연, 경연, 리베이트 등을 활용하여 최종 소비자에게 촉진하는 일이다. 판매 촉진은 열정을 유지하려는 지속적인 노력이다. 따라서 시간이 지나도 신선한 아이디어를 계속 유지하려면 다른 전략들을 사용해야 한다. 하비스트 골드의 음식들이 얼마나 매력적인지 고객들에게 보여주기 위해 가게에 전시해 놓을 수도 있고 새로운 고객들의 관심을 끌기 위해 가게 안에서 요리 시연을 해 보일 수도 있다.

인기 있는 판매 촉진기법 중의 하나는 **샘플링(sampling: 소비자들에게 제품의 샘플을 무료로 나눠주는 것)**이다. 많은 소비자들이 직접 보거나 사용 전에 신제품을 구입하지는 않기 때문에, 식료품점 통로에서 식품이나 음료의 샘플을 나눠주는 사람을 두기도 한다. 샘플링은 소비자들이 구매 의사결정을 내릴 때 제품의 우수성을 보여줄 수 있는 빠르고 효과적인 방법이다. 하비스트 골드 앞에서 샘플을 나눠준다면 확실히 소비자의 관심을 끌 수 있을 것이다.

샘플링
기업이 소비자들에게 제품의 샘플을 무료로 나눠주는 판매촉진 기법

모든 사람이 무료샘플을 좋아한다. 샘플링은 사람들이 맘에 들면 살 수 있는 상황에서 신제품을 시용하도록 하는 촉진전략이다. 광고가 복제할 수 없는 음식제품 샘플링의 장점은 무엇인가?

구전(입소문) 촉진

비록 전통적으로는 구전이 주요 촉진기법의 하나로 열거되지는 않지만(구전은 관리할 수 있는 대상이 아니었다), 이제는 특히 인터넷상에서 구전은 가장 효과적인 촉진기법 중 하나이다.[46] **구전 촉진**(word-of-mouth promotion)은 사람들이 자신이 구매한 제품이나 사용한 서비스에 대하여 다른 사람들에게 이야기하는 것을 말한다. 우리는 구전 확산에 있어서 소셜 미디어의 역할을 이미 논한 바 있다. 구전 이상으로 효과가 있는 것은 고객 참여인데, 이것은 고객들이 건설적인 제안을 하도록 하고 제품과 서비스를 어떻게 만들 것인지에 대한 아이디어를 공유하는 것이다.[47]

어떤 식으로든 기업에 대하여 우호적으로 말하는 사람들을 격려하는 것은 효과적인 구전 판매촉진이다.[48] 예를 들어, 상점들이 어떻게 연예인, 배너, 그리고 다른 주의를 끄는 장치들을 사용하여 입소문을 내는지 주목하라. 영리한 광고도 입소문을 낼 수 있다. 사람들이 당신의 제품과 당신의 브랜드 이름에 대해 더 많이 이야기할수록, 고객들은 그들이 쇼핑할 때 그것들을 더 쉽게 기억한다.

구전촉진
사람들이 자신이 구매한 제품에 대해 다른 사람들에게 이야기하는 촉진 기법

바이럴 마케팅
제품에 대하여 다단계 판매 체계를 조성하기 위하여 인터넷상에서 제품에 대하여 긍정적인 말을 하는 사람들에게 돈을 지불하는 것을 포함한 모든 것

하비스트 골드에 대한 입소문을 만들기 위한 전략을 브레인스토밍(brainstorming)하는 것도 재미있을 것이다. 여러분의 노력이 대단하다면 여러분의 메시지는 바이러스처럼 퍼지고 수백만 명이 보게 될 것이다.[49] **바이러스성 마케팅**(Viral marketing)이란 인터넷에서 마케팅 메시지가 수많은 사람들에게 도달함으로써 메시지의 영향력을 기하급수적으로 증대시키는 사람들을 격려하는 모든 전략을 포함한다. 많은 바이러스성 마케팅 프로그램은 가치 있는 이메일 주소와 교환해서 제품이나 서비스를 무료로 준다. 공짜는 주의를 끈다. 여러분이 고객의 주의를 끌기만 한다면 그들은 여러분이 제공하는 제품이나 서비스를 볼 수 있고 구매할 수 있다.

소셜 미디어와 촉진

우리는 이장의 앞부분에서 소셜 미디어와 광고의 중요성에 대해 간략히 언급했다. 하지만, 소셜 미디어는 광고보다 홍보에 훨씬 더 큰 역할을 한다. 결국, 대부분의 미국인들은 페이스북, 트위터, 또는 인스타그램과 같은 적어도 하나의 소셜 미디어 플랫폼에서 활동하고 있다. 기업들은 제품이나 서비스에 대한 노출을 높이고, 고객들 사이에 충성도를 높이고, 회사 웹사이트로의 트래픽을 유도하고, 심지어 새로운 아이디어를 도출하기 위해 이 사이트들을 활용한다.[50]

소셜 미디어 플랫폼의 장점 중 하나는 기업이 고객과 쉽게 소통할 수 있다는 것이다. 사람들이 이러한 소셜 미디어 대화에 참여할 때, 그들은 기업과 자주 교류하고, 더 중요하게는 브랜드 콘텐츠를 공유할 가능성이 높다.[51]

모든 "좋아요"와 "공유"는 모으기 쉬워 보일 수 있지만, 그것들은 종종 세밀한 소셜 미디어 계획의 결과물이다. 성공적인 소셜 미디어 홍보 캠페인을 시작하기 위해 자주 사

변화에 적응하기 아웃도어 "Eyes"가 당신을 끌어당긴다.

광고가 당신만을 위한 것이라고 느껴본 적이 있는가? 시카고, 달라스, 뉴저지의 운전자들은 분명 그런 느낌을 받았다. 그럴만한 이유가 있다. 옥외광고판은 사람들에게 맞춤 메시지를 전달했는데, 그것은 단순히 사람들이 운전하는 차 때문이었다. 지엠은 지나가는 차량의 그릴을 인식할 수 있는 카메라를 광고판에 설치했다. 광고판에는 왜 쉐비 말리부가 그들의 차보다 더 좋은지 운전자들에게 알려주는 메시지가 표시되었다. 만약 도로에 경쟁사 차량이 없다면 디지털 스크린은 일반 말리부 자동차 광고로 전환된다.

수천 개의 전통적인 광고판이 비디오 스크린으로 바뀌었고, 그 숫자는 계속해서 증가할 수 있다. 표적 광고판은 단순히 자동차를 추적하는 것이 아니다; 미국의 11개 도시는 클리어 채널 아웃도어의 RADARView 프로그램에 참여하고 있다. 근처 스마트폰에서 수집한 데이터를 사용하여 디지털 광고판은 현재 시청자들에게 가장 적합한 메시지를 보여주도록 유도한다. 그러면 시청자들은 그들에게 메시지가 전달된 가게를 방문하는지 추적될 수 있다. 그러나 모든 캠페인이 눈길을 끄는 것은 아니다. 쌍방향 야외 전시도 사람들에게 재미있을 수 있다. 해리 후디니 TV 스페셜은 공기를 정해 놓고, 사람들이 3분 동안 숨을 참도록 버스 쉼터를 엄선했다.

이러한 기술 혁신 덕분에 옥외 광고와 홍보가 빠르게 성장하고 있다. 비록 이 매체에 대한 광고와 홍보 예산이 여전히 부족할 수 있지만, 이것은 인기를 얻고 있고, 창의적인 사람들은 전통적인 매체보다 메시지가 더 기억에 남게 하기 위한 훌륭한 아이디어를 생각해내고 있다.

출처: Sources: "Clear Channel Outdoor Introduces CCO RADARView," MarketWatch, marketwatch. com, May 3, 2018; Robert Channick, "Hey, You in the Altima! Chevy Billboard Spots Rival Cars, Makes Targeted Pitch," Chicago Tribune, chicagotribune.com, April 15, 2016; Jason Notte, "Digital Data Gives Billboard Owners More Reason to 'Love a Good Traffic Jam,'" The New York Times, nytimes.com, December 18, 2018; Andrew Blustein, "Bringing Mobile Data into the Physical World," The Drum, thedrum. com, October 24, 2018; Steve Olenski, "Outof-Home Is Growing and Digital Is Leading the Way," Forbes, August 2, 2018; Erica Sweeney, "OOH Advertising Spend Jumps 4.5% in 2018, Reaching a Record High," Marketing Dive, marketingdive.com, March 8, 2019.

용되는 단계는 다음과 같다.[52)]

1. 고객층을 파악한다.
2. 고객이 보고 싶어할 이미지를 만들고 매일 새로운 내용을 게시한다.
3. 새로운 사용자가 콘텐츠를 검색할 수 있도록 재미있지만 적합한 해시태그를 개발하되 너무 많이 사용하지 않는다.
4. 게시의 일관성을 보장하기 위해 게시 캘린더를 설정한다.
5. 고객과의 관계—컨테스트 및 엔터테인먼트를 제공한다.
6. 팔로우백하고 코멘터들에게 답장한다.
7. 사이트에서 제공할 수 있는 새로운 기능을 숙지한다.
8. 게시한 내용의 효과를 측정하고 학습한 내용을 미래를 위해 사용한다.

촉진 믹스 관리하기: 모든 것을 통합하기

각각의 타깃 그룹은 개별적인 촉진믹스를 필요로 한다. 광고는 비슷한 특성을 지닌 대규모의 소비자 그룹에게 다가갈 수 있는 가장 효과적인 방법이다. 인적판매는 대규모 조직에 가장 적합하다. 나중보다 지금 구매하려는 사람들에게는 샘플링(sampling), 쿠폰(coupon), 할인(discount), 특별 진열(special display), 프리미엄(premium) 등과 같은 판매촉진이 효과적이다. 홍보는 다른 노력들을 지원해서 모든 소비자들에게 좋은 인상을 심어줄 수 있다. 입소문은 종종 가장 강력한 촉진기법이다. 블로그, 팟캐스트, 소셜 미디어를 통해 경청하고 반응하여 다른 사람들에게 전달할 만한 인상을 만들어 구전을 생성하라.

푸시 전략
생산자가 도매업자나 소매업자가 상품 재고를 맡아서 판매하는 데 확신이 설 수 있도록 광고, 인적판매, 판매촉진 등의 모든 방법을 동원하는 촉진전략

생산자들은 어떻게 제품을 소비자에게 순조롭게 이동시킬까? **푸시 전략**(push strategy)은 생산자가 도매상이나 소매상이 상품 재고를 맡아서 판매하는 데 확신이 설 수 있도록 광고, 인적판매, 판매촉진, 기타 모든 촉진 방법을 동원하는 것이다. 푸시 전략은 유통시스템을 통해 상점으로 제품을 푸시(push)하는—말 그대로 밀어주는—것을 의미한다. 만약 푸시 전략이 효과적이면, 소비자들은 상점 안으로 들어가 제품을 보고 구매할 것이다.

풀 전략
대량 광고와 판매촉진 노력이 소비자들을 향해 있으며 소비자들이 소매업자들에게 상품을 요청하도록 하는 촉진 전략

풀 전략(pull strategy)에서는 대량 광고와 판매 촉진 노력이 소비자들을 향해 있으며 소비자들은 소매상들에게 상품을 요청할 것이다. 만약 풀전략이 효과가 있으면 소비자들은 상점으로 가서 제품을 주문할 것이다. 제품에 대한 수요를 보고, 상점 주인은 도매상에게 제품을 주문할 것이고, 도매상은 생산자에게 주문할 것이다. 따라서 제품은 유통시스템을 통해 당겨온다(pull). 변화에 적응하기 글상자는 어떻게 기업들이 풀전략에서 기술을 사용하고 있는지 보여준다.

촉진을 마케팅에 이르는 총체적 시스템의 일환으로 만드는 것이 중요하다. 이는 모두(생산자, 유통업자, 소매상, 소비자)의 마음에 들 수 있는 총체적인 상품 제공을 개발해야 한다는 것을 의미한다.

시험 준비

- 소비자와 기업에 도달하기 위해 사용되는 판매촉진 기법은 무엇인가?
- 구전촉진을 설명하고 다른 세 가지 촉진도구를 나열하시오.
- 푸시 전략과 풀 전략은 어떻게 다른가?

요약하기

학습목표 12-1 총제품 제공의 개념을 설명하고 포장의 기능을 요약한다.

- **총 제품제안에는 어떤 것들이 포함되는가?**
  총 제품제안은 소비자가 무엇을 구매할지를 결정할 때 평가하는 모든 것들로 구성된다. 총 제품제안에는 가격, 브랜드명, 사용 만족도 등이 포함된다.

- **제품라인과 제품믹스의 차이는 무엇인가?**
  제품라인은 유사한 경쟁자를 갖는 물리적으로 유사한 제품들의 그룹이다. 껌의 제품라인은 풍선껌과 무설탕껌을 포함한다. 제품믹스는 회사 제품라인들의 조합이다. 제조업자는 제품믹스에 껌, 초콜릿 캔디, 박하 사탕 라인들을 제공할 수 있다.

- **포장의 7가지 기능은 무엇인가?**
  포장은 (1) 구매자의 관심을 끌어야 하고, (2) 내용물을 보호해야 하고, 취급 및 저장에도 견뎌야 하며, 내용물이 부정조작되지 않고, 도난방지가 되면서도, (3) 쉽게 열어 사용할 수 있고, (4) 내용물이 무엇인지 알려주고, (5) 내용물의 이점을 설명하고, (6) 보증, 유의사항, 다른 소비자가 중요시하는 것에 대한 정보를 제공하고, (7) 가격, 가치, 사용에 대한 표시를 주어야 한다. 일괄판매(bundling)는 포장을 통해 둘 이상의 제품을 한 단위로 묶어 이 둘에 대해 하나의 가격을 부과하는 것을 의미한다.

학습목표 12-2 브랜드, 브랜드 이름, 상표를 대조하고 브랜드 자산의 개념에 대해 토론하시오.

- **브랜드, 브랜드명, 상표를 정의할 수 있는가?**
  브랜드(brand)는 한 판매자나 판매자 그룹의 제품이나 서비스를 확인해주고 이를 경쟁사의 제품이나 서비스와 구별해주는 이름, 상징 또는 디자인(또는 이들의 조합)을 말한다. 브랜드라는 말은 제품을 확인해주는 모든 수단을 포함한다. 브랜드명은 한 판매자의 제품과 서비스를 경쟁자의 것과 구별해주는 단어, 글자 또는 단어들과 글자들의 그룹으로 구성된다. 상표(trademark)는 브랜드명과 디자인 모두에 대해 독점적인 법적 보호를 받는 브랜드이다.

- **브랜드 자산이란 무엇이며 관리자는 어떻게 브랜드 연상을 만들어내는가?**
  브랜드 자산은 브랜드명과 관련된 상징의 가치이다. 브랜드 연상은 브랜드를 제품 사용자, 유명 인사 또는 지역과 같은 다른 호의적인 이미지와 연결시키는 것이다.

학습목표 12-3 제품수명주기를 설명하시오.

- **제품수명주기는 무엇인가?**
  제품수명주기는 시간에 따라 한 제품에 대한 매출과 이익에 어떤 변화가 있는지를 보여주는 이론적 모델이다.

- **제품수명주기의 네 단계들은 무엇인가?**
  제품수명주기의 네 단계는 도입, 성장, 성숙, 쇠퇴이다.

학습목표 12-4 다양한 가격 책정 목표와 전략을 확인하고 비가격 책정 전략의 중요성이 커지고 있는 이유를 설명한다.

- **가격책정의 목적은 무엇인가?**

  가격책정의 목적에는 목표 이익 달성, 고객 끌어모으기, 시장점유율 증대, 이미지 창출, 사회적 목적 충족이 포함된다.

- **손익분기점 분석이란 무엇인가?**

  손익분기점 분석은 여러 판매 수준에서의 수익성을 결정하기 위해 사용되는 프로세스이다. 손익분기점은 판매로부터의 수익과 모든 비용이 같게 되는 점이다.

$$\text{손익분기점(BEP)} = \frac{FC}{P-VC} = \frac{\text{20만 달러}}{\text{[4달러}-\text{2달러]}} = \frac{\text{20만 달러}}{\text{2달러}} = \text{10만 개}$$

- **제품의 가격을 정할 때 마케터는 어떤 전략을 사용할 수 있는가?**

  스키밍 가격전략(skimming price strategy)은 경쟁이 거의 없는 동안, 큰 이익을 얻기 위하여 제품 가격을 높게 책정하는 전략이다. 침투전략은 더 많은 소비자를 끌어들이고 경쟁자들이 단념하도록 가격을 낮게 책정하는 전략이다. 수요지향적 가격책정은 원가보다는 소비자 수요로 시작된다. 경쟁 지향적 가격책정은 모든 경쟁자의 가격을 기초로 한다. 가격 주도제는 모든 경쟁자들이 하나 이상의 지배기업의 가격책정을 따를 때 나타난다.

- **회사들은 왜 비가격 전략을 사용하는가?**

  가격책정은 모방하기 가장 쉬운 마케팅 전략 중 하나이다. 이는 종종 좋은 장기적인 경쟁 도구가 아니다.

학습목표 12-5 마케팅 채널의 개념과 중간상의 가치를 설명할 수 있다.

- **유통채널은 무엇인가?**

  유통채널은 생산자들로부터 소비자들까지의 경로(또는 채널)에서 상품 수송과 저장에 함께 참여하는 대리인, 중개인, 도매상, 소매상과 같은 중간상으로 구성되어 있다.

- **중간상은 어떻게 가치를 증가시키는가?**

  중간상은 수송, 저장, 판매, 광고, 관계 구축과 같은 마케팅 업무를 대부분의 생산자들보다 더 빠르고 저렴하게 수행한다. 유통채널은 의사소통과 상품에 대한 돈과 소유권의 흐름을 확실히 해준다. 유통채널은 또한 적절한 수량과 상품 구색이 필요한 시간과 장소에 확실히 있도록 해준다.

- **이러한 중간상의 활용 이면의 원칙들은 무엇인가?**

  중간상은 배제될 수 있지만 이들의 활동은 배제될 수 없다. 도매상들과 소매상들이 없으면 소비자들은 상품의 수송과 저장, 공급자 파악, 공급자들과의 의사소통과 같은 업무를 수행해야 한다. 중간상은 상품에 비용을 추가시키지만 이러한 비용은 대개 이들이 만들어내는 가치보다 작다.

학습목표 12-6 도매상과 소매상의 차이점을 논하고, 다양한 종류의 무점포 소매업에 대해 설명할 수 있다.

- **도매상은 무엇인가?**
  도매상은 최종 소비자가 아니라 조직들이나 개인들에게 판매하는 중간상이다.
- **소매상은 무엇인가?**
  소매상은 최종 소비자에게 판매하는 조직이다. 마케터들은 소매업에 근거한 여러가지 전략들을 개발한다.
- **마케터들이 사용하는 세 가지 유통 전략은 무엇인가?**
  마케터들은 세 가지 기본적인 유통 전략, 즉 개방적(가능한 한 많은 장소에 제품을 두는 것), 선택적(선택된 시장에 단지 몇 개의 상점을 선택하는 것), 전속적(각각의 시장 영역에서 단 하나의 상점만을 이용하는 것) 유통 전략을 사용한다.
- **무점포 소매의 몇몇 형태는 무엇인가?**
  무점포 소매에는 전자 소매, 텔레마케팅(전화 마케팅), 자판기, 무인단말기와 카트(쇼핑센터의 통로와 같은 편리한 장소에 상품을 두고 마케팅), 다이렉트 판매(소비자의 집이나 직장에서 소비자들에게 접근하여 마케팅), 다단계 마케팅(다른 판매사원을 모집하고 이들이 소비자들에게 직접 물건을 판매하도록 돕는 판매원 시스템을 마련하여 마케팅), 다이렉트 마케팅(다이렉트 메일과 카탈로그 판매)이 포함된다. 텔레마케팅과 온라인 마케팅 또한 다이렉트 마케팅의 형태이다.

학습목표 12-7 촉진(promotion)에 대한 정의와 촉진 믹스(promotion mix)를 구성하는 전통적 방법을 나열할 수 있다.

- **촉진은 무엇인가?**
  촉진은 마케터들에게 정보를 제공하고 타깃 시장에서 사람들에게 제품에 대하여 연상시켜 그들을 거래에 참여하도록 설득하는 것을 의미한다.
- **촉진 믹스의 전통적인 네 가지 구성 요소는 무엇인가?**
  전통적인 촉진 믹스의 4요소는 광고(advertising), 인적 판매(personal selling), 홍보(public relations), 판매 촉진(sales promotion)이다. 제품 그 자체도 촉진 수단이 될 수 있다. 이것이 그림 12.9의 한가운데에 제품이 들어간 이유이다.

학습목표 12-8 다양한 형태의 판매촉진의 효과를 평가할 수 있다.

- **판매 촉진 활동은 기업 내부와 외부에서 어떻게 활용되는가?**
  내부 판매 촉진(internal sales promotion)은 영업사원과 고객과 직접 접촉하는 종업원들에게 노력을 기울이는 것이다. 내부 판매 촉진 노력에는 세일즈 트레이닝, 판매 보조, 시청각 자료, 전시회 등이 있다. 외부 판매 촉진(external sales promotion: 고객에 대한 판촉)에는 샘플, 쿠폰, 센트 할인가, 진열, 상점 시연, 프리미엄 등 다른 인센티브 등을 사용하는 것이 포함된다.
- **오늘날 구전이 촉진에 어떻게 활용되는가?**
  구전의 목적은 가능한 한 많은 사람들이 회사의 메시지를 접하도록 하는 것이다.
  바이러스성 마케팅(Viral marketing)이란 인터넷에서 마케팅 메시지가 수많은 사람들에게 도달함으로써 메시지의 영향력을 기하급수적으로 증대시키는 사람들을 격려하는 모든 전략을 포함한다. 많은 바이러스성 마케팅 프로그램은 가치 있는 이메일 주소와 교환해서 제품이나 서비스를 무료로 준다.

- **제품촉진을 위해 마케터들이 사용할 수 있는 다른 촉진 수단은 무엇인가?**
  다른 촉진수단에는 블로깅, 팟캐스팅, 이메일 촉진, 그리고 모바일 마케팅이 있다.
- **주요 촉진 전략에는 어떠한 것들이 있는가?**
  푸시 전략에서는 제조업자가 광고(advertising), 인적판매(personal selling), 판매 촉진(sales promotion), 도매업자와 소매업자들이 상품을 저장해 놓고 판매할 만큼 확신을 줄 수 있는 다른 모든 촉진 도구들을 사용한다. 풀 전략에서는 대량 광고와 판매 촉진 노력이 소비자를 향해 있어서 소비자들이 소매업자에게 제품을 요청하도록 하는 데 초점을 맞춘다.

주요 용어

PPL 광고(product placement) 336
가격 주도제(price leadership) 325
가치(value) 316
개방적 유통(intensive distribution) 331
경쟁기반 가격책정(competition-based pricing) 325
고-저 가격책정 전략(high-low pricing strategy) 326
공급 사슬(또는 가치 사슬)(supply chain(or value chain)) 333
공중관계(public relations; PR) 339
광고(advertising) 335
구전(입소문)촉진(word-of-mouth promotion) 342
다이렉트 마케팅(direct marketing) 332
다이렉트 판매(direct selling) 332
대리인/중개인(agents/brokers) 327
도매상(wholesaler) 327
목표원가 설정(target costing) 325
바이러스성 마케팅(viral marketing) 342
변동비(variable cost) 325
변동비(variable cost) 325
브랜드 관리자(brand manager) 321
브랜드 인식(brand awareness) 321
브랜드 자산(brand equity) 321
브랜드 충성도(brand loyalty) 321
브랜드(brand) 320
상표(trademark) 321
샘플링(sampling) 342
선택적 유통(selective distribution) 331
소매상(retailer) 327
소셜 커머스(social commerce) 331
손익분기점 분석(break-even analysis) 325
스키밍 가격전략(skimming price strategy) 326
심리적 가격책정(psychological pricing) 326
온라인소매(online retailing) 331
유통채널(channel of distribution) 327
인적판매(personal selling) 339
일괄판매(bundling) 319
전속적 유통(exclusive distribution) 331
제품 차별화(product differentiation) 318
제품라인(product line) 317
제품믹스(product mix) 317
제품수명주기(product life cycle) 322
중간상(marketing intermediaries) 327
촉진 믹스(promotion mix) 334
총 고정비(total fixed cost) 325
총 제품제안(total product offer) 316
침투전략(penetration strategy) 326
텔레마케팅(telemarketing) 332
통합 마케팅 커뮤니케이션(integrated marketing communication; IMC) 334
판매 종결 시도(trial close) 339
판매촉진(sales promotion) 341
푸시 전략(push strategy) 343
풀 전략(pull strategy) 344
항시저가책정(Every Day Low Pricing; EDLP) 326
홍보(publicity) 340

사고력 문제

1. 어떤 가치증진 요소가 여러분이 다닐 학교 선택에 영향을 주었는가? 여러분은 규모, 장소, 수업료, 명성, WIFI 서비스, 도서관과 연구 서비스, 스포츠, 개설 과목을 고려했는가? 어떤 요소가 가장 중요했던가? 왜 그랬던가? 어떤 학교들이 여러분의 대안이었던가? 여러분은 왜 이들 학교들을 선택하지 않았던가?
2. 수시로 메뉴를 바꾸는 것보다 하비스트 골드의 제품제안을 증진시키기 위해 여러분은 무엇을 할 수 있는가? 어떤 가격책정이 맞을까?
3. 여러분은 오늘날 어떤 중간상이 가장 중요하다고 생각하며 그 이유는 무엇인가? 이 분야에서의 기업들에 어떤 변화가 일어나고 있는가? 만약 중간상이 없어지면, 생산자에 대한 재무 수익은 올라갈 것인가 아니면 내려갈 것인가? 왜 그런가?
4. 미래에 하나의 부족품은 물일 것이다. 만일 여러분이 물이 풍부한 장소에서 식수, 농업용수, 세일가스 시추와 같은 다른 용도로 물을 필요로 하는 장소에 갖다 주는 값싼 방법을 생각할 수 있다면 여러분은 부유한 중간상이 될 수 있다. 파이프라인이 대안일 수 있지만, 물을 얼려서 기차나 트럭으로 운반할 수도 있다. 더 따뜻한 기후지역으로 빙산을 예인하기 위해 배를 이용할 수 있는가? 물을 운반할 수 있는 다른 어떤 방법들이 있는가?
5. 기업과 잠재고객 사이의 상호 의사소통 가능성이 훨씬 더 증가하고 있는 요즘, 여러분은 전통적인 광고의 중요성이 증가할 것이라고 생각하는가, 감소할 것이라고 생각하는가? 우리 소비자들이 TV프로그램, 신문, 잡지에 지불해야 하는 비용(만약 비용이 있다면)에는 어떠한 영향을 미칠 것인가?

원리를 실제로 적용해 보기

목적

소비자가 인터넷을 사용하여 다양한 상품을 쇼핑하는 방법을 평가한다.

연습

샵봇은 여러분이 필요한 물건의 가장 좋은 가격을 찾기 위한 웹사이트이다. 어떤 샵봇도 인터넷 전체를 검색하지 않기 때문에, 최고의 가격을 얻기 위해서는 한 개 이상을 사용하는 것이 좋다. 게다가, 모든 샵봇이 배송과 취급 비용을 견적하는 것은 아니다. 여러분이 새로운 헤드셋을 사고 싶어하고 Beats에 투자하는 것을 고려하고 있다고 상상해 보라. 여기 이용해 볼 수 있는 쇼핑봇들이 있다: mySimon.com, PriceGrabber.com, PriceGrabber.com, Shopping.com, 그리고 Shopzilla.com

1. 어떤 샵봇이 가장 많은 상품과 정보를 제공하는가? 소비자 리뷰가 얼마나 도움이 되는가? 제품 설명인가?
2. 어떤 샵봇이 가장 사용하기 편한가? 제일 어려운가? 왜 그런가?
3. 인터넷에서 찾은 가격 중 일부를 적어 놓고 월마트나 타깃과 같은 지역 상점에 가서 가격을 비교하시오. 출처(온라인 또는 실물) 중 하나가 지속적으로 최상의 가격을 제공하는가?
4. 인터넷 쇼핑을 상점에서 쇼핑하는 것과 비교하시오. 각각의 장점과 단점은 무엇인가? 토탈 오퍼가 가장 좋은 제품은 어느 것인가?

직업기술 개발하기

핵심: ● 팀 ★ 분석 ▲ 의사소통 ▣ 기술

★ ▲ 1. 교실안을 둘러보면서 학생들이 신고 있는 다양한 종류의 신발을 주목해보자. 그들이 신발을 선택할 때 어떤 제품 품질을 그들은 찾고 있었던가? 가격, 스타일, 브랜드명, 색상이 얼마나 중요했던가? 대학생들 마음에 들도록 디자인된 새로운 신발가게에서 여러분이 특징으로 하고 싶은 제품제안을 설명해보라.

★ 2. 옷, 우유, 컴퓨터, 이발, 렌트카 같은 제품을 구매할 때 가격이 여러분에게 얼마나 중요한가? 있다면 어떤 비가격 요인들이 가격보다 더 중요한가? 이러한 구매를 할 때 가격 외의 요인들을 평가하는 데 여러분은 얼마나 많은 시간을 보내는가?

★ 3. 오프라인 매장과 온라인에서 상품을 사고 파는 이점을 비교해보자. 상점은 어떠한 이점을 지니고 있는가? 교실에서 누군가가 온라인으로 무언가를 판매하려고 시도해보았는가? 이 제품을 어떻게 운송했는가?

★ ▲ 4. 많은 학생들이 판매직에 종사하는 것을 부끄럽게 여기고, 종종 영업사원들을 부정직하거나, 너무 밀어붙이거나, 사교성이 충분하지 않다고 생각한다. 영업사원들과의 경험과 판매직을 경력으로서 어떻게 생각하는지에 대하여 논하는 한 페이지의 발표자료를 준비하라.

★ ▲ ● 5. 작은 그룹을 만들어서 또는 개별적으로 대부분의 학생들이 소유하고 있거나 사용하고 있는 5개 제품(제품이나 서비스)의 리스트를 만들고 어떠한 촉진기법(광고, 인적판매, 언론홍보, 판매촉진, 구전)이 여러분이 이러한 제품과 서비스를 구매하도록 만들었는지에 대하여 토론해보자. 어떠한 기법이 여러분에게 가장 효과적인가? 그 이유가 무엇이라고 생각하는가?

직업 탐색

만약 여러분이 제품 개발 분야와 관련된 직업에 관심이 있다면, 고려해볼 만한 몇 가지 직업들이 아래에 나타나 있다. 이러한 직업들의 업무, 필요한 지식과 기술, 급여수준, 미래전망 등에 관해서는 bls.gov 웹사이트의 Occupational Outlook Handbook을 살펴보라.

- **비용 산정인** – 제품 제조에 필요한 시간, 비용, 재료 및 노동력을 추정하기 위해 데이터를 수집하고 분석한다.
- **물류 전문가** – 제품의 획득, 배포, 할당 및 배송 방법을 포함하여 조직의 공급망을 분석하고 조정한다.
- **도매 및 제조 판매 담당자** – 도매상 또는 제조업체를 위한 상품을 기업, 정부 기관 및 기타 단체에 판매한다.
- **광고판매 대리인** – 기업과 개인에게 광고 공간을 판매하고, 잠재 고객에게 연락하고, 판매 프레젠테이션을 하고, 고객 계정을 유지한다.
- **홍보 전문가** – 그들이 대표하는 조직에 대해 호의적인 대중 이미지를 만들고 유지하며, 조직에 대한 대중의 인식을 형성하고 조직의 업무와 목표에 대한 인식을 높이기 위해 미디어 보도를 설계한다.

비디오 사례 1

도미노는 세계에서 두 번째로 큰 피자 체인점이다. 오늘날, 그 회사는 오하이오주의 콜럼버스부터 인도의 봄베이까지 모든 곳의 배고픈 고객들에게 뜨거운 피자를 배달한다. 도미노는 소비자를 경청해서, 편리하고 고객의 시간을 절약하며 온 가족이 즐길 수 있는 식사를 제공하는 가치 제안을 만들어 경쟁 피자 시장에서 명성을 높였다. 새로운 제품과 서비스를 개발하는 것이 사업의 핵심이다. 그것이 도미노가 다이어트, 음식, 그리고 기술의 트렌드를 주의 깊게 보는 이유이다. 포커스 그룹을 사용함으로써, 그 회사는 피자 토핑, 샌드위치, 그리고 에피타이저에서 고객들이 좋아하는 것과 싫어하는 것을 배운다. 경쟁사들이 무엇을 하는지 주시하는 것도 잊지 않는다.

도미노가 샐러드를 메뉴에 추가하기로 결정했을 때, 이것은 도전적인 확장이 될 것이라는 것을 깨달았다. 그 회사는 샐러드를 추가하기 전에 몇 가지 질문에 대답해야 했다. 회사매장에서 샐러드를 만들어야 할지, 아니면 이 업무를 처리할 샐러드 사업 경험이 있는 파트너를 찾아야 할지가 핵심 쟁점이었다. 도미노 피자는 샐러드 시장에서 확고한 명성을 갖고 있는 레디팩푸드(Ready Pac Foods)를 파트너로 찾았다. 그 회사는 다음에 어떤 종류의 샐러드가 도미노 메뉴의 일부가 될 것인지를 결정해야 했다. 오랜 맛 테스트와 포커스 그룹들의 연구 끝에, 그 회사는 Classic Garden, Chicken Caesar, 그리고 Chicken Apple Pecan의 세 가지 변형을 결정했다.

도미노는 신제품을 선보일 때마다 조심스럽게 시장에 천천히 신제품을 선보인다. 이 회사는 미 전역을 크게 세분화(대도시, 작은 마을, 북쪽, 남쪽 등)해서 3,000개의 매장 중 약 5분의 1에 샐러드 제품을 선보였다. 어느 신제품이건 일반적으로 마케팅이 성공의 열쇠이다. 도미노의 광범위한 광고, 소셜 미디어 및 상점 내 프로모션은 선택된 테스트 시장에 제품을 도입하여 새로운 메뉴 확장에 대한 소비자의 인식을 높이는 데 도움이 되었다. 테스트 시장에서 신제품을 받아들이는 것은 회사가 완전히 상용화하려는 결정을 내리기 전에 매우 중요하다. 때때로, 도미노는 상품과 서비스에 대한 고객의 의견에 놀랐다. 예를 들어, 많은 고객들은 그들의 결혼식 날 도미노가 그들에게 얼마나 중요한지 회사에 말했다. 도미노는 이 피드백을 사용하여 도미노 웨딩 레지스트리를 작성한다. 그 회사는 신부, 신랑, 그리고 물론 피자의 매력적인 사진을 포함한 완전한 마케팅 캠페인을 하고 있다.

고객은 제품에서 기대하는 효익과 그 재화를 수령하는 원가를 비교하여 제품의 가치를 인식한다. 오늘날과 같이 경쟁이 치열한 시장에서 성공을 거두기 위해서는 고객의 의견에 귀 기울이는 것이 중요하다. 도미노는 항상 신제품에 관한 고객의 제안을 기꺼이 듣지만, 모든 제품 혁신이 시장에서 성공하지는 않을 것이라는 것을 알고 있다. 실제로 이 회사는 신제품을 평가할 때 "실패는 옵션"이라는 기준에 따라 생활하고 있다. 모든 성공적인 기업과 마찬가지로, 고객의 변화하는 요구에 맞는 제품을 제공하는 것이 장기적인 성장과 성공을 향한 길이라는 것을 도미노는 잘 알고 있다.

다시 생각해 보기

1. 도미노 피자는 소비재 중 무엇으로 분류하는가? 어떤 소매 유통 전략이 도미노에 가장 적합한가? 그 이유는?
2. 신제품 개발 과정에는 어떤 단계가 있는가?
3. 오늘날 샐러드는 제품 수명 주기의 어느 단계인가? 왜 그런가? 도미노가 샐러드로 확장한 것은 현명한 결정일까?

비디오 사례 2

촉진에 지치다

1999년, 닉 스윈먼은 어느 신발 가게에서도 원하는 신발을 찾을 수 없었을 때, 그는 다음 단계가 온라인에서 검색하는 것이라고 생각했다. 놀랍게도, 그는 신발 판매를 전문으로 하는 주요 온라인 소매점이 없다는 것을 발견했다. 이전의 많은 성공한 기업가들처럼 그도 기회를 보았고 Zappos.com이 탄생했다. 온라인으로 신발을 산다는 생각은 분명 어려웠지만, 그 회사는 무료 배송을 제공했던 최초의 온라인 소매업체가 됨으로써 성공을 거두었다. 다행히도, 스윈먼은 이러한 배송 혜택을 제공하는 최초의 온라인 소매업체가 장기적인 성공을 보장하는 것은 아니라는 것을 알고 있었다. 그는 혁신적이고 고객 서비스에 뛰어난 기업문화를 만드는 것이 필수적이라는 것을 알고 있었다.

그는 또한 회사의 많은 초기 고객들이 웹사이트에 걸려 우연히 회사를 찾았다는 것을 알고 있었다. 고객 기반을 구축하기 위해 주로 입소문에 의존했다. 입소문이 매우 효과적인 홍보형태이지만, 회사는 효과적인 추가 촉진수단을 확대하고 개발해야 한다는 것을 깨달았다. Zappos.com은 성장함에 따라 광고, 소셜 미디어, 홍보, 판매 프로모션, 그리고 인적판매를 포함하도록 촉진믹스를 확장했다.

Zappos.com의 광고 메시지는 일반적으로 절제되었으며 전통적인 인쇄물이나 방송광고를 포함하지 않는다. 대신 회사 제품을 강조하기 위해 흥미로운 사진과 비디오 콘텐츠를 사용하여 소셜 미디어 광고를 광범위하게 활용한다. 이 회사는 또한 고객들에게 특별한 프로모션, 판매, 그리고 특별 이벤트와 관련하여 무슨 일이 일어나고 있는지 알리기 위해 소셜 미디어를 사용한다. Zappos.com은 또한 사이트와의 연관성에 기초하여 소비자를 개인적인 목표로 하는 흥미기반 광고라고 부르는 것을 사용한다.

PR활동에는 행사, 스폰서 등등 개인적인 참여가 포함되어 있어 회사에서 제공되는 제품과 서비스에 대한 인식을 높일 수 있다. PR은 회사의 이미지를 개선하고 새로운 고객을 유치할 뿐만 아니라 현재 고객과 연결 상태를 유지하도록 지원한다. 예를 들어, 뉴욕의 JFK 공항에서 JetBlue Airways와 파트너십을 맺고 수화물 벨트를 보드게임으로 바꾸었다. 벨트의 특정 사각형에 착지한 승객 가방은 신발, 배낭, 여행과 같은 상품을 받았다. 회사는 항상 바쁘고 답답한 여행의 날에 여행자들에게 작은 즐거움을 주기 위해 노력했다.

이 회사가 채용하고 있는 새로운 홍보 기법은 Zappos 로열티 프로그램이다. 로열티 프로그램은 고객에게 자신의 가치를 회사에 전달하는 광범위한 판매촉진 노력의 일환이다. 4단계 로열티 프로그램은 고객이 현장에서 쇼핑을 할 수 있는 포인트를 주며 독점 상품과 할인에 대한 접근성을 제공한다. 또한 모든 주문에 대해 무료 신속 배송을 제공한다. 또한, 특별한 쿠폰 코드를 사용하여 쿠폰과 할인 혜택을 혁신적인 방법으로 활용한다. 경품도 판매촉진 노력의 일환이다.

Zappos.com은 전통적인 방식으로 인적판매를 사용하지 않는다. 그러나 라스베이거스에 고객 만족 교육을 받은 직원 500명을 고용하는 콜센터를 운영하고 있다. 콜센터 팀원들은 고객과 소통할 때 고정된 스크립트를 사용하지 않는다. 대신 소비자와 허심탄회하게 대화를 나누며 고객 만족을 위해 최선을 다하는 것으로 알려져 있다. 토탈 고객 서비스는 Zappos.com 회사 문화 및 마케팅 계획의 필수적인 부분이다. 그것은 그 회사가 누리고 있는 강력하고 호의적인 입소문의 주요한 촉진제였다. 그리고 오늘날 소셜 미디어가 주도하는 세계에서는 신뢰할 수 있는 입소문 추천이 가장 중요한 홍보 유형일 수 있다.

오늘날, Zappos.com 문화는 그 자체로 홍보 수단이 되었다. 이 회사가 고객들을 만족시키기 위해 얼마나 멀리 가려는 지에 대한 이야기는 온라인 커머스 세계에서 전례가 없는 것이 되었다. 회사의 기업문화와 세심하게 관리되는 홍보 프로그램은 Zappos.com이 오랫동안 "만족하는 정보(shoes that fits)"를 제공할 것을 약속한다.

다시 생각해 보기

1. 홍보와 광고의 차이점은 무엇입니까?
2. 로열티 프로그램과 같은 판매 프로모션 활동이 고객 지원을 지속하는 데 어떻게 도움이 되는가?
3. 소셜 미디어 플랫폼은 Zappos의 홍보 요소가 혼합되면서 성장할 것 같은가, 감소할 것 같은가? 그 이유는 무엇인가?

비디오 사례 3

Tuft & Needle

인터넷은 일상생활과 사업에 엄청난 영향을 끼쳤다. DTC(Direct-to-Consumer) 비즈니스는 말 그대로 인터넷 시대에 폭발적으로 성장하며 전통적인 유통 채널에 큰 변화를 일으켰다. 인터넷에 의해 만들어진 효율성으로 인해 DTC 회사들은 거의 모든 산업에서 중개자의 사용을 줄이거나 우회할 수 있었다. 도매업자, 소매업자, 중개업자, 대리점과 같은 중간상들은 생산자들이 그들의 제품을 가장 효율적으로 소비자들에게 제공하기 위해 의존하는 마케팅 효용을 만드는 책임이 있다. 이러한 중간상들을 제거함으로써 DTC 기업은 보통 중간상들이 처리하는 효용기능을 맡는 방법을 파악할 필요가 있었다.

인터넷은 하루 중 거의 모든 시간에 제품을 구매할 수 있게 함으로써 시간효용을 제공한다. 그러나 일부 효용은 기업들이 수행하기가 매우 어렵다. 물류(자재와 상품을 한 장소에서 다른 장소로 계획하고 옮기는 것)는 종종 DTC 사업이 스스로 맡아야 하는 기능이다. 매트리스 회사인 Tuft & Needle은 매트리스 산업에 혁명을 일으키려고 시도하던 2012년에 이것을 알아냈다.

JT Marino와 박대희는 소프트웨어 엔지니어로서의 실리콘 밸리 직업을 그만두고 그들 만의 사업을 시작하기로 결정했다. 마리노가 매트리스를 구입할 때 나쁜 경험을 한 후, 그와 박씨는 그들이 이 문제를 해결할 수 있다고 느꼈다. 불행하게도, 그들은 매트리스 산업이 근본적으로 새로운 스타트업에게 폐쇄된 네트워크라는 것을 알게 되었다. 마침내, 그들은 그들에게 전문적인 매트리스를 생산해 주기로 한 작은 제조업체를 발견했다. 그들이 사업을 시작했을 때, Tuft & Needle은 주문과 결제를 받고 나서 매트리스를 만들어 고객들에게 배송했다. 사업이 성장함에 따라 그 회사는 재고를 유지할 수 있는 충분한 현금을 보유하게 되었다. 이 회사는 또한 제품과 관련된 폼 유틸리티를 개선하기를 원했다. Tuft & Needle은 매트리스에 맞는 폼을 직접 설계한 후 공장으로 직접 배송하는 방식으로 이 작업을 수행했다. 이를 통해 매트리스 제작자의 역할과 비용이 절감되었다.

다이렉트 마케터로서 Tuft & Needle은 고객에게 가능한 한 최고의 효용을 제공해야 한다는 것을 깨달았다. 이 회사는 우수한 고객 서비스, 빠른 배송, 무료 반품이라는 세 가지 핵심 카테고리에 목표를 집중했다. 그 회사는 훌륭한 정보 효용을 제공하기 위해 훌륭한 웹사이트가 필요하다는 것을 알고 있었다. Tuft & Needle은 전용 지원 페이지, 라이브 채팅, 유튜브 채널, 고객 서비스 라인을 구축했다. 물건이 빨리 도착하도록 하기 위해 페덱스를 통해 배송이 처리되었다. 무상반환 정책은 페덱스가 매트리스 반송료로 600달러 이상을 청구한 이후 무상반환 정책은 어려움에 처하게 되었으나, 회사는 고객들이 반품 매트리스를 자선단체에 기부하도록 결정했다.

Tuft & Needle은 고객들에게 훌륭한 서비스 효용을 제공했지만, 회사는 많은 고객들이 매트리스를 사기 전에 테스트해 보고 싶어한다는 것을 발견했다. Tuft & Needle은 지난 2016년 첫 번째 소매점을 열었고 현재 전국 6개 매장으로 확장했다. 로우스, 월마트, 크레이트 앤배럴 등 주요 유통업체와도 협약을 맺고 고객이 직접 제품을 사용해볼 수 있도록 했다. 아마존에서도 매트리스를 판매하기로 한 결정했다. 이 결정은 주로 회사가 제품과 서비스에 대해 고객들로부터 리뷰를 받을 수 있기에 내려졌다. 오늘날, 회사가 받은 8,000개가 넘는 리뷰 중 75%가 별 5개짜리 리뷰로, 가장 높은 평점을 받았다.

소비자들이 온라인으로 이동해 더 많은 제품을 계속 구매함에 따라, 더 많은 업체들이 DTC로 노력을 돌릴 것이다. 중간상의 역할은 소비자에게 수용할 수 있는 가격으로 그들이 기대하는 효용을 제공하기 위해 변화하고 발전할 것이다.

다시 생각해 보기

1. DTC(Direct-to-Consumer) 기업의 성장으로 가장 위협받는 중간상은 무엇인가?
2. 여러분이 DTC 회사에서 구매하는 제품은 무엇인가? DTC 회사에서 구매하지 않을 제품은 무엇인가?
3. 아마존과 같은 회사로부터 매우 호의적인 고객 평가를 받는 회사의 가치는 무엇인가?

참조

1. Alex Gold, "How Rapid 'Testing and Learning' during Product Development Saves Time and Money," Entrepreneur, February 26, 2019.
2. Anna Schaverien, "How Retailers Can Adapt to A.I. and the Future of Shopping," Forbes, March 18, 2019; Penelope Ody, "Adapting to a Changing Customer Base," Internet Retailing, internetretailing.net, March 5, 2019.
3. Debra Kelly, "Big Changes You Didn't Know These Fast Food Restaurants Are Making," Mashed, mashed.com, accessed October 2019.
4. Sara Staffaroni, "Customer Voice Is More Important Than Ever—Here's Why," Business 2 Community, March 27, 2019.
5. Jay Greene, "Amazon Tests Pop-Up Feature Touting Its Lower-Priced Products," The Wall Street Journal, March 15, 2019.
6. Gina Acosta, "Kroger's New Differentiation Strategy," Store Brands, storebrands.com, March 5, 2019.
7. Emma Sandler, "Icelandair's New Program Allows You to Immerse Yourself in Iceland," Forbes, January 9, 2018; Icelandair, icelandair.com, accessed December 2019.
8. "The World's Most Valuable Brands," Forbes, accessed October 2019.
9. Michael Houlihan and Bonnie Harvey, "It's Official: Customers Prefer Sustainable Companies," Entrepreneur, December 1, 2018; Eillie Anzilotti, "The Most Exciting Corporate Sustainability Moves of 2018," Fast Company, January 1, 2019.

10. Ian Chipman, "The Power of Brands, Conscious and Unconscious," Knowable Magazine, knowablemagazine. org, February 2, 2019.
11. Lisa Richwine, "Iconic Barbie Doll Celebrates 60 Years of Evolution," Reuters, reuters.com, March 8, 2019; Gabrielle Sorto, "Mattel Unveils Its New Career Doll: Judge Barbie," CNN, cnn.com, October 8, 2019.
12. Bryan Barnett-Woods, "Adjusting the Price of Parking Based on Demand Has Many Benefits, a Chinatown Study Shows," Greater Greater Washington, March 7, 2019; Will Robinson, "JEA to Roll Out Rate-Changing Pilot Program," Jacksonville Business Journal, March 26, 2019.
13. Russell Redman, "Food Retailers Size Up the Competition," Supermarket News, supermarketnews.com, October 10, 2018; Jim Chappelow, "Competitive Pricing," Investopedia, investopedia.com, July 25, 2019.
14. Aviel Brown, "Wendy's Margins Get Squeezed as Fast-Food Price War Continues," Bloomberg, February 21, 2019.
15. Tim Smith, "The Pricing Function: Simple Questions with Complex Answers," Atlanta Business Chronicle, bizjournals.com, March 13, 2019.
16. Martha C. White, "What's the Cheapest Place to Buy Groceries Online? We Compare Amazon, Walmart, Peapod, and FreshDirect," Money, money.com, February 21, 2019.
17. Dan San, "7 Steps to Take before Distributing Your Product Internationally," Forbes, May 16, 2018; Alex Abdelnour, Amna Hussein, Nick Malik, Steve Reis, et al., "The Coming Shakedown in Industrial Distribution," McKinsey & Company, mckinsey.com, May 2019.
18. Patrick Burnson, "Shippers No Longer Reactive When It Comes to Reverse Logistics," Logistics Management, March 7, 2019.
19. Larry Myler, "Retailers Beware: More Companies Now Selling Direct," Forbes, May 18, 2018; Adam C. Uzialko, "What Is B2B?," Business News Daily, businessnewsdaily. com, June 26, 2019.
20. U.S. Census Bureau, "Monthly Wholesale Trade: Sales and Inventories," census. gov, accessed October 2019.
21. National Retail Federation, nrf.com, accessed October 2019.
22. Gina Acosta, "How Malls Can Attract More Shoppers," Retail Leader, retailleader.com, June 21, 2018; Geri Stengel, "6 Ways Retailers Are Thriving in Malls," Forbes, February 21, 2018; Greg Petro, "Shopping Malls Aren't Dying—They're Evolving," Forbes, forbes.com, April 5, 2019.
23. eith Ryu, "What Retailers Can Learn from the Amazon vs. Walmart Tech War," Retail TouchPoints, retailtouchpoints. com, March 25, 2019; Anna Schaverien, "Five Reasons Why Amazon Is Moving into Bricks-and-Mortar Retail," Forbes, December 29, 2018; Adam Levy, "Amazon Doesn't Dominate Online Retail as Much as We Thought," The Motley Fool, fool.com, June 17, 2019.
24. U.S. Census Bureau, census.gov, accessed October 2019.

25. "Gold to Go Vending Machines," Gold Bars Worldwide, goldbarsworldwide.com, accessed October 2019.
26. Jason Albanese, "This Is the Reason Every Brand Is Launching a Pop-Up Store," Inc., December 27, 2018; Hema Parmar, Justina Vasquez, and Lily Katz, "Amazon, Lego, Wayfair Join the Pop-Up Store Boom," Bloomberg, December 21, 2018; Jia Wertz, "Pop-Up Shops and Small-Format Stores Are Changing the Retail Landscape," Forbes, forbes.com, July 31, 2019.
27. Brian Handly, "3 Key Components of Mobile Audience Marketing," Marketing Land, March 22, 2019.
28. Laura Lake, "Why Integrated Marketing Communications Matters," The Balance Small Business, thebalancesmb. com, May 31, 2019.
29. Giselle Abramovich, "Experts Weigh In on the Future of Advertising," CMO, September 19, 2018: Rob Starr, "15 Examples of Great Integrated Marketing Campaigns," Small Business Trends, smallbiztrends.com, August 12, 2019.
30. "Global Advertising Spending," Statista, statista.com, accessed October 2019.
31. Stephanie Theisen, "Radio Is Still the Top Medium for Advertising Effectiveness," Leighton Broadcasting, January 25, 2019.
32. David Oragui, "The Success of Starbucks App: A Case Study," The Manifest, June 12, 2018: Jennifer Sokolowsky, "Starbucks Turns to Technology to Brew Up a More Personal Connection with Its Customers," Microsoft, microsoft.com, May 6, 2019.
33. Jennifer Calfas, "Here's How Much It Costs to Buy a Commercial during Super Bowl 2019," Money, February 3, 2019.
34. Jeanine Poggi, "Here's How Much It Costs to Advertise in TV's Biggest Shows," Advertising Age, October 2, 2018; Jeanine Poggi, "TV's Most Expensive Commercials for the 2019-'20 Season," Ad Age, adage.com, October 7, 2019.
35. Pew Research Center, pewresearch.org, June 12, 2019.
36. Aja Dandridge, "10 Supercharged Cars from Marvel Movies That Rival the Batmobile,'" Hot Cars, hotcars.com, January 1, 2019; "From Iron Man to Endgame: The Cars of Tony Stark," The News Wheel, thenewswheel.com, April 25, 2019.
37. Sapna Maheshwari, "Following the Trail of Online Ads, Wherever It Leads," The New York Times, April 18, 2018; Michelle Castillo, "Here's How Facebook Ad Tracking and Targeting Works," CNBC, March 19, 2018; Kim Komando, "How to Stop Your Smartphone from Tracking Your Every Move, Sharing Data and Sending Ads," USA Today, February 14, 2019.
38. urt Wagner, "Digital Advertising in the US Is Finally Bigger Than Print and Television," Vox, vox.com, February 20, 2019; Robert Williams, "Study: Mobile App Spending to Double to $156B by 2023," Mobile Marketer, mobilemarketer.com, March 29, 2019.
39. Jessica Tran, "Why Taco Bell Is Winning on Social Media: Let's Taco 'bout Their

Strategy," Medium, medium. com, April 18, 2018; Alex York, "Best Times to Post on Social Media: 2018 Industry Research," Sprout Social, sproutsocial.com, March 18, 2018; Hitesh Bhasin, "Marketing Strategy of Taco Bell," Marketing91, marketing91.com, May 29, 2019.

40. Diana Bradley, "Inside McDonald's New Approach to Communications," PRWeek, prweek.com, April 13, 2018; "How McDonald's Uses Sprinklr Smart Alerts for Crisis Management and Research," Sprinklr, sprinklr.com, October 11, 2019.
41. Ryan Robinson, "Five Ways Sales Has Changed in Recent Years (and How to Adapt)," Forbes, March 13, 2019.
42. Anne Gherini, "The Most Effective Way to Sell, according to Research," Inc., January 25, 2018; Kiely Kuligowski, "Hey, Neighbor: Why You Should Be Greeting Your In-Store Customers," Business Daily News, businessdailynews.com, May 20, 2019.
43. Gaby Del Valle, "Boeing Is in the Middle of a Safety- Related PR Nightmare. Can It Recover?," Vox, vox.com, March 27, 2019; Ian Griggs and Rob McKinlay, "The Eight Biggest PR Stories of 2018," PRWeek, prweek.com, December 18, 2018: David Gelles, "Boeing 737 Max: The Latest on the Deadly Crashes and the Fallout," The New York Times, nytimes.com, October 11, 2019.
44. "Effective PR Helps Raise Awareness, Says Sarvesh Kumar Tiwari," The Economic Times, June 14, 2018; Brainy Quote, brainyquote.com, accessed December 2019.
45. Joseph Myers, "We Finally Have Some Hard Data on How Ballpark Promotions Affect Attendance," Promo Marketing, promomarketing.com, March 29, 2019.
46. Luis Sanchez, "How Eventbrite Benefits by Giving Away Its Product for Free," The Motley Fool, fool.com, March 28, 2019.
47. Michael Brito, "Participation Marketing: Connecting Internal and External Audiences," Businesses Grow, businessesgrow.com, March 20, 2018.
48. Rebecca Thacker, "Let's Talk: Word of Mouth," Dynamic Business, March 6, 2019; "How to Get Your Customers to Recommend Your Brand to Others," QuickSprout, February 28, 2018; Alyssa Gregory, "5 Ways to Maximize Word of Mouth Marketing," The Balance Small Business, thebalancesmb, January 25, 2019.
49. Robert Glazer, "How to Make Your Marketing Video Go Viral in 3 Steps," Inc., February 14, 2019; Jacob L. H. Jones, Matthew Gillespie, and Kelsey Libert, "Can Biometrics Predict a Viral Marketing Campaign?," The Harvard Business Review, January 10, 2019.
50. Brent Barnhart, "How to Build Your Social Media Marketing Strategy for 2019," Sprout Social, sproutsocial. com, January 30, 2019; Jayson DeMers, "7 Hard Truths about Social Media Marketing," Forbes, May 4, 2018; Andrew Hutchinson, "21 Secrets to Social Media Marketing for Small Business," Social

Media Today, socialmediatoday.com, March 28, 2019.
51. Dan Gingiss, "How Connecting with Customers Became the Unofficial Theme of Social Media Marketing World 2019," Social Media Today, socialmediatoday.com, March 27, 2019.
52. Adrian Fisher, "How to Apply Social Selling to a Social Media Marketing Campaign," Forbes, March 14, 2019.

PART 6
기업 정보 관리

13 정보관리에 있어서의 기술의 활용

학 습 목 표 » 이 장을 학습한 후에 여러분은 다음에 답할 수 있어야 한다.

13-1 비즈니스 기술의 변화 역할에 대해 기술할 수 있다.

13-2 비즈니스 정보의 유형을 나열하고 유용한 정보의 특성을 기술하고 데이터의 저장과 분석 방법을 논의할 수 있다.

13-3 인터넷, 인트라넷, 엑스트라넷과 가상 사설 네트워크의 범위를 비교하고 브로드밴드 기술이 웹 2.0과 3.0의 진화를 가능하게 한 방법을 설명할 수 있다.

13-4 가상 네트워킹을 설명하고 클라우드 컴퓨팅에 대한 장점과 단점을 논의할 수 있다.

13-5 정보기술에 의해 영향을 받는 인적 자원, 보안, 프라이버시 그리고 안정성 이슈를 평가할 수 있다.

Google의 최고투자책임자(CIO) 벤 프라이드(Ben Fried)에 대해 알아보자

1990년대 후반 설립된 이래 구글은 인터넷 상에서 사람들이 소통하고 정보를 관리하는 방식을 변화시킬 목표를 가지고 있다. 이 거대한 검색 기업이 해마다 벌어들인 수십억 달러로 볼 때 이 기업은 미션을 성공적으로 수행하고 있다고 볼 수 있다. 혁신에 대한 표준을 설정하는 것은 쉬운 일이 아니다. 소비자가 사용할 최신의 온라인 도구를 개발하기 위해 구글은 자사의 종업원들이 가장 혁신적인 절차와 그들의 일을 위해 필요한 가장 최신 기술을 갖도록 해 주어야 한다.

이를 위해 최고정보책임자(CIO)인 벤 프라이드가 영입되었다. 최고정보책임자로서 그의 일은 회사의 목표를 달성하기 위해 정보기술과 데이터를 사용하는 방법을 관리하는 것이다. 그는 임원으로서의 자신의 일을 엄격한 관리가 아니라 오히려 종업원에 대한 권한 부여로 생각하고 있다. "나의 조직의 철학은 세계를 선도하는 기술로 종업원들에게 권한을 부여하는 것이다"라고 말한다. "중요한 것은 우리는 우리의 역할을 권한위임으로 여겼던 것이지, 규칙을 제정하여 그들을 통제하고 지시를 내리는 것으로 보지 않았다. 우리는 우리의 역할을 그들이 그들의 일을 더 잘 할 수 있도록 도와주는 IT부서로 정의한다."

그가 역사상 가장 기술 첨단적인 조직들 중의 하나에서 IT의 수장을 맡기 전에 그는 컬럼비아 대학을 졸업하였고 거기서 여러 해 연구자로서 일을 했다. 최고 컴퓨터 엔지니어로서 그는 세계를 선도하는 몇몇 과학연구소를 위해 소프트웨어 프로그램을 개발하였다. 그의 가장 뛰어난 업적들 중의 하나에는 나사의 궤도 망원경을 위한 미션 일정관리 시스템을 설계한 것이 포함되어 있다. 그는 이후 학계를 떠나 투자은행인 모건 스탠리의 기술 부서로 옮겼다. 여기서 13년 동안, 전자상거래, 시장데이터의 조직, 컴퓨터 프로그래밍, 이메일 관리, 비디오 컨퍼런스, 종업원 생산성과 같은 필수적인 IT 업무를 감독하였다.

2008년에 그는 구글에 CIO로 이직하여 가장 큰 도전을 맞이하였다. 회사의 종업원들은 기술 자체에 대해 이미 많이 알고 있었다. 자신감과 이러한 전문가 동료들의 존경을 얻기 위해 그는 자신의 IT 부서의 사람들을 자신만큼 알고 있고 열정이 있는 사람들로 충원해야 한다는 것을 알았다. "여러분이 기술을 전하는 사람들이 기술 전문가들이고... 그날의 인상 즉 IT에서 얻는 첫 인상을 확실히 하는 것이 정말 중요하다"라고 그는 말했다. 이를 달성하기 위해 여러분은 일반 종업원들보다 기술과 그 사용방법에 대해 더 잘 알고 있는 IT 전문 종업원들을 고용해야 한다.

그가 구글로 이직한 이유 중 하나는 종업원들이 자신들에게 가장 잘 맞는 방식으로 기술을 사용할 자유를 주는 구글의 정책이었다. 실제로 구글 종업원들은 자신들 시간의 20%나 되는 부분을 열정 프로젝트에 사용할 수 있다. 그렇지만 CIO로서 그는 사람들이 규칙을 따를 수 있도록 해야만 했다. 예를 들면 구글과 같은 거대한 비즈니스는 많은 보안 조치를 필요로 한다. 그래서 IT 부서는 종업원들이 자신이 원하는 장비로 자유롭게 작업을 하도록 허용해주면서 동시에 보안 규정은 엄격하게 지키게 할 필요가 있었다. 구글에는 수십만 명의 종업원들이 있기 때문에 비즈니스의 이러한 규정을 관리하는 것은 매우 중요하다.

구글의 IT 부서에 있는 그와 그의 동료들에 있어 이 일은 끊임없이 발전하는 작업의 작은 부분에 불과하다. "기술은 아주 빠르게 변하지만 기업들은 투자 대비 더 높은 수익을 얻기 위해 변화의 속도를 늦출 필요성을 느낀다. 변화 속도가 지금보다 늦어지면 사람들도 항상 새로운 것을 배울 필요가 없게 된다"라고 그는 말했다. "그러나 여러분이 일을 너무 느리게 하면 결국에는 어떠한 변화도 보지 못하게 될 것이다"

벤 프라이드 같은 CIO들과 기술 회사들이 디지털 분야를 지속적으로 개척함에 따라 심지어 가장 매력적인 기술들도 몇 년 만에 진부해질 수 있다.

이 장에서 여러분들은 지속적으로 변하는 기술이 어떻게 비즈니스에 영향을 미치는지를 배우게 될 것이다.

출처: Peter High, "Google CIO Ben Fried Makes Change a Core Competency," Forbes, March 14, 2016; Scott Matteson, "Meet Google CIO Ben Fried," TechRepublic, techrepublic.com, November 26, 2013; Walter Frick, "Google's CIO on How to Make Your IT Department Great," Harvard Business Review, August 13, 2013; "Learn from a CIO: 6 Lessons from Google CIO Ben Fried," Adar, adarit.com, October 6, 2016; Steven Rosenbush, "How Google Handles IT for Its Workers," The Wall Street Journal, October 19, 2014; "5 Insights for IT Leaders from Ben Fried," Build, cloud.google.com, accessed October 2019; "Benjamin Fried," Columbia University, columbia.edu, accessed December 2019.

이 식품회사의 AnyWare 플랫폼은 고객들이 소셜미디어 플랫폼과 기기에 구애받지 않고 주문할 수 있게 해준다. 이 플랫폼은 고객들에게 편리함을 제공하는 동시에 기업이 방대한 양의 데이터를 수집할 수 있도록 한다. 이 회사의 이름은 무엇인가? (이 장에서 답을 찾아보라)

학습목표 13-1 비즈니스 기술의 변화 역할에 대해 기술할 수 있다.

정보기술의 역할

비스니스 지식의 중요성은 전혀 새로운 것이 아니다. 새로운 것은 비즈니스 지식을 다른 자산처럼 관리할 필요성을 인식하는 것이다. 지식을 관리하기 위해 기업은 정보를 조직 전체에 걸쳐 효율적으로 공유하고 새로운 지식을 창출할 시스템을 실행할 필요가 있다. 이 필요성은 종업원, 공급업자 그리고 고객 사이의 정보 교류를 지원하는 새로운 기술로 끊임없이 이어지고 있다. 연구 결과에 따르면 데이터 위주의 의사결정(즉, 데이터를 수집하고 분석하여 새로운 제품이나 서비스를 만들어낼지와 같은 중요한 의사결정을 하는데 데이터를 활용하는 것)은 경험과 직관에 의존해 의사결정하는 것보다 생산성을 5퍼센트 높일 수 있다.[1]

데이터 처리에서 비즈니스 인텔리전스로의 진화

오늘날 기술을 이해하기 위해 우리가 오늘까지 온 방법을 검토해보면 도움이 될 것이다.

데이터 처리(DP: data processing)
1970년대 비즈니스 기술에 대한 이름. 기존의 비즈니스를 지원하고 주로 재무 정보의 흐름을 개선하는데 사용되는 기술을 포함한다

데이터베이스
정보를 위한 전자적 저장 파일

정보시스템(IS: information system)
기업들이 비즈니스를 하는 것을 돕는 기술. 현금자동인출기(ATM)와 보이스 메일 같은 도구를 포함한다

- 1970년대에는 비즈니스 기술은 **데이터 처리**(data processing: DP)로 알려져 있었다(비록 많은 사람들이 데이터와 정보를 호환적으로 사용하고 있음에도 불구하고 이 둘은 서로 다르다. 데이터는 가공되고 분석되지 않았으며 조직화되지 않은 사실과 그림이다. 정보는 관리자들이 의사결정을 위해 사용할 수 있는 처리되고 조직화된 데이터이다). 데이터 처리의 주요 목적은 재무 정보의 흐름을 개선하는 것이었다. 데이터 처리 종업원들은 고객과 거의 마주치지 않는 보조원들이었다. 대신 이들은 정보를 **데이터베이스**, 즉 정보를 위한 전자적 정보 파일에 분류해 입력하는 역할을 담당했다.
- 1980년대에는 비즈니스 기술이 **정보시스템**(information system: IS)으로 알려졌고 이때는 후방에 있는 것이 아니라 비즈니스의 중심으로 들어오게 되었다. 역할도 비즈니스를 지원하는 데서 비즈니스를 하는 것으로 변화했다. 고객들은 현금자동인출기(ATM)로부터 음성 메일까지 다양한 종류의 기술적 도구들을 이용하기 시작했다. 비즈니스가 정보시스템의 사용을 늘림에 따라 비즈니스는 더

욱 더 이것에 의존하게 되었다.

- 1980년대 후반까지 비즈니스 기술은 비즈니스를 하는 기존의 방법에 추가된 것일 뿐이었다. 최신 정보를 유지한다고 해봐야 기존 방법에 새로운 기술을 사용하는 것이 전부였다. 그러나 비즈니스가 새로운 기술을 새로운 방법에 적용할 때 상황이 변화하기 시작했다. 이때의 비즈니스 기술은 **정보기술**(information technology: IT)로 알려져 있고 그 역할은 정보를 효율적으로 저장하고 추출하여 전송함으로써 비즈니스를 변화시키는 것이었다.

정보기술(IT: information technology)
정보를 효율적으로 저장하고 추출하여 전송하는 데 사용되는 기술

- 1990년대에는 WWW(World Wide Web)의 도입으로 사람들이 다른 사람들 그리고 정보와 상호작용하는 방식이 변했다. 구글과 같은 온라인 서비스는 정보에 접근하는 새로운 방식을 제시하였다. 여기에 덧붙여 블루투스 기술로 인해 장비들을 연결하는 유선을 대체하는 무선 통신시스템이 생겨남에 따라 소비자들은 큰 편리함을 느끼게 되었다.

비즈니스 인텔리전스(또는 애널리틱스)
조직의 원자료를 분석하여 그 원자료로부터 유용한 통찰을 도출하기 위해 데이터 분석 도구를 사용

- 2000년대에 이 기술이 더 정교해짐에 따라 이 기술은 **비즈니스 인텔리전스**(business intelligence: BI) 또는 애널리틱스로 더 잘 알려지게 되었다. BI는 조직의 원자료를 분석하여 유용한 통찰력을 도출하는데 사용되는 다양한 소프트웨어 응용프로그램을 말한다. BI 활동들엔 데이터 마이닝(이것은 이 장의 뒷 부분에서 다룬다), 온라인 분석 프로세스, 질의와 보고가 포함된다.[2] 지식은 충분한 지능을 갖춘 정보이다. 지식 기술(knowledge technology)은 적절한 정보를 여과해 필요할 때 이 정보를 전달해 주는 지능층(layer of intelligence)을 더해 준다.

BI는 정보의 전통적 흐름을 변화시켰다. 개인이 데이터베이스에 가는 대신에 데이터베이스가 개인에게 온다. 관리자는 BI 소프트웨어를 사용하여 새로운 종업원을 워크스테이션에 배치하고 교대 근무에 필요한 작업의 체크리스트를 작성하는 것부터 과거에 감독자의 시간을 쓰게 만들었던 답변과 통찰력을 제공하는 것까지 시스템이 관리할 수 있게 한다.

BI는 비즈니스를 하는 사람이 중요한 것에 어떻게 대응할지에 초점을 두도록 도와준다. 예를 들어 당신이 큰 계약을 막 끝낸 판매 대리인이라고 해보자. 당신이 성공을 기뻐하는 동안에 재무부서는 화가 나 있다, 왜냐하면 당신의 그 고객이 제 때 지불하지 않는 사람이고 이는 기업에 상당한 부담이 되기 때문이다. BI가 그런 통찰을 당신에게 미리 제공했으면 당신은 그 고객과 다른 결제 조건으로 협상해 판매활동을 재무 요구사항과 맞출 수 있었을 것이다.

아마존 에코는 보통의 사운드 시스템 이상의 것으로 아마존의 인공지능 소프트웨어인 알렉사(Alexa)에 의해 작동되므로 사람이 손으로 끄거나 켜지 않아도 되는 장비이다. 사용자는 먼저 "알렉사"라고 불러 장비의 관심을 이끌어 낸 후에 알렉사에게 음악을 틀거나 날씨를 체크해주거나 심지어 식료품 주문을 하도록 지시한다. 여러분은 이처럼 소리로 작동되는 장비가 미래에 더 유행할 것으로 생각하는가?

기술변화는 더 많은 변화를 만들어낸다. 이러한 변화를 성공적으로 통합시킬 유연성을 유지하는 것이 비즈니스의 생존에 중요하다. 예를 들어 코닥은 한 때 카메라 산업을 지배했지만 효과적으로 경쟁하지 못해 시장 점유율을 잃었다. 비록 코닥이 첫 번째로 디지털 카메라를 발명했지만 코닥은 디지털 사진술이 전통적인 필름 비즈니스를 잠식하는 데 관심이 있었다. 그래서 코닥은 디지털 카메라보다 필름에 계속해서 집중했고 이로 인

그림 13.1 역대 최악의 기술 예측

여러분이 항상 옳을 수는 없다. 여기에 틀린–아주 틀린 기술 리더들의 인용구가 몇 개 있다.

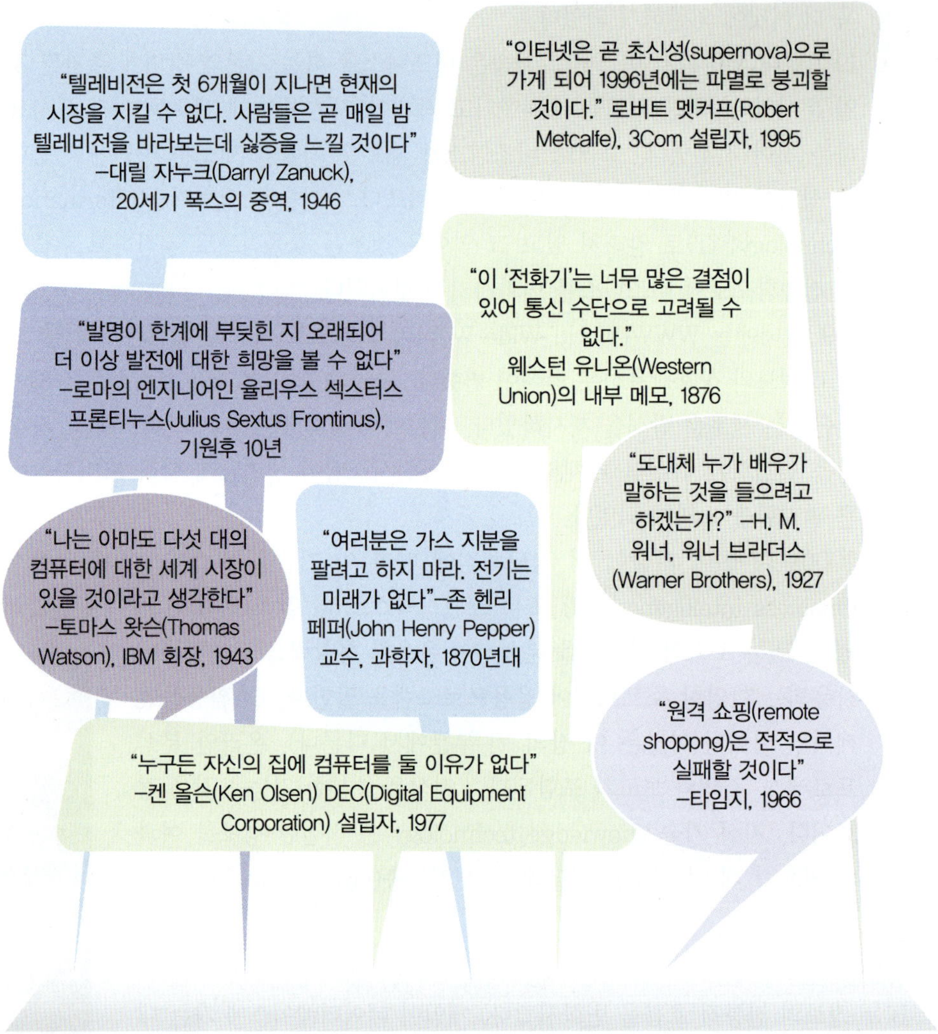

"텔레비전은 첫 6개월이 지나면 현재의 시장을 지킬 수 없다. 사람들은 곧 매일 밤 텔레비전을 바라보는데 싫증을 느낄 것이다" –대릴 자누크(Darryl Zanuck), 20세기 폭스의 중역, 1946

"인터넷은 곧 초신성(supernova)으로 가게 되어 1996년에는 파멸로 붕괴할 것이다." 로버트 멧커프(Robert Metcalfe), 3Com 설립자, 1995

"발명이 한계에 부딪힌 지 오래되어 더 이상 발전에 대한 희망을 볼 수 없다" –로마의 엔지니어인 율리우스 섹스터스 프론티누스(Julius Sextus Frontinus), 기원후 10년

"이 '전화기'는 너무 많은 결점이 있어 통신 수단으로 고려될 수 없다." 웨스턴 유니온(Western Union)의 내부 메모, 1876

"도대체 누가 배우가 말하는 것을 들으려고 하겠는가?" –H. M. 워너, 워너 브라더스(Warner Brothers), 1927

"나는 아마도 다섯 대의 컴퓨터에 대한 세계 시장이 있을 것이라고 생각한다" –토마스 왓슨(Thomas Watson), IBM 회장, 1943

"여러분은 가스 지분을 팔려고 하지 마라. 전기는 미래가 없다"–존 헨리 페퍼(John Henry Pepper) 교수, 과학자, 1870년대

"누구든 자신의 집에 컴퓨터를 둘 이유가 없다" –켄 올슨(Ken Olsen) DEC(Digital Equipment Corporation) 설립자, 1977

"원격 쇼핑(remote shoppng)은 전적으로 실패할 것이다" –타임지, 1966

해 결국에는 파산에 이르렀다.[3] 충분한 자금에도 불구하고 코닥은 변화하는 추세에 적응할만큼 유연하지 못했다.

지식공유는 변화를 따라가는데 있어 핵심이다. 물론 어떤 새로운 기술이 성공적일지 예측하는 것은 어려울 수 있다. 역대 최악의 기술 예측을 재미로 보려면 그림 13.1을 보라.

IT 담당자의 역할은 기술 자체가 발달함에 따라 변해 왔다. CIO는 시스템이 계속 돌아가도록 하는 것에 대한 걱정보다 구매 의사결정, 운영전략과 마케팅 및 판매에 기술을 적용하여 비스니스를 신장시키는 방법을 찾는데 더 많은 시간을 쓴다. 오늘날 CIO의 역할은 다른 사람들과의 소통을 위해 기술을 사용하는 것을 돕고 동시에 더 낮은 비용으로 더 나은 서비스를 제공하는 것이다.[4]

정보기술이 사업을 변화시키는 방법

시간과 장소는 항상 사업의 중요 이슈이다. 예전에는 고객들이 자신의 필요를 충족시키기 위해 특정 시간 내에 업체를 방문해야만 했다. 예를 들어 사람들은 옷을 사기 위해

조직
기술은 기업의 장벽을 무너뜨려 기능적 부서나 (공장 작업자를 포함해) 제품 그룹이 중요한 정보를 즉각 공유하도록 해 준다.
운영
기술은 시간을 절약해주고 불량품을 감소시키며 낭비를 줄여준다. 서비스 기업은 주문과 공급업자 및 고객과의 소통을 매끄럽게 하기 위해 기술을 사용한다.
직원채용
기술은 경영의 계층들을 없애고 종업원 수를 줄여준다. 기업은 여러 지역에 있는 종업원들과 "가상 사무실"을 만들기 위해 컴퓨터와 전기통신 장비를 사용한다.
신제품
정보기술은 제품개발 팀에 고객과 마케팅 정보를 신속히 제공하여 제품을 다시 만들고 특정한 고객층을 목표로 해 개발 주기를 줄여준다.
고객관계
고객 서비스 담당자는 주소를 변경하는 것에서부터 계산서를 조정하는 일 등 소비자 불만을 즉시 해결하기 위해 기업의 데이터베이스를 사용한다. 고객과의 상호작용으로부터 얻은 정보가 고객 관계를 더욱 강화시킨다.
신 시장
고객들이 상점에 가기 위해 걸을 필요가 더 이상 없기 때문에 온라인 사업은 직접 방문 외에는 접근 방법이 없는 고객들도 끌어들일 수 있다.

그림 13.2 정보기술이 사업을 변화시키는 방법

이 표는 정보기술이 사업, 종업원, 공급업자 그리고 고객을 변화시키는 몇 가지 방법을 보여준다.

서는 백화점에 가서 쇼핑을 했고 입금하고 대출을 받기 위해 은행에 갔다. 기업은 언제 그리고 어디서 고객들과 만나야 하는지를 생각했다. 오늘날 IT는 업체로 하여금 고객이 원하는 제품과 서비스를 언제 어디서든 배달 받을 수 있도록 해준다. 여러분은 온라인으로 언제든지 책과 옷을 주문할 수 있고 집을 담보로 대출을 신청할 수 있고 심지어 자동차를 살 수 있다.

IT가 엔터테인먼트 산업을 변화시킨 방법을 살펴보자. 수십 년 동안 사람들은 영화를 보길 원하면 극장에 가야만 했다. 그리고 나서 텔레비전이 널리 사용되어 가정용 비디오 시장이 만들어졌다. 한때는 블록버스트와 같은 대여점이 산업을 장악했지만 인터넷의 발명으로 더 이상 주도권을 가지지 못하게 되었다. 이젠 고객들이 영화를 보고 싶을 때도 소파에 앉아 있으면 된다. 위성, 케이블 또는 스트리밍(역자 주: 인터넷 상에서 음성이나 동영상 등을 실시간으로 재생하는 기술) 서비스로부터의 주문형 비디오가 오늘날 다양한 장비를 통해 그들이 원할 때 언제든지 영화를 볼 수 있도록 해준다.

IT가 시간과 장소의 장벽을 무너뜨림에 따라 장소와는 무관한 새로운 조직과 서비스를 만들어 내었다. 예를 들면 NASDAQ는 객장이 없는 주식 거래소인데 여기서는 매수자와 매도자가 컴퓨터로 거래를 한다. 처음에는 작게 시작했지만 지금은 대략 13조 달러에 달하는 3,900개보다 많은 기업들을 다루고 있다.[5] 스마트폰, 노트북과 태블릿 또한 여러분으로 하여금 마치 사무실에 있는 것처럼 사람과 정보에 접근하도록 해 준다. 이로 인해 사람이 일하러 가는 대신에 일이 사람에게 오고 있다.

회사가 사업을 하는 방식은 기술적 역량이 증가함에 따라 완전히 변한다. 전자 통신은 엄청난 시간 절약을 가져다준다. 이메일과 문자메시지는 전화나 편지보다 훨씬 더 빠르다. 슬랙(Slack)과 같은 플랫폼에서 소통하는 것은 팀 구성원으로 하여금 많은 시간을 소모하는 회의 없이 공동 작업을 할 수 있게 해 준다. 정보 기술이 사업을 변화시키는 방법에 대한 다른 예들은 그림 13.2를 통해 확인해 보라.

시험 준비

- 정보기술의 역할이 데이터 처리로 알려진 때부터 어떻게 변화해 왔는가?
- 정보기술이 우리가 사업을 하는 방식을 어떻게 변화시켰는가?

학습목표 13-2 비즈니스 정보의 유형을 나열하고 유용한 정보의 특성을 기술하고 데이터의 저장과 분석 방법을 논의할 수 있다.

정보의 유형

오늘날 정보는 많은 소스로부터 조직에 들어온다. 오늘날 사업에서 이용 가능한 정보의 유형은 다음과 같다.

- **비즈니스 프로세스 정보** 이것은 기업자원계획, 공급사슬관리와 고객관계관리 시스템과 같은 운영을 통해 얻은 정보뿐만 아니라 판매 시점에서 수집된 모든 거래 자료를 포함한다.
- **실제 세계 관찰(physical-world observation)** 이것은 RFID(radio frequency identification) 장비, 소형 카메라, 무선 접속, GPS(global positioning system)와 센서 기술을 통해 얻어진다. 이 모든 것들은 사람이나 제품이 어디에 위치해 있으며, 무엇을 하는지와 관련되어 있다.

컴퓨터 칩은 아주 저렴해서 신용카드, 프린트 잉크 카트리지, 야구공, 타이어 밸브, 운동화, 청소기와 심지어 컵받침을 포함한 아주 다양한 제품에서 찾아볼 수 있다. 독일의 한 기업은 맥주 리필이 필요한 순간을 감지해 바텐더에게 신호를 보낼 수 있는 "스마트한" 맥주 컵받침을 만들었다.[6)]

- **생물학적 데이터** 이것은 망막을 스캔하고 얼굴과 목소리를 인식하여 DNA를 분석하는 생체측정 장비뿐만 아니라 많은 스마트폰에 사용되는 지문 기술을 포함한다. 이런 정보들이 일반적으로는 보안 목적으로 사용되지만 바쁜 병원에서 환자를 확인하기 위해 의사가 사용하기도 하며 마케팅 조사를 위해 기업이 사용하기도 한다.[7)]
- **공공 데이터** 자유롭게 무료로 접근할 수 있는 공공 데이터는 소셜 미디어에 업로드하고 이메일을 보내고 검색 엔진을 사용할 때 남겨놓는 자취를 포함한다.

점점 더 많은 공공 데이터가 저장되고 공유되고 판매된다.

- **개인적 선호도나 의도를 나타내는 데이터** 온라인 쇼핑객은 개인의 선호도를 드러내는 정보의 흔적을 남긴다.

이 모든 데이터와 정보의 양은 엄청나고 복잡하다. 컴퓨팅 시스템은 어떤 주제에 대해 문자, 숫자, 오디오와 비디오를 통해 검색하고 적절한 의견을 확인하고 이를 분류할 수 있다.

지문센서와 망막스캐너같은 생체공학 기술은 거의 완벽하게 사람을 식별한다. 예를 들면 일부 병원에서는 환자들의 지문을 스캔하여 의사들이 쉽게 환자들의 의료기록들을 확인할 수 있다. 경영에 있어서는 소매점들이 어떤 제품들을 고객이 찾고 있는지를 추적하기 위해 망막스캐너들을 사용할 수 있다. 여러분은 생체공학 기술에 대한 다른 사용 예를 들 수 있는가?

정보의 관리

컴퓨터가 사용되기 전에도 관리자들은 그들의 의사결정을 돕기 위해 엄청난 양의 정보를 면밀히 조사했다. 오늘날 사업을 하는 사람들은 정보과잉 즉, 풍부한 데이터에 직면해 있다. 여러분은 TV의 왈가닥 루시(I Love Lucy)를 통해 루시와 에셀이 공장의 캔디 라인에서 일하는 전통적인 장면을 보았는가? (여러분이 이것을 보지 않았다면 유튜브에서 찾아 볼 수 있다) 캔디가 그들에게 지나치게 빨리 오기 전까지는 모든 것이 괜찮았다. 그 이후로는 아수라장이었다. 이것이 오늘날 캔디 대신 정보를 가진 많은 관리자들에게 일어나는 일이다. 너무 많은 정보는 이슈를 명확하게 하기보다는 오히려 혼란을 초래한다.

관리자들은 어떻게 정보과잉에서 벗어날 수 있는가? 핵심은 한 걸음 물러서는 것이다. 여러분이 얻고자 하는 네, 다섯 가지 주요 목표를 확인하여 이것들과 관계없는 정보는 제거하는 것이 중요하다. 이렇게 함으로써 정보 흐름을 반으로 줄일 수 있다. 우리 필자들은 이 장에 대한 정보를 얻기 위해 엄청 많은 글들을 저널과 온라인에서 수집하였다. 정보 과잉의 압박을 느껴 우리는 여러분의 성취에 도움이 되는 목표를 정하고 이러한 목표에 해당하지 않는 것들은 제거하였다. 우리의 목표를 좁혀 나갈수록 방대한 파일들이 점점 감당할 수 있는 크기로 줄어들었다.

여러분에게 남아 있는 모든 정보가 유용하지 않을 것이다. 경영정보의 유용함은 다음의 네 가지 특징과 관련이 있다.

1. **품질(quality)** 품질이 높다는 것은 정보가 정확하고 신뢰할만 하다는 것이다. 패스프푸드 음식점의 종업원이 여러분의 주문을 카운터의 현금 출납기에 입력할 때 이것은 음식점이 마감되는대로 자동으로 그날의 매출과 이익을 계산해주는 컴퓨터로 전송된다. 매출과 비용 데이터는 정확해야 한다. 그렇지 않으면 계산의 나머지 부분은 잘못된다. 정보의 품질은 실제 매출보다는 미심쩍은 매출 예측에 바탕을 두고 계산이 이루어질 때 문제가 된다.
2. **완결성(completeness)** 여러분이 합리적인 의사결정을 내릴 수 있도록 많은 정보가 있어야 한다, 그런데 그 정보의 양이 지나치게 방대해서 결정을 혼란시킬 정도가 되어서는 안된다. 우리가 앞서 살펴보았듯이, 오늘날 문제는 너무 적은 정보가 아니라 너무 많은 정보이다.
3. **적시성(timeliness)** 정보는 관리자에게 신속하게 도달해야 한다. 판매원이 제품에

대한 문제를 들은 그 날에 마케팅, 엔지니어링 그리고 생산 관련 담당자에게도 이메일과 문자로 그 제품과 관계된 문제를 알려주어 고객 불만이 바로 처리될 수 있도록 해야 한다.

4. **적절성(relevance)** 서로 다른 관리자는 서로 다른 정보를 원한다. 정보 시스템이 너무 많은 데이터를 제공하기 때문에 관리자는 그들이 원하는 답을 얻기 위해 어떻게 질문을 해야 하는지를 알아야 한다.

그럼에도 여러분은 현존하는 모든 정보를 읽을 수 없다는 사실을 기억하라. 여러분 스스로 목표를 세우고 여러분이 할 수 있는 최선을 다해야 한다.

빅데이터와 데이터 애널리틱스

어떤 프로그램은 여러분이 온라인에서 하는 모든 클릭, 여러분이 상점에서 쇼핑하면서 만들어내는 모든 움직임, 여러분이 점심을 먹으러 가는 모든 음식점, 심지어 여러분이 먹는 것까지 추적할 가능성이 있다. 이러한 데이터를 수집하는 것만으로는 충분하지 않다. 여러분은 이 데이터로부터 의미를 도출해야 한다. 여러분이 더 많은 데이터를 수집하면 할수록 더 많은 저장장소가 필요하다. 지나치게 많은 데이터를 어떻게 저장하고 조직화하여 궁극적으로 유용한 정보로 활용할 것인가? 이에 대한 답은 바로 **데이터 애널리틱스**이다. 데이터 애널리틱스는 현재의 사업과 미래의 의사결정에 가장 유용한 정보를 확인하기 위해 큰 데이터 집합(빅 데이터)을 수집하고 조직화하여 분석하는 과정이다.[8)]

데이터 애널리틱스
현재의 사업과 미래의 의사결정에 가장 유용한 패턴과 정보를 확인하기 위해 큰 데이터 집합(빅 데이터)을 수집하고 조직화하고 저장하고 분석하는 프로세스

그림 13.3 빅데이터와 데이터 애널리틱스로부터 이익을 얻는 예

전자 상거래
온라인 판매자는 제품의 가격을 보고 사지 않고 떠난 고객이 다시 돌아와 그 제품을 구매하도록 쇼핑카트의 데이터를 분석하여 가격을 변경한다.

소매
Target과 같은 상점은 여성의 이전 구매로부터 그 여성이 임신했다는 것을 알 수 있다. 그러면 상점은 그 여성에게 아기 제품을 구매할 때 사용할 수 있는 쿠폰과 판촉물을 보낼 수 있다. 상점은 위 데이터를 좀 더 분석해서 유사한 제품을 조부모가 될 사람에게 홍보할 수 있다.

부동산
해변가 집 대여 담당 중개인은 자외선차단제를 자주 사는 사람에게 휴가용 집 판촉을 할 수 있다.

법 집행
조명기구에 달린 비디오카메라로 긴 줄을 알아채고 번호판을 인식하고 심지어 수상쩍은 활동을 파악하는 소프트웨어에 데이터를 수집해주고 이를 관련 직원에게 보내준다. 기구에 부착된 센서가 탄환을 정확하게 찾아내고 지진이나 위험한 가스를 감지하거나 주차장의 여러 차들에 접근하는 수상한 사람을 찾아낸다.

건강관리
움직임 센서가 있는 스마트폰은 파킨슨병의 초기 증상을 감지할 수 있다.

데이터 애널리틱스의 한 부분은 데이터 마이닝인데 이는 숨겨진 패턴과 이전에 알려지지 않은 데이터 간의 관계를 찾는 기법이다. 이러한 관련성을 확인하고 이 관련성을 통해 이익을 얻으려는 것이 기업의 주요 목표가 되고 있다.[9] 맥도날드가 최근에 실시간으로 모든 판매에 대한 데이터를 얻어 이를 분석하는 기술을 선보였다. 패스트푸드 체인은 매출, 날씨 상태, 인근의 이벤트 그리고 심지어 지역의 교통량 같은 데이터를 신속히 분석하기 위해 첨단 알고리즘과 "기계 학습" 플랫폼을 사용한다. 맥도날드는 이러한 데이터를 바탕으로 디지털 메뉴판에 어떠한 음식을 올릴지 결정한다. 그래서 만일 컴퓨터가 날씨가 이상할 정도로 따뜻하다는 것을 인식하면 컴퓨터는 드라이브 쓰루(drive-through) 스크린에 아이스크림 콘을 고객에게 보여준다. 이 정보 덕분에 맥도날드는 더 많은 수익을 얻게 될 기회를 가진다.[10]

여기서 중요한 것은 의사결정을 지원해주는 고급 데이터로 기업이 경쟁 우위를 확보할 수 있다는 것이다. 이를 통해 기업들은 자신들의 제품과 서비스를 필요로 하는 고객들을 겨냥하여 그들의 마음을 끌고 가격을 조정할 수 있다. 그림 13.3이 빅데이터와 데이터 애널리틱스로부터 이익을 얻는 예를 보여준다.

물론 데이터 애널리틱스가 완벽하지 않아 때때로 실생활에 피해를 초래하기도 한다. 잘못된 애널리틱스의 위험을 직접 경험한 중학교 교사인 사라 위소키(Sarah Wysocki)를 보자. 학생과 부모 모두 위소키를 훌륭한 선생님으로 여겼음에도 불구하고 어느 날 학교는 컴퓨터 알고리즘이 그녀를 일 못하는 선생님으로 평가였고 이에 따라 그녀를 해고하였다. 이 결정에 놀란 위소키와 그녀의 동료들은 알고리즘이 학생의 성과를 분석하는 방식에 결함이 있다는 것을 알게 되었다. 그렇지만 알고리즘을 만든 기업은 알고리즘에 관한 모든 내용을 비밀로 부쳤기에 그녀는 그녀의 해고에 대해 이의를 제기할 수 없었다. 운 좋게도 위소키는 곧 컴퓨터가 아닌 사람이 직접 의사결정을 하는 교육청에서 다른 일자리를 찾았다.[11]

연구에 따르면 데이터 애널리틱스는 성차별주의자와 인종차별주의자의 견해와 같은 사람의 편견을 반영할 수 있다. 예를 들면 알고리즘에 의해 평가되는 미인대회에서 참가자가 흑인이면 컴퓨터가 점수를 감점한다는 것을 시청자들이 알았을 때 엄청난 논란이 되었다. 또 다른 예로 아마존이 여성에 대한 편견이 있는 것으로 밝혀진 인공지능 기반의 구인 활동용 도구를 폐기한 사건이 있다. 여기서 중요한 것은 데이터를 분석하기 위해 조직이 사용하는 응용 프로그램에 결함이 없도록 하는 것이다.[12]

소셜 미디어상의 정보 이용

수백만 명의 사람들은 매일 소셜 미디어 상에서 자신들의 생각과 사진들을 공유하고 있다. 이러한 정보들이 단순히 친구나 지인들에게만 뿌려지는 것은 아니다. 기업들도 소비자들에 대한 최신 자료를 얻기 위하여 소셜 네트워크를 주목하고 있다. 사실, 인터넷 사용자들은 250경(100경은 10의 18승) 바이트의 자료를 소셜 미디어처럼 비정형화된 원천에 만들어 내고 있다. 이처럼 풍부한 정보는 기업으로 하여금 고객에게 접근하는 새로운 전략을 수립하는데 도움을 주고 있다.

맥도날드는 아침 메뉴를 하루 종일 제공하기로 결정하기 이전에 8년동안 소셜미디어에 올라오는 자료를 주의깊게 연구하였다. 도미노 피자도 자료를 유용하게 활용하는 식당 체인이다. 애니웨어(AnyWare)라는 플랫폼을 이용하여 고객들은 어떤 기기나 소셜 네트워크를 통해서도 피자를 주문할 수 있다. 도미노가 소중한 고객의 정보를 수집하는 데 동의만 해 주면, 고객은 스마트 TV에서 도미노 버튼을 클릭하여, 또는 트위터의 피자 이모티콘을 보내어 피자를 편하게 주문할 수 있게 되었다. 도미노는 또한 고객에게 포인트로 보상해주는 판촉 프로그램인 파이즈 프로그램을 통하여 고객에 대한 정보를 수집한다. 이러한 정보 덕택에, 도미노는 고객들에게 우수한 제품과 신뢰할 만한 배달 서비스를 저렴한 가격으로 제공할 수 있게 된다.

시험 준비

- 어떤 유형의 정보가 오늘날 기업에서 이용 가능한가?
- 정보를 유용하게 해 주는 4가지 특징은 무엇인가?
- 데이터 마이닝은 무엇이고 기업은 이를 어떻게 활용하는가?

학습목표 13-3 인터넷, 인트라넷, 엑스트라넷과 가상 사설 네트워크의 범위를 비교하고 브로드밴드 기술이 웹 2.0과 3.0의 진화를 가능하게 한 방법을 설명할 수 있다.

지식관리의 핵심: 인터넷

여러분은 이미 인터넷이 일대일 의사소통 도구에서 일대다 방송 통신 도구까지 진화한 네트워크라는 것을 알고 있을 것이다. 오늘날 이것이 지식관리의 핵심이다. 인터넷 사용자들은 완전히 자유롭게 이 장소에서 저 장소로 클릭함으로써 이동할 수 있다. 여러분이 다른 사람이 여러분의 웹사이트에 접근하길 원하지 않는다면 어떻게 해야 할까? 여러분은 인트라넷, 엑스트라넷 또는 가상 사설 네트워크를 만들 수 있다.

인트라넷

인트라넷
인트라넷은 일반인은 이용할 수 없는 인터넷 형태의 기술을 사용하는 회사의 네트워크이다.

인트라넷은 일반인은 이용할 수 없는 인터넷 형태의 기술을 사용하는 회사의 네트워크이다. 승인받지 않은 외부인(특히 경쟁자)이 자사의 사이트에 접근하는 것을 막기 위해 기업은 자사와 외부 사이에 방화벽을 구축한다. 방화벽은 하드웨어, 소프트웨어 또는 이 둘로 구성될 수 있다. 방화벽은 승인받은 사용자만이 인트라넷에 접근하도록 해 준다. 일부 기업은 인트라넷을 단지 종업원 전화번호 명단과 정책 매뉴얼을 게재하기 위해 사용하고 다른 기업은 이러한 기술을 적극적으로 활용하여 대화형 응용프로그램을 만들어 낸다. 이는 종업원들로 하여금 자신의 주소를 갱신하게 하거나 공급 요청서, 근무시간 기록표나 급여대상자 명단 양식을 온라인으로 제출하게 해 종이 문서를 없애고 의사결정을 빠르게 할 수 있도록 해준다.

엑스트라넷

엑스트라넷
인터넷 기술을 사용하여 두 기업 이상이 같은 정보에 접근하거나 다른 서버에 있는 사람들이 협업하도록 해주는 반민간(semiprivate) 네트워크

기업들은 엑스트라넷의 이용을 통해 다른 선택된 기업들은 물론이고 심지어 고객들에게까지도 인트라넷에 접근하도록 해준다. **엑스트라넷**은 두 개 이상의 기업이 같은 정보

에 접근하거나 다른 서버에 있는 사람들이 협업하도록 해주는 반민간(semiprivate) 네트워크이다. 오늘날 거의 모든 기업들이 데이터를 공유하고 주문, 사양, 송장과 지불 처리 같은 전자적 자료교환(EDI: electronic data interchange) 기능을 위해 엑스트라넷을 사용한다.

우리가 엑스트라넷을 반민간 네트워크로 묘사한 점에 주목하라. 이는 외부인이 네트워크에 쉽게 접근할 수 있지만 엑스트라넷이 공공회선을 사용하기 때문에 해커 또한 승인되지 않은 접근을 할 수 있음을 의미한다. 대부분의 기업들은 가능한 사적이고 안전한 네트워크를 원해서 전용회선을 사용한다(이 회선은 특정 네트워크에 대해서만 예약되어 있음).

그렇지만 전용회선은 비싸서 기업들은 엑스트라넷 사용을 이 전용회선에 직접 연결된 컴퓨터에만 제한한다. 만일 기업이 단기간 다른 기업이나 개인에게 안전하게 연결할 필요가 있으면 어떻게 할 것인가? 이러한 경우에 전용회선을 설치하는 것은 지나치게 많은 비용과 시간이 소요된다. 이때는 가상 사설 네트워크가 답이 된다.

가상 사설 네트워크

가상 사설 네트워크(VPN: virtual private network)는 일반 인터넷 회선을 통해 보안 연결 즉 "터널(tunnel)"을 만들어내는 사설 데이터 네트워크이다. 이는 사적인 자원보다 공유된 공적인 자원을 사용함으로써 훨씬 저렴한 비용으로 엑스트라넷 같은 역량을 사용자에게 제공한다. 통신업체가 음성 메시지에 대해 안전하게 자원을 공유하듯이 VPN도 데이터에 대해서 공공 자원을 안전하게 공유케 한다. 이는 주문형 네트워킹을 가능하게 한다. 권한을 부여받은 사용자는 기업의 네트워크를 안전하게 하면서도 언제든 어떤 원하는 기능을 위해서든 네트워크에 들어올 수 있다. 여러분이 여러분 학교의 웹사이트에 접속할 때 아마도 VPN을 사용할 것이다. VPN은 블랙보드(강의와 학습을 향상시키고 과목 자료를 공유하고 수강신청을 하는데 사용되는 온라인 도구)와 같은 계정에 소속된 학생과 교수만 접근을 허용해주고 싶어하는 전국의 학교에서 아주 흔하다. 만일 여러분이 기업 VPN에 대한 접속을 갖지 못하면 여러분은 쉽게 NordVPN, Hotspot Shield 또는 TorGuard와 같은 공공 VPN 제공자에서 계정을 개설할 수 있다.[16]

가상 사설 네트워크(VPN: virtual private network)
일반 인터넷 회선을 통해 보안 연결 즉 "터널(tunnel)"을 만들어내는 사설 데이터 네트워크

사용자들은 조직의 네트워크에 어떻게 접속할 수 있을까? 그들은 기업 포털을 통해 접속할 수 있는데 포털은 정보를 중앙에 집중해 두고 이메일, 재무 기록, 일정과 고용 혜택 같은 다양한 자원에 대한 사용자들의 진입 지점으로 기능한다. 포털은 심지어 회사의 어린이집에 대한 스트리밍 비데오(streaming video)를 포함하기도 한다. 포털은 단순히 링크를 갖는 웹페이지 이상의 역할을 한다. 포털은 사용자를 확인하고 사용자로 하여금 사용자의 역할(고객, 공급업자, 종업원 등)에 따른 인트라넷의 영역에 접속하도록 해준다. 포털은 한 장소에서 다양한 정보를 제공하여 사용자는 수십 개의 다른 웹 인터페이스를 다룰 필요가 없다.

CIO의 역할은 자원, 정보, 보고서 등—이 모든 것들이 다양한 장소에 있을 수 있음—을 통합해 이들이 사용자에게 끊김 없이 나타나게 하는 것이다.

브로드밴드 기술

브로드밴드 기술
인터넷을 통해 사용자들이 음성, 비디오와 데이터 파일을 이전 어느 때보다 더 빠르게 주고받도록 해주는 기술

인터넷에서 전송량이 많을수록 연결은 더 늦어진다. 이러한 전송량 체증을 푸는 도구에는 **브로드밴드 기술**이 있는데 이는 사용자로 하여금 비데오, 음성 그리고 데이터 파일을 다이얼 접속과 같은 초기 시스템보다 훨씬 더 빠르게 주고받도록 해주는 인터넷 상의 연결이다. 미국에서의 브로드밴드 속도는 지난 2년간 개선되어 지금은 대략 38Mbps(Megabits per second)의 평균 속도를 자랑하고 있다. 여전히 대략 85Mbps와 70Mbps의 평균을 갖는 대만과 싱가폴 같은 글로벌 리더에 의해 설정된 속도를 맞출 수는 없다.[17] 사람들이 넷플릭스와 같은 서비스에서 비데오를 그리고 스포티파이(Spotify)와 같은 앱상에서는 음악을 스트림하기(stream) 위해 점점 더 많은 대역폭을 사용함에 따라 인터넷 서비스 제공자는 소비자들이 사용하는 브로드밴드의 양에 대해 상한을 두기 시작했다. 평균 사용량이 현재의 상한보다 훨씬 낮기 때문에 대부분의 사용자에게는 문제가 되지 않지만 더 많은 이동식 장비와 서비스가 연결됨에 따라 브로드밴드가 소비 기반의 서비스(즉, 여러분이 사용하는 브로드밴드에 대해서 지불하게 된다)가 될 가능성이 크다.

망 중립성(Net Neutrality) 오늘날 "망 중립성"과 연방통신위원회(Federal Communications Commission: FCC)의 망 규제 역할에 대해 많은 논란이 있다.[18] 망 중립성은 인터넷 서비스 제공자(Internet service provider: ISP)가 컨텐츠에 상관없이 모든 웹사이트에 대해 동일한 수준의 접속을 제공해야 한다는 개념이다. 따라서 여러분이 친구의 인스타그램 게시물에 "좋아요"를 클릭하든 에피큐리어스(Epicurious) 상에서 요리법을 찾든 유투브에서 비데오를 시청하든 여러분의 ISP는 각각의 사이트를 똑같이 다루어야 한다. 망 중립성 옹호자들은 망 중립성 법이 시행되지 않으면 ISP는 결국 더 빠른 접속을 원하는 사이트에 더 많은 비용을 부과했을 것이다라고 주장한다. 이것은 아마존이나 넷플릭스 같은 부유한 기업은 잠재적으로 업그레이드할 여유가 있는 반면 더 작은 사이트는 뒤처지게 될 것임을 의미한다. ISP가 특정 웹사이트를 방문하는 고객에게 비용을 청구하는 것도 가능하다. 여러분이 더 많이 지불하려고 하면 더 많은 사이트에 접속할 수 있을 것이다. 부유한 고객과 가난한 고객은 두 가지 서로 다른 인터넷 경험을 하게 될 것이다.[19]

반면 브로드밴드보다 100배나 빠른 초고속 광섬유 네트워크인 AT&T Fiber와 같은 서비스를 확대하는 것은 더 빠른 연결이 언젠가 우리 모두에게 이용가능하게 될 것이라는 희망을 준다.[20]

기존의 브로드밴드를 어떻게 배분해야 할지와 누가 배분을 규제해야 하는지가 오늘날 주요 관심사이다. 브로드밴드를 어떻게 배분할지가 왜 중요한가? 사람들이 어떤 웹사이트들에 접속할 때 ISP들이 그에 대해 비용을 부과할 수도 있을 것이라는 사실에 대해 일부 사람들은 우려하고 있다. 즉, 더 많이 지불할수록 더 많은 사이트에 접속이 가능하게 된다. 그러므로 부유한 고객들과 가난한 고객들이 나뉘어져 서로 다른 두 개의 웹들을 사용하게 된다. 이에 반해, 다른 사람들은 브로드밴드를 최대한 이용하는 사람이 가장 많은 비용을 지불하는 것이 공평하다고 말한다. 여러분은 어떻게 생각하는가?

인터넷 2 브로드밴드 기술에도 불구하고 복잡한 수리적 모형, 데이터 집합 그리고 다른 디지털 요소에 접근하고 전송하고 조작하는 과학자와 학자는 더 빠른 해결책을 필요로 한다. 그들에게 답은 무엇인가? 연구목적만을 위해 준비된 개인 인터넷을 만드는 것이다. **인터넷 2**는 오늘날 공공 인프라보다 22,000배나 빨리 운영되어 화상회의시스템, 협업 연구, 원격 교육, 디지털 도서관과 원격존재기술(tele-immersion)로 알려진 전신 시뮬레이션(full-body simulation) 같은 고부하 응용프로그램을 지원한다.[21] 인터넷 2의 핵심은 초고속 주축 네트워크 서비스(vBNS: very-high-speed backbone network service)로 불리는 네트워크인데 이것은 정부의 슈퍼컴퓨터 센터와 엄선된 대학 그룹을 연결하는 방식으로 1995년에 설치되었다. 인터넷 2는 원격 의료 전문가가 집에 있는 사용자가 넷플릭스에서 오피스(The Office)의 옛날 방송분을 보면서도 인터넷 상의 의료 수술을 도와주도록 한다.

인터넷 2
정부의 슈퍼컴퓨터 센터와 엄선된 대학 그룹을 연결하는 사설 인터넷시스템. 이것은 오늘날 공공 인프라보다 22,000배나 빨리 운영되어 고부하 응용프로그램을 지원한다.

인터넷 2는 1997년 후반에는 몇몇 엄선된 조직에서만 이용가능했지만 이제는 100개국 이상을 대표하는 500개보다 많은 회원 대학, 정부기관, 기업과 실험실에서 이용가능하다.[22] 공공인터넷은 대역폭을 사용자간에 똑같이 나누지만(만일 100명의 사용자가 있다면 각자 대역폭의 1퍼센트를 사용한다) 인터넷 2는 더 자본주의적이다. 더 많이 지불하려는 사용자는 더 많은 대역폭을 사용할 수 있다.

어떤 사람은 인터넷 2가 비데오 스트리밍과 다른 자원을 독차지하는 학부생들에 의해 급속하게 퍼질 수 있다는 우려를 표한다. 그러나 인터넷 2의 설계자들은 이러한 우려를 미리 염두에 두고 있다. 이들은 인터넷 역사가 반복될 것으로 기대할 뿐만 아니라 인터넷 역사에 의존하고 있다. 그들은–상당한 대가를 지불하더라도–인터넷 2 기술이 보다 더 많은 대중들에게 활용될 수 있도록 인터넷 커뮤니티에 문호를 개방하려고 계획하고 있다.

소셜 미디어와 웹 2.0

소셜 미디어 플랫폼들은 오늘날 기업에 많은 기회와 도전을 제공한다. 이들은 복잡한 시장에서 기업을 알리는 저렴한 방식이다. 더 중요한 것은 이들은 제품개발, 서비스 향상과 판촉에 대해 소비자들과 협업하기 위한 사업 도구를 제공한다. 성공적인 기업들은 조직의 모든 부분들이 협업하고 고객들과 즉시 소통할 수 있는 소셜 미디어 생태계와 포괄적 전략을 개발한다. 많은 기업들은 이처럼 점점 더 복잡한 일들을 감독하기 위해 소셜 미디어 관리자를 고용한다.

브랜드 이미지에 대한 온라인 홍보대사로서 소셜 미디어 관리자는 매일 고객들과 소통하면서 더 많은 시청자에게 도달할 수 있는 컨텐츠를 개발해야 한다. 이러한 목표를 달성하기 위해 소셜 미디어 관리자는 검색엔진 최적화(SEO: search engine optimazation)와 같은 전략에 대해 마케팅 팀과 종종 이야기를 나눈다. 이 전략은 구글의 검색 순위에서 더 상단에 있게 해 트래픽이 한 회사의 웹사이트나 소셜 미디어 계정으로 집중되도록 하기 위해 공통 키워드나 유행하는 주제를 사용하는데 초점을 두고 있다. 소셜 미디어 관리자는 동시에 서로 다른 소셜 미디어 플랫폼들 상에서 콘텐츠를 제시하는 방법에 대해 주의해야 한다. 엄청난 양의 메시지를 게시하는 것은 인스타그램과

그림 13.4 고객들과 협력하기 위해 소셜 미디어를 사용하기 위한 조언

소셜 미디어를 사용하는 것은 여러분의 고객들, 동업자들 그리고 사회 전반에 대해 여러분의 브랜드와 아이덴터티를 신뢰하느냐의 문제이다. 세상은 여러분이 프로세스에 참여하는지의 여부에 관계없이 여러분의 브랜드와 관계를 맺고 있다. 여기에 염두에 두어야 할 몇 가지 조언이 있다.

- **여러분의 경쟁자가 소셜 미디어를 사용하려고 하면 여러분 또한 이를 사용하는 것이 좋다.** 50퍼센트보다 많은 트위터 사용자들이 소셜 네트워크상에서 기업, 브랜드나 제품을 팔로우(follow)한다고 말한다.
- **네트워크를 완성시킨 후 포괄적 소셜 미디어 전략을 개발하도록 하라.** 네트워크를 준비해 바로 그것을 활용하려고 하지 말라. 예를 들어 온라인 후원자들의 명단이 늘어나기 시작할 때 오바마(Obama) 모금 조성자들은 바로 그들에게 기부금을 요청하려고 했다. 하지만 그들은 이메일 팀이 사람들로 하여금 그것들이 캠페인의 일부라는 것을 알도록 하는 환경을 만들 때까지 기다리도록 권유되었다.
- **고객의 조언을 진지하게 받아들이고 쌍방향 소통을 확립하라.** 사람들은 들어주기를 기대한다. 만일 여러분이 대응해 준다면 그들은 계속해서 돌아올 것이다. 필요하면 질문과 설문지를 게시하라.
- **여러분의 고객들이 공통 질문들에 답하도록 요청하라.** 여러분의 가장 적극적인 팬과 지지자들이 공통 질문들에 답하도록 요청하는 것은 충성 고객의 가치를 인정하면서도 여러분의 제품이나 서비스에 대한 정보에 신뢰성을 더하는 효과적인 방식이다.
- **진실되라.** 여러분은 언론 공식발표에서 하듯이 알려주는 것이 아니라 여러분의 고객들과 직접 이야기해야 한다. 진실되게 하면 여러분의 기업과 브랜드 중심으로 개성을 만들 수 있다.
- **여러분의 기업 사이트를 사회적이 되게 하라.** 소셜 네트워크를 통해 공유하는 것이 더 쉽도록 공유버튼, 트위트 위젯과 페이스북 좋아요 버튼을 제공함으로써 사회적 공유 기회를 제공하라.

같은 이미지 위주의 플랫폼상에서 많은 상호작용을 만들어낼 수 없다.[23)]

일부 기업들은 그들의 성공이 입소문을 내주는 소셜 미디어 마케팅 캠페인 덕분이라 생각한다. Dollar Shave Club은 수백만 이상의 뷰를 가진 설립자이자 CEO인 마이클 듀빈(Michael Dubin)을 다룬 재미있는 판촉 비디오로 세상을 놀라게 했다. 고객 서비스 역량을 확장하기 위해 소셜 미디어를 사용한 제트블루와 같은 기업들이 있다. 이 항공사는 자사의 소셜 미디어 채널을 계속 모니터하는 25명의 종업원으로 이루어진 팀을 고용하여 10분 이내에 고객들에게 대응하도록 하고 있다. 물론 모든 소셜 미디어 캠페인이 위의 캠페인처럼 원활하게 진행되지는 않는다. 예를 들어 마이크로소프트는 한 때 트위터 사용자들과 상호작용하고 그들이 말하는 방식을 연구하기 위해 테이(Tay)라 불리는 인공지능 챗봇을 개발하였다. 불행하게도 테이의 대화 파트너들은 이 챗봇에게 인종차별주의적이고 불쾌한 말들을 어떻게 하는지를 가르쳐준 즉, 인터넷 토론방에서 남들의 화를 부추기기 위해 메시지를 보내는 사람들이었다. 곧 테이는 이것들 외 다른 것에 대해서는 아무것도 말할 수 없어 마이크로소프트로 하여금 이 챗봇을 시작한지 24시간만에 없애도록 했다.[24)]

그림 13.4는 기업에서 소셜 미디어를 사용할 때 고려할 사항들을 보여준다. 기억해야 할 가장 중요한 것은 소셜 미디어가 목적에 도움이 되어야지 단순히 허울좋은 부가물이 되어서는 안된다는 것이다.

웹 2.0
사람들로 하여금 사회적이고 사업적인 관계를 구축하고 정보를 공유하고 (블로그, 위키, 소셜 네트워킹 사이트와 다른 온라인 커뮤니티와 가상 세계를 포함하여) 온라인으로 프로젝트 협업을 하도록 해주는 도구들의 집합

소셜 네트워킹은 기술 출판사인 팀 오라일리(Tim O'Reilly)가 **"웹 2.0"**으로 언급한 최고의 예이다. 웹 2.0은 사람들로 하여금 사회적이고 사업적인 관계를 구축하고 정보를 공유하고 사용자가 만든 사이트로 온라인 프로젝트 협업을 하도록 해주는 도구들의 집합이다. 사용자가 만든 사이트에는 블로그, 위키(wiki), 소셜 네트워킹 사이트와 다른

변화에 적응하기 인공지능의 한계

이세돌 9단이 13일 알파고에 거둔 첫 승은 바둑사의 값진 승리일 뿐 아니라 인공지능의 미래를 가늠하는 데 있어서도 중요한 시사점을 던질 것으로 보인다. 앞서 열린 1~3국에서 뛰어난 능력을 보여 준 알파고가 4번째 대국에서 드러낸 한계는 인공지능 기술이 지닌 치명적 약점을 함께 노출시켰기 때문이다. 이는 우리가 앞으로 인공지능을 받아들이고 적용하는 데 있어서 고민해야 할 세 가지 논란거리를 제시한다.

알파고는 4국에서 이 9단의 절묘한 78수 이후 '떡수'(이상한 수)를 연발하며 맥을 못 추렸다. 해설자들은 2국 때 몇몇 이상한 수를 두다가 결국 승리로 연결시킨 알파고의 신선한 수법들을 보았기 때문에 조심스럽게 접근하면서도 "이상하다"며 고개를 갸웃했다. 이번 결과는 알파고의 완패였다. 이는 알파고뿐 아니라 이런 류의 인공지능이 가지고 있는 결정적인 한계다.

알파고 시스템은 인간의 뇌를 흉내내 구조를 만들고, 여기에 방대한 양의 데이터를 입력한 뒤 컴퓨터가 스스로 법칙을 깨우치도록 하는 '머신 러닝'(기계학습) 방식을 따르고 있다. 덕분에 알파고는 마치 인간의 직관이 번뜩이는 듯한 바둑을 둘 수 있었던 것이다. 하지만 이 방식은 스스로 학습한 적이 없는 상황에 맞닥뜨릴 경우 터무니 없는 결과값을 도출한다는 치명적 단점이 있다. 그리고 이번 4국에서 이 치명적 단점이 드러난 것이다. 감동근 아주대 교수(전자공학과)는 "인공지능한테서 이런 어이없는 실수는 항상 튀어 나올 수 있다"고 지적했다.

인공지능의 이런 한계는 바둑 같은 게임에서야 큰 문제를 일으키지 않지만 다른 분야에선 인명 위협 등 심각한 상황을 불러올 수 있다. 앞으로 인공지능이 본격적으로 적용될 영역으로 꼽히는 군사무기, 의료진단, 무인자동차 등이 대표적인 예이다. 스티븐 호킹 같은 세계적 석학들은 인공지능의 군사무기 분야 적용에 대해 오래 전부터 경고했다. 구글이 현재 기술 적용을 실험하고 있는 의료진단과 무인자동차 역시 예외적 실수조차 용납될 수 없는 분야이다. 이에 대해 '알파고의 아버지'라 불리는 데미스 하사비스 구글 딥마인드 최고경영자(CEO)는 "알파고는 아직 프로토타입(시제품)"이라고 말했다.

두 번째는 책임 문제다. 미래에 행여 이런 실수로 사고가 발생했을 때 그 책임은 누가 져야 할까? 이번 대결에서도 확인됐듯이, 사람들은 인공지능의 독립성을 무의식 중에 인정하는 경향이 크다. 알파고가 이 9단에게 이겼을 때 대부분의 언론이 '알파고를 만든 구글 연구진이 이 9단에 이겼다'고 하지 않고 '인공지능이 인간에게 이겼다'고 했다. 또 졌을 때도 '인간이 승리했다'고 했다. 승부의 책임이 온전히 알파고에 있는 것처럼 보인다.

역시 바둑과 같은 게임에선 큰 문제가 되지 않지만, 인명과 관련된 영역에선 인공지능의 실수가 발생했을 때 책임 문제를 놓고 큰 혼란이 일어날 가능성이 크다. 스스로 학습을 했으니 인공지능이 책임을 지도록 해야 할 것인가, 아니면 인공지능을 개발한 연구진에게 책임을 지워야 할 것인가. 인공지능 기술이 발전 · 확산하기 위해서는 먼저 이런 법적 · 윤리적 논란을 풀어야 할 것으로 보인다.

끝으로 알파고와 같은 인공지능은 기존에 기록된 방대한 양의 '데이터'가 없으면 무용지물이나 마찬가지라는 점도 논란거리다. 하사비스 대표는 기자회견에서 알파고가 이세돌에 대비해 특별훈련을 받았는지를 묻는 질문에 "수백만 개의 데이터가 없으면 하고 싶어도 못한다"고 말했다. 이 9단의 대국 기록이 얼마 되지 않아 불가능했다는 얘기다. 다시 말하면 현재의 인공지능 기술은 수백만 개의 컴퓨터 데이터가 쌓여 있는 제한된 영역에서, 그런 '빅데이터'에 접근할 수 있는 이들만 활용이 가능한 기술이라는 뜻이다.

출처:https://www.hani.co.kr/arti/economy/it/734883.html

온라인 커뮤니티와 가상 세계가 있다(이와 관련해서 웹 1.0은 구글과 아마존 같은 기업이 만든 사이트를 말한다) 페이스북, 유투브와 트위터는 가장 큰 웹 2.0 기업으로 여기서는 일반 사람들이 모든 콘텐츠를 만든다.

웹 3.0

웹 혁신가들의 또 다른 세대는 웹의 효용을 확장하여 거의 모든 응용에 있어 전례없는 수준의 지능을 가능하도록 해준다, 목표는 필요할 때 실시간으로 데이터를 추출하는 것이다. 여러분이 데이터를 추출함에 따라 그 시스템은 여러분과 여러분의 흥미에 대해서 알고 여러분에 대해서 여러분이 좋아한다고 그 시스템이 "생각하는" 정보를 준다.[25] **웹 3.0**으로 알려진 이 기술은 사람들이 웹과 어떻게 상호작용하고 또 반대로 웹이 사람들과 어떻게 상호작용하고 있는지에 대한 변화를 보여준다.[26] 웹 1.0을 정적인 웹(Static Web)으로 웹 2.0을 소셜 웹으로 묘사하는 사람들은 웹 3.0을 개인 웹(Personal Web)으

웹 3.0
인텔리전스를 더하고 사람들이 웹과 상호작용하고 반대로 웹이 사람들과 상호작용하는 방식을 변화시키는 기술의 조합(인공지능, 모바일 웹과 몰입형 인터넷(immersive internet)으로 구성된다)

로 묘사한다. 여러분은 웹 3.0을 지능을 갖춘 웹 2.0으로 생각할 수 있다. 웹 3.0 기술은 인공지능, 모바일 웹과 몰입형 인터넷(immersive internet)의 세 가지 요소를 포함하는데 이 모든 것은 많은 사람이 사물인터넷이라 부르는 것으로 이어진다.[27)]

인공지능 이 장의 앞 부분에서 맥도날드의 경우를 보았듯이 많은 기업들은 이제 자동으로 수많은 데이터를 자세히 살펴보고 분석할 수 있는 고급 컴퓨터 프로그램에 의존한다. 이 인공지능으로 움직이는 시스템은 기업들로 하여금 기업 고객들에게 더 나은 서비스를 제공하는 동시에 또한 고객들에 대해 더 많은 것을 알도록 해준다. 예를 들어 매주 수백만 명의 스포티파이(Spotify) 사용자들이 기업의 기계 학습 알고리즘에 의해 편집된 맞춤형 곡목표(playlist)를 받는다. 이것은 사용자들에게 그들이 이전에 들어본 적이 없는 아티스트(artist)들에 대해 알려줄 뿐만 아니라 음악 스트리밍 플랫폼이 그들의 사용자들이 듣고 있는 것에 대한 데이터를 수합하도록 해준다. 인공지능이 우리의 미래를 만들어 갈 것으로 기대되는 반면 '변화에 적응하기' 글상자 안의 내용은 인공지능의 한계를 보여준다.[28)]

모바일 웹 스마트폰과 같은 모바일 장비는 사람들로 하여금 그들이 어디에 있는지 관계없이 웹에 접속하도록 해준다. 특정 지역에 있는 음식점이나 가게를 찾는 것은 사용자의 위치를 즉각 파악해주는 위치기반 서비스로 인해 쉽다. 많은 기업들 또한 온라인 주문과 고객보상 프로그램을 위해 모바일 앱을 사용하여 고객들에게 편리성과 빈번한 할인을 제공한다. 많은 소비자들이 온종일 장비들 사이를 왔다갔다하기 때문에 기업들이 그들의 앱과 웹사이트가 여러 플랫폼을 통해 운영될 수 있도록 하는 것이 중요하다. 사용자들은 랩탑, 스마트폰 또는 태블릿을 사용하는지의 여부에 관계없이 일관된 고품질의 접속에 의존할 것이다. 사용자들은 그들이 필요로 하는 것이나 그들이 이전에 있었던 곳을 발견할 수 없을 때 좌절하거나 짜증을 낸다.[29)]

몰입형 인터넷 몰입형 인터넷은 가상 현실(VR: virtual reality), 증강 현실(augmented reality)과 3D 환경을 포함한다. VR 기술의 사용은 향후 몇 년간 교육에서 급격히 증가할 것으로 기대된다. 예를 들면 Google Expeditions는 학생들을 상상할 수 있는 거의 모든 장소로의 여행에 데리고 가기 위해 VR 헤드폰을 사용한다. Great Barrier Reef(역자 주, 오스트레일리아 북동부의 퀸스랜드(Queensland) 해안과 병행하는 큰 산호초)의 형형색색의 산호로부터 먼지 투성이의 달 표면까지 학생들은 공짜 앱과 15달러만 하는 VR 헤드폰인 Google Cardboard만으로 이러한 곳들을 방문할 수 있다.[30)] 물론 모든 VR 시스템이 이것처럼 비용을 감당할 수 있는 것은 아니다. 500달러나 되는 돈으로 Oculus Rift나 HTC Vive 헤드폰을 산 뒤에도 사용자들은 VR 시스템을 작동시키기 위해 고성능 컴퓨터를 필요로 한다. 고객들은 그들이 필요한 하드웨어를 이미 갖고 있지 않다면 결국 개당 수천 달러를 소비할 수도 있다. 가상 현실 비용은 기술이 잠재적으로 250억 달러 산업으로 성장함에 따라 계속해서 떨어질 것으로 기대된다.

사물인터넷(Internet of Things) 인터넷은 더 많은 사람들을 점점 더 빨리 연결하고 모바일 장치는 사람으로 하여금 항상 온라인에 있게 한다. 우리를 인터넷에 연결하는 것은 전화와 태블릿만이 아니다. 이외에도 우리를 연결하는 여러 물건들이 있어 사물인터넷(IoT: Internet of THings)이란 용어가 인기를 끌고 있다. IoT는 일상 사물들을 센서, 카메라, 소프트웨어, 데이터베이스와 대규모 데이터 센터를 이용하여 인터넷에 연결하도록 해주는 기술을 말한다.[32] 여러분의 스마트폰이나 컴퓨터로 자동으로 여러분의 집 온도를 내리거나 올리고, 조명을 켜거나 끄고, 문을 잠그는 와이파이 기반의 홈 오토메이션 네트워크들이 있다. 사람들은 또한 이러한 일들과 그 이상의 일들을 하기 위해 아마존의 알렉사나 구글 홈 같은 음성으로 작동하는 것을 사용할 수 있다. 스마트 워치, Fitbit같은 운동 밴드나 여러분 운동복의 전도성 섬유와 같은 웨어러블(wearable)은 여러분의 호흡과 심박동수를 관찰하고 걸음수를 세고 이러한 정보를 여러분의 스마트폰으로 보내준다.[33]

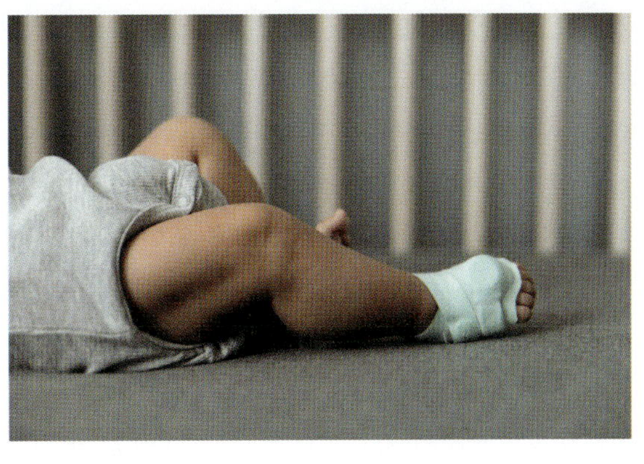

Owlet Smart Sock은 유아의 심박수와 산소농도를 추적하여 부모들이 자신의 아이가 주어진 시간에 어떻게 지내는지를 알 수 있도록 해준다. 이와 같은 웨어러블 기술이 대중화됨에 따라 사람들이 일상생활을 하는 방식이 변화되게 된다. 스마트 의류와 다른 형태의 웨어러블 기술의 장단점은 무엇이라고 생각하는가?

곧 우리 생활의 모든 부분이 계량화되어 우리로 하여금 우리의 의사결정에 대해 더욱 더 책임지도록 할 것이다. 예를 들어 생명 보험 기업인 존 한콕(John Hancock)은 최근 고객들에게 자신들의 수면과 운동습관에 대한 정보를 수집하는 건강 추적기를 착용할 수 있는 옵션을 제공했다. 만일 Fitbit이 보험계약자가 건강한 생활을 하고 있다고 보여주면 보험료는 내려갈 것이다. 전문가들은 이와 같은 IoT 기술이 이전의 데이터 네트워크보다 20배까지 빠르게 작동하는 5G 무선 네트워크의 도래로 더욱 더 확산될 것으로 기대한다. 이것은 공장들에 있어서도 복잡한 유선 네트워크 대신 고속 와이파이를 통해 로봇 조립라인과 통신하도록 해주어 효율성과 신뢰성을 모두 증가시킨다. 5G 네트워크는 교통 상황과 환경 지속 가능성 개선시키기 위해 지역사회의 데이터를 연결하여 "스마트 시티"를 만드는데 이용될 수도 있다.[34]

인터넷의 대장은 누구인가?

미국 국방부가 1960년대 후반에 첫 번째 컴퓨터 네트워크를 만들었다. 그리고 스위스의 물리 실험실에서의 소프트웨어 엔지니어인 버너스 리(Berners-Lee)가 1990년에 월드 와이드웹(World Wide Web)을 발명했다.[35] 그러나 지금은 누가 인터넷을 통제하는가? 몇 년동안 미국 상무부는 여러분이 컴퓨터에 ".gov"나 ".edu"를 포함하는 웹주소를 입력할 때 컴퓨터가 어디로 가야하는지를 말해주는 디지털 디렉토리인 도메인 이름 시스템에 대한 최상도메인서버(root server)를 통제했다. 이것이 미국에 인터넷에 대한 모호한 소유권을 주었다. 미국은 네트워크들의 관리를 기업, 학계와 정부를 포함하는 많은 이해 당사자들을 대표하는 민간위원회의 손에 두기 위해 1998년에 인터넷주소관리기구(ICANN: Internet Corporation for Assigened Names and Numbers)를 만들었다.

2016년에 미국 정부는 남아 있는 소유권도 ICANN에 그냥 주어 조직을 전부 민간 기업으로 만들기로 했다. 몇몇 사람들은 미국 정부의 철수가 ICANN에서의 힘의 균형을 깨뜨려 다른 나라들로 하여금 인터넷에 대한 통제 정책을 도입하도록 했다고 주장한다. 그럼에도 불구하고 지금까지 미국은 인터넷이 언론 자유에 대해 정부의 규제와 제한으로부터 자유로워야 한다는데 동의한 국가들의 연합체를 구축하는데 있어 성공적이었다.[36] 이것은 여러분에게 무엇을 의미하는가? 이것은 언젠가 인터넷이 오늘날과는 아주 달라질 것이라는 것을 의미한다. 미래에는 인터넷 상에서 여러분이 원하는 곳에 접속하거나 원하는 것을 말하는 것이 자유롭지 못할 수도 있다. 반면에 긍정적인 시나리오에서는 연합체가 인터넷이 모두에게 계속 개방적으로 유지될만큼 충분히 강하게 남아있을 수도 있다. 무엇이 맞을지는 두고 보아야 할 것이다.

시험 준비

- 컴퓨터 네트워크들은 종업원들이 정보를 모으는 방식을 어떻게 변화시켰는가?
- 사물인터넷은 무엇인가?

학습목표 13-4 가상 네트워킹을 설명하고 클라우드 컴퓨팅에 대한 장점과 단점을 논의할 수 있다.

가상 네트워킹과 클라우드 컴퓨팅

클라우드 컴퓨팅은 사람과 기업이 기술을 사용하는 방식을 변화시킨다. 이들 데이터가 자신의 컴퓨터에 있는 것보다 클라우드에 저장되기 때문에 사용자들이 어디에서든 파일에 자유롭게 접근할 수 있다. 클라우드 컴퓨팅이 여러분의 프로그램들과 파일들에 접근하는 방식을 어떻게 변화시켰는가?

컴퓨터들은 하드웨어(케이블, 스위치 등)나 소프트웨어의 두 방식으로 연결될 수 있다. 모든 컴퓨터에 대해 기업은 하드웨어 기반의 네트워크에 있어 시간을 소모하는 고장부터 치명적인 바이러스까지 많은 문제들을 가지고 있다. 이에 대비하기 위해 많은 기업들은 소프트웨어 기반의 컴퓨터들이 복수의 운영 시스템과 프로그램을 실행하고 저장장치를 공유하도록 해주는 **가상 네트워킹**에 의존한다. 가상 네트워킹은 외부적이거나 내부적일 수 있다. 외부 네트워킹은 물리적 구성요소에 상관없이 접근될 수 있는 하나의 단일 자원(single pool)으로서 네트워크를 다룬다.(즉 연결된 컴퓨터들은 네트워크상의 모든 다른 컴퓨터들의 자원을 공유한다) 내부 네트워킹은 하나의 중앙 컴퓨터의 자원을 다른 연결된 컴퓨터들과 공유한다.[37] 여러분은 외부 네트워킹을 분산화된 것으로서 내부 네트워킹을 중앙집중화된 것으로 생각할 수 있다.

가상화하고 싶지만 자신의 사무실에 모든 데이터를 저장하고 싶지 않은 기업들은 **클라우드 컴퓨팅**을 선택하면 된다. 이 기술은 기업의 데이터와 응용 프로그램을 인터넷으로 접근할 수 있는 좀 떨어진 곳의 데이터 센터들에 저장한다.[38] 데이터는 반드시 하나의 데이터 센터에 보관될 필요는 없다. 전 세계 각지의 데이터 센터에 흩어져 보관될 수도 있다. 해당 데이터는 인터넷 연결만 된다면 어떤 컴퓨터에서든지 쉽게 접근될 수 있다. 아마존, 구글, 마이크로소프트와 IBM 같은 판매업체들이 월정액으로 클라우드 컴퓨팅을 제공한다.[39]

세가지 형태인 1) 사설 클라우드(완전히 방화벽 뒤에 있는), 2) 공용 클라우드(원격 컴퓨터상에서 실행되는), 그리고 3) 복합 클라우드(필수 업무를 위한 사설 클라우드지만 필요에 따라 공용 클라우드 사용)[40]의 클라우드 컴퓨팅이 있다.[41]

가상 네트워킹
소프트웨어 기반의 연결된 컴퓨터들이 복수의 운영 시스템과 프로그램을 실행하고 저장장치를 공유하도록 해주는 프로세스

클라우드 컴퓨팅
가상화의 한 형태로 기업의 데이터와 응용 프로그램을 인터넷으로 접근할 수 있는 좀 떨어진 곳의 데이터 센터들에 저장한다.

클라우드 컴퓨팅의 이점은 다음과 같다.

1. **감소된 소프트웨어 비용** 대부분의 소프트웨어는 서비스 제공자가 공급하기 때문에 무료이다. 이미 클라우드에 설치되어 있기 때문에 업그레이드에 대한 추가 비용이 없거나 이 모든 패치(patch, 역자주: 일반적으로 게임을 조정하거나 버그와 결함을 제거하기 위해 개발자가 제공하는 업데이트)들을 설치하는데 시간이 걸리지 않는다.
2. **개선된 보안** 좀 떨어진 센터들은 데이터에 대한 전면적이고 정기적인 백업을 제공하는데 이는 많은 작은 기업들이 정기적으로 할 수 없는 것이다.
3. **유연한 용량** 때때로 기업들은 최대 수요기간 동안에는 상당한 양의 용량을 필요로 하지만 이외 시간대에는 훨씬 덜 필요로 한다. 클라우드 컴퓨팅은 기업으로 하여금 필요할 때 필요한 양만 임차할 수 있도록 해 준다. 만일 필요성이 증가하면 더 많이 임차하면 된다. 이는 자신의 니즈를 정확하게 예측할 수 없는, 성장하는 기업에는 특히 중요하다.
4. **더 저렴한 장비 비용** 응용 프로그램이 클라우드에서 실행되고 여러분 책상 위에서 실행되지 않기 때문에 여러분은 비싼 장비를 구매할 필요가 없다.
5. **더 쉬운 접근** 여러분이 인터넷을 통해 클라우드에서 여러분의 모든 문서에 접근할 수 있기 때문에 문서를 공유하고 모두가 최신의 버전으로 작업하도록 하는 것이 훨씬 더 쉽다.

물론 클라우드 컴퓨팅 또한 단점을 갖고 있다. 단점은 주로 보안, 안정성 그리고 자료의 통제에 대한 우려와 관련이 있다.[42] (우리는 이 장의 뒷 부분에서 이것들을 더 자세히 다룰 것이다) 예를 들어 2017년 초에 아마존 웹 서비스는 청구 시스템에서의 버그(bug, 역자주: 코딩에서의 실수로 인해 개발자가 의도하지 않은 결과가 게임 속에서 나타나는 것을 의미)를 수정하는 동안에 실수로 여러 대의 서버들을 정지시켰다. 이 실수로 수십만 개의 웹사이트가 자신의 클라우드 저장소에 접근하지 못해 몇 시간동안 오프라인으로 있어야 했다. 물론 다른 네트워크들도 중단으로 피해를 겪었다.[43] 최근에는 인기 있는 클라우드 저장 서비스인 드랍박스(Dropbox)의 해킹으로 7,100만 명의 사용자 비밀번호가 의도치 않게 공개되었다.[44] 이러한 보안 문제를 방지하기 위해 소프트웨어 기업인 VMware는 IT관리자가 사설 및 공용 클라우드상의 데이터를 통제하여 비용절감과 클라우드 서비스의 유연성을 누리면서도 여전히 보안에 대한 통제를 유지하는 서비스를 제공한다.

시험 준비

- 컴퓨터 네트워크들은 종업원들이 정보를 관리하는 방식을 어떻게 변화시켰는가?
- 클라우드 컴퓨팅의 장점과 단점은 무엇인가?

학습목표 13-5 정보기술에 의해 영향을 받는 인적 자원, 보안, 프라이버시 그리고 안정성 이슈를 평가할 수 있다.

정보기술의 관리에 대한 영향

정보기술의 증가는 관리에 크게 영향을 미쳐왔고 계속 그렇게 될 것이다. 오늘날 네 가지 주요 이슈는 인적 자원의 변화, 보안 위협, 프라이버시와 안정성이다.

인적 자원 이슈

우리는 수직적 조직 구조와 수평적 조직 구조에 대해 7장에서 살펴보았다. 컴퓨터는 종종 중간관리 기능을 없애 조직구조를 더 수평적으로 만든다.

인적 자원 관리자는 새로운 기술을 사용하는 방법을 아는 종업원을 신규 모집하거나 기존 종업원을 훈련시킬 필요가 있다. 기술이 발전하는 속도는 서로 다른 나이의 작업자 사이의 기술 숙련도(tech skill) 면에서 세대 격차를 만들어낸다. 이는 신규 모집과 훈련에 있어서 더 큰 어려움을 야기한다. 기업들은 종종 이를 해결하기 위해 내부 직원 대신에 컨설턴트를 고용한다. 기술적인 훈련을 외부에 맡기는 것은 기업들로 하여금 자사의 핵심 비즈니스에 집중하도록 해 준다.

컴퓨터와 인터넷의 가장 큰 영향은 아마도 재택근무일 것이다. 기업의 네트워크에 연결된 컴퓨터를 사용하여 움직임이 자유로운 종업원은 자신이 상사의 사무실로 직접 가는 것처럼 쉽게 자신의 일을 어디서든 사무실로 전송할 수 있다. 이는 자연스럽게 이동시간과 전체 비용을 줄여주고 종종 생산성을 증가시킨다. 사무실에 더 적은 종업원들이 있다는 것은 기업이 이전보다 더 작고 따라서 더 저렴한 사무실 공간에서 일을 해 나갈 수 있다는 것을 의미한다.

재택근무로 어린 아이들이나 노인들과 함께 집에 머물면서 일을 할 수 있다. 재택근무는 장애를 갖고 있는 종업원들에게는 엄청나게 요긴하다. 사무실에서보다 집에서 일하기로 선택한 종업원들은 종종 스트레스가 줄어들고 사기가 좋아지는 것으로 나타났

그림 13.5 정보기술이 일하는 장소를 바꿀 때

관리자들	작업자들
• 명령과 통제에 의한 통치보다 부하의 헌신을 고취시켜야 한다.	• 관리자 지시 없이 행동을 취할 수 있는 주도자가 되어야 한다.
• 필요한 직무 기술에 있어서 작업자를 훈련하고 이들이 목표를 달성할 지원이 주어진다는 것을 확실히 해주고 업무와 기업의 일 사이의 관계를 설명해주는 코치가 되어야 한다.	• 재무적으로 잘 알고 그들이 하고 있는 일과 그들이 제안한 변화들이 기업에 미치는 영향을 이해할 수 있어야 한다.
• 일정계획, 우선순위 설정과 심지어 보상에 대해 작업자들에게 더 큰 권한을 주어야 한다.	• 그룹 내의 문제를 해결하는 방법과 기업 내 다른 기능들과 협업하는 방법을 포함하여 그룹 상호작용 기술을 배워야한다.
• 고객만족이나 특정한 목표의 달성에 바탕을 둔 작업자의 성과를 측정하기 위해 새로운 정보기술을 활용하여야 한다.	• 자신들 업무상 새로이 이용 가능한 정보를 활용하기 위해 새로운 수학적, 기술적 분석기술을 개발해야 한다.

다.[45] 재택근무는 자발적으로 행동하는 사람들이나 집에서도 집중이 방해되지 않는 사람들과 동료와 면대면 상호작용을 필요로 하지 않는 사람들 사이에서는 가장 성공적이다.

재택근무는 무선 시대의 가장 큰 인적자원 요건들 중의 하나이지만 일부 종업원들은 다른 종업원들보다 재택근무 요구에 더 적합하다. 여러분은 재택근무에 필요한 능력을 가지고 있는가?

하지만 전자통신은 열정과 팀 정신(team spirit)을 만들어 내는데 있어 면대면 소통을 결코 대체할 수 없다. 재택근무가 인기가 올라가는 순간에도 몇몇 재택근무자들은 장거리 업무가 자신을 혼란에 빠지게 하거나 상황을 잘 알지 못하는 느낌을 갖도록 한다고 보고한다. 어떤 사람들은 사회적 상호작용을 그리워하거나 자신의 일상 속으로 일이 들어오는 것을 싫어한다. 집에서 일하는 사람들은 언제 일을 그만두어야 하는지를 모른다. 따라서 몇몇 기업들은 재택근무를 파트타임의 대안으로만 이용하고 있다. 실제로 산업은 이제 재택근무를 최소한 일주일에 이틀 집에서 일을 하는 것으로 정의한다.[46]

그림 13.5는 정보기술이 관리자와 작업자가 상호작용하는 방식을 어떻게 변화시키는지를 보여준다. 재택근무와 재택기반의 작업자들에 대한 추가적인 정보를 위해서는 5장과 10장을 보라.

보안 이슈

"보안" 정보는 기업들의 네트워크에 몰래 잠입하는 해커, 정보를 훔치는 종업원 또는 기업들 자신의 무능력, 서투른 게이트키핑(gatekeeping)이나 허술한 절차로부터의 위험에 처해 있다. 컴퓨터 보안은 스마트폰과 운영 네트워크, 소셜 네트워크와 온라인 게임, 클라우드 저장 데이터베이스 그리고 USB 저장 장치(플래쉬 드라이브와 메모리카드)가 해커의 목표가 됨에 따라 오늘날 어느 때보다 더 복잡하다. 정보가 중앙 컴퓨터에서 처리되었을 때, 단일 데이터 센터는 여기에 대한 접근이 제한되어 있었기 때문에 통제하기가 더 쉬웠다. 그렇지만 오늘날 컴퓨터들은 기업 내 모든 지역에서 접근될 뿐만 아니라 함께 일하는 기업의 지역 등 다양한 지역에서 접근이 가능하다.

바이러스 진행 중인 보안위협은 인터넷상의 컴퓨터 바이러스 확산이다. 바이러스는 어떤 희생자에 대해 대개 원하지 않는 사건을 유발하는데 이것이 일어날 때까지 대개 잠복해 있는 다른 프로그래밍에 삽입된 하나의 프로그래밍 코드이다. 사용자들은 감염된 프로그래밍인줄 모르고 온라인으로 다운로드 받거나 감염된 USB 저장 장치를 공유함으로써 바이러스에 감염된다.[47] McAfee와 Norton AntiVirus 같은 프로그램들은 여러분의 컴퓨터가 알려진 바이러스에 감염되지 않도록 해준다. 바이러스들이 끊임없이 개발되기 때문에 바이러스백신 프로그램들이 제한된 성공만을 거둘 뿐이다. 따라서 여러분의 바이러스 백신 보호가 최신으로 유지되도록 하는 것이 중요하고 더 중요한 것은 모르는 출처의 파일을 다운로드하지 않음으로써 안전한 컴퓨팅을 실천하는 것이다.

바이러스
어떤 희생자에 대해 대개 원하지 않는 사건을 유발하는 다른 프로그래밍에 삽입된 하나의 프로그래밍 코드

해커 기업이 고객 자료를 저장한다면 그 자료의 적절한 보호에 관해서 법과 규정을 따라야 한다. 보안 문제를 다룰 인적 자원이 없는 많은 소규모 기업들은 Alert Logic이나

Perimeter E-Security 같은 보안 서비스 공급자(MssP: managed security services provider)를 이용하는 것을 고려할 수 있다.[48] MssP는 방화벽, 가상의 사설 네트워크, 웹 필터링과 스팸 방지 프로그램, 보안 지능 서비스와 무선과 모바일 기능을 설치하고 관리한다. 그러나 이 모든 보호 시스템에도 불구하고 해커는 여전히 침입할 방법을 찾을 수 있다. Yahoo!는 30억 개보다 많은 계정이 해커로 인해 이름과 비밀번호 같은 개인 정보가 유출되었을 때 해커와 타협하기로 했다고 밝혔다. 2018년에 호텔 체인인 Marriott International은 해커가 3억 8천만 명보다 많은 투숙객으로부터 신용카드 정보, 주소와 심지어 여권번호를 훔쳤을 때 똑같은 공격을 경험하였다.[49]

여러분의 가장 필수적인 정보를 보호할 책임이 있는 조직들조차도 해커에 취약하다. 2017년에 1억 4천 5백만 명보다 더 많은 사람들이 해커가 소비자 신용 리포트 기관인 Equifax를 해킹했을 때 주민등록번호, 생일과 같은 중요한 정보를 유출당했다. 해킹으로 수백만의 사람들이 자신의 신분이 유출될 큰 위험에 노출되어 있다.[50] **신분 도용**은 불법적인 목적으로 주민등록번호와 신용카드번호와 같은 개인들의 정보를 얻는 것이다. 여러분이 신분 도용될 위험이 있다면 여러분의 모든 계정들에 대한 비밀번호를 재설정하고 비밀번호 관리를 시작해야 한다고 전문가들은 조언한다. 전문가들은 이중 인증의 실행 또한 추천하는데 이는 기존 시스템에 추가 보안 장치를 마련하는 것을 말한다. 많은 기업들은 종업원 복지로 신분 도용 보호를 제공한다. 이러한 선택은 절반보다 더 많은 신분 도용 희생자들이 신분 도용 문제를 해결하기 위해 장기간 쉴 수밖에 없었다고 보고했기 때문에 종업원만큼 기업에도 도움이 된다. 4분의 3 정도의 신분 도용 희생자들이 신분 도용의 결과로 심각한 정서적 고통을 겪었다고 말했다.[51]

신분 도용
불법적인 목적으로 사회 보장번호와 신용카드번호와 같은 개인들의 정보를 얻는 것

일부 보안 전문가들은 기업들이 자사의 시스템들이 침범될 수 있다고 간주하고 해커와 싸우도록 조언했다. 이들은 해커들이 미래의 해킹을 단념하도록 해커들을 좌절시키고 해커들의 비용을 급증시킬 방법을 사용할 것을 제안한다. 이러한 방법들에는 데이터 도둑들을 오도하기 위해 자사의 시스템들에 거짓 정보를 심어두고 불법 침입자에 대한 정보를 모으는 미끼를 만드는 것이 포함된다. 만일 한 해커가 이러한 가짜 게이트웨이를 통해 접근하려고 하면 IT 작업자들은 이들을 쉽게 확인할 수 있고 이들에 대한 보호조치를 취할 수 있다.[52] 핵심은 데이터를 저장하는 기업들은 자신들을 해커들로부터 보호하기 위해 더 강력하고 스마트한 도구를 마련해야 한다는 것이다.

2014년에 해커들은 야후를 해킹해 30억 개 이상 계정의 개인정보를 유출하였다. 누군가가 여러분의 중요한 정보를 훔쳤을 때 여러분은 피해를 입지 않기 위해 무엇을 할 수 있는가?

피싱(Phishing) 피싱은 또 다른 형태의 온라인 보안 위협이다. 사기꾼은 메시지가 진짜처럼 보이도록 이베이, 페이팔 또는 시티뱅크와 같은 잘 알려진 브랜드에 대해 훔친 로고로 이메일 메시지를 꾸밀 것이다. 피싱 메시지는 종종 "계정 활성화가 필요하다"거나 "여러분이 확인하지 않으면 여러분의 계정이 취소될 것이다"와 같이 되어 있다. 희생자들이 메시지에 포함된 링크를 클릭하면 이들의 개인 정보를 취해 사기를 치는데 사용되는 가짜의 웹사이트로 유도된다. 피싱 사기를 피하는 최선의 방법은 이메일 메시지에 있는 링크를 통해 웹사이트에 접근하지 않는 것이다. 대신에 새로운 윈도우를 열어 회사의 홈페이지에 직접 들어가는

것이다.

인터넷이 많은 사람들의 일상생활에 있어 계속 중요한 위치를 차지함에 따라 인터넷 사용을 둘러싼 법적 이슈들은 점점 증가할 것이다. 오늘날 저작권법과 외설법은 가상세계에서도 시작되고 있다. 다른 법적인 문제들은 지적재산권과 계약 분쟁, 온라인 성희롱과 인종차별 그리고 판매를 부정하게 하려는 전자통신과 관련이 있다. 사이버 범죄는 세계 경제에 연간 6,000억 달러 정도의 비용을 초래할 것으로 추정된다.[53]

랜섬웨어(Ransomware) 데이터를 인질로 잡는 악의적인 소프트웨어는 랜섬웨어로 알려져 있다. 랜섬웨어는 누군가가 여러분으로부터 소중한 무언가를 취하여 여러분이 그것을 돌려받으려면 비용을 지불해야 하는 유괴와 같다. 피싱처럼 랜섬웨어는 컴퓨터를 잘못된 링크나 진짜처럼 보이는 이메일 첨부파일을 통한 바이러스로 감염시킨 후 작동한다. 역사상 가장 큰 사이버 공격들 중 하나는 2017년 5월 12일에 있었는데 이때 WannaCry로 불리는 랜섬웨어가 인터넷을 강타했다. 첫 몇 시간만에 150개 국가에 있는 20만대의 기계들이 감염되었고 그 기계의 소유자들은 자신의 데이터를 복구하기 위해서는 비용을 지불하도록 요청받았다. 많은 병원들과 독일과 러시아의 철도처럼 르노와 영국 국립 보건원 같은 큰 조직도 이 공격을 받아 마비되었다.[54]

사이버테러리즘 2001년 9월까지는 기업 및 정부의 보안 관계자가 온라인 절도, 신용카드 사기와 해커에 대해 주로 걱정을 했다. 오늘날 이들은 사이버테러리즘이 국가의 통신인프라, 통화 공급, 전기 설비와 교통시스템에 가할 위협에 대해 걱정한다. 예를 들면 2016년 미국 대통령 선거 동안에 러시아에 본부를 둔 해커들은 민주당 전국 위원회의 디지털 방어를 뚫고 중요한 정보를 훔쳐갔다. 이러한 사이버 공격이 앞으로 몇 년간 중요한 문제임에도 불구하고 많은 사람들은 에너지 분야에 대한 잠재적인 공격 또한 걱정을 하고 있다. 최근 미국의 대형 공공 전기회사는 사이버 공격이나 국가 재난이 발생할 때 사용될 주요 전기장비를 비축할 조직인 그리드보증(Grid Assurance)을 만들었다. 아이디어는 만일 해커들이 전기시스템의 일부에 손상을 가하면 그리드 보증은 서비스를 오랫동안 중단시키지 않고서도 손상된 부분을 쉽게 대체할 수 있도록 하는 것이다.[55]

미국국토안보부의 주요 인프라 보호 위원회가 미국의 주요 인프라의 보안을 개선하기 위한 계획을 수립하기 위해 2001년 9월 11일 이후 설치되었다. 이 기관은 전국에 있는 기업들의 협력을 필요로 하는데 이는 이 기관이 보호할 시스템의 85퍼센트가 민간 부분에 있기 때문이다. 하지만 기업들은 자사의 자산을 보호하는 능력에 대한 국민의 신뢰를 잃어버릴까 두려워 보안 침입에 대한 보고서를 제출하길 꺼린다. 국회는 2002년 중요 인프라 정보법을 통과시켜 기업들이 미국국토보안부에 제공하는 모든 정보를 비밀로 유지할 수 있게 되었다. 이는 보안 기술을 개선하기 위한 장기적 노력의 시작일 뿐이다.

프라이버시 이슈

기술 이용의 증가는 프라이버시에 대한 우려를 자아낸다. 2018년에 페이스북의 내부 고발자는 페이스북이 캠브리지 애널리틱스(Cambridge Analytics)라는 조직이 5000만

윤리적 의사결정

점점 더 갈수록 비매너적인 소셜 네트워크와 싸우기

inthemoment.io

소셜 미디어가 이전보다 더 인기가 많아졌음에도 불구하고 많은 미국인들은 페이스북과 트위터와 같은 플랫폼에 대한 신뢰를 잃어가고 있다. 한 연구에 따르면 응답자의 30%만이 소셜 미디어가 뉴스 및 일반 정보의 출처로 이용된다고 말한다. 대부분의 참가자들은 커져가는 불신의 이유로 신분 도용, 편파적 발언과 사이버 폭력과 같은 이슈들을 지적한다.

이러한 이슈들은 팀 켄달(Time Kendal)로 하여금 2017년에 자신의 스마트폰에서 페이스북을 삭제하도록 하게 했던 것들이다.

"나는 나 자신에 대해 기분이 나빴다. 나는 불충분하다고 느꼈다."고 켄달이 말했다. 설상가상으로 그는 자신이 이 문제에 직접 기여했다고 느꼈다. 켄달은 초창기에 페이스북에서 일했고 페이스북의 비즈니스 모델의 개발을 도왔다. 그는 지금은 사람들이 통계와 코칭 세션을 통해 자신의 전화 사용에 대해 더 신경을 쓰도록 도와주는 모바일 앱인 Moment라 불리는 스타트업을 운영하고 있다. 켄달이 소셜 미디어가 나쁘다고 생각하지 않으면서도 그는 사람들이 자신의 삶에 있어 올바른 균형을 찾도록 도와주는 도구로서 Moment가 도움이 되기를 바랐다.

여러분은 최근 소셜 미디어가 아주 비매너적이거나 믿을 수 없다고 생각하는가? 그렇다면 소셜 미디어 기업들은 이를 방지하기 위해 무엇을 해야 하는가? 여러분은 무엇을 할 수 있는가?

개 보다 많은 계정으로부터 개인 정보를 수집하도록 했다고 폭로했다. 소셜 네트워크는 때때로 연구자로 하여금 관련 데이터를 연구하도록 하지만 캠브리지 애널리틱스는 연구소가 아니었다. 이는 잠재적 유권자로부터 정보를 수집하는 정치적 조직이었다. 이 폭로는 대중에게 충격을 주었고 많은 사람들로 하여금 페이스북 같은 소셜 네트워크에 대한 신뢰를 다시 생각해보도록 했는데 이는 '윤리적 의사결정' 글상자에서 더 다룰 것이다.[56]

이 장의 앞부분에서 언급한 것처럼 민간 업계들은 끊임없이 여러분의 클릭과 좋아요를 추적하고 있다.[57] 게다가 많은 미국 기업들은 종업원의 이메일을 정기적으로 살펴보는데 이는 합법이다. 이 기업들은 영업 비밀, 업무와 관련 없는 트래픽, 성가신 메시지와 이해 충돌을 찾는다. 여러분의 생각을 읽고 싶어하는 모든 해커 또한 여러분의 메시지를 읽는데 이 메시지의 대부분은 암호화되어있지 않았다. IBM Notes 같은 일부 이메일 시스템은 기업의 메시지를 비밀로 유지하기 위해 이메일을 암호화할 수 있다. 여러분이 웹브라우저 기반의 이메일을 사용한다면 VeriSign같은 기업으로부터의 암호키를 갖는 증명서를 얻을 수 있다. 여러분의 메일을 해독하고 싶어 하는 합법적인 사용자들은 잠금해제 키를 얻어야 한다.

인터넷은 더 많은 개인 정보가 컴퓨터에 저장되고 더 많은 사람이 이 정보에 접속할 수 있게됨에 따라 여러분의 프라이버시에 점점 더 위협을 가하고 있다. 일부 웹사이트는 사람들로 하여금 자동차번호판의 번호로부터 자동차 소유자를 찾도록 해 주거나 다른 개인들의 부동산 기록을 찾도록 해준다. 이것은 많은 사람들로 하여금 "이 개인 정보는 어쨌든 이미 공개된 것이 아닌가?"라는 질문을 하도록 한다. 시민적 자유옹호자들은 특정 종류의 정보를 대중들이 이용할 수 있도록 오랫동안 싸워왔다. 만일 이러한 데이터들에 대한 접근이 인터넷에서 제한된다면 모든 공공 기록들에 대한 우리의 정책을 다시 평가해야 하지 않을까? 프라이버시 옹호론자들은 그렇게 생각하지 않는다. 결국 차이는 인터넷이 개인정보를 얻는 것을 너무 쉽게 만들었다는 것이다. 여러분의 이웃과 친구들이 지방기관에 가서 몇 시간 동안 공문서를 찾아봐야 한다면 굳이 여러분의 운전 기록이나 이혼 소송 결과를 알기 위해 노력할까? 아마도 아닐 것이다. 하지만 몇 번의 클릭만으로 그것이 가능하다면 충분히 시도해 볼 수 있다.

많은 웹 서버들은 온라인 정보에 대해 무료로 접근하려고 자신의 개인적인 정보를 기꺼이 제공하는 사용자들의 온라인 움직임을 추적한다. 사이트 소유자는 여러분의 동의 없이 여러분의 데이터를 다른 사이트들과 공유할 수 있다. 웹사이트들은 또한 여러분의 하드 드라이브에 남아 있는 **쿠키들**(cookie)을 여러분의 컴퓨터로 보낸다. 이것들은 사용자가 같은 웹사이트에 다시 들어올 때 브라우저가 서버에게 보내는 여러분의 등록 데이터(이름과 비밀번호)나 선호도 같은 정보들이다. 스파이웨어로 알려진 일부 소프트웨어는 여러분의 컴퓨터에 여러분도 모르는 사이에 설치된다. 설치된 스파이웨어는 여러분의 시스템을 바이러스로 감염시켜 여러분의 온라인 행동을 추적하게 된다.

얼마나 많은 온라인과 모바일 앱들이 여러분의 행적(여러분의 물리적 위치와 여러분이 온라인상에서 어디로 가는지 모두)을 추적해 이 정보를 제3자와 공유하는지를 아는가? 아마도 여러분이 생각하는 것보다 훨씬 더 많을 것이다.

쿠키들(cookies)
브라우저 소프트웨어가 저장해 두고 사용자들이 해당 웹사이트에 다시 들어올 때마다 서버에게 보내는 즉 인터넷을 통하여 웹브라우저로 보내지는 등록 자료나 사용자 선호도와 같은 정보들

이러한 데이터 중심의 시대에는 여러분이 얼마만큼의 개인 정보를 제공할지를 결정할 필요가 있다. 우리는 정보경제에 살고 있고 정보는 상품 즉, 상당한 가치를 갖는 경제재라는 것을 기억해야 한다. 온라인 조직들은 여러분에 대해 무엇이든 알고 싶어하지만 불행하게도 이들 중 일부는 좋은 의도를 갖고 있지 않다. 여러분의 데이터가 안전하도록 하기 위해서는 전문가의 조언대로 비밀번호를 자주 업데이트하고 의심스러운 링크는 피하고 신용카드정보를 주의깊게 살펴볼 필요가 있다.[58]

안정성 이슈

비록 기술이 생산성과 효율성에 있어 엄청난 기여를 했음에도 불구하고 불안정성이 사업에 중대한 영향을 미친다. 허쉬(Hershey)가 상점에 할로윈 용품을 제 때 가져다주지 못했을 때 이는 전적으로 사탕을 만드는 허쉬(Hershey)의 문제였다. 새로운 1억 1천 5백만 달러의 컴퓨터 시스템이 고장나자 수송에 문제가 생겼고 소매점들은 어쩔 수 없이 할로윈 사탕을 다른 기업들에 주문하였고 이로 인해 허쉬는 그 분기 12퍼센트의 판매 감소를 겪었다.

무엇이 잘못되었는가? 전문가들은 컴퓨터의 실수, 사람의 실수, 오작동 소프트웨어 그리고 소프트웨어, 하드웨어와 네트워킹 장비의 지나칠 정도로 복잡한 조합을 이유로 보았다. 일부 시스템은 너무 빨리 가동되어 버그를 찾지 못했고 일부 중역들은 컴퓨터 전문가들에게 이의를 제기할 기술적 지식을 갖고 있지 못했다. 기술이 사업에 중요함에도 일부 기술은 엄격한 엔지니어링을 위해 만들어지지 못했고 일부 사람들은 기술을 사용할 수 있는 교육을 제대로 받지 못했다. 앞으로 일이 더 복잡해지면 우리는 아마도 더 많은 실수를 하게 될 것이다.

기술과 여러분의 관계

정보기술이 새로운 일자리를 만들어내는 동시에 옛 일자리를 없앰에 따라 여러분은 뒤처지지 않도록 필요한 기술을 배우고 유지해야 한다. 최신 기술을 계속 따라잡는 것은 힘드므로 여러분이 최신 기술이 필요할 때 전문가들로부터 도움을 받는 것을 두려워하지 말아야 한다. 여러분은 트위터와 같은 소셜 미디어 플랫폼이나 유튜브 비디오를 통해 조언을 주는 많은 고급 IT 전문가들을 찾을 수 있다. 물론 여러분이 이 장에서 배웠듯이 모든 온라인 사용자를 신뢰할 수는 없다. 따라서 잘못된 정보일 수 있다는 것을 염두에 두고 항상 출처를 밝히도록 해야 한다. 여러분이 기술과 이 기술을 책임감 있게 사용하는 법을 알게 되면 오늘날 같은 초연결 세상에서 여러분이 할 수 있는 일은 무한하다.[59]

시험 준비

- 정보기술이 사람들이 일하는 방식을 어떻게 변화시켰는가?
- 어떤 경영 이슈들이 정보기술의 발전에 의해 영향을 받아왔는가?

요약하기

학습목표 13-1 비즈니스 기술의 변화 역할에 대해 기술할 수 있다.

- **1970년 이래로 비즈니스 기술의 여러 이름과 역할은 무엇인가?**
  1970년대에 비즈니스 기술은 데이터 처리(DP:data processing)라 불렸고 이때의 역할은 기존 비즈니스를 지원하는 것이었다. 1980년대에는 이 이름이 정보시스템(IS: information system)으로 변했고 이때의 역할은 비즈니스를 하는 것으로 변하였다. 1990년대에는 비즈니스 기술이 정보기술(IT: information technology)로 불렸고 그 역할은 비즈니스를 변화시키는 것이었다. 기술이 2000년대에 더 정교해짐에 따라 비즈니스 인텔리전스(또는 애널리틱스)로 알려지게 되고 데이터 마이닝, 온라인 분석 프로세스, 질의와 보고를 포함하게 된다.
- **정보기술은 비즈니스를 어떻게 변화시켰는가?**
  정보기술은 비즈니스에 있어서의 시간과 장소의 중요성을 최소화시켰다. 시간과 장소에 독립인 기업들은 제품과 서비스를 고객에게 언제 어디서든 편리하게 제공할 수 있다. 정보기술이 비즈니스를 어떻게 변화시켰는지에 대한 예들은 그림 13.2에서 볼 수 있다.
- **비즈니스 인텔리전스는 무엇인가?**
  비즈니스 인텔리전스는 조직의 원자료를 분석하여 유용한 통찰력을 얻게 해주는 다양한 소프트웨어 응용 프로그램을 말한다.

학습목표 13-2 비즈니스 정보의 유형을 나열하고 유용한 정보의 특성을 기술하고 데이터의 저장과 분석 방법을 논의할 수 있다.

- **오늘날의 비즈니스에는 어떤 유형의 정보가 이용가능한가?**
  오늘날 비즈니스에 이용가능한 정보의 유형은 (1) 비즈니스 프로세스 정보, (2) 실제 세계 관찰, (3) 생물학적 데이터와 (4) 공공 데이터, 그리고 (5) 개인의 선호도나 의도를 나타내는 데이터를 포함한다.
- **여러분은 정보과잉을 어떻게 다룰 수 있는가?**
  정보과잉을 다루는 가장 중요한 방법은 여러분의 네 가지 또는 다섯 가지 주요 목표를 확인하는 것이다. 그리고는 이 목표를 충족시킬 수 없는 정보는 제거한다.
- **무엇이 정보를 유용하게 하는가?**
  경영정보의 유용성은 네 가지 특성 즉, 품질, 완결성, 적시성과 적절성에 달려 있다
- **데이터 애널리틱스와 빅데이터는 무엇인가?**
  데이터 애널리틱스는 현재의 비즈니스와 미래의 의사결정에 가장 유용한 패턴과 정보를 확인하기 위해 큰 데이터 집합("빅 데이터")을 수집하고 조직화하고 저장하고 분석하는 프로세스이다. 데이터 마이닝은 숨겨진 패턴과 이전에 알려지지 않은 데이터 간의 관계를 찾는 것을 포함하는 데이터 애널리틱스의 부분이다.

학습목표 13-3 인터넷, 인트라넷, 엑스트라넷과 가상 사설 네트워크의 범위를 비교하고 브로드밴드 기술이 웹 2.0과 3.0의 진화를 가능하게 한 방법을 설명할 수 있다.

- **기업의 정보관리에 도움을 주기 위해 어떤 정보기술이 이용되는가?**
  정보기술의 핵심은 인터넷, 인트라넷, 엑스트라넷과 가상 사설 네트워크를 포함한다. 인터넷은 컴퓨터와 모뎀을 갖는 모두에게 개방된 수천 개의 네트워크들로 이루어진 대규모 네트워크이다. 인트라넷은 외부인의 무단출입으로부터 보호되는 전사적 네트워크이다. 엑스트라넷은 둘 이상의 기업들이 동일한 정보에 접근하도록 해주는 반민간 네트워크이다. 가상 사설 네트워크는 일반 인터넷 회선에 대한 보안 연결, 즉 "터널"을 만들어내는 사설 데이터 네트워크이다.
- **웹 2.0은 무엇인가?**
  웹 2.0은 사람들로 하여금 사회적이고 사업적인 관계를 구축하고 정보를 공유하고 사용자가 만든 사이트로 온라인 프로젝트 협업을 하도록 해주는 도구들의 집합이다. 사용자가 만든 사이트에는 블로그, 위키, 소셜 네트워킹 사이트와 다른 온라인 커뮤니티와 가상 세계가 있다. 유투브와 트위터는 가장 큰 웹 2.0 기업으로 여기서는 일반 사람들이 모든 콘텐츠를 만든다.
- **웹 3.0은 무엇인가?**
  웹 3.0은 웹과의 상호작용에 인텔리전스를 더한 기술이다. 이는 개인 웹(Personal Web)으로 묘사할 수 있는데 여기에 비해 웹 1.0은 정적인 웹(Static Web)으로 웹 2.0은 소셜 웹으로 생각할 수 있다. 웹 3.0은 인공지능, 모바일 웹과 몰입형 인터넷(immersive internet)의 세 가지 요소로 구성되는데 이 모든 것은 많은 사람이 사물인터넷이라 부르는 것으로 이어진다.
- **사물인터넷은 무엇인가?**
  사물인터넷(IoT: Internet of Things)은 일상 사물들을 센서, 카메라, 소프트웨어, 데이터베이스와 대규모 데이터 센터를 이용하여 인터넷에 연결하도록 해주는 기술을 말한다.

학습목표 13-4 가상 네트워킹을 설명하고 클라우드 컴퓨팅에 대한 장점과 단점을 논의할 수 있다.

- **가상 네트워킹이란 무엇인가?**
  가상 네트워킹은 소프트웨어 기반의 연결된 컴퓨터들이 복수의 운영 시스템과 프로그램을 실행하고 저장장치를 공유하도록 해주는 프로세스이다. 가상 네트워킹은 외부적이거나 내부적일 수 있다. 외부 네트워킹은 물리적 구성요소에 상관없이 접근될 수 있는 하나의 단일 자원으로서 네트워크를 다룬다.(즉 연결된 컴퓨터들은 네트워크상의 모든 다른 컴퓨터들의 자원을 공유한다) 내부 네트워킹은 하나의 중앙 컴퓨터의 자원을 다른 연결된 모든 컴퓨터들과 공유한다.
- **클라우드 컴퓨팅은 무엇이고 이것의 장점과 단점은 무엇인가?**
  클라우드 컴퓨팅은 기업의 데이터와 응용 프로그램을 인터넷으로 접근할 수 있는 좀 떨어진 곳의 데이터 센터들에 저장하는 기술이다. 이것의 이점은 감소된 소프트웨어 비용, 개선된 보안, 유연한 용량, 더 저렴한 장비비용 그리고 더 쉬운 접근이다. 클라우드 컴퓨팅의 단점은 보안, 안정성 그리고 자료의 통제에 대한 우려이다.

학습목표 13-5 정보기술에 의해 영향을 받는 인적 자원, 보안, 프라이버시 그리고 안정성 이슈를 평가할 수 있다.

- **사업 경영에 대해 어떤 영향을 정보기술이 갖고 있는가?**
  컴퓨터는 일부 중간관리자 기능을 제거하여 조직구조를 더 수평적으로 만든다. 컴퓨터는 또한 종업원들로 하여금 자신의 집에서 일할 수 있도록 해준다. 부정적인 면으로는 컴퓨터들이 때때로 정보를 나쁜 세력의 손에 들어가게 한다는 점이다. 프라이버시에 대한 우려는 인터넷에서 이용가능한 방대한 정보의 저장으로 영향을 받는 이슈이다. 개인 정보에 접근하는 자유와 프라이버시를 유지하려는 개인의 권리 사이에서 균형을 찾는 것은 계속 논의할 필요가 있다.

주요 용어

브로드밴드 기술
비즈니스 인텔리전스 또는 애널리틱스
클라우드 컴퓨팅
쿠키
데이터 애널리틱스
데이터 프로세싱(DP: data processing)
엑스트라넷
신분 도용
정보 시스템(IS: information system)
정보기술(IT: information technology)
인터넷 2
인트라넷
가상 네트워킹
가상 사설 네트워크(VPN: virtual private network)
바이러스
웹 2.0
웹 3.0

사고력 문제

1. 개인생활이나 직업을 위해서 어떤 정보를 필요할 때 정확히 받고싶은가?
2. 기업들과 정부 조직들이 현재 국경을 넘나들며 쉽게 소통할 수 있는 능력을 갖고 있는 것을 고려할 때 세계 무역에 대한 의미는 무엇인가?
3. 사물인터넷에 점점 더 많은 장비들이 도입되고 통합되는데 이는 여러분의 삶에 어떻게 영향을 미칠 것인가? 여러분은 이것이 가진자와 가지지 못한 자(부자와 가난한 사람들) 사이의 격차를 더 넓힐 것으로 보는가 아니면 더 줄일 것으로 보는가?

원리를 실제로 적용해 보기

목적

사물인터넷이 기업과 개인 모두에게 유용한 정보를 제공하기 위해 데이터를 수합하고 분석하려면 연결된 장비들을 어떻게 사용해야 하는지 알아보기

연습

postscape.com으로 가서 "What Is The 'Internet of Things?"라는 부분을 훑어보라.

1. 사물인터넷은 세 가지 구성요소의 조합으로 구동된다. 이들 각각의 세 가지 예들을 들어보라.
2. 앞의 1에서 확인된 사물인터넷의 세 가지 구성요소간의 상호작용에 의해 생기는 세 가지 스마트 장비와 응용프로그램을 나열해보라.
3. 사물인터넷은 어떻게 기업에 영향을 미치는가?

직업기술 개발하기

핵심: ● 팀 ★ 분석 ▲ 의사소통 ◘ 기술

●◘▲★ 1. 여러분이 여러분 자신을 위해 컴퓨터 시스템을 구매하거나 업그레이드할 2,000 달러를 가지고 있다고 하자. 컴퓨터 잡지나 ZDNet (zdnet.com)과 같은 웹사이트에서 하드웨어와 소프트웨어를 조사해보라. 최고의 가치를 찾기 위해 컴퓨터 매장을 방문하거나 온라인 쇼핑을 해보라. 여러분이 살 것을 나열하고 여러분의 선택을 설명하는 보고서를 작성해보라.

◘▲★ 2. 자신의 기업에서 사용하려고 컴퓨터를 구매한 누군가를 인터뷰해보라. 왜 그 특정한 컴퓨터를 샀는지와 그 컴퓨터를 어떻게 이용하는지를 물어보라. 구매 과정 동안이나 구매한 시스템을 설치하여 사용하는데 있어서 겪은 문제가 있는지를 물어보라. 다음에는 구매자가 무엇을 다르게 할 것으로 생각하는가? 어떤 소프트웨어가 특히 유용했다고 생각하는가?

◘▲★ 3. 여러분이 경험한 하나의 기술적 결함과 그것을 해결하기 위해 무엇을 했는지를 기술해 보라. 중단에 따른 결과(손상된 데이터, 감소된 생산성, 증가된 스트레스)를 논의해보라. 여러분이 겪은 문제가 재발하지 않도록 하려면 여러분은 어떤 조치를 취해야 하는가?

●◘★ 4. 여러분이 관심 있는 주제를 선택하여 그 주제에 대한 정보를 온라인으로 찾기 위해 두 가지 검색엔진을 사용해 보라. 검색엔진이 제안하는 조언들을 사용하여 여러분의 검색 범위를 좁혀보라. 두 가지 검색엔진 모두 동일한 웹사이트를 찾아주는가? 그렇지 않다면 그 결과들은 달랐는가? 어떤 검색엔진이 가장 적절한 정보를 찾아 주었는가?

◘▲★ 5. 기술이 특정한 기업이나 여러분의 은행, 학교와 가장 좋아하는 쇼핑장소들과 같은 조직과의 관계를 어떻게 변화시켰는가? 기술이 여러분의 관계를 강화시켰는가 아니면 약화시켰는가? 기술이 여러분의 가족, 친구들과 공동체와의 관계에 영향을 미쳤는가? 종이 한 장을 가지고 기술이 여러분의 비즈니스와 개인 관계를 구축하는데 어떻게 도움이 되었는지를 한 쪽에 적어보라. 다른 쪽에는 기술이 그러한 관계를 어떻게 약화시켰는지를 나열해 보라. 어떤 부정적인 영향을 줄이기 위해 기술을 더 효과적으로 사용하려면 무엇을 해야 하는가?

직업 탐색

만약 여러분이 정보 기술 분야와 관련된 직업에 관심이 있다면, 고려해볼 만한 몇 가지 직업들이 아래에 나타나 있다. 이러한 직업들의 업무, 필요한 지식과 기술, 급여수준, 미래전망 등에 관해서는 bls.gov 웹사이트의 Occupational Outlook Handbook을 살펴보라.

- **정보 보안 분석가** – 조직의 컴퓨터 네트워크와 시스템들을 보호하기 위한 보안 대책을 수립하고 실행한다.
- **컴퓨터 및 정보 연구 과학자** – 컴퓨팅 기술에 대한 새로운 접근방법을 발명하여 설계하고 기존 기술에 대한 혁신적인 방법을 찾는다.
- **컴퓨터 네트워크 설계자** – 근거리 통신망(LAN), 광역 통신망(WAN)과 인트라넷을 포함하여 데이터 통신 네트워크를 설계하고 구축한다.
- **컴퓨터 지원 전문가** – 컴퓨터 소프트웨어나 장비를 사용하는 사람들과 조직들에 도움과 조언을 준다.

비디오 사례

세계적 기술로 기술을 응용하기

어떤 종류의 기술을 사용하지 않고 하루를 보낸다는 것을 생각하기 어렵다. 이것은 모는 종류의 정보기술(IT: information technolgy)에 의존하는 오늘날 기업에는 더욱 그렇다. 정보를 저장하고 보내는 것은 물론이고 기업은 또한 자원을 관리하고 소통을 강화하고 종업원 훈련을 위해 IT를 사용한다. 물론 단순히 최신의 기술을 구매하는 것만으로는 충분하지 않다. 올바른 기술을 식별하고 그 기술을 조직의 필요에 효과적으로 맞추고 그 기술을 어떻게 사용하는지를 종업원에게 훈련시키는 것이 중요하다. 운 좋게도 WWT(World Wide Technology)가 이러한 모든 것을 해결할 수 있다.

WWT가 하는 일의 대부분은 빅데이터, 즉 기업이 고객들에 대해 수집하는 대량의 디지털 정보를 다루는 것이다. 의료서비스 제공업체로부터 소매점까지 현대의 조직들은 과거에는 가능하지 않았던 엄청난 양의 데이터를 만들어낸다. 불행하게도 많은 기업들이 이 모든 정보를 분석하는데 시간을 쏟을 여유가 없다. 이런 점에서 WWT의 경험과 전문지식이 도움이 된다. WWT는 데이터를 접근가능하고 유용하게 함으로써 비정형 데이터의 가치를 증가시킨다. 이것은 또한 조직들이 신뢰할 수 있는 보안 시스템들을 통해 데이터를 보호하도록 해준다. WWT의 분석가들은 보안 시스템을 개발할 때 다음의 세 가지 질문에 답하려고 애를 쓴다. 즉, "무엇이 네트워크에 있어야 하는가?", "시스템이 무엇을 하고 있는가?" 그리고 "시스템이 그렇게 해야만 하는가?"이다.

데이터 보안은 기업들이 사물인터넷(IoT:Internet of Things)을 다룰 때 특히 중요하다. IoT는 사물들을 센서들, 카메라들, 소프트웨어, 데이터베이스와 데이터 센터들을 이용하여 인터넷에 연결하도록 해주는 기술을 말한다. IoT의 예들에는 스마트워치와 스마트 스피커로부터 위험한 탈선을 방지할 수 있는 열차 선로 센서 등이 있다. 이러한 발전들이 우리의 삶을 더 안전하고 더 편하게 해주는 동시에 연결된 IoT 장비들 또한 조직들을 고의적인 방해행위와 도난에 더욱 취약하게 만들기도 한다.

지난 몇 십년간 IT와 데이터 수집에서의 이러한 발전이 있었음에도 불구하고 우리는 여전히 인간의 추리를 무시할 수 없다. 더욱이 새로운 기술들이 우리들에 대한 정보를 수집하도록 할 때 우리는 그 정보를 안전하게 유지하는 법을 알 필요가 있다. WWT에 따르면 여러분은 항상 여러분의 데이터를 현명하게 사용하고 보안을 염두에 두고 보안 위반에 대한 계획을 세워야 한다. 안전할 때에야 비로소 사람들은 혁신적인 기술들이 가져다주는 모든 혜택을 누릴 수 있다.

다시 생각해보기

1. 오늘날 기업 환경에서 빅데이터가 왜 중요한가?
2. 왜 많은 기업들이 WWT와 같은 기업들의 서비스를 필요로 하는가?
3. WWT와 같은 기업들이 향후 10년 이내에 좋은 직업 기회들을 제공할 것이라고 생각하는가? 왜 그렇게 생각하는가 아니면 왜 그렇게 생각하지 않는가?

참조

1. Virginia Backaitis, "What DataOps Is and How It Can Deliver Better, Cross-Functional Analytics," CMSWire, cmswire.com, February 20, 2018; Brent Dykes, "The Four Key Pillars to Fostering a Data-Driven Culture," Forbes, forbes.com, March 28, 2019.
2. Chris Lukasiak, "What You Need to Know about Business Intelligence," Forbes, August 7, 2018; Tim Keary, "A Look at Data Analytics Trends for 2019," Information Age, information-age.com, March 26, 2019.
3. Tendayi Viki, "On the Fifth Anniversary of Kodak's Bankruptcy, How Can Large Companies Sustain Innovation?," Forbes, January 19, 2017; Richard Maxwell and Toby Miller, "The Environmental Ruin of Eastman Kodak," Psychology Today, April 12, 2018; Rich Duprey, "Is Eastman Kodak a Buy?," The Motley Fool, fool.com, May 9, 2019.
4. Beth Stackpole, "CIOs Get Strategic," CIO, Winter 2019; Naomi Eide, "2019 Trends: CIO Role Gaining Prominence as Technology Solidifies Importance," CIO Dive, ciodive. com, January 2, 2019.
5. Nasdaq, nasdaq.com, accessed October 2019.
6. Peter Brown, "Smart Coasters Tell a Bartender When You Need a Refill," Electronics360, electronics360. globalspec.com, November 28, 2018; "Connected Beer Coasters, Smart Tags and Bar Scanners with Salesforce," Beyond!, beyondexclamation.com, accessed December 2019.
7. Brian Gormley, "Hospitals Turn to Biometrics to Identify Patients," The Wall Street Journal, February 6, 2019; Maria Korolov, "What Is Biometrics? And Why Collecting Biometric Data Is Risky," CSO, February 12, 2019; Mark Wilson, "Google Looks at the Mysterious Ways Design Influences How You Feel," Fast Company, March 25, 2019.
8. Jennifer Valentino-DeVries, Natasha Singer, Michael H. Keller, and Aaron Krolik, "Your Apps Know Where You Were Last Night, and They're Not Keeping It Secret," The New York Times, December 10, 2018; Rohit Kulkarni, "Big Data Goes Big," Forbes, February 7, 2019.
9. Clint Boulton, "5 Digital Transformation Trends for 2019," CIO, November 7, 2018; Martine Paris, "Joseph Gordon- Levitt Slams YouTube and Instagram for Data Mining, Praises Netflix and Apple," Forbes, forbes.com, October 2, 2019.
10. Anthony Ha, "McDonald's Is Acquiring Dynamic Yield to Create a More Customized Drive-Thru," TechCrunch, techcrunch.com, March 25, 2019; Brian Barrett, "McDonald's Bites on Big Data with $300 Million Acquisition," Wired, March 25, 2019.
11. Mark Buchanan, "Battling the Tyranny of Big Data," Bloomberg, January 13, 2017; Forbes Insights Team, "Managing the Ethics of Algorithms," Forbes, forbes.com, March 27, 2019.

12. Liza Featherstone, "How Big Data Is 'Automating Inequality,' " The New York Times, May 4, 2018; Jeffrey Dastin, "Amazon Scraps Secret AI Recruiting Tool That Showed Bias against Women," Reuters, reuters.com, October 9, 2018; Forbes Insights Team, "Managing the Ethics of Algorithms," Forbes, forbes.com, March 27, 2019.
13. Abby McCourt, "Social Media Mining: The Effects of Big Data in the Age of Social Media," Media Freedom and Information Access Clinic, law.yale.edu, April 3, 2018; Bernard Marr, "How Much Data Do We Create Every Day? The Mind-Blowing Stats Everyone Should Read," Forbes, forbes.com, May 21, 2018; Josh James, "Data Never Sleeps 6.0," Domo, domo.com, June 5, 2018.
14. Kyle Wong, "How Domino's Transformed into an E-commerce Powerhouse Whose Product Is Pizza," Forbes, January 26, 2018; Deloitte, "Getting the Most out of Social Media Investments," The Wall Street Journal, May 18, 2018; Greg Morabito, "Machiavellian Mega-Chain Domino's Wants to Trade Pizza for Data," Eater, eater.com, February 21, 2019.
15. David Roe, "Why Intranets Are Still Key Digital Workplace Networks," CMSWire, cmswire.com, March 5, 2018; James Robertson, "Internal Communicators, Please Don't Abandon the Intranet," CMSWire, cmswire.com, August 12, 2019.
16. David Gewirtz, "The Best VPN Services for 2019," CNET, cnet.com, March 22, 2019.
17. Kevin Murnane, "Here's How Internet Speeds Fared for the World's Fastest and Largest Countries in 2018," Forbes, forbes.com, December 11, 2018; "Worldwide Broadband Speed League 2019," cable.co.uk, accessed October 2019.
18. Andrew M. Harris and Todd Shields, "Net Neutrality Advocates Seeking Rule Revival Get Day in Court," Bloomberg, February 1, 2019; Cecilia King, "Net Neutrality Repeal at Stake as Key Court Case Starts," The New York Times, February 1, 2019; Klint Finley, "Net Neutrality Gets a Power-Up from Democrats," Wired, March 6, 2019.
19. Eric Reed, "What Is Net Neutrality and Why Is It Important in 2019?," TheStreet, thestreet.com, December 27, 2018; Marguerite Reardon, "Net Neutrality Battle Heats Up on Capitol Hill: What You Need to Know," CNET, cnet.com, April 9, 2019.
20. Corinne Reichert, "AT&T to Provide 5G to 12 Markets by End of 2018, Fibre to 82 Metros by Mid-2019," ZDNet, zdnet.com, January 4, 2018; "2019 Fiber-to-the-Home Top 100," Broadband Communities Magazine, bbcmag. com, July 2019.
21. Sydney Mook, "UND, NDSU Say Access to High-Speed Network Important to Research," The Bismarck Tribune, March 29, 2019.
22. "The Internet2 Community: Enabling the Future," Internet2, internet2.edu, accessed October 2019.

23. Jessi Hempel, "How Social Media Became a Pink Collar Job," Wired, May 26, 2018; Priit Kallas, "Social Media Manager Responsibilities You Need to Know," DreamGrow, dreamgrow.com, July 5, 2018; Lilach Bullock, "These Are the Biggest SEO Trends of 2019," Forbes, January 10, 2019.
24. Ingrid Angulo, "Facebook and YouTube Should Have Learned from Microsoft's Racist Chatbot," CNBC, cnbc. com, March 17, 2018; "How Millions of Views Put Dollar Shave Club on Course for a Billion-Dollar Sale," CNBC, cnbc. com, March 24, 2019; Jay Baer and Adam Brown, "How JetBlue Delivers Amazing Social Customer Service Working from Home," Convince & Convert, convinceandconvert.com, accessed October 2019.
25. David Howell, "What Web 3.0 Means for Data Collection and Security," ITPro, itpro.co.uk, November 14, 2018; Edina Harbinja and Vasileios Karagiannopoulos, "Web 3.0," Phys.org, March 12, 2019.
26. Jutta Steiner, "What the Heck Is Web 3.0 Anyway?," Forbes, forbes.com, October 26, 2018; "Web 3.0," Technopedia, technopedia.com, accessed October 2019.
27. Edina Harbinja and Vasileios Karagiannopoulos, "Web 3.0: The Decentralised Web Promises to Make the Internet Free Again," Phys.org, March 12, 2019.
28. obert Safian, "5 Lessons of the AI Imperative, from Netflix to Spotify," Fast Company, September 11, 2018; David A. Teich, "Machine Learning and Artificial Intelligence in Business: Year in Review, 2018," Forbes, December 26, 2018; Aaron Pressman, "Spotify Nabs Top A.I. Expert from Netflix," Fortune, fortune.com, September 6, 2019.
29. Lauren Leonardi, "Mobile-Powered Loyalty Programs: How to Get It Right," Braze, January 31, 2018; Erica Lovestrand, "The Importance of Mobile-Friendly Websites in 2019," August Ash, augustash.com, January 15, 2019.
30. Nick Babich, "How Virtual Reality Will Change How We Learn and How We Teach," Adobe Blog, January 9, 2018; Emma Kennedy, "Can Virtual Reality Revolutionize Education?," CNN, November 1, 2018; Eli Zimmerman, "AR/VRin K-12: Schools Use Immersive Technology for Assistive Learning," EdTech Magazine, edtechmagazine .com, August 22, 2019.
31. Larry Alton, "Cheaper VRIs Coming: Will It Be Enough to Kick-Start Consumer Interest?," The Next Web, thenextweb.com, May 15, 2018; Mark Serrels, "At CES 2019, VRFeels Like a Dream Gathering Dust," CNET, cnet.com, January 8, 2019.
32. Andrew Steve Ranger, "What Is the IoT? Everything You Need to Know about the Internet of Things Right Now," ZDNet, zdnet.com, August 21, 2018; Brian O'Connell, "What Is the Internet of Things and Why Is It Essential in 2019?," The Street, thestreet.com, March 13, 2019.
33. Katherine Bindley, "Blood Pressure, Baby's Pulse, Sperm Potency: Home Health Devices Are Tracking More Than Ever," The Wall Street Journal, January 6, 2019; Janet Morrissey, "The Race to Create the Coolest Smart Home Devices Is Hotter Than Ever," The New York Times, January 15, 2019.

34. Bernard Marr, "5 Internet of Things Trends Everyone Should Know About," Forbes, February 4, 2019; Drew FitzGerald and Sarah Krouse, "How 5G Will Change So Much More Than Your Phone," The Wall Street Journal, February 26, 2019; Sarah Jeong, "Insurers Want to Know How Many Steps You Took Today," The New York Times, April 10, 2019.
35. Alex Hern, "Tim Berners-Lee on 30 Years of the World Wide Web: 'We Can Get the Web We Want,'" The Guardian, March 12, 2019; "History of the Web," World Wide Web Foundation, webfoundation.org, accessed October 2019.
36. Joe Kane and Milton Mueller, "U.S. Government Should Not Reverse Course on Internet Governance Transition," The Brookings Institution, brookings.org, February 7, 2018; Daniel Ortner, "Government Regulation of Social Media Would Kill the Internet—and Free Speech," The Hill, thehill.com, August 12, 2019.
37. "What a Virtual Cloud Network Can Do for Your Business," Radius, April 30, 2018; Frank Cittadino, "The Edge Is Going Virtual," Forbes, forbes.com, October 19, 2019; "How to Set Up a Small Business Network," Cisco, cisco. com, accessed October 2019.
38. Steve Ranger, "What Is Cloud Computing? Everything You Need to Know about the Cloud, Explained," ZDNet, zdnet.com, December 13, 2018; John Edwards, "Cloud Computing 2019: The Cloud Comes of Age," InformationWeek, informationweek.com, December 10, 2018; Clint Boulton, "5 Enterprise Cloud Strategy Trends for 2019," CIO, cio.com, June 18, 2019.
39. Larry Dignan, "Top Cloud Providers 2019: AWS, Microsoft Azure, Google Cloud," ZDNet, zdnet.com, February 11, 2019; Trefis Team, "How Much Is Amazon Web Services Worth on a Standalone Basis?," Forbes, February 28, 2019.
40. Janakiram MSV, "Everything You Want to Know about Anthos—Google's Hybrid and Multi-Cloud Platform," Forbes, April 14, 2019; "What Are Public, Private, and Hybrid Clouds?," Microsoft Azure, azure.microsoft.com, accessed October 2019.
41. Shawn Freeman, "Cloud Computing for Small Businesses: What You Need to Know," Forbes, December 18, 2018; "Benefits of Cloud Computing," IBM, ibm.com, accessed October 2019; "12 Benefits of Cloud Computing," Salesforce, salesforce.com, accessed October 2019.
42. Susan Ward, "The Cons of Cloud Computing for Business," The Balance Small Business, thebalancesmb. com, December 28, 2018; Priya Viswanathan, "Pros and Cons of Cloud Computing," Lifewire, November 1, 2018; Susan Ward, "The Disadvantages of Cloud Computing," The Balance Small Business, thebalancesmb.com, June 18, 2019.

43. Jake Swearingen, "When Amazon Web Services Goes Down, So Does a Lot of the Web," New York, March 2, 2018; Hannah Denham, "Customers Report Verizon, Cloudflare Disruptions," The Washington Post, washingtonpost.com, June 24, 2019.
44. Andy Greenberg, "Hackers Are Passing Around a Megaleak of 2.2 Billion Records," Wired, January 30, 2019.
45. Amar Hussain, "4 Reasons Why a Remote Workforce Is Better for Business," Forbes, forbes.com, March 29, 2019.
46. Cord Himelstein, "Six Quick Tips to Make Your Remote Employees Feel More Included," Forbes, forbes.com, June 20, 2018; "Flexible Work Arrangements," Entrepreneur, entrepreneur.com, accessed October 2019.
47. "Top 10 Worst Computer Viruses," The Telegraph, December 7, 2018; Igor Degtiarenko, "What Are the Top 10 Viruses of All Times?," MacPaw, macpaw.com, February 26, 2019.
48. Drew Robb, "11 Top Managed Security Service Providers (MssPs)," eSecurity Planet, esecurityplanet.com, May 17, 2018; Michael Novinson, "The Wipro Breach: Why Managed Service Providers Are at Risk," CRN, crn.com, April 16, 2019.
49. Nicole Perlroth, Amie Tsang, and Adam Satariano, "Marriott Hacking Exposes Data of up to 500 Million Guests," The New York Times, November 30, 2018; Gaby Del Valle, "Marriott's Data Breach May Be the Biggest in History. Now It's Facing Multiple Class-Action Lawsuits," Vox, vox.com, January 11, 2019.
50. Bloomberg Editorial Board, "The Unfinished Business of the Equifax Hack," Bloomberg, bloomberg.com, January 29, 2019.
51. Bev O'Shea, "How to Prevent Identity Theft," NerdWallet, nerdwallet.com, February 25, 2019; "Identity Theft: The Aftermath," Identity Theft Resource Center, idtheftcenter. org, accessed October 2019; "Identity Theft Protection Services," Federal Trade Commission, ftc.gov, accessed October 2019.
52. Mallory Locklear, "HoneyBot Lures Hackers to Protect Its Fellow Robots," Engadget, engadget.com, March 29, 2018; Chris Townsend, "How to Get Hackers to Fall for an Old Ruse with a New Spin," Symantec, symantec .com, October 8, 2018; "Researchers Use Fake Network to Analyze Hackers' Moves for Expected Olympic Cyber Attacks, The Mainichi, mainichi.jp, August 25, 2019.
53. Lynette Lau, "Cybercrime 'Pandemic' May Have Cost the World $600 Billion Last Year," CNBC, cnbc.com, February 22, 2018; Kelly Bissell, Ryan M. LaSalle, and Paolo Dal Cin, "Ninth Annual Cost of Cybercrime Study," Accenture, accenture.com, March 6, 2019.
54. Danny Palmer, "WannaCry Ransomware Crisis, One Year On: Are We Ready for the Next Global Cyber Attack?," ZDNet, zdnet.com, May 11, 2018; Josh Fruhlinger, "What Is WannaCry Ransomware, How Does It Infect, and Who Was Responsible?," CSO, csoonline.com, August 30, 2018; Zack Whittaker, "Two

Years after WannaCry, a Million Computers Remain at Risk," TechCrunch, techcrunch.com, May 12, 2019.

55. Scott Sowers, "Utilities Sign Up with Grid Assurance for Grid Equipment Supplies," American Public Power Association, publicpower.org, May 24, 2018; GridAssurance.com, accessed October 2019.

56. Kevin Granville, "Facebook and Cambridge Analytica: What You Need to Know as Fallout Widens," The New York Times, March 19, 2018; Suzanne Vranica, "Trust in Social Media Falls—Raising Concerns for Marketers," The Wall Street Journal, June 19, 2018; Issie Lapowsky, "How Cambridge Analytica Sparked the Great Privacy Awakening," Wired, wired.com, March 17, 2019.

57. Stacy Cowley, "Banks and Retailers Are Tracking How You Type, Swipe and Tap," The New York Times, August 13, 2018; Herb Weisbaum, "Who's Watching You Online?," NBC News, nbcnews.com, accessed October 2019.

58. ana Zaidiner, "Five Easy Habits to Keep Your Data Safe," Forbes, June 26, 2018; Nicole Perlroth, Brian X. Chen, and Jonah Engel Bromwich, "After Marriott Breach, How to Protect Your Information Online," The New York Times, November 30, 2018; Tom Kellermann, "A Cybersecurity Chief's 8 Tips on How to Protect Yourself Online as Data Breaches Continue," CNBC, cnbc.com, September 27, 2019.

59. Kristen Lotze, "25 Tech Influencers to Follow on Twitter," TechRepublic, November 21, 2018; Cailin O'Connor and James Owen Weatherall, "Six Tips for Avoiding Misinformation on Social Media," Yale University Press Blog, blog.yalebooks.com, March 15, 2019.

14

회계와 재무정보의 이해

학 습 목 표  이 장을 학습한 후에 다음 질문에 답할 수 있어야 한다.

14-1 기업이나 이익 관계자들에게 회계와 재무정보가 하는 역할에 대해 기술할 수 있다.

14-2 회계순환과정을 나열하고, 회계와 부기의 차이점과 컴퓨터가 회계에 어떻게 이용되는지를 설명할 수 있다.

14-3 주요 재무제표가 서로 어떻게 다른지를 설명할 수 있다.

14-4 여러 가지 회계 전문 분야에 대해 기술할 수 있다.

BrightStar Care의 최고경영자(CEO) 셸리 선(Shelly Sun)에 대해 알아보자

셸리 선은 자신이 회사를 설립할 것이라고는 전혀 예상하지 못했다. 콜로라도 대학교에서 회계학 석사 학위를 받은 공인회계사(CPA)로서, 그녀는 민간 영역에서 꽤 좋은 성과를 내고 있었다. 사실, 그녀는 29살에 이미 CNA 보험사의 부사장이었다. 그녀의 가족이 병든 할머니를 위한 양질의 가정 방문 의료 서비스를 찾으려고 노력했지만 성공하지 못했고, 이때 그녀의 삶은 바뀌었다. 일련의 가정 방문 의료 서비스 회사들을 시도해보았지만, 어떤 회사도 가족이 추구하는 품질과 기준을 만족하지 못했다. 가족들은 탐색을 계속하면서, 의료 분야에서 큰 격차, 즉 더 나은 가정 방문 의료 서비스의 필요성에 대해 명백히 알게 되었다. 이때 그녀는 자신의 회사인 브라이트스타 케어를 설립하기로 결심했다.

선은 CPA로 오랫동안 기업 세계에서 일하면서, 새로운 사업에 있어서 필수적인 재무측면에 필요한 기술들을 갖추었다. 알기까지 오랜 시간이 걸렸지만, 그녀는 다른 가족들에게 그들이 원했던 서비스를 제공한다면, 그 비용은 지불할 가치가 있다는 것을 알았다. 3년 후, 브라이트스타 케어는 세 개의 성공적인 회사 소유의 지점들을 갖게 되었다. 하지만, 선은 브라이트스타 케어의 장기적인 성공은 가맹점(franchising)을 통해 이루어질 것이라고 믿었다. 선의 회계와 숫자 기반의 배경지식은 브라이트스타의 시스템에서 번창할 가맹점들을 선택하고 조언하는 데 도움을 주었다. 현재 브라이트스타는 15,000호 이상의 가정에 서비스를 제공하고 4억 달러의 매출을 창출하는 300개 이상의 가맹점들을 보유하고 있다. 브라이트스타는 포브스 지가 선정한 15만 달러 이하의 투자로 가맹점을 창업할 수 있는 기업 상위 10위 안에 지속적으로 이름을 올리고 있다.

브라이트스타의 성공에도 불구하고 선은 멈추지 않았다. 그녀는 공인 프랜차이즈 임원으로서 명성을 얻었고 2009년에는 IFA(국제프랜차이즈협회)에 의해 올해의 기업가로 선정되었다. 2017년에는 IFA 이사회의 의장을 맡았다. 그녀는 CBS 프로그램 'Undercover Boss'에 출연하였으며 성공적인 프랜차이즈를 구축한 자신의 교훈과 경험을 담은 첫 번째 책 'Grow Smart, Risk Less'를 출판했다.

셸리 선은 2008년에 시작되었던 경제위기의 힘든 시기에도 브라이트스타 케어가 살아남은 것이 회계지식 덕분이라고 믿는다. 회사의 재정 문제를 직접 해결하고 프랜차이즈 업체들과 긴밀히 협력하여 효율성과 통제력을 발휘함으로써, 회사는 프랜차이즈 자금 조달이 거의 고갈되었던 어려운 시기를 견뎌냈다. 선은 회계와 같은 핵심역량 개발은 사업이나 프랜차이즈 성공의 핵심 요소라고 굳게 믿는다. 그녀는 "회사를 운영하면서 회계지식의 일부를 활용하지 않는 날이 하루도 없다."라고 강조했다. 그녀의 리더십 아래, 브라이트스타는 곧 10만 가정에 서비스를 제공하는 것을 목표로 하고 있다.

비용 통제, 현금흐름 관리, 순이익과 세금에 대한 이해, 그리고 재무 보고는 브라이트스타 케어와 같은 성공한 기업들과 소기업 및 중소기업들의 생존을 위한 핵심 요소이다. 이 챕터에서는 사업 성공에 중요한 회계 기초와 재무 정보를 소개할 것이다.

출처: Kevin Kruse, "The Entrepreneur's Guide to Success with BrightStar Care CEO Shelley Sun," Forbes, January 17, 2018; BrightStar Care, brightstarcare.com, accessed October 2019; "Shelley Sun, CEO and Co-Founder of BrightStar Care," International Franchise Association, franchising.org, accessed October 2019.

빠르게 성장하는 혁신적인 자동차 회사인 이 회사는 지난 몇 년 동안 급격히 성장해왔다. 이 회사는 또한 현금흐름이 악화되어 투자자들의 우려를 받기도 했다. 이 회사의 이름은 무엇인가? (이 장에서 답을 찾아보라)

학습목표 14-1 기업이나 이익 관계자들에게 회계와 재무정보가 하는 역할에 대해 기술할 수 있다.

회계정보의 역할

작은 기업들과 대기업들은 재무절차를 어떻게 다루느냐에 따라 성공하고 망하기도 한다. 재무관리는 경쟁력 있는 기업의 심장과도 같고, 회계정보는 그 심장 박동이 안정적이 되도록 유지시켜 준다.

여러분은 회계가 영리조직만을 위한 것으로 생각할 수 있다. 하지만 이것은 완전히 잘못된 생각이다. 기업의 언어로 불리는 회계는 교회, 학교, 병원, 사교 모임, 정부기관과 같은 비영리조직의 재무정보를 보고하기 위한 것이기도 하다. 맥박과 혈압이 사람의 건강상태를 말해주듯, 회계보고서와 재무제표는 기업의 건전성을 말해준다. 따라서 사업에 성공하기 위해서는 회계에 대한 이해가 필수적이다. 회계보고서나 재무제표에 대한 해독, 이해, 분석 없이는 기업운영에 대해 이해하는 것은 불가능하다.

이 장을 공부한 후에 여러분은 회계가 무엇인지, 회계업무는 어떻게 진행되는지, 회계가 제공하는 가치는 무엇인지를 알게 될 것이다. 또한 기초적인 회계용어를 알게 되고, 회계보고서의 목적을 이해할 것이며, 회계직군에 대해서도 알게 될 것이다. 회계보고서가 어떻게 작성되는지를 이해하는 것도 중요하지만, 회계보고서가 기업 운영에서 어떤 의미를 갖는지를 이해하는 것은 더욱 중요하다. 이 장에 대한 이해는 기업과 금융 전반에 걸친 이해는 물론, 추후 사업에 깊이 관여하게 될 때도 큰 도움이 될 것이다.

회계란 무엇인가?

회계
경영진이나 그 외 기업의 이해관계자들이 올바른 의사결정을 내릴 수 있는 정보를 제공해주기 위한 재무적 사건이나 거래에 대한 기록, 분류, 정리, 해석

회계(accounting)란 관리자나 이해관계자들이 올바른 의사결정을 내리는 데 필요한 재무적 사건이나 거래를 기록, 분류, 요약, 해석하는 일련의 과정을 의미한다. 재무적 거래는 재화와 용역의 구매나 판매, 보험의 구매, 급여지급, 자재의 사용 등을 포함한다. 일단 사업과 관련된 거래가 기록되면, 공통적인 특성을 가진 거래들끼리 분류된다. 예를 들어, 모든 매출이 같은 그룹으로 합산되듯이 모든 구매도 같은 그룹으로 합산된다. 이처럼 회계적 데이터를 기록하고 분류하는데 사용되는 방법을 회계시스템(accounting system)이라고 부른다(그림 14.1 참조).

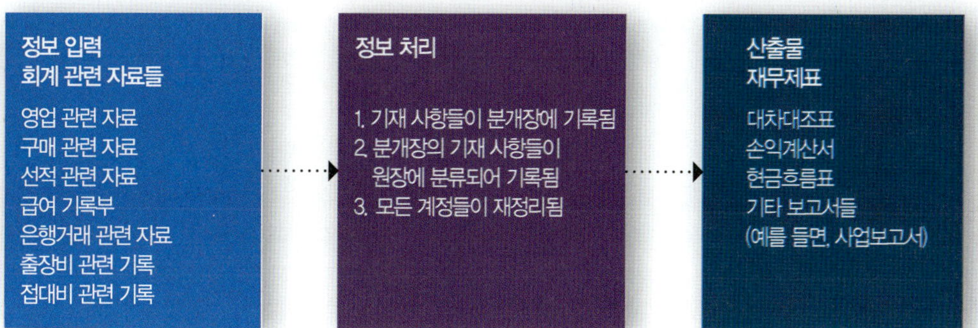

그림 14.1 회계 시스템(accounting system)
매출관련 자료와 같은 다양한 자료들이 회계 시스템의 입력 자료들이 되며, 이 자료들은 재분류되고 요약되어 손익계산서, 대차대조표(재무상태표), 현금흐름표 등의 재무제표에 반영이 된다.

회계의 한 가지 중요한 목적은, 관리자들이 올바른 의사결정을 내리기 위해, 기업의 재무상태와 운영성과를 올바로 평가하도록 관리자를 도와주는 것이다. 또 다른 목적은 종업원, 소유주, 채권자, 공급자, 노동조합, 지역사회의 활동가, 투자자, 정부를 포함하는 이해관계자들에게 기업의 경제 활동과 관련된 재무 및 세무정보를 보여주는 것이다(그림 14.2 참조).

기업의 재무정보를 나타내는데 있어 그 정보의 정확성은 매우 중요한 사항이다. 미국의 재무회계기준위원회(Financial Accounting Standards Board)는 회계사들이 반드시 지켜야 하는 기업회계기준(GAAP; Generally Accepted Accounting Principles)을 정의하고 있다. 우리나라에서는 미국회계기준(GAAP)과는 다르게 2011년부터 국제회계기준(International Financial Reporting Standards: IFRS)을 채택하고 있다.[1] 재무제표가 기업회계기준(GAAP) 또는 국제회계기준(IFRS)에 맞게 작성되었다면, 정보이용자들은 그 정보가 회계 전문가들이 합의한 표준기준에 맞게 작성되었음을 기대할 수 있을 것이다.[2]

학습목표 14-2 회계순환과정을 나열하고, 회계와 부기의 차이점과 컴퓨터가 회계에 어떻게 이용되는지를 설명할 수 있다.

회계순환과정

회계순환과정(accounting cycle)은 주요 재무제표의 작성과 분석에 적용되는 여섯 가지 절차이다(그림 14.3 참조). 이와 같은 절차는 부기계원과 회계사의 업무를 모두 포함한

회계순환과정
주요 재무제표의 작성과 분석에 적용되는 여섯 가지 절차

이용자	보고서의 유형
• 국세청	• 과세표준확정신고
• 금융감독기관	• 제출이 요구되는 정기 사업보고서
• 기업의 이익과 재무 상태에 이해관계가 얽히는 이용자들(주주, 금융 애널리스트, 채권자, 부품 납품 회사 등)	• 재무제표(손익계산서, 대차대조표, 현금흐름표 등)
• 기업의 관리자	• 재무제표 및 다양한 내부용 재무보고서

그림 14.2 회계 관련 자료의 이용자들
여러 유형의 조직들은 의사결정을 하기 위해 회계 관련 보고서들을 이용한다. 이용자들이 필요로 하는 보고서들이 각각 다르기 때문에 회계사는 그들의 필요 목적에 맞는 보고서를 제공해야 한다.

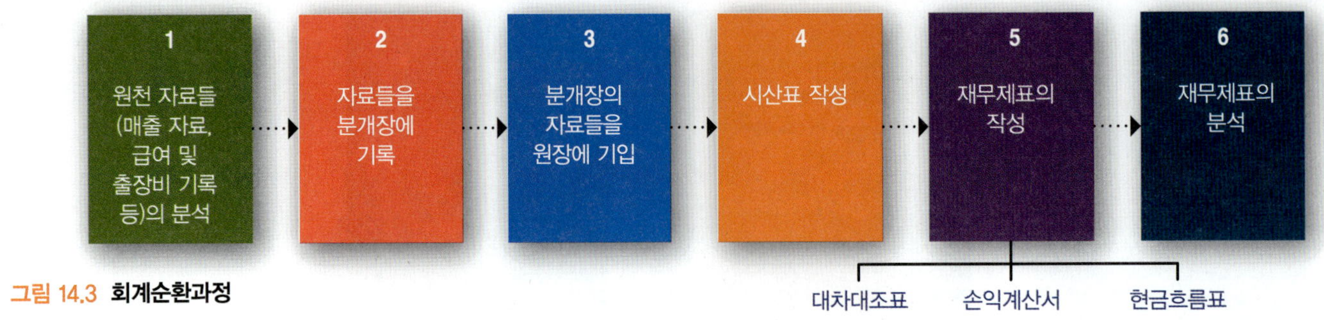

그림 14.3 **회계순환과정**

다. **부기**(bookkeeping)는 사업 거래 내역을 기록하는 것을 뜻하는 것으로, 재무보고에 있어서 기초적인 부분이다. 하지만 회계는 단순한 재무적인 정보의 기록을 넘어 더 큰 의미를 갖는다. 회계사는 부기계원이 기록한 재무정보를 분류하고 요약한 후, 데이 터를 분석하여 경영진에게 보고한다. 그들은 기업의 재무조건을 개선시키기 위한 전략을 제안하기도 하며, 재무분석과 소득세 납부와 관련된 업무도 수행한다.

부기
사업 거래 내역을 기록하는 것

부기계원의 첫 번째 업무는 기업의 모든 거래를 매출서류, 구매 영수증, 배송관련서류 등과 같이 의미 있는 카테고리로 분류하는 것이다. 그들은 모든 정보가 잘 정리되어 있고 관리될 수 있도록 세심한 주의를 기울인다. 부기계원은 그 다음으로 원거래 서류에 적힌 재무정보를 거래장부나 **분개장**(journal)이라는 컴퓨터 프로그램에 기록한다. 분개장이란 단어는 프랑스어 'jour'에서 유래했다. 'jour'는 '날(day)'이라는 뜻으로 'journal'은 '그 날'의 거래가 기록되는 곳이다.

분개장
회계정보가 최초로 기록되는 책 또는 컴퓨터 프로그램

부기계원이 재무거래를 기록할 때 실수하는 경우도 발생할 수 있다. 예를 들어서, 10.98달러를 10.89달러로 잘못 기록할 수 있다. 이와 같은 실수를 찾아내 수정하기 위해 부기계원들은 모든 거래를 두 곳에 정리하여 한쪽에 작성한 거래기록의 합계와 다른 쪽에 작성한 거래기록의 합계가 동일한지 비교할 수 있게 한다. 만약 양쪽의 합계가 동일하지 않다면 재무기록에 오류가 있는 것이다. 모든 거래를 두 곳에 동시에 정리하는 것을 **복식부기**(double-entry bookkeeping)라고 한다. 복식부기에서는 각 거래내역을 분개장과 이후 설명할 원장 두 곳에 기입할 필요가 있다.

복식부기
모든 사업 거래를 두 공간에 분리해서 적는 개념

이 시스템이 어떻게 작동하는지 알아보기 위해 한 기업이 1분기에 사무용 비품에 얼마의 비용을 사용했는지 알고 싶어한다고 가정하자. 이와 같은 비용의 산출은 특별한 부기방법 없이는 아무리 정확한 회계분개장이 있다고 해도 쉽게 알아보기 어려운 일이다. 따라서 부기계원은 **원장**(ledger)이라는 회계장부 또는 컴퓨터 프로그램을 사용한다. 원장에는 날짜별로 작성된 회계분개장의 정보가 각각 특정한 카테고리(계정과목)별로 분류되어 기록되기 때문에 관리자가 알고자 하는 특정 계정(예를 들어, 사무용비품, 현금 등)에 대한 정보를 한눈에 확인할 수 있다.

원장
분개장에 적힌 거래를 동질 그룹/계정으로 분류하여 기재하는 특별한 회계장부 또는 컴퓨터프로그램

다음 과정은 시산표를 작성하는 것이다. **시산표**(trial balance)는 계정원장의 모든 재무정보의 요약본으로서, 숫자들이 정확하게 기입되어 있고 복식부기에 따라 양쪽의 합계가 일치하는지 확인하기 위해 작성한다. 계정원장에 부정확한 정보가 있다면, 이는 재무제표를 작성하기 전에 수정되어야 한다. 이와 같이 수정된 정확한 금액을 이용해 회계사는 일반회계기준(GAAP) 또는 국제회계기준(IFRS)에 따라 대차대조표(또는 국제

시산표
원장에 기입된 모든 재무자료들을 정리하는 표로, 값들이 정확히 기재되었는지 여부를 확인할 수 있다.

회계기준(IFRS)에 따를 경우 재무상태표), 손익계산서, 현금흐름표 등 재무제표를 작성한다.

컴퓨터를 이용한 회계

예전에 회계사와 부기계원들은 모든 재무정보를 직접 손으로 기록하였다. 전자기기와 계산기의 등장으로 이러한 작업은 좀 더 간단해졌지만, 여전히 수작업을 이용한 분개가 필요할 때가 많았다. 20세기 말 전산기술의 발달은 수작업을 이용해왔던 회계절차를 상당히 간소화시켰다. 현재는 컴퓨터화된 회계프로그램을 통해 기록된 분개를 노트북이나 휴대폰으로 즉시 전송해 기업이 회계정보를 필요로 할 때 언제든지 사용할 수 있게 되었다. 이와 같이 전산화된 회계절차를 통해 회사의 민감한 재무정보가 안전하게 보호될 수 있고, 회계사는 필요할 때 회계정보를 언제든지 이용할 수 있게 되었다. 또한 회계사들이 시간을 절약할 수 있게 되어, 보다 중요한 재무분석과 예측업무에 더 많은 시간을 사용할 수 있게 되었다.

전산회계 프로그램은 회계부서에 대한 지원이 부족한 영세업자들에게 많은 도움을 주고 있다. 일반적으로 대기업과 중소기업이 필요로 하는 사항이 다른데, 인튜이트사의 퀵북스(Intuit's QuickBooks)와 같은 회계 소프트웨어들은 이런 중소기업들 고유의 필요를 충족시키도록 고안되었다.[3] 하지만 기업 운영자들은 정확히 어떤 컴퓨터 시스템과 프로그램이 자기 기업에 맞는지 알아야 한다.[4] 따라서 기업을 설립하는 사업가들은 회사목적에 따라 어떤 특정 기능이 필요한지에 대해 회계사와 상담하거나 회계사를 고용한다. 이러한 절차를 통해 선정한 회계소프트웨어를 이용해 자기 기업에 맞는 회계 시스템을 구축하게 되는 것이다.

여러분들은 전산회계 소프트웨어와 관련 기술이 발전을 거듭하고 있는데 왜 회계절차를 공부하고 이해해야 하는지에 대해 의문을 가질 수도 있을 것이다. 컴퓨터는 사업가들이 부기와 회계의 단조로움에서 벗어날 수 있게 해주는 훌륭한 도구이다. 하지만 한 가지 기억해야 하는 사실은 아직 스스로 재정적인 의사결정을 내릴 수 있게 설계된 컴퓨터는 없다는 것이다. 회계사의 업무는 컴퓨터가 수행할 수 없는 교육과 특별한 역량을 요구한다. 따라서 기술과 회계사의 지식의 조화가 정확한 재무의사결정을 내리는 데 무엇보다 중요하다고 할 수 있다. 다음에 나오는 시험 준비 이후에 대차대조표(또는 재무상태표), 손익계산서, 현금흐름표에 대해 살펴볼 것이다. 그리고 재무의사결정에 이용되는 각 재무제표가 제공하는 중요한 재무정보에 대해서 살펴보게 된다.

시험 준비

- 부기계원의 업무와 회계사 업무의 차이점은 무엇인가?
- 분개장과 회계원장의 차이점은 무엇인가?
- 왜 부기계원은 시산표를 작성하는가?
- 컴퓨터가 회계정보를 관리하고 분류하는데 어떻게 도움을 주는가?

학습목표 14-3 주요 재무제표가 서로 어떻게 다른지를 설명할 수 있다.

주요 재무제표 이해하기

재무제표
일정기간 동안 일어난 거래에 대한 총정리

재무제표가 작성되는 기간인 회계연도(accounting year)는 1월 1일부터 12월 31일까지 달력과 같은 연도(calendar year)를 사용하거나 또는 회사가 임의로 정한 재무회계연도(fiscal year)를 사용한다. **재무제표(financial statements)**는 일정 기간 동안 일어난 거래에 대한 총정리이다. 기업의 재무 건전성과 안정성을 나타내 주는 재무제표는 기업 운영의 의사결정 과정에서 빠져서는 안되는 중요한 요소이다.[5] 따라서 주주(기업의 소유주), 채권자, 은행(회사에 자금을 대여해준 사람과 기관), 노동조합, 종업원, 국세청(Internal Revenue Service) 모두 기업의 재무제표에 관심을 가진다. 다음은 주요 재무제표이다:

1. 대차대조표(또는 재무상태표) – "특정 시점"에서 기업의 재무상태를 나타내 주는 보고서. 미국회계기준에서는 대차대조표(Balance Sheet)라고 불리고, 우리나라가 채택한 국제회계기준(International Financial Reporting Standards: IFRS)에서는 일반적으로 재무상태표(Statement of Financial Position)라고 불린다. 용어의 차이 일 뿐 대차대조표와 재무상태표가 나타내는 기본적인 사항은 같다.
2. 손익계산서 – "일정 기간" 동안의 수익, 비용, 지출을 모두 나타낸 보고서로서 해당 기간 동안의 총이익 또는 총손실을 나타내 주는 보고서. IFRS에서는 포괄손익계산서라고 불리며 약간의 내용이 추가되어 보고되지만 기본적인 사항은 같다.
3. 현금흐름표 – 기업으로 들어오고 나가는 현금에 대한 요약. 현금흐름표를 통해 기업의 현금수취와 지급내역을 추적할 수 있다. 미국회계기준과 IFRS가 기본적으로 동일하다.

재무제표 간의 차이는 이렇게 요약될 수 있다. 대차대조표(재무상태표)는 특정 시점을 기준으로 기업이 무엇을 소유하고 있는지, 얼마를 빚지고 있는지 알려주는 보고서이고, 손익계산서는 일정 기간 동안의 판매수익과 판매비용을 비교하여 기업의 이익이나 손실이 얼마인지 나타내 준다. 현금흐름표는 기업으로 들어오고 나가는 현금의 차이를 보여준다. 재무정보를 완벽하게 이해하기 위해서는 기업의 재무제표 작성목적을 알아야 한다. 이를 위해 각 재무제표에 대해 더 자세히 살펴보도록 하자.

기본 회계방정식

여러분이 현재 빚이 없다고 가정해보자. 즉, 부채가 없는 상황이다. 이 경우, 여러분의 자산(현금 등)은 여러분이 소유한 것(자본)과 같다. 하지만 친구에게 돈을 빌리면 여러분에게는 부채가 생긴다. 이제 여러분의 자산은 여러분이 빚지고 있는 것과 여러분이 소유하고 있는 것의 합과 같다. 사업용어로 나타내자면 '자산 = 부채 + 자본'이다.

회계에서는 회계방정식(Accounting Equation)이라고 불리는 이 공식이 항상 균형을 이루어야 한다. 예를 들어, 여러분이 5만 달러의 현금을 가지고 있는데, 그 돈으로 작은 커피숍을 개업하기로 결정했다고 하자. 여러분의 사업은 5만 달러의 자산이 있고 부채는 없다. 이때 회계공식은 이렇게 된다.

자산 = 부채 + 자본
$50,000 = $0 + $50,000

즉, 여러분은 현금이 5만 달러 있고 5만 달러의 자기자본이 있다(여러분이 사업에 투자한 금액으로 경우에 따라서는 순자산으로도 불린다). 하지만 개업하기 전에 여러분이 3만 달러를 은행으로부터 빌렸다고 하자. 여기서 공식은 바뀐다. 여러분은 3만 달러의 추가적인 현금이 생겼지만 동시에 30,000달러의 부채도 가지게 되었다. 모든 사업거래는 회계방정식의 왼쪽과 오른쪽에 동시에 기록된다는 사실을 명심하라(이것이 앞서 이야기했던 복식부기의 원리이다).

여러분의 재무상태는 이제 바뀌었다. 변화가 적용되었지만 공식은 여전히 균형을 이루고 있다.

자산 = 부채 + 자본
$80,000 = $30,000 + $50,000

이 공식이 **대차대조표(재무상태표)**의 기초가 되는 **기본회계방정식**(fundamental accounting equation)이다.

애견미용업과 같은 서비스기업도 포드(Ford)와 같은 제조사나 메이시즈(Macy's)와 같은 소매판매기업과 동일한 종류의 재무제표를 사용한다. 일반적으로 서비스기업들의 대차대조표(재무상태표)에 나타나는 자산과 부채에는 어떤 것들이 있을까?

대차대조표(재무상태표)

대차대조표(Balance sheet) 또는 재무상태표(Statement of Financial Position)는 일정 시점에서의 기업의 재무상태를 나타내 주는 보고서이다. 그림 14.4 (11장에서 소개한 가상레스토랑 'Harvest Gold')에서 보는 바와 같이 자산은 부채나 자본과 다른 칸에 기입한다. 자산은 부채와 자본의 합과 같아진다. 즉, 균형(balance)을 이루게 된다.[6] **대차대조표(재무상태표)**는 이렇게 간단한 것이다.

여러분이 일정 시점에 여러분의 재무상태에 대해 알고 싶다고 하자. 여러분은 집이나 차를 새로 구입하기 위해 사용가능한 자금이 얼마나 있는지 계산하고 싶어할지도 모른다. 이것을 확인할 수 있는 가장 좋은 방법은 여러분의 대차대조표(재무상태표)를 살펴보는 것이다. 우선 여러분이 소유한 모든 것(현금, 부동산, 대여금 등의 자산)을 더 한다. 이것이 여러분의 자산이다. 자산의 합계에서 여러분이 갚아야 하는 부분(신용카드 부채, 차용증, 자동차 할부금, 학자금 대출 등의 부채)인 부채의 합계를 차감하면 여러분의 순자산(자본)이 얼마인지 알 수 있다. 기초 회계 공식의 절차를 따르는 것이 기업들이 대차대조표(재무상태표)를 작성할 때 하는 기본적인 일이다. 그리고 모든 기업은 대차대조표(재무상태표)를 작성할 때 일반회계기준(GAAP) (또는 국제회계기준, IFRS)을 따르도록 미국 증권거래위원회(Securities and Exchange Commission) (또는 한국의 경우 금융위원회)에서 강제하고 있다.

기본회계방정식
자산 = 부채 + 자본; 대차대조표(재무상태표)의 기초가 된다.

대차대조표(재무상태표)
특정 시점의 기업의 재무상태를 나타내는 재무제표. 자산, 부채, 자본으로 구성되어 있다.

다음으로는 대차대조표(재무상태표)의 항목들인 자산, 부채 및 자본을 조금 더 자세히 살펴보기로 한다.

자산 분류하기

자산
기업이 소유하고 있는 경제적인 자원

자산(assets)은 기업이 가진 경제적 자원(가치있는 것)이다. 자산에는 수익창출에 도움을 주는 유형자산(장비, 건물, 토지, 가구, 자동차 등)과 무형자산(특허권, 상표, 저작권, 영업권 등)이 있다. 영업권이란 기업의 평판, 위치, 주력 상품 등으로부터 얻을 수 있는 가치를 뜻한다. 인수기업이 피인수기업의 유형자산가치보다 더 높은 가격을 지불하고 인수하게 되는 경우에만, 이러한 무형자산의 가치가 대차대조표(재무상태표)에 포함된다. 코카콜라와 스타벅스 등의 상표권과 같이 무형자산이 기업의 가장 가치있는 자산인 경우라도, 기업이 자체적으로 이와 같은 무형자산을 개발했다면 대차대조표(재무상태표)에 포함시키지 않는다.[7)]

유동성
자산이 얼마나 빨리 현금화될 수 있는지의 정도

자산은 유동성이 높은 순서대로 대차대조표(재무상태표)에 나열된다(국제회계기준을 따를 경우 반드시 유동성에 따라 나열할 필요는 없다). **유동성**(liquidity)은 얼마나 빨리 자산을 현금화할 수 있는지를 뜻한다. 즉, 더 빨리 현금화를 할 수 있다면 유동성이 더 높은 것이다. 예를 들어, 외상매출금은 일반적으로 1년 이내에 기업이 받을 것으로 예상되는 자금이다. 따라서 외상매출금은 빨리 현금화될 수 있으므로 유동자산으로 간주된다. 반면 토지는 현금화하기 어려우므로 유동적이지 않다고 보며 고정 또는 장기자산으로 간주된다. 자산은 얼마나 빨리 현금화될 수 있는지 여부에 따라 다음 세 가지로 분류된다.

유동자산
1년 안에 현금화될 수 있는 자산

고정자산
토지, 건물, 장비와 같이 비교적 영속적인 자산

무형자산
특허권, 상표권, 저작권 등과 같이 물리적 실체는 없지만 가치가 있는 장기자산

1. **유동자산**(current assets): 1년 이내에 현금화될 수 있는 것들로 현금, 매출 채권, 재고자산 등이 포함된다.
2. **고정자산**(fixed assets): 상대적으로 영구적인 토지, 건물, 장비와 같은 장기자산이다(이런 자산들은 대차대조표(재무상태표)에 부동산, 공장, 장비 등으로 기재된다).
3. **무형자산**(intangible assets): 실물은 없지만 가치가 있는 장기자산[8)]으로 특허권, 상표, 저작권, 영업권 등이 포함된다.

부채와 자기자본

부채
기업이 다른 곳(사람)에 빚진 것

부채(liabilities)는 상환해야 할 의무가 있는 채무이다. 유동부채는 만기가 1년 이내인 부채이고, 장기부채는 만기가 1년 이상인 부채이다. 다음은 대차대조표(재무상태표)에 기록되는 일반적인 부채 계정이다(그림 14.4 참조).

외상매입금(매입채무)
상품이나 서비스 등을 신용으로 거래하고 아직 지불하지 않아서 부채로 남아 있는 자금

지급어음
단기 또는 장기 부채로, 기업이 특정일에 상환하기로 약속한 대금

1. **외상매입금** 또는 **매입채무**(accounts payable): 상품이나 서비스를 신용으로 구매하고 아직 모두 지불하지 못한 잔금과 관계된 유동성 부채이다. 아직 지불하지 못한 청구서가 있다면 이는 외상매입금 또는 매입채무로 책정된다.
2. **지급어음**(notes payable): 기업이 특정일에 상환하기로 약속한 단기 또는 장기부채(은행대출 등)이다.

Harvest Gold
대차대조표(재무상태표)
2020년 12월 31일

자산			
① 유동자산			
현금		$ 15,000	
매출채권		200,000	
받을 어음		50,000	
재고자산		335,000	
유동자산 합계			$600,000
② 고정자산			
토지		$ 40,000	
건물	$200,000		
감가상각 누계액	–90,000		
		110,000	
차량 및 운반구	$ 120,000		
감가상각 누계액	–80,000		
		40,000	
Furniture and fixtures	$ 26,000		
감가상각 누계액	–10,000		
		16,000	
고정자산 합계			206,000
③ 무형자산			
영업권		$ 20,000	
무형자산 합계			20,000
총자산			$826,000
부채와 자본			
④ 유동부채			
매입채무		$ 40,000	
미지급어음(2016년 6월 만기)		8,000	
미지급 세금		150,000	
미지급 급여		90,000	
유동부채 합계			$288,000
⑤ 비유동부채			
미지급 어음(2020년 3월 만기)		$ 35,000	
사채(2025년 12월 만기)		290,000	
비유동부채 합계			325,000
Total liabilities			$ 613,000
⑥ 자본			
일반주식(1,000,000 주)		$100,000	
이익잉여금		113,000	
총 자본 합계			213,000
부채와 자본의 합계			$826,000

그림 14.4 Harvest Gold 견본 대차대조표

① 유동자산: 1년 이내에 현금화될 수있는 자산
② 고정자산: 토지, 건물과 같이 현금화가 상대적으로 느린 자산
③ 무형자산: 특허나 저작권과 같이 물리적 유형을 띄지 않는 자산
④ 유동부채: 1년 이내에 만기가 도래하는 부채
⑤ 비유동부채: 1년 이후에 만기가 도래하는 부채
⑥ 자본: 기업 내에 주주들이 보유하고 있는 자산

3. **회사채(bonds payable)**: 자금을 대여해준 사람에게 기업이 반드시 상환해야 하는 장기부채이다.

회사채
기업이 상환해야 할 장기부채

앞서 이야기했던 기본 회계방정식에서도 강조했듯이, 자산에서 부채를 차감한

것을 자본이라고 한다. 주주들이 소유한 기업의 가치(부채를 차감한)를 주주자본(stockholder's equity, shareholder's equity)이라고 한다. 주주들은 기업의 소유주이기 때문에 주주자본을 **자기자본(owner's equity)**이라고 부르기도 하며, 이는 주주들에게 속한 것에서 기업이 지불할 의무가 있는 부채를 뺀 금액이다. 자기자본의 공식은 '자산 – 부채'이다.

자기자본
기업 소유자들에게 속하는 자산에서 부채를 뺀 값

기업의 유형에 따라 자기자본 계정에는 차이가 있을 수 있다. 독점소유자기업(sole proprietors) 또는 합자회사(partners)에서 자기자본이라는 의미는 기업에 속한 모든 것들의 가치에서 소유자들의 부채(은행대출금 등)를 차감한 금액이다. 이와 같은 기업의 자기자본을 자본금계정(capital account)라고 부른다.

주식회사의 경우, 자기자본계정에는 주주들이 기업에 투자한 자금 (자본금 등)과 이익잉여금이 포함된다. **이익잉여금(retained earnings)**은 기업의 수익성 사업에서 발생한 이익 중 주주들에게 배당으로 지급되지 않고 남겨둔 금액을 의미한다(이익의 분배인 배당은 15장에서 자세히 설명된다). 그림 14.4의 대차대조표(재무상태표)를 보고 여러분이 Harvest Gold 식당에 대해 어떤 사실을 알 수 있는지 알아보자. 시험준비 후에, 그림 14.5의 설명에 따라 여러분 기업의 순이익이 얼마인지 계산해 보라.

이익잉여금
기업의 이익 중에서 주주들에게 배당으로 지급하지 않고 재투자를 위해 남겨둔 금액

시험 준비

- 대차대조표(재무상태표)의 공식을 무엇이라 부르는가? 이 공식에 포함되는 세 가지 계정은 무엇인가?
- 여러가지 자산을 유동성에 따라 나열한다는 것은 무슨 의미인가?
- 대차대조표(재무상태표)에서 장기부채와 단기부채의 차이는 무엇인가?
- 자기자본은 무엇이며 그것은 어떻게 결정되는가?

그림 14.5 여러분의 기업

여러분 기업의 재무상태는 어떠할까? 시간을 들여서 살펴보자. 여러분은 미래 재무계획을 세우면서 많은 고심을 해야 한다는 사실을 깨달을 수도 있고 이에 뜻밖에 놀랄 수도 있다. 여러분의 자기자본(순자산)은 자산과 부채의 차이라는 것을 기억하라. 여러분 기업의 가치를 산출하는데 공정하고 정직한 평가를 하자.

자산		부채	
현금	$ ____	할부 대출과 이자	$ ____
보통 예금	____	다른 대출과 이자	____
당좌 예금 계좌	____	신용카드 거래	____
집	____	융자금	____
유가 증권	____	세금	____
자동차	____	휴대전화 서비스	____
IRA or Keogh	____		
동산	____		
다른 자산	____		
총자산	$ ____	총부채	$ ____
순재산액을 밝히라			
총자산	$ ____		
총부채	– ____		
순재산액	$ ____		

손익계산서

기업의 총결산(bottom line: 기업의 비용, 지출, 세금 이후의 이익)을 보여주는 재무제표가 **손익계산서(Income Statement)**이다. 손익계산서는 기업의 경영활동을 통해 발생한 모든 자원(수익), 사용된 자금, 사업활동을 영위하는데 발생한 비용, 세금을 포함한 모든 비용과 지출을 차감하고 남은 자원에 대한 사항들을 요약한다. 마지막에 남은 자원(수익)을 **순이익** 또는 **순손실**(net income or net loss)이라고 부른다(그림 14.6 참조).

손익계산서
원가, 비용, 세금을 차감한 후 이익을 나타내는 재무제표; 손익계산서는 기업의 모든 수익과 모든 비용, 그리고 수익에서 비용을 차감한 결과인 순이익 또는 순손실을 요약한다.

순이익/순손실
수익에서 세금을 포함한 모든 비용과 지출을 차감한 값

손익계산서는 보통 1년, 한 분기, 한 달을 기준으로 기업의 일정 기간 동안의 영업성과를 보여준다. 손익계산서는 사업이 실제로 이익을 내고 있는지 또는 손실이 나고 있는지를 보여준다. 손익계산서는 주주, 채권자, 투자자, 종업원, 정부 등이 필요로 하는 가치있는 재무정보를 포함하고 있다. 손익계산서는 매우 중요하기 때문에 먼저 전체적인 형식을 주의 깊게 보고, 다음으로 각 단계가 무엇을 의미하는지 자세히 공부할 필요가 있다.

수익(Revenue)
− 매출원가(Cost of goods sold)
= 매출총이익(gross profit; gross margin)
− 영업비용(Operating expenses)
= 세전순이익(Net income before taxes)
− 세금(Taxes)
= 순이익 또는 순손실(Net income or loss)

수익

수익(revenue)은 상품의 판매, 서비스 제공 또는 기타 수입(예를 들어, 임대수익, 특허비용, 이자수익)등을 통해 기업이 얻은 가치이다. 수익(revenue)과 매출(sales)은 다른 개념이므로 동의어로 사용하지 않도록 유의해야 한다. 수익은 매출을 포함하는 개념이다.[9] 즉, 대부분의 수익은 상품의 판매 또는 서비스의 제공을 통한 매출에서 나오지만, 수익의 일부는 기타 수입원에서 발생할 수도 있다. 총매출(gross sales)은 기업이 완료한 모든 판매를 뜻한다. 순매출(net sales)은 총매출에서 매출환입, 할인, 에누리를 뺀 값이다.

매출원가

매출원가(cost of goods sold or cost of goods manufactured)는 판매된 상품의 비용 또는 제품 생산에 쓰인 원자재나 물품 비용을 의미한다. 기업이 일정 기간 동안 제품판매를 통해 얻은 이익과 그 기간 동안 제품을 생산하기 위해 사용한 비용을 비교해볼 필요가 있다. 매출원가는 매입가격, 모든 운송료, 저장비용을 포함한다.

매출원가
판매된 상품의 원가 또는 판매제품생산에 사용된 원자재나 기타비용의 합계

재무보고를 하는 데 있어서 어느 특정한 제품이 실세로 어느 날짜에 재고로 책정되었는지는 중요하지 않다. 중요한 것은 회계담당자가 매출이 발생했을 때 판매된 재고자산

그림 14.6 Harvest Gold의 견본 손익계산서

① 유동자산: 1년 이내에 현금화될 수있는 자산
② 고정자산: 토지, 건물과 같이 현금화가 상대적으로 느린 자산
③ 무형자산: 특허나 저작권과 같이 물리적 유형을 띄지 않는 자산
④ 유동부채: 1년 이내에 만기가 도래하는 부채
⑤ 비유동부채: 1년 이후에 만기가 도래하는 부채
⑥ 자본: 기업 내에 주주들이 보유하고 있는 자산

Harvest Gold 손익계산서 2020년 1월1일–12월31일			
① 수익			
총 매출		$ 720,000	
매출환입	$ 12,000		
매출할인	8,000	–20,000	
순매출			$ 700,000
② 매출원가			
기초 재고, 1월 1일		$ 200,000	
당기 매입	$ 400,000		
운송료	40,000		
순매입		440,000	
매출가능 재고자산 원가	$ 640,000		
기말재고자산, 12월 31일		–230,000	$ 290,000
당기 매출원가			–410,000
③ 무형자산			
④ 영업비용			
판매비용			
영업사원 급여	$ 90,000		
광고비	18,000		
소모품	2,000		
총 판매비용		$ 110,000	
일반관리비			
급여	$ 67,000		
감각상각비	1,500		
보험	28,000		
임차료	12,000		
전열비	2,000		
기타 비용		112,000	
총 영업비용			222,000
세전이익			$ 68,000
법인세			19,000
⑤ 당기순이익			$ 49,000

원가를 어떻게 기록하느냐 하는 것이다. 그 이유를 알아보기 위해서 LIFO와 FIFO라는 두가지 서로 다른 재고자산 평가 방법을 비교한 '중소기업에 대한 조명'이란 글상자를 참조하라.

매출총이익
상품의 구매(또는 생산)후 판매로 기업이 얻은 이익; 매출에서 매출원가를 차감해서 계산한다.

순매출에서 매출원가를 차감하면, **매출총이익**(gross profit or gross margin)이 산출된다. 매출총이익이란 기업이 상품의 매매를 통해 얼마나 벌었는가를 나타낸다. 서비스업체의 경우 매출원가가 존재하지 않을 수도 있다. 이런 경우 총이익과 순수익은 같다. 총수익이 기업의 영업성과에 대해서 여러분이 알아야 할 모든 것을 말해 주지는 않는다. 손익계산서는 기업이 실현한 순이익이나 순손실도 나타내야 한다. 이것을 얻기 위해서는 기업이 지출한 각종 비용을 차감해 주어야 한다.

중소기업에 대한 조명

오래된 재고를 판매하고 새로운 재고로 채워 넣기

미국에서 사용되는 일반회계기준(GAAP)에서는 기업의 재고자산 평가를 위해 서로 다른 회계방법을 기업이 사용할 수도 있도록 허용하고 있다. 가장 많이 사용되는 두 가지 재고 자산의 평가방법인 선입선출법(FIFO)과 후입선출법(LIFO)을 비교해 보자 (한편, 우리나라에서 채택하고 있는 국제회계기준(IFRS)에서는 미국회계기준과 다르게 후입선출법(LIFO)이 허용되지 않는다. 따라서 우리나라에서는 선입선출법과 평균법이 주로 사용되고 있다).

예를 들어, 대학서점에서 7월에 100권의 특정교재를 권당 150달러로 구입하였다고 하자. 8월 중순에 학기가 시작되어 50권의 교재가 권당 175달러의 가격으로 판매되었고, 다음 학기에도 동일한 교재가 채택될 예정이므로 서점은 판매되지 않은 나머지 50권을 재고로 보유하게 된다.

12월말에 이르러서 서점은 봄학기용으로 추가로 50권을 주문하였으나 출판사에서 물가 상승 등의 이유로 권당 175달러의 가격을 요구하였고, 서점은 이를 수락하고 구매하였다. 이제 서점은 서로 다른 시점에 구입한 100권의 교재를 보유하고 있다. 봄학기 초에 교재를 권당 200달러에 판매할 경우, 회계장부상으로 교재 한 권당 서점의 원가는 얼마인가?

비록 교재는 동일함에도 불구하고 재고자산 평가방법에 따라 원가는 다르게 계산된다. 만일 서점이 선입선출법(FIFO)을 적용한다고 가정하면, 교재 한 권당 매출원가는 150달러가 된다. 즉, 먼저 입고된 책이 먼저 출고된다는 가정 때문이다. 하지만 서점이 후입선출법(LIFO)을 적용한다면, 교재 한 권당 매출원가는 175달러가 된다. 즉, 나중에 입고된 책이 먼저 출고된다는 가정때문이다. 서점이 교재 한 권을 200달러에 판매하였을 경우에, 선입선출법과 후입선출법에 의한 매출총이익의 차이는 얼마가 되겠는가? 이와 같이 재고자산의 평가방법에 따라 매출원가가 달라지고, 이는 매출총이익의 차이를 가져온다.

영업비용

제품이나 서비스의 판매 과정에서 사업상 임차료, 급여, 소모품비, 전기료, 보험료 등의 **영업비용**(operating expenses)이 발생한다. 감가상각과 같은 영업비용은 조금 더 복잡하다. 예를 들어, 새 차의 시가는 자동차 판매점 주차장에서 몰고 나오는 순간 감소한다는 말을 들어본 적이 있을 것이다. 장비와 기계설비도 마찬가지이다. **감가상각**(depreciation)은 유형자산의 취득원가를 추정내용연수(estimated useful life)동안 체계적으로 배분해서 상각(write-off)하는 방법이다. 일반회계기준(GAAP)과 미국 국세청(IRS: Internal Revenue Service)은 감가상각비용을 영업비용에 포함시킴으로써 기업들이 상각된 자산의 가치를 매 회계기간에 다시 산정할 수 있도록 허용하고 있다.

영업비용
사업의 운영과 관련된 비용으로 임차료, 전기세, 종업원급여 등을 포함

감가상각
유형자산의 취득원가를 추정내용연수동안 체계적으로 상각하는 방법

영업비는 크게 판매비와 일반관리비의 두 가지로 나뉜다. 판매비(selling expenses)는 기업의 제품이나 서비스를 홍보하고 배포 · 유통하는데 발생하는 비용(영업사원의 급여, 광고비, 물품비 등)이다. 일반관리비(general expenses)는 기업의 관리비(사무실 종업원의 급여, 감가상각비, 보험료, 임차료 등)이다. 회계사는 적용 가능한 모든 비용을 책정하고, 사업과 관련해 과세대상에서 공제 가능한 다른 비용들도 찾아낼 수 있게 도와준다.

대부분의 기업에서는 임차료, 급여, 전기세, 소모품비, 보험료 등의 영업비용이 발생한다. 스타벅스와 같은 기업의 영업비용에는 어떤 것들이 있을까?

Lonnie McQuirter가 소유하고 있는 주유소에서는 전형적인 편의점에서 파는 일반 제품이 아니라 지역 공급업자들로부터 유기농 건강식품을 제공받아서 판매하고 있다. 그는 2007년에 $875,000를 차입해서 주유소와 편의점사업을 시작했다. 현재 이 사업은 연간 $11,000,000의 총수익(gross revenue)을 거두고 있다. 수익(revenue)과 이익(profit)의 차이는 무엇인가?

순이익 또는 순손실

모든 비용을 차감하면 기업의 세전순이익이 계산된다(그림 14.6 참조). 그 다음에 세금을 차감하면 총결산(bottom line)에 도달한다. 총결산은 수익에서 매출환입, 비용, 지출, 세금을 빼고 얻게 되는 것으로 순이익(또는 순손실)이다. 총결산은 기업이 일정 기간 동안 얼마만큼의 이익 또는 손실을 기록했는지에 대한 답이다.

실제로 여러분은 대차대조표(재무상태표)와 손익계산서에서 사용되는 것과 비슷한 회계적인 개념들을 일상생활에서 사용하고 있다. 예를 들어, 여러분은 생활비를 계산할 때 각종 비용과 지출내역을 기억하는 것이 중요하다는 것을 알고 있을 것이다. 지출이 수익보다 많아지면 문제가 발생한다. 돈이 더 필요하다면 여러분이 가지고 있는 것 중 일부를 팔아서 초과 비용을 충당할 수 있다. 사업도 마찬가지이다. 기업들은 얼마만큼의 돈을 벌었고 사용하고 있는지, 현재 현금을 얼마나 보유하고 있는지 등을 기록해야 한다. 차이점은 기업은 일반 사람들의 생활비보다 복잡하고 기록해야 할 정보가 더 많다는 것뿐이다.

재무제표의 정보를 이용하는 사람들은 기업이 현금흐름을 어떻게 관리하는지에 관심이 많다. 현금흐름과 관련된 문제는 개인은 물론 기업에도 골칫거리가 될 수 있다. 이러한 사실을 염두에 두고 현금흐름표를 살펴보자.

현금흐름표

현금흐름표
기업의 주요 활동(영업, 투자, 자금조달)과 관련된 현금의 유입 및 유출을 기록한 재무제표

현금흐름표(Statement of Cash Flows)는 아래와 같이 기업의 세 가지 주요 활동과 관련된 현금의 유입과 유출을 보여준다.

- 영업: 사업을 운영하는 것과 관련된 현금 거래들
- 투자: 기업의 투자 활동을 통해 사용되거나 유입되는 현금
- 재무: 새로운 채권이나 주식을 발행하여 유입된 현금, 운영비용, 과거 발행 채권의 상환, 배당 지급 등에 사용된 현금

회계사들은 기업의 순현금 현황을 알기 위해 기업이 영업, 투자, 재무활동을 하는 동안의 모든 현금흐름의 변화를 분석한다.[10] 현금흐름표는 (비용을 지급해야 하는데 손에 쥔 현금이 하나도 없는 것과 같은) 현금흐름 문제가 발생하지 않게 하기 위해 어떻게 현금을 다루어야 하는지를 알려준다.

그림 14.7은 Harvest Gold의 현금흐름표 예이다. 현금흐름표를 보면 최근 사업을 통해 현금이 얼마나 들어왔는지, 즉 제품과 서비스의 판매로부터 얼마만큼의 현금이 유입되었는지, 주식, 채권, 또는 다른 투자 대상의 매입에 현금이 얼마나 사용되었는지, 투자대상의 매도를 통해 현금이 얼마나 유입되었는지, 주식발행을 통해 현금이 얼마나 유

Harvest Gold 현금흐름표 2020년 1월1일–12월31일		
① 영업활동 현금흐름		
고객에게 받은 현금	$ 700,000	
직원과 납품업체에 지급한 현금	(567,000)	
이자비용	(64,000)	
법인세	(19,000)	
이자수익과 배당금	2,000	
순영업활동 현금흐름		$ 52,000
② 투자활동 현금흐름		
공장 매각을 통한 현금유입	$ 4,000	
설비 구입에 따른 현금지출	(23,000)	
순투자활동 현금흐름		(19,000)
③ 재무활동 현금흐름		
단기사채의 발행을 통한 현금유입	$ 2,000	
당기 부채의 상환	(8,000)	
배당금 지급	(15,000)	
순재무활동 현금흐름		(21,000)
단기 현금 증감		$ 12,000
기초 현금 잔고		3,000
기말 현금 잔고		$ 15,000

그림 14.7 Harvest Gold의 견본 현금흐름표

① 수익: 제품을 팔거나 서비스를 제공해서 얻은 대가
② 매출원가: 판매한 제품을 생산하거나 구입하는 데에 들어간 비용
③ 총이익: 제품을 구입하거나 판매하면서 얻은 이익
④ 영업비용: 기업을 운영하면서 발생된 비용
⑤ 당기순이익: 한 기간 동안 총매출에서 모든 비용과 세금을 제한 후의 순익

입되었는지 등을 알 수 있다.

위에 거론된 사항들과 기타 재무거래들이 기업의 현금 보유량에 어떤 영향을 주었는지가 현금흐름표를 통해 분석된다. 현금흐름에 대한 이해가 사업의 성공여부를 결정지을 수도 있기 때문에, 다음 절에서 현금흐름에 대해 더 자세히 살펴보기로 한다.

현금흐름 분석의 중요성

현금흐름을 올바르게 관리하지 않으면 사업상 많은 문제가 발생할 수 있다. 현금흐름 분석은 사실 이해하기 쉽다. 친구에게 100달러를 빌려 중고 자전거를 샀다고 가정하자. 그리고 여러분은 그 친구에게 일주일 후에 돈을 갚기로 약속했다. 그리고 여러분은 또 다른 사람에게 150달러에 그 자전거를 팔기로 했고, 이 사람 역시 일주일 후에 돈을 지불하겠다고 약속했다. 하지만 일주일 후 중고 자전거를 산 사람이 돈이 없다며 다음 달에 돈을 갚겠다고 한다. 한편, 자전거를 판 여러분의 친구는 여러분이 지불하기로 한 100달러를 일주일 후에 반드시 받기를 원한다.

현금흐름은 기업에 들어오고 나가는 현금액의 차이이다. 철저한 현금흐름관리는 어떤 규모의 기업에서든 중요하지만, 특히 중소기업이나 스키리조트와 같은 계절성 기업에서 중요하다. 현금흐름 문제로 인해 파산할 수밖에 없었던 기업을 생각할 수 있는가?

손쉽게 50달러를 벌 수 있는 기회라고 생각했던 것이 이제 여러분에게 고민거리가 되었다. 이제 여러분은 갚아야 하는 돈이 100달러이고 현금은 하나도 없다. 이와 같은 경우 여러분은 어떻게 하겠는가? 여러분이 기업이었다면 채무불이행을 할 수밖에 없을 것이며, 잠재적으로 이익을 창출할 수 있음에도 불구하고, 이

윤리적 의사결정

당신이 판사와 배심원일 때!

당신은 온라인에서 직접 판매하는 고급 강아지 사료의 소규모 생산업체인 Fido's Feast에 고용된 유일한 회계사이다. 경기대침체의 여파가 아직도 이 회사를 괴롭히고 있다. 이 기간 동안, 회사의 많은 고객들은 가격에 민감해졌으며 저가브랜드로 이동하였다. 다행히 경기가 좋아지면서 이 회사의 오랜 고객들 중 상당수가 돌아오면서 상황이 호전되고 있다. 문제는 지난 몇 년 동안 회사의 현금흐름이 심각하게 악화되었고, 회사가 비용을 계속 지불하기 위해서는 즉각적인 자금조달이 필요하다는 것이다. CEO는 회사의 파산을 막기 위해 국내은행에 대출을 요청하는 제안서를 준비했다. 유감스럽게도, 당신은 Fido의 지난 해 재무제표가 좋은 결과를 보이지 않을 것임을 알고 있으며, 회사의 사정이 호전될 것이라는 예상에도 불구하고, 은행이 현재의 재무정보를 기반으로는 대출을 승인하지 않을 것이라고 예상한다.

당신이 결산 후 작년도 장부를 마감하기 전에, CEO는 당신에게 올해 1월 초에 이루어진 매출을 작년 12월에 이루어진 것처럼 처리함으로써 회사의 작년 재무제표를 "개선"하라고 제안한다.

당신은 이것이 재무회계기준위원회(FASB)의 규정에 위배된다는 것을 알고 있으며 정보의 변경을 거부한다. CEO는 은행대출이 없으면 폐업할 가능성이 높고 모두가 실직할 것이라고 경고한다. 당신도 그가 맞다는 것을 알고 있고, 이 회사의 많은 직원들이 새로운 일자리를 구할 가능성이 낮다는 것을 알고 있다. 당신의 다른 대안은 무엇인가? 각각의 결과는 무엇인가? 당신은 무엇을 할 것인가?

로 인해 파산을 하게 될 수도 있다.

현금흐름
기업에 들어오고 나가는 현금의 차이

기업은 매출과 이익의 규모가 커져 감에도 불구하고, 현금흐름의 문제가 발생할 수 있다. **현금흐름(cash flow)**은 간단히 말해 기업에 들어오고 나가는 현금의 차이이다. 원활하지 못한 현금흐름으로 인해 많은 기업들이 심각한 영업위험에 직면할 수 있다. 예를 들어보자. 테슬라(Tesla)는 지난 몇 년 동안 급속히 성장해온 혁신적인 자동차회사이다. 하지만, 테슬라는 심각한 현금유동성 위기를 겪어왔고, 이는 기업의 미래에 대해 투자자들의 큰 우려를 가져왔다.[11] 현금흐름의 문제는 자본조달의 통로가 제한적인 중소기업들과 계절적 경기변화에 민감한 기업들에게는 특히 더 큰 문제로 다가온다.[12] 회계사들은 현금흐름을 보고할 때 윤리적인 문제에 직면하기도 한다. '윤리적 의사결정'이란 글상자를 참고하여 윤리적 딜레마가 어떻게 발생할 수 있는지 살펴보라.

현금흐름 문제는 어떻게 시작될까? 기업은 소비자의 수요를 충족시키기 위해, 점점 더 많은 상품을 신용(현금을 지불하지 않고)으로 구매한다. 이와 마찬가지로, 점점 더 많은 물건들을 신용(현금을 받지 않고)으로 판매한다. 이 경우 기업은 보유하고 있는 현금이 부족하기 때문에 즉시 처리해야 하는 비용을 지불하기 위해 더 많은 자금을 은행 등으로부터 빌리게 된다. 만약 기업의 신용한도가 더 이상 남아 있지 않아 은행이 추가적인 대출을 거절하게 될 경우 기업은 심각한 현금흐름위기를 겪게 된다. 청구서의 비용을 지불하지 않으면, 기업은 파산위기에 처한다. 불행히도 많은 기업들이 매출이 잘 이루어지고 있음에도 불구하고 가장 현금이 필요할 때 현금이 없어서 파산한다. 현금흐름 분석은 기업과 자금대여자의 관계가 기업의 현금흐름문제를 예방하는 데 매우 중요함을 보여준다.

회계사들은 기업에 현금이 필요한지 여부와 필요하다면 얼마나 필요한지에 관한 조언 등 기업이 현금을 어떻게 관리해야 하는지에 대한 조언을 해준다. 회계사들은 또한 기업의 재무제표(대차대조표, 손익계산서, 현금흐름표)가 적절히 작성되었는지를 검증하여 기업 재무분석의 토대를 마련해준다. 시험준비 후에 회계의 주요분야와 직업기회에 대해 살펴보자.

시험 준비

- 손익계산서를 작성하는 데 필요한 단계는 무엇인가?
- 손익계산서에 나타난 수익(revenue)과 이익(income)의 차이점은 무엇인가?
- 기업의 운영상태를 평가하는데 현금흐름표가 왜 중요한가?

학습목표 14-4 여러 가지 회계 전문 분야에 대해 기술할 수 있다.

회계의 여러 분야

회계직은 크게 재무회계, 관리회계, 회계감사, 세무회계, 정부 및 비영리회계의 다섯 가지 분야로 분류된다. 이 다섯 가지 분야 모두 중요하며, 각 분야에서는 직업기회를 제공한다. 다섯 가지 분야에 대해 간단하게 살펴보자.

재무회계

재무회계(financial accounting)는 조직의 내부 경영자가 아니라 주로 외부 이해관계자를 위한 재무정보나 분석을 제공한다. 이 정보는 기업의 주주, 경영진, 종업원뿐만 아니라 채권자와 채무자, 노동조합원, 고객, 공급자, 정부기관, 일반 대중에게도 제공된다. 즉, 해당 기업에 관심이 있는 거의 모든 기업외부의 경제주체들이 이용하는 회계정보가 재무회계정보이다. 외부 정보이용자는 기업이 수익성이 있는지, 각종 비용을 부담할 능력이 있는지, 부채규모는 얼마나 되는 지와 같은 재정 사항들에 관심이 있다. 이러한 질문에 대한 답은 일반적으로 기업의 **사업보고서**(annual report)에서 찾을 수 있다. 사업보고서는 연 1회 발표되는 기업의 종합적인 재무정보 보고서로서, 기업의 재무상태, 발전정도, 목표치 등을 보여준다.

재무회계
기업의 외부 이해관계자들에게 정보 및 분석을 제공하기 위한 회계

사업보고서
기업의 재무여건, 절차, 기대치가 담긴 연단위 보고서

재무정보를 정확하게 관리하는 것은 기업에 매우 중요한 사안이다. 따라서 많은 기업들이 **개인회계사**(private accountant)를 고용한다. 개인회계사는 단 하나의 기업, 정부기관, 비영리조직을 위해 일한다. 하지만 모든 조직이 상근 개인회계사를 필요로 하는 것은 아니다. 다행히도 미국에는 수천 개의 회계법인들이 있고, 이들 법인들은 공인회계사를 통해 기업이 필요로 하는 회계 관련 서비스를 제공한다.

개인회계사
특정기업, 정부기관, 비영리단체를 위해 일하는 회계사

회계사(public accountant)는 개인 또는 기업으로부터 수수료를 받고 회계관련 서비스를 제공한다. 예를 들어, 기업을 위해 회계시스템을 설계해줄 수도 있고, 그런 시스템에 맞는 소프트웨어 선정에도 도움을 줄 수 있으며, 기업의 재무성과를 분석해줄 수도 있다. 미국 공인회계사협회(American Institute Certified Public Accountant; AICPA)에서 주최하는 시험에 합격하고, 주에서 요구하는 교육과정을 이수하고 경력을 갖추게 되면 **공인회계사**(CPA; certified public accountant)로 인정받게 된다. CPA는 개인회계사 또는 공인회계사로서 활동할 수 있으며, 때로는 기관의 재무관련 직종에 종사할 수도 있다. 오늘날 미국에만 66만 5천명 이상의 CPA가 있으며, 그 중 AICPA 회원수는 40만명이다.[13)]

회계사
수수료를 받고 개인이나 기업에 회계 서비스를 제공해주는 회계사

공인회계사(CPA)
미국공인회계사협회(AICPA)에서 주관하는 일련의 시험들을 합격한 회계사 (우리나라에서는 금융감독원에서 공인회계사 시험을 주관하고 있다.)

트럭의 엔진을 조립하는 데는 많은 도구, 부품, 원자재와 그 밖의 요소들이 필요하다. 이와 관련된 비용들을 최소화하면서 생산납품의 기일을 맞추는 것은 기업의 사활이 걸린 문제이다. 기업의 경쟁력을 확보하기 위해 관리회계사와 협력해야 할 다른 부서들은 어디인가?

2000년 초는 회계직군에 암흑기라고 할 수 있다. 월드콤(WorldCom), 엔론(Enron), 타이코(Tyco)가 연루된 회계 부정스캔들은 회계사들과 기업들에 대한 전반적인 불신을 불러일으켰다. 미국의 대형 회계법인 아서 앤더슨(Arthur Andersen)은 엔론사건과 관련해 관련 기록을 고의로 파기한 혐의로 유죄판결(이후 대법원에서 유죄판결이 번복됨)을 받으면서 해체되었다.

회계업계에 대한 비판이 심화되면서 미의회는 사베인스–옥슬리 법안(Sarbanes–Oxley Act: Sarbox 법안이라고도 부름)을 통과시켰다. 사베인스–옥슬리 법안은 상장 기업들에 새로운 정부보고기준을 적용했다. 사베인스–옥슬리 법안이 통과되기 이전에 회계업계는 자율적인 규제에 의존하였지만, 법안이 통과되면서 미국공인회계사협회(AICPA)를 감시하는 상장기업 회계감독위원회(PCAOB; Public Company Accounting Oversight Board)가 신설되었다. 최근에는 중소기업의 부담을 경감시키기 위해 PCAOB의 권한을 축소하자는 주장에 대한 논쟁이 계속되고 있다. 그림 14.8에는 사베인스–옥슬리 법안의 몇 가지 핵심 조항이 나열되어 있다.

2008년에 시작된 금융위기는 의회가 Dodd–Frank 금융개혁법(Dodd–Frank Wall Street Reform)과 소비자보호법(Consumer Protection Act)을 통과시키도록 만들었다. 도드–프랭크(Dodd–Frank)법은 금융업 중개인과 딜러들에 대한 PCAOB의 감독권한을 강화함으로써 회계업계에 대한 재무규제를 강화하였다. 그러나 2018년 도드–프랭크(Dodd–Frank)법의 여러 조항들에 대한 의문이 제기되었고, 많은 규제들이 완화되었다.[15] 도드–프랭크 (Dodd–Frank) 법은 15장에서 보다 자세히 논의될 것이다.

효과적이기 위해서, 회계사들은 의사나 변호사만큼 전문적이어야 한다. 미국의 경우 150시간의 대학교육과 엄격한 자격시험 외에도, CPA들은 매년 평균 20–40시간의 교육을 받는다. 또한 교육을 통해 자격증을 갱신하고, 필수 윤리교육을 수강한 후, 윤리시험을 통과해야 한다.[16]

그림 14.8 사베인스–옥슬리 법안의 핵심 조항들

- 회계 법인이 자사의 고객 기업에 회계감사 이외의 서비스(예로, 컨설팅 서비스)를 제공하는 것을 금지한다.
- 기업의 비리에 대한 정보를 밝힌 내부 고발자에 대한 보호를 더욱더 강화한다.
- 기업의 CEO나 CFO가 자사의 재무제표의 정확성에 대한 책임을 지며, 재무 관련 보고서 작성법을 위반할 경우 제재를 가한다.
- 기업이 자금을 관리자 및 임원에게 대여해주는 것을 금지한다.
- 증권거래위원회 산하의 5명으로 이루어진 사기업 회계감독위원회(PCAOB; Public Company Accounting Oversight Board)를 창설하여 회계 산업을 감독한다.
- 핵심적인 회계감사 관련 자료들을 조작하거나 파기시킬 경우 법적인 책임을 물으며 심각한 제재를 받는다.

관리회계

관리회계(managerial accounting)는 특정기업의 내부경영자의 의사결정에 도움을 줄 수 있는 정보와 분석을 제공한다. 관리회계는 생산, 마케팅, 그 외의 다양한 기능들을 수행하는데 필요한 비용을 책정하고 보고하며, 예산을 편성하고, 주어진 예산 안에서 잘 통제되고 있는지 여부를 확인하고, 세금을 최소화하기 위한 전략을 모색한다. 여러분이 경영학을 전공하고 있다면, 관리회계를 필수과목으로 수강하여야 할 것이다.

관리회계
경영자의 조직내부 자원관리에 대한 의사결정에 도움을 줄 수 있는 정보와 분석을 제공하기 위한 회계

회계감사

기업의 재무제표 작성에 사용된 자료를 재검토하고 평가하는 일을 **회계감사**(auditing)라고 한다. 기업내부에 있는 개인회계사는 적합한 회계절차와 재무보고가 이루어지고 있음을 확인하기 위해 내부감사를 실시한다. 공인회계사들도 회계정보 및 그와 관련된 보고서에 대한 독립감사를 실시한다. **독립감사**(independent audit)란 회사 재무제표의 정확성에 대한 공정한 평가와 의견이다. 사업보고서에는 일반적으로 공인회계사의 감사의견이 포함된다.

회계감사
기업의 재무제표작성에 적용된 자료를 재검토하고 평가하는 일

독립감사
기업 재무제표의 정확성에 대한 공정한 평가와 견해

앞서 언급한 2000년대 초반의 회계 부정 스캔들 이후, 회계감사 과정이 정직하게 잘 이루어졌음을 보장하기 위해 사베인스-옥슬리 법안은 감사와 컨설팅에 관련된 새로운 규정들을 제정했다. 그러나 2008년에 발생한 Lehman Brothers의 파산과 그에 따른 금융위기에 대한 분석이 완료된 2011년에는 회계감사절차에 대한 논란이 다시 제기되었다. 많은 이들이 회계감사절차에 대한 더욱 철저한 감시, 감독을 요구하게 되었다.[17)]

오늘날의 회계감사자들은 기업의 재무건전성 조사는 물론 경영효율성과 유효성도 확인한다. '변화에 적응하기' 글상자에서는 조직내부의 회계부정을 적발하는데 특화된 부정적발 전문 회계사(forensic accountant)들에 대해 설명하고 있다.

세무회계

세금은 도로, 공원, 학교, 경찰, 군대 등 정부가 수행하는 기능들을 가능하게 한다. 미국에서 개인과 기업들은 특정 시기에 정확한 서식에 맞추어 작성한 세금 환급신청서를 연방정부, 주정부, 지방정부에 제출한다. **세무회계사**(tax accountant)는 세법관련 교육을 받은 사람이며, 세금환급 신청서 준비와 세금전략 개발업무를 맡고 있다. 정부가 특정 필요나 목적에 의해서 세금정책을 자주 변경하기 때문에 세무회계사는 지속적으로 변화하는 정책을 공부해야 한다. 또한 세금에 대한 부담이 점점 커지고 있는 상황에서 조직과 개인이나 사업가에게 세무회계사의 역할은 점점 더 중요해지고 있다.

세무회계사
세법 및 세무회계를 공부했으며, 소득신고서를 작성하거나 세금전략을 개발하는 회계사

정부 및 비영리회계

정부 및 비영리회계(government and not-for-profit accounting)는 수익창출을 목적으로 하지 않고 국민들을 위해 봉사하는 비영리기관들을 위한 회계시스템이다. 연방정부, 주정부 그리고 지방정부는 정부가 의무를 다하며 세금을 정직하게 사용하고 있다는 것을 납세자, 특정 이익단체, 입법기구, 채권자들이 알 수 있도록 정확한 양식으로 작

정부 및 비영리회계
한정된 예산안에서 지방세 납부자, 국세 납부자들을 돕지만, 수익창출을 목적으로 하지 않는 기관들을 위한 회계시스템

변화에 적응하기

회계: 범죄현장조사(CSI)

불행하게도 많은 기업들이 부정(fraud)이라는 최악의 방식으로 돈을 잃고 있다. 부정은 크고 작은 기업들에 영향을 미치는 중요한 문제이다. 공인 부정조사관협회(Association of Certified Fraud Examiners)에 따르면 많은 대기업들이 부정으로 인해 매년 수익의 5%에 가까운 돈을 잃고 있으며, 전체 중소기업의 절반정도가 사업을 하면서 금융부정을 경험하며 종종 매우 심각한 결과를 맞이한다고 한다.

미국 증권거래위원회(SEC)가 금융부정에 맞서 싸우는데 주력하고 있으며 Sarbox(사베인즈-옥슬리법)와 같은 법률이 강력한 처벌을 약속하고 있는 가운데에서도 금융부정은 계속되고 있다. 문제는 정부와 기업의 감사인들이 금융부정을 적발하는 훈련을 특별히 받지 않았다는 점이다. 이들의 전문지식은 주로 회계기준이 올바르게 적용되고 기업의 재무제표가 공정하게 작성되어 있는지 확인하는 것이다. 따라서 감사인과 공인회계사가 금융부정의 징후를 탐색하고 식별할 준비가 되어 있지 않다면, 당신은 누구를 부를 것인가?

답은 아주 간단하다. 회계업계의 셜록 홈즈라고 불리는 부정적발 회계사(forensic accountant)를 만나보자. 감사인이 회계오류를 찾는다면, 부정적발 회계사는 범죄현장증거를 탐색한다. 이들은 부정에 책임이 있는 회사의 범죄자들을 가려내기 위해 문서증거들을 취합하면서 산더미 같은 회사정보들을 샅샅이 살핀다. 이들의 작업은 길고 고되며, 부풀려진 판매 수치, 돈세탁, 재고부정 등에 대한 조사가 포함될 수 있다. MDD 포렌식 회계법인의 은퇴한 창립 파트너인 Jack Damico는 그의 동료들을 "표면 아래를 깊숙이 들여다보고 행간을 읽는 수사회계사"라고 표현했다. 만약 여러분이 부정적발 회계에 관심이 있다면, 많은 대학들이 부정적발 회계에 대한 고급학위와 전문성을 제공하고 있다는 것을 알아 두자.

Sources: Yasmine Misuraca, "My Journey as a Forensic Accountant," The CPA Journal, cpajournal.com, June 2018; Association of Fraud Examiners, acfe.com, accessed October 2019; "Forensic Auditing: Three Trends to Watch," Forbes, July 16, 2018; David Trainer, "Hidden Items Understate Growth in This Chemical Company," Forbes, February 21, 2019.

성된 회계보고를 해야 한다. 이와 같이 정부가 회계보고를 해야 할 때 준수해야 하는 회계기준은 정부회계기준위원회(GASB; Governmental Accounting Standards Board)가 결정한다.[19] 연방수사국(The Federal Bureau of Investigation; FBI), 미국국세청(Internal Revenue Service; IRS), 미주리 주의 자원부(Missouri Department of Natural Resources), 쿡 카운티의 조세과(Cook County Department of Revenue)등 많은 정부기관들은 회계사들에게 정부회계 분야에서 일할 수 있는 기회를 제공하고 있다.

비영리조직도 정확한 재정보고와 건전한 재정운영을 위해 전문회계사가 필요하다. 기부자들은 자신이 기부한 자금이 적절히 올바른 곳에 사용되는지 알고 싶어하기 때문에 비영리조직에서도 훈련받은 회계사들에 대한 수요가 커지고 있다. 구세군 및 적십자와 같은 자선단체, 박물관, 병원 등에서도 이와 같은 이유로 회계사를 고용하고 있다.

22,000명이 넘는 직원이 일하고 있는 국립공원관리청은 러쉬모어산(Mount Rushmore)의 대통령조각상과 같이 미국인들에게 소중한 장소를 유지하고 보호하는 역할을 한다. 이런 정부기관들은 회계사, 회계감사관 그리고 재무관리사를 고용한다.

우리의 경계를 넘어 넓고 넓은 회계의 세계

지금까지 여러분은 본문을 통해서 글로벌 시장이 미칠 수 있는 커다란 영향력에 대해서 이해했다. 코카콜라와 같은 미국기업들은 글로벌 시장에서 대부분의 매출수익을 거두고 있다. 그러나 이는 다른 한편으로는 상당한 회계적 문제점들을 야기하고 있다. 현재 국제적으로 통용되는 회계시스템이 존재하지 않기 때문에, 다국적기업들은 국가들마다 요구하는 회계기준에 부합하는 회계처리 과정을 거쳐야 한다. 다행히도, 해결방안이 마련되고 있다. 미국 재무회계기준위원회(FASB; The Financial Accounting Standard Board)와 런던에 기반을 둔 국제회계기준위원회(IASB; International Accounting Standards Board)가 이러한 상황이 변화하기를 원하고 있기 때문이다.

국제회계기준(IFRS; International Financial Reporting Standards)을 채택하고 있는 120여 개의 국가들과 함께 미국의 회계전문인 관리기관은 미국의 회계기준을 전 세계적으로 채택되고 있는 국제회계기준(IFRS)으로 통합하는 방안을 제안했다. 미국 증권거래위원회(SEC; Securities and Exchange Commission)도 이러한 변화를 지지하는 것으로 보여지며, 심지어 국제회계기준(IFRS)이 오래기간 채택되어온 미국회계기준(Generally Accepted Accounting Principles)을 대체할 수 있을 것이라고 제안하기도 했다. 그러나 2008년 금융위기가 도래하면서, IFRS가 아닌 도드-프랭크법(Dodd-Frank Act)이 요구하는 재무기준을 제정하는 것으로 SEC의 우선순위가 옮겨지게 되었다.

현재 미국 증권거래위원회의 전략적 계획안은 단일한 국제 공통의 회계기준으로 통합해가는 것에 대해 강한 지지를 표명하고 있지는 않다. 또한 미국내에서도 국제회계기준(IFRS) 채택에 대한 강한 지지가 아직까지는 미비하다는 것에 주목했다.

그럼에도 불구하고, 많은 회계사들은 글로벌 단일 회계기준제정에 대한 지지를 지속적으로 보내고 있으며, FASB와 IASB가 추진하고 있는 미국회계기준과 국제회계기준의 통합노력에 지지를 보내고 있다. 그러나 아직까지도 국제회계기준(IFRS)이 미국내 회계부서에 도입되기까지는 적지 않은 시간이 걸릴 것으로 예상된다.

Sources: Yasmine Misuraca, "My Journey as a Forensic Accountant," The CPA Journal, cpajournal.com, June 2018; Association of Fraud Examiners, acfe.com, accessed October 2019; "Forensic Auditing: Three Trends to Watch," Forbes, July 16, 2018; David Trainer, "Hidden Items Understate Growth in This Chemical Company," Forbes, February 21, 2019.

2008년 금융위기와 같은 경기침체 때문에 기업 및 개인기부가 줄어들면서 기부한 금액에 대한 세밀한 회계가 더욱 중요해지고 있다.[20)]

재무회계, 관리회계, 회계감사, 세무회계, 정부비영리회계 모두 특정한 교육과정의 이수와 능력을 필요로 한다. 이와 같은 회계의 여러 분야들은 여러분들에게 좋은 직업의 기회를 제공할 것이다. 최근에 회계관련 직업들도 세계시장의 영향과 도전을 받고 있다. '우리의 경계를 넘어' 글상자에서는 회계절차의 글로벌화에 대해 언급한다. 이는 회계담당자들이 숙지하고 있어야 하는 사항이다. 끝으로 이 장을 마무리하기 전에 다시 한번 강조하고자 한다. 경영의 언어로서 회계는 배울 가치가 충분히 있는 언어이다.

시험 준비

- 관리회계와 재무회계의 차이점은 무엇인가?
- 개인회계사와 공인회계사의 차이점은 무엇인가?
- 회계감사인이 수행하는 일은 무엇인가? 독립감사란 무엇인가?

요약하기

학습목표 14-1 기업이나 이해관계자들에게 회계와 재무정보가 수행하는 역할에 대해 기술할 수 있다.

- **회계란 무엇인가?**
  회계는 기업에 영향을 줄 수 있는 재무적 사건과 거래에 대한 기록, 분류, 정리, 해석이다. 회계 정보를 보고서 형식으로 작성하고 정리하는 방법들을 회계시스템이라고 한다.

학습목표 14-2 회계순환과정을 나열하고, 회계와 부기의 차이점과 컴퓨터가 회계에 어떻게 이용되는지를 설명할 수 있다.

- **회계 순환과정의 여섯 단계는 무엇인가?**
  (1) 서류 분석, (2) 정보를 분개장에 기록, (3) 정보를 원장에 기록, (4) 시산표 작성, (5) 재무제표준비(대차대조표 또는 재무상태표, 손익계산서, 현금흐름표), (6) 재무제표 분석
- **부기와 회계의 차이점은 무엇인가?**
  부기는 회계의 한 부분으로서 정보의 체계적인 기록을 포함한다. 회계는 보다 폭넓은 개념이며 정보의 분류, 정리, 해석, 경영진 보고를 포함한다.
- **분개장과 원장은 무엇인가?**
  분개장은 모든 거래가 최초로 기록되는 곳이다. 분개장의 요약 내용은 원장에 기록(posting)된다. 원장은 거래를 동질 그룹/계정으로 분류하여 기록하는 특별한 회계장부이다.
- **컴퓨터가 회계에 어떻게 쓰이는가?**
  컴퓨터는 정보를 기록 · 분석하고 재무제표를 제공해준다. 올바르게 작동하는지 여부를 지속적으로 분석하고 회계시스템을 점검하는 소프트웨어도 있다. 컴퓨터는 적합한 정보를 제공해 의사결정에 도움을 줄 수 있다.

학습목표 14-3 주요 재무제표가 서로 어떻게 다른지를 설명할 수 있다.

- **대차대조표(재무상태표)란 무엇인가?**
  대차대조표(재무상태표)는 특정 시점에서의 기업의 재무상태를 나타낸다. 대차대조표(재무상태표)를 구성하는 기본적인 회계공식은 '자산 = 부채 + 자본'이다.
- **대차대조표(재무상태표)의 주요 계정에는 어떤 것들이 있는가?**
  자산이란 기업이 소유하고 있는 경제적 원천으로 건물, 기계 등이 포함된다. 부채는 기업이 채권자 및 회사채소유자와 같이 다른 사람에게 지불해야 할 의무가 있는 금액의 합이다. 자본은 기업이 소유하고 있는 것들의 가치(자산)에서 부채를 차감한 것이다. 즉, 자본은 자산에서 부채를 뺀 값이다.
- **손익계산서란 무엇인가?**
  손익계산서는 일정 기간(예를 들어 2020년 12월 31일을 마지막으로 하는 한 해) 동안의

매출액, 비용, 지출을 모두 나타낸 보고서이다. 공식은 다음과 같다.

- 수익(Revenue) − 매출원가(Cost of Goods) = 매출총이익(Gross margin)
- 매출총이익(Gross margin) − 영업비용(Operating expenses) = 세전순이익(Net income before taxes)
- 세전순이익(Net income before taxes) − 세금(Taxes) = 순이익 또는 순손실(Net income or net loss)

- **현금흐름표란 무엇인가?**

  현금흐름이란 현금유입과 현금유출의 차이를 나타낸다. 현금흐름표는 기업의 주요 활동(운영, 투자, 자금조달)과 관련된 현금의 유입 및 유출을 기록한 보고서이다.

학습목표 14-4 여러 가지 회계 전문 분야에 대해 기술할 수 있다.

- **재무회계와 관리회계의 차이점은 무엇인가?**

  재무회계는 채권자와 같은 기업의 외부 이해관계자들에게 정보를 제공하기 위한 것이다. 관리회계는 기업내부 경영진의 의사결정에 도움을 줄 수 있는 정보와 분석을 제공한다.

- **감사인의 역할은 무엇인가?**

  감사인은 기업의 재무제표 작성에 적용된 기준들을 검토하고 평가한다. 독립감사는 공인회계사에 의해 이루어지며, 기업 재무제표가 회계기준에 따라 적정하게 작성되었는지 여부에 대한 편중되지 않은 공정한 평가이다.

- **개인회계사와 공인회계사의 차이점은 무엇인가?**

  공인회계사는 수수료를 받고 다양한 기업들에 서비스를 제공하고, 개인회계사는 특정 기업을 위해서만 일한다. 독립감사를 제외하고 개인회계사와 공인회계사는 본질적으로 같은 일을 한다. 개인회계사는 내부감사를 수행하기도 한다. 독립감사는 공인회계사에 의해서만 이루어질 수 있다.

주요 용어

사고력 문제

1. 기업의 잠재투자자로서 또는 기업구매자로서 기업의 재무제표를 평가하는데 관심을 갖겠는가? 왜 그런지 설명하라. 기업의 재무제표에서 어떤 주요 정보를 참고하겠는가?
2. 회계보고서들이 특정절차(일반회계기준(GAAP) 또는 국제회계기준(IFRS))에 적합하게 작성되어야 하는 이유는 무엇인가? 재무제표 작성에서 기업들이 일정 부분 창의성이나 융통성을 발휘할 수 있게 허용하는 것이 합당한가? 왜 그런지 설명하라.
3. 현금흐름 분석이 왜 대기업보다 중소기업에서 더 중요한가?
4. 비영리조직의 최고경영진이 재무와 회계지식을 갖추는 것이 왜 중요한가?

원리를 실제로 적용해 보기

목적

여러분의 개인선호 및 미래 기대직업과 관련 있는 잠재적인 회계직군에 대해 평가해보기.

연습

회계와 관련된 직업군은 대기업 및 중소기업, 공기업 및 사기업, 다양한 산업과 특수직업군에 걸쳐 존재한다. 사실 회계와 관련된 직업은 매우 다양하기 때문에 어디서부터 직업탐색을 시작해야 할지 몰라서 당황스러울 수도 있다. Aicpa.org 웹사이트에서 여러분의 선호와 관련이 있는 회계직군에 대해 아이디어를 얻을 수도 있을 것이다. "Career Guidance"링크를 선택한 후 "Choosing a career in accounting"을 선택해서 여러분에게 가장 알맞은 회계직군에 대해 탐색해보자.

1. 일반기업, 산업체 및 정부에서 일하는 것과 회계법인에서 일하는 것의 가장 큰 차이점은 무엇인가?
2. 대형국제회계법인에서 일하고 싶은가? 대형국제회계법인에서 일하게 될 경우의 장점과 단점에 대해 생각해보자.
3. 여러분의 장래 직업계획에 대해 요약하고 각각의 선택에 대한 이유를 간단히 기술해보자.

직업기술 개발하기

핵심: ● 팀 ★ 분석 ▲ 의사소통 ▣ 기술

▲★ 1. 지역기업의 CPA를 접촉해보거나 대학교 경영학과의 CPA와 이야기해보라. 향후 5년 안에 회계직이 어떤 문제에 직면할 것이며, 어떤 변화를 맞을 것인지, 어떤 기회가 있을 것으로 전망하는지 문의해보라. CPA가 전망하는 것의 목록을 종이에 적고, 이 장에 나와 있는 정보와 비교해보라.

▣★ 2. 미국 공인회계사협회(aicpa.org) 또는 한국 공인회계사협회(kicpa.or.kr)의 웹사이트를 방문해보라. 공인회계사(CPA)가 되기 위해 필요한 조건을 찾아보라.

★▲ 3. 여러분이 새롭게 출범하는 비영리단체의 임원으로서 새로운 기부자들을 모집할 계획이라고 생각해보자. 기부자들은 비영리단체가 기부자금을 얼마나 효율적으로 운용하는지 알고 싶어한다. 불행히도, 여러분의 동료 임원들은 재무제표와

그 분석에 큰 의미를 두고 있지 않다. 그들은 좋은 일은 그 일 자체가 모든 것을 설명해 준다고 믿고 있다. 동료 임원들에게 효과적인 재무제표의 필요성을 피력할 수 있는 간단한 보고서를 준비하고, 이것이 어떻게 단체의 자금 모집에 도움이 될 수 있는지에 대한 근거를 제시하라.

★ 4. 원하는 기업의 사업보고서를 찾아보라(월스트리트 저널에서 무료 연차보고서를 볼 수 있다. 우리나라의 경우 전자공시(DART)시스템에서 검색이 가능하다. 또한 많은 기업들이 당사 웹사이트에 연차보고서를 게시하고 있다). 기업의 재무제표를 살펴보고 이 장에서 설명된 내용과 부합하는지 살펴보라. 공인회계사의 감사의견(주로 보고서 끝에 있다)을 읽어보고 여러분이 가장 중요하다고 생각하는 기업 재무제표에 대한 공인회계사의 결론을 평가해보라.

★ 5. 2002년 사베인스-옥슬리법안(Sarbanes-Oxley Act)을 통과하도록 만든 회계부정사건에 대해 살펴보라. 그리고 Dodd-Frank 금융개혁법(Dodd-Frank Wall Street Reform)과 소비자보호법(Consumer Protection Act)통과시키도록 만든 2008년 금융위기에 대해 살펴보라. 이러한 법안들이 회계부정과 금융위기를 앞으로 방지할 수 있을 것인지의 여부에 대한 짧은 보고서를 작성해보라.

직업 탐색

만약 여러분이 회계 분야와 관련된 직업에 관심이 있다면, 고려해볼 만한 몇 가지 직업들이 아래에 나타나 있다. 이러한 직업들의 업무, 필요한 지식과 기술, 급여수준, 미래전망 등에 관해서는 bls.gov 웹사이트의 Occupational Outlook Handbook을 살펴보라.

- **공인관리회계사(Certified management accountant)** – 학업과 경력조건을 만족한 후 자격시험에 통과하고 공인관리회계사협회(the Institute of Certified Management Accountant)의 인증을 받은 회계사
- **공인내부감사(Certified internal auditor)** – 학업과 경력조건을 만족한 후 자격시험에 통과하고 공인내부감사협회(the Institute of Certified Internal Auditor)의 인증을 받은 회계사.
- **조세심사관(Tax examiner)** – 연방, 주, 지방정부가 기업과 개인으로부터 징수할 세금액을 결정하는 회계담당관. 소득세신고서를 검토하고 감사를 수행하며 세금징수액을 확인한다.

비디오 사례

Goodwill Industries의 회계 기능

Goodwill industries는 주로 금전적 혹은 비금전적 기부와 보조금을 바탕으로 운영되는 유명한 자선단체이다. 이 기업은 소매업 운영을 통해 재정운영을 원활히 하여, 사회취약계층에 있는 사람들과 장애인들을 교육시키고 지원하며 직접 고용함으로써 기업의 사명을 달성할 수 있도록 하고 있다.

비디오에서는 회계의 기능과 회계순환과정에 관련된 구체적인 단계들 살펴본다. 영리목적단체와 비영리단체 간의 유사점과 차이점들에 대해 자세히 논의한다. 재무정보 및 분석에서 회계의 중요성을 집중적으로 다룬다. 또한 조직의 재무건전성을 측정할 때 재무제표의 중요성에 대해서도 강조하고 있다.

회계는 조직의 규모가 작건 크건, 정부단체 혹은 비영리단체 이건 간에 상관없이 모든 조직들에 있어서 매우 중요하다. 따라서 다음으로 재무, 관리, 세무, 회계감사, 정부 및 비영리

를 포함한 회계의 다양한 세부분야를 논한다. 대차대조표(재무상태표), 손익계산서 및 현금흐름표는 조직 내 경영자와 다른 이해관계자들에게 조직의 예산을 정하거나 책정된 매출액과 실제 매출액 사이에 차이가 존재하는지를 검증할 수 있는 중요한 정보를 제공한다. 원가와 비용은 예산대로 유지되어야 하며 회계의 기능에 따라 주의 깊게 살펴보고 분석해야 한다.

특히, Goodwill과 같은 비영리단체에 있어 충분한 현금흐름확보는 기업의 지속가능성 측면에서 매우 중요하다. 따라서 비영리조직들은 종합적인 재무성과를 이해할 수 있도록 성과비율분석(Performance ratio analysis)을 수행하고 있다. 분석결과들을 토대로 경영진들은 조직의 현재 성과가 예산 및 수립된 계획에 얼마나 부합하는지를 평가를 할 수 있다. 또한 분석결과들은 유사 기업들에 대한 벤치마크 설정하고 향후 전략적 계획을 수립할 수 있도록 도움을 준다.

다시 생각해보기

1. 자산과 부채의 차이점은 무엇인가? 주요 재무제표 중 자산과 부채를 주요하게 다루는 재무제표는 무엇인가?
2. 회계순환과정의 6단계에 대해 설명하라.
3. 현금흐름분석이 비영리조직에게 특히 중요한 이유는 무엇인가?

한국의 사례

3년간 회계기준 위반 재무제표에 과징금 313억 원

최근 3년간 회계기준을 위반한 재무제표를 공시하다 적발돼 금융감독당국으로부터 부과받은 과징금이 313억 원으로 집계됐습니다. 금융감독원은 이 같은 내용을 담아 '3년간 회계감리결과 과징금 부과현황 및 시사점'을 발표했습니다.

자본시장법상 공시위반 관련 과징금 제도는 중요사항을 거짓 기재하거나 기재를 누락해 공시하는 경우 과징금을 부과하는 제도입니다. 금감원에 따르면, 2019년 1월부터 올해 8월까지 회계처리기준 위반으로 조치한 회사는 173개 사였습니다. 그중 56개사에 과징금이 부과됐고, 그 금액은 313억 3,000만원으로 집계됐습니다. 금감원은 2018년 11월부터 외부감사법이 개정되면서 부과 대상이 상장회사는 물론 모든 외부감사 대상회사로 확대돼 부과금액도 커지고 있다고 밝혔습니다. 과징금 중엔 회사에 대한 과징금이 276억 원으로 대부분을 차지했고, 임직원이 23억 원, 감사인이 13억 원 수준이었습니다.

금감원은 "고의적인 회계분식 등에 대해 강화된 조치기준을 적용해 과거보다 높은 금액의 과징금을 부과하고 있다"면서 "회사 측은 신뢰성 있는 재무제표가 작성되도록 주의를 기울일 필요가 있다"고 밝혔습니다.

김진호(hit@kbs.co.kr)

https://news.naver.com/main/read.naver?mode=LSD&mid=sec&sid1=101&oid=056&aid=0011119426
KBS 2021.09.13

참조

1. Rosemary Peavler, "Financial Reporting IFRS and FASB Explained," The Balance Small Business, thebalancesmb. com, August 17, 2019; "About the Financial Accounting Standards Board," Financial Accounting Standards Board, fasb.com, accessed October 2019.

2. Stephanie Morrow, "Generally Accepted Accounting Principles or GAAP: What Does It Mean?," LegalZoom, legalzoom.com, accessed October 2019; Lauren Silva Laughlin, "Creative Accounting Measures Come at a Price," The Wall Street Journal, October 8, 2019.
3. Intuit QuickBooks, quickbooks.com, accessed October 2019.
4. Rob Starr, "How to Find an Accountant for Your Small Business," Small Business Trends, smallbiztrends.com, March 6, 2018; Lori Fairbanks, "Choosing the Right Small Business Accounting Software," Business News Daily, businessnewsdaily.com, January 15, 2019; Crystalynn Shelton, "Intuit QuickBooks Self-Employed: Cost and Features," FitSmallBusiness, fitsmallbusiness.com, March 8, 2019.
5. U.S. Small Business Administration, "Preparing Financial Statements," U.S. Small Business Administration, sba.gov, accessed August 2019; U.S. Securities and Exchange Commission, "Beginners Guide to Financial Statements," sec.gov, accessed October 2019.
6. "How to Prepare a Balance Sheet," QuickBooks, QuickBooks.com, accessed March 2019; Joshua Kennon, "How to Analyze a Balance Sheet," The Balance, thebalance.com, December 9, 2018; "Reading the Balance Sheet," Investopedia, investopedia.com, June 25, 2019.
7. Joshua Kennon, "How Intangible Assets Appear on the Balance Sheet," The Balance, thebalance.com, February 7, 2019; "When Do Intangible Assets Appear on the Balance Sheet?" AccountingTools, accountingtools. com, October 8, 2019.
8. ary Juetten, "Twenty Tips for Startup Success; Part Nine, Protect Your Intangible Assets," Forbes, June 19, 2018; Joshua Kennon, "Intangible Assets on the Balance Sheet," The Balance, thebalance.com, February 7, 2019.
9. Joshua Kennon, "Analyzing Revenue and Sales on Your Income Statement," The Balance, thebalance.com, February 10, 2019; "The Difference between Gross Sales and Net Sales," AccountingTools, accountingtools.com, January 7, 2019.
10. "Ask These Five Questions to Get Your Financial House in Order," Inc., February 8, 2019; "How to Prepare a Cash Flow Statement," QuickBooks, quickbooks.intuit.com, accessed September 2019.
11. Jim Collins, "Tesla's Huge Sales Miss Exposes Its Negative Cash Flow," Forbes, forbes.com, accessed October 2019; Russ Mitchell, "Tesla Returns to Losing Money as Revenue, Cash, and Other Key Numbers Tumble," Los Angeles Times, April 24, 2019; Hersh Shefrin, "Pay Attention to Elon Musk's Statements about Tesla's Free Cash Flow," Forbes, forbes.com, accessed July 2019; Erik Sherman, "The Bond Market Is Betting Tesla Is in Trouble," Fortune, July 29, 2019.
12. Gene Marks, "This CEOHas a 2,000-Year-Old Trick to Improve Cash Flow," Inc., inc.com, February 7, 2019; Deborah Sweeney, "4 Cash Flow Challenges Facing Small Business Owners Today," Forbes, April 21, 2019.
13. National Association of State Boards of Accountancy, nasba.com, accessed August 2019; American Institute of Certified Public Accountants, aicpa.org,

accessed July 2019.

14. Ken Tysiac, "What PCAOB Inspectors Will Look For in 2019," Journal of Accountancy, journalofaccountancy.com, December 7, 2018; Tammy Whitehouse, "Government Watchdog Group Targets PCAOB Performance," Compliance Week, complianceweek.com, accessed September 2019.
15. Herb Jackson, "House Sends Trump Bill to Roll Back Some Dodd-Frank Banking Rules Imposed after 2008 Meltdown," USA Today, May 22, 2018; Tory Newmyer, "The Finance 202: Trump-Era Rollback of Dodd-Frank Leaps Forward," The Washington Post, November 1, 2018; Alan Rappeport and Emily Flitter, "Congress Approves First Big Dodd-Frank Rollback," The New York Times, May 22, 2018; Kimberly Amadeo, "Dodd- Frank Wall Street Reform Act: 8 Ways a Repeal Hurts You," Investopedia, investopedia.com, accessed August 2019.
16. "Maintaining a License," National Association of State Boards of Accountancy, nasba.org, accessed March 2019; "Overview of AICPA Membership Requirements," American Institute of Certified Public Accountants, aicpa. org, accessed March 2019.
17. Robert J. Samuelson, "Lehman Brothers Collapsed Ten Years Ago. Whose Fault Was It?," The Washington Post, August 26, 2018; James Macintosh, "Lehman Lessons, Ten Years Later," The Wall Street Journal, September 6, 2018; Nick K. Lioudis, "The Collapse of Lehman Brothers: A Case Study," Investopedia, investopedia.com, accessed October 2019.
18. "What Is an Audit For?," The Economist, May 26, 2018; Panos Kakoullis, "Reimagining the Audit Experience," Forbes, May 29, 2018; Michael Rappaport, "How Did the Four Big Auditors Get $17 Billion in Revenue Growth? Not from Auditing," The Wall Street Journal, April 7, 2018; Jean Eaglesham, "Auditor Sentenced in KPMG Case," The Wall Street Journal, September 12, 2019.
19. U.S. Governmental Accounting Standards Board, gasb. gov, accessed October 2019.
20. Ben Paynter, "Donors Can't Stop Believing That Nonprofits Pay Too Much Overhead," Fast Company, February 8, 2018; "Top Factors Expected to Influence Nonprofit Organizations in 2019," Forbes, February 15, 2019.

PART 7
재무자원 관리

재무관리

학 습 목 표  이 장을 학습한 후에 다음 질문에 답할 수 있어야 한다.

15-1 재무관리자의 역할과 책임에 대해 설명할 수 있다.

15-2 재정 계획 과정 초안과 재무계획에서의 세 가지 중요한 예산을 설명할 수 있다.

15-3 기업이 운영자금을 필요로 하는 이유를 설명할 수 있다.

15-4 단기 자금조달의 원천을 규명하고 설명할 수 있다.

15-5 장기 자금조달의 원천을 규명하고 설명할 수 있다.

General Motors의 부사장이자 최고재무 책임자(CFO) 디브야 수래데바라(Dhivya Suryadevara)에 대해 알아보자

지난 110년 동안 General Motors는 Chevrolet, Buick, Cadillac과 같은 인지도 높은 브랜드 덕택에 세계적인 자동차 회사로 성장했다. 물론 회사가 지금까지 거대한 사업을 지탱하고 번창하게 할 수 있었던 이유는 우수한 인적 자원을 갖추고 있었기 때문이다. GM은 현재 수십억 달러의 기업 자산을 총괄하고 있는 수랴데바라 디브야를 최근에 부사장 겸 최고재무책임자(Chief Financial Officer)로 영입하였다.

수랴데바라 디브야는 인도 남부 도시인 '첸나이'에서 태어나고 자랐으며 어린 나이에 아버지를 여의고 어머니와 두 자매와 함께 살았다. 어머니는 슈랴데바라를 포함한 세 딸들을 올바로 키우려고 노력했으며 그들에게 노동의 가치를 가르치고자 했다.

"저희 어머니는 두 부모가 있는 다른 가정에 못지 않게 저희들을 지원해 주셨어요. 물론 저희에게 많은 기대를 하셨고 저흰 그 만큼 더 노력을 했어요." 그녀는 말했다. "저희 어머니 덕분에 이 세상엔 쉬운 것이 없다는 것을 배웠고, 내가 원하는 것을 위해 열심히 일해야 한다는 것을 깨달았습니다."

든든한 버팀목이 된 어머니의 지원으로 그녀는 마드라스 대학교에 진학하여 경영학 학사, 석사 학위까지 취득하게 되었다.

그녀는 거기서 멈추지 않고 22세의 나이로 하버드 대학교 경영대학원에 입학 하게 되었다. 이는 평생을 인도에서 살았던 그녀에게 있어서는 큰 변화였다. "저에게는 정말 힘든 경험이었어요. 본국에서 멀리 떨어져 있으면서 문화 충격도 많이 겪었어요." 하지만 그녀는 포기하지 않았고 결국 하버드 경영대학원에서 MBA를 취득하고 World Bank에서 인턴으로 활동하며 PwC나 UBS와 같은 대기업들과 교류할 수 있었다. 그러던 중, 25세의 나이에 운명적인 기회를 만나 General Motors 재무분석 선임직으로 이직했다.

"그 일이 크게 저의 관심을 끌었습니다. 제가 들인 노력과 시간에 따라 성과가 결정됨을 깨달았고 이러한 깨달음으로 인해 저는 제 업무에 최선을 다하게 되었습니다."

GM으로의 이직은 앞으로 그녀의 인생에 있어서 매우 중대한 결정이 되었다. GM에 입사한지 8년 만에 그녀의 피나는 노력이 빛을 발했다. 그녀는 GM의 자산운용을 책임지는 최고투자책임자 자리에 오르며 860억 달러 이상의 투자금 운용을 감독하게 되었다. 4년 후에는 GM의 기업금융 부사장 자리에 올랐고, 더 많은 대규모 거래를 주도 하였다. 또한, 그녀는 GM의 자율주행차 업체 'Cruise'의 인수를 이끌었고 승차 공유 서비스인 'Lyft'에 대한 기업 투자에도 직접 관여 하였다.

2018년에 수랴데바라는 여성으로서 최초로 General Motors의 최고 재무 책임자 (Chief Financial Officer)가 되었다.

CFO가 된 그녀는 GM의 국제금융 조직을 대표하여 회사의 투자자들, 대출 기관, 금융 평가 기관들을 상대한다. 또한 복합적인 금전적 요인들을 고려하여 적절한 재정 계획을 세우고 자본자산, 브랜드, 그리고 타 사업기회에 투자할 수 있는 충분한 자금을 확보하는 업무를 맡고 있다. 만만치 않은 직무이지만 그녀는 훌륭하게 업무를 수행해내고 있다.

재무관리는 리스크가 크고 불확실성이 상존하는 업무이다. 15장에서는 금융업무의 역할과 중요성에 대해 살펴보고 수랴데바라와 같은 기업의 최고 경영자들이 기업의 재정적 안정과 성장을 위해 사용하는 수단에 대해 살펴볼 것이다.

출처: Joann Muller, "Another Woman at the Top of GM: 39-Year-Old Finance Whiz Dhivya Suradevara Is New CFO," Forbes, June 13, 2018; Maria Thomas, "A Chennai Girl's Rise from Madras University to General Motors's First Female CFO," Quartz India, June 14, 2018; Lexi Churchill, "GM's New 39-Year-Old CFO Dhivya Suryadevara Is Making History," CNBC, June 15, 2018; Jane Porter, "How 1 Woman Balances a Job in 1 City and a Family in Another," Real Simple, accessed January 2019.

이 회사는 신제품이 판매허가를 받아 시장에 소개되기까지 최대 10년정도가 소요되더라도, 신제품을 개발하기 위한 연구에 연간 80억 달러 이상을 투자한다. 장기적인 자금조달이 기업 운영에 매우 중요하기 때문에, 고위 임원들은 재무 관련 의사결정에 깊이 관여한다. 이 회사의 이름은 무엇인가? (이 장에서 답을 찾아보라)

학습목표 15-1 재무관리자의 역할과 책임에 대해 설명할 수 있다.

재무와 재무관리자의 역할

이 장의 핵심 목표는 '재무란 무엇인가'와 '재무관리자는 무엇을 하는가'라는 두 가지 중요한 질문에 답하는 것이다. **재무(finance)**는 기업을 위해 자금을 조달하고 그 자금을 관리하는 사업의 기능이다. 재무 활동은 예산안을 준비하고, 현금흐름을 분석하고, 공장, 설비, 기계 등에 대한 자금 지출을 계획하는 일을 포함한다. **재무관리(financial management)**는 기업의 목표와 목적을 달성하기 위해 기업의 재원을 관리하는 일이다. 상품이나 마케팅의 효율성에도 불구하고, 신중하게 계산된 재무 계획 없이는 기업 이 살아남기 힘들다. 회계사의 역할에 대해 간략히 복습해보고, 재무관리자의 역할과 비교해 보도록 하자.

재무
기업을 위해 자금을 조달하고 그 자금을 관리하는 사업의 기능

재무관리
기업의 목표와 목적을 달성하기 위해 기업의 재원을 관리하는 일

재무관리자
고위 임원들에게 기업의 재무 성과를 개선할 전략을 조언하는 관리자

회계사는 혈액샘플이나 그 외 개인의 건강을 측정하고, 건강보고서(기업의 재무제표에 해당)에 기록하는 일을 하는 실험실의 능숙한 기술자들에 비유될 수 있다. 재무관리자는 의료차트를 해석하고, 환자들의 건강을 증진시켜줄 수 있는 변화에 대해 조언을 하는 의사에 비유된다. 간단하게 말하자면 **재무관리자(financial managers)**는 회계사들에 의해 준비된 재무 데이터를 검토하고, 고위 임원들에게 기업의 재무 성과를 개선 할 전략을 조언한다.

분명한 것은, 재무관리자들이 회계정보를 이해해야만 그들은 분명히 올바른 재무 의사결정을 내릴 수 있을 거라는 것이다. 그것이 우리가 14장에서 회계를 살펴본 이유이다. 회계와 재무의 실과 바늘처럼 밀접한 관계를 맺고 있기 때문에 회계사

대부분의 기업들은 일상적인 운영을 위해 필요한 요소들을 예측할 수 있다. 예를 들면, 얼마의 소모품을 구입해야 하는지, 기름과 종업원 급여를 얼마를 지불해야 하는지는 예측 가능한 일이다. 재무관리란 회사가 필요로 하는 요소를 구입할 수 있도록 자금을 확보하는 기능이다. 위의 사진에 나타난 트럭에 필요한 기름을 구매해주지 못한다면 어떤 일이 벌어질 것인가?
을 구매해 주지 못한다면 어떤 일이 벌어질 것인가?

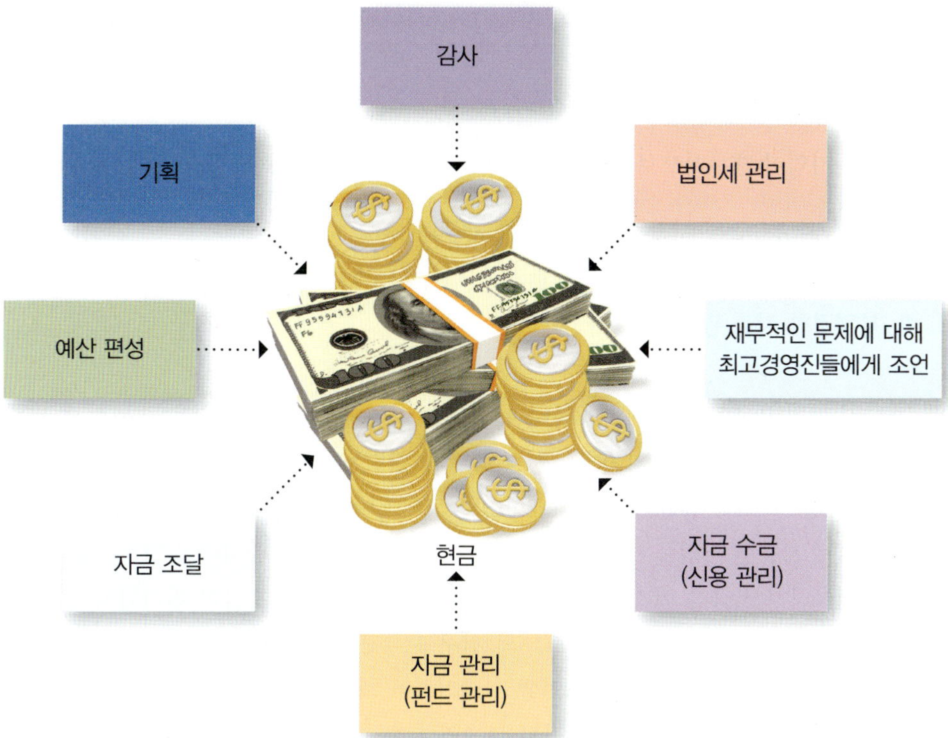

그림 15.1 재무관리자들의 임무

들도 재무를 이해하면 보다 올바른 회계 의사결정을 내릴 수 있을 것이다. 중형이나 대형 조직에서 회계부서와 재무부서는 일반적으로 최고재무책임자(CFO; chief financial officer)의 관할 하에 있다. 최고재무책임자는 일반적으로 조직에서 두 번째로 높은 연봉을 받는 사람이며, 종종 최고경영책임자(CEO)까지 승진하기도 한다.[1] 하지만 재무관리는 재무담당이사나 재무담당부사장의 관할 업무에 둘 수도 있다.[2] 회계담당이사는 최고회계관리자(CAO; chief accounting officer)이다.

그림 15.1은 재무관리자의 업무를 강조한다. 여러분이 알고 있듯이, 두 핵심 업무는 자금을 조달하고 그 자금을 효과적으로 통제하는 것이다. 자금을 통제하는 것은 기업의 현금, 채권(매출채권), 그리고 재고를 관리하는 것을 포함한다. 재무는 영리조직이든 비영리조직이든 모든 조직에 매우 중요한 활동이다.

재무책임자의 주요 임무 중 하나는 적절한 시기에 회사의 대금을 지급하고, 회사가 부실채권으로(대금을 내지 않는 사람이나 회사) 인해 금액 손실이 나지 않도록 연체금을 제때에 회수하는 것 이다. 그러므로, 신용거래를 통해 상품을 구매(지급계정) 하고 고객으로부터 대금을 수취 하는 것은 재무관리자의 핵심 임무이다. 해당 금융 기능이 모든 유형의 기업에 있어서 필수적이지만 일반적으로 대기업보다 현금이나 신용 쿠션이 협소한 중소기업에서 더욱 중요하다.

세금은 기업에게 있어서 현금의 유출을 뜻하기 때문에 세법 변경 과 같은 금융환경의 변화에 뒤쳐지지 않고 기회를 포착하는 것이 재무관리자의 필수 업무이다. 또한, 재무 관리자는 경영진의 결정이 세금에 어떠

마이클 밀러(Michael Miller)는 운영에 어려움을 겪고 있는 오리건 주의 포틀랜드 시에 소재를 둔 굿윌사업(Goodwill Industries; 장애인에게 일자리를 제공하는 사회적 기업)을 개편하였다. 그는 굿윌의 비영리적인 사업을 마치 영리를 추구하는 사업처럼 바꾸었다. 점포 간 매출을 비교하여 매출이 낮은 점포는 문을 닫거나 더 나은 지역에 점포를 개설함으로써 유통비용 및 운영비용을 절감하였다. 그 덕에 매출은 40만 달러에서 1억 3천 5백만 달러로 치솟았고 외부 자금 지원으로부터 자유로워질 수 있었다.

한 영향을 미치는지 분석하여 기업이 지불해야 하는 세금을 최소화 해야 한다.

재무 이해의 가치

다음은 기업이 재무적으로 실패하는 이유로 들 수 있는 대표적인 3가지 예시이다.

1. 자금 부족(사업을 시작하기에 부족한 자금)
2. 서툰 현금흐름 관리
3. 부적절한 지출 관리

파슬리 패치(Parsely Patch)라 불리는 조그만 기업이 몇년 전에 겪은 재무적 문제를 살펴보면 자본화, 현금흐름의 통제, 지출 통제와 관련된 문제점을 파악할 수 있을 것이다. 엘리자베스 버타니(Elizabeth Bertani)와 그의 친구인 팻 셔우드(Pat Sherwood)는 적은 돈으로 가능한 사업을 시작하였고, 그들의 기업을 파슬리 패치라고 명명하였다. 그 사업은 버타니가 소금을 먹지 않는 식단을 따르는 남편을 위해 소금이 첨가되지 않은 조미료를 준비하면서부터 시작됐다. 그녀의 친구 셔우드는 그 조미료가 상품화될수 있는 제품이라고 생각했다. 버타니는 동의했고 그리하여 파슬리 패치가 탄생하였다. 사업은 5,000달러로 시작되었다. 5,000달러는 로고와 라벨을 디자인하는데 바로 사용 되어버렸다. 버타니와 셔우드는 사업을 계속 운영하는 데 자본이 중요함을 깨달았다. 결국 두 사람은 기업이 심각한 자금 부족을 겪지 않도록 하기 위하여 각각 개별적으로 10만 달러 이상을 투자했다.

모든 것이 순조롭게 시작되었고, 수백 개의 미식가를 위한 가게가 이 제품을 받아 판매하기 시작했다. 하지만 매출이 기대에 미치지 못하자, 소금이 첨가되지 않은 조미료는 제한된 식이요법을 하는 사람에게 자연스러운 것으로 생각되어 건강식품 시장을 공략하기로 결정하였다. 결정은 옳았다. 매출은 신장하여 월 3만 달러에 이르렀으나 기업은 여전히 이익을 내지 못했다.

버타니와 셔우드는 현금흐름을 감시하거나 지출을 통제하는 데 능숙하지 못했다. 사실 그들은 비용에 대해서는 걱정하지 말라는 이야기를 들었고, 따라서 비용을 신경쓰지 않았다. 결국 그들은 생산제품에 소요되는 다양한 제품들의 비용을 어떻게 계산하고 지출을 어떻게 조절할 것인가에 대해 조언을 해줄 공인회계사와 경험 있는 재무관리자를 고용했다. 재무 전문가들은 현금의 유입과 유출(현금흐름)에 대한 전문 의견을 제공하였다. 얼마 되지 않아 파슬리 패치는 연간 100만 달러에 가까운 이익을 냈다. 운좋게도 두 동업자는 늦기 전에 모든 것을 정상으로 되돌릴 수 있었다.

만약 버타니와 셔우드가 사업을 시작하기 전에 재무에 대해 충분히 이해했더라면, 그들이 직면한 문제를 피할 수 있 었을 것이다. 여기서 가장 중요한 것은 '이해했더라면'이다. 재무적인 이해는 조그마한 사업을 시작하려는 사람, 주식이나 채권에 투자하려는 사람, 퇴직 자금을 준비하는 사람 등 누구에게나 중요하다.

그러므로 경영 업무 종사자들은 재무와 회계분야를 필수적으로 공부하고 이해해야 한다. 16장에서는 해당 분야에 대한 이해를 돕기 위해 재무 계획, 운영 자금의 중요성, 그리고 기업의 단기 및 장기 자금 획득 전략들에 대해 살펴보겠다.

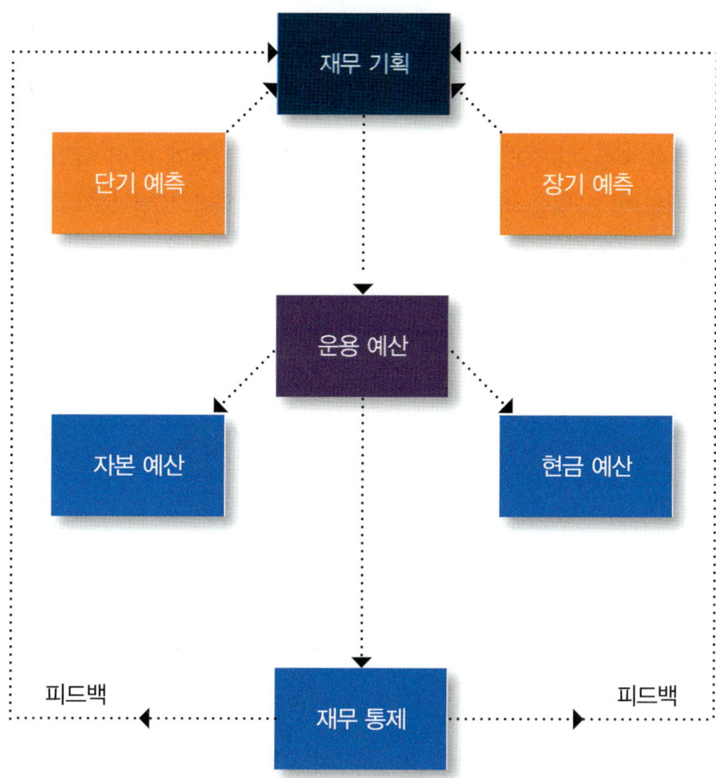

그림 15.2 **재무계획**

학습목표 15-2 재정 계획 과정 초안과 재무계획에서의 세 가지 중요한 예산을 설명할 수 있다.

재무계획

재무계획은 해당 사업으로부터 유출되고 유입되는 장기와 단기 현금흐름을 분석하는 것을 포함한다. 재무계획의 전반적인 목표는 기업의 수익성을 극대화하고 자금을 효율적으로 이용하는 것이다. 재무계획은 세 단계로 이루어진다. (1) 단기와 장기의 재무적인 수요를 예측, (2) 그러한 수요를 만족시키기 위해 예산을 수립, (3) 기업이 재무 활동을 잘 수행하고 있는지를 검증할 수 있게 해주는 재무통제시스템을 수립한다(그림 15.2 참조). 이제 각 단계를 살펴보고, 각 단계가 조직의 재무건전성 증진에 어떠한 역할을 하는지 알아보자.

금융(재무) 수요의 예측

미래의 예측은 모든 기업의 재무계획에 있어 중요한 부분을 차지한다. 단기예측(short-term forecast)이란 일년 또는 그보다 짧은 기간 동안의 수익, 원가, 비용을 예측하는 것이다. 단기예측의 일부는 미래 현금의 유입과 유출을 월 또는 분기 단위로 예측한 **추정현금흐름**(cash flow forecast)의 형식으로 나타낼 수 있다. 추정현금흐름에 기록된 현금의 유입과 유출은 예상 판매수익, 이미 발생한 다양한 원가와 비용과 그 발생 시기가 모두 고려된 것이다. 기업의 추정 판매량이란 해당 기업의 특정 기간 동안의판매량을 예측한 것이다. 기업들은 종종 기대판매량, 각종 비용 및 지출을 예측하기 위해 자사의 과

추정현금흐름
일반적으로 미래의 월 단위 또는 분기단위의 현금의 유입과 유출을 예측하는 것

거 재무제표들을 참고한다.

장기예측(long-term forecast)이란 1년 이상, 때때로 5년 또는 10년 기간 동안 발생할 수익, 원가 및 비용을 예측하는 것이다. 이러한 예측은 기업의 장기 전략적 계획수립에 중요한 역할을 하는 다음과 같은 질문을 다루고 있다. 현재 어떤 사업에 참여하고있는가? 5년 후에도 이 사업을 계속하고 있어야 하는가? 다음 10년 동안 기술개발과공장 및 설비에 얼마나 투자를 해야 하는가? 장기적인 계약 이행에 충분한 현금을 보유하고 있는가? 웹에 기반을 둔 소프트웨어 기술의 혁신으로 재무관리자들이 이러한 장 기적인 예측을 하는 데 훨씬 수월해졌다.[3)]

장기적인 재무 예측은 운영관리자는 물론 최고관리자에게 각 전략계획이 어떠한 잠재적인 수입 또는 수익을 가져다줄 수 있는지 알 수 있게 도와준다.[4)] 또한 장기적인 예측은 재무관리자가 기업의 예산을 준비하는 데도 도움을 준다.

예산책정 과정

예산책정
경영관리자의 기대 수입을 예상하고, 그 예상에 따라 다시 특정 자원들을 기업내의 여러 곳으로 배분하는 과정

예산책정(budget)이란 경영관리자의 기대 수입을 예상하고, 그 예상에 따라 다시 특정 자원들을 기업내 곳곳으로 배분을 하는 과정이다. 기업의 예산 책정계획은 대차대조표, 손익계산서, 현금흐름표 및 장단기 재무 예측치의 정확도에 크게 의존한다. 이러한 이유에서 이들 예측은 최대한 정확할 필요가 있다. 한 기업의 예산은 그 기업의 재무거래(활동)와 재무수요의 주요 지침이 된다.

기업의 재무계획 부문에서는 보통 다음과 같은 몇 가지 예산안이 수립된다.

- 자본예산
- 현금예산
- 운영 (종합)예산

자본예산
보통 기업에서 큰 규모의 비용이 드는 주요 자산 구입 계획을 명시한 것이다. 자본예산은 부동산, 건물, 장비들의 구입 사실을 주로 다룸

현금예산
기업이 일정 기간(월 또는 분기)동안 현금 부족분 또는 잉여분을 해결하기 위해 사용할 수 있는 기업의 예상 현금 유입 및 유출량을 가늠한 것

운영예산
기업의 예산들을 묶은 예산안. 기업에 기대치만큼 수입이 발생한다고 예상했을 때, 기업이 돌아가는 데 필요한 각 비용 및 지출에 대한 현금분배의 추정치

각각을 살펴보자. **자본예산**(capital budget)이란 보통 기업에서 큰 규모의 비용이 소요되는 주요 자산 구입 계획을 명시한 것이다. 자본예산은 부동산, 건물, 장비들의 구입 사실을 주로 다룬다.

현금예산(cash budget)이란 기업이 일정 기간(월 또는 분기) 동안 현금 부족분 또는 잉여분을 해결하기 위해 사용할 수 있는 기업의 예상 현금 유입 및 유출량을 가늠한 것이다. 현금예산은 (재무)관리자들이 미래에 발생할 차입, 상환, 영업비용, 단기 투자 등을 미리 예상할 수 있게 해주는 주요 지침 역할을 한다.[5)] 현금예산은 보통 가장 마지막에 준비되는 예산이며 그 예시로 그림 15.3에 하비스트 골드의 현금예산안이 나타나 있다.

운영(종합)예산(operating budget or master budget)은 기업의 예산들을 묶어서 기업이 계획하고 있는 모든 재무 활동을 요약해준다. 좀더 공식적으로 정의하자면, 운영예산은 기업에 기대치만큼의 수입이 발생한다고 예상했을 때, 기업이 운영되는데 필요한 각 비용 및 지출에 대한 현금분배의 추정치라고 할 수 있다. 기업이 소모품, 출장비, 임대료, 광고, 봉급으로 얼마를 지출할 것인가는 바로 이 운영예산에서 결정된다. 운영예산은 보통 기업에서 만드는 예산안 중 가장 자세하게 기술되어 있고 유용하게 쓰이는 예산안이다.

그림 15.3 베리 베지테리언의 현금 예산안 예

베리 베지테리언 대차대조표	1월	2월	3월
추정매출	$50,000	$45,000	$40,000
수금			
현금 판매(20%)		$9,000	$8,000
신용 판매(지난달의 80%)		$40,000	$36,000
월 현금 수금		$49,000	$44,000
지급 현황			
필요 물품과 재료		$11,000	$10,000
임금		12,000	12,000
직접 노무비		9,000	9,000
법인세		3,000	3,000
그 외 추가 비용		7,000	5,000
월 현금 지출		$42,000	$39,000
현금 예산안			
현금 흐름		$7,000	$5,000
기초 현금		–1,000	6,000
총 현금		$6,000	$11,000
최소 현금 잔액		–6,000	–6,000
유가 증권에 투자될 잉여 현금		$ 0	$ 5,000
최소 잔액 유지에 필요한 대출		0	0

재무계획의 수립은 분명히 기업의 운영에 있어 가장 중요한 것 중 하나이다. 종종 이러한 계획 수립 과정에서 어떠한 장기 투자가 이루어질 것인지, 언제 특정 자금을 필요로 할 것인지, 이러한 자금을 어떻게 마련할 것인지가 정해진다. 재무계획 수립의 순서는 먼저 기업의 단기 및 장기 재무적 수요를 파악하고 자금이 어떻게 분배될 것 인가에 대한 예산안을 완성한 후 마지막으로 재무통제를 수립하는 것이다. 이러한 통제에 대해 읽기 전, 그림 15.4에서 '여러분 기업'의 월별 예산을 작성해보는 것으로 자신의 재무계획 능력을 점검 해볼 수 있다.

재무통제의 수립

재무통제(financial control)란 기업의 실제 수입과 비용 및 지출을 예산안과 주기적으로 비교하는 과정이다. 대부분의 기업들은 최소 매월 한 번 재무보고를 통해 재무통제 $9,000를 유지하려고 한다. 이러한 통제 과정은 관리자들로 하여금 재무계획에서 어긋난 부분을 식별하고 필요시에 시정 조치를 취할 수 있도록 해준다. 재무통제는 또한 어떠한 계정, 부서, 개인이 재무계획과 어긋나 있는지를 알게 해준다. 이때 재무관리자의 임무는 해당 상황을 올바르게 고려해 재무계획을 수정 하는 것이다.

재무통제
기업의 실제 수입과 비용 및 지출을 예산안과 주기적으로 비교하는 과정

경제의 변동과 예측 불가능한 국제적 사건은 재무계획에 영향을 줄 수 있다. 예를 들어, 주택 시장과 세계 경제의 둔화는 많은 회사들이 재무계획을 조정하는 상황을 초래할

그림 15.4 '여러분 기업(You Incorporated)'의 월별 예산
이제 '여러분 기업'의 월 예산을 작성해 보자. '여러분 기업'의 월 예산에 포함되어야 할 모든 사항을 정직하게 고려해 보자.

	예상금액	실제금액	차이
월 수입			
급여(세후 순지급액)	______	______	______
저축예금에서 인출	______	______	______
가족으로부터 받은 돈	______	______	______
대출	______	______	______
기타 수입	______	______	______
월 수입 총계	______	______	______
월 비용			
고정비용	______	______	______
임대료 또는 모기지	______	______	______
자동차 할부금	______	______	______
건강보험료	______	______	______
학교 등록금	______	______	______
기타 고정 비용	______	______	______
소계	______	______	______
변동비용	______	______	______
식비	______	______	______
의복비	______	______	______
문화지출비	______	______	______
교통비	______	______	______
전화요금	______	______	______
전기료	______	______	______
인터넷 사용료	______	______	______
케이블 TV 시청료	______	______	______
기타 비용	______	______	______
소계	______	______	______
총 비용			
총 수입 – 총 비용 = 현금잔액(현금부족)	______	______	______

수 있다.[6] 시험 준비를 한 후 기업이 왜 항상 사용 가능한 자금을 준비해놓아야 하는지에 대해 알아보자.

시험 준비

- 기업의 전반적인 운영과 성과에 중요한 재무의 기능을 세 가지 말하라.
- 기업이 실패하는 세 가지 주요한 재무적 문제는 무엇인가?
- 단기와 장기 재무 예측은 어떠한 방식에서 차이가 나는가?
- 기업이 예산안을 준비하는 목적은 무엇인가? 세 가지 다른 형태의 예산안의 차이를 알 수 있는가?

학습목표 15-3 기업이 운영자금을 필요로 하는 이유를 설명할 수 있다.

운영자금의 필요성

기업 활동에 있어 운영자금에 대한 수요는 끊임없이 발생한다. 이 때문에 어떤 기업이든 재무관리 능력을 중요하게 여긴다. 기업의 소요 자금은 개인의 경우와 마찬가지로 시간의 흐름에 따라 그 양이 변한다. 예를 들어, 작은 기업이 성장해나가는 경우 소요자금이 급격히 변할 수 있다. 파슬리 패치(Parsley Patch)의 예를 기억해보라. 애플, 존슨 앤 존슨(Johnson & Johnson), 나이키 같은 거대 기업들도 마찬가지이다. 새로운 제품이나 시장에 뛰어들기 위해서는 소요 자금이 증가할 것이며 다양한 용도에 쓰일 자금이 필요하게 될 것이다. 사실상 모든 조직은 운영에 일정량의 자금이 필요하게 되어 있다. 자금이 필요한 주요 부문은 다음과 같다.

- 일일 사업활동 관리
- 신용 활동 통제
- 필요량의 재고 확보
- 자본지출

이제 이러한 자금 수요를 자세히 살펴보고, 이 중 어떠한 것들이 기업에 있어 가장 작은 또는 가장 큰 영향을 미치는지 알아보자.

사업의 일일 소요 관리

만일 종업원들의 월급날이 금요일이라면, 지급이 늦어져 월요일까지 기다리고 싶어하는 사람은 아무도 없을 것이다. 세금 납입일이 매달 15일까지라면 정부에서는 시간에맞춰 납부할 것을 원할 것이고, 대출이자 지급일이 매달 30일이라면 대금업자가 그 다음달 1일까지 기다려주지는 않을 것이다. 이렇듯 일일 사업운영비를 해결하기 위해서는 자금이 필요하다.

재무관리자의 책임은 기업이 미래에 투자할 기회를 박탈하지 않는 동시에 매일 매일 필요한 현금을 조달하는 것이다. 또한, 돈에는 시간가치라는 것이 있다.[7] 다시 말해, 누군가가 오늘이나 내년에 200달러를 주겠다고 한다면, 여러분은 오늘 200달러를 받는 것이 훨씬 이득일 것이다. 그 이유는 간단하다. 단순히 예금을 통해 이자를 받거나 그 돈을 투자해서 일 년이라는 시간 동안 그 자금을 불릴 수 있기 때문이다. 기업 활동에서도 마찬가지이다. 기업의 투자 활동에서 얻은 이윤은 기업의 가치를 최대화시키는 데 중요하게 쓰인다. 이 때문에 재무관리자들은 기업의 현금지출을 최소화하고 이를 통해 수익성이 있는 계정에 투자할 자금을 확보하려고 하는 것이다. 또한 재무관리자들이 기업의 각종 지급금은 최대한 늦게 지불하도록 하면서(현금할인이 가능한 경우를 제외하고) 자신들이 받을 것은 최대한 빨리 받으려고 하는 것도 그다지 놀랄 일은

고객에게 신용매출을 제공해주지 않는 기업은 드물다. 하지만 매출채권을 회수하는 데는 시간이 오래 걸리고, 비용이 발생한다는 단점이 있다. 비자(Visa), 마스터카드(MasterCard), 아메리칸 익스프레스(American Express)와 같은 신용카드사를 통하면 판매자 입장에서는 거래를 간소화할 수 있고, 지불이 보장된다. 여러분은 평소에 신용카드로 무엇을 정기적으로 구매하는가?

아니다. 이렇게함으로써 기업 자금의 투자 잠재력을 최대화하는 것이 가능하기 때문이다.[8] 불행히도 특히 경제 침체 시기 중에는 자금을 최대한 빨리 축적하는 것은 거의 불가능하다.

외상매출 관리

재무관리자는 오늘날처럼 경쟁이 심한 사업 환경에서, 외상으로 판매함으로써 기존 고객에게 기쁨을 주고, 새로운 고객을 끌어들인다는 것을 안다. 2008년의 금융위기 기간 동안에 은행들이 신규 자금대출에 소극적이었던 경우처럼, 경제가 어려울 때 고객들에게 신용은 아주 중요하다.

신용판매의 가장 큰 문제점은 25퍼센트 또는 그 이상의 사업자산이 신용매출채권(credit account)에 묶일 수 있다는 것이다. 이것은 기업이 고객에게 외상으로 제품이나 서비스를 판매할 때 이용 가능한 자금의 일부를 사용해야 할 필요가 있다는 것을 의미한다. 이러한 기업의 재무관리자는 효율적인 자금 회수 절차를 개발해야 한다. 예를 들어, 기업들은 약속한 시점에 대금 지불을 한 고객에게는 현금할인이나 수량할인을 해주곤 한다. 또한 재무관리자들은 기존 신용판매 고객과 신규 신용판매 고객들이 신용의무를 제때에 이행한 내역을 가지고 있는지 신중하게 살펴본다.

매출채권을 회수하는 데 걸리는 시간과 비용을 줄이는 한 가지 방법은 마스터카드(MasterCard)나 비자(Visa) 같은 신용카드를 받아들이는 것이다. 이것은 기업이나 소비자에게 모두 편리하다. 기업이 위험을 줄일 수 있도록, 이러한 신용카드를 발행한 은행은 고객의 신용등급을 이미 정해 놓았다. 기업들은 신용매출에 대해 신용카드 수수료를 반드시 지불해야 한다. 그러나 일반적으로 수수료는 신용카드가 제공하는 편익(benefits)을 초과하지는 않는다. 신용카드 수수료를 낮추고 상거래속도를 높이기 위하여 오늘날 기업들은 Apple Pay 또는 Google Pay와 같은 모바일 결제시스템들을 선택하고 있다.[9] 최근에 레스토랑, 슈퍼마켓, 호텔 체인점들은 모바일 결제 시스템에 많은 투자를 하고 있다.[10] 모바일 결제 시스템이 거래를 가속화시키고 간단하게 할뿐만 아니라 프로세서는 항상 전통적 신용과 회사보다 더 낮은 세금을 징수한다.

필요한 재고의 확보

11장에서 강조했듯이 효과적인 마케팅은 철저히 고객 지향적이어야 한다. 고객 지향적이라 함은 기업이 오늘날 살아남고 번창하기 위해서는 고객에게 높은 수준의 서비스를 제공하고 상품이 고객의 수요에 맞춰 적시에 제공될 수 있도록 해야 한다는 뜻이다. 정교하게 고안된 재고정책은 기업의 자금을 운용하고 수익률을 최대화하는 데 도움이 된다.[11] 미주리 주의 세인트루이스 시에 소재한 Doozle's라는 동네 아이스크림 가게는 의도적으로 겨울에는 아이스크림의 재고를 낮은 수준으로 유지하여 자금이 재고에 묶이는 것을 피하고자 한다. 이는 당연히 미국의 중서부 지역의 겨울엔 아이스크림의 수요가 낮기 때문이다.

적시재고관리시스템(JIT; just-in-time, 8장 참조)과 같은 혁신적인 관리 시스템은 기업의 자금이 필요 이상으로 재고자산의 유지에 묶이는 것을 방지해준다. 또한 재고자

윤리적 의사결정

의사가 주문했던 것이 아니야!

당신이 경영학 학위를 취득한 후에 작은 병원에서 병원 관리자로 취직을 하게 되었다고 가정해보자. 당신은 경영학 학위 취득을 위해 재무 공부를 열심히 했을 것이고 산업의 종류를 막론하고 모든 기업에 있어서 효율적인 현금 관리가 중요하다는 사실을 잘 알고 있다. 현금 관리의 효율성을 높일 수 있는 한 가지 방법은 재고에 묶인 현금의 양을 줄이는, 계획적인 재고통제 시스템을 도입하는 것이다. 재고 관리 비용을 최소화 하기 위해 JIT (Just-in-Time) 재고 시스템이 유용하다는 것을 알고 있기 때문이다.

임원 회의에서 당신은 JIT 재고 시스템을 도입하여 약 공급을 관리함으로써 비용을 줄일 수 있으며 병원의 자금을 대규모로 묶어두는 고가의 암 치료 약물의 재고를 줄이고 필요할 때마다 주문하자고 제안한다.

회의에 참석한 몇몇 임원들은 이 제안을 긍정적으로 받아들이지만 병원 암센터 의사들은 병원의 재정상황에 집착하다 보면 환자들의 생명과 건강을 망칠 수 있다며 반대한다. 회의 후에, 위원회는 당신에게 결정권을 주겠다고 말한다. 이 상황에서 당신은 어떠한 결론을 낼 것이며, 그 결정이 어떠한 상황을 초래하게 될지 생각해보자.

산회전율(14장 참조) 분석을 통해 불필요한 비용을 최대한 줄여 기업의 재무 건전성을 확고히 한다. 기업의 크기와 상관없이 어떤 기업이든 재고자산 관리를 잘못할 경우 자금 고갈 현상이 생길 수 있다. '윤리적 의사결정' 글상자를 읽고 건전한 재무관리와 재고관리에 대한 질문에 답해보자.

자본지출

자본지출(capital expenditures)은 토지나 건물, 설비와 같은 유형자산과 특허나 저작권과 같은 무형자산에 대한 주요한 투자이다. 거의 대부분의 기업에 있어 확장을 위하여 토지를 구입하는 것, 생산량을 늘리기 위하여 설비를 늘리는 것, 새로운 제품을 위한 연구에 투자하는 것, 그리고 현 생산량 수준을 높이거나 유지하기 위하여 설비를 구축하는 것이 주요한 투자에 속한다. 새로운 시장으로의 진출은 성공을 보장해주지 않지만 동시에 많은 비용이 소모될 수 있다. 따라서 기업은 자사의 자원을 어떤 투자에 어떻게 배분하며 그 투자의 다양한 결과를 예측하는 데 노력을 기울여야 한다. 한 예로, 재무관리자는 고객 수요의 증가에 따라 기업이 생산을 늘리기로 결정했을 때, 그것을 위하여 새로이 토지를 구매하고 설비를 지을지, 또는 현재 현존하는 다른 곳의 공장을 구입하여 생산에 들어갈지, 아니면 설비를 렌트할 수 있다. 이 상황에서 당신은 어떠한 재무적 및 회계적 고려를 할 수 있을까?

자본지출
토지, 건물, 장비와 같은 유형자산이나 특허, 상표, 지적재산권 같은 무형자산에 대한 주요한 투자

재무관리자들은 운영자금의 필요성에 대하여 몇 가지 질문을 제기한다. 운영자금이나 다른 사업에서 필요로 하는 자금을 어떻게 얻을 수 있을까? 장기나 단기적 차원에서 기업이 특정한 자금을 필요로 할 것인가? 이러한 필요한 자금을 얻는 데에 얼마의 비용(i.e., 이자비용)이 소요될 것인가? 이러한 자금을 내부에서 조달할 것인가, 외부에서 조달할 것인가? 우리는 이러한 질문을 다음으로 살펴볼 것이다.

자금조달의 원천

이 장의 앞부분에서 재무는 기업에 있어 자금을 조달하고 또 그 자금을 관리하는 기능 이라고 정의했다. 철저한 재무관리는 얼마만큼의 자금이 필요한지, 그 자금을 어디서 어떤 방식으로 모을 것인지에 대한 결정을 내린다. 기업은 필요한 자금을 모으기 위

그림 15.5
기업이 자금이 필요한 이유

단기 자금	장기 자금
월별 비용 지급	신상품 개발
긴급 상황 대비	장비 및 시설 교체
현금흐름의 문제	인수 또는 합병
현재 재고 수준의 증가	새로운 시장 진출(국내 또는 해외)
임시 홍보 프로그램	새로운 시설 건축

부채 자금조달
다시 갚아야 하는 모든 빌리는 형태로 조달된 자금

자기자본 자금조달
기업의 소유권을 매각(예를 들어 주식 매각)하거나 기업 내부적으로(운영을 통해서) 조달된 자금

해 돈을 빌리거나(debt) 자사의 소유권을 팔아서(equity), 또는 영업활동을 통해 이익잉여금(retained earnings)을 늘림으로써 그 목적을 달성할 수 있다. **부채 자금조달(debt financing)**은 필요한 자금을 여러 가지 방법으로 빌려와 자금을 모으는 방법이며, **자기자본 자금조달(equity financing)**은 기업 내에서 스스로 자본을 조달하거나 주식을 발행하고 판매함으로써 자금을 모으는 방법이다. 기업이 자금을 빌릴 때는 단기 자금조달(short term financing) 또는 장기 자금조달(long term financing)의 형태로 빌린다. 단기 자금조달이란 1년 이내에 만기가 도래하는 자금을 빌리는 것이며, 장기 자금조달이란 1년 이후에(보통 2~10년) 만기가 도래하는 자금을 빌리는 것이다. 그림 17.5는 기업이 단기 자금과 장기 자금을 필요로 하는 이유를 보여준다.

우리는 다음 절에서 단기와 장기 자금의 조달 원천에 대해 살펴볼 것이다. 시험 준비를 통해 여러분의 이해도를 점검해보자.

시험 준비

- 화폐는 시간가치를 갖고 있다. 이것이 의미하는 바는 무엇인가?
- 왜 매출채권이 기업에 재무적으로 중요한가?
- 기업이 재고와 자본지출에 상당량의 자금을 지출하는 주요한 이유는 무엇인가?
- 부채자금조달과 자기자본 자금조달의 차이는 무엇인가?

학습목표 15-4 단기 자금조달의 원천을 규명하고 설명할 수 있다.

단기 자금조달

재무관리자의 업무 중 대부분은 자금의 단기조달에 관한 것이다. 특히 중소기업 같은경우 장기조달은 주요 고려 대상이 아니다. 따라서 추가적인 재고 확보를 위하여 또는 예정에 없이 일찍 만기가 도래하는 단기 채무를 변제하는 데 소요될 자금을 마련하기 위하여, 일상 업무에서의 단기 자금조달을 관리하는 것이 재무관리자의 주 업무 이다. 그 밖에도 흔히 그러하듯이 현금 보유고가 적을 때에도 기업은 단기차입을 한다. 특히 개인 또는 중소기업은 현금보유액이 적을 때 단기자금을 가지고 있으려 한다. 이것이 어떠한 방법으로 이루어지는지 살펴보자.

신용거래

신용거래(trade credit)는 지금 재화나 서비스를 구매하고 나중에 지불하는 관행이다. 단기 자금조달의 방법으로 가장 널리 쓰이는 신용거래(매입채무)는 가장 싸면서 동시에 가장 편리한 형태이다. 중소기업뿐만 아니라 Kmart와 Macy's와 같은대기업들 역시 UPS(United Parcel Service)와 같은 기업과의 신용거래에 크게 의존한다. 이렇게 기업이신용거래를 하고 나면 마치 우리가 신용카드를 쓰고 받는 영수증과 비슷한 청구서를 발급받게 되는데, 기업이 수령하는 청구서의 지급 기한은 일상생활에서 우리가 접하는 것과는 많이 다르다.

기업이 발급받는 송장(invoice)에는 2/10, net 30 형식의 조건이 적혀 있다. 이는 어음의 만기가 30일이나 첫 10일 이내에 어음을 지급하면 2퍼센트를 할인받을 수 있다는 뜻이다. 재무관리자들은 기업의 비용을 감소할 기회를 잡기 위하여 이러한 할인에 주목한다. 생각해보자. 조건이 2/10, net 30일 경우 10일이내에 지급하여 2%를 할인 받을 수 있음에도 불구하고, 10일 지난 후 추가적인 20일을 소모함으로써 결국 2%를 추가로 지불하는 셈이 되어 쓸데없이 비용 을 늘리는 것이 된다.

다 해도 늘 더 가지고 싶기 마련이다. 재무관리자는 기업의 일일 재무적 수요를 충족시킬 만큼의 충분한 현금이 있는지, 또한 미래의 투자에 쓰일 현금이 충분히 있는지를 확실시 해야 한다. 돈에도 시간가치가 있다는 말은 무슨 말일까?

신용거래
지금 재화나 서비스를 구매하고 나중에 지불하는 행위

가족과 친구들

14장에서 살펴본 바와 같이, 기업은 때로 별다른 자금조달의 원천이 없는 상태에서도 거래처에 대금을 지급해야 하는 상황에 처하기도 한다. 중소기업에 있어 가족이나 친구는 단기자금의 조달에 있어 주요한 원천이 된다. 하지만 기업이 자사의 현금흐름을 잘파악하지 못할 경우 이렇게 여러 사람에게 빌린 자금은 기업에 여러 문제들을 야기할수 있다. 따라서 주위의 사람들보다는 사업의 위험을 이해하고 또 기업의 미래 자금수요를 분

여러분이 연말 연휴 기간 동안에 어마하게 소비하는 선물들을 판매하기 위해 소매점들이 어떻게 이 모든 재고들을 쌓아두는지 생각해본 적이 있는가? 백화점이나 많은 대형 소매점들은 재고를 선반을 채워놓기 위해서 상업은행과 다른 대출기관으로부터 자금을 차입한다. 이러한 자금조달 방법을 통해서 소매점들은 어떠한 이점을 갖는가?

석하는 데 도움을 줄 수 있는 은행들에서 자금을 조달 받는 것이 더 현명하다.[12]

전국독립기업협회(National Federation of Independent Business)에 의하면, 이러한 사실 때문에 최근 들어 대부분의 기업가들은 자금을 조달하는 데 가족이나 친구에게 과거 보다는 덜 의존하고 있다고 한다.[13] 만일 기업인이 가족이나 친구에게 자금적 도움을 요청할 경우, 양자가 (1) 구체적인 대출 조건에 대해 합의하고, (2) 이를 문서로 남기며, (3) 은행에서 빌렸을 경우에 적용될 상환방식을 도입하는 것이 중요하다. 이는 가족관계와 우정을 지키는 데 도움이 될 것이다.

상업은행

은행은 위험에 민감하기 때문에 규모가 크고 사업의 기틀이 잡힌 기업에 대출해 주는 것을 선호한다. 여러 유형의 사업자들이 은행에서 자금을 대출받는 것에 대하여 생각해 보면, 재무관리의 역할에 대해 더 많은 이해를 할 수 있을 것이다. 한 예로 농부가 작물 을 키우는 데 필요한 씨앗과 농기구 등을 사기 위하여 은행에서 자금을 차입할 경우 봄에 차입하여 농사를 짓고 농작물을 수확한 가을에 은행에 돈을 상환할 것이다. 반면에 크리스마스가 대목인 장난감 가게는 여름이나 가을쯤에 은행으로부터 자금을 차입하여 상품들을 구입한 후 크리스마스 때 판매하고 생긴 자금으로 은행에 차입금을 상환할 것 이다. 음식점의 경우 월초에 대출을 하고 월말에 상환한다.

기업이 얼마동안 얼마를 대출하는지, 그리고 대출로 구매한 상품을 얼마나 빨리 재판매할지 또는 자금을 확보할지는 기업이 어떤 사업을 하느냐에 따라 다르다. 대기업의 경우 재무와 회계 부서의 관리자가 현금흐름을 분석하고 전망한다. 하지만 소규모의 기업은 이러한 전문가를 둘만한 여력이 없기에 경영자가 직접 이것을 해야 하는 경우가 많다.

경제 침체 시기엔 아무리 튼튼한 기업이라도 은행 대출 가능성이 희박해진다. 은행대출을 받을 시 보통 중소기업의 재무관리자는 은행에게 기업의 최신 정황과 재무제표를 꼭 지속적으로 상기 시켜줘야한다.

그래야만, 은행도 기업의 현금 흐름 문제를 신속하게 발견할 수 있고 기업이 건전한 경영을 기반으로 은행과 두터운 신뢰관계를 쌓았을 경우에는 재정적인 위기 상황에서도 은행이 대출을 해줄 가능성이 높아진다.

단기대출의 다른 형태

담보대출
부동산 같은 값어치 있는 것에 의해 보증된 대출

무담보대출
어떠한 특정 자산에 의해 보증되지 않은 대출

상업은행은 고객들에게 다양한 형태의 자금을 대여해준다. **담보대출**(secured loan)이란 부동산 같은 시중에서 가치가 있는 자산을 담보(collateral)로 잡은 대출금이다. 채무자가 대출금을 제때에 갚지 못할 경우 은행은 그 담보를 대가로 가져간다. 한 예로 자동차 대출을 들 수 있다. 채무자가 돈을 제때에 상환하지 못할 경우 은행은 그 자동차를 압류한다. 석탄, 구리 그리고 철광석 같은 원자재 재고는 대출 시 담보가 되기도 한다. 결국 담보는 대출을 해준 은행의 일부 위험 손실을 줄인다.

은행으로부터 지급받기 다소 어려운 대여금의 형태는 **무담보대출**(unsecured loan)이다. 이것은 대출기관으로부터 그 어떤 담보도 요구되지 않으므로 주로 신용도가 높고오랜 기간 거래를 한 사업자에게만 제공이 된다.

한 사업체가 은행과 탄탄한 신용 관계를 쌓았을 경우 은행은 그 기업에 **신용공여한도**(line of credit)를 제공하기도 한다. 신용공여한도란 은행이 충분한 자금을 보유하고 있을 때 사업체에 특정 한도까지의 무담보대출을 해준다는 뜻이다. 신용공여한도가 반드시 보장되는 것은 아니다. 따라서 신용공여한도는 특정 기업이 은행으로부터 대출받는 복잡한 절차를 단순히 하여 그에 따른 시간과 비용을 줄여주며, 또 보통은 은행이 설정해준 한도 내에서 기업이 대출을 요구할 경우 대부분 받아들여진다.[14] 사업이 성장하고 규모가 커지면서 신용공여한도는 증가한다. 그에 따라 어떤 기업들은 신용공여한도가 보장된 형태인 회전신용약정(revolving credit agreement)을 적용 받기도 한다. 다음 '변화에 적응하기' 글상자에서 단기간에 금융 확보를 가능케 하는 온라인 대부업체에 대해 설명 해보겠다.

신용공여한도
언제든지 이용 가능한, 은행이 기업에 대출해줄 무담보 단기자금의 정해진 금액

외상매출채권의 팩토링

기업에 있어 상대적으로 조달비용이 비싼 단기 자금조달의 원천으로 **팩토링**(factoring)을 들 수 있는데 이는 기업이 보유하고 있는 매출채권을 매도하는 것이다. 팩토링의 기원은 4,000년 전인 고대 바빌론 시대로까지 거슬러 올라간다. 팩토링이 어떻게 이루어지는지를 알아보자. 기업이 제조한 제품을 외상으로 소비자나 다른 기업에 판매하게 되면 외상매출금이 생기게 된다. 어떤 구매자들은 외상대금을 늦게 상환하여 회사에 큰금액의 빚을 지기도 한다. 이때 factor란 기업의 외상매출금을 할인하여 현금으로 구매하는 데 동의하는 시장 중개기관(보통 금융기관 또는 상업은행)을 말한다. 할인의 조건은 외상으로 판매한 시점부터 현재까지의 기간, 사업의 특성과 경제 상황 등에 따라 달라진다. 결국 시장 중개기관은 구매자로부터 외상 대금 전액을 지급받게 된다.

팩토링
매출채권을 현금으로 매각하는 과정

팩토링의 할인율은 일반적으로 은행의 대출이자율보다 높다. 그러므로 팩토링은 중소기업에 비싼 자금조달의 방안이기는 하나, 중소기업의 경우 은행으로부터 대출을 받기가 쉽지가 않다는 점을 감안하면 팩토링은 중소기업이 자주 활용하는 자금조달법이다. 외상매출대금을 기한보다 늦게 시장 중개기관에 갚음으로써 발생하는 비용이나, 구매자의 부도와 관련하여 발생하는 비용을 기업이 부담하겠다고 약정함으로써 팩토링의 비용을 낮추기도 한다. 팩토링은 대출이 아닌 기업의 자산(외상매출금)을 판매하는 것임을 기억해야 한다. 팩토링은 대개 미국 기업들, 그리고 다국적 기업의 벤처에서도 그 활용이 확대되는 추세이다.

담보부 대출은 가치가 있는 유형물을 담보로 한다. 자동차 구입 자금 대출은 자동차를 담보물로 하는 일종의 담보부 대출이다. 그렇다면 주택 담보대출의 담보물은 무엇일까?

신용카드

연방준비제도이사회(FRB)의 조사에 따르면, 기업대출을 신청하는 기업의 72%가 거절 당한다.[15] 이는 많은 기업들이 신용카드를 통한 단기금융대출로 눈을 돌리는 이유이기도 하다. 신용카드는 언제든지 자금을 이용할 수 있는 신용자금 한도(line of credit)를 제공하므로 시간을 절약할 수 있고, 은행에 대출을 요구했을 때 거부당할 수도 있는 걱정을 덜 수 있다.[16] 전국소상공인협회(NSBA)의 조사에 따르면 전체 중소

변화에 적응하기 　한번의 클릭으로 금융 지원 받기

좋은 아이디어는 사업 시작의 첫 걸음일 뿐이고 이를 현실화 하기 위해서는 자금이 필요하다. 자금을 얻기 위해선 은행 대출이 필요한데, 보통 은행들은 새로운 사업에 적극적으로 투자 하지 않는다. 하지막 아직 걱정하기엔 이르다. 최근 들어 많은 온라인 대출 웹사이트들이 신용 조회 없이, 때로는 24시간 이내에 자금을 제공 해주기 때문이다. 자금이 필요한 사업자에게는 이러한 대출 조건이 매력적으로 보이지 않을 수 없을 것이다. 하지만, 대출 계약 체결 전에 반드시 대출자의 평판과 대출 세부 사항을 확인해야한다.

대출자와 관련하여 비판적인 리뷰나 부정적인 언론 자료를 발견했다면, 다른 곳을 알아 보아야 한다. 대출자 관련 문제가 없을 시 대출 진행 확정 전에 해당 견적서를 철저히 – 가능하면 법률 상담사와 함께 – 점검 해야한다 . 예를 들어 온라인 대출을 많이 했을수록 매일 발생하는 이자가 계속 쌓여 이자율이 높아 질수가 있다. 심한 경우엔 이자율이 300퍼센트까지 오를 수 있다고 한다. 대출은 보통 직불 예금을 통해 통장과 연결되어 있다는 점도 숙지하고 있어야 한다. 대출자는 이처럼 계좌에서 자동으로 출금시켜 대금을 회수할 수 있기 때문에 계좌에 일정한 잔액을 유지하여, 당좌차월 위약금을 물지 않도록 주의해야 한다. 추가로, 대출상환 진행에 차질이 생기거나 대금을 갚지 못하는 상황이 발생한다면, 보통 온라인 대출 업계에선 합리적인 상환 계획으로 변경 시켜주거나 기간을 연장 해주지 않을 가능성이 크다.

현재, 온라인 대출 업계에 대한 면밀한 조사가 진행 되고 있다. 예를 들어, 온데크캐피탈과 프로스퍼 등 유명 대부업체들이 투자자들에게 제공하는 여러 대출제품들의 의도와 윤리성에 대한 의문이 늘어나면서 온라인 대출 산업의 비즈니스 모델 자체에 대한 불확실성도 증가하고 있다. 이로 인해 연방, 주 및 지방 공무원들은 온라인 대출에 대해 엄격한 규제가 나올 수 있다고 경고 하고 있다. 그때까지는 온라인 대출에 대한 경각심을 가져야 할 것이다.

출처: Shelly Hagan and Adam Tempkin, "Online Ledners Tighten Rules after a Wave of Defaults," Bloomberg, Bloomberg.com, May 30, 2018; "This Is the Latest Threat to Online Lenders," Reuters, reuters.com, June 10, 2016; Peter Rudegeair, "On Deck Capital, a Fallen Fintech Star, to Focus on Turning a Profit," The Wall Street Journal, May 8, 2017; Michelle Kim, "Online Lenders' Shares Hurt by Unexpected Revenue–Growth Slowdown," Bloomberg, Bloomberg.com, February 21, 2019.

기업의 1/3이 사업 자금을 조달하기 위해 신용카드를 사용하는 것으로 추정되고 있다.[17]

점점 더 많은 기업들이 사업 자금 조달을 위해 신용카드를 통한 단기금융대출로 눈을 돌리고 있지만, 이 방법에는 많은 위험이 있고 만만치 않은 비용이 든다는 것을 기억해야한다. 신용카드 책임공개법으로 인해 카드사 남용으로부터의 소비자 보호가 강화되었고 소비자 이율이 낮아졌다. 하지만, 중소기업과 법인카드의 요금은 법의 보호를 받지 못하기 때문에 재무관리자로서 신용카드의 장점과 단점을 이해하는 것이 매우 중요하다.[18] 일부 신용카드는 중소기업이 도산의 위험으로부터 벗어나게 할 수 있다. 예를 들어, 사업 자금이 조달이 시급했던 이커머스 회사 PetFlow는 2010년에 회사에 현금 지급이 가능한 캐시백 카드를 찾아서 사업 재개가 가능했다. 오늘날 PetFlow는 리틀싱스(Little Things)라는 이름으로 5천만 달러 규모의 기업으로 발전하였다. 하지만 여전히, 신용카드 거래로 자금을 확보하는 것은 높은 자금조달 비용의 방안이므로 매우 신중히 사용되어야 할 것이다. 시험 준비 이후에 장기 자금조달 방법에 대하여 알아보자.

시험 준비

- 2/10, net 30은 무엇을 의미하는가?
- 신용거래와 은행의 신용공여한도의 차이점은 무엇인가?
- 보증된 대출과 보증되지 않은 대출의 차이점은 무엇인가?
- 토링이란 무엇인가? 팩토링에서 할인율을 정할 때 고려 사항은 무엇인가?

학습목표 15-5 장기 자금조달의 원천을 규명하고 설명할 수 있다.

장기 자금조달

예측은 기업의 재무계획 수립에 도움을 준다. 이러한 계획은 오랜 기간에 걸쳐 기업에 필요한 자금의 양과 그러한 자금을 조달할 수 있는 가장 적절한 원천을 결정해준다. 장기 자금조달 목표를 세울 때, 일반적으로 재무관리자는 다음 세 가지를 염두에 둔다.

1. 조직의 장기 목표와 목적이 무엇인가?
2. 장기 목표와 목적을 달성하는 데 있어 재무적으로 어떠한 것들이 필요한가?
3. 장기 자본의 원천으로 가능한 것으로는 어떤 것들이 있으며, 어느 것이 우리에 게 가장 적합한가?

장기 자본은 설비나 장비 같은 값비싼 자산을 구매하거나, 신상품을 개발하거나, 조직의 자본을 확충할 때 사용된다. 대기업에서 장기 자금조달과 관련된 의사결정을 할 때 이사회와 최고경영자는 물론 재무관리자와 회계관리사들도 참여한다. 대규모 제약기업인 화이자(Pfizer)를 예로 들어보자. 화이자는 신상품 연구와 개발에 매년 80억 달러를 사용한다. 실제로 혁신적인 약품이 개발되어 시장에 소개되기까지 10년이라는 기간이 소요되고, 약 20억 달러가 지출된다.[19] 더불어 화이자가 의약품에 대하여 인증받은 특허는 20년이 지나면 만료한다. 이를 통해 화이자의 장기 자금조달 의사결정에 왜 높은 직급의 사람들이 포함되는지는 쉽게 알 수 있다. 그래서 중소기업 소유자들도기업에 영향을 미칠 수 있는 장기 자금조달 기회를 분석하는 데 항상 적극적이다.

앞에서 언급했듯이, 장기 자금조달은 채권금융과 자기자본조달의 두 가지 주요한 형태로 이루어진다. 이제 이 두가지 장기 자금조달의 원천에 대해서 살펴보도록 하자.

채권금융

채권금융(debt financing)은 기업이 법적으로 상환할 의무를 가지고 돈을 빌리는 것을 뜻한다. 기업은 여신기관으로부터 대출을 받거나 채권을 발행함으로써 자금을 조달할 수 있다.

차관 계약
차입자가 특정 조건의 분할납입 형태로 상환해야 하는 약속어음

여신기관에 의한 채권금융 장기대출은 3년에서 7년 사이에 상환되기도 하고 15년이나 20년까지 확장되기도 한다. **차관 계약**(term–loan agreement)이란 차입자가 특정조건의 분할납입 형태로 상환할 것을 요구하는 약속어음이다. 이러한 형태의 자금조달의 주요 이점은 장기대출에 지불된 이자는 세금 감면 혜택을 받는다는 것이다.

장기대출은 단기대출보다 더 많은 금액을 조달할 수 있기 때문에 일반적으로 단기대출보다 대출금리가 더 높다. 또한 상환 기간이 길기 때문에 대부자가 빌려준 자금을 모두 상환받을 수 있는지에 대한 불확실성이 존재한다. 따라서 대부분의 장기대출은 부동산, 기계, 장비, 기업 주식 등 가치 있는 것을 담보로 요구한다. 또한 대금업자는 기업의 사업 수행에 대해 책임을 이행할 것을 강요하는 특정한 제재들을 가하기도 한다. 장기대출의 이자율은 담보의 타당성, 기업의 신용등급, 시장 이자율 수준에 따라 정해진다. 위험이 크다고 판단되는 대출일수록 대부자는 더 높은 이자율을 요구한다. 이러한 원리를 **위험과 수익의 절충**(risk/return trade–off) **관계**라 한다.

위험과 수익의 절충 관계
차입자가 고위험일수록 고금리를 받는 원리

채권
투자자가 기업(또는 정부)에 자금을 빌려줬음을 나타내는 증서

채권 발행에 의한 채권금융 은행과 같은 여신기관으로부터 장기대출을 받지 못한 기업은 채권을 발행하려고 할 것이다. **채권**(Bond)은 투자자가 기업이나 정부에게 자금을 빌려주었음을 증명하는 기업 증서이다. 간단히 말해서, 채권은 특정 날짜에 빌린만큼의 돈과 이자를 상환하겠다고 약속하는 약식 차용증서(IOU)라고 할 수 있다. 채권 발행에 합의하는 특정 조건들을 계약 조건(indenture terms)이라고 한다. 채권을 발행할 수 있는 기관은 연방정부, 주정부, 지방정부, 연방정부기관, 외국정부, 기업 등이다.

여러분은 채권에 대해 알고 있을지도 모른다. 예를 들어, 여러분은 미국 정부가 발행한 저축 채권을 소유하고 있거나 지역 학교 학군이 채권 발행의 인가를 받을 수 있도록 자원봉사를 했을 수도 있다. 지역사회가 새로운 경기장이나 문화 센터를 짓기 위해 채권을 발행할 수도 있다. 채권 발행 시 기업과 정부는 경쟁을 한다. 채권의 잠재적인 투자자(개인과 기관)는 기업이 지불하기로 한 수익(이자) 대비 채권 구매에 따른 위험이 어느 정도인지 확인하고, 기업의 상환 능력을 측정한다.[20]

미국 풋볼 리그 (National Football League)는 매우 큰 사업이다. 새로운 경기장을 지으려면 많은 돈이 필요하다. 미나아폴리스(Minneapolis)에 근거지를 두고 있는 미네소타 바이킹스 (Vikings) 풋볼팀은 낡은 경기장을 최신식으로 다시 짓기 위해 자금 조달이 필요하였다. 이에 미나아폴리스 시는 채권을 발행해 바이킹스의 새로운 경기장 건축자금을 후원했다. 여러분의 지역사회에서 채권을 발행한 단체가 있는가? 있다면, 그 발행 목적은 무엇이었는가?

채권은 기업들에게 장기 자금 조달의 가능성을 제공한다.

- 사채권자는 소유주가 아닌 회사채권자이므로 경영권은 경영진이 유지한다.
- 사채이자는 운영비이기 때문에 세액공제가 된다.
- 채권은 일시적인 자금 공급원이다. 그러므로 채권은 결국 상환되고 부채의무는 없어진다.
- 채권은 회수 가능 시 만기일 이전에 상환할 수 있다. 채권도 보통주로 전환 될수 있는 경우가 있다.

그러나 채권은 다음과 같은 금융상의 단점도 있다.

- 채권은 부채(장기부채)를 증가시켜 기업에 대한 인식에 악영향을 미칠 수 있다.
- 채권에 대한 이자 지급은 법적 의무이다. 만약 이자가 지불되지 않는다면, 채권 보유자들은 법적 조치를 취하여 지불을 강요할 수 있다.
- 채권의 액면가치는 만기일에 상환 되어야 한다. 신중한 상환계획이 없다면, 이 의무는 상환 기한이 도래할 때 자칫 현금 유동성 문제로 이어질 수 있다.

다른 장기 부채와 마찬가지로 채권 또한 보증일 수 있고, 무보증일 수 있다. 보증 채권(secured bond)은 부동산, 장비 등 자산을 담보로 발행된다. 만약 채권의 계약 조건이 위반되면(예를 들어, 이자를 상환하지 않는다면) 채권자는 담보에 대한 소유권을 주장할 수 있다. **무보증 채권**(unsecured bond)은 발행자의 신용에만 의존해서 발행되는 채권이다. 이러한 채권의 투자자들은 채권을 발행한 기업이 상환 조건을 잘 이행할 것이라고 믿는다.

무담보 채권
담보물이 없는 무보증 후순위채권

자기자본 조달

기업이 대출기관으로부터 장기대출을 받을 수 없거나 채권을 발행할 수 없을 때, 기업은 자기자본 조달을 통해 장기자금을 조달하는 방안을 고려할 수 있다. 자기자본 조달은 주식의 형태로 기업의 소유권을 판매하거나 사업에 재투자하기 위해 유보한 이익금 (유보 이익)을 사용하는 것을 포함한다. 기업은 또한 벤처 투자자들에게 기업의 소유권 을 판매하여 자기자본을 조달할 수 있다.

주식 판매를 통한 자기자본 조달 주식에 대하여 기억해야 할 중요한 점은 주식 구매자들이 기업의 소유자가 된다는 것이다. **주식**을 소유한다는 것은 회사의 소유권을 가지고 있는 것과 동일하다. 구매 가능한 주식의 수량은 일반적으로 기업의 이사회에 의해 결정된다. 자금을 얻기 위해 대중에게 주식을 판매하는 것은 결코 쉽지 않으며, 자동으로 이루어지지도 않는다. 미국 기업들은 증권거래위원회(SEC)뿐만 아니라 다양한 주 기관들이 정해놓은 요구 조건을 충족시킬 때만 공모를 통해 주식을 발행할 수 있다. 유가증권 시장은 주식, 채권, 기타 투자를 발행하는 금융시장이다.

주식
회사의 소유권을 나타내는 증서

증권시장은 1차 시장과 2차 시장으로 나뉜다. 즉, 기업들은 1차 시장에서 일반 투자자를 대상으로 신주를 발행하고 투자자들로부터 그 대가를 받게 된다. 이때 기업주식을 최초로 공개 판매하는 것을 **신주공모발행(IPO)**이라고 한다. 그 후에, 2차 시장에서는 투자자 간에 주식 거래가 일어난다. 2차 시장에서의 매각 대금은 주식을 발행한 기업이 아니라 주식을 판매한 상대방 투자자에게 지급된다. 예를 들어, 당신의 하비스트 골드 레스토랑이 체인점으로 성장하며 하비스트 골드 제품들이 은 전국의 수많은 소매점에서 판매되고 있다고 상상해 보자. 당신은 사업을 확장하기 위해 추가적인 대금을 마련하고자 한다. 하비스트 골드 회사 주식 100만 주를 주당 10달러로 제공한다면, 최초 기업공개시 당신은 천만 달러를 모을 수 있을 것이다. 그러나 최초 매각 후 투자자가 다른 투자자에게 하비스트 골드 주식 100주를 매각하기로 결정하면 하비스트 골드는 정작 그 거

신주공모발행(IPO)
개인기업이 최초로 주식을 발행하여 거래소에 상장시키는 절차

넬슨과 리사 네이어는 강아지 훈련 회사를 설립하기 위하여 $85,500을 퇴직 연금계좌에서 인출하기로 결정하였다. 그리고, 그 회사가 정상적으로 운영되면서 수익을 창출하기 전까지 리사는 어느 누구에도 이러한 결정 사실들을 말하지 않았다. 퇴직 연금을 이용해 새로운 사업 준비금을 마련하는 이 재무전략은 왜 위험한가?

래에서 아무것도 회수할수 없다. 왜냐하면 이미 기업공개를 통해 주식이 투자자에게 매각 되었고 이는 더이상 기업과 투자자 사이의 거래가 아닌 투자자와 투자자 사이의 주식 거래이기 때문이다. 다만, 하비스트 골드와 같은 기업이 추가 자본금을 마련하기 위해 주식을 추가로 매각하는 것은 가능하다.

자금조달을 위한 주식 발행의 장점은 다음과 같다.

- 주주에게 투자금을 상환할 필요가 없다.
- 주주에게 배당금을 지급할 법적 의무가 없으므로, 회사는 수익(잉여금)을 재투자하여 향후 필요한 자금을 추가로 조달할 수 있다.
- 재고 판매는 기업의 대차대조표 상태를 개선할 수 있다.
- 주식발행 시 부채가 따로 발생하지 않으므로 대차대조표 개선을 할수 있을뿐더러 재무 강화 방안 마련을 위해 자사주매입도 가능하다.

자금조달을 위한 주식 발행의 단점은 다음과 같다.

- 소유주로서 주주들은 회사의 이사회에 투표할 권리가 있다. 따라서 신주를 발행하는 것은 회사 지배구조에 변화를 일으킬 수 있다.
- 배당금(회사가 현금지급이나 주식의 추가 주식으로 주주에게 분배할 수 있는 이익의 일부)은 세금 후 이익으로 지급되며 세액 공제가 되지 않는다. 하지만 기업들의 배당금 지출은 의무적이지 않다.
- 주주들을 만족시키기 위한 조치는 경영자의 의사결정에 영향을 미칠 수 있다.

유보 이익을 통한 자기자본 조달 14장에서 기업이 재투자에 사용하기 위해 보관하는 수익을 유보 이익이라고 배웠다. 유보 이익(retained earnings)은 대기업들과 달리채권

그림 15.6 부채 자금조달과 자기자본 자금조달의 차이점

	자금조달 방법	
옵션	타인자본	자기자본
관리 영향	대개 영향이 없다.	보통 주주들이 투표권을 갖는다.
상환	부채에는 만기일이 있다.	주식은 만기일이 없다.
	원금을 상황해야 한다.	기업은 자기자본을 상환할 필요가 없다.
연간 의무	이자 지급은 계약상 의무이다.	기업은 배당금을 지급할 법적 의무를 지지 않는다.
세금 효과	이자는 세금 공제가 된다.	배당금은 세후 수익으로부터 지급되며 공제가 되지 않는다.

중소기업에 대한 조명

창업자 어깨 위의 천사

Angel.co

아무리 잠재력이 뛰어난 아이디어라도, 사업을 시작할 종잣돈이 없다면, 사업은 수포로 돌아가기 십상이다. 이처럼 뛰어난 사업 아이템들이 수포로 돌아가지 않기 위해 벤처 투자가인 나발 라비칸트 (Naval Ravikant)가 앤젤리스트 (AngelList)를 설립하였다.

엔젤리스트는 본래 스타트업 기업가들에게 엔젤 투자에 대해 가르치기 위해 설립되었다(6장 참조). 하지만, 머지 않아 스타트업 기업가들이 기업의 성장과 관련하여 벤처 투자자들의 도움을 받을 수 있는 네트워크로 성장하였다. 초기에 엔젤리스트는 스타트업 기업들이 일반적으로 필요로 하는 대규모 투자자본이 아닌 소액 대출을 제공했었다. 이에 라비칸트는 엔젤리스트의 거액 투자자가 자금을 하나의 '신디케이트'에 모으자는 혁신적인 방법을 제안하였다. 이로써 새로운 창업에 거액 투자자들의 관심을 조직적으로 측정하여 선정된 스타트업에게 더 많은 초기 투자금을 제공할 수 있게 되었다.

아블로르크 콜리 신임 CEO는 엔젤리스트가 현재 수천 명의 개인 투자자들을 관리하고 있으며 200개 이상의 벤처기업들을 유치 하고 있다고 말했다. 현재 엔젤리스트는 18억 달러의 경영권을 보유하고 있으며 3,600개의 기업에 11억 달러 이상의 투자금을 분배하였다고 보도되고 있다.

출처: Debroop Roy, "Having Invested in over 30 Startups, This Is What Keeps This Angel Investor on His Toes," Entrepreneur, entrepreneur.com, January 17, 2020; Alex Conrad, "AngelList Launches 'Rolling Venture Fund' in Bid to Make Fundraising Easier for New VCs," Forbes, forbes.com, February 5, 2020; Avlok Kohli, "Introducing Rolling Venture Funds," AngelList, angel.co, February 5, 2020.

및 주식 발행 등의 제한된 자금조달 방안만을 지닌 중소기업들이 장기자금을 조달할 수 있는 주요 원천이다. 그러나 대기업들도 필요한 장기 자금조달을 위해 유보 이익에 의존하기도 한다. 실제로 유보 이익을 이용하면 이자 지급, 배당금(주식 투자에 대한 보상), 채권 및 주식발행 비용 등을 절약할 수 있기 때문에 장기 자금조달 시 가장 선호된다. 유보 이익을 사용하면 주식을 발행할 때와 같이 새로운 소유권이 생성되지도 않는다.

벤처 자본을 통한 자기자본 조달 사업의 초창기나 확장의 초기 단계는 기업이 자금을 조달하기 가장 어려운 시기이다. 막 사업을 시작한 기업은 일반적으로 적은 자산을 가지고 있으며, 시장 성과 기록도 없다. 그러므로 은행에서 충분한 자금을 빌릴 수있는 가능성은 매우 낮다. **벤처 자본(venture capital)**은 성장 가능성이 높다고 판단되는 신생 기업에 일부 투자자들(벤처 투자자들)이 투자하는 자본이다. 벤처 자본은 인텔(Intel), 애플, 시스코 시스템즈(Cisco Systems)와 같은 기업들이 사업을 시작할 수 있게 도와주었고, 페이스북과 구글이 확장 및 성장을 하는 것을 도왔다. 벤처 투자자들은 기업에 대한 소유권 일부를 대가로 투자를 한다. 그들은 평균 이상의 수익률을 기대하며, 그들의 투자에 대한 유능한 운용 성과를 원한다. 다음 페이지에 있는 '중소기업에 대한 조명' 부분에서 투자 유치를 해야하는 신규 기업들에게 도움을 주는 혁신 벤처 캐피털 회사를 다루어 보겠다.

벤처 자본
성장 가능성이 높다고 판단되는 신생 기업에 투자하는 자본

타인자본 조달과 자기자본 조달 비교하기

레버리지
기업의 수익성을 높이기 위해 돈을 빌려 자금을 조달하는 것

자본비용
대부자의 수요와 자본 소유자(주주 또는 벤처투자가)의 기대를 만족시키기 위해 기업이 반드시 얻어야 하는 이익률

그림 15.6은 타인자본 조달과 자기자본 조달 선택지를 비교한 것이다. 기업의 이익률을 높이기 위해 돈을 빌려 필요한 자금을 조달하는 것을 **레버리지(leverage)**라 한다. 부채를 늘리는 것이 기업의 위험을 늘리는 것은 사실이지만, 그것은 동시에 기업의 수익을 증가시킨다. 재무관리자나 최고재무책임자(CFO)의 주요한 두 가지 업무는 빌려야하는 필요 자금이 얼마인지 예측하고, 구한 자금을 어떻게 관리할 것인지 계획하는 것이다.

기업은 **자본비용(cost of capital)**에 대한 걱정이 매우 크다. 자본비용은 대부자의 수요와 자본 소유자(주주 또는 벤처 투자가)의 기대를 만족시키기 위해 기업이 반드시 얻어야 하는 이익률이다. 만약 기업의 이익이 자금조달에 사용된 이자 비용보다 크면, 기업 소유자들은 자기자본 조달을 사용했을 때보다 더 높은 이익률을 얻을 수 있다.

그림 15.7에 나타나있는 채식주의자용 레스토랑인 하비스트골드의 예시(11장 참조)를 살펴 보자. 만약 하비스트 골드가 20만 달러의 자금이 필요하다면 채권(부채)이나 주식(자본)을 매각하는 방안을 고려해볼 수 있다. 두 경우를 비교해보면, 기업의 이익이 빌린 자금(채권)에 대한 이자 비용보다 더 많기 때문에 채권을 매각하는 것이 더 이익이라는 것을 알 수 있다. 그러나 기업의 이익이 빌린 자금(채권)에대한 이자 비용보다 적다면 소유자는 손실이 날 것이다. 모든 부채와 같이 채권은 특정 시점에 반드시 상환되어야 한다는 것을 기억해야 한다.

개별 기업은 비용과 이익을 비교하여 채권 금융과 자기자본 조달을 어떻게 분배할것인지 결정한다. 각 산업 및 기업 간 채권 보유현황은 현저하게 다르다. 예를 들어, 대표적인 SNS 기업 페이스북(Facebook)은 장기 부채가 없고 450억 달러 유동 가능한 현금을 소유하고 있다.[21] 또한, 마이크로소프트, 애플, 그리고 알파벳 같은 기업 들도 소규모 부채와 엄청난 양의 유동 가능 현금을 소유하고 있다.[22] 반면 엑손, BP, 셸 같은 석유회사들의 대차대조표를 보면 보통 2천억 달러 이상의 부채를 확인할 수 있다.[23] 스탠더드 앤 푸어스(Standard & Poors)나 무디스 인베스터 서비스(Moodys Investor Services)

그림 15.7 타인자본과 자기자본의 사용
베리 베지테리언은 새로운 자금으로 20만 달러를 조달하려고 한다. 타인자본과 자기자본으로 조달하는 두 가지의 방안을 비교해보라.

추가 타인자본		추가 자기자본	
주주 지분	$500,000	주주 지분	$500,000
추가 자기자본	—	추가 자기자본	$200,000
총 자기자본	$500,000	총 자기자본	$700,000
채권(8% 이자율)	200,000	채권 이자	—
총 주주지분	$500,000	총 주주지분	$700,000
연말 수입			
총 이익	$100,000	총 이익	$100,000
(채권 이자)	−16,000	이자	—
영업 이익	$ 84,000	영업 이익	$100,000
자기자본 이익률(ROE)	16.8%	자기자본 이익률(ROE)	14.3%
($84,000 ÷ $500,000 = 16.8%)		($100,000 ÷ $700,000 = 14.3%)	

에 따르면 대규모 산업기업들의 부채 규모는 보통 총 자산의 30퍼센트에서 35퍼센트에 달한다. 부채의 액수는 각 기업마다 상당히 상이함을 알 수 있다.

시험 준비

- 기업이 사용 가능한 채권금융의 두 가지 주요 형태는 무엇인가?
- 채권금융은 자기자본금융과 어떻게 다른가?
- 기업이 사용 가능한 자기자본 조달의 주요한 형태 세 가지는 무엇인가?
- 레버리지는 무엇이며, 기업이 이런 수단을 선택하는 이유는 무엇인가?

요약하기

학습목표 15-1 재무관리자의 역할과 책임에 대해 설명할 수 있다.

- **기업들이 재정적으로 실패하는 가장 흔한 경우에는 어떤 것이 있는가?**
  (1) 부족한 출자, (2) 현금 유출입 관리 미흡, (3) 부적절한 비용 관리
- **재무관리사들이 하는 일은 무엇인가?**
  재무관리사들은 계획, 예산, 관리, 자금 모집, 감사, 세금 관리를 하며 경영진에 재정과 관련된 문제들에 대해 조언을 한다.

학습목표 15-2 재정 계획 과정 초안과 재무계획에서의 세 가지 중요한 예산을 설명할 수 있다.

- **재무의 세 가지 예산에는 어떤 것들이 있는가?**
  자본예산은 부동산, 공장 설비, 장비 등과 같이 값비싼 자산에 대한 지출 계획이다. 현금예산은 일정 기간 후 현금 잔고에 대한 예측이다. 운영(종합)예산은 앞서 언급한 두가지 예산에 대한 총정리로, 다양한 비용에 대한 수익금의 분배 계획이다.

학습목표 15-3 기업이 운영자금을 필요로 하는 이유를 설명할 수 있다.

- **기업이 필요로 하는 주요 재정에는 어떤 것들이 있는가?**
  크게 네 가지 분야로 나눌 수 있다. (1) 매일매일 필요로 하는 자금의 관리, (2) 부채 운용의 관리, (3) 필요 비품 관리, (4) 자본 지출
- **타인자본 조달과 자기자본 조달의 차이점은 무엇인가?**
  타인자본 조달은 차입을 통해 자금을 조달하는 것을 말하고, 자기자본 조달은 기업 내에서 모집하거나 증권 발행을 통해 기업 소유권을 매도하거나 벤처 자본가에게 기업소유권을 매도함으로써 자금을 조달하는 방법이다.
- **단기 자금조달과 장기 자금조달의 차이점은 무엇인가?**
  단기 자금조달은 1년 안에 갚아야 하는 자금이며, 장기 자금조달은 1년 이상의 특정 시점에 갚아야 하는 자금이다.

학습목표 15-4 단기 자금조달의 원천을 규명하고 설명할 수 있다.

- **기업 간 신용을 이용해야 하는 이유는 무엇인가?**
  기업 간 신용은 가장 비용이 적게 들고, 가장 편리한 단기 자금조달의 형태이다. 기업은 오늘 물건을 구매하고 미래의 일정 시점에 구매 대금을 지불할 수 있다.
- **신용대출은 무엇인가?**
  신용대출은 은행에 대출 가능한 금액이 있을 경우, 언제든지 명시된 금액을 대출받을 수 있음을 표시한 계약이다.
- **담보대출과 무담보대출의 차이점은 무엇인가?**
  무담보대출은 담보 없이 대출해주는 것이다. 담보대출은 외상매출채권, 재고 등의 자산을 담보로 대출해주는 것이다.

- **팩토링은 담보대출의 한 형태인가?**
  아니다. 팩토링은 외상매출채권을 할인하여 팩토링 기업(해당 계정에 대해 현금을 지불해주는 중개자)에 판매하는 것이다.
- **기업어음이란 무엇인가?**
  기업어음이란 270일 이내에 만기가 도래하는 기업의 무담보 약속어음이다.

학습목표 15-5 장기 자금조달의 원천을 규명하고 설명할 수 있다.

- **장기 자금조달의 주 조달원으로는 어떤 것이 있는가?**
  채권금융은 채권 발행, 은행이나 금융기관으로부터의 장기대출을 포함한다. 자기자본은 기업의 주식발행, 유보 이익, 벤처 자본 기업을 통해 조달된다.
- **대표적인 채권금융의 두 가지 형태에는 어떤 것이 있는가?**
  채권금융은 크게 채권 발행과 개인, 은행, 금융기관으로부터의 차입이라는 두 가지 형태가 있다. 채권은 담보를 바탕으로 발행될 수도 있고, 무담보로 발행될 수도 있다. 차입도 마찬가지이다.
- **기업의 입장에서 채권 발행의 장점과 단점은 무엇인가?**
  채권발행의 장점은 다음과 같다. (1) 채권 보유자는 이사회에 투표권이 없기 때문에 기업 경영진의 지배력은 유지된다. (2) 채권에 대해 지불된 이자는 세액 공제가 가능하다. (3) 채권은 일시 자금조달에 불과하며, 채권을 상환한 후에는 부채가 사라진다. (4) 채권은 상환이 가능한 경우 조기상환 할 수 있다. 그리고 때때로 채권은 보통주로 전환될 수 있다.
  채권의 단점은 다음과 같다. (1) 채권은 부채의 증가이기 때문에 기업에 대한 인식에 악영향을 미칠 수 있다. (2) 기업은 채권에 대한 이자를 지불해야 하며, (3) 기업은 채권의 액면가치를 만기일에 상환 해야한다.
- **주식 금융의 주요 형태는 무엇인가?**
  주식 금융은 주식 매각, 이익잉여금 사용, 벤처 투자가를 통한 자금 취득을 포함한다.
- **기업의 입장에서 주식 매각의 장점과 단점은 무엇인가?**
  주식 매각의 장점은 다음과 같다. (1) 주주들은 회사의 소유주이기 때문에 주식투자가 상환될 필요가 없다. (2) 주주들에게 주식배당을 할 법적 의무는 없다. (3) 주식 매수를 통해 부채를 발생시키지 않기 때문에 재정적으로 바람직하다.
  주식매각의 단점은 다음과 같다. (1) 주주들이 기업 주식를 매수 함으로써 회사의 소유주가 되고 이사회에 투표권을 행사 할수 있음으로써 회사의 경영에 영향을 미칠 수 있다. (2) 세후 이익금에서 배당금이 지급되기 때문에 주주들에게 배당금을 지급 하면 비용이 더 든다.
  (3) 경영자들은 기업의 장기적인 필요에 따른 경영보다 단기적인 주주 만족을 위한 경영에 치우쳐질 가능성이 있다.
- **레버리지란 무엇이며, 기업들은 이를 어떻게 활용하는가?**
  레버리지란 차입을 통해 자금을 조달하는 것이다. 차입 자금을 이용하여 사업 확장, 주요 자산 매입, R&D 등에 투자하는 행위를 포함한다. 기업은 잠재적인 수익창출 대비자금 차입(레버리지)에 따르는 위험 정도를 측정한다.

주요 용어

채권(Bond)
무담보 사채(Debenture bonds)
주식(stocks)
담보대출(secured loan)
레버리지(leverage)
벤처 자본(venture capital)
보증 채권(secured bond)
부채 자금조달(debt financing)
신용거래(trade credit)
신용공여한도(line of credit)
예산책정(budget)
운영(종합)예산(operating budget or master budget)
위험과 수익의 절충(risk/return trade-off) 관계
자기자본 자금조달(equity financing)
자본비용(cost of capital)
자본예산(capital budget)
자본지출(capital expenditures)
재무(finance)
재무관리(financial management)
재무관리자(financial managers)
재무통제(financial control)
차관 계약(term-loan agreement)
추정현금흐름(cash flow forecast)
팩토링(factoring)
현금예산(cash budget)

사고력 문제

1. 새로 사업을 시작하는 사람이 사업을 확장하기 위해 가장 의지할 만한 단기자금조달원으로는 무엇이 있는가? 장기 자금조달원에는 어떤 것이 있는가?
2. 기업에서 고용하는 전문 회계사가 있음에도 재무관리자가 회계정보에 대해 이해 하는 것이 왜 중요한가?
3. 기업이 장기자금을 조달할 때 주식 발행보다 자금 차입을 선호하는 이유는 무엇인가?

원리를 실제로 적용해 보기

목적

중소기업청을 통하여 자금지원을 받을 수 있는 기업의 유형을 규명해 보기

연습

많은 중소기업은 회사를 신규로 설립하거나 확장을 하기 위한 자금을 조달하는데 어려움을 겪는다. 중소기업청은 많은 유형의 중소기업들에게 자금지원을 제공하는 기관중의 하나이지만, 중소기업청으로부터 자금 대출을 받을 자격을 갖추지 못한 일부 기업들도 있다. 웹사이트 sba.gov 를 방문하여 "대출 프로그램 지원자격" 을 찾아보고 아래 기업들이 중소기업청으로부터 자금지원을 받을 수 있는지를 알아보라.

1. Growing Like a Weed는 잔디를 관리해 주는 기업이다. 사업확장을 위하여 장비 구입을 위한 자금지원을 받고자 한다. 중소기업청의 자금 지원 기준을 만족시키고 있는가? 그렇다면 왜? 그렇지 않다면 왜 그렇지 않은가?
2. Glamour Galore는 화장품 회사이다. 다른 판매원을 추천하는 판매원에게 판매 수수료를 지급하는 체계를 갖추고 있다. 마케팅 캠페인을 수립하기 위한 자금지원을 받고자 한다. 중소기업청의 자금 지원 기준을 만족시키고 있는가? 그렇다면 왜? 그렇지 않다면 왜 그렇지 않은가?
3. Glory Days는 교회에서 운영하는 노인요양 관리센터이다 센터의 부엌을 고치고 휠체어 접근이 가능하도록 엘리베이터를 설치하고자 자금지원을 받고자 한다. 중소기업청의 자금 지원 기준을 만족시키고 있는가? 그렇다면 왜? 그렇지 않다면 왜 그렇지 않은가?
4. Lettuce Entertain U는 기존의 창고를 개조하여 채식주의자를 위한 식당을 열기 위해 자금지원을 받고자 한다. 중소기업청의 자금 지원 기준을 만족시키고 있는가? 그렇다면 왜? 그렇지 않다면 왜 그렇지 않은가?

직업기술 개발하기

핵심: ● 팀 ★ 분석 ▲ 의사소통 ◘ 기술

◘★ 1. 대학교 웹사이트에서 학교 운영예산이 게시되어 있는지 찾아보자. 만약 없다면 학교 도서관에 가서 현 회계년도에 대한 운영예산이 있는지 찾아보자. 대학의 미래 주요 자본지출 계획을 찾아보자.

★▲ 2. 영세업자에게 가능한 한 모든 기업 간 신용을 활용하도록 이해시키는 것이 가장 어렵다. 예를 들어, 2/10, net 30의 신용 조건은 처음 10일 안에 대금을 지불하게 되면 절약할 수 있다는 것을 의미한다. 이 개념을 이용하는 것이 이익이 된다는 설득력 있는 보고를 준비해보라.

◘★ 3. 여러분이 원하는 프랜차이즈 가맹점(맥도날드, 서브웨이 등)을 시작하기 위해 필요한 자금들을 인터넷에서 확인해보라. 프랜차이즈를 위해 필요한 자본금을 확인하고 프랜차이즈 업체가 장래 판매업자에게 어떤 자금을 지원해 주는지도 알아보라. 프랜차이즈 가맹점을 시작하는 비용과 위험과 수익의 절충 관계를 이용하여 사업 가능성을 따져보라.

◘★ 4. 지역 은행의 대출상담원을 방문하거나 은행의 웹사이트에서 기업에 제공해줄 수 있는 여신 한도와 회전신용약정에 대해 알아보라. 영세업자가 두 가지 형태의 단기 융자를 받을 수 있는 가능성에 대해 생각해보라.

◘★▲ 5. 외상매출채권의 팩토링은 4,000년 전 바빌로니아의 왕 함무라비 때부터 사용되어온 자금조달 방법이다. 현재에도 중소기업들이 단기 자금조달을 위해 사용하는 방법이기도하다. www.21stfinancialsolutions.com에서 팩토링에 대한 자세한 정보를 알아내고 팩토링의 장단점을 기술해보라.

직업 탐색

만약 여러분이 재무와 관련된 직업에 관심이 있다면, 고려해볼 만한 몇 가지 직업들이 아래에 나타나 있다. 이러한 직업들의 업무, 필요한 지식과 기술, 급여수준, 미래전망 등에 관해서는 bls.gov 웹사이트의 Occupational Outlook Handbook 을 살펴보라.

- **재무조사관** – 금융기관과 거래를 감독하는 법령의 준수를 확인하고, 재무상태표를 점검하고, 대출의 위험수준을 가늠하고 은행 경영을 평가하는 직업
- **세무대리인** – 개인이나 중소기업의 세금 정산이나 절세를 도와주는 직업
- **재무관리자** – 재무제표를 작성하고, 투자활동을 감독하고 기업의 장기 재무 목표를 달성하기 위한 전략을 수립하는 직업
- **원가측정사** – 제품 생산, 건물 건축, 또는 용역 제공에 소요되는 시간, 자금, 원재료, 노동력을 측정하기 위하여 관련 자료를 수집하고 분석하는 직업.

비디오 사례

스레드리스의 재무 관리

지금 입고 있는 티셔츠가 당신의 개성과 타인에게 보내고 싶은 메세지를 충분히 대변하고 있나요? 공교롭게도 여러분의 목적에 부합하는 티셔츠를 찾기가 어려울 수 있습니다. 하지만 이제는 원하는 티셔츠를 직접 제작할 수 있기 때문에 더이상 온라인 쇼핑에 많은 시간을 낭비를 하지 않아도 됩니다. 원하는 티셔츠 디자인을 Threadless.com으로 제출하면 구독자들의 투표를 거쳐 선정된 디자인이 티셔츠에 인쇄되어 스레드리스 (Threadless) 사이트에 판매될 것입니다.

스레드리스(Threadless)는 제이크 니켈이 2002년 시카고에서 설립한 이커머스 웹사이트이다. 니켈은 대학 재학 중 티셔츠 디자인 공모전에 참가하여 상을 받았으며, 이로 인해 니켈에 대한 인지도가 상승하였다. 그는 다른 참여자들에게도 디자인을 제출 할 수 있는 동등한 기회를 제공하기 위해 자신만의 온라인 티셔츠 공모전을 개최 하였다. 제출된 디자인의 우수성을 확인한 니켈과 그의 친구 제이콥 디하트는 각각 500달러를 투자하고 낙찰된 디자인들을 인쇄하고 판매하기 시작했다. 오늘날, 스레드리스는 티셔츠 뿐만 아니라 모자, 토트백, 아이폰 케이스, 샤워 커튼 등 예술가들의 디자인으로 제작된 여러가지 제품들을 판매한다.
개인이 직접 디자인하고 시청자가 좋아하는 것에 투표하도록 하는 스레드리스 비즈니스 모델은 초기 형태의 크라우드소싱이다. 크라우드소싱 방식을 사업에 활용함으로써 회사는 재무현황이 양호한 상황을 유지했다. 니켈은 당첨된 디자인을 게시하고 셔츠의 주문을 선불로 받았다. 셔츠에 대한 주문이 충분히 들어올 경우에만 셔츠를 프린트할 수 있도록 대량 주문을 넣었다. 또한, 대량 생산된 셔츠들은 닉켈의 아파트로 배송되었고 닉켈, 디하트, 그리고 그의 여자친구가 포장과 배달 업무를 담당하였기 때문에 직원을 고용할 필요도 없었다.
하지만 점점 수익이 증가하기 시작하면서, 파트너들은 셔츠 주문량이 충족되기 전에 프린트를 시작하기로 결정했다. 이를 위해 회사는 완성된 셔츠를 보관할 창고가 필요하기 시작했고 이는 스레드리스의 첫 고정비용이었다. 다행히도, 기업의 임대주가 여러 창고를 소유하고 있었기 때문에 스레드리스는 큰 어려움 없이 사업을 확장할 수 있었다. 하지만 저장공간이 확장될 경우 비용이 증가하여 재정적인 부담이 될 수 있었다. 2011년 말, 스레드리스는 더 나은 재정 계획 구축을 위해 '제이슨 매칸타게이 (Jason Macantangay)'를 금융 부사장으로 임명했다.
입사 전, 마칸타게이는 대형 제조기업에서 일했었다. 그래서 스레드리스와 같은 소규모 온라인 회사에 적응 하는 것이 초기에는 힘든 일이었다. 그에게 주어진 업무는 재무계획을 모니터링하고 회사의 창의성을 유지하는 선에서 기업이 효율적으로 운영되고 있는지 감독하는 것이었다. 그는 자금이 충분치 않은 소규모 기업의 특성상 제시된 모든 아이디어를 실행으로 옮길 수는 없음을 알고 있었다. 또한 매출과 시장 점유율이 확대되면서 지출이 크게 계획을 벗어나지 않도록 하기 위해 스레드리스와 같은 소규모 기업에게 있어서 철저한 계획과 예산 관리는 필수적이다.
매칸타게이의 지침에 따라 스레드리스는 주문형 인쇄 프로세스로 전환하여 재고 입고 비용을 없앴다. 이로 인해 스레드리스는 대량의 주문량이 있어야만 진행이 가능 했던 기존의 실크스크린 과정과 달리 각 셔츠 디자인을 하나씩 인쇄할 수 있게 되었다. 실크 스크린이란, 비단이나 나일론 따위의 고운 천에 판막을 놓고 그 위로 잉크를 정착시키는 인쇄법 이다. 기존 실크스크린 과정에서는, 대량 생산된 제품이 입고되고 선적되기 전에 해당 디자인의 실크스크린을 제작하여 한번에 많은 양의 셔츠를 인쇄했다. 하지만 현재는 각 주문이 여러 공급업체의 집단에 위탁되어 제품이 생산된 후에 고객에게 직접 배송되는 방식이다. 새로 구축된 이 과정으로 인해 고객만족도가 향상 되었고 더불어 회사의 현금 흐름도 개선 되었으며 회사가 재고관리 보다 온라인 사업에 집중할 수 있게 되었다.
현재 스레드리스 수익의 95%가 온라인 사업에서 발생한다. 또한 디자인의 라이선스를 통해서도 추가적인 수익을 얻는다. 스레드리스는 지출이 매출 수입으로 전부 충당되었기 때문에 외부 투자자에게 의존할 필요가 없었다. 오늘날 스레드리스의 주요 지출은 의류 디자이너들과 기업 웹사이트를 관리하고 마케팅을 하는 회사 직원들의 인건비이다. 스레드리스는 지속적인 온라인 사업 기능들의 개선으로 기업 고객들의 온라인 유저 경험을 개선하고 있다.

스레드리스의 이야기를 통해 한 기업의 혁신과 성장에 대해 배울 수 있었다. 이처럼 재무관리는 목표달성과 기업운영을 성공적으로 이끄는 비결이다. 2002년에 기업이 설립된 후 스레드리스는 합리적인 지출 비용을 유지하는 데 주력을 다했다. 재무 계획은을 통해 회사는 주요 서비스나 제품에 자원을 할당하고 신제품을 출시할 수 있게 된다. 기업의 창의력을 해치지 않는 선에서 기업을 재정적으로 보호하는 직무는 굉장히 중요하다.

다시 생각해보기

1. 제이슨 매칸타게이가 스레드리스의 부사장이 되었을 때 맞닥뜨리게 된 가장 큰 재정적인 어려움은 무엇이었는가?
2. 스레드리스와 같은 회사에 있어서 현금 흐름이 중요한 이유는 무엇일까?
3. 왜 스레드리스는 은행을 통한 자금 조달이 필요 하지 않았는가?

참조

1. Kerry Maruna, “The Delicate Dance: Improving the CEO- CFO Relationship,” CFO, May 4, 2018; “What Does a CFO Do?,” Corporate Finance Institute, cfi.com, accessed October 2019.
2. “The Evolution of the Corporate Treasurer,” Bloomberg Professional Services, October 4, 2018; Jean Murray, “What Are the Duties of Corporate Board Officers?,” The Balance Small Business, thebalancesmb.com, June 25, 2019.
3. Jeff Thomson, “A Seat at the Table: Why the CFO's Role Is More Crucial Than Ever,” Forbes, May 9, 2018; Chris Howard, “The Growing Importance of Forecasting,” CFO, February 8, 2018; Financial Management Association, fma.org, accessed October 2020.
4. Rosemary Peavler, “Financial Forecasting for Your Small Business,” The Balance Small Business, thebalancesmb.com, October 11, 2018; Alejandro Cremades, “How to Forecast Revenue and Growth,” Forbes, October 7, 2018;
5. “The Five Types of Budgets for Business,” The Motley Fool, fool.com, accessed October 2019.
6. Panos Mourdoukoutas, “The Biggest Problem for the Global Economy in 2019 Won't Be the US-China Trade War,” Forbes, December 29, 2018; Kathy Orton, “Experts Weigh In on What the 2019 Housing Market Will Bring,” The Washington Post, January 7, 2019.
7. “Time Value of Money,” Investopedia, accessed October 2019; “What Is the Time Value of Money?,” The Motley Fool, fool.com, accessed October 2019.
8. Sarah Min, “3 Tips for Small Business Owners Dealing with Late-Paying Customers,” CBS News, cbsnews.com, February 7, 2019.
9. Matt D'Angelo, “Amazon Introduces Amazon Pay at Brick- and-Mortar Small Businesses,” Business News Daily, January 9, 2019; Frederic Lardinois, “Say Goodbye to Android Pay and Hello to Google Pay,” TechCrunch, techcrunch.com, February 20, 2018; Forbes Technology Council, “11 Ways to Make Digital Payment Methods More Attractive to Consumers,” Forbes, January 18, 2019.

10. Robert Klara, "Will Paying with Actual Money Soon Become a Thing of the Past?," Adweek, adweek.com, February 4, 2019; Matthew Humphries, "Use Apple Pay, Get McDonald's Fries for Free," PC Magazine, April 19, 2018; Natasha Lomas, "Apple Pay Is Coming to Target, Taco Bell, Speedway and Two Other U.S. Chains," TechCrunch, techcrunch.com, January 22, 2019.
11. Ted Needleman, "The Best Inventory Management Software of 2019," PC Magazine, July 23, 2018; Ryan Furhmann, "How to Calculate the Inventory Turnover Ratio," Investopedia, investopedia.com, June 27, 2019.
12. Daniel Kurt, "7 Unusual Ways Businesses Can Borrow Money," Investopedia, investopdia.com, May 19, 2019; "How to Borrow from Family and Friends," Wall Street Journal Guides, wsj.com, accessed October 2019.
13. Karen Sams, "Should You Borrow Money from Friends and Family for Your Small Business?," National Federation of Independent Business, nfib.com, March 8, 2018; Jared Hecht, "Should You Accept a Business Loan from a Family Member?," Forbes, forbes.com, March 12, 2019.
14. Kobi Ben-Meir, "Things to Consider before Seeking Small Business Financing," Forbes, February 7, 2019; Steve Nicastro, "Business Line of Credit: How It Works and Best Options," NerdWallet, nerdwallet.com, October 24, 2018. Federal Reserve, federalreserve.gov, accessed October 2019.
15. "Availability of Credit to Small Businesses," United States "How to Build Financial Projections for Your Startup," Intuit QuickBooks, quickbooks.intuit.com, accessed October 2019.
16. Asheesh Advani, "Using Credit Cards to Fund Your Business," Entrepreneur, entrepreneur.com, accessed October 2019.
17. "Credit Card Reform," National Small Business Association, nsba.biz, accessed October 2019.
18. Claire Tsosie, "4 Business Credit Card Mistakes You Can't Afford to Make," Forbes, January 31, 2019.
19. Standish Fleming, "Drug Prices and Innovation," Forbes, forbes.com, June 29, 2019.
20. Emily Chasan, "Verizon Has Bond Market Seeing Green after Billion-Dollar Deal," Bloomberg, bloomberg.com, February 6, 2019; "What Is the Difference between Long-Term Loans vs. Bonds?," The Motley Fool, fool.com, accessed December 2019; Nick K. Lioudis, "Why Do Companies Issue Debt and Bond?," Investopedia, investopedia.com, June 25, 2019.
21. Facebook, investor.fb.com, accessed October 2019.
22. Michael Wiggins De Oliveira, "Microsoft: The Undervalued Elephant in the Room," TheStreet, thestreet.com, February 5, 2019; Lauren Feiner, "Apple Now Has $245 Billion Cash on Hand, up 3% from Previous Quarter," CNBC, cnbc.com, January 29, 2019.
23. Rakteem Katakey and Kelly Gilblom, "Oil Giants Are Pumping Out Torrents of Cash," Bloomberg, bloomberg. com, February 5, 2019; Ed Crooks, "Exxon and

Chevron Accelerate Shale Production," Financial Times, ft.com, February 1, 2019; Wayne Duggan, "Royal Dutch Shell Stock a High-Yield Transformation Story," Investor Place, investorplace.com, January 31, 2019.

16

화폐, 금융기관 그리고 연방준비은행의 이해

학 습 목 표  이 장을 학습한 후에 다음 질문에 답할 수 있어야 한다.

16-1 통화와 통화의 가치가 결정되는 방법을 설명할 수 있다.

16-2 연방준비은행이 화폐 공급을 조절하는 방법을 설명할 수 있다.

16-3 은행과 연방준비은행 시스템(Federal Reserve System)의 역사를 이해할 수 있다.

16-4 미국 은행 시스템의 다양한 기관들을 분류할 수 있다.

16-5 2008년에서 2009년 사이에 발생한 은행 위기의 원인과 이런 위기 당시 정부가 개인 자금을 보호한 방법에 대해 이해할 수 있다.

16-6 기술이 은행업의 효율성에 미치는 영향에 대해 설명할 수 있다.

16-7 국제 은행업의 역할 및 중요성, 세계은행과 국제통화기금의 역할을 평가할 수 있다.

The Federal Reserve의 의장 제롬 파월(Jerome Powell)에 대해 알아보자

'연방준비제도 (The Federal Reserve)'는 미국의 중앙은행 시스템이다. 연방준비제도는 국가의 통화 정책, 통화 공급, 금리를 담당하는, 대중으로부터 많은 관심을 받는 기관이다. 2018년에 제롬 파월은, 연방준비제도의 100년 역사상 최초로 여성으로서 의장이 된 재닛 옐런의 뒤를 이어 연방준비제도이사회 의장이 되었다. 파월은 연방준비제도이사회(FRB) 임원 중 가장 부유하기로 알려져있고, 40여년 만에 경제학 학위 출신이 아닌 연방준비제도의장이기도 하다.

그는 고향인 워싱턴 DC 에서 변호사인 아버지 아래에서 6명의 남매와 함께 자랐다.

프린스턴대에서 정치학 학사를 취득한 후에, 자신의 아버지처럼 법학 공부를 하기로 결심 하여 조지타운 대학교에서 법학 학위를 취득하고 법학저널의 편집장 자리까지 올랐다.

그 후 그는 연방항소법원판사의 사무원으로 일한 후, 뉴욕의 한 대형 로펌에 입사 하였다.

하지만 그는 이러한 커리어와 맞지 않음을 깨닫고 투자은행에 입사한다.

파월은 1990년에 조지 H.W. 부시 대통령의 재무부의 국내 금융 차관으로 임명 되며 다시 고향인 워싱턴 DC로 복귀하게 된다. 그는 금융기관과 재무부 부채시장에 대한 정책을 감독하고 일련의 은행 부실을 해소하는 임무를 맡았다. 이후, 1993년 부시 대통령의 재선 패배로 인해 파월은 뉴욕으로 다시 돌아가 이전에 맡았던 은행업무를 재개 하였고 1997년 다시 워싱턴 D.C.로 돌아와 사모 펀드인 칼라일 그룹에 입사 하였다. 그는 칼라일그룹에서 일하며 개인적으로 많은 금전적 이득을 보았다. 훗날 금융공시에서의 그의 순자산은 1억1,200만 달러 이상으로 추정된다.

몇 년 동안 은행업계에서 일한 끝에 파울은 공공업계로 복귀하길 원했고 2005년에 그는 칼라일을 떠나 워싱턴 D.C의 바이파티잔 정책센터에서 연구원으로 일하기 시작했다.

센터에 있는 동안, 그는 연방과 주의 재정문제를 연구하면서 연봉을 받지 않았다.

그리고 6년 후인 2011년에 그는 당시 재무장관이었던 티머시 가이트너의 인정을 받고 연방준비제도이사회의 임원으로 추천 되었다. 그의 임명은 2012년 미합중국 국회에 의해 승인 되었고 6년 뒤 트럼프 대통령은 그를 연방준비제도 의장으로 임명 하였다.

그와 같이 일해본 동료들에 따르면 파월은 유능하고 협력심이 강한 지도자였고 대중적 인지도를 원하지 않았다고 한다.

또한, 그는 도드-프랑크 개혁으로 도입된 규정을 지지하기는 하지만 은행 시스템에 대한 불필요한 부담이 경제에 해를 끼친다고 지적한다.

연방준비제도이사회에서 파월의 리더십은 앞으로 미국 경제에 큰 영향을 미칠 것으로 전망된다.

16장은 돈, 연방준비제도, 그리고 은행 시스템을 다룰 것이다. 이를 바탕으로 통화 정책, 금리, 실업과 관련된 주요 결정들에 대해 더 잘 이해하게 될 것이다.

또한, 여러 비즈니스 출판물과 보고서를 읽어보면서 연방준비제도의 정책이 미국 경제에 어떠한 영향을 미치는지 살펴볼 수 있을 것이다.

출처: Jeanna Smialek with Emily Barrett, "The Strange Case of Dr. Yellen and Chairman Jay," Bloomberg Businessweek, February 11, 2019; John Mauldin, "Powell May Mark the Beginning of an Independent Fed," Forbes, forbes.com, January 2, 2019; Federal Reserve, federalreserve.gov, accessed October 2019.

이 은행은 제2차 세계대전 이후 극심한 피해를 입은 나라가 재건될 수 있도록 보조금을 제공하기 위해 설립되었다. 현재, 이 은행은 개발도상국들의 생산성과 삶의 질 향상을 위한 세계적 경제 개발 등을 책임지고 있다. 이 은행의 이름은 무엇인가? (이 장에서 답을 찾아보라)

학습목표 16-1 통화와 통화의 가치가 결정되는 방법을 설명할 수 있다.

왜 통화가 중요한가

연방준비제도이사회(the Fed; The Federal Reserve)는 미국에서 금융을 담당하는 조직이다. 이 단원의 목표는 뱅킹에 대한 전반적인 내용과 연방준비제도이사회의 역할을 이해하는 것이다. 이러한 이유로 이 장의 첫 번째 부분에서 연방준비제도이사회와 현재 의장인 제이 파월을 다룬 것이다.[1]

미국에게 있어 가장 중요한 두 가지 문제는 경제 성장과 일자리 창출로, 이는 통화에 의해 결정된다. 통화의 중요성으로 인해 많은 기관들이 통화를 운용하고 필요로 하는 사람들에게 제공해주기도 한다. 전 세계 어느 곳에서든 현금자동지급기(ATM)로 쉽게 현금을 인출할 수 있다. 하지만 지불의 수단으로 현금만을 사용하지는 않는다. 대부분의 곳에서 수표, 신용카드, 직불카드, 스마트카드를 결제의 수단으로 사용할 수 있다. 어떤 경우에는 온라인 상의 화폐인 비트코인(Bitcoin)을 사용하기도 한다. 이 장의 후반부에서 비트코인에 대하여 다룰 것이다. 이면에는 복잡한 은행 시스템이 존재하는데, 이것이 바로 통화의 자유로운 유출입을 가능케 하는 것이다. 매일 6조 6천만 달러가 넘는 돈이 세계통화시장에서 거래된다.[2] 따라서 주요 국가의 경제에 발생하는 어떤 사건은 미국 경제에도 큰 영향을 미치고, 미국 경제의 이슈 또한 다른 국가 경제에 큰 영향을 미치게 된다.

새롭게 도안된 지폐는 위조가 훨씬 어렵도록 만들어졌다. 이 지폐들은 이전의 지폐들과 약간 다르게 보이고 색깔도 다르다. 여러분이 상점을 소유하고 있다면, 종업원들이 위조지폐를 받지 않게 하기 위해서 어떠한 조치를 취할 것인가?

우선 사람들이 '통화'라고 말할 때 그것이 정확히 무엇을 의미하는지에 대해 알아보기로 하자. 그리고 화폐의 공급이 제품과 서비스의 가격에 미치는 영향에 대해서도 알아보자.

통화란 무엇인가?

통화(money)란 재화나 서비스 결제의 수단으로 받아들여지는 모든 것을 의미한다. 과거에는 소금, 깃털, 돌, 조개껍데기, 차(tea), 말(horses) 등과 같이 다양한 사물들이 통화로 사용되었다. 1880년대에 이르기까지 카우리(cowrie) 껍데기가 세계에서 가장 널리 통용되는 통화였다.

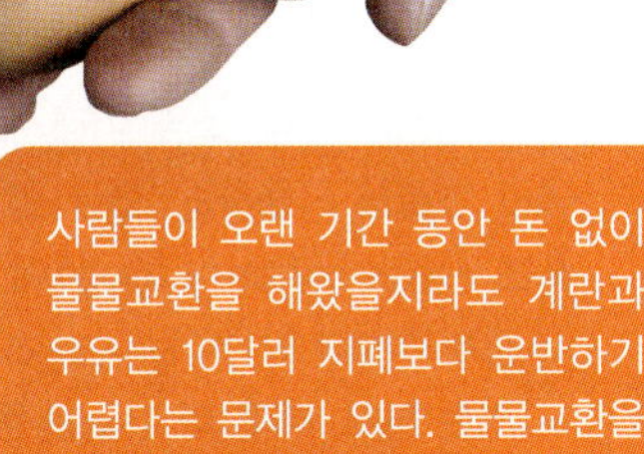

사람들이 오랜 기간 동안 돈 없이 물물교환을 해왔을지라도 계란과 우유는 10달러 지폐보다 운반하기 어렵다는 문제가 있다. 물물교환을 할 때 또 다른 문제점은 무엇인가?

물물교환(barter)은 어떤 제품이나 서비스를 위해 다른 제품이나 서비스를 직접적으로 거래하는 것을 의미한다. 물물교환이 과거의 일이라고만 느껴질 수도 있겠지만, 많은 사람들이 이미 온라인 물물교환의 장점을 발견하고 있다.[3] 한 기업가는 그의 물물교환 경험을 이렇게 설명한다. "작년에 우리는 풀컬러 그래픽 소설의 창작과 신규 웹사이트 디자인을 교환하였습니다. 이 물물교환의 가치는 5만 달러였습니다. 우리는 앞서 말한 소설의 스토리라인을 제공하기 위해서 3개월의 작문서비스를 제공하였고, 5개월의일러스트레이션을 제공하였습니다. 대가로, 그들은 우리의 신규 웹사이트를 다듬고, 디자인하고, 프로그래밍하는 것을 도와주었다.

통화
제품이나 서비스 결제의 수단으로 받아들여지는 모든 것

어떤 사람들은 재화와 서비스를 옛날 방식으로 교환한다.[4] 예를 들어, 시베리아에서는 영화표 한 장의 가격은 계란 두 알이고, 우크라이나 사람들은 전기료를 소시지와 우유로 지불한다. 오늘날에는 물물교환 거래소(Barter Exchange)라는 곳에 가서 시스템에 재화와 서비스를 등록할 수 있고, 당신이 필요한 재화와 서비스를 구매할 수 있는 무역 신용을 획득한다.[5] 물물교환 거래소에서는 물물교환 대상을 직접 물색하지 않아도 되기 때문에 물물교환이 더욱 용이하다. 거래소가 이를 대행하기 때문이다.

물물교환
어떤 물건이나 서비스를 위해 다른 물건이나 서비스를 직접적으로 거래하는 것

문제는 계란과 우유는 운반하기 어렵다는 점이다. 사람들은 운송이 편리하고, 나눌수 있으며, 오래가고 안정적이어서 실제 물건을 들고 다니지 않아도 제품과 서비스를 거래할 수 있는 무언가가 필요했다. 이러한 문제를 해결하기 위해 동전과 지폐가 고안 되었다. 화폐로서의 유용한 형태를 갖추려면 다음 다섯 가지를 만족시켜야 한다.

- 휴대성(portability): 돼지나 다른 무거운 물건들에 비해 동전은 시장에 가지고 가기 쉽다.
- 분할 가능성(divisibility): 서로 다른 크기의 동전은 서로 다른 가치를 나타낼 수 있다. 1963년 이전, 미국 25센트에는 미국 50센트의 은 함유량의 절반이 포함되어 있었고, 1달러에는 25센트짜리의 은 함유량의 4배가 포함되어 있었다. 은가격의 상승으로 요즘은 다른 금속을 이용하여 동전을 제작하지만, 그 가치는 여전히 수용된다
- 안정성(stability): 모든 사람이 동전의 가치에 동의하면, 그 돈의 가치는 비교적 안정적이다. 실제로 미국 돈은 매우 안정적이어서 세계 많은 곳에서 미국 달러가 가치 의 수단으로 사용된다. 만일 달러 가치가 지나치게 급변 한다면, 세계는 유로와 같은 다른 형태의 화폐를 가치의 수단으로 사용할 것이다.

변화에 적응하기

100달러짜리 지폐와 작별인사

과연 지금 당신의 지갑에는 1만원, 5만원짜리 지폐가 몇개나 있을까? 하버드 대학의 케네스 로고프(Kenneth Rogoff) 교수는 종이지폐의 사용량 감소가 사회와 경제적인 측면에서 바람직하다고 주장하는 대표적인 인물이다. 케네스 로고프가 완전히 '현금 없는 경제'를 제안하고 있는 것은 아니다. 소액 거래시에만 현금을 사용하는 '현금 덜 쓰는 사회(less cash society)'에서 경제가 보다 활성화된다는 것이 그의 주장이다.

이는 탈세, 부패, 마약 밀매 등 사회적 병폐 또한 최소화 할 것이라는 전망이다. 로고프 교수가 쓴 책 '현금의 저주'에서 그는 사회의 악당과 탈세범들의 삶을 어렵게 만들기 위해 50달러와 100달러 지폐를 없애야 한다고 주장한다. 그는 현재 미국에서 유통되는 1조 4천억 달러의 종이화폐를 각 미국인들에게 골고루 나누어 준다면 한 명 당 4,200달러씩 소유 하게 될 것이며 약 80퍼센트인 3,400달러가 100달러 지폐로 이루어져 있을 것이라고 말한다. 평범한 미국 사람은 100달러짜리 지폐를 일상생활에서 거의 사용 하지 않는다. 100달러 지폐는 주로 미국이나 해외 암시장에서 이용된다고 한다. 따라서, 큰 액수의 종이지폐를 없애면 암시장 거래자들의 자금 유통, 보관, 거래가 어려워질 것이다. 무게로 보면, 100달러 지폐로만 이루어진 100만 달러의 무게는 약 10kg이며 이는 작은 케이스나 쇼핑백에 들어갈 수 있는 부피이다. 100만 달러가 100달러 지폐가 아닌 20달러 지폐로 구성 되어있다고 가정 해보면, 그 무게와 부피는 5배 증가 할 것이다.

최근 들어 사법기관들도 종이 화폐 중 특히 큰 액수의 지폐가 공갈, 갈취, 돈세탁, 마약과 인신매매, 공공기관의 부패, 심지어 테러와 같은 범죄를 용이하게 만든다는 사실에 동의한다. 또한, 큰 액수의 종이지폐는 연방, 주, 지방 정부에 수십억의 비용의 탈세를 가능케한다.

이런 손실은 주로 매출 및 수익 자가 보고가 엄격하게 이루어지지 않는 소액 현금 거래가 빈번한 사업에서 발생한다.

로고프는 심지어 현금이 미국의 불법 이민 문제의 핵심이라고 주장한다. 그는 만약 미국 고용주들이 불법 노동자들에게 현금으로 임금을 지불하지 못한다면, 해당 일자리의 유혹은 없어질것이고, 불법 이민도 없어질 것이라 주장한다. 하지만 아직 현금 사용은 엄연히 우리 삶의 일부이기 때문에, 로고프는 소액 거래를 위해 소액권의 종이지폐 사용은 허용할 것을 제안한다. 또한, 그는 구매 금액이 높아질수록 현금보다는 신용카드, 직불카드, 수표 등을 사용하는 사회가 되어야 한다고 주장하였다. 현재로서 50달러 종이지폐의 유통은 어쩔 수 없지만, 100달러 종이지폐들은 모두 제거해야 한다고 강력히 제안한다.

Sources: Aarthi Swaminathan, "There Are Now More $100 Bills Than $1 Bills in Circulation (and We're Not Sure Why)," Yahoo FInance, finance.yahoo.com, February 27, 2019; Kate Rooney, "There's Been a Mysterious Surge in $100 Bills in Circulation, Possibly Linked to Global Corruption," CNBC, cnbc.com, February 27, 2019.

- 내구성(durability): 동전은 수천 년이 지나도 변하지 않는다. 잠수부들이 침몰한 배 속에서 옛날 로마 동전을 발견하듯이, 동전은 바다 깊은 곳에 가라앉아도 그 형태가 유지된다.
- 유일성(uniqueness): 정교하게 디자인되고 주조된 동전은 위조하거나 복사하기 어렵다. 하지만 최근 컬러복사기를 이용해 비교적 쉽게 지폐를 복사하곤 한다. 이 때문에 정부는 실제 달러를 눈으로 식별하기 쉽게 만들어야 했고, 새로 제작된 지폐들을 보면그림이 중심을 살짝 벗어나 있으며, 은행이나 가게에서검토했을 때 나타나는 눈에 보이지 않는 선이 새롭게 추가된 것을 확인할 수 있 다. 새로 제작된100달러짜리 지폐에는 벤자민 프랭클린(Ben Franklin)과 다양한 색채의 그림, 숨겨진 문자, 그리고 그림문자들이 숨겨져 있는데, 이는 자외선을 비출 때만 나타난다. 동전과 지폐가 가치의 단위로 쓰이기 시작하면서 거래가 간단해졌다. 대부분의 국가들이 자국의 동전과 지폐를 지니고 있는데, 그것들은

거의 같은 수준으로 휴대 가능하고, 분할 가능하며, 내구성을 지니고 있다. 하지만 화폐의 안정성은 국가마다 다르다.

가장 최근 인기를 얻고 있는 통화는 전자화폐(e-cash)이다. PayPal, Google Wallet, Apple Pay, 은행 웹사이트나 앱을 통해서 온라인으로 결제하는 것이 흔해졌다. 비트코인과 같은 전자화폐는 보안을 위해 암호화된 화폐이기 때문에 위조하는 것은 거의 불가능 하고, 국제적으로 사용될 수 있으며, 은행 대신 하드드라이브에 저장 할 수도 있다. 다만 비트코인은 2009년에 처음 출시되어 아직 대중적으로 보급화되지 않았으며 2019년 한 해에는 무려 40억 달러 이상이 도난되었다고 한다.[6] 그럼에도 불구하고, 우리가 현재 사용하는 지폐나 동전을 대체할 수 있는 다른 형태의 화폐가 미래에는 개발될 것이다.

어느 누구도 어떠한 종류의 암호화폐가 언제 성공할지 모르지만, 종이 화폐의 미래 또한 장담할 수 없다. 미국 조폐국(the U.S. Mint)은 5센트, 1센트, 10센트 동전의 생산단가를 낮추기 위하여 다른 금속 및 합금을 알아보고 있다. 현재, 1센트 '페니'를 만드는 데는 2.06센트, 5센트 '니켈'을 만드는데는 7.53센트가 소요된다.[7] 언젠가 여러분의 동전이 다른 색깔로 변하고 더 가벼워질지도 모르는 일이다. '변화에 적응하기' 글상자에서 종이화폐의 한 액면을 제거하자는 제안에 대해 이야기하고 생각해보자.

학습목표 16-2 연방준비은행이 화폐 공급을 조절하는 방법을 설명할 수 있다.

미국 연방준비제도이사회(FRB)가 미국 통화 공급을 통제하고 있다. 이 문장에서 두 가지 질문이 나온다. (1) 통화의 공급이 무엇인가? (2) 통화의 공급은 왜 통제 되어야 하는가?

화폐 공급(money supply)은 사람들이 제품과 서비스를 이용할 수 있게 연방준비제도이사회가 제공하는 통화의 양이다. 필요한 경우에는 미국 재무부와 밀접한 관계에 있는 연방준비제도이사회에서 화폐를 찍어낼 수 있다. 예를 들어, 향후 몇 년간 경제를 활성화시키는 데 필요한 몇 조 달러는 연방준비제도이사회의 권한으로 찍어낸 것이었다. QE1과 QE2는 양적완화(quantitative easing) 1과 2의 약자인데, 실제로는 연방준 비이사회가 경제활성화를 위하여 추가적으로 필요하다고 판단되어 새로 돈(월 850억 달러)을 찍어냈다는 것을 의미한다.[8] 경제가 계속 성장함에 따라, 2014년에 연방준비제도는 종이화폐 인쇄량을 줄였다.[9] 2020년대에 들어서면서 앞으로 연방준비제도가 어떻게 반응할지 지켜보자.

화폐 공급을 나타내는 몇 가지 기준이 있는데, 이들은 **M1, M2, M3** 등으로 불린다. M은 머니(money)를 나타내고, 1, 2, 3은 화폐 공급의 서로 다른 정의를 뜻한다. M-1은 동전, 지폐, 수표를 써서 사용할 수 있는 돈(요구불예금과 당좌예금), 여행자 수표처럼 유동성이 높은 자금을 의미한다. M-2는 M-1에 포함되는 모든 것들과 보통예금, MMA(money market accounts), 뮤추얼펀드(mutual funds), CD(certificates of deposit)와 같이 동전이나 지폐보다 유동성을 확보하는 데 조금 더 시간이 걸리는 자금

화폐 공급
사람들이 물건과 서비스를 구입하는 데 이용할 수 있게 연방준비제도 이사회가 제공하는 통화의 양

M-1
쉽고 빠르게 이용 가능한 자금(주화, 지폐, 수표, 여행자수표 등)

M-2
M-1에 속하는 모든 것들과 이들보다 유동성을 확보하는 데 조금 더 시간이 걸리는 자금(보통예금, MMA, 뮤추얼 펀드, 예금증서 등)

M-3
M-2와 은행 간 계약과 같이 규모가 큰 예금을 포함한다.

들을 포함한다. M-2가 가장 일반적으로 적용되는 통화의 정의이다. M-3는 M-2와 기관의 MMF, 은행 간 계약과 같이 규모가 큰 예금을 포함한다.

인플레이션 관리와 화폐 공급

정부(미국의 경우, 연방준비은행)가 지금보다 두 배 많은 양의 통화를 발행한다고 상상해보자. 돈은 두 배 더 많은데, 제품과 서비스의 양은 그대로일 것이다. 이 경우가격에 어떤 변화가 있을까? (1장의 수요와 공급의 법칙을 떠올려 보라). 답은 사람들은 자신이 가진 돈으로 제품과 서비스를 사려고 할 것이고, 원하는 것을 얻기 위해 더 높은 가격을 부르게 되어 가격이 상승하게 된다는 것이다. 이것을 인플레이션이라고 한다. 그래서 일부 사람들은 이것을 '아주 적은 재화를 아주 많은 돈이 쫓는 것'이라고 정의하기도 한다.

이제 그 반대의 경우를 생각해보자. 연방준비은행이 경제에 풀린 돈의 일부를 회수해 가면 어떤 일이 생기겠는가? 가격은 어떻게 변할 것인가? 사용할 수 있는 돈에 비해 제품과 서비스가 초과 공급되어 가격이 하락할 것이고, 이를 디플레이션이라고 한다.

이제 화폐 공급의 두번째 질문 '화폐 공급은 왜 조절되어야 하는가?'에 대해 생각해보자. 화폐 공급 조절을 통해 제품과 서비스의 가격을 어느 정도 조절할 수 있기 때문이다. 또한 화폐 공급은 고용과 경제 성장 또는 하락에 영향을 미친다. 이 때문에 화폐공급의 총책임자인 제이 파월의 역할이 중요한 것이다.[10]

전에 언급된 바와 같이 세계 통화 공급은 연방준비제도와 같은 중앙 은행에 의해 통제가 되며 중앙은행의 정책은 세계 경제에 영향을 끼친다. 예를 들어, 유럽중앙은행(ECB)은 유럽의 침체된 경제성장, 인플레이션, 정치적 불확실성에 대처하기 위해 양적완화(통화 공급 증가)를 활용 하였다.[11]

글로벌 통화 교환

달러 가치가 하락한다는 것은 글로벌 시장에서 1달러로 구매할 수 있는 상품과 서비스의 양이 줄어든다는 것을 의미한다. 실제물건으로 예를 들면, 미국 달러화의 가치가 유로화에 비해 상승하게 되면 독일 자동차의 가격이 하락한다. 하지만 유로화가 강세를 나타내고 그 가치가 미국 달러화보다 상승하게 되면, 독일 자동차의 가격은 올라가게 된다.

달러 약세(달러 가치의 하락) 또는 달러 강세(달러 가치의 상승)는 미국 경제가 다른 나라 경제에 비해 상대적으로 어떤 위치에 있는지에 따라 결정된다. 경제가 호황일 때는 달러에 대한 수요가 증가하여 달러 가치가 상승하게 되고, 경제가 불황기에 있다고 판단되면 달러에 대한 수요가 감소하여 달러 가치가 하락하게 된다. 따라서 달러의 가치는 경제의 강약 정도에 따라 결정된다(통화가치 혹은 환율의 변화가 미치는 영향에대해서는 3장을 참조하라). 다음 절에서는 화폐 공급이 어떻게 조절되는지에 대해 알아보자. 그리고 미국 은행 시스템과 이 시스템이 기업과 개인에게 어떻게 자금을 대출해 주는지에 대해서도 알아보자.

화폐 공급의 조절

이론적으로, 적절한 통화정책을 통해 인플레이션 없이 경제가 지속적으로 성장하게 유지할 수 있다(1장의 통화정책 참조). 바로 통화정책을 책임지고 있는 이 기관이 연방준비은행(Federal Reserve)이다.

연방준비은행에 대해

연방준비은행 시스템은 크게 다섯 가지 부문으로 구성되어 있다. (1) 이사회(board of governors), (2) 연방공개시장위원회(FOMC; Federal Open Market Committee), (3) 12개의 연방준비은행(Federal Reserve Banks), (4) 3개의 자문위원회(three advisory councils), (5) 시스템의 회원은행들이다. 그림 16.1은 12개의 연방준비은행이 어디에 있는지 보여주고 있다(여기서 주의할 점은 연방준비은행은 그 이름에도 불구하고 미국 정부 산하 기관이 아니라는 점이다. 연방준비은행은 민간 기업이다).

이사회는 12개의 연방준비은행들을 관리하고 감독한다. 이사회의 일곱 회원은 대통령이 지명하고 상원의 승인을 받는다. 위원회의 주요 기능은 통화정책을 수립하는 것이다. FOMC는 투표권을 가진 열두 회원으로 구성되고 정책을 입안하는 주체이다. FOMC는 위원회의 일곱 회원 은행과 뉴욕준비은행(New York reserve bank)의 회장들로 구성된다. 나머지 네 명의 회원은 다른 준비은행들에서 돌아가면서 하게 된다. 자문위원회는 위원회와 FOMC에 제안을 하게 된다. 자문위원회는 다양한 은행가와 소비자, 은행, 저축과 대출 기관, 신용협회를 포함하는 기관회원들을 대표한다. Fed는 외화를 사고 팔며, 다양한 종류의 신용을 규제하고, 은행을 감독하고, 화폐 공급을 비롯한 경제 활동과 관련된 자료를 수집한다. Fed는 통화정책의 일환으로 지급준비율을 결정 한다. 지급준비율(reserve requirement)이란 12개의 연방준비은행이 모든 금융기관으로부터 받아서 반드시 가지고 있어야 하는 보유액 수준이다.

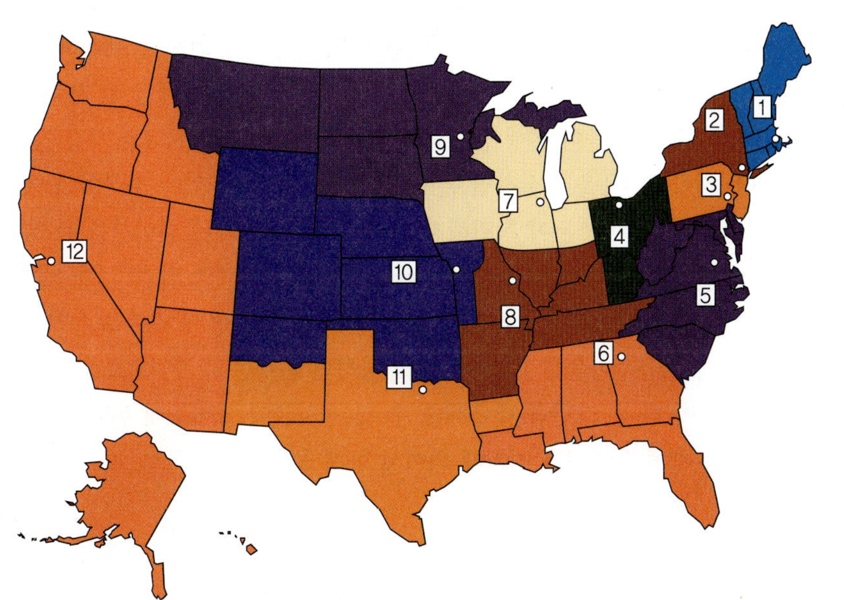

그림 16.1 12개 지역의 연방준비은행
1. 보스턴
2. 뉴욕
3. 필라델피아
4. 클리블랜드
5. 리치몬드
6. 애틀랜타
7. 시카고
8. 세인트루이스
9. 미네아폴리스
10. 캔자스시티
11. 달라스
12. 샌프란시스코

그림 16.2 Fed가 화폐를 공급하는 방법

지급 준비율

조절 수단	즉각적인 효과	장기적인 효과
A. 인상	은행들이 더 많은 자금을 Fed에 맡겨 화폐 공급 감소, 고객들에게 대출해줄 수 있는 자금의 감소	경제성장 둔화
B. 인하	은행들이 더 적은 자금을 Fed에 맡겨 화폐 공급 증가, 고객들에게 대출해줄 수 있는 자금의 증가	경제성장 가속화

공개시장조작

조절 수단	즉각적인 효과	장기적인 효과
A. Fed의 채권 매도	자금이 경제에서 Fed로 이동	경제성장 둔화
B. Fed의 채권 매수	자금이 Fed에서 경제로 유입	경제성장 가속화

재할인율

조절 수단	즉각적인 효과	장기적인 효과
A. 인상	은행들이 Fed로부터 적게 빌림, 대출해줄 수 있는 자금의 감소	경제성장 둔화
B. 인하	은행들이 Fed로부터 더 많이 빌림, 대출해줄 수 있는 자금의 증가	경제성장 가속화

Fed는 공개시장조작(open-market operations)으로 알려져 있는 정부 발행 증권들을 사고파는 일을 한다. 마지막으로 Fed는 회원 은행들에 돈을 빌려주고 재할인율(discount rate)이라고 불리는 대출 이자율을 결정하기도 한다. Fed가 화폐 공급을 조절하기 위해 사용하는 기본적인 세 가지 방식은 지급준비금 제도, 공개시장조작, 재할인율이다(그림 19.2를 참조하라.). 이들 각각이 어떻게 관리되는지 알아보자. 각각의방식이 경제에 어떠한 영향을 미치는지 알아보자.

지급준비율

지급준비율
상업은행들이 반드시 현물로 보유하고 있거나 지역 연방준비은행에 예치하고 있어야 하는 당좌예금 및 저축예금의 일정 비율

지급준비율(reserve requirement)이란 상업은행들이 반드시 현물로 보유하고 있거나 지역 연방준비은행에 무이자 예금으로 예치하고 있어야 하는 당좌예금 및 저축예금의일정 비율을 의미한다(예를 들어 은행 금고의 현금). 지급준비율은 Fed의 가장 강력한 도구이다. Fed가 지급준비율을 인상하면 은행들은 대출 해줄 수 있는 자금이 줄어들게되고 실제로 대출이 줄어든다. 돈이 희귀해지고, 장기적으로는 인플레이션을 축소시킨다. 예를 들어, 오마하 시큐리티 뱅크(Omaha Security bank)가 1억 달러의 예금을 지니고 있고, 지급준비율이 10퍼센트라고 하면 은행은 반드시 1,000만 달러를 보유하고있어야 한다. 만약 Fed가 지급준비율을 11퍼센트로 인상하면 은행은 추가적으로 100만 달러를 더 보유하고 있어야 하며, 그만큼 대출해줄 수 있는 자금이 줄어들게 된다. 지급준비율의 인상은 모든 은행들에 영향을 미치게 되어서 화폐 공급은 감소하고, 가격은 하락하게 된다.

반대로 지급준비율의 인하는 은행들이 대출해줄 수 있는 자금을 증가시켜 은행들이

더 많은 대출을 하게 되고, 더 많은 돈을 이용할 수 있다. 더 높은 경제성장률을 달성하기 위해 화폐 공급을 증가시키는 것은 경기부양책이 될 수 있지만, 동시에 인플레이션의 압력을 가할 수도 있다. 즉, 이로 인해 재화와 서비스의 가격이 상승할 수도 있다. 여러분은 불경기 때 연방준비은행이 왜 지급준비율을 낮추는지 알겠는가? 여러분은 인플레이션의 위험 또한 파악할 수 있겠는가?

공개시장조작

공개시장조작(open-market operations)은 Fed가 가장 빈번하게 사용하는 방법으로, 국채의 매수와 매도로 이루어진다. 화폐 공급을 감소시키기 위해서 연방정부는 미국 국채를 시장에서 매도한다. 결제 자금으로 받은 돈은 더 이상 유통되지 않게 되고, 화폐공급을 감소시킨다. Fed가 화폐 공급을 증가시키고 싶을 때는 개인, 기업, 단체로부터 국채를 매입한다. Fed가 증권 매입을 통해 지불하게 되는 금액은 다시 시장에서 유통되며 화폐 공급을 증가시킨다. 그래서 2008년 대공황 때 연방준비제도는 경제 재성장을 위해 채권을 다시 사들이기 시작하였다.[13)]

공개시장조작
통화 공급을 조절하기 위해 Fed가 행하는 국채의 매수와 매도

재할인율

Fed는 종종 은행들의 은행으로 불린다. 그 이유 중 하나는 회원 은행들이 Fed에서 자금을 빌리고, 그 빌린 자금을 대출의 형식으로 고객에게 넘겨주기 때문이다. **재할인율(discount rate)**은 Fed가 회원 은행들에 자금을 빌려주는 대가로 받는이자율이다. 재할인율의 인상은 은행들이 Fed로부터 자금을 빌리는 것을 꺼리게 만들고, 그 결과 대출 가능한 자금이 줄어들게 되며, 화폐 공급을 감소시킨다. 이와 반대로 재할인율을 인하하면 회원 은행들이 자금을 빌리는 것을 독려하게 되어 대출 가능한 자금이 늘어나며, 화폐 공급을 감소시킨다. 연방준비제도는 은행 대출을 늘리기 위해 7년(2008년부터 2015년까지) 동안은 금리를 거의 0퍼센트로 낮췄고 2015년부터 금리를 점진적으로 인상하였다.[14)]

재할인율
Fed가 회원 은행들에 자금을 빌려주는 대가로 받는 이자율

할인율은 연방준비제도이사회에서 관리하는 두가지 이자율 중의 하나이다. 다른 하나는 은행들 간에 적용되는 금리이다. 이것을 연방기금금리라고 하고 금융기관들 간에 발생하는 초단기 대출(overnight)에 적용되는 금리를 의미한다.[15)]

연방준비은행의 수표 청산 기능

여러분이 지역 가게에서 수표를 사용할 때, 여러분과 소매상이 이용하는 은행이 같다면 수표에 적힌 금액만큼 여러분 계좌의 잔고를 줄이고, 소매상 계좌의 잔고를 늘리는 것은 간단한 문제이다. 하지만 여러분이 다른 주에 거주하는 소매상에게 수표를 준 경우는 어떻게 되겠는가? 이때 연방준비은행 시스템의 기능 중의 하나로 수표 처리를 돕는 것이 있다.

소매상은 자신의 은행에 수표를 가져갈 것이다. 은행은 그 수표를 우선 가까운 연방준비은행에 신용으로 예치하고, 수표를 해당 지역 연방준비은행으로 보낸다. 그 수표는

다시 여러분의 은행으로 보내지고, 수표에 적힌 금액만큼 여러분의 계좌에서 인출될 것이다. 여러분의 은행은 여러분 지역의 연방준비은행에 수표 금액만큼의 지불을 승인하고, 여러분 지역의 연방준비은행은 처음 프로세스를 시작했던 연방준비은행에 이 금액을 지불하게 된다. 그러면 소매상 은행의 예금계좌에 해당 금액을 예치하고, 은행이 소매상의 계좌에 예치하게 된다(그림 16.3 참조). 이러한 긴 과정은 많은 비용을 필요로 한다. 따라서 은행들은 수표 사용을 줄이기 위해 다양한 수단을 동원하고 있으며, 신용 카드, 직불카드, 자금의 전자이체 등과 같은 수단이 사용되고 있다.

앞에서도 알 수 있듯이, 경제 전체가 연방준비은행 시스템의 행동에 영향을 받게 된다. 다음 절들에서는 Fed가 약 100년 전 출범하게 된 이유의 이해를 돕고자 은행의 역사에 대해 간략하게 소개하도록 한다.17) 그리고 오늘날 은행시스템에서 일어나고 있는 일에 대해 알아보자.

시험 준비

- 통화란 무엇인가?
- 유용한 통화의 다섯 가지 특징은 무엇인가?
- 화폐 공급이란 무엇이며, 이것이 왜 중요한가?
- 연방준비은행이 화폐 공급을 조절하는 다양한 방법에는 어떤 것들이 있으며, 이 방법들은 어떻게 작용하는가?
- 연방준비은행의 주요 기능은 무엇인가? 그 외에 어떤 다른 기능들을 수행하는가?

학습목표 16-3 은행과 연방준비은행 시스템(Federal Reserve System)의 역사를 이해할 수 있다.

은행의 역사와 FED의 필요성

처음에는 미국에 은행이라는 것이 존재하지 않았다. 유럽의 강력한 법규에의해 신대륙의 식민지역에 가져갈 수 있는 동전의 수가 제한되어 있었고, 식민지 이주자들은 물물교환을 할 수 밖에 없었다. 예를 들면, 솜과 담배는 신발과 재목으로 교환이 가능했을 것이다.

강력한 화폐 수요로 인해 매사추세츠(Massachusetts) 주는 1690년에 자체적으로 지폐를 발행했고, 다른 지역들도지폐를 발행하기 시작했다. 하지만 미국에서 처음으로발행되었던 지폐는 사람들이 그 가치를 믿지 못해 몇 년 만에 가치 없는 종이쪽지가 되어버렸다.

농민들에게 돈을 빌려주기 위해 랜드 뱅크스(Land Banks)가 설립되었다. 하지만 그 당시 식민지 지배국이었던 영국은 1741년 랜드 뱅크스의 영업을 정지시켰다. 식민지역 주민들은 그들의 자유를 억압하는 규제들에 저항했고, 미국혁명 중에 영국과의 전쟁 비용을 충당하기 위해 펜실베이니아 주에 새로운 은행이 설립되었다.

미국이 독립하고 난 이후, 1791년 알렉산더 해밀턴(Alexander Hamilton)은 의회를 설득해 중앙은행(다른 은행들이 자금을 맡기고 필요할 때 빌릴 수 있는 은행) 설립 승인을 받아내는 데 성공했다. 연방은행(Federal bank)의 첫 형태였던 이 은행은 1811년 문

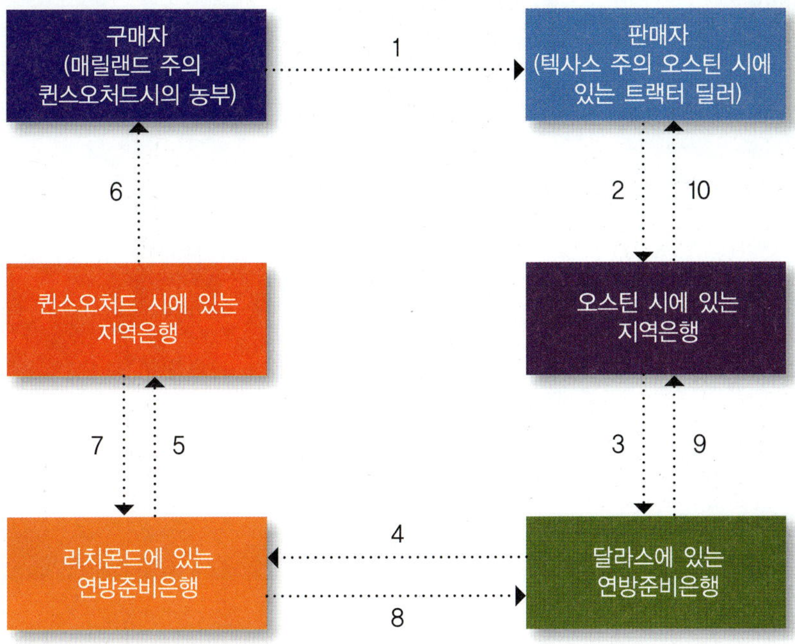

그림 16.3 연방준비은행 시스템을 통한 수표 청산 과정

1. 브라운은 트랙터 딜러에게 수표를 보낸다.
2. 딜러가 오스틴 지역은행의 자기 계좌에 수표를 입금한다.
3. 오스틴 지역은행은 달라스(Dallas)의 연방준비은행에 신용으로 수표를 입금한다.
4. 달라스의 연방준비은행은 수표를 리치몬드(Richmond)의 연방준비은행에 보낸다.
5. 리치몬드의 연방준비은행은 브라운의 계좌가 개설되어 있는 퀸스오처드 시의 지역은행으로 수표를 보낸다.
6. 퀸스오처드 시의 지역은행은 브라운의 계좌에서 금액을 차감한다.
7. 퀸스오처드 시의 지역은행은 리치몬드의 연방준비은행에 인출을 승인한다.
8. 리치몬드의 연방준비은행이 달라스의 연방준비은행에 금액을 지급한다.
9. 달라스의 연방준비은행은 오스틴 지역은행의 계좌에 금액을 입금한다.
10. 오스틴 지역은행은 트랙터 딜러의 계좌에 금액을 입금한다.

을 닫았으나, 시중은행들이 1812년 전쟁 자금을 지원할 수 없게 되자, 1816년에 다시 설립되었다. 두 번째 중앙은행과 시중은행들 사이의 불화는 1830년대에 심화되었다. 테네시 주의 일부 은행들이 중앙은행의 압력으로 손해를 입게 되었고, 중앙은행과 주 은행들 사이의 싸움은 1836년 중앙은행의 폐쇄와 함께 막을 내렸다. 미국 역사를 돌이켜보면 중앙은행에 대한 반대가 매우 심했음을 알 수 있다.

미국 남북전쟁 무렵 미국의 은행 시스템은 엉망이었다. 서로 다른 은행들이 서로 다른 종류의 통화를 발행했다. 남북전쟁 중에 동전은 동전의 가치보다는 금과 은의 가치로 더 인정받아 비축의 대상이 되었다. 이 현상은 오늘날에도 발생할 수 있다. 이런 무질서는 남북전쟁이 끝난 이후에도 한동안 지속되다가 1907년에 많은 은행들이 파산하면서 극에 달했다. 사람들은 은행의 안정성에 대해 걱정하기 시작했고, 은행에서 자금을 인출하려고 했다. 이러한 현상은 '은행에서의 인출 쇄도'라고 알려져 있다. 곧 현금은 고갈되 연방준비은행 시스템은 1907년에 일어났던 대량 예금인출 사태를 예방하기 위해 1913년에 고안되었다. 그러나 1929년에 주식시장이 붕괴하였고, 또 다시 예금자들은 은행으로 달려가 예금을 인출하였다. 연방예금보험제도는 예금자들의 자금을 보호하기 위해 1933년에 제정되었다. 여러분은 이러한 보호책이 충분하다고 생각하는가?

었고 일부 은행들은 예금자들의 인출 요구를 거절할 수밖에 없었다. 이로 인해 사람들은 은행 시스템 전반을 불신하게 되었다.

중앙은행 설립에 대한 오랜 기간 동안의 반대에도 불구하고, 1907년 현금 부족 사태 이후 은행들에 자금을 빌려줄 수 있는 기관(연방준비은행 시스템)이 설립되었다. 이 기관은 긴급 상황에 자금을 빌릴 수 있는 '최후의 수단'으로 설립되었다. 1913년의 연방준비은행법(Federal Reserve Act)에 의해 정부의 승인을 받은 은행들은 모두 연방준비은행에 가입해야 했고, 주 은행(state bank)들도 가입할 수 있었다. 연방준비은행은 은행들의 은행이 되었다. 은행들이 초과 자금이 있을 때는 Fed에 예치할 수 있었고, 추가자금을 필요로 할 경우에는 연방은행으로부터 자금을 빌릴 수 있었다. 그 이후로 연방준비제도와 은행은 긴밀한 관계를 유지하게 되었다.

은행과 세계대공황

1907년에 발생한 공황 상황의 재연을 방지하기 위해 연방준비은행 시스템이 설계되었다. 그러나 1929년 증권 시장의 폭락은 1930년 초 은행의 실패로 나타났다. 증권 시장이 하락하기 시작하면서 사람들은 예금을 인출하기 위해 서둘러 은행으로 달려갔다. 연방준비은행 시스템이 있었음에도 불구하고, 은행들이 보유하고 있는 현금은 바닥났고, 은행들은 주(state)에 의해 강제로 문을 닫을 수밖에 없었다. 프랭클린 루즈벨트(Franklin D. Roosevelt) 대통령은 해결 방안을 모색할 시간을 벌기 위해 은행 정지기간을 1933년까지 연장했다. 1933년과 1935년, 상원은 은행 시스템 강화를 위한 법안을 통과시켰다. 연방예금보험제도(federal deposit insurance)를 제정하는 것이 가장 중요한 임무였다. 여러분도 알 수 있듯이, 은행의 위기는 새로운 것이 아니다. 은행의 위기는 경기 불황 때 종종 발생한다. 1945년부터 2009년까지 미국은 11번의 불황을 겪었다. 불황의 평균 지속 기간은 10개월이었으며, 최장기간(2008년부터 2009년까지)은 18개월이었다. 이제 연방은행에 대한 이해를 마쳤으면, 다음으로 미국의 은행에 대하여 알아보자.

학습목표 16-4 미국 은행 시스템의 다양한 기관들을 분류할 수 있다.

미국의 은행 시스템

미국의 은행 시스템은 상업은행, 저축대부조합, 신용조합, 상호저축은행으로 구성된다. 거기에 다양한 비은행계금융기관들도 포함되는데, 이들 비은행계 금융기관들은 일반 은행들과 같은 서비스를 제공하지만 예금을 받지는 않는다. 이들 기관들이 하는 활동과 제공하는 서비스에 대해 알아보자.

상업은행

여러분이 가장 익숙한 은행은 **상업은행**(commercial bank)일 것이다. 상업은행은 이윤을 추구하는 기관으로 개인과 기업들로부터 당좌예금 또는 보통예금의 형태로 예금을 받고 그 자금의 일부를 대출 해준다. 상업은행에는 예금자와 차용자의 두 부류의 고객이 있다. 상업은행은 두 부류의 고객 모두에게 동일한 책임을 지고 있다. 상업은행들은 금자가 예치한 자금을 효율적으로 사용해 이윤을 얻으려고 노력한다. 기본적으로 상업은행들은 고객의 예치금에 지급하는 이자를 투입으로 계산하고 이렇게 받은 예치금을다른 고객(대개 기업)에게 이자부 대출의 형태로 투자한다. 상업은행들은 대출에서 생기는 수익이 예금자들에게 지급되는 이자와 여타운영 비용의 합을 초과하면 이윤을 창출하게 된다.

상업은행
개인과 기업들로부터 당좌예금 또는 보통예금의 형태로 예금을 받고 그 자금의 일부를 대출해주는 이윤 추구 기관

상업은행이 제공하는 서비스

당좌예금에 자금을 예치하는 개인과 기업들은 개인 수표를 사용하여 거의 모든 구매와 거래를 체결할 수 있는 혜택을 누린다. 당좌예금의 정식 명칭은 **요구불예금**(demand deposit)이다. 이는 예금자가 요구할 때 자금을 사용할 수 있기 때문이다. 일반적으로 은행들은 수표 사용 신청 시 서비스료를 부과하거나 계좌의 최소 유지 예금 금액을 정해두고 있다. 수표를 사용할 때마다 소정의 수수료를 부과하는 은행들도 있다. 기업고객들의 경우 서비스 수수료는 계좌 내 일평균 예금액, 수표 사용 횟수, 기업의 신용등급과 신용 내력에 따라 결정된다.[16]

요구불예금
당좌예금의 기술적인 명칭. 요구불예금에 예치된 자금은 예금자들이 원할 때 언제든지 인출할 수 있음

과거에는 당좌예금 계좌는 이자를 지급하지 않았지만 최근에는 특정 조건 하에서 이자를 지급하는 당좌예금 계좌가 다수 존재한다. 보통예금의 정식명칭은 **정기예금**(time deposit)이다. 이는 예금 인출에 앞서 예금자가 사전에 은행에 통지하도록 은행이 요구할 수 있기 때문이다. 온라인 및 지점 은행을 비교하여 가장 높은 이자를 받을 수 있는지 알아보는 것이 좋다. 하지만 안타깝게도, 지난 몇 년 동안 은행들은 대개 정기 예금에 대한 이자를 많이 지급하지 않고 있다.

정기예금
보통예금의 기술적인 명칭. 정기예금의 주인이 자금을 인출하기 전에 사전에 은행에 통지하도록 요구할 수 있음

양도성예금증서(CD)
증서의 만기일에 이자를 받는 정기예금 계좌

양도성예금증서(CD; certificate of deposit)는 증서의 만기일에 이자를 받는 정기예

윤리적 의사결정 선택의 여지가 없는 상황

당신은 신규 고객 계좌 개설을 담당하는 큰 규모의 은행 회계팀에서 근무 중이다. 은행에서 지급 하는 급여와 보너스는 신규 계좌 개설 건수에 따라 달라진다. 보통 개설되는 신규 계좌들은 소액 예금자들을 위한 것이 대부분이다. 하지만 팀장님이 신규계좌를 개설할 때 고객이 모르게 신용카드 등 다른 계좌를 추가하는 방안을 제시한다.

고객의 승인 없이 고객의 이름으로 계좌를 추가로 개설하는 것은 적절하지 않다는 것을 알고 있지만, 해당 고객이 누가 계좌를 개설했는지 모른다는 사실 또한 알고 있다.

팀장님의 제안을 뿌리치기도 어렵고 급여 인상도 매력적으로 보인다. 이러한 상황에서 어떤 결정을 할것 인가? 그 결정이 윤리적인 선택인지도 생각해보자.

금 계좌이다. 예금자는 일정 기간 동안 예금을 인출하지 않겠다는 전제하에 계좌를 개설한다. CD 기간은 최소 몇 개월에서 수년까지 가능하며 기간이 길면 길수록 금리가 높아진다. 금리는 경제 여건과 개설 당시의 최저 대출 금리에 따라 달라진다. 최근에 금리가 약간 반등 하였지만, 여전히 낮은 수준을 유지하고 있다.

상업은행들은 신용도가 높은 고객들에게는 신용카드를 발급하기도 하고, 생명보험, 저비용 증권서비스, 금융 상담, 통신 비용 자동이체, 대여금고, 개인 퇴직금 적립 계정(IRA), 여행자 수표, 신탁부, 당좌 대월 수표 계정 서비스 등을 제공한다. 당좌 대월 수표 계정 서비스란 고객이 계좌 잔액을 초과하는 금액의 수표를 발행했을 경우, 자동적으로 일정 금리의 대출을 받을 수 있는 서비스이다.

대출자들에게 제공하는 서비스

상업은행은 대출을 필요로 하는 개인과 기업들에 다양한 서비스를 제공한다. 은행들은 대출금 상환 및 이자 지불 관련 문제가 없는 효율적인 자금 관리를 원하기 때문에 대출 신청을 신중하게 심사한다. 일반적으로 수납자의 신용등급에 따라 대출이 결정된다. 2008년 금융 위기로 접어들던 시기에 은행들은 이 확인을 제대로 하지 않았다. '윤리적 의사결정' 글상자에서 은행과 거래 시 주의해야할 부분에 대해 설명해 보겠다.

오늘날 은행은 모바일 사용자들과 중 특히, 밀레니얼 세대를들을 위한 서비스 개선에 주력하고 있다. 밀레니얼 세대는 유아기부터 인터넷을 사용해왔기 때문에 모바일 뱅킹에 아주 능숙하며 수표 예금, 어음 지불, 비용 추적, 송금 같은 업무를 모두 모바일 뱅킹으로 사용하고 있다.[17] 현재, 약 9천만 명의 고객들이 수표를 사진 찍어서 모바일로 예금을 하고 있다.[18]

저축대부조합

저축대부조합
보통예금과 당좌예금을 모두 취급하고 모기지론을 제공하는 금융기관

저축대부조합(S&L; savings and loan association)은 보통예금과 당좌예금을 모두 취급하고 모기지론을 제공하는 금융기관이다. S&L은 종종 저축기관으로도 알려져 있는데, 1831년 처음 출범했을 당시 소비자 저축과 주택 소유를 장려하기 위한 목적으로 설립되었기 때문이다. 주택 소유와 저축을 장려하기 위해 일반은행보다 높은 보통예금 금리를 지급하기도 했다. 높은 금리로 많은 자금이 몰렸고, 이 자금은 다시 장기 고정금리 모기지로 제공되었다.

1986년과 1995년 사이에 1,300개의 S&L이 실패로 돌아갔다. 실패의 원인은 1970년대의 인플레이션, 규제완화, 규제실패(규제당국은 상황이 악화되고 있음에도 불구하고 파산 상태의 저축계좌를 방치하였다)와 사기행위였다.[19] 오늘날 정부 정책의 변화로 인하여 S&L은 더 이상 은행보다 높은 이자율을 제공하지 않으며, 다수의 S&L이 은행이 되었다. FDIC에 의하면 미국에는 현재 754개의 저축은행과 대출회사가 있다고 한다.[20]

신용조합

신용조합(credit unions)은 회원 소유의 비영리 금융기관으로 회원들에게 다양한 은행서비스를 제공한다. 신용조합은 회원들에게 이자부 당좌예금은 상대적으로 높은 금리에, 단기 융자는 상대적으로 낮은 금리에 제공하고, 금융 상담, 생명보험, 제한된 숫자의 모기지론을 제공한다. 신용조합은 정부기관, 기업, 조합, 전문협회에 의해 조직된 금융조합이라고 볼 수 있다. 오늘날 신용조합의 인기는 높아지고 있다.

신용조합
회원들에게 다양한 은행서비스를 제공하는 회원 소유의 비영리 금융기관

비영리기구로서 신용조합은 연방 소득세 면제 혜택을 누린다. 지역의 신용조합을방문해서 가입 여부를 알아보고 지역 은행과의 금리를 비교해보라. 신용조합은 은행 보다 지점이 적고 현금자동지급기 및 기타 서비스의 수가 적다. 여러분이 어떤 서비스들을 필요로 하는지 알아보고, 같은 서비스를 은행과 신용조합에서 비교해보길 바란다.[21] 또한 신용조합 계좌(추후논의)는 시중 은행처럼 25만 달러의 보험에 들어있다는 것을 알아두길 바란다.

기타 금융기관(비은행계)

앞에서도 언급하였듯이, 비은행계 금융기관들은 예금을 받지 않지만 그 외 많은 은행 서비스들을 제공한다. **비은행계**(nonbanks)는 보험회사, 연기금, 증권회사, 상업 금융회사, 기업금융서비스를 포함한다.

비은행계
예금을 받지 않지만 그 외 많은 은행 서비스들을 제공하는 금융기관(연기금, 보험회사, 상업금융회사, 소비자금융회사, 증권회사)

은행과 이들 비은행계 기관들 사이의 경쟁으로 두 기관 사이의 경계가 점차 모호해지고 있다. 미국의 기업들이 유럽 은행들과 경쟁하면서 유럽에서도 그 경계가 모호해지고 있다. 비은행계 금융기관들이 제공하는 다양한 금융 서비스와 대안 투자 방법들로 인해 은행들이 제공하는 서비스도 확장되었다. 실제로 많은 은행들이 포괄적인 금융 서비스를 제공하기 위해 증권회사와 합병하기도 했다.

보험회사들은 보험계약자의 재정을 보호해주고, 보험계약자는 주기적으로 프리미엄을 지불한다. 또한 보험회사들은 보험계약자로부터 받은 돈을 사채와 국채에 투자한다. 오늘날 보험회사들은 부동산 개발 프로젝트를 위해 장기 자금을 제공한다.

연기금(pension funds)은 종업원의 은퇴 시 필요한 자금을 위해 기업, 비영리기관, 조합들이 따로 자금을 떼어놓은 것이다. 연기금은 고용주나 피고용자, 또는 양측이 모두 납입하기도 한다. 추가 소득을 창출해내기 위해서 연기금은 수익성은 낮으나 안전한 주식이나 정부 발행 증권이나 사채와 같이 다른 보수적인 투자 방식을 택하고 있다. 교직원보험연금협회(TIAA) 처럼 퇴직연금 과 의료 서비스를 제공해주는 많은 금융기관들이 미국 금융 시장에서 중요한 기관으로 자리 잡고 있다. 이런 기관들은 기업들에 직접 대출해주기도 한다.

연기금
종업원의 은퇴 시 필요한 자금을 위해 기업, 비영리기관, 조합들이 따로 자금을 모아놓은 것

중소기업에 대한 조명

은행 사용과 친근해지고 있는 소비자들

Sofi.com

2008년의 금융 위기와 경제 대공황은 밀레니얼 세대가 들이 가지고 있던 은행에 대한 의식을 많이 바꿔놓았다. 은행에 대한 불신에 의해 생겨난 은행을 대체할 수 있는 기관에 대한 수요는 "핀테크" 회사인 SoFi의 창립으로 이어졌다. 2011년에 창립된 SoFi는 처음엔 학자금 대출에 대한 재융자를 제공하였고 현재는 약 300억 달러의 대출을 제공하며 60만 명의 회원이 있다. SoFi는 밀레니얼 세대에게 가장 많이 선택된 은행으로 은행 업계의 아마존이나 우버 같은 기업이 되는 것을 목표로 하고 있다.

처음에는 학자금 대출 재융자 제공으로 급속한 성장을 이루어 냈지만, 점점 개인대출과 담보대출과 같은 다양한 종류의 대출로 그 영역을 넓혀가고 있다.

또한 회원들을 대상으로 취업 알선, 재산 관리, 실직시 대출금 상환을 일시적으로 중단할 수 있는 혜택을 제공하는 등 타기업과의 차별화 전략을 펼치고 있다.

또한, 신규 창업을 원하는 대출자는 사업에 집중할 수 있도록 대출금 상환을 6개월 동안(또는 12개월) 유예할 수 있다. SoFi는 기존 은행들이 고객들과의 돈독한 관계 형성의 기회를 놓쳤다고 지적한다. 또한, 은행들이 제공하는 금융서비스는 고객들과의 단순한 거래 관계를 넘어 고객의 삶을 개선하기 위해 노력해야 한다고 믿는다고 한다. Sofi에 의하면, 은행이 존재함에 있어서 가장 중요한 요소들은 "돈, 경력, 그리고 고객과의 관계"이다.

Sofi는 고객의 니즈와 피드백에 따라 서비스를 조정하고 개발하는 데에 주력한다.

또한 제3 투자자(주로 헤지펀드)에 대한 대출과 은행에 대한 대출 판매를 통한 수수료 발생으로 수익을 낸다. 무디스 투자자의 서비스(Moody's Investor's Service)는 Sofi에게 온라인 신생 대출 업체가 받을 수 있는 최고 등급인 트리플 A 등급을 부여했다.

하지만, 2018년에 성희롱과 같은 기업의 내부적인 문제가 발생하였고 이로 인해 CEO가 사퇴하였다. 새롭게 부임한 리더 하에, Sofi는 다시 본실에 충실할 것을 맹세하고 건전한 기업 문화를 구축하기 위해 노력하고 있다고 한다.

출처: Julia Horowitz, "SoFi's Had a Rough Year. Can It Move On?," CNN Business, money. cnn.com, August 30, 2018; James Rufus Koren, "CEO Resignation, Harassment Suit Could Delay SoFi's Bank Plans," Los Angeles Times, September 12, 2017; Peter Cohn, "Twitter's Loss Is SoFi's Gain," Forbes, January 24, 2018; Peter Rudegeair and Liz Hoffman, "SoFi Offers CEO Spot to Twitter Executive Anthony Noto," The Wall Street Journal, January 20, 2018; SoFi, sofi.com, accessed October 2019

하지만 최근 몇 년 동안 지속되어 온 저금리로 인해 연기금은 모든 사람의 기대에 부응하기에는 턱없이 부족했다.[22)]

증권회사는 오래 전부터 국내와 해외 증권 투자 거래와 관련된 서비스를 제공한다. 하지만 증권회사가 고수익 보통예금 및 당좌예금 계좌를 제공하기 시작하면서 일반 은행의 영역에 들어서기 시작했다. 또한 증권회사는 MMA 계좌에서 수표 서비스를 제공하고 있다. 또한 보유 증권을 담보로 증권회사로부터 대출을 받을 수도 있다.

상업금융회사와 소비자금융회사는 일반 은행에서 요구하는 신용 조건을 만족시키지 못하거나 신용 한도를 초과한 사업자와 개인에게 단기 융자 서비스를 제공해주고 있다. 하지만 이런 기관들의 금리는 꽤 높은 편이기 때문에 대출받을 때 주의해야 한다.

다음 페이지의 '중소기업에 대한 조명' 부분에서는 밀레니얼 세대 사이에서 인기 있는 대출 기관이 되길 바라는 신흥 금융회사에 대해 다루겠다.

시험 준비

- 미국은 왜 연방준비은행이 필요했는가?
- 은행, S&L, 신용협회의 차이점은 무엇인가?
- 소비자금융회사란 무엇인가?

학습목표 16-5 2008년과 2009년 사이에 발생한 은행 위기의 원인과 이런 위기 당시 정부가 개인 자금을 보호한 방법에 대해 이해할 수 있다.

2008년 은행 위기와 정부가 여러분의 자금을 보호하는 방법

2007–2008년에 미국은 경제가 붕괴 될뻔한 금융 위기를 맞았다. 금융 위기의 책임은 누구에게 있었던 것일까? 이에 대한 답을 찾는 것은 그리 간단하지 않다. 몇몇 사람들은 상환 능력이 없는 사람들도 대출할 수 있게 대출 비용을 적게 책정한 연방준비은행의 잘못이 크다고 생각한다. 일부 사람들은 위험 회피 성향이 강한 은행으로 하여금 위험한 대출을 해주도록 압박한 미국 의회를 비난한다. 지역사회재투자법(Community Reinvestment Act)은 상환 능력이 의심되는 가족들에게도 대출을 해주도록 하였다. 더 많은 "저렴한 주택"을 만들어 은행이 최소한의 자산을 가진 사람들에게도 대출을 유도하려는 의도였다.

2008년 부동산 버블이 터지면서 주택가격이 급락하였다. 집을 소유한 사람들은 자신의 부채가 자신이 소유한 주택의 가치를 상회하는 것을 알았을 때, 많은 사람들은 대출상환을 멈추었고 은행은 그들의 집을 압류하였다. 그 이후로 많은 지역의 주택 가격은 상승하였지만, 일부 지역에서의 가격 회복은 아직도 더디게 진행되고 있다.
여러분 고향의 현재 주택 시장의 움직임은 어떠한가?

은행들은 모기지 포트폴리오를 나누어 모기지담보증권(MBSs: Mortgage-backed Securities)을 전 세계적으로 은행들에 팔아서 위험을 회피할 수 있다는 사실을 알게 되었다. 이 증권들은 주택을 담보로 하고 있기 때문에 마치 안전한 것 처럼 보였다. 정부가 후원하는 기업이었던 패니(Fannie Mae)와 프레디(Freddie Mac)는 MBS의 가치를 보장하는 것처럼 보였다. 은행들은 많은 수익을 창출하기 위해 안전해 보이는증권을 지속적으로 팔았다. 은행원들은 이에 대한 전문적인 지식이 부족한 수요자들에게 대출을 강요했다는 지적을 받기도 했다.

한편, 연방준비은행과 증권거래위원회는 충분한 경고를 하지 못했다. 즉, 그들의 본래 의무를 다하지 못한 것이다. 그리고 2007년에 부동산 버블이 터지면서 약 500만에 육박하는 가구가 주택을 압류당하는 고통을 겪게 된다. 은행들이 집에 대한 모기지를 소유하고 있었으므로 그들의 수익은 급격하게 하락했으며, 그 결과 2008년에서 2009년의 금융위기로 이어진 것이다. 당시의 정부 개입의 장기적 효과는 아직 입증되지 않았다. 2019년 5월, 현재 500만 가구 이상(모기지를 소유하고 있는 인구의 5분의 1)가 소유한 주택가치를 상회하는 부채를 지니고 있다.[23]

그렇다면 은행 위기의 원인은 무엇일까? Fed가 대출 이자율을 낮게 책정하고, 의회가 위험한 대출을 장려하며, 은행들이 그러한 대출을 실행하고, 홍보되는 만큼의 안전성이 보장되지 않은 모기지 담보증권을 팔며, 정부규제 기관이 의무를 소홀히 하고, 상환

능력이 없는데도 대출을 한 사람들 모두가 원인이라고 할 수 있다. 정확히 누구의 잘못인지 단정 지을수 없어도 확실한 것은, 이 시기는 누구에게도 고통스러운 시기였다는 것이다.

자금의 보호

2007–2008년에 발생한 금융 위기는 세계가 직면한 첫 번째 경제 위기는 아니다. 많은 투자자들이 자신이 가진 모든 것을 잃었던 1930년대의 대공황 시기에도 비슷한 문제가 발생하였다. 경기침체 속에서 투자자들이 완전히 파산하는 것을 막기 위해 자산을 보호하기 위한 세 개의 큰 기관들이 나타났다. 연방예금보험공사(FDIC), 저축협회보험펀드(SAIF), 국가신용조합관리국(NCUA)이다. 세 기관 모두 개인의 계좌에 있는 예금을 특정 금액까지 보호해준다. 이 기관들이 자금의 안전을 책임지므로 자세히 알아보도록 하자.

연방예금보험공사

연방예금보험공사
은행 예금을 보호하는 미국 정부의 독립기관

연방예금보험공사(FDIC: Federal Deposit Insurance Corporation)는 미국 정부의 독립기관으로 은행 예금을보호해준다. 은행이 파산하게 될 경우, 연방예금보험공사는 해당은행의 계좌들을 다른 은행으로 전환하거나 각예금자들에게 최대 25만 달러를 지급할 수 있도록 해준다. FDIC는 대부분의 상업은행을 포함한 다양한 금융기관을 보호해준다. 물론 지나치게 많은 은행들이 파산한다면 이를 보호할 자금이 정부에 충분히 없다는 것이 문제이다.

저축협회보험펀드

저축협회보험펀드
저축대부조합의 계좌 보유자들을 보호하는 연방예금보험공사의 소속 기관

저축협회보험펀드(SAIF: Savings Association Insurance Fund)는 저축대부조합(S&L)의 계좌 보유자들을 보호한다. 이 기관이 왜 생겨났는지는 간략한 역사적 배경을 통해 알수 있다. 1930년대 초에 약 1,700개의 은행과 저축 금융 기관들이 파산했고, 이들 기관들은 사람들에게 점점 신뢰를 잃어갔다. 연방예금보험공사와 연방대부보험공사는(각각 1933년과 1934년에) 사람들의 예금을 손실로부터 보호함으로써 은행 기관에 대한 신뢰를 구축하기 위해 계획되었다. 최근, 전반적인 은행 시스템에 대한 통제력을 강화하기 위해 정부는 연방대부보험공사를 연방예금보험공사의 산하 기관으로 지정하고 저축협회보험펀드로 개명하였다.

국가신용조합관리국

국가신용조합관리국(NCUA: National Credit Union Administration)은 각 기관별, 예금자별 최대 25만 달러를 보호해준다. 당좌예금 및 보통예금 계좌, MMA, CD를 포함하는 모든 계좌가 보호 대상이다. 공동 계좌나 신탁 계좌를 이용하면 추가적인 보호를 받을 수 있다. 개인 퇴직금 적립계정(IRA) 또한 25만 달러를 한도로 보호된다. 신용조합 또한 은행과 같이 은행위기를 겪었으며, 더 많은 대출을 위해 연방정부로부터 자금을 수혈받았다.

학습목표 16-6 기술이 은행업의 효율성에 미치는 영향에 대해 설명할 수 있다.

과학 기술을 이용하여 은행 시스템을 더 효율적으로 만들기

수표를 승인하고, 은행 시스템에 등록하는 절차를 거쳐, 다시 우편으로 보내주는 데 드는 비용을 상상해보라. 이 비용은 매우 비싸기 때문에 은행가들은 오랫동안 이런 시스템을 더 효율적으로 할 수 있는 방안을 모색해왔다.

한가지 방법으로 신용카드의 발급을 활용하였다. 신용카드는 수표의 사용을 감소시켰다. 하지만 여전히 처리해야 할 문서가 있기 때문에 이 또한 비용이 만만치 않다. 신용카드를 사용할 경우 소매상들은 2%의 비용을 지불해야 한다. 미래에는 물리적 거래보다 더 효율적으로 송금할 수 있는 전자거래가 활성화될 것이다. 이는 전자거래가 자금을 이체하는 데 더욱 효율적인 방법이기 때문이다.

온라인 자금이체(EFT; electronic funds transfer) **시스템**에서는 거래에 대한 메시지가 한 컴퓨터에서 다른 컴퓨터로 전송된다. 따라서 돈은 더 빨리 이체될 수 있으며, 종이 수표를 사용하는 것보다 더 경제적이다. 전자수표변환, 직불카드, 스마트카드, 자동입금, 자동 납부 등이 온라인 자금 이체에 포함된다.

온라인 자금이체 시스템
물품 구매, 요금 지불, 대금 수수와 같은 금융 거래들이 온라인에서 이행되도록 전산화된 시스템

직불카드(debit card)는 계좌 잔액을 차감하여 수표와 같은 기능을 한다. 판매가 기록되면 전자 신호가 은행으로 전송되고, 자동적으로 여러분의 계좌에서 판매업자의 계좌로 돈이 전송된다. 거래 정보는 즉시 온라인상에 나타난다. 직불카드를 통한 거래 건수는 이미 수년 전에 신용카드 거래 건수를 상회하였으며, 현재도 증가하고 있다.

직불카드
수표와 같은 기능을 수행하는 전자자금 이체 수단으로, 예금계좌에서 자금을 인출할 때 쓰는 것

급료 지급 직불카드(payroll debit cards)는 종업원들에게 급료를 지급하는 효율적인 방법이며 신용카드나 직불카드를 발급받을 수 없는 사람들(소위 말하는 unbanked)에게 현금의 대체 수단으로 이용될 수 있다. 급료가 지급되는 순간 종업원들은 계좌에 있는 돈을 사용할 수 있다. 현금자동지급기에서 돈을 인출할 수도 있고, 온라인으로 청구서를 납부할 수도 있으며, 다른 카드 사용자에게 송금할 수도 있다. 기업 입장에서 수표를 발행하는 것보다 이 시스템이 저렴하며 종업원들에게는 더욱 편리하다.[24] 반면, 직불카드는 신용카드처럼 보호되지 않는다. 신용카드를 도난당할 경우 일정 금액만 개인적으로 책임져야 하지만 직불카드의 경우에는 모든 금액을 개인적으로 책임져야 한다.

스마트카드(smart card)는 신용카드, 직불카드, 전화카드, 운전면허증 등을 모두 통합해놓은 전자자금 이체 수단이다. 스마트카드는 신용카드나 직불카드의 마그네틱 대신 마이크로프로세서를 사용한다. 스마트카드는 카드 사용자의 은행 정보 등의 다양한 정보를 저장할 수 있다. 판매자들은 이 정보를 이용해 카드가 유효한지의 여부와 지출 한도 등을 조회할

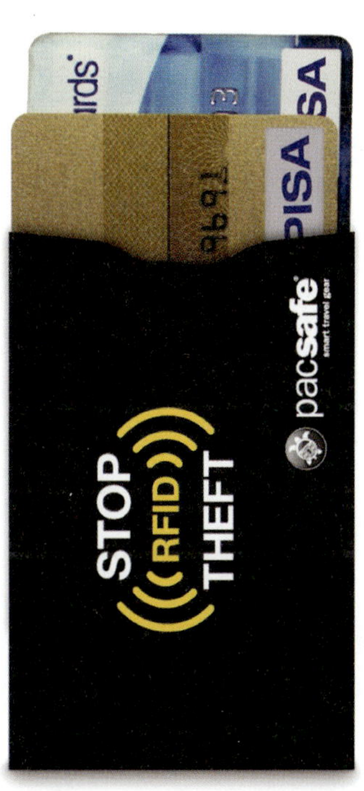

스마트카드
신용카드, 직불카드, 전화카드, 운전면허증을 모두 통합해 놓은 전자자금 이체 수단

RFID 칩이 내장된 신용카드를 한번 흔들면 결재가 완료되므로 소비자들은 물건을 쉽게 구입할 수 있다. 하지만, 이러한 편리한 기능은 해커로 하여금 쉽게 접근할 수 있게 만들었다. 해커의 접근을 막아주는 옆의 사진에 나타난 것과 같은 카드지갑을 만들었다. 어떻게 당신의 개인 신상 및 재무정보가 해커로부터 전해진다고 확신할 수 있는가?

수 있고, 거래 금액은 카드에서 차감된다.

어떤 스마트카드들은 무선주파수 안테나(RFID; radio frequency identification)를 내장하고 있어 건물이나 건물의 보안 지역 출입을 가능하게 해주고, 휘발유나 다른 물건을 구매할 때 카드를 사용할 수 있게 해준다. 생물 측정 기능은 지문 인식으로 컴퓨터를 부팅할 수 있게 해준다. 스마트카드를 사용하는 학생들은 기숙사의 잠긴 문을 열거나 학교 근처 가게나 인터넷상에서 자신들의 신분 인증을 위해 사용한다. 스마트카드 는 현금자동지급기 카드로도 사용할 수 있다.

은행을 이용하는 많은 사람들은 자동이체와 자동납부 같은 자동 거래 를 최고의 편리한 기능으로 꼽는다. 자동이체는 당좌예금이나 보통예금 계좌로 직접 입금되는 경우를 말한다. 자동이체 기능을 이용하는 종업원들은 급료지불수표를 받지 않는다. 고용주들이 은행과 연락해서 고용주의 계좌에서 종업원의 계좌로 돈이 송금 될 수 있게 주문한다. 개인들도 자동이체 기능을 이용해 다른 계좌로 송금할 수 있다. 예를 들면, 당좌예금 계좌에서 보통예금 계좌 또는 퇴직연금 계좌로 송금할 수 있다.

자동납부 기능은 사전에 승인된 전자 납입 방식이다. 고객들은 자동납부를 하고 싶은 각 기업별로 별도의 승인서를 작성한다. 이 승인서는 명시된 기업이 특정일에 고객의 계좌에서 청구에 명시된 금액만큼 인출하는 것을 승인한다. 고객의 은행은 각 거래를 체결하며 고객의 월차 계산서에 이를 명시한다.

온라인 금융거래

대부분의 미국 톱 시중은행은 모두 온라인으로 계좌에 접속할 수 있으며, 대부분이온라인으로 청구서를 납부할 수 있게 해준다. 따라서 전화나 컴퓨터, 모바일 기기를 통해 모든 금융 거래를 집에서 할 수 있다. 한 계좌에서 다른 계좌로 송금하는은행 거래, 청구서 납부, 계좌 잔액 조회 등의 금융 거래가 모두 가능하다. 자동차나 모기지 관련 대출 신청을 온라인으로 할 수 있고, 그에 대한 대답을 거의 즉시 받을 수 있다. 주식이나 채권의 거래 또한 이처럼 간단하게 이루어질 수 있다.

이트레이드 은행(E*Trade Bank)과 같은 인터넷 은행들은 실제 지점 없이 온라인 서비스만 제공한다. 이런 은행들은 전통 은행들과 달리 실질 경비가 필요하지 않기 때문에 고객들에게 높은 금리를 주고 낮은 수수료를 부과할 수 있다. 많은 사람들이 비용절감과 편리함 때문에 인터넷 은행을 좋아하지만, 이런 인터넷 은행으로부터 받는 서비스를 모두가 좋아하는 것은 아니다. 왜 만족하지 못할까? 우선, 보안상의 문제로 불안해하는 경우가 있다. 자신의 금융 정보를 다른 사람이 접속할 수도 있는 사이버 공간에 기재하는 것을 꺼려하는 사람들이 있다. 개인 정보 보호에 대한 보증에도 불구하고 개인 정보 유출을 우려하는 사람들이 있다.

학습목표 16-7 국제 은행업의 역할 및 중요성, 세계은행과 국제통화기금의 역할을 평가할 수 있다.

국제 은행업과 은행 서비스

은행들은 기업이 해외에서 사업할 수 있도록 신용장, 은행인수어음, 외환의 세 가지 서비스를 제공한다. 미국 기업이 독일에서 제품을 구매하고자 하면, 기업은 은행이 신용장을 발급하도록 비용을 지불할 수 있다. **신용장**(letter of credit)은 특정 요건이 만족될 경우 은행이 판매자에게 지정된 금액을 지불하겠다는 약속이다. 예를 들어, 독일 기업은 제품이 미국 기업의 창고에 도착할 때까지 돈을 받지 못할 수도 있다. **은행인수어음**(banker's acceptance)은 특정 시점에 특정금액을 은행이 지불하겠다는 약속이다. 이에는 어떤 조건도 내재되어 있지 않다. 마지막으로 미국 기업은 은행에 가서 미국 달러를 독일에서 사용할 유로로 전환할 수 있다. 이는 외환 또는 통화 거래로 불린다.

신용장
특정 요건이 만족될 경우 은행이 판매자에게 지정된 금액을 지불하겠다는 약속

은행인수어음
특정 시점에 특정 금액을 은행이 지불하겠다는 약속

은행들은 여행자와 사업가들이 전세계 어디서나 어떠한 상품과 서비스도 쉽게 구매할 수 있도록 만들었다. 예를 들어, 오늘날 자동화 텔러기기는 비자, 마스터카드, 시러스 또는 아메리칸 익스프레스 카드를 통하여 엔, 유로 그리고 여타 외환을 제공한다.

국제 은행업의 리더

요즘과 같은 금융 환경에서 미국 경제를 세계 경제와 떼어놓고 이야기하는 것은 어리석은 일이다. 연방준비은행이 금리를 인하하기로 결정하면, 당장 외국인투자자들이 미국에 투자했던 자금을 빼서 이자율이 높은 다른 국가에 투자할 것이다. 반대로 연방준비은행이 금리를 인상하기로 결정한다면 자금이 빠르게 미국으로 유입될 것이다.

그러므로 오늘날의 금융시장은 글로벌 시장 시스템을 형성한다. 미국은 그 시스템의 일부 일 뿐이다. 국제 은행들은 적절한 위험 수준에서 최대의 수익을 얻을 수 있는 국가에 투자한다. 일일 5조 달러 규모의 자금이 움직인다.[25] 이 결과로, 국제 은행업을 통해 전 세계경제는 규제 없는 하나의 시스템으로 연결된다. 자금을 확보하기 위해 미국 기업

세계은행과 IMF는 세계적으로 은행들을 보조해주는 정부 간 조직이다. 두 조직을 상대로 대중들은 시위를 하기도 한다. 그 이유가 무엇일까?

들은 전 세계 기업들과 경쟁해야 한다. 런던이나 도쿄에 있는 효율적인 기업은 디트로이트나 시카고에 있는 비효율적인 기업보다 국제 자금 조달에 더 유리하다. 세계 금융시장의 형성으로 인하여 이제 은행들은 더이상 자금을 국내에 묶어두지 않고 국제적으로 투자 한다. 은행들은 애초에 최대 수익률을 얻을 수 있는 곳에 투자하기 때문이다.

이 모든 것은 은행업이 더 이상 국내 수준에 머무르는 것이 아니라 국제적인 수준의 문제라는 것을 나타낸다. 미국의 금융 시스템을 이해하기 위해서는 외국의 중앙은행을 포함한 글로벌 금융 시스템에 대해 알아야 한다. 또한 미국의 경제 상황을 이해하기위해서는 전 세계 국가들의 경제 상황에 대해 알아야 한다. 세계 경제는 국제 은행들로부터 자금을 조달한다. 미국은 이 게임에서 한 명의 선수에 불과하다.[26] 따라서 미국이 세계적인 선두주자의 자리를 지키기 위해서는 경제적으로 안정된 상황을 유지하고 미국 기업이 국제 시장에서도 경쟁력을 확보해야 할 것이다.

세계은행과 국제통화기금(IMF)

세계은행
경제개발을 위한 자금 지원을 우선시하는 은행. 국제부흥개발은행으로도 알려져 있다.

세계은행(World Bank, **국제부흥개발은행**)은 경제개발을 위한 자금 지원에 대한 주된 책임을 가지고 있다. 예를 들어, 세계은행은 제2차 세계대전 이후 서유럽 국가들의 재건을 위해 자금을 빌려주었다. 오늘날 세계은행은 자금의 대부분을 상대적으로 개발되지 못한 국가들이 생산성을 개선하고 삶의 질을 향상시키는 데 사용할 수 있도록 지원하고 있다.[27] 여기에는 한 해에도 몇 백만 명을 죽이는 질병을 퇴치하는 것도 포함된다.

세계은행은 전 세계로부터 상당한 비판을 받아왔으며 세계은행을 비판하는 시위가 일어났다. 환경 운동가들은 세계은행이 생태계를 파괴하는 프로젝트에 자금을 지원하고 있다고 비난한다. 인권 운동가들과 노동조합원들은 세계은행이 종교의 자유를 탄하고 노동착취업소를 눈감아주는 국가들을 지원해주고 있다고 비난한다. AIDS 운동가들은 세계은행이 개발도상국들이 저렴한 AIDS 의약품을 공급받을 만큼 충분히 지원해주지 않고 있다고 비난한다.

세계은행은 개선을 위해 노력하고 있지만 여전히 많은 비판을 받고 있다. 어떤 이들은 세계은행이 저개발국가들의 빚을 탕감해주길 바라고, 어떤 이들은 해당 국가들이 자유시장과 사유재산 제도를 확립할 때까지 그 국가들에 더 이상 자금을 지원 해주어서는 안된다고 주장한다. 세계은행의 정책의 변경이 필요할 수 있다.[28]

국제통화기금(IMF)
국가들 간의 안정적인 자금 흐름을 돕는 기관

세계은행과 달리 **국제통화기금**(IMF; International Monetary Fund)은 국가간 통화 정책을 협력시킴으로써 환율을 안정시키기 위해 설립되었다. 약 182개의 국제통화기금 회원국은 자국의 통화가 외국 통화와 자유롭게 거래되는 것을 허용하고, 통화 정책에 변화가 있을 때마다 국제통화기금에 통보해야 하며, 다른 회원국들의 편의를 도모하기 위해 국제통화기금이 권하는 권고를 수용해 정책을 수정해야 한다.(34)

국제통화기금은 회원국들의 통화와 환율 정책의 감독 역할을 하도록 설계되었다. 국제통화기금의 목표는 국제 통화 제도가 모든 국가들에 최선으로 작용되어 세계 무역이 활성화될 수 있도록 유지하는 것이다. 국제통화기금은 세계은행처럼 대출 기관은 아니지만 회원국들은 능력에 따라 자금을 기부하며, 이 자금은 재정적 어려움을 겪고 있는 국가에 제공된다. '우리의 경계를 넘어' 글상자에서는 현재 세계은행과 국제통화기금에

우리의 경계를 넘어 새로운 날 그리고 새로운 문제점들

6년 전 IMF/세계은행의 연례 회의에 비해 오늘날은 확연히 긍정적인 상황들이 이어지고 있다. 6년 전 당시에는 리만브라더스와 파산과 국제 금융시스템의 실패는 전 세계의 금융당국을 충격에 빠트렸다. 무역이 급감하고 경제적 자신감은 바닥으로 떨어졌으며, 높은 실업률은 피할 길이 없어 보였다. 다행히도, 국제 금융시스템은 더 이상 세계 경제에 크나큰 위협이 되지 않는다. 그러나 아직까지 오늘날의 세계 경제가 완벽히 회복되었다고는 낙관할 수 없다. 세계은행과 IMF가 전 세계에 걸쳐 직면해야 할 새로운 도전들이 앞으로도 계속 존재한다. IMF의 총재 크리스틴 라가드(Christine Lagarde)는 188개 회원국의 문화와 국제금융에서의 역할의 점진적인 변화를 추진해왔다. 그녀의 지휘 하에 IMF는 요청에 따라 회원국들에 정책조언을 제공한다. 이 기관은 나아가 기후변화와 소득불평등과 같은 문제에도 주목한다. 더불어, IMF는 일자리 창출과 노동시장정책 그리고 실업 간의 상관관계 에 대한 연구를 추진해왔다.

라가드 총재의 큰 걱정 중 하나는 경제위기가 전 세계를 걸쳐 많은 경제에 지속적으로 피해를 주고 있다는 것이다. 이는 선진국과 개발도상국 양측의 은행과 법률계가 적극적인 조치를 취하지 않는 한, 수년간의 더딘 성장의 위험이 있다는 것을 의미한다. IMF와 세계은행은 또 다른 위기가 발생하기 전에 주요 국제이슈들에 대한 답을 찾고자 노력하고 있다.

출처: Yen Nee Lee, "Global Growth Is Probably Not Enough to Withstand a Trade War, IMF's Christine Lagarde Warns," CNBC, cnbc.com, October 11, 2018; Paul Carrel and Michael Nienaber, "IMF's Lagarde Says Global Outlook Darkening by the Day," Reuters, reuters.com, June 11, 2018; Josh Zumbrun, "IMF Chief Says Economic Outlook Is Dimming," The Wall Street Journal, October 1, 2018; Eric Martin, "Christine Lagarde Compared the World Economy to a Cross-Country Skier," Bloomberg, bloomberg. com, January 21, 2019.

서 일어나는 일들에 대하여 다루고 있다.

시험 준비

- 2008–2009년의 은행 위기의 원인은 무엇인가?
- 연방예금보험공사의 역할은 무엇인가?
- 직불카드와 신용카드의 차이점은 무엇인가?
- 세계은행은 무엇이며 이것의 역할은 무엇인가?
- 국제통화기금은 무엇이며 이것의 역할은 무엇인가?

요약하기

학습목표 16-1 통화와 통화의 가치가 결정되는 방법을 설명할 수 있다.

- **통화란 무엇인가?**
  '통화'란 제품이나 서비스 결제의 수단으로 받아들여지는 모든 것을 의미한다.
- **유용한 형태의 화폐에 대한 다섯 가지 기준은 무엇인가?**
  유용한 형태의 화폐에 대한 다섯 가지 기준은 휴대성, 분할 가능성, 안정성, 내구성, 유일성이다.
- **비트코인이란 무엇인가? 온라인 상에서 비트코인으로 재화를 구매할 수 있는가?**
  비트코인은 온라인 화폐의 일종이다. 비트코인을 취급하는 온라인 스토어가 존재한다.

학습목표 16-2 연방준비은행이 화폐 공급을 조절하는 방법을 설명할 수 있다.

- **연방준비은행은 화폐 공급을 어떻게 조절하는가?**
  연방준비은행은 금융기관들이 자금을 연방준비은행 시스템에 예탁(지급준비율)하도록 하고, 국채를 매매(공개시장조작)하며, 은행들에 자금을 대여(재할인율)해준다. 화폐 공급을 증가시키기 위해 Fed는 지급준비율을 인하하고, 국채를 매입하고, 재할인율을 인하할 수 있다.

학습목표 16-3 은행과 연방준비은행 시스템(Federal Reserve System)의 역사를 이해할 수 있다.

- **미국에서 은행은 어떻게 진화하였나?**
  1690년 매사추세츠 주에서 자체적으로 지폐를 발행했고, 다른 지역들도 따라서 발행하기 시작했다. 영국은 랜드 뱅크스(land banks)를 설립해 농부들에게 대출해주었으나, 1741년 은행 영업을 중지했다. 미국 혁명 이후, 은행의 역할에 대한 의견이 분분했고, 중앙은행과 미국 주 은행들(state banks) 사이의 갈등이 심화되었다. 마침내 연방과 주 공인 시스템이 형성되었지만 1907년 많은 은행들이 파산할 때까지 혼동은 계속되었다. 연방준비은행이 시스템을 재정립했지만 세계 대공황 때 다시 한 번 실패로 돌아갔다. 그 이후로 최근의 경제위기를 포함하여 11번의 경제불황이 있었다.

학습목표 16-4 미국 은행 시스템의 다양한 기관들을 분류할 수 있다.

- **은행 시스템에 속한 기관들에는 어떤 것이 있는가?**
  S&L, 상업은행, 신용협회는 모두 은행 시스템의 일부이다.
- **이 기관들은 서로 어떤 차이점이 있는가?**
  1980년의 규제 철폐 이전까지 상업은행들이 유일하게 보통예금과 당좌예금 계좌를 모두 다루는 기관이었다. 그 당시 S&L은 당좌예금 서비스를 제공할 수 없었고, S&L의 주 기능은 보통예금에 높은 금리를 지급하고 모기지론을 제공하여 저축과 주택 소유를 장려하는 일이었다. 규제 철폐는 은행과 S&L의 차이를 축소시켰고, 지금은 두 기관이 비슷한 서비스를 제공하고 있다.

- **어떤 서비스를 제공하는가?**
  은행과 저축금융기관은 보통예금 계좌, CD, 대출, 개인연금 적금, 퇴직연금, 대여 금고, 온라인뱅킹, 보험, 주식, 여행자 수표 서비스를 제공한다.
- **신용협회란 무엇인가?**
  신용협회는 회원 소유의 비영리 금융기관으로 회원들에게 은행이 제공하는 모든 서비스를 제공한다. 예금을 받고, 수표를 발행할 수 있게 해주고, 대출을 해준다. 생명보험을 판매하거나 주택대출을 해주기도 한다. 회원 소유의 기관으로서 은행들처럼 이윤 추구가 목적이 아니기 때문에 은행보다 예금 금리가 높고, 대출 금리가 낮다.
- **대출을 하고 은행과 같은 업무를 수행하는 기타 금융기관에는 어떤 것들이 있는가?**
  비은행계 금융기관에는 자금을 대여해주는 보험회사, 주식이나 채권에 투자하고 대출을 해주는 연기금, 투자 서비스를 제공해주는 증권회사, 상업금융회사가 있다.

학습목표 16-5 2008년과 2009년 사이에 발생한 은행 위기의 원인과 이런 위기 당시 정부가 개인 자금을 보호한 방법에 대해 이해할 수 있다.

- **2008년에서 2009년의 금융위기의 원인은 무엇인가?**
  저렴한 집 마련을 목표로 정부는 상환 능력이 없는 사람들에게도 은행이 대출 해주도록 했다. 은행들은 위험을 최소화하기 위해 모기지 담보증권을 만들어 전 세계적으로 다른 은행과 조직에 제공했다. 정부는 이러한 거래를 규제하지 못했고, 많은 은행들은 주택가격이 하락하고 사람들이 채무를 불이행함에 따라 부도가 났다. Fed, 의회, 은행 지점장, 패니 메이(Fannie Mae), 프레디 맥(Freddie Mac)은 이러한 손실을 야기한 책임자로 비난을 받았다.
- **은행, S&L, 신용협회에 예탁한 예금을 보호해주는 기관에는 어떤 것들이 있는가?**
  은행에 예금되어 있는 돈은 정부 독립 기관인 연방예금보험공사에서 보호해준다. S&L에 예금되어 있는 돈은 연방예금보험공사와 연계되어 있는 저축협회보험펀드에서 보호해준다. 신용협회의 예금은 국가신용조합관리국에서 25만 달러를 한도로 보호해준다.

학습목표 16-6 기술이 은행업의 효율성에 미치는 영향에 대해 설명할 수 있다.

- **직불카드와 스마트카드는 무엇인가?**
  직물카드는 신용카드와 같지만 기존에 계좌 잔고에 한해서 자금을 인출한다. 판매가 기록되면 전자 신호가 은행으로 전송되고, 자동적으로 여러분의 계좌에서 판매업자의 계좌로 돈이 전송된다. 스마트카드(smart card)는 신용카드, 직불카드, 전화카드, 운전면허증 등을 모두 통합해놓은 전자자금 이체 수단이다. 스마트카드는 신용카드나 직불카드의 마그네틱 대신 마이크로프로세서를 사용한다.
- **자동화 거래와 온라인 뱅킹의 장점은 무엇인가?**
  자동이체는 당좌예금이나 보통예금 계좌로 직접 입금되는 경우를 말한다. 자동납부 기능은 사전에 승인된 전자 납입 방식이다. 고객들은 자동납부를 하고 싶은 각 기업별로 별도의 승인서를 작성한다. 이 승인서는 명시된 기업이 특정일에 고객의 계좌에서 청구에 명시된 금액만큼 인출하는 것을 승인한다. 고객의 금융기관은 거래와 관련된 정보를 매달 제공한다. 미국 톱 은행은 모두 온라인으로 계좌에 접속할 수 있으며, 대부분이 온라인으로 청구서를 납부할 수 있게 해준다.

학습목표 16-7 국제 은행업의 역할 및 중요성, 세계은행과 국제통화기금의 역할을 평가할 수 있다.

- **세계 시장이란 무엇을 의미하는가?**
  세계 시장이란 은행들이 돈을 자국에만 묶어두지 않는다는 것이다. 은행들은 최대한의 수익률을 얻을 수 있는 곳에 돈을 투자한다. 현재의 금융시장은 국가에 국한되어 있는 것이 아니라 글로벌 금융시장이다.
- **세계은행과 국제통화기금의 역할은 무엇인가?**
  국제부흥개발은행(International Bank for Reconstruction and Development)이라고도 알려진 세계은행의 주 임무는 경제개발을 위해 지원하는 일이다. 반면, 국제통화기금은 국가들 간의 안정적인 자금의 흐름을 돕는 것이 주 임무이다. 국제통화기금은 자발적으로 가입한 회원국들에 자국 통화가 외국 통화와 자유롭게 거래되는 것을 허용하는데, 회원국들은 통화 정책에 변화가 있을 때는 국제통화기금에 통보하며, 다른 회원국들의 편의를 도모하기 위해 국제통화기금이 하는 권고를 수용해 정책을 수정할 것을 요구한다.

주요 용어

M-1 623
M-2 623
M-3 624
공개시장조작(open-market operations) 627
국제통화기금(IMF; International Monetary Fund)
물물교환(barter) 621
비은행계(nonbanks) 633
상업은행(commercial bank) 631
세계은행(World Bank, 국제부흥개발은행) 641
스마트카드(smart card) 638
신용장(letter of credit) 640
신용조합(credit unions) 632
양도성예금증서(CD; certificate of deposit) 632
연기금(pension funds) 634
연방예금보험공사(FDIC: Federal Deposit Insurance Corporation) 637
온라인 자금이체(EFT; electronic funds transfer) 시스템 638
요구불예금(demand deposit) 632
은행인수어음(banker's acceptance) 640
재할인율(discount rate) 627
저축대부조합(S&L; savings and loan association)
저축협회보험펀드(SAIF: Savings Association Insurance Fund) 637
정기예금(time deposit) 632
지급준비율(reserve requirement) 626
직불카드(debit card) 638
통화(money) 621
화폐 공급(money supply) 623

사고력 문제

1. 여러분이 연방준비은행 의장인 벤 버냉키라면 여러분의 성과를 측정하는 경제지표로 어떤 것을 사용하겠는가? 최근의 은행위기에서 Fed의 전 의장인 벤 버냉키는 어떠한 역할을 하였는가?
2. 보통 현금을 얼마 정도 가지고 다니는가? 가게나 인터넷에서 물건을 구매할 때 지불 수단으로 어떤 것들을 사용하는가? 이런 지불 수단들에서 어떤 추세를 발견하는가? 이런 추세가 여러분에게 어떤 이점으로 작용하는가?
3. 달러의 가치가 유로 대비 하락한다면 미국에서 판매되는 프랑스 와인 가격은 어떻게 변하겠는가? 프랑스에 있는 사람들은 미국의 자동차를 더 많이 구매하겠는가 아니면 더 적게 구매하겠는가? 그 이유를 설명하라.
4. 여러분은 재산을 은행, 저축대부조합, 신용협회 중 어떤 곳에 예탁하는가? 각 기관에서 여러분이 받을 수 있는 혜택을 비교해보았는가? 여러분이라면 어떤 곳에서 가장 좋은 조건으로 대출을 받을 수 있겠는가?

원리를 실제로 적용해 보기

목적

2008~2009년의 금융위기와 그 이후의 상황에 대해 알기

연습

1. 인터넷 조사를 통해 세계 금융위기에 대한 기사를 찾아보라. 2009년 이후로 미국을 비롯하여 전 세계적으로 은행 업무가 어떻게 되었는가? 미국 내에서 이 위기를 종식하기 위해 Fed는 어떠한 역할을 맡았는가?
2. 조사한 것 중에 이 문제에 대한 자료가 얼마나 있었는가? 조사한 기사의 개수가 이 사건의 중요도에 대해 어떠한 사실을 알려주는가?
3. 금융위기의 원인에 대해 스스로 생각해보라. 다른 사람들과 논의하고 비교해 보아라. 어

직업기술 개발하기

핵심: ● 팀 ★ 분석 ▲ 의사소통 ▣ 기술

● ▣ ▲ ★ 1. 최소의 인원으로 조를 짜서 다음에 대해 토론하라. 은행과 S&L에서 어떤 서비스를 이용하는가? 인터넷뱅킹을 사용하는 사람이 있는가? 온라인 뱅킹의 장점과 단점에는 어떤 것이 있는가? 다양한 지역 은행들과 S&L들이 제공하는 서비스와 금리를 비교해보라.

▲★ 2. 수업을 듣는 학생 중에서 누가 은행을 이용하고 누가 신용협회를 이용하는지 조사해보라. 학생들끼리 두 기관의 서비스(예금 금리, 대출 금리, 이용 가능한 서비스)를 비교해보라. 온라인 은행을 이용하는 학생이 있다면, 온라인 은행 금리도 비교해보라. 신용협회나 온라인 은행을 이용하는 학생이 없다면 그 이유가 무엇인지 의논해보라.

●▲★ 3. 연방준비은행은 수표를 변환하는 역할을 한다. 조원들끼리 어디서 수표를 사용하고 어디서 신용카드나 현금을 이용하는지 이야기해보라. 적은 금액에도 수표를 자주 사용하는가? 수표를 변환하는 데 드는 비용을 계산해본다면 적은 금액에도 수표를 사용하겠는가? 각자 알게 된 내용을 수업을 듣는 모든 학생들과 의논해보라.

●▲★ 4. 최근 금융위기에 대해 논의하라. 수강하는 반 학생들에게 미친 영향은 무엇인가? 금융위기의 시작 이래로 전반적인 경제 상황과 은행에 끼친 영향은 무엇인가? 최근 경제 변화가 정치에 어떤 영향을 주었는가?

▲★ 5. 국가들에 자금을 지원하는 기관으로서의 세계은행과 국제통화기금의 역할에 대해 적어보라. 다른 국가의 사람들에게 이런 기관을 통해 자금을 지원해주는 것이 미국 시민들에 있어 중요한 일인가? 그 이유에 대해 설명하라. 이들 기관의 가치에 대해 토론해보자.

직업 탐색

만약 여러분이 은행 산업 분야와 관련된 직업에 관심이 있다면, 고려해볼 만한 몇 가지 직업들이 아래에 나타나 있다. 이러한 직업들의 업무, 필요한 지식과 기술, 급여수준, 미래전망 등에 관해서는 bls.gov 웹사이트의 Occupational Outlook Handbook을 살펴보라.

- **대출담당자** – 인력 및 기업을 위한 대출신청서를 평가, 승인 또는 추천한다.

- **외환거래자** – 외환시장에 초점을 맞추고, 국내 환율에 영향을 미치는 다양한 요소들을 검토하고, 외환시장에서 어떤 통화를 사고팔지 결정한다.
- **신용 상담사** – 개인 및 기업에게 대출, 재무 목표 및 부채에 대해 조언합니다. 채무 상환을 돕기 위해 다양한 유형의 대출 및 지급 계획을 권장한다.

비디오 사례

금융위기

2011년, 수백만 명이 집을 잃고 기업들이 도산했으며, 압류는 역사상 최고치를 기록하였고, 실업률은 9%에 육박하였다. 이 현상들의 원인은 2006년-2010년의 금융위기 때문이라고 할 수 있다. 2000년도에 기술관련 주식 버블이 터졌을 때, 전 세계의 주식시장은 곤두박질 쳤다. 비슷한 시기에 Enron, WorldCom, Global Crossing, 그리고 Tyco와 같은 대기업들의 윤리문제가 대두되었다. 정부는 불황을 겪으며 소비자의 지출과 기업의 투자를 촉진하길 원했다. 이를 위하여 연방준비은행은 주 이자율을 6.5%에서 1%로 낮추었다. 신용의 완화는 부동산담보대출, 신용카드 발급, 그리고 여타 개인대출을 더 쉽게 만들었다. 2007년 1 가구당 가처분소득 대비 부채는 127%에 육박하였다.

미국의회는 2010년 경제위기조사위원회를 거쳐 이 위기를 피할 수 있다고 결정하였다. 이 위기의 주 원인으로는 2004년 부터 2006년까지 전체 부동산담보대출의 20%를 차지한 서브프라임모기지론의 증식이 있었다. 이는 서브프라임대출이 2배나 증가한 수치이다.

SEC는 투자은행의 레버리지 요건을 낮추어 현금보유액을 상회하는 금액을 대출받도록 하였다. 이 기간 동안 MBS는 투자자들에게 묶음판매되었다. 이 MBS상품들은 서브프라임모기지론 또한 포함하였다. Moody's나 Standard and Poor's 같은 신용평가기관은 MBS상품들에 AAA등급(최고등급)을 부여하며 투자자들에게 해당 상품의 가치를 보증하였다.

2007년에 부동산버블이 터졌을 때, 부동산가격이 급락하고 MBS상품의 가치는 거의 휴지조각이 되다시피 떨어졌다. 많은 사람들은 그들이 "잠수상태(underwater)"라고 보았는데, 이는 부동산의 실제 가치보다 부동산에 잡힌 부채금액이 더 큰 경우를 의미한다. 이 잠수상태에 있는 사람들과 서브프라임대출에 대한 상환능력을 상실한 사람들은 채무불능상태가 되었다. MBS의 가치가 하락하면서 투자은행과 기타 금융기관이 파산하였고, 그들의 부채는 자산을 상회하였다.

이 금융위기의 파급효과는 전세계적이었다. 대형 투자은행 (대마불사)들은 더이상 버틸 수 없었고, 이 때문에 연방정부는 TARP를 통해 7천억 달러 규모의 구제금융 자금을 투입 하였다. 2009년에 미국의 대통령은 8천억 달러의 경기부양책을 마련하여 경제를 활성화하고, 기업의 대출과 투자를 촉진 시키며, 결과적으로 일자리를 창출하고자 하였다. 동영상에서 설명하는 국제 금융위기는 1903년 대공황 이래로 가장 큰 금융실패를 대표한다. 이 금융위기의 장기적 영향은 여전히 토론되고 있다.

다시 생각해보기

1. 연방은행이 경기를 부양하기 위하여 어떠한 역할을 할 수 있는가?
2. 상기의 금융위기의 주 원인은 부동산 버블이었다. 부동산 버블은 무엇을 의미하는가?
3. 최근의 금융위기에 등장한 위원회의 이름과 등장이유를 설명하라.

참조

1. Brian O'Connell, "What Is the Federal Reserve, Who Owns It, and What's Its Purpose?," TheStreet, thestreet.com, September 18, 2018; Kimberly Amadeo, "The Federal Reserve and What It Does," The Balance, thebalance.com, September 12, 2019.
2. 2. Tommy Wilkes, "Forex Trading up Sharply in 2018 as volatility Returns," Reuters, reuters.com, February 15, 2018; "World Finance Forex Awards," World Finance, worldfinance.com, June 21, 2018; Anooja Debnath and Susanne Barton, "Global Currency Trading Surges to $6.6 Trillion-a-Day Market," Bloomberg, bloomberg.com, September 16, 2019.
3. Hannah Wallace, "How to Barter Anything," Real Simple, accessed April 2019.
4. "Bartering Income," IRS, irs.gov, accessed October 2019.
5. Jean Murray, "Barter Exchanges and How They Work," The Balance Small Business, thebalancesmb.com, August 2, 2019.
6. Prabhjote Gill and Sophia Ankel, "The Biggest Cryptocurrency Scams and Arrests of 2019 so Far," Business Insider, businessinsider.com, August 24, 2019.
7. Mike Unser, "Penny Costs 2.06 Cents to Make in 2018, Nickel Costs 7.53 Cents," Coin News, coinnews.net, May 24, 2019.
8. Clem Chambers, "How long Will the Fed's Reverse-Quantitative Easing last?," Forbes, forbes.com, December 11, 2018; "Quantitative Easing Draws to a Close, Despite a Faltering Economy," The Economist, December 6, 2018; Will Kenton, "Quantitative Easing," Investopedia, investopedia.com, September 6, 2019.
9. James Mackintosh, "Don't Worry about the End of QE, Worry about Rates," The Wall Street Journal, August 6, 2018; "The QE Reversal," World Finance, worldfinance.com, April 28, 2018; Thomas Kenny, "An Explanation of Fed Tapering and Its Impact on the Markets," The Balance, thebalance.com, September 25, 2019.
10. Evan Horowitz, "The Fed Is Slowing the Economy in Order to Save It," The Boston Globe, September 26, 2018; Al Stamborski, "A look at the Fed's Dual Mandate," Federal Reserve Bank of St. louis, stlouisfed.org, August 8, 2018; Nick Timiraos, "The Fed's Biggest Dilemma: Is the Booming Job Market a Problem?," The Wall Street Journal, June 11, 2018; "What Are the Federal Reserve's Objectives in Conducting Monetary Policy?," Federal Reserve, federalreserve.com, June 19, 2019.
11. Sam Meredith, "ECB Announces End of Crisis-Era Stimulus, Switches to Reinvestments," CNBC, cnbc.com, December 13, 2018; "ECB Upbeat on Strategy to Wind Down Quantitative Easing," Financial Times, August 23, 2018; lucas laursen, "European Central Bank to End $2.9 Trillion Stimulus. Here's Why," Fortune, December 14, 2018; Isabel Togoh, "European Central Bank Resumes Quantitative Easing in Bid to Boost Ailing Eurozone Economy," Forbes, forbes.com, September 12, 2019.

12. Laura Hopper, "Is the Federal Reserve Part of the Government?," St. louis Federal Reserve, stlouisfed.org, November 28, 2018; Brian O'Connell, "What Is the Federal Reserve, Who Owns It, and What's Its Purpose?," TheStreet, thestreet.com, September 26, 2018; Kimberly Amadeo, "Who Really Owns the Federal Reserve?," The Balance, thebalance.com, January 19, 2019; "Who Owns the Federal Reserve?," Federal Reserve, federalreserve.gov, accessed October 2019.
13. John Authers, "Markets Finally Grasp What the Fed Means by QT," Bloomberg, December 19, 2018; "The Fed Took Bold Steps to Boost the Economy. Will Undoing One of Them Rattle Markets?," The Los Angeles Times, July 10, 2017; Eric Petroff, "The Fed's Tools for Influencing the Economy," Investopedia, investopedia.com, October 1, 2019.
14. Rich Miller and liz Capo McCormick, "The Fed Is likely to Take a Rate-Hike Breather in 2019, Chicago Tribune, November 21, 2018; Kimberly Amadeo, "Federal Reserve Discount Rate, Impact and How It Works," The Balance, thebalance.com, August 1, 2019; Kate Davidson, "Fed's Regional Banks Split over Whether to Raise Discount Rate in December," The Wall Street Journal, January 15, 2019.
15. "Fed Raises Interest Rates Again—and More Hikes Are Coming," Fortune, September 26, 2018; Paul Davidson, "Fed Raises Key Range to 2% to 2.5%, Keeps Forecast for Four Hikes," USA Today, September 26, 2018; Frances Coppola, "What Is the Real Reason for the Fed's Sudden Decision to Stop Raising Interest Rates?," Forbes, January 31, 2019; Nick Timiraos, "Fed Chief Jerome Powell Says U.S. Economy, 'Is in a Good Place,'" The Wall Street Journal, February 28, 2019.
16. "Best Checking Accounts of October 2019," Bankrate, bankrate.com, October 20, 2019.
17. Jim Kreyenhagen, "Why Catering to Mobile Users Is vital for Today's Services," Forbes, August 30, 2018; "Mobile Banking One of Top Three Most Used Apps by Americans," Citigroup, citigroup.com, April 26, 2018; "From Investing to Budgeting, How Millennials Are Disrupting Personal Finance," CB Insights, cbinsights.com, September 10, 2019.
18. Jeanne lee, "Mobile Check Deposits: Pro Tips to Ensure They Go Smoothly," NerdWallet, nerdwallet.com, accessed October 2019.
19. Will Kenton, "Savings and loan Crisis Definition," Investopedia, investopedia.com, May 16, 2019; Federal Deposit Insurance Corporation, fdic.gov, accessed October 2019.
20. Jeremy Noble, "Ever-Evolving Banking Trends lead to an S&l Shakeout," Crain's Cleveland Business, April 14, 2018; Kimberly Amadeo, "Savings and loans, S&l Operations and History," The Balance, thebalance.com, August 5, 2019.

21. Jamison Noorlander, "Do You Need a Business loan? Ask Yourself These 6 Questions before Applying," Inc., inc.com, November 29, 2018; lisa Gerstner, "Best Banks for Small Business Owners, 2018," Kiplinger, kiplinger.com, July 6, 2018; Annie Pilon, "How to Choose a Bank for Your Small Business," Small Business Trends, smallbiztrends.com, August 20, 2019.
22. "Bankrupt Public Employee Pensions: The Next Big Financial Crisis," Investor's Business Daily, investors.com, April 16, 2018; "The Real Problem with Pensions," The Economist, May 7, 2018; Al Root, "GE Has Yet Another Problem: Pensions," Barron's, December 3, 2018; Aaron Brown, "Pension Fund Problem Just Got Much Worse," Bloomberg, bloomberg.com, January 14, 2019.
23. Michelle Conlin and Robin Respaut, "Millions of Americans Still Trapped in Debt-logged Homes Ten Years after Crisis," Reuters, reuters.com, September 14, 2018; "Ten Years later: How the Housing Market Has Changed since the Crash," The Washington Post, October 4, 2018; Jim Puzzanghera, "A Decade after the Financial Crisis, Americans Are Still Struggling to Recover," The Seattle Times, September 11, 2018; Monsef Rachid, "Negative Equity Homes in U.S. on the Rise in 2019," World Property Journal, worldpropertyjournal.com, May 9, 2019.
24. Allison Doyle, "What Employees Should Know about Payroll Debit Cards," The Balance, thebalance.com, September 9, 2019; lisa Nagele-Piazza, "Thinking about Using Payroll Debit Cards? Read This First," Society for Human Resource Management, shrm.org, February 7, 2018; "Paycards versus Direct Deposit: Which Is Right for Your Business?," Business News Daily, businessnewsdaily.com, January 2, 2019.
25. Kimberly Amadeo, "Forex Trading and How It Determines the Dollar's value," The Balance, thebalance.com, December 17, 2018; "Forex Market Overview," Nasdaq, nasdaq.com, accessed October 2019.
26. Tom Groenfeldt, "Digital Banking? look to Asia and Africa for leaders," Forbes, April 4, 2018; lucas laursen, "'Not Particularly Surprising': Global Money Chiefs Remain Calm amidst Stock Market Dive," Fortune, October 11, 2018; Yusuf Khan, "These Are the 10 Biggest Banks in the World in 2019," Markets Insider, markets.businessinsider.com, July 4, 2019.
27. The World Bank, worldbank.com, accessed October 2019; Jonathan Masters and Andrew Chatzky, "The World Bank Group's Role in Global Development," Council on Foreign Relations, cfr.org, February 7, 2019.
28. "list of Members," International Monetary Fund, imf.org, accessed October 2019.
29. Jonathan Masters and Andrew Chatzky, "The IMF: The World's Controversial Financial Firefighter," Council on Foreign Relations, cfr.org, November 1, 2018; Will Kenton, "International Monetary Fund (IMF)," Investopedia, investopedia.com, April 9, 2019.

찾아보기

ㅇ

I

J

K

L

M

역자 소개

권구혁

미국 텍사스 오스틴대 박사(전략경영 전공)
현) 연세대학교 경영대학 교수
현) 전략경영학회 이사, 국가경쟁력 분석협의회 위원
전략경영과 경쟁우위 등 역서와 논문 다수

박광태

미국 버클리대 박사(산업공학/경영과학전공)
현) 고려대학교 경영대학 교수
전) 한국기업경학회장
한국생산성학회장
한국중소기업학회장

박주영

미국 네브라스카대 경영학박사(마케팅 전공)
현) 숭실대학교 경영대학 교수
현) 숭실대학교 경영대학장, 중소기업대학원장
전) 한국유통학회 회장, 한국프랜차이즈학회 회장
현) 창업수업, 프랜차이즈 슈퍼바이징, 마케팅의 이해와 활용 등 저서와 논문 다수

장정주

미국 위스콘신대 박사(경영정보 전공)
현) 서울대학교 경영대학 교수
전) 한국경영학회 상임이사
한국 기업의 경영정보시스템 변천사 등 저서와 논문 다수

최우석

미국 미시간주립대 박사(회계 전공)
현) 고려대학교 경영대학 교수
현) 공인회계사
IFRS 회계원리 등 저서와 논문 다수

최진남

미국 미시간대 박사(조직심리 전공)
현) 서울대학교 경영대학 교수
현) Journal of Occupational and Organizational Psychology 부편집장
뉴패러다임 경영혁신 등 저서와 논문 다수

홍광헌

미국 위스콘신대 박사(재무관리 전공)
현) 서강대학교 경영대학 교수
현) Asia-Pacific Journal of Financial Studies 재무연구, 경영학연구 편집위원
기업재무 관리 및 투자론 관련 논문 다수